马　骏　黄美华————著

The Ancient Japanese Literature under
the Stylistic Influence of
the Chinese Buddhist Scriptures

(研究·资料)

汉文佛经
文体影响下的
日本上古文学

(资料卷·上)

社会科学文献出版社
SOCIAL SCIENCES ACADEMIC PRESS(CHINA)

本书得到北京第二外国语学院人才引进项目资助，是国家社会科学基金一般项目“日本上代文学文体与汉文佛经的比较研究”（批准号：12BWW015）的结项成果。

前　言

　　《汉文佛经文体影响下的日本上古文学》（资料卷）是本研究课题成果《汉文佛经文体影响下的日本上古文学》（研究卷）的姊妹篇，"资料卷"是"研究卷"文献资料来源和论证材料依据的汇总，采用断代专书词典的形式，网罗我们从日本上古文学作品中析出的佛教词语及出自佛典的词语4960余条，约180余万字。

　　本资料卷旨在全面论述日本上古文学与汉文佛经的影响关系，系统地揭示《古事记》《日本书纪》《万叶集》《怀风藻》《风土记》等作品的佛教文体特征。汉文佛经的文体特征，不仅体现在其有别于中土文献的遣词造句的方法上，还体现在叙述佛经故事以及便于记忆传诵的特殊句式、佛典特有的表达方式及构想上。

　　佛典词语的不同之处在于含有大量的音译词和意译词、双音词及口语化词汇（志村良治《中国中世语法史研究》、朱庆之《佛典与中古汉语词汇研究》）。佛典语法的主要特征有受原典句式的影响、被动句的频繁使用、"於/于"和"而"的特殊用法、由系动词"是"构成判断句（周一良《魏晋南北朝史论集》、吴金华《试论"R 为 A 所见"式》）。蒋礼鸿《敦煌变文文字通释》、黄征、吴伟《敦煌愿文集》、周一良、赵和平《唐五代书仪研究》是研究敦煌文献俗语词、愿文和书仪不可或缺的参考书。王晓平的《敦煌书仪与〈万叶集〉书状的比较研究》诸论揭示了敦煌愿文、书仪及俗字与日本古代文学的多重影响关系，在方法论上具有重要的指导意义。

　　关于日本上古文学与汉文佛经的影响关系，日本学界的研究有三个特点：一是有关《古事记》与汉文佛经关系的研究取得了不菲的成果，其代表研究者有神田秀夫、小岛宪之、西宫一民、濑间正之和金文京等；二是与《古事记》的研究现状相比，其他上古作品，如《日本书纪》《万叶集》《怀风藻》《风土记》等的研究严重滞后；三是有关佛典词语的探讨较为集中，但有关佛典词语认定的标准尚处于无序的状态。与之相比，更显沉寂的是佛典句式的发掘。而且，从整体上看，一则研究缺乏对上古文学作品与汉文佛经相互关系的宏观把握，二则有关日本上古文学与汉文佛经在主题、素材和表达诸方面微观层面的比较研究，同样有待于进一步的拓展。

　　编纂本资料卷的基本思路是：其一，依据汉文佛经语料，首先对日本上古五部文学作品展开调查，从中析出源自佛典的词语、句式和表达；其二，在传世文籍的观照下，锁定佛典用语的外形特征，注重语源的推求；其三，依据语体认定标准，对佛典表现形式进行语体、语用、语义的综合分析；其四，发掘佛典表达形式在具体文本中产生的变异性问题，从人文语境和自然环境等方面追究变异生成的原因；其五，结合奈良时代的历史文化背景，通过对近乎常态化的写经、读经、诵经和讲经以及各种法会仪式的梳理，从文献学的角度考究汉文佛经逐渐为人们所熟知、承载经文的特殊文体影响上古文学创作的必然性。

编纂本资料卷的基本方法是：采用比较文学的方法，在跨学科研究的视阈中考察日本上古文学与汉文佛经的影响关系。原典性实证研究可保证本研究的学术性，语用学、语义学理论为析出佛典用法提供方法论上的支撑，运用宗教学原理以揭示佛教义理的严谨性，数据统计和量化分析使论述更具客观性，综合分析法有助于从学理上概括规律性，东亚汉文学视角的导入使审视对象更具普遍性，上古文学作品佛典用语语料库的建立使检寻例证兼具便捷性。

编纂本资料卷的重点在于：按照汉语中古词汇史、语法史的发展脉络，运用汉文佛经的语料，从佛教词、口语词、新义词和佛典句式四个方面，发掘隐匿于日本上古韵散两类作品中源自汉文佛经的表达形式，论证其在表达上生发的种种变异性问题，阐述中土文献和汉译佛经双重作用下形成的日本上古文学的文体学特质，探讨中日古代文学交流过程中日本文学所体现出的主体性与创新意识。

在具体的编纂过程中，我们遇到的难点是：在佛教词义理的把握、口语词语体的判别和新义词语义增益的透析上，要求比勘或引得传世文籍的证释，因而客观上增加了查检文献的工作量和辨识词语特征的难度。而且，有关佛典句式的研究本身，一直是国内外汉文佛经文体学研究的一个薄弱环节，其难度之大可想而知。但对本资料篇的编纂者来说，克服并攻克这些难点，同时也就意味着理论与实践意义上的突破和创新。

通过编纂本资料卷，我们形成的基本观点：迄今为止的日本上古文学与中国文学的比较研究方面，依据上古经文和传世文献证明了传统的中国文学对日本上古文学的巨大影响。另一方面，发生在印度并在中国最终得以本土化的大量汉文佛经在进入日本时，对日本文学究竟产生了怎样的影响？尽管历史学和宗教学均会或多或少旁及这一问题，但鲜有从文学本体论的角度加以系统地论述者。而事实恰恰是与传统的中国文学一样，汉文佛经与日本上古文学同样有着密不可分的关系。而且，仅就文体而言，与传统的中国文学相比，汉文佛经文体的影响甚至有过之而无不及。由此观之，不得不说学术界目前有关中日上古文学交流关系的认识有失全面。我们希望，通过本资料卷和研究卷弥补这一缺憾。

从所收集的词目来看，大致有四个特点：一是复合词目所占比例最大；二是其中有词、词组，有一些不固定的结构，甚至包括一些自由短句，这之中双音词目仍占多数；三是大量的三字格、四字格入选条目；四是有各式各样长短不一的句子格式。前两点反

映了汉语词汇发展的历史趋势,后两点体现了佛教语言的口语性特征。概括为一句话,
词目遴选唯一尊重的是客观的语言事实。

　　由于时间仓促,加之水平有限,编纂内容肯定会存在诸多不足和谬误,敬请专家学
者们批评指正!

凡 例

1 条目

1.1 本资料卷所收条目的单字条目和多字条目，都放在【　】内。一些词条后面的"→【　】"，表示与该词条相关的表达形式，如【哀慕/しのふ】→【爱慕】【犢慕】

1.2 本资料卷全部条目按拼音字母次序排列。同音字按笔画排列，笔画少的在前，多的在后。

2 字形

2.1 本资料卷条目所用汉字形体以现在通行的日语汉字为标准。

3 注音

3.1 每条都用日语平假名注音，放在【　】内的"/"后面。

4 释义

4.1 分析意义以古代汉语为标准。

4.2 举例原则上（1）表示年代出现较早的汉文佛经的例句，（2）表示年代较晚的中土文献的例句。例中被释词下加点线，并用黑体表示。

4.3 原则上，释义顺序如下：词条、读音、词性、释义、日文例句、（1）汉文佛经例句、（2）中土文献例句、相关链接。日文例句在表示单项意义时无需排序。

4.4 释例通常使用①②③……表示词语不同的意思和用法。如：【安置於~/~におく】[于字] 妥善地安置在某处。①介词"于"后置。《古事记》下卷《雄略记》："此时，吴人参渡来，其吴人**安置于**吴原，故号其地谓吴原也。"②介词"于"前置。《播磨国风土记·揖保郡》条："后，净御原朝廷，甲申年七月，遣曾祢连麿，返送本处。**于今安置**此里御宅。"③不用介词"于"。《日本书纪》卷7《景行纪》五十一年八月条："时倭姬命曰：'是虾夷等，不可近于神宫。'则进上于朝庭，仍

令<u>安置</u>御诸山傍。"词条具有两个以上的文例时标出在上古文献中的使用次数。如
【尼寺/にじ・あまでら】（16 例）。16 例指在上古文献中的使用次数。

4.5　"也说""亦称"表示适用于其他说法。

4.6　音译词一般附注梵语，如【阿鼻地狱/あびぢごく】……梵语 avicir mahā-nirayo。
【阿羅漢果/あらかんぐわ】 合成 ，由"梵语 arhat（阿罗汉）＋果"构成。【尼/
あま】单音，"梵语 bhikṣuṇī（比丘尼）"的略称。

5　标注

5.1　本资料卷词类标注有词类、词组类、句子类、表达和出典五大类。

5.2　词类主要包括专属词：人名、地名、佛菩萨名、寺院名、塔名、经籍名等。词类
标注放在长方格内。如：【慈氏/じし】 人名 、【黄金山/こがねのやま】 地名 、
【阿弥陀仏/あみだぶつ】 佛名 、【阿育王寺/あいくわうでら】 寺名 、【阿育王
塔/あいくわうたふ】 塔名 、【八十華厳/はちじふくゑごむ】 内典 。

5.3　词类还反映组词方式，包括主述式、述宾式、偏正式、并列式、后补式、前缀词、
后缀词、重叠式。如：【声聞/しやうもん】 主述 、【安像/みかたをおく】 述宾 、
【愛河/あいが】 偏正 、【哀慕/しのふ】 并列 、【崩落/くえおつ】 后补 、【阿師/
あし】 前缀 、【岸頭/きしのほとり】 后缀 、【活活/いきよいきよ】 重叠 。

5.4　词组类主要包括三字格、三字连言、四字格、多音节词。如：【哀愍心/かなしぶ
るこころコロ】 三字 、【尋追求/とめておひまぐ】 连言 、【哀愍摂受/あいみん
せふじゆ】 四字 、【過去無量劫/かくわのむりやうこふ】 多音 。一些词条兼顾
两个以上的词性，如【阿育王塔/あいくわうたふ】，既可视为"塔名"，亦可看
作"四字"。由于通常着眼于其作为历史遗迹的价值，四字格主要是从词语搭配
的角度去看的，所以笔者酌情选择了前者，

5.5　句子类说词句、被动句、假设句、除字句、所字句、随字句、完成句、相字句、于字
句、总括句、比较句、比喻句、时段句。如：【白言："～"/まをしてまをさく ～】
说词 、【被打破/うちやぶらる】 被动 、【若不然者/もししからずは】 假设 、【除～
不～/～をおきては ～なし】 除字 、【当如所願/ねがひのごとくならむ】 所字 、【各
随本願/おのもおのもほんぐわんのまにまに】 随字 、【供養已畢/くやうすることす
でにをはりぬ】 完成 、【相見問訊/あひみてとふ】 相字 、【安居於～/～にあんご
す】 于字 、【種種兵器/くさぐさのつはもの】 总括 、【不可為比/くらぶべからず】

比较、【光如明鏡/ひかり、あきらけきかがみのごとし】 比喻、【半月半月/はんつきはんつき】 时段、

5.6 表达类有口语词、口语句、书简词、书简句、对偶句、格义词。如：【飽喫/あきくらふ】 口语、【此不然也/これしからざるなり】 口语、【軽奉/かろがろしくたてまつる】 书简、【情所不安/こころにやすみせぬところなり】 书简、【愛河～苦海～/あいが〜くかい〜】 对偶。

5.7 出典类包括出典语句、格义词汇、自创语词、自创搭配、先行例。先行例，指日本上古文学作品中的文例早于中土文献和汉译佛经的文例。如：【広行度人/ひろくひとをしゆつけせしむをおこなへ】 典据、【愛慕/めでしたふ】 格义、【安仏/ほとけをおく】 自创、【哀啼流涙/かなしびなきて、なみだをながす】 自创、【般若之船/はんにやのふね】 先例。

5.8 释例通常使用（1）表示汉文佛经文例，使用（2）表示世俗资料文例。如：【奉入/たてまつりいる】 前缀 "进献"的谦辞。《万叶集》卷2第113歌题《从吉野折取萝生松柯遣时额田王**奉入**歌一首》。（1）唐道宣撰《集神州三宝感通录》卷2："有侍人于门东见五色光出地，惊而穿之得古形铜盘，盘下获金像高四尺，光趺并具，斯又同孙皓之育王像也。因**奉入**宫。"（2）《旧唐书》卷118《扬炎传》："请出之以归有司，度宫中经费一岁几何，量数**奉入**，不敢亏用。"但在只有汉文佛经的文例时，为反映该词条的历史变迁的过程，有时会采用（1）（2）（3）的序号来表示不同时期的文例。如【百舌/もものした】。

5.9 释例时的点线，表所释词语，波浪线表相关词语。如：【発声大言/こゑをあげてさけぶ】 自创 大声喊叫。《丰后国风土记·速见郡》条："人窃到井边，**发声大言**，惊鸣涌胜，二丈余许。"（p.300）（1）吴支谦译《菩萨本缘经》卷2《善吉王品》："犹如女人，覆藏怀妊，临产之日，受大苦恼，**发声大唤**，乃令一切，悉共知之。"（2）后秦鸠摩罗什译《灯指因缘经》卷1："此何痴人，担负死尸，欲来入城。自见己身，被诸杖木，身体皆破，甚怀懊恼，**发声大哭**。"（3）元魏瞿昙般若流支译《正法念处经》卷7《地狱品》："以炎燃铁钵盛之，置其口中，大苦逼恼，**发声大吼**。"（4）唐法崇述《佛顶尊胜陀罗尼经教跡义记》卷1："复入炎床上，强扶令坐。一切毛孔，皆出猛火，**发声大叫**。故名大叫唤地狱。"

6 引文说明

本书引用原则如下。以《日本书纪》为例。例如，行文中出现以下文字。《日本书纪》卷30《持统纪》三年三月条："壬寅，新罗遣级湌金道那等奉吊瀛真人天皇丧，并

上送学问僧明聪、观智等，别献金铜阿弥陀像、金铜观世音菩萨像、大势至菩萨像各一躯、彩帛锦绫。"（第三册，p. 492）。上述"卷30"指原始版本《日本书纪》的第30卷，括号内的"第三册"指笔者实际引用的《日本书纪》［（全四册），新编日本古典文学全集，小学馆，1994~1998］中的第三册。《万叶集》《续日本纪》的引用原则同《日本书纪》。

7 日文引例版本

山口佳纪、神野志隆光《古事记》，新编日本古典文学全集，小学馆，1997。

小岛宪之、木下正俊、东野治之《万叶集》（全四册），新编日本古典文学全集，小学馆，1994~1996。

小岛宪之、直木孝次郎、西宫一民、藏中进、毛利正守《日本书纪》（全四册），新编日本古典文学全集，小学馆，1994~1998。

小岛宪之《怀风藻·文华秀丽集·本朝文粹》，日本古典文学大系，岩波书店，1964。

植垣节也《风土记》，新编日本古典文学全集，小学馆，1997。

西宫一民校注《古语拾遗》，岩波书店，1985。

上代文献读书会编《上代写经识语注释》，勉诚出版，2016。

冲森卓也、佐藤信、矢岛泉《藤氏家传　镰足贞慧武智麻吕传注释与研究》，吉川弘文馆，1999。

青木和夫、稻冈耕二、笹山晴生、白藤礼幸《续日本纪》（全四册），新日本古典文学大系，岩波书店，1989~1993。

中田祝夫《日本灵异记》，日本古典文学全集，小学馆，1975。

〔日〕真人元开著，汪向荣校注《唐大和上东征传》，中华书局，1979。

《元兴寺伽蓝缘起并流记资财账》，《宁乐遗文》，东京堂出版，1962。

《法隆寺金堂释迦三尊像光背铭》，东京堂出版，1962。

东野治之《上宫圣德皇帝说》，岩波文库，1941。

8 佛典释例词典

（隋）智顗撰《法界次第初门》，大正藏第四十六册。

（唐）李师政《法门名义集》，大正藏第五十四册。

（北宋）善卿《祖庭事苑》，万续藏第一一三册。

（北宋）道诚集《释氏要览》，大正藏第五十四册。

（南宋）法云编《翻译名义集》，大正大藏第五十四册。

（明）一如编《三藏法数》，浙江古籍出版社，1991。

（明）杨卓编《佛学基础（佛学次第统编）》，中国图书馆出版社，2008。

（明）智旭编《阅藏知津》，大正藏《法宝总目录》第三册。

〔日〕无著道忠《禅林象器笺》，宽保元年（1741）。

普济编《五灯会元》，中华书局，1984。

中国大百科全书总编辑委员会《中国大百科全书》，中国大百科全书出版社，1993。

创价学会编《佛教哲学大词典》，（台湾）正因文化事业有限公司，1998。

中村元『広説仏教語大辞典』、東京書籍株式会社、2010。

丁福保编译《佛学大辞典》，中国书店出版社，2011。

赖永海《中国佛教百科全书》，上海古籍出版社，2011。

陈义孝编《佛学常见词汇》，陕西省汉中市万寿寺，2010。

中国佛教文化研究所《俗语佛源》，中西书局，2013。

朱芾煌编《法相词典》，上海人民出版社，2016。

于凌波《唯识名词白话新解》，宗教文化出版社，2016。

会旻编《天台教学辞典》，弘化社，出版时间不详。

9 汉文佛经引例

出自中华电子佛教学会《CBETA 电子佛典集成 2016》。

10 中文引例版本

参照《汉文佛经文体影响下的日本上古文学》（研究卷）附录"参考文献"。

目 录
contents

A

【阿鼻地狱/あびじごく】 地名 梵语 avicir mahā-nirayo，音译为"阿鼻地狱"，意译作"无间地狱"。八大地狱之一，是受苦无间断的地狱，也是造极重罪的人死后所堕落的地方。《日本灵异记》中卷《智者诽妒变化圣人而现至阎罗阙受地狱苦缘第7》："又指北而往。甚热火气，如云霞，而从空飞鸟，当于热气，而落煎之。问：'是何处?'答：'为师煎熬**阿鼻地狱**。'"（p. 168）唐玄应撰《一切经音义》卷6："**阿鼻**：正言阿鼻至。译云阿，言无，鼻至，言间。无间有二：一身无间；二苦无间也。"吴支谦译《撰集百缘经》卷2《报应受供养品》："三月之中，受王供已，于其脐中，出七宝莲华，各有化佛结跏趺坐，放大光明，上至阿迦腻咤天，下至**阿鼻地狱**。"姚秦鸠摩罗什译《妙法莲华经》卷1《序品》："尔时佛放眉间白毫相光，照东方万八千世界，靡不周遍，下至**阿鼻地狱**，上至阿迦尼咤天。"唐道宣撰《续高僧传》卷8："远抗声曰：'陛下今恃王力，自在破灭三宝，是邪见人。**阿鼻地狱**不拣贵贱，陛下何得不怖?'"按：此类佛教术语的大量存在是形成佛经语言异域风格的主要原因之一。→【地狱】

【阿罗汉果/あらかんか】 合成 梵语 arhat，音译"阿罗汉"。声闻四果的最高位。译为"无学""无生""杀贼""应供"等。谓断尽一切烦恼，处于无可再学的境地。《日本灵异记》下卷《产生肉团之作女子修善化人缘第19》："迦毘罗卫城长老之妻，怀妊生一肉团，到七日头，肉团开敷，有百童子。一时出家，而百人俱得**阿罗汉果**。"（p. 309）唐慧琳撰《一切经音义》卷22："**阿罗汉**：案：梵语中此名含摄多义，依《大婆沙论》第九十四中四义释：一者应供；二者煞贼；三者不生；四者远恶。依《唯识论》三义以释：一曰永害烦恼故；二应受世间妙供养故；三永不复受分段生故。依《成实论》中一释谓断惑尽，故名**阿罗汉**。旧翻之为无生者，谓三界惑尽更无三界生故。"吴支谦译《撰集百缘经》卷1《菩萨授记品》："即告言：'善来，比丘。'须发自落，法服著身，便成沙门，精勤修习，得**阿罗汉果**。"东晋瞿昙僧伽提婆译《中阿含经》卷21《长寿王品》："阿难，我本为汝说四沙门果，须陀洹、斯陀含、阿那含、最上**阿罗汉果**。阿难，此四沙门果，汝当为诸年少比丘说以教彼。若为诸年少比丘说教此四沙门果者，彼便得安隐，得力得乐，身心不烦热，终身行梵行。"后秦佛陀耶舍、竺

1

佛念等合译《长阿含经》卷 8："复有四法，谓四沙门果：须陀洹果、斯陀含果、阿那含果、**阿罗汉果**。" → 【羅漢果】

【**阿弥陀仏/あみだぶつ**】 佛名 （3 例） 梵语 amita-buddha，意译"无量光""无量寿"，故亦称为"无量寿佛"，是西方极乐世界的教主。《日本灵异记》中卷《未作毕佛像而弃木示异灵表缘第 26》："禅师大恐，引置净处，哀哭敬礼，发誓愿言：'有因缘故遇。我必奉造。'请有缘处，劝人集物，雕造**阿弥陀佛**、弥勒佛、观音菩萨等像。"（p. 217）《唐大和上东征传》："思托咨和上，和上烧香，将曲几来，使彦凭几向西方念**阿弥陀佛**。彦即一声唱佛，端坐，寂然无言。和上乃唤彦，彦悲恸无数。"（p. 76）《续日本纪》卷 23《淳仁纪》天平宝字五年六月条："又舍田十町，于法华寺，每年始自忌日，一七日间，请僧十人，礼拜**阿弥陀佛**。"（第三册，p. 380）高丽一然撰《三国遗事》卷 5《感通第 7》："但每夜端身正坐，一声念**阿弥陀佛**号，或作十六观。观既熟，明月入户。时升其光，加趺于上，竭诚若此。"

【**阿弥陀画像/あみだのえのみかた**】 多音 阿弥陀佛的肖像。《日本灵异记》上卷《妻为死夫建愿图绘像有验不烧火示异表缘第 33》："河内国石川郡八多寺，有**阿弥陀画像**。"（p. 132）

【**阿弥陀净土画像/あみだじょうどのえのみかた**】 多音 阿弥陀佛西方净土画像。《续日本纪》卷 23《淳仁纪》天平宝字四年七月条："癸丑，设皇太后七七斋于东大寺并京师诸小寺。其天下诸国，每国奉造**阿弥陀净土画像**。"（第三册，p. 358）

【**阿弥陀净土院/あみだじょうどいん**】 多音 净土院于天平宝字三年（759）开工，次年竣工，位处法华寺内西南角，院内安放阿弥陀和两胁侍（观音、大势至）的"丈六像"。《续日本纪》卷 23《淳仁纪》天平宝字五年六月条："六月庚申，设皇太后周忌斋于**阿弥陀净土院**。其院者在法华寺内西南隅，为设忌斋所造也。"（第三册，p. 380）

【**阿弥陀如来像/あみだにょらいのみかた**】 多音 今义同。《唐大和上东征传》："所将如来肉舍利三千粒，功德绣普集变一铺、**阿弥陀如来像**一铺、雕白栴檀千手像一躯、绣千手像一铺、救［苦］观世音像一铺、药师、弥陀、弥勒菩萨瑞像各一躯。"（p. 87）

【**阿弥陀像/あみだのみかた**】 四字 （4 例） 阿弥陀佛的雕像或画像。《日本书纪》卷 30《持统纪》三年三月条："壬寅，新罗遣级飡金道那等奉吊瀛真人天皇丧，并上送学问僧明聪、观智等，别献金铜**阿弥陀像**、金铜观世音菩萨像、大势至菩萨像各一躯、彩帛锦绫。"（第三册，p. 492）又六年闰五月条："己酉，诏筑紫大宰率河内王等曰：'宜遣沙门于大隅与阿多，可传佛教。'复上送大唐大使郭务悰为御近江大津宫天皇所造**阿弥陀像**。"（第三册，p. 530）《日本灵异记》上卷《信敬三宝得现报缘第 5》：

"弓削大连，狂心起逆，谋倾窥便。爱天亦嫌之，地复恶之。当于用明天皇世，而挫弓削大连。则出佛像，以传后世。今世安置吉野比苏寺，而放光**阿弥陀**之**像**是也。"（p. 75）又中卷《未作毕佛像而弃木示异灵表缘第26》："请有缘处，劝人集物，雕造**阿弥陀佛**、弥勒佛、观音菩萨等**像**。"（p. 217）梁慧皎撰《高僧传》卷6："惟岁在摄提秋七月戊辰朔二十八日乙未，法师释慧远贞感幽奥宿怀特发，乃延命同志息心贞信之士百有二十三人，集于庐山之阴般若台精舍**阿弥陀像**前，率以香华敬荐而誓焉。"唐善导集记《观念阿弥陀佛相海三昧功德法门》卷1："佛劝一切众生发菩提心，愿生西方阿弥陀佛国。又劝造**阿弥陀像**，称扬礼拜香华供养，日夜观想不绝。"辽非浊集《三宝感应要略录》卷1《第十三隋朝僧道喻三寸**阿弥陀像**感应》。

【阿弥陀丈六像/あみだじょうろくのみかた】 多音 "丈六像"，又作"一丈六像""等身像"，谓与阿弥陀佛身等高的雕像或画像。《续日本纪》卷23《淳仁纪》天平宝字五年六月条："六月庚申，设皇太后周忌斋于阿弥陀净土院。其院者在法华寺内西南隅。为设忌斋所造也。其天下诸国，各于国分尼寺，奉造**阿弥陀丈六像**一躯、挟持菩萨像二躯。"（第三册，p. 380）

【阿难/あなん】 人名 （3例） 梵语 ananda，全称"阿难陀"，意译"欢喜""无染"等。佛陀的堂弟，佛陀十大弟子之一。出家后二十余年间伴随在佛陀身边，善记忆，对于佛陀之说法多能朗朗记诵，故誉为多闻第一。阿难天生容貌端正，面如满月，眼如青莲花，身光净如明镜，故虽已出家，却屡遭女色的诱惑。但阿难志操坚固，最终得以保全梵行。《日本灵异记》中卷《女人大蛇所婚赖药力得全命缘第41》："如经说：昔佛与**阿难**，自墓边而过。夫妻二人，共备饮食，祠墓慕哭。夫恋，母啼，妻咏，姨泣。佛闻妻哭，出音而叹。**阿难**白言：'以何因缘，如来叹之？'佛告**阿难**：'是女先世产一男子。深结爱心，口啜其子屄。母经三年，儵条得病，临命终时，抚子啜屄，而斯之言：我生生世，常生相之。生邻家女，终成子妻，祠自夫骨，而今慕哭。知本末事故，我哭耳。'者，其斯谓之矣。"（p. 251）

【阿师/あし】 前缀 称呼僧人。"阿"，名词前缀。用在人名或姓的前面，含有亲昵的意味。《唐大和上东征传》："仍索其书看，乃云：'**阿师**无事，今海贼大动，不须过海去。'"（p. 45）（1）唐道宣述《四分比丘尼钞》卷2："《五分》云：'不得展转作俗人相唤阿婆、阿母、阿兄、阿弟，唤师僧应言和尚阿阇梨（今时僧尼唤和尚阿阇梨为**阿师**，唤同学云某公，此无识之甚也）。'"唐道世撰《法苑珠林》卷62："有一相师，善能占相，语琰师：'**阿师**子虽大聪明，智慧锋锐，然命短寿，不经旬日。'"唐僧详撰《法华传记》卷6："'**阿师**修何功德，得五十年寿，顿能如此？'"（2）唐段成式《酉阳杂俎·怪术》："（李秀才）因奉手袖中，据两膝，叱其僧曰：'粗行**阿师**，争敢辄无礼，柱杖何在？可击之。'"

【阿谁/だれ】 前缀 疑问代词。犹言"谁""何人"。《万叶集》卷16 第3791～

3802 首歌序："良久，娘子等皆共含笑，相推让之曰：'**阿谁**呼此翁哉？'"（第四册，p. 92）（1）西晋安法钦译《阿育王传》卷 3："阿恕伽王，虽闻此语，犹为忧火，焚烧其心，复告子言：'**阿谁**无爱，生挑汝眼？'驹那罗言：'父敕使挑。'"东晋佛陀跋陀罗、法显合译《摩诃僧祇律》卷 14："是陀骠恐后有诤言故，即更于僧中唱言：'是粪扫舍那衣与长老摩诃迦叶。'如是三唱。唱已，六群比丘从坐起作是言：'**阿谁**言与？六群比丘为与不？汝作是唱，非平等心。汝私相亲爱故，回僧物与诸比丘。'"隋阇那崛多译《佛本行集经》卷 52《优陀夷因缘品》："汝等速驱此出家人，**阿谁**听入使来此也？"（2）《蜀志》卷 7《庞统传》："先主谓曰：'向者之论，**阿谁**为失？'"（p. 956）《乐府诗集》唐卢照邻《横吹曲辞五·紫骝马歌辞》："十五从军征，八十始得归。道逢乡里人：'家中有**阿谁**？'"

【阿育王寺/あしょかおうじ】 寺名 今义同。"阿育王"，梵名 asoka，音译为"阿育""阿输迦"等，意译作"无忧"。生卒年月不详。在位年代约为公元前 268 年至前 232 年。他继承并发展了祖父统一印度的事业，使孔雀王朝成为印度历史上第一个统一的大帝国。初奉婆罗门教，肆其暴行，杀戮兄弟、大臣及无数人民，后来改信佛教，成为大护法，兴慈悲，施仁政，于国内建八万四千大寺及八万四千宝塔，派遣宣教师到四方传法，使佛教在国外得到传播。《唐大和上东征传》："又经五日，有〔逻〕海官来问消息，申〔谍〕明州；〔明州太〕守处分，安置鄮县山**阿育王寺**，寺有阿育王塔。"（p. 52）梁僧佑撰《弘明集》卷 2："近姚略叔父为晋王，于河东蒲坂古老所谓**阿育王寺**处，见有光明，凿求得佛遗骨，于石函银匣之中光曜殊常。随略迎都，于霸上比丘今见在新寺。由此观之，有佛事于齐晋之地久矣哉。"唐道宣撰《集神州三宝感通录》卷 1："梁祖普通三年，重其古迹建木浮图，堂殿房廊周环备满，号**阿育王寺**。"宋志盘撰《佛祖统纪》卷 8："端拱元年十月二十一日，右胁而化。阇维之日舍利盈满骨中，门人奉葬于**阿育王寺**之西北隅。"

【阿育王塔/あしょかおうとう】 塔名（3 例）指阿育王所建之诸塔。阿育王皈依佛教之后，大兴佛事，广建寺塔，奉安舍利，供养僧众。亦指后世为纪念阿育王而修建的塔庙。《唐大和上东征传》："又经五日，有〔逻〕海官来问消息，申〔谍〕明州；〔明州太〕守处分，安置鄮县山阿育王寺，寺有**阿育王塔**。"（p. 52）又："其〔阿〕**育王塔**者，是佛灭度后一百年，时有铁轮王，名〔曰〕阿育王，役使鬼神，建八万四千塔之一也。其塔非金、非玉、非石、非土、非铜、非铁，紫〔乌〕色，刻缕非常；一面萨埵王子变，一面舍眼变，一面出脑变，一面救鸽变。上无露盘，中有县钟，埋没地中，无能知者。唯有方基高数仞，草棘蒙茸，罕有寻窥。"（p. 55）又："又**阿育王塔**样金铜塔一区。"（p. 88）梁慧皎撰《高僧传》卷 9："澄曰：'临淄城内有古**阿育王塔**，地中有承露盘及佛像，其上林木茂盛，可掘取之。'即画图与使，依言掘取，果得盘像。"隋费长房撰《历代三宝纪》卷 3："四十余年乃方具足，帝即于长干寺**阿育王塔**

上，起三层木浮图。"唐道宣撰《集神州三宝感通录》卷1："梁大同中，月犯五车老人星见。改造长干寺**阿育王塔**，出舍利发爪。天子幸寺，设大无碍法会。"→【育王塔】

【阿姊/あねのみこと】 前缀 称呼姐姐，"阿妹"的对应词。《日本书纪》卷1《神代纪上》："素戋呜尊对曰：'吾元无黑心。但父母已有严敕，将永就乎根国。如不与姊相见，吾何能敢去？是以，跋涉云雾，远自来参。不意**阿姊**翻起严颜。'"（第一册，p.64）《说文·女部》："**姊**，女兄也。"《尔雅·释亲》："谓女子先生为**姊**，后生为妹。"（1）《乐府诗集·横吹曲辞五·木兰诗》："爷娘闻女来，出郭相扶将；**阿姊**闻妹来，当户理红妆。"（2）隋阇那崛多译《佛本行集经》卷45《大迦叶因缘品》："尔时，彼女所有兄弟，语跋陀罗，作如是言：'**阿姊**，阿妹！我等实亦不欲与汝暂时别离，但我等辈，若不嫁汝，于道理中，复不能得。'"唐义净译《根本说一切有部毗奈耶杂事》卷32："时有苾刍尼与无血女出家，见有余尼于时时中月期水现，遂生嫌耻，报言：'小妹汝有邪思不能离欲，于时时中有月期现。'答言：'**阿姊**何故见嫌？此是女人常法，汝可无耶？'答言：'我无血人，何有斯事？'"唐道宣撰《四分律删繁补阙行事钞》卷3："僧祇比丘不得唤阿爷、阿郎、阿娘、阿婆、阿兄、**阿姊**，乃至姨姑等，不得唤本俗名，准应优婆塞优婆夷等。"按："阿姊"在敦煌变文中出现11次，皆用于他称。

【哀愍摄受/あいみんしょうじゅ】 四字 悲伤怜悯，摄引容受众生。《奈良朝写经10·法华经玄赞卷第3》："仰慕因兹小瑞功德，剪从无始积罪，明镜流辉，幽冥微妙，**哀愍摄受**。"（p.83）梁僧伽婆罗译《度一切诸佛境界智严经》卷1："我昔于此处，已值八亿佛。唯愿今世尊，必**哀愍摄受**。"唐实叉难陀译《大方广佛华严经》卷76《入法界品》："说是语时，善财童子仰视空中而答之言：'善哉，善哉。汝为**哀愍摄受**我故，方便教我见善知识。愿为我说，云何往诣善知识所？于何方处城邑聚落求善知识？'"唐菩提流志译《护命法门神咒经》卷1："尔时，金刚商羯罗大天女合掌恭敬白佛言：'世尊，我今亦为，拥护利益，**哀愍摄受**，诸善男子，及善女人。'"

【哀愍心/かなしぶるこころ】 三字 （2例） 怜悯心，同情心。《日本灵异记》中卷《恶逆子爱妻将杀母谋现报被恶死缘第3》："母慈深，深故于恶逆子垂**哀愍心**，为其修善。"（p.152）又《贷用寺息利酒不偿死作牛役之偿债缘第32》："于兹，知寺僧净达并檀越等，悟于因缘，垂**哀愍心**，为修诵经。"（p.232）东晋佛驮跋陀罗译《大方广佛华严经》卷24《十地品》："是菩萨尔时于一切众生，生安隐心、乐心、慈心、悲心、**哀愍心**、利益心、守护心、师心、大师心、自己心。"刘宋求那跋陀罗译《杂阿含经》卷10："我已长夜，于诸比丘生**哀愍心**，今当复还，摄取彼众，以哀愍故。"唐义净译《金光明最胜王经》卷7《大辩才天女品》："于彼一切众生类，发起慈悲**哀愍心**；世尊妙相紫金身，系想正念心无乱。"

【哀慕/しのふ】 并列 因父母或君上之死而哀伤思慕。《日本书纪》卷26《齐明

纪》七年十月条：“冬十月癸亥朔己巳，天皇之丧归就于海。于是天皇泊于一所，**哀慕**天皇，乃口号曰。”（第三册，p.244）（1）吴康僧会译《六度集经》卷8：“明教适毕，即捐国土，于此庐地树下，除须发著法服作沙门。群臣黎庶，**哀慕**躄踊，悲哭感结。”西晋竺法护译《佛说方等般泥洹经》卷1《哀泣品》：“于时无数千，群萌不可计。悲泣悉**哀慕**，如盲失其目。”唐道宣撰《续高僧传》卷20：“终于建初，春秋六十四。道俗**哀慕**，宫僚轸结。”（2）《宋书》卷15《志第5》：“今者谒陵，以叙**哀慕**，若加衰经，近臣期服，当复受制进退无当，不敢奉诏。”按：《汉语大词典》首引《梁书》卷51《范元琰传》：“父灵瑜，居父忧，以毁卒。元琰时童孺，**哀慕**尽礼。”偏晚。→【愛慕】【憤慕】

【哀啼流泪/かなしびなきて、なみだをながす】 自创 哀伤地痛哭流涕。《日本灵异记》中卷《孤娘女凭敬观音铜像示奇表得现报缘第34》：“圣武天皇御世，父母命终，奴婢逃散，马牛死亡。失财贫家，独守空宅，昼夜哀**啼流泪**。”（p.238）高齐那连提耶舍译《大悲经》卷2《迦叶品》：“尔时，阿难在佛床边悲**啼流泪**，闷绝躄地，犹如临崖斫断大树，作如是言。”又《大悲经》卷5《教品》：“当于尔时，无量天、龙、夜叉、乾闼婆、阿修罗、迦楼罗、紧那罗、摩睺罗伽、释梵、护世、人非人等悲**啼流泪**，作如是言。”隋阇那崛多译《佛本行集经》卷56《罗睺罗因缘品》：“虽复如此，而彼象龙，反更羸瘦，恒大呻吟，呼声大叫，悲**啼流泪**，无时暂憩。”唐波罗颇蜜多罗译《宝星陀罗尼经》卷4《大集品》：“世尊闻已，默然不答。彼城门天，谏佛不回，悲**啼流泪**，复说偈言。”

【哀哉痛哉/かなしきかな、いたましきかな】 四字 多么哀伤悲痛啊。多用于句首或句尾，表示感叹。《日本灵异记》下卷《沙门诵持方广大乘沉海不溺缘第4》：“其女闻之，大哀哭言：‘无幸亡父，何图失宝！我别知之。能见父仪，宁视底玉，亦得父骨。**哀哉痛哉**！’”（p.272）唐若那跋陀罗译《大般涅槃经后分》卷1《应尽还源品》：“唯愿法宝舍利光，照我令脱三有苦。**哀哉痛哉**我等众，几何重得见如来？”唐宗密述《圆觉经道场修证仪》卷16：“我等众生无福力，致使如来速涅槃。**哀哉痛哉**慧日沉，茫茫苦海长冥暗。”按：日本上代文献中，以下划线部分的同类四字语句，在中土文献和汉译佛经当中均未见类例，疑似自创表达形式。《日本书纪》卷1《神代纪上》：“是时月夜见尊忿然作色曰：‘秽哉鄙矣！宁可以口吐之物敢养我乎？’乃拔剑击杀。然后后命，具言其事。”（第一册，p.58）又卷3《神武纪》即位前纪戊午年六月条：“天皇曰：‘此鸟之来，自叶祥梦。大哉赫矣！我皇祖天照大神，欲以助成基业乎？’”（第一册，p.204）又卷15《清宁纪》二年十一月条：“天皇愕然惊叹，良以怆怀曰：‘懿哉悦哉！天垂博爱，赐以两儿。’”（第二册，p.222）又卷15《显宗纪》即位前纪条：“是以，克固四维，永隆万叶。功邻造物，清猷映世。超哉邈矣！粤无得而称。”（第三册，p.238）《日本灵异记》上卷《缔知识为四恩作绘佛像有验示奇表缘第35》：“尼等欢喜流泪，泣矜曰：'吾先失斯像，日夜奉恋。今邂逅得遇。嗟呼庆哉！'"（p. 135）又中卷《恃己高德刑贱形沙弥以现得恶死缘第1》："呜呼惆哉！福贵炽之时，高名虽振华裔，而妖灾窨之日无所归，唯一旦灭也。"（p. 146）又《智者诽妒变化圣人而现至阎罗阙受地狱苦缘第7》："亦更白：'见大德生处，以黄金造宫。'行基闻之言：'欢矣贵哉！'诚知口伤身之灾门，舌剪善之铦钺。"（p. 169）又《赎蟹虾命放生得现报缘第8》："女脱衣赎，犹不免可。后脱裳赎，老乃免之。然蟹持更返，劝请大德，咒愿而放。大德叹言：'贵哉善哉！'"（p. 172）又《忆持〈心经〉女现至阎罗王阙示奇表缘第19》："噫呼奇哉！如《涅槃经》云：'若见有人修行善者，名见天人。修行恶者，名见地狱。'者，其斯谓之矣。"（p. 200）又《佛铜像盗人所捕示灵表显盗人缘第22》："僧并檀越，闻之集来，卫于破仏，而号愁曰：'哀哉恳哉！我大师，聊何有过失，蒙此贼难。尊像有寺，以像为师。今自灭后，以何为师矣？'"（p. 206）又下卷《假官势非理为政得恶报缘第35》："呜呼鄙哉！古丸。用于狐借虎皮之势，非理为政，受恶报者。不睹因果之贱心，太甚也。非无因果也。"（p. 353）又《灾与善表相先现而后其灾善答被缘第38》："同天皇御世延历六年丁卯秋九月朔四日甲寅酉时，僧景戒，发惭愧心，忧愁嗟言：'呜呼，耻哉愧哉！生世命活，存身无便。'"（p. 371）《续日本纪》卷40《桓武纪》延历九年七月条："天皇嘉其笃学，深加赏叹。诏曰：'勤乎懿哉！汝若不爱学，谁能解读。宜从今始近侍殿中。'"→【悲哉痛哉】【痛哉悲哉】【痛哉苦哉】

【愛悲/うつくしくかなし】 并列　爱怜悲悯。《古事记》下卷《雄略记》："然汝守志待命，徒过盛年，是甚**爱悲**，心里欲婚，悼其极老，不得成婚，而赐御歌。"（p. 342）北凉道泰译《大丈夫论》卷2《**爱悲**品》，又《**爱悲**胜品》。唐玄奘译《摄大乘论释》卷1："初任持**爱悲**，后随顺不善。非黑白我见，有益亦有损。"按：《汉语大词典》失收。《雄略记》在此出现"爱悲"一词绝非偶然，寓意极其深邃，其宗旨在于颂扬圣帝雄略天皇所具有的悲天悯人的博大胸襟。→【恋悲】

【愛而養之/めぐみてひだす】 四字　因怜爱而养育。《日本书纪》卷1《神代纪上》："吾所产儿，凡有一千五百座。其中一儿最恶，不顺教养，自指间漏堕者必彼也。宜**爱而养之**。此即少彦名命是也。"（第一册，p. 106）（1）梁慧皎撰《高僧传》卷4："人尝有遗遁马者，遁**爱而养之**。时或有讥之者，遁曰：'爱其神骏，聊复畜耳。'"该例在宋善卿编《祖庭事苑》卷4中亦见辑录。（2）《隋书》卷85《王充传》："其父收幼孤，随母嫁粲，粲**爱而养之**，因姓王氏，官至怀、汴二州长史。"（p. 1894）《酉阳杂俎》卷14《诺皋记上》："天翁姓张名坚，字刺渴，渔阳人。少不羁，无所拘忌。尝张罗，得一白雀，**爱而养之**。"（p. 654）

【愛河/あいが】 偏正　"爱河"，爱欲的海洋。谓情欲的祸害如同河流足以溺人。《奈良朝写经56·大般若经卷第50等》："谁不渡**爱河**者，乘彼宝船。步迷路者，休此芳林者也。"（p. 358）东晋佛驮跋陀罗译《大方广佛华严经》卷58《入法界品》："度无智海，厌生死苦，乘大法船，济四使流，于大**爱河**，造智慧桥。"元魏月婆首那译《僧伽咤经》卷1："临命终时，其心不怖，不受胎生，无复忧恼，不为**爱河**，之所漂没。"唐道宣撰《广弘明集》卷30："反流开睿属，搦翰动神衿。愿托牢舟友，长免**爱河**深。"

【愛河～苦海～/あいが～くかい～】 对偶 "爱河"同上。"苦海"，指尘世间的烦恼和苦难。《万叶集》卷5《日本挽歌》序："**爱河**波浪已先灭，**苦海**烦恼亦无结。从来厌离此秽土，本愿托生彼净刹。"（第二册，p.22）唐尸罗达摩译《佛说十地经》卷4："蕴宅界蛇诸见箭，欲火猛炽无明暗。**爱河**漂转不假观，**苦海**沦湑阙明导。"唐义净译《根本说一切有部毘奈耶杂事》卷16："今复以其，洗净之法，令生希有。拔出**爱河**，登涅槃岸，长辞**苦海**，永证无生。"按：上述佛典例句均作对举用法，值得关注。

【愛慕/めでしたふ】 格义 喜爱倾慕。《藤氏家传》下卷《武智麻吕传》："公尝梦遇一奇人，容貌非常。语曰：'公**爱慕**佛法，人神共知。幸为吾造寺，助济吾愿。'"（p.351）隋阇那崛多译《大法炬陀罗尼经》卷18《如化品》："是时亦有，无量众生，初亦起心，**爱慕**是法。"唐实叉难陀译《大方广佛华严经》卷15《贤首品》："又放光明名欢喜，此光能觉一切众。令其**爱慕**佛菩提，发心愿证无师道。"唐菩提流志译《大宝积经》卷1："是大莲华，从于如来，超过世间，善根所生，菩萨志意，之所**爱慕**，遍现诸方。"按：传世文献中的"爱慕"，一表喜欢羡慕。《史记·秦始皇本纪》："三十七年十月癸丑，始皇出游（……）少子胡亥爱慕请从，上许之。"二表喜爱倾慕。《后汉书》卷25《卓茂传》："（茂）性宽仁恭爱，乡党故旧，虽行能与茂不同，而皆**爱慕**欣欣焉。"从用法上看，"爱慕"的对象均为具体的人物，而在汉译佛经当中，"爱慕"的对象扩展至表现抽象的宗教信仰，如佛法等。

【愛網/あいもう】 偏正（2例） 为情爱所束缚的网罗。《日本灵异记》下卷《灾与善表相先现而后其灾善答被缘第38》："等流果所引故，而结**爱网**业，烦恼之所缠，而继生死，驰乎八方，以炬生身。"（p.371）《奈良朝写经18·弥勒上生经》："伏愿契道能仁，升游正觉，菩提枝下闻妙法之圆音，兜率天中得上真之胜业，通该有顶，普被无边，并泛慈航，同离**爱网**。"（p.141）西晋竺法护译《渐备一切智德经》卷4《不动住品》："所可奉寂寞，消一切**爱网**，灭于大然炽，世俗尘劳火。"东晋佛驮跋陀罗译《大方广佛华严经》卷14《金刚幢菩萨十回向品》："众生常为，**爱网**所缠，无明覆蔽，染著有爱，为之走使，不得自在。"姚秦鸠摩罗什译《大树紧那罗王所问经》卷3："于利无利等无著，悉知一切诸世法。堕**爱网**者令解脱，导师世尊我赞礼。"

【愛無過子/うつくしみはこにまさることなし】 四字 对孩子的爱最为博大。《万叶集》卷5第802～803首《思子等歌一首并序》："又说：'**爱无过子**。'至极大圣，尚有爱子之心。况乎世间苍生，谁不爱子乎？"（第二册，p.28）刘宋求那跋陀罗译《杂阿含经》卷36："所**爱无过子**，财无贵于牛。光明无过日，萨罗无过海。"按：《新

编日本古典文学全集》栏上的注释指出，在佛教看来，爱是一种执着，意味着对对象的惑溺；爱欲等本身就是一种罪过，是烦恼之一。山上忆良在此反用其义，使用佛典成词来表现人世间最为朴素的父子之爱，从根本上颠覆了经文的本意。

【愛欲／あいよく】 并列 （5 例） 贪求、执着物质，亦指男女互相爱慕的情欲。《日本灵异记》中卷《生**爱欲**恋吉祥天女像感应示奇表缘第 13》："睇之天女像，而生**爱欲**，系心恋之，每六时愿云：'如天女容好女赐我。'"（p. 182）又《女人大蛇所婚赖药力得全命缘第 31》："其神议者，从业因缘。或生蛇马牛犬鸟等，先由恶契，为蛇爱婚，或为怪畜生。**爱欲**非一。"（p. 251）又下卷《女人滥嫁饥子乳故得现报缘第 16》："问姊之时，答：'实如语。我等母公，面姿姝妙，为男**爱欲**，滥嫁，惜乳不赐子乳。'"又《奉写〈法华经〉经师为邪淫以现得恶死报缘第 18》："晰知护法刑罚。**爱欲**之火，随燋身心，而由淫心，不为秽行。愚人所贪，如蛾投火。"（p. 305）东晋佛驮跋陀罗译《达摩多罗禅经》卷 2："谓初受生时，兴二颠倒想，于内生**爱欲**，于外起瞋恚。"北凉昙无谶译《起世经》卷 10《最胜品》："以有染故，数相视瞻，既数相看，遂生**爱欲**。"

【愛子之心／こをうつくしぶるこころ】 四字 对孩子的慈爱之心。《万叶集》卷 5 第 802～803 首《思子等歌一首并序》："爱无过子。至极大圣，尚有**爱子之心**。况乎世间苍生，谁不爱子乎？"（第二册，p. 28）隋阇那崛多译《金刚场陀罗尼经》卷 1："文殊师利，爱是菩提是陀罗尼法门。文殊师利言：'世尊，爱者非是一切烦恼根耶？'佛言：'于汝意云何？如人未有子时，**爱子之心**，为在内为在外为在他方？'文殊师利言：'世尊，彼人尚未有子，云何得有**爱子心**耶？'佛言：'文殊师利，是人后时，若因妇女和合生子，然后彼人生**爱子心**。于汝意云何？如是**爱子之心**，为从东方来。南西北方四维上下来？为在内为在外？'文殊师利言：'世尊，彼**爱子心**，不从十方及内外来。'"

【碍滞／ぎょうたい】 并列 迟延，拖延。《续日本纪》卷 5《元明纪》和铜五年五月条："随问辩答，不得**碍滞**。若有不尽者，所由官人及使人，并准上科断。"（第一册，p. 182）唐慧琳撰《一切经音义》卷 7："**滞碍**：上直例反。王逸注《楚辞》云：**滞**，留也。贾逵注《国语》云：**滞**，久也。《说文》云：**滞**，**碍**也。从水，带声也。下我盖反。《广雅》：**碍**，距也。《说文》云：**碍**，止也。从石，疑声也。"（1）姚秦鸠摩罗什译《集一切福德三昧经》卷 3："复次，那罗延，无所**碍滞**①，是名为慈，救众生苦，是名为悲，悉无所恼，是名为喜，不高不下，是名为舍。"隋智顗撰《四教义》卷 5："若欲报信施之恩，但现十八变化。何况罗汉不闻佛说三藏教，而能自发四辨无碍。解释佛法无**碍滞**②也。"唐菩提流志译《佛心经》卷 1："善男子当知，此契同于如来语。持契百遍举至于口，所说法要同如来音，无有**碍滞**皆合契经。"（2）《全梁文》卷

---

① "碍滞"，宋本、元本、明本、宫本中作"滞碍"。
② 甲本中作"疑"。

69 何逊《七召》："先生曰：'有为之生已逼，无益之虑常劳。若见明于**碍滞**，幸求救于肓膏。'"按：《汉语大词典》失收。

【安仏／ほとけをおく】 自创 安置佛像。《日本灵异记》中卷《依汉神崇杀牛而祭又修放生善以现得善恶报缘第5》："自阎罗阙还苏，增发誓愿。从此已后，效不祀神。归信三宝，己家立幢，成寺**安佛**，修法放生。"（p.160）（1）后秦佛陀耶舍、竺佛念等合译《四分律比丘戒本》卷1："不得**安佛**像在下房，己在上房住，应当学。"唐义净译《浴佛功德经》卷1："于清净处，以好土作坛，或方或圆，随时大小，上置浴床，中**安佛**像，灌以香汤，净洁洗沐，重浇清水。所用之水，皆须净滤，勿使损虫。"唐不空译《菩提场所说一字顶轮王经》卷4《诸成就法品》："又于高山顶上**安佛**像，吃根茎果诵二十一万遍。"（2）后魏菩提流支译《佛说佛名经》卷8："当在静处，修治室内，以诸幡华，庄严道场，香泥涂画，悬四十九枚幡，庄严佛座，**安置佛**像。"唐阿地瞿多译《陀罗尼集经》卷1《释迦佛顶三昧陀罗尼品》："若欲受持，上四法者，于闲静处，当作水坛，纵广四肘，种种庄严，于道场中，**安置佛**像。"唐不空译《佛说炽盛光大威德消灾吉祥陀罗尼经》卷1："若有国界不安，灾难并起，请清净众如法建立道场，**安置佛**像，结界护持。"按：在（1）例四字格中，采取的是中间截取二字的方法。在（2）例四字格中，采取的是隔字截取二字的方法。→【安像】

【安居会／あんごえ】 三字 夏冬两季举行的安居法会。《日本灵异记》下卷《产生肉团之作女子修善化人缘第19》："时宝龟七八个年比顷，肥前国佐贺郡大领正七位上佐贺君儿公，设**安居会**。请戒明法师令，讲八十华严之时，彼尼不阙，坐众中听。"（p.309）唐道宣撰《毗尼作持续释》卷9："作白已起座，擎筹盘者在前，收筹者持空盘随后，先至佛位前筹盘，付与收者。具仪顶礼三拜，捧筹跪白云：'（某）年月日**安居会**上，娑婆教主本师释迦牟尼佛受第一筹。'"又："若有沙弥**安居**者，彼和尚或阿阇黎代为受筹，后至韦天前，执筹鞠躬白言：'（某）年月日**安居会**中，护法韦驮尊天受末后筹，亦如前仪收之。'"按：《日本古典文学全集》栏上的注释认为，"安居会"是指在规定的时期僧侣们聚集在清净之处修养道心的一种法事。（p.307）

【安居於～／～にあんごす】 于字 （8例） 亦名"坐夏"或"坐腊"，指在夏季的三个月中，僧徒不得随便外出，以便专注于坐禅和修习佛法。①《日本书纪》卷29《天武纪下》十二年七月条："秋七月丙戌朔己丑，天皇幸镜姬王之家讯病。庚寅，镜姬王薨。是夏，始请僧尼**安居于**宫中，因简净行者三十人出家。"（第三册，p.428）又十四年四月条："庚寅，始请僧尼**安居于**宫中。"（第三册，p.446）又朱鸟元年五月条："癸亥，天皇始体不安，因以于川原寺说《药师经》，**安居于**宫中。"（第三册，p.460）②《日本书纪》卷30《持统纪》四年五月条："庚寅，**于**内里始**安居**讲说。"（第三册，p.504）③《日本书纪》卷30朱鸟元年七月条："是日，以絁丝棉布奉施七寺**安居**沙门三千三百六十三，别为皇太子奉施**于**三寺**安居**沙门三百二十九。"（第三册，p.506）

《日本灵异记》上卷《凶人不敬养奶房母以现得恶死报缘第23》："善人何为违孝？或人奉为父母建立塔，造佛写经，屈请众僧，令行**安居**。汝家饶财，贷稻多吉。何违学覆，不孝亲母？"（p. 110）《续日本纪》卷20《孝谦纪》天平宝字元年正月条："甲寅，敕：'始自来四月十五日，至于五月二日，每国，令讲《梵网经》。其今年**安居**者，宜以五月三日为始。'"（第三册，p. 174）（1）唐义净译《根本说一切有部百一羯磨》卷9："言立制所得利者，谓诸苾刍或是随党或非随党，共作制要。然后**安居**于，某处村坊，街衢之内，某家属我某舍属汝。若得物时，依制而受。"（2）吴支谦译《撰集百缘经》卷4《出生菩萨品》："时诸比丘**安居**欲竟，自恣时到，春秋二时，常来集会，听佛说法。"隋阇那崛多译《佛本行集经》卷39《婆毘耶出家品》："尔时，世尊成道之后，在波罗奈鹿野苑内，通及佛身，合八人，六月十六日**安居**，至九月十五日，合九十三人解夏。"《宋书》卷67《谢灵运传》："**安居**二时，冬夏三月。远僧有来，近众无阙。法鼓朗响，颂偈清发。散华霏蕤，流香飞越。析旷劫之微言，说像法之遗旨。乘此心之一豪，济彼生之万理。启善趣于南倡，归清畅于北机。非独惬于予情，谅金感于君子……众僧冬夏二时坐，谓之**安居**，辄九十日。众远近聚萃，法鼓、颂偈、华、香四种，是斋讲之事。析说是斋讲之议。乘此之心，可济彼之生。南倡者都讲，北机者法师。山中静寂，实是讲说之处。兼有林木，可随寒暑，恒得清和，以为适也。"（p. 1769）按：上述①的用法来自汉译佛经。但②的用法属于《日本书纪》独特的表达方式。《新古典文学大系》栏上的注释指出，日本史书中第一次出现"安居"一词，是在《天武纪》十二年七月条。又据《玄蕃寮式》载："凡十五大寺**安居**者……并起四月十五日，尽七月十五日，分经讲说。"此外，如①例文所示，将安居的地点设在宫廷，似为佛教传至日本后所出现的新变化，是由佛教的"镇国"性质而决定的。→【夏安居】

【**安楽**/あんらく】 [地名] 西方极乐世界的别名。如"安乐国土""安乐世界""安乐净土"等说法，皆为其例。《奈良朝写经20·大般若经卷第232》："托思玄津，庶福于**安乐**，归心实际，冀果于菩提。"（p. 148）姚秦鸠摩罗什译《妙法莲华经》卷6《药王菩萨本事品》："若如来灭后五百岁中，若有女人闻是经典，如说修行。于此命终，即往**安乐**世界，阿弥陀佛、大菩萨众，围绕住处，生莲华中，宝座之上。"后魏昙鸾撰《无量寿经优婆提舍愿生偈注》卷1："无量寿是**安乐**净土如来别号。"

【**安楽国土**/あんらくのこくど】 [地名] 西方极乐世界的别名。《奈良朝写经38·大般若经卷第591》："智识之中，存亡父母、六亲神识等，生**安乐国土**值菩提。"（p. 253）曹魏康僧铠译《佛说无量寿经》卷2："于是，阿难起整衣服，正身西向，恭敬合掌，五体投地，礼无量寿佛。白言：'世尊，愿见彼佛，**安乐国土**，及诸菩萨，声闻大众。'"失译人名今附秦录《大乘悲分陀利经》卷1《入陀罗尼门品》："唯除如来一切种智，以一芥子为一四天下，尽此芥子为莲华世界。如是世界菩萨满中，譬如**安乐国土**菩萨充遍。"北凉昙无谶译《大般涅槃经》卷10《一切大众所问品》："尔时三千大千世界庄严微妙，犹如西方**安乐国土**。"

【安穩/やすきこと】 格义 （4例） 安定、平静，用作佛教词，亦作安隐。"隐""稳"，古今字。安乐而平稳无事之意。若达到不为任何烦恼所惑之境地而身安心稳，犹如涅槃之寂静无为。且不为五浊所障，亦称为"安穩"。《日本灵异记》中卷《力女捔力试缘第4》："狐所打戳。不住其市，不夺人物。彼市人，总皆悦**安穩**。"（p. 154）《续日本纪》卷22《淳仁纪》天平宝字四年三月条："甲戌，诏曰：'比来，皇太后御体不予。宜祭天神地祇，诸祝部等各祷其社。欲令圣体**安穩**平复。'"（第三册，p. 348）又卷40《桓武纪》延历八年十二月条："又敕：'顷者中宫不予，稍经旬日。随勤医疗，未有应验。思归至道，令复**安穩**。宜令畿内七道诸寺，一七个日读诵《大般若经》焉。'"又延历九年闰三月条："壬午，诏曰：'朕以寡德临驭寰区，国哀相寻，灾变未息。转祸为福，德政居先。思布仁恩，用致**安穩**。'"按："安穩"用作"稳妥"之义，在传世文献中司空见惯。《续日本纪》卷3《文武纪》庆云三年二月条："若公作之役。不足佣力者。商量作**安穩**条例。永为法式。"（第一册，p. 100）又卷7《元正纪》养老元年十一月条："长者直贵，短者直贱。事须**安穩**，理应均输……所司宜量一丁输物。作**安穩**条例。"（第二册，p. 36）又卷32《光仁纪》宝龟三年八月条："但以年序稍积，新钱已贱。限以格时，良未**安穩**。"（第四册，p. 386）→【得安穩】

【安像/みかたをおく】 述宾 安置佛菩萨的塑像或画像。《日本灵异记》中卷《观音铜像及鹭形示奇表缘第17》："尼众卫绕彼像，而悲哭云：'我失尊像，日夜奉恋，今邂逅而逢。我诸大师，何有罪过，蒙斯贼难。'然严礜**安像**，以奉请寺。"（p. 194）隋阇那崛多译《不空罥索咒经》卷1："其持咒者当清净处**安像**，像前以牛粪涂地，四方齐整，纵广丈六尺。"唐阿地瞿多译《陀罗尼集经》卷3《佛说跋折啰功能法相品》："其坛中心安释迦牟尼佛华座，座上**安像**，其座东面复安华座，座上安般若波罗蜜身，左手把经。"唐菩提流志译《一字佛顶轮王经》卷5《世成就品》："又法取孔雀尾一百八枚，系束一处，于日月蚀时摩坛**安像**，当于像前置孔雀尾，结印诵咒咒孔雀尾。"按：《汉语大词典》失收。

【安養界/あんにょうかい】 地名 西方极乐世界的别名。于此极乐净土中，可安心、养身，故称。《奈良朝写经未收6·维摩诘经卷第下》："此君永逝，一期两股，不顾亲属。所以，生**安养界**同处，欲相愿共诸众生往生安乐国。"（p. 497）唐湛然述《法华文句记》卷8《释五百弟子受记品》："月藏第九法食等者，法食闻法也。如**安养界**下品生人，在莲华中，常闻弥陀观音说法。"唐善导集记《转经行道愿往生净土法事赞》卷2："愿往生愿往生，与佛声闻菩萨众同游舍卫住祇园；愿闭三涂绝六道，开显无生净土门。人天大众皆来集，瞻仰尊颜听未闻，见佛闻经同得悟。毕命倾心入宝莲，誓到弥陀**安养界**。"唐法照撰《净土五会念佛诵经观行仪卷中下》卷3："少用功夫亦成就，临终圣众自迎将。到彼西方**安养界**，快乐欢悦永无忧。"

【安遠 ~ 澄什 ~／あんおん ~ ちょうじゅう ~】 对偶 "安远"，指东晋道安（312 ~ 385）、慧远（334 ~ 416）两人。"澄什"，指西晋佛图澄（232 ~ 348）、姚秦鸠摩罗什（344 ~ 413）两人。《续日本纪》卷8《元正纪》养老三年十一月条："不践**安远**之讲肆，学达三空，未漱**澄什**之言河，智周二谛。"（第二册，p.62）（1）梁僧佑撰《出三藏记集》卷1："**提什**举其宏纲，**安远**振其奥领。渭滨务逍遥之集，庐岳结般若之会。像法得人于斯为盛。"隋费长房撰《历代三宝纪》卷11、唐道宣撰《大唐内典录》卷4中亦见辑录。（2）唐实叉难陀译《大乘入楞伽经》卷1御制《新译大乘入楞伽经序》："三藏沙门于阗国僧实叉难陀大德，大福先寺僧复礼等，并名追**安远**，德契腾兰，袭龙树之芳猷，探马鸣之秘府，戒香与觉花齐馥，意珠共性月同圆。"唐窥基撰《西方要决释疑通规》卷1："声追**安远**之风，奚殊电影；德过肇生之节，讵谢干城。"唐法琳撰《辩正论》卷1："若赴华阴之市，固以学侔**安远**才迈肇生，实开士之栋梁，法城之墙堑者也。"唐彦琮撰《唐护法沙门法琳别传》卷1："志等**澄**兰，誓摧邪而纳虑。器均**安远**，弘正教以为心。"（3）唐波罗颇蜜多罗译《大乘庄严经论》卷1唐李百乐《大乘庄严经论序》："继**澄什**之清尘，来仪上国；摽生**远**之逸气，高步玄门。"唐冥详撰《大唐故三藏玄奘法师行状》卷1："知欲晦迹岩泉，追林**远**而架往；托虑禅寂，轨**澄什**以标今。"唐慧立本、彦悰笺《大唐大慈恩寺三藏法师传》卷6："次复严显求经，**澄什**继译，虽则玄风日扇，而并处伪朝。"又卷8："腾兰爇慧炬于前，**澄什**嗣传灯于后。"（4）唐道宣撰《广弘明集》卷24隋薛道衡《吊延法师亡书》："屈宸极之重，申师资之义。三宝由其弘护，二谛藉以宣扬。信足以追纵**澄什**，超迈**安远**。"该例在《续高僧传》卷8中亦见辑录。唐神清撰、慧宝注《北山录》卷9："而康僧会、支道林、**澄什**、**安远**、什门四圣（生肇融睿）、梁僧佑、周道安、隋彦琮，国初净宣林概（慧净、道宣、法林、明概）靡不洞闲本教，该涉经史，研综词翰。咸事著述。极夫匡绍者也（皆贞观译经之高僧）。"

【安置供養／~ におき、つかへまつる】 四字 安放资养。《续日本纪》卷24《淳仁纪》天平宝字七年五月条："胜宝四年，本国使适聘于唐，业行乃说以宿心。遂与弟子二十四人，寄乘副使大伴宿祢古麻吕船归朝。于东大寺**安置供养**。"（第三册，p.430）北凉昙无谶译《大方等大集经》卷45《护塔品》："复次，龙王，若有居家，乃至国土，抄写此经，其中众生，常人天生，不入恶道。大王如是日藏大授记经，随何国土，如法抄写，**安置供养**，数数读诵，具足得此，十种利益。"唐义净译《根本说一切有部毗奈耶杂事》卷38："有余舍利我等欲取，将往波波聚落，建窣睹波**安置供养**。"唐道宣撰《道宣律师感通录》卷1："时彼山神，寺未破前，收取此像，远在空中。寺破以后，下内石室，**安置供养**。年月既久，石生室灭。"

【安置於 ~／~ におく】 于字 （59例） 妥善地安置在某处。①《古事记》下卷《雄略记》："此时，吴人参渡来，其吴人**安置于**吴原，故号其地谓吴原也。"（p.336）

《日本书纪》卷10《应神纪》十三年九月条："秋九月中，发长媛至自日向，便**安置于**桑津邑。"（第一册，p.478）又卷14《雄略纪》七年八月条："天皇闻弟君不在，遣日鹰吉士坚盘固安钱使共复命，遂即**安置于**倭国吾砺广津邑。"（第二册，p.174）又十年十月条："冬十月乙卯朔辛酉，以水间君所献养鸟人等，**安置于**轻村、盘余村二所。"（第二册，p.188）又卷14《雄略纪》十四年三月条："三月，命臣连迎吴使。即**安置**吴人**于**桧隈野，因名吴原。"（第二册，p.196）又卷20《敏达纪》六年十一月条："冬十一月庚午朔，百济国王付还使大别王等献经论若干卷，并律师、禅师、比丘尼、咒禁师、造佛工、造寺工六人。遂**安置于**难波大别王寺。"（第二册，p.476）卷22《推古记》二十三年七月条："秋七月，亦掖玖人二十口来之。先后并三十人，皆**安置于**朴井，未及还皆死焉。"（第二册，p.572）又卷24《皇极纪》元年二月条："庚戌，召翅歧**安置于**阿昙山背连家。"（第三册，p.58）又卷25《孝德纪》白雉四年六月条："遂为法师，命画工狛坚部子麻吕、鲫鱼户直等多造佛菩萨像，**安置于**川原寺。"（第三册，p.194）又卷29《天武纪下》十三年五月条："五月辛亥朔甲子，化来百济僧尼及俗男女并二十三人，皆**安置于**武藏国。"（第三册，p.436）②《播磨国风土记·揖保郡》条："后，净御原朝廷，甲申年七月，遣曾祢连麿，返送本处。**于**今**安置**此里御宅。"（p.80）《续日本纪》卷21《淳仁纪》天平宝字二年九月条："丁亥，小野朝臣田守等至自渤海。渤海大使辅国大将军兼将军行木底州刺史兼兵署少正开国公扬承庆以下二十三人，随田守来朝。便**于**越前国**安置**。"（第三册，p.290）又卷23《淳仁纪》天平宝字五年八月条："越州浦阳府别将赐绿陆张什等三十人，送元度等归朝。**于**大宰府**安置**。"（第三册，p.386）又卷24《淳仁纪》天平宝字六年十月条："冬十月丙午朔，正六位上伊吉连益麻吕等至自渤海。其国使紫绶大夫行政堂左允开国男王新福以下二十三人相随来朝。**于**越前国加贺郡**安置**供给。"（第三册，p.414）又卷31《光仁纪》宝龟二年六月条："壬午，渤海国使青绶大夫壹万福等三百二十五人，驾船十七只，著出羽国贼地野代凑。**于**常陆国**安置**供给。"（第四册，p.344）又卷32《光仁纪》宝龟三年九月条："送渤海客使武生鸟守等解缆入海，忽遭暴风，漂著能登国。客主仅得免死。便**于**福良津**安置**。"（第四册，p.386）又卷34《高绍纪》宝龟七年十二月条："比著我岸，忽遭恶风，柁折帆落，漂没者多。计其全存，仅有四十六人。便**于**越前国加贺郡**安置**供给。"又卷35《高绍纪》宝龟九年十月条："正月十三日，到长安城。即**于**外宅**安置**供给。"③《日本书纪》卷7《景行纪》五十一年八月条："时倭姬命曰：'是虾夷等，不可近于神宫。'则进上于朝庭，仍令**安置**御诸山傍。"（第一册，p.388）又卷15《清宁纪》二年十一月条："便起柴宫，权奉**安置**。乘骢驰奏。"（第二册，p.222）又《显宗纪》即位前纪条："于是，悉发郡民造宫，不日权奉**安置**，乃诣京都求迎二王。"（第二册，p.234）又卷17《继体纪》元年二月条："是故，白发天皇无嗣，遣臣祖父大伴大连室屋每州**安置**三种白发部，以留后世之名。"（第二册，p.290）又卷18《安闲纪》元年十月条："诏曰：'可矣。宜早**安置**。'"（第二册，p.338）又卷19《钦明纪》元年八月条："诸蕃投化者，**安置**国郡，编贯户籍。"（第二册，p.360）又十三年十月条："大臣跪受而忻悦，**安置**小垦田家。"（第二册，p.419）又卷20《敏达纪》十三年是岁条："马子独依佛法，崇敬三尼。乃以三尼付水田直与达等，令供衣食。经营佛殿于宅东方，**安置**弥勒石像。屈请三尼大会设斋。"（第二册，p.488）又卷22《推古纪》十六年六月条："六月壬寅朔丙辰，客等泊于难波津。是日，以饰船三十艘迎客等于江口，**安置**新馆。"（第二册，p.556）又十八年十月条："是日，命额田部连比罗夫为迎新罗客庄马之长，以膳臣大伴为迎任那客庄马之长，即**安置**阿斗河边馆。"（第二册，p.562）又二十年是岁条："又百济人味摩之归化曰：'学于吴，得伎乐舞。'则**安置**樱井，而集少年，令习伎乐舞。"（第二册，p.566）又卷29《天武纪下》四年十月条："丙戌，自筑紫贡唐人三十口。则遣远江国而**安置**。"（第三册，p.364）《常陆国风土记·行方郡》条："从此往南十里，板来村。近临海滨，**安置**郡家。此谓板来之驿。"（p.382）《那贺郡》条"即盛净杯，设坛**安置**。一夜之间，已满杯中。"（p.404）《日本灵异记》上卷《信敬三宝得现报缘第5》："今世**安置**吉野比苏寺，而放光阿弥陀之像是也。"（p.75）又《遭兵灾信敬观音菩萨像得现报缘第17》："觊得观音菩萨像，信敬尊重。八人同心，窃截松木，以为一舟。奉请其像，**安置**舟上。各立誓愿，念彼观音。"（p.98）又《妻为死夫建愿图绘像有验不烧火示异表缘第33》："画师矜之，共同发心，绘绚画毕。因设济会。即**安置**金堂，恒为敬礼。"（p.132）又《缔知识为四恩作绘佛像有验示奇表缘第35》："河内国若江郡游宜村中，有练行沙弥尼。其姓名未详。住于平群山寺。率引知识，奉为四恩，敬画像，其中图六道。供养之后，**安置**其寺。"（p.135）又中卷《佛铜像盗人所捕示灵表显盗人缘第22》："众僧严謽，**安置**损佛，哭殡于寺。"（p.206）又下卷《未作毕捻埴像生呻音示奇表缘第17》："今**安置**弥气堂，以居乎弥勒胁士之菩萨是也。左大妙声菩萨，右法音轮菩萨。"（p.304）《唐大和上东征传》："又经五日，有〔逻〕海官来问消息，申〔牒〕明州；〔明州太〕守处分，**安置**鄮县山阿育王寺，寺有阿育王塔。"（p.52）又："又于大守厅内，设会授戒，仍入州大云寺**安置**。"（p.68）又："四日，入京，敕遣正四位下安宿王于罗城门外迎慰、拜劳，引入东大寺**安置**。"（p.92）《续日本纪》卷9《元正纪》养老六年十二月条："十二月庚戌，敕奉为净御原宫御宇天皇，造弥勒像。藤原宫御宇太上天皇释迦像。其本愿缘记，写以金泥，**安置**佛殿焉。"（第二册，p.126）又卷13《圣武纪》天平十一年十一月条："广成等四人仅免死，得见昆仑王。仍给升粮，**安置**恶处。至七年。"（第二册，p.356）又卷16《圣武纪》天平十八年六月条："天平七年，随大使多治比真人广成还归，赍经论五千余卷及诸佛像来。皇朝亦施紫袈裟著之，尊为僧正，**安置**内道场。"（第三册，p.30）又天平十八年是岁条："是年，渤海人及铁利惣一千一百余人，慕化来朝。**安置**出羽国，给衣粮放还。"（第三册，p.36）又卷17《圣武纪》天平十九年十一月条："其金光明寺各造七重塔一区，并写金字《金光明经》一部，**安置**塔里。"（第三册，p.48）又卷20《孝谦记》天平宝字二年七月条："戊戌，敕：'为令朝廷安宁，天下太平，国别奉写

《金刚般若经》三十卷，**安置**国分僧寺二十卷，尼寺十卷，恒副《金光明最胜王经》，并令转读焉。'"（第三册，p.256）又卷24《淳仁纪》天平宝字六年八月条："八月乙卯，敕唐人沉惟岳等著府，依先例**安置**供给。"（第三册，p.410）又天平宝字七年正月条："于是，敕大宰府曰：'唐国荒乱，两家争雄，平殄未期，使命难通。其沉惟岳等宜往往**安置**，优厚供给。'"（第三册，p.426）又卷29《称德纪》神护景云二年十二月条："丙辰，敕：'陆奥国管内及他国百姓，乐住伊治、桃生者，宜任情愿，随到**安置**，依法给复。'"（第四册，p.224）又神护景云三年正月条："如国司所见者，募比国三丁以上户二百烟**安置**城郭。"（第四册，p.228）又："伏乞不论当国、他国，任便**安置**。法外给复，令人乐迁，以为边守。"（第四册，p.228）又神护景云三年二月条："如有情好农桑，就彼地利者，则任愿移徙，随便**安置**。法外优复，令民乐迁。"（第四册，p.230）又卷30《称德纪》宝龟元年三月条："但进唐国消息并在唐我使藤原朝臣河清等书，嘉其勤劳，仰大宰府**安置**饷赐。"（第四册，p.276）又卷32《光仁纪》宝龟四年六月条："丙午，霖雨。常陆国鹿岛神贱一百五人，自神护景云元年立制，**安置**一处，不许与良婚姻。"（第四册，p.406）又卷35《高绍纪》宝龟九年九月条："敕越前国：'遣高丽使并彼国送使。宜**安置**便处，依例供给之。'"又宝龟九年十月条："八月二十九日，到扬州大都督府。即依式例，**安置**供给。"又宝龟九年十一月条："正月十三日，到长安。即遣内使赵宝英，将马迎接，**安置**外宅。"又卷38《桓武纪》延历四年五月条："自今以后，如有此类，摈出外国，**安置**定额寺。"（1）姚秦鸠摩罗什译《大树紧那罗王所问经》卷4："闻有无量，无边众生，我当**安置，于**涅槃道，而无忧悒。"元魏毘目智仙、般若流支合译《圣善住意天子所问经》卷1："九者起如是心，一切众生，我悉**安置，于**佛法中，令趣菩提。"刘宋求那跋摩译《菩萨善戒经》卷5《软语品》："已得入者为说正法，令彼善根得增长故，调伏**安置于**三乘中。"隋阇那崛多译《佛本行集经》卷20《观诸异道品》："或有死尸，眷属围绕，相送来向，尸陀林中。**安置于**地，讫还归舍。"《隋书》卷84《北狄》："其后契丹别部出伏等背高丽，率众内附。高祖纳之，**安置于**渴奚那颉之北。"（p.1881）《北史》卷22《长孙晟传》："晟送染干，**安置于**碛口。事毕，入朝。"（p.822）（2）《朝野金载》卷3："大足中，有妖妄人李慈德，自云能符书厌，则天**于**内**安置**。"《敦煌变文·叶净能诗》："玄宗闻净能所奏，性意悦然，谓净能曰：'愿为弟子，尊师与朕为师。'且**于**观内**安置**。"（p.335）（3）后汉竺大力、康孟详合译《修行本起经》卷1《试艺品》："太子即与优陀、难陀、调达、阿难等五百人，执持礼乐射艺之具，当出城门，**安置**一象。当其城门，决有力者。"《魏书》卷103《蠕蠕传》："十二月，诏安西将军、廷尉元洪超兼尚书行台，诣敦煌**安置婆**罗门。"（p.2302）按：如文例所示，"安置"后续处所介词"于"[①（1）]始自汉译佛经，且多为抽象用法。譬如将身心安住在清静寂寞或佛法或声闻、缘觉、菩萨三乘之中。嗣后，逐渐出现用作具体义的用法。譬如《隋书》《北史》，将人员或物什等安置、安放在某处。"安置"前承"于"[②（2）]多用于传世文献。既不前承又不后续"于"［③（3）］则通行于两类文献。

【安住世间/よのなかにあんじゅうす】 四字 平安无灾地生活在人世间。《法隆寺金堂释迦三尊像光背铭》:"时王后王子等及与诸臣,深怀愁毒,共相发愿:'仰依三宝,当造释像尺寸王身。蒙此愿力,转病延寿,**安住世间**。若是定业,以背世者,往登净土,早升妙果。'"东晋佛驮跋陀罗译《大方广佛华严经》卷42《离世间品》:"佛子,菩萨摩诃萨有十种见佛,何等为十?所谓:无著佛,**安住世间**成正觉故……是为菩萨摩诃萨十种见佛。"唐达摩流支译《佛说宝雨经》卷5:"此界有情**安住世间**,由各执着,互相诤论,起贪瞋痴,观见如是诸有情故,'我今当为有情说法,令彼永断贪瞋痴故。'是以如来为诸有情起于大悲。"唐窥基撰《妙法莲华经玄赞》卷9《寿量品》:"《华严经》说有十佛一无著佛**安住世间**成正觉故,《佛地论》名现等觉佛。"

【岸头/きしのほとり】 后缀 岸边。《唐大和上东征传》:"舟人把碗,竞上**岸头**觅水,过一小岗,(便)遇池水,清凉甘美,众人争饮,各得饱满。"(p.66)唐道宣撰《续高僧传》卷25:"时夜大暗,崖底纯棘,无安足处。欲上**岸头**,复恐军觉,投计惝遑,捉绳悬住,势非支久。共相谓曰:'今厄至矣。惟念观世音耳。'便以头扣石,一心专注。"《敦煌变文·大目乾连冥间救母变文》:"水里之人眼盼盼,**岸头**之者泪涓涓。"按:《汉语大词典》首引唐薛能《蒲中霁后晚望》:"河边霁色无人见,身带春风立**岸头**。"略晚。→【到七日头】【晚头】【道头】【船头】【床头】【裹头】【河头】【江头】【岭头】【路头】【市头】【塘头】【田头】【西头】【渊头】【舟头】

【暗弊/おろそかなり】 并列 愚昧卑劣。《奈良朝写经38·大般若经卷第591》:"春日户比良,才智浅薄,操行**暗弊**。幸拔衡门,预圣师教。"(p.253)西晋竺法护译《正法华经》卷7《如来现寿品》:"何故殷勤,欲得现已,人常**暗弊**,使意信乐,以放逸故,坠堕三处,其心踊跃,欲令觉了。"隋阇那崛多译《佛本行集经》卷30《成无上道品》:"自断一切疑悔之心,离**暗弊**行,于诸善恶一切法中,无有疑滞,得清净心。"隋吉藏撰《净名玄论》卷5:"《大品》云:'菩萨无碍道中行,佛在解脱道中行,无一切**暗弊**。'"按:《汉语大词典》失收。

【暗盲/くらくめしふ】 并列 两眼一抹黑;眼瞎,失明。《日本灵异记》下卷《沙门一目眼盲使读〈金刚般若经〉得明眼缘第21》:"宝龟三年之间,长义眼**暗盲**,径五月许。"(p.310)唐澄观述《大方广佛华严经疏钞会本》卷31:"盲暗:**盲**,武庚切,**目无童子**也。**暗**,乌绀切,**不明**也。"隋阇那崛多译《大威德陀罗尼经》卷11:"于中何者为五**暗盲**处?取我是**暗盲**处;于欲中极生贪著为**暗盲**;懒惰懈怠为**暗盲**;多睡眠处为暗盲;未至方处为**暗盲**。"唐玄奘译《阿毗达磨俱舍论》卷30《破执我品》:"已善说此净因道,谓佛至言真法性。应舍**暗盲**诸外执,恶见所为求慧眼。"按:《汉语大词典》失收。

17

【奥理／おうり】 ⊡偏正⊡ 深不可测的道理。《唐大和上东征传》："外秉威仪，内求**奥理**。"（p.80）《文选》卷58蔡邕《郭有道碑》："浩浩焉，汪汪焉，**奥**乎不可测已。"李善注："深不可测。"唐窥基撰《唯识二十论述记》卷1："今我和上三藏法师玄奘，校诸梵本，睹先再译，知其莫闲**奥理**，义多缺谬，不悟声明，词甚繁鄙，非只一条，难具陈述。"唐僧详撰《法华传记》卷9："博学多闻，兼括三藏奥义。巡游五竺，闻华严、法华、般若等甚深**奥理**，心生不忍。"日本常晓撰《常晓和尚请来目录》卷1："夫一翼若阙，空行何飞？况乃一乘**奥理**，义与文违。"按：《汉语大词典》失收。

B

【八第人觉/はちだいにんがく】 四字 犹言"八大人觉"。在日语中，"第"与"大"发音相同，亦作"大人八念""八大人念""八生法"，指声闻、缘觉、菩萨等圣者（大人）为入菩提道所觉知思念的八种教法，即少欲、知足、寂净、精进、不忘念、正慧、正定、不戏论。《奈良朝写经6·瑜伽师地论卷第21》："团而六度轻舫，设于三会之津。四无量桄贯，而八第人觉为左右桄，取八正道，分为水手。"（p. 55）后秦佛陀耶舍、竺佛念等合译《长阿含经》卷9："云何八生法？谓八大人觉：道当少欲，多欲非道；道当知足，无厌非道；道当闲静，乐众非道；道当自守，戏笑非道；道当精进，懈怠非道；道当专念，多忘非道；道当定意，乱意非道；道当智慧，愚痴非道。"

【八方人/やものひと】 三字 （2例） 四面八方的人，各地人。《日本灵异记》中卷《女人恶鬼见点食噉缘第33》："八方人闻集，临见之，无不怪也。"（p. 234）又下卷《如法奉写〈法华经〉火不烧缘第10》："八方人视闻之，无不奇异。"（p. 286）东晋佛驮跋陀罗译《佛说观佛三昧海经》卷3《观相品》："八方人来遥见项光，各作是言：'瞿昙沙门，在金山中从行自在，来向我所。'如是众人各各异见，是名项光。"宋智肱述《华严清凉国师礼赞文》卷1："五色云凝天上瑞，八方人护地中仙。九州庆溢扇慈风，四海遐飞沾法雨。"

【八角塔/はちかくのとう】 塔名 今义同。"八角"，指东、南、西、北四方和东南、西南、西北、东北四隅。《日本灵异记》下卷《减塔阶仆寺幢得恶报缘第36》："时病者托言：'我永手也。我令仆乎法华寺幢，后西大寺八角塔成四角，七层减五层也。由此罪，召我于阎罗王阙，令抱火柱，以挫钉打立我手于，而问打拍。'"（p. 356）唐澄观撰《大方广佛华严经疏》卷57《入法界品》："十层八门者，如八角塔形。层门各有三义，层别中解。"

【八十華厳/はちじゅうけごん】 内典 （2例） 唐实叉难陀新译《华严经》80卷。《日本灵异记》下卷《产生肉团之作女子修善化人缘第19》："生知利口，自然聪明。七岁以前，转读《法华》《八十华严》。"（p. 308）又："请戒明法师令，讲《八十华严》之时，彼尼不阙，坐众中听。"（p. 308）

【八万四千/はちまんしせん】 四字　形容数目之多，是一种惯用语，并非确切的数目。《日本灵异记》下卷《拍于忆持千手咒者以现得恶死报缘第14》："《方广经》云：'诽谤贤人者，等于破坏**八万四千**国塔寺之人罪。'者，其斯谓之矣。"（p.296）后汉支娄迦谶译《修行本起经》卷1《现变品》："梵志徒众，**八万四千人**，岁终达傺，金银珍宝、车马牛羊、衣被缯彩履屣、七宝之盖、锡杖澡罐，最聪明智慧者，应受斯物。"吴支谦译《太子瑞应本起经》卷1："**八万四千**岁，寿终即上生第二忉利天上，为天帝释。"晋世法立、法炬译《大楼炭经》卷1《阎浮利品》："须弥山王入大海水，深八万四千由旬、高亦**八万四千**由旬，下狭上稍稍广，上正平。"东晋法显译《大般涅槃经》卷2："又后后宫夫人采女，亦严**八万四千**乘车，欲随游看。"姚秦鸠摩罗什译《大智度论》卷59《校量舍利品》："如宝珠能除四百四病，根本四病风、热、冷、杂；般若波罗蜜亦能除**八万四千**病，根本四病贪、瞋、痴、等分。"后秦佛陀耶舍、竺佛念等合译《长阿含经》卷3："其法殿上有**八万四千**宝楼，其金楼者银为户牖，其银楼者金为户牖，水精、琉璃楼楼户亦然。"元魏慧觉等译《贤愚经》卷3《阿输迦施土品》："阿难，专心善听！过去久远阿僧祇劫，有大国王，名波塞奇，典阎浮提**八万四千**国。"刘宋求那跋陀罗译《杂阿含经》卷23："阿难当知，于我灭度百年之后，此童子于巴连弗邑统领一方，为转轮王，姓孔雀，名阿育，正法治化，又后广布我舍利，当造**八万四千**法王之塔，安乐无量众生。"

【八斋戒/はっさいかい】 三字（2例）　八种斋戒，即不杀、不盗、不淫、不妄语、不饮酒、不眠坐高广大床、不歌舞香饰、不过午食。亦称"八戒斋""八关斋""八支斋""八禁"。小乘教的戒律：在家男女限一日一夜受持的戒律，与沙弥所持十戒相对应。其日期有六斋日等规定。奈良时代曾颁敕令，一般民众亦持八斋戒。《日本灵异记》中卷《骂僧与邪淫得恶病而死缘第11》："一日一夜，受**八斋戒**，参行悔过，居于众中。"（p.178）又下卷《阎罗王示奇表劝人令修善缘第9》："藤原朝臣广足者，帝姬阿倍天皇御代，修病婴身。为差身病，神护景云二年二月十七日，至大和国菟田郡于真木原山寺而住。持**八斋戒**，取笔书习，就机迄于暮而不动。"（p.283）唐菩提流志译《五佛顶三昧陀罗尼经》卷2《成就法品》："复有像变令教童女香汤澡浴，受**八斋戒**，持丝造织方，应度量，勿刀截断。于吉时起首画摸，或以板画匠人，时时洗浴清洁，著鲜净衣，受**八斋戒**。"唐智通译《观自在菩萨怛嚩多唎随心陀罗尼经》卷1："又法用白乳汁木柴灰一斗大，以酪蜜酥相和，用涂松木，松明木香柴咒一段一遍掷火中，烧之满二十五遍，一日三时及大小便利皆洗浴，咒师持**八斋戒**。"

【八正道/はっしょうどう】 三字　亦称"八圣道"，即八条圣者的道法：1.正见，即正确的知见。2.正思惟，即正确的思考。3.正语，即正当的言语。4.正业，即正当的行为。5.正命，即正当的职业。6.正精进，即正当的努力。7.正念，即正确的观念。8.正定，即正确的禅定。修此八正道，可证得阿罗汉果。《奈良朝写经6·瑜伽师地论卷第21》："团而六度轻舫，设于三会之津。四无量楫贯，而八第人觉为左右槁，取**八正道**，分为水手。"（p. 55）东晋法显译《大般涅槃经》卷1："道谛者，**八正道**：一正见、二正念、三正思惟、四正业、五正精进、六正语、七正命、八正定。此八法者，谛是圣道。"

【拔济群生/ぐんじょうをばっさいす】 四字 "拔济"，犹言"济度"，拯救之义。"群生"，一切众生。《续日本纪》卷17《圣武纪》天平胜宝元年闰五月条："所冀太上天皇沙弥胜满，诸佛拥护，法药熏质，万病消除，寿命延长，一切所愿，皆使满足，令法久住，**拔济群生**，天下太平，兆民快乐，法界有情，共成佛道。"（第三册，p. 82）唐慧琳撰《一切经音义》卷5："**拔济**：彭黠反。《考声》云：抽也。《韵英》：救也，出也。《广雅》：辅也。《韵诠》：尽也。从扌，友声也。"失译人名今附梁录《陀罗尼杂集》卷1："我得大势菩萨欲说大陀罗尼，名乌苏波置楼（晋言救诸病苦），**拔济群生**出于三界，令诸行人得从万行。"唐怀信述《释门自镜录》卷2："得见弥陀之后，可以超度父母，可以报答四恩，可以**拔济群生**，可以永受快乐。"

【拔苦/くるしみをぬく】 述宾 救拔众生的苦难。《奈良朝写经71·十诵律卷第17》："非有能仁，谁明正法？惟朕仰止，给修慧业。权门利广兮**拔苦**，知力用妙兮登岸。"（p. 425）失译人名今附后汉录《大方便佛报恩经》卷5《慈品》："念佛慈悲力，**拔苦**身心安；应当念佛恩，菩萨及善友，师长及父母，及诸众生类，怨亲心平等，恩德无有二。"姚秦鸠摩罗什译《大庄严论经》卷1："大悲愍群生，常欲为**拔苦**，见诸受恼者，过于己自处。"唐义净译《金光明最胜王经》卷7《如意宝珠品》："世尊，我亦有陀罗尼，名跋折罗扇你，是大明咒，能除一切恐怖厄难，乃至枉死，悉皆远离，**拔苦**与乐，利益人天。"按：《汉语大词典》失收。

【拔取/ぬきとる】 格义 （5例）①抽取；《古事记》中卷《仲哀记》："当四月之上旬，尔坐其河中之矶，**拔取**御裳之系，以饭粒为饵，钓其河之年鱼。"（p. 248）②折取。《日本书纪》卷3《神武纪》即位前纪戊午年九月条："天皇大喜，乃**拔取**丹生川上之五百个真坂树，以祭诸神。"（第一册，p. 241）又卷8《仲哀纪》八年正月条："时冈县主祖熊鳄，闻天皇之车驾，豫**拔取**五百枝贤木，以立九寻船之舳。"（第一册，p. 406）又："又筑紫伊睹县主祖五十迹手，闻天皇之行，**拔取**五百枝贤木，立于船之舳舻。"（第一册，p. 408）③拔掉（占领）。《日本书纪》卷19《钦明纪》二年七月条："故今追崇先世和亲之好，敬顺天皇诏敕之词，**拔取**新罗所折之国南加罗、喙己吞等，还属本贯，迁实任那，永作父兄，恒朝日本。"（第二册，p. 374）（1）《国语》卷18《观射父论祀牲》："毛以示物，血以告杀，接诚**拔取**以献具，为齐敬也。"（p. 533）韦昭注："**拔毛取**血，献其备物也。"东晋瞿昙僧伽提婆译《增壹阿含经》卷48《礼三宝品》："劫北视发遂久，见有一白发，便白王曰：'前所敕者，今已白见。'王曰：'拔来示我。'劫北即以金镊，**拔取**白发，置王手中。"梁僧伽婆罗译《阿育王经》卷6《佛记优波笈多因缘》："是时猕猴，以水灭火，取灰藏之，所卧棘刺，**拔取**掷去，所卧之灰，复取除之。"唐义净译《根本说一切有部毘奈耶杂事》卷40："尊者即便，以神通力，将诸人众，往香醉山，告诸人曰：'皆可**拔取**，郁金香根。'"（2）《齐民要术》卷3《种胡荽》："若地柔良，不须重加耕垦者，于子熟时，好子稍有零落者，然后**拔取**。直深细锄地一遍，劳令平。"（p. 256）按：在传世文献中，"拔取"早期表示"拔毛取血"的意思。→【逼取】【抽取】【乞取】【学取】【折取】【斫取】【酌取】【捉取】

【把碗/わんをとる】 述宾 （3例） 单手拿着碗。《唐大和上东征传》："时彼官人唤雨令老人处分，云汝等大了事人，急送水来。梦相如是，水应［今］至，诸人急须**把碗**待。"（p. 65）"明日，未时，西南空中云起来，覆舟上，注雨；人人**把碗**承（水）饮。"又："舟人**把碗**，竞上岸头觅水，过一小岗，（便）遇池水，清凉甘美，众人争饮，各得饱满。"（p. 66）唐慧琳撰《一切经音义》卷30："弓**把**：巴雅反。单手为**把**。《说文》：**把**，握也，持也。"《续传灯录》卷24："秀州资圣元祖禅师。僧问：'紫金莲捧千轮足，白玉毫辉万德身。如何是佛？'师曰：'挖枪带甲。'曰：'贯花千偈虽殊品，标月还归理一如，如何是法？'师曰：'元丰条绍兴令。'曰：'林下雅为方外客，人间堪作火中莲。如何是僧？'师曰：'披席**把碗**。'"宋普济集《五灯会元》卷11："问：'牛头未见四祖时如何？'师曰：'披席**把碗**。'曰：'见后如何？'师曰：'披席**把碗**。'"

【白："～"白（而）～/まをして～とまをして～】 说词 （12例）（位卑者对位尊者）说："……"。《古事记》下卷《雄略记》："天皇于是惶畏而**白**：'恐我大神有宇都志意美者不觉。'**白而**，大御刀及弓矢始，而脱百官人等所服衣服以拜献。"（p. 348）《元兴寺伽蓝缘起并流记资财账》："时按师首达等女斯末卖年十七在。阿野师保斯女等已卖，锦师都瓶善女伊志卖，合三女等，就法明受学佛法在。俱**白**：'我等为出家，欲受学佛法。'**白**。"又："时余臣等**白**：'我等国者，天社国社一百八神，一所礼奉。我等国神御心恐故，他国神不可礼拜'**白**。但苏我大臣稻目宿祢独**白**：'他国为贵物者，我等国亦为贵可宜'**白**。尔时，天皇即大臣告：'何处置可礼？'大臣**白**：'大大王后宫分奉宫定坐可宜'**白**。时天皇召大大王告：'汝牟久原后宫者 我欲为他国神宫也。'时大大王**白**：'大御心依佐贺利奉。'**白**。时其殿坐而礼始。"又："时大臣久念念而**白**：'外状余臣等随在，内心他国神不舍。'**白**。"又："然后经三十余年，稻目大臣得病望危时，池边皇子与大大王二柱前后言**白**：'应修行佛法我白依而天皇修行赐也。然余臣等犹将灭舍计故，此为佛神宫官奉牟久原后宫者灭。物主大命任。但天皇与我同心，皇子等亦底同心，终佛法莫忌舍'**白**。"又："时三尼等官**白**：'传闻出家之人以戒为本。然无戒师，故度百济国欲受戒。'**白**。"又："时三尼等官**白**：'但六口僧耳来，不具二十师。故犹欲度百济国受戒。'**白**。"又："以庚戌年，自百济国尼等还来官**白**：'戊申年往即受六法戒，己酉年三月受大戒，今庚戌年还来。'**白**。"又："时尼等**白**：'礼佛宫忽作赐。又半月半月为白羯磨并法师寺速作具赐。'**白**。如是樱井寺内堂略作构置在。"姚秦鸠摩罗什译《妙法莲华经》卷6《药王菩萨本事品》："说是偈已，而白父言：'日月净明德佛，今故现在。我先供养佛已，得解一切众生语言陀罗尼，复闻是法华经八百千万亿那由他甄迦罗、频婆罗、阿閦婆等偈。大王，我今当还供养此佛。'白已，即坐七宝之台，上升虚空，高七多罗树，往到佛所，头面礼足，合十指爪，以偈赞佛。"

【白羯磨/びゃく かつま】 音译 （2例） 戒律的一种，"唱言"的意思。多用于一些无需征得大家同意即可宣布按照惯例执行的场合。通常"唱言"一遍即可，共分二十四种方法。《元兴寺伽蓝缘起并流记资财账》："时尼等白：'礼佛宫忽作赐，又半月半月为白羯磨并法师寺速作具赐。'白。如是樱井寺内堂略作构置在。"又："又尼等为白羯磨，法师寺急速作斋。"曹魏昙谛译《羯磨》卷1："出功德衣白羯磨法：'大德僧听，今日众僧出功德衣。若僧时到僧忍听，僧今和合。出功德衣，白如是。'"萧齐僧伽跋陀罗译《善见律毗婆沙》卷1《序品》："长老优波离众有问曰：'阿难不得为法师耶？'答曰：'不得为法师。何以故？佛在世时，常所赞叹，我声闻弟子中，持律第一，优波离也。'众曰：'今正应问优波离出毗尼藏。'于是摩诃迦叶作白羯磨，问优波离：'长老僧听，若僧时到僧忍听。我问优波离毗尼法中。白如是。'优波离作白羯磨：'大德僧听，若僧时到僧忍听。我今答大德迦叶毗尼法。白如是。'如是优波离白羯磨已，整身衣服，向大德比丘头面作礼。作礼已，上高座而坐，取象牙装扇。"按："羯磨"，梵语 kmrman 的音译。东汉、三国、西晋译经用"所作""业"，东晋、姚秦始见"羯磨"→【戒羯磨】

【白癞病/びゃくらいのやまい】 三字 指人体因药物、食物、花粉等引起过敏而导致的血管炎症，是一种免疫性的疾病，没有传染性。《日本灵异记》下卷《诽奉写〈法华经〉女人过失以现口喎斜报缘第20》："（《法华经》）又云：'见受持是经者，出其过恶，若实若不实，此人现世得白癞病。'者，其斯谓也矣。"（p.310）姚秦佛陀耶舍、竺佛念等译《四分律》卷40："一切诸山海，我不以为重，其无反复者，我以此为重。无有反复报，癞病恶疾苦，或受白癞病，无反复如是。"姚秦鸠摩罗什译《妙法莲华经》卷7《普贤菩萨劝发品》："若复见受持是经者，出其过恶；若实若不实，此人现世得白癞病。"刘宋沮渠京声译《治禅病秘要法》卷2："或白癞病，当疾治之。"

【白妙/しろたへの】 并列 （15例） 洁白精致的（衣袖、饰物）。①修饰衣服。《万叶集》卷1第28首："春过而 夏来良之 白妙能 衣干有 天香具山。"（第一册，p.42）②修饰领巾。又卷2第210首："蜻火之 燎流荒野尔 白妙之 天领巾隐。"（第一册，p.141）③修饰白云。又卷7第1079首："真十镜 可照月乎 白妙乃 云相隐流 天津雾鸭"。（第二册，p.188）④修饰雪花。又卷10第1840首："梅枝尔 鸣而移徙 莺之 翼白妙尔 沫雪曾落"。（第三册，p.32）⑤修饰梅花。卷10第1859首："马并而 高山部乎 白妙丹 令艳色有者 梅花鸭"。（第三册，p.37）

（1）西晋竺法护译《等目菩萨所问三昧经》卷3《等目菩萨悦乐龙王品》："譬如族姓子，悦乐龙王处于金山之面七宝之藏，以七宝而造作，周匝亦以七宝，以雪而覆之。其悦乐龙王悉白而皎洁，如雪之色，金色明曜，金色若画色，庄饰白妙①以覆之。"

（2）唐义净译《根本说一切有部毗奈耶药事》卷18："为求香鬘故，四散而驰觅。我于此时中，遍游无一花。去我而不远，遂见卖盖者。手持白妙伞，鲜明如净贝。速诣手捧持，咨请暂献佛。见许将佛所，诚心持盖立。"按：《汉语大词典》失收。《万叶集》中的"白妙"一词，多用于修饰衣袖、领巾，佛典用于修饰白色的雨伞及白雪。两者既有相同之处，又存在不同之处。

【白訖／まをしをはる】 完成 （3例） 说完以后。《古事记》上卷《忍穗耳命与迩迩艺命》："故尔问其大国主神：'今汝子事代主神如此白訖。亦有可白子乎？'"（p.108）又："故更且还来，问其大国主神：'汝子等事代主神、建御名方神二神者，随天神御子之命，勿违白訖。故汝心奈何？'"（p.110）又中卷《景行记》："尔其熊曽建白：'信然也。于西方，除吾二人无建强人。然于大倭国，益吾二人，而建男者坐祁理。是以，吾献御名。自今以后，应称倭建御子。'是事白訖，即如熟苽振折而杀也。"（p.220）唐义净译《根本说一切有部毗奈耶》卷23："一苾刍曰：'汝某甲能与僧伽于夏三月中藏护衣不？若言能者，应敷坐席。'次鸣揵稚以言白訖，僧伽尽集，令一苾刍，作白羯磨。"又卷39："若僧时到听者，僧伽应许。僧伽今与此二人，作不舍恶见摈羯磨，应告之曰：'汝等二人，从今已去，不得更云，如来、应正、等觉是我大师。亦复不应，随苾刍后，同一道行。如余求寂，与大苾刍，二夜同室宿。汝今无是事，汝愚痴人，今可灭去。'白如是，应一苾刍向二人所报言：'众今与汝二人，作白四摈羯磨。'已作白訖，汝等应舍，如是恶见。若舍者善。若不舍者，还至众中，具告其事，广说如上。"唐定宾撰《四分比丘戒本疏》卷1："故今说戒之时，问意云是谁尼寺遣尼来请教诫尼人。其受嘱者闻已，即起僧前礼佛，白大众云：'大德，僧听某寺比丘尼众和合等。'余词同前。白訖，巡行至二十夏已上。"按：在中土文献中，"白訖"的先例难得一见。→【辞訖】【既訖】【講訖】【講说訖】【烧收訖】【食訖】【死訖】【言訖忽然不见】【言未訖之间】【要訖】【斋訖】

【白："～"是事白訖～／まをししく ～とまをしき。このことをまをしをはるに～】 自创 （位卑者对位尊者）说："……"说完这件事，（于是就）"……"。"白訖"，说完的意思。《古事记》中卷《景行记》："尔其熊曽建白：'信，然也。于西方除吾二人无建强人。然于大倭国，益吾二人，而建男者坐祁理。是以，吾献御名。自今以后，应称倭建御子。'是事白訖，即如熟苽振折而杀也。"（p.220）

【白檀／しらまゆみ】 偏正 （5例） 木名，即檀香，属檀香科。可做器具，亦可入

---

① "白妙"，宋本、元本、明本、宫本作"妙帛"。

药。在《万叶集》当中用来修饰白色的弓箭。《万叶集》卷9第1809首："**白檀**弓 轼取 负而 入水 火尔毛将入跡"。(第二册，p. 1809) 又卷10第2051首："天原 往射迹 **白檀** 挽而隐在 月人壮子"。(第三册，p. 87) 唐慧琳撰《一切经音义》卷8："**白檀**：唐兰反。香木名也。白赤俱香，赤者为上。梵云'赞那曩'，古译云'栴檀香'是也。出外国海岛中。"陈月婆首那译《胜天王般若波罗蜜经》卷5《证劝品》："岸列诸树，**白檀**、赤檀、尸梨沙等。上有鹦鹉、舍利、迦鸟翔集游戏。"隋吉藏撰《法华义疏》卷4《方便品》："木樒者，形似**白檀**微有香气。"按：《新编日本古典文学全集》栏上注释指出，"真白弓"指白木制作的弓箭，同时也可视作表示月光的皎洁。

【白檀紫檀/びゃくだんしたん】 四字 "白檀"同上。"紫檀"，木名。常绿乔木，木材坚实，紫红色，可做贵重家具、乐器或美术品。《日本灵异记》中卷《至诚心奉写〈法华经〉有验示异事缘第6》："为报四恩，奉写《法华经》，为纳大乘遣使四方，求**白檀**、**紫檀**。"(p. 161) 唐义净译《浴佛功德经》卷1："若浴像时，应以牛头栴檀、**白檀**、**紫檀**、沉水、熏陆、郁金香、龙脑香、零陵、藿香等，于净石上磨作香泥，用为香水，置净器中。"唐善无畏译《尊胜佛顶修瑜伽法轨仪》卷2《修瑜伽护摩品》："次取沉香、末香、**白檀**、**紫檀**、煎香末等，已上末以蜜和湿泮之。"唐金刚智译《佛说金色迦那钵底陀罗尼经》卷1："像形人身象头六臂，于白氎上画之，刻作用得，**白檀**、**紫檀**苦练木通用，余木不得。"按：《日本古典文学全集》栏上的注释指出，"白檀紫檀"，栴檀树，树身黑色的是紫檀，白色的是白檀。原产于印度、斯里兰卡等南亚国家，是制作工艺品的贵重材料。

【白细/しろたへの】 并列 (28例) 洁白细软的（衣袖、饰物）。与"白妙"一样，疑似源自汉译佛经。①修饰衣袖。《万叶集》卷3第460首："**白细**之 衣袖不干 叹乍 吾泣泪 有间山 云居轻引"。(第一册，p. 253) ②修饰装束。第476首："**白细**尔 舍人装束而 和豆香山 御舆立之而"。(第一册，p. 260) ③修饰衣带。卷9第1800首："**白细**乃 纽绪毛不解 一重结 带矣三重结"。(第二册，p. 443) ④修饰（泥土的）颜色。卷11第2725首："**白细**砂 三津之黄土 色出而 不云耳衣 我恋乐者"(第三册，p. 257) ⑤修饰衣服。卷13第3324首："振放见者 **白细**布 镎奉而 内日刺 宫舍人方"。(第三册，p. 438) 西晋竺法护译《贤劫经》卷8《千佛发意品》："坚重如来，本宿命时，从大清悦，佛发道心，供养其佛，清**白细**氎。温其浴室，洗浴圣众，及奉杂香，缘兴道意，行菩萨道，自致正觉，救济十方。"又唐慧琳撰《一切经音义》卷19："为緤：又作纑，二形同，思锐反。《说文》：蜀**白细**布也。凡布细而疏者，谓之緤也。"按："白细"作为形容词，修饰纺织物，且用例最早见于汉译佛经，是判定该词来自汉译佛经的主要依据。

【白言："～"/まをしてまをさく ～】 说词 (18例) （位卑者对位尊者）说道："……"。《古事记》上卷《天照大神与须佐之男命》："尔天宇受买**白言**：'益汝命而贵

神坐。故欢喜咲乐。'如此言之间，天儿屋命、布刀玉命指出其镜，示奉天照大御神。"（p. 66）又："天照大御神逾思奇，而稍自户出而临坐之时，其所隐立之天手力男神，取其御手引出，即布刀玉命，以尻久米绳，控度其御后方**白言**：'从此以内，不得还入。'"（p. 66）又《大国主神》："尔多迩具久**白言**：'此者，久延毘古必知之。'"（p. 94）又中卷《景行记》："尔其熊曾建**白言**：'莫动其刀，仆有**白言**。'尔暂许，押伏。于是**白言**：'汝命者谁？'"（p. 218）《日本书纪》卷2《神代纪下》："及至彦火火出见尊将归之时，海神**白言**：'今者，天神之孙，辱临吾处。中心欣庆，何日忘之。'"（第一册，p. 170）《日本灵异记》上卷《偷用子物作牛役之示异表缘第10》："檀越即起悲心而，就牛边敷蒿**白言**：'实吾父者就此座。'"（p. 87）又《非理夺他物为恶行受恶报示奇事缘第30》："王问之言：'汝知是女耶？'广国**白言**：'实我之妻也。'"（p. 125）又《依汉神崇杀牛而祭又修放生善以现得善恶报缘第5》："非人犹强**白言**：'明知，是人作主，截我四足，祀庙乞利，贼脍食肴。今如切倪，犹欲屠啖。'"（p. 159）又《智者诽妒变化圣人而现至阎罗阙受地狱苦缘第7》："更将还来，至金宫门，如先**白言**：'将还来之。'"（p. 168）又中卷《力女示强力缘第27》："于兹，船人大惶，长跪**白言**：'犯也。服也。'"（p. 220）又《贷用寺息利酒不偿死作牛役之偿债缘第32》："彼牛放退，屈膝而伏，流泪**白言**：'我者，有樱村物部麿也。字号盐春也。'"（p. 231）又《孤娘女凭敬观音铜像示奇表得现报缘第34》："妻言：'今进。'起灶燃火，居于空锅，押颊而蹲，入于空屋徘徊，大嗟，嗽口洒手，参入堂内，系像引绳，涕泣**白言**：'莫令受耻。我急施财。'"（p. 238）又《女人大蛇所婚赖药力得全命缘第41》："佛闻妻哭，出音而叹。阿难**白言**：'以何因缘，如来叹之。'"（p. 251）又下卷《沙门凭愿十一面观世音像得现报缘第3》："观音菩萨之手绳系，引之而**白言**：'我用大安寺修多罗宗分钱，而偿无便。愿我施钱。'称名以愿求。"（p. 268）又《阎罗王示奇表劝人令修善缘第9》："侍者童男，思之睡眠，惊动**白言**：'臻日没时，故应礼佛。'"（p. 284）又："广足**白言**：'我为此女，写《法华经》，讲读供养，救所受苦。'"（p. 284）又《用寺物复将写〈大般若〉建愿以现得善恶报缘第23》："一道平广，一道草生荒，一道以薮而塞。衢中有王。使**白言**：'召。'王示平道言：'从是道将。'"（p. 319）后汉安世高译《太子慕魄经》卷1："王问婆罗门，婆罗门师**白言**：'当生埋之，尔乃安吉，全国荣宗，利后子孙，以用是故。'"姚秦鸠摩罗什译《妙法莲华经》卷7《妙庄严王本事品》："二子**白言**：'大王，彼云雷音宿王华智佛，今在七宝菩提树下法座上坐，于一切世间，天人众中，广说《法华经》。是我等师，我是弟子。'"唐义净译《金光明最胜王经》卷1《如来寿量品》："尔时，妙幢菩萨，闻四如来说，释迦牟尼佛，寿量无限，**白言**：'世尊，云何如来，示现如是，短促寿量？'"

【（发愿）白言："～"白／（ほつがんして）まをしていひしく ～とまをしき】

自创　发誓说："……"。《元兴寺伽蓝缘起并流记资财账》："……即发愿**白言**：'仰愿蒙三宝赖，皇帝陛下共与乾坤四海安乐，正法增益，圣化无穷。'白。"

【白言："～"尔～/まをしていひしく ～といひき。しかくして～】 自创 （位卑者对位尊者）说道："……"这时就……《古事记》中卷《景行记》："尔其熊曾建**白言**：'莫动其刀，仆有白言。'尔暂许，押伏。于是白言：'汝命者谁？'**尔诏**：'吾者坐缠向之日代宫，所知大八岛国，大带日子淤斯吕和气天皇之御子，名倭男具那王者也。意礼熊曾建二人，不伏无礼闻看，而取杀意礼诏而遣。'"（p. 218）（1）吴支谦译《佛说义足经》卷2："臣**白言**：'悉已象蹈杀之。'王便从处还国。"元魏慧觉等译《贤愚经》卷4《摩诃斯那优婆夷品》："**白言**：'大家，尊者舍利弗、目揵连等，在其林中。'优波斯那，甚大喜跃，即便自取，耳二金环，而以赏之。"东晋昙无兰译《新岁经》卷1："各从座起，稽首佛足，口自**白言**：'一切诸法，皆从佛受。圣则道本，为一切护，慈愍之目，最尊殊特，圣德无上，超绝无侣，巍巍堂堂，宣布道化。'于时如来，迁延尊位，忏谢圣众，矜愍天下，还就草蓐。"东晋瞿昙僧伽提婆译《增壹阿含经》卷23《增上品》："夫人**白言**：'比丘，今正是时，速往所在，勿复住此，为王所害者，罪王甚重。'是时，彼比丘即从坐起，收摄衣钵，飞在虚空，远逝而去。"刘宋法贤译《频婆娑罗王经》卷1："又复**白言**：'我今虔心，请佛世尊，还王舍城。唯愿世尊，哀受我请，当尽此生，承事供养，乃至衣服、饮食、卧具、医药，受用等物，悉皆具足。诸苾刍众皆亦如是。'尔时，世尊受王请已，默然而住。"隋达摩笈多译《起世因本经》卷4《地狱品》："其守狱者，驱彼众生，即时将向，阎摩王边**白言**：'天王！此之丈夫，昔在人中，纵逸自在，不善和合，恣身口意，行于恶行；然此以其，身及口意，行恶行已，今来生此。是故天王，善好教示，善好诃责。'时阎摩王，问彼丈夫：'汝善丈夫。昔在人间，第一天使，善好教示，善好诃责。汝岂不见，彼之天使，出现生耶？'"按：佛典中的句式多为"白言：'～'便～""白言：'～'即便～""白言：'～'于时～""白言：'～'是时～""白言：'～'尔时～""白言：'～'时～"等。

【白言："～"故～/まをしていはく ～と、かれ～】 自创 （位卑者对位尊者）说道："……"于是就……《古事记》上卷《天照大神与须佐之男命》："尔天宇受卖**白言**：'益汝命而贵神坐故，欢喜咲乐。'如此言之间，天儿屋命、布刀玉命指出其镜，示奉天照大御神之时，天照大御神逾思奇，而稍自户出，而临坐之时，其所隐立之天手力男神，取其御手引出，即布刀玉命，以尻久米绳，控度其御后方，**白言**：'从此以内，不得还入。'**故**天照大御神出坐之时，高天原及苇原中国，自得照明。"（p. 66）后汉昙果、康孟详合译《中本起经》卷2《度波斯匿王品》："臣受王命，即诣祇洹，礼佛却住；斯须进前，长跪**白言**：'国主波斯匿，稽首座前，问所不解，愿见示导，散告真言。'于是如来，命臣就坐，而告之曰：'恩爱之本，渊流难尽；忧悲之恼，一由恩爱。'"吴支谦译《撰集百缘经》卷8《比丘尼品》："偷臣**白言**：'我昔曾入，僧坊之中，闻诸比丘；讲四句偈，云道诸天；眼瞬极迟，世人速疾。寻自忆念，是故知非，生在天上，以是不首。'于是波斯匿王还得宝珠，甚怀欢喜，不问偷臣，所作罪咎。"按：佛典中多采用"白言：'……'于是……"等句式。

【白言："～"即 ～/まをしていはく ～といふに、すなはち ～】 说词 （位卑者对位尊者）"说道：'……'于是就……"。《古事记》上卷《天照大神与须佐之男命》："尔多迩具久白言：'此者，久延毗古必知之。'即召久延毗古问时，答白：'此者神产巢日神之御子，少名毗古那神。'"（p.94）后汉康孟详译《舍利弗摩诃目连游四衢经》卷1："于时梵天，忽然来下，即住佛前，叉手白言：'我等请求世尊，求哀安住。唯然大圣，信比丘众。所以者何？于众比丘，诸漏尽者，已得罗汉，所作已办，吾不疑。此等比丘，亦不犹豫，其有比丘，幼小新学，初出家者，入是法律未久，其心移易，或能变异。'佛即然可梵天王。"东晋昙无兰译《泥犁经》卷1："主泥犁卒名曰旁，旁即将人道至盐王所，泥犁旁白言：'此人于世间时，为人不孝父母，不承事沙门婆罗门，不敬长老，不喜布施，不畏今世后世，不畏禁戒。愿王处是人过罪。'王即呼人前，对之言。"刘宋求那跋陀罗译《杂阿含经》卷4："郁多罗白言：'随大师教。'即往彼邪盛会所，放诸众生，而告之言，长身婆罗门语汝：'随其所乐，山泽旷野，饮水食草，四风自适。'"失译人名今附后秦录《别译杂阿含经》卷5："时婆罗门，闻佛所说，弃事火具，即起礼佛，合掌白言：'唯愿听我，于佛法中，出家受具，得为比丘，入于佛法，修于梵行。'佛即听许，令得出家，受具足戒。"

【白言："～"如此言之间 ～/まをしていはく ～と、かく いふあひだに ～】 自创 （位卑者对位尊者）说道："……"如此这般说（了之后）……《古事记》上卷《天照大神与须佐之男命》："尔天宇受卖白言：'益汝命而贵神坐故，欢喜咲乐。'如此言之间，天儿屋命、布刀玉命指出其镜，示奉天照大御神之时，天照大御神逾思奇，而稍自户出，而临坐之时，其所隐立之天手力男神，取其御手引出，即布刀玉命，以尻久米绳，控度其御后方，白言：'从此以内，不得还入。'故天照大御神出坐之时，高天原及苇原中国，自得照明。"（p.66）东晋瞿昙僧伽提婆译《增壹阿含经》卷37《八难品》："阿难白言：'止，止！须拔，勿娆如来。'如是再三，复白阿难曰：'如来出世，甚不可遇，如优昙钵华，时时乃有，如来亦复如是，时时乃出。然我今观如来，足能解我狐疑。我今所问义者，盖不足言。又今阿难，不与我往白世尊。又闻如来，却观无穷，前睹无极，然今日独，不见接纳。'"隋阇那崛多译《佛本行集经》卷25《精进苦行品》："魔王波旬来诣彼，诈以美语而白言：'唯愿仁者寿命长，命长乃能得行法，命长方得于自利，自利己后无悔心……'魔王如是向菩萨，种种诸语而称扬。"

【白（对象）言："～"/（～に）まをしていひしく ～といひき】 说词 （11例）（位卑者对位尊者）说道："……"。《古事记》上卷《大国主神》："故随诏命，而参到须佐之男命之御所者，其女须势理毗卖出见，为目合而相婚。还入白其父言：'甚丽神来。'"（p.80）又《日子穗穗手见命与鹈茸草不合命》："故丰玉毗卖命闻其叹，以白

其父**言**：'三年虽住，恒无叹。今夜为一大叹，若有何由？'"（p. 128）又："尔将方产之时，**白**其日子**言**：'凡佗国人者，临产时，以本国之形产生。故妾今以本身为产。愿勿见妾。'"（p. 134）又中卷《垂仁记》："尔其后以为不应争，即**白**天皇**言**：'妾兄沙本毘古王问妾曰：孰爱夫与兄。是不胜面问故，妾答曰爱兄欤。'"（p. 198）《日本灵异记》上卷《得电之喜令生子强力在缘第3》："彼童子见，**白**众僧**言**：'我止此死灾。'"（p. 65）又《聋者归敬方广经典得报闻两耳缘第8》："于是发希有想，**白**禅师**言**：'今我片耳闻一菩萨名。故唯愿大德忍劳。'"（p. 82）又中卷《见乌鸦淫厌世修善缘第2》："爱男子得病临命终时，而**白**母**言**：'饮母乳者，应延我命。'母随子言，乳令饮病子。子饮而叹之言：'噫乎，舍母甜乳而我死哉。'即命终焉。"（p. 149）又《依恶梦至诚心使诵经示奇表得全命缘第20》："二子**白**母**言**：'屋上在七躯法师而读经矣。遄出应见。'彼读经音，如蜂集鸣。"（p. 202）又下卷《禅师将食鱼化作〈法华经〉覆俗诽缘第6》："然食彼鱼时，窥往俗见，五体投地，**白**禅师**言**：'随实鱼体，而就圣人之食物者，化《法华经》也。'"（p. 276）又《减塔阶仆寺幢得恶报缘第36》："延历元年顷，大臣之子从四位上家依，为父恶梦见，而**白**父**言**：'不知兵士三十余人来，召父尊。此恶表相，故应谢除。'"（p. 356）《唐大和上东征传》："下时，有二十四沙弥悲泣［赶］来，**白**和上**言**：'大和上今向海东，重［觐］无由我，今者最后请预结缘。'乃于江边为二十四沙弥授戒。"（p. 85）隋阇那崛多译《佛本行集经》卷27《魔怖菩萨品》："尔时左边，复一魔子，名恒作罪，即更以偈，**白**其父**言**：……"唐义净译《金光明最胜王经》卷6《四天王护国品》："时禅腻师，闻是语已，即还父所，**白**其父**言**：'今有善人，发至诚心，供养三宝，少乏财物，为斯请召。'"按：该句式在"白言"中间加入听话者，相当于现代汉语的"对……说"，含有言语行为与听者并重的语气。

【**白衣**／しろきぬ】 偏正 （10例） "白衣"，谓白色的衣服，引申为与僧侣相对的在家人。《日本书纪》卷29《天智纪下》九年十月条："冬十月壬寅朔乙巳，恤京内诸寺贫乏僧尼及百姓而赈给之。一每僧尼各絁四匹、棉四屯、布六端，沙弥及**白衣**各絁二匹、棉二屯、布四端。"（第三册，p. 400）《日本灵异记》上卷《告读〈法华经〉品之人而现口喎斜得恶报缘第19》："昔山背国，有一自度，姓名未详也。常作碁为宗。沙弥与**白衣**俱作碁。时乞者来，读《法华经》品而乞物。沙弥闻之，轻咲告，故戾己口，讹音效读。**白衣**闻之，碁条恐曰：'畏恐矣！'**白衣**者，作碁每遍而胜；沙弥者，每遍犹负。"（p. 103）又中卷《告读〈法华经〉僧而现口喎斜得恶死报缘第18》："去天平年中，山背国相乐郡部内，有一**白衣**。姓名未详也。同郡高丽寺僧荣常，常诵持《法华经》。彼**白衣**，与僧居其寺，暂间作碁。僧作碁条言：'荣常师之碁手乎。'每遍之言。**白衣**告僧，故戾己口，效言而曰：'荣常师碁手乎？'如是重重不止犹效。爱奄然**白衣**口喎斜。恐以手押颐，出寺而去。去程不远，举身辟地，顿命终矣。见闻人云：'随不加刑，岂心效言，口喝斜，忽然而死。何况发怨仇心，加刑罚矣。'《法华经》云：'贤僧与愚僧，不得居同位。又长发比丘者，**白衣**不剃发鬓而贤也。同位同器而不得用。若强位者，铜炭上居铁丸吞，**堕地狱**。'者，其斯谓之矣。"（p.196）《续日本纪》卷26《称德纪》天平神护元年十一月条："故是以、出家人〈毛〉**白衣**〈毛〉相杂〈天〉供奉〈仁〉岂障事〈波〉不在〈止〉念〈天奈毛〉、本忌〈之可〉如〈久方〉不忌〈之天〉、此〈乃〉大尝〈方〉闻行〈止〉宣御命〈乎〉、诸闻食〈止〉宣。"（第四册，p.102）吴支谦译《佛说维摩诘经》卷1《2 善权品》："随为**白衣**，奉持沙门至贤之行；居家为行，不止无色；有妻子妇，自随所乐常修梵行；随有家属，常如闲居；现视严身，被服饮食，内常如禅。"姚秦鸠摩罗什译《佛垂般涅槃略说教诫经》卷1："**白衣**受欲非行道人，无法自制，瞋犹可恕；出家行道无欲之人，而怀瞋恚，甚不可也。"唐道宣撰《律相感通传》卷1："**白衣**外道之服，斯本出家者绝之。三衣唯佛制名，著者定得解脱。是故**白衣**俗服，佛严制断。"

【白衣檀越/びゃくえのだんおち】 四字 "白衣"同上。"檀越"与"檀那"同义，指进行布施的在家信徒，即"施主"之意。《藤氏家传》下卷《武智麻吕传》："何肯**白衣檀越**，辄统僧物。不供法侣，损坏精舍，此非所以益国家之福田，损众生之恶业者。"（p.330）隋阇那崛多译《佛本行集经》卷50《说法仪式品》："尔时，佛告诸比丘言：'汝诸比丘，若其有诸**白衣檀越**，以欢喜心，以吉祥故，持种种香花涂香末香及诸华鬘，散法师上者，应当受之。'"该例亦见于唐道世撰《法苑珠林》卷23。北凉昙无谶译《大般涅槃经》卷18《梵行品》："复次，善男子，若佛初出得阿耨多罗三藐三菩提已，虽有弟子解甚深义，无有笃信**白衣檀越**敬重佛法佛便涅槃。当知是法不久住世。"→【檀越】

【白於（对象）曰："～"/（～に）まをしていはく ～】 说词 （2例）（位卑者对位尊者）说道："……"。《古事记》中卷《神武记》："尔大久米命见其伊须气余理比卖，而以歌**白于**天皇曰。"（p.158）《日本书纪》卷2《神代纪下》："故大己贵神则以其子之辞，**白于**二神曰：'我怙之子，既避去矣。'"（第一册，p.118）刘宋求那跋陀罗译《鹦鹉经》卷1："于是，鹦鹉摩牢兜罗子，于世尊倍增上瞋恚不乐，骂世尊，恚世尊，诽谤世尊：'此沙门瞿昙，虚妄语！'**白于**[1]世尊曰：'此瞿昙，我父兜罗，常行施与，常行幢施，常事于火，彼身坏死已，生妙梵天上。此何以故，当生狗中？'"元魏慧觉等译《贤愚经》卷9《善事太子入海品》："食时已到，王遣人唤，女还遣人，**白于**王曰：'愿送食来，欲就此食。'"

【白於（对象）云："～"/（～に）まをさしめていひしく、～といひき】 自创 （位卑者对位尊者）说道："……"。《古事记》中卷《仲哀记》："于是御子，令**白于**神

---

① "於"，宋本、元本、明本中作"于"。

云：'于我给御食之鱼。'故亦称其御名，号御食津大神。故于今谓气比大神也。"
（p. 252）按：该句式的佛典形式是"白于（对象）曰：'～'"可以认为，该形式是在佛典形式的基础上敷演而来的。

【白於（对象）："～"云而～／（～に）まをさく ～といひて～】 自创 （位卑者对位尊者）说："……"之类的话。《古事记》上卷《天照大御神与须佐之男命》："尔速须佐之男命，白于天照大御神：'我心清明故，我所生之子，得手弱女。因此言者，自我胜。'云而。"（p. 62）按：该句式是"白于（对象）云：'～'"的一种变体形式，疑为撰录者自创。呼应词"云而"与"云尔"相通。

【白（对象）曰："～"／（～に）まうしていはく ～】 说词 （9例）（位卑者对位尊者）说："……"。《古事记》上卷《日子穗穗手见命与鹈茸草茸不合命》："尔丰玉毘卖命思奇出见，乃见感目合，而白其父曰：'吾门有丽人。'"（p. 128）又中卷《应神记》："尔白其兄曰：'吾者得伊豆志袁登卖。'于是其兄慷慨弟之婚，以不偿其宇礼豆玖之物。"（p. 280）《日本书纪》卷1《神代纪上》："于是素戋呜尊白日神曰：'吾所以更升来者，众神处我以根国。今当就去。'"（第一册，p. 88）又卷2《神代纪下》："因举目视之。乃惊而还入，白其父母曰：'有一希客者，在门前树下。'"（第一册，p. 156）又："便以惊还，而白其父神曰：'门前井边树下，有一贵客。'"（第一册，p. 164）又："丰玉姬白父神曰：'在此贵客，意望欲还上国。'"（p. 164）《日本灵异记》上卷《忆持〈法华经〉现报示奇表缘第18》："从梦醒惊而思怪之，白其亲曰：'忽缘事欲往伊予。'"（p. 101）又："乃女人出咲还入，白家母曰：'门在客人，恰似死郎。'闻之出见，犹疑死子。"（p. 101）又中卷《依汉神崇杀牛而祭又修放生善以现得善恶报缘第5》："千万余人亦白王曰：'我等委屈知非此人咎，识鬼神咎。王自思维，理就多证。'"（p. 159）又《穷女王归敬吉祥天女像得现报缘第14》："于时其女王之儿，匆匆走来，白母曰：'快从故京，备食而来。'"（p. 184）后汉竺大力、康孟详译《修行本起经》卷1《现变品》："典兵臣者，王意欲得四种兵——马兵、象兵、车兵、步兵——臣白王曰：'欲得几种兵？若千若万，若至无数？'"西晋竺法护译《生经》卷4："子白母曰：'善哉！亲教。其诲无上，其法无限，巍巍难量，不可称载。吾之愚冥，其日久矣。'"唐义净译《根本说一切有部毘奈耶》卷1："时孙陀罗难陀白其父曰：'何苦计算，无暂闲时。'"又卷14："子白母曰：'我不曾知。'即告子曰：'谓是嫉妒。'子报母曰：'此非善事。'便语子曰：'我欲于汝异母，彰露恶名，汝当为证。'子白母曰：'为实为虚。'母言：'是虚。'"

【白者："～"如此白～／まをさく ～かくまをして～】 自创 （位卑者对位尊者）说："……"或这样说着……《古事记》下卷《安康记》："尔都夫良意美闻此诏命，自参出，解所佩兵，而八度拜白者：'先日所问赐之女子诃良比卖者侍。亦副五处之屯宅以献。然其正身，所以不参向者，自往古至今时，闻臣连隐于王宫，未闻王子隐于臣家。是以思贱奴意富美者，虽竭力战，更无可胜。然恃己入坐于鄙家之王子者，死而不弃。'**如此白**，而亦取其兵，还入以战。"（p.332）西晋白法祖译《佛说大爱道般泥洹经》卷1："至耶陀迦罗越所，至已告守门者，令入**白迦罗越**：'阿难在外。'守门者闻阿难言，即入**白如是**。"东晋瞿昙僧伽提婆译《增壹阿含经》卷37《八难品》："阿难**白言**：'止，止！须拔，勿娆如来。'**如是再三**，复白阿难曰：'如来出世，甚不可遇，如优昙钵华，时时乃有。如来亦复如是，时时乃出。然我今观如来，足能解我狐疑，我今所问义者，盖不足言。又今，阿难，不与我往白世尊。又闻如来却观无穷，前睹无极，然今日独不见接纳。'"姚秦鸠摩罗什译《摩诃般若波罗蜜经》卷27："散昙无竭菩萨上**白言**：'大师，我从今日，以身属师，供给供养。'**如是白已**，合掌师前立。"姚秦鸠摩罗什译《妙法莲华经》卷5《如来寿量品》："是时菩萨大众，弥勒为首，合掌**白佛言**：'世尊，唯愿说之，我等当信受佛语。'**如是三白已**，复言：'唯愿说之，我等当信受佛语。'"梁僧伽婆罗译《文殊师利所说般若波罗蜜经》卷1："尔时帝释、长老阿难，俱**白佛言**：'世尊，如是如是。诚如佛言，我等当顶戴受持，广宣流布。唯愿如来，不以为虑。'**如是三白言**：'愿不为虑，我等当顶戴受持。'"按：从上述例文可知，《古事记》的该句式出自佛典，只是《古事记》的句式并非完全照搬：一是引言前的动词不同；二是引言后的总括性词语不同，即《古事记》是"如此"，佛典为"如是"；三是强调重复次数之多的数字不同，且位置有异，即前者为"八"，在引言前，后者是"三"，在引言后。

【**白之**："～"／まをししく、～とまをしき】 说词 （9例）（位卑者对位尊者）说："……"。《古事记》上卷《忍穗耳命与迩迩艺命》："于是天照大御神诏之：'亦遣曷神者吉？'尔思金神及诸神**白之**：'坐天安河河上之天石屋，名伊都之尾羽张神，是可遣。'"（p.106）又《日子穗穗手见命与鹈茸草茸不合命》："是以海神悉召集海之大小鱼问曰：'若有取此钩鱼乎？'故诸鱼**白之**：'顷者，赤海鲫鱼于喉鲠，物不得食，愁言。故必是取。'"（p.130）又："于是，海神之女丰玉毘卖命自参出**白之**：'妾已妊身，今临产时。此念天神之御子不可生海原。故参出到也。'"（p.134）又中卷《神武记》："故其娘子**白之**：'仕奉也。'于是其伊须气余理比卖命之家，在狭井河之上。天皇幸行其伊须气余理比卖之许，一宿御寝坐也。"（p.160）又《景行记》："尔其后，名弟橘比卖命**白之**：'妾易御子而入海中。御子者，所遣之政遂，应覆奏。'"（p.226）又下卷《履中记》："故到幸大坂山口之时，遇一女人。其女人**白之**：'持兵人等，多塞兹山。自当歧麻道回，应越幸。'"（p.308）又《允恭记》："如此歌，参归，**白之**：'我天皇之御子，于伊吕兄王，无及兵。若及兵者，必人咲。仆捕以贡进。'"（p.322）又《安康记》："尔大日下王，四拜**白之**：'若疑有如此大命。故不出外，以置也。是恐、随大命奉进。'"（p.328）《日本灵异记》下卷《阎罗王示奇表劝人令修善缘第9》："广足受诏，罢至阙门，即念欲知召我之人，我更还**白之**：'欲知御名。'爰告：'欲知我，我阎罗王。汝国称地藏菩萨是也。'"（p.284）后汉安世高译《佛说奈女祇域因缘经》卷1：
"祇域复言：'汝可白汝长者妇，但听我治。若差者，随意与我物。'时守门人复**白之**：
'医作如是言，但听我治。若差，随意与我物。'"元魏慧觉等译《贤愚经》卷12："时
有一人，启白王曰：'拘萨罗国，檀弥离长者，家内大有。'时王闻之，乘车马舆，躬
自往求。到檀弥离、长者门前，时守门人，即入**白之**：'波斯匿王来在门外。'长者欢
喜，即出奉迎，请王入宫。"刘宋佛陀什、竺道生等译《弥沙塞部和酰五分律》卷2：
"又作是念，世尊今在此城，当往**白之**：'佛有教敕，我当奉行。'即诣祇桓合具以白
佛。"按：《古事记》上卷《忍穗耳命与迩迩艺命》："尔思金神及八百万神**议白之**：
'天菩比神，是可遣。'"（p.98）又中卷《神武记》："于是，亦高木大神之命以**觉白
之**：'天神御子自此于奥方莫使入幸。荒神甚多。今自天遣八咫乌。故其八咫乌引道，
从其立后应幸行。'"（p.148）又《仲哀记》："尔坐其地伊奢沙和气大神之命，见于夜
梦云：'以吾名欲易御子之御名。'尔言**祷白之**：'恐，随命易奉。'"（p.252）《日本灵
异记》下卷《灾与善表相先现而后其灾善答被缘第38》："时仲丸**誓白之**：'若我后世，
违敕诏之者，天神地祇，恶嗔而被太灾，破身灭命。'"（p.369）例中"议白之""觉白
之""祷白之""誓白之"的搭配说法，在中国典籍中未见文例，疑似自创搭配。→
【答白之："～"】

【白之："～"如此白之间～/まをさく～かくまをすあひだに～】　自创　（位卑者
对位尊者）说："～"正这样说的时候……《古事记》上卷《忍穗耳命与迩迩艺命》：
"于是亦**白之**：'亦我子有建御名方神。除此者无也。'**如此白之间**，其建御名方神，千
引石擎手末而来言：'谁来我国，而忍忍如此物言？然欲为力竞。故我先欲取其御
手。'"（p.108）→【白者："～"如此白而～】

【白之曰："～"/～こたへてまうさく】　说词　（2例）　（位卑者对位尊者）说道：
"……"。《日本灵异记》中卷《智者诽妒变化圣人而现至阎罗阙受地狱苦缘第七》：
"其门左右，立二神人，身著甲铠，额著绯缦。使长跪**白之曰**：'召也。'"（p.167）又
下卷《沙门凭愿十一面观世音像得现报缘第3》："辩宗法师，系像引绳，犹**白之曰**：
'钱速赐我。征钱速偿。'"（p.269）（1）吴支谦译《撰集百缘经》卷5《饿鬼品》：
"佛在王舍城迦兰陀竹林。尔时目连乞食时到，著衣持钵，入城乞食。于其门中，值有
五百饿鬼，从外来入，见是目连，心怀欢喜，而**白之曰**：'唯愿尊者，慈哀怜愍，称我
名字，语我家中所亲眷属言。'"隋阇那崛多译《佛本行集经》卷53《优波离因缘品》：
"时彼五百释种童子，各至己家，咨父母已，还复来至输头檀边而**白之曰**：'大王，今
者可将我等，至世尊所，彼既出家，我亦应当，随从出家。'"（2）《太平广记》卷40
《杨云外》条："翌日虔诚敛衽而**白之曰**：'师丈，小子凡鄙，神仙之事，虽聆其说，果
有之乎？'"（p.255）又卷197《江陵书生》条："州帅惶惧，不知所为。忽有人**白之
曰**：'洲之郊墅间，有一书生博读甚广，才智出人。请召询之。'"（p.1481）

【百佛眼/はくぶつのみめ】 三字 　"百佛"，一百幅佛像。"开眼"，亦作"开光明""开光""开眼""开明"。新佛像或佛画等完成后，将安放在佛堂。这时，会举行一个替佛像开眼的仪式。经过这一仪式，佛像的神圣性才会被人接受。《日本书纪》卷27《天智纪》十年十月条："辛未，于内里开**百佛眼**。"（第三册，p.292）→【点仏眼】【開百仏眼】【開仏眼会】

【百济寺/くだらじ】 寺名 （2例）　①位于奈良县北葛城郡广陵町（原名百济村）。原为熊凝村熊凝精舍，迁建后改称百济大寺，再移至高市。后来的大官大寺、大安寺起源于此。《日本书纪》卷25《孝德纪》大化元年八月条："故以沙门狛大法师、福亮、惠云、常安、灵云、惠至、寺主僧旻、道登、惠邻、惠妙，而为十师。别以惠妙法师为**百济寺**寺主。此十师等宜能教导众僧，修行释教，要使如法。"（第三册，p.122）②位于现在的大阪市天王寺区，堂芝废寺是其遗址。《日本灵异记》上卷《僧忆持〈心经〉得现报示奇事缘第14》："释义觉者，本百济人也。其国破时，当后冈本宫御宇天皇之代，入我圣朝，住难破**百济寺**矣。"（p.94）

【百菩萨/ももはしらのぼさつ】 三字 　一百座观世音菩萨塑像或者画像。此处当指前者。《日本书纪》卷29《天武纪下》朱鸟元年八月条："八月己巳朔，为天皇度八十僧。庚午，度僧尼并一百，因以坐**百菩萨**于宫中，读《观世音经》二百卷。"（第三册，p.464）西晋竺法护译《佛说济诸方等学经》卷1："时彼会中，有**百菩萨**，寻从座起，避席地坐，嘘唏流泪。"唐法藏撰《华严经探玄记》卷11《十地品》："十变身等者，速疾变身以为百故。作多利益者，各**百菩萨**为眷属故。以百身起彼利他之行。"唐李通玄撰《新华严经论》卷33《入法界品》："六次以下有十个菩萨同号冠，直至列菩萨众末。有一**百个菩萨**，是法界中根本智上十波罗蜜之行，为一波罗蜜中互体圆融。即一中具十，十中具百。如是天冠菩萨以下一**百菩萨**，即明**百波罗蜜行**也。"→【百仏眼】

【百七斋/ひゃくしちのさい】 时段 　死后七百天的斋忌仪式。此处指持统天皇死后七百天时的追荐活动。《续日本纪》卷3《文武纪》庆云元年十一月条："十一月癸巳，设太上天皇**百七斋**于诸寺。"（第一册，p.82）

【百日斋/ひゃくにちのさい】 时段 　死后一百天的斋忌法事。《续日本纪》卷3《文武纪》大宝三年三月条："夏四月癸巳，奉为太上天皇设**百日斋**于御在所。"（第一册，p.68）方广锠整理《佛说水月光观音菩萨经》卷1："弟子朝议郎检校尚书工部员外郎翟奉达为亡过妻马氏追福，每斋写经一卷，标题如是：第一七斋，写《无常经》一卷；第二七斋，写《水月观音经》一卷；第三七斋，写《咒魅经》一卷；第四七斋，写《天请问经》一卷；第五七斋，写《阎罗经》一卷；第六七斋，写《护诸童子经》一卷；第七七斋，写《多心经》一卷；**百日斋**，写《盂兰盆经》一卷；一年斋，写

《佛母经》一卷；三年斋，写《善恶因果经》一卷。右件写经功德，为过往马氏追福。奉请龙天八部、救苦观世音菩萨、地藏菩萨、四大天王、八大金刚以作证盟。——领受福田，往生乐处，遇善知识，一心供养。"

【百舌/もものした】 偏正 一百个舌头。《日本灵异记》中卷《骂僧与邪淫得恶病而死缘第12》："口生百舌，虽万言白，慎莫诽僧，倏蒙灾故也。"（p.178）（1）东晋佛陀跋陀罗译《达摩多罗禅经》卷1："设人有百头，头各有百舌，欲说地狱苦，穷劫不能尽。"姚秦鸠摩罗什译《大庄严论经》卷9："常怀惭耻恨，虽以百舌说，说犹不可尽，略举而说之。"（2）北凉昙无谶译《金光明经》卷1《赞叹品》："身口清净，意亦如是，以妙香华，供养奉献，百千功德，赞咏歌叹，设以百舌，于千劫中，叹佛功德，不能得尽。"（3）唐实叉难陀译《地藏菩萨本愿经》卷1《阎浮众生业感品》："若遇吾我贡高者，说卑使下贱报。若遇两舌斗乱者，说无舌百舌报。若遇邪见者，说边地受生报。"按：《日本灵异记》中的百舌，用于千万不要诽谤僧人的场合。而在佛经中，（1）谓苦难或羞愧，无法说尽；（2）是说纵有千言万语，也道不尽佛的功德；（3）指五戒之一两舌的报应。《日本书纪》卷11《仁德纪》四十三年九月条："是日，幸百舌鸟野而游猎。时雌雉多起。乃放鹰令捕，忽获数十雉。"（第二册，p.62）此例"百舌鸟野"用作地名。关于这一地名的来源，《仁德纪》六十七年十月条记载如下："丁酉，始筑陵。是日有鹿，忽起野中，走之入役民之中而仆死。时异其忽死，以探其痍，即百舌鸟自耳出之飞去。因视耳中，悉咋割剥。故号其处曰百舌鸟耳原者，其是之缘也。"（第二册，p.70）又八十七年十月条："八十七年春正月戊子朔癸卯，天皇崩。冬十月癸未朔己丑，葬于百舌鸟野陵。"（第二册，p.72）又卷12《履中纪》六年十月条："冬十月己酉朔壬子，葬百舌鸟耳原陵。"（第二册，p.94）此外，《万叶集》卷10第2167首："秋野之 草花我末 鸣百舌鸟 音闻监香 片闻吾妹"。（第三册，p.116）例中的百舌鸟指秋天里百啭千声鸣叫的鸟儿。

【百味饮食/ひゃくみのおんじき】 四字 各种饮食和滋味。"百味"，代指所有品种，"饮食"，代指一切美味。《日本灵异记》中卷《孤娘女凭敬观音铜像示奇表得现报缘第34》："爰日申时，急叩门唤人。出见有邻富家乳母，大柜具纳百味饮食，美味芬馥，无不具物。"（p.238）吴支谦译《撰集百缘经》卷2《报应受供养品》："尔时，世尊知诸婆罗门心已调伏，还服本形，为其如应说四谛法，心开意解，获须陀洹果，各怀喜悦，并共，施设，百味饮食，请佛及僧。"隋阇那崛多译《佛本行集经》卷4《受决定记品》："我以如是，善根因缘，无量世中，作大梵王，或作帝释、转轮圣王，今得种种，百味饮食，乃至得成阿耨多罗三藐三菩提，转于无上，清净法轮。"唐玄奘译《大般若波罗蜜多经》卷476《道土品》："供已欢喜，发弘誓愿：'我持如是，所种善根，与诸有情，平等共有，回向所居，严净佛土，当得无上，正等觉时，令我土中，诸有情类，皆食如是，百味饮食，资悦身心，而无贪著。'"→【得百味】

【拜别/をがみわかる】 偏正 "离别"的敬词。《唐大和上东征传》："十月十六日，晨朝大和上云：'昨夜，梦见三官人，一著绯，二著绿。于岸上拜别，知是国神相别也。疑是度必得渡海也。'"（p.63）（1）唐道宣撰《集神州三宝感通录》卷3："后游宋都以般舟为业。中夜入禅见四人御车呼囧上乘，不觉自身已在大路，见一人坐胡床，侍卫数百人。见囧惊起曰：'向令知处而已，何忽劳屈？'法师遂拜别，令送还寺。扣门方开，房门亦闭。众咸敬服焉。"该例亦见于《大唐内典录》卷10。宋志盘撰《佛祖统纪》卷27："祖新已拜辞如来尊像，已拜别福源方丈，今别众道友，十五日毕定归去。愿诸仁者，勤心念佛蚤得相会。即趺坐念佛，遽云佛已至此合掌而化。"（2）《南史》卷45《陈显达传》："及子休尚为郢府主簿，过九江拜别。显达曰：'凡奢侈者鲜有不败，麈尾蝇拂是王、谢家物，汝不须捉此自逐。'"按：《汉语大词典》失收。→【死别】【相别】

【斑鸠寺/いかるがてら】 寺名 （3例） 日本法隆寺的异名。斑鸠是地名。日本推古天皇九年（601），圣德太子兴建斑鸠宫，故名。法隆寺位于该地，故又称斑鸠寺。法隆寺系圣德太子于推古天皇十五年（607）奉遵用明天皇遗诏而创建。《日本书纪》卷22《推古纪》十四年是岁条："是岁，皇太子亦讲《法华经》于冈本宫，天皇大喜之，播磨国水田百町施于皇太子。因以纳于斑鸠寺。"（第二册，p.554）又卷24《皇极纪》二年十一月条："于是，山背大兄王等自山还入斑鸠寺。"（第三册，p.82）又卷27《天智纪》八年是冬条："是冬，修高安城，收畿内之田税。于时，灾斑鸠寺。"（第三册，p.282）

【斑杂/ふふきなり】 并列 斑驳杂乱（的发须、斑点等）。《日本书纪》卷24《皇极纪》二年十一月条："时人说前谣之应曰：'以伊波能杯你，而喻上宫。以古佐屡，而喻林臣。林臣，入鹿也。以渠梅野俱，而喻烧上宫。以渠梅拖你母，陀碍底腾褒罗栖，柯麻之之能鸣腻，而喻山背王之头发斑杂毛似山羊。'又曰：'弃舍其宫匿深山相也。'"（第三册，p.82）元魏瞿昙般若流支译《正法念处经》卷52《观天品》："有孔雀王，名曰杂色。种种七宝，间错斑①杂。所出音声，普遍彼林。实是菩萨以愿力故。"唐菩提流志译《大宝积经》卷110："生乳汤河者，身点斑杂作种种色，体极软脆，犹如贵乐婴孩之身。"该例亦见于唐地婆诃罗译《大乘显识经》卷2。按：《汉语大词典》失收。

【坂田/さかた】 寺名 坂田尼寺的略称。位于奈良县明日香村大字坂田，作为飞鸟时代（592～710）的代表性尼寺，与丰浦寺齐名。据传由鞍作多须奈或其子止利所修建，亦被誉为飞鸟时代五大寺之一。在日本佛教的草创阶段，曾发挥过重要的作用。《日本书纪》卷30《持统纪》即位前纪条："十二月丁卯朔乙酉，奉为天渟中原瀛真人

---

① "斑"，宋本、元本、明本中作"班"。

天皇，设无遮大会于五寺大官、飞鸟、川原、小垦田丰浦、<u>坂田</u>。"（第三册，p. 476）

【**坂田尼寺/さかたのにじ**】 寺名 坂田尼寺，亦称坂田寺。原名金刚寺，后改称坂田尼寺。《日本书纪》卷22《推古纪》十四年五月条："'今朕为造丈六佛，以求好佛像。汝之所献佛本则合朕心。又造佛像既讫，不得入堂。诸工人不能计，以将破堂户。然汝不破户而得入。此皆汝之功也。'则赐大仁位。因以给近江国坂田郡水田二十町焉。鸟以此为天皇作金刚寺，是今谓南渊<u>坂田尼寺</u>。"（第二册，p. 552）

【**坂田寺/さかたでら**】 寺名 坂田尼寺的略称。据《日本书纪·推古纪》十四年五月条记载，鞍部鸟因为出色地完成了飞鸟寺丈六佛像的雕塑，得到天皇赠与20町水田的赏赐。鞍作鸟在此修建了位于南渊的坂田寺。《日本书纪》卷21《用明纪》二年四月条："天皇之疮转盛，将欲终时，鞍部多须奈进而奏曰：'臣奉为天皇出家修道。又奉造丈六佛像及寺。'天皇为之悲恸。今南渊<u>坂田寺</u>木丈六佛像、挟侍菩萨是也。"（第二册，p. 506）

【**半留/なかばとどまる・とどむ**】 偏正 （2例） 留下一半；一半留下。《日本书纪》卷28《天武纪上》即位前纪条："癸未，至吉野而居之。是时，聚诸舍人谓之曰：'我今入道修行，故随欲修道者留之。若仕欲成名者，还仕于司。'然无退者。更聚舍人而诏如前。是以，舍人等<u>半留</u>半退。"（第三册，p. 302）《播磨国风土记·贺古郡》条："此里有舟引原。昔神前村有荒神，每<u>半留</u>行人之舟。"（p. 24）（1）刘宋求那跋陀罗译《杂阿含经》卷36："彼闻教旨，往诣边国，集诸财物，半送于库，<u>半留</u>于彼惠施作福。"（2）《全梁文》卷15萧绎《玄览赋》："城逶迤而中断，阶坡陀而<u>半留</u>。分沙羡而启镇，即开蕃于夏州。"按：《汉语大词典》失收。

【**半夜時/よなかのときに**】 时段 半夜的时候，深更半夜。《日本灵异记》中卷《弥勒菩萨铜像盗人所捕示灵表显盗人缘23》："圣武天皇御世，敕信巡夜，行于京中。其<u>半夜时</u>，其诸乐京葛木尼寺前南慕原，有哭叫音言：'痛哉，痛哉！'"（p. 208）（1）隋阇那崛多译《佛华严入如来德智不思议境界经》卷1："譬如白助月轮，于<u>半夜时</u>，阎浮地鞞，波诸众生，各各知月轮在前，而月轮亦无分别，无异分别。如是我于众生前住，欲令众生知我月轮。"又《佛华严入如来德智不思议境界经》卷2："曼殊尸利，譬如日由循迷留山王故，四大洲中众生，或有见出时，或有见下时，或有见日高来时，或有知下入时，或有知<u>半夜时</u>，或有中时，或有知日出来初打鼓时，或有下入初打鼓时，或有残日打鼓时，或有残夜打鼓时。如是日轮，四大洲中众生，各各异见。"宋天息灾译《大方广菩萨藏文殊师利根本仪轨经》卷9《第4净行观想护摩成就法品》："若持诵时，于夜第四分或<u>半夜时</u>，跌坐持诵至早晨日出，以次中午献阏伽水发遣贤圣。"（2）《全唐文》卷753杜牧《太常寺奉礼郎李贺歌诗集序》："太和五年十月中，<u>半夜时</u>，舍外有疾呼传缄书者。"（p. 7806）《太平御览》卷294所引《汉书》曰："是时会幕，胡兵终怪之，卒不敢击。向<u>半夜时</u>，胡兵以为汉有伏军于旁，欲夜取之，皆引兵去。诘朝，广乃归其军。"

【半月半月/はんつきはんつき】 时段 （2 例） 每半月一次定期读诵戒律或经文（的法事）。《元兴寺伽蓝缘起并流记资财账》："时百济客白：'我等国者，法师寺尼寺之间，钟声互闻，其间无难事。**半月半月**日中之前，往还处作也。'又时尼等白：'礼佛宫忽作赐。又**半月半月**为白羯磨并法师寺速作具赐。'白。如是樱井寺内堂略作构置在。"后汉安世高译《佛说犯戒罪报轻重经》卷 1："如来制禁戒，**半月半月**说。已说戒利益，稽首礼诸佛。"唐义净译《金光明最胜王经》卷 5《依空满愿品》："梵王，是《金光明》微妙经典，若正闻持，有大威力。假使有人于百千大劫，行六波罗蜜无有方便；若有善男子、善女人书写如是《金光明经》，**半月半月**专心读诵，是功德聚于前功德百分不及一，乃至算数譬喻所不能及。"

【伴党/ともがら】 并列 伙伴，同伴。《日本书纪》卷 25《孝德纪》大化五年三月条："穗积臣嚙捉聚大臣**伴党**田口臣筑紫等，著枷反缚。"（第三册，p. 176）西晋竺法护译《生经》卷 3："佛告诸比丘：'欲知尔时迦邻王者，审裸形子是；阿脂王者，则我身是；欣踊大臣，则舍利弗是；帝释者，阿难是。尔时相随，以为**伴党**，义理相化，上下相承，今亦如是。'"东晋佛陀跋陀罗、法显合译《摩诃僧祇律》卷 3："时贼思惟我**伴党**多，而此物少宁可相与。"姚秦鸠摩罗什译《大庄严论经》卷 3："若人命终时，独往无**伴党**。毕定当舍离，所爱诸亲友。"按：《汉语大词典》首引萧齐求那毘地译《百喻经》："众贾共思量言：'我等**伴党**，尽是亲属，如何可杀？'"偏晚。

【傍及無边/ほとりはむへんにおよぶまで】 先例 （殊胜的因缘）惠及无以计数的众生。"无边"，一般指空间广大到无边无际。此处与表示有形世界最高处的"有顶"呼应，代指娑婆世界无以计数的众生。《奈良朝写经 29·千手千眼陀罗尼经》："遂令圣法之盛，与天地而永流，拥护之恩，被幽明而恒满，上臻有顶，**傍及无边**，俱发菩提心，顿悟无生理。"（p. 200）沙门若愚述、侯冲整理《佛说消灾延寿药师灌顶章句仪》卷 6："释迦出世，同为听法之人；弥勒下生，齐受菩提之记。上穷有顶，**傍及无边**，俱沐良因，尽成正觉。"

【谤法断善/みのりをそしり、よきことをたつ】 四字 诽谤正法，除断善根。《日本灵异记》下卷《刑罚贱沙弥乞食以现得顿恶死报缘第 33》："求失之者，三贤十圣，有失可诽。求德之者，**谤法断善**，有德可美。"（p. 347）失译人名今附梁录《菩萨五法忏悔文》卷 1："弟子某甲等，从无数劫来，不遇善知识，造作一切罪，破戒犯四重、六重及八重，**谤法断善**根。具足一阐提，幸遇诸如来，经法贤圣众，能除众罪者。弟子头面礼，愿诸恶云消，令发无上慧，忏悔竟五体作礼。"唐澄观别行疏《大乘四论玄义》卷 2："'具缚假者'：《菩萨戒经》云：'性地菩萨，始能不**谤法断善**根，故知共位人备秤具缚也。此人名为信根菩萨，亦名假名菩萨。'"

【飽喫／あきくらふ】 口语　犹言"吃饱"。《常陆国风土记·多珂郡》条："野物虽不得，而海味尽**饱吃**者。后代追迹，名饱田村。"（p. 418）唐慧然集《镇州临济慧照禅师语录》卷1："有一般瞎秃子，**饱吃**饭了，便坐禅观行。"《寒山诗注》："说食终不饱，说衣不免寒。**饱吃**须是饭，著衣方免寒。"（p. 544）按：《汉语大词典》失收。

【宝刹／ほうせつ】 偏正　（3例）　佛国，佛土。佛土有七宝庄严，故称。"刹"，梵语 ksetra（"刹多罗"）的音译省称，意为土地或国土。《续日本纪》卷19《孝谦纪》天平胜宝八年十二月条："是以，差使，敬遣请屈。愿众大德，勿辞摄取。欲使以词妙福无上威力，冀冥路之鸾舆，向花藏之**宝刹**。"（第三册，p. 170）又卷20《孝谦纪》天平宝字元年十一月条："伏愿先帝陛下，熏此芳因，恒荫禅林之定影；翼兹妙福，速乘智海之慧舟。终生莲花之**宝刹**，自契等觉之真如。"（第三册，p. 236）《奈良朝写经45·说一切有部俱舍论卷第21》："凭斯胜因，断无明暗得智慧眼。披卷闻名，回邪归正；超过三界，游历**宝**□［刹］。"（p. 292）西晋竺法护译《佛说如幻三昧经》卷1："从**宝刹**来者，但见众宝，或从七宝，或从六宝，或从五宝，或从四宝，或从三宝，或从二宝世界来者，诣此忍土，见此佛土长广短狭众宝琦异，强劣好丑如本佛土。"东晋佛驮跋陀罗译《大方广佛华严经》卷4《卢舍那佛品》："或有七**宝刹**，平正住庄严，清净业力起，微妙善安隐。"按：《汉语大词典》首引宋法贤译《佛说大乘无量寿庄严经》："诸佛国界虽严饰，难比如来**宝刹**中。"偏晚。

【宝船／ほうせん・たからのふね】 偏正　珠宝镶嵌的船只，装满珠宝的船只。"宝"，美称。比喻大乘佛法充满智慧，能够将众生从此岸带至彼岸。《奈良朝写经56·大般若经卷第50等》："谁不渡爱河者，乘彼**宝船**。步迷路者，休此芳林者也。"（p. 358）刘宋求那跋陀罗译《过去现在因果经》卷3："众生今者没生死海，菩萨为修智慧**宝船**。汝今云何欲令沉溺？"北凉昙无谶译《大般涅槃经》卷9《如来性品》："复次，善男子。譬如大船从海此岸至于彼岸，复从彼岸还至此岸，如来应正遍知亦复如是，乘大涅槃大乘**宝船**，周旋往返济渡众生。"

【宝幢／ほうどう・たからのはた】 偏正　以宝珠装饰的幢杆。"宝"，美称，亦作"天幢""法幢"，为旗帜的一种，用以庄严佛菩萨及道场。《续日本纪》卷19《孝谦纪》天平胜宝八年五月条："壬申，奉葬太上天皇于佐保山陵。御葬之仪，如奉佛。供具有师子座香、天子座金轮幢、大小**宝幢**、香幢、花缦、盖伞之类。"（第三册，p. 160）吴支谦译《佛说维摩诘经》卷1《佛国品》："**宝幢**菩萨、胜邪菩萨、严土菩萨、金结菩萨、珠结菩萨、慈氏菩萨、濡首菩萨，其三万二千菩萨，皆如此上首者也。"姚秦鸠摩罗什译《妙法莲华经》卷5《分别功德品》："一一诸佛前，**宝幢**悬胜幡，亦以千万偈，歌咏诸如来。"唐义净译《金光明最胜王经》卷3《灭业障品》："此诸独觉入涅槃后，皆以珍宝起塔供养，其塔高广十二瑜缮那，以诸花香**宝幢**幡盖常为供养。"按：《汉语大词典》首引东晋佛陀跋陀罗译《观佛三昧海经·观四威仪品》："于阶道侧竖诸**宝幢**，无量宝幡悬其幢头。"略晚。

【宝殿/ほうでん・たからのどの】 偏正　大雄宝殿，佛殿。《怀风藻》第 105 首麻田阳春《和藤江守咏神睿山先考之旧禅处柳树之作》："於穆我先考，独悟阐芳缘。**宝殿**临空构，梵钟入风传。"（p.169）（1）东晋佛驮跋陀罗译《大方广佛华严经》卷 10《佛升夜摩天宫自在品》："尔时，世尊升其**宝殿**，宝莲华藏师子座上结跏趺坐。尔时，**宝殿**忽然广博犹如夜摩天处，十方世界亦复如是。"隋阇那崛多译《佛本行集经》卷 8《从园还城品》："时净饭王坐**宝殿**上，辅相弼谐，治理国政，群臣卿士百辟官僚，或后或前左右围绕，皆悉闻彼欢喜鼓声。"唐道宣撰《广弘明集》卷 16："又异祇洹掩户三月，**宝殿**空临琼阶虚敞，密帷不开，非仲舒之曲学；红壁长掩，似邴卿之避仇。"（2）《文选》卷 31 江淹《颜特进侍宴》："搤日粲书史，相都丽闻见。"李善注引孔安国曰："列汉构仙宫，开天制**宝殿**。"按：《汉语大词典》首引南朝梁简文帝《大法颂序》："高门洞启，不因铜马之饰；**宝殿**霞开，无假凤皇之瑞。"稍晚。从李善注引孔安国的文例来看，"宝殿"出现在中土文献中的时间更早，它表示神仙居住的宫殿。→**【摩尼（之）宝殿】【摩尼之殿】**

【宝筏/ほうばつ】 偏正 （2 例）　比喻佛陀之教法。"宝"，美称。筏，为渡河的工具。佛法能度人出生死苦海而抵达涅槃彼岸，犹如筏能载人渡河。《奈良朝写经 56·大般若经卷第 50 等》："道行忽蒙威力，才得本心。以为连河能仁，设波若之**宝筏**，双树正觉，开菩提之禅林。"（p.358）《续日本纪》卷 8《元正纪》养老三年十一月条："道慈法师，远涉沧波，核异文于绝境；遐游赤县，研妙机于秘记。参迹象龙，振英秦汉，并以戒珠如怀满月，慧水若写沧溟。倘使天下桑门智行如此者，岂不殖善根之福田，渡苦海之**宝筏**。"（第二册，p.62）唐迦才撰《净土论》卷 1："上莹瑠璃之地，外围七宝栏楯，内盈八德清池，珠**宝筏**于翠林，宝网络于绮殿。既是身充万德，亦乃土盈众美。"新罗太贤撰《菩萨戒本宗要》卷 1："故真梵哀夫，运之以宝筏；世雄宰化，授之以金章。"《全唐文》卷 959（阙姓）字寰《大唐齐州神宝寺碣铭》："大雄有已见□生溺之苦海，于是横**宝筏**而济之。"又卷 989 阙名《李弼徽造像碑》："惟愿五浊恒清，三灾不染。乘斯**宝筏**，回入禅河；因彼□轮，遐超火宅。上沾有顶，下漏无垠，俱就福田，咸升彼岸。"→**【慧筏】【戒筏】**

【宝幡/はたほこ・たからのほこ】 偏正　"宝"，美称。亦称"幡幢""幡盖"。佛寺中悬挂的旗幡，用以庄严佛菩萨及道场。《日本灵异记》中卷《依不布施与放生而现得善恶报缘第 16》："法师五人，有前而行，优婆塞五人，有后而行。行路广平，直如墨绳。其路左右，立列**宝幡**，前有金宫。"（p.192）东晋佛驮跋陀罗译《大方广佛华严经》卷 49《入法界品》："又复建立，无量宝幢，无量**宝幡**，周遍垂下，张众宝帐。"姚秦鸠摩罗什译《摩诃般若波罗蜜经》卷 27《常啼品》："是时诸华香宝衣于县无竭菩萨上虚空中化成华台，碎末栴檀、宝屑、金银宝华化成宝帐，宝帐之上所散种种宝衣化为宝盖，宝盖四边垂诸**宝幡**。"元魏瞿昙般若流支译《正法念处经》卷27《观天品》："其象头上，大山之顶，宝幢华盖，悬以**宝幡**。"

【**宝栏/ほうらん**】 偏正 以珠宝镶成的栏楯。"宝"，美称。用以庄严佛土境界。《元兴寺伽蓝缘起并流记资财账》："所谓刹柱立处者，**宝栏**之东佛门之处。"《说文》云：'栏，门遮也。'"元魏菩提流支译《无量寿经优波提舍》卷1："宫殿诸楼阁，观十方无碍；杂树异光色，**宝栏**遍围绕。"隋阇那崛多译《观察诸法行经》卷4《授记品》："彼诸园中一一有三十二华池，八分具足水普满其中，金沙布散**宝栏**围绕，鞞琉璃夜别以间错。"唐窥基撰《阿弥陀经疏》卷1："经曰：'极乐国土七重栏楯'：次释第一下绕金栏也。《无量寿论》云：'此即地庄严**宝栏**，周匝围绕。'"按：《汉语大词典》失收。

【**宝命重死/いのちをたふとび、しをはばかる**】 典据 珍视生命，畏惧死亡。《日本灵异记》中卷《常鸟卵煮食以现得恶死报缘第10》："《涅槃经》云：'虽复人兽，尊卑差别。**宝命重死**，二俱无异。'云云。"（p.176）北凉昙无谶译《大般涅槃经》卷20《梵行品》："大王，如王宫中，常敕屠羊，心初无惧。云何于父，独生惧心？虽复人畜，尊卑差别，**宝命畏**①**死**，二俱无异。"新罗太贤集《梵网经古迹记》卷2："佛告阿阇世王言：'大王汝王宫中，常敕屠羊，心初无惧。云何于父，独生惧心？虽复人兽，尊卑差别，**宝命重死**，二俱无异。'"

【**宝塔/ほうとう**】 偏正 佛塔。"宝"，美称。原为存放佛舍利之处，用七宝装饰，故称。《唐大和上东征传》："明日度岭，入［始丰县］，日暮至国清寺，松篁蓊郁，奇树璀璨；**宝塔**玉殿，玲珑赫奕，庄严华饰，不可言尽。"（p.59）后汉支娄迦谶译《阿閦佛国经》卷2《佛般泥洹品》："时一切三千大千世界人民皆供养其身，以七宝作塔，其三千大千世界当以七**宝塔**及叶金色莲华而庄严。"姚秦鸠摩罗什译《妙法莲华经》卷6《如来神力品》："及见释迦牟尼佛共多宝如来，在**宝塔**中坐师子座，又见无量无边百千万亿菩萨摩诃萨及诸四众，恭敬围绕释迦牟尼佛。"隋阇那崛多译《佛本行集经》卷46《大迦叶因缘品》："是迦尸国王，为佛舍利，造七**宝塔**，其七宝者，所谓金、银、颇梨、琉璃、虎珀、玛瑙及车璩等，其**宝塔**内，七宝庄挍，外以石砌，覆其**宝塔**，其塔高妙，极一由旬，广半由旬。"

【**宝相/ほうそう**】 偏正 谓佛菩萨塑像或画像端正庄严。《奈良朝写经18·弥勒上生经》："莲台**宝相**含璧月而披光，贝篆灵文贯珠星而流影。"（p.141）东晋佛驮跋陀罗译《大方广佛华严经》卷32《如来相海品》："如来有大人相，名入一切普照光明，如来**宝相**清净庄严，普照一切无量无边如来、菩萨妙智慧藏一切法界。"姚秦鸠摩罗什译《妙法莲华经》卷4《授学无学人记品》："各于十方国，悉同一名号，俱时坐道场，

———
① "畏"，宫本中作"重"。

以证无上慧，皆名为**宝相**。"隋阇那崛多译《佛本行集经》卷14《空声劝厌品》："**宝相**佛世尊，天华而供养。阿剩婆诸佛，劝请坐像舆。"

【**报福**／さきほひをむくゆ】 述宾 　以德报恩，得到福报。《日本灵异记》下卷《髑髅目穴笋揭脱以祈之示灵表缘第27》："施食**报福**，与恩报恩。何况现人岂忘恩乎？"（p.333）唐道宣撰《大唐内典录》卷1："《**报福**经》一卷（或云《**福报**经》，见吴录。）"唐道世撰《法苑珠林》卷5："问曰：'生上天者离恶积善，何故报尽即入三涂？'答曰：'凡夫无始已来恶业无穷，一日贪瞋尚受千形，况恶既多。暂伏结生，**报福**既尽昔业时熟，还堕三涂。'"按：《汉语大词典》失收。

【**报语**／こたふることば】 格义 　犹言"回答"。《万叶集》卷6第978首歌注："右一首，山上忆良臣沉疴之时，藤原朝臣八束使河边朝臣东人令问所疾之状。于是，忆良臣**报语**已毕。有须，拭涕悲叹，口吟此歌。"（第二册，p.138）（1）后汉支娄迦谶译《佛说伅真陀罗所问如来三昧经》卷3："阿阇贳复**报语**：'伅真陀罗，仁所作功德，愿分我少所，令我得其功德。'"姚秦竺佛念译《出曜经》卷15《利养品》："时诸比丘，**报语**主人：'贤士竟为知不？我等涉学，积有年岁，经行进止，常有法则，六时行道，不与常同，意欲经行，清旦至暮，暮达平晓，日出则食，不违典律。'"又卷16《忿怒品》："大臣**报语**：'卿且自宁，勿怀忧虑，当设权计，办四种兵。'即如其语，办四种兵，围绕数重，寝好帏帐，饮洗刀汁，即生男儿，颜貌殊特，有豪贵相。"（2）《太平御览》卷644所辑《魏志》："诸囚叩头愿效，即相**报语**：'群贼解散。'"（p.2883）又卷682所引《吴志》曰："刘禅袭位，诸葛亮秉政，与权连和。时事所宜，权辄令陆逊**报语**，并刻权印以置其所。"（p.3049）按：上引传世文献两例中，"报语"表示相互告知、汇报的意思。由此观之，歌注中用以表示回答之义的"报语"一词，无疑出自佛典。

【**抱柱**／はしらをうだく】 格义 （4例）　因前世造业，后世在地狱中抱着滚烫的铜铁柱子遭受煎熬和折磨。《日本灵异记》上卷《非理夺他物为恶行受恶报示奇事缘第30》："往而见之，实有我父，**抱**甚热之铜**柱**而立。铁钉三十七于其身打立，以铁打。凤三百段，昼三百段，夕三百段，合九百段，每日打迫。"（p.126）又中卷《智者诽妒变化圣人而现至阎罗阙受地狱苦缘第7》："往前极热铁柱立之。使曰：'**抱柱**！'光就**抱柱**，肉皆销烂，唯骨璨存。历之三日，使以弊帚，抚于其柱而言：'活活！'如故身生。又指北将往。倍胜于先热铜**柱**立。极热之**柱**，而所引恶，犹就欲**抱**。言：'**抱**之！'即就**抱**之，身皆烂销。"（p.168）又："由口业罪，阎罗王，召我令**抱**于铁铜**柱**。"（p.168）又下卷《重斤取人物又写〈法华经〉以现得善恶报缘第22》："四人副至热铁**柱**，所令**抱**彼**柱**。编铁热烧，著背而押。历三日夜，令**抱**铜**柱**。编铜甚热，著背而押。又径三日，极热如爥。铁铜随热，非热非安。编铁随重，非重非轻。恶业所引，唯欲抱荷。合历六日乃出。"（p.315）又《减塔阶仆寺幢得恶报缘第36》："由此罪，召我于阎罗王阙，令**抱火柱**，以挫钉打立我手于，而问打拍。"（p. 356）唐实叉难陀译《地藏菩萨本愿经》卷1《地狱名号品》："复有地狱，名曰洋铜。复有地狱，名曰**抱柱**。"按：传世文献当中，"抱柱"出自坚守信约的典故，典自《庄子·盗跖》："尾生与女子期于梁下，女子不来，水至不去，**抱梁柱**而死。"在汉译佛经中，"抱柱"亦说"抱铜柱"，谓生前作恶，死后在地狱遭受报应的一种惩罚，对象通常为骄奢淫逸之人。后汉安世高译《佛说阿难问事佛吉凶经》卷1："淫泆**抱铜柱**，大火相烧然；诽谤清高士，铁钩拔其舌。"梁宝唱等集《经律异相》卷50："二十四曰铁床：淫他妇女逼犯持戒女人，男**抱铜柱**女卧铁床。"→【熱銅柱】

【暴風忽起/あからしまかぜたちまちにおこる】 四字 忽然刮起暴风雨。《日本书纪》卷7《景行纪》四十年是岁条："亦进相摸，欲往上总。望海高言曰：'是小海耳，可立跳渡。'乃至于海中，**暴风忽起**，王船漂荡而不可渡。"（第一册，p. 374）（1）唐彦琮撰《唐护法沙门法琳别传》卷2："即《周书异记》云：穆王即位五十二年壬申之岁二月十五日平旦，**暴风忽起**，拨损人舍，伤折树木，山川大地，皆悉震动。午后天阴云黑，西方有白虹十二道，南北通过，连夜不灭。穆王问太史扈多曰：'是何征也？'扈多对曰：'西方有大圣人，灭度衰相现耳。'佛入涅槃，即此年也。"该例亦见于唐道宣撰《释迦方志》卷2、《广弘明集》卷11、唐智升撰《续集古今佛道论衡》卷1、唐法琳撰《破邪论》卷1、唐道世撰《法苑珠林》卷12和卷100等。唐道世撰《法苑珠林》卷65："慧将入庐山，船至小，而**暴风忽起**。同旅已得依浦，唯慧庆舫未及得泊，飘扬中江，风疾浪踊静待沦覆。"（2）《独异志》卷上："时大合乐，音曲远畅，曲江涨水，联舟数十艘，进士毕集。蒙闻之，乃逾垣走赴，群众惬望。方登舟，移就池中，**暴风忽起**，画舸平沉，声伎、持篙楫者不知纪极，三十八人无一生者。"按：《日本书纪》卷2《神代纪下》："至及兄钓之日，弟居滨而啸之，时**迅风忽起**。"（第一册，p. 184）又卷9《神功纪》摄政前纪条："时**飘风忽起**，御笠堕风，故时人号其处曰御笠也。"（第一册，p. 420）又卷11《仁德纪》十一年十月条："于是，**飘风忽起**，引匏没水，匏转浪上而不沉，则瀝瀝泛以远流。"（第二册，p. 38）《续日本纪》卷1《文武纪》文武四年三月条："世传云：火葬毕，亲族与弟子相争，欲取和上骨敛之。**飘风忽起**，吹扬灰骨。终不知其处。"（第一册，p. 26）又卷13《圣武纪》天平十一年十一月条："六年十月，事毕却归。四船同发，从苏州入海。**恶风忽起**，彼此相失。"（第二册，p. 356）以上例中"迅风忽起""飘风忽起""恶风忽起"的搭配关系，在中国文献中未见，疑似自创搭配。

【暴急/あらしまなり】 格义 急遽，突然，用以形容因狂风等骤起而波涛汹涌的情景。《续日本纪》卷24《淳仁纪》天平宝字七年八月条："壬午，初遣高丽国船，名曰能登。归朝之日，风波**暴急**，漂荡海中。"（第三册，p. 434）（1）西晋竺法护译《修行地道经》卷4《行空品》："其修行者心自念言：'今求内风则无有我，当复察外。'

何谓外风？不与身连，东西南北**暴急**乱风、飘风、冷热多少微风、兴云之风、旋岚动风、成败天地及持水风，是谓外风。"失译人名今附秦录《别译杂阿含经》卷15："云何度驶流？昼夜恒精进，如此驶流中，涛波甚**暴急**，无有攀挽处，亦无安足地。谁能处深流，而不为漂没？"梁宝亮等集《大般涅槃经集解》卷25《大众问品》："末法耶惑，执偏教者，不受常说，譬水**暴急**不得度也。"按：传世文献当中，"暴急"通常用作形容词，有如下两种用法：一是"急迫"的意思。《管子·治国第48》："凡农者，月不足而岁有余者也，而上征**暴急**无时，则民倍贷以给上之征矣。"二是"残暴急刻"的意思，《汉书》卷27《五行志中之下》："时燕王旦与长公主、左将军谋为大逆，诛杀谏者，**暴急**无道。"

【悲而言："～"／かなしびいはく ～】 自创　悲伤地说："……"。《日本灵异记》上卷《非理夺他物为恶行受报示奇事缘第30》："广国见之**悲而言**：'呜呼，何图之，受是苦也！'"（p.126）后秦僧肇撰《注维摩诘经》卷3《弟子品》："于时净居诸天相与**悲而言**曰：'菩萨为欲所缠，迷于女色，众生可愍，谁当度者？'即时变诸妓女皆如死人，甚可怖畏，令菩萨心厌，即劝出家。"

【悲鲠而言："～"／むせひていはく ～】 典据　悲伤哽咽地说道："……"。"鲠"与"哽"通。《日本书纪》卷16《武烈纪》即位前纪条："于是影媛收埋既毕，临欲还家，**悲鲠而言**：'苦哉！今日失我爱夫。'即便洒涕怆矣，缠心歌曰。"（第二册，p.274）按：《新编日本古典文学全集》栏上注释例引唐义净译《金光明最胜王经》卷10《舍身品》："王闻语已，惊惶失所**悲哽而言**：'苦哉！今日失我爱子。'即便扠泪，慰喻夫人。"可从。

【悲泪盈目／ひるいめにみつ】 典据　眼里噙满悲伤的泪水。《日本书纪》卷16《武烈纪》即位前纪条："是时影媛逐行戮处，见是戮已，惊惶失所，**悲泪盈目**。"《说文·皿部》："**盈**，满器也。"《诗经·召南·鹊巢》："维鸠**盈**之"毛传："**盈**，满也。"《左传》文公十八年条："不可**盈**厌"杜预注："**盈**，满也。"（第二册，p.272）按：《新编日本古典文学全集》栏上的注释例引唐义净译《金光明最胜王经》卷10《舍身品》："时彼夫人闻是语已，生大忧恼，**悲泪盈目**，至大王所，白言：'大王，我闻外人作如是语：失我最小所爱之子。'王闻语已，惊惶失所，悲哽而言：'苦哉！今日失我爱子。'"

【悲涕／かなしみなく】 偏正　"涕"，"啼"的古字。"悲涕"，哀伤啼哭，哀鸣。《肥前国风土记·松浦郡》条："分别之日，取镜与妇。妇含**悲涕**，渡栗川，所与之镜，绪绝沉川。因名镜渡。"（p.330）唐慧净撰《盂兰盆经赞述》卷1："经曰：'目连大叫**悲涕**，涕泣驰还，白佛具陈如此者。'述曰：'……**悲涕**等者，情酸扪泪，名曰悲咦，饮噎吞声，故云涕泣。睹母剧苦，骤返无赊，故云驰还白佛也。'"按：《汉语大词典》失收。

【悲田/ひでん】 偏正 （3例） "三福田"之一。谓以悲悯之心施惠于穷人，则得无量福德，故称。又谓供养父母曰"恩田"，供养佛僧曰"敬田"，供养贫穷曰"悲田"。唐代有悲田养病坊，见《旧唐书》卷18《武宗纪》。"悲田"之名本此。《续日本纪》卷21《淳仁纪》天平宝字二年八月条："大慈至深，建药院而普济；弘愿潜运，设悲田而广救。"（第三册，p.270）又卷22《淳仁纪》天平宝字四年六月条："又设悲田，施药两院，以疗养天下饥病之徒也。"（第三册，p.352）《唐大和上东征传》："开悲田而救济贫病，启敬田而供养三宝。"（p.81）隋智顗说、灌顶录《金光明经文句文句记会本》卷3："十一于恩因造恶业。恩田者，田有三种：三宝曰敬田；父母曰恩田；贫穷曰悲田。通名田者，皆堪种福故。"唐法藏撰《梵网经菩萨戒本疏》卷4："一恩田谓父母师主等；二德田谓三宝等；三悲田谓饥穷众生等；四苦田谓困厄众生等。"按：《汉语大词典》失收。→【福田】

【悲心/かなしぶるこころ】 偏正 悲悯他人之苦的情怀。《日本灵异记》下卷《击沙弥乞食以现得恶死报缘第15》："所以《丈夫论》云：'悭心多者，虽是泥土，重于金玉；悲心多者，虽施金玉，轻于草木。见乞人时，不忍言无，悲泣堕泪。'云云。"（p.298）东晋瞿昙僧伽提婆译《增壹阿含经》卷7《安般品》："汝今罗云，当行悲心，已行悲心，所有害心悉当除尽。"隋阇那崛多译《佛本行集经》卷40《教化兵将品》："若有比丘行悲心，能信世尊佛教法，速疾证于寂定处，不久得无动涅槃。"隋智顗说《摩诃止观》卷4："念者，悲心彻骨，如母念子。"

【悲哉痛哉/かなしきかな、いたましきかな】 先例 悲伤痛惜，用于感叹。《日本灵异记》上卷《凶人不敬养奶房母以现得恶死报缘地23》："汝也征负稻，吾亦征乳值。母子之道，绝于今日。天知地知，悲哉痛哉！"（p.110）明圆信说《雪峤信禅师语录》卷2："或将古人公案，妄意穿凿，记持相似言句，取辩舌快当作机锋。欺罔先圣，魔昧后昆。悲哉痛哉。"

【備弁/そなふ】 并列 （3例） 置办；蓄积；具备。《唐大和上东征传》："大和上、荣睿、普照师等同在既济寺备办干粮，[但]云将供具往天台山国清寺，供养众僧。"（p.43）又："备办海粮：[落]脂红绿米一百石，甜豉三十石，牛苏一百八十斤，面五十石，干胡饼二车，干蒸饼一车，干薄饼一万，番[捻]头一半车。"（p.47）又："大和上更与二师作方便，造舟、买香药，备办百物，一如天宝二载所备。"（p.62）（1）后汉昙果、康孟详合译《中本起经》卷2《须达品》："加施幢幡，香汁洒地，备办供具，兼肴重馔，烧众名香，遥跪请佛：'唯愿如来，枉屈尊神。'"吴支谦译《撰集百缘经》卷2《报应受供养品》："竖立幢幡，悬诸宝铃，香水洒地，散诸妙华，烧种种香，备办肴膳，往白世尊：'唯圣知时，餐具已办。'"梁宝唱等集《经律异相》卷28："王敕群臣，洒扫园内，烧香悬缯，备办种种，肴膳饮食。"（2）《搜神记》卷4："敕行酒，笑云：'仆有小女，颇聪明，欲以给君箕帚。'此人知神，不敢拒逆。便敕备办，

45

会就郎中婚。"《宋书》卷 14《志第 4》："元嘉二十五年闰二月，大搜于宣武场，主胄奉诏列奏申摄，克日校猎，百官**备办**。"按：《汉语大辞典》首引唐康骈《剧谈录·张季弘逢恶新妇》："逆旅有老妪谓其子曰：'恶人将归矣，速令**备办**茶饭，勿令喧噪。'"偏晚。→【具弁】【親弁】

【備儲/そなへまうく】 并列 （2 例） 准备蓄积。《续日本纪》卷 7《元正纪》灵龟二年四月条："乙丑，诏曰：'凡贡调脚夫，入京之日，所司亲临，察其**备储**。'"（第三册，p. 6）又卷 17《圣武纪》天平十九年十二月条："敕：'天下诸国，或有百姓情愿造塔者，悉听之。其造地者，必立伽兰院内。不得滥作山野路边。若**备储**毕，先申其状。'"（第三册，p. 50）唐慧琳撰《一切经音义》卷 9："**储**水：直于反。**储**，贮也。《说文》：**储**，偫也。偫，亦备也。谓畜物以备曰**储**。"西晋竺法护译《舍头谏太子二十八宿经》卷 1："生眚宿日，五月初雨，堕二斛七升，高田不收，下田茂盛，当急**备储**。所以者何？多诸盗贼。"按：《汉语大词典》失收。

【備法事/ほうじをまうく】 三字 （3 例） 筹备举办（亡故亲人的）追善法会。《日本灵异记》中卷《恶逆子爱妻将杀母谋现报被恶死缘第 3》："慈母持发归家，为子**备法事**，其发入筥，置佛像前，谨请讽诵矣。"（p. 152）又《骂僧与邪淫得恶病而死缘第 11》："圣武天皇御世，纪伊国伊刀郡桑原之狭屋寺尼等发愿，于彼寺**备法事**，请奈良右京药师寺僧题惠禅师，字曰依网禅师。"（p. 177）又下卷《沙门凭愿十一面观世音像得现报缘第 3》："于时，船亲王有善缘，参至其山寺，**备法事**而行。"（p. 269）宋契嵩编《镡津文集》卷 12："嘉佑初而龙岩人曰杨饰者，益于其阁之南为大阿罗汉，浴室廊庑环之。**备法事**也。"

【備飲食/のみものくひものをまうく】 三字 准备吃的和喝的。《日本灵异记》中卷《女人大蛇所婚赖药力得全命缘第 41》："昔佛与阿难，自墓边而过。夫妻二人，共**备饮食**，祠墓慕哭。"（p. 251）（1）后秦弗若多罗、罗什合译《十诵律》卷 61："佛在王舍城。有居士，名婆提。为佛及僧作房舍，极好庄严多**备饮食**。"唐般若、牟尼室利合译《守护国界主陀罗尼经》卷 9《陀罗尼功德轨仪品》："次**备饮食**以为供养，谓酪密酥乳糜白粳米饭种种饮食。"（2）《太平御览》卷 8 引《搜神记》曰："谢端少丧父母，为邻人所养，年十七未婚。后感天汉中白水素女，潜为其炊，以**备饮食**。"

【背走/そむきにぐ】 偏正 转身逃走，掉头逃走。《日本书纪》卷 9《神功纪》摄政前纪条："时皇后亲执斧钺，令三军曰：'金鼓无节，旌旗错乱，则士卒不整。贪财多欲，怀私内顾，必为敌所虏。其敌少而勿轻，敌强而无屈。则奸暴勿听，自服勿杀。遂战胜者必有赏，**背走**者自有罪。'"（第一册，p. 426）（1）北凉昙无谶译《大方等大集经》卷 53《忍辱品》："或有见者啼泣不喜，或有见者合眼掩面，或有见者**背走**远逝，有不欲见闭户塞窗。"隋阇那崛多等译《起世经》卷 8《斗战品》："于是海内所住诸龙，各从自宫，持种种仗，严备而出。当阿修罗前，与其战斗，胜则逐退，直至其宫。若其不如，恐怖**背走**。"又《大威德陀罗尼经》卷10："阿难，如彼丈夫欲求衣者，瞋恚恶心触劫初衣已，即生疑惑之想，起大恐怖舍已**背走**。"（2）《广异记·王太》条："太**背走**惶惧，不得故道，但草中行。可十余里，有一神庙，宿于梁上。"按：《汉语大词典》失收。

【倍復/ますます】 后缀 愈加，更加。《日本书纪》卷19《钦明纪》三十一年五月条："大使审知膳臣是皇华使，乃谓道君曰：'汝非天皇，果如我疑。汝既伏拜膳臣，**倍复**足知百姓，而前诈余，取调入己。宜速还之，莫烦饰语。'"（第三册，p.458）唐慧琳撰《一切经音义》卷33："**倍复**：上陪妹反。顾野王云：**倍**谓一生两也。《考声》云：多也。敌于本也……下扶救反。杜注《左传》云：**复**，重也。顾野王云：**复**犹又也。又云：**复**犹重更为之也。"后汉支娄迦谶译《佛说阿阇世王经》卷1："阿阇世王复白文殊师利：'闻如是法**倍复**踊跃，以是故欲请之。'"姚秦鸠摩罗什译《妙法莲华经》卷1《序品》："比丘比丘尼，其数如恒沙，**倍复**加精进，以求无上道。"唐义净译《金光明最胜王经》卷5《莲华喻赞品》："彼王赞叹如来已，**倍复**深心发弘愿。愿我当于未来世，生在无量无数劫。"按：《汉语大词典》失收。→【便復】【非復】【更復】【还復】

【倍勝於~/~にまさる】 于字 （2例） 胜于……一倍，加倍优于……①《日本灵异记》中卷《智者诽妒变化圣人而现至阎罗阙受地狱苦缘第7》："又指北将往。**倍胜于**先热铜柱立，极热之柱。而所引恶，犹就欲抱。"（p.168）②《日本灵异记》下卷《不顾因果作恶受罪报缘第37》："每打遍，问诸史言：'若此人在世时，作何功德善？'诸史答言：'唯奉写《法华经》一部。'王言：'以彼罪宛经卷。'随宛卷，而罪数**倍胜**无量无数。亦宛经六万九千三百八十四文字，犹罪数倍无救之。"（p.358）东晋法显译《佛说大般泥洹经》卷1《序品》："其名曰耆婆尸利优婆夷，胜鬘优婆夷，毗舍佉优婆夷等，于晨朝时，光明照已，即觉斯瑞，便各疾办，众供养具，**倍胜于**前，来诣佛所，头面著地，请佛及僧。世尊不受。愁忧苦恼，在一面住。"唐菩提流志译《大宝积经》卷47《毗利耶波罗蜜多品》："如律仪兄今所见，我于当来定如是；大苾刍众所围绕，当复**倍胜于**今日。"隋阇那崛多译《佛本行集经》卷56《难陀出家因缘品》："若复有人，供养一佛，功德果报，**倍胜于**彼。"唐义净译《金光明最胜王经》卷8《坚牢地神品》："何以故？世尊，由说此经，我之自身，并诸眷属，咸蒙利益，光辉气力，勇猛威势，颜容端正，**倍胜于**常。"

【倍於常~/つねの~にまして】 自创 胜于平常的……一倍，加倍优于平时的……《日本灵异记》下卷《弥勒丈六佛像其颈蚁所嚼示奇异表缘第28》："彼病呻音，每夜不息。行者不得闻忍，故起窥看，犹无病人。然最后夜，**倍于常**音，响于大地，而大痛呻。犹疑塔灵也。"（p.335）东晋瞿昙僧伽提婆译《增壹阿含经》卷40《九众生居品》："复次，阿难。若善男子、善女人与善知识共从事者，信根增益，闻、

47

施、慧德皆悉备具。犹如月欲盛满，光明渐增，**倍于常**时。"姚秦鸠摩罗什译《妙法莲华经》卷3《化城喻品》："尔时东方五百万亿诸国土中，梵天宫殿光明照曜，**倍于常明**。"元魏吉迦夜、昙曜合译《杂宝藏经》卷3："辅相见已，深怀敬服，即与其妇，礼足忏悔，恭敬情浓，**倍于常**日，即驱三藏及其已女，悉令出国。"隋阇那崛多译《佛本行集经》卷7《俯降王宫品》："菩萨在胎，其菩萨母，如前端政，种种相貌，悉皆可喜。自余众生，在于母胎，其母损瘦，体不洪满，气力羸弱，**倍于常人**。"唐栖复集《法华经玄赞要集》卷6："秦主姚兴谓什公曰：'大师聪明之种，永无后世法种断矣。'遂将伎女十人，敕令妻之，逼令交之。自后不住僧居，别立厅舍，供给之事**倍于常**则。"按：《日本灵异记》中"倍于常～"这一说法，虽与汉文佛经中的各种说法有异，但从语句结构上看，却与之有着不可分割的关联。

【被般若力/はんにゃのちからをかがふる】 自创 受到真实智慧之威力的加持。《日本灵异记》中卷《阎罗王使鬼得所召人之赂以免缘第24》："大唐德玄，**被般若力**，脱阎罗王使所召之难。日本盘岛，受寺商钱，脱阎罗王使鬼追召之难也。"（p.212）→【般若力】

【被打破/うちやぶらる】 被动（2例）被打破，被打坏。《播磨国风土记·饰磨郡》条："于是，火明命汲水还来，见船发去，即大瞋怨。仍起风波，追迫其船。于是，父神之船，不能进行，遂**被打破**。"（p.32）《续日本纪》卷24《淳仁纪》天平宝字七年五月条："乃于杨州买船入海。而中途风漂，**船被打破**。和上一心念佛，人皆赖之免死。"（第三册，p.430）失译人名今附后汉录《魔娆乱经》卷1："拘楼孙如来无所著等正觉，遥见弟子，**头被打破**，衣钵被裂，从远而来。"宋蕴闻编《大慧普觉禅师语录》卷1："云峯云：'南泉若无后语，泊**被打破**蔡州。'师云：'云峯老人失却一只眼，殊不知只因后语，当下**打破**蔡州。'"按：通过比较例文可知，日本文献中遭受损坏的是船只，而在中国文献的文例当中，被打破的是头或被攻陷的城池。→【打破】

【被大福德/おほきなるさきはひをかがふる】 自创 享受巨大的幸福和德用。《日本灵异记》上卷《殷勤归信观音愿福分以现得大福德缘第31》："东人现世**被大福德**，是乃修行验力。观音威德，更不应哉？"（p.129）→【得大福德】

【被恶死/あしきしをかがふる】 自创 遭遇非正常的死亡（暴死）。《日本灵异记》中卷《恶逆子爱妻将杀母谋现报**被恶死**缘第3》（p.149）。

【被埋/うもれる】 被动 今义同。①《出云国风土记·神门郡》条："四风吹时，沙飞流，掩埋松林。今年埋半遗，恐遂**被埋**已与。"（p.236）②《续日本纪》卷25《淳仁纪》天平宝字八年十二月条："是月，西方有声，似雷非雷。时当大隅、萨摩两国之堺，烟云晦冥，奔电去来。七日之后乃天晴。于魔岛信尔村之海，沙石自聚，化成三岛。炎气露见。有如冶铸之为。形势相连，望似四阿之屋。**为岛被埋**者，民家六十二区，口八十余人。"（第四册，p. 58）梁宝唱等集《经律异相》卷 32《慕魄不言**被埋**后言得修道》。《金刚经感应传》卷 1："答曰：'得日前持诵《金刚经》力，**被埋**在地。如梦中见有一金刚神，将一朵莲花插在周兴口中，至今不觉饥渴。'"按：《续日本纪》例中的"为……被埋"的句子形式较为特殊，中国文献中难觅文例。

【被殺害/ころさる】 被动 （4 例） 今义同。《肥前国风土记·基肆郡》条："昔者，此川之西有荒神，行路之人，多**被杀害**，半凌半杀。"（p. 314）又："于是，知织女神即立社祭之。自尔已来，行路之人，不**被杀害**。"（p. 316）《神埼郡》条："昔者，此都有荒神，往来之人，多**被杀害**。"（p. 230）《续日本纪》卷 10《圣武纪》神龟四年十二月条："至是，渤海郡王遣宁远将军高仁义等二十四人朝聘。而著虾夷境，仁义以下十六人并**被杀害**，首领齐德等八人仅免死而来。"（第二册，p. 186）（1）梁曼陀罗仙、僧伽婆罗等合译《大乘宝云经》卷 2《十波罗蜜品》："是时菩萨，于其人前，而作变化，化作父母，而作是言：'仁者见不？我之父母，亦**被杀害**。'"唐实叉难陀译《大方广佛华严经》卷 26《十回向品》："我若见彼，将**被杀害**，不舍身命，救赎其苦，则不名为，住菩萨心。"又《大乘入楞伽经》卷 6《断食肉品》："奇哉世间，贪著肉味，于人身肉，尚取食之，况于鸟兽，有不食者，以贪味故，广设方便，置罗网罟，处处安施，水陆飞行，皆**被杀害**，设自不食，为贪价直，而作是事。"（2）《周书》卷 25《李贤传》："于是众皆股栗，莫不听命。乃相与盟歃，遂深壁自守。而外无救援，城遂陷。其徒多**被杀害**，唯远兄弟并为人所匿，得免。"按：《续日本纪》卷 13《圣武纪》天平十一年十一月条："船人或**被杀**，或进散。自余九十余人，著瘴死亡。"（第二册，p. 356）例中"被杀"的说法，在中土文献和汉译佛经中文例颇多。《说苑·大道上》："既而无知**被杀**，二公子争国，纠宜立者也，小白先入，故齐人立之。"高齐那连提耶舍译《月灯三昧经》卷 8："安住陀罗尼菩萨，今在王城而**被杀**。"

【被他誑/ひとにあざむかる】 被动 （2 例） 被他人欺骗。《日本书纪》卷 19《钦明纪》五年二月条："弥麻沙等还自日本，以诏书宣曰：'汝等宜共在彼日本府，早建良图，副朕所望。尔其戒之，勿**被他诳**。'"（第二册，p. 382）又卷 19《钦明纪》五年三月条："奈率弥麻沙、奈率己连等至臣蕃，奉诏书曰：'尔等宜共在彼日本府同谋善计早建任那。尔其戒之，勿**被他诳**。'"（第二册，p. 388）隋阇那崛多译《佛本行集经》卷 22《问阿罗逻品》："阿罗逻言：'大德瞿昙，勿作疑心，随意所乐，但自论说，所向之义，善思惟入，以自明照。若自见知，不**被他诳**，不受他教，不随他义。如是证者，名得自利，余人不能。'"隋智顗说《方等三昧行法》卷 1："行者于梦中及行坐中，若见粗恶之事，更相诽谤，或**被他诳**惑迷失正路，随自有理枉抑不申。当知是妄语业相现。"

【被他偸~/ひとに~をぬすまれぬ】 被动 （2 例） 被别人偷去某物。《日本书纪》卷 25《孝德纪》大化二年三月条："复使朝仓君作刀，复得朝仓君之弓布，复以国

造所送兵代之物不明还主，妄传国造。复于所任之国，**被他偷**刀。复于倭国，**被他偷**刀。”（第三册，p. 142）唐义净译《根本萨婆多部律摄》卷2：“盗鸟有二：一自手持去，离处时犯，二引逐人来飞堕时犯。弟子门人，**被他偷**去，已属于彼。”唐宗密撰《圆觉经大疏释义钞》卷12：“偷号者，即次前但言为法，瞋彼。度此，不知此心元是我相，即知**被他偷**于为法之号。”按：在该被动句中，《孝德纪》“偷”后带宾语，疑似自创搭配。

【被災/わざはひをかがふる】 述宾 （3例） 受灾，遭受灾害。《日本灵异记》上卷《序》：“或贪寺物生犊偿债，或诽法僧现身**被灾**，或殉道积行而现得验，或深信修善，以生沾祐。”（p. 54）《唐大和上东征传》：“荣睿、普照师等为求法故，前后**被灾**，艰辛不可言尽，然其坚固之志，曾无退悔。”（p. 58）《续日本纪》卷3《文武纪》庆云三年七月条：“大宰府言：‘所部九国、三岛，亢旱大风，拔树损稼。遣使巡省，因免**被灾**尤甚者调役。’”（第一册，p. 104）西晋竺法护译《佛说离垢施女经》卷1：“其有奉施，众人尊王，劫虽**被灾**，福不可烧。”姚秦竺佛念译《出曜经》卷17《杂品》：“是时，弊魔复遣，鸠盘荼鬼，卫护其人，使得行恶，断绝人路，无复行人，渐渐乃至，阇梨违尼园中，人民丘旷，举国**被灾**，又少一指，不充其数。”按：《汉语大词典》失收。

【被咒力/じゅのちからをかがふる】 自创 真言神咒应验。《日本灵异记》上卷《殷勤归信观音愿福分以现得大福德缘第31》：“时从三位粟田朝臣之女，未通不嫁。其娘女于广濑之家忽然得病，匆匆痛苦无由差。粟田卿遣使八方，令问求禅师优婆塞。遇东人而拜请令咒护。卿之女**被咒力**病愈。”（p. 128）（1）萧齐昙景译《摩诃摩耶经》卷1：“以**咒力**故，能除众生，热病疟病，颠狂干消、鬼魅所著、咒咀祷说、卧见恶梦、数厌寐语、水肿短气，及以小儿、惊痫啼唤、魑魅魍魉、四百四病、皆能消除。又于世间，得好名称，恒为一切，之所恃赖。”北凉昙无谶译《大般涅槃经》卷2《寿命品》：“世尊，譬如有人为鬼所持，遇良咒师以**咒力**故便得除差。如来亦尔，为诸声闻除无明鬼，令得安住摩诃般若解脱等法如世伊字。”（2）唐义净译《金光明最胜王经》卷8《大吉祥天女增长财物品》：“敬礼如是佛菩萨已，次当诵咒请召我大吉祥天女。由此**咒力**，所求之事，皆得成就。”唐波罗颇蜜多罗译《宝星陀罗尼经》卷8《慈愍品》：“由此**咒力**，诸佛世尊，令我所愿，皆得满足。”

【本大富/もとのおほきなるとみ】 三字 因为前世修来的福德，今生自然非常富有。《日本灵异记》中卷《孤娘女凭敬观音铜像市奇表得现报缘第34》：“从此以来，得**本大富**，脱饥无愁，夫妻无夭，全命存身也。斯奇异事矣。”（p. 239）晋世法炬、法立合译《法句譬喻经》卷3《喻老耄品》：“时有长老梵志，夫妇二人，于此村中，共行乞丐，佛知其**本大富**无数，曾作大臣。佛即问诸，年少梵志：‘汝等识长老婆罗门不？’皆言：‘曾识。’又问：‘本为何似也？’曰：‘本为大臣，财富无数。’‘今者何故，复行乞丐？'皆言：'散用无道，是以守贫。'佛告诸婆罗门：'世有四事，人不能行，行者得福，不致此贫。何谓为四？一者年盛力壮慎，莫憍慢；二者年老精进，不贪淫姝；三者有财珍宝，常念布施；四者就师学问，听受正言。如此老公，不行四事，谓之有常，不计成败，一旦离散，譬如老鹄，守此空池，永无所获。'"梁宝唱等集《经律异相》卷36："昔罽宾国，有一长者，**本大富**。父母亡后，常供养数道人，数年之中，家欲贫困，无复有得。为父母作福，念之愁毒，妇语婿言：'宁一世勤苦，后长解脱，远使父母，得福无量。'长者言：'然。'"

【**本宫**／もとつみや】 偏正 原来的宫殿（此处指陆地上的宫殿）。《日本书纪》卷2《神代纪下》："时彦火火出见尊受彼琼钩，归来**本宫**。一依海神之教，先以其钩与兄。"（第一册，p.170）（1）西晋竺法护译《普曜经》卷2《降神处胎品》："时天帝释、炎天、兜术天、无憍乐天、化自在天，往诣王所，各上天宫，王后处中。兜术天王曰：'还持**本宫**，奉上菩萨，使处其中。'"唐玄奘译《大般若波罗蜜多经》卷511《譬喻品》："时诸天子，说是语已，欢喜踊跃，顶礼佛足，右绕三匝，辞佛还宫，去会未远，俱时不现，随所属界，**各住本宫**。"唐义净译《金光明最胜王经》卷8《王法正论品》："若王舍正法，以恶法化人。诸天处**本宫**，见已生忧恼。"（2）《全晋文》卷133谢奉《居重丧遭轻丧议》："奔丧之礼，赴哭辄备其经带，归于**本宫**，即反正服。于权宜兼通，庶可知无大过矣。"《北史》卷89《颜恶头传》："人问其故，恶头曰：'《兑》上天下土，是今日庚辛**本宫**火，故知卜父。'"按：《汉语大词典》失收。

【**本人**／もとつひと】 格义 认识的人、熟人。《万叶集》卷10第1962首："**本人**霍公鸟乎八 希将见 今哉汝来 恋乍居者"。（第三册，p.65）此处歌人采用拟人手法，将每年如期来访的杜鹃称作"本人"。姚秦鸠摩罗什译《妙法莲华经》卷7《观世音菩萨普门品》："咒诅诸毒药，所欲害身者，念彼观音力，还著于**本人**。"秦圣坚译《佛说除恐灾患经》卷1："佛告大众：'时园监者，则才明是；妻息子妇，皆是**本人**。'"唐输波迦罗译《地藏菩萨仪轨》卷1："若念恶人咒咀还著**本人**，以苦草投火中护摩三万遍。"在汉译佛经中，"本人"，指当事人自己或话中所提到的人自身。传世文献亦然。《汉语大词典》首引《三国志平话》卷中："诸葛亮曰：'张飞，你**本人**用心也。'"偏晚。

【**本寺**／もとのてら】 偏正 即本山，"末寺"的对应词。《日本灵异记》上卷《缔知识为四恩作绘佛像有验示奇表缘第35》："尼等欢喜流泪，泣矜曰：'吾先失斯像，日夜奉恋。今邂逅得遇。嗟呼庆哉！'市人闻之，来集称：'难。'尼等欢，放生修福，遂安**本寺**。"（p.135）萧齐僧伽跋陀罗译《善见律毗婆沙》卷8《舍利弗品》："诸比丘尼应作是言：'我等当与此比丘尼共讽诵经典听法。'诸比丘送付比丘尼已，还归**本寺**。"唐义净译《根本说一切有部苾刍尼毘奈耶》卷19："时诸苾刍尼，因行乞食，入大富信心家，皆施清净，上妙饮食，既得食已，速还**本寺**。"

【本土/もとつくに】 偏正 （20例） 故土，原来的生长地。《古事记》中卷《垂仁记》："然留比婆须比卖命、弟比卖命二柱，而其弟王二柱者，因甚凶丑，返送本土。"（p.210）《日本书纪》卷6《垂仁纪》二年是岁条："（一云）仍以赤织绢给阿罗斯等，返于本土。"（第一册，p.302）又十五年八月条："秋八月壬午朔，立日叶酢媛命为皇后，以皇后弟之三女为妃。唯竹野媛者，因形姿丑，返于本土。"（第一册，p.314）又九十九年三月条："是常世国，则神仙秘区，俗非所臻。是以往来之间，自经十年。岂期独凌峻澜，更向本土乎？"（第一册，p.236）又卷8《仲哀纪》八年正月条："故时人号五十迹手之本土曰伊苏国。今谓伊睹者，讹也。"（第一册，p.408）又卷9《神功纪》摄政五年三月条："冀暂还本土，知虚实而请焉。"（第一册，p.446）又卷10《应神纪》十三年九月条："一云：日向诸县君牛，仕于朝庭，年既耆耄之不能仕，仍致仕退于本土，则贡上己女发长媛。"（第一册，p.480）又卷17《继体纪》二十三年四月条："夫海表诸蕃，自胎中天皇，置内官家，不弃本土封其地，良有以也。"（第二册，p.318）又卷19《钦明纪》二年七月条："今汝遵余，听天皇敕，可立任那，何患不成？若欲长存本土，永御旧民，其谟在兹，可不慎也？"（第二册，p.374）又二十三年七月条："秋七月己巳朔，新罗遣使献调赋。其使人知新罗灭任那，耻背国恩，不敢请罢。遂留不归本土。"（第二册，p.448）又二十三年十一月条："冬十一月，新罗遣使献，并贡调赋。使人悉知国家，愤新罗灭任那，不敢请罢。恐致刑戮，不归本土。"（第二册，p.454）又卷26《齐明纪》六年七月条："又睹货罗人干豆波斯达阿欲归本土，求请送使曰：'愿后朝于大国。'"（第三册，p.232）又卷29《天武纪》六年七月条："丁巳，金清平归国。即漂著朴刺破等付清平等，返于本土。"（第三册，p.378）又九月条："九月庚申朔己丑，诏曰：'凡浮浪人，其送本土者，犹复还到，彼此并科课役。'"（第三册，p.378）又九年二月条："壬申，新罗仕丁八人返于本土。仍垂恩以赐禄有差。"（第三册，p.396）又十一月条："乙亥，高丽人十九人返于本土。是当后冈本天皇之丧。而吊使留之，未还者也。"（第三册，p.402）《日本灵异记》下卷《漂流大海敬称尺迦佛名得全命缘第25》："长男径之二月，归来本土。妻子见之，面目漂青。惊怪之言：'入海溺死，径七七日，而为斋食，报恩既毕。不思之外，何活还来？若是梦矣。若是魂矣。'"（p.326）《续日本纪》卷8《元正纪》养老四年三月条："望请在京贮备官物，每因公事送物还，准程给粮。庶免饥弊，早还本土。"（第二册，p.70）又卷20《孝谦纪》天平宝字二年六月条："去年八月以来，归降夷俘，男女惣一千六百九十余人。或去离本土，归慕皇化；或身涉战场，与贼结怨。"（第三册，p.252）又卷21《淳仁纪》天平宝字二年八月条："其依先格，放却本土，无故不上之徒，悉还本司。"（第三册，p.274）（1）吴支谦译《佛说戒消灾经》卷1："彼女人将归本土，共居如故，不亦乐乎？"姚秦鸠摩罗什译《妙法莲华经》卷4《提婆达多品》："于时下方多宝世尊所从菩萨，名曰智积，白多宝佛：'当还本土。'"北凉昙无谶译

《大般涅槃经》卷6《如来性品》："或有长者，婆罗门等，不离**本土**，譬如诸树，随其生处，即是中死。"（2）《吴志》卷4《刘繇传》裴松之注引《续汉书》曰："三去相位，辄归**本土**。"（p. 1183）按：《汉语大词典》首引《后汉书·光武帝纪下》："南单于遣子入侍，奉奏诣阙，于是云中、五原、朔方、北地、定襄、雁门、上谷、代八郡民归于**本土**。"略晚。

【本有種子/ほんうしゅじ】 四字 即本来含藏的种子，略作"本有种"，亦作"本性住种"。谓阿赖耶识（第八识）中本来含藏有漏、无漏一切有为法的种子。而由后天现行诸法熏习所成之种子，则称"新熏种子"。《日本灵异记》下卷《灾与善表相先现而后其灾善答被缘第38》："发惭愧心，弹指耻愁者，**本有种子**，加行智行者，远灭前罪，长得后善也。"（p. 372）隋吉藏撰《法华统略》卷1："**本有种子**，即是本有佛性，方得成佛。虽发菩提心，若本无佛性，不得成佛。"→【新熏種子】【人天種子】【善種子】

【本縁/もとのえに】 偏正 由来，缘起。《元兴寺伽蓝缘起并流记资财账》："马屋户丰聪耳皇子受敕：'记元兴寺等之**本缘**及等与弥气命之发愿，并诸臣等发愿也。'"东晋瞿昙僧伽提婆译《增壹阿含经》卷26《等见品》："尔时，世尊便说此偈：'欲使空为地，复使地为空，**本缘**之所系，此缘不腐败。'"北凉昙无谶译《大般涅槃经》卷39《憍陈如品》："瞿昙，若有问者，我当答言：'是火生时，赖于众缘，**本缘**已尽，新缘未至，是火则灭。'"

【本願/ほんがん】 誓愿 （2例） "本愿"，本来的愿望，根本的心愿。《唐大和上东征传》："大和上从天宝二载始为传戒，五度装束，渡海艰辛，虽被漂回，**本愿**不退。"（p. 93）《续日本纪》卷9《元正纪》养老六年十二月条："十二月庚戌，敕奉为净御原宫御宇天皇，造弥勒像。藤原宫御宇太上天皇释迦像。其**本愿**缘记，写以金泥，安置佛殿焉。"（第二册，p. 126）后汉昙果、康孟详合译《中本起经》卷2《须达品》："合五百人，金然应命，**本愿**相引，感义严出。"姚秦鸠摩罗什译《妙法莲华经》卷2《譬喻品》："舍利弗，彼佛出时，虽非恶世，以**本愿**故，说三乘法。"唐义净译《金光明最胜王经》卷9《除病品》："佛告菩提树神善女天：'谛听，谛听！善思念之。是十千天子**本愿**因缘，今为汝说。'"→【各随本願】【果本願】【遂本願】【依本願】

【本願不遂/ほんがんをとげず】 誓愿 没有实现根本的誓愿。《唐大和上东征传》："时，大和上执普照（师）手，悲泣而曰：为传戒律，发愿过海，遂不至日本国，**本愿不遂**。于是分手，感念无喻。"（p. 74）北凉法盛译《菩萨投身饴饿虎起塔因缘经》卷1："其王闻已，倍更敬重，曰：'何缘致是？'太子曰：'吾好布施，尽国财物，不足周用，穷者犹多。**本愿不遂**，是以舍国，自卖身耳。'"道略集《杂譬喻经》卷1："我答言：'宿世不施，生世贫穷，故从远来，欲乞财宝，**本愿不遂**，故自懊恼耳。'"

【本願託生/ほんがんしょうをよせむ】　誓愿　根本的誓愿就是死后投胎转生（净土）。《万叶集》卷5《日本挽歌》："爱河波浪已先灭，苦海烦恼亦无结。从来厌离此秽土，**本愿托生**彼净刹。"（第二册，p. 22）《全梁文》卷6梁武帝《宝亮法师涅槃义疏序》："所以如来乘**本愿**以**托生**，现慈力以应化，离文字以设教，忘心相以通道。"（p. 2984）

【本願薬師経/ほんがんやくしきょう】　内典　1卷。唐玄奘译。具名《药师琉璃光如来本愿功德经》。《奈良朝写经64·金光明最胜王经卷第1》："维天平宝字六年岁次壬寅二月八日，菩萨戒佛弟子百济丰虫，奉为二亲，敬写《法华经》一部、《金光明最胜王经》一部、《金刚般若经》一卷、《理趣经》一卷、《**本愿药师经**》一卷，合二十一卷，庄严既了。"（p. 393）

【本自/もとより】　后缀　（4例）　本来就，一向是。《日本书纪》卷1《神代纪上》："乃兴言曰：'夫苇原中国，**本自**荒芒，至及盘石草木，咸能强暴。'"（第一册，p. 102）《怀风藻》藤原万里第96首《过纳言墟》："君道谁云易，臣义**本自**难。奉规终不用，归去遂辞官。"（p. 159）《常陆国风土记·久慈郡》条："东大山，谓贺毗礼之高峰。即在天神，名称立速男命，一名速经和气命。**本自**天降，即坐松泽松树八俣之上。"（p. 412）《续日本纪》卷39《桓武纪》延历五年九月条："丁未，摄津职言：'诸国驿户免庸输调，其畿内者**本自**无庸。比于外民劳逸不同，遁逃不禁。良为此也。驿子之调，请从免除。'"（1）《古诗为焦仲卿妻作》："昔作女儿时，生小出野里。**本自**无教训，兼愧贵家子。"（p. 46）《世说新语·文学第4》："王**本自**有一往隽气，殊自轻之。"（2）后汉支娄迦谶译《道行般若经》卷10《昙无竭菩萨品》："但有诸德，佛皆使人得安隐，佛亦自行佛事，佛**本自**空无所著，如幻人所作。"北凉昙无谶译《大般涅槃经》卷21《光明遍照高贵德王菩萨品》："水及七宝本无今有，涅槃亦尔**本自**有之非适今也。"隋宝贵、北凉昙无谶合译《合部金光明经》卷4《空品》："如是诸大，一一不实。**本自**不生，性无和合。"→【各自】【親自】【亦自】【専自】

【崩落/ほうらく】　后补　倒塌，崩塌。《丰后国风土记·日田郡》条："飞鸟净御原宫御宇天皇御世，戊寅年，大有地震，山岗裂崩。此山一峡**崩落**，愠之泉，处处而出。汤气炽热，炊饭早熟。"（p. 290）（1）失译人名今附后汉录《大方便佛报恩经》卷5《慈品》："一切大众，闻是语已，心惊毛竖，即大恐怖。日无精光，诸山**崩落**，地为大动。"西晋安法钦译《阿育王传》卷7："尔时大地震动，大星**崩落**，诸方火起，诸天空中，击磬失声，四方大烟起，十万诸天，空中涕泣。"隋阇那崛多等译《起世经》卷9《世住品》："水聚既尽，风聚亦消，如是火焰，炽盛之时，须弥山王，顶际上分，七百由旬，一时**崩落**，其火转炽，风吹上烧，梵天宫殿，唯不能至，光音天中。"（2）《宋书》卷78《萧思话传》："道连谋泄，为贼所杀，继叔逾城出降，贼党于是大离。乃四面进攻，冲车所冲，辄三五丈**崩落**。"按：《汉语大词典》首引北魏郦道元

《水经注·河水》："其山岸**崩落**者，声闻数百里。"偏晚。→【襬落】【断落】【放落】【流落】【射落】【脱落】【雨落】【折落】

【崩埋/ほうばい】后补 倒塌掩埋，塌陷埋没。《续日本纪》卷29《称德纪》神护景云二年八月条："若不早掘防，恐渠川**崩埋**，一郡口分二千余田，常为荒废。"（第四册，p.212）唐宗密述《圆觉经道场修证仪》卷6："其名云何？鬼王答曰：'……号叫地狱、铁梨地狱、**崩埋**地狱、然手地狱、铜狗踞牙地狱、剥皮饮血地狱、解身地狱、铁屋地狱、飞火号叫分头地狱。'"《佛说佛名经》卷27："宝达顷前更入一**崩埋**地狱。云何名曰**崩埋**地狱？其狱纵广四十九由旬，周匝铁城，铁城四角有金刚山，大力风来吹山则合磨令碎末，犹如散沙间无有空，山中出火炎赫炽然，遍布狱中了无休息，铁锵撩乱来刺罪人锵皆火然。"按：《汉语大词典》失收。汉译佛经中仅用作地狱的名称。

【迸散/ほうさん】格义（3例） 百姓流离失所，四处逃亡。《续日本纪》卷8《元正纪》养老四年三月条："又百姓之间，负稻者多，缘无可还，频经岁月。若致切征，因即**迸散**。"（第二册，p.68）又卷13《圣武纪》天平十一年十一月条："广成之船一百一十五人，漂著昆仑国。有贼兵来围，遂被拘执。船人或被杀，或**迸散**。"（第二册，p.356）又卷37《桓武纪》延历二年十二月条："丰富百姓，出举钱财；贫乏之民，宅地为质。至于迫征，自尝其质。既失本业，**迸散**他国。"唐慧琳撰《一切经音义》卷33："迸石：上擘孟反。《埤苍》云：迸，散走也。《说文》：迸，散也。"姚秦鸠摩罗什译《灯指因缘经》卷1："不绍父业，浮游懒惰，为人欺陵。父之余财，一旦丧失，仓库空虚，畜产**迸散**。"元魏慧觉等译《贤愚经》卷12《波婆离品》："其兄泪咤，连遭衰艰，所在破亡，财物**迸散**，家理顿穷，无有方计，往到弟边，说所契阔，求索少钱，供足不逮。"隋阇那崛多译《佛本行集经》卷29《魔怖菩萨品》："或身体上出蓬勃烟，口出火炬，或诸毛孔出一切火，或腭出**火迸散**于地。"按：汉译佛经中，"迸散"，谓财物散失、物什四散。《汉语大词典》首引《敦煌变文·降魔变文》："枝条**迸散**他方，茎干莫知所在。"偏晚。→【来散】【死散】【投散】

【逼恼/せめなやます】后缀（6例） 痛苦；逼迫；伤害；煎熬。《日本书纪》卷2《神代纪下》："复授潮满琼及潮涸琼，而诲之曰：'渍潮满琼者，则潮忽满。以此没溺汝兄。若兄悔而祈者，还渍潮涸琼，则潮自涸，以此救之。如此**逼恼**，则汝兄自伏。'"（第一册，p.158）又："若兄起忿怒，有贼害之心者，则出潮溢琼，以漂溺之。若已至危，苦求愍者，则出潮涸琼以救之。如此**逼恼**，自当臣伏。"（第一册，p.170）又卷19《钦明纪》五年十一月条："谨请天皇三千兵士，每城充以五百，并我兵士，勿使作田而**逼恼**者，久礼山之五城，庶自投兵降首。"（第二册，p.398）《日本灵异记》上卷《邪见打破乞食沙弥钵以现得恶死报缘第29》："天年邪见，不信三宝。时有一僧来而乞食。豬丸不施所乞，反加**逼恼**，亦破其钵而逐去之。"（p.121）又下卷《击沙弥乞食以现得恶死报缘第15缘》："当帝姫阿倍天皇之代，有一沙弥，就真老之门而乞食。

真老不施乞物，返夺袈裟，诸问**逼恼**言：'汝曷僧也？'乞者答曰：'我是自度。'真老亦拍逐之，沙弥大恨而去。"（p.298）《续日本纪》卷22《淳仁纪》天平宝字三年六月条："非分希福，不义欲物，为贪；心无辩了，强**逼恼人**，为嗔；事不合理，好是自愚，为痴。"（第三册，p.320）西晋竺法护译《佛说灭十方冥经》卷1："今我二亲，身不安和，横为人非人所见侵娆，昼夜瘖瘵，不得宁息，出入行步，亦见**逼恼**。"姚秦鸠摩罗什译《大庄严论经》卷6："如今大王，无**逼恼**者，能持五钱，用施佛塔，是故我今，叹言善哉，即说偈言。"按："逼"有苦义。梵语"苦"作 duḥkha（豆佉），本逼迫之义。《汉语大词典》首引隋阇那崛多译《佛本行集经》卷49："或命未断，半身支解；或有饿渴，**逼恼**而坐。"偏晚。→【煩惱】【悶熱懊惱】【溺惱】【熱惱】

【**逼取**/せめとる】 偏正 强迫索取。《元兴寺伽蓝缘起并流记资财账》："若我正身，若我后嗣子孙等，若疎他人等，若有此二寺及二躯丈六凌轻研烧流，若有此二躯丈六所纳之物返**逼取**。谬有如是事者，必当受种种大灾大羞。"（1）刘宋僧伽跋摩译《分别业报略经》卷1："若为聚落主，**逼取**他财施，死作鸠盘茶，饮食常随意。"元魏慧觉等译《贤愚经》卷11《无恼指鬘品》："城外园中，有清凉池，王恒前后，至池洗浴，诸臣民辈，安伏园中，值王出洗，伏兵悉出，周匝围绕，**逼取**欲杀。"（2）《陈书》卷24《袁宪传》："时豫章王叔英不奉法度，**逼取**人马，宪依事劾奏，叔英由是坐免黜，自是朝野皆严惮焉。"按：《汉语大词典》首引《北史》卷7《文宣帝纪》："帝每为后私营服玩，小佳，文襄即令**逼取**。"偏晚。

【**逼言**："～"/せめていはく ～】 说词 逼迫地说道："……"。《日本灵异记》下卷《禅师将食鱼化作〈法华经〉覆俗诽缘第6》："俗人**逼言**：'汝之持物非经。此鱼也。'童子答言：'非鱼，当经也。'"（p.276）后秦佛陀耶舍、竺佛念等合译《长阿含经》卷3："居士报曰：'大王小待，须至岸上。'王寻**逼言**：'我停须用，正今得来。'"梁宝唱等集《经律异相》卷24："居士报曰：'大王小待，须我至岸。'王乃**逼言**：'我今须用。'"

【**鼻奈耶经**/びなやきょう】 内典 10卷。姚秦竺佛念译。经中涉及僧侣衣食住行诸方面，旨在规范僧侣的日常行为。有些僧归戒条过于琐碎，甚至难登大雅之堂。《日本灵异记》中卷《**依汉神崇杀牛而祭又修放生善以现得善恶报缘第5**》："如《**鼻奈耶经**》说：'迦留陀夷，昔作天祀主，由杀一羊，今随作罗汉，而后得怨报于婆罗门之妻所杀。'云云。"（p.160）姚秦竺佛念译《鼻奈耶》卷9："世尊告曰：'迦留陀夷往昔久远时，作天祀主。有五百群贼，劫掠得物，持入舍卫国。五百群贼截羊四足，持来祠天。天祀主即断此羊命。尔时五百群贼截羊四足者，今祇桓堑中五百群贼是。时天祠主断羊命者，今迦留陀夷是，随得阿罗汉不免宿对。尔时羊者，今婆罗门妇是。'时世尊说迦留陀夷昔所更①，诸比丘闻佛所说欢喜作礼而去。"该例亦见于唐道世撰《法苑珠

---

① "更"，明本中作"事"。

林》卷 73《引证部第 2》、《诸经要集》卷 14《杀生缘第 2》。按：《新日本古典文学大系》栏上的注释指出，此处引用并非照搬原文，在参照《鼻奈耶》卷 9 的基础上，作者进行了取舍和加工。

【比来／このころ】 口语 （33 例） 近来、近时。"比"，时间副词，有近指和远指两种用法，近指相当于"近来""目下"，表示距说话时不远的一段时间。"来"，亦为时间词，相当于"时"。《万叶集》卷 2 第 123 首："多气婆奴礼 多香根者长寸 妹之发 **比来**不见尔 搔入津良武香"。（第一册，p. 96）又卷 3 第 359 首："阿倍乃岛 宇乃住石尔 依浪 间无**比来** 日本师所念"。（第一册，p. 212）又卷 4 第 767 首："都路乎 远哉妹之 **比来**者 得饲饭而虽宿 梦尔不所见来"。（第一册，p. 368）又卷 10 第 2260 首："吾妹子者 衣丹有南 秋风之 寒**比来** 下著益乎"。（第三册，p. 137）又第 2329 首："雪寒三 咲者不开 梅花 纵**比来**者 然而毛有金"。（第三册，p. 154）又卷 11 第 2603 首："心乎之 君尔奉迹 念有者 纵**比来**者 恋乍乎将有"。（第三册，p. 227）又第 2668 首："二上尔 隐经月之 虽惜 妹之田本乎 加流类**比来**"。（第三册，p. 243）又卷 12 第 2877 首："何时奈毛 不恋有登者 虽不有 得田 直**比来** 恋之繁母"。（第三册，p. 300）又第 2984 首："剑大刀 名之惜毛 吾者无 **比来**之间 恋之繁尔"。（第三册，p. 325）又卷 16 第 3858 首："**比来**之 吾恋力 记集 功尔申者 五位乃冠"。（第四册，p. 127）又卷 19 第 4214 首："波之伎余之 君者**比来** 宇良佐备弓 叹息伊麻须"。（第四册，p. 328）《续日本纪》卷 8《元正纪》养老四年三月条："**比来**百姓例多乏少，至于公私不辩者众。若不矜量，家道难存。"（第二册，p. 66）又："**比来**出举多不依法。若临时征索，无稻可偿者，令其子侄易名重举。依此奸计，取利过本，积习成俗。深非道理。"（第二册，p. 68）又卷 9《元正纪》养老六年七月条："**比来**僧纲等，既罕都座，纵恣横行，既难平理。"（第二册，p. 120）又卷 11《圣武纪》天平六年十一月条："**比来**出家，不审学业，多由嘱请，甚乖法意。"（第二册，p. 282）又卷 12《圣武纪》天平八年七月条："辛卯，诏曰：'**比来**，太上天皇寝膳不安。朕甚恻隐，思欲平复。宜奉为度一百人，都下四大寺七日行道。'"（第二册，p. 302）又卷 12《圣武纪》天平九年七月条："乙未，大赦天下。诏曰：'**比来**，缘有疫气多发，祈祭神祇，犹未得可。'"（第二册，p. 322）又卷 13《圣武纪》天平十二年九月条："己亥，敕四畿内七道诸国曰：'**比来**，缘筑紫境有不轨之臣，命军讨伐。'"（第二册，p. 366）又卷 17《圣武纪》天平十九年五月条："是，太上天皇诏曰：'昔者，五月之节，常用菖蒲为缦。**比来**，已停此事。从今而后，非菖蒲缦者，勿入宫中。'"（第三册，p. 44）又卷 18《孝谦纪》天平胜宝二年四月条："辛酉，敕：'**比来**之间，缘有所思，归《药师经》，行道忏悔。冀施恩恕，兼欲济人。尽洗瑕秽，更令自新。仍可大赦天下，并免今年四畿内调。'"（第三册，p. 104）又卷 20《孝谦纪》天平宝字二年七月条："甲戌，敕：'**比来**，皇太后寝膳不安，稍经旬日。朕思延年济疾，莫若仁慈。宜令天下诸国，始自今日，迄今年十二月三十日，禁断杀生。又以猪鹿之类，永不得进御。'"（第三册，p. 256）又卷22《淳仁纪》天平宝字三年六月条："**比来**太皇太后御命以〈弖〉朕〈尔〉语宣〈久〉。"（第三册，p. 314）又天平宝字四年三月条："甲戌，诏曰：'**比来**，皇太后御体不予。宜祭天神地祇，诸祝部等各祷其社。欲令圣体安稳平复。'"（第三册，p. 348）又卷25《淳仁纪》天平宝字八年七月条："**比来**彼国投化百姓言：'本国发兵警备，是疑日本国之来问罪也。其事虚实如何？'"（第四册，p. 16）又卷28《称德纪》神护景云元年四月条："**比来**诸国频年不登。匪唯天道乖宜，抑亦人事怠慢。"（第四册，p. 160）又卷30《称德纪》宝龟元年九月条："**比来**，任意竟好宽大，至于裁袍更加半匹。袍袄亦齐，不辨表里，习而成俗。为费良深。自今以后，不得更然。"（第四册，p. 302）又卷35《高绍纪》宝龟十年十一月条："**比来**，宽纵多不依限，苟事延引，妄作逗留。遂使隔月移年交阙祭祀之供，自春亘夏既乏支度之用。"又卷36《高绍纪》宝龟十一年十二月条："**比来**无知百姓，构合巫觋，妄崇淫祀。蒭狗之设，符书之类，百方作怪，填溢街路。托事求福，还涉厌魅。非唯不畏朝宪，诚亦长养妖妄。"又卷37《桓武纪》延历二年正月条："**比来**，所司宽容，曾不禁制。至于闾阎肆廛，恣着禁色。既无贵贱之殊，亦亏等差之序。自今以后，宜严禁断。"又延历二年六月条："**比来**，所司宽纵，曾不纠察。如经年代，无地不寺。宜严加禁断。"又卷38《桓武纪》延历三年十月条："**比来**，京中盗贼稍多，掠物街路，放火人家。良由职司不能肃，令彼凶徒生兹贼害。"又延历三年十二月条："**比来**，或王臣家，及诸司寺家，包并山林，独专其利。是而不禁，百姓何济？宜加禁断。"又卷40《桓武纪》延历八年五月条："五月癸丑，敕征东将军曰：'省**比来**奏状，知官军不进，犹滞衣川。'"又延历八年六月条："于是敕征东将军曰：'省**比来**奏云：胆沢之贼惣集河东，先征此地后谋深入者，然则军监已上率兵，张其形势，严其威容，前后相续，可以薄伐。'"（1）《魏志》卷2：令曰："下四方以明孤款心，是也。至于览余辞，岂余所谓哉？宁所堪哉？诸卿指论，未若孤自料之审也。夫虚谈谬称，鄙薄所弗当也。且闻**比来**东征，经郡县，历屯田，百姓面有饥色，衣或短褐不完，罪皆在孤。"又卷27《徐邈传》："**比来**天下奢靡，转相仿效，而徐公雅尚自若，不与俗同。"（2）《魏书》卷114《释老志》："又，**比来**僧尼，或因三宝，出贷私财。缘州外。"（p. 3025）隋阇那崛多译《佛本行集经》卷54《优波离因缘品》："时诸妃等，即告彼之，剃发师言：'大王**比来**，每入宫内，恒说一偈。'"

【比頃/このころ】 时段 （6例） 近日，近来；大约在某时。①《日本灵异记》上卷《圣德皇太子示异表缘第4》："逢于优婆塞而谈之言：'**比顷**不谒恋思无间，起居安不也。'"（p. 69）又中卷《忆持〈心经〉女现至阎罗王阙示奇表缘第19》："值优婆夷而欢喜曰：'唯瞥所觐。**比顷**不瞬，故吾恋思。何偶今逢？往矣。速还。我从今日经于三日，诸乐京东市中必逢。'"（p. 199）②《日本灵异记》下卷《强非理以征债取多倍而现得恶死报缘第26》：“国司郡司见，将送解官之**比顷**，经五日而死。”（p. 330）③《日本灵异记》下卷《产生肉团之作女子修善化人缘第19》：“大安寺僧戒明大德，任彼筑紫国府大国师之时，宝龟七八个年**比顷**，肥前国佐贺郡大领正七位上佐贺君儿公，设安居会。”（p. 309）又《智行并具禅师重得人身生国皇之子缘第39》：“平城宫治天下山部天皇御世延历十七年之**比顷**，禅师善珠临命终时，依世俗法，问饭占时，神灵托卜者言。”（p. 377）又：“延历十八年之**比顷**，丹治比夫人诞生一王子。”（p. 377）东晋佛驮跋陀罗译《增壹阿含经》卷16《高幢品》：“时长生太子即自停住，使王懈息。**比顷**，军众未至。”唐圆照集《代宗朝赠司空大辨正广智三藏和上表制集》卷5：“沙门昙贞言：‘**比顷**以膏雨未敷，圣心忧轸，特奉进止，令往南山祈雨。’”

【比丘/びく】 音译 （13例） 梵语bhiksu的音译，意译作“乞士”，俗称“和尚”。佛家指年满二十岁，受过具足戒的男性出家人。比丘的具足戒共有二百五十条。《日本灵异记》上卷《信敬三宝得现报缘第5》：“其金山顶，居一**比丘**。太子敬礼而曰：‘是东宫童矣。自今已后，径之八日，应逢铦锋，愿服仙药。’**比丘**环解一玉，授之，令吞服，而作是言：‘南无妙德菩萨。’令三遍诵礼，自彼罢下。”（p. 76）又《持戒**比丘**修净行而得现奇验力缘第26》（p. 114）又中卷《呰读〈法华经〉僧而现口喎斜得恶死报缘第18》：“《法华经》云：‘贤僧与愚僧，不得居同位。又长发**比丘**者，白衣不剃发鬓而贤也。同位同器而不得用。若强位者，铜炭上居铁丸吞，堕地狱。’者，其斯谓之矣。”（p. 196）又下卷《序》：“昔有一**比丘**，住山坐禅。每斋食时，拆饮施乌。乌常啄效，每日来候。**比丘**斋食讫后，嚼杨枝，漱口洒手，把砾而玩。乌居篱外。时彼**比丘**，不瞪居乌，投砾中乌。乌头破飞即死，死生猪，猪住其山。彼猪至于**比丘**室上，颓石求食，径下中**比丘**而死。”（p. 260）又《依妨修行人得猴身缘第24》：“猕猴答言：‘然者浅井郡有诸**比丘**，将读六卷抄故，我入其知识。’”（p. 322）又《刑罚贱沙弥乞食以现得顿恶死报缘第33》：“蒼蔔花随萎，犹胜诸花。破戒诸**比丘**，犹胜诸外道。”（p. 348）又：“未来世中，俗官莫令使**比丘**输税。若税夺者，得罪无量。”（p. 348）《续日本纪》卷38《桓武纪》延历四年五月条：“非唯**比丘**之不慎教律，抑是所司之不勤捉搦也。”姚秦鸠摩罗什译《妙法莲华经》卷1《序品》：“一时，佛住王舍城耆阇崛山中，与大**比丘**众万二千人俱，皆是阿罗汉，诸漏已尽，无复烦恼，逮得己利，尽诸有结，心得自在。”隋吉藏撰《法华义疏》卷1《序品》：“**比丘**者名为乞士，上从如来乞法以练神，下就俗人乞食以资身，故名乞士。世之乞人但乞衣食不乞于法，不为**比丘**。”按：唐慧琳撰《一切经音义》卷2：“苾葯：上毗逸反，下测虞。梵语草名也。《僧肇法师义》：苾葯有四胜德：一名净乞食；二名破烦恼；三名能持戒；四名能怖魔。梵文巧妙，一言具含四义，故存梵言也。”由此可知，“比丘”采用音译，属于玄奘“五不翻”理论中“含多义故”。

【比丘尼/びくに】 音译 （2例） 梵语bhikkhunī，亦称“苾刍尼”，意译作“乞士

女"等。四众（比丘、比丘尼、优婆塞、优婆夷）之一。谓出家受具足戒的女人，即尼、尼姑。所受戒条凡三百四十八戒。《日本书纪》卷20《敏达纪》五年十一月条："冬十一月庚午朔，百济国王付还使大别王等，献经论若干卷并律师、禅师、**比丘尼**、咒禁师、造佛工、造寺工六人。遂安置于难波大别王寺。"（第二册，p.476）《唐大和上东征传》："《**比丘尼**传》二本四卷"（p.88）宋法云编《翻译名义集》卷1："**比丘尼**，《善见》云：'尼者女也。'《文句》云：'通称女为尼。'"后汉竺大力、康孟详合译《修行本起经》卷1《现变品》："**比丘尼**众，大伏爱等五百人，不可计诸优婆塞、优婆夷四辈，普集诸异学婆罗门、尼揵等不可计，都悉来会。"姚秦鸠摩罗什译《妙法莲华经》卷5《安乐行品》："又不亲近求声闻比丘、**比丘尼**、优婆塞、优婆夷，亦不问讯。"北凉昙无谶译《金光明经》卷2《四天王品》："世尊，若有比丘、**比丘尼**、优婆塞、优婆夷受持是经，若诸人王，有能供给，施其所安，我等四王，亦当令是王及国人民一切安隐，具足无患。"

【比如常也／このころつねのごときや】 书简 我还是老样子（请不要担心）。多用于尺牍。《日本书纪》卷22《推古纪》十六年八月条："时使主裴世清亲持书，两度再拜，言上使旨而立之。其书曰：'稍喧。**比如常也**。故遣鸿胪寺掌客裴世清等，稍宣往意，并送物如别。'"（第二册，p.558）唐道宣撰《广弘明集》卷27梁简文帝《答湘东王书》："十八日晚，于华林阁外省中，得弟九月一日书，甚慰悬想。秋节凄清，**比如常也**。"按：《新编日本古典文学全集》栏上的注释指出："书简体之一。《王羲之积雪凝寒帖》：'想如顷常'"。释例不确。

【彼岸／ひがん】 偏正 梵语para，"此岸"的对应词。迷界为此方之岸，称此岸；悟界为彼方之岸，称彼岸。即以业与烦恼为中流，生死之境界为此岸，涅槃为彼岸。《奈良朝写经10·法华经玄赞卷第3》："窃以法海颐邃，不设船楫，奚以度矣。**彼岸**峻险，不攀杖梯，岂敢登哉？"（p.83）姚秦鸠摩罗什译《大智度论》卷12《序品》："阿罗汉、辟支佛渡**彼岸**，与佛渡**彼岸**，名同而实异。彼以生死为此岸，涅槃为彼岸，而不能渡檀之**彼岸**。"→【俱登彼岸】【同登彼岸】

【彼此共同／かれもこれもともにおなじ】 四字 一齐，共同；同行。《续日本纪》卷19《孝谦纪》天平胜宝五年六月条："由是，先回之后，既赐敕书。何其今岁之朝，重无上表。以礼进退，**彼此共同**。"（第三册，p.132）《说文·共部》："共，同也。"符秦僧伽跋澄等译《尊婆须蜜菩萨所集论》卷6："于中所有亲友有二益，彼不益彼此，二亲友指授彼时，智者皆别知，以彼结此，**彼此共同**。"隋慧远撰《大乘义章》卷20："若依地论，加如是色，谓好丑等。命中为二，命极天算，名为久住，余之二种，合为寿命，当分别知。说为此八，**彼此共同**，名为同行。"隋慧远述《地持论义记》卷5："八事六行，以为章门，他及自身，当事分别，说为八事，**彼此共同**，名之为行。"

【彼方此方／かなたこなた】 四字 那边这边，两端。《日本灵异记》下卷《阎罗

王示奇表劝人令修善缘第9》："先见一人，后见二，使之中立我，追匆走往。往前道，中断有深河。水色黑黛，不流冲寂。以楉置中，**彼方此方**二端不及。"（p.284）唐湛然述《法华文句记》卷8《释持品》："若有阿字，是名为骂，若无阿字即是唤声。当知西方有三合声，阿与拘庐奢合方成名句，乃名为骂，**彼方此方**，卑陋称赞，斯例甚多。"按：《日本灵异记》用作方位词，指两头、两边。《法华文句记》指代梵语和汉语。

【彼衆人/そのもろひと】 三字 那些人，那一大群人。《日本灵异记》中卷《依汉神崇杀牛而祭又修放生善以现得善恶报缘第5》："千万余人，卫绕于我，左右前后，自王宫出。乘轝而荷，擎幡而导，赞叹以送，长跪礼拜。**彼衆人**皆，作一色容。"（p.159）东晋瞿昙僧伽提婆译《增壹阿含经》卷24《善聚品》："威仪礼节具，好施无悋心，当求此方便，使获其大利。设使不可得，我及**彼衆人**，无愁便无患，行报知如何。"姚秦鸠摩罗什译《妙法莲华经》卷3《化城喻品》："世尊甚难值，愿以大慈悲，广开甘露门，转无上法轮。无量慧世尊，受**彼衆人**请，为宣种种法。"隋阇那崛多等译《起世经》卷10《最胜品》："时**彼衆人**，便共聚集，忧愁悲哭，自相谓言。"

【必差/かならずいゆ】 偏正 必定痊愈。《古事记》上卷《大国主神》："于是，大穴牟迟神教告其菟，今急往此水门，以水洗汝身。即取其水门之蒲黄，敷散而辗转其上者，汝身如本肤**必差**。"（p.78）《方言》第3："**差**，愈也。南楚病愈者谓之差。"（1）东晋佛陀跋陀罗、法显合译《摩诃僧祇律》卷28："得如法看病人，病**必差**。不得便死。"东晋瞿昙僧伽提婆译《三法度论》卷1《德品》："譬如人为，毒蛇所螫，师咒毒时，彼意至到，便作是念：'实如说咒，从此**必差**已，意解便求药。'"梁慧皎撰《高僧传》卷10："往至病人家，若瞋者必死，喜者**必差**。"（2）《梁书》卷47《江紑传》："夜梦一僧云：'患眼者，饮慧眼水**必差**。'及觉说之，莫能解者。"（p.655）按：《汉语大词典》失收。

【必当/かならず～べし】 并列 （22例） 一定，必定。《日本书纪》卷1《神代纪上》："对曰：'请与姊共誓。夫誓约之中，**必当**生子。'"（第一册，p.64）又："弟所以来者，非是善意，**必当**夺我天原。"（第一册，p.66）又："于是日神共素戈呜尊，相对而立誓曰：'若汝心明净，不有凌夺之意者，汝所生儿，**必当**男矣。'"（第一册，p.66）又："于是素戈呜尊誓之曰：'吾若怀不善而复上来者，吾今啮玉生儿，**必当**为女矣。如此则可以降女于苇原中国。如有清心者，**必当**生男矣。'"（第一册，p.86）又卷2《神代纪下》："故大己贵神则以其子之辞，白于二神曰：'我怙之子，既避去矣。故吾亦当避。如吾防御者，国内诸神**必当**同御。今我奉避，谁复敢有不顺者。'乃以平国时所杖之广矛，授二神曰：'吾以此矛卒有治功。天孙若用此矛治国者，**必当**平安。今我当于百不足之八十隅将隐去矣。'"（第一册，p.118）又："故鹿苇津姬忿恨，乃作无户室，入居其内而誓之曰：'妾所娠，非天孙之胤，**必当**爨灭。如实天孙之胤，火不能害。'"（第一册，p.122）又："时天神见其矢曰：'此昔我赐天稚彦之矢也。今何故来。’乃取矢而咒之曰：‘若以恶心射者，则天稚彦**必当**遭害。若以平心射者，则当无恙。’”（第一册，p. 124）又：“木花开耶姬甚以惭恨，乃作无户室，而誓之曰：‘吾所娠，是若他神之子者，必不幸矣。是实天孙之子者，**必当**全生。’”（第一册，p. 142）又卷3《神武纪》即位前纪：“余谓彼地**必当**足以恢弘大业，光宅天下。盖六合之中心乎？”（第一册，p. 194）又卷5《崇神纪》七年二月条：“是时神明凭倭迹迹日百袭姬命曰：‘天皇何忧国之不治也。若能敬祭我者，**必当**自平矣。’”（第一册，p. 270）又卷14《雄略纪》二十三年八月条：“纵使星川得志共治国家，**必当**戮辱遍于臣、连，酷毒流于民庶。”（第二册，p. 210）又卷19《钦明纪》九年正月条：“九年春正月癸巳朔乙未，百济使人前部德率真慕宣文等请罢。因诏曰：‘所乞救军，**必当**遣救。宜速报王。’”（第二册，p. 408）又十三年十月条：“物部大连尾舆、中臣连镰子同奏曰：‘昔日不须臣计，致斯病死。今不远而复，**必当**有庆。宜早投弃，勤求后福。’”（第二册，p. 418）又十六年二月条：“祝者乃托神语报曰：‘屈请建邦之神，往救将亡之主，**必当**国家谧靖，人物乂安。’”（第二册，p. 438）又卷21《崇神纪》即位前纪条：“乃斫取白胶木，疾作四天王像，置于顶发而发誓言：‘今若使我胜敌，**必当**奉为护世四王，起立寺塔。’”（第二册，p. 512）又卷25《孝德纪》三年四月条：“然素赖天皇圣化而习旧俗之民，未诏之间，**必当**难待。故始于皇子、群臣及诸百姓，将赐庸调。”（第三册，p. 164）又白雉二年三月条：“于时巨势大臣奏请之曰：‘方今不伐新罗，于后**必当**有悔。’”（第三册，p. 188）《古语拾遗》：“仍以平国矛授二神曰：‘吾以此矛，率有治功。天孙若用此矛治国者，**必当**平安。今我将隐去矣。’”（p. 127）《日本灵异记》中卷《见乌邪淫厌世修善缘第2》：“但要语曰：‘与大德俱死，**必当**同往生西方。’”（p. 149）《续日本纪》卷33《光仁纪》宝龟五年七月条：“将军等前日奏征夷便宜，以为一者不可伐，一者**必当**伐。”（第四册，p. 436）后汉竺大力、康孟详合译《修行本起经》卷1《菩萨降身品》：“阿夷猛力，回伏百壮士。方抱太子，筋骨委震，见奇相三十二、八十种好。身如金刚，殊妙难量。悉如秘谶，**必当**成佛。于我无疑，泪下哽咽，悲不能言。”姚秦鸠摩罗什译《妙法莲华经》卷2《譬喻品》：“大智舍利弗，今得受尊记，我等亦如是，**必当**得作佛。”唐义净译《金光明最胜王经》卷3《灭业障品》：“由作如是，随喜福故，**必当**获得，尊重殊胜，无上无等，最妙之果。”按：《汉语大词典》失收。→【自当】

【必当有悔/かならずくいあるべし】 四字 一定会后悔的。《日本书纪》卷25《孝德纪》白雉二年十二月条：“于时巨势大臣奏请之曰：‘方今不伐新罗，于后**必当有悔**。’”（第三册，p. 118）唐玄奘译《大般若波罗蜜多经》卷37：“世尊，我于菩萨摩诃萨及于般若波罗蜜多既不得不见，云何令我以般若波罗蜜多相应之法，教诫教授诸菩萨摩诃萨？是故若以此法教诫教授诸菩萨摩诃萨，**必当有悔**。”又：“世尊，我于此二若义若名既不得不见，云何令我以般若波罗蜜多相应之法，教诫教授诸菩萨摩诃萨？是故若以此法教诫教授诸菩萨摩诃萨，**必当有悔**。"

【**必可有~**/かならず~あるべし】 三字 （2 例） 必定会有……《肥前国风土记》
"神埼郡"条："此地平原，元来无冈。大租彦天皇敕曰：'此地之形，**必可有**冈。'即
令群下，起造此冈。"（p. 324）《续日本纪》卷 21《淳仁纪》天平宝字二年八月条：
"中务省宣传敕语，**必可有**信。故改为信部省。"（第三册，p. 284）（1）唐神清撰、慧
宝注《北山录》卷 3："夫有士君子之器，必有士君子之僧。有台舆之性，必有台舆之
僧（台舆贱人）。故以仁求僧可，必也。以僧求仁难乎，必也（以仁行向僧中求之，**必可
有**仁行者。若凡是僧便责其仁行，即恐难也）。"印度撰述《大梵天王问佛决疑经》卷 1：
"若为众生说法，**必可有**真伪。云何分晓焉。佛言：'善哉！略为汝等说。'"（2）《旧唐
书》卷 84《裴行俭传》："行俭建议曰：'吐蕃叛涣，干戈未息，敬玄、审礼，失律丧
元，安可更为西方生事？今波斯王身没，其子泥涅师师充质在京，望差使往波斯册立，
即路由二蕃部落，便宜从事，**必可有**功。'"

【**必须~**/かならず~べし】 并列 （10 例） 必定、必然，表将然或推断的语气副
词。《日本书纪》卷 19《钦明纪》五年二月条："当以三月十日，发遣使于日本。此使
便到，天皇**必须**问汝。"（第二册，p. 384）又卷 25《孝德纪》大化元年八月条："奉法
必须褒赏，违法当降爵位。"（第三册，p. 118）《藤氏家传》上卷《镰足传》："中大兄
曰：'察山田臣之为人，刚毅果敢，威望亦高。若得其意，事**必须**成。'"（p. 150）《续
日本纪》卷 1《文武纪》二年三月条："庚午，任诸国郡司。因诏：'诸国司等，铨拟
郡司，勿有偏党。郡司居任，**必须**如法。自今以后，不违越。'"（第一册，p. 8）又卷 2
《文武纪》大宝元年六月条："己酉，敕：'凡其庶务一依新令。又国宰、郡司贮置大
税，**必须**如法。如有阙怠，随事科断。'"（第一册，p. 40）又卷 5《元明纪》和铜四年
九月条："甲戌，诏曰：'凡卫士者，非常之设，不虞之备，**必须**勇健应堪为兵。'"（第
一册，p. 170）又卷 18《称德纪》天平胜宝四年六月条："又诏：'自今以后，国王亲
来，宜以辞奏。如遣余人入朝，**必须**令赍表文。'"（第三册，p. 122）又卷 26《高野
纪》天平神护元年二月："乙亥，敕淡路国守从五位下佐伯宿弥助，风闻配流彼国罪
人，稍致逃亡。事如有实，何以不奏。汝简朕心，往监于彼之事动静，**必须**早奏。"
（第四册，p. 74）又卷 36《天宗纪》宝龟十一年二月条："事既不轻，故修宾礼以答来
意。王宜察之，后使**必须**令赍表函，以礼进退。"又卷 37《桓武纪》延历二年四月条：
"每国造僧寺，必合有二十僧者，仍取精进练行，操履可称者度之。**必须**数岁之间，观
彼志性始终无变。乃听入道。"东晋瞿昙僧伽提婆译《增壹阿含经》卷 13《地主品》：
"尔时，彼佛到时著衣持钵，入野马城乞食。是时，城内有一使人，名曰纯黑。时彼使人
见如来执钵入城乞食。见已，便作是念：'今如来入城，**必须**饮食。'"姚秦鸠摩罗什译
《大智度论》卷 91《照明品》："如人市买，**必须**交易。"唐义净译《根本说一切有部毗奈
耶》卷 6："尔时世尊，告诸苾刍曰：'此小军苾刍，曾所作业，**必须**自受。而彼小军，自

所作业，增长时熟，缘变现前，如影随形。'" 按《汉语大词典》首引《颜氏家训·后聚》："河北鄙于侧出不预人流，是以**必须**重娶。" 偏晚。→【当须～】【要须～】

【**必有命世**／かならずめいせいあらむ】 四字　必然会有治国之才（的出现而称著于当世）。《唐大和上东征传》淡海元开《初谒大和上二首并序》："未丧斯文，**必有命世**；将弘兹道，实待明贤。"（p.98）宋赞宁等撰《宋高僧传》卷6："圣人不兴其间，**必有命世**者出焉。自智者以法传灌顶，顶再世至于左溪，明道若昧。待公而发，乘此宝乘，焕然中兴。"

【**毕愿**／ねがひをおふ】 誓愿　实现誓愿。《日本灵异记》下卷《用寺物复将写〈大般若〉建愿以现得善恶报缘第23》："僧告之言：'汝实发愿，出家修道。虽有是善，而多用于，住堂之物。故摧汝身。今还**毕愿**，后殡堂物。'"（p.315）唐实叉难陀译《地藏菩萨本愿经》卷1《阎浮众生业感品》："地藏菩萨，久远劫来，迄至于今，度脱众生，犹未**毕愿**。慈愍此世，罪苦众生，复观未来，无量劫中，因蔓不断，以是之故，又发重愿。"唐义净译《南海寄归内法传》卷3："凡诸白衣，诣苾刍所，若专诵佛典，情希落发，**毕愿**缁衣，号为童子。或求外典，无心出离，名曰学生。"

【**闭居於**～／（～に）こもる】 于字　（4例）　将自己关在某处不出来。①《日本书纪》卷1《神代纪上》："至于日神**闭居于**天石窟也，诸神遣中臣连远祖兴台产灵儿天儿屋命而使祈焉。"（第一册，p.84）②《日本书纪》卷1《神代纪上》："是时天照大神闻之而曰：'吾比**闭居**石窟，谓当丰苇原中国必为长夜，云何天钿女命噱乐如此者乎？'"（第一册，p.76）③《日本灵异记》上卷《僧忆持〈心经〉得现报示奇事缘第14》："赞曰：'大哉！释子。多闻弘教，**闭居**诵经。心廓融达，所现玄寂。焉为动摇？室壁开通，光明显耀。'"（p.95）又《殷勤归信观音愿福分以现得大福德缘第31》："亲属系之东人，**闭居**构璱。女爱心不得忍，犹哭恋之，不离其边。"（p.128）唐尸罗达摩译《佛说回向轮经》卷1："复作是言：'唯大悲者，当忆念我。弟子某甲，堕在生死，系以大缚，**闭居**牢狱，离正道法。'"按：传世文献和汉译佛经中未见"闭居于～"的搭配形式。上代文献中带"于"和不带"于"的两种形式兼而有之，但后者用法②③更为广泛。

【**闭著**～／～をさす】 后缀　将某人关闭在某处。《日本书纪》卷1《神代纪上》："不欲与汝相见，乃入于天石窟，而**闭著**盘户焉。"（第一册，p.78）（1）后汉支娄迦谶译《佛说遗日摩尼宝经》卷1："何谓为四？一者自有过恶不覆藏，自悔欲除其罪；二者实谛亡命亡，国亡财不两舌；三者设有灾变妄起，至骂詈数数轻易及挝搥**闭著**牢狱，设有是当自悔前世恶所致；四者无恨无瞋恚自信。是为四。"吴支谦译《撰集百缘经》卷5《饿鬼品》："即唤比丘，来入舍内，**闭著**空屋，令其即日，晚不得食。"姚秦鸠摩罗什译《大智度论》卷13《序品》："父母与刀，并一口羊，**闭著**屋中，而语之言：'若不杀羊，不令汝出，得见日月，生活饮食。'"（2）《魏志》卷24《高柔传》："今进不赦其命，退不彰其罪，**闭著**囹圄，使自引分，四方观国，或疑此举也。"又卷28《锺会传》："所请群官，**悉闭著**益州诸曹屋中，城门宫门皆闭，严兵围守。"按：《汉语大词典》失收。→【臂著】【插著】【服著】【裹著】【画著】【火著】【結著】【披著袈裟】【取著】【燒著】【題著】【血著】

【弊垢/やれあかつく】 并列 破败污垢。《日本书纪》卷21《崇峻纪》二年四月条："万衣裳**弊垢**，形色憔悴，持弓带剑，独自出来。"（第二册，p. 514）姚秦鸠摩罗什译《成实论》卷9《无明品》："不能亲附，亦难亲近，愚骏无识，好**弊垢**衣，乐处黑谙，及不净处。"隋智顗说《妙法莲华经玄义》卷1："经言：即脱缨珞，著**弊垢**衣，语言勤作，勿复余去，并加汝价，及涂足油。此则身口行理齐分而说，不得作余解也。"唐道宣撰《续高僧传》卷9："道士曰：'人天交接，两得相见。'成曰：'脱珍御服，著**弊垢**衣，习近穷迷，将开渐化。'时以为名答。"按：《汉语大词典》失收。《新编日本古典文学全集》栏上的注释例引姚秦鸠摩罗什译《妙法莲华经》卷2《信解品》："尔时长者将欲，诱引其子，而设方便，密遣二人，形色憔悴，无威德者：……于是长者，著**弊垢**衣，执除粪器，往到子所，方便附近，语令勤作。"

【弊衣服/やれたるころも】 三字 破旧的衣服。《日本书纪》卷3《神武纪》即位前纪条："乃使椎根津彦著**弊衣服**及蓑笠为老父貌，又使弟猾被箕为老妪貌，而敕之曰：'宜汝二人到天香山，潜取其颠土而可来旋矣。'"（第一册，p. 212）隋阇那崛多译《佛本行集经》卷18《剃发染衣品》："复为种种，栴檀香等，之所熏修。汝何用是，**粗弊衣服**，袈裟色为？可取如是，迦尸迦衣，而说偈言。"唐般剌蜜帝译《大佛顶如来放光悉怛多般怛罗大神力都摄一切咒王陀罗尼经大威德最胜金轮三昧咒品》卷1："能令一切金刚，诸佛菩萨，天仙鬼神，龙王八部，不将为过，设著不净，**破弊衣服**。"（2）唐地婆诃罗译《方广大庄严经》卷7："粪扫及鸟羽，树皮毛毲等。种种**弊衣服**，或有著一衣。"按：汉译佛经当中，多用四字格"粗弊衣服""破弊衣服"等，同时根据字数的需要，也可用三字格"弊衣服"。传世文献中未见此类说法。

【壁仆/かべたふる】 先例 墙壁倒塌。《日本灵异记》中卷《依恶梦至诚心使诵经示奇表得全命缘第20》："二子白母言：'屋上在七躯法师而读经矣。遄出应见。'彼读经音，如蜂集鸣。母闻之怪，起后屋出。即当居处之**壁仆**也。"（p. 202）《元史》卷39《顺帝本纪》："壬午，京师地大震，太庙梁柱裂，各室墙壁皆坏，压损仪物，文宗神主及御床尽碎；西湖寺神御殿**壁仆**，压损祭器。自是累震，至丁亥方止，所损人民甚众。"（p. 841）

【壁像申臂而摩顶/へきぞう、ひじをのべていただきをなづ】 典据 壁画中的佛菩萨伸手为某人摩顶。《藤氏家传》上卷《镰足传》："**壁像申臂而摩顶**，观音寄梦以现空。"（p. 204）唐菩提流志译《不空罥索神变真言经》卷8《三三昧耶像品》："又诵母陀罗尼真言秘密心真言二三七遍，持真言者身上出现大光明，焰当见金像变身**伸手摩**

顶，与证一切如来观察三摩地成就不空羂索真言明仙三昧耶，见于十方刹土一切如来加持一切如来广大善根具足圆满。"唐阿目佉译《佛说不空羂索陀罗尼仪轨经》卷1："以是种种真如巧智，制御于心而为方便，观念诸佛常见目前，不久当得十方百千一切诸佛一时现前，摩顶赞叹为作证明。或复梦觉得见好相。"按：《藤化家传镰足贞慧武智麻吕传注释与研究》指出，该句的意思是，镰足对着墙上的画像祈愿天皇长寿时，佛菩萨伸出手为其摩顶。该句与"观音寄梦以现空"一道，是说镰足祈愿时所出现的奇迹。姚秦鸠摩罗什译《妙法莲华经》卷6《嘱累品》："尔时，释迦牟尼佛从法座起，现大神力，以右手摩无量菩萨摩诃萨顶，而作是言。"

【避脱／さりのがる】 并列　避开摆脱，躲避，逃避。《日本书纪》卷14《雄略纪》二十三年八月条："于是尾代从家来，会虾夷于娑婆水门，合战而射虾夷等，或踊或伏，能避脱箭，终不可射。"（第二册，p. 210）姚秦鸠摩罗什译《坐禅三昧经》卷1："譬如杀贼，拔刀注箭，常求杀人，无怜愍心。人生世间，死力最大，一切无胜，死力强者，若过去世，第一妙人，无能脱此死者，现在亦无大智人，能胜死者，亦非软语求，非巧言诳，可得避脱。"梁宝唱等集《经律异相》卷40："世有五事不可避脱：一当耗灭；二当亡弃；三当病瘦；四当老朽；五当死去。"唐输波迦罗译《苏婆呼童子请问经》卷3："真言之外，更无异法能与众生乐者，譬如天火下降及与霜雹，能损诸物无可避脱。"按：《汉语大词典》失收。

【避至於~／~にさりていたる】 于字　逃避到某地。《日本书纪》卷12《履中纪》即位前纪条："爰太子传告弟王曰：'我畏仲皇子之逆，独避至于此。何且非疑汝耶？'"（第二册，p. 82）东晋瞿昙僧伽提婆译《中阿含经》卷59："尊者阿难便下道避至一树下，拘萨罗王波斯匿遥见尊者阿难在于树间，问曰：'尸利阿荼，彼是沙门阿难耶？'尸利阿荼答曰：'是也。'"梁慧皎撰《高僧传》卷9："遣人告澄云：'夜来不知大将军所在，使人始至未及有言。'澄逆问曰：'平居无寇，何故夜严？'勒益敬之。勒后因忿欲害诸道士，并欲苦澄。澄乃避至黑略舍，告弟子曰：'若将军信至问吾所在者，报云不知所之。'信人寻至，觅澄不得。"唐智升撰《开元释教录》卷6："师事僧范道人，年十四家人密为访婚。佑知而避至定林投，法达法师。"按：《汉语大词典》失收。汉译佛经的文例说明，"避至"后续场所名词时，通常不带"于"。

【臂著／ひじに~をつく】 后缀　（3例）　臂上戴着。《日本书纪》卷1《神代纪上》："乃结发为髻，缚裳为袴，便以八坂琼之五百个御统，缠其髻鬟及腕。又背负千箭之靫与五百箭之靫，臂著棱威之高鞆，振起弓彇，急握剑柄，蹈坚庭而陷股，若沫雪以蹴散，奋棱威之雄诰，发棱威之喷让，而径诘问焉。"（第一册，p. 62）又："乃设大夫武备，躬带十握剑、九握剑、八握剑，又背上负靫，又臂著棱威高鞆，手捉弓箭，亲迎防御。"（第一册，p. 66）又卷2《神代纪下》："于时，大伴连远祖天忍日命，帅来目部远祖天槵津大来目，背负天盘靫，臂著棱威高鞆，手提天梔弓、天羽羽矢，及副持八目鸣镝，又带头槌剑，而立天孙之前。"（第一册，p. 144）西晋竺法护译《普曜经》卷3："王即受之，召五百释子，五百璎珞，手脚头耳，**臂著**璎珞。"唐菩提流志译《一字佛顶轮王经》卷1："腕著宝钏，**臂著**宝襻，首戴花冠，腰著衣服。"唐义净译《根本说一切有部苾刍尼毘奈耶》卷2："时有采女**臂著**，白螺贝钏，随动手时，其钏相击，作闹声响。我见斯事，情生忧叹，此无有识，互相击触，遂即作声。况人共住，岂得安静？"按：《汉语大词典》失收。

【**躃地而死**/たふれてしぬ】 ☐四字☐ "躃"，扑倒。倒在地上死去。《日本灵异记》下卷《刑罚贱沙弥乞食以现得顿恶死报缘第33》："凶人犹强之。不胜强逼，一遍读逃。然后不久，**躃地而死**。更不可疑，护法加罚。"（p. 348）唐慧琳撰《一切经音义》卷25："**躃地**：上脾伇反。《玉篇》：躃，倒也。"又卷33："痿躄：下并亦反。顾野王云：躄，谓足偏枯，不能行也。《说文》：躄，谓人不能行也。从足，辟声。"后汉安世高译《佛说奈女耆婆经》卷1："国中复有迦罗越家男儿好学武事，作一木马，高七尺余，日日习学。骗上初学，适得上马，久久益习，忽过去失踞，**躄地而死**。"梁宝唱等集《经律异相》卷46："明日主人伺候，见人来入水洗浴，上岸著衣洗足却**躄地而死**。酒师往取得金银如数。"

【**躃地而卧**/つちにたふれてふす】 ☐四字☐ 倒在地上。《日本灵异记》中卷《常鸟卵煮食以现得恶死报缘第10》："时有当村人，入山拾薪。见于走转哭叫之人，自山下来，执之而引，拒不所引。犹强捉追，乃从篱之外，牵之而出，**躃地而卧**，嘿然不曰。"（p. 176）唐慧琳撰《一切经音义》卷15："**躃地**：毘壁反。《集训》云：躃也。从足，辟声。经文从人，作僻，非也。"后汉安世高译《佛说奈女祇域因缘经》卷1："乌性既贪，不能忍于饮食。又闻祇域叹为神药，亦见祇域已饮食之，谓必无毒，便取余梨食之，尽饮余水，便下痢。痢如注水，**躃地而卧**，起辄眩倒，不能复动。"

【**～边（当）**/～あたり】 ☐后缀☐（23例） "当"，通"边"，表身边的意思。用于人称代词"君""妹""吾"等后面的词缀，表示在某人身边。①"当"的汉字例。《万叶集》卷1第78首："飞鸟　明日香能里乎　置而伊奈婆　**君之当**者　不所见香闻安良武"。（第一册，p. 66）。又第83首："海底　奥津白浪　立田山　何时鹿越奈武**妹之当**　见武"。（第一册，p. 68）。又卷2第91首："一云：**妹之当**　继而毛见武尔"。（第一册，p. 84）。又第136首："青驹之　足搔乎速　云居曾　**妹之当**乎　过而来计类"。（第一册，p. 103）。又第137首："秋山尔　落黄叶　须臾者　勿散乱曾　**妹之当**将见"。（第一册，p. 104）。又卷7第1085首："**妹之当**　吾袖将振　木间从　出来月尔　云莫棚引"。（第二册，p. 189）。又第1211首："**妹当**　今曾吾行　目耳谷　吾耳见乞　事不问侣"。（第二册，p. 222）。又卷8第1446首："春野尔　安佐留雉乃　妻恋尔　己我**当**乎　人尔令知管"。（第二册，p. 302）。又卷9第1702首："**妹当**　茂苅音　夕雾　来鸣而过去　及乏"。（第二册，p. 401）。卷10第1897首："春之在者　伯

劳鸟之草具吉　虽不所见　吾者见将遣　**君之当**乎婆"。（第三册，p.48）。又第2026首："白云　五百遍隐　夜不去将见　**妹当**者"。（第三册，p.82）。又第2234首："一日　千重敷布　我恋　**妹当**　为暮零所见"。（第三册，p.131）。又卷11第2402首："**妹当**　远见者　恠　吾恋　相依无"。（第三册，p.179）。又第2616首："奥山之　真木乃板户乎　音速见　**妹之当乃**　霜上尔宿奴"。（第三册，p.230）。又第2787首："天地之　依相极　玉绪之　不绝常念　**妹之当见**津"。（第三册，p.272）。又第2838首："河上尔　洗若菜之　流来而　**妹之当乃**　瀬社因目"。（第三册，p.285）。又卷12第3032首："**君之当**　见乍母将居　伊驹山　云莫蒙　雨者虽零"。（第三册，p.336）。又第3155首："恶木山　木末悉　明日从者　靡有社　**妹之当**　将见"。（第三册，p.366）。②假名例。《万叶集》卷15第3651首："夜苏之麻能宇倍由　伊毛我**安多里**见牟"。（第四册，p.44）又卷18第4073首："夜麻许曽婆　伎美我**安多里**乎　敝太弓多里家礼"。（第四册，p.247）③"边"的汉字例。《日本灵异记》上卷《偷用子物作牛役之示异表缘第10》："僧进牛**边**，语言：'吾者，此家长之父也。而吾先世为欲与人，不告子取稻十束。所以今受牛身，而偿先债。'"（p.87）又："檀越即起悲心，而就牛**边**，敷藥白言：'实吾父者，就此座。'牛屈膝，而卧座上。"（p.87）又《凶女不孝养所生母以现得恶死报缘第24》："故京有一凶妇，姓名未详也。曾无孝心，不爱其母。母当斋日不炊饭，思念斋食，便就**女边**而乞饭。"（p.112）后汉支娄迦谶译《般舟三昧经》卷1《行品》："时其人未曾见此三女人，闻之淫意即动。是三人皆在罗阅祇国同时念，各于梦中到其**女边**，与共栖宿。"东晋瞿昙僧伽提婆译《增壹阿含经》卷8《安般品》："我亦曾从耆年**长老边**闻：'西有瞿耶尼土，人民炽盛，多诸珍宝。'我今当往，统彼国土。"元魏慧觉等译《贤愚经》卷4《摩诃斯那优婆夷品》："优波斯那甚大喜跃，即便自取，耳二金环，而以赏之。寻更白言：'尊者有好言教到**大家边**。'"隋达摩笈多译《起世因本经》卷1《阎浮洲品》："时彼八千诸龙象等，亦起是心：'我之善住龙象王，心念我等。我等今者当往**善住王边**。'诸龙象到已，即在善住龙象王前，低头而住。"又卷2《郁多罗究留洲品》："诸比丘，其郁多啰究留人辈，若有欲于诸妇**女边**，生染著心，意相向者，彼即观看，彼之妇女，而彼妇女，即便随逐，彼人而行，至于树下。"又卷4《地狱品》："其守狱者，驱彼众生，即时将向阎摩**王边**白言：'天王，此之丈夫，昔在人中，纵逸自在，不善和合，恣身口意，行于恶行。'"按：根据日语的训读法，"边"字与"当"字均读作"アタリ"。→【床当（边）】【道边】【東边】【峰边】【河边】【家当（边）】【家門当（边）】【江边】【脚边】【山边】【頭边】【垣边】【沼边】【枕边】

　　【编合／あみあはす】 并列　编排合在一起。《播磨国风土记·贺古郡》条："于是，御舟与别娘舟，同**编合**而度。"（p.20）西晋竺法护译《贤劫经》卷3："齿极白净，**编合**不疏，是布施报。柔润白好，而无点污，是持戒报。"按：《汉语大词典》失收。《贺古郡》中的"编合"，谓将船只编排在一起。《贤劫经》中的"编合"，指牙齿排列整齐。

【弁了/わきまふ】 并列 （2例） 清楚，明白。《续日本纪》卷20《孝谦纪》天平宝字元年正月条："其军毅者，省选六卫府中器量**辩了**。身才勇健者拟任之。他色之徒，勿使滥诉。自余诸事，犹如格令。"（第三册，p. 174）又卷22《淳仁纪》天平宝字三年六月条："非分希福，不义欲物，为贪；心无**辩了**，强逼恼人，为嗔；事不合理，好是自愚，为痴。"（第三册，p. 320）东晋佛陀跋陀罗译《佛说观佛三昧海经》卷5《观佛心品》："此人罪报亿千万岁不识水谷，受罪毕已还生人中，五百世中言语蹇吃，不自**辩了**。以宿习故，食后噉炭，及噉土块。"刘宋求那跋陀罗译《过去现在因果经》卷4："世间今者，有无上尊，长者子耶舍，聪慧**辩了**，才艺兼人，乃能舍其豪族，弃五欲乐，毁形守志，而为沙门。"唐义净译《金光明最胜王经》卷8《僧慎尔耶药叉大将品》："以是义故，我能令彼，说法之师，言词**辩了**，具足庄严。"按：《汉语大词典》首引北魏杨衒之《洛阳伽蓝记·菩提寺》："（崔涵）时复游行，或遇饭食，如似梦中，不甚**辨了**。"偏晚。

【变正/かへただす】 格义 改邪归正。《续日本纪》卷8《元正纪》养老四年十二月条："比者，或僧尼自出方法，妄作别音。遂使后生之辈积习成俗。不肯**变正**，恐污法门，从是始乎。"（第二册，p. 80）唐法琳撰《辩正论》卷5："眩目朝廷疑误信心，**变正**为邪，其罪二也。"按：传世文献中，有"变正"一词，指衰乱时的变风变雅和治平时的正风正雅。南朝梁刘勰《文心雕龙·颂赞》："《风》《雅》序人，事兼**变正**，颂主告神，义必纯美。"汉译佛经中的"变正"，则指改变不正确的做法，回到佛教的正确做法上来。

【便发誓愿/すなはちせいがんをたつ】 誓愿 许下心愿，立誓发愿。"誓愿"，尤其指佛菩萨为救济众生而立下誓言，祈愿其成就。《日本灵异记》上卷《凭念观音菩萨得现报缘第6》："渡竟之后，从舟下道，老公不见。其舟忽失，乃疑观音应化也。**便发誓愿**，造像恭敬。"（p. 78）乞伏秦圣坚译《佛说除恐灾患经》卷1："园监眷属，欢喜踊跃，叉手作礼，叩头求哀，**便发誓愿**：'以今日惠施圣明神圣道士，缘是福报，离三恶地道狱饿鬼畜生之趣。所生之处，常共聚会，天上世间。'"唐玄奘译《大般若波罗蜜多经》卷332《善学品》："若菩萨摩诃萨梦中见火烧地狱等诸有情类，或复见烧城邑、聚落，**便发誓愿**：'若我已受，不退转记，当得无上，正等菩提，愿此大火，即时顿灭，变为清凉。'"唐义净译《根本说一切有部毗奈耶出家事》卷2："作是念已，**便发誓愿**：'唯愿我等生生世世，勿于高族家生，及以下贱处中而生。令我无障，易得出家。'"

【便复/すなはちまた】 后缀 （2例） 于是就，这样就。表示重复或继续。《日本书纪》卷9《神功纪》仲哀天皇九年十二月条："一云：足仲彦天皇居筑紫橿日宫。是

有神，托沙么县主祖内避高国避高松屋种，以诲天皇曰：'御孙尊也。若欲得国耶？将现授之。'**便复**曰：'琴将来以进于皇后。'"（第一册，p.432）又摄政四十六年三月条："时百济肖古王，深之欢喜而厚遇焉。仍以五色彩绢各一匹及角弓箭，并铁铤四十枚，币尔波移。**便复**开宝藏，以示诸珍异曰：'吾国多有是珍宝。欲贡贵国，不知道路。'"（第一册，p.452）后汉康孟详译《佛说兴起行经》卷1："王即召群臣，遍诣里巷，户至觅之。诸臣受教，如命觅之，遍觅不得，**便复**出城，见树间众鸟飞翔其上，众人便念：'城中已遍不得，此必有以，当共往彼。'"梁宝唱等集《经律异相》卷17："时鸯崛鬘，即拔腰剑，往至佛所。世尊遥见，**便复**道还。"北凉昙无谶译《大般涅槃经》卷19《梵行品》："有长者子，名阿逸多。淫匿其母，以是因缘，杀戮其父。其母复与，外人共通，子既知已，**便复**害之。"按：《汉语大词典》失收。

【**便語之日**："～"/すなはちかたりてのたまはく ～】 说词 　便对某人说："……"。《日本书纪》卷1《神代纪上》："伊奘诺尊追至伊奘冉尊所在处，**便语之曰**：'悲汝故来。'"（第一册，p.54）东晋瞿昙僧伽提婆译《中阿含经》卷19："于是，尊者阿难舍卫乞食已。食讫，中后收举衣钵，澡洗手足，以尼师檀，著于肩上，手执户钥，遍诣房房，见诸比丘，**便语之曰**：'诸尊，今往诣婆罗逻岩山中，为尊者阿那律陀作衣。'"梁宝唱等集《经律异相》卷41："时婆罗门坐自思惟：'我种何罪？妇女所切，复失他牛。推觅形疲，偶到林中。'值见如来，观之生念：'瞿昙沙门，今最安乐，无我诸恼。'佛知其心，**便语之曰**：'如汝所念。'"按：与"便语之曰：'～'"相比，"而语之曰：'～'"为正格式。《日本书纪》卷6《垂仁纪》四年九月条："皇后母兄狭穗彦王谋反，欲危社稷，因伺皇后之燕居**而语之曰**：'汝孰爱兄与夫焉？'"（第一册，p.306）《庄子·外篇·田子方第21》："子方出，文侯傥然终日不言，召前立臣**而语之曰**：'远矣，全德之君子！始吾以圣知之言仁义之行为至矣，吾闻子方之师，吾形解而不欲动，口钳而不欲言。吾所学者直土梗耳，夫魏真为我累耳！'"西晋竺法护译《正法华经》卷6《药王如来品》："彼一太子，名曰善盖，闲居独处，静然思念：'我等今者，供养如来，宁有殊特，超彼者乎？'承佛威神，虚空有天，**而语之曰**：'今族姓子，岂欲知耶？有法供养，最尊无极。'"

【**遍遊諸方**/あまねく もろもろのところにあそぶ】 四字 　四处游览，各地漫游。《日本灵异记》上卷《勤求学佛教弘法利物临命终时示异表缘第22》："时戒珠无玷，知鉴恒耀，**遍游诸方**，弘法化物。遂住禅院，为诸弟子，演畅所请众经要义。"（p.108）东晋佛驮跋陀罗译《大方广佛华严经》卷29《心王菩萨问阿僧祇品》："意根深广不可说，**遍游诸方**不可说，勇猛精进不可说，具足自在不可说。"高齐那连提耶舍译《月灯三昧经》卷7："彼人心净亦如空，持此离垢寂定故，譬如风行于十方，**遍游诸方**无所著。"又《佛说施灯功德经》卷1："身佣圆满具大力，不与他人共战诤，**遍游诸方**无恼者，由灯奉施佛支提。"

【遍於環宇/かんうにあまねし】 于字 遍布天下。《唐大和上东征传》：“从此以来，日本律仪，渐渐严整；师（资）相传，**遍于环宇**。”（p. 96）唐宗密撰《圆觉经大疏释义钞》卷12：“钧者，三十斤也。镛者，大钟。星楼者，邻星月之高楼。环区者，环宇区分之国邑。都取声闻四远八方，不必**遍于环宇**。”

【標知/ひょうち】 并列 标示告知。《续日本纪》卷20《孝谦纪》天平宝字元年八月条：“其文云：‘五月八日开下帝释**标知**天皇命百年息。国内，顶戴兹祥，踊跃欢喜，不知进退。’”（第三册，p. 222）唐一行记《大毗卢遮那成佛经疏》卷16《入秘密漫荼罗位品》：“言标者，此标即是如上所图者。然有画作者及立作者，画作如所画图。其立作标者，亦依此相而作也。其门有柱，柱上横木，**标知**是门也。”按：《汉语大词典》失收。

【別来/わかれく】 后补 （5例） 分别以来，分手以后。《万叶集》卷2第133首：“小竹之叶者 三山毛清尔 乱友 吾者妹思 **别来**礼婆”（第一册，p. 102）。又卷12第3139首：“玉桙之 道尔出立 **别来**之 日从于念 忘时无”（第三册，p. 362）。又第3171首：“难波潟 水手出传之 遥遥 **别来**礼杼 忘金律毛”（第三册，p. 369）。又卷13第3276首：“百不足 山田道乎 浪云乃 爱妻迹 不语 **别之来**者”（第三册，p. 415）。又卷17第3978首：“安麻射加流 比奈乎左米尔等 **别来**之 曽乃日乃伎波美”（第四册，p. 193）。（1）失译人名附后汉录《分别功德论》卷4：“佛在世时，有一长者，字昙摩留支，来至佛所，礼讫问讯。佛言：‘昙摩留支，**别来**大久，乃能相见。’有人问佛：‘不审何以言，**别来**大久。’”吴月支谦译《须摩提女经》卷1：“时修跋梵志，而作是念：‘我与长者，**别来**日久，今可往相见。’”西晋竺法护译《正法华经》卷3《信乐品》：“舍我**别来**，二三十年，吾之所有，财业广大。假当寿终，无所委付。”（2）《文选》卷42曹丕《与吴质书》：“二月三日，丕白：岁月易得，**别来**行复四年。三年不见，东山犹叹其远，况乃过之，思何可支。”（p. 591）按：《汉语大词典》失收。→【参渡来】【参降来】【持還来】【持来】【吹来】【度来】【渡来】【浮来】【将来】【降来】【流出来】【流来於】【取持来】【取将来】【入来】【送来】【所将来】【退来】【召将来】【追来】【捉来】

【別去/わかれぬ】 后补 （10例） 分别而去，相别而去。①《万叶集》卷3第438首歌注：“右一首**别去**而经数旬作歌”（第一册，p. 244）。②又卷8第1454首：“波上从 所见儿岛之 云隐 空气冲之 相**别去**者”（第二册，p. 1454）。又第1526首：“玉蜻蜓 仿佛所见而 **别去**者 毛等奈也恋牟 相时麻而波”（第二册，p. 331）。《日本书纪》卷2《神代纪下》：“初，丰玉姬**别去**时，恨言既切。故火折尊知其不可复会，乃有赠歌。已见上。”（第一册，p. 186）《日本灵异记》下卷《忆持〈法华经〉者舌著曝髑髅中不朽缘第1》：“历一年余，而思**别去**。敬礼禅师，奉施绳床，而语之曰：‘今者罢退，欲居山。蹢于伊势国。’”（p. 264）又：“是禅师一日道所送，而以《法华经》

并钵干饭粉等与优婆塞，自此令还，唯以麻绳二十寻水瓶一口而**别去**。"（p. 264）又："寻求见之，有一尸骨。以麻绳系二足，悬岩投身而死。骨侧有水瓶。乃知**别去**之禅师也。"（p. 264）《唐大和上东征传》："时，荣睿、普照等四月被禁，八月方始得出。其玄朗、玄法从此还国**别去**。"（p. 46）又："时冯都督来，亲送和上，自扶上船，口云：'古璞与和上，终至弥勒天宫相见。'悲泣〔而〕**别去**。"（p. 73）又："太守亲从浔阳县至九江驿，大和上乘舟与太守**别去**。"（p. 79）后汉昙果、康孟详合译《中本起经》卷1《现变品》："诸比丘受教，头面礼足，绕佛三匝，于是**别去**。"梁慧皎撰《高僧传》卷10："至元嘉三年九月辞谐入京，留一万钱物寄谐倩为营斋，于是**别去**。"隋阇那崛多译《佛本行集经》卷45《大迦叶因缘品》："'汝等当观，其诸女内，若见有女，作于金色，汝等当问，其姓氏族、名字住处，宜速疾来，还向我边。'如是语已，即便**别去**。"→【擯去】【沈去】【持将去】【持去】【放去】【過去】【将去】【流去】【取持去】【散去】【隐去】【召将去】

【**别有意也**/ことにこころあり】 口语 另外包含其他的意思。《日本书纪》卷1《神代纪上》："素戋呜尊对曰：'吾所以来者，实欲与姊相见。亦欲献珍宝瑞八坂琼之曲玉耳，不敢**别有意也**。'"（第一册，p. 70）隋灌顶撰《涅槃经疏》卷30《迦叶品》："又十地是十波罗蜜，云何非度彼岸人？今谓此答未遣难，**别有意也**。"唐湛然述《法华玄义释签》卷18："更加住迹显本为感应妙，以住非迹非本为神通妙，文则相当，或**别有意也**。"宋智圆述《涅槃经疏三德指归》卷19："**别有意也**者，此既三乘共位，即是别圆接通及别圆地住，俱是分证三德名到彼岸。故经云：'菩萨及佛具足成就。'又云：'得六波罗蜜果。'"

【**擯出**/おひいだす・おひやる】 后补 （6例） 抛弃逐出，驱逐出。《日本书纪》卷19《钦明纪》三月条："新罗春取喙淳，仍**擯出**我久礼山戍而遂有之。"（第二册，p. 392）《日本灵异记》中卷《生爱欲恋吉祥天女像感应示奇表缘第13》："后其弟子，于师无礼故，啧**擯去**。所**擯出**里，讪师程事。里人闻之，往问虚实，并瞻彼像，淫精染秽。"（p. 182）又《贷用寺息利酒不尝死作牛役之尝债缘第32》："时有斑牸，入药王寺，常伏塔基。寺人**擯出**，又犹还来，而伏不避。"（p. 231）又下卷《髑髅目穴笋揭脱以祈之示灵表缘第27》："同父母之弟，如苇芦之隙，故匿内其过失，**擯出**不见之。"（p. 334）《续日本纪》卷21《淳仁纪》天平宝字二年八月条："其依犯**擯出**僧等，戒律无阙，移近一国。"（第三册，p. 276）又卷38《桓武纪》延历四年五月条："己未，敕曰：'出家之人本事行道。今见众僧，多乖法旨，或私定檀越，出入闾巷。或诬称佛验，诖误愚民。非唯比丘之不慎教律，抑是所司之不勤捉搦也。不加严禁，何整缁徒？自今以后，如有此类，**擯出**外国，安置定额寺。'"唐慧琳撰《一切经音义》卷14："**擯出**：必胤反。《庄周》云：擯，弃也，落也，逐出也。从手宾声。"（1）失译人名今附后汉录《大方便佛报恩经》卷3《论议品》："王报夫人：'五百夫人，常怀嫉妒，恼害鹿母。鹿母今者欲令我鞭打杖策，**摈出**驱遣，夺其命者，不逆夫人。'"西晋法炬译《群牛譬经》卷 1："时诸微妙比丘便**摈出**界外：'汝速出去，莫住我众。'譬如彼群牛，志性调良，驱出彼驴。"姚秦鸠摩罗什译《妙法莲华经》卷 4《劝持品》："浊世恶比丘，不知佛方便，随宜所说法，恶口而颦蹙，数数见**摈出**，远离于塔寺。"（2）《魏书》卷 114《释老志》："永平二年，深等复立条制，启云：'自今已后，欲造寺者，限僧五十以上，闻彻听造。若有辄营置者，依俗违敕之罪，其寺僧众，**摈出**外州。'"《太平广记》卷 394《陈义》条："自后挥刀民居室，频为天火所灾。虽逃去，辄如故。父兄遂**摈出**，乃依山结庐以自处，灾复随之。"按：《汉语大词典》失收。→【抽出】【流出来】【流出外】【漏出】【随水流出】【退出】【唾出】【照出】【追出】【钻出】

【摈去/おひやる】 后补　抛弃，遗弃。《日本灵异记》中卷《生爱欲恋吉祥天女像感应示奇表缘第 13》："后其弟子，于师无礼故，喷**摈去**。所摈出里，讪师程事。里人闻之，往问虚实，并瞻彼像，淫精染秽。"（p. 182）唐义净译《根本说一切有部毗奈耶杂事》卷 32："佛言此是黄门女，宜应**摈去**，不生善法。若见有女，求出家时，应可问言：'汝非无血不？'若不问者，得越法罪。"《续传灯录》卷 12《蒋山泉禅师法嗣》："清献公赵抃居士，字悦道。年四十余，**摈去**声色，系心宗教。会佛慧来居衢之南禅，公日亲之，慧未尝容措一词。"按：《汉语大词典》失收。

【并不~/ならびに~なし】 否定　（25 例）"并"，"绝""全"的意思，语气副词，多与否定词连用以加强否定。《日本书纪》卷 19《钦明纪》九年四月条："虏谓之曰：'由安罗国与日本府招来劝罚。'以事准况，寔当相似。然三回欲审其言遣召而**并不来**，故深劳念。"（第二册，p. 408）又卷 28《天武纪上》元年七月条："经一日，近江军当诸道而多至。即**并不**能相战，以解退。"（第三册，p. 334）《出云国风土记·意宇郡》条："以上一十九所，**并不**在神祇官。"（p. 150）又《岛根郡》条："以上四十五所，**并不**在神祇官。"（p. 164）又《楯缝郡》条："以上一十九所，**并不**在神祇官。"（p. 202）又《神门郡》条："以上十二所，**并不**在神祇官。"（p. 232）又《饭山郡》条："以上十六所，**并不**在神祇官。"（p. 244）又《仁多郡》条："以上八所，**并不**在神祇官。"（p. 252）《续日本纪》卷 1《文武纪》四年三月条："此院多有经论。书迹楷好，**并不**错误。皆和上之所将来者也。"（第一册，p. 26）又卷 3《文武纪》庆云三年二月条："准令籍荫入选，虽有出身之条，未明预选之式。自今以后，取荫出身，非因贡举及别敕处分，**并不**在常选之限。"（第一册，p. 98）又卷 4《元正纪》庆云四年七月条："其八虐之内，已杀讫及强盗、窃盗，常赦不免者，**并不**在赦例。"（第一册，p. 122）又卷 5《元正纪》和铜五年九月条："宜大赦天下。其强窃二盗、常赦所不免者。**并不**在赦限。"（第一册，p. 186）又卷 6《元正纪》和铜七年六月条："其私铸钱及窃盗、强盗，**并不**在赦限。"（第一册，p. 214）又灵龟元年正月条："但犯八虐。私铸钱。盗人、常赦所不原者。**并不**在赦限。"（第一册，p. 220）又卷 7《元正纪》灵龟元年九月条："但谋杀杀讫、私铸钱、强窃二盗及常赦所不原者，**并不**在赦限。"（第二册，p.2）又卷 10《圣武纪》神龟五年八月条："又敕可大赦天下，以救所患。其犯八虐及官人枉法受财，监临主守自盗，盗所监临、强盗、窃盗得财，常赦所不免者，**并不**在赦限。"（第二册，p.198）又卷 11《圣武纪》天平四年八月条："壬辰，敕东海、东山二道及山阴道等国兵器、牛马，**并不**得买与他处。一切禁断，勿令出界。其常进公牧系饲牛马者，不在禁限。"（第二册，p.260）又天平六年七月条："强盗、窃盗及常赦所不免，**并不**在赦例。"（第二册，p.282）又卷 12《圣武纪》天平七年五月条："强盗、窃盗及常赦所不免，**并不**在赦限。"（第二册，p.290）又天平七年闰十一月条："其私铸钱并强盗、窃盗，**并不**在赦限。"（第二册，p.296）又天平九年七月条："其犯八虐、私铸钱及强窃二盗，常赦所不免者，**并不**在赦限。"（第二册，p.324）又卷 16《圣武纪》天平十七年十月条："冬十月戊子，论定诸国出举正税，每国有数，但多襽、对马两岛者，**并不**入限。"（第三册，p.16）又卷 20《孝谦纪》天平宝字二年正月条："既是逆人、亲党，私怀**并不**自安。虽犯深愆，尚加微贬，使其坦然无惧，息其反侧之心。"（第三册，p.242）又卷 32《光仁纪》宝龟四年正月条："但谋杀故杀、私铸钱、强窃二盗及常赦所不免者，**并不**在赦限。"（第四册，p.398）又宝龟四年三月条："官议奏曰：'常平之义，古之善政。养民救急，莫尚于兹。望请准国大小，以正税谷，据贱时价，粜与贫民，所得价物，全纳国库，至于秋时，买成颖稻。国郡司及殷有百姓，**并不**得贾。'"（第四册，p.404）

【**並無 ~/ならびに ~ なし**】 否定 （5 例）《日本书纪》卷 25《孝德纪》大化二年三月条："涯田臣阙名之过者，在于倭国被偷官刀，是不谨也。小绿臣、丹波臣，是拙而无犯并阙名。忌部木菓、中臣连正月，二人亦有过也。羽田臣、田口臣，二人**并无**过也阙名。"（第三册，p.144）《出云国风土记·岛根郡》条："加贺川。源出郡家正北二十四里一百六十步小仓山，西流入秋鹿郡佐太水海。以上六川，**并无**鱼。少少川也。"（p.166）又《秋鹿郡》条："伊农川。源出郡家正西一十六里伊农山，南流入入海。以上七川，**并无**鱼。"（p.192）又："惠昙滨。广二里一百八十步。东南并在家。西野，北大海。即自浦至于在家之间，四方**并无**石木，犹白沙之积。"（p.194）又《神门郡》条："此者意美豆努命之国引坐时之纲矣。今俗人号云薗松山。地之形体，壤石**并无**也。白沙耳积上。即松林茂繁。"（p.237）

【**並悉/ならびにことごとくに**】 并列 （5 例） 全部，全都。《日本书纪》卷 22《推古纪》元年四月条："及壮，一闻十人诉以勿失能辨，兼知未然。且习内教于高丽僧慧慈，学外典于博士觉哿，**并悉**达矣。"（第二册，p.530）又卷 28《天武纪》元年六月条："皇子不从。则以韦那公盘锹、书直药、忍坂直大摩侣遣于东国，以穗积臣百足及弟五百枝、物部首日向遣于倭京，且遣佐伯连男于筑紫，遣樟使主盘盘手于吉备国，**并悉**令兴兵。"（第三册，p.316）《续日本纪》卷 2《文武纪》大宝二年九月条："己丑，诏：'甲子年定氏上时所不载氏，今被赐姓者，自伊美吉以上，**并悉**令申。'"（第一册，p.58）又卷4《元明纪》和铜二年十月条："庚戌，诏曰：'比者，迁都易邑，摇动百姓。虽加镇抚，未能安堵。每念于此，朕甚愍焉。宜当年调租，**并悉**免之。'"（第一册，p.156）又卷36《高绍纪》宝龟十一年十月条："丙辰，伊势国言：'当土之民，浮宕部内。差科之日，徭夫数少。精加检括，多获隐首，**并悉**编附本籍，益口且千，调庸有增。于是仰七道诸国，存心检括，一准伊势国。'"（1）吴竺律炎、支谦合译《摩登伽经》卷2："在虚蚀者，北方之人，**并悉**破坏。"梁慧皎撰《高僧传》卷10："往至病人家，若瞋者必死，喜者必差。时咸以此为谶。凡未相识者，**并悉**其亲表存亡。"唐义净译《金光明最胜王经》卷8《王法正论品》："国中最大臣，及以诸辅相，其心怀谄佞，**并悉**行非法。"（2）《后汉书》卷76《循吏传》："于是共割财产以为三分，武自取肥田广宅奴婢强者，二弟所得**并悉**劣少。"《宋书》卷5《文帝纪》："三月乙丑，淮南太守诸葛阐求减俸禄同内百官，于是州及郡县丞尉**并悉**同减。"按：《汉语大词典》首引《水经注·沭水》："其城三重，**并悉**崇峻。"偏晚。"并"和"悉"都是程度副词，且同义连用，用以增强语言气势。→【皆悉】

　　【**病从口入**／やまひはくちよりいる】　四字　谓疾病起于饮食不慎。《万叶集》卷5《沉疴自哀文》："任征君曰：'**病从口入**，故君子节其饮食。'由斯言之，人遇疾病，不必妖鬼。"（第二册，p.77）唐湛然述《止观辅行传弘决》卷8："次食不节以成病者，亦如《博物志》云：'若杂食者，百疾妖邪之所钟，食逾少心愈明，食逾多身逾损。故食不可过度。'故《要览》云：'夫**病从口入**，祸从口出。'故君子慎言语、节饮食。"按：《止观辅行传弘决》此处"病从口入"以及"君子～节饮食"的句子与山上忆良的表达几近一致。《沉疴自哀文》又云："华他字符化，沛国谯人也。若有病结积沉重在内者，刳肠取病，缝复摩膏，四五日差定。"此处"取病"一词，又见《止观辅行传弘决》卷6："华他者，《列传》云：'字文化，沛国谯人也。专游学举孝廉，避而不就，晓养生之术。时人以其年且百岁，貌如二十。精于方药心解分剂，不假秤量。若针药不及，则饮以麻汤，须臾如醉，开腹取病。若在肠中，则便断肠，湔洗缝肠，膏傅二三日便复。'故此，很难否定山上此处行文与《止观辅行传弘决》的关系。

　　【**病动**／やまひおこる】　主谓　病灶开始活动，得病。《日本书纪》卷23《舒明纪》即位前纪条："于是，数日之后，山背大兄亦遣樱井臣，告大臣曰：'先日之事，陈闻耳。宁违叔父哉？'是日大臣**病动**，以不能面言于樱井臣。"（第三册，p.30）（1）苻秦僧伽跋澄等译《僧伽罗刹所集经》卷1："众生之类为因病所逼，一**病动**百病增，无有能脱此病者除其智者。"隋智顗说、灌顶录《金光明经文句》卷6《释除病品》："初一偈问四大增损；二问饮食犯触；三问治病医方；四问**病动**时节。"唐般若译《大方广佛华严经》卷11："痰癊**病动**，于热雨际；风病发生，于秋寒时。"（2）《北齐书》卷33《徐之才传》："及十月，帝又**病动**，语士开云：'恨用之才外任，使我辛苦。'其月八日，敕驿追之才。帝以十日崩，之才十一日方到。"《北史》卷 28《彦师传》："彦师素多病，未几，以务剧**病动**，乞解所职，有诏听以本官就第。"按：《汉语大词典》失收。

【病患/やまひ】 并列 （4 例） 疾病；患病者。《万叶集》卷 5《沉疴自哀文》："吾闻前代多有良医，救疗苍生**病患**。"（第二册，p. 76）又："若不幸而不得长生者，犹以生涯无**病患**者为福大哉。"（第二册，p. 78）《藤氏家传》上卷《镰足传》："即位二年冬十月，稍缠沉痾，遂至大渐。帝临私第，亲问所患。请命上帝求效。翌日而誓愿无征，**病患**弥重。"（p. 228）《续日本纪》卷 13《圣武纪》天平十一年二月条："二月戊子，诏曰：'皇后寝膳不安，弥益疲劳。朕见此苦，情甚恻隐。宜大赦天下，救济**病患**。'"（第二册，p. 348）后汉竺大力、康孟详合译《修行本起经》卷 2《游观品》："是身为脆哉，常俱四大中。九孔不净漏，有老有**病患**。"东晋瞿昙僧伽提婆译《增壹阿含经》卷 42《结禁品》："复次，国王无有**病患**，气力强盛，是谓第十之法，便得久存。若国王成就此十法者，便得久存，无奈之何。"姚秦鸠摩罗什译《大庄严论经》卷 2："此婆罗门于后少时身遇**病患**，往问医师疗疾之方。"按：《汉语大词典》首引元关汉卿《绯衣梦》第一折："我觑了你面颜，休忧愁染**病患**。"偏晚。

【病枯/やみかる】 后补 病至枯瘦。《古事记》中卷《应神记》："如此令诅，置于烟上。是以，其兄八年之间，干萎**病枯**。故其兄患泣，请其御祖者，即令返其诅户。于是，其身如本以安平也。"（p. 280）唐慧琳撰《一切经音义》卷 73："若脾壁：下并癖反。顾野王云：壁，谓足**病枯**，不能行也。《说文》：从止，辟声。经作躄，俗字，亦通。"唐宗密述《圆觉经道场修证仪》卷 15："以起十逆后翻破（一信因果；二惭愧克责；三怖恶道；四发露；五断相续心；六发菩提心；七修功补过；八护法；九念佛；十观空），病之与普类枯荣（药荣，即**病枯**也）。十种顺生罪荣茂，十门逆破罪枯零。"按：《汉语大词典》失收。

【病無不愈/やまひいえずといふことなし】 四字 疾病没有治不好的。《日本书纪》卷 24《皇极纪》四年四月条："又虎授其计曰：'慎矣慎矣，勿令人知。以此治之，**病无不愈**。'果如所言，治无不差。"（第三册，p. 96）(1) 北凉昙无谶译《大般涅槃经》卷 25《光明遍照高贵德王菩萨品》："善男子，譬如有人，遇恶癞病，有善知识，而语之言：'汝若能到，须弥山边，病可得差。'所以者何？彼有良药，味如甘露。若能服者，**病无不愈**。"唐实叉难陀译《大方广佛华严经》卷 50《如来出现品》："复次，佛子，譬如医王，善知众药，及诸咒论，阎浮提中，诸所有药，用无不尽。复以宿世诸善根力、大明咒力，为方便故，众生见者，**病无不愈**。"唐道世撰《法苑珠林》卷 33："因此已后，若有病苦之者，使令煮水涌沸，先自入洗，后教人入，**病无不愈**。"(2)《太平广记》卷 10《王遥》条："王遥者，字伯辽，鄱阳人也。有妻无子。颇能治病，**病无不愈**者。"又卷 313《赵瑜》条："瑜遂自称前长水令，卖药于夷门市。饵其药者，**病无不愈**，获利甚多。"

【波若/はんにゃ】 音译 梵语 prajñā，与"般若"同，意译"智慧"。《奈良朝写经 56·大般若经卷第 50 等》："道行忽蒙威力，才得本心。以为连河能仁，设**波若**之宝筏，双树正觉，开菩提之禅林。"（p. 358）梁僧伽婆罗译《解脱道论》卷 9《分别慧品》："云何**波若**？是**波若**是慧是智。"

【波若～菩提～/はんにゃ～ぼだい～】 对偶 "波若"，同上。"菩提"，指能觉法性的智慧，也就是漏尽人的智慧。《奈良朝写经 56·大般若经卷第 50 等》："以为连河能仁，设**波若**之宝筏，双树正觉，开**菩提**之禅林。"（p. 358）唐道宣撰《广弘明集》卷 15："**菩提**永立，**波若**长宣。穆穆明后，万寿如天。"《全唐文》卷 189 朱怀隐《大唐方与县故栖霞寺讲堂佛钟经碑》："恒游**波若**之船，永荫**菩提**之日。"《全唐文》卷 236 任知古《宁义寺经藏碑》："赴三归之胜辙，泳**波若**津；排六趣之迷涂，践**菩提**境。"

【波若（之）威光/はんにゃのいこう】 四字 智慧的威严和光耀。《奈良朝写经 56·大般若经卷第 50 等》："伏愿诸大神社，被**波若之威光**，早登大圣之品。"唐金刚智译《吽迦陀野仪轨》卷 1："以诸甘味药为素，以诸灭不净成净所是心为箭相，以**般若威光**为弓相。"宋延寿撰《宗镜录》卷 93："如十法界中一切众生，若升若沈，若愚若智，无不皆从般若中来。若不得**般若威光**，实无一尘可立。"宋宗镜述、侯冲整理《销释金刚经科仪》卷 1："金刚威力，洗涤身心；**般若威光**，照临宝座。举足下足，皆是佛地。"

【钵盂/はつう】 合成 装水和食物的器具。"钵"，梵语 pātra，音译词"钵多罗"的略称，僧人餐具，用陶瓷或铁等制成。《唐大和上东征传》："彼处珍异口味，乃有益知子、槟榔子、荔支子、龙眼、甘蔗、拘莚、楼头，大如**钵盂**，甘甜于蜜，花如七宝色。"（p. 69）宋道诚集《释氏要览》卷 2："**钵**：梵云钵多罗，此云应器，今略云**钵**也。又呼**钵盂**，即华梵兼名也。"东晋瞿昙僧伽提婆译《增壹阿含经》卷 4《护心品》："尔时，长者白世尊言：'善哉，如来。听诸比丘随所须物三衣、**钵盂**、针筒、尼师坛、衣带、法澡罐，及余一切沙门杂物，尽听弟子家取之。'"北凉昙无谶译《大般涅槃经》卷 11《圣行品》："不以抓镜、芝草、杨枝、**钵盂**、髑髅而作卜筮，亦不仰观虚空星宿。"隋阇那崛多译《佛本行集经》卷 40《教化兵将品》："是时帝释，即自隐身，化作梵志，摩那婆形，可喜端正，众人乐见，头上螺髻，用以为冠，身著黄衣，左手执持，纯金澡瓶，右手擎持，杂宝之杖，在如来前，即从佛取三衣、**钵盂**，于先而行。"按：《汉语大词典》失收。

【般若/はんにゃ】 音译 （6 例）梵语 prajñā 的译音，意译作"智慧"，指通达真理的无上妙慧。《日本灵异记》下卷《沙门一目眼盲使读〈金刚般若经〉得明眼缘第 21》："**般若**验力，其大高哉。深信发愿，无愿不应故也。"（p. 310）《奈良朝写经 40·大般若经卷第 57》："今纵粉身碎骨，以酬恩德，无过罄用私财依凭**般若**，故今缮写奉翊幽灵。"（p. 264）《奈良朝写经 66·大般若经卷第 176》："是以，大法师讳行信，平生之日，至心发愿，敬写法华一乘之宗，金鼓灭罪之文，**般若**真空之教，瑜伽五分之法，合贰千七百卷经论。"（p. 403）《奈良朝写经 75·大般若经卷第 176》："夫以**般若**大乘者，斯乃三世诸佛之肝心，十地菩萨之宝藏。"（p. 442）《奈良朝写经未收 7－1·大般若经卷第 421》："其桥构之匠，启于旷河，**般若**之愿，发于后身。"（p. 504）又："四弘之愿，发于宝椅。一乘之行，继于**般若**。"（p. 504）姚秦鸠摩罗什译《大智度论》卷 43《集散品》："**般若**者（秦言智慧），一切诸智慧中最为第一，无上、无比、无等，更无胜者，穷尽到边；如一切众生中佛为第一，一切诸法中涅槃为第一，一切众中比丘僧为第一。"隋慧远撰《大乘义章》卷 12："言**般若**者，此方名慧，于法观达，故称为慧。"→【大般若経】【金剛般若経】【摩訶般若波蘿蜜多】【仁王般若経】【仁王般若（之）会】

【**般若力**/はんにゃのちから】 合成 修习八正道、诸波罗蜜等而显现出真实智慧的威力。《日本灵异记》中卷《阎罗王使鬼得所召人之赂以免缘第 24》："大唐德玄，被**般若力**，脱阎罗王使所召之难。日本盘岛，受寺商钱，脱阎罗王使鬼追召之难也。"（p. 212）姚秦鸠摩罗什译《大智度论》卷 74《灯炷品》："若菩萨初学般若时，烦恼力强，般若力弱；渐渐得**般若力**，断诸烦恼，灭诸戏论，是故得福德无数、无量、无边。"唐孟献忠撰《金刚般若经集验记》卷 1："同船六十余人，一人不损，诸船漂没略尽。岂非**般若力**乎?"→【被般若力】

【**般若陀羅尼**/はんにゃだらに】 音译 此处或具体指《般若心经》末尾处的陀罗尼。"陀罗尼"，梵语 dhāraṇī 的译音。可将一切事物（特别是佛的教义）铭记在心而不忘，遮盖众多恶法不使滋生的能力。《日本灵异记》中卷《奉写〈法华经〉因供养显母作女牛之因缘第 15》："爰乞者问之：'所以者何?'答曰：'请令讲《法华经》。'乞者：'我无所学。唯诵持《**般若陀罗尼**》，乞食活命。'愿主犹请。"（p. 188）

【**般若験記**/はんにゃげんき】 内典 《金刚般若集验记》的略称。3 卷。唐代孟献忠撰于开元六年（718）。本书由萧瑀的《金刚般若灵验记》、唐临的《冥报记》、郎余令的《冥报拾遗》等抄出，并加入作者实际见闻编辑而成。讲述受持《金刚般若经》的各种灵验故事，分作"救护篇""延寿篇""灭罪篇""神力篇""功德篇""诚应篇"六篇。《日本灵异记》上卷《序》："昔，汉地造《冥报记》，大唐国作《**般若験記**》。何唯慎乎他国传录，弗信恐乎自土奇事?"（p. 54）按：该经名略称为《日本灵异记》独有。

【**般若之船**/はんにゃのふね】 先例 犹言"般若之舟"。乘坐智慧之舟，其目的是抵达脱生死的彼岸。《奈良朝写经 75·大般若经卷第 176》："［仰愿以此功德，先同］奉资先考之神［路，**般若之船**，净于苦］海，速到极乐之宝［城，大乘炬焕于间］衢，早登摩尼之宝殿。"（p. 442）宋昙照注《智者大师别传诸》卷 1："'于是迷途知返，问津识济'：当时邂师之徒舍邪归正，从祖师者多矣。津，水也。济，渡也。咸知学海之汪洋，愿乘**般若之船**济渡矣。"按：从现存资料来看，"般若之船"最早出现在奈良写经题记之中，显示了其作为史料的重要价值。→【宝船】【慈舟】【定影～慧舟～】【慧船】

【**般若之津**/はんにゃのつ】 自创　智慧的渡口。比喻般若如同渡口一样，是到达彼岸的必由之路。《奈良朝写经23·十轮经卷第3》："伏愿凭斯胜因，奉资冥助，永庇菩提之树，长游**般若之津**。"（p. 179）唐宗密述疏《金刚般若经疏论纂要刊定记会编》卷1："次则信文字，至于但信文字根，斯为下矣。然末世顿人者少，故理由行证，行藉教明，则文字实又二种**般若之津**筏也。"

【**般若之舟**/はんにゃのふね】 四字　智慧之舟。比喻智慧就像船儿一样，可以将迷惑的众生从此岸载往解脱的彼岸。《奈良朝写经20·大般若经卷第232》："又愿内外眷属、七代父母，无边无境，有形含识，并乘**般若之舟**，咸登正觉之路。"（p. 148）隋灌顶纂《国清百录》卷3："颜回不值宣尼，岂邻殆庶？尹喜不逢老氏，安致长龄？况乎乘**般若之舟**，望菩提之岸。弗有明导，岂至宝所？"唐不空译《仁王护国般若波罗蜜多经》唐代宗皇帝《大唐新翻护国仁王般若经序》卷1："皇矣至觉，子于元元。截有海以**般若之舟**，剪稠林以智慧之剑。"唐僧详撰《古清凉传》卷1《古清凉传序》："流布寰区，诱引颛愚，咸深谛信，齐登觉路，俱造玄门，同乘**般若之舟**，共升涅槃之岸。"日本净慧集《金刚经灵验传》卷3："乘**般若之舟**楫，渡我法之中流，离二种生死此岸，到菩提涅槃彼岸。"

【**舶発**/ふねたつ】 主谓　船舶起航，船泊出发。《万叶集》卷9第1790～1791首歌题：《天平五年癸酉，遣唐使**舶発**难波入海之时，亲母赠子歌一首并短歌》（第二册，p. 439）唐义净译《根本说一切有部毘奈耶皮革事》卷1："于时商主长者子，击鼓宣令，论说海中，善不善事。**舶発**去已，便至宝所，多取宝物，安稳而回，还到海岸。"按：《汉语大词典》失收。

【**跛足**/あなへく】 偏正　瘸腿。《万叶集》卷5《沉痾自哀文》："悬布欲立，如折翼之鸟，倚杖且步，比**跛足**之驴。"（第二册，p. 76）唐慧琳撰《一切经音义》卷31："**跛**蹇：波我反。贾注《国语》云：**跛**，**行不正也**。《周易》：**跛**，足蹇。"（1）汉焦赣《易林·既济之益》："**跛足**息肩，有所忌难。"（2）唐义净译《根本说一切有部毘奈耶药事》卷11："复见一人，遍体疮溃，皮肤皱涩，腹胀如山，脓血流出，支节分离，以物缠裹，长嘘喘气，**倚杖跛足**，缓缓而行。"按：根据《新编日本古典文学全集》栏上的注释推测，"跛足之驴"的说法可能出自《抱朴子·内篇·序》中的"跛驴"。两相比对，此引佛典中"倚杖跛足"的说法似难轻易割舍。

【**補処**/ふしょ】 偏正　补到佛位的意思。亦称"一生补处""一生所系"。《奈良

朝写经 18·弥勒上生经》："盖闻：法门兴圣，表无量以凝尊；真相开灵，随缘然而应物。故得五根宣化，遥变响于和音；十念成功，远登神于**补处**。"（p. 141）姚秦鸠摩罗什译《大智度论》卷 7《序品》："问曰：'若弥勒菩萨应称**补处**，诸余菩萨何以复言绍尊位者？'答曰：'是诸菩萨于十方佛土皆补佛处。'"宋谛观注《天台四教仪集诸》卷6："**补处**者，前佛既灭，而此菩萨即补其处，故云**补处**。"又卷 8："**一生补处**者，犹有一品无明，故有一生。过此一生，即补妙觉之处。《观音玄记上（四）》云：'犹储君之义也。'"

【**補满/おきぬひみつ**】后补　补充不足，补足差额。《续日本纪》卷 14《圣武纪》天平十三年三月条："僧寺必令有二十僧，其寺名为金光明寺天王护国之寺。尼寺一十尼，其名为法华灭罪之寺。两寺相去，宜受教戒。若有阙者，即须**补满**。"（第二册，p. 390）元魏慧觉等译《贤愚经》卷 10《须达起精舍品》："八十顷中，须臾欲满，残有少地。须达思惟：'何藏金足？不多不少，当取满足。'祇陀问言：'嫌贵置之。'答言：'不也。自念金藏，何者可足？当**补满**耳。'"该例亦见于《法苑珠林》卷 39。梁僧祐撰《释迦谱》卷 3："须达思惟：'何藏金足，不多不少，当足满之。'祇陀问言：'嫌贵置之。'答言：'不也。'自念：'金藏何者，可足当**补满**之。'"按：《汉语大词典》失收。→【薰满】【円满】【脹满】

【**捕获/とる**】后补　（6 例）　捉住，缉拿。《日本书纪》卷 6《垂仁纪》二十三年十月条："时汤河板举远望鸟飞之方，追寻诣出云而**捕获**。"（第一册，p. 316）《丰后国风土记·速见郡》条："鹿到来，举己颈，容栅间，即吃苗子。田主**捕获**，将斩其颈。"（p. 302）《肥前国风土记·彼杵郡》条："神代直寻觅之，超山而逃，走落石岑。即逐及**捕获**。"（p. 342）又："于兹，神代直追而**捕获**。"（p. 344）《常陆国风土记·多珂郡》条："于是，天皇幸野，遣橘皇后临海令渔，相竞**捕获**之利，别探山海之物。"（p. 416）《续日本纪》卷 13《圣武纪》天平十二年十一月条："进士无位安倍朝臣黑麻吕，以今月二十三日丙子，**捕获**逆贼广嗣于肥前国松浦郡值嘉岛长野村。"（第二册，p. 376）又卷 38《桓武纪》延历四年九月条："丙辰，车驾至自平城。**捕获**大伴继人，同竹良并党与数十人。推鞫之，并皆承伏，依法推断，或斩或流。"（1）唐玄奘译《大唐西域记》卷 6："胜军王**捕获**已，抉去其眼，弃于深林。群盗苦逼，求哀称佛。"唐义净译《根本说一切有部毗奈耶药事》卷 18："时大海内，忽有二大鱼，流入彼河，诸人**捕获**。"唐道宣撰《集古今佛道论衡》卷 1："以太平七年，遂普灭佛法，分军四出，烧掠寺舍，统内僧尼无少长坑之，其窜逸者**捕获**枭斩。"（2）《北齐书》卷 10《高祖十一王传》："潜召城外诸姬，以靴示之，绐曰：'有乘马人在路被贼劫害，遗此靴焉，得无亲属乎？'一姬抚膺哭曰：'儿昨著此靴向妻家。'如其语，**捕获**之。时称明察。"《隋书》卷 70《李密传》："玄感败，密间行入关，与玄感从叔询相随，匿于冯翊询妻之舍。寻为邻人所告，遂**捕获**，因于京兆狱。"按：《汉语大词典》首引宋苏轼《与章子厚参

政书》之二："是岁七月二十七日，裴使人至湖州见报，云：'已告**捕获**妖贼郭先生等。'"偏晚。→【訪獲】【擒獲】

【捕食/とりくらふ】 并列 捕捉一种动物而杀食之。《肥前国风土记·佐嘉郡》条："又此川上有石神，名曰世田姬。海神年常逆流潜上到此神所，海底小鱼，多相从之。或人畏其鱼者无殃，或人**捕食**者有死。"（p.326）梁宝唱等集《经律异相》卷7："村有大池，极自饶鱼，人民**捕食**。鱼有二种，一名拘琐，二名多舌，各相谓言：'我是水性之虫，不处干地，而此人民，皆来食嗷。'"唐玄奘译《阿毘达磨大毘婆沙论》卷176："从彼命终，由恶业力，生彼阿练若苦行林中，作著翅飞狸，**捕食**禽兽，水陆空行，无得免者。由此恶行，命终当堕，无间地狱，具受种种，难忍处苦。"唐道世撰《广弘明集》卷9："上古时，天生甘露，地生醴泉，食饮长生。中古来天生五气，地出五味，食之延年。下古世薄，天生闻风雨，地养百兽，人**捕食**之。"按：《汉语大词典》失收。

【不爱身命/いのちををしまず】 四字 不惜牺牲生命。《奈良朝写经56·大般若经卷第50等》："天平胜宝九年六月三十日，沙弥道行，慕先哲之贞节，尊大圣之遗风，舍忘俗尘，贱于蝉脱，**不爱身命**，轻于鸿毛。"（p.358）姚秦鸠摩罗什译《妙法莲华经》卷4《劝持品》："我**不爱身命**，但惜无上道，我等于来世，护持佛所嘱，世尊自当知。"又《集一切福德三昧经》卷3："复次，文殊师利。若是菩萨，见满世界，利刀猛火，当从中过，而往听法，**不爱身命**。"唐道宣撰《广弘明集》卷28："愿一切众生，勤求般若，不避寒暑，如萨陀波仑，**不爱身命**。"→【不顧身命】【不惜身命】【棄身命】

【不瞋而~/いからずして~】 三字 不嗔怒反而……《日本灵异记》下卷《沙门诵持方广大乘沉海不溺缘第4》："于是舍海中僧，申手受施。行橡见之，目漂青，面赦然，惊恐而隐。法师含咲，**不瞋而**忍，终后不显乎彼恶事。"（p.272）姚秦鸠摩罗什译《成实论》卷12《四无量定品》："又行者生念：'我起瞋恚，自受果报，非余人受故。应**不瞋而**修慈心。'"唐玄奘译《摄大乘论本》卷2："于自作罪，深见过故，于他作罪，**不瞋而**诲故，于一切威仪中，恒修治菩提心故。"

【不得便言/たやすくまをすことえじ】 说词 不可以轻易说道。《日本书纪》卷23《舒明纪》即位前纪条："唯苏我仓摩吕臣独曰：'臣也当时**不得便言**，更思之后启。'爰大臣知群臣不和而不能成事，退之。"（第三册，p.22）梁诸大法师集撰《慈悲道场忏法》卷5："经言：'虽复出家，未尽烦恼，未得解脱，**不得便言**，无复诸恶；在俗之人，**不得便言**，都无其善。'"唐道宣撰《广弘明集》卷27《出家怀道门第12》："今闻出家之美，**不得便言**无恶；又闻俗人之恶，**不可便言**无善。"唐道世撰《法苑珠林》卷23："今闻出家入道之美，**不得便言**无恶；闻白衣在家之过，不得都无其善。"

【不得喫飯/ものもえまゐのぼらず】 四字　不能吃饭；吃不上饭。《日本书纪》卷24《皇极纪》二年十一月条："由是山背大兄王等四五日间，淹留于山，**不得吃饭**。"（第三册，p.78）唐不空译《末利支提婆华鬘经》卷1："行者**不得吃饭**，唯食大麦奶酪酥菜等。若不堪忍者，自乞饭吃，不得吃于，众僧之食。如是满足十万遍，即得验也。"宋惠泉集《黄龙慧南禅师语录》卷1："至来日斋时，自白槌曰：'克宾维耶？法战不胜，**不得吃饭**。'抽单出院。"

【不得轻忽/きょうこつにすることえず】 四字　不能轻视，不可小瞧。《续日本纪》卷10《圣武纪》天平二年四月条："因此，上下触事相违。又大税收纳，**不得轻忽**。"（第二册，p.232）隋阇那崛多译《佛本行集经》卷9《相师占看品》："我昔于此迦毗罗城，闻众国师，及婆罗门云：'净饭王生菩萨子，彼是天人，及我等师，**不得轻忽**。若我今于，迦毗罗城，现神通人，无有此理。'"按："轻忽"用例，可见《日本书纪》卷19《钦明纪》七月条："夫胜不忘败，安必虑危，古之善教也。今处疆畔，豺狼交接，而可**轻忽**，不思变难哉。"（第二册，p.448）

【不得忍~/~たふることえず】 否定　（5例）不能忍受，难以忍耐。①《古事记》中卷《垂仁记》："此时，沙本毗卖**不得忍**其兄，自后门逃出，而纳其之稻城。"（p.200）②又："于是，天皇诏：'虽怨其兄，犹**不得忍**爱其后。'故即有得后之心"（p.200）《肥前国风土记·松浦郡》条："妇抱其怪，**不得忍**默，盗用绩麻，系其人襕。"（p.330）《日本灵异记》上卷《序》："粤起自瞤之，**不得忍**寝。居心思之，不能默然。"（p.54）又中卷《佛铜像盗人所捕示灵表显盗人缘第22》："所以前马过往，随却如先复呻呻也。**不得忍**过，故更还来，叫音复止，而有锻音。"（p.206）又《未作毕佛像而弃木示异灵表缘第26》："禅师闻之，怪见无人。良久徘徊，**不得忍**过，就椅起看，未造佛了，而弃木也。"（p.217）（1）符秦僧伽跋澄等译《尊婆须蜜菩萨所集论》卷5："彼若**不得忍**，被骂便报骂，被打便报打，此非沙门法。"（2）姚秦鸠摩罗什译《思益梵天所问经》卷2："如来实不得我人众生寿命者，亦不得施，亦不得悭，亦不得戒，亦不得毁戒，**亦不得忍**辱，亦不得瞋恚。"按：①（1）中的"忍"用作动词；②（2）中的"忍"用作动词。此外，《日本灵异记》还可见"不得忍"的说法，表示不能忍受的意思。上卷《恶人逼乞食僧而现得恶报缘第15》："昔故京时，有一愚人，不信因果。见僧乞食，忿而欲击。时僧走入田水，追而执之。僧**不得忍**，以咒缚之。"（p.96）又《殷勤归信观音愿福分以现得大福德缘第31》："亲属系之东人，闭居构瑐。女爱心**不得忍**，犹哭恋之，不离其边。"（p.128）

【不得所~/~ことえじ】 所字　不能够做到……《古事记》下卷《允恭记》："天皇初为将所知天津日继之时，天皇辞而诏之：'我者有一长病，**不得所**知日继。'"（p.318）后汉安世高译《佛说罪业应报教化地狱经》卷1："佛言：'以前世时，坐不信罪福，障佛光明，缝鹰眼合，笼系众生，皮囊盛头，**不得所**见，故获斯罪。'"西晋竺法护译《光赞经》卷 7《观品》："一切诸法，**不得所**在，是咤之门。"唐玄奘译《大般若波罗蜜多经》卷 373《无相无得品》："佛言：'善现，菩萨摩诃萨修行般若波罗蜜多时，不得布施；不得施者，不得受者，**不得所**施，而行布施；不得净戒，而护净戒；不得安忍，而修安忍；不得精进，而修精进；不得静虑，而修静虑；不得般若，而修般若；不得神通，而修神通。'"唐菩提流志译《大宝积经》卷 13："而于诸法无所造作，**不得所**造则不有退，亦不无退。"

【不得賢聖/けんせいをえず】 四字 谓没有得到圣人和贤人。《日本书纪》卷 22《推古纪》十二年四月条："是以，五百之乃今遇贤千载以难待一圣。其**不得贤圣**，何以治国。"（第二册，p. 548）西晋竺法护译《持心梵天所问经》卷 3《志大乘品》："而超度凡夫，住立于寂然。**不得贤圣**果，世众佑无著。"又《佛说阿惟越致遮经》卷 1："适逮此行无学不学亦非所求，**不得圣贤**志未尝慕。"新罗义寂述《菩萨戒本疏》卷 2："设**不得贤圣**，但得一凡夫，请心既无简别，兴福冥通十方。故云即得十方贤圣僧也。"

【不得自由/じゆうをえしめず】 否定 行动受到限制，得不到自由。《藤氏家传》下卷《武智麻吕传》："寺檀越等，统领寺家财物田园，不令僧尼勾当，**不得自由**，所有有此损坏。非独此寺，余亦皆然。"（p. 330）（1）失译人名附后汉录《杂譬喻经》卷 1："老母怖悸惧有非祸，报答臣曰：'吾身系属长者妇，**不得自由**。'"晋世法炬、法立合译《法句譬喻经》卷 1《华香品》："于时诸女自相谓曰：'我等禀形，生为女人，从少至老，为三事所鉴，**不得自由**，命又短促，形如幻化，当复死亡。'"姚秦鸠摩罗什译《大庄严论经》卷 15："时夫妇已闻此语，向彼国主五体投地，而白之言：'我之夫妇穷无所有，自卖己身以设供具，竟宿造供施设已办，唯于今日自在供养，若至明日为他策使，**不得自由**。愿王垂矜，莫夺我日。'"（2）《魏志》卷 8《公孙度传》："其吏从兵众，皆士伍小人，给使东西，**不得自由**，面缚乞降，不忍诛杀，辄听纳受，徙充边城。"《隋书》卷 36《文献孤独皇后传》："上太息曰：'吾贵为天子，而**不得自由**！'高颖曰：'陛下岂以一妇人而轻天下！'"

【不定是非/ぜひをさだめず】 否定 对是非曲直不做裁定；无法辨别正确与否。《日本灵异记》中卷《依汉神崇杀牛而祭又修放生善以现得善恶报缘第 5》："爰余居中而七非人与千万余人，每日诉净如水火。阎罗王判断之，**不定是非**。"（p. 159）唐道宣撰述《四分律删繁补阙行事钞》卷 1："初标相者，四分界相**不定是非**。文中若东方有山称山，有堃称堃、草蔧、汪水、粪聚、钉杙、空处、露地准此立法，诚所不可。"

【不定種性/ふじょうのしゅじょう】 四字 梵语 aniyataikatara-gotra。亦作"不定性""三乘不定性"。法相宗所立五种性之一。指本有无漏种子之差别，而于声闻、独觉、菩萨三乘种性尚未决定之机类。即具有声闻、独觉、菩萨三乘之种子，可为阿罗汉、辟支佛乃至成佛，以其性向不定，故称不定种性。《日本灵异记》下卷《灾与善表相先现而后其灾善答被缘第 38》："余者**不定种性**，回心向大也。"（p. 372）刘宋求那跋陀罗译《楞伽阿跋多罗宝经》卷1《一切佛语心品》："大慧，**不定种性**者，谓说彼三种时，随说而入，随彼而成。大慧，此是初治地者，谓种性建立，为超入无所有地故，作是建立。"唐实叉难陀译《大乘入楞伽经》卷2《集一切法品》："复次，大慧，有五种种性。何等为五？谓声闻乘种性、缘觉乘种性、如来乘种性、**不定种性**、无种性。"

【不堕恶趣/あくしゅにおちず】 四字　不堕入五恶道。"五趣"，梵语 durgati，亦译作"五恶道"或"五道"，即地狱、饿鬼、畜生、人、天。《奈良朝写经14·七知经》："闻之者，无量劫间，**不堕恶趣**，远离此网，俱登彼岸。"（p.108）吴支谦译《菩萨本缘经》卷3《鹿品》："欲受乐者，要因正法而为根本。夫正法者，能护众生，**不堕恶趣**。"姚秦鸠摩罗什译《妙法莲华经》卷7《普贤菩萨劝发品》："若有人受持读诵，解其义趣，是人命终，为千佛授手，令不恐怖，**不堕恶趣**，即往兜率天上，弥勒菩萨所。"唐玄奘译《大般若波罗蜜多经》卷3《学观品》："若菩萨摩诃萨欲令十方殑伽沙等世界有情，以己威力，在恶趣者，皆脱恶趣，来生善趣；在善趣者，常居善趣，**不堕恶趣**，应学般若，波罗蜜多。"

【不复行恶/またあくをおこなはず】 自创　不再作恶，不再造业。"行恶"，巴利语 pāpa-kārin，造恶缘。《日本灵异记》上卷《自幼时用网捕鱼而现得恶报缘第11》："诣浓于寺，于大众中忏罪改心，施衣服等令诵经。竟从此以后，**不复行恶**。"（p.89）刘宋求那跋陀罗译《佛说菩萨行方便境界神通变化经》卷1："我当身口得无作，我当行意无作法，我当善护身口意，我当**不复行恶**道。"高齐那连提耶舍译《月灯三昧经》卷10："若人能知五阴空，诸法寂灭无神我。彼便名为持戒者，其身**不复行恶**业。"按：汉译佛经的一般说法为"不复行恶道""不复行恶业"，而《日本灵异记》缩略为"不复行恶"。

【不敢~/あへて~ず】 否定　犹言不胜、不堪。《万叶集》卷16第3786~3787歌序："其两壮士，**不敢**哀恸，血泣涟襟。"（第四册，p.89）（1）后汉安世高译《佛说奈女祇域因缘经》卷1："今七王求之，我设与一王，六王当怒，**不敢**爱惜也。"（2）西晋竺法护译《正法华经》卷6《七宝塔品》："击鼓振铎，宣令远近。欲求大典，正法华经。若见赐者，吾当为仆。趋走役使，给所当得。甘心乐闻，**不敢**疲倦。所当供养，不惜身力。"晋世法炬、法立合译《法句譬喻经》卷1："佛与千二百五十众僧，往诣其舍。坐毕，行水下食澡竟，还于精舍。比罗陀欢喜**不敢**悔恨，其日夜半诸故藏中，自然宝物悉满如故。"东晋瞿昙僧伽提婆译《增壹阿含经》卷51《大爱道般涅槃品》："王言：'卿无过于我，但莫问是事。卿倘闻之，令汝愁怖。'夫人答王：'**不敢**愁怖。'王言：'不须问也，闻者愁怖。'"按：通过上述两类例句，可知"不敢"后续感情、感觉时形容词有两种用法：一是用作谦辞，表示不敢当，如上引例文（1），中土文献中多为此用法；二是用作副词，表示程度之深，"敢"，与"堪"同义，如上引例文（2）。《万叶集》中的"不敢哀恸"属于第二种用法。

【不敢爱惜/あへてをしまじ】 四字　 "不敢"，犹言不敢当，用作谦辞。"爱惜"，
疼爱、怜惜。《肥前国风土记·许杵郡》条："于兹，神代直迫而捕获，问之。箆築云：
'实有之。以贡于御。**不敢爱惜**。'"（p. 344）《说文》："**敢**，**进取**也。"《广雅·释诂》：
"**敢**，**勇**也。"后汉安世高译《佛说奈女祇域因缘经》卷1："梵志大恐怖，不知当以与
谁。乃于园中，架一高楼，以奈女著上，出谓诸王曰：'此女非我所生，自出于梨树之
上。亦不知是天龙鬼神女耶？鬼魅之物，今七王求之，我设与一王，六王当怒。**不敢爱
惜**也。'"

【不敢固违/あへてこいせず】 四字　 没勇气固执地违背。《奈良朝写经40·大般
若经卷第57》："意者，夫四时改变，八节推移，俄顷须臾，一周已度。且俗礼有限。
不敢固违。"（p. 264）梁慧皎撰《高僧传》卷12："时伪晋王姚绪镇蒲坂。羽以事白
绪，绪曰：'入道多方，何必烧身。**不敢固违**，幸愿三思。'羽誓志既重，即服香屑以
布缠体，诵《舍身品》，竟以火自燎。"该例亦见于宋宗晓编《法华经显应录》卷1。

【不敢乖违/あへてそむきたがはじ】 四字　 "不敢"，犹言不敢当，用作谦辞。
"乖违"，违背、背离。《续日本纪》卷20《孝谦纪》天平宝字元年条："丁丑，皇太子
道祖王身居谅暗，志在淫纵。虽加教敕，曾无改悔。于是，敕召群臣，以示先帝遗诏，
因问废不之事。右大臣以下同奏云：'**不敢乖违**，顾命之旨。'是日，废皇太子，以王
归第。"（第三册，p. 176）（1）隋阇那崛多译《佛本行集经》卷11《姨母养育品》：
"是时摩诃波阇波提，太子姨母，白净饭王，作如是言：'谨依王敕，**不敢乖违**。'时波
阇波提依于王命，养育太子。譬如日月，从初一日，至十五日，清净圆满。养育太子，
亦复如是，渐渐增长。"该例亦见于唐道世撰《法苑珠林》卷9。（2）《唐律疏议》卷
11《职制》："议曰：'监临者，谓统摄案验之官。势要者，谓除监临以外，但是官人，
不限阶品高下，唯据主司畏惧**不敢乖违**者，虽官卑亦同。'"

【不敢轻慢/あへてあなづらず】 四字　 不敢不尊重、态度傲慢。《藤氏家传》下
卷《武智麻吕传》："公曰：'吾从少至今，**不敢轻慢**鬼神。鬼神若有知者，岂其害我？
若无知者，安能害人？'"（p. 341）姚秦鸠摩罗什译《妙法莲华经》卷6《常不轻菩萨
品》："是比丘，凡有所见——若比丘、比丘尼、优婆塞、优婆夷——皆悉礼拜赞叹，
而作是言：'我深敬汝等，**不敢轻慢**。所以者何？汝等皆行菩萨道，当得作佛。'"又
《大智度论》卷59《校量舍利品》："此中自说因缘：'世尊，我**不敢轻慢**、不恭敬舍
利，我知供养芥子许舍利，功德无量无边，乃至得佛功德不尽，何况满阎浮提？'"刘
宋求那跋陀罗译《菩萨善戒经》卷4《戒品》："一切众生，**不敢轻慢**，成就忍辱，具
足净心。"

【不敢外出/あへてとにいでじ】 四字　 没有胆量外出、出门。《日本书纪》卷24
《皇极纪》二年十一月条："国押报曰：'仆守天皇宫，**不敢外出**。'"（第三册，p. 80）

西晋竺法护译《佛说普门品经》卷1："金翅鸟者眼神也，眼入众色色则断，飞行十方莫能知者，降伏诸魔，践踏众龙。龙神欲反，兴瞋怒意。金翅鸟在海上影现水中，诸龙恐怖，**不敢出外**。"

【不敢违勅/あへてみことのりにそむかず】 四字　不敢违背天命或帝王的命令。《日本书纪》卷20《钦明纪》十二年是岁条："于是百济国主怖畏天朝，**不敢违勅**，奉遣以日罗、恩率、德尔、余怒、奇奴知、参官、柁师德率次干德、水手等若干人。"（第二册，p.480）（1）吴支谦译《撰集百缘经》卷6《诸天来下供养品》："尔时世尊，知此毒蛇，心已调伏，而告之言：'汝于前身，不顺我语，受此蛇形。今宜调顺，受我教勅。'蛇答佛曰：'随佛见授，**不敢违勅**。'佛告蛇言：'汝若调顺，入我钵中。'佛语已竟，寻入钵中，将诣林中。"该例亦见于唐道世撰《法苑珠林》卷78、《诸经要集》卷15。（2）《吴志》卷20《陆逊传》："圣恩雨注，哀弃其尤。猥命草对，润被下愚。**不敢违勅**，惧速罪诛。冒承诏命，魂逝形留。"《唐文拾遗》卷68新罗真德女主胜曼《报薛仁贵书》："盟会之事，虽非所愿，**不敢违勅**，乃于就利山筑坛，对敕使刘仁愿歃血相盟，山河为誓，画界立封，永为疆界。"

【不顾亲属/しんぞくをかへりみず】 四字　不顾忌亲属。《奈良朝写经未收6·维摩诘经卷第下》："此君永逝，一期两股，**不顾亲属**。所以，生安养界同处，欲相愿共诸众生往生安乐国。"（p.497）西晋竺法护译《修行地道经》卷3《劝意品》："王闻其言，则而叹曰：'此人难及，人中之雄。**不顾亲属**，及与玉女，不惧巨象、水火之患、雷电霹雳。吾闻雷声，愕然怖惧，虽有启白，不省其言，或有心裂，而终亡者，或有怀驹，而伤胎者。人民所立，悉不自觉，虽遇众难，其心不移。如是人者，无所不办，心强如斯，终不得难，地狱王考，能食金刚。'其王欢喜，立为大臣。"

【不顾身命/みいのちをかへりみず】 四字　不顾生命，不惜性命。《续日本纪》卷33《光仁纪》宝龟六年十一月条："镇守将军大伴宿祢骏河麻吕，奉承朝委，**不顾身命**，讨治叛贼，怀柔归服，勤劳之重，实合嘉尚。"（第四册，p.462）姚秦鸠摩罗什译《大庄严论经》卷8："尔时，大王而作是言：'我于外道，未闻是语，今说因果，了如明灯。'旃陀罗口作如是说：'王生决定意，名为贤圣村，非是旃陀罗。虽名旃陀罗，实修苦行者，自命尚不惜，况应诸亲属，护戒剧护财，**不顾身命**，及以眷属，唯持禁戒。'"元魏慧觉等译《贤愚经》卷1《梵天请法六事品》："是时天地，六种震动，诸天宫殿，皆悉倾摇，乃至色界诸天，同时来下，于虚空中，见于菩萨，行于难行，伤坏躯体，心期大法，**不顾身命**，各共啼哭，泪如盛雨。又雨天华，而以供养。"唐实叉难陀译《大方广佛华严经》卷67《入法界品》："尔时，善财童子因善知识教，**不顾身命**，不著财宝，不乐人众，不耽五欲。"

【不顾因果/いんがをかへりみず】 四字　不顾忌因果报应。《日本灵异记》下卷《不顾因果作恶受罪报缘第37》（p.358）宋张商英述《护法论》卷1："三界万法，非

有无因，而妄招果。苟**不顾因果**，则是自欺其心。自欺其心，则无所不至矣。" →【不知因果】

【不加刑罚/つみをくわえず】 四字 （2例） 对犯法者不实行强制处分、不动用刑律处罚。《日本灵异记》上卷《恃凭念观音菩萨得现报缘第6》："禅师怜愍，**不加刑罚**。造佛严塔，供养已了。后住海边，化往来人。"（p. 80）又《归信三宝钦仰众僧令诵经得现报缘第32》："即依皇子诞生，于时朝庭大贺，大赦天下，**不加刑罚**，反赐官禄于众人。"（p. 131）西晋竺法护译《普曜经》卷2《降神处胎品》："其白净王净修梵行，弃舍国事**不加刑罚**，行法为本不慕世荣。"西晋聂承远译《佛说超日明三昧经》卷2："王有千子，勇猛杰异，国土七宝，主四天下。治以正法，**不加刑罚**。"唐玄奘译《大唐大慈恩寺三藏法师传》卷4："好武尚戒，故其国土，兵马完整，法令严明，每使将与敌战，随丧军失利，**不加刑罚**，但赐女服，使其羞惭，彼人耻愧，多至自死。"

【不见言见/みずしてみたりといふ】 典据 没有看见过却说看见过。《日本书纪》卷25《孝德纪》大化二年三月诏书云："复有**见言不见**，**不见言见**；**闻言不闻**，**不闻言闻**；都无正语正见，巧诈者多。"（第三册，p. 152）东晋佛陀跋陀罗、法显合译《摩诃僧祇律》卷12云："八事非贤圣语者，**见言不见**，**闻言不闻**，妄言不妄，知言不知，**不见言见**，**不闻言闻**，不妄言妄，不知言知，是名八事，**非贤圣语**。"姚秦鸠摩罗什译《大智度论》卷13曰："知言不知，不知言知；**见言不见**，**不见言见**；**闻言不闻**，**不闻言闻**，是名妄语。"姚秦佛陀耶舍、竺佛念等合译《四分律》卷11："**不见言见**，**不闻言闻**；不触言触，不知言知；**见言不见**，**闻言不闻**；触言不触；知言不知。"刘宋求那跋陀罗译《杂阿含经》卷37："**不见言见**，**见言不见**；**不闻言闻**，**闻言不闻**。"姚秦鸠摩罗什译《梵网经》卷2："若佛子自妄语，教人妄语，方便妄语，妄语因，妄语缘，妄语法，妄语业，乃至**不见言见**，**见言不见**，身心妄语。而菩萨常生正语正见，亦生一切众生正语正见。而反更起一切众生邪语邪见邪业者，是菩萨波罗夷罪。"按：从上述相关资料，可知以下四点：第一，诏书中下划线部分的语句，首见于《摩诃僧祇律》，被斥为"非贤圣语"。第二，"见言不见"等四句话，亦见于《大智度论》《四分律》和《杂阿含经》，均涉及所谓"不妄语戒"的有关条文，且被视作"妄语"。第三，"见言不见"等"妄语"，即是"邪语邪见"，与"正语正见"的含义相悖。第四，需要特别强调的是，内容表达和语言叙述与大化诏书大致相同的唯有《梵网经》，这也就意味着大化诏书可能直接出自《梵网经》。→【見言不見】【聞言不聞】【不聞言聞】【都無正語正見】

【不净染汙/けがれしみけがる】 四字 不干净，染上污垢。"汙"，亦作"污"。《日本灵异记》中卷《生爱欲恋吉祥天女像感应示奇表缘第13》："睇之天女像，而生爱欲，系心恋之，每六时愿云：'如天女容，好女赐我。'优婆塞梦见婚天女像，明日瞻之，彼像裙腰**不净染污**。"（p. 182）唐慧琳撰《一切经音义》卷9："《字林》：污，秽也。《字书》：**污**，涂也。《释名》云：**污**，洿也。如洿泥也。"（1）唐玄奘译《瑜伽师地论》卷56："问：'何义几蕴是劣？'答：'无常苦**不净染污**义，一切一分是劣。'"（2）唐定宾作《四分律疏饰宗义记》卷3："真谛叙云：'此是魔女欲毁我故，而以不净污我衣也。'又《自作经》：'佛语诸比丘，魔王天女，毁无学人。故以**不净染汙**其衣。'"

【不久之間／ひさしからぬあひだに】 时段　没过多久，很快。《元兴寺伽蓝缘起并流记资财账》："然**不久之间**，丁未年，百济客来。官问言：'此三尼等欲度百济国受戒，是事应云何耶？'"东晋法显译《大般涅槃经》卷2："时大善见王，于静室中，心自念言：'……**不久之间**，即得初禅，乃至得于第四禅，复更修习，四无量心。'"隋阇那崛多译《佛本行集经》卷45《大迦叶因缘品》："尔时，童子福德因缘，养育未几，渐向增长。**不久之间**，成就智能，乃至稍大，能行能走。"唐实叉难陀译《地藏菩萨本愿经》卷1《如来赞叹品》："又经千劫，方得人身。纵受人身，贫穷下贱，诸根不具，多被恶业，来结其心。**不久之间**，复堕恶道。"《敦煌变文·难陀出家缘起》："**不久之间**便到寺，难陀辞佛却归来。"→【当产不久】【其後不久】【去後不久】【然後不久】

【不久之頃／ひさしからぬころに】 时段　不久，很快。《日本灵异记》上卷《无慈心剥生兔皮而现得恶报缘第16》："天骨不仁，喜杀生命。其人捕兔剥皮，放之于野。然后**不久之顷**，毒疮遍身，肥肤烂败。"（p.97）西晋安法钦译《阿育王传》："及年长大，为之娶妻，字真金鬘。王与其子至鸡头摩寺。时彼上座，观驹那罗，**不久之顷**，必当失眼，语王言：'何故不使，驹那罗子常，令听法。'王便敕子言：'汝今应当顺上座教。'"梁曼陀罗仙、僧伽婆罗合译《大乘宝云经》卷5《安乐行品》："若藉是缘：'而得名闻，于是名中，亦不自高，不生憍慢，亦不自恣，作如是念：'我今所得，如是名闻，**不久之顷**，自当歇灭。'"元魏吉迦夜、昙曜合译《杂宝藏经》卷5："父时语此不信之女：'汝今归依于佛，我当雇汝，千枚金钱。乃至归依法僧，受持五戒，当与八千金钱。'于是便受五戒。**不久之顷**，命终生天，来向佛所。佛为说法，得须陀洹。"按：中土文献早在先秦已有"X＋顷"表示时段的用例，但形式有限。东汉译经以后，"顷"作为时段标志，表示某一时间段，其形式颇为丰富，"不久之顷"就是其中之一。

【不絶於～／～にたえざらん】 于字　（后续时间名词）在某时段不会断绝。《元兴寺伽蓝缘起并流记资财账》："若有仰信尊供养恭敬修治丰养者，被三宝之赖，身命长安乐，得种种之福，万事事如意，**不绝于万世**也。"（1）曹魏昙谛译《羯磨》卷1："知法者，谓善持修多罗藏，阿难等。知律者，谓善持毘尼藏，如优波离等。知摩夷者，谓善于训导宰任玄网，如大迦叶等。故凡欲晖踪圣迹，以隆道教，继轨后代，**不绝于时**者，非兹而谁？"（2）《后汉书》卷88《西域传》："驰命走驿，**不绝于时月**；商胡贩客，日款于塞下。"（p.2931）《全三国文》卷49嵇康《声无哀乐论》："声之轻重，可移于后世；襄涓之巧，能得之于将来。若然者，三皇五帝，可**不绝于今日**，何独数事

哉?"→【日夜不絶】【相続不絶】【信心不絶】【於今不絶】【至於今不絶】

【不堪共 ~/ともに ~ にたへじ】 三字 不能共同做某事。《日本书纪》卷14《雄略纪》九年五月条:"别小鹿火宿祢从纪小弓宿祢丧来时,独留角国,使倭子连连,未详何姓人,奉八尺镜于大伴大连,而祈请曰:'仆**不堪共**纪卿奉事天朝。'是以大连为奏于天皇,使留居于角国。"(第二册,p. 186)东晋瞿昙僧伽提婆译《增壹阿含经》卷28《听法品》:"今此龙王威力乃尔,**不堪共**斗。我等性命,死在斯须,皆怀恐惧,衣毛皆竖。"萧齐僧伽跋陀罗译《善见律毗婆沙·阿育王品》卷4:"婆罗门又言:'此人可念,**不堪共**语。'佛答曰:'实有如此,我亦又念。诸愚痴人,甚可怜愍,恒为恶业,不念修善。'"唐义净译《根本说一切有部毗奈耶》卷30:"时诸少年,虽闻此劝,共知邬波难陀,禀性恶行,**不堪共**居,竟无一人,许共同去。"按:"不堪共 ~"通常后续表共同行为的动词,表示不能一起做某事。

【不可誹謗/そしるべからず】 说词 禁止以不实之辞毁人。"诽谤",梵语apavādaka,指不信正法,且加以诋毁。《日本灵异记》上卷《告读〈法华经〉品而现口喎斜得恶报缘第19》:"宁托恶鬼虽多滥言,而与持经者**不可诽谤**。能护口业矣。"(p. 103)后汉支娄迦谶译《道行般若经》卷3《泥犁品》:"舍利弗白佛言:'愿为人故当说之,令知其身受形云何,当为后世人作大明。'其有闻者畏惧当自念:'我**不可诽谤**断法如彼人。'"该例亦见于前秦昙摩蜱、竺佛念译《摩诃般若钞经》卷3《地狱品》。唐玄奘译《大乘广百论释论》卷2《破我品》:"有法上无,无法上有,现见境界,**不可诽谤**。"

【不可具陳/つぶさにのぶべからず】 说词 不能一一陈述。《日本书纪》卷30《持统纪》元年八月条:"己未,天皇使直大肆藤原朝臣大岛、直大肆黄书连大伴,请集三百龙象大德于飞鸟寺,奉施袈裟。人别一领。曰:'此以天渟中原瀛真人天皇御所缝作也。'诏词酸割,**不可具陈**。"(第三册,p. 482)(1)后汉安世高译《佛说温室洗浴众僧经》卷1:"死者更生,丧车得还。其德甚多,**不可具陈**。"吴支谦译《撰集百缘经》卷5《饿鬼品》:"饿鬼答言:'以我悭贪,不能供养沙门婆罗门。以是之故,受饿鬼身。二十年中,未尝得食,及以浆水。设我向河,及以泉池,水为至竭,若向果树,树为干枯,我今饥渴,热恼所逼,**不可具陈**。'"东晋瞿昙僧伽提婆译《增壹阿含经》卷23《增上品》:"亦如两健人共执一劣人于火上炙,极患疼痛,不可堪忍。我亦如是,此苦疼痛,**不可具陈**。"(2)《梁书》卷56《侯景传》:"其余条目,**不可具陈**。"(p. 849)按:从汉文佛经的文例可知,"不可具陈"一般用于叙述身心所处的一种无法言表的消极状态。→【具陳上事】

【不可思量/おもひはかるべからず】 四字 (因善行所获得的福德)无法考虑、忖度。多用作赞叹之辞。《续日本纪》卷21《淳仁纪》天平宝字二年八月条:"如闻摩诃般若波罗蜜多者,是诸佛之母也。四句偈等,受持读诵,得福德聚,**不可思量**。"

（第三册，p. 280）东晋佛驮跋陀罗译《大方广佛华严经》卷7《菩萨云集妙胜殿上说偈品》：“若解一切法，**不可思量**者，彼于诸烦恼，其心无所染。”高齐那连提耶舍译《大悲经》卷5《殖善根品》：“何况如是，于诸佛所，随其寿命，恭敬尊重、谦下供养？所得福德，**不可思量**。”元魏菩提流支译《金刚般若波罗蜜经》卷1：“须菩提，菩萨应如是布施，不住于相想。何以故？若菩萨不住相布施，其福德聚，**不可思量**。”→【以此思量】

【不可思議／ふかしぎなり】 　四字　（3 例）　超认识的，超极限的。思维和言语所不能达到的微妙境界。多用作赞叹之辞。《唐大和上东征传》：“采访使刘臣鳞奏状，敕留开元寺供养，七宝庄严，**不可思议**。”（p. 73）《续日本纪》卷20《孝谦纪》天平宝字元年七月条：“又卢舍那如来、观世音菩萨、护法梵王、帝释四大天王〈乃〉**不可思议**威神之力〈尔〉依〈弓志〉、此逆在恶奴等者显出、而悉罪〈尔〉伏〈奴良志止奈母〉。”（第三册，p. 216）又卷29《称德纪》神护景云三年五月条：“然〈母〉卢舍那如来、《最胜王经》、观世音菩萨、护法善神梵王、帝释、四大天王〈乃〉**不可思议**威神力、挂畏开辟已来御宇天皇御灵、天地〈乃〉神〈多知乃〉护助奉〈都流〉力〈尔〉依〈弓〉、其等〈我〉秽〈久〉谋〈弓〉为〈留〉厌魅事皆悉发觉〈奴〉。”（第四册，p. 240）后汉昙果、康孟详合译《中本起经·佛食马麦品》：“阿难意解曰：‘如来妙德，**不可思议**。’”姚秦鸠摩罗什译《妙法莲华经》卷1《序品》：“尔时弥勒菩萨作是念：‘今者世尊现神变相，以何因缘而有此瑞？今佛世尊入于三昧，是**不可思议**，现希有事。当以问谁？谁能答者？’”北凉昙无谶译《大般涅槃经》卷8《如来性品》：“迦叶复言：‘佛性如是，**不可思议**，三十二相，八十种好，亦**不可思议**。’”

【不可為比／くらぶべからず】 　比较　　无法比拟，难以比较。《日本书纪》卷23《舒明纪》即位前纪条：“故汝本为朕之心腹。爱宠之情，**不可为比**。”（第三册，p. 28）唐义净译《金光明最胜王经》卷3《灭业障品》：“善男子，如我所说，一切施中，法施为胜。是故，善男子，于三宝所，设诸供养，**不可为比**。劝受三归，持一切戒，无有毁犯，三业不空，**不可为比**。一切世界一切众生，随力随能，随所愿乐，于三乘中，劝发菩提心，**不可为比**。于三世中，一切世界，所有众生，皆得无碍，速令成就，无量功德，**不可为比**。三世刹土，一切众生，令无障碍，得三菩提，**不可为比**。三世刹土，一切众生，劝令速出，四恶道苦，**不可为比**。三世刹土，一切众生，劝令除灭，极重恶业，**不可为比**。一切苦恼，劝令解脱，**不可为比**。一切怖畏，苦恼逼切，皆令得脱，**不可为比**。三世佛前，一切众生，所有功德，劝令随喜，发菩提愿，**不可为比**。劝除恶行，骂辱之业，一切功德，皆愿成就，所在生中，劝请供养，尊重赞叹，一切三宝，劝请众生，净修福行，成满菩提，**不可为比**。”按：吴支谦译《撰集百缘经》卷6《诸天来下供养品》：“何况人类，信心受持，过逾于彼，百千万倍，**不可为比**。”考虑到《金光明经》对《日本书纪》的直接而又巨大的影响，此处视《金光明经》为直接出典更为合理。

【不可相離/あひはなるべからず】 相字 不可相互乖离。《古语拾遗》："然则，三氏之职，**不可相离**。而今伊势宫司，独任中臣氏，不预二氏，所遗三也。"（p. 141）陈月婆首那译《胜天王般若波罗蜜经》卷7《二行品》："佛告文殊师利菩萨言：'菩萨摩诃萨行般若波罗蜜，甚深境界，广大境界，功德境界。文殊师利，甚深境界者，体是无为，**不可相离**，不著二边，脱离诸障，自性清净，不可思量，不可数知，不与声闻、辟支佛共。'"隋灌顶撰《大般涅槃经玄义》卷2："此三涅槃，**不可相离**，即三而一。不可相混，即一而三。虽复一三，即非一三。虽非一三，而复一三。"唐玄奘译《阿毗达磨大毗婆沙论》卷131："如多村邑，共营一事，虽有人数，多少不同，而互相须，**不可相离**。"

【不離其辺/そのほとりをはなれず】 四字 不离开他的身边。《日本灵异记》上卷《殷勤归信观音愿福分以现得大福德缘第31》："亲属系之东人，闭居构瑑。女爱心不得忍，犹哭恋之，**不离其边**。"（p. 128）西晋竺法护译《度世品经》卷4："吾当澹泊，一切众生，勤苦五阴；当断消灭，恶趣八难；常当普见，一切如来，**不离其边**；常当精进，学菩萨戒，成诸佛道。"

【不離昼夜/ひるよるさらず】 四字 谓昼夜不离身边，昼夜不停。《日本书纪》卷21《用明纪》二年四月条："马子大臣乃使土师八岛连于大伴毗罗夫连所，具述大连之语。由是，毗罗夫连手执弓箭皮楯，就槻曲家，**不离昼夜**，守护大臣。"（第二册，p. 506）唐玄奘译《阿毗达磨俱舍论》卷1《分别界品》："窍隙即是明谙，非离明谙，窍隙可取，故说空界，明谙为体。应知此体，**不离昼夜**，即此说名，邻阿伽色。"唐普光述《俱舍论记》卷1《分别界品》："应知此体**不离昼夜**，谓如昼夜于明，暗等假立其体。昼夜非实，空界亦然，应非实有。"该例亦见于唐法宝撰《俱舍论疏》卷1《分别界品》。《敦煌变文·目连缘起》："慈母虽然不善，儿子非常道心，拯恤孤贫，敬重三宝，行檀布施，日设僧斋，转读大乘，**不离昼夜**。"（p. 1011）按：从敦煌变文的例子可知，"不离昼夜"主要用以表示不分昼夜地诵读经文，但在《用明纪》中则表示对主人人身安全严加保护，是一种忠诚的行为。

【不論道俗/どうぞくをあげつらはず】 四字 不管是出家之人，还是世俗之人。《续日本纪》又卷11《圣武纪》天平六年十一月条："比来出家，不审学业。多由嘱请。甚乖法意。自今以后，**不论道俗**，所举度人，唯取暗诵《法华经》一部，或《最胜王经》一部，兼解礼佛，净行三年以上者，令得度者。"（第二册，p. 282）宋延一编《广清凉传》卷2："大圣僧谓义曰：'师远自江表，来陟灵山，不惮艰危，大收圣神。然此台山一境，上下五峯，**不论道俗**，乃至足践一土一石，非但灭生死之罪，佛记此等，当来必获，紫金之身。师既到来，因谐果就，自须喜幸，幸莫大焉。'"

【不免焚烧/やかるることをまぬかれず】 四字 难免被烧掉。《日本灵异记》下卷《刑罚贱沙弥乞食以现得顿恶死报缘第33》："何五家者？一县官非理来向；二者盗贼犹来劫夺；三者忽为水漂流；四者忽然火起**不免焚烧**；五者恶子无理费用。"（p.348）唐窥基撰《西方要决释疑通规》卷1："七界非界别者，上生兜率，未离欲界。火灾若起，**不免焚烧**。如生西方，永辞三界，水火风等，并不能害。"

【不能得～/え～ず】 三字 （2例） 后续动词，表示"不能够……""不可以……"。《播磨国风土记·宍禾郡》条："都太川，众人**不能得**称。"（p.86）《上宫皇太子菩萨传》："而言：'汝过去无量劫中作恶业，今旦坐禅入灭尽定，以一手捉石压脚上，更不得起。假令凡二十余人，举彼人一手之石**不能得**动。'"后汉支娄迦谶译《杂譬喻经》卷1："时魔波旬，见其精进，便化作水牛，在比丘前，鸣鼻角目，以欲触之。比丘甚畏而思曰：'此间牛所，**不能得**至，何以有此？得无是魔所为也。'"东晋瞿昙僧伽提婆译《中阿含经》卷13《王相应品》："于是，魔王复作是念：'世尊知我，善逝见我。愁恼忧戚，**不能得**住。'即于彼处，忽没不现。"隋达摩笈多译《起世因本经》卷1《阎浮洲品》："时彼金翅，以报劣故，即自受苦，**不能得**入，阿耨达多，龙王宫殿。"

【不能得见/みることあたはず】 四字 不能看见，无法看见。《日本书纪》卷24《皇极纪》二年十一月条："于时，五色幡盖，种种伎乐，照灼于空，临垂于寺。众人仰观称叹，遂指示于入鹿。其幡盖等变为黑云。由是入鹿**不能得见**。"（第三册，p.82）（1）后汉支娄迦谶译《佛说无量清净平等觉经》卷3："其人于城中快乐，其城中比如第二忉利天上自然之物。其人于城中不能得出，复**不能得见**无量清净佛，但见其光明。心中自悔责，踊跃喜耳。亦复**不能得**闻经，亦复**不能得见**诸比丘僧，亦复**不能得见**知无量清净佛国中诸菩萨阿罗汉状貌何等类。其人若如是比而小适耳。"梁慧皎撰《高僧传》卷10："还往更看，犹是石人。灵期等相谓：'此是圣僧，吾等罪人，**不能得见**。'因共竭诚忏悔。"梁宝唱等集《经律异相》卷3："大海中有四宝珠，一切众宝，皆从之生。若无四珠，一切宝物，渐就灭尽。诸小龙神，**不能得见**，唯婆伽罗龙王密置，深宝藏中。"（2）《抱朴子》卷11《仙药》："大者十余斤，小者三四斤，非久斋至精，及佩老子入山灵宝五符，亦**不能得见**此辈也。"（p.178）《文选》卷20沈约《别范安成诗》："梦中不识路，何以慰相思？（《韩非子》曰：六国时，张敏与高惠二人为友，每相思**不能得见**，敏便于梦中往寻，但行至半道，即迷不知路，遂回，如此者三。）"（p.293）

【不能活命/いのちをいくことあたはず】 四字 无法生存下去，无法维持生计。《日本灵异记》中卷《依不布施与放生而现得善恶报缘第16》："圣武天皇御代，赞歧国香川郡坂田里，有一富人。夫妻同姓绫君也。邻有耆妪，各居鳏寡，曾无子息。极穷裸衣，**不能活命**。"（p.191）西晋竺法护译《佛说大乘菩萨藏正法经》卷19："由是我慢增长，不能了知，善业根本，唯造一切，不善之业，纵得人身，诸根残缺，又于人中，**不能活命**。"又卷20："此等无因，依止诸见，不能了知，所作善业，唯造恶业，纵得人身，诸根残缺，又于人中，**不能活命**，不能行施。"宋法护等译《佛说大乘菩萨藏正法经》卷19《持戒波罗蜜多品》："或生饿鬼趣中，**不能活命**，以火为食，经多百岁、多千岁、多百千岁、不闻水声，何况得饮？"

【不能默已/もだをることあたはず】 書簡 （3例） 不能沉默。①《万叶集》卷17 第3967～3968 首前文："岂虑乎，兰蕙隔薁，琴樽无用，空过令节，物色轻人乎。所怨有此，**不能默已**。"又第3969～3972 首前文："爰辱以藤续锦之言，更题将石间琼之咏。固是俗愚怀癖，**不能默已**。"②《日本书纪》卷18《安闲纪》元年闰十二月条："武藏国造笠原直使主与同族小杵相争国造，经年难决也。小杵性阻有逆，心高无顺，密就求授于上毛野君小熊而谋杀使主。使主觉之走出，诣京言状。朝廷临断，以使主为国造，而诛小杵。国造使主悚喜交怀，**不能默已**。"（第二册，p.342）《梁书》卷56《侯景传》："臣闻'书不尽言，言不尽意。'然则意非言不宣，言非笔不尽，臣所以含愤蓄积，**不能默已**者也。"《艺文类聚》卷25 邵陵王萧纶《与元帝书》："弟弘识远鉴，无俟傍说，事重情切，**不能默已**。"按：②的用法，典型的"和习"，即汉语的书简用语被用于散文，如万叶文例和《艺文类聚》都是如此。此外，《万叶集》卷5 第811 首题注："片时觉，即感于梦言，慨然**不得止默**。"卷10 第4128～4131 首前文："别白：可怜之意，**不能默止**。"均与"不能默已"构成类义表达。

【不能起立/たつことあたはず】 四字 不能站立起来。《播磨国风土记·贺毛郡》条："三重者。所以云三重者，昔在一女，拔筓以布裹食，三重居**不能起立**。故曰三重。"（p.110）唐慧琳撰《一切经音义》卷41："瘝憜：上俞主反。《史记》云：瘝，亦懒惰也。《尔雅》：劳也。郭璞云：劳苦者，多惰瘝也。言懒人不能自起，如爪瓜系在地，**不能起立**。故瘝字从二瓜，喻懒人在室中不出。"西晋竺法护译《佛说阿惟越致遮经》卷2《降魔品》："于是，众中无量百千，诸来在会，闻此所言，而皆狐疑：'此谓何乎？义所趣耶？'心怀瞑然。如阿罗汉，乃兴此言：'岂况凡夫？住者直立，坐者默坐，**不能起立**。'"

【不能寝食/やすみぬることあたはず】 四字 寝食不安。食不甘味，寝不安席。《日本灵异记》中卷《力女示强力缘第27》："大领之父母，见之大惶，告其子言：'汝依此妻，国司见怨，行事。'大惶告：'国司作是，事咎动有，我等何作。**不能寝食**。故送本家而不胜。'"（p.220）唐玄奘译《阿毗达磨大毗婆沙论》卷83："提婆达多居鹫峯北，昼夜头痛，**不能寝食**。阿难愍彼，具白世尊。佛申右手，如象王鼻，穿鹫峯山，摩天授顶，现细妙触，发诚谛言：'我于天授，慈心怜愍，与罗怙罗等无异者。当令天授，头痛即止。'天授头痛，应声便止。"

【不能忍行/しのびゆくことあたはず】 先例 不堪忍受，难以成行。《播磨国风土记·神前郡》条："如是，相争而行之。径数日，大汝命云：'我**不能忍行**。'即坐而

下屎之。"（p. 94）《太平广记》卷 104《李虚》条："两吏谓曰：'急过此无顾，顾当有损。'虚见饮处，意**不能忍行**。"日本净慧集《金刚经灵验传》卷 1："见夹道并高楼，大小男女罗坐乐饮笙歌。虚好丝竹见而悦之。两吏谓曰：'急过此无顾，顾当有笋。'虚见饮处，意**不能忍行**，伫立观之。"

【**不能生活**/いくることあたはず】 四字 （2 例） 不能维系生活，失去生活能力。《日本灵异记》上卷《凶人不敬养奶房母以现得恶死报缘第 23》："乱发身伤，东西狂走，复还行路，不住己家。三日之后，忽然火起，内外屋仓，一时皆焚。遂使其妻子等**不能生活**。"（p. 110）又中卷《极穷女凭敬千手观音像愿福分以得大富缘第 42》："海使薇女者，诺乐左京九条二坊之人也。产生九子，极穷无比，**不能生活**。"（p. 253）晋世法炬、法立合译《法句譬喻经》卷 4《爱欲品》："长者白言：'居门不德，前嫁一女，值遇愚夫，**不能生活**，欲夺其妇，便杀妇及身，共死如此。遣送适还，过觐世尊。'"刘宋佛陀什、竺道生等译《弥沙塞部和醯五分律》卷 16："尔时，诸比丘受具足戒已，在前还归。新受戒人于后见昔私通淫女，淫女言：'汝**不能生活**，故入道耶？'答言：'我厌生老病死，忧悲苦恼，欲尽苦源故，于此中等行正法，广修梵行。'"

【**不能为益**/やくをなすことあたはず】 四字 不能做出有益的事情。《续日本纪》卷 5《元明纪》和铜四年七月条："甲戌，诏曰：'凡卫士者，非常之设，不虞之备，必须勇健应堪为兵。而悉皆尫弱，亦不习武艺，徒有其名，而**不能为益**。如临大事，何堪机要。'"（第一册，p. 170）（1）萧齐昙景译《摩诃摩耶经》卷 2："而提婆达多生在释宫，佛之亲属，又作沙门，口常读诵，深妙经典。而于如来，恒造逆事，破和合僧，出佛身血，教阿阇世，杀害父王，日日招集，丰美饮食。而自憍慢，谓与佛等，为小利养，以火自烧。设令诸佛，欲救拔之，**不能为益**，如骡怀妊，会丧身命。"梁僧佑撰《出三藏记集》卷 14："中书监张资病，文翰温雅，识量沉粹，寝疾困笃，光博营救疗。有外国道人罗叉云能差资疾。光喜，给赐甚重。什知叉诳诈，告资曰：'叉**不能为益**，徒烦费耳。冥运虽隐，可以事试也。'"该例亦见于梁慧皎撰《高僧传》卷 2、《晋书》卷 95《鸠摩罗什传》。（2）《晋书》卷 68《贺循传》："今不明部分，使所在百姓与军家杂其徵备，两情俱堕，莫适任负，故所以徒有备名而**不能为益**者也。"

【**不能自割**/おのづからさくることあたはず】 四字 （因沉溺于某一情绪）而无法自拔。《奈良朝写经 19·灌顶随愿往生经》："恋恋心绪，**不能自割**。唯凭法佑，少慰悲叹。"（p. 129）失译人名今在后汉录《大方便佛报恩经》卷 6《优波离品》："帝释欲解目连意故，遣使敕一，天子令来。反复三唤，犹故不来。此一天子，唯有一妇，有一伎乐，以染欲情深，虽复天王命重，**不能自割**。后不获已而来，帝释问曰：'何故尔耶？'即以实而对。帝释白目连曰：'此天子唯有一天女、一伎乐，以自娱乐，**不能自割**。况作天王，种种宫观，无数天女。天须陀食，自然百味，百千伎乐，以自娱乐，视东忘西。虽知佛世难遇，正法难闻，而以染乐缠缚，不得自在，知可如何？'"梁慧皎撰《高僧传》卷12："众虽饥困犹义不忍受，进即自割肉和盐以啖之。两股肉尽，**心闷不能自割**，因语饿人云：'汝取我皮肉犹足数日，若王使来必当将去。但取藏之。'饿者悲悼，无能取者。"梁宝唱等集《经律异相》卷40："世俗人不识无常，**懊恼啼哭，不能自割**。譬如人身得热病，不自觉知慌忽妄语。良医与药，热即除愈，不复妄语。"

【不忍言無/なしといふにしのびず】 四字　不忍心说没有。→【丈夫論】

【不（無）容針少地/はりさすばかりのところもなし】 四字 （2例）"不（无）容针"，连一根针也容纳不下，极言所有空间、络绎而行、道路艰险、规定严厉、布置充盈等情况。《日本书纪》卷25《孝德纪》大化元年九月条："其臣、连等，伴造、国造，各置己民恣情驱使，又割国县山海、林野、池田以为己财，争战不已。或者兼并数万顷田，或者**全无容针少地**。"（第三册，p. 126）《日本灵异记》下卷《智行并具禅师重得人身生国皇之子缘第39》："食国内物，皆国皇之物，**指针**许末，私物都无也。"（p. 378）（1）唐道宣撰《续高僧传》卷22："寺主曰：'依官制不许，何得停之？'兴曰：'官**不许容针**，私容车马，寺主岂不闻耶？'"唐澄观撰《大方广佛华严经疏》卷48《如来十身相海品》："名安住者，以足下安平一切著地**不容针**故，二足上三足指间，四足跟五足跌，六足四周。"唐慧然集《镇州临济慧照禅师语录》卷1："仰山云：'和尚意作么生？'沩山云：'但有言说，都无寔义。'仰山云：'不然。'沩山云：'子又作么生？'仰山云：'官**不容针**私通车马。'"《敦煌变文·燕子赋》："雀儿美语咄哜：官**不容针**，私［可］容车。叩头与脱，放到晚衙。"（p. 378）又《降魔变文》："峻岭高岑总安致，恰恰遍布**不容针**。"（p. 557）（2）元魏吉迦夜、昙曜合译《杂宝藏经》卷7："我曾供养，无量诸佛，第二第三，阿僧祇劫，亦复如是，供养声闻，缘觉之人，不可计数，一切大地，**无有针许**，非我身骨。"隋阇那崛多译《佛本行集经》卷29《魔怖菩萨品》："如是兵众，夜叉罗刹，及鸠盘荼、毘舍遮等，无量无边百千万亿，闷塞填噎菩提树前。南至于海，遍满魔军，其间**无有针鼻**空地。"（3）梁宝唱等集《经律异相》卷2："王疑夫人恐欲自杀，或恐突去，敕内外游徼司候。备卫吏兵关闭宫门，步罗相连飞鸟不得度。宫内采女，展转相次，**使针不得下**。"（4）东晋法显译《佛说杂藏经》卷1："复有一鬼，白目连言：'大德！我腹极大如瓮，咽喉手脚，甚细如针，不得饮食。何因缘故，受如此苦？'"按：《新编日本古典文学全集》栏上的注释例引中唐顾况《游子吟》："立身计几误，道险**无容针**。"偏晚。

【不殺戒/ふせちのかい】 三字　大乘以不杀戒为首，菩萨利生为事业，宏法是家务，慈悲为本，方便为门，普度九法界众生，皆成佛界，开显有情的自性，本来平等，由是杀一条性命，就是杀未来诸佛，过去父母。《日本灵异记》下卷《序》："唯资施众僧一搏食，于修善之福而不逢当来饥馑之灾苦，赖持一日**不杀戒**，于行道之力而不值末劫刀兵之怨害。"（p. 260）失译人名在后汉录《大方便佛报恩经》卷5《慈品》："中有第一大臣，白大王言：'是诸释种，皆佛弟子，持不杀戒，修行慈悲。若不尔者，我等身命，久已殒灭。'"姚秦竺佛念译《出曜经》卷12《信品》："佛告长者：'第一施者，谓不杀生，是谓长者，第一施也。若有众生，持**不杀戒**，则于一切众生，慈心覆盖，亦无恐惧，是谓第一施也。'"姚秦鸠摩罗什译《大智度论》卷28《序品》："复次，闻十方众生无边故，心生欢喜，受**不杀戒**，得无边福德。"

【不殺生物／いきものをころさず】 自创　即不杀生。五戒之一。《日本灵异记》中卷《赎蟹虾命放生现报蟹所助缘第12》："山背国纪伊郡部内，有一女人。姓名未详也。天年慈心，赜信因果，受持五戒十善，**不杀生物**。"（p.180）后汉昙果、康孟详合译《中本起经》卷2《瞿昙弥来作比丘尼品》："亦能自禁制，**不杀生**，不盗窃，不淫泆，不妄语，不饮酒。如是，阿难，正使人终身相给施衣被、饮食、卧具、病困医药，不及我此恩德也。"吴支谦译《梵网六十二见经》卷1："佛**不杀生**，无怨结，不持刀杖，教人为善，慈哀一切及蜎蜚蠕动之类。"姚秦鸠摩罗什译《摩诃般若波罗蜜经》卷16《大如品》："是菩萨摩诃萨应自**不杀生**，亦教人**不杀生**，赞**不杀生**法，欢喜赞叹，诸不杀者。"

【不失旨／むねをうしなはず】 三字　没有偏离（失去）主旨。《日本书纪》卷22《推古纪》十六年六月条："爱妹子臣奏之曰：'臣参还之时，唐帝以书授臣。然经过百济国之日，百济人探以掠取。是以不得上。'于是群臣议之曰：'夫使人虽死之，**不失旨**。是使矣，何怠之失大国之书哉。'"（第二册，p.556）隋吉藏撰《法华玄论》卷5："评曰：'文似不然，但意**不失旨**。所以然者，既由一通三，岂非一为三门？说三为通一，则三为一门，但一为三门，此从实赴权谓出门也。'"唐湛然述《法华玄义释签》卷10："次以善下正明十法，既由十乘入于十信。故今文义理须具对横竖二意，故先竖对。次引缨珞十信有百以对横文，故知十信与十乘义义同名异。须善会通，令**不失旨**。"

【不思議光菩薩経／ふしぎこうぼさつきょう】 内典　1卷，姚秦鸠摩罗什译。一淫女在祇陀林中路边丢弃一男孩，许多人上前围观。佛陀变现神通，诸天神下凡，放射光芒覆盖在男孩身上。男孩故名不思议光。佛为波斯匿王讲说男孩过去世的因缘并为其授记。《日本灵异记》中卷《智者诽妒变化圣人而现至阎罗阙受地狱苦缘第7》："所以《**不思议光菩萨经**》云：'饶财菩萨，说贤天菩萨过故，九十一劫，常堕淫女腹中生，生已弃之，为狐狼所食。'其斯谓之矣。"（p.169）唐法藏撰《梵网经菩萨戒本疏》卷3："又如《**不思议光菩萨经**》中，饶财菩萨说贤天菩萨过故。九十一劫常堕淫女腹中，生生已弃之，为狐狼所食。一言之失，苦恼如是。足为龟镜。"新罗太贤集《梵网经古迹记》卷2："又《**不思议光菩萨经**》云：'饶财菩萨说贤天菩萨过故，九十一劫常堕淫女腹中生。生已弃之，为狐狼所食。'"

【不思議力／ふしぎのちから】 四字　（3例）（修习实践大乘佛教的）无法估量的利益功德。用于赞叹的场合。《日本灵异记》上卷《至诚心奉写〈法华经〉有验示异事缘第6》："诚知示于大乘**不思议力**，试于愿主至深信心。更不可疑也。"（p.161）又中卷《极穷女于尺迦丈六佛愿福分示奇表以现得大福缘第 28》："谅知尺迦丈六**不思议力**，女人至信奇表之事矣。"（p. 244）又下卷《忆持〈法华经〉者舌著曝髑髅中不朽缘第 1》："谅知大乘**不思议力**，诵经积功验德也。"（p. 264）东晋佛驮跋陀罗译《大方广佛华严经》卷 23《十地品》："尔时，释迦牟尼佛从眉间白毫相，放菩萨力光明，百千阿僧祇光以为眷属，普照十方诸佛世界，靡不周遍，三恶道苦，皆得休息；悉照十方，诸佛大会，说法之众，显现如来，**不思议力**。"萧齐昙摩伽陀耶舍译《无量义经》卷 1《十功德品》："世尊，是经典者，从何所来？去何所至？住何所住？乃有如是，无量功德**不思议力**，令众疾成，阿耨多罗三藐三菩提？"刘宋功德直译《菩萨念佛三昧经》卷 4《正观品》："昼夜常摄心，得三昧不难；住此三昧已，**不思议力**说。"

【不思議也/ふしぎなり】 口语　真是不可思议啊。指不可思虑言说的境界。《日本灵异记》上卷《僧忆持〈心经〉得现报示奇事缘第 14》："时觉法师语弟子言：'一夕诵《心经》一百遍许，然后开目观，其室里四壁穿通，庭中显见。吾于是生希有之想，从室而出回瞻院内，还来见室壁互皆避。即外后诵《心经》，开通如前。'即是《心波若经》**不思议也**。"（p. 95）梁宝亮等集《大般涅槃经集解》卷 8《长寿品》："案：万行终以戒定智慧为本，前句举戒，此举定慧。本性空者，慧之境也。寂者，定也。下文比丘，即述此三旨。云**不思议也**。"隋阇那崛多等译《大法炬陀罗尼经》卷 8《证涅槃品》："摩那婆，若有菩萨，但欲舍身，速入涅槃，假为众生，分受诸苦，虽有修业，不能普为，无量众生，非是希有，**不思议也**。"隋智顗说《维摩经玄疏》卷 1："第一通标五义名者：此经以不思议人法为名；不思议真性解脱为体；不思议佛国因果为宗；不思议权实折伏摄受为用；不思议带偏显圆为教相。故今明此经，始从如是我闻，终乎欢喜奉行，皆明**不思议也**。"

【不随～語/～のことばにしたがはず】 随字　不听从某人的话，不按某人说的去做。《日本灵异记》中卷《依不布施与放生而现得善恶报缘第 16》："家口应语，析分饭而养。彼家口中，有一使人，**不随**主**语**，厌于耆姥。"（p. 191）《佛说救护身命经》卷 1："佛告阿难：'若有恶魔蛊道，**不随**我**语**者，我当使此，魔众邪蛊道，如押油快，悉皆消灭，无有遗余。'"按："不随～语"的肯定形式是"随～语"。《日本灵异记》中卷《依不布施与放生而现得善恶报缘第 16》："托卜者曰：'我身莫烧。七日置之。'**随**卜者**语**，自山荷出，置之于外，唯待期日。"

【不聞言聞/きかずしてききたりといふ】 四字 →【不見言見】

【不問日夜/ひるよるをとはず】 自创　不论白天与黑夜。《日本书纪》卷 11《仁德纪》十年十月条："于是百姓之不领，而扶老携幼，运材负篑，**不问日夜**，竭力争作。"（第二册，p. 34）东晋帛尸梨蜜多罗译《佛说灌顶经》卷 6："佛言童子：'如我塔者，有真身舍利，在此塔中。四王诸神，三十三天，**不问昼夜**，雨细末香，散众名华，以用散洒，冢塔之上，作天妓乐，以为供养。又有善神摩酰首罗摩尼跋陀修陀修利捷陀，八部鬼神五罗刹鬼神，鬼子母神五百儿子，**不问昼夜**，常现威神，以为护念，我之冢塔，不令邪恶，异鬼神辈，及恶众生，外道邪见，欲毁坏者，不令侵坏，我之塔庙。'"唐净觉集《楞伽师资记》卷1："**不问昼夜**，行住坐卧，常作此观，即知自身，犹如水中月，如镜中像，如热时炎，如空谷响。"按：中国文献中未见"不问日夜"的说法，先行佛典中唯见"不问昼夜"搭配，前者是后者的变形说法。

【不惜身命/いのちををしまず】 四字 （3 例） 不惜生命，不顾生死。谓为求无上道，能舍去身命。佛教以救度众生，求无上菩提为目标，为此而不惜身命，即表示修行佛道之决心。《日本书纪》卷29《天武纪下》四年六月条："六月癸酉朔乙未，大分君惠尺，病将死。天皇大惊，诏曰：'汝惠尺也，背私向公，**不惜身命**，以遂雄之心劳于大役。'"（第三册，p.362）《唐大和上东征传》："道俗二百余人，唯有大和上、学问僧普照、天台僧思托始终六度，经（逾）十二年，遂果本愿。来传圣戒；方知济物慈悲，宿因深厚，**不惜身命**，所度极多。"（p.93）《续日本纪》卷26《称德记》天平神护元年（764）正月条："然此多比赐位冠〈方〉、常〈与利方〉异〈仁〉在。可久赐故〈方〉、平〈伎〉时〈仁〉奉侍〈己止方〉谁人〈可〉不奉在侍〈牟〉。如此〈久〉宇治方夜〈伎〉时〈仁〉**身命**〈乎〉**不惜**〈之天〉贞〈久〉明〈久〉净心〈乎〉以〈天〉朝庭〈乎〉护奉侍〈流〉人等〈乎己曾方〉、治赐〈比〉哀赐〈倍伎〉物〈尔〉在〈止奈毛〉念。"（第四册，p.62）（1）后汉支娄迦谶译《道行般若经》卷6《阿惟越致品》："用是故，当为**不惜身命**，未常懈怠，无有厌时。"东晋佛驮跋陀罗译《大方广佛华严经》卷10《明法品》："佛子，菩萨摩诃萨，行十种法，能令一切，诸佛欢喜。何等为十？一者，所行精勤，而不退转；二者，**不惜身命**；三者，不求利养。"唐义净译《金光明最胜王经》卷2《分别三身品》："是故诸佛如来于无量无边阿僧祇劫，**不惜身命**，难行苦行，方得此身，最上无比。"《敦煌变文·太子成道经》："我本师释迦牟尼求菩提缘，于过去无量世时，百千万劫，多生波罗奈国。广发四弘誓愿，为求无上菩提。**不惜身命**，常以己身一切万物，给施众生。"（p.434）又《悉达太子修道因缘》："昔时本师释迦牟尼求菩提缘，于过去无量世尊（时），百千万劫，多生波罗奈国，广发四弘誓愿，为求无上菩提，**不惜身命**，常以己身及一切万物，给施众生。"（p.469）又《八相变（一）》："尔时释迦如来，于过去无量世时，百千万劫，多生波罗奈国。广发四弘誓愿，直求无上菩提。**不惜身命**，常以己身，及一切万物，给施众生。"（p.507）（2）《太平御览》卷346《刀下》："关羽为先主所重，**不惜身命**，自采武都山铁为二刀，铭曰'万人'。及羽败，惜刀投于水。"按：《新编古典日本文学全集》栏上的注释例引姚秦鸠摩罗什译《妙法莲华经》卷2《譬喻品》："若人精进，常修慈心，**不惜身命**，乃可为说。"指出汉译佛经中的"不惜身命"，用以表现为成就无上菩提而不断精进乃至献出生命的情景。→【不顾身命】

【不相和顺/あひまつろはず】 相字 （人与人、国与国之间因争斗而）不能和睦

地相处。《续日本纪》卷14《圣武纪》天平十三年闰三月条："丙子，赞歧国介正六位上村国连子老、越后国掾正七位下锦部连男笠等，与长官失礼，**不相和顺**。仍却解见任。"（第二册，p.394）东晋瞿昙僧伽提婆译《增壹阿含经》卷16《高幢品》："比丘当知，然古昔诸王有此常法，虽有此净国之法，犹相堪忍，不相伤害。况汝等比丘，以信坚固，出家学道，舍贪欲、瞋恚、愚痴心。今复净竟，**不相和顺**，各不相忍，而不忏改。"失译人名今附秦录《大乘悲分陀利经》卷7《身施品》："彼阎浮提六王**不相和顺**，斗净怨嫉，疫气流行，兴兵交战，各不自宁，普令阎浮提，极大饥馑，天不降雨，五谷不成，树木不生，华叶果实，及诸草药，亦复不生，人民鸟兽，饥渴身然，苦逼难堪。"刘宋求那跋陀罗译《佛说轮转五道罪福报应经》卷1："夫妇**不相和顺**，数共斗净，更相驱遣，后堕鸠鸽中。"《敦煌变文·伍子胥变文》："吴王常与楚雠，两国**不相和顺**。吴与楚国数为征战，无有贤臣，得子甚要。"（p.9）按："和顺"，格义词，梵语samagga。传世经文《易经》《礼记》等均有"和顺"的文例，但未见与"不相"的搭配用法。从《圣武纪》和佛典例来看，大到国家层面，小到夫妻生活，不冲突、不争吵就是"顺"从，其结果就是"和"谐。

【**不相侵夺**／あひをかしうばはず】 相字 不相互侵略争夺。《日本书纪》卷19《钦明纪》五年三月条："近安罗处，安罗耕种。近久礼山处，新罗耕种。各自耕之，**不相侵夺**。"（第二册，p.392）北凉昙无谶译《金光明经》卷2《四天王品》："四王当知，此阎浮提，八万四千，城邑聚落，八万四千，诸人王等，各于其国，娱乐快乐，各各于国，而得自在；于自所有，钱财珍宝，各各自足，**不相侵夺**；如其宿世，所修集业，随业受报，不生恶心，贪求他国。"唐义净译《金光明最胜王经》卷6《四天王护国品》："四王当知，此赡部洲，八万四千，城邑聚落，八万四千，诸人王等，各于其国，受诸快乐，皆得自在，所有财宝，丰足受用，**不相侵夺**。随彼宿因，而受其报，不起恶念，贪求他国，咸生少欲，利乐之心，无有斗战，系缚等苦。"按：考虑到《金光明经》和《金光明最胜王经》对《日本书纪》的巨大影响，此处的出源关系理当确凿无疑。在用法上，佛典中相互争夺的对象是奢侈品金银财宝，《钦明纪》则是人们赖以生存的土地。

【**不孝衆生**／ふきょうのしゅじょう】 四字 不讲孝行地住于迷惑世界的人。《日本灵异记》上卷《凶人不敬养奶房母以现得恶死报缘第23》："所以经云：'**不孝众生**，必堕地狱。孝养父母，往生净土。'是如来之所说，大乘之诚言矣。"（p.110）元魏菩提流支译《大萨遮尼乾子所说经》卷4《王论品》："王言：'大师，行法行王国内若有**不孝众生**，不念父母，生养之恩，舍背父母，与妻子居，所有衣食、病瘦医药，念给妻子，不与父母。'"梁宝唱等集《经律异相》卷4："如来为后，**不孝众生**，从金棺出，合掌问讯，并说上偈诸敬。"

【**不信受曰："～"**／うけずていはく～】 说词 不相信、不受持地说道：

"……"。《日本灵异记》中卷《骂僧与邪淫得恶病而死缘第11》："导师见之，宣义教化。**不信受曰**：'为无用语。汝婚吾妻，头可所罚破。斯下法师矣。'恶口多言，具不得述。"（p. 178）唐道宣撰《广弘明集》卷9："《化胡经》云：'老化胡，王不受其教。'老子曰：'王若不信，吾南入天竺化诸国。'其道大兴，自此已南无尊于佛者。胡王犹**不信受曰**：'若南化天竺，吾当稽首称南无佛。'"

【不修一善/いちぜんをもをさまず】 四字 不修行任何善行。《日本书纪》卷16《武烈纪》即位前纪条："长好刑理，法令分明，日晏坐朝，幽枉必达，断狱得情。又频造诸恶，**不修一善**。凡诸酷刑，无不亲览。国内居人，咸皆震怖。"（第二册，p. 268）唐善无畏译《佛顶尊胜心破地狱转业障出三界秘密三身佛果三种悉地真言仪轨》卷1："**不修一善**，命终之后，亦堕阿鼻地狱中。是故常受大苦恼。"按：不修善行，造诸恶业，死后就会堕入阿鼻地狱。这是从因果报应的角度对武烈天皇暴政所进行的评述。

【不朽之因/ふきゅうのいん】 四字 永远不会消失的殊胜缘由。《奈良朝写经56·大般若经卷第50等》："是以，普诱知识、知识人等，共和善哉，敬奉写也。注其名字，著后题外，**不朽之因**，长传将来。"（p. 358）唐道宣撰《广弘明集》卷25《西明寺僧道宣等上荣国夫人杨氏请论拜事启一首》："僧道宣等启。窃闻：绍隆法任必归明哲，崇护真诠良资宠望。伏惟：夫人宿著熏修，启无疆之福。早标信慧，建**不朽之因**。"该例亦见于唐彦惊撰录《集沙门不应拜俗等事》卷6。

【不须愁/うれふべからず】 口语 不用担心，无须发愁。《唐大和上东征传》："大和上曰：'**不须愁**。宜求方便，必遂本愿。'"（p. 47）（1）唐孟献忠撰《金刚般若经集验记》卷3："复礼弟子元济，语清虚言：'明日即是三日满，今见十里无云。不知阿师将何为验？'答言：'**不须愁**，雨三日内必足。'"唐普光述《俱舍论记》卷8《分别世品》："王妃问委，慰喻王言：'王**不须愁**。此五百子，皆是我儿。具陈上事，夫子见母，恶心必息。'"方广锠整理《大乘起世论》卷1："你**不须愁**，你莫作障碍。但达佛性，即是归一。"《敦煌变文·张义潮变文》："红鳞紫尾**不须愁**，放汝随波逐浪由。"（2）岑参《使院中新栽柏树子，呈李十五栖筠》："脆叶欺门柳，狂花笑院梅。**不须愁**岁晚，霜露岂能摧。"

【不须惊怪/おどろきあやしむべからず】 口语 不用惊异奇怪，不必大惊小怪。《续日本纪》卷13《圣武纪》天平十二年十月条："己卯，敕大将军大野朝臣东人等曰：'朕缘有所意，今月之末，暂往关东。虽非其时，事不能已。将军知之，**不须惊怪**。'"（第二册，p. 374）唐道世撰《法苑珠林》卷60："此咒功德诸经具说，受法别传咒，句二十七，字六十二。今译得一百七十一字，字有加减，**不须惊怪**。"唐善导集记《观念阿弥陀佛相海三昧功德法门》卷1："又以此经证，一切凡夫但使倾心，定有见义。应知设有见闻者，**不须惊怪**也。何以故？乃由弥陀佛三昧力外加故得见，故名见佛净土三昧增上缘。"新罗义湘撰《华严一乘法界图》卷1:"若有无上心,决定乐大事。为示于佛身,说无尽佛法。圣言如常明珠,**不须惊怪**。"→【莫不驚怪】

【**不须相见**/あひまみえじ】 相字 不得彼此会面。《日本书纪》卷1《神代纪上》:"时天照大神怒甚之曰:'汝是恶神,**不须相见**。'乃与月夜见尊,一日一夜,隔离而住。"(第一册,p.58)(1)萧齐僧伽跋陀罗译《善见律毘婆沙》卷16《舍利弗品》:"到已,父母及儿,俱住门外,见家人出,语言:'汝可还向长者道:长者女将儿婿,今在门外。'父母闻已,答言:'可使二儿入,汝**不须相见**。'"梁慧皎撰《高僧传》卷3:"大明六年,天下亢旱。祷祈山川,累月无验。世祖请令祈雨,必使有感。如其无获,**不须相见**。跋陀曰:'仰凭三宝,陛下天威,冀必隆泽。如其不获,不复重见。'"唐道宣撰《续高僧传》卷25:"空曰:'吾厌俗为道,以解脱为先。自今以往,愿为善知识,非尔缠缚,吾何解之?更**不须相见**。'于是遂绝。"(2)《朝野佥载》卷6:"俭事太宗,甚蒙宠遇,每食非俭至不餐。数年后,特憎之,遣谓之曰:'更**不须相见**,见即欲杀。'"《太平广记》卷114《董青建》条:"又问云:'汝母忧忆汝垂死,可令见汝否?'建曰:'**不须相见**,益怀煎苦耳。但依向言说之。'诸天已去,不容久住。惨有悲色,忽然不见。"(p.792)

【**不溢**/あふれず】 偏正 (河水等)没有溢出,不泛滥。《唐大和上东征传》:"东方二里,路侧有圣井,深三尺许,清凉甘美,**极雨不溢**,极旱不涸。"(p.57)失译人名今附东晋录《七佛八菩萨所说大陀罗尼神咒经》卷4:"愿使我心,犹如大海,容受一切,百川众流,投之**不溢**。"姚秦鸠摩罗什译《成实论》卷7《三业品》:"又行慈者以慈心果报饶益一切,谓风雨随时,日月星宿不失常度,大海**不溢**,大火不烧,大风不坏。此皆慈果报力。"唐道世撰《法苑珠林》卷28引《临海记》曰:"郡东北二十五里,任曾逸家有一石井,自然天成非人功所造。井深四丈,常有涌泉,**大水不溢**,大旱不竭。夏绝香冷,冬至甜温。"按:《汉语大词典》失收。

【**不与共~**/ともに~ず】 否定 (4例) 不与某人说话、谈论。①《日本书纪》卷2《神代纪下》:"母誓已验,方知实是皇孙之胤。然丰吾田津姬,恨皇孙**不与共**言。"(第一册,p.152)又:"故兄知弟德,欲自伏辜。而弟有愠色,**不与共**言。"(第一册,p.184)②又卷15《显宗纪》二年春三月条:"吾闻:父之仇**不与共**戴天,兄弟之仇不反兵,交游之仇不同国。夫匹夫之子,居父母之仇,寝苫,枕干不仕,**不与共**国。遇诸市朝,不反兵而便斗。况吾立为天子,二年于今矣。愿壤其陵,摧骨投散,今以此报,不亦孝乎。"(第二册,p.248)(1)西晋竺法护译《正法华经》卷3《信乐品》:"长者告曰:'勿恐勿惧,吾为子勤,广修产业,帑藏充实。与子别久,数思相见。年高力弊,父子情重。'将入家内,在于众辈,**不与共**语。"又《贤劫经》卷1《行品》:"若有逆人,欲来危害,**不与共**净。"刘宋求那跋陀罗译《佛说四人出现世间经》卷1:"若见沙门婆罗门诸尊长者,亦不恭敬亦不礼事,亦**不与共**言论。彼是邪见,与犹豫见相应,彼便有是见。无施无福，亦无受者，亦无善恶行报，亦无今世后世，无父无母。"（2）《魏志》卷18《庞涓传》所引皇甫谧《列女传》曰："玄晏先生以为父母之仇，**不与共**天地，盖男子之所为也。"（p.549）按：如（1）文例所示，①的用法源自汉译佛经，后续多为表言语类的动词；如（2）文例所示，②的用法出自传世文献，后续多为表天地类的处所名词。

【不語他人/ひとにかたらず】 说词 不告诉别人，不对他人说起。《日本灵异记》中卷《生爱欲恋吉祥天女像感应示奇表缘第13》："优婆塞梦见婚天女像，明日瞻之，彼像裙腰不净染污。行者视之，而惭愧言：'我愿似女，何忝天女专自交之。'愧**不语他人**。"（p.182）后汉康孟详译《佛说兴起行经》卷1："于是暮，夜半，有七天人，人人能出百种音声，来诣佛所，稽首佛足，绕床一匝而立。一天白佛：'瞿昙沙门，如师子受疮，能忍苦痛，**不告他人**。'一天又曰：'瞿昙沙门，如象受疮，能忍苦痛，**不语他人**。"姚秦鸠摩罗什译《妙法莲华经》卷2《信解品》："所以者何？父知其子志意下劣，自知豪贵，为子所难，审知是子，而以方便，**不语他人**，云是我子。"隋智顗说《妙法莲华经文句》卷6《释信解品》："**不语他人**者，于昔小乘教中，随他意语方便覆护，称是声闻，不说随自意语，云是菩萨也。"

【不欲睹～/～をみまく ほりせず】 否定 不想见到……不希望看到……《日本书纪》卷14《雄略纪》二年十月条："天皇见采女面貌端丽，形容温雅，乃和颜悦色曰：'朕岂**不欲睹**汝妍笑。'乃相携手，入于后宫。"（第二册，p.154）西晋竺法护译《佛说济诸方等学经》卷1："若**不欲睹**，于法师者，其人则为，不欲见佛；若毁法师，为毁诸佛。"唐菩提流志译《文殊师利所说不思议佛境界经》卷1："如有射师，其艺超绝，惟有一子，特钟心爱。其人复有，极重怨仇，耳不欲闻，眼**不欲睹**。或时其子；出外游行，在于远处，路侧而立。父遥见之，谓是其怨，执弓持箭，控弦而射。"唐义净译《根本说一切有部毗奈耶杂事》卷9："时六众苾刍，得此物已，便自严身，入劫比罗城，次行乞食。释女见之，如前啼泣，白言：'圣者，我等**不欲**，**睹**见斯物，故施仁等，望息忧心。今还令我，起昔追念。'六众默然。"

【不知道路/みちをしらず】 四字 （3例） 不认路，不熟悉道路。《日本书纪》卷6《垂仁纪》二年是岁条："（一云）然臣究见其为人，必知非王也，即更还之。**不知道路**，留连岛浦，自北海回之，经出云国至于此间也。"（第一册，p.300）又卷9《神功纪》摄政四十六年三月条："便复开宝藏，以示诸珍异曰：'吾国多有是珍宝。欲贡贵国，**不知道路**。'"（第一册，p.452）又卷10《应神纪》三十七年二月条："爰阿知使主等渡高丽国，欲达于吴。则至高丽，更**不知道路**。乞知道者于高丽。"（第一册，p.494）姚秦鸠摩罗什译《众经撰杂譬喻》卷2："诸盲人周游数日，饥渴**不知道路**，即共同时归命于佛，言佛神圣，当哀我等，令免此厄。"北凉昙无谶译《大般涅槃经》卷25《光明遍照高贵德王菩萨品》："善男子，譬如估客，欲至宝渚，**不知道路**。有人示之，其人随语，即至宝渚，多获诸珍，不可称计。"唐道世撰《法苑珠林》卷 91："有一沙门，踞胡床坐，见之甚惊，问何故来，乃骂此二人云：'误录人来，各鞭四十。'语此四娘，女郎可去。答曰：'向来悒悒，**不知道路**，请人示津。'沙门即命，一人送之。"

【**不知去处**/さるところをしらず】 四字 犹言不知去向。《续日本纪》卷 29《称德纪》神护景云二年七月条："庚寅，大宰府言：'肥后国八代郡正仓院北畔，虾蟆陈列广可七丈，南向而去，及于日暮，**不知去处**。'"（第四册，p. 210）（1）东晋瞿昙僧伽提婆译《增壹阿含经》卷 49《非常品》："耳、鼻、舌、身、意，亦复如是，无有而生，已有而灭，亦复不知来处，亦**不知去处**，皆由合会诸法因缘。是谓长者，名为空行第一之法。"唐义净译《根本说一切有部毗奈耶杂事》卷 23："即便俱至问曰：'大王今者，**不知去处**。'答曰：'君等何乃疾欲见王，复忍心不久当见。'问曰：'何时可见？'答曰：'满十二年。'"又卷 31："时诸兵士，亦被偷将，日觉少人，**不知去处**，妇人怀娠者，咸亦被偷，将向余处。"（2）《朝野佥载》卷 5："景龙中，瀛州进一妇人，身上隐起浮图塔庙诸佛形像。按察使进之，授五品。其女妇留内道场，逆韦死后，**不知去处**。"《全唐文》卷 681 白居易《祭弟文》："呜呼！词意书迹，无不宛然。唯是魂神，**不知去处**。每开一卷，刀搅肺肠，每读一篇，血滴文字。"

【**不知所到**/いたるところをしらず】 所字 犹言不知去向。《日本灵异记》上卷《婴儿抚所擒他国得逢父缘第 9》："癸卯年春三月顷，但马国七美郡山里人家，有婴儿女。中庭匍匐，鹜擒腾空，指东而翥。父母恳恻哭悲，追求**不知所到**。"（p. 84）西晋竺法护译《生经》卷 4："毒神答曰：'吾当化之，令不违教。'毒神便往，化为毒蛇，来趣其妇。其妇恐怖，**不知所至**。或现头上，食现其前，饮现器中，卧现床上，行步逐后。其妇恐怖，**不知所到**，羸瘦骨立，不能饮食。"刘宋沮渠京声译《佛说谏王经》卷 1："所有珍宝父母兄弟妻子，内外知识奴婢皆当弃捐，随行独去，**不知所到**。世间虽乐，不得久留。王当是时，当何恃怙？"

【**不知所作**/するところをしらず】 所字 （2 例） 犹言不知所为。《日本书纪》卷 24《皇极纪》四年六月条："天皇大惊，诏中大兄曰：'**不知所作**。有何事耶？'"（第三册，p. 100）《藤氏家传》："天皇大惊，诏中大兄曰：'**不知所作**。有何事耶？'"（p. 173）西晋竺法护译《正法华经》卷 4《往古品》："佛语诸比丘：'如来说法，尔等闻之。谓悉备足，**不知所作**，尚未成办。'"东晋瞿昙僧伽提婆译《增壹阿含经》卷 30《六重品》："世尊告曰：'贼意盗窃，心在奸邪，欲使人类，**不知所作**。'"姚秦鸠摩罗什译《佛说首楞严三昧经》卷 2："尔时魔界行不污菩萨，语恶魔言：'汝诸眷属已发阿耨多罗三藐三菩提心，汝作何等？'恶魔答言：'我被五缚，**不知所作**。'菩萨答言：'汝发阿耨多罗三藐三菩提心，当从此缚，而得解脱。'"按："不知所为"（6 例）是正格式，谓因忧愁、惶恐等而不知所措。日本文献中可见《日本书纪》卷 7《景行纪》十八年四月条："时召山部阿弥古之祖小左，令进冷水。适是时，岛中无水，**不知所为**。"（第一册，p. 358）又卷13《允恭纪》元年十二月条："位空之，既经年月。群臣百寮，愁之**不知所为**。"（第二册，p. 104）又卷24《皇极纪》三年正月条："而长女所期被偷于族。由是仓山田臣忧惶仰卧，**不知所为**。"（第三册，p. 88）又卷27《天智纪》二年六月条："百济王丰璋嫌福信有谋反心，以革穿掌而缚。时难自决，**不知所为**。"（第三册，p. 256）又卷28《天武纪上》元年七月条："于是足摩侣众悉乱之，事忽起**不知所为**。"（第三册，p. 330）《常陆国风土记·香岛郡》条："爰童子等，**不知所为**。遂愧人见，化成松树。"（p. 400）《日本灵异记》上卷《凶人不敬养奶房母以现得恶死报缘第23》："瞻保于是不言而起，入于屋里，拾出举，炎于其庭中，皆已烧灭。然后入山，迷惑**不知所为**。"（p. 110）中国传统文献中可见《战国策》卷31《燕3》："秦王之方还柱走，卒惶急**不知所为**，左右乃曰：'王负剑！王负剑！'遂拔以击荆轲，断其左股。"（p. 1791）《史记》卷55《留侯世家》："上欲废太子，立戚夫人子赵王如意。大臣多谏争，未能得坚决者也。吕后恐，**不知所为**。"（p. 2044）

【**不知為计**/はかりことをなすことをしらず】　四字　　不知如何是好，没有办法可想。《续日本纪》卷33《光仁纪》宝龟六年四月条："胜宝四年，为入唐使第四船柁师。归日海中顺风盛扇，忽于船尾失火，其炎覆舻而飞，人皆惶遽，**不知为计**。"（第四册，p. 448）（1）唐孟献忠撰《金刚般若经集验记》卷1："其王氏随夫在仁寿县，每夜寐之后，梦敬即来相亲。宛若平生，遂觉怀妊。经十七个月，身渐重而不产，**不知为计**，将作鬼胎。"《神僧传》卷6："贞观三年会夹下敕道俗随丰四出，由斯得往西域取诸经像。行至罽宾国，道险虎豹不可过。奘**不知为计**，乃锁房门而坐。"（2）《酉阳杂俎》续集卷3《支诺皋下》："后月余日，有夷人逢一人如猴，著故青衣，亦不辩何制，云：'关将军差来采木，今被此州接去，**不知为计**，要须明年却来取。'"

【**不知因果**/いんがをしらず】　四字　（2例）　不知道因果报应。《日本灵异记》下卷《禅师将食鱼化作〈法华经〉覆俗诽缘第6》："我愚痴邪见，**不知因果**，而犯逼恼乱。愿罪脱赐。自今已后，为我大师，恭敬供养。"（p. 276）又《村童戏克木佛像愚夫斫破以现得恶死报缘第29》："纪伊国海部郡仁嗜之滨中村，有一愚痴夫。姓名未详也。自性愚痴，**不知因果**。"（p. 337）元魏瞿昙般若流支译《正法念处经》卷32《观天品》："天王，今诸世间，不供养如来及法僧耶？**不知因果**、不知真谛耶？"唐道宣撰《净心戒观法》卷2："可愍罪众生，堕在无底坑，**不知因果**义，冥冥暗中行。"

【**不赏之恩**/ふしのおん】　书简　　不可计数的恩德。多用于尺牍。《万叶集》卷17第3969～3977首歌书简："含弘之德，垂思蓬体。**不赏之恩**，报慰陋心。"（第四册，p. 181）史传部《寺沙门玄奘上表记》卷1《谢得医药及敕使问病表》："方冀勖兹礼诵，馨此身心，以答**不赏之恩**，少塞无穷之责。无任感戴之极，谨附表谢闻。喜惧参并，罔知攸措，谨言。"又："沙门玄奘言：伏见敕旨，僧尼等有过，停依俗法之条，还依旧格。非分之泽，忽委缁徒。**不赀之恩**，复沾玄肆。晞阳沐道，实用光华。局地修躬，唯增震惕。"按：从汉译佛经文例可知，无论是词义，还是书简文体，《万叶集》中的用法与佛典用法别无二致，二者的影响关系不言而喻。李百药《赞道赋》："以小臣之愚鄙，忝**不赀之恩**。"李峤《为王左丞相请自仕表》："老臣余喘微息，终绝望于轩墀，空荷**不赀之恩**。"上述诸例说明，"不赀之恩"是书仪用语，多用谦辞，出现在臣下写给帝王的书状表启之中。大伴家持在给大伴池主的书信中，称对方的恩德为"不赀之恩"，其目的在于达到"式酬嘘笑"的表达效果。

【**布袈裟/ぬののけさ**】 三字 用麻、葛、丝、毛及棉花等纤维织成的僧尼的法衣。《唐大和上东征传》："缝［衲］袈裟千领，**布袈裟**二千余领，［供］送五台山僧，设无遮大会。"（p. 81）

【**布萨/ふさち**】 音译 梵语 upavasatha 的译音，佛教的一种仪式。每隔半个月召集同一地区内的僧侣，互相反省自己，表白罪过，进行忏悔。《续日本纪》卷 20《孝谦纪》天平宝字元年闰八月条："是以，官大寺，别永置戒本师田十町。自今已后，每为**布萨**，恒以此物，量用布施。庶使怠慢之徒日厉其志，精勤之士弥进其行。宜告僧纲，知朕意焉。"（第三册，p. 232）后秦鸠摩罗什译《大智度论》卷 13《序品》："我某甲受行八戒，随学诸佛法，名为**布萨**。愿持是布萨福报，愿生生不堕三恶八难。"刘宋求那跋陀罗译《杂阿含经》卷 24："尔时，世尊月十五日**布萨**时，于大众前，敷座而坐。"隋阇那崛多译《佛本行集经》卷 52《优陀夷因缘品》："尔时，世尊过彼半月**布萨**已讫，与诸比丘，涉历诸国。"按：西晋以前译经用"净住"，西晋以后始见"布萨"。

【**布施/ふせ**】 合成 （15 例） 梵语 dāna 的意译，音译为"檀那"，略称"檀"或"施"。"布"是精神上普及之意，"施"是谓物质上的授惠。布施又有财布施与法布施两种。《日本书纪》卷 30《持统纪》八年五月条："癸巳，以《金光明经》一百部送置诸国，必取每年正月上玄读之，其**布施**以当国官物充之。"（第三册，p. 546）《日本灵异记》上卷《非理夺他物为恶行受恶报示奇事缘第 30》："凡**布施**米一升之报，得三十日之粮。**布施**衣服一具之报，得一年分衣服。"（p. 126）又中卷《依不**布施**与放生而现得善恶报缘第 16》（p. 191）又下卷《沙门诵持方广大乘沉海不溺缘第 4》："舅僧展转乞食，偶值法事，有于自度之例。匿面而居，受其供养。智橡自捧于**布施**，献于众僧。"（p. 272）又《妙见菩萨变化示异形显盗人缘第 5》："帝姬阿倍天皇代，知识缘依例，献于燃灯菩萨，并室主施于钱财物。其**布施**钱之中五贯，师之弟子窃盗而隐。"（p. 274）又《刑罚贱沙弥乞食以现得顿恶死报缘第 33》："又如经论说：'悭心多者，虽是泥土，重于金玉；吝贪之人，闻乞粪土，犹怀吝惜。惜财不**布施**，藏积恐人知。舍身空卒，去恶鬼中，受饥寒心。'夫钱财者，五家共有。何五家者？一县官非理来向；二者盗贼犹来劫夺；三者忽为水漂流；四者忽然火起不免焚烧；五者恶子无理费用。其故菩萨欢喜**布施**也。"（p. 348）《上宫圣德法王帝说》："天皇**布施**圣王物播磨国揖保郡佐势地五十万代，圣王即以此地为法隆寺地也。"《续日本纪》卷 12《圣武纪》天平九年四月条：
"请自今以后，撮取诸国进调庸各三段物，以充**布施**。"（第二册，p. 312）又卷 12《孝
谦纪》天平宝字元年闰八月条："是以，官大寺别永置戒本师田十町。自今已后，每为
布萨，恒以此物，量用**布施**。"（第三册，p. 232）又天平宝字二年八月条："僧纲始
〈弖〉诸寺师位僧尼等〈尔〉物布施赐〈夫〉。"（第三册，p. 264）又天平宝字三年六
月条："伏愿自今以后，停官**布施**，令彼贪僧无所希望。"（第三册，p. 324）又卷 31
《光仁纪》宝龟元年十月条："又僧纲始〈弖〉诸寺师位僧尼等〈尔〉御物**布施**赐
〈布〉。"（第四册，p. 312）又卷 36《高绍纪》天应元年四月条："又僧纲〈乎〉始
〈弖〉诸寺智行人及年八十以上僧尼等〈尔〉物**布施**赐〈夫〉。"后汉安世高译《尸迦
罗越六方礼经》卷 1："一者教之**布施**，不得自悭贪；二者教之持戒，不得自犯色；三
者教之忍辱，不得自恚怒；四者教之精进，不得自懈慢；五者教人一心，不得自放意；
六者教人黠慧，不得自愚痴。"姚秦鸠摩罗什译《妙法莲华经》卷 4《提婆达多品》：
"为欲满足，六波罗蜜，勤行**布施**，心无恡惜，象马七珍，国城妻子，奴婢仆从，头目
髓脑，身肉手足，不惜躯命。"唐义净译《金光明最胜王经》卷 4《最净地陀罗尼品》：
"善男子，譬如宝须弥山王，饶益一切，此菩提心，利众生故，是名第一**布施**，波罗蜜
因。"→【儌施】【慈施】【德施】【法施】【好施】【歡喜布施】【施福】【施钱】【施
入】【施食】【施药】【受施】【资施】

【布施行/ふせのぎょう】 ⬚三字⬚ 行持、实践布施的行业。《日本灵异记》下卷
《灾与善表相先现而后其灾善答被缘第 33》："居于俗家，而蓄妻子无养物，无菜食无
盐，无衣无薪。每万物之无，而思愁之，我心不安。昼复饥寒，夜复饥寒。我先世不修
布施行。鄙哉，我心，微哉，我行。"（p. 371）后汉支娄迦谶译《佛说伅真陀罗所问如
来三昧经》卷 3："王阿阇贳问佛，何谓菩萨行？佛则于伅真陀罗捷陀罗诸会中而言：
'各各得所。'其阿阇贳闻佛所说菩萨行，如所行闻法则作行。于菩萨不计勤苦而行，
于一切等心行，坚固行，谛行，其意所作而净行。于菩萨法而不诌行，**布施行**，与行，
所有无所惜行。"西晋竺法护译《渐备一切智德经》卷 3《难胜住品》："愍伤众生，精
修救度，是为佛子、法王诸子、**修布施行**，皆舍相著，其戒坚固。"陈真谛译《摄大乘
论》卷 3《依心学胜相品》："如经言：'云何菩萨，不损一物，不施一人？若菩萨善能
行施，无量无数，于十方世界，**修布施行**，相续生起。'"

【步運/かちはこび】 ⬚偏正⬚ 徒步运输。《日本书纪》卷 5《崇神纪》十七年七月
条："今海边之民由无船，以甚苦**步运**。"（第一册，p. 286）唐道宣撰《续高僧传》卷
12："开皇将末，蜀王秀镇部梁益，携与同行，岷嶓望德日归成务。逮仁寿末岁，还返
关中。处蜀道财悉营尊像，光坐严饰。绝世名士虽途经危险，而**步运**并达，在京供养以
为模范。"按：《汉语大词典》例引《宋史》卷 263《刘蒙正传》："岭南陆运香药入京，
诏蒙正往规画。蒙正请自广、韶江泝流至南雄；由大庾岭**步运**至南安军……复由水路

输送。"偏晚。

【怖走/おぢにぐ】 后补 因惊恐而逃跑。《日本书纪》卷5《崇神纪》十年九月条："亦其卒**怖走**，屎漏于裤。乃脱甲而逃之。知不得免，叩头曰：'我君。'故时人号其脱甲处曰伽和罗，裤屎处曰屎裤。今谓樟叶，讹也。"（第一册，p. 282）西晋竺法护译《修行地道经》卷3《地狱品》："尔时罪人，遥睹太山，见之**怖走**，入广谷中，欲望自济，而不得脱，适入其谷，转相谓言：'此山多树，当止于斯。'"后秦弗若多罗译《十诵律》卷36："尔时调达及四恶健人，初作逆罪。佛即仰看，四人**怖走**，似如人捕。佛唤四人，来为汝说法。"北凉昙无谶译《大般涅槃经》卷27《师子吼菩萨品》："一切禽兽，闻师子吼，水性之属，潜没深渊；陆行之类，藏伏窟穴；飞者堕落，诸大香象，**怖走**失粪。"按：《汉语大词典》失收。《崇神纪》中"怖走，屎漏于裤"的狼狈相源自《大般涅槃经》中的"怖走失粪"。

C

【财国/たからのくに】 偏正 （2 例） 钱财丰富的国家。《日本书纪》卷 9《神功纪》摄政前纪条："于是皇后勾针为钩，取粒为饵，抽取裳缕为缗，登河中石上，而投钩祈之曰：'朕西欲求**财国**。若有成事者，河鱼饮钩。'"（第一册，p. 420）又："于是，皇后曰：'初承神教，将授金银之国。'又号令三军曰：'勿杀自服。今既获**财国**，亦人自降服。杀之不祥。'"（第一册，p. 428）吴维祇难等译《法句经》卷 1《明哲品》："大贤无世事，不愿子**财国**。常守戒慧道，不贪邪富贵。"该例亦见，晋世法炬、法立合译《法句譬喻经》卷 2《明哲品》、梁宝唱等集《经律异相》卷 22。唐义净译《佛说大孔雀咒王经》卷 2："旷野药叉王，住在旷野国。劫比罗药叉，依止多**财国**。"按：《汉语大词典》失收。

【财施/ざいせ】 偏正 三施（财施、法施、无畏施）之一。"法施"的对应词。不犯他人财物，且以己财，如衣服、饮食、田宅、珍宝等物质施与他人。《日本灵异记》下卷《击沙弥乞食以现得恶死报缘第 15》："唯见来乞者，可生怜愍，和颜悦色，法施、**财施**。"（p. 298）唐义净译《金光明最胜王经》卷 3《灭业障品》："由其法施有五胜利。云何为五？一者法施兼利自他，**财施**不尔；二者法施能令众生出于三界，**财施**之福不出欲界；三者法施能净法身，**财施**但唯增长于色；四者法施无穷，**财施**有尽；五者法施能断无明，**财施**唯伏贪爱。"→【施财】【法施】

【採拾/ひりふ】 并列 采摘拾取。《日本书纪》卷 19《钦明纪》五年十二月条："岛东禹武邑人**采拾**椎子为欲熟吃，著灰里炮。其皮甲化成二人，飞腾火上一尺余许，经时相斗。"（第二册，p. 402）吴支谦译《撰集百缘经》卷 1《菩萨授记品》："时天帝释，知佛所念，即诣香山，**采拾**药草，名曰白乳，以奉世尊。佛得此药，授与婆持加，令使服尽，病悉除愈。"姚秦佛念译《出曜经》卷 23《泥洹品》："宫人采女，各各驰散，**采拾**妙花，遥见菩萨，在树下坐，颜貌端正，如桃华色。其有睹者，莫不喜踊，如日初出，靡不普照，如月在空，众星岳峙。"元魏瞿昙般若流支译《正法念处经》卷 48《观天品》："是大恶人，为彼众生，多病痛故，处处**采拾**，种种药草。"按：《汉语大词典》首引《后汉书》卷 39《江革传》："遭天下乱，盗贼并起，革负母逃难，备经阻险，常**采拾**以为养。"略晚。

【**参渡来**／まゐわたりきたる】 自创 （4 例） "渡来"前的"参"表示来去的动词，含有谦辞的语气。《古事记》中卷《应神记》："亦新罗人**参渡来**，是以建内宿祢命引率，为役之堤池而作百济池。"（p. 266）又："又秦造之祖、汉直之祖、及知酿酒人名仁番，亦名须须许理等，**参渡来**也。"（p. 268）又："又，昔有新罗国主之子，名谓天之日矛，是人**参渡来**也。所以**参渡来**者，新罗国有一沼，名谓阿具奴摩。"（p. 274）又下卷《安康记》："此时吴人**参渡来**，其吴人安置于吴原。故号其地谓吴原也。"（p. 336）按：这是《古事记》特有的用法，是自创的表达形式。此外，《古事记》中还有"追渡来""持渡来"的说法。→【渡来】

【**参降来**／まゐくだりく】 自创 "降来"的谦辞，神等从高处降落下来。《古事记》中卷《神武记》："故尔迩艺速日命参赴白于天神御子：'闻天神御子天降坐，故追**参降来**。'即献天津瑞以仕奉也。"（p. 156）→【降来】

【**参往於**～／～にまゐりゆく】 于字 （4 例） 前往某处参拜。①《日本灵异记》中卷《极穷女于尺迦丈六佛愿福分示奇表以现得大福缘第28》"买花香油，而以**参往于**丈六佛前，奉白之言：'我昔世不修福因，现身受取贫穷之报。故我施宝，令免穷愁。'"（p. 223）②又中卷《骂僧与邪淫得恶病而死缘第11》："问家人，答曰：'**参往**悔过。'闻之，瞋怒，即往唤妻。"（p. 178）又《极穷女于尺迦丈六佛愿福分示奇表以现得大福缘第28》："女如先**参往**丈六前，愿白福分，罢家而寝。"（p. 223）又《行基大德携子女人视过去怨令投渊示异表缘第30》："尔时，河内国若江郡川派里，有一女人，携子**参往**法会闻法。"（p. 226）

【**参向於**～／～にまゐむかふ】 于字 （17 例） 前往某处参拜，去某处参学。①《日本灵异记》中卷《极穷女于尺迦丈六佛愿福分示奇表以现得大福缘第28》："女又**参向于**丈六前，献花香灯，罢家而寝。"（p. 223）《续日本纪》卷23《淳仁纪》天平宝字四年七月条："平城宫御宇后太上天皇、皇帝、皇太后，以去天平胜宝二年二月二十三日，专自**参向于**东大寺，永用件封入寺家讫。"（第三册，p. 358）②《古事记》上卷《大国主神》："尔八十神觅追臻，而矢刺乞时，自木俣漏逃而云：'可**参向**须佐能男命所坐之根坚州国，必其大神议也。'"（p. 80）又《忍穗耳命与迩迩艺命》："所以出居者，闻天神御子天降坐故，仕奉御前，而**参向**之侍。"（p. 114）又中卷《神武记》："今闻天神御子幸行，故**参向**耳。"（p. 148）又："弟宇迦斯先**参向**，拜曰：'仆兄兄宇迦斯射返天神御子之使，将为待攻而聚军，不得聚者，作殿其内张押机将待取。故**参向**显白。'"（p. 150）又下卷《安康记》："然其正身所以不**参向**者，自往古至今时，闻臣连隐于王宫，未闻王子隐于臣家。"（p. 332）《日本书纪》卷5《崇神纪》六十年七月条："于是，甘美韩日狭、鸬濡渟**参向**朝廷，曲奏其状。"（第一册，p. 292）又卷7《景行纪》十二年七月条："亦素幡树于船舳，**参向**而启之曰：'愿无下兵。我之属类，必不有违者，今将归德矣。'"（第一册，p.348）又卷13《允恭纪》七年十二月条："时弟姬随母以在于近江坂田。弟姬畏皇后之情而不**参向**。"（第二册，p.114）《出云国风土记·意字郡》条："国造神吉词奏，**参向**朝廷时，御沐之忌里。故云忌部。"（p.146）又《仁多郡》条："故国造神吉事奏，**参向**朝廷时，其水活出而用初也。"（p.252）《日本灵异记》上卷《归信三宝钦仰众僧令诵经得现报缘第32》："又请曰：'我等**参向**宫，开寺南门，令得亲拜。'更请：'我等及于诣阙之间，欲令钟声不绝。'"（p.130）又："既而，从使**参向**，于授刀寮禁之。"（p.130）又中卷《依汉神崇杀牛而祭又修放生善以现得善恶报缘第5》："经八日已，其夕告诏：'**参向**明日。'奉诏而罢，九日集会。"（p.159）又《孤娘女凭敬观音铜像示奇表得现报缘第34》："娘答之言：'我今贫，身裸衣无被。何为障面，**参向**相语。'"（p.238）又下卷《沙门凭愿十一面观世音像得现报缘第3》："偿债无便，故登于泊濑上山寺，**参向**十一面观音菩萨。"（p.268）按："参向"一词，《汉语大词典》失收，先行文献中亦未见先例，疑似和制词语。"参"用作谦辞。

【**参迎於**~／~にまゐむかふ】 于字 （8例） 在某处恭候迎接。"参迎"，"迎接"的谦辞。①《日本书纪》卷8《仲哀纪》二年七月条："时冈县主祖熊鳄，闻天皇之车驾，豫拔取五百枝贤木，以立九寻船之舳，而上枝挂白铜镜，中枝挂十握剑，下枝挂八尺琼，**参迎于**周芳沙么之浦，而献鱼盐地。"（第一册，p.406）又八年正月条："又筑紫伊睹县主祖五十迹手，闻天皇之行，拔取五百枝贤木，立于船之舳舻，枝挂八尺琼，中枝挂白铜镜，下枝挂十握剑，**参迎于**穴门引岛而献之。"（第一册，p.408）②《日本书纪》卷9《神功纪》摄政前纪条："（一云）于是新罗王宇流助富利智干**参迎**，跪之取王船，即叩头曰：'臣自今以后，于日本国所居神御子，为内官家，无绝朝贡。'"（第一册，p.434）又卷28《天武纪上》元年六月条："到于野上，高市皇子自和暂**参迎**，以便奏言：'昨夜自近江朝驿使驰至。因以伏兵而捕者，则书直药、忍坂直大麻吕也。''问何所往。'答曰：'为所居吉野大皇弟，而遣发东国军韦那公盘锹之徒也。然盘锹见兵起，乃逃还之。'"（第三册，p.320）《播磨国风土记·贺古郡》条："尔时，吉备比古、吉备比卖二人**参迎**。"（p.28）《丰后国风土记·日田郡》条："有神，名曰久津媛。化而为人**参迎**，辩申国消息。"（p.286）《唐大和上东征传》："大和上所至州县，官人**参迎**礼拜欢喜，即放出所禁三纲等。"（p.61）《续日本纪》卷20《孝谦纪》天平宝字元年十二月条："于时，大隅**参迎**奉导，扫清私第，遂作行宫，供助军资。"（第三册，p.240）（1）隋阇那崛多译《佛本行集经》卷25《精进苦行品》："时优婆夷，报菩萨言：'大圣太子，我是太子，本国国师之子，名为优陀夷者，即我身是。太子之父，净饭大王，使我来此，**参迎**太子。'"唐道宣撰《续高僧传》卷21："公华阳甲族未络名家，捧日登朝怀金问道。剑南长幼，并俟来苏，岂藉微风，自然草靡？当劝诸首领，越境**参迎**。"（2）《梁书》卷24《萧景传》："景初到州，省除**参迎**羽仪器服，不得烦扰吏人。"《旧唐书》卷 190 中《刘宪传》:"今麦序方秋,蚕功未毕,三时之务,万姓所先。敕使抚巡,人皆竦抃,忘其家业,冀此天恩,踊跃**参迎**,必难抑止,集众既广,妨废亦多。"按:"参迎"一词,《汉语大词典》失收。从上引例文可知,"参迎于~"是《日本书纪》特有的表达句式,汉译佛经和传世文献中,"参迎"后面通常不带"于"。

【飡松噉栢/まつをくらひ、かへをくらふ】 四字　以松柏的叶充饥。形容修行者超尘脱俗的生活。《上宫皇太子菩萨传》:"坐禅诵经,或口宣三藏;心味四禅,或振锡衲衣;携瓶揭钵,或冬夏袒膊;跣足经行,或隐居岩穴,**飡松噉栢**,或常坐不卧。"唐法琳撰《一切经音义》卷 1:"**飡**风:仓单反。俗字也。《说文》:吞也,食也。"又《一切经音义》卷 7:"螫**噉**:下澹敢反。《考声》云:吃也。《尔雅》:**噉**,吞也。《古今正字》云:**噉**,食也。从口,敢声也。《说文》:**噉**,谯也。或作啖,或作啖,并同。"唐怀迪证译、宋咸辉排经入注《首楞严经义海》卷 24:"坚固草木而不休息,药道圆成名飞行仙。(草木者,即**飡松噉栢**之类。草木轻故,饵即体轻,由是飞行不坠于地)。"宋思坦集注《楞严经集注》卷 8:"飞行者,**飡松啖栢**,闲澹冲和,其体轻清,故能飞举。"

【残苦/のこりのくるしび】 偏正　因造业而应遭受的惩处中,尚未结束的苦难。《日本灵异记》下卷《阎罗王示奇表劝人令修善缘第 9》:"复告:'依此女患事,故召汝耳。斯女可受苦,六年之中三年受,未受三年。今愁之白,孕于汝儿,而婴之死。故今**残苦**,与汝俱受。'"(p. 284)隋慧远撰《大般涅槃经义记》卷 7《德王菩萨品》:"除断**残苦**,名灭有余,断离残集,名除业缘。"又《大乘义章》卷 14:"法身行中前二是其舍秽身行,后一是其严法身行。舍秽身中灭有余者离**残苦**也,断业缘者除残业因烦恼缘也。此等通时俱名有余。"

【惭愧発露/ざんき はつろ】 四字　"惭愧",梵语 hry-apatrapā。"惭"和"愧"同为羞耻之意,反省罪过而感到羞耻。"发露",梵语 atyaya-deśake。显露表白所犯之过失而无所隐瞒。《日本灵异记》上卷《智者诽妒变化圣人而现至阎罗阙受地狱苦缘第 7》:"由口业罪,阎罗王召我令抱于铁铜柱。经之九日,偿诽谤罪。恐至余罪于后生世,是以**惭愧发露**。当愿免罪。"(p. 168)唐慧琳撰《一切经音义》卷 7:"**惭愧**:上藏含反,下归畏反,二字互相训也。"姚秦竺佛念译《大云无想经卷第九》卷 1:"善男子,虽生**惭愧**,**发露**忏悔,若不发阿耨多罗三藐三菩提心,是名为余;若能怜愍,一切众生,发阿耨多罗三藐三菩提心,是名无余。"梁诸大法师集撰《慈悲道场忏法》卷 5:"今日**惭愧**,**发露**忏悔,愿父母六亲,一切眷属,以慈悲心,受我忏悔,一切舍施,无复恨想。"唐玄奘译《大乘大集地藏十轮经》卷 2《十轮品》:"而彼见我,入于一切,佛所行定,皆于我所,生大欢喜,起净信心,于三宝中,皆生最胜,欢喜净信,尊重恭敬,得未曾有。于一切恶,**惭愧发露**,深心悔过,誓愿永断。"→【発懃愧心】【発露懺悔】

【慙愧言:"~"/はぢてまうさく ~】 说词　惭愧地说道:"……"。《日本灵异

记》中卷《生爱欲恋吉祥天女像感应示奇表缘第 13》："优婆塞梦见婚天女像，明日瞻之，彼像裙腰不净染污。行者视之，而**惭愧言**：'我愿似女，何忝天女专自交之。'"（p.182）后秦弗若多罗译《十诵律》卷 27："诸比丘若食时集，若中后集，遥见来起迎，思惟我等大师佛来。渐近知是难陀，上座比丘羞思惟，是我等下座而起迎。难陀亦**惭愧言**：'乃令诸上座起迎我。'"刘宋佛陀什、竺道生等译《弥沙塞部和酰五分律》卷 4："佛在舍卫城。尔时诸比丘，三衣竟舍迦絺那衣已得非时衣，诸比丘**惭愧言**：'佛未听我等受非时衣。'以是白佛。佛以是事，集比丘僧，问诸比丘：'汝等实得非时衣。'**惭愧言**：'佛未听我等受非时衣不？'答言：'实尔，世尊。'佛种种赞，少欲知足。赞戒赞持戒已，告诸比丘，从今听受非时衣。"

【**沧溟万里**/あをうなはらばんり】 先例　"沧溟"，大海。"沧溟万里"，谓大海烟飘渺，一望无际。《唐大和上东征传》："我大师和上，发愿向日本国，登山涉海，数年艰苦，**沧溟万里**，死生莫测，可共告官，遮令留住。"（p.60）宋戒珠叙《净土往生传》卷 2："陈光大中，曾梦岩崖千仞，云日半垂，**沧溟万里**，渺无堤岸。遥见一僧在其岩顶，招手伸臂，至于歧麓，挽颐而上诘。旦具言其梦，人或告曰：'此必会稽之天台尔。'"按："沧溟"，又见于《日本书纪》卷 1《神代纪上》："伊奘诺尊、伊奘冉尊立于天浮桥之上，共计曰：'底下岂无国欤？'乃以天之琼矛，指下而探之，是获**沧溟**。"（第一册，p.24）

【**草木扶疎**/くさきしげる】 四字　草本植物和木本植物的枝叶繁茂分披。《出云国风土记·岛根郡》条："东边神社。以外悉皆百姓之家。土地丰沃，**草木扶疏**，桑麻丰富。此则所谓岛里是矣。"（p.170）唐慧琳撰《一切经音义》卷 21："**扶疎**：枕服无反。《汉书音义》曰：**扶疏**，分布也。《说文》曰：**扶疏**，四布也。枕字，《玉篇》在木部。经本从扌，作者误也。"唐澄观述《大方广佛华严经随疏演义钞》卷 41《偈赞品》："**扶疏**，即茂盛之貌。"（1）唐玄奘撰《大唐西域记》卷 12："漕矩吒国，周七千余里。国大都城，号鹤悉那，周三十余里，或都鹤萨罗城，城周三十余里，并坚峻险固也。山川隐轸，畴垄爽垲。谷稼时播，宿麦滋丰，**草木扶疎**，花菓茂盛，宜郁金香，出兴瞿草，草生罗摩印度川。"（2）《全唐文》卷 167 卢照邻《悲夫》："夏日长兮绳绳，炎风暑雨兮相蒸。**草木扶疏**兮如此，余独兰单兮不自胜。"

【**草木花葉**/くさきのはなは】 格义 （2 例）　犹言花草树木。《日本书纪》卷 24《皇极纪》二年二月条："乙巳，**雹伤草木花叶**。是月，风雷雨水。行冬令。国内巫觋等折取枝叶，县挂木棉，伺候大臣渡桥之时，争陈神语入微之说。其巫甚多，不可悉听。"（第三册，p.72）又："乙亥，**霜伤草木花叶**。是月，风雷雨水。行冬令。"（第三册，p.72）唐地婆诃罗译《方广大庄严经》卷 2："佛告诸比丘，菩萨于兜率天宫，周遍观察，将下生时，输檀王宫，先现八种瑞相。何等为八？……三者于王宫中，**草木花叶**，一时敷荣……如是名为八种瑞相。'"又卷 3："**草木花叶**敷，人天尽恭敬。"按：根据《后汉书》卷 60 下《蔡邕传》的说法，冰雹伤害花草树木是因为"夫权不在上，则雹伤物；政有苛暴，则虎狼食人。"（p.1992）中国史书五行志灾异中的实例可见《宋书》志 23《五行 4》："咸宁五年五月丁亥，巨鹿、魏郡雨雹伤禾、麦；辛卯，雁门雨雹伤秋稼。"（p.960）《魏书》志 17《灵征志上》："八月庚申，并州乡郡大雹，平地尺，草木禾稼皆尽。"（p.2904）由此可知，在中国史书的灾异记录中，冰雹伤害的对象通常为草木庄稼等。另一方面，《皇极纪》中的四字格"草木花叶"并非一般语词，仅见于汉译佛经。佛典例句说明，"草木花叶"表示"八种瑞相"之一；而在《皇极纪》中，"草木花叶"则成了"雹伤"的对象。这里语体及位相上的变异，自然异于传世文献和汉文佛经固有的表达意蕴，形成了《日本书纪》特有的表达形式。

【側聞/ほのかにきく】 格义 隐约听到。《日本灵异记》下卷《将写〈法华经〉建愿人断日暗穴赖愿力得全命缘第 13》："山人侧闻，如蚊音，即闻怪之，取葛系石，下底而诚。"（p.293）按：在传世文献当中，"侧耳"谓传闻，听说。贾谊《吊屈原赋》："侧闻屈原兮，自沈汨罗。"

【曾不覚知/なほかつてさとらず】 否定 一点儿也没觉察到，浑然不知。《日本灵异记》中卷《奉写〈法华经〉因供养显母作女牛之因缘第 15》："有伎戏人，剃发悬绳以为袈裟。随为然，犹曾不觉知。"（p.188）宋延寿集《宗镜录》卷 42："夫言苦者无量，或三苦、五苦、八苦，乃至瑜伽一百一十苦，及八万四千尘劳之苦，皆不出流转之苦及行苦等。而凡夫甘处，曾不觉知。"又卷 58："何谓无明？以不知前境本空，妄生对待，唯是自心分别，以忿恨风，吹心识火，自烧自害，曾不觉知。"

【曾無~/かつて~なし】 否定 （16 例） 不曾……丝毫没有……《日本书纪》卷 1《神代纪上》："故素戈鸣尊妒害姊田。春则废渠槽及埋沟、毁畔，又回放种子。秋则捶签、伏马。凡此恶事，曾无息时。"（第一册，p.84）又卷 2《神代纪下》："于是兄著犊鼻，以赭涂掌涂面，告其弟曰：'吾污身如此，永为汝俳优者。'……自尔及今，曾无废绝。"（第一册，p.184）又卷 16《武烈纪》即位前纪条："十二月，大伴金村连平定贼讫，反政太子。请上尊号曰：'今亿计天皇子唯有陛下。亿兆攸归，曾无与二。'"（第二册，p.276）《日本灵异记》上卷《凶女不孝养所生母以现得恶死报缘第 24》："故京有一凶妇，姓名未详也。曾无孝心，不爱其母。"（p.112）又上卷《妻为死夫建愿图绘像有验不烧火示异表缘》："后盗人放火，其堂皆烧。唯妇佛独存，曾无损。此乃妇人，其诚所佑乎哉！"（p.132）又中卷《依不布施与放生而现得善恶报缘第 16》："邻有耆妪，各居鳏寡，曾无子息。极穷裸衣，不能活命。"（p.191）《藤氏家传》下卷《武智麻吕传》："其壤黑垆，其田上上。虽有水旱之灾，曾无不获之恤。"（p.325）《唐大和上东征传》："荣睿、普照师等为求法故，前后被灾，艰辛不可言尽，然其坚固之志，曾无退悔。"（p.58）《续日本纪》卷 20《孝谦纪》天平宝字元年三月条："丁丑，皇太子道祖王，身居谅暗，志在淫纵。随加教敕，曾无改悔。"（第三册，p.176）又天平宝字元年八月条："甲午，敕曰：'朕以寡薄，忝继洪基，君临八方，于兹九载。**曾无**善政，日夜忧思。危若临渊，慎如履冰。'"（第三册，p. 220）又卷 23《淳仁纪》天平宝字五年八月条："八月癸丑朔，敕曰：'顷见七道巡察使奏状，**曾无**一国守领政合公平。'"（第三册，p. 382）又卷 24《淳仁纪》天平宝字七年二月条："于是，今城告曰：'干政官处分，此行使人者唤入京都，如常可遇。而使等约束贞卷之旨，**曾无**所申。'"（第三册，p. 428）又卷 30《称德纪》宝龟元年三月条："前使贞卷归国之日，所仰之政，**曾无**申报。"（第四册，p. 276）又宝龟元年八月条："于是，即还平城。自此积百余日，不亲视事。群臣**曾无**得谒见者。"（第四册，p. 298）又卷 37《桓武纪》延历元年四月条："今畿内之国**曾无**所优，劳逸不同。请同京职，欲免其调。"又卷 40《桓武纪》延历九年十一月条："但以国司等久有仕官之劳，**曾无**还家之资。"东晋佛陀跋陀罗译《佛说观佛三昧海经》卷 2《观相品》："恬坐六年，心无倾摇，观其面貌，**曾无**畏色。"姚秦鸠摩罗什译《妙法莲华经》卷 3《药草喻品》："如为一人，众多亦然，常演说法，**曾无**他事。"唐义净译《金光明最胜王经》卷 2《梦见金鼓忏悔品》："我造诸恶业，常生忧怖心；于四威仪中，**曾无**欢乐想。"按：《汉语大词典》失收。

【曾無廉恥/かつてれんちなくして】 否定 （2 例） 毫无廉耻。《续日本纪》卷 22《淳仁纪》天平宝字三年六月条："窃见内外官人景迹，**曾无廉耻**，志在贪盗。是宰相训导之怠，非为人皆禀愚性。宜加诱诲，各立令名。"（第三册，p. 320）又卷 33《光仁纪》宝龟六年八月条："因兹，庶僚咸望外任，多士**曾无廉耻**。"（第四册，p. 454）宋赞宁等撰《宋高僧传》卷 25："释惟恭，不详何许人也。少孺出俗于法性寺，好尚逼下，多狎非法之友。虽乖僧行，犹勤持诵《金刚般若》，罕离唇齿。酒徒博侣，交集门庭，虚诳云为，曾无廉耻。后遇病且死。"

【插頭/かざす・かざし】 后补 （19 例） 古代女子，将花草一类插在头上的饰物。《万叶集》卷 1 第 38 首："春部者 花**插头**持 秋立者 黄叶头刺理"（第一册，p. 47）。又卷 2 第 196 首："春部者 花折**插头** 秋立者 黄叶**插头**"（第一册，p. 129）。又卷 7 第 1118 首："古尔 有险人母 如吾等架 弥和乃桧原尔 **插头**折兼"（第二册，p. 1118）。又卷 8 第 1581 首："不手折而 落者惜常 我念之 秋黄叶乎 **插头**鹤鸭"（第二册，p. 349）。又第 1583 首："黄叶乎 令落钟礼尔 所沾而来而 君之黄叶乎 **插头**鹤鸭"（第二册，p. 348）。又 1586 首："黄叶乎 落卷惜见 手折来尔 今夜**插头**津 何物可将念"（第二册，p. 350）。又 1588 首："平山乎 令丹黄叶 手折来而 今夜**插头**都 落者虽落"（第二册，p. 350）。又 1589 首："露霜尔 逢有黄叶乎 手折来而 妹**插头**都 后者落十方"（第二册，p. 351）。又第 1610 首："高元之 秋野上乃 瞿麦之花 丁壮香见 人乃**插头**师 瞿麦之花"（第二册，p. 358）。卷 10 第 1883 首："百矶城之 大宫人者 瑕有也 梅乎**插头**而 此间集有"（第三册，p. 44）。又第 1974 首："春日野之 藤者散去而 何物鸭 御狩人之 折而将**插头**"

（第三册，p. 68）。又第2105首："春去者　霞隐　不所见有师　秋芽子咲　折而将**插头**"（第三册，p. 101）。又第2106首："沙额田乃　野边乃秋芽子　时有者　今省有折而将**插头**"（第三册，p. 102）。又第2225首："吾背子之　**插头**之芽子尔　置く露乎　清见世迹　月者照良思"（第三册，p. 129）。又卷16第3786首："春去者　**插头**尔将为迹　我念之　樱花者　散去香闻"（第四册，p. 90）。又卷19第4232首："雪岛　严尔殖有　奈泥之故波　千世开奴可　君之**插头**尔"（第四册，p. 336）。唐慧琳撰《一切经音义》卷100："**插头**：楚匦反。从手，从千，从臼。会意字。"（1）吴支谦译《佛说孛经抄》卷1："有友如花，有友如秤，有友如山，有友如地。何谓如花？好时**插头**，萎时捐之。见富贵附，贫贱则弃，是花友也。"《文镜秘府论·西卷》："何处觅消愁？春园可暂游。菊黄堪泛酒，梅红可**插头**。"（p. 1163）（2）《艺文类聚》卷4引《风土记》曰："九月九日，律中无射而数九。俗尚此月，折茱萸房以**插头**。言辟除恶气而御初寒。"按：《汉语大词典》失收。

【**插著**/さしはさむ】后缀　谓插放在某处。《万叶集》卷5第813～814首歌序："古老相传曰：往者，息长足者日女命，征讨新罗国之时，用兹两石，**插著**御袖之中，以为镇怀。"（第二册，p. 38）（1）吴支谦译《撰集百缘经》卷3《授记辟支佛品》："即以燋木，奉施世尊。世尊受已，**插著**地中。佛以神力，令此燋木，须臾之间，枝条生长，花果茂盛，团圆可爱，如尼拘陀树。"隋那连提耶舍译《大云轮请雨经》卷2："其坛四角，安四华瓶，各容三升。又以金精，或复石黛，和水令清，悉使瓶满，种种华木，诸杂华蕊，**插著**瓶内。"唐道世撰《法苑珠林》卷60："欲持此咒者，香泥涂地，须新瓦瓶八口，须时华散著道场所，并**插著**瓶。"（2）《搜神记》卷5《蒋山祠》条："有一人以小船载年少妇，以大刀**插著**船，挟暮来至逻所。"（p. 312）《梁诗》卷10吴均《与柳恽相赠答诗》："寄君麈芜叶，**插著**丛台边。"（p. 1731）按：《汉语大词典》失收。

【**刹柱**/せっちゅう】偏正（6例）　塔顶的相轮；寺前的幡竿。《日本书纪》卷22《推古纪》元年四月条："元年春正月壬寅朔丙辰，以佛舍利置于法兴寺**刹柱**础中。丁巳，建**刹柱**。"（第二册，p. 528）《元兴寺伽蓝缘起并流记资财账》："大臣乙巳年二月十五日，止由良佐歧**刹柱**立，作大会。"又："此会此时，他田天皇欲破佛法。即此二月十五日，斫伐**刹柱**，重责大臣及依佛法人人家，佛像殿皆破烧灭尽。"又："又告：'**刹柱**立在处及二躯丈六作奉处者，莫秽污事，又莫人住污。又有此谬谏犯法者，同于前愿，受大灾羞之。'"又："所谓**刹柱**立处者，宝栏之东佛门之处。所谓二躯丈六作处者，物见冈之北方乎。地东有十一丈大殿，铜丈六作奉。西有八角圆殿者，绣作佛像奉。"唐慧琳撰《一切经音义》卷15："**刹柱**：音察，幡竿也。"西晋竺法护译《佛五百弟子自说本起经》卷1《尸利罗品》："尔时王所作，有最大太子，我时为佛尊，第一建**刹柱**。以是功德故，世世所生处，在天上人间，其福自然见。"梁慧皎撰《高僧传》

卷 13："初立一小屋，每夕复梦见，一青龙从南方来，化为<u>刹柱</u>。受将沙弥试至新亭江寻觅，乃见一长木，随流来下。受曰：'必是吾所见者也。'于是雇人牵上，竖立为刹。"高丽一然传《三国遗事》卷 3："初立<u>刹柱</u>之日，匠梦本国百济灭亡之状，匠乃心疑停手。忽大地震动。晦冥之中有一老僧一壮士，自金殿门出，乃立其柱。僧与壮士皆隐不现。匠于是改悔，毕成。"

【差病/やまひをいやす】 述宾 （2 例） 治愈疾病。《日本灵异记》下卷《怨病忽婴身因之受戒行善以现得愈病缘第 34》："自谓：'宿业所招，非但现报。灭罪<u>差病</u>，不如行善。'"（p.350）又《减塔阶仆寺幢得恶报缘卷 36》："于是，不食病者，乞饭而食，<u>差病</u>起居。"（p.356）《方言》第 3："差，愈也。南楚病愈者谓之差。"后汉安世高译《佛说罪业应报教化地狱经》卷 1："佛言：'以前世时坐为针灸医师，针人身体不能<u>差病</u>；诳他取财，徒受苦痛，令他苦恼。故获斯罪。'"姚秦鸠摩罗什译《大智度论》卷 4《序品》："佛法不待时，如好药服时便<u>差病</u>，佛法亦如是不待时。"北凉昙无谶译《大般涅槃经》卷 25《光明遍照高贵德王菩萨品》："善男子，譬如病人，虽闻医教，及药名字，不能愈病，以服食故，能得<u>差病</u>。"→【必差】【当日即差】【未差】【早差】【治無不差】

【禅草~觉華~/ぜんそう~かくけ~】 对偶 "禅草"，禅定之花。"觉华"，觉悟之花。《唐大和上东征传》石上宅嗣《五言伤大和上》："上德从迁化，余灯欲断风。招提<u>禅草</u>（歇），戒院<u>觉华</u>空。"（p.100）唐冷朝阳《中秋与空上人同宿华严寺》："庭簇安<u>禅草</u>，窗飞带火虫。一宵何惜别，回首隔秋风。"按："禅草""觉华"二词，《汉语大词典》失收。在传世文献当中，"禅草"指汉司马相如的《封禅文》。"相如善文辞，病笃，武帝遣使往取其书而相如已死，家中仅有遗札一卷言封禅事。"见《史记·司马相如列传》。唐褚亮《伤始平李少府正己》诗："<u>禅草</u>回中使，生刍引吊宾。"

【禅定/ぜんじょう】 合成 （4 例） 梵语 dhyāna（禅那）的译音，意译作"定"。又译"思惟修""弃恶""功德丛林"等。新译作"静虑"。禅定是梵汉两语并用的语词。戒定慧三学之一，六度（六波罗蜜）之一。心定于一处，使不散乱，断绝烦恼，深入思维真理的境地。《日本灵异记》下卷《未作毕捻埋像生呻音示奇表缘第 17》："其里有一道场，号曰弥气山室堂。其村人等造私之堂，故以为字，法名曰慈氏<u>禅定</u>堂者。"（p.303）《唐大和上东征传》："《千臂经》云：临终端［坐］，如入<u>禅定</u>，当知此人已入初地。以兹验之，圣凡难测。"（p.96）《续日本纪》卷 1《文武纪》文武四年三月条："又谓曰：经论深妙，不能究竟。不如学禅流传东土。和尚奉教。始习<u>禅定</u>。所悟稍多。于后随使归朝。"（第一册，p.22）《上宫皇太子菩萨传》："菩萨兼时入<u>禅定</u>，或时一日三日五日。于时世人不识<u>禅定</u>，但言太子入梦堂，制以自事进食。"→【临终端（坐）、如入禅定】【心味四禅】【坐禅人灭尽定】

【禅房/ぜんぼう】 偏正 修禅者居住的静室。《奈良朝写经 34·大般若经卷第

401》："山田方见任肥后国史生，而史天平十五年岁次癸未八月二十九日，于合志郡以东山里在井出原之**禅房**，六见母之愿所奉写。"（p. 244）东晋佛陀跋陀罗、法显合译《摩和僧祇律》卷35："佛住舍卫城。尔时六群比丘，在**禅房**中，作骆驼坐，诸比丘以是因缘，往白世尊。"萧齐僧伽跋陀罗译《善见律毗婆沙》卷2《阿育王品》："是时太子往到**禅房**，至昙无德比丘所，求欲出家。国中豪贵，诸长者儿，一千童子，随太子出家。"梁慧皎撰《高僧传》卷7："时京兆尹孔灵符以事表闻，诏仍改**禅房**为天安寺，以旌瑞焉。"

【禅光～戒月～/ぜんこう～かいげつ～】 对偶 "禅光"，禅定之光。"戒月"，戒律之月。《唐大和上东征传》藤原刷雄《五言伤大和上》："万里传灯照，风云远国香。**禅光**耀百亿，**戒月**皎千乡。"（p. 101）（1）《古尊宿语录》卷9："各各英雄丈夫儿，堂堂物我更何疑。现前历历明如日，展缩当人示疾时。超然不得长空路，独脱**禅光**得自知。多闻方便谈今古，济物须彰闪电机。"（2）《全唐文》卷402魏静《永嘉集序》："遂使尘静昏衢，波澄元海，**心珠**道种，莹七净以交辉；**戒月**悲花，耿三空而列耀。"《全唐文》卷757何筹《唐云居寺故寺主律大德神道碑铭（并序）》："**戒月**圆满，律风清凉。白璧无点，明珠有光。"《唐文续拾》卷5李师直《唐嵩岳会善寺敕戒坛临坛大律德塔铭（并序）》："**白云**起兮青山暗，**戒月**沉兮世界昏。不知迷子何时悟，万古空余雁塔存。"《全唐五代词》卷6《敦煌作品（434首）》："四更迁。定惠双行出盖缠。了见色空圆净体，润如**戒月**莹晴天。"按：《汉语大词典》失收。

【禅林/ぜんりん】 偏正 "指寺院，僧徒聚居之处。《奈良朝写经56·大般若经卷第50等》："道行忽蒙威力，才得本心。以为连河能仁，设波若之宝筏，双树正觉，开菩提之**禅林**。"（p. 358）梁宝唱等集《高僧传》卷6："复于寺内，别置**禅林**，森树烟凝，石筵苔合。凡在瞻履，皆神清而气肃焉。"唐李通玄撰《解迷显智成悲十明论》卷1："身心无内外，十方悉无碍。一切皆**禅林**，与诸如来等。"唐彦悰纂录《唐护法沙门法琳别传》卷2："散诞白云之际，优游青松之下，朝窥慧苑，暮宿**禅林**。"→【觉林】

【禅林～慧苑～/ぜんりん～えおん～】 对偶 （2例）"禅林"见上。"慧苑"，讲授佛菩萨智慧之地。《唐大和上东征传》淡海元开《初谒大和上二首并序》："**禅林**戒网密，**慧苑**觉华丰。欲识玄津路，缁门得妙工。"（p. 99）《续日本纪》卷21《淳仁纪》天平宝字二年八月条："既而游神**惠苑**，体三空之玄宗。降迹**禅林**，开一真之妙觉。大慈至深，建药院而普济。弘愿潜运，设悲田而广救。"（第三册，p. 270）唐道宣撰《续高僧传》卷24："公策名奉节，许道亡身，除甘蔗之灾，拔空腹之树。使**禅林**郁映，**慧苑**扶疎。茂实嘉声，振于邦国，宁可忍斯邪佞。"唐法琳撰《辨正论》卷3："奉为先皇，于大觉寺，修葺堂宇，嚫施隆厚，供给丰华。影塔经台，粲然备举，上标金刹，下列银楹。雁翼临云，龙首承日。名僧继踵，法侣排肩，朝步莲池，暮栖香阁。风流**慧苑**，梵响**禅林**。召三百许僧，六时不坠，所度僧尼，一万四千人。"又卷4："并堂宇轮尭，像设严华。复拱图星，重楣画月。高窗荡雾，洞户延风。**慧苑禅林**莫不周备。"按：
"慧苑"一词，《汉语大词典》失收。

【禅林寺/ぜんりんじ】 寺名 位于浙江黄岩县南四十里，后称香岩寺。《唐大和
上东征传》："大和上巡礼圣迹，出始丰县，入临海县；导于白峰寻江，遂至黄岩县；
便取永嘉郡路，到**禅林寺**宿。"（p.60）又："于是，江东道采访使下牒诸州，先追所经
诸寺三纲于狱，留身推问；寻踪至**禅林寺**，捉得大和上，差使押送，防护十重围绕，送
至采访使所。"（p.60）

【禅林~智海~/ぜんりん~ちかい~】 对偶 "禅林"，此处指唐禅院。"智海"，
开悟之海。将佛智的深广譬为海。智是智能之意。《续日本纪》卷20《孝谦纪》天平宝
字元年十一月条："伏愿先帝陛下薰此芳因，恒荫**禅林**之定影；翼兹妙福，速乘**智海**之
慧舟。终生莲华之宝刹，自契等觉之真如。"（第三册，p.236）

【禅流/ぜんる】 偏正 禅宗的潮流；禅宗的流变。《奈良朝写经71·十诵律卷第
17》："远暨存亡，傍周动植，同兹景福，共沐**禅流**，或变桑田。"（p.425）梁僧佑撰
《弘明集》卷10："凝系表于绳初，导**禅流**于苦海。"

【禅門/ぜんもん】 偏正 禅定的法门；禅定。《奈良朝写经19·灌顶随愿往生
经》："引四海于法镜，则欲海澄氛。导六识于**禅门**，则邪云卷翳。"（p.129）东晋佛驮
跋陀罗译《大方广佛华严经》卷3《庐舍那佛品》："一切法门三昧地，一切佛所净德
海，**禅门**方便清净地，是故严净佛刹海。"隋智顗说《摩诃止观》卷9："**禅门**无量且约
十门：一根本四禅；二十六特胜；三通明；四九想；五八背舍；六大不净；七慈心；八
因缘；九念佛；十神通。"

【禅師/ぜんじ】 后缀 （96）专修禅定的出家人。①职业。《日本书纪》卷20
《敏达纪》五年十一月条："冬十一月庚午朔，百济国王付还使大别王等、献经论若干
卷、并律师、**禅师**、比丘尼、咒禁师、造佛工、造寺工、六人。遂安置于难波大别王
寺。"（第二册，p.476）《日本灵异记》上卷《偷用子物作牛役之示异表缘第10》："大
和国添上郡山村中里，昔有云椋家长公。当十二月，依《方广经》，欲忏先罪。告使人
云：'应请一**禅师**。'"（p.87）又中卷《见乌邪淫厌世修善缘第2》："**禅师**信严者，和
泉国泉郡大领血沼县主倭麻吕也。"（p.149）又："信严**禅师**，无幸少缘，自行基大德
先命终也。"（p.149）又《骂僧与邪淫得恶病而死缘第11》："圣武天皇御世，纪伊国
伊刀郡桑原之狭屋寺尼等发愿，于彼寺备法事，请奈良右京药师寺僧题惠**禅师**，字曰依
网**禅师**。俗姓依网连，故以为字。奉仕十一面观音悔过。"（p.177）又《未作毕佛像而
弃木示异灵表缘第26》："**禅师**广达者，俗姓下毛野朝臣，上总国武射郡人。一云畔蒜
郡人也。圣武天皇代，广达入于吉野金峰，经行树下而求佛道。"（p.217）又："**禅师**
闻之，怪见无人。良久徘徊，不得忍过。就椅起看，未造佛了而弃木也。**禅师**大恐，引

置净处，哀哭敬礼，发誓愿言：'有因缘故遇。我必奉造。'请有缘处，劝人集物，雕造阿弥陀佛、弥勒佛、观音菩萨等像。"（p. 217）又下卷《沙门凭愿十一面观世音像得现报缘第3》："亲王闻之，问弟子言：'以何因缘，今斯**禅师**如是白耶？'弟子答之，如上具述。"（p. 269）《续日本纪》卷19《孝谦纪》天平胜宝八岁四月条："壬子，遣医师、**禅师**、官人各一人于左右京四畿内，救疗疹疾之徒。"（第三册，p. 158）又天平胜宝八岁六月条："辛卯，太政官处分，太上天皇供御米盐之类，宜充唐和上鉴真、**禅师**法荣二人，永令供养焉。"（第三册，p. 164）又卷25《淳仁纪》天平宝字八年九月条："此**禅师**〈乃〉昼夜朝庭〈乎〉护仕奉〈乎〉见〈流仁〉、先祖〈之〉大臣〈止之天〉仕奉〈之〉位名〈乎〉继〈止〉念〈天〉在人〈奈利止〉云〈天〉退赐〈止〉奏〈之可止毛〉、此**禅师**〈乃〉行〈乎〉见〈尔〉至〈天〉净〈久〉。"（第四册，p. 32）又："故是以〈天〉、帝〈乃〉出家〈之天〉伊未〈须〉世〈仁方〉、出家〈之天〉在大臣〈毛〉在〈倍之止〉念〈天〉乐〈末须〉位〈仁方〉阿良祢〈止毛〉此道镜**禅师**〈乎〉大臣**禅师**〈止〉位〈方〉授〈末都流〉事〈乎〉诸闻食〈止〉宣。"（第四册，p. 32）又："又敕：'以道镜**禅师**为大臣**禅师**。所司宜知此状。职分封户准大臣施行。'"（第四册，p. 34）又天平宝字八年九月条："壬戌，敕曰：'今月二十八日，览大臣**禅师**让位表，具知来意。唯守冲虚，确陈退让。然欲隆佛教，无高位则不得服众。劝奖缁徒，非显荣则难令速进。今施此位者，岂烦**禅师**以俗务哉。宜昭斯意，即断来表，所司一依前敕施行。'"（第四册，p. 36）又天平神护元年八月条："朕师大臣**禅师**〈乃〉宣〈久〉。愚痴〈仁〉在奴〈方〉思和久事〈毛〉无〈之之天〉、人〈乃〉不当无礼〈止〉见咎〈牟流乎毛〉不知〈之天〉、恶友〈尔〉所引率〈流〉物在。"（第四册，p. 88）又卷26《称德纪》天平神护元年闰十月条："'是以、朕师大臣**禅师**〈能〉朕〈乎〉守〈多比〉助赐〈乎〉见〈礼方〉、内外二种〈乃〉人等〈仁〉置〈天〉其理〈仁〉慈哀〈天〉过无〈久毛〉奉仕〈之米天志可等〉念〈保之米之天〉可多良〈比〉能利〈多布〉言〈乎〉闻〈久仁〉、是〈能〉太政大臣〈乃〉官〈乎〉授〈末都流仁方〉敢〈多比奈牟可等奈毛〉念。故是以、太政大臣**禅师**〈能〉位〈乎〉授〈末都留止〉敕御命〈乎〉、诸闻食〈止〉宣。复敕〈久〉、是位〈乎〉授〈末都良牟等〉申〈佐方〉必不敢伊奈〈等〉宣〈多方牟止〉念〈之天奈毛〉、不申〈之天〉是〈能〉太政大臣**禅师**〈乃〉御位授〈末都流等〉敕御命〈乎〉、诸闻食〈等〉宣。'诏文武百官、令拜贺太政大臣**禅师**。事毕，幸弓削寺礼佛。奏唐、高丽乐，及黑山、企师部舞。施太政大臣**禅师**棉一千屯。"（第四册，p. 96）又天平神护元年闰十月条："丙申，留守百官拜贺太政大臣**禅师**，赐五位以上棉人三十屯。"（第四册，p. 98）又卷27《称德纪》天平神护二年十月条："故诸〈乃〉大法师等〈乎〉比歧为〈天〉上〈止〉伊麻〈须〉太政大臣**禅师**〈乃〉如理〈久〉劝行〈波之米〉教导赐〈尔〉依〈天之〉、如此〈久〉奇〈久〉尊〈歧〉验〈波〉显赐〈弊利〉。"（第四册，p. 136）又："次〈尔〉、诸大法师〈可〉中〈仁毛〉、此二**禅师**等〈伊〉同心〈乎〉以〈天〉相从、道〈乎〉志

〈天〉、世间〈乃〉位冠〈乎波〉不乐伊末〈佐倍止毛奈毛〉犹不得止〈天〉円兴**禅师**〈尔〉法臣位授〈末川流〉。基真**禅师**〈尔〉法参议大律师〈止之天〉冠〈波〉正四位上〈乎〉授〈气〉、复物部净〈之乃〉朝臣〈止〉云姓〈乎〉授〈末川流止〉敕天皇〈我〉御命〈乎〉、诸闻食〈止〉宣。"（第四册，p. 136）②咒诵。《日本灵异记》上卷《恶人逼乞食僧而现得恶报缘第15》："昔故京时，有一愚人，不信因果。见僧乞食，忿而欲击。时僧走入田水，追而执之。僧不得忍，以咒缚之。愚人颠沛，东西狂走，僧即远去，不得眄瞻。其人有二子，欲解父缚。便诣僧房，劝请**禅师**。师问知其状而不肯行。二子勤重拜敬，请救父厄。其师乃徐行，诵《观音品》初段竟，即得解脱。然后乃发信心，回邪入正也。"（p. 96）又《持戒比丘修净行而得现奇验力缘第26》："大皇后天皇之代，有百济**禅师**，名曰多罗常。住高市郡部内法器山寺。勤修净行，看病第一。应死之人，蒙验更苏。每咒病者，而有奇异。"（p. 114）又《殷勤归信观音愿福分以现得大福德缘第31》："粟田卿遣使八方，令问求**禅师**优婆塞。遇东人而拜请令咒护。卿之女被咒力病愈。"又中卷《赎蟹虾命放生现报蟹所助缘第12》："殷诼乞，脱衣而买。童男等乃免之。劝请义**禅师**，令咒愿以放生。"（p. 180）又下卷《强非理以征债取多倍而现得恶死报缘第26》："'依此罪召汝。应得现报，今示汝耳。'传语梦状，即日死亡。径于七日，不烧而置，请集**禅师**、优婆塞三十二人，九日之顷，发愿修福。"（p. 329）又《减塔阶仆寺幢得恶报缘第36》："时子家依，得久病故，请召**禅师**、优婆塞，而令咒护，犹不愈差。时看病众中，有一**禅师**，发誓愿言：'凡凭佛法，修行大意，救他活命。今我寿施病者代身。佛法实有，病人命活。'"（p. 356）又："王问：'何烟？'答曰：'永手之子家依，受病而痛，咒之**禅师**，手于烧香，彼烟也。'即阎罗王，免我摈返睨。"（p. 356）《续日本纪》卷19《孝谦纪》天平胜宝八岁五月条："丁丑，敕：'奉为先帝陛下，屈请看病**禅师**一百二十六人者，宜免当户课役。'"（第三册，p. 162）又卷32《光仁纪》宝龟三年三月条："丁亥，**禅师**秀南、广达、延秀、延惠、首勇、清净、法义、尊敬、永兴、光信。或持戒足称，或看病著声。诏充供养，并终其身。当时称为十**禅师**。其后有阙，择清行者补之。"（第四册，p. 374）又宝龟三年四月条："道镜，俗姓弓削连，河内人也。略涉梵文，以禅行闻。由是入内道场，列为**禅师**。宝字五年，从幸保良，时侍看病，稍被宠幸。废帝常以为言。与天皇不相中得。天皇乃还平城别宫而居焉。宝字八年大师惠美仲麻吕谋反伏诛。以道镜为太政大臣**禅师**。"（第四册，p. 374）③传说。《日本灵异记》上卷《赎龟命放生得现报龟所助缘第7》："**禅师**弘济者，百济国人也。当百济乱时，备后国三谷郡大领之先祖，为救百济遣军旅。时发誓愿言：'若平还来，为诸神祇造立伽蓝。'遂免灾难。即请**禅师**，相共还来。造三谷寺。其**禅师**所造立伽蓝多。诸寺道俗观之，共为钦敬。**禅师**为造尊像上京，卖财既买得金丹等物。还到难破之津时，海边人卖大龟四口。**禅师**劝人买而放之。即借人舟，将童子二人，共乘度海。日晚夜深。舟人起欲，行到备前骨岛之边，取童子等，掷入海中。然后告**禅师**曰：'应速入海。'师随教化，贼犹不许。于兹发愿，而入海中。水及腰时，以石当脚。其晓见之，龟负之矣。其备中海浦海边，其龟三领而去。疑是放龟报恩乎。于时，贼等六人，其寺卖金丹。檀越先运量赎，**禅师**后出见之。贼等慌然，不知退进。**禅师**怜愍，不加刑罚。造佛严塔，供养已了。后住海边，化往来人，春秋八十有余而卒。畜生犹不忘恩返报恩，何况义人而忘恩乎？"（p.80）又《聋者归敬方广经典得现报开两耳缘第8》："自谓：'宿业所招，非但现报。长生为人所厌，不如行善遄死。'乃扫地餝堂，屈请义**禅师**。先洁其身，香水澡浴，依《方广经》。于是发希有想，白**禅师**言：'今我片耳闻一菩萨名。故唯愿大德忍劳。'后依**禅师**重拜，片耳既闻。义通欢喜，亦请重更拜，两耳俱闻。"（p.82）又下卷《忆持〈法华经〉者舌著曝髑髅中不朽缘第1》："诺乐宫御宇大八洲国之帝姬阿倍天皇御代，纪伊国牟娄郡熊野村，有永兴**禅师**。化海边之人。时人贵其行，故美称菩萨。从天皇城有南故，号曰南菩萨。尔时，有一**禅师**，来之于菩萨所。所持之物，《法华经》一部，字细少书，减卷数成一卷持之。白铜水瓶一口，绳床一足也。僧常诵持法华大乘，以之为宗。历一年余，而思别去。敬礼**禅师**，奉施绳床，而语之曰：'今者罢退，欲居山。踰于伊势国。'**禅师**闻之，糯干饭春薛二斗，以之施师，优婆塞二人副，共遣使见送。是**禅师**一日道所送，而以《法华经》并钵干饭粉等与优婆塞，自此令还，唯以麻绳二十寻水瓶一口而别去。径送二年，熊野村人，至于熊野河上之山，伐树作船。闻之有音，诵《法华经》。累日径月，犹读不止。造船之人，闻读经音，发心贵之，擎自分粮，以推求之，不瞰形色。故还而居，读经之音，如先不息。后历半年，为引船人入山，闻之读经，音犹不止。怪白**禅师**。**禅师**怪往，而闻有实。寻求见之，有一尸骨。以麻绳系二足，悬岩投身而死。骨侧有水瓶。乃知别去之**禅师**也。永兴见之，悲哭而还。然历三年，山人告云：'读经之音，如常不止。'永兴复往，将取其骨，见髑髅者，至于三年，其舌不腐。莞然生有。谅知大乘不思议力，诵经积功验德也。赞曰：'贵哉，**禅师**。受血肉身，常诵法华，得大乘验。投身曝骨，而髑髅中，著舌不烂。是明圣也，不凡矣。'又吉野金峰，有一**禅师**，往峰行道。**禅师**闻，往前有音，读于《法华经》《金刚般若经》。闻之留立，排开草中而见之者，有一髑髅。历久日曝，其舌不烂而生者著有。**禅师**取收净处，语髑髅言：'以因缘故，汝值于我。'便以草葺覆于其上，共住读经，六时行道。**禅师**随读《法华》，髑髅共读故，见彼舌，舌振动矣。是亦奇异之事也。"（p.263）又《杀生物命结怨作狐狗互相怨报缘第2》："**禅师**永兴者，诺乐左京兴福寺沙门矣。俗姓苇屋君氏，一云市往氏。摄津国手岛郡人也。住于纪伊国牟娄郡熊野村而修行。时彼村有病者。是将来于**禅师**住寺，劝请**禅师**而令看病，咒之时愈，即退发病。如是生经多日不辍。强盟犹咒。病者托曰：'我是狐矣。无用不伏。**禅师**莫强。'问之：'何故？'答：'斯先杀我，我报彼怨。是人才死，生犬杀我。'闻怪教化，不放而杀。一年之后，其死人卧室，**禅师**之弟子卧病。尔时有人，系犬于**禅师**而来。彼犬嗥吠，抓脱枷断镍欲奔。**禅师**怪之，告犬主言：'应放知由。'才放走入病弟子室，咋狐引出。**禅师**禁犬，不免啮杀。晰委，毙人还报彼怨。呜呼惟也！怨报不朽。何以故？毗瑠璃王，报过去怨，而杀释众九千九百九十万人。以怨报怨，怨犹不灭。如车轮转。"（p. 266）又《**禅师**将食鱼化作〈法华经〉覆俗诽缘第6》："童子至于山寺，向师具陈于俗等事，**禅师**闻之，一怪一喜，知天守护。然食彼鱼时，窥往俗见，五体投地，白**禅师**言：'随实鱼体，而就圣人之食物者，化《法华经》也。我愚痴邪见，不知因果，而犯逼恼乱。愿罪脱赐。自今已后，为我大师，恭敬供养。'自尔，俗成大檀越，供养**禅师**。"（p. 276）又《智行并具**禅师**重得人身生国皇之子缘第39》："尺善珠**禅师**者，俗姓迹连也。负母之姓而为迹氏也。幼时随母，居住大和国山边郡矶城岛村。得度精勤修学，智行双有。皇臣见敬，道俗所贵。弘法导人，以为行业。是以天皇贵其行德，拜任僧正之。而彼**禅师**之颡右方，有大靥也。平城宫治天下山部天皇御世延历十七年之比顷，**禅师**善珠临命终时，依世俗法，问饭占时，神灵托卜者言：'我必宿于日本国王之夫人丹治比娘女之胎，将生王子。吾面靥着生以，知虚实耳。'命终之后，延历十八年之比顷，丹治比夫人诞生一王子。其颡右方靥着，如先善珠**禅师**之面靥。不失而着生。故名号大德亲王……昔诸乐宫二十五年治天下胜宝应真圣武太上天皇之御世，又同宫九年治天下帝姬阿倍天皇御世，彼山有净行**禅师**而修行。其名为寂仙菩萨。其时世人道俗，贵彼净行，故美称菩萨。帝姬天皇御世于九年宝字二年岁次戊戌年，寂仙**禅师**，临命终日，而留录文，授弟子告之而言：'自我命终以后，历二十八年之间，生于国王之子。名为神野，是以当知我寂仙。'云云。"（p. 377）《唐大和上东征传》："其父先就扬州大云寺智满**禅师**受戒，学禅门。大和上年十四，随父入寺，见佛像感动心，因请父求出家；父奇其志，许焉。是时，大周则天长安元年有诏于天下诸州度僧，便［就］智满**禅师**出家为沙弥，配住大云寺。"（p. 34）又："大和上答曰：'昔闻南岳［惠］思**禅师**迁化之后，托生倭国王子，兴隆佛法，济度众生。'"（p. 40）又："大和上住此一春，发向韶州，倾城送远；乘江七百余里，至韶州禅居寺，留住三日。韶州官人又迎引入法泉寺，乃是则天为慧能**禅师**造寺也，**禅师**影像今现在。"（p. 74）又："时扬州道俗皆云：'和上欲向日本国。'由是，龙兴寺防护甚固，无由进发，时有仁干**禅师**从［婺］州来，密知和上欲出，备具舟舫于江头相待。"（p. 83）《续日本纪》卷19《孝谦纪》天平胜宝八岁五月条："丙子，敕：'**禅师**法荣，立性清洁，持戒第一，甚能看病。由此，请于边地，令侍医药。太上天皇得验多数，信重过人，不用他医。尔其阅水难留，鸾舆晏驾。**禅师**即誓，永绝人间，侍于山陵，转读大乘，奉资冥路。朕依所请，敬思报德。厌俗归真，财物何富。出家慕道。冠盖何荣？莫若名流万代，以为后生准则。宜复**禅师**所生一郡，远年勿役。'"（第三册，p. 162）元魏毘目智仙、般若流支译《圣善住意天子所问经》卷3："天子问言：'文殊师利，言禅师者，何等比丘，得言**禅师**？'文殊师利答言：'天子，此**禅师**者，于一切法，一行思量。所谓不生，若如是知，得言**禅师**。'"宋智圆述《涅槃经疏三德指归》卷1："明练持犯曰律师；精通经论曰法师；修心静虑曰**禅师**。"

【禅院寺/ぜんいんじ】 寺名 （5例） 位于元兴寺东南角。玄奘的弟子道照662年

创建。《日本灵异记》上卷《勤求学佛教弘法利物临命终时示异表缘第22》："业成之后，到此土，**造禅院寺**，而止住焉。"（p. 107）又："遂住**禅院**，为诸弟子，演畅所请众经要义。"（p. 107）《续日本纪》卷1《文武纪》文武四年三月条："于元兴寺东南隅，别建**禅院**而住焉。"（p. 34）《日本三代实录》卷32元庆元年十二月条："十六日壬午，以**禅院寺**为元兴寺别院。**禅院寺**者，遣唐留学僧道照还此之后，壬戌三月，创建本元兴寺东南隅。和铜四年八月移建平城京也。"

【禅枝 ~ 法梁/ぜんし ~ ほうりょう ~】 对偶 （2例） "禅枝"，寺庙禅堂周围的树木。"法梁"，佛法的栋梁，喻指担任弘扬佛法重任的人。《续日本纪》卷8《元正纪》养老五年六月条："六月戊寅，诏曰：'沙门法莲，心住**禅枝**，行居**法梁**。尤精医术，济治民苦。善哉若人。何不褒赏。其僧三等以上亲，赐宇佐君姓。'"（第二册，p. 94）又卷10《圣武纪》神龟四年十二月条："十二月丁丑，敕曰：'僧正义渊法师，**禅枝**早茂，**法梁**惟隆。扇玄风于四方，照慧炬于三界。加以，自先帝御世，迄于朕代，供奉内里，无一咎愆。念斯若人，年德共隆。宜改市往氏，赐冈连姓，传其兄弟。'"（第二册，p. 184）（1）南朝梁萧统《讲解将毕赋三十韵》："药树永繁稠，**禅枝**讵凋械。"（2）梁菩提达磨说《菩提达磨大师略辨大乘入道四行观》卷1："生途忽鸟慧眼闭，禅河驻流**法梁**折。无去无来无是非，彼此形体心碎裂。"唐圆照撰《贞元新定释教目录》卷13："缁徒悲噎，叹**法梁**之遽摧；俗侣哀号，恨群生之失导。"按："法梁"一词，《汉语大词典》失收。

【缠绕/まつはる】 并列 萦绕，回旋地束缚。《古事记》中卷《垂仁记》："乃天皇惊起，问其后曰：'吾见异梦。从沙本方暴雨零来，急沾吾面。又锦色小蛇，**缠绕**我颈。是有何表也？'"（p. 198）后汉康孟详译《佛说兴起行经》卷2："不以是苦行，能得成佛道。非道而行求，因缘自**缠绕**。"东晋佛陀跋陀罗译《佛说观佛三昧海经》卷5《观佛心品》："我随汝死，婉转相著，终不相离。气绝命终，生铁城中，东西驰走，铁蛇出毒，**缠绕**其身。"隋阇那崛多译《佛本行集经》卷26《向菩提树品》："或眼放光，犹如黑蛇，其中毒满，或有颈项，**缠绕**诸蛇，或有手执，蟒蛇而食，犹金翅鸟，从海取龙，而噉食之。"按：《汉语大词典》首引唐刘禹锡《葡萄歌》："田野生葡萄，**缠绕**一枝高。"偏晚。《史记》卷130《太史公自序》："名家苛察缴绕"，集解注引如淳曰："缴绕，犹**缠绕**，不通大体也。"（p. 3291）该例说明，传世文献中"缠绕"一词的出现不会晚于三国时代。《垂仁记》中"缠绕"一词多用以表现蛇牢牢缠住人的动作，该用法出自汉文佛经。此外，该故事在《日本书纪》卷6《垂仁纪》五年十月条里是这样叙述的："语皇后曰：'朕今日梦矣。锦色小蛇，绕于朕颈。复大雨从狭穗发而来之濡面。是何祥也？'"（第一册，p. 308）

【缠手/てにまく】 述宾 把绳线缠在手上，用布帛把手缠起来。《古事记》中卷《垂仁记》："尔其后豫知其情，悉剃其发，以发覆其头，亦腐玉绪，三重**缠手**，且以酒腐御衣，如全衣服。"（p. 202）后秦弗若多罗、罗什合译《十诵律》卷 45："在中庭讲堂内土埵上，有立作者，有纺者，有擘治者，有抖擞者，有作萦者，有**缠手**者。"唐道世撰《法苑珠林》卷 64："我于尔时，即以缯帛，而自**缠手**，内著油中以火然之，发至诚言。"按：《汉语大词典》中"缠手"词条释义作"谓事情难办或疾病难治"，不表示"把绳线缠在手上"等意思。《日本书纪》卷 11《仁德纪》五十五年条："五十五年，虾夷叛之。遣田道令击。则为虾夷所败，以死于伊峙水门。时有从者，取得田道之**手缠**与其妻。乃抱**手缠**而缢死。"（第二册，p. 64）例中"手缠"，指一种革制臂套。

【**缠心**／こころにむすぼる】 格义 （3 例） 缠绕心头，萦绕心怀。《日本书纪》卷 16《武烈纪》即位前纪条："于是影媛收埋既毕，临欲还家，悲鲠而言：'苦哉！今日失我爱夫，即便洒涕怆矣。'**缠心**歌曰。"（第二册，p. 274）《续日本纪》卷 9《元正纪》养老六年正月条："六年春正月癸卯朔，天皇不受朝。诏曰：'朕以不天，奄丁凶酷。婴蓼莪之巨痛，怀顾复之深慈。悲慕**缠心**，不忍贺正。宜朝廷礼仪皆悉停之。'"（第二册，p. 108）又卷 19《孝谦纪》天平胜宝八岁十二月条："其词曰：'皇帝敬白：朕自遭闵凶，情深荼毒。宫车渐远，号慕无追。万痛**缠心**，千哀贯骨。恒思报德。日夜无停。'"（第三册，p. 170）（1）东晋佛驮跋陀罗译《大方广佛华严经》卷 32《佛小相光明功德品》："诸天子，五欲**缠心**，修念佛三昧，皆悉除灭，是故诸天子当知报恩，一向敬念卢舍那菩萨。"东晋法显译《大般涅槃经》卷 3："雕饰宝殿，八万四千，王之所处，不过一室。身之所须，饱足而已，而王役虑四方，**缠心**物务，徒劳精神，于身无益。"唐菩提流志译《大宝积经》卷 43《尸波罗蜜品》："四者临终舍命，无惑**缠心**，往生善趣，安乐世界。"（2）《宋书》卷 6《孝武帝纪》："壬戌，诏曰：'先帝灵命初兴，龙飞西楚，岁纪浸远，感往**缠心**。'"《南齐书》卷 34《虞玩之传》："非为希高慕古，爱好泉林，特以丁运孤贫，养礼多阙，风树之感，夙自**缠心**。"《艺文类聚》卷 14 所载齐王俭《高帝哀策文》："降阶执礼，泣血**缠心**。感客台之罢御，哀恭馆之不临。"按：《汉语大词典》失收。如例文所示，"缠心"一词源自佛经，表示执着的意思。后在传世文献当中，引申出萦绕心怀的意思，且主要用于哀策文体。

【**产月**／こうむつき】 偏正 （2 例） 分娩的月份。《日本书纪》卷 14《雄略纪》五年四月条："加须利君则以孕妇，既嫁与军君曰：'我之孕妇，既当**产月**。若于路产，冀载一船，随至何处，速令送国。'"（第二册，p. 164）《常陆国风土记·那贺郡》条："遂成夫妇，一夕怀妊。至可**产月**，终生小蛇。"（p. 404）东晋瞿昙僧伽提婆译《增壹阿含经》卷 20《声闻品》："梵志白佛：'此女人者，**产月**未满，复以产儿，故致命终。'"《敦煌变文·父母恩重经讲经文》："经说母亲临**产月**，受没量多苦恼也唱将来。"（p. 972）按：《汉语大词典》失收。

【**阐扬仏法**／ぶっぽうをせんようす】 四字 阐明发扬佛教教义。《续日本纪》卷 7《元正纪》灵龟二年五月条："人能弘道，先哲格言。**阐扬佛法**，圣朝上愿。"（第二册，

p. 14）失译人名今附秦录《萨婆多毗尼毗婆沙》卷3："过去不可计劫有佛出世，名阿梨罗。彼佛法中有兄弟二人，出家作比丘。兄坐禅故，得阿罗汉三明六通。弟学通三藏，**阐扬佛法**。时世四辈宗奉二人。"唐道宣撰述《四分律删繁补阙行事钞》卷2："四若为利养名闻便息，若利安众生，**阐扬佛法**便谏。"唐定宾作《四分律疏饰宗义记》卷5："若为名利，有所言说，应自观身。若为利生，**阐扬佛法**，应转相教。"

【懺悔/さんげ・くゆ】 合成　梵文 ksama，音译为"忏摩"，省略为"忏"，意译为"悔"，合称为"忏悔"。佛教规定，出家人每半月集合举行诵戒，给犯戒者以说过悔改的机会。后遂成为自陈己过、悔罪祈福的一种宗教仪式。引申为认识了错误或罪过而感到痛心。《日本灵异记》上卷《忆持〈法华经〉现报示奇异表缘第18》："于时**忏悔**，奉直之后，就状得持。"（p. 101）唐道宣撰《南山戒疏》卷1下："**悔**是此土之言，**忏**是西方略语，如梵本音忏摩也。忏字非仓雅所陈，近俗相传故耳。"宋知礼述《金光明经文句记》卷3："**忏悔**二字，乃双举二音。梵语**忏**摩，华言**悔**过。"刘宋昙无蜜多译《佛说观普贤菩萨行法经》卷1："一切业障海，皆从妄想生，若欲**忏悔**者，端坐念实相。众罪如霜露，慧日能消除，是故应至心，忏悔六情根。"唐道世撰《法苑珠林》卷86："**忏悔**有二：一是迷心依事**忏悔**，谓佛像前行道礼敬发愿，要期断除事恶；二是智心依理**忏悔**，谓观身心断除结使。"按：忏悔文、忏仪一类就是在忏悔的基础上产生的一种文体，成为专以脱罪祈福为目的的佛教仪式。→【発露懺悔】【受戒懺悔】【行道懺悔】

【懺謝/さんじゃ】 并列　犹忏悔。"忏"，悔过。"谢"，自以为过。《唐大和上东征传》："其灵佑日日**忏谢**，乞欢喜，每夜一更立至五更谢罪。"（p. 61）失译人名今附后汉录《大方便佛报恩经》卷3《论议品》："王自入宫，向鹿母夫人自责悔过，而作是言：'我实愚痴无智，不识贤良，横生恶贱，违逆夫人。'**忏谢**讫已，还复本位。"东晋昙无兰译《新岁经》卷1："于时如来，迁延尊位，**忏谢**圣众，矜愍天下，还就草蓐。佛适复坐，圣众亦然，各就故位，复坐如法。"刘宋求那跋陀罗译《杂阿含经》卷40："其骂詈者，即便改悔，**忏谢**于彼，而彼比丘，不受其忏，以不受忏故。"按：《汉语大词典》失收。

【懺罪/さんざい】 述宾　（2例）　忏悔前罪。《藤氏家传》下卷《武智麻吕传》："后就余闲，诣滋贺山寺，礼尊容而发愿，刻身心而**忏罪**。"（p. 344）《日本灵异记》上卷《自幼时用网捕鱼而现得恶报缘第11》："渔夫悚栗，诣浓于寺，于大众中，**忏罪**改心。施衣服等，令诵经竟。从此以后，不复行恶。"（p. 89）姚秦佛陀耶舍、竺佛念等合译《四分律》卷60："优波离，若比丘有此十七法，应举他罪。有二十二法，不应授人大戒。不知法不知非法，乃至不知说不说，不知可**忏罪**，不知不可**忏罪**，不知忏悔，不知忏悔清净。"刘宋僧伽跋摩译《萨婆多部毗尼摩得勒伽》卷7："发喜**忏罪**有何义？若比丘失檀越意，众僧语言。若不**忏悔**，檀越更加汝罪。"唐道宣撰《续高僧传》卷9：

"帝语苏威曰：'朕知裕师纲正，是自在人，诚不可屈节。'乃敕左仆射高颖右仆射苏威纳言虞庆则总管贺若弼等诸公诣寺宣旨，代帝受戒**忏罪**。"按：《汉语大词典》失收。

【**懺罪改心**/つみをくい、こころをあらたむ】 自创　忏悔前罪，洗心革面。《日本灵异记》上卷《自幼时用网捕鱼而现得恶报缘第 11》："渔夫悚栗，诣浓于寺，于大众中，**忏罪改心**，施衣服等，令诵经。从此以后，不复行恶。"（p. 89）→【改心悔過】

【**長阿含経**/じょうあごんきょう】 内典　凡 22 卷。后秦佛陀耶舍、竺佛念等合译。四阿含经（《长阿含经》《中阿含经》《增壹阿含经》《杂阿含经》）之一。属阿含部，收录较长经典。天台大师将释尊一代教说区分为五时，《阿含经》是位次于华严时之后所说的经，时为阿含时，所说的教法称《阿含经》。"阿含"，梵语 āgama 的译音，意译为"法归""法本""法藏""藏"等。将佛说收集而成者之意。《日本灵异记》下卷《沙门诵持方广大乘沉海不溺缘第 4》："所以《长阿含经》云：'以怨报怨，如草灭火；以慈报怨，如水灭火。'者，其斯谓欤矣。"（p. 272）新罗太贤集《梵网经古迹记》卷 2："问：'俗礼之中君父之怨不报非孝，何故今言于害王亲报之违孝？'答：'孝有二种：世间之孝以怨报怨，如草灭火；胜义之孝以慈报怨，如水灭火。既信六道皆我父母，岂为一亲更害一亲？'"

【**長跪白言**："～"/ひざまづきてまうしていはく ～】 说词　（位卑者对位尊者）长时间跪在地上说道："……"。《日本灵异记》中卷《力女示强力缘第 27》："于兹船人大惶，**长跪白言**：'犯也。服也。'"（p. 220）后汉安世高译《佛说㮈女祇域因缘经》卷 1："须臾祇域亦来，儿欢喜出门迎，头面作礼，**长跪白言**：'愿得为祇域作奴，终身供养，以报再活之恩。'"后汉康孟详译《佛说兴起行经》卷 2："大众见此女，现身堕泥犁。阿阇世王便惊恐，衣毛为竖，即起叉手，**长跪白言**：'此女所堕，今在何处？'佛答大王：'此女所堕，名阿鼻泥犁。'"东晋法显译《大般涅槃经》卷 2："时弗迦娑，闻佛此语，欢喜踊跃，即以一张，置佛足下。又持一张，至阿难所，**长跪白言**：'我今以此奉施尊者。唯愿纳受。'"

【**長跪而言**："～"/ひざまづきていはく ～】 说词　（位卑者对位尊者）长时间跪在地上说道："……"。《日本灵异记》中卷《恶逆子爱妻将杀母谋现报被恶死缘第 3》："子拔横刀，将杀母。母即子前，**长跪而言**：'殖木之志，为得彼果并隐其影；养子之志，为得子力并被子养。如恃树漏雨，何吾子违思，今在异心耶？'"（p. 152）西晋安法钦译《阿育王传》卷 2："时驹那罗复举四指，王语罗提翄多：'谁与我竟？'罗提翄多**长跪而言**：'谁能敢与，人帝共竟？'"后秦弗若多罗译《十诵律》卷 8："王闻破贼，心大欢喜。尔时诸斗将破贼已，还到王所，**长跪而**①**言**：'大王常胜。'作是语已在王前立。王即时偿慈财物、聚落、田宅、人民，更倍供给。"北凉昙无谶译《大般涅槃经》

---

① "向"，宋本、元本、明本、宫本中作"而"。

卷31《师子吼菩萨品》："时四天王，心怀瞋忿，雨沙砾石。王见是已，心大怖畏，复至我所，**长跪而言**：'唯愿哀愍，听我忏悔。'"

【長迷/ながくまどふ】 偏正 长期迷恋于某事，长时间沉溺于某事。"迷"，"悟"的对应词。指不能确实觉知事物的真理、真象，执着于贪、瞋、痴等烦恼，又指其状态。《唐大和上东征传》淡海元开《初谒大和上二首并序》："我是无明客，**长迷**有漏津。今朝蒙善诱，怀抱绝埃尘。"（p.100）东晋佛驮跋陀罗译《大方广佛华严经》卷5《如来光明觉品》："世间诸放逸，**长迷**醉五欲，非实兴妄想，永为大苦障，勤修不放逸，奉行诸佛法，大誓能度彼，是则佛境界。"萧齐昙景译《摩诃摩耶经》卷1："三界诸众生，**长迷**痴爱海，方应施法船，云何而背舍？"唐菩提流志译《大宝积经》卷47《毘利耶波罗蜜多品》："汝摄恶慧行无义，汝常安住无义业。欲法引苦汝**长迷**，离欲清净圣所赞。"按：《汉语大词典》失收。

【長三尺、入地三寸/ながさみさか、つちにいることみき】 典据 身高三尺，足迹踩进地里三寸。《唐大和上东征传》："昔一夜暴风急吹，明旦，人看阁下四隅，有（八）神迹，**长三尺**，**入地三寸**；今造四神王像，扶持阁四角，其神（践）迹，今尚存焉。"（p.79）（1）《魏志》卷4："是月，襄武县言有大人见，**长三丈余**，迹**长三尺二寸**，白发，著黄单衣，黄巾，柱杖，呼民王始语云：'今当太平。'"《宋书》卷34《五行五》："明帝泰豫元年正月，巨人见太子西池水上，**迹长三尺余**。"（2）梁慧皎撰《高僧传》卷12："斋毕见帛上有人迹，皆**长三尺**余，众咸服其征感。"唐道宣撰《广弘明集》卷15："渝州西百里相思寺北，石山上有佛迹十二枚，皆**长三尺**，阔一尺一寸，深九寸。中有鱼文，在佛堂北十五步。"又："抚州显庆年中有潭州行像，自移来州东二十里，山中道现两迹，**长三尺**，相去五百余里。"《神僧传》卷5《无相》条："其寺在涪州上流大江水北，崖侧有铭方五尺许，字如掌大都不可识。下有佛迹，相去九尺，**长三尺许**。"（2）《魏志》卷4《三少帝纪》："是月，襄武县言有大人见，长三丈余，迹**长三尺二寸**，白发，著黄单衣，黄巾，柱杖，呼民王始语云：'今当太平。'"《宋书》卷34《志第24》："明帝泰豫元年正月，巨人见太子西池水上，**迹长三尺余**。"

【長斋/ちょうさい】 偏正 佛教戒律中，规定中午12时以后进食为非时食，称遵守过午不食戒者为持斋，长时如此则谓之持长斋。有七日、三长斋月（正月、五月、九月）等持长斋的期限。《藤氏家传》下卷《武智麻吕传》："受戒**长斋**，令造神剑，付使进之。"（p.344）东晋帛尸梨蜜多罗译《佛说灌顶经》卷2："七日七夜，**长斋**菜食，不噉五辛，审谛莫疑。是诸恶魔，闻见此经，神咒力故，即驰散而去，远百千由旬，不能为害，消灭不善，吉祥感应。"又卷3："佛言汝：'自心口所为，当咎于谁？'长者白佛：'我从今日，改往修来，奉受三归，及五戒法，持月六斋，年三**长斋**，烧香散华，悬杂幡盖，供事三宝；从今以去，不敢复犯，破归戒法。'佛言：'如汝今所言者，是为大善。'"唐阿地瞿多译《陀罗尼集经》卷4《佛说跋折啰功能法相品》："行道之人，一食**长斋**，不食余味，唯食大麦乳糜，安道场处必须净室。"唐宗密述《圆觉经道场修证仪》卷 4："七日**长斋**，一日三时洗浴。初日供养僧，随意多少。"按：《汉语大词典》失收。

【**尝舌**／したをなむ】 述宾 舐舌头；用舌头品尝味道。《日本灵异记》中卷《依汉神崇杀牛而祭又修放生善以现得善恶报缘第 5》："判许已讫，七牛闻之，**尝舌**饮唾，切脍为验，噉宍为效，慷慨捧刀而建，各言：'不报怨哉。我当不忘，犹后报之。'"（p.159）唐般刺蜜帝译《大佛顶如来密因修证了义诸菩萨万行首楞严经》卷 3："阿难，若因舌生，则诸世间甘蔗、乌梅、黄连、石盐、细辛、姜桂都无有味。汝自**尝舌**为甜为苦？若舌性苦，谁来**尝舌**？舌不自尝，孰为知觉？舌性非苦，味自不生，云何立界？"该例亦见于宋戒环解《楞严经要解》卷 5、宋思坦集注《楞严经集注》卷 3 等。按：《汉语大词典》失收。

【**常尔**／つねに】 后缀 （5 例） 经常，恒常。《万叶集》卷 6 第 959 首："往还**常尔**我见之 香椎潟 从明日后尔波 见缘母奈思"（第二册，p.129）。又卷 8 第 1459 首："世间毛 **常尔**师不有者 室户尔有 樱花乃 不所比日可闻"（第二册，p.307）。又第 1629 首："佐寐之夜也 **常尔**有家类"（第二册，p.366）。又第 1653 首《县犬养娘子依梅发思歌一首》："如今 心乎**常尔** 念有者 先咲花乃 地尔将落八方"（第二册，p.375）。又卷 10 第 1959 首《久米女郎报赠歌一首》："世间毛 **常尔**师不有者 室户尔有 樱花乃 不所比日可闻"（第二册，p.306）。（1）吴支谦译《梵网六十二见经》卷 1："饭食取足而已。食亦不多亦不少，适得其中。**常尔**一食不增减，趣支命不用作筋力，但欲令身安不苦痛，有气力得定行。"姚秦鸠摩罗什译《大庄严论经》卷 2："王说偈已，即诣塔所，以此宝珠，置塔栊上，其明显照，犹如大星，若日出时，照王宫殿，晖曜相映，倍于常明。珠之光明，日日**常尔**，于一日中，卒无光色。王怪其尔，即遣人看。"北凉昙无谶译《大般涅槃经》卷 40《憍陈如品》："时憍陈如，即作是言：'大婆罗门，若有问世，有边无边，如来**常尔**，默然不答。'"（2）《蜀志》卷 2《先主传》："元起妻曰：'各自一家，何能**常尔**邪！'起曰：'吾宗中有此儿，非常人也。'"（p.871）《宋书》卷 16《志第 6》："领司徒王谧、丹阳尹孟昶议：'有非常之庆，必有非常之礼。殷祭旧准不差，盖施于经**常尔**。'"按：《汉语大词典》失收。→【忽尔】【轻尔】【奄尔】【辄尔】【卒尔而~】

【**常居此处**／つねにここにすむ】 四字 经常居住在这里。《出云国风土记·神门郡》条："即神门臣等，自古至今，**常居此处**。故云神门。"（p.228）唐窥基撰《大般若波罗蜜多经般若理趣分述赞》卷 2："万德所成名宝，含容众善名藏，空寂之室名殿。报法二身初后二智**常居此处**，说法利他，诸佛同居，彰共游而处丽。三明并赞示具德以号藏。"

【**常来拥护**／つねにきたりておうごせむ】 典据 （天神等）常来拥戴护持。《续日

本纪》卷14《圣武纪》天平十三年三月条："案经云：'若有国土讲宣读通，恭敬供养，流通此经王者，**我等四王，常来拥护**。一切灾障，皆使消殄。忧愁疾疫，亦令除差。所愿遂心，**恒生欢喜者**。'"（第二册，p.388）姚秦竺佛念译《出曜经》卷26："真人所居，必有善应，地主四王，**常来拥护**，所居之方，不被灾患，福能抑恶，众害不生，由圣居中，威神所致。"姚秦鸠摩罗什译《自在王菩萨经》卷2："自在王菩萨住尊贵处长寿诸天，曾见佛者**常来拥护**。"唐义净译《金光明最胜王经》卷3《灭业障品》："若有国土，讲宣读通，此妙经王，是诸国主，**我等四王，常来拥护**，行住共俱，其王若有，一切灾障，及诸怨敌，我等四王，皆使消殄，忧愁疾疫，亦令除差，增益寿命，感应祯祥，所愿遂心，恒生欢喜，我等亦能，令其国中，所有军兵，悉皆勇健。"

【**常如是**／つねかく】 自创 （3例） 经常这样地。①《万叶集》卷7第1321首："世间 **常如是**耳加 结大王 白玉之绪 绝乐思者"（第二册，p.252）。又卷11第2606首："人目多 **常如是**耳志 候者 何时 吾不恋将有"（第三册，p.227）。②又卷12第2908首："**常如是** 恋者辛苦 暂毛 心安目六 事计为与"（第三册，p.307）。（1）刘宋求那跋陀罗译《杂阿含经》卷10："此身**常如是**，幻为诱愚夫。如杀如毒刺，无有坚固者。"元魏菩提译《胜思惟梵天所问经》卷2："梵天，言实实者，古今实故。若佛出世，若不出世，法性**常如是**，法界恒如是，世间涅槃亦如是常。如是故名为实圣谛。"隋达摩笈多译《大方等大集经菩萨念佛三昧分》卷3《神变品》："我修丈夫真空行，仁者我业**常如是**。我有如是胜神通，一切声闻不能入。"《南史》卷18《萧思话传》："惠开与希微共事不厚，而厩中凡有马六十匹，悉以乞希微偿责。其意趣不**常如是**。惠开还资二千余万，悉散施道俗，一无所留。"（p.498）（2）西秦圣坚译《佛说罗摩伽经》卷2："善男子，我**常如是**思惟：教化一切众生，成就菩萨光明，普照坏散众生，愚痴破魔法门。"东晋佛驮跋陀罗译《大方广佛华严经》卷51《入法界品》："善男子，我**常如是**思惟教化众生：于夜暗人静，鬼神、盗贼所游行时，比丘离威仪时，重云烟尘昏蔽、日月不见色时，若有众生在城邑、聚落、山岩、旷野、八方、大海，乃至一切水陆众生，于此众生以种种方便，灭其恐怖。"后秦法师鸠摩罗什译《妙法莲华经》卷1《方便品》："从久远劫来，赞示涅槃法，生死苦永尽，我**常如是**说。"

【**常施三宝**／つねにさんぼうにほどこす】 四字 经常向佛、法、僧三宝施舍。《藤氏家传》下卷《武智麻吕传》："分家所有，收瞻贫孤，散系棉等，**常施三宝**。"（p.386）姚秦鸠摩罗什译《27 十住毗婆沙论》卷13《略行品》："先世修习是地因缘故，信乐布施无悭贪垢，**常施三宝**故不失三宝念，常念作佛救诸众生。如是等善念常在心中。"

【**常為住居**／つねにじゅうことす】 自创 经常住在某处，总是以某处为家。《续日本纪》卷9《元正纪》养老六年七月条："然以居处非一，法务不备，杂事荐臻，终

违令条。宜以药师寺**常为住居**。"（第二册，p.120）唐义净译《根本说一切有部毗奈耶药事》卷14："又多度水，里有蛟龙。其水名曰能伽、婆腾伽、多波你、波登祇、指多啰、呜嚧驮你河、阿萨你、阿施尾沙、毘陀诺你等河。其能伽河，有药叉女，**常为居住**，名曰俱波。"

【**常遇善縁/つねによきえんにあふ**】 四字 （希望）经常遇到殊胜的因缘。《奈良朝写经22·道行般若波经卷第5》："及檀主藤原夫人，**常遇善缘**，必成胜果，俱出尘劳，同登彼岸。"（p.167）唐怀感撰《释净土群疑论》卷5："然不善不行，自有多意：或缘圣道已起断彼随眠；或修圣道方便伏现行；或缘阙斯恶境，彼不得生；或以**常遇善缘**无由造罪。"唐宗密述《圆觉经道场修证仪》卷3："若怨若亲无不爱念，远离恶友，**常遇善缘**，守摄六根，警护三业，捍劳忍苦，心不退没。"

【**常住不变/じょうじゅうふへん**】 四字 "常住"，梵语 kūṭastha。略称常。为"无常"之对称。意指绵亘过去、现在、未来三世，恒常存在，永不生灭变易。"不变"，没有改变，谓生命本体永远不变。与"常住"同义。《日本灵异记》中卷《弥勒菩萨铜像盗人所捕示灵表显盗人缘第23》："夫理法身佛，非血肉身。何有所痛？唯所以示**常住不变**也。是亦奇异之事也。"（p.208）西晋无罗叉译《放光般若经》卷16《沤恝品》："世尊，云何得知五阴如、萨云若如？亦不知生、亦不知灭、亦不知耗，**常住不变**。"东晋佛驮跋陀罗译《大方等如来藏经》卷1："善男子，诸佛法尔。若佛出世，若不出世，一切众生，如来之藏，**常住不变**。"刘宋求那跋陀罗译《胜鬘师子吼一乘大方便方广经》卷1："如来藏者，离有为相，如来藏**常住不变**。"

【**常住不易/つねにとどまりてかはらず**】 四字 与"常住不变"同。《日本灵异记》下卷《弥勒丈六佛像其颈蚁所嚼示奇异表缘第28》："夫闻佛非肉身，何有痛病？诚知圣心示现。随佛灭后，而法身常存，**常住不易**。更莫疑之焉。"（p.336）唐实叉难陀译《大乘入楞伽经》卷5《如来常无常品》："复次，大慧，以别义故亦得言常。何以故？谓以现智证常法故，证智是常、如来亦常。大慧，诸佛如来所证法性，法住法位，如来出世，若不出世，**常住不易**，在于一切，二乘外道，所得法中，非是空无，然非凡愚，之所能知。"

【**常住僧/じょうじゅうのほうし**】 三字 常年居住在寺院潜心修行的僧人。《续日本纪》卷23《淳仁纪》天平宝字四年七月条："因兹，今追议定营造修理塔寺精舍分一千户，供养三宝并**常住僧**分二千户，官家修行诸佛事分二千户。"（第三册，p.358）

【**常住僧物/じょうじゅうのほうしのもの**】 四字 僧侣常用之物有"常住常住物""十方常住物""现前现前物""十方现前物"四种。"常住僧物"，即"常住常住物"，指大众共享之厨库、寺舍、众具、花果、树林、田园等，体通于十方而不可分用者，故为常住物中之常住物。《日本灵异记》上卷《僧用涌汤之分薪而与他作牛役之示

奇表缘第20》：“宁所迫饥虽食沙土，谨不用食**常住僧物**。所以《大方等经》云：‘四重五逆，我亦能救。盗僧物者，我所不救。’者，其斯谓之矣。”（p.105）北凉昙无谶译《大方等大集经》卷44《三归济龙品》：“若有**四方**，**常住僧物**，或现前僧物，笃信檀越，重心施物，或华或果，或树或园，饮食资生，床褥敷具，疾病汤药，一切所须，私自费用，或持出外，乞与知识，亲里白衣。此罪重于，阿鼻地狱，所受果报。”唐菩提流志译《大宝积经》卷113《营事比丘品》：“**常住僧物**不应与招提僧，招提僧物不应与常住僧。**常住僧物**不应与招提僧物共杂，招提僧物不与**常住僧物**共杂。**常住僧物**、招提僧物不与佛物共杂，佛物不与**常住僧物**、招提僧物共杂。”

【**常住於~/つねに~にすむ**】 |偏正| （7例） ①经常住在某处。《日本灵异记》上卷《女人好风声之行食仙草以现身飞天缘第13》：“每临于野，采草为事。**常住于家**，净家为心。”（p.93）②经常驻锡某寺；《日本灵异记》中卷《埴神王腨放光示奇表得现报缘第21》：“未造大寺时，圣武天皇御世，金鹫以行者**常住**修道。”（p.203）又中卷《因悭贪成大蛇缘第38》：“圣武天皇御世，诸乐京马庭山寺，一僧**常住**。”（p.244）又下卷《未作毕捻埴像生呻音示奇表缘第17》：“信行沙弥，**常住**其堂，打钟为宗。”（p.304）又：“时左京元兴寺沙门丰庆，**常住**其堂。”（p.304）又《用寺物复将写大般若建愿以现得善恶报缘第23》：“忍胜为欲写《大般若经》，发愿集物，剃除鬓发，著袈裟，受戒修道，**常住**彼堂。”（p.318）③法无生灭变迁称作常住。《日本灵异记》中卷《观音木像示神力缘第36》：“诚知理智法身，**常住**非无。为令知于不信众生所示也。”（p.242）后汉昙果、康孟详合译《中本起经》卷2《度奈女品》：“何谓四事？一者乞令我心保善莫移；二者乞令我命保在莫亡；三者乞令财物保在无灭；四者乞令世尊**常住**教授，莫诣余国。”姚秦鸠摩罗什译《妙法莲华经》卷5《如来寿量品》：“我**常住**于此，以诸神通力，令颠倒众生，虽近而不见。”

【**常坐不卧/じょうざふが**】 |四字| “常坐”“常坐三昧”的略称，为天台宗所立四种三昧之一。依文殊师利所说《般若波罗蜜经》而修之法，即于一静室或空闲处，安一绳床，傍无余座，以九十日为一期，结跏趺坐。若能于一期中精勤不懈，念念无间，则能破除业障，显发实相之理，称为常坐三昧。《上宫皇太子菩萨传》：“坐禅诵经，或口宣三藏；心味四禅，或振锡衲衣；携瓶揭钵，或冬夏祖膊；跣足经行，或隐居岩穴；飡松噉栢，或**常坐不卧**。”唐慧琳撰《一切经音义》卷3：“杜多：上音度，梵语也。古译云头陀，或云斗数。少欲知足，行十二种行：一常乞食；二次第乞；三一坐食；四节食；五中后不饮浆；六住阿兰若；**七常坐不卧**；八随得敷具；九空地坐；十树下坐；十一唯畜三衣；十二著粪扫衣。”东晋佛陀跋陀罗译《佛说观佛三昧海经》卷7《观四威仪品》：“摩诃迦叶，坐此窟中，**常坐不卧**，敕诸弟子，行十二头陀。”梁慧皎撰《高僧传》卷11：“如此者累年，后入定见弥勒放齐中光照三途果报。于是深加笃励，**常坐不卧**。”

【偿债/もののかひをつくのふ】 述宾 （4 例） 偿还欠债。《日本灵异记》上卷《序》："或贪寺物，生犊**偿债**。或诽法僧，现身被灾。"（p.54）又《凶人不敬养奶房母以现得恶死报缘第23》："于时，众人代其母而**偿债**，咸俱起而疾避。"（p.110）又中卷《贷用寺息利酒不偿死作牛役之**偿债**缘第32》（p.231）又下卷《沙门凭愿十一面观世音像得现报缘第3》："维那僧等征钱而逼。**偿债**无便，故登于泊濑上山寺，参向十一面观音菩萨。"（p.268）（1）后汉安世高译《佛说处处经》卷1："佛言：'食人施不可不念道，亦自得复益一切用。是故当**偿债**。'"吴支谦译《佛说须摩提长者经》卷1："此六情者，缘会则有缘，散则无，譬如寄客，不得久住。又如负债之人，计日**偿债**，日毕则去，终无住期。"姚秦鸠摩罗什译《大智度论》卷14《序品》："譬如负债，债主索之，应当欢喜**偿债**，不可瞋也。"（2）《搜神记》卷1："女出门谓永曰：'我天之织女也。缘如至孝，天帝令我助如**偿债**耳。'语毕，凌空而去，不知所在。"《太平御览》卷422引《战国策》曰："至薛，召诸民当**偿债**者，悉来合券。遍合。乃矫命以债赐诸民，烧其券。民称万岁。"

【唱梵/しょうぼん】 合成 演唱梵声。"梵"，梵语 brahman 的音译词"梵摩"的略称，意为"清静""寂静"。《唐大和上东征传》："初开佛殿，香气满城，城中僧徒（擎）幡，烧香**唱梵**，云集寺中。"（p.72）唐慧琳撰《一切经音义》卷30："唱呗：薄迈反。《考声》云：僧尼法事也。呗，**唱梵**声也，从口也。"唐菩提流志译《不空罥索神变真言经》卷17《根本莲华顶陀罗尼真言品》："或俱击奏，种种天乐，歌舞赞叹，**唱梵**音声，一时等心，献供养佛。"唐道宣撰《续高僧传》卷30："及英引众绕旋行次窗门，声聒冲击皆为动振，神爽**唱梵**弥工长引，游唳连绵周流内外，临机赊捉惬洽众心。"唐善导集记《转经行道愿往生净土法事赞》卷1："若行道讫即各依本坐处立，待**唱梵**声尽即坐。"按：《汉语大词典》失收。

【唱仏/しょうぶつ】 述宾 口里唱诵佛号。《唐大和上东征传》："思托咨和上，和上烧香，将曲几来，使彦凭几向西方念阿弥陀佛。彦即一声**唱佛**，端坐，寂然无言。和上乃唤彦，彦悲恸无数。"（p.76）梁宝亮等集《大般涅槃经集解》卷22《菩萨品》："终不**唱佛**，是无常也。"北凉昙无谶译《大方广三戒经》卷2："迦叶，汝观尔时，不恭敬佛，不恭敬法，不恭敬僧。若不恭敬，佛法僧已，何僧名住？但依言说，依于名字。虽**唱佛**名，于众显说，而不能见何者是佛。"唐慧沼撰《劝发菩提心集》卷2："长声**唱佛**，声皆慈悲，梵音朗彻。"

【唱礼/しょうらい】 述宾 （2 例） 在法会时唱颂礼拜之仪式，一般唱颂五悔、五大愿等文。《续日本纪》卷8《元正纪》养老四年十二月条："癸卯，诏曰：'释典之道，教在甚深。转经**唱礼**，先传恒规。理合遵承，不须辄改。比者，或僧尼自出方法，妄作别音。遂使后生之辈积习成俗。不肯变正，恐污法门，从是始乎。宜依汉沙门道荣、学问僧胜晓等转经**唱礼**。余音并停之。'"（第二册，p.80）唐道宣述《教诫新学比丘行护律仪》卷1：“若当次**唱礼**，须一佛一礼，不得太急太缓，令须得所。”唐宝思惟译《观世音菩萨如意摩尼轮陀罗尼念诵法》卷1：“依胎藏时者修随行法，但于别处独身被修行者，以金刚界**唱礼**五悔依十八道令修业之。”唐善导集记《转经行道愿往生净土法事赞》卷2：“又诵经唱赞已，高座即令一人行香与大众行华，次当赞人等向行道处立，又令小者**唱礼**供养及如法行道。”按：《汉语大词典》例引清黄六鸿《福惠全书·保甲·训练伍壮》：“排列齐毕，礼生**唱礼**。”偏晚，且意思有所不同，表赞礼之意。

【**唱誦**/しょうじゅ】 并列 吟颂背诵。《续日本纪》卷8《元正纪》养老二年十月条：“或讲论众理，学习诸义，或**唱诵**经文，修道禅行，各令分业，皆得其道，其崇表智德，显纪行能。”（第二册，p.46）隋灌顶撰《国清百录》卷1：“第三六时礼佛：大僧应被入众衣，衣无鳞陇若缦衣悉不得；三下钟早集敷坐执香炉互跪；未**唱诵**不得诵；未随意不散语话；叩头弹指顿曳屣履起伏参差。悉罚十礼对众忏。”唐义净译《根本说一切有部毗奈耶》卷31：“于婆罗门所有法式，著衣噉食洗净轨仪，**唱诵**音声咸尽其妙。”唐惠详撰《弘赞法华传》卷8：“兼复声韵朗彻，音句分明，每常**唱诵**，人皆乐闻。”按：《汉语大词典》例引《坛经·行由品》：“复两日，有一童子于碓坊过，**唱诵**其偈。”略晚。

【**抄劫**/かすむ】 并列 掠夺，抢夺。《日本书纪》卷14《雄略纪》十三年八月条：“路中**抄劫**，不使通行，又断商客艇舸，悉以夺取，兼违国法，不输租赋。”（第二册，p.192）唐慧琳撰《一切经音义》卷15：“**抄掠**：楚孝反。《字书》：**抄**字，夺也。下力约反。**取**也，劫也。”又《一切经音义》卷56：“**抄拔**：初校反。**抄**，掠也。强取物也。”（1）东晋佛陀跋陀罗、法显合译《摩诃僧祇律》卷19：“时毘舍离人来舍卫，**抄劫**人民得物去。”梁宝唱等集《经律异相》卷27：“五恩爱别苦，室家内外，兄弟妻子，共相恋慕；一朝破亡，为人**抄劫**，各自分张，父东子西，母南女北，非唯一处。”北凉昙无谶译《大般涅槃经》卷16《梵行品》：“复次，善男子，憍萨罗国，有诸群贼，其数五百，群党**抄劫**，为害滋甚。”（2）《梁书》卷4《简文帝本纪》：“或开奉国，便致擒虏，或在边疆，滥被**抄劫**。”（p.104）按：《汉语大词典》首引《周书》卷49《陆腾传》：“陵州木笼獠恃险粗犷，每行**抄劫**，诏腾讨之。”偏晚。

【**抄疏章**/しょうしょしょう】 三字 “抄”，通“钞”。佛教诠释佛经经义的一种方法。疏解经，钞则解疏。“疏”，通达而无障碍之意。由此引申为明确经典等的文义，浅显易懂地解释深理，或指其书，又称文义疏。“章”，论述经论大意的注疏，此处指中日韩三国的学人就佛典所做的撰述。《续日本纪》又卷17《圣武·孝谦纪》天平胜宝元年五月条：“因发御愿曰：‘以《华严经》为本，一切大乘小乘经律论**抄疏章**等，必为转读讲说，悉令尽竟。远限日月，穷未来际。’”（第三册，p.82）宋妙生述《三衣显正图》卷1：“三衣须布，乞求如法，三种坏色等，人具知之（具如**钞疏章**、服义等）。”

【超過三界/さんがいをちょうかす】 四字 越出欲界、色、无色界。《奈良朝写经45·说一切有部俱舍论卷第21》："凭斯胜因，断无明暗得智慧眼。披卷闻名，回邪归正；**超过三界**，游历宝□［刹］。"（p. 292）姚秦竺佛念译《出曜经》卷17《惟念品》："前利后则好者，先得安般数息禅定，后能越次取证**超过三界**，身中诸结永尽无余，净如真金永无微翳，是故说，前利后则好也。"姚秦鸠摩罗什译《集一切福德三昧经》卷2："复次，善男子。菩萨成就四法，疾能获得无生法忍。何等四？谓得三解脱门、解知三世、**超过三界**、信法性无生。"唐义净译《金光明最胜王经》卷5《莲华喻赞品》："佛身成就无量福，一切功德共庄严；**超过三界**独称尊，世间殊胜无与等。"

【超群抜粹/ちょうぐんばっすい】 四字 犹言出类拔萃。形容超越寻常，杰出。《唐大和上东征传》："其弟子中**超群拔萃**，为世师范者，即有……"（p. 82）宋崇岳、了悟等编《密庵和尚语录》卷1："上堂。十五日已前，开池不待月；十五日已后，池成月自来；正当十五日，吹无孔笛，唱太平歌，佛及众生，同声唱和。且**超群拔萃**一句，作么生道。四海浪平龙睡稳，九天云静鹤飞高。"宋窦显和尚颂古语要《佛果圜悟禅师碧岩录》卷1："所以有作家钳锤，凡出一言半句，不是心机意识思量鬼窟里作活计，直是**超群拔萃**。坐断古今，不容拟议。"按：《续日本纪》卷28《称德纪》神护景云元年三月条："丙寅，敕：'近卫将曹从六位下勋六等间人直足人等十九人，感会风云，奋激忠勇，**超群拔众**，斩寇灭凶。朕以嘉其武节，赏此高勋。'"（第四册，p. 156）例中"超群拔众"的说法，在中国文献中未见，疑似自创搭配。

【潮浪/うしほ】 并列 犹言"浪潮"。《日本书纪》卷9《神功纪》摄政前纪条："冬十月己亥朔辛丑，从和珥津发之。时飞廉起风，阳侯举浪，海中大鱼悉浮扶船。则大风顺吹，帆舶随波，不劳橹楫，便到新罗。时随船**潮浪**远逮国中，即知天神地祇悉助欤？"（第一册，p. 426）（1）东晋佛驮跋陀罗译《大方广佛华严经》卷3《卢舍那佛品》："众香次第，普熏十方，杂宝阶道，真珠栏楯，众宝**潮浪**，出妙音声。"唐输波迦罗译《苏婆呼童子请问经》卷1："人心逸荡，由如风电，猕猴掷树，海波**潮浪**，诌曲自在，耽著诸境。是故应须，摄心不动，持诵真言。"唐菩提流志译《不空罥索神变真言经》卷21："世尊譬如大海，每时潮时，一时**潮浪**，同至泝际。我亦如是随念随至，冥住现住，看护是人。"（2）《全唐文》卷770王棨《江南春赋》："别有鸥屿残照，渔家晚烟。**潮浪**渡口，芦笋沙边。"贾岛《寄毗陵彻公》："井通**潮浪**远，钟与角声寒。已有南游约，谁言礼谒难。"按：《汉语大词典》失收。

【嗔罵/いかり のる】 偏正 气愤地骂道。《日本书纪》卷24《皇极纪》二年十一月条："苏我大臣虾夷闻山背大兄王等总被亡于入鹿，而**嗔骂**曰：'噫！入鹿极甚愚痴，专行暴恶。你之身命，不亦殆乎。'"（第三册，p. 82）（1）梁僧伽婆罗译《阿育王经》卷4："是时鸠那罗语丑人言：'汝当取我一眼置我手中我欲观之。'时此丑人欲取其眼，无数诸人相与**嗔骂**，而说偈言。"唐窥基撰《观弥勒上生兜率天经赞》卷1："有穿珠师将还供养，妇来**嗔骂**言：'失穿珠之利。'"《敦煌变文·父母恩重经讲经文》："约束时直要谛听，**嗔骂**则莫生祗对。"（p. 978）（2）《太平御览》卷137《孝仁董皇后》引《续汉书》："后每欲参与政事。太后辄相禁塞。后愤恚。**嗔骂**曰：'汝欲怙大将军耶？敕骠骑斩大将军头来。'"（p. 669）按：《汉语大词典》失收。

【**嗔心**／しんじん】　偏正　嗔恚心，愤怒怨恨的意念。《日本灵异记》下卷《击沙弥乞食以现得恶死报缘第15》："谅知邪见切身之利剑，**嗔心**是招祸之疾鬼，悭贪受饿鬼之苦因。"（p. 298）失译人名今在后汉录《大方便佛报恩经》卷7《亲近品》："以忍辱因缘，无有**嗔心**，眷属不怀，不受苦恼，心无悔恨。"姚秦佛陀耶舍、竺佛念等合译《长阿含经》卷16："佛言：'梵天无**嗔心**，三明婆罗门有**嗔心**，有**嗔心**、无**嗔心**不同趣，不同解脱，是故梵天、婆罗门不共同也。'"姚秦鸠摩罗什译《摩诃般若波罗蜜经》卷6《发趣品》："'云何菩萨远离**嗔恚**？''不令**嗔心**、恼心、斗心得入，是名远离嗔恚。'"

【**尘秽**／じんえ】　格义　俗世间的污秽。《续日本纪》卷7《元正纪》灵龟二年五月条："或房舍不修，马牛群聚，门庭荒废，荆棘弥生。遂使无上尊像永蒙**尘秽**，甚深法藏不免风雨。"（第二册，p. 12）（1）西晋竺法护译《渐备一切智德经》卷4《玄妙住品》："从初发意，在菩萨住，乘度无极，皆知一切，众生之行，不为**尘秽**，之所污染，升奉道堂，亦无所犯，乃名曰七。"姚秦鸠摩罗什译《妙法莲华经》卷5《安乐行品》："以油涂身，澡浴**尘秽**，著新净衣，内外俱净，安处法座，随问为说。"梁宝唱等集《经律异相》卷24："其地柔濡，无有**尘秽**，如油涂地，洁净光泽，地出流泉，清净无竭。"按：传世文献当中，"尘秽"用作两个意思：一表"污秽"。例如，《后汉书》卷84《列女传》："盥浣**尘秽**，服饰鲜洁，沐浴以时，身不垢辱，是谓妇容。"二表"沾污"。《魏志》卷22《卫臻传》裴松之注："烈二弟京、楷，皆二千石。楷子权……权作左思《吴都赋》叙及注，叙粗有文辞，至于为注，了无所发，直为**尘秽**纸墨，不合传写也。"汉译佛经中的"尘秽"，表示尘世间的污垢。→【俗尘】【厌俗尘】

【**尘劳**／じんろう】　偏正　"烦恼"的异称。因烦恼能染污心，犹如尘垢使身心疲惫。《奈良朝写经19·灌顶随愿往生经》："伏愿金花承步高升五净之天，玉叶籍仪远契三明之果，傍该动植，普洎**尘劳**，并出盖缠，俱登彼岸。"（p. 129）宋子睿集《首楞严义疏注经》卷1："染污故名**尘**，扰恼故名**劳**。"曹魏康僧铠译《佛说无量寿经》卷1："掴裂邪网，消灭诸见，散诸**尘劳**，坏诸欲堑。"隋智顗说《摩诃止观》卷1："翻一一**尘劳**门，即是八万四千诸三昧门，亦是八万四千诸陀罗尼门，亦是八万四千诸对治门，亦成八万四千诸波罗蜜，无明转即变为明。"→【俱出尘劳】

【**尘区**／じんく】　偏正　犹尘世；尘界。《续日本纪》卷20《孝谦纪》天平宝字元年十二月条："复愿因此善业，朕与众生，三檀福田穷于来际，十身药树荫于**尘区**。"（第三册，p. 238）唐菩提流志译《大宝积经》卷1唐太宗制《大宝积经并序》："朕闻天之为大也高，上下之容可纪。地之为大也广，纵横之数可推。则知无去无来、不生不灭，拯沉沦于沙劫，救焚灼于<u>尘区</u>。"唐玄奘译《大般若波罗蜜多经》卷566玄则撰《大般若经第六会序》："矧般若之大猷，固总领而高视，诚庶心之扃牖，积行之枢轴，故能范围真际，充塞<u>尘区</u>。"唐实叉难陀译《大方广佛华严经》卷1武则天制《大周新译大方广佛华严经序》："所冀阐扬沙界，宣畅<u>尘区</u>；并两曜而长悬，弥十方而永布。"按：《汉语大词典》例引唐司空图《十会斋文》："有愿则十方净域，便越<u>尘区</u>。"略晚。→【出尘区】

【尘沙／じんじゃ】 比喻　比喻数目之多；"尘沙惑"的略称。为天台宗所立三惑（"见思惑""无明惑""尘沙惑"）之一。"尘沙惑"指能障碍俗谛之事智，而令菩萨之化道不得自在。此惑遍于三界之内外，须以三观中的"假观"破除。又此惑无数无量，远超过恒河沙数，故称为"尘沙惑"。《奈良朝写经38·大般若经卷第591》："寔知圣教广被，训<u>尘沙</u>而一味；法慧高照，运大千而分影。"（p.253）宋元照撰《四分律行事钞资持记》卷1："<u>尘沙</u>者，喻其多也。"姚秦鸠摩罗什译《十住经》卷3《不动地》："所有毛<u>尘沙</u>，各示那由他，无量数诸佛，于中而说法。"唐实叉难陀译《大方广佛华严经》卷80《入法界品》："或有见一毛端处，无量<u>尘沙</u>诸刹海，种种业起各差别，毗卢遮那转法轮。"

【沈去／しづみさる】 先例　沉下去，沉入水底。《日本书纪》卷2《神代纪下》："须臾有盐土老翁来，乃作无目坚间小船，载火火出见尊，推放于海中，则自然<u>沉去</u>。"（第一册，p.174）《云笈七签》卷120《处州青田县清溪观古钟自归验》："州寺僧结彩舫，具幡花，致斋迎之，或经宿水上道场，礼忏而请，或得见之，寻又<u>沉去</u>。"

【沈水香／じんすいこう】 三字　略称沉水，亦作沉水。即沉香，一种香木名，心材为珍贵熏香料。其香浓郁，木心坚实，入水必沉，故称。《日本书纪》卷27《天智纪》十年十月条："是月，天皇遣使，奉袈裟、金钵、象牙、<u>沉水香</u>、栴檀香及诸珍财于法兴寺佛。"（第三册，p.292）唐李通玄撰《华严经疏注》卷102《离世间品第三十八》："<u>沉水香</u>，不动诸根香，如是等香，悉知调理，和合之法。"唐圆测撰《解深密经疏》卷2："释曰：第四沉与妙香一异喻，沉与妙香不可言一。总别异故，不得言异，无别体故（《深密经》云：'<u>沉水香</u>味不可言一异。'《解节经》云：'如沉香香气，不可言一异也。'）"

【陳語／のべかたる】 说词　陈述讲说。《日本灵异记》中卷《生爱欲恋吉祥天女像感应示奇表缘第13》："后其弟子，于师无礼故，啧摈去。所摈出里，讪师程事。里人闻之，往问虚实，并瞻彼像，淫精染秽。优婆塞不得隐事，而具<u>陈语</u>。"（p.182）唐义净译《根本说一切有部毗奈耶》卷47："君等宜应于十五日褒洒陀时，于城北边大海之际至天马所，待马语时即便告言：'我等欲归彼岸还赡部洲，愿见提携安隐而去。马所<u>陈语</u>君当奉行，有此方便可还本国。'"按：《汉语大词典》失收。

【晨朝/あした】 时段 （3例） 清晨。《日本书纪》卷17《继体纪》八年正月条："八年春正月，太子妃春日皇女，**晨朝**晏出，有异于常。太子意疑，入殿而见妃卧床涕泣，愧痛不能自胜。"（第二册，p.304）《日本灵异记》上卷《得雷之喜令生子强力在缘第3》："鬼亦后夜时来入。即捉鬼头发而别引。鬼者外引，童子内引。彼储四人慌迷灯盖不得开。童子四角别引鬼而依，开灯盖。至于**晨朝**时，鬼已头发所引剥而逃。"（p.65）《唐大和上东征传》："十月十六日**晨朝**，大和上云：'昨夜，梦见三官人，一著绯，二著绿。于岸上拜别，知是国神相别也。疑是度必得渡海也。'"（p.63）（1）后汉昙果、康孟详合译《中本起经》卷1《化迦叶品》："后夜，第七梵天又下听法，梵魔光景倍于帝释。迦叶见光，疑佛事火。**晨朝**问佛：'大道人必事火也。'佛告迦叶：'第七梵天，昨夜听法，是其光耳。'迦叶自念：'是大沙门，威神感动，天梵下降。'"隋阇那崛多译《佛本行集经》卷1《发心供养品》："尔时，尊者大目揵连于**晨朝**时，整衣持钵，入王舍城，欲行乞食。"唐义净译《金光明最胜王经》卷7《大辩才天女品》："若欲祈请辩才天，依此咒赞言词句；'**晨朝**清净至诚诵，于所求事悉随心。'"（2）《南齐书》卷29《周盘龙传》："买与虏拒战，手所伤杀无数。**晨朝**早起，手中忽见有数升血，其日遂战死。"按：《汉语大词典》首引唐玄奘《大唐西域记·摩揭陀国上》："欲睹慈颜，莫由审察，必于**晨朝**持大明镜，引光内照，乃睹灵相。"偏晚。

【儭施/しんし】 偏正 （3例） 施舍财物给僧道，亦指所施舍的财物。儭，通"嚫"。《续日本纪》卷15《圣武纪》天平十六年十一月条："十一月壬申，甲贺寺始建卢舍那佛像体骨柱。天皇亲临手引其绳。于时，种种乐共作。四大寺众僧会集。**儭施**各有差。"（第二册，p.448）又卷19《孝谦纪》天平胜宝八年二月条："庚戌，道内舍人于六寺诵经。**儭施**有差。"（第三册，p.156）又："戊午，遣使摄津国诸寺诵经。**儭施**有差。"（第三册，p.156）唐慧琳撰《一切经音义》卷80："**儭施**：上初靳反。儭，犹亲持财施，名为**儭施**。从人亲声。本无此字，译经者随意作之。或从口录，文从贝。未知孰是，今且从人。"唐阿地瞿多译《陀罗尼集经》卷12《佛说诸佛大陀罗尼都会道场印品》："次遣一弟子收**儭施**钱绫绢等物，依前处分法用，遣一弟子收坛内食。"唐道宣撰《广弘明集》卷7："唱高越之赞呗，食举之登歌。叹功德则比陈词之祝史，受**儭施**则等束帛之等差。"唐善无畏、一行合译《大毗卢遮那成佛神变加持经》卷2《入漫茶罗具缘真言品》："行者护摩竟，应教令**儭**①施。金银众珍宝，象马及车乘。牛羊上衣服，或复余资财。弟子当至诚，恭敬起殷重。"按："**儭施**有差"这一说法是日本史书特有的表达形式，在中国的官撰史书中未见该表达。

【称礼/となへをがむ】 并列 （4例） 称名礼拜。《日本灵异记》上卷《殷勤归信观音愿福分以现得大福德缘第31》："径三年许，**称礼**观音名号曰：'南无。铜钱万贯，

---

① "儭"在宋本、宫本、元本、明本中作"嚫"。

白米万石，好女多德施。'"（p.128）又下卷《二目盲女人归敬药师佛木像以现得明眼缘第11》："檀越见矜，开户入里，向像之面，以令**称礼**。"（p.288）又《二目盲男敬称千手观音日摩尼手以现得明眼缘第12》："昼坐药师寺于正东之门，披敷布巾，**称礼**日摩尼手之名。往来之人，见哀之者，钱米谷物，施置巾上。或坐巷陌，**称礼**如上。"（p.290）唐义净译《金光明最胜王经》卷5《金胜陀罗尼品》："入道场中，先当**称礼**，如前所说，诸佛菩萨，至心殷重，悔先罪已，右膝著地，可诵前咒，满一千八遍，端坐思惟，念其所愿。"唐慧沼撰《十一面神咒心经义疏》卷1："菩萨向礼方者，是观世音菩萨不受余物，但受方礼敬向西方也，如法华但受**称礼**不受宝珠也。"

【称念/となへをがむ】 并列　口中称诵佛之名号，心中亦同时念佛，即称名念佛之意。《日本灵异记》下卷《二目盲男敬称千手观音日摩尼手以现得明眼缘第12》："奈良京药师寺东边里，有盲人，二眼精盲。归敬观音，**称念**日摩尼手，明眼暗。"（p.290）唐实叉难陀译《地藏菩萨本愿经》卷2《称佛名号品》："若有男子女人，闻是佛名，历于耳根，是人当得千返生于六欲天中，何况志心**称念**？"宋绍德、慧询等合译《菩萨本生鬘论》卷4："时病比丘，所染沈瘵，随如来手，即得平复。得平复已，欢喜无量，志心**称念**：'南无释迦牟尼，南无大慈悲父，南无最胜医王，令我今日，身病得瘥。唯愿如来，以本愿力，哀怜摄受，施与法药，祛我心病，所有重障，消灭无余。'"→【心念观音】【一心念仏】

【称其名曰："～"/そのなをなのりていはく ～】 说词　称呼名字说道："……"。《日本书纪》卷9《神功纪》摄政前纪条："（一云）时神**称其名曰**：'表筒雄、中筒雄、底筒雄。'如是称三神名，且重曰：'吾名向匮男闻袭大历五御魂速狭腾尊也。'"（第一册，p.432）刘宋佛陀什、竺道生等合译《弥沙塞部和醯五分律》卷15："佛见龙王，**称其名曰**：'善来！伊罗钵龙王。'龙王闻已，复加喜敬，世尊知我名，修伽陀识我名。前顶礼足，却住一面。"唐阿地瞿多译《陀罗尼集经》卷7《佛说金刚藏大威神力三昧法印咒品》："时金刚藏，蒙佛听许，**称其名曰**：'……是菩萨等，皆居我右。是诸会中，若天若人，及诸魔王，并鬼神等，闻是我称，金刚名字，各各无色，皆悉默然，心怀恐怖，忧愁不快，惧有大事，恐失性命。'"按：佛教中的"称名"，又作称佛、唱名、念佛，即称念诸佛、菩萨之名号，其目的为祛除灾害苦恼，消灭罪障，往生净土，乃至得不退转。

【称誦/となふ】 并列　称名诵念。与"称念"义同。《日本灵异记》下卷《漂流大海敬称尺迦佛名得全命缘第25》："二人各得一木以乘，漂流于海。二人无知，唯**称诵**：'南无无量灾难令解脱尺迦牟尼佛。'哭叫不息。"（p.325）隋智顗说、灌顶记《菩萨戒义疏》卷1："诵佛戒者问：'何故诵不道说耶？'答：'此是三世十方诸佛之法，非始自作，故祇得**称诵**，不得道说。'"唐道世撰《法苑珠林》卷17："泰年至四十二，便遇笃病，虑必不济，悉以衣钵之资，厚为福施。又归诚属念，**称诵**观世音，昼夜四日，勤心不替。"唐迦才撰《净土论》卷3："塔前村人往来，莫不致敬，合村大小，皆**称诵**佛。"

【**称讚净土经**/しょうさんじょうどきょう】 内典 1卷。全称《称赞净土佛摄受经》。《阿弥陀经》异译本之一。相对于鸠摩罗什翻译的《阿弥陀经》，此经由玄奘永徽元年（650）译出。《续日本纪》卷23《淳仁纪》天平宝字四年七月条："癸丑，设皇太后七七斋于东大寺并京师诸小寺。其天下诸国，每国奉造阿弥陀净土画像。仍计国内见僧尼，写《**称赞净土经**》，各于国分金光明寺礼拜供养。"（第三册，p.358）唐窥基撰《阿弥陀经疏》卷1："经曰：文殊师利法王子者，次第二列名。按梵本云曼殊室利，此云妙德。新译《**称赞净土经**》名妙吉祥。"唐智升撰《开元释教录》卷4："《阿弥陀经》一卷：亦名《无量寿经》。弘始四年二月八日译。初出与唐译《**称赞净土经**》等同本，见二秦录及僧佑录。"

【**成仏**/じょうぶつ】 述宾 梵语 bodhir prāptā。指菩萨于多劫中满足因行，完成自利、利他之德，而至究极之境界。亦作"作佛""得佛""成道""得道""成正觉""成菩提""证菩提""得佛果"。《日本灵异记》下卷《灾与善表相先现而后其灾善答被缘第38》："无养之物者，无种性众生，令**成佛**无因也。乞食养者，得人天种子也。"（p.373）后汉安世高译《尸迦罗越六方礼经》卷1："佛言：'择其善者从之，恶者远离之。我与善知识相随，自致**成佛**。'"姚秦鸠摩罗什译《妙法莲华经》卷1《序品》："是诸王子，供养无量百千万亿佛已，皆成佛道，其最后**成佛**者，名曰燃灯。"→【共成仏道】【皆成仏道】

【**成覚**/さとりをとぐ】 述宾 成道，开悟，成就证悟涅槃妙理的智慧。《奈良朝写经5·大般若经卷第267》："现在者，争荣于五岳，保寿于千龄；登仙者，生净国升天上，闻法悟道，修善**成觉**。"（p.32）西晋竺法护译《正法华经》卷5《授阿难罗云决品》："皆当**成觉**，号同一等，名曰宝英，流闻世界。"唐义净译《根本说一切有部毘奈耶破僧事》卷12："母复持儿，作如是念：'若佛世尊，六年苦行，**成觉**之后，更住六年，满十二岁，还至于此，我令诸人，目验虚实。'"姚秦竺佛念译《菩萨璎珞本业经》卷1《贤圣学观品》："佛子，如是一切贤人，同入此门，修行**成觉**。"

【**成覚道**/さとりのみちをなす】 三字 成就觉悟之道。《奈良朝写经33·大智度论卷第54》："仰愿藉此功德，过去神灵，救三恶趣苦，欲令往生，十方净土，莲花台化生，俱**成觉道**。"（p.217）西晋竺法护译《佛说方等般泥洹经》卷1《四童现生品》："深入慧者无法想，入于寂定无寂想，虽**成觉道**无觉想，度脱人民无人想。"东晋瞿昙僧伽提婆译《增壹阿含经》卷46《放牛品》："我初成佛道，思惟十二因缘，降伏魔官属，以除无明而得慧明，诸暗永除，无尘垢。又我阿难，三转十二说此缘本时，即**成觉道**。"姚秦竺佛念译《最胜问菩萨十住除垢断结经》卷9《身口意品》："无上菩萨曰：'有佛有法，不**成觉道**，无佛无法，乃**成觉道**，亦不见成，亦不见不成，于中净身口意，是谓菩萨慧。'"

【成妙果/みょうかをなさむ】 三字 成就绝妙之果。"妙果"，"妙因"的对应词。佛果之意，谓修行妙法所得的证果。指成佛的境地。《奈良朝写经40·大般若经卷第57》："今纵粉身碎骨，以酬恩德，无过罄用私财依凭般若，故今缮写奉翊幽灵。因此胜因，果**成妙果**。"（p.264）萧齐昙景译《摩诃摩耶经》卷1："今于汝福田，欲长功德芽，唯愿施慈悲，速令**成妙果**。"隋智顗说《妙法莲华经玄义》卷9："五味调熟，心渐通泰，决了粗因，同成妙因，决诸粗果，同**成妙果**。故低头举手，著法之众，皆成佛道。"唐般若译《大乘本生心地观经》卷3《报恩品》："何况能感人天中，最胜快乐居王位？是故王者非无因，戒业精勤**成妙果**。"

【成勝果/しょうかをなさむ】 三字 成就殊胜之果。"胜果"，即佛果。《奈良朝写经22·道行般若波经卷第5》："及檀主藤原夫人，常遇善缘，必**成胜果**，俱出尘劳，同登彼岸。"（p.167）唐窥基撰《观弥勒上生兜率天经赞》卷2："赞曰：'次赞叹也。叹美深极重善哉，由习大因今**成胜果**。'"唐一行记《大毘庐遮那成佛经疏》卷2《入真言门住心品》："前是不识因果之心，但计诸法是自在天等所造。今由善根熟故，于生死流转中，求无畏依，欲效彼行因冀**成胜果**，故不同前计也。"

【成实論/じょうじつろん】 内典 （2例） 凡16卷或20卷，鸠摩罗什译。内容是解释释尊所说的小乘四谛法，为成实宗的依经。分为发聚、苦谛聚、集谛聚、灭谛聚、道谛聚的五聚；发聚是解释三宝，阐示四谛的大要。苦谛聚是以色、受、想、行、识的五阴为苦。集谛聚是论述业与烦恼，即惑业，又合前述的苦谛，说明惑业苦的三道。灭谛聚是论述假名心、法心、空心的三种心，认为灭除三种心则可断惑业苦，而入于涅槃。又立真俗二谛，在俗谛门将诸法分为五位八十四法，真谛门则说示一切皆空。道谛聚是分为定、智二论，以说明入于灭谛所需修行的二十七个阶段（二十七贤圣）。《日本灵异记》中卷《极穷女于尺迦丈六佛愿福分示奇表以现得大福缘第28》："明日开户见之，阈前有钱四贯。著短籍谓：'大安寺**成实论**宗分钱。'"（p.223）又《贷用寺息利酒不偿死作牛役之偿债缘第32》："当知，负债不偿，非无彼报。岂敢忘矣？所以《**成实论**》云：'若人负债不偿，堕牛羊、麞鹿、驴马等中，偿其宿债。'者，其斯谓之矣。"（p.232）唐道世撰《诸经要集》卷9："又《**成实论**》云：'若人负债不偿，堕牛羊、麞鹿、驴马等中，偿其宿债。'"

【成寺/てらとなす】 述宾 成为寺院。《日本灵异记》中卷《依汉神崇杀牛而祭又修放生善以现得善恶报缘第5》："归信三宝，已家立幢，**成寺**安佛，修法放生。"（p.159）梁宝唱等集《经律异相》卷36："有一长者，欲起塔寺，材木悉办，唯少一石。无著柱下，有一长者，随不奉佛，犹知有福，便以家中一捣衣石施之，便得**成寺**。其施石人命终，即生第二天，上七宝宫殿。"梁慧皎撰《高僧传》卷13："南有豫章太守范宁宅，并施以**成寺**。后有沙门道靖道敬等，更加修饰。于今崇丽焉。"

【成無上道/むじょうどうをじょうぜむ】 四字 成就至高无上的道法。《日本灵异记》下卷《村童戏克木佛像愚夫斫破以现得恶死报缘第29》："如《法华经》说：'若童子戏木及笔，或以指爪甲，而画作佛像，皆成佛道。复举一手，小低头，以此供养佛像，成无上道。'是以慎信矣。"（p. 337）姚秦鸠摩罗什译《妙法莲华经》卷1《方便品》："或有人礼拜，或复但合掌，乃至举一手，或复小低头，以此供养像，渐见无量佛。自成无上道，广度无数众。"→【帰無上道】

【成種/なれるたね】 述宾 结成种子；生成的种子。《古事记》上卷《天照大御神与须佐之男命》："故所杀神于身生物者，于头生蚕，于二目生稻种，于二耳生粟，于鼻生小豆，于阴生麦，于尻生大豆。故是神产巢日御祖命令取兹成種。"（p. 68）西晋竺法护译《贤劫经》卷2《诸度无极品》："有娱乐度无极，有鲜洁度无极，有成世法度无极，有净世度无极，有成種度无极。"又《贤劫经》卷3《神通品》："何谓成種度无极有六事？其所救者，致眷属和无极大财，是曰布施；所谨慎行致眷属和而无罪殃，是曰持戒；所修仁和若干眷属，各各自安无能坏者，是曰忍辱；若有勤修所有眷属，不使自恣放逸之行，各各办业用意不废，是曰精进；所遵禅思，若有瞋净皆令和合致明眷属，是曰一心；所修圣明，一切眷属皆有智明而无谄蔽，是曰智慧。是为六。"唐惟谨述《大毗庐遮那经阿阇梨真实智品中阿阇梨住阿字观门》卷1："所以梵云邬婆缚，亦名发起，犹如种子生果，果还成種。"按：《汉语大词典》失收。

【呈靈驗/あやしきしるしをあらはす】 先例 呈现神奇的效应。《日本灵异记》下卷《如法奉写〈法华经〉火不烧缘第10》："赞曰：'贵哉！榎本氏。深信积功，写一乘经。护法神卫，火呈灵验。是不信人改心之能谈。邪见人辍恶之颖师矣。'"（p. 286）明真鉴述《楞严经正脉疏》卷8："明灵者，于明咒呈灵验也。灭者，咒力尽也。盖咒以持力发灵，力尽无验，鬼亦报终而转生。"

【呈言/あらはしてまをさく】 说词 向上陈述自己的看法。《日本书纪》卷6《垂仁纪》八十八年七月条："时刀子从袍中出而显之。天皇见之，亲问清彦曰：'尔袍中刀子者，何刀子也？'爰清彦知不得匿刀子而呈言：'所献神宝之类也。'"（第一册，p. 332）唐义净译《龙树菩萨劝诫王颂》卷1："何假多陈述，除恼略呈言。事由情可伏，圣谈心是源。"按：《汉语大词典》失收。

【承事供給/つかへまつりをさめたてまつる】 四字 应允承担，供其所需。《日本书纪》卷15《显宗纪》即位前纪条："小楯大惊离席，怅然再拜，承事供給，率属钦伏。"（第二册，p. 234）隋阇那崛多译《大方等大集经贤护分》卷1《思惟品》："所谓心念诸佛，皆现在前，其心不乱，不舍作业，求胜上智，勇猛精勤，荷负重担，度脱众生，承事供給，诸善知识。"唐玄奘译《瑜伽师地论》卷22："当有所施，当有所作，所谓承事供給，衣服饮食，卧具，病缘医药，及诸资具。"唐义净译《金光明最胜王经》卷7《无染著陀罗尼品》："若有供养尊重、**承事供给**，此菩萨者，应知即是，供养于佛。"按：佛经中的"承事供给"，通常指四事供养，即对僧人供养饮食、衣服、卧具（或房舍）、汤药（医药）四事。→【恭敬承事】【供養承事】

【乘杯/じょうはい】 述宾　谓乘坐木杯渡水，典出梁慧皎撰《高僧传》卷10："杯度者，不知姓名。常**乘**木**杯**度水，因而为目。"后泛指乘船。《唐大和上东征传》思托《五言伤大和上传灯逝》："上德**乘杯**渡，金人道已东。戒香余散馥，慧炬复流风。"（p. 100）（1）唐义净撰《大唐西域求法高僧传》卷2："标心之梵宇，运想入仙洲。婴痾乖同好，沉情阻若抽。叶落乍难聚，情离不可收。何日**乘杯**至，详观演法流。"唐道宣撰《广弘明集》卷30《敬酬解法师所赠》："道林俗之表，慧远庐之阿。买山即高世，乘杯且渡河。法雨时时落，香云片片多。若为将羽化，来济在尘罗。"（2）唐杨炯《送并州旻上人》诗序："云中振锡，有如鸿鹄之飞；水上**乘杯**，更似神仙之别。"

【乘来至～/のりきたりて～にいたる】 三字　骑马或乘车到达某处。《日本灵异记》中卷《阎罗王使鬼得所召人之赂以免缘第24》："思留船单独来家，借马**乘来至**于近江高岛郡矶鹿辛前，而睹之者，三人追来。"（p. 211）失译人名今附秦录《毘尼母经》卷5："当尔时世尊，从毘梨祇国，从行到毘舍离。庵罗女并，离车子等，皆**乘**种种上妙御乘，**来至**佛所而听法。"唐菩提流志译《大宝积经》卷27："说是法时，魔王波句，与诸眷属，各有所**乘**，**来至**佛所。到已，却住一面，说如是言：'世尊，何因缘故，说菩萨记，不说声闻？'"

【澄情/じょうをすます】 述宾　（3例）　使心情清静；静心。《日本灵异记》上卷《信敬三宝得现报缘第5》："大花位大部屋栖野古连公者，纪伊国名草郡宇治大伴连等先祖也。天年**澄情**，重尊三宝。"（p. 74）又："赞曰：善哉！大部氏。贵仙倘法，**澄情**效忠，命福共存，径世无夭。"（p. 76）又中卷《忆持〈心经〉女现至阎罗王阙示奇表缘19》："利苅优婆夷者，河内国人也。姓利苅村主，故以为字。天年**澄情**，信敬三宝，常诵持《心经》，以为业行。"（p. 199）（1）梁宝唱撰《比丘尼传》卷3："历观众经，以日系夜，随逐讲说，心无厌勌，多闻强记，经耳必忆。由是经律，皆悉研明，**澄情**宴坐，泊然不测。"唐窥基撰《妙法莲华经玄赞》卷2《序品》："睹神变之希奇得未曾有，发胜心以冥道欢喜合掌，**澄情**寂听故一心，冀发金言故观佛。"唐智周撰《法华经玄赞摄释》卷1："物起净心，**澄情**渴仰，佛随器说，故有正宗。"（2）《汉魏南北朝墓志汇·北魏》："**澄情**清霄之外，内德湛于凝津，方纂洪基，惠敷道义。"按：《汉语大词典》失收。

【喫飯/まゐのぼらす】 口语　吃饭；泛指生活或生存。《日本书纪》卷24《皇极纪》二年十一月条："由是山背大兄王等四五日间，淹留于山，不得**吃饭**。"（第三册，p. 78）唐裴休集《黄檗断际禅师宛陵录》卷1："州云：'无。'但去二六时中看个'无'字，昼参夜参，行住坐卧，著衣**吃饭**处，阿屎放尿处，心心相顾，猛著精彩，守个'无'字，日久月深，打成一片。"唐不空译《底哩三昧耶不动尊威怒王使者念诵法》卷1："行者若能常修行供养，应每日**吃饭**食茶药等，皆留少残置一别器中。"唐宗密述《佛说盂兰盆经疏》卷2："具饭百味者，总标也。如人盛馔盘筵邀命宾客唯云**吃饭**，故饭为总统于百味，百者大数非定一百。"《敦煌变文·伍子胥变文》："子胥即欲前行，再三苦被留连，人情实亦难通，水畔蹲身，即坐**吃饭**。"（p.4）又《佛说阿弥陀经讲经文》："每到日西独**吃饭**，饥人遥望眼精穿。"（p.681）又《大目乾连冥间救母变文》："目连见母**吃饭**成猛火，浑捵自扑如山崩。"（p.1036）按：《汉语大词典》首引清袁枚《随园诗话》卷2："苏州薛皆三进士有句云：'人生只有修行好，天下无如**吃饭**难。'"偏晚。

【喫飲／のむ】 口语 （2例） 吃喝。《万叶集》卷16第3854首歌注："其老为人，身体甚瘦。虽多**吃饮**，形似饥馑。"（第四册，p.125）《肥前国风土记·基肆郡》条："此泉之，季秋九月，始变白色，味酸气臭，不能**吃饮**。孟春正月，反而清冷，人始饮吃。"（p.314）唐栖复集《法华经玄赞要集》卷9："父王在后不见罗睺，一家**吃饮**觅不得。闻道世尊将去出家已了，王闷绝。良久乃苏，到世尊边，种种道理论说。"宋天息灾译《佛说较量寿命经》卷1："我见及贪欲，谤法罪最深。作恶并盖缠，生大叫唤中。叫唤大地狱，身毛皆竖立。**吃饮**火焰烧，回避禁难出。"按：《汉语大词典》失收。唐代以后出现的口语词。→【喫飯】【飲喫】

【痴人／おろかなるひと】 偏正 愚笨或平庸之人。"痴"，愚昧。谓不明事物道理，不能做出正确判断的迷心作用。"慧"的对应词。三毒之一。《藤氏家传》上卷《镰足传》："父丰浦大臣愠曰：'桉作如尔**痴人**，何处有哉？吾宗将灭，忧不自胜。'"（p.145）（1）后汉竺大力、康孟详合译《修行本起经》卷2《出家品》："假令如是，谁不乐世者？如令不与，诸**痴人**共；如令众痴法，自远离人；如令诸**痴人**，无有思想。"东晋瞿昙僧伽提婆译《中阿含经》卷51《大品》："世尊呵阿湿贝、弗那婆修比丘：'汝等**痴人**！何由知我，如是说法？汝等**痴人**！从何口闻知，如是说法？汝等**痴人**！我不一向说，汝等一向受持。汝等**痴人**！为众多比丘语时，应如是如法答：我等未知，当问诸比丘！'"唐道宣撰《续高僧传》卷27："至玄冬之月，禅师患足冷，命之取火，乃将大炉炎炭，直顿于前。禅师责之曰：'**痴人**！何烦汝许多火。'乃正色答曰：'须火却寒，得火嫌热，孰是**痴人**？情性若斯，何由得道？'"（2）《宋书》卷59《江智渊传》："尝使以王僧朗嘲戏其子景文，智渊正色曰：'恐不宜有此戏。'上怒曰：'江僧安**痴人**，**痴人**自相惜。'智渊伏席流涕，由此恩宠大衰。"《世说新语·纰漏第34》："谢虎子尝上屋熏鼠，胡儿既无由知父为此事。闻人道'**痴人**有作此者'。戏笑之。"按：《汉语大词典》首引《颜氏家训·归心第16》："世有**痴人**，不识仁义，不知富贵，并由天命。"

【池底／いけのそこ】 后缀 池塘的底部。《万叶集》卷13第3289首："……吾

情 清隅之池之 **池底** 吾者不忘 正相左右二"（第三册，p.422）（1）西晋竺法护译《普曜经》卷5《六年勤苦行品》："交络诸树，两两树间，有一浴池，**池底**金沙中，生青莲；芙蓉茎华。"后秦佛陀耶舍、竺佛念合译《长阿含经》卷18《阎浮提州品》："阿耨达**池底**，金沙充满。"元魏慧觉等译《贤愚经》卷6《月光王头施品》："有诸宝池，亦金银琉璃；颇梨所成，其**池底**沙，亦是四宝。"《敦煌变文·佛说阿弥陀经讲经文》："言水净者，所有泉自水池，具八功德，皆生众宝，杂色连（莲）花，大如车轮，**池底**金沙，四边宝树波动作声，皆念三宝名。"（2）《齐民要术》卷6《养鱼》："欲令生大鱼法：要须载取薮泽陂湖饶大鱼之处、近水际土十数载，以布**池底**，二年之内，即生大鱼。"按：《汉语大词典》失收。→【門底】【水底】

【驰心/こころをはす】 述宾 （2例） 谓心之向往如车马驱驰。《怀风藻》藤原宇合《七言在常陆赠倭判官留在京一首并序》第89首："**驰心**怅望白云天，寄语徘徊明月前。"（p.153）《唐大和上东征传》淡海元开《初谒大和上二首并序》："弟子浪迹嚣尘，**驰心**真际，奉三归之有地，欣一觉之非遥。欲赞芳猷，聊奋弱管云尔。"（p.98）（1）失译人名今附后汉录《分别功德论》卷2："二人病在，想著更乐，思忆在家，五欲自恣，恋著不舍。应病投药，便说无想三昧。卿所想者，皆归灭尽，故为**驰心**放在所乐也。"西晋竺法护译《佛说如幻三昧经》卷2："怀三毒者，**驰心**念佛，尘劳悉除，亦如修行，闲居专精，一心念佛，乃得解脱。"梁会慧皎撰《高僧传》卷3："常慨然有感，**驰心**遐外，以为万里尺尺，千载可追也。"（2）《文心雕龙》："夫立意之士，务欲造奇，每**驰心**于玄默之表；工辞之人，必欲臻美，恒匿思于佳丽之乡。"按：《汉语大词典》首引《魏志》卷19《曹植传》："不图圣诏猥垂齿召，至止之日，**驰心**辇毂。"略晚。

【驰越/はせこゆ】 格义 驰骋跨越。《日本书纪》卷12《履中纪》五年十月条："天皇闻其叹而问之曰：'汝何叹息也？'对曰：'妾兄鹭住王为人强力轻捷。由是独**驰越**八寻屋而游行，既经多日，不得面言。故叹耳。'"（第二册，p.92）（1）西晋竺法护译《顺权方便经》卷2："是须菩提受供膳已，出罗阅祇城，心怀闻法，忻然大悦，志不**驰越**，而自念言：'我分卫食，当著何所？今此笃信，不堕罪难。'"（2）《全唐文》卷416常衮《为崔中丞贺讨田承嗣表》："臣受国恩，守在远藩，不得驱策驽骞，列于将臣。巨猾之首，竟为他断，抚剑惭耻，心魂**驰越**。"（p.4260）按：《汉语大词典》失收。《履中纪》用作具体义，表示骑马飞快地跨过某处，汉籍用作抽象义，佛经谓心不放逸，《全唐文》是说心灵为之震撼。

【迟晚/おそし】 并列 （2例） 迟延而落后。《日本书纪》卷18《安闲纪》二十五年十二月条："夏四月癸丑朔，内膳卿膳臣大麻吕奉敕，遣使求珠伊甚。伊甚国造等诣京**迟晚**，逾时不进。"（第二册，p.334）又卷19《钦明纪》十四年八月条："伏愿天慈速遣前军后军相续来救，逮于秋节，以固海表弥移居也。若**迟晚**者，噬脐无及矣。"

（第二册，p. 424）（1）后汉支娄迦谶译《佛说无量清净平等觉经》卷 3："佛言：'其人殊不豫益作德，为善轻亏，不信之然，徙倚懈怠，为用可尔。至时都集，说经行道，自然迫促，应答**迟晚**。'"梁宝唱等集《经律异相》卷 44："昔有一人，在田耕莳，日已垂中，家饷未至。道人失路，至其田所，从乞中食。耕人曰：'诺，小愿须留，家饷**迟晚**。'道人曰：'食既不至，仍欲漱口。'耕人解其衣带，一诃梨勒果以与。"唐义净译《根本说一切有部苾刍尼毗奈耶》卷 20："时有施主，请僧受食。时看寺人，怪其**迟晚**，恐日时过，遂上高树，望彼归来。"（2）《宋书》卷 79《竟陵王诞传》："瑗即使琰镇军。子勖责琰举兵**迟晚**，琰欲自解释，乃杀龙符送首，瑗固争不能得。"《魏书》卷 95《刘聪传》："其都水使者襄陵王摅以鱼蟹不供，将作大匠望都公靳陵以营作**迟晚**，并斩于东市。"按：《汉语大词典》首引《敦煌变文集·大目乾连冥间救母变文》："欲救悬沙（丝）之危，事亦不应**迟晚**。"偏晚。

【**持还来**／もちかへる】 自创 拿回来，带回来。《万叶集》卷 16 第 3791 首："老人を 送りし车 **持还来**"（第四册，p. 96）失译人名在后汉录《大方便佛报恩经》卷 5《慈品》："时婆罗门寻断王头，**持还**本国。尔时五百太子及诸群臣即收大光明王所余身骨，起塔供养。"吴康僧会译《旧杂譬喻经》卷 1："童子曰：'汝临嫁时，先至我许，我还橘。不尔，不相与。'女言：'诺。'童子便与橘，女得**持还**。众人共作饮食。"唐义净译《金光明最胜王经》卷 1《如来寿量品》："是故我今，求佛舍利，如芥子许，**持还**本处，置宝函中，恭敬供养，命终之后，得为帝释，常受安乐。"按：汉译佛经中，仅见"持还"，未见"持还来"的用例。

【**持将**／もちゆく】 并列 拿、取，手持。《万叶集》卷 4 第 779 首："板盖 黑木乃屋根者 山近之 明日取而 **持将**参来"（第一册，p. 371）。隋阇那崛多译《佛本行集经》卷 32《梵天劝请品》："其斯耶那耶，既见世尊，在门外立，嘿然求食。见已，即从世尊，乞钵执已，将入自家，以好种种，百味饮食，种种羹臛，满和钵中，**持将**奉佛。复白佛言：'唯愿世尊，受我此食，慈愍我故。'"唐义净译《根本说一切有部毗奈耶》卷 21："六众报曰：'汝无识者，见有担来，怖云是贼，贼若知者，当来劫掠，汝镇惊走，所有家业，并悉**持将**。'彼闻默尔。"又卷 22："有乞食苾刍，于日初分，入城乞食，巡至市中。卖香童子，见而告曰：'圣者，我有好钵，堪得受用。必若须者，随意**持将**。'"按：《汉语大词典》失收。

【**持将去**／もちゆく】 三字 拿去，拿着去。《万叶集》卷 7 第 1222 首："玉津岛 虽见不饱 何为而 裹**持将去** 不见人之为"（第二册，p. 224）（1）姚秦佛陀耶舍、竺佛念等合译《四分律》卷 21："不得持佛像至大小便处，尸叉罽赖尼，如上。有三事不犯或时有如是病，或时道由中而过，或为强力者所**持将**①**去**无犯。"唐义净译《根本

---

① "将"，在宋本、元本、明本、宫本中作"呼"。

说一切有部毘奈耶》卷21："时乔答弥礼世尊已，欲还尼寺，便遣二尼，就房取物，白言大德：'圣者乔答弥，遣取羊毛。'报云：'于门扇后，有两束毛，可**持将去**。'"又《根本萨婆多部律摄》卷10："佛在室罗伐城给孤独园。时窣吐罗难陀苾刍尼，知施主为尊者憍陈如等奉施饮食，彼便赞叹，六众苾刍，回所施食，自**持将去**。其事同前。家悭烦恼，制斯学处。"（2）《颜氏家训·治家第5》："体有不安，窥窗倚户，若生女者，辄**持将去**；母随号泣，使人不忍闻也。"（p.51）《唐律疏议》卷27《杂律》："**持将去**者，计赃，准盗论。并征所费之赃，各还官、主。"

【**持戒**/じかい】述宾（6例）"持戒"，遵守戒律之意，或谓受持戒律者。六波罗蜜之一。戒定慧三学之一。"破戒"的对应词。《日本书纪》卷30《持统纪》三年正月条："诏曰：'麻吕等少而闲雅寡欲，遂至于此，蔬食**持戒**。可随所请，出家修道。'"（第三册，p.488）《日本灵异记》上卷《**持戒**比丘修净行而得现奇验力缘第26》（p.114）又下卷《刑罚贱沙弥乞食以现得顿恶死报缘第33》："所以《十轮经》云：'苍蔔花随萎，犹胜诸花，破戒诸比丘，犹胜诸外道。说出家人过，若破戒若**持戒**，若有戒若无戒，若有过若无过，说者过出万忆佛身血。'"（p.348）《唐大和上东征传》："唐国诸寺三藏、大德，皆以戒律为入道之正门；若有不**持戒**者，不齿于僧中。"（p.38）又："淮南江左净**持戒**[律]者，唯大和上独秀无伦，道俗归心，仰为受戒之大师。"（p.80）《续日本纪》卷32《光仁纪》宝龟三年三月条："丁亥，禅师秀南、广达、延秀、延惠、首勇、清净、法义、尊敬、永兴、光信。或**持戒**足称，或看病著声。诏充供养，并终其身。当时称为十禅师。其后有阙，择清行者补之。"（第四册，p.374）东晋瞿昙僧伽提婆译《中阿含经》卷30《大品》："随彼所生处，长老净**持戒**，世无著善逝，施彼得大果。"姚秦鸠摩罗什译《妙法莲华经》卷2《譬喻品》："若见佛子，**持戒**清洁，如净明珠，求大乘经，如是之人，乃可为说。"又《维摩诘所说经》卷1《佛国品》："**持戒**是菩萨净土，菩萨成佛时，行十善道，满愿众生，来生其国。"→【蔬食持戒】

【**持戒第一**/じかいだいいち】比较 遵守戒律为第一要义；遵守戒律最为严格。《续日本纪》卷19《孝谦纪》天平胜宝八年五月条："丙子，敕：'禅师法荣，立性清洁。**持戒第一**，甚能看病。由此，请于边地，令侍医药。'"（第三册，p.162）失译人名今附后汉录《分别功德论》卷5："时打罗云首者，堕无择地狱中，以是因缘，知罗云**持戒第一**也。"元魏瞿昙般若流支译《正法念处经》卷23《观天品》："**持戒第一**乐，财物所不及。财富可败失，持戒常牢固。"隋达磨笈多译《大方等大集经菩萨念佛三昧分》卷3《神变品》："尊者阿难作是念已，即便白彼罗睺罗：'大德，我亲从佛闻如是言：我诸声闻大弟子中**持戒第一**，则罗云其人也。'"唐道世撰《法苑珠林》卷25："罗云自被约敕以后，未曾复犯如毫厘戒，故称**持戒第一**也。忍行亦为第一。"按：在佛陀的十大弟子当中，优婆离在生活上非常重视行住坐卧四威仪，严格遵守各项戒条，从不毁犯戒律，被推为持戒第一。

【持戒之力/じ かいのちから】 四字 遵守戒律所带来的功德利益。《唐大和上东征传》："普照、思托［劝］请大和上以此地为伽蓝，长传四分律藏，法励［师］《四分律疏》，《镇国道场饰宗义记》，《宣律师钞》，以**持戒之力**，保护国家。"（p. 94）姚秦鸠摩罗什译《大智度论》卷14《序品》："**持戒之力**，能羸诸结使。云何能羸？若不持戒，瞋恚事来，杀心即生；若欲事至，淫心即成。若持戒者，虽有微瞋，不生杀心；虽有淫念，淫事不成。是为持戒能令诸结使羸。"后魏菩提流支译《弥勒菩萨所问经论》卷6："以依清净，**持戒之力**，是故能舍，以舍力故，诸所求法，皆悉成就。"唐大觉撰《四分律行事钞批》卷5："为世福田者，谓受具戒者，此明作人天福田，能长他福，能消他利养者，皆是**持戒之力**。"

【持経者/じ きょうしゃ】 三字 指受持诵读大乘经典的人。"持律者"的对应词。《金光明最胜王经》卷7、《法华经》卷6等中均有诵读书写经典者可获无量功德的记载。在日本古代，持经者多指《法华经》受持者。《日本灵异记》上卷《告读〈法华经〉品而现口喎斜得恶报缘第19》："宁托恶鬼虽多滥言，而与**持经者**不可诽谤。能护口业矣。"（p. 103）后汉支娄迦谶译《道行般若经》卷2《功德品》："佛言：'善男子、善女人，学般若波罗蜜者，**持经者**诵经者，当为作礼，承事恭敬。'"姚秦鸠摩罗什译《妙法莲华经》卷4《法师品》："由是赞佛故，得无量功德，叹美**持经者**，其福复过彼。于八十亿劫，以最妙色声，及与香味触，供养**持经者**。"唐义净译《金光明最胜王经》卷5《依空满愿品》："尔时，佛告大梵天王及诸梵众乃至四王诸药叉等：'善哉，善哉！汝等得闻，甚深妙法，复能于此，微妙经王，发心拥护，及**持经者**，当获无边，殊胜之福，速成无上，正等菩提。'"

【持来/もちく】 后补 （10例） 拿来，取来，带来。《古事记》下卷《仁德记》："夫子奴乎，所缠己君之御手玉钮，于肤熰剥**持来**，即与己妻，乃给死刑也。"（p. 302）《日本书纪》卷14《雄略纪》即位前纪条："时大臣妻**持来**脚带伧矣，伤怀而歌曰。"（第二册，p. 144）又卷25《孝德纪》大化二年八月条："凡调赋者，可收男身之调。凡仕丁者，每五十户一人。宜观国国壃堺，或书或图**持来**奉示。"（第三册，p. 160）。《万叶集》卷9第1665首："为妹 吾玉拾 奥边有 玉缘**持来** 奥津白浪"（第二册，p. 390）。又卷13第3323首："不连尔 伊刈**持来** 不敷尔 伊刈り**持来**而"（第三册，p. 437）。又卷16第3880首："所闻多祢乃 机之岛能 小螺乎 伊拾**持来**"（第四册，p. 136）。又第3885首："韩国乃 虎云神乎 生取尔 八头取**持来**"（第四册，p. 138）。《日本灵异记》上卷《僧用涌汤薪而与他作牛役之示奇缘第20》："宴嘿居于净室，召请绘师言：'如彼法师之容，不误绘之**持来**。'"（p. 105）又中卷《见乌邪淫厌世修善缘第2》："于时，先夫乌食物哺**持来**，见之无妻乌。于时慈儿，抱之而卧，不求食物，而经数日。"（p. 149）（1）后汉安世高译《佛说长者子制经》卷1："制言：母不肯匄与者，自持我今日饭分来。我宁一日不食，哀我疾**持来**，我欲与是人。"后汉竺大力、康孟详合译《修行本起经》卷1："太子前射，挽弓皆折，无可手者，告其仆曰，吾先祖有弓，今在天庙。汝取**持来**。'"西晋白法祖译《佛般泥洹经》卷2："时有五百乘车，上流厉度水，大浊。阿难即取浊水，**持来**白佛。"梁宝唱等集《经律异相》卷32："龙子既死生阎浮提中，为大国王太子，名曰能施。生而能言，问诸左右，今此国中，有何等物？尽皆**持来**，以用布施。"唐义净译《金光明最胜王经》卷9："启父长者，家中所有，可食之物，乃至父母，食噉之分，及以妻子，奴婢之分，悉皆收取，即可**持来**。" （2）《太平经》卷37："其咎本在山有恶气风，**持来**承负之责如此矣。" （p.59）按：《汉语大词典》失收。"持来"一词，佛典中比比皆是，反观中土文献中甚少，且文例多与佛教相关。例如，《全晋文》卷158释道安《合放光光赞略解序》："《放光》、《光赞》，同本异译耳。其本俱出于阗国**持来**，其年相去无几。" （p.2378）阙名《戒因缘经鼻奈耶序》："随天竺沙门所**持来**之经，遇而便出，于十二部，毗曰罗部最多。" （p.2435）→【取持来】【取持去】

　　【持留/もたる】 后补　持有，保留，保有。《万叶集》卷11第2537首："足千根乃　母尔不所知　吾**持留**　心者吉惠　君之随意" （第三册，p.212）吴支谦译《佛说阿弥陀三耶三佛萨楼佛檀过度人道经》卷2："我般泥洹去后，经道留止千岁。千岁后经道断绝，我皆慈哀持①留是经法，止住百岁。百岁中竟，乃休止断绝。在心所愿，皆可得道。"按：《汉语大词典》失收。

　　【持向於~/もちて~にいたる】 于字　拿到某处，带到某处。《日本灵异记》上卷《捉雷缘第1》："栖轻见之，即呼神司，入羼笼而**持向于**大宫。" （p.57）后汉竺大力、康孟详合译《修行本起经》卷2《出家品》："人与把乱草，便**持向**树王：'世间意皆乱，我当正其志。'"隋阇那崛多译《佛本行集经》卷8《从园还城品》："童子生时，一切诸天，从于虚空，持好细妙，迦尸迦衣，周匝遍裹，于童子身，**持向**母前，作如是语。"唐实叉难陀译《大方广佛华严经》卷11《毘庐遮那品》："一切**持向**佛，心生大欢喜，妻子眷属俱，往见世所尊。"按：《捉雷缘》中"持向于~"的"于"表示处所，佛典文例中指示对象。

　　【持行/もちいく】 后补　带去，拿去，带着走。《万叶集》卷3第327首："海若之　奥尔**持行**而　虽放　宇礼牟曾此之　将死还生" （第一册，p.203）吴康僧会译《六度集经》卷2："其后数日，时婢娩娠，所生男儿，夫人恚言：'汝为婢使，那得此儿？'促取杀之。随大家教，即杀其儿，**持行**埋之。"东晋瞿昙僧伽提婆译《中阿含经》卷15《王相应品》："于是，彼人则于后时，效作利刀，**持行**劫物，捉彼物主，截断其头。"刘宋求那跋陀罗译《杂阿含经》卷15："譬如有人言我欲取佉提罗叶，合集作器，

─────────────

① "持"，在宋本、元本、明本中作"特"。

148

盛水**持行**者，无有是处。"按：在汉译佛经和传世文献中，"持行"还表示修行的意思。《南齐书》卷55《吴达之传》："幼玙少好佛法，剪落长斋，**持行**精苦。"隋阇那崛多译《佛本行集经》卷20《观诸异道品》："时其林内，所有**持行**，婆罗门仙，行住坐卧，或手执持，随威仪住。彼等一切，向菩萨面，起恭敬心，爱乐尊重，或复生疑，瞻仰菩萨。"

【持捉/もちとる】 并列 手持，手拉，擒拿。《日本灵异记》中卷《力女捔力试缘第4》："狐念无礼，打起，依即二手**持捉**，葛蛇以一遍打。打蛇著肉。亦取一蛇一遍打。打蛇著肉。十段蛇，随打皆著肉。"（p.154）陈真谛译《佛说立世阿毘昙论》卷8《地狱品》："是何行业，受此果报，令诸众生，于彼中生？昔在人中，**持捉**刀杖，田猎网捕，有命众生，多人围绕，或斫或刺，或杀或害。由此等业，彼中受生。"宋施护等译《佛说圣观自在菩萨不空王秘密心陀罗尼经》卷1："又若有人，患诸疟病，若一日二日，乃至七日，或复眼痛耳痛，鼻痛头痛，或复疥癞疮癣，痛疽肿疱，及为一切，非人邪鬼，**执魅持捉**，禁缚打掷，咒咀期克，邪说惑乱。"宋法护等译《大乘宝要义论》卷4："又复如前，见彼女人，在灰河中，叫呼求救。是人见已，亦复奔前**持捉**女人。"→【收捉】【手捉】

【耻悲/はぢかなしぶ】 自创 感到羞耻和悲伤。《日本灵异记》下卷《沙门一目眼盲使读〈金刚般若经〉得明眼缘第21》："宝龟三年之间，长义眼暗盲，径五月许。日夜**耻悲**，屈请众僧，三日三夜，读诵《金刚般若经》。"（p.310）姚秦鸠摩罗什译《大智度论》卷2《序品》："是时，阿难惭**耻悲**泣，而自念言：'我二十五年，随侍世尊，供给左右，未曾得如是苦恼。佛实大德，慈悲含忍。'"该例亦见于梁僧肇撰《出三藏记集》卷1。唐玄奘译《阿毘达磨大毘婆沙论》卷119："苾刍告曰：'鹅吞汝珠。'其人不信，犹疑假托。苾刍谓曰：'我实见吞。'彼遂持刀，以剖鹅腹，乃于腹内，得所失珠。彼生惭**耻**，**悲**喜交集。"

【耻愁/はぢうれふ】 自创 耻辱和忧愁。《日本灵异记》下卷《灾与善表相先现而后其灾善答被缘第38》："发惭愧心，弹指**耻愁**者，本有种子，加行智行者，远灭前罪，长得后善也。"（p.372）失译人名今附秦录《别译杂阿含经》卷6："檀越虽与，不至心施，不恭敬与，虽施饮食，不令丰足，与其粗涩，不与精细，设有施与，迟缓不速。而此比丘，不称意故，羞**耻愁**忧，生损减心。"

【耻恨/はづうらむ】 并列 （2例）"耻"，羞愧，羞辱。"恨"，怨恨，瞋恚。《日本书纪》卷1《神代纪上》："伊奘诺尊不从犹看之。故伊奘冉尊**耻恨**之曰：'汝已见我情。我复见汝情。'"（第一册，p.56）又卷2《神代纪下》："盘长姬**耻恨**而唾泣之曰：'显见苍生者如木花之俄迁转当衰去矣。'"（第一册，p.142）（1）姚秦鸠摩罗什译《大庄严论经》卷9："常怀惭**耻恨**，虽以百舌说，说犹不可尽，略举而说之。"元魏吉迦夜、昙曜合译《付法藏因缘传》卷3："忧波毱多，闻是语已，甚自悔责，极怀惭愧。

比丘尼言：'大德不应，自生<u>耻恨</u>。'"梁慧皎撰《高僧传》卷 1："先有州人管蕃与祖论议屡屈于祖，蕃深衔<u>耻恨</u>每加谮构。"（2）《蜀志》卷 7《法正传》："臣松之以为蜀与汉中，其由唇齿也。刘主之智，岂不及此？将计略未展，正先发之耳。夫听用嘉谋以成功业，霸王之主，谁不皆然？魏武以为人所教，亦岂劣哉！此盖<u>耻恨</u>之余辞，非测实之当言也。"《晋书》卷 84《刘牢之传》："牢之负其才能，深怀<u>耻恨</u>。"按：《汉语大词典》失收。

【<u>褫落</u>／あはけおつ】 后补 脱落，掉下。《日本灵异记》中卷《观音铜像及鹭形示奇表缘第 17》："牧牛童男，告知诸人。诸人转闻，告知寺尼。尼等闻来见，实其像也。涂金<u>褫落</u>。"（p. 194）唐慧琳撰《一切经音义》卷 55："<u>褫落</u>：上池尔反。《周易》云：终朝三<u>褫</u>也。《考声》云：<u>褫</u>，犹攲落也。《说文》：<u>褫</u>，谓解衣也。从衣，虒声。虒音，斯亦作㦬。经从犬作㹮，或作褫，并非也。"（1）姚秦鸠摩罗什译《妙法莲华经》卷 2《譬喻品》："譬如长者，有一大宅，其宅久故，而复顿弊，堂舍高危，柱根摧朽，梁栋倾斜，基陛隤毁，墙壁圮坼，泥涂<u>褫</u>①<u>落</u>，覆苫乱坠，椽梠差脱，周障屈曲，杂秽充遍。"梁法云撰《法华经义记》卷 5《譬喻品》："四大如墙壁皆为无常所坏，故言圮坼也。色香味触皆念念无常，故言泥涂<u>褫落</u>也。"（2）《南齐书》卷 18《志第 10》："永明四年四月，东昌县山自比岁以来，恒发异响，去二月十五日，有一岩<u>褫落</u>，县民方元泰往视，于岩下得古钟一枚。"《全唐文》卷 266 孙处元《重修顺佑王庙碑》："慨祠堂之<u>褫落</u>，悲厥迹之堙讹，乃命众工，精求班匠，旋加刻削，广事雕镂，同有子之追写仲尼，等左彻之共朝轩帝，精诚通于至理，仿佛见于仙祇。"按：《汉语大词典》首引《北史》卷 81《孙惠蔚传》："或篇第<u>褫落</u>，始半沦残；或文坏字误，谬烂相属。"

【<u>赤狗</u>／あかきいぬ】 偏正 （2 例） 红色毛发的狗。《日本灵异记》上卷《非理夺他物为恶行受报示奇事缘第 30》："又五月五日成<u>赤狗</u>到汝家之时，唤犬而相之，唯追打者饥热还。我正月一日成狸入于汝家之时，饱供养宍种物。是以继三年之粮。我无兄弟，上下次第而失理，成犬噭白出汁。我必可成<u>赤狗</u>。"（p. 126）唐道世撰《法苑珠林》卷 45 引载《白泽图》曰："又故台屋之精名曰两贵，状如<u>赤狗</u>，以其名呼使人目明……我必可成<u>赤狗</u>。"按：《汉语大词典》失收。

【<u>炽发</u>／さかりにおこる】 偏正 （情感欲望等）勃发、强烈地产生。《日本灵异记》下卷《奉写〈法华经〉经师为邪淫以现得恶死报缘第 18》："于时，未申之间，段云雨降。避雨入堂，堂里狭少，故经师与女众居同处。爰经师<u>淫心炽发</u>，踞于娘脊。"（p. 306）唐文轨撰《天请问经疏》卷 1："如《智度论》说：'欲火<u>炽发</u>，烧于祆祀。'岂非贪爱是极热病耶？现在尚自火烧，来生宁免汤镬？故言'贪为极热病'也。"按：《汉语大词典》首引清昭梿《啸亭杂录·缅甸归诚本末》："正值烟瘴<u>炽发</u>，钦奉谕旨，

---

① "褫"，在元本、明本、宫本中作"陁"，博本中作"堕"。

轸念士卒，乃令停兵。"过晚。

【勅唤/みことのりしてめす】 说词 （2 例） 敕命唤来，命令使来。《日本书纪》卷 14《雄略纪》二十三年四月条："二十三年夏四月，百济文斤王薨。天王以昆支王五子中，第二末多王幼年聪明，**敕唤**内里，亲抚头面，诚敕殷勤，使王其国。"（第二册，p. 206）又卷 27《天智纪》十年十月条："庚辰，天皇疾病弥留。**敕唤**东宫，引入卧内，诏曰：'朕病甚。以后事属汝。'云云。"（第三册，p. 292）（1）苻秦昙摩难提译《阿育王息坏目因缘经》卷 1："告王**敕唤**，使法益来。王躬自入，手执导引。"梁僧佑撰《释迦谱》卷 1："尔时白净王，闷绝始醒，**敕唤**车匿，而语之言。"唐释道世撰《法苑珠林》卷 9："时净饭王，知其太子，所有技能，皆悉胜彼，一切诸人，自既眼见，踊跃喜欢，**敕唤**白象，璎珞庄饰，令太子乘。"《敦煌变文·维摩诘经讲经文》："于是庵园会上，**敕唤**文殊：'劳君暂起于花台，听我今朝敕命。'"（p. 913）（2）《北齐书》卷 49《张子信传》："是夜，琅邪王五使切召永洛，且云**敕唤**。"（p. 680）《北史》卷 92《韩凤传》："及后主晋阳走还，被**敕唤**入内，寻诏复王爵及开府、领军大将军，常在左右。"（p. 3053）按：《汉语大词典》失收。

【重明～再朗～/かさねてあきらかに～ふたたびほがらかなり】 对偶 "重明"，两重光明。谓光明相继不已。"再朗"，重新明亮。谓光明再次出现。《唐大和上东征传》："我大和上远向海东，自谓一生不获再观，今日亲礼，诚如盲龟开目见日；戒灯**重明**，昏衢**再**（**朗**）。"（p. 80）（1）唐玄奘撰《大唐西域记》卷 8："俄见大山，崇崖峻岭，**两日联晖**，**重明**照朗。"又卷 12："法云**再**荫，慧日**重明**，黄图流鹫山之化，赤县演龙宫之教。像运之兴，斯为盛矣。"（2）唐慧立本、彦悰笺《大唐大慈恩寺三藏法师传》卷 8："爰有慧命，英器灵冲，孤标千载，独步三空，给园味道，雪岭飡风，智灯**再朗**，真筌重崇。"颜绢英主编《陈氏合村造像记》卷 1："徽言**再朗**，玄诵更寻。移风革俗，礼惠齐闻。"宋延寿集《宗镜录》卷 43："佛日沉而**再朗**，慧云散而重生。"

【重诵/かさねてじゅず】 偏正 重新读诵，再次诵读。《日本灵异记》上卷《忆持〈法华经〉现报示奇表缘第 18》："赞曰：'善哉！日下部之氏。读经求道，过现二生，**重诵**本经。'"（p. 101）东晋佛陀跋陀罗、法显合译《摩诃僧祇律》卷 27："佛住王舍城耆阇崛山。尔时，诸比丘作布萨说波罗提木叉，至波夜提后跋渠，截已波夜提，破已波夜提挽出已波夜提。当诵时贼来，诵人默然贼立须臾便出。复**重诵**如是至三。"姚秦佛陀耶舍、竺佛念等合译《四分律》卷 36："若一人不能尽诵者，随先所诵得，各次第诵不得**重诵**。"刘宋佛陀什、竺道生等合译《弥沙塞部和酰五分律》卷 18："诸比丘说戒时中忘，以是白佛。佛言：'应傍人授犹忘更复授，三忘应更差人续次诵，不应**重诵**。'"按：《汉语大词典》失收。

【重修功德/かさねてくどくをつくる】 四字 重新修行以获得功能福德。"功"指善行，"德"指善心。《日本灵异记》中卷《奉写〈法华经〉因供养显母作女牛之因

缘第15》："往古已后，莫过斯奇。更为其母，**重修功德**。"（p.188）唐道宣撰《集神州三宝感通录》卷2："皓信之，伏枕归依，有顷便愈。遂以马车迎沙门僧会入宫，以香汤洗像惭谢，**重修功德**送于建初寺云。"→【広修功德】

【崇福寺/すうふくじ】 寺名 （4例） ①扬州崇福寺。《唐大和上东征传》："天宝七载春，荣睿、普照师从同安郡来，下至扬州**崇福寺**大和上住处。"（p.62）又："六月二十七日，发自**崇福寺**。"（p.62）又："其弟子中超群拔萃，为世师范者，即有：扬州**崇福寺**僧祥彦……"（p.82）②亦称志我山寺、紫乡山寺。根据《扶桑略记》记载，天智七朝（669）创建。《续日本纪》卷19《孝谦纪》天平胜宝八年八月条："八月乙酉，以近江朝书法一百卷，施入**崇福寺**。"（第三册，p.166）

【崇敬仏法/ほとけのみのりをあがめうやまふ】 四字 崇尚敬仰佛所说之教法。"崇"，尊重、尊崇。"敬"，尊敬，敬仰。《唐大和上东征传》："又闻：日本国长屋王**崇敬佛法**，（造）千袈裟，来施此国大德、众僧。"（p.40）唐玄奘撰《大唐西域记》卷4："摩揭陀国婆罗阿迭多王，**崇敬佛法**，爱育黎元，以大族王淫刑虐政，自守疆场，不恭职贡。"唐慧立本、释彦悰笺《大唐大慈恩寺三藏法师传》卷4："自此西北行千八百余里，至南憍萨罗国（中印度境）。王，刹帝力也。**崇敬佛法**，爱尚学艺。伽蓝百所，僧徒万人。"唐道宣撰《广弘明集》卷6："初则**崇敬佛法**恐有淫秽，故须沙汰务得住持。"按：《日本书纪》卷20《敏达纪》十三年是岁条："马子独依**佛法**，**崇敬**三尼。乃以三尼付氷田直与达等，令供衣食。经营佛殿于宅东方，安置弥勒石像。屈请三尼大会设斋。"（第二册，p.488）

【崇信仏法/ほとけのみのりをあがめうやまふ】 四字 崇尚信仰佛所说之教法。"信"，信任、信仰。《唐大和上东征传》："昔梁武帝**崇信佛法**，兴建伽蓝，今有江宁寺、弥勒寺、长庆寺、延祚寺等，其数甚多；庄严雕刻，已尽工巧。"（p.79）唐道宣撰《续高僧传》卷4："又西南行具经诸国，并有异迹，可五千里至憍萨国，即南印度之正境也。**崇信佛法**，僧徒万许。"《冥报记》卷2："大安因与专及家人共起观像，乃所见者也。其背朱点宛然补处，于是叹异。遂**崇信佛法**。"唐僧详传《弘赞法华传》卷1："姊为炀帝皇后，生长贵盛，而家**崇信佛法**。"

【崇重仏法/ほとけのみのりをあがめとふとぶ】 四字 崇尚重视佛所说之教法。"重"，尊重，重视。《藤氏家传》下卷《武智麻吕传》："由是，即位已后，常施善政，矜愍百姓，**崇重佛法**也。"（p.357）唐玄奘撰《大唐西域记》卷3："**崇重佛法**，敬信大乘。"唐道宣撰《续高僧传》卷16："恒安城内康家，赀财百万，**崇重佛法**，为佛陀造别院，常居室内，自静遵业。"又《广弘明集》卷7《章仇子陀者》："于时，**崇重佛法**，造制穷极。凡厥良沃悉为僧，有倾竭府藏充佛福田，俗士不及。"按：《日本书纪》卷5《崇神纪》即位前纪条："天皇年十九岁，立为皇太子，识性聪敏，幼好雄略。既壮宽博谨慎，**崇重神祇**，恒有经纶天业之心焉。"（第一册，p.266）

【抽出／ぬけいづ】 格义 （2 例） ①抽芽，拔出。《日本书纪》卷 1《神代纪上》："古国稚地稚之时，譬犹浮膏而漂荡。于时，国中生物，状如苇芽之**抽出**也。因此有化生之神，号可美苇牙彦舅尊。"（第一册，p.20）②选调，选拔。《续日本纪》卷 40《桓武纪》延历八年六月条："三军同谋并力，渡河讨贼。约期已毕，由是**抽出**中后军各二千人，同共凌渡。"唐慧琳撰《一切经音义》卷 78："**抽**杈：上丑留反，差皆反。菩提树枝生根貌。"（1）唐菩提流志译《大宝积经》卷 56："于斯秽处，推手令入，以利刀子，脔割儿身，片片**抽出**。"唐义净译《根本说一切有部毘奈耶》卷 22："时邬波难陀，便于腋下，**抽出**其钵，而呈示之，问曰：'如此之钵，价直几多?'"唐不空译《观自在大悲成就瑜伽莲华部念诵法门》卷 1："心印者，以二手十指向内，相叉为拳，即**抽出**右大指向内，招之咒曰。"（2）《南史》卷 80《王伟传》："彭隽亦生获，破腹**抽出**其肝藏，隽犹不死，然后斩之。"按：《汉语大词典》失收。传世文献和汉译佛经中的"抽出"一词，均表示从一物中将另一物割取或抽出，而《神代纪》中的"抽出"表示的却是植物发芽或抽芽。《桓武纪》中的"抽出"谓抽调人员。

【抽取／ぬきとる】 后补 提取，取出。《日本书纪》卷 9《神功纪》摄政前纪条："于是皇后勾针为钩，取粒为饵，**抽取**裳缕为绲，登河中石上，而投钩祈之曰：'朕西欲求财国。'"（第一册，p.420）（1）隋阇那崛多译《佛本行集经》卷 56《难陀出家因缘品》："作是语已，即于彼店，在鱼铺下，**抽取**一秉，臭恶茅草。"唐义净译《根本说一切有部毘奈耶药事》卷 2："作是语已，遂于柴束，**抽取**栴檀，往至市里。截为四分，锯木之末，卖得千钱。"唐孟献忠撰《金刚般若经集验记》卷 3："其王厅侧，有一处所，看无边畔，中有一殿，七宝庄严。令丘一上殿，于藏中**抽取**一卷经。"按：《汉语大词典》，"抽取"词条无此义项。

【抽泉／いづみをひく】 典据 谓以利剑、锡杖刺入地中而冒出的泉水。《唐大和上东征传》："昔远法师于是立寺，无水，发愿曰：'若于此地堪栖止者，当使**抽泉**。'以锡杖扣地，有二青龙寻锡杖上，水即飞涌。今尚其水涌出地上三尺焉。因名龙泉寺。"（p.78）晋慧达撰《肇论疏》卷 2："远法师与弟子数阳见虚峯清净静足以息心，乃住龙泉精舍。此处无水，远师乃十八游历名山，乃至寻以杖扣地曰：'若此中可得栖止，当使朽壤**抽泉**。'言毕清净成流。"梁慧皎撰《高僧传》卷 6："远乃以杖扣地曰：'若此中可得栖，立当使朽壤**抽泉**。'言毕清流涌出，后卒成溪。"唐神清撰、慧宝注《北山录》卷 3："慧远初将届罗浮（山近南海）至浔阳（江州也）卜庐山而栖息，既获朽壤**抽泉**，故不求去。"按：《汉语大词典》失收。佛典三例讲述的都是慧远在庐山找到水源地的故事，可知慧远传说是此处表达的直接出典。

【抽身／みをぬきいづ】 口语 脱身离开。《怀风藻》第 104 首释道慈《初春在竹溪山寺于于长王宅宴追致辞》："结萝为垂幕，枕石卧岩中。**抽身**离俗累，涤心守真空。"（p.168）宋希麟集《续一切经音义》卷 10："**抽**簪：上敕鸠反。《切韵》云：去也。《考声》云：除也。又<u>拔</u>也。《说文》云：从手，由声。"唐义净译《根本说一切有部毗奈耶》卷47："时商主师子胤，作如是念：'何意诸女，于城南路，不许人行，我宜候妻，中宵睡熟，**抽身**徐起，拔剑南行，观其所以。'"《敦煌变文·庐山远公话》："行至寺东门外，见一僧人于禅庵之内，安然而坐。左右不敢惊怖，**抽身**却入寺中，直至白庄面前，启而言曰。"（p. 255）又《叶净能诗》："净能承其帝命，**抽身**便起，只对殿西角头一个剑南蛮画瓮子，可授［受］石已来，净能移心作法，暗求欢乐帝心，娱情在炙。"（p. 336）又《难陀出家缘起》："饮满勾巡一两杯，徐徐慢怕（拍）管弦催。各（栏）盏待君下次勾，见了**抽身**便复回。吟难陀出门见佛，便乃阳［佯］作喜欢。"（p. 590）按：《日本古典文学大系》将"抽身"解作："较之他人，自己更为主动地做某事"（p. 168）似有望文生义之嫌。释道慈诗中的"抽身"，用作抽象意义，谓弃官引退。《敦煌变文·降魔变文》："各自**抽身**奉仕（事）佛，免被当来铁碓舂。"（p. 567）唐刘禹锡《刑部白侍郎谢病长告改宾客分司以诗赠别》："洛阳旧有衡茆在，亦拟**抽身**伴地仙。"

【籌議/はかる】 ⬚并列⬚（2例）　筹商，谋划商议。《日本书纪》卷14《雄略纪》五年四月条："夏四月，百济加须利君飞闻池津媛之所燔杀，而**筹议**曰：'昔贡女人为采女。而既无礼，失我国名。自今以后，不合贡女。'"（第二册，p. 164）又卷17《继体纪》元年正月条："元年春正月辛酉朔甲子，大伴金村大连更**筹议**曰：'男大迹王性慈仁孝顺，可承天绪。冀殷勤劝进，绍隆帝业。'"（第二册，p. 286）唐慧琳撰《一切经音义》卷13："**筹议**：上长流反。《考声》云：<u>量</u>也，<u>度</u>也。下音义。《考声》：<u>议</u>也，<u>商量</u>也。"（1）唐地婆诃罗译《方广大庄严经》卷1《胜族品》："佛告诸比丘：'无量菩萨，及诸天子，于阎浮提，十六大国，所有威德，胜望王种，周遍观察，皆悉不堪，菩萨往生。相与**筹议**，竟不能知，菩萨生处。'"唐玄奘译《阿毗达磨大毗婆沙论》卷130："然彼夫妻，自初**筹议**，乃至食已，随路行时，曾无欢情，唯念爱子。"唐义净译《金光明最胜王经》卷10《舍身品》："兄弟共**筹议**，复往深山处。四顾无所有，见虎处空林。"（2）《北史》卷55《冯子琮传》："周有移书，别须**筹议**。"（p. 2011）按：《汉语大词典》首引《周书》卷38《苏亮传》："亮有机辩，善谈笑，太祖重之。有所**筹议**，率多会旨。"略晚。

【出塵区/じんくをいづ】 ⬚先列⬚　出离尘世。"尘区"，犹尘世；尘界。《奈良朝写经31·别译杂阿含经卷第10》："通该有顶，普被无边，并**出尘区**，俱登彼岸。"（p. 232）《宋高僧传》卷14："释德秀，俗姓孙氏，富阳人也。少**出尘区**，早栖梵宇。"

【出到/いでいたる】 ⬚后补⬚（2例）　外出来到某处。《日本书纪》卷2《神代纪下》："及将归去，丰玉姬谓天孙曰：'妾已娠矣。当产不久。妾必以风涛急峻之日，**出到**海滨。请为我作产室相待矣。'"（第一册，p. 160）又："先是且别时，丰玉姬从容语曰：'妾已有身矣。当以风涛壮日，**出到**海边。请为我造产屋以待之。'"（第一册，

p. 166）（1）吴支谦译《赖咤和罗经》卷1："王闻之大欢喜，即严驾而**出到**庐外，下车步入至赖咤和罗所，前作礼却坐。"西晋法立、法炬合译《大楼炭经》卷4："往至浴池，洗浴**出到**诸树下，各取所有，作妓乐歌舞。"元魏吉迦夜、昙曜合译《杂宝藏经》卷4："后于一日，**出到**田中。见其田中，所生苗稼，变成金禾，皆长数尺，收刈已尽。还生如初。"（2）《魏志》卷6引《献帝起居注》曰："初，天子**出到**宣平门，当度桥，氾兵数百人遮桥问：'是天子邪？'车不得前。"（p. 186）《艺文类聚》卷6引《吴越春秋》曰："伍子胥与太子建子胜俱奔吴，夜行昼伏，**出到**昭关。关吏欲执之，胥因诈曰：'上之所以索我者，以我有美珠也。今我已亡之矣。我将告子欲取之。'关吏因舍焉。"（p. 103）按：《汉语大词典》失收。《神代纪下》两例的情景在《古事记》上卷《海幸彦与山幸彦》中是这样描述的："于是，海神之女丰玉毘买命自参出白之：'妾已妊身，今临产时。此念天神之御子不可生海原。故**参出到**也。'"（p. 134）由此可知，"参出到"是谦辞，是《古事记》特有的自创搭配形式。

【出仏身血/ほとけのみよりちをいだす】 四字 又作出佛身血罪。五逆罪之一。若伤害佛之身体以致出血者，则犯此罪，将堕无间地狱。如提婆达多以石投佛，伤佛足趾，以致出血，遂犯出佛身血罪。《日本灵异记》下卷《刑罚贱沙弥乞食以现得顿恶死报缘第33》："所以《十轮经》云：'薝蔔花随萎，犹胜诸花。破戒诸比丘，犹胜诸外道。说出家人过，若破戒若持戒，若有戒若无戒，若有过若无过，说者过**出万忆佛身血**。'"（p. 348）失译人名在后汉录《大方便佛报恩经》卷4《恶友品》："提婆达多为利养故，毁害于我。乃至今日成佛，亦为利养，**出佛身血**，生入地狱。"刘宋求那跋陀罗译《杂阿含经》卷28："何等为恶趣道？谓杀父、杀母、杀阿罗汉、破僧、恶心**出佛身血**。"唐实叉难陀译《地藏菩萨本愿经》卷1《观众生业缘品》："若有众生，**出佛身血**，毁谤三宝，不敬尊经，亦当堕于，无间地狱，千万忆劫，求出无期。"

【出家/しゆっけ】 述宾 （40例） 出世俗之家而入佛门。谓剃发、舍弃世俗事、断妻子眷属等的缘分而修行佛道者，即比丘、比丘尼。"在家"的对应词。①事件。《日本书纪》卷20《崇神纪》三年三月条："鞍部司马达等子多须奈同时**出家**，名曰德齐法师。"（第二册，p. 522）又卷22《推古纪》三十二年四月条："三十二年夏四月丙午朔戊申，有一僧执斧殴祖父。时天皇闻之召大臣，诏之曰：'夫**出家**者，顿归三宝，具怀戒法。何无忓忌，辄犯恶逆。今朕闻有僧，以殴祖父。故悉聚诸寺僧尼，以推问之。若事实者，重罪之。'"（第二册，p. 584）又卷29《天武纪下》六年八月条："八月辛卯朔乙巳，大设斋于飞鸟寺，以读一切经。便天皇御寺南门而礼三宝。是时诏亲王诸王及群卿，每人赐**出家**一人。其**出家**者，不问男女长幼、皆随愿度之。因以会于大斋。"（第三册，p. 378）又朱鸟元年七月条："丙寅，选净行者七十人以**出家**，乃设斋于宫中御窟院。"（第三册，p. 464）《元兴寺伽蓝缘起并流记资财账》："时大臣恐惧而愿弘佛法，即求可**出家**人，都无应者。但是时针间国，有脱衣高丽老比丘，名惠便。与

155

老比丘尼，名法明。时按师首达等女斯末卖年十七在。阿野师保斯女等已卖，锦师都瓶善女伊志卖，合三女等，就法明受学佛法在。俱白：'我等为**出家**，欲受学佛法。'白。大臣即喜，令**出家**。"《唐大和上东征传》："大和上年十四，随父入寺，见佛像感动心，因请父求**出家**；父奇其志，许焉。是时，大周则天长安元年有诏于天下诸州度僧，便［就］智满禅师**出家**为沙弥，配住大云寺。"（p.34）《续日本纪》卷2《文武纪》大宝二年十二月条："乙巳，太上天皇不予。大赦天下。度一百人**出家**，令四畿内讲《金光明经》。"（第一册，p.62）又卷8《元正纪》养老四年三月条："癸亥，敕度三百二十人**出家**。"（第二册，p.66）又卷11《圣武纪》天平六年十一月条："比来**出家**，不审学业。多由嘱请。甚乖法意。自今以后，不论道俗，所举度人，唯取暗诵《法华经》一部，或《最胜王经》一部，兼解礼佛，净行三年以上者，令得度者。学问弥长，嘱请自休。其取僧尼儿，诈作男女，令得**出家**者。准法科罪。所司知而不正者，与同罪。得度者还俗。"（第二册，p.282）又卷17《圣武纪》天平胜宝元年二月条："诏授大僧正之位，并施四百人**出家**。"（第三册，p.60）又卷24《淳仁纪》天平宝字六年六月条："是以、**出家**〈弖〉佛弟子〈止〉成〈奴〉。但政事〈波〉、常祀〈利〉小事〈波〉今帝行给〈部〉。国家大事赏罚二柄〈波〉朕行〈牟〉。加久〈能〉状闻食悟〈止〉宣御命、众闻食宣。"（第三册，p.408）又卷25《淳仁纪》天平宝字八年九月条："此〈仁〉依〈天〉念〈倍方〉**出家**〈天毛〉政〈乎〉行〈仁〉岂障〈倍歧〉物〈仁方〉不在。故是以〈天〉、帝〈乃〉**出家**〈之天〉伊未〈须〉世〈仁方〉、**出家**〈之天〉在大臣〈毛〉在〈倍之止〉念〈天〉乐〈末须〉位〈仁方〉阿良祢〈止毛〉此道镜禅师〈乎〉大臣禅师〈止〉位〈方〉授〈末都流〉事〈乎〉诸闻食〈止〉宣。"（第四册，p.32）又卷31《光仁纪》宝龟元年十月条："俗士巢许，犹尚嘉遁。况复**出家**释众，宁无闲居者乎。"（第四册，p.320）②修行。《日本书纪》卷20《崇神纪》即位前纪条："甲子，善信阿尼等谓大臣曰：'**出家**之途，以戒为本。愿向百济学受戒法。'"（第二册，p.510）《怀风藻》释辨正《小传》："辨正法师者，俗姓秦氏。性滑稽，善谈论。少年**出家**，颇洪玄学。"（p.96）又释道慈《小传》："释道慈者，俗姓额田氏。添下人。少而**出家**，听敏好学。"（p.164）又释道融《小传》："偶见《法华经》，慨然叹曰：'我久贫苦，未见三宝珠之在衣中。周孔糟粕，安足以留意。'遂脱俗累，落饰**出家**。"（p.174）《日本灵异记》上卷《偷用子物作牛役之示异表缘第10》："吾者，此家长之父也。而吾先世为欲与人，不告子取稻十束。所以今受牛身，而偿先债。汝是**出家**，何辄盗被乎。"（p.87）又中卷《埴神王臑放光示奇表得现报缘第21》："召行者诏：'欲求何事？'答曰：'欲**出家**修学佛法。'敕许得度，金鹫为名。"（p.204）又下卷《产生肉团之作女子修善化人缘第19》："七岁以前，转读《法华》《八十华严》。默然不逗。终乐**出家**，剃除头发，著袈裟，修善化人。"（p.308）又："昔佛在世时，舍卫城须达长老之女苏曼，所生卵十枚，开成十男，**出家**皆得罗汉果。迦毗罗卫城长老之妻，怀妊生一肉团，到七日头，肉团开敷，有百童子。一时**出家**，而百人俱得阿罗汉果。"

（p. 309）《续日本纪》卷19《孝谦纪》天平胜宝六年十一月条："辛未。大唐学问生无位船连夫子授外从五位下。辞而不受。以**出家**故也。"（第三册，p. 150）③"奉为"。《日本书纪》卷22《推古纪》十四年五月条："五月甲寅朔戊午，敕鞍作鸟曰：'朕欲兴隆内典，方将建佛刹，肇求舍利。'时汝祖父司马达等便献舍利。又于国无僧尼，于是汝父多须那，为橘丰日天皇**出家**恭敬佛法。"（第二册，p. 552）又卷25《孝德纪》即位前纪条："于是古人大兄避座逡巡，拱手辞曰：'奉顺天皇圣旨，何劳推让于臣。臣愿**出家**，入于吉野，勤修佛道，奉佑天皇。"（第三册，p. 110）又卷28《天武纪上》即位前纪条："天皇敕东宫授鸿业，乃辞让之曰：'臣之不幸，元有多病，何能保社稷？愿陛下举天下附皇后，仍立大友皇子宜为储君。臣今日**出家**，为陛下欲修功德。'"（第三册，p. 300）《续日本纪》卷35《高绍纪》宝龟九年三月条："又为皇太子，令度三十人**出家**。"④延命。《日本书纪》卷22《推古纪》二十二年八月条："秋八月，大臣卧病。为大臣而男女并一千人**出家**。"（第二册，p. 570）《续日本纪》卷16《圣武纪》天平十七年九月条："天皇不予。敕平城、恭仁留守、固守宫中。悉追孙王等诣难波宫。遣使取平城宫铃印。又令京师、畿内诸寺及诸名山、净处行药师悔过之法。奉币祈祷贺茂、松尾等神社。令诸国所有鹰鹈并以放去。度三千八百人**出家**。"（第三册，p. 16）⑤追善。《日本书纪》又卷29《天武纪下》十二年七月条："秋七月丙戌朔己丑，天皇幸镜姬王之家讯病。庚寅，镜姬王薨。是夏，始请僧尼安居于宫中，因简净行者三十人**出家**。"（第三册，p. 428）《日本灵异记》上卷《信敬三宝得现报缘第5》："二十九年辛巳春二月，皇太子薨于斑鸠宫。屋栖古连公为其欲之**出家**，天皇不听。"（p. 75）《续日本纪》卷20《孝谦纪》天平宝字元年正月条："天平宝字元年春正月庚戌朔。废朝。以谅暗故也。敕度八百人**出家**。"（第三册，p. 174）又卷40《桓武纪》延历九年闰三月条："丙子，有敕：度二百人**出家**。又左右京五畿内高年鳏寡孤独疮疾，不能自存者，普加赈恤。并为皇后不予也。是日皇后崩。"→【初出家】【得度出家】【度人出家】【少而出家】【少年出家】【同共出家】【厌世出家】【一时出家】

【出家道人／しゆっけのどうにん】 四字 出离在家的生活，去修沙门的净行。"道人"，指修行佛道者。又称"道者""道士"。《续日本纪》卷26《称德纪》神护景云三年十月条："朕〈尔〉敕〈之久〉、天下〈乃〉政事〈波〉慈〈乎〉以〈天〉治〈与〉。复上〈波〉三宝〈乃〉御法〈乎〉隆〈之米〉**出家道人**〈乎〉治万都〈利〉、次〈波〉诸天神·地祇〈乃〉祭祀〈乎〉不绝、下〈波〉天下〈乃〉诸人民〈乎〉愍给〈弊〉。"（第四册，p. 258）西晋竺法护译《佛说四辈经》卷1："佛言：'若有女人出家，除发为道，以去爱欲，当专精静处，不得与出家男子同庙止。若行师受，当有等类，不得独往禀受。常当晚出早还，不得妄出庙宿止。但得教授女人，不得教授男子。所著衣服，不得刻缯帛彩色芠芬。不得轻言戏语，不得贪财宝物，戒行清净，名曰**出家道人**。"唐澄观别行疏、宗密随疏钞《华严经行愿品疏钞》卷1："古之并州大崇福寺

157

者，曲指别处，简非开元龙兴石室等也。梵云毗呵啰，正云尾贺啰，此云行处。<u>出家道人</u>所行止处，故以为名。"

【出家法服/いへでしてほうふくをきる】 ▢四字▢ 剃发当和尚，身披法衣。《日本书纪》卷 28《天武纪上》即位前纪条："天皇敕东宫授鸿业，乃辞让之曰：'臣之不幸，元有多病，何能保社稷？愿陛下举天下附皇后，仍立大友皇子宜为储君。臣今日出家，为陛下欲修功德。'天皇听之。即日，<u>出家法服</u>。"（第三册，p.302）姚秦鸠摩罗什译《佛说华手经》卷 7《得念品》："尔时，王子谛视魔已，一心立誓：'若我至心，求佛道者，当令是魔，为比丘形。'即时失念，剃头法服，执持应器，立于众中，自见其身，<u>出家法服</u>，持钵执锡，为沙门像。"元魏吉迦夜、昙曜合译《杂宝藏经》卷 10："设失我子，忧愁憔悴，命必不全。冀其<u>出家</u>，法服持钵，敷演甘露。如此种种诸事，必不得见。"

【出家帰仏/しゅっけしてほとけにきす】 ▢四字▢（4 例） 到寺庙去做僧尼，皈依我佛。《藤氏家传》上卷《镰足传》："加以，<u>出家归佛</u>，必有法具。故赐纯金香炉。持此香炉，如汝誓愿，从观音菩萨之后，到兜率陀天之上，日日夜夜，听弥勒之妙说，朝朝暮暮，转真如之法轮。"（p.243）《续日本纪》卷 9《元正纪》神龟元年二月条："谨案胜宝八岁敕曰：太上天皇<u>出家归佛</u>，更不奉谥。至宝字二年，敕追上此号谥。"（第二册，p.138）又卷 18《孝谦纪》："<u>出家归佛</u>，更不奉谥。因取宝字二年百官所上尊号称之。]"（第三册，p.100）又卷 19《孝谦纪》天平胜宝八年五月条："是日，敕曰：'太上天皇<u>出家归佛</u>。更不奉谥。所司宜知。'"（第三册，p.160）隋阇那崛多等译《大法炬陀罗尼经》卷 4《相好品》："复次摩那婆，若有菩萨，发心修行，舍家<u>出家</u>，归佛世尊，正值如来，始坐道场，将成等觉。即往佛所，顶礼尊足，立住一面。"

【出家慕道/しゅっけしてみちをしたふ】 ▢四字▢ 到寺庙去做僧尼，向往修道。《续日本纪》卷 19《孝谦纪》天平胜宝八年五月条："厌俗归真，财物何富。<u>出家慕道</u>，冠盖何荣。"（第三册，p.162）唐般若、牟尼室利合译《守护国界主陀罗尼经》卷 10《阿阇世王受记品》："观诸财色，富贵荣显，犹若浮云、泡幻电光，生灭不住，遂起厌离，发菩提心，亲友珍财，一切皆舍，<u>出家慕道</u>，秉持律仪，学法修禅，精勤匪懈。"

【出家人/しゅっけのひと】 ▢典据▢（2 例） 指削发为僧，生活在寺庙，遵守严格戒规的人。男的俗称和尚，女的俗称尼姑。《日本灵异记》下卷《刑罚贱沙弥乞食以现得顿恶死报缘第33》："所以《十轮经》云：'蒼蔔花虽萎，犹胜诸花。破戒诸比丘，犹胜诸外道。说<u>出家人</u>过，若破戒若持戒，若有戒若无戒，若有过若无过，说者过出万亿佛身血。'"（p.348）《续日本纪》卷 26《称德纪》天平神护元年十一月条："故是以、<u>出家人</u>〈毛〉白衣〈毛〉相杂〈天〉供奉〈仁〉岂障事〈波〉不在〈止〉念〈天奈毛〉、本忌〈之可〉如〈久方〉不忌〈之天〉、此〈乃〉大尝〈方〉闻行〈止〉宣御命〈乎〉、诸闻食〈止〉宣。"（第四册，p.102）按：《日本灵异记》的章句直接引自新罗太贤集《梵网经古迹记》卷2："又《十轮》云：'占匐花虽萎，犹胜诸余花。破戒诸比丘，犹胜诸外道。<u>说</u><u>出家人</u><u>过</u>，<u>若破戒若持戒</u>，<u>若有戒若无戒</u>，<u>若有过若无过</u>，<u>说者过出万亿佛身血</u>。'"

【出家入道/しゅっけにゅうどう】 四字 （2例） 出世俗之家而入佛门。"入道"，进入佛道、佛门。原与"出家"同义。《续日本纪》卷8《元正纪》养老五年五月条："戊午，右大辩从四位上笠朝臣麻吕，请奉为太上天皇<u>出家入道</u>。敕许之。"（第二册，p.94）又卷9《圣武纪》神龟二年九月条："宜令所司。三千人<u>出家入道</u>。并左右京及大倭国部内诸寺。始今月二十三日一七日转经。凭此冥福，冀除灾异焉。"（第二册，p.162）吴支谦译《撰集百缘经》卷4《出生菩萨品》："时彼城中，有一长者，名曰拔提，<u>出家入道</u>，心常好乐，白衣缘务，三业俱废。"东晋瞿昙僧伽提婆译《增壹阿含经》卷48《礼三宝品》："径八万四千岁竟，王赐劫北，并敕太子及付国事，<u>出家入道</u>，皆如前王法。"梁慧皎撰《高僧传》卷10："硕以宋初亦<u>出家入道</u>，自称硕公，出入行往，不择昼夜，游历益部诸县。"

【出家修道/しゅっけしゅうどう】 四字 （5例） 出离世俗之家，实践佛所说的教法。《日本书纪》卷19《钦明纪》十六年八月条："八月，百济余昌谓诸臣等曰：'少子今愿，奉为考王，<u>出家修道</u>。'诸臣百姓报言：'今君王欲得，<u>出家修道</u>者，且奉教也。'"（第二册，p.438）又卷21《用明纪》二年四月条："天皇之疮转盛，将欲终时，鞍部多须奈进而奏曰：'臣奉为天皇，<u>出家修道</u>。'"（第二册，p.506）又卷27《天智纪》十年十月条："臣请愿，奉为天皇，<u>出家修道</u>。"（第三册，p.292）又卷30《持统纪》三年正月条："丙辰，务大肆陆奥国优嵯县郡城养虾夷脂利古男，麻吕与铁折请剔鬓发为沙门。诏曰：'麻吕等少而闲雅寡欲，遂至于此，蔬食持戒。可随所请，<u>出家修道</u>。'"（第三册，p.488）《日本灵异记》下卷《产生肉团之作女子修善化人缘第19》又："僧告之言：'汝实发愿，<u>出家修道</u>。虽有是善，而多用于，住堂之物。故摧汝身。今还毕愿，后殡堂物。'"（p.319）西晋竺法护译《佛说决定总持经》卷1："此族姓子等类十人<u>出家修道</u>，夙夜精进，七岁不懈。"姚秦鸠摩罗什译《妙法莲华经》卷7《妙庄严王本事品》："我等为父，已作佛事，愿母见听，于彼佛所，<u>出家修道</u>。"刘宋求那跋陀罗译《过去现在因果经》卷1："太子普光，舍转轮王位，剃除须发，被著法服，<u>出家修道</u>，得成正觉。"《敦煌变文·悉达太子修道因缘》："太子行至檀德山，<u>出家修道</u>有何难。"（p.468）

【出家於～/～にいへです】 于字 在某寺院削发为僧尼，皈依佛教。《日本书纪》卷29《天武纪下》十一年八月条："己丑，敕为日高皇女之病，大辟罪以下男女并一百九十八人皆赦之。庚寅，百三十余人<u>出家于</u>大官大寺。"（第三册，p.422）刘宋求那跋陀罗译《杂阿含经》卷34："尔时世尊，告诸比丘：'汝等当度彼婆蹉，<u>出家于</u>正法律，出家受具足。'"北凉浮陀跋摩、道泰等合译《阿毗昙毗婆沙论》卷18《爱敬品》："时诸外道，作是议已，即便喻遣，苏尸摩纳等：'汝当往诣，瞿昙沙门所，求为弟子，乃至**出家**，于佛法中，所闻经法，而能受持。'"唐义净译《根本说一切有部毘奈耶出家事》卷3："时侍缚迦言：汝于善说法律中，**出家于**四沙门果中，应证得果。汝已受他信心之物，今乃却堕恶事。"按：《天武纪下》中的"出家于～"，后续具体的寺院，汉译佛经中的"出家于～"，后续抽象的佛家教说。

【出家之人/しゅっけのひと】 四字 进入佛门、皈依佛祖的人。《续日本纪》卷38《桓武纪》延历四年五月条："己未，敕曰：'**出家之人**，本事行道。今见众僧，多乖法旨。或私定檀越，出入闾巷。或诬称佛验，诖误愚民。非唯比丘之不慎教律，抑是所司之不勤捉搦也。不加严禁，何整缁徒？'"吴支谦译《菩萨本缘经》卷2《月光王品》："汝婆罗门，应起慈心，设起慈心，即当生天，怨心如火，汝当速灭，瞋恚在心，不见法义，修忍之人，除去瞋恚，瞋恚污心，形不端正，犹如云雾，障蔽净月。**出家之人**，所应不生，生瞋恚者，不得端正，犹如饮酒，嗌气臭秽。"刘宋求那跋陀罗译《杂阿含经》卷10："尔时，世尊告诸比丘：'**出家之人**，卑下活命，剃发持钵，家家乞食，如被厌咒。所以然者，为求胜义故，为度生老病死忧悲恼苦、究竟苦边故。'"隋阇那崛多译《佛本行集经》卷33《转妙法轮品》："是故汝等，从今已去，凡是一切，**出家之人**，来欲度者，莫问是非，但有来者，勿取度价，随意即度。"

【出家之众/しゅっけせるもろもろ】 四字 进入佛门、皈依佛祖的众生。《续日本纪》卷15《圣武纪》天平十五年正月条："癸丑。为读《金光明最胜王经》，请众僧于金光明寺。其词曰：'天皇敬咨四十九座诸大德等。弟子阶缘宿殖，嗣膺宝命。思欲宣扬正法，导御蒸民。故以今年正月十四日，劝请海内**出家之众**于所住处，限七七日转读大乘《金光明最胜王经》。'"（第二册，p.414）姚秦鸠摩罗什译《大庄严论经》卷7："我不齐为多智男子而为说法，亦为浅智女人而为说法。我不齐为**出家之众**而作真济，亦为极恶在家之人而为说法。"唐玄奘译《瑜伽师地论》卷60："复次，若多劫盗名重不与取，如是若劫盗妙好，劫盗委信，劫盗孤贫，劫盗佛法**出家之众**。若入聚落而行劫盗，劫盗有学或阿罗汉或诸独觉，或复僧祇或佛灵庙所有财物。如是一切由其事故名重不与取。"唐义净撰《南海寄归内法传》卷2："世尊亲教，深为利益，一则除其我执，二乃普护僧房，**出家之众**，理宜须作。"

【出九居/くこをいづ】 三字 出离九种有情所在的地方。"九居"，"九有情居"的简称，即欲界之人天、梵众天、极光净天、遍净天、无想天、空无边处、识无边处、无所有处、九非想非非想处。《奈良朝写经52·大唐内典录卷第10》："愿合门眷属，及知识等，龙天卫护，万善庆集，广暨含识，同沾此愿，俱**出九居**，早成佛果。"（p.312）唐道宣撰《广弘明集》卷30《简文望同泰寺浮图》："能令苦海渡，复使慢山踰。愿能同四忍，长当**出九居**。"

【出迷滨/まよひのはまをいづ】 自创 出离迷途。"迷滨"，犹言"迷津"。《奈

良朝写经 75・大般若经卷第 176》："永觉三界之蔓，长息一如之床，广及有识，共**出迷滨**，到涅槃岸。"（p. 442）唐义净译《根本说一切有部毗奈耶破僧事》卷 16："以斯殊胜福，度苦海众生。令得**出迷津**，同获菩提果。"唐宗密述《圆觉经道场修证仪》卷 14："佛言善友德无伦，能于三毒尘劳处。便令顿悟**出迷津**，如有将船相济渡。"唐藏川述《佛说地藏菩萨发心因缘十王经》卷 1："一年过此转苦辛，男女修齐福业因。六道轮回仍未定，造经造佛**出迷津**。"

【**出其過惡**/そのとがをいださば】 四字　揭露他人短处或过失。《日本灵异记》下卷《诽奉写〈法华经〉女人过失以现口喎斜报缘第 20》："（《法华经》）又云：'见受持是经者，**出其过恶**，若实若不实，此人现世白癞病。'者，其斯谓也矣。"（p. 310）姚秦鸠摩罗什译《妙法莲华经》卷 7《普贤菩萨劝发品》："若复见受持是经者，**出其过恶**，若实若不实，此人现世，得白癞病。"

【**出生入死**/うまれいでしにいるも】 四字　甘冒生命危险，随时有死的可能。《法隆寺金堂释迦三尊像光背铭》："癸未年三月中，如愿敬造释迦尊像并侠待及庄严具竟，乘斯微福，信道知识，现在安隐；**出生入死**，随奉三主，绍隆三宝，遂共彼岸。"唐一行记《大毗卢遮那成佛经疏》卷 4《入漫荼罗具缘真言品》："于行道时，虽遇种种，可畏色声，心不怯弱，乃至**出生入死**，无怖畏想。"唐慧净作《般若心经疏》卷 1："即依报身，流出大悲成化身，能出生入死，教化三界，六道众生。"按：根据《汉语大词典》的说法，"出生入死"原谓从出生到死去。《老子・道德经第 50》："**出生入死**，生之徒十有三，死之徒十有三。"王弼注："**出生**地，**入死**地。"《韩非子・解老第 20》："人始于生而卒于死。始谓之出，卒谓之入。故曰**出生入死**。"

【**出世業**/しゅっせのわざ】 三字　出离世尘的净业。《日本书纪》卷 19《钦明纪》十三年十月条："大臣跪受而忻悦，置小垦田家。勤修**出世业**，为因净舍向原家为寺。"（第二册，p. 418）梁诸大法师集撰《慈悲道场忏法》卷 5《解怨释结第 3》："发菩提心，**行出世业**，四等六度，深心修习，一切行愿，等阶十地，入金刚心，俱成正觉。"隋灌顶撰《观心论疏》卷 5："今道场行道观阴界入，**修出世业**欲离其界。故魔遣十军，摄擒深利之惑，欻然而至，破乱行者。"

【**出世之良因**/しゅっせ（の）よきよすが】 四字　"出世间"之略称，即超越世俗、出离世尘之意。亦作"出尘"。《续日本纪》卷 20《孝谦纪》天平宝字元年十一月条："皇帝、皇太后，如日月之照临，并治万国，若天地之覆载，长育兆民，遂使为**出世之良因**，成菩提之妙果。"（第三册，p. 236）宋绍德、慧询等译《菩萨本生鬘论》卷 6："彼布施因，快乐之本，清净妙慧，**出世良因**，运载之法，动静进止，安乐无难，趣求有法，寂然自在，有道之法，成就本因，希求无净。如是之法，有情离过，躬慕圣贤，增上供养，圆满真实，快乐安静，修崇胜法，速得成就。"宋延寿集《宗镜录》卷 42："又云：'三人同行，必有我师焉。'况佛法内学，**出世良因**，宁不依师匠乎？"

【出俗/いへです】 述宾 出离俗尘。犹言出家、入道。《日本书纪》卷 19《钦明纪》十六年八月条：“请悛前过，无劳**出俗**。如欲果愿，须度国民。”（第二册，p.440）梁宝唱等集《经律异相》卷 18：“花天即辞父母，求索**出俗**，父母听之。佛言：‘善来。’须发自堕，袈裟著身，遵修佛教，逮得罗汉。”唐义净撰《大唐西域求法高僧传》卷 1：“沙门玄照法师者，太州仙掌人也。梵名般迦舍末底（唐言照慧），乃祖乃父冠冕相承，而总髻之秋抽簪**出俗**。”唐慧详撰《弘赞法华传》卷 8：“照稚岁，殊姿天然雅器，口不茹熏秽，目不留玩好。尘秕在家，耽爱**出俗**。”按：《汉语大词典》例引《周书》卷 9《孝闵帝元皇后》：“孝闵帝元皇后名胡摩，魏文帝第五女……（孝闵）帝被废，后**出俗**为尼。”偏晚。

【出向/いでむかふ】 后补 出门去往某处。《古事记》上卷，《伊耶那岐命与伊耶那美命》：“尔自殿滕户**出向**之时，伊耶那岐命语诏之：‘爱我那迩妹命，吾与汝所作之国未作竟。故可还。’”（p.44）后秦弗若多罗译、罗升合译《十诵律》卷 17：“有一比丘，寄衣在居士舍。是比丘闻居士舍为火所烧，忘不白余比丘，从僧坊**出向**聚落。”齐那连提耶舍译《月灯三昧经》卷 8：“尔时，大菩萨众白善花月法师言：‘我等一切，诸菩萨众，不乐仁者，从此林**出**，**向**彼王都，城邑聚落。’”梁宝唱等集《经律异相》卷 10：“时王即以，苏香涂身，便入空山，卧岩石上。是诸百鸟，皆来生噉。命过之后，生婆罗门家，端正妍好。至年长大，窃**出向**市。”《敦煌变文·目连缘起》：“阿娘见儿来欢喜：自汝**出向**他州，我在家中，常修善事。”（p.1011）按：《汉语大词典》失收。→【発向】【赴向】【還向於~】【逃向於~】【移向於~】【参向於~】【持向於~】

【出曜経/しゅつようぎょう】 内典 30 卷或 20 卷。姚秦竺佛念译。亦称《出曜论》。由教训的偈颂及注释的典故、譬喻所构成，偈颂的部分被称为出曜。内容与《法句经》大致相同。《日本灵异记》中卷《行基大德携子女人视过去怨令投渊示异表缘第 30》：“所以《**出曜经**》云：‘负他一钱盐债故，堕牛负盐所驱，以偿主力。’者，其斯谓之矣。”（p.227）唐道世撰《诸经要集》卷 9《债负缘第 4》：“（《**出曜经**》）昔日负君一钱盐债，故堕牛中以偿君力。”

【出迎城外/きのそとにいでむかふ】 四字 出到城外迎接。《唐大和上东征传》：“端州太守迎引送至广州，庐都督率诸道俗**出迎城外**，恭敬承事，其事无量。”（p.73）隋阇那崛多译《佛本行集经》卷 55《罗睺罗因缘品》：“尔时，王仙诣月王所。于时，月王既闻此事，知其日王欲来其边，即办四兵，**出迎城外**。日王到已，顶礼其足。时日王仙止月王言：‘莫礼我足。所以者何？我今是贼。大王，必须治罚我罪，如贼莫异。’”

【出遊行/あそびありく】 三字 出去游逛，出门行走。《古事记》上卷《大国主

神》："尔贝比卖歧佐宜集，而蛤贝比卖待承，而涂母乳汁者，成丽壮夫，而**出游行**。"（p. 78）刘宋求那跋陀罗译《杂阿含经》卷2："尔时，阿难语彼比丘：'若使世尊不语众，不告侍者，独一无二，而**出游行**，不应随从。'"梁宝唱等撰《经律异相》卷34："时迦叶佛，住一园中，常**出游行**，至佛住园。"元魏慧觉等译《贤愚经》卷8《大施抒海品》："父闻此语，即敕臣吏：'我子大施，欲**出游行**。扫洒街陌，除诸不净，竖诸幢幡，散华烧香，庄严道路，极令洁净。'"《敦煌变文·双恩记》："既回不乐。王问曰：'汝比**出游行**，今何故不乐？'"（p. 930）

【初尝/にひなへす】 偏正　第一次品尝。《常陆国风土记·筑波郡》条："卒遇日暮，请欲遇宿。此时，福慈神答曰：'新粟**初尝**，家内讳忌。今日之间，冀许不堪。'"（p. 358）（1）后秦佛陀耶舍、竺佛念合译《长阿含经》卷22《世本缘品》："**初尝**觉好，遂生味著。如是展转，尝之不已，遂生贪著。便以手掬，渐成抟食。"隋智顗说《妙法莲华经文句》卷1："拘邻最前，初见佛道相，初闻法鼓，初服道香，**初尝**甘露，初入法流，初登真谛。"（2）韩偓《多情》："天遣多情不自持，多情兼与病相宜。蜂偷野蜜**初尝**处，莺啄含桃欲咽时。"按：《汉语大词典》失收。

【初出家/はじめてしゅっけす】 时段　（2例）　刚出家（的时候），当初出家的时候。《日本书纪》卷22《推古纪》十四年五月条："又汝姨岛女**初出家**，为诸尼导者，以修行释教。"（第二册，p. 552）《续日本纪》卷17《圣武纪》天平胜宝元年二月条："和尚药师寺僧。俗姓高志氏，和泉国人也。和尚真粹天挺，德范凤彰，**初出家**，读《瑜伽》、《唯识论》，即了其意。"（第三册，p. 60）后汉康孟详译《舍利弗摩诃目连游四衢经》卷1："其有比丘，幼少新学，**初出家**者，入是法律未久，其心移易，或能变异。譬如世间，暴水卒来，无所遮隔。如是世尊，新学比丘，**初出家**者，入是法律未久，其心移易，或能变异，不觐大圣，恐改志行。"东晋佛驮跋陀罗译《大方广佛华严经》卷57《入法界品》："彼诸如来，从**初出家**，我皆瞻奉，守护供养，造僧伽蓝，营辨什物。"北凉昙无谶译《大般涅槃经》卷33《迦叶菩萨品》："佛言：'善男子，我于往昔，**初出家**时，吾弟难陀、从弟阿难、调婆达多、子罗睺罗，如是等辈，皆悉随我，出家修道。"隋阇那崛多译《佛本行集经》卷17《舍宫出家品》："尔时，欲界魔王波旬，见于太子，**初出家**时，为欲恐怖，于太子故，以神通力，化作诸声，所谓虚空，出现大云，云中复更，出大雷声，及霹雳声。"

【初来之時/はじめてまゐこしときに】 时段　刚来的时候，当初来的时候。《日本书纪》卷6《垂仁纪》八十八年七月条："八十八年秋七月己酉朔戊午，诏群卿曰：'朕闻新罗王子天日枪**初来之时**，将来宝物今有但马。元为国人见贵，则为神宝也。朕欲见其宝物。'"（第一册，p. 332）姚秦鸠摩罗什译《大庄严论经》卷15："夫闻是已，深生欢喜，作是念言：'王极有德知恩报恩，过我本望。由我意短，**初来之时**，以无所得，情用恨然。'"隋灌顶撰《大般涅槃经疏》卷2《序品》："兴皇并云：'诸比丘**初来**

之时，悉未是罗汉，经家将后悟无学向前叹之。'"唐道宣撰《释迦氏谱》卷1："《阿育王经》云：'诸王分已各自数得，八万四千粒舍利，佛一口髭，无敢取者。以阿阇世，**初来之时**，闻佛灭度，车中投地，气将欲绝。心重故持与之，将还在道，难陀龙来，道逢力争，以髭与之。'"唐湛然述《止观辅行传弘决》卷5："时东方有瑠璃光菩萨，**初来之时**，一切大众，非青见青，乃至非白见白等。诸菩萨等，见此光明，皆相问言：'此是何光？'皆默不答。"

【初七／しょしち】 偏正（5例）　人死后的首一第七天。据《瑜伽论》等所说，人死再受生的期间，最短七天，最长四十九天（七七日），其间每隔七天有一次受生的机会。因此，民间有死后每七天举行祈求冥福的风俗。最初的第七天被称为"初七（日）"或"头七"。《日本灵异记》中卷《女人恶鬼见点收食噉缘第33》："韩笒入头，**初七**日朝，置三宝前以为斋食。"（p.234）《续日本纪》卷3《文武纪》庆云四年六月条："辛巳，天皇崩。遗诏：'举哀三日，凶服一月。'壬午，以三品志纪亲王、正四位下犬上王、正四位上小野朝臣毛野、从五位上佐伯宿祢百足、从五位下黄文连本实等，供奉殡宫事。举哀著服，一依遗诏行之。自**初七**至七七，于四大寺设斋焉。"（第一册，p.114）又卷17《圣武纪》天平二十年四月条："丙寅，当**初七**，于飞鸟寺诵经。自是之后，每至七日，于京下寺诵经焉。"（第三册，p.56）又卷19《孝谦纪》天平胜宝八年五月条："辛酉，太上天皇**初七**。于七大寺诵经焉。"（第三册，p.160）又卷36《高绍纪》天应元年十二月条："癸丑，当太行天皇**初七**，于七大寺诵经。自是之后，每值七日，于京师诸寺诵经焉。又敕天下诸国，七七之日，令国分二寺见僧尼奉为设斋以追福焉。"《旧唐书》卷96《姚崇传》："吾亡后必不得为此弊法。若未能全依正道，须顺俗情，从**初七**至终七，任设七僧斋。"（p.3026）→【七七】

【初淫不犯／そいむををかさず】 自创　不曾有过两性行为。《日本灵异记》中卷《赎蟹虾命放生得现报缘第8》："置染臣鲷女者，奈良京富尼寺上座尼法迩之女也。道心纯熟，**初淫不犯**。"（p.171）吴康僧会译《六度集经》卷4："菩萨受佛净戒，宁脱眼而死，**不犯淫生**也。"姚秦鸠摩罗什译《大智度论》卷93《净佛国土品》："出家人于僧中，口自誓言：'我尽形寿，**不犯淫欲**！'佛言：'若出家人，犯欲则弃。'是比丘自誓而犯，是一罪；知佛所制，而故违犯，是二罪。"姚秦竺佛念译《出曜经》卷12《信品》："佛复告长者：'若有众生，**不犯淫妷**，则于一切众生，慈心覆盖，亦无恐惧，是谓第三大施也。'"后秦弗若多罗、罗什合译《十诵律》卷42："佛在王舍城，尔时有二比丘尼是姊妹。姊名弥多罗，妹名弥帝隶。弥多罗比丘尼，作不净行犯淫欲。弥帝隶比丘尼善好，**不犯淫欲**。"

【除~不~／~をおきては~なし】 除字　"除……之外，什么都不……"，强调只做 X 而绝不做 Y。《古事记》上卷《忍穗耳命与迩迩艺命》："故追往，而迫到科野国之州羽海。将杀时，建御名方神白：'恐，莫杀我。**除**此地者，**不**行他处。'"（p.110）东晋法显译《佛说大般泥洹经》卷6："譬如药树，名曰药王，无所不治。根茎华叶，若汁若香。或有人服，或复涂身，或但闻香，意乐不乐，其病悉除。唯**除**必死之病，**不能令差**。"后秦弗若多罗、罗什合译《十诵律》卷42："居士者，**除**王除官人除婆罗门，余**不出家人**，名为居士。"→【除~無~】

【除差／じょさす】 并列 除去病患，治愈。"差"，通"瘥"。《续日本纪》卷14《圣武纪》天平十三年三月条："案经云：'若有国土讲宣读诵。恭敬供养。流通此经王者。我等四王。常来拥护。一切灾障，皆使消殄。忧愁疾疫，**亦令除差**。所愿遂心，恒生欢喜者。'"（第二册，p.388）《战国策·秦策2》："武王示之病，扁鹊请**除**之。"高诱注："**除**，治也。"鲍彪注："欲去其病。"《方言》第三："**差**，愈也。南楚病愈者谓之**差**。"唐义净译《金光明最胜王经》卷3《灭业障品》："是时无量，释梵四王，及药叉众，俱时同声答，世尊言：'如是，如是。若有国土，讲宣读诵，此妙经王，是诸国主，我等四王，常来拥护，行住共俱，其王若有，一切灾障，及诸怨敌，我等四王，皆使消殄。忧愁疾疫，**亦令除差**，增益寿命，感应祯祥，所愿遂心，恒生欢喜。'"→【必令除差】【亦令除差】【治差】

【除此以外／これをおきてほかに】 除字 今义同。《日本灵异记》上卷《凶女不孝养所生母以现得恶死报缘第24》："其女曰：'今日家长与我，亦将斋食，**除此以外**，无余供母。'"（p.112）失译人名今附北凉录《大方广十轮经》卷5《众善相品》："如是名为，世间福田，**除此以外**，皆名污道。"唐阿地瞿多译《陀罗尼集经》卷9《乌枢沙摩金刚法印咒品》："若恶人恼乱，亦依前法，即自调伏，此但略说，未尽功能，惟须好心，直行之人，乃可相与。**除此以外**，勿妄传之。"唐窥基撰《瑜伽师地论略纂》卷14："**除此以外**，缘山河大地起嗔，名第七境界嗔。"《文镜秘府论·北卷·论对属》："**除此以外**，并须以类对之。"（p.1675）

【除断／やむ】 后补 去除断绝。《日本书纪》卷25《孝德纪》大化二年三月条："如是等类，愚俗所染，**今悉除断**，勿使复为。"（第三册，p.156）（1）后汉支曜译《阿那律八念经》卷1："离身三恶，**除断**苦习。灭爱求度，是为道正治。"唐义净译《金光明最胜王经》卷2《分别三身品》："以是义故，于诸境界，不正思惟，悉皆**除断**，即知彼法，无有二相，亦无分别，圣所修行，如如于彼，无有二相。"（2）唐玄奘译《瑜伽师地论》卷48："四种灾患，**今悉除断**：一者**除断**于无相中有加行有功用事；二者**除断**于上清净住精勤思慕；三者**除断**于一切种利有情事有大堪能精勤思慕；四者**除断**有微细想现在前行。是故此住名极清净。"按：《汉语大词典》失收。《新编日本古典文学全集》栏上的注释例引姚秦鸠摩罗什译《妙法莲华经·序品》："若有疑悔者，佛当为**除断**，令尽无有余。"

【除~复無~／~をおきてはまた~なし】 除字 "除……之外，再没有……"。《日本书纪》卷6《垂仁纪》二年是岁条："（一云）到于穴门时，其国有人，名伊都都

比古，谓臣曰：'吾则是国王也，**除**吾**复无**二王，故勿往他处。'"（第一册，p.300）北凉昙无谶译《悲华经》卷3《诸菩萨本授记品》："世尊，我行菩萨道时，如我所见百千亿那由他阿僧祇诸佛世界，种种庄严，种种璎珞，种种相貌，种种住处，种种所愿，令我世界，悉皆成就，如是等事，所有庄严，惟**除**①声闻、辟支佛等，**亦复无**有，五浊之世，三恶道等。"又《大方等大集经》卷26："其土无主，唯**除**法王，一切众生，悉得化生，**亦复无**有，三恶之名，及男女根，爱欲之名，无有众生，不具诸根。"宋惟净等译《金色童子因缘经》卷5："我今悚怖深启告，师利世间余何有？释迦牟尼师所言，今如暗中现光照，唯**除**尊者作善利，余**复无**人能救护。"

【除祛／きえさる】 后补 犹言除去，消除。《万叶集》卷5第864～867首书简："心神开朗，似怀泰初之月，鄙怀**除祛**，若披乐广之天。"（第二册，p.56）失译人名今附秦录《别译杂阿含经》卷1："**除祛**四取，获于寂灭，能坏魔军，住最后身。"卷3："能度三恶道，**除祛**诸尘垢。离烦恼毒箭，净心手自施。"又卷4："尔时如来，即说偈言：'**除祛**胜负者，寂灭安隐眠。'"按：《汉语大词典》失收。与佛典用法有所不同的是，《万叶集》中的"除祛"用于书简文体。

【除～无～／～をおきては～なし】 除字 （3例） "除……之外，什么都不……"，强调只做X而绝不做Y。《古事记》上卷《忍穗耳命与迩迩艺命》："于是亦白之：'亦我子有建御名方神。**除**此者**无**也。'如此白之间，其建御名方神，千引石擎手末，而来言：'谁来我国，而忍忍如此物言。'"（p.108）又中卷《景行记》："尔其熊曾建白：'信，然也。于西方**除**吾二人**无**建强人。'"（p.220）又下卷《雄略记》："尔天皇望，令问曰：'于兹倭国，**除**吾亦**无**王。今谁人如此而行。'即答曰之状，亦如天皇之命。"（p.346）吴支谦译《赖咤和罗经》卷1："我视卿了无是，**除**王家宗亲，视我国中，尚**无**过卿者。"东晋佛陀跋陀罗译《佛说观佛三昧海经》卷7："王作是念：'得一神人，驱此罗刹，降是毒龙，唯**除**我身，其余**无**惜。'"按：该句式为复句，强调某一条件为绝对条件。一般认为，从古汉语句式表达史的角度来看，除字句出现得较晚，是一种口语化的表达形式。

【除愈／のぞきいやす】 后补 （2例） 犹言治愈、痊愈。《万叶集》卷5《沉疴自哀文》："至若榆树、扁鹊、华他、秦和、缓、葛稚川、陶隐居、张仲景等，皆是在世良医，无不**除愈**也。"（第二册，p.76）《续日本纪》卷7《元正纪》养老元年十一月条："癸丑，天皇临轩，诏曰：'朕以今年九月，到美浓国不破行宫，留连数日。因览当耆郡多度山美泉，自盥手面，皮肤如滑。亦洗痛处，无不**除愈**。'"（第二册，p.34）唐慧琳撰《一切经音义》卷15："瘳**愈**：上丑留反。孔注《尚书》云：瘳，羌也。下瑜主反，或作愈。《考声》云：病瘳曰**愈**。"又卷23："痊**愈**：痊，匕缘反。**愈**，俞矩

---

① "除"，宋本、元本、明本中作"无"。

反。郭象注《庄子》曰：痊，谓病除也。《玉篇》曰：病差曰愈。"（1）后汉竺大力、康孟详合译《修行本起经》卷1《菩萨降身品》："三十一境内孕妇，生者悉男，聋盲瘖哑，癃残百疾，皆悉**除愈**。"吴支谦译《梵网六十二见经》卷1："譬如负债以偿，拘闭得脱，久病**除愈**，奴免为民。经过恶道以脱，是心欢喜。"姚秦鸠摩罗什译《妙法莲华经》卷5《如来寿量品》："其诸子中，不失心者，见此良药，色香俱好，即便服之，病尽**除愈**。"（2）西晋竺法护译《渐备一切智德经》卷5《金刚藏问菩萨住品》："犹如医王，疗众人病，<u>无不</u>**除愈**。"东晋帛尸梨蜜多罗译《佛说灌顶经》卷1："如是法用，四十九遍，虫便破散，随水流进，<u>无不</u>**除愈**，得吉祥之福。"唐道宣撰《续高僧传》卷4："城北渡河，即焚身地。方二里余，深三丈许，土尚黄黑，状同焦炭，诸国有病，服其土者，<u>无不除愈</u>。故其焚处，致有坑耳。"按：《汉语大词典》首引南朝陈徐陵《又与天台智者大师书》："兼去岁第六儿夭丧，痛苦成疾，犹未**除愈**。"偏晚。"除"的本义为"清除、去除"，它与"愈"连用时，具有"病情痊愈"的意义。→【無不除愈】

【除～之外／～をのぞく ほか】 除字 （5例） 除……以外。《续日本纪》卷7《元正纪》养老元年二月条："丙申，制曰：'**除**造宫省**之外**，令外诸司判官，例无大少，官品宜准令员判官一人之例。"（第二册，p. 22）又卷12《圣武纪》天平八年五月条："丙申，先是有敕：'诸国司等，**除**公廨田、事力、借贷**之外**，不得运送者。'"（第二册，p. 300）又卷36《高绍纪》宝龟十一年二月条："神祇官言：'伊势大神宫寺，先为有祟迁建他处，而今近神郡，其祟未止。**除**饭野郡**之外**移造便地者。'许之。"又宝龟十一年三月条："臣等以为，**除**三关边要**之外**，随国大小以为额，仍点殷富百姓才堪弓马者，每其当番，专习武艺。"又卷37《桓武纪》延历二年九月条："**除**承嫡者**之外**，可科课役。望请承嫡之户，迁附京户。"（1）吴支谦译《菩萨本缘经》卷1《一切施品》："我从昔来，未曾教人，行于恶法，是故不令，汝斩我头，但以绳缚，送诣彼王。所以者何？**除**身**之外**，更无钱财。然我此身，今得自在，幸可易财，以相救济。"北凉昙无谶译《大般涅槃经》卷7《如来性品》："佛先听食，五种牛味，及以油蜜，憍奢耶衣，革屣等物，**除**是**之外**，若有言言，听著摩诃楞伽。一切种子，悉听贮畜，草木之属，皆有寿命。"（2）《晋书》卷106《石季龙上》："于时大旱，白虹经天，季龙下书曰：'朕在位六载，不能上和乾象，下济黎元，以致星虹之变。其令百僚各上封事，解西山之禁，蒲苇鱼盐**除**岁供**之外**，皆无所固。公侯卿牧不得规占山泽，夺百姓之利。'"（p. 2770）《唐律疏议》卷9《职制》："机速，谓军机急速，不必要准案程。应了不了，亦准稽程法。**除**此**之外**，皆准事。稽程者，一日笞十，三日加一等，罪止杖八十。"

【储置／まけおく】 并列 储备，储蓄。《藤氏家传》上卷《镰足传》："大臣性崇三宝，钦尚四弘。每年十月，庄严法筵，仰维摩之景行，说不二之妙理。亦割取家财，入元兴寺，**储置**五宗学问之分。由是，贤僧不绝，圣道稍降。盖斯之征哉。"（p. 253）《汉书》卷77《何并传》："林卿素骄，惭于宾客，并度其为变，**储**兵马以待之。"颜师古注："储，豫备也。"唐慧琳撰《一切经音义》卷9："储水：直于反。储，贮也。《说文》：储，偫也。偫亦备也。谓畜物以备曰储。"后晋可洪撰《新集藏经音义随函录》卷14："储置：上音除，下知志反。储置，舍也。"

【楚璞/そはく】 偏正 →【燕石】

【处处度人、広行度人/ところどころにひとをいへでせしめ、ひろくひとをいへでせしむをおこなふ】 典据 四处普度众生，广泛地普度众生。《唐大和上东征传》："大和上诞生像季，亲为佛使；经云：'如来**处处度人**，汝等亦效如来，**广行度人**。'"（p.95）东晋佛陀跋陀罗、法显译《摩诃僧祇律》卷23："佛住王舍城迦兰陀竹园，佛告诸比丘：'如来**处处度人**，比丘、比丘尼、优婆塞、优婆夷、汝等亦当效如来，**广行度人**。'"又卷32："复次，佛住王舍城迦兰陀竹园，**如来处处度人**，比丘、比丘尼、优婆塞、优婆夷、国王、长者、外道沙门、婆罗门。佛告比丘：'汝等从今已后，亦当**度人**，出家受具足。'"唐窥基撰《大乘法苑义林章》卷3："佛自觉已，在竹林园告诸比丘：'如来**处处度人**，汝等当效如来**度人**。'诸比丘由此亦善来**度人**。"唐法砺撰《四分律疏》卷1："佛自觉已，在王舍竹园，告诸比丘：'如来**处处度人**，汝等亦效如来，**广行度人**。'"

【处处而~/ところどころより~】 三字 到处都……《丰后国风土记·日田郡》条："此山一峡崩落，愠之泉，**处处而**出。汤气炽热，炊饭早熟。"（p.290）（1）西晋竺法护译《大哀经》卷3《处处品》："晓了其**处处**，**而**为讲经法，是故实无虚，悉见心志性。"隋那连提耶舍译《佛说百佛名经》卷1："尔时佛世尊，为令众见故，示现大神通。现无量亿刹，以佛神通力，见释师子王，**处处而**遍满。"唐宗密述《大方广圆觉修多罗了义经略疏》卷2："故大经云：如来不出世，亦无有涅槃，二真如缘起之俗谛，则念念**处处而**出现，念念**处处而**涅槃。"（2）《宋书》卷91《徐耕传》："此郡虽弊，犹有富室，承陂之家，**处处而**是，并皆保熟，所失盖微。"（p.2251）《南齐书》卷15《州郡下》："襄阳左右，田土肥良，桑梓野泽，**处处而**有。"（p.281）

【畜生逼迫苦/ちくしょうのひっぱくのく】 自创 众生在人世间遭受的种种胁迫。《奈良朝写经29·千手千眼陀罗尼经》："又愿沦回于地狱热烦苦、饿鬼饥饿苦、**畜生逼迫苦**等众生，早得出离，同受安宁。"（p.200）唐菩提流志译《大宝积经》卷35《开化长者品》："尔时世尊，告诸长者：'汝等善听。世有十种，逼迫苦事。所谓生苦、老苦、病苦、死苦、愁苦、怨苦、苦受、忧受、痛恼生死。如是十种，**逼迫苦**事，逼迫众生。汝等今者，欲解脱不？'"

【畜養妻子/めこをたくはへやしなふ】 四字 抚养妻子和孩子。《日本灵异记》下卷《沙门积功作佛像临命终时示异表缘第30》："老僧观规者，俗姓三间名干歧也。纪伊国名草郡人也。自性天年雕巧为宗。有智得业，并通众才。著俗营业，**畜养妻子**。"

（p. 341）（1）东晋佛驮跋陀罗译《大方广佛华严经》卷39《离世间品》："于众生所起大悲故，于烦恼浊世而现受生、现受五欲，**畜养妻子**及诸眷属。"梁宝唱等集《经律异相》卷41："山下有诸，**畜养妻子**，婆罗门数百家，大小相共，采薪上树，折取枯枝树根，连婆罗门额树既动摇。"唐菩提流志译《大宝积经》卷80："乐处俗家侵他妻，白衣畜妇犹怀愧。彼恶比丘贪转甚，**畜养妻子**求不厌。"（2）《太平广记》卷134："云顶山慈云寺，四方归辏，供食者甚厚。寺主僧审言，性贪鄙，欺隐本寺施财，饮酒食肉，**畜养妻子**，无所不为。僧众稍孤洁者，必遭凌辱。"

【**触岸**/きしにつく】 述宾 船体与河岸接触，靠岸。《日本书纪》卷24《皇极纪》元年八月条："是日夜半，雷鸣于西南角而风雨。参官等所乘船舶，**触岸**而破。"（第三册，p. 64）（1）后汉迦叶摩腾、法兰合译《四十二章经》卷1："佛言：'夫为道者，犹木在水寻流而行，不左**触岸**，亦不右**触岸**；不为人所取，不为鬼神所遮，不为洄流所住，亦不腐败，吾保其入海矣。人为道不为情欲所惑，不为众邪所诳，精进无疑吾，保其得道矣。"（2）《世说新语·尤悔第33》："谢太傅于东船行，小人引船，或迟或速，或停或待，又放船从横，撞人**触岸**。"《太平御览》卷68所引《抱朴子》："今浙水从东，地广道远，乍入狭彪，陵山**触岸**，从直赴曲，其势不泄，故隆崇涌起而为涛。"按：《汉语大词典》失收。

【**触处**/ふれるところ】 口语 （2例） 到处，随处。极言其多。《续日本纪》卷16《圣武纪》："是日，通夜地震。三日三夜。美浓国橹、馆、正仓，佛寺堂塔，百姓庐舍，**触处**崩坏。"（第三册，p. 8）又卷40《桓武纪》延历十年五月条："又王臣家、国郡司及殷富百姓等，或以下田相易上田，或以便相换不便。如此之类，**触处**而在。"（1）《南齐书》卷44《徐孝嗣传》："臣比访之故老及经彼宰守，淮南旧田，**触处**极目，陂遏不修，咸成茂草。"《南史》卷70《循吏传》："凡百户之乡，有市之邑，歌谣舞蹈，触处成群，盖宋世之极盛也。"白居易《春尽日宴罢感事触吟》："闲听莺语移时立，思逐杨花**触处**飞。"（2）隋阇那崛多译《佛本行集经》卷38《那罗陀出家品》："是名比丘出家法，作不作事悉离身，若能平等**触处**安，圣人行行应如是。"又《四童子三昧经》卷1："更增彼大怖，无方得驰走，**触处**无依怙，以见火聚故。"

【**触事**/ことごとに·ことにふれて】 述宾 （3例） 犹言遇事。《日本书纪》卷16《武烈纪》即位前纪条："大臣平群真鸟臣，专擅国政，欲王日本，阳为太子营宫，了即自居。**触事**骄慢，都无臣节。"（第二册，p. 268）《续日本纪》卷10《圣武纪》天平二年四月条："或国司等私造税帐。竟后取署。不肯署名。因此、上下**触事**相违。"（第二册，p. 232）又卷22《淳仁纪》天平宝字三年六月条："与物不妄，**触事**皆正，为信。"（第三册，p. 320）（1）失译人名附后汉录《大方便佛报恩经》卷1《孝养品》："尔时太子余命未断，发声立誓愿：'宿世殃恶，从是除尽。从今已往，更不敢作；今我此身，以供养父母，济其所重；愿我父母，常得十一余福，卧安觉安，不见恶梦，天护人爱；县官盗贼，阴谋消灭，**触事**吉祥。'"姚秦鸠摩罗什译《佛垂般涅槃略说教诫经》卷1："行少欲者，心则坦然，无所忧畏，**触事**有余，常无不足。"刘宋求那跋陀罗译《杂阿含经》卷26："毁呰愚人力者，愚人之法，**触事**毁呰。审谛黠慧力者，智慧之人，常现审谛。"（2）晋郭璞《方言》序："余少玩雅训，旁味方言，复为之解。**触事**广之，演其未及，摘其谬漏，庶以燕石之瑜，补琬琰之瑕。"《世说新语·赏誉第8》："王长史与刘尹书，道渊源'**触事**长易。'"

【**触手**/てにさはる】 述宾 用手触摸。犹言搂抱。《万叶集》卷16第3857首歌注："于是当宿之夜，梦里相见，觉寤探抱，曾无**触手**。"（第四册，p. 126）东晋佛陀跋陀罗、法显合译《摩诃僧祇律》卷32："时难陀优波难陀，至牧牛家坐床上。有新生犊子，见比丘衣色似母，跳踉来趣。比丘即以手摩额上，细滑**触手**。"东晋卑摩罗叉续译《十诵律》卷61："佛言：'若不轻与得受；若轻故**触手**不应受。'"唐窥基撰《阿弥陀经通赞疏》卷1："迦叶语妻曰：'我若眠息，汝当行道，汝若睡息，我当行道。'妻因睡次，申手床前，毒蛇入房，欲螫妻手。迦叶见已，以衣掌手，举于旧床。妻便惊窹，而责之曰：'本立要誓，各修梵行，今何**触手**？'迦叶具陈。"按：《汉语大词典》失收。佛典第一例"触手"，指摸起来光滑细腻；第二例指用手触摸。

【**川原**/かわら】 寺名 "川原寺"的略称。《日本书纪》卷30《持统纪》即位前纪条："十二月丁卯朔乙酉，奉为天渟中原瀛真人天皇，设无遮大会于五寺**大官**、飞鸟、**川原**、小垦田丰浦、坂田。"（第三册，p. 476）

【**川原寺**/かわらでら】 寺名 （9例） 川原寺位于奈良县高市郡明日香村，是与飞鸟寺（法兴寺）、药师寺、大官大寺（大安寺）齐名的飞鸟时期四大寺之一，建于7世纪中叶，与天智天皇关系极为密切。亦称弘福寺。①纪事。《日本书纪》卷25《孝德纪》白雉四年六月条："遂为法师，命画工狛坚部子麻吕、鲫鱼户直等多造佛菩萨像，安置于**川原寺**。"（第三册，p. 194）又卷29《天武纪下》十四年八月条："丙戌，幸于**川原寺**，施稻于众僧。"（第三册，p. 448）又朱鸟元年四月条："壬午，为飨新罗客等，运**川原寺**伎乐于筑紫。仍以皇后宫之私稻五千束，纳于**川原寺**。"（第三册，p. 458）②写经。《日本书纪》卷29《天武纪下》二年三月条："是月，聚书生始写一切经于**川原寺**。"（第三册，p. 350）③延命。《日本书纪》卷29《天武纪下》十四年九月条："丁卯，为天皇体不豫之。三日诵经于大官大寺、**川原寺**、飞鸟寺。因以稻纳三寺各有差。"（第四册，p. 450）④讲经。《日本书纪》卷29《天武纪下》朱鸟元年五月条："癸亥，天皇始体不安。因以于**川原寺**说《药师经》，安居于宫中。"（第三册，p. 460）⑤法事。《日本书纪》卷29《天武纪下》朱鸟元年六月条："丁亥，敕之遣百官人等于**川原寺**，为燃灯供养。仍大斋之悔过也。"（第三册，p. 462）又朱鸟元年九月条："九月戊戌朔辛丑，亲王以下逮于诸臣悉集**川原寺**，为天皇病誓愿云云。丙午，天皇病遂不差，崩于正宫。"（第三册，p. 466）⑥追善。《续日本纪》卷31《光仁纪》宝龟二年闰

五月条："甲寅，始设田原天皇八月九日忌斋于**川原寺**。"（第四册，p. 344）

【伝持/つたへたもつ】 并列 传布受持。《上宫皇太子菩萨传》："又记言：'从今近二百年，当有**传持**戒律大兴，律仪严峻。是知圣人记事无差。但太子龙楼不御，鹄驾长飞，弃劣仙而成大仙，超等觉而升妙觉。'云云。"隋吉藏撰《金刚般若疏》卷1："**传持**佛经须识经名，若不识经名云何知义。所以者何？经之名题总摄一经，如《大品章》虽九十总名《摩诃般若》，以摩诃之名摄九十章义，为是事故须识经名。"唐道宣撰《续高僧传》卷8："撰《增一数法》四十卷，并略诸经论所有名教。始从一法十百千万有若数林，寔**传持**之要术也。"唐僧详撰《法华传记》卷9："昔月支摩诃衍传法菩萨，号曰苏摩耶，**传持**《摩诃衍》大宝藏。"按：《汉语大词典》失收。→【戴持】【拥持】【受持】【诵持】【闻持】【依教奉持】【忆持】【住持】

【伝灯/でんとう】 述宾 （11例） 佛家指传法。佛法犹如明灯，能破除迷暗，故称。《日本灵异记》下卷《序》："匪**传灯**之良匠，而强订睹斯事。克辙净刹，奔心觉路。远愧前非，长祈后善。"（p. 260）又《灾与善表相先现而后其灾善答被缘第38》："然延历十四年乙亥冬十二月三十日，景戒得**传灯**住位也。"（p. 373）《唐大和上东征传》："不经日，敕授**传灯**大法师位。"（p. 92）又："**传灯**贤大法师大僧都沙门释法进：'大师慈育契圆空，远迈**传灯**照海东。度物草筹盈石室，散流佛戒绍遗踪。'"（p. 101）又："五言伤大和上**传灯**逝日本国**传灯**沙门释思托。"（p. 100）又藤原刷雄《五言伤大和上》："万里**传灯**照，风云远国香。禅光耀百亿，戒月皎千乡。"（p. 101）《续日本纪》卷38《桓武纪》延历四年七月条："癸丑，敕曰：'释教深远，传其道者，缁徒是也。天下安宁盖亦由其神力矣。然则惟僧惟尼，有德有行。自非褒显，何以弘道？宜仰所司。择其修行、**传灯**无厌倦者，景迹齿名，具注申送。'"《奈良朝写经23·十轮经卷第3》："乃至**传灯**无穷，流布天下，闻名持卷，获福消灾，一切迷方，会归觉路。"（p. 179）《奈良朝写经43·大般若经卷380》："天平二十一年三月九日，**传灯**大法师位恩侣。"（p. 289）隋智顗说《妙法莲华经文句》卷4《释方便品》："次闻不信受成增上慢，如世弟子随顺师法继嗣**传灯**。若不闻不知，则无法可顺。"隋吉藏撰《法华义疏》卷1《序品》："六者光阐如来正法凡有二种：一者燃灯；二者**传灯**。燃灯即是序正，**传灯**所谓流通也。"唐道宣撰《续高僧传》卷13："办后归静山林，便以学徒相委。受业弟子五百余人，踵武**传灯**将三十载。"按：《汉语大词典》首引唐崔颢《赠怀一上人》诗："**传灯**遍都邑，杖锡游王公。"略晚。

【伝戒/かいをつたふ】 述宾 （6例） 向信徒传授"五戒""八戒"等戒律，举行受戒仪式。《唐大和上东征传》："于是方知本国无**传戒**人。仍请东都大福（先）寺沙门道璇律师，附副使中臣朝臣名代之（舶），先向本国去，拟为**传戒**者。"（p. 38）又："僧道航云：'今向他国，为**传戒**法，人皆高德，行业肃清。如如海等少学，可停却矣。'"（p. 43）又："弟子等先录和上尊名，并持律弟子五僧，已奏闻主上，向日本**传**

171

戒。"（p. 83）又："朕造此东大寺，经十余年，欲立戒坛，传受戒律，自有此心，日夜不忘。今诸大德，远来**传戒**，冥契朕心。自今以后，受戒传律，一任和上。"（p. 92）又："大和上从天宝二载始为**传戒**，五度装束，渡海艰辛，随被漂回，本愿不退。"（p. 93）隋灌顶撰《国清百录》卷4："释龙衮而披忍服，去桓珪而**传戒**香。"唐神清撰、慧宝注《北山录》卷3："帝以听于神无若听于圣人也。乃请昙延于大兴殿，登御座南面**传戒**。帝命朝宰席北面跪受，不崇朝而雨焉。"又卷4："魏初昙柯罗创**传戒**法，金牒玉检五篇七聚（元魏也。佛法入汉，戒律自柯罗始也。《波罗夷》《谓残》《波逸提》《提舍尼》《突吉罗》五篇也。《加偷兰遮》《恶作恶说》，是为七聚。）"

【**伝聞是語／つてにこのことをきこしめす**】 先例 听到这话，听到这样的说法。《日本书纪》卷14《雄略纪》十四年四月条："天皇**传闻是语**，使人见根使主宅。实如其言。故收杀之。"（第二册，p. 200）宋了然述《释门归敬仪通真记》卷2："佛问罗睺：'众中谁为上座？'罗睺答言：'和尚舍利弗。'佛言舍利弗食不净食。舍利**传闻是语**，即时吐食，自作誓言：'从今日不复受人请。'"

【**船師／ふないくさ**】 后缀 （17例） 船夫。《日本书纪》卷9《神功纪》摄政前纪条："是言未讫之间，**船师**满海，旌旗耀日，鼓吹起声，山川悉振。"（第一册，p. 428）又卷14《雄略纪》二十三年是岁条："是岁，百济调赋，益于常例。筑紫安致臣、马饲臣等，率**船师**以击高丽。"（第二册，p. 206）又卷15《清宁纪》即位前纪条："是月，吉备上道臣等闻朝作乱，思救其腹所生星川皇子，率**船师**四十艘，来浮于海。既而闻被燔杀，自海而归。"（第二册，p. 220）又卷22《推古纪》三十一年是岁条："时盘金等共会于津，将发船以候风波。于是**船师**满海多至。两国使人望瞻之愕然，乃还留焉。"（第二册，p. 582）又同年十一月条："时大臣问其状。对曰：'新罗奉命，以惊惧之，则并差专使，因以贡两国之调。然见**船师**至，而朝贡使人更还耳。但调犹贡上。"（第二册，p. 582）又卷26《齐明纪》四年四月条："夏四月，阿陪臣阙名率**船师**一百八十艘伐虾夷。腭田、淳代二郡虾夷，望怖乞降。"（第三册，p. 210）又四年十一月条："有间皇子曰：'先燔宫室，以五百人一日两夜邀牟娄津，疾以**船师**断淡路国，使如牢圈，其事易成。'"（第三册，p. 218）又五年三月条："是月，遣阿倍臣率**船师**一百八十艘讨虾夷国。"（第三册，p. 220）又六年三月条："三月，遣阿倍臣率**船师**二百艘，伐肃慎国。阿倍臣以陆奥虾夷令乘己船到大河侧。于是渡岛虾夷一千余，屯聚海畔，向河而营。营中二人进而急叫曰：'肃慎**船师**多来将杀我等之故，愿欲济河而仕官矣。'"（第三册，p. 228）又："肃慎乃陈**船师**，系羽于木，举而为旗。"（第三册，p. 230）又六年九月条："今年七月十日，大唐苏定方率**船师**，军于尾资之津。"（第三册，p. 234）卷27《天智纪》元年五月条："五月，大将军大锦中阿昙比逻夫连等率**船师**一百七十艘，送丰璋等于百济国。"（第三册，p. 254）又二年八月条："戊申，日本**船师**初至者与大唐**船师**合战，日本不利而退，大唐坚阵而守。"（第三册，p. 260）又九月条："甲戌，日本**船师**及佐平余自信、达率木素贵子、谷那晋首、忆礼福留，并国民等至于弓礼城。"（第三册，p. 262）《续日本纪》卷24《淳仁纪》天平宝字七年十月条："初王新福之归本蕃也，驾船烂脆。送使判官平群虫麻吕等虑其不完，申官求留。于是，史生以上皆停其行，以修理船。使镰束便为**船师**，送新福等发遣。"（第三册，p. 438）后汉支娄迦谶译《佛说伅真陀罗所问如来三昧经》卷3："若**船师**无所不度，佛者是即尊。烧三毒坏绝众冥，一切愚暗皆蒙其恩莫不来供，今自归寂，诸恶已尽。"吴支谦译《撰集百缘经》卷3《授记辟支佛品》："佛在摩羯提国，将诸比丘，渐次游行，到恒河侧。时有**船师**，住在河边。佛告**船师**：'汝今为我，渡诸众僧。'**船师**答曰：'与我价直，然后当渡。'"隋阇那崛多译《佛本行集经》卷21《王使往还品》："圣子父王，今以没溺，大深苦河。无人能拔，出于智岸。唯有圣子，能作救护，堪拔彼苦。犹如堕于，最极深水，唯大**船师**，乃能拔出。"按：《汉语大词典》首引《百喻经·口诵乘船法而不解用喻》："既至海中，未经几时，**船师**遇病，忽然便死。"略晚。

【**船头**/ふなのへ】后缀 船的前部。《古事记·序》："伏惟皇帝陛下得一光宅，通三亭育。御紫宸而德被马蹄之所极，坐玄扈而化照**船头**之所逮。"（p. 22）《文选》卷31江淹《杂体诗·效谢惠连"赠别"》："停舻望极浦，弭棹阻风雪。"李善注引《说文》曰："舻，**船头**也。"（p. 453）东晋佛陀跋陀罗、法显合译《摩诃僧祇律》卷3："若欲合船盗者，顺牵船尾，过**船头**处，波罗夷。若倒牵船者，**船头**过船尾处，若右边傍牵左过右者，波罗夷。"后秦弗若多罗、罗什合译《十诵律》卷58："时长老目连，以天眼见，即入禅定，以神通变作，金翅鸟王，在**船头**立。诸龙见是，金翅鸟王，甚大怖畏。舍船沉没大海。"唐道宣撰《集神州三宝感通录》卷3："此有直路，疾至船所，须臾至海。沙弥以一竹，杖著**船头**。"按：《汉语大词典》首引唐杜甫《江涨》诗："渔人萦小楫，容易拔**船头**。"偏晚。

【**船欲没**/ふねしづまむとす】三字 船将要沉没。《日本书纪》卷7《景行纪》四十年是岁条："时有从王之妾曰弟橘媛，穗积氏忍山宿祢之女也。启王曰：'今风起浪泌，王**船欲没**。是必海神心也。愿贱妾之身，赎王之命而入海。'"（第一册，p. 376）后秦僧肇撰《注维摩诘经》卷7："什曰：'劫初地未成，以神力令六方风来吹水，结而成地。或见人入海，**船欲没**时，为化作地，令得安隐。至须水火风处，皆应其所求也。或化作或，以身作也，食及药中，亦如是也。'"唐不空撰《金刚顶经大瑜伽秘密心地法门义诀》卷1："一时同过大海，行至海中，逢于大风，诸船及人，并皆漂没。我所附船，亦欲将没，尔时两本经夹，常近于身，受持供养。其时船主，见**船欲没**，船上诸物，皆掷海中。当时怖惧，忘收经夹，其百千颂，亦掷海中，唯存略本。"

【**床侧**/もとこ】后缀 床边。《日本书纪》卷24《皇极纪》二年十月条："癸巳，诏土师娑婆连猪手，视皇祖母命丧。天皇自皇祖母命卧病，及至发丧，不避**床侧**，视养无倦。"（第三册，p. 76）（1）失译人名今附东晋录《般泥洹经》卷2："彼时，佛敕贤者阿难，汝于苏连双树间，施绳床令北首，我夜半当减度。受教即施，还白已具。佛到双树，就绳<u>床侧</u>，右胁而卧。"唐道宣撰《续高僧传》卷25："初止以后，驰骋<u>床侧</u>，每夕山隅，四灯同照，士俗云赴，奄成华寺。"唐慧详撰《弘赞法华传》卷8："敏在<u>床侧</u>，裸体而卧，身甚休强。先来无患，忽从床上，自㩧仆地床，如人力牵掣打棒，求哀乞恩。如是非一。"（2）《宋书》卷2《武帝中》："长民坠床，又于地毁之，死于<u>床侧</u>。"《南齐书》卷26《王敬则传》："明旦，四贵集议，敬则拔白刃在<u>床侧</u>跳跃曰：'官应处分，谁敢作同异者！'"《魏书》卷97《刘裕传》："裕还于东府，召诸葛长民屏人闲语，密令壮士西昕等出自幔后，于座拉之，长民坠地，死于<u>床侧</u>。亦以才雄见忌也。"按：《汉语大词典》失收。→【泉侧】

【床当（边）/とこのあたり・とこのへ】 后缀 （4例） 床边。①汉字例。《古事记》中卷《神武记》："尔其美人，惊而立走伊须须岐伎，乃将来其矢，置于<u>床边</u>，忽成丽壮夫。"（p.156）又《应神记》："故赦其贱夫，将来其玉，置于<u>床边</u>，即化美丽娘子。"（p.276）《万叶集》卷12第2957首："从今者 虽恋妹尔 将相哉母 <u>床边</u>不离 梦尔所见乞"（第三册，p.319）②假名例。《万叶集》卷14第3554首："伊毛我奴流 等许能安多里尔 伊波具久留 水都尔母我毛与 伊里弓祢末久母"（第三册，p.512）（1）东晋佛驮跋陀罗译《摩诃僧祇律》卷16："净人持食，来著抱中，若觉者即名受。若不觉者，觉时欲食者，当从净人更受。若不欲食者，当自捉。已授与净人，如是著床上，悬<u>床边</u>亦如是。"高齐那连提耶舍译《大悲经》卷2《迦业品》："尔时，阿难在佛<u>床边</u>，悲啼流泪，闷绝躄地，犹如临崖，斫断大树，作如是言。"唐义净译《金光明最胜王经》卷6《四天王护国品》："其持咒者，见是相已，知事得成。当须独处净室，烧香而卧。可于<u>床边</u>，置一香箧，每至天晓，观其箧中，获所求物。"（2）《世说新语·品藻第9》："刘尹至王长史许清言，时苟子年十三，倚<u>床边</u>听。"（p.288）又《夙慧第12》："4. 司空顾和与时贤共清言。张玄之、顾敷是中外孙，年并七岁，在<u>床边</u>戏。"（p.324）按：《汉语大词典》失收。

【床頭/とこのべ】 后缀 床头。《日本书纪》卷12《履中纪》即位前纪条："时<u>床头</u>有铃音，太子异之问黑媛曰：'何铃也？'对曰：'昨夜之非太子所赍铃乎，何更问妾？'太子自知仲皇子冒名以奸黑媛，则默之避也。"（第二册，p.78）（1）西晋白法祖译《佛般泥洹经》卷2："阿难奉命，之彼施床，<u>床头</u>北首。毕，还白言：'施床已竟。'佛起至盐呵沙，得床猗右胁卧。"姚秦竺佛念译《鼻奈耶》卷9："时此妇人，即<u>床头</u>立，前牵引阿那律衣裳，欲作不净行。"梁慧皎撰《高僧传》卷10："道人常在，厅事上眠，以箱杖著<u>床头</u>令使持。"（2）《搜神记》卷10："是夜三更中，梦二人乘船持箱，上泰<u>床头</u>，发箱，出簿书示曰：'汝叔应死。'泰即于梦中叩头祈请。"《世说新语·德行第1》："郗公亡，翼为剡县，解职归，席苫于公灵<u>床头</u>，心丧终三年。"《宋书》卷62《王微传》："至二十左右，方复就观小说，往来者见<u>床头</u>有数帙书，便言学问，试就检，当何有哉?"按：《汉语大词典》失收。

【幢/はたほこ】 单音 用于庄严佛、菩萨等的旗帜。佛具之一。幢字原本指指挥军队的旗帜，在佛法上，具有标示佛军制伏魔军之意。饰以各种的绢丝或绢布，垂在顶端镶有宝珠等的竿柱或挂在柱子上。《日本灵异记》下卷《减塔阶仆寺幢得恶报缘第36》："夫**幢**是招转轮王报之善因也。塔是收三世佛舍利之宝藏也。"（p. 356）又："故依**幢**仆得罪，由塔高减被罪也。"（p. 356）姚秦鸠摩罗什译《妙法莲华经》卷5《分别功德品》："一一诸佛前，宝**幢**悬胜幡，亦以千万偈，歌咏诸如来。"→【法幢高竖】【立幢】【寺幢】【香幢】

【幢幡/どうばん】 并列 "幢""幡"都是旌旗。《续日本纪》卷7灵龟二年五月条："今闻诸国寺家，多不如法，或草堂始辟，争求额题，**幢幡**仅施，即诉田亩。"（第二册，p. 12）唐一行述记《大日经义释》卷6："梵云驮嚩若，此翻为**幢**。梵云计都，此翻为旗。其相稍异，**幢**但以种种杂采幖帜庄严。计都相亦大同，而更加旒旗密号，如兵家画作龟龙鸟兽等种种类形，以为三军节度。有处亦翻为**幢**，故合言之。"宋疆良耶舍译《佛说观无量寿佛经》卷1："有大光明，化成**幢幡**，无量宝盖。是宝盖中，映现三千，大千世界，一切佛事，十方佛国，亦于中现。"→【幡幢】

【吹来/ふきく】 后补 （3例） 吹过来，刮过来。《万叶集》卷10第2089首："旗芒 本叶裳具世丹 秋风乃 **吹来**夕丹"（第三册，p. 97）又第2108首："秋风者 急急**吹来** 芽子花 落卷惜三 竞立见"（第三册，p. 102）又第2134首："苇边在 荻之叶左叶艺 秋风之 **吹来**苗丹 雁鸣渡"（第三册，p. 108）（1）东晋佛陀跋陀罗译《佛说观佛三昧海经》卷2《观相品》："譬如人在，深草中行，四面火起，猛风**吹来**，欲烧其身。"姚秦鸠摩罗什译《大智度论》卷2《序品》："阿难言：'尔时，有大风起，无人助我捉衣。时风**吹来**，堕我脚下，非不恭敬，故蹈佛衣。'"梁宝唱等集《经律异相》卷36："提伽答曰：'不敢欺王。是臣家拭体之巾，挂著池边，遇天风起，**吹来**殿前。'"《敦煌变文·李陵变文》："川中定是羽狼毛，风里**吹来**夜以毛。"（2）《大唐创业起居注》卷2："须臾，有暴风**吹来**，向营而临帝所居帐上。"按：《汉语大词典》失收。

【垂慈/あはれびをたれたまふ】 述宾 （2例） 上对下表示慈悲的眷顾。《日本灵异记》上卷《人畜所履髑髅救收示灵表而现报缘第12》："大德**垂慈**，令见离苦故，不忘汝恩，今宵报耳。"（p. 91）又《修持孔雀王咒法得异验力以现作仙飞天缘》："于是**垂慈**之音，以大宝元年岁次辛丑正月，近天朝之边，遂作仙飞天也。"（p. 119）（1）晋世法炬、法立合译《法句譬喻经》卷2《罗汉品》："于是分那，辞行学道，到舍卫国，为佛作礼，长跪白佛：'所出微贱，心乐道德，唯愿世尊，**垂慈**济度。'佛言：'善来！分那。'"东晋佛驮跋陀罗译《大方广佛华严经》卷46《入法界品》："我闻大师，善能宣畅，唯愿**垂慈**，具足演说。"唐义净译《根本说一切有部毗奈耶》卷13："亲友承旨报太子曰：'父母**垂慈**，许令入道。'实力闻已，庆喜弥增。"（2）《宋书》卷74《臧质传》："陛下**垂慈**狃达，不稍惟疑，遂令负宸席图，蔽于流议，投杼市虎，成于十夫。"
按：《汉语大词典》失收。

【**垂来時**/きたらむとするとき】 先例　将要到来的时刻。《日本灵异记》中卷《智者诽妒变化圣人而现至阎罗阙受地狱苦缘第7》："彼菩萨化苇原国已，将生此宫。今**垂来时**，故待候也。"（p.168）清郑孝胥《郑孝胥日记》："佟楫先来，上命'郑**垂来时**，过威海可一视庄士敦。'"

【**純男**/ひたを】 格义　纯粹的男人。《日本书纪》卷1《神代纪上》："便化为神，号国常立尊。次国狭槌尊，次丰斟渟尊，凡三神矣。乾道独化。所以成此**纯男**。"（第一册，p.18）后秦竺佛念译《菩萨从兜术天降神》卷4："初一说法，度于无数**纯男**无女；第二说法，纯女无男；第三说法，纯度正见人；第四说法，纯度邪见人；第五说法，男女正等；第六说法，邪正亦等。"又："尔时诸佛，说此颂已，初一说法，**纯男**无女者，即于座上，立不退转。"唐道世撰《法苑珠林》卷11："依《菩萨处胎经》云：尔时世尊示现，奇特异像，变一切菩萨，尽作佛身，光相具足，皆共异口，同音说法，互相敬奉，各坐七宝，极妙高座。初一说法，**纯男**无女；第二说法，**纯女**无男。"按：《汉语大词典》失收。《新编日本古典文学全集》栏上的注释例引《易经·系辞上》："乾道成男，坤道成女。"例言乾道构成男性，坤道构成女性。"纯男"一词由此产生。不可从。道理很简单，因为例中未见"纯男"的词形。反观上引佛典两例，"纯男"指（在场的）所有男人，亦即（在场的）全都是男人（对应词为"纯女"）。《神代纪上》中的"纯男"，指唯独接受乾道哺育而生的纯粹的男人（三神）。从词形的相似性考虑，暂且可解释为词义从佛典中的具体义变成了抽象义。

【**訾心**/あざけるこころ】 自创　诋毁的念头。《日本灵异记》中卷《訾读〈法华经〉僧而现口喝斜得恶死报缘第18》："见闻人云：'虽不加刑，**訾心**效言，口喝斜，忽然而死。何况发怨仇心，加刑罚矣。'"（p.196）《文选》卷10潘岳《西征赋》："**訾**孝元于渭茔。"李善注："郑玄《礼记》注曰：'**訾**，毁也。'"北凉昙无谶译《大方等大集经》卷29："云何舍诸烦恼？恭敬供养，其心不高，轻蔑毁**訾**，**心**亦不下。"隋吉藏撰《法华义疏》卷9《法师品》："若逢毁**訾心**，则退悔不能弘法，法既不弘便，无行法之人，既无行法之人，谁复得佛！以断三宝种，故罪重也。"

【**辭訖**/いなびをはる·まをすことおはる】 完成　（2例）　①辞退完后。《日本书纪》卷25《孝德纪》即位前纪条："于是古人大兄避座逡巡，拱手辞曰：'奉顺天皇圣旨，何劳推让于臣，臣愿出家，入于吉野，勤修佛道，奉佑天皇。'**辞讫**，解所佩刀投掷于地，亦命帐内解令剥刀。"（第三册，p.110）②说完以后。《古语拾遗》："于是，大己贵神及其子事代主神，并皆奉避。仍以平国矛，授二神曰：'吾以此矛，卒有治功。天孙若用此矛治国者，必当平安。今我将隐去矣。'**辞讫**遂隐。"（p.127）《说文·言部》："**讫**，止也。"（1）唐慧立本、释彦悰笺《大唐大慈恩寺三藏法师传》卷10："其日又命塑工宋法智于嘉寿殿竖菩提像骨已，因从寺众及翻经大德并门徒等乞欢喜辞别，云：'玄奘此毒身深可厌患，所作事毕，无宜久住，愿以所修福慧回施有情，共诸有情同生睹史多天弥勒内眷属中奉事慈尊，佛下生时亦愿随下广作佛事，乃至无上菩提。' **辞讫**，因默正念，时复口中诵。"（2）《通典》卷53《礼13》："每出师命将，**辞讫**，发日，便就庙引辞，仍简取自古名将，功成业者，弘济生人者十人，准十哲例沾飨。"《广异记·霍有邻》条："然鬼神赤饥，烧钱之时，可兼设少佳酒饭，以两束草立席上，我得映草而坐，亦得食也。**辞讫**，行数里，至舍。"按：《汉语大词典》失收。

【**辞世之夕**／じ せいのゆふへ】 先例　离开这个世界的时候。《奈良朝写经56·大般若经卷第50等》："次愿二亲眷属，万福日新，千庆月来。百年之后，**辞世之夕**，游神率天，升弥勒之香台；栖想极乐，践观音之花座。一切合灵，亦犹如是。"（p.358）宋宗鉴集《释门正通》卷2："示寂之日，骄阳久焉，嘉苗若燎。**辞世之夕**，风号雨暴，天地惨黩。亦我法凌迟之变也。"

【**慈悲心**／うつくしぶるこころ】 三字　慈爱与悲悯的心情。《日本灵异记》下卷《智行并具禅师重得人身生国皇之子缘第39》："或人诽谤非圣君：'何以故，此天皇时，天下旱厉有？又天灾地妖饥馑虽繁多有，又养鹰犬，取鸟豬鹿。是非**慈悲心**。'"（p.377）后汉康孟详译《佛说兴起行经》卷1："见此辟支佛，困辱被系缚，我起**慈悲心**，使令得解脱。"姚秦鸠摩罗什译《妙法莲华经》卷4《法师品》："是善男子、善女人，入如来室，著如来衣，坐如来座，尔乃应为四众，广说斯经。如来室者，一切众生中，**大慈悲心**是。"唐玄奘译《金光明最胜王经》卷8《大辩才天女品》："我以世尊力，悉皆申请召；愿降**慈悲心**，与我无碍辩。"

【**慈悲之德**／うつくしびのさきはひ】 四字　怜愍一切众生的德用。《日本灵异记》上卷《持戒比丘修净行而得现奇验力缘第26》："斯乃修行之功，远流芳名，**慈悲之德**，长存美誉也。"（p.114）隋吉藏撰《法华玄论》卷1："复有《大悲莲华经》，广明**慈悲之德**，异上二经，是昙无谶所出。"唐道世撰《诸经要集》卷8："问价贵贱，鳖主知菩萨有**慈悲之德**，答曰：'百万。'菩萨答曰：'大善。'持鳖归家，临水放之。"

【**慈悲之音**／じ ひのおと】 四字　指慈爱与悲悯的声音（教诲）。《续日本纪》卷15《圣武纪》天平十五年正月条："所冀，屈彼高明，随兹延请，始畅**慈悲之音**，终谐微妙之力。"（第二册，p.416）唐李通玄撰《略释新华严经修行次第决疑论》卷3："尼字者，**慈悲之音**，比丘者，出世之相，以表生死中出生死，清净大慈悲行。为明修行者，了生死而性清净故，愍其不了者，恒处其中，无有出期。"

【**慈施**／じ せ】 偏正　以慈心供施。《日本灵异记》下卷《击沙弥乞食以现得恶死报缘第15》："谅知邪见切身之利剑，瞋心是招祸之疾鬼，悭贪受饿鬼之苦因，多欲障**慈施**之猛薮。"（p.298）失译人名今在后汉录《杂譬喻经》卷1："即问曰：'身命世人，所重爱者也。而卿舍命所信，世之难有，不审何守志趣？愿说其意。'即曰：'吾之**慈施**，至诚信盟，当得阿惟三佛度十方。'"西晋竺法护译《阿差末菩萨经》卷4："慈有三事。何谓为三？一曰**慈施**一切，晓了**慈施**法等；二曰慈正真等；三曰常以普慈，加于众生。"

【**慈氏**/じし】　菩萨　以慈悲亲近人者之意。梵语 maitreya 的译名。即弥勒菩萨，字"阿逸多"，又译"无能胜"。为继承释尊佛位的补处菩萨，据称比释尊早入灭，重生于兜率天的内院，为天人说法。《日本灵异记》下卷《未作毕捻埴像生呻音示奇表缘第17》："其里有一道场，号曰弥气山室堂。其村人等造私之堂，故以为字。（夹注）法名曰**慈氏**禅定堂者。"（p.303）吴支谦译《大明度经》卷4《不可计品》："若于兜术天上从**慈氏**闿士问慧，今欲求是法不懈，持是功德，复还得是经。"北凉昙无谶译《大般涅槃经》卷24《光明遍照高贵德王菩萨品》："善男子，**慈氏**菩萨，以誓愿故，当来之世，令此世界，清净庄严。"

【**慈氏弟子**/じしでし】　四字　（5例）　信奉弥勒菩萨的弟子。《奈良朝写经15·瑜伽师地论卷第8》："天平七年岁次乙亥八月十四日写了。书写师，**慈氏弟子**三宅连人成[本名]。今受名**慈氏弟子**慈灵。檀越、**慈氏弟子**慈姓。"（p.121）《奈良朝写经16·瑜伽师地论卷第60》："天平七年岁次乙亥八月十四日写了。书写师，**慈氏弟子**慈泰[本名建ア古町]。檀越、**慈氏弟子**慈姓[本名三神智万吕]"（p.123）西晋竺法护译《佛说弥勒下生经》卷1："尔时比丘姓号皆名**慈氏弟子**，如我今日诸声闻皆称释迦弟子。"该例亦见于东晋瞿昙僧伽提婆译《增壹阿含经》卷44《十不善品》。

【**慈树**/しげれるき】　偏正　慈爱与悲悯之树。《常陆国风土记·九慈郡》条："**慈树**成林，上即幕历。"（p.408）后时资料可见《全唐文》卷916思庄《实际寺故寺主怀恽奉敕赠隆阐大法师碑铭并序》："时有亲证三昧大德善导阇梨，**慈树**森疏，悲花照灼。情祛多漏，拥藤井于莲台；睿化无涯，驱铁围于宝国。"（p.9535）按：《汉语大词典》失收。佛典例文说明，"慈树"与"悲花"对应，佛典中指佛陀的慈悲普及草木，是对佛陀的赞美之词。《九慈郡》条中"慈树"早于晚唐思庄的例句，足见《常陆国风土记》的资料价值。《新编日本古典文学全集》栏上的注释引古本《玉篇》："顾野王案：**慈**者，上所以爱下"，指出："该表达谓炎热的夏日仰望垂下的绿荫，让人有一种慈爱的感受。"（p.409）

【**慈心**/うつくしぶるこころ】　偏正　（2例）　给予众生快乐的心。四无量心（慈、悲、喜、舍）之一。《日本灵异记》中卷《赎蟹虾命放生现报蟹所助缘第12》："山背国纪伊郡部内，有一女人。姓名未详也。天年**慈心**，颉信因果。"（p.180）《续日本纪》卷30《称德纪》宝龟元年四月条："戊午，初天皇八年乱平，乃发弘愿，令造三重小塔一百万基，高各四寸五分，基径三寸五分。露盘之下，各置根本、**慈心**、相轮、六度等陀罗尼。"（第四册，p.280）东晋瞿昙僧伽提婆译《增壹阿含经》卷47《放牛品》：

"尔时，世尊告诸比丘：'若有众生修行，**慈心**解脱，广布其义，与人演说，当获此十一果报。云何为十一？卧安，觉安，不见恶梦，天护，人爱，不毒，不兵，水、火、盗贼终不侵扰。若身坏命终，生梵天上。是谓比丘能行**慈心**，获此十一之福。'"唐玄奘译《阿毗达磨俱舍论》卷29《分别定品》："无量有四，一**慈**、二悲、三喜、四舍。言无量者，无量有情，为所缘故，引无量福故，感无量果故。"→【不无慈心】【无慈心】

【**慈荫**/じおん】 偏正 谓尊上或神佛的庇荫。《奈良朝写经9·根本说一切有部毗奈耶杂事卷第21》："天平二年庚午六月七日，为上酬**慈荫**、下救众生，谨书写毕。"（p.80）姚秦鸠摩罗什译《大智度论》卷4《序品》："举国人民，及诸亲戚，叩头留之：'愿王留意，**慈荫**此国，勿以鹿足鬼王为虑也。当设铁舍、奇兵。鹿足虽神，不畏之也。"萧齐昙景译《摩诃摩耶经》卷1："我等顷来，失于**慈荫**，世间毒火，转更增炽，咸皆不知，大师所在，今者乃在，忉利天上。又复不久，欲入涅槃。何其苦哉！世眼将灭。"唐道世撰《法苑珠林》卷33："三宝冥兴，四生标式。**慈荫**十方，恩流万德。"按：《汉语大词典》首引《南史》卷13《宋临川烈武王道规传》："文帝下诏褒美勋德及**慈荫**之重，追崇丞相，加殊礼。"略晚。

【**慈育**/じいく】 偏正 慈祥地抚育，仁爱地养育。《唐大和上东征传》法进《七言伤大和上》："大师**慈育**契圆空，远迈传灯照海东。度物草筹盈石室，散流佛戒绍遗踪。"（p.101）（1）吴康僧会译《六度集经》卷1："布施度无极者，厥则云何？**慈育**人物，悲愍群邪，喜贤成度，护济众生，跨天踰地，润弘河海。"西晋圣坚译《睒子经》卷1："佛告阿难：'吾前世时，为子仁孝，为君**慈育**，为民奉敬，自致得成，为三界尊。"唐道宣撰《续高僧传》卷17："释慧思，俗姓李氏，武津人也。少以弘恕，**慈育**知名，闾里称言，颂逸恒问。"（2）《宋书》卷68《彭城王传》："敢缘陛下圣化融泰，春泽覃被，**慈育**群生，仁被泉草。"按：《汉语大词典》首引简文帝《唱导文》："覆载苍生，**慈育**黎首。"偏晚。

【**慈舟**/うつくしびのふね】 偏正 充满慈爱的船只。《日本灵异记》上卷《序》："秉智烛以照昏歧，运**慈舟**而济溺类，难行苦行，名流远国。"（p.54）（1）唐义净译《入定不定印经》卷1武则天《大周新翻三藏圣教序》："朕幼崇释教，夙暮归依，思欲运六道于**慈舟**，迥超苦海；驱四生于彼岸，永离盖缠。"唐窥基撰《因明入正理论疏》卷3："绮岁标奇，泛**慈舟**于济蚁；髫年发颖，涛辨水于澄鹭。"唐慧立本、彦悰笺《大唐大慈恩寺三藏法师传》卷10："皆言爱河尚淼，**慈舟**遽沉，永夜犹昏，慧灯先灭，攀恋之痛，如亡眼目，不直比之，山颓木坏而已。惜哉！"（2）宋守坚集《云门匡真禅师广录》卷3："然法炬以烛幽，运**慈舟**而济溺。"按：《汉语大词典》失收。《日本古典文学全集》指出，唐道世撰《法苑珠林》卷8："大悲平等，随性欲而利生。弘誓庄严，运**慈舟**而济溺。"与之相比，《云门匡真禅师广录》的说法似更相近。

【**此不然也**/これしからざるなり】 口语 情况并非如此。《上宫圣德法王帝说》：

"后见人，若可疑年号，**此不然也**。然则言一年字，其意难见。"唐义净撰《南海寄归内法传》卷2："若尔者，著衣噉食，缘多损生。蝼蚓曾不寄心，蛹蚕一何见念。若其总护者，遂使存身靡托，投命何因？以理推征，**此不然也**。而有不噉酥酪，不履皮鞋，不著丝棉，同斯类矣。"唐智升撰《开元释教录》卷4："什公卒时诸记不定。《高僧传》云：弘始十一年八月二十日卒于常安。或云七年，或云八年，传取十一为正。**此不然也**。"唐圆照撰《贞元新定释教目录》卷18："前十一卷中，以含有讫今通计此总成五千六百一十六部八千六百四十一卷者，**此不然也**，妄增部卷，推实即无。"

【此即～是也／これすなはち～これなり】 口语 （2例） 这就是……正是这个。《日本书纪》卷1《神代纪上》："其中一儿最恶，不顺教养。自指间漏堕者必彼也。宜爱而养之。**此即**少彦名命**是也**。"（第一册，p. 106）又卷2《神代纪下》："则拔其带剑大叶刈以斫仆丧屋，**此即**落而为山，今在美浓国蓝见川之上丧山**是也**。"（第一册，p. 114）（1）刘宋求那跋陀罗译《佛说菩萨行方便境界神通变化经》卷2："王又问言：'婆罗门复有众生慧者，明了无乱，心智有过患耶？'萨遮答言：'实有，大王。'王言：'谁是？'答言：'大王。**此即**无畏王子**是也**。'"隋达磨笈多译《大方等大集经菩萨念佛三昧分》卷8："复有三万众生发阿耨多罗三藐三菩提心，此辈皆于，星宿劫中，成等正觉。**此即**前发菩提心者**是也**。"隋阇那崛多译《佛本行集经》卷60《阿难因缘品》："世尊复记，谓诸比丘：'若知于我，声闻弟子，多闻智慧、强记不忘，最第一者，**此即**阿难，比丘**是也**。'"

【此间／ここ】 口语 （16例） 这里，此地。《古事记》上卷《大国主神》："尔亦其御祖命哭乍，求者得见，即折其木而取出活，告其子言：'汝有**此间**者，遂为八十神所灭。'乃违遣于木国之大屋毗古神之御所。"（p. 80）又《日子穗穗手见命与鹈茸草茸不合命》："故其父大神问其聟夫曰：'今旦闻我女之语云：三年虽坐，恒无叹，今夜为大叹。若有由哉，亦到**此间**之由奈何？'"（p. 130）又中卷《神武记》："然更求为大后之美人时，大久米命曰：'**此间**有媛女，是谓神御子。'"（p. 156）又下卷《履中记》："故到于多迟比野，而寤诏：'**此间**者何处？'尔阿知直白：'墨江中王火著大殿。故率逃于倭。'"（p. 306）又："是以，诏曾婆诃理：'今日留**此间**，而先给大臣位，明日上幸。'"（p. 312）又《反正记》："上到于倭诏之：'今日留**此间**为被禊，而明日参出，将拜神宫。'故号其地谓远飞鸟也。"（p. 314）《日本书纪》卷6《垂仁纪》二年是岁条："不知道路，留连岛浦。自北海回之，经出云国，至于**此间**也。"（第一册，p. 300）又卷19《钦明纪》十六年二月条："于是许势臣问王子惠曰：'为当欲留**此间**？为当欲向本乡？'"（第二册，p. 436）《丰后国风土记·大野郡》条："网矶野。同天皇行幸之时，**此间**有土蜘蛛，名曰小竹鹿奥。"（p. 294）《唐大和上东征传》："四人口云：'和上大果报，遇于弟子，不然合死。**此间**人物吃人，火急去来！'便引舟去。"（p. 66）又："乃云：'弟子早知大和上来，昨夜梦有僧姓丰田，当是债舅。**此间**若有姓丰田者否？'

众僧皆云：'无也。'债曰：'**此间**虽无姓丰田人，而今大和上即将当弟子之舅。'"（p. 67）《续日本纪》卷 9《圣武纪》神龟元年十月条："又诏曰：'登山望海，**此间**最好。不劳远行，足以游览。故改弱浜名，为明光浦，宜置守户勿令荒秽。'"（第二册，p. 154）又卷 13《圣武纪》天平十二年十月条："于时，常人等呼广嗣十度，而犹不答。良久，广嗣乘马出来云：'承敕使到来。其敕使者为谁？'常人等答云：'敕使，卫门督佐伯大夫、式部少辅安倍大夫，今在**此间**者。'"（第二册，p. 372）又卷 14《圣武纪》天平十三年十一月条："一月戊辰，右大臣橘宿祢诸兄奏：'**此间**朝廷以何名号传于万代？'天皇敕曰：'号为大养德恭仁大宫也。'"（第二册，p. 400）又卷 27《高野纪》天平神护二年七月条："**此间**，私铸滥钱者，时或用之。"（第四册，p. 130）后汉安世高译《阿那邠邸化七子经》卷 1："时阿那邠邸，白世尊言：'我于**此间**有七子，无笃信意。亦无欢喜心，于佛法众。不自归命佛、归命法、归命比丘僧。'"姚秦鸠摩罗什译《妙法莲华经》卷 2《信解品》："我名某甲，昔在本城，怀忧推觅，忽于**此间**，遇会得之。"北凉昙无谶译《大般涅槃经》卷 14《圣行品》："今于**此间**，拘尸那城，八十万亿人，不退转于，阿耨多罗三藐三菩提。"按：《汉语大词典》首引宋王铚《明觉山中始见梅花戏呈妙明老》："是谁肯向**此间**来？破萼梅花伴幽绝。"偏晚。

【此女端正/このをみなのきらきらしきこと】 四字　这个女子容貌端正。《播磨国风土记·古贺郡》条："于是，比古汝茅，娶吉备比卖生儿，印南别娘。**此女端正**，秀于当时。"（p. 28）东晋佛陀跋陀罗、法显合译《摩诃僧祇律》卷 17："时有居士生一女，端正无双。父母欢喜，满月已，为作吉祥会。父母作是念：'**此女端正**，世之希有。若国王闻者，或能强取。我当为作，不吉之字。'即字为瞎眼。"姚秦鸠摩罗什等合译《禅秘要法经》卷 2："**此女端正**，天上人间，无有比类，其所作乐，及妙音声。"姚秦佛陀耶舍、竺佛念等译《四分律》卷 6："时值彼国，童女节会，戏笑之日。莲华色所生女，著好服饰，亦在其中。**此女端正**，长者见之，即系念在心。"萧齐释僧佑撰《释迦谱》卷 5："王见**此女端正**有德，即立为第一夫人，恒相娱乐。"梁僧伽婆罗译《阿育王经》卷 1《生因缘》："一切内人，皆作是念：'**此女端正**，彼国最胜。若王见者，必当乐著，不爱我等。'"

【此时也/このとき】 口语　"此时"的强调形式。口语性表达。《万叶集》卷 17 第 3960～3961 首歌注："**此时也**，复渔夫之船，入海浮澜。"（第四册，p. 175）唐玄奘撰《大唐西域记》卷 8："罗汉曰：'王命神鬼，至所期日，日有隐蔽，其状如手。**此时也**，宜下舍利。'王承此旨，宣告鬼神。"又："**此时也**，或放光或雨花，僧徒灭千人，习学大乘，上座部法，律仪清肃，戒行贞明。"唐道宣撰《释迦方志》卷 2："于**此时也**，放光雨华，大起深信。"按：语气词"也"表语音停顿，有强调"此时"之义。

【此死彼生/ここにしにかしこにうまる】 四字　生死轮回，不能了脱生死。《日本灵异记》中卷《序》："还三界，如车轮。生回六道，似萍移。**此死彼生**，具受万

苦。"（p. 141）梁宝亮等集《大般涅槃经集解》卷19《如来性品》："僧亮曰：'因不离果，故言住也。五阴相续，或天或人，人天阴异，**此死彼生**，故可坏也。'"唐遁伦集传《瑜伽论记》卷17："又依如是正定心故，至诸行无常性等者，得天眼通，见诸众生**此死彼生**，了知诸行二世流转。"业露华整理《佛性问答》卷1："此不生灭色身随无相貌，性至柔忍，不为生老病死所残；体实坚刚，不被三涂阻坏。是以能续三世，如线穿珠；**此死彼生**，如经持纬。"

【~此愿力/~このねがひのちから】 誓愿 （凭借）这一发大愿的力量。多见于愿文。《法隆寺金堂释迦三尊像光背铭》："时王后王子等及与诸臣，深怀愁毒，共相发愿：仰依三宝，当造释像尺寸王身。蒙**此愿力**，转病延寿，安住世间。若是定业，以背世者，往登净土，早升妙果。"梁诸大法师集撰《慈悲道场忏法》卷9："愿以慈悲力，同加覆护，一切行愿，皆得圆满，今日道场，同业大众，从今日去，至于菩提，行菩萨道，誓莫退还。先度众生，然后作佛。若未得道，中间留住生死者，以**此愿力**，令诸大众，在所生处，身口意业，恒自清净。"唐玄奘译《大般若波罗蜜多经》卷569《法性品》："有情各有，宿世善业，菩萨昔发，度有情愿。由**此愿力**，随彼所念，即现化身，故无分别。"唐尸罗达摩译《佛说十地经》卷8《菩萨法云地》："复次，佛子。菩萨安住，法云地已，从**此愿力**，起大悲云，震大法雷，神通无畏，电光晖昱。大光明风，迅转退布，以大福智，厚雾弥覆，现种种身，叆叇旋还。"按：该句式前承"蒙、以、由、从"等动词，表示希望借宏愿来实现某一心愿。

【此種種物/このくさぐさのもの】 总括 这些各种各样的东西。《古事记》上卷《天照大御神与须佐之男命》："于上枝取著八尺勾璁之五百津之御须麻流之玉，于中枝取系八尺镜，于下枝取垂白丹寸手、青丹寸手，而**此种种物**者，布刀玉命、布刀御币登取持。"（p. 64）姚秦鸠摩罗什译《众经撰杂譬喻》卷1："天与一器，名曰德瓶，而语之言：'君所愿者，悉从此瓶出。'其人得以随意，所欲无不得。得如意已，具作好舍，象马车乘，七宝具足，供给宾客，事事无乏。客问之言：'汝先贫穷，今日云何，得如此富？'答言：'我得天瓶，天瓶中出，**此种种物**。故富如是。'"北凉昙无谶译《悲华经》卷9《檀波罗蜜品》："我今困乏，资产之具，所谓饮食、医药、衣服、卧具、香华、金银、钱货、真珠、琉璃、珂贝、璧玉、珊瑚、虎珀、真宝、伪宝。若我得**此**，**种种物**已，持施众生。"按：汉文佛经中，"此种种物"用于总括上文列举的多项物什，进而引导读者或听者关注下文由此产生的不同凡响的举措。《天照大御神与须佐之男命》传说则忠实地沿用了这一表达形式。

【刺割/さしさく】 格义 用刀割开。《古事记》上卷《天照大御神与须佐之男命》："故切其中尾时，御刀之刃毁。尔思怪，以御刀之前**刺割**而见者，在都牟羽之大刀。"（p. 70）（1）姚秦鸠摩罗什译《佛说华手经》卷7："于地狱中，闻诸狱卒，可畏音声。收捕系缚，打斫**刺割**，坏裂其身，勿纵令活。"又《大智度论》卷5《序品》：

"缚打鞭拷，**刺割**斫截，如是等从瞋生。"北魏瞿昙般若流支译《正法念处经》卷12：
"如是烧已，阎魔罗人，百到千到，焰刀**刺割**。"（2）《论衡》卷30《自纪》："后入为
治中，材小任大，职在**刺割**，笔札之思，历年寝废。"（p. 1207）按：《汉语大词典》失
收。《论衡》例中，"割"字在《太平御览》中引作"刕"。"刺割"，揭发、追究违法
乱纪的行为。由此可知，《古事记》中"刺割"的说法，来自汉译佛经，但与中土文献
中的说法，仅为同形而已，词义上并无交集。

【刺颈/ぬくびをさす】 述宾 （8例） 用刀剑或匕首刺脖子，抹脖子自尽。《古事
记》中卷《垂仁记》："尔其后，以纽小刀为刺其天皇之御颈，三度举而不忍哀情，不
能**刺颈**而泣泪，落溢于御面。"（p. 198）又："是以，欲刺御颈，虽三度举，哀情忽起，
不得**刺颈**而泣泪，落沾于御面。必有是表焉。"（p. 200）《日本书纪》卷6《垂仁纪》
三年三月条："仍取匕首，授皇后曰：'是匕首佩于裀中，当天皇之寝，乃**刺颈**而弑
焉。'"（第一册，p. 306）又卷21《崇峻纪》即位前纪条："万便抚捍飞矢，杀三十余
人。仍以持剑三截其弓，还屈其剑，投河水里，别以刀子**刺颈**死焉。"（第二册，
p. 516）又卷23《舒明纪》即位前纪条："唯兄子毛津逃匿于尼寺瓦舍，即奸一二尼。
于是一尼嫉妒令显。围寺将捕，乃出之入亩傍山。因以探山，毛津走无所入，**刺颈**而死
山中。"（第三册，p. 36）又八年三月条："三月，悉劾奸采女者，皆罪之。是时三轮君
小鹪鹩苦其推鞫，**刺颈**而死。"（第三册，p. 44）又卷28《天武纪上》元年七月条：
"山部王为苏贺臣果安、巨势臣比等见杀。由是乱，以军不进。乃苏贺臣果安自犬上返，
刺颈而死。"（第三册，p. 326）又卷29《天武纪下》十三年闰四月条："庚戌，僧福杨
自**刺颈**而死。"（第三册，p. 436）（1）东晋佛陀跋陀罗译《佛说观佛三昧海经》卷8：
"女言：'弊物我不用，尔欲死随意。'是时化人，取刀**刺颈**，血流滂沱，涂污女身，萎
沱在地。女不能胜，亦不得免。"姚秦鸠摩罗什译《佛说千佛因缘经》卷1："说此偈
已，卧夜叉前，以剑**刺颈**，施夜叉血。即复破胸，出心与之。"唐义净译《金光明最胜
王经》卷10《舍身品》："复作是念：'虎今羸瘦，不能食我。'即起求刀，竟不能得，
即以干竹，**刺颈**出血，渐近虎边。"（2）《史记》卷118《淮南衡山列传》："辟阳侯出
见之，即自袖铁椎椎辟阳侯，令从者魏敬刭之。（《正义》刭，古鼎反。刭谓**刺颈**。）"
《太平广记》卷132《屠人》条："唐总章、咸亨中，京师有屠人，积代相传为业，因病
遂死，乃被众羊悬之，一如杀羊法，两羊捉手，诸羊捉脚，一羊持刀**刺颈**，出血数斗，
乃死，少顷还苏。"按：《汉语大词典》失收。

【従此而還/これよりかへる】 四字 从这里回来，以此为界返回。《续日本纪》
卷26《称德纪》天平神护元年十月条："甲申，到和泉国日根郡深日行宫。于时，西方
暗暝，异常风雨，纪伊国守小野朝臣小赘，**从此而还**。"（第四册，p. 96）西秦圣坚译
《太子须大拏经》卷1："吏民大小数千万人，供送太子者，皆窃议言：'太子善人，是
国之神。父母何能逐是珍宝之子乎？'观者皆共惜之。太子于城外树下坐，辞谢来送者，

可**从此而还**。吏民大小垂泪而归。"

【従此已後/これよりのちは】 时段 （3例） 自此以后。"已"通"以"。《藤原家传》下卷《武智麻吕传》："**从此已后**，国人怕罪，不敢侵用，寺家之物也。"（p. 337）《日本灵异记》中卷《依汉神崇杀牛而祭又修放生善以现得善恶报缘第5》："自阎罗阙还苏，增发誓愿。**从此已后**，效不祭神。归信三宝，己家立幢成寺，安佛修法放生。**从此已后**，号曰那天堂矣。"（p. 160）东晋佛陀跋陀罗译《佛说观佛三昧海经》卷9《本行品》："时彼佛世，有一比丘，有九弟子。与诸弟子，往诣佛塔，礼拜佛像，见一宝像，严显可观。既敬礼已，目谛视之，说偈赞叹，随寿修短，各自命终。既命终已，生于东方宝威德上王佛国土，在大莲华，结加趺坐，忽然化生。**从此已后**，恒得值遇，无量诸佛。"梁宝唱撰《比丘尼传》卷2："昨见二沙门道知如此，顷之复言：'见二比丘非前所见者，偏袒右肩，手各执花，立其疾床。后遥见一佛，坐莲华上，光照我身。'**从此已后**，夕不复眠，令人为转法华。至于后夜，气息稍微，命令止经，为我称佛，亦自称佛。将欲平明，容貌不改，奄忽而终焉。"

【従此以後/これよりのち】 时段 今义同，《日本灵异记》上卷《自幼时用网捕鱼而现得恶报缘第11》："诣浓于寺，于大众中，忏罪改心，施衣服等，令诵经竟。**从此以后**，不复行恶。"（p. 89）（1）萧齐僧伽跋陀罗译《善见律毗婆沙》卷1《阿育王品》："大德即见当来世非法垢起，**从此以后**百岁又十八年中，波咤利弗国阿育王已生世生已，一切阎浮利地，靡不降伏，于佛法中甚笃信，极大供养。"梁慧皎撰《高僧传》卷1："祖曰：'我来此毕对，此宿命久结，非今事也。'乃呼十方佛。祖前身罪缘，欢喜毕对，愿**从此以后**与辅为善知识，无令受杀人之罪。遂便鞭之五十，奄然命终。"唐阿地瞿多译《文殊师利问经》卷2《嘱累品》："复次，如一佛像，现镜中分明，见十方诸佛，亦如是分明。**从此以后**常正念思惟，必有相起，以相起故，常乐见佛，作此念时，诸佛即现，亦不得神通，亦不往彼世界，唯住此处。见彼诸佛，闻佛说法，得如实义。"（2）《魏书》卷80《斛斯椿传》："又说帝数出游幸，号令部曲，别为行陈，椿自约勒，指麾其间。**从此以后**，军谋朝政，一决于椿。"（p. 1774）《大唐创业起居注》卷1："**从此以后**，帝每见，鞘利等愈加敬畏，不失蕃臣之礼。"

【従此已来/これよりこのかた】 时段 从此以后，自从这件事以后。"已"通"以"。《日本灵异记》中卷《智者诽妒变化圣人而现至阎罗阙受地狱苦缘第7》："**从此已来**，智光法师，信行基菩萨，明知圣人。"（p. 169）后秦佛陀耶舍、竺佛念等合译《长阿含经》卷13："以其初生能言，故名声王。如今初生，有能言者，人皆怖畏，名为可畏；彼亦如是，生便能言，故名声王。**从此已来**，婆罗门种，遂以声王为姓。"隋阇那崛多译《佛本行集经》卷18《剃发染衣品》："尔时，彼化净发之师，即以利刀，剃于太子，无见顶相，绀螺髻发。当剃头时，帝释天王，生希有心，所落之发，不令一毛，坠堕于地，一一悉以，天衣承之。受已，将向三十三天，而供养之。**从此已来**，令

诸天上，因立节名，供养菩萨，发髻冠节，至今不断。"按：唐道世撰《法苑珠林》卷
44："四方人来问言：'何以有此，如王舍宅，遍一国中？'众人答曰：'皆是诸王舍
也。'名遂远布。**从此已来**，故号为王舍城也。"例中"从此已来"，在早期的失译人名
今附后汉录《杂譬喻经》卷 1 中写作"从此以来"。

【**从此以来**／これよりこのかた】 时段 （2 例） 自此以来，从此以后。《唐大和上
东征传》："**从此以来**，日本律仪，渐渐严整；师（师）相传，遍于环宇。"（p. 96）《日
本灵异记》中卷《孤娘女凭敬观音铜像市奇表得现报缘第 34》："**从此以来**，得本大富，
脱饥无愁，夫妻无夭，全命存身也。"（p. 239）（1）姚秦鸠摩罗什译《成实论》卷 15
《智相品》："问曰：'诸念处及暖等中，心能从实法，是无漏耶？'答曰：'无漏心能破
假名，是故随心能破假名。**从此以来**，名为无漏。'"梁宝唱等集《经律异相》卷 28：
"四月八日，夜半明星出时，取五色香水，集华用灌此树，即还更生。王便愿言：'当
令十方诸佛，生时用今日，得道时用今日，般泥洹亦用今日。**从此以来**，诸佛兴世，皆
是此日。故用四月八日灌佛也。'"（2）《北魏诗》卷 4《老君十六变词》："虽有人民不
能语，吾入身中施六府。胁为傍通心为主，**从此以来**能言语。尊卑大小有次绪，万天称
传道为父。"《旧唐书》卷 194 上《突厥上》："太宗谓曰：'凡有功于我者，必不能忘，
有恶于我者，终亦不记。论尔之罪状，诚为不小，但自渭水曾面为盟，**从此以来**，未有
深犯，所以录此，不相责耳！'"→【従是以来】

【**从古来今**／いにしへよりいままでに】 先例 从古至今，古往今来。《万叶集》
卷 16 第 3786～3787 首："于是娘子唏嘘曰：'**从古来今**，未闻未见，一女之身往适二门
矣。'"（第四册，p. 89）宋智圆述《涅槃经疏三德指归》卷 4："今古不异者，谓三世
道齐，**从古来今**，其道不异。故知今古二字，是释来义；不异二字，是释如义。"

【**从化**／けにしたがう】 述宾 指人死。犹言"迁化"。《奈良朝写经 66·大般若
经卷第 176》："奉翊圣朝，退报四恩，兼救群品。然假体如浮云，草命似电光。未毕其
事，含玉**从化**。"（p. 403）梁慧皎撰《高僧传》卷 8："永明八年讲《百论》，至《破尘
品》忽然**从化**。春秋五十七矣。"唐道宣撰《续高僧传》卷 9："以开皇十九年正月，
忽抱气疾便觉弥留，至三月半午时**从化**。春秋六十有三。"唐法藏集《华严经传记》卷
3："于是通夜，正念明相，才动奄然**从化**。春秋九十。"

【**从今始**／いまよりはじめて】 时段 （2 例） 从今日起，从现在起。《日本书纪》
卷 20《钦明纪》元年五月条："爰有船史祖王辰尔，能奉读释。由是天皇与大臣俱为赞
美曰：'勤乎辰尔，懿哉辰尔。汝若不爱于学，谁能读解？宜**从今始**近侍殿中。'"（第
二册，p. 466）《续日本纪》卷 40《桓武纪》延历九年七月条："诏曰：'勤乎懿哉！汝
若不爱学，谁能解读？宜**从今始**，近侍殿中。'"（1）吴支谦译《菩萨本缘经》卷 3：
"金翅鸟言：'唯愿仁者，为我和上，善为我说，无上之法。我**从今始**，惠施一切，诸
龙无畏。'"东晋瞿昙僧伽提婆译《中阿含经》卷 16："蜱肆王闻已，告曰：'优多罗，

汝**从今始**，如我所食，当以饭食，如我著衣，当以布施。'"北凉昙无谶译《大般涅槃经》卷3："迦叶菩萨，复白佛言：'世尊，我**从今始**，当以佛法众僧，三事常住，启悟父母，乃至七世，皆令奉持。'"（2）白居易《春至》："闲拈蕉叶题诗咏，闷取藤枝引酒尝。乐事渐无身渐老，**从今始**拟负风光。"

【從遷化/せんげにしたがふ】 三字 "迁化"，指人死。高德的僧侣过世。"迁"是迁移，"化"有化导之意，说法化导众生。有说法、教化众生之后，再移往其他国土教化之意，故有此说法。《唐大和上东征传》石上宅嗣《五言伤大和上》："上德**从迁化**，余灯欲断风。招提禅草（歇），戒院觉华空。"（p.100）唐法藏集《华严经传记》卷4："至永淳元年，人见龛内有光，怪往观之，乃见居士久**从迁化**。"唐圆照集《代宗朝赠司空大辨正广智三藏和上表制集》卷5："一**从迁化**，再历岁时。影塔空建于双林，盛德未题于贞石。"《全唐文》卷262："遽**从迁化**，用谢浮生，言念于此，良深悯惜。宜稽其净行，锡以嘉名，示夫将来，使高山仰止，可号大照禅师。"→【遷化】【奄然遷化】

【從容語曰："～"/おもぶるにかたりてまをさく ～】 先例 悠闲舒缓地说道："……"。《日本书纪》卷2《神代纪下》："海神乃延彦火火出见尊，**从容语曰**：'天孙若欲还乡者，吾当奉送。'"（第一册，p.158）唐慧琳撰《一切经音义》卷48："从容：且容反。《广雅》：从容，举动也。谓详审，闲雅之貌也。"《旧五代史》卷62《董璋传》引《九国志·赵季良传》曰："季良尝与知祥**从容语曰**：'璋性狼戾，若坚守一城，攻之难克。'及闻璋起兵，知祥忧形于色。季良曰：'璋不守巢穴，此天以授公也。'既而璋果败。"

【從師遊学/しにしたがひてゆうがくす】 四字 跟随师傅，外出求学。"游学"，旧时谓离开本乡到外地或外国求学。《藤氏家传》上卷《贞慧传》："始钻圣道，日夜不息。**从师游学**，十年有余。既通内经，亦解外典。文章则可观，藁隶则可法。"（p.264）梁宝唱撰《比丘尼传》卷2："普照，本姓董，名悲，勃海安陵人也。少秉节概，十七出家，住南皮张国寺。后**从师游学**广陵建熙精舍，率心奉法阖众嘉之。"

【從是以来/これよりゆくさきは】 时段 从此以后，从那以后。《日本灵异记》中卷《佛铜像盗人所捕示灵表显盗人缘第22》："我心重大乘，闻婆罗门诽谤方等，断其命根。以是因缘，**从是以来**，不堕地狱。"（p.207）失译人名今附后汉录《分别功德论》卷4："时边亦有一梵志，却起恚心曰：'此人与畜生无异。乃蹈他头发上过去也。'**从是以来**，阿僧祇劫，常堕畜生中。"东晋佛陀跋陀罗译《佛说观佛三昧海经》卷9《本行品》："恒得值遇，九百万亿，那由他佛，于诸佛所，常勤精进，逮得甚深，念佛三昧，三昧力故，诸佛现前，为其授记。**从是以来**，百万阿僧祇劫，不堕恶道，乃至今日，获得甚深，首楞严三昧。"唐义净译《金光明最胜王经》卷3《灭业障品》："舍女身后，**从是以来**，越四恶道，生人天中，受上妙乐，八十四百千，生作转轮王，至于今

日，得成正觉，名称普闻，遍满世界。"→【从此以来】

　　【从室而出/むろよりいづ】 四字　从屋里走出来。《日本灵异记》上卷《僧忆持〈心经〉得现报示奇事缘第14》："吾于是生希有之想，**从室而出**回瞻院内，还来见室壁户皆闭。即外复诵《心经》，开通如前。"（p.95）唐宝思惟译《不空罥索陀罗尼自在王咒经》卷2："若有采女，各各执持，种种华香，**从室而出**，语咒人言：'善来！尊者。唯愿受我，如是香华。'其持咒者，不应辄受。"

　　【从昔来/むかしよりこのかた】 时段　自古以来（直到现在）。《日本书纪》卷19《钦明纪》十三年十月条："是日，天皇闻已，欢喜踊跃，诏使者云：'朕**从昔来**，未曾得闻如是微妙之法。'"（第二册，p.416）（1）唐义净译《金光明最胜王经》卷6《四天王护国品》："尔时四天王闻是颂已，欢喜踊跃，白佛言：'世尊，我**从昔来**，未曾得闻如是甚深，微妙之法。'"（2）吴支谦译《菩萨本缘经》卷1《毗罗摩品》："时王答言：'彼若有子，如汝说者，我**从昔来**，所未曾闻。'"姚秦鸠摩罗什译《妙法莲华经》卷2《譬喻品》："世尊，我**从昔来**，终日竟夜，每自克责，而今从佛，闻所未闻，未曾有法，断诸疑悔，身意泰然，快得安隐。今日乃知，真是佛子，从佛口生，从法化生，得佛法分。"元魏菩提流支译《金刚般若波罗蜜经》卷1："尔时，须菩提闻说是经，深解义趣，涕泪悲泣，扪泪而白佛言：希有！婆伽婆。希有！修伽陀。佛说如是，甚深法门，我**从昔来**，所得慧眼，未曾得闻，如是法门。"唐菩提流志译《大宝积经》卷102："尔时十方，恒河沙世界，所有诸佛，现说法者，彼诸弟子，各请其佛言：'世尊，何因缘故，乃有如是，大瑞光明，现于世间？世尊，我**从昔来**，初未闻见，如是光明，如是清净，如是微妙。'"按："从+X+来"表示时段的句式肇始于东汉译经。后汉竺大力、康孟详合译《修行本起经》卷2《出家品》："吾从是来，建立弘誓，奉行六度、四等四恩、三十七品，善权随时，一切诸法，积累不倦，高行殊异，忍苦无量，功报不遗，大愿果成。"类义表达有四音节时段句"吾+从+X+来"。→【从古来今】

　　【从坐而起/ざよりたつ】 四字　从座位上站起身来。《日本灵异记》中卷《忆持〈心经〉女现至阎罗王阙示奇表缘第19》："即诵。王闻随喜，**从坐而起**，长跪拜曰：'贵哉。当如闻有。'"（p.199）西晋竺法护译《佛说申日经》卷1："月光童子，**从坐而起**，赞叹佛已，而白佛言：'设我来世，得作佛时，令我国土，一切人民，无有恶心，皆应质朴，有诸恶国，人民刚强，五浊贱世，我愿于中，而开化之。'"姚秦鸠摩罗什译《妙法莲华经》卷4《见宝塔品》："尔时四众，见大宝塔，住在空中，又闻塔中，所出音声，皆得法喜，怪未曾有，**从座而起**，恭敬合掌，却住一面。"唐义净译《金光明最胜王经》卷1《如来寿量品》："时四如来，忽然不现，妙幢菩萨，礼佛足已，**从座而起**，还其本处。"

　　【粗行/あらきわざ】 偏正　粗暴的行为。《日本书纪》卷19《钦明纪》即位前纪条："乃下马洗漱口手，祈请曰：'汝是贵神，而乐**粗行**。傥逢猎士，见禽尤速。'"（第二册，p.358）萧齐昙景译《佛说未曾有因缘经》卷2："复有五百**粗行**比丘，闻说是已，即起修敬，叩头向佛白言：'世尊，我等不堪修出家道。'"魏杨衒之撰《洛阳伽蓝记》卷2："阎罗王云：'讲经者心怀彼我以骄凌物，比丘中第一**粗行**。'"唐般剌蜜帝译《大佛顶如来密因修证了义诸菩萨万行首楞严经》卷5："鬼力惑人非有真实，赞叹行淫不毁**粗行**，将诸猥媟以为传法。"按：《汉语大词典》失收。

【卒患於～/にはかに～やむ】 于字 突然患上……疾病。"卒"，后多作"猝"。《日本书纪》卷20《敏达纪》十四年三月条："属此之时，天皇与大连**卒患于**疮。故不果遣。"（第二册，p.492）（1）姚秦鸠摩罗什译《大庄严论经》卷15："我昔曾闻，难提拔提城，有优婆塞，兄弟二人，并持五戒。其弟尔时，**卒患**胁痛，气将欲绝。时医诊之，食新杀狗肉，并使服酒，所患必除。"齐求那毘地译《百喻经》卷3："譬如有人，**卒患**脊偻，请医疗之。医以酥涂，上下著板，用力痛压，不觉双目，一时并出。世间愚人，亦复如是。"唐阿地瞿多译《陀罗尼集经》卷9《金刚乌枢沙摩法印咒品》："是法印咒，若人**卒患**气痊鬼痊背气背膊重等，病可作此印，诵咒打其，所痛之处，当时即差。"（2）《梁书》卷27《陆襄传》："襄母尝**卒患**心痛，医方须三升粟浆，是时冬月，日又逼暮，求索无所。"（p.409）按：《汉语大词典》失收。

【促短/せまれる】 并列 犹言短促，指生命短暂。《日本书纪》卷15《清宁纪》即位前纪条："小根仍使汉彦启于大连曰：'大伴大连，我君降大慈愍，**促短**之命，既续延长，获观日色。'"（第二册，p.218）（1）晋法炬、法立合译《法句譬喻经》卷2《华香品》："夫人白王：'自念少福，禀斯女形，情态秽垢，日夜山积。**人命促短**①，惧坠三涂。是以日月，奉佛法斋，割爱从道，世世蒙福。'"姚秦鸠摩罗什译《大庄严论经》卷3："有老比丘，语诸年少：'汝等善听。**人命促短**，如河驶流。设处天堂，不久磨灭，况人间命，而可保乎？'"姚秦竺佛念译《出曜经》卷2《无常品》："世尊告曰：'此事极难，时乃有相值期耳。受畜生身复难，于此畜生求人复甚难。于此如是比丘，人身难得。虽得为人，**值命促短**，不类古人，寿命无量。'"北凉昙无谶译《大方等大集经》卷32《四方菩萨集品》："以修如是，恶法因缘故，生于恶国，诸根残缺，不具人身，无有念心，饮食衣被，卧具医药，严身资生，所须难得，**寿命促短**，不得安眠，智慧善根，福德不具。"（2）《后汉书》卷49《王符传》："舒长者，非谓羲和安行，乃君明民静而力有余也。**促短**者，非谓分度损减，乃上暗下乱，力不足也。"（p.1639）《魏诗》卷8应璩《杂诗》："秋日苦**促短**，遥夜邈绵绵。贫士感此时，慷慨不能眠。"《文选》卷14班固《幽通赋》："道修长而世短兮，敻冥默而不周。"李善注："言天道长远，人世**促短**，当时冥默，不能见征应之所至也。"按：《汉语大词典》失收。《新编日本古典文学全集》栏上的注释例举唐义净译《金光明最胜王经·如来寿量

---

① "促短"，在宋本、元本、明本中作"短促"。

品》："寿命**短促**，唯八十年，示现如是，**短促**寿命。"偏晚。传世文献中的"促短"表示日光急促短暂、秋日苦短、光阴短暂；汉译佛经中的"促短"，表示生命短暂。《清宁纪》沿用的是佛经用法。

【**攒出**/きりいづ】 后补 钻木出火。"攒"，通"鑽"。《古事记》上卷《忍穗耳命与迩迩艺命》："为膳夫献天御飨之时，祷白，而椊八玉神化鹈入海底，咋出底之波迩、作天八十毘良迦、而镰海布之柄，作燧臼，以海莼之柄作燧杵，而**钻出**火云。"（p.112）失译人名今附刘宋录《佛说老母经》卷1："佛言：'诸法亦如是，譬如两木，**相钻出火**，火还烧木。木尽火便灭。'"宋子升录《禅门诸祖师偈颂》卷2："骂他还自骂，嗔佗还自嗔。譬如木中火，**钻出**自烧身。"按：《汉语大词典》失收。

【**催年**/としをうながす】 述宾 催促着年轮的增加，岁月催着人变老。《奈良朝写经75·大般若经卷第176》："〔岂谓四蛇〕侵命，二鼠**催年**。报运既穷，〔奄从去世。〕"（p.442）唐宗密撰《圆觉经道场修证仪》卷2："西方日已暮，尘劳犹未除，老病死时至，相者不久居。念念**催年**促，犹如少水鱼，劝诸礼佛众，修学至无余。"宋元照述《四分律删补随机羯磨疏济缘记》卷4："时数渐减为劫浊，邪执坚固为见浊，**催年**促寿为命浊，三毒猛盛为烦恼浊，分别妄计为众生浊。"

【**催入**/うながしいれしむ】 后补 催促着赶快进去。《日本书纪》卷3《神武纪》即位前纪条："因案剑弯弓，逼令**催入**。兄猾获罪于天，事无所辞，乃自蹈机而压死。"（第一册，p.206）失译人名今附后汉录《分别功德论》卷3："狱卒复**催入**镬汤。时比丘笑，狱卒瞋恚，使四人侠两腋，倒著镬中。即时汤冷，比丘即化作，千叶莲华，于莲华中，结加趺坐。狱卒惊怪。"宋赞宁等撰《宋高僧传》卷5："五月内中使霍仙鸣，传宣**催入**。观至，帝颇敦重。"按：《汉语大词典》失收。→【蹈入】【堕入】【返入】【奉入】【唤入】【拟入】【抛入】【遷入】【牵入】【射入】【施入】【唾入】【押入】【隐入】【迎入】

【**摧坏**/くだきやぶる】 后补 毁坏；损害。《日本书纪》卷20《钦明纪》十三年是岁条："屈请三尼，大会设斋。此时达等得佛舍利于斋食上。以舍利献于马子宿祢。马子宿祢试以舍利，置铁质中，振铁锤打，其质与锤，悉被**摧坏**。而舍利不可摧毁。"（第二册，p.488）（1）东晋瞿昙僧伽提婆译《增壹阿含经》卷51："生老病死，亦如四大山，从四方来，各各相就，**摧坏**树木，皆悉磨灭。"西秦坚译《佛说罗摩伽经》卷3："菩萨本誓，善愿之力，**摧坏**四魔，灭除一切，烦恼业山。"隋阇那崛多译《佛本行集经》卷29《魔怖菩萨品》："或有诸鬼，作如是声：'**摧坏**、**摧坏**此刹利子。'"（2）《全唐文》唐元帝皇帝《南郊推恩制》："自古圣帝明王，忠臣烈士，陵墓有颓毁者，先令修葺。并禁其采樵。岁月深久，**摧坏**或多。宜令所繇郡县，申明前敕处分。"（p.287）按：《汉语大词典》首引唐元稹《上令狐相公诗启》，偏晚。《新编日本古典文学全集》栏上的注释例引梁慧皎撰《高僧传》卷1《康僧会传》，指出了此处在情节上存在的影响关系：

"时吴地初染大法，风化未全。僧会欲使道振江左兴立图寺，乃杖锡东游。以吴赤乌十年，初达建邺营立茅茨设像行道。时吴国以初见沙门，睹形未及其道，疑为矫异。有司奏曰：'有胡人入境，自称沙门，容服非恒。事应检察。'权曰：'昔汉明帝梦神，号称为佛。彼之所事，岂非其遗风耶？'即召会诘问，有何灵验。会曰：'如来迁迹，忽逾千载。遗骨舍利，神曜无方。昔阿育王起塔乃八万四千。夫塔寺之兴，以表遗化也。'权以为夸诞，乃谓会曰：'若能得舍利当为造塔。如其虚妄，国有常刑。'会请期七日，乃谓其属曰：'法之兴废，在此一举。今不至诚，后将何及？'乃共洁斋静室，以铜瓶加凡烧香礼请。七日期毕，寂然无应。求申二七，亦复如之。权曰：'此寔欺诳。'将欲加罪。会更请三七，权又特听。会谓法属曰：'宣尼有言曰，文王既没，文不在兹乎？'法灵应降而吾等无感，何假王宪。当以誓死为期耳。'三七日暮，犹无所见，莫不震惧。既入五更，忽闻瓶中锵然有声。会自往视，果获舍利。明旦呈权，举朝集观。五色光炎，照耀瓶上。权自手执瓶，泻于铜盘。舍利所冲盘即破碎。权大肃然，惊起而曰：'希有之瑞也。'会进而言曰：'舍利威神岂直光相而已。乃劫烧之火不能焚，金刚之杵不能碎。'权命令试之。会更誓曰：'法云方被苍生仰泽。愿更垂神迹以广示威灵。'乃置舍利于铁砧磓上，使力者击之。于是砧磓俱陷，舍利无损。权大叹服，即为建塔。以始有佛寺故，号建初寺，因名其地为佛陀里。由是江左大法遂兴。"→【掘壊】

【摧毁/くだきやぶる】 后补　　摧毁，毁坏。《日本书纪》卷20《钦明纪》十三年是岁条："屈请三尼，大会设斋。此时达等得佛舍利于斋食上。以舍利献于马子宿祢。马子宿祢试以舍利，置铁质中，振铁锤打，其质与锤，悉被摧坏。而舍利不可**摧毁**。"（第二册，p.488）姚秦竺佛念译《菩萨璎珞经》卷13："唯有泥洹，最安最妙，非刀剑咒术，能**摧毁**坏败。"唐菩提流志撰《大宝积经》卷17："世界之中，地皆震动，魔宫**摧毁**，惊怖波旬。"唐义净译《根本说一切有部毗奈耶破僧事》卷4："见汝母家种族，皆悉破坏者，今皆见在，何为破坏？见汝与我，同坐之床，皆自摧毁者，床今见好，云何**摧毁**？见汝两臂忽然皆折者，今皆无损。"按：《汉语大词典》失收。《新编日本古典文学全集》栏上的注释引自《高僧传·摄摩腾传》，指出："'摧坏''摧毁'，均为'毁破''毁坏'的类义词。"

【摧损/くだけそこなふ】 后补　　摧毁，损坏。《日本灵异记》下卷《拍于忆持千手咒者以现得恶死报缘第14》："长至己家门，从马将下，坚不得下。忽与乘马，腾空而往，到捶行者之处，悬空径一日一夜。明日午时，自空落死。彼身**摧损**，如竿入囊。诸人见之，无不惧恐。"（p.296）（1）隋智顗说《释禅波罗蜜次第法门》卷2："三者无明烦恼根本罪，通称罪者。摧也，现则**摧损**行人功德智慧，未来之世三途受报，则能摧折行者色心。故名为罪。"唐义净译《根本言一切有部毗奈耶药事》卷4："一时降雹，大如毗梨勒果，**摧损**苗稼，注泻大雨，漂流根果，悉皆荡尽。"又《根本言一切有

部毘奈耶破僧事》卷 3：“其初生夜，未见日光，形质柔软，可以爪甲，搯而令断。见
日光已，即便坚硬，虽加刀斧，及以猛火，不能**摧损**。”（2）《唐会要》卷 86《道路》：
“四年六月，中书门下奏：‘山南西道新开路，访闻颇不便人？近有山水，**摧损**桥阁，
使命停拥，馆驿萧条，纵遣重修，必倍费力。’”《太平广记》卷 313《钟离王祠》条：
“云昔有一人，衣大袖，戴古冠帻，立于道左，语村人曰：‘我钟离王也。旧有庙在下
流十余里，因水**摧损**。今像溯流而止，将至矣。汝可于此为我立庙。’”→【枯损】【侵
损】【倾损】【踏损】

【**萃集**/あつまる】并列　聚集，汇集。《常陆国风土记・九慈郡》条：“东山石
镜。昔有魑魅，**萃集**玩见镜，则自去。”（p. 408）唐慧琳撰《一切经音义》卷 30：“游
萃：疾醉反。《周易》云：萃，犹聚也。《方言》云：东齐之间，谓萃为聚也。《毛诗
传》：萃，集也。”唐元康撰《肇论疏》卷 2：“由使异国胜僧远方而至者，由秦王有德
故。异国胜僧等，方从远国来也。灵鹫之风萃乎兹土者，佛在灵鹫山说法。今谓此风**萃
集**于此也。”宋法贤译《宝授菩萨菩提行经》卷 1：“十方有异鸟，翔鸣而**萃集**。男女皆
大喜，异常而严饰。”按：《汉语大词典》首引五代王仁裕《开元天宝遗事・风流薮
泽》：“长安有平康坊，妓女所居之地，京都侠少，**萃集**于此。”

【**存而不忘**/のこしてわすれず】四字　流传下来而不被遗忘。《古语拾遗・序》：
“盖闻上古之世，未有文字，贵贱老少，口口相传，前言往行，**存而不忘**。”（p. 119）
梁宝亮等集《大般涅槃经集解》卷 15《四依品》：“僧宗曰：‘护正法者，不使耶侵毁
也。建立者，令法不坠也。忆念者，**存而不忘**也。’”宋善卿编正《祖庭事苑》卷 4：
“历，止其所也，又时也，言**存而不忘**其时也。”

【**存活**/わたらふ】后补（3 例）　生存，活命。《日本书纪》卷 26《齐明纪》五
年七月条：“（《伊吉连博德书》）天子问曰：‘其国有五谷？’使人谨答：‘无之。食肉
存活。’”（第三册，p. 226）《续日本纪》卷 5《元明纪》和铜五年五月条：“又百姓精
务农桑，产业日长，助养穷乏，**存活**独惸，孝悌闻闾，材识堪干。”（第一册，p. 180）
又卷 34《高绍纪》宝龟八年二月条：“都蒙等一百六十余人，远贺皇祚，航海来朝。忽
被风漂，致死一百二十。幸得**存活**，才四十六人。”吴支谦译《菩萨本缘经》卷 2：“父
王今听，是故我当，速往至彼，以副我心，与诸禽兽，共为等侣，饮食水果，足自**存
活**。”梁宝唱等集《经律异相》卷 13：“佛在鹿野苑中。阿那律语诸比丘：‘我念过去，
在此波罗奈，为贫穷人，客作荷担，以自**存活**。时世谷贵，饥饿多有终者。’”北凉昙
无谶译《大般涅槃经》卷 16：“尔时彼鬼，即白我言：‘世尊，我及眷属，唯仰血肉，
以自**存活**。今以戒故，当云何活？’”按：《汉语大词典》首引《抱朴子》卷 8《释滞》：
“或复齐死生，谓无异，以**存活**为徭役，以殂殁为休息。其去神仙，已千亿里矣，岂足
耽玩哉！”略晚。《新编日本古典文学全集》栏上的注释例引《后汉书》卷 63《盖勋
传》：“时人饥，相渔食，勋调谷禀之，先出家粮以率众，**存活**者千余人。”略晚。

【存亡父母/ぞんもうのぶも】 四字 在世及去世的父母；现世的父母及过去七世的父母。《奈良朝写经38·大般若经卷第591》："智识之中，**存亡父母**、六亲神识等，生安乐国土值菩提。"（p.253）唐宗密述《佛说盂兰盆经疏》卷2："**存亡父母**、六亲眷属、乃至七代离苦，生天为胜益。"该例亦见于宗密疏《盂兰盆经疏新记》卷2。宋遇荣钞《盂兰盆经疏孝衡钞》卷1："凡孝顺男女，欲报生身父母，必预七月初一日为始，每日晨朝然香奉供。务在精专，修小弥陀忏。或礼三十五佛，代为**存亡父母**忏罪，至速往无量光佛刹。"颜绢英主编《韩永义等造像记》卷1："法界四生，七世先灵，**存亡父母**，现在眷属，发菩提心，弥勒下生，恒为导首，开化群迷，广修万行，共集善根，同证菩提之道。"

【矬陋挛躄/てなへあしなへ】 四字 身材矮小，手脚弯曲。《日本灵异记》下卷《诽奉写〈法华经〉女人过失以现口㖞斜报缘第20》："《法华经》云：'谤受持此经者，诸根暗钝，**矬陋挛躄**，盲聋背伛。'"（p.310）唐法琳撰《一切经音义》卷2："**矬陋**：上坐和反。《广雅》：**矬**，短也。下庐豆反。王逸注《楚辞》云：**陋**，小也。《尔雅》：鄙也。《孝声》云：**陋**，丑恶也。《说文》：隘也。"又卷60："**挛躄**：上劣专反。俗字也。《韵英》云：**手足筋急拘束**，**不能行步**。申缩也。正体从广，从㝈，作癵。㝈音，劣转反。下音辟。顾野王云：**躄**，谓足偏枯，不能行也。亦形声字也。从足，辟声也。"

D

【答白:"~"/こたへてまをししく、~とまをしき】说词 （31 例）（位卑者向位尊者）回答道:"……"。《古事记》上卷《伊耶那岐命与伊耶那美命》:"尔伊邪那美命**答白**:'悔哉。不速来,吾者为黄泉户吃。'"（p. 44）又:"故伊邪那岐大御神,诏速须佐之男命:'何由以汝不治所事依之国,而哭伊佐知流?'尔**答白**:'仆者欲罢姚国根之坚洲国,故哭。'"（p. 54）又《天照大御神与须佐之男命》:"尔速须佐之男命**答白**:'仆者无邪心。'"（p. 56）又:"于是速须佐之男命**答白**:'各宇气比而生子。'"（p. 58）又:"**答白**:'彼目如赤加贺智,而身一有八头八尾。'"（p. 68）又:"尔速须佐之男命诏其老夫:'是汝之女者,奉于吾哉?'**答白**:'恐。不觉御名。'"（p. 70）又《大国主神》:"即召久延毘古问时,**答白**:'此者神产巢日神之御子,少名毘古那神。'"（p. 94）又《忍穗耳命与迩迩艺命》:"尔思金神**答白**:'可遣天津国玉神之子天若日子。'"（p. 100）又:"于是,诸神及思金神**答白**:'可遣雉,名鸣女时……'"（p. 100）又:"故尔使天迦久神问天尾羽张神之时,**答白**:'恐之。仕奉。然于此道者,仆子,建御雷神可遣。'乃贡进。"（p. 106）又:"尔其太子正胜吾胜胜速日天忍穗耳命**答白**:'仆者将降装束之间,子生出,名天迩歧志国迩歧志天津日高日子番能迩迩艺命。此子应降也。'"（p. 112）又:"故问赐之时,**答白**:'仆者国神名猨田毘古神也。所以出居者,闻天神御子天降坐故,仕奉御前,而参向之侍。'"（p. 112）又:"又问:'有汝之兄弟乎?'**答白**:'我姊石长比卖在也。'尔诏:'吾欲目合汝奈何?'**答白**:'仆不得白,仆父大山津见神将白。'"（p. 120）又:"尔**答白**:'吾妊之子,若国神之子者,产不幸。若天神之御子者,幸。'"（p. 122）又中卷《垂仁记》:"亦天皇命诏其后言:'凡子名必母名,何称是子之御名?'尔**答白**:'今当火烧稻城之时,而火中所生,故其御名宜称本牟智和气御子。'又命诏:'何为日足奉?'**答白**:'取御母,定大汤坐、若汤坐,宜日足奉。'故随其后白以日足奉也。又问其后曰:'汝所坚之美豆能小佩者,谁解?'**答白**:'旦波比古多多须美智宇斯王之女,名兄比卖、弟比卖,兹二女王,净公民。故宜使也。'然遂杀其沙本比古王,其伊吕妹亦从也。"（p. 202）又《景行记》:"尔天皇问赐小碓命:'何汝兄久不参出。若有未诲乎?'**答白**:'既为泥疑也。'又诏:'如何泥

193

疑之？'**答白**：'朝署入厕之时，待捕搋批，而引阙其枝，裹荐投弃。'"（p. 216）又《仲哀记》："尔天皇**答白**：'登高地见西方者，不见国土，唯有大海。'"（p. 242）又《应神记》："尔天皇问其娘子曰：'汝者谁子？'**答白**：'丸迩之比布礼能意富美之女，名宫主矢河枝比卖。'"（p. 260）又下卷《仁德记》："尔太后问其所由之时，**答白**：'仆之兄，口子臣也。'"（p. 296）又《履中记》："尔天皇令诏：'吾疑汝命若与墨江中王同心乎？故不相言。'**答白**：'仆者无秽邪心，亦不同墨江中王。'"（p. 310）又："故即还下难波，欺所近习墨江中王之隼人，名曾婆加理云：'若汝从吾言者，吾为天皇，汝作大臣，治天下那何？'曾婆诃理**答白**：'随命。'"（p. 310）又《雄略记》："天皇令问其家云：'其上坚鱼作舍者谁家？'**答白**：'志几之大县主家。'"（p. 336）又："天皇问其童女：'汝者谁子？'**答白**：'己名谓引田部赤猪子。'"（p. 340）又："然天皇既忘先所命之事，问其赤猪子曰：'汝者谁老女，何由以参来？'尔赤猪子**答白**：'其年其月，被天皇之命，仰待大命，至于今日，经八十载。'"（p. 342）又《显宗记》："尔天皇异其早还上而诏：'如何破坏。'**答白**：'少掘其陵之傍土。'"（p. 366）《日本灵异记》中卷《依汉神崇杀牛而祭又修放生善以现得善恶报缘第5》："王问言：'斯是杀汝之仇。'**答白**：'当是。'"（p. 159）又《智者诽妒变化圣人而现至阎罗阙受地狱苦缘第7》："问曰：'是有于丰苇原水穗国，所谓智光法师矣。'智光**答白**：'唯然。'"（p. 167）又下卷《灾与善表相先现而后其灾善答被缘38》："诺乐宫二十五年治天下胜宝应真圣武太上天皇，召于大纳言之藤原朝臣仲麿，而御前居诏之：'朕子阿倍内亲王与道祖亲王二人以之，令治天下欲，云何？是语宜受不也？'仲丸**答白**：'甚胜能。'"（p. 369）姚秦竺佛念译《菩萨从兜术天降神母胎说广普经》卷3："盲人**答白**：'捉鼻者言如角，捉头者言如瓮，捉耳者言如簸箕，捉腹者言如箪，捉脚者言如柱，捉尾者言如檋。'"按：《汉语大词典》首引周立波《张满贞》："我还要**答白**，张满贞对我使了一个眼色。"过晚。《古事记》中，"答白"通常用于下位者答复上位者提问的场合，类义表达有"答曰""答言"。另有两个与"答白"相关的变形表达，即"答白之"和"答白言"。"答白之"由"答白"和"白之"组合而来，意思是"回答（说）道"。"答白言"由"答白"和"答言"拼凑而成，意思是"回答道"。

【**答白**："～"如此白～/こたへてまをさく ～と、かくまをして～】 自创 （位卑者向位尊者）回答道："……"这样说了之后……《古事记》上卷《伊邪那岐命与伊邪那美命》："尔伊邪那美命**答白**：'悔哉！不速来，吾者为黄泉户吃。然爱我那势命入来坐之事，恐故欲还。且与黄泉神相论。莫视我。'**如此白**而还入其殿内之间，甚久难待。"（p. 44）按：该句式中，"如此"前承说话内容，构成后续内容的前提条件。中国文献中未见该句式，疑似《古事记》的特有表达方式。

【**答白言**："～"/こたへまをしていひしく】 自创 （位卑者向位尊者）回答道："……"。《古事记》上卷《天照大御神与须佐之男命》："亦问：'汝哭由者何？'**答白**

言：'我之女者，自本在八稚女。是高志之八俣远吕智，每年来吃。今其可来时，故泣。'尔问：'其形如何？'答白：'彼目如赤加贺智，而身一有八头八尾，亦其身生萝及桧椙，其长度溪八谷峡八尾，而见其腹者，悉常血烂也。'"（p.68）（1）西晋安法钦译《阿育王传》卷3："王**答言**曰：'我今不以，失王位故，而怀懊恼，亦不以，舍身命故，而作忧苦，又亦不以，舍宫人库藏，而作忧恼，正以远离，诸贤圣众，以为懊恼。'"梁宝唱等集《经律异相》卷41："尔时摩羯国频毘婆罗王闻之，问于群臣。群臣**答言**曰：'是鸡头婆罗门，于铁厨中，以牛头栴檀，为佛及僧熟食，有此之香。'"隋阇那崛多译《佛本行集经》卷49《五百比丘因缘品》："彼苦人辈，即**答言**曰：'善哉！善人。我等今者，亦复如是，从阎浮提，兴贩商贾，为财宝故，来入大海，欲至彼岸，遇值恶风，吹坏船舶。'"（2）《太平御览》卷597："当时或有诋诃者，及其末，翕然重之。或问其文速者，子野**答言**曰：'云人皆成于手，我独成于心。'"（p.2690）按：如传世文献和汉文佛经资料所示，"答白言：'～'"的句式，是在佛典句式"答白：'～'"的基础上，后续类义词"言"而产生的变异说法。→【答言曰："～"】

【**答白之**："～"／こたへてまをししく ～とまをしき】 自创 （3例）（位卑者对位尊者）回答道："……"。《古事记》上卷《忍穂耳命与迩迩艺命》："尔**答白之**：'仆者不得白，我子八重言代主神是可白。然为鸟游取鱼而往御大之前，未还来。'"（p.108）又："尔**答白之**：'仆子等二神随白，仆之不违。此苇原中国者，随命既献也。'"（p.110）又："于是，天津日高日子番能迩迩艺能命，于笠纱御前，遇丽美人。尔问：'谁女？'**答白之**：'大山津见神之女，名神阿多都比卖，亦名谓木花之佐久夜毘卖。'"（p.120）按："白之：'～'"的形式源自佛经，"答之：'～'"的形式，中土文献和汉译佛经中均可见。唯独"答白之：'～'"的形式，只见于《古事记》。

【**答白之**："～"如此之白而 ～／こたへてまをししく ～とかくまをして ～】 自创 （位卑者对位尊者）回答道："……"这样回答后……《古事记》上卷《忍穂耳命与迩迩艺命》："尔**答白之**：'仆子等二神随白，仆之不违。此苇原中国者，随命既献也。唯仆住所者，如天神御子之天津日继所知之登陀流，天之御巢，而于底津石根宫柱布斗斯理，于高天原氷木多迦斯理，而治赐者，仆者于百不足八十坰手隐而侍。亦仆子等百八十神者，即八重事代主神为神之御尾前而仕奉者，违神者非也。'**如此之白而**，于出云国之多艺志之小滨，造天之御舍。"（p.110）按：该呼应表达形式，实为撰录者依据"言：'～'如此言者～"的佛典句式独自创造出来的。

【～**答无异**／こたふることことなるなし】 说词 与……的回答没有差异。《元兴寺伽蓝缘起并流记资财账》："时三尼等官白：'但六口僧耳来，不具二十师。故犹欲度百济国受戒。'白。时官问诸法师等：'此三尼等欲度受戒，是事云何？'时法师等答状，如先客**答无异**。"苻秦僧伽跋澄等译《尊婆须蜜菩萨所集论》卷7："问若四谛异因缘亦异者，则不诽谤四谛也。若四谛因缘同，心则缘四谛也。此亦如上**答无异**。"隋吉藏撰《法华义疏》卷2《序品》："问：'今但云时有菩萨名曰妙光，何以知是答问序耶？'答：'上明如今所见是诸佛土，古见与今见既同，当知昔答与今**答无异**。故直标其人略答辞也。'"

【答言："～"/こたへていひしく ～】 说词 （23例）　答复、回答说："……"。《古事记》上卷《天照大御神与须佐之男命》："故其老夫**答言**：'仆者国神，大山津见神之子焉。'"（p. 68）又："最后之来大穴牟迟神见其菟言：'何由汝泣伏？'菟**答言**：'仆在淤歧岛，虽欲度此地，无度因。'"（p. 76）又："尔大国主神曰：'然者，治奉之状奈何？'**答言**：'吾者，伊都岐奉于倭之青垣东山上。'"（p. 96）又《日子穗穗手见命与鹈茸草茸不合命》："于是其弟泣患居海边之时，盐椎神来问曰：'何虚空津日高之泣患所由？'**答言**：'我与兄易钩，而失其钩。是乞其钩故，虽偿多钩，不受。云犹欲得其本钩。故泣患之。'"（p. 126）《日本书纪》卷19《钦明纪》四年十二月条："是月，乃遣施德高分，召任那执事与日本府执事俱，**答言**：'过正旦而往听焉。'"（第二册，p. 380）又五年正月条："五年春正月，百济国遣使，召任那执事与日本府执事俱，**答言**：'祭神时到，祭了而往。'"（第二册，p. 382）《日本灵异记》上卷《狐为妻令生子缘第2》："壮亦语言：'成我妻耶？'女：'听。'**答言**，即将于家，交通相住。"（p. 60）又上卷《婴儿鹫所擒他国得逢父缘第9》："家主**答言**：'其年其月日之时，余登于捕鸠之而居，鹫擒婴儿，从西方而来，落巢养鹑。婴儿慄啼。彼鹑望之，惊恐不啄。余闻啼音，自巢取下，育女子是也。'"（p. 84）又《勤求学佛教弘法利物临命终时示异表缘第22》："于时开目，召弟子知调：'汝见光不？'**答言**：'已见。'"（p. 108）又中卷《阎罗王使鬼得所召人之赂以免缘第22》："盘岛闻问：'见召者我也。何故召耶？使鬼**答言**：我等先往汝家而问之。答曰：'商往未来。故至于津而求。'"（p. 211）又："鬼言：'我今汝物多得食。其恩幸故，今免汝者，我入重罪，持铁杖，应所打百段。若有与汝同年之人耶？'盘岛**答言**：'我都不知。'"（p. 212）又《阎罗王使鬼受所召人之饷而报恩缘第25》："鬼语衣女言：'我受汝饷，故报汝恩。若有同姓同名人耶？'衣女**答言**：'同国鹈垂郡，有同姓衣女。'"（p. 215）又："时王问言'有山田郡衣女之体耶？'**答言**：'有之。'"（p. 215）又《力女示强力缘第27》："复问：'彼衣心惜思耶？'**答言**：'甚惜。'"（p. 220）又下卷《沙门凭愿十一面观世音像得现报缘第3》："是维那等来，征之犹逼。**答言**：'暂待！我于菩萨白钱将偿，敢久不延。'"（p. 269）又《禅师将食鱼化作〈法华经〉覆俗诽缘第6》："时本知檀越三人，遭道而问之言：'汝持物何物之也？'童子**答言**：'此《法华经》也。'"（p. 276）又："俗人逼言：'汝之持物非经。此鱼也。'童子**答言**：'非鱼，当经也。'"（p. 276）又《女人滥嫁饥子乳故得现报缘第16》："林自梦惊醒，独心怪思，巡彼里讯。于是有人**答言**：'当余是也。'"（p. 301）又《依妨修行人得猴身缘第24》："僧问言：'汝谁耶？'猴**答言**：'我东天竺国大王也。'"（p. 322）又："僧言：'此村秕多有。此乎充我供养料，令读经。'猕猴**答言**：'朝庭臣

贶我。而有典主，念之己物，不免我。我恣不用。'僧言：'无供养者，何为奉读经？'
猕猴**答言**：'然者浅井郡有诸比丘，将读六卷抄故，我入其知识。'"（p.322）又《不顾
因果作恶受罪报缘第37》："问诸史言：'若此人在世时，作何功德善？'诸史**答言**：
'唯奉写《法华经》一部。'"（p.358）又《灾与善表相先现而后其灾善答被缘第38》：
"爱景戒言：'斯沙弥，常非乞食之人。何故乞食耶？'有人**答言**：'子数多有。无养之
物，乞食养也。'"（p.372）（1）后汉竺大力、康孟详合译《修行本起经》卷2："太子
问曰：'此为何等？'其仆**答言**：'病人也。'"姚秦鸠摩罗什译《妙法莲华经》卷4《提
婆达多品》："尔时龙女，有一宝珠，价直三千，大千世界，持以上佛。佛即受之。龙
女谓智积菩萨、尊者舍利弗言：'我献宝珠，世尊纳受，是事疾不？'**答言**：'甚疾。'"
唐义净译《金光明最胜王经》卷9《长者子流水品》："大臣**答言**：'大王当知，有诸天
众，于长者子，流水家中，雨四十千，真珠璎珞，及天曼陀罗花，积至于膝。'"（2）
《魏志》卷1《武帝纪》裴松之注引《魏武故事》曰："志计已定，人有劝术使遂即帝
位，露布天下，**答言**：'曹公尚在，未可也。'"（p.33）《搜神记》卷16《宋定伯》条：
"定伯复言：'我新鬼，不知有何所畏忌。'鬼**答言**：'惟不喜人唾。'"（p.402）按：
《汉语大词典》首引《晋书》卷3《武帝纪》："左右**答言**未至，帝遂困笃。"偏晚。→
【俱答言："～"】【有人答言："～"】

　　【答言曰："～"】/こたへまをしていひしく ～】 说词　回答道："……"。《日本
灵异记》中卷《阎罗王使鬼得所召人之赂以免缘第24》："至于山代宇治椅之时，近追
附，共副往。盘岛问之：'何往人耶？'**答言曰**：'阎罗王阙召于椿盘岛之往使也。'"
（p.211）（1）西晋安法钦译《阿育王传》卷3："王**答言曰**：'我今不以，失王位故，
而怀懊恼。亦不以，舍身命故，而作忧苦。又亦不以，舍宫人库藏，而作忧恼，正以远
离，诸贤圣众，以为懊恼。'"元魏慧觉等译《贤愚经》卷6《月光王头施品》："天帝
前问：'实为奇特！能作是事，欲求何报？'王**答言曰**：'不求魔梵，四王帝释，转轮圣
王，三界之乐，以此功德，誓求佛道，度脱众生，至涅槃乐。'"唐道世撰《法苑珠林》
卷31："是时商主，复问彼言：'汝诸人等，云何在此，受如斯事。'彼苦人辈，即**答言
曰**：'善哉！善人。我等今者，亦复如是，行人同伴，亦五百人，船破至岸。'"
（2）《太平御览》卷597引梁《裴子野传》曰："当时或有诋诃者，及其末，翕然重之。
或问其文速者，子野**答言曰**：'云人皆成于手，我独成于心。'"→【答白言："～"】

　　【答曰："～"】白/こたへていはく ～とまをしき】 自创（2例）　回答道："……"。
《古事记》中卷《崇神记》："尔天皇问赐之：'汝者谁子也。'**答曰**：'仆者，大物主大
神，娶陶津耳命之女、活玉依毗卖，生子，名栉御方命之子，饭肩巢见命之子，建瓮槌
命之子，仆意富多多泥古。'白。"（p.184）《元兴寺伽蓝缘起并流记资财账》："时蕃客
答曰：'尼等受戒法者，尼寺之内先请十尼师，受本戒已，即诣法师寺请十法师。先尼
师十合二十师所受本戒也。然此国者，但有尼寺，无法师寺及僧。尼等若为如法者，设

法师寺，请百济国之僧尼等　可令受戒。'白。"

【答曰："～"如此奏者 ～/こたへていひしく ～かくまをせば～】 自创　回答说："……"这样禀奏完，就……《古事记》下卷《贤宗记》："尔天皇异其早还上而诏：'如何破坏？'答白：'少掘其陵之傍土。'天皇诏之：'欲报父王之仇，必悉破坏其陵，何少掘乎？'答曰：'所以为然者，父王之怨，欲报其灵，是诚理也。然其大长谷天皇者，虽为父之怨，还为我之从父，亦治天下之天皇。是今单取父仇之志，悉破治天下之天皇陵者，后人必诽谤。唯父王之仇，不可非报，故少掘其陵边。既以是耻，足示后世。'如此奏者，天皇答诏之：'是亦大理，如命可也。'"（p. 336）

【答曰如上/こたへていふことかみのごとし】 自创　就像上面所说的那样做了回答。《日本灵异记》下卷《将写〈法华经〉建愿人断日暗穴赖愿力得全命缘第13》："国司问云：'汝作何善？'答曰如上。国司闻之大悲，引率知识，相助造《法华经》，供养已毕。"（p. 293）姚秦鸠摩罗什译《成实论》卷13《灭尽定品》："问曰：'有人言：灭尽定是心不相应行，亦名世间法。此事云何？'答曰：'如上说，起此定者有深寂灭等诸功德，是功德世间所不应有。'"符秦僧伽跋澄等译《尊婆须蜜菩萨所集论》卷9："'云何无漏是无漏相？'答曰：'如上所说。'"隋智顗说《释禅波罗蜜次第法门》卷5："问曰：'喜乐有何异？'答曰：'如上。觉观分别，今喜乐亦尔。粗乐名喜，细乐名乐，亦可言粗喜为喜，细喜为乐。'"唐义净译《根本说一切有部毗奈耶药事》卷13："梵德王问群臣曰：'我国内人，今何所在？'大臣答曰：'如上广说，在摩腾迦仙人国中。'"按：姚秦鸠摩罗什译《大智度论》卷56《顾视品》："问曰：'魔力甚大，肉身菩萨道力尚少，云何不得便？'答曰：'如上说，为诸佛菩萨所护故。'"该经"答曰：如上～"的文例多达6处。

【答曰："～"云而 ～/こたへていはく ～といひて～】 自创　回答说："……"什么的。《古事记》中卷《应神记》："故矢河枝比卖委曲语其父。于是父答曰：'是者天皇坐那理。恐之，我子仕奉。'云而，严饰其家候待者，明日入坐。"（p. 260）按：《日本书纪》卷2《神代纪下》："天孙又问曰：'其于秀起浪穗之上，起八寻殿，而手玉玲珑、织经之少女者，是谁之子女耶？'答曰：'大山祇神之女等，大号盘长姬，少号木花开耶姬，亦号丰吾田津姬。'云云。"（第一册，p. 152）该形式在传统的中国文献中较为常见。《通典》卷20《职官2》："三老答曰：'木受绳则正，后从谏则圣。自古明王圣主，皆虚心纳谏，以知得失，天下用安，惟陛下念之'云云。"（p. 503）《独异志》卷下："刘仁轨为相，其从父、昆弟皆为北海县邑吏，人有劝曰：'若与君相同籍，而独苦差科。'答曰云云。"

【答詔之："～"/こたへてのりたまひしく ～とのりたまひき】 自创（2例）　天皇下诏书回复道："……"。《古事记》中卷《崇神记》："故大毗古命更还参上，请于天皇时，天皇答诏之：'此者为在山代国我之庶兄建波迩安王，起邪心之表耳。伯父兴

军宜行。'"（p. 188）又下卷《贤宗记》："答曰：'所以为然者，父王之怨，欲报其灵，是诚理也。然其大长谷天皇者，虽为父之怨，还为我之从父，亦治天下之天皇。是今单取父仇之志，悉破治天下之天皇陵者，后人必诽谤。唯父王之仇，不可非报，故少掘其陵边。既以是耻，足示后世。'如此奏者，天皇**答诏之**：'是亦大理，如命可也。'"（p. 336）

【**答之言**："～"／こたへていはく ～】 说词 （6 例） 回答道："……"。《日本灵异记》上卷《得电之喜令生子强力在缘第 3》："其人问言：'汝何报？'雷**答之言**：'寄于汝，令胎子而报。故为我作楠船入水，泛竹叶而赐。'"（p. 64）又《圣德皇太子示异表缘第 4》："时圆势师之弟子之优婆塞见之白师。师言：'莫言，默然！'优婆塞窃穿坊壁而窥之者，其室内放光照炫。优婆塞见之，复白师。师**答之言**：'然有故我谏汝莫言。'"（p. 69）又中卷《力女角力试缘第 4》："时狐来，彼蛤皆取令卖。然问之言：'自何来女？'蛤主不答。亦问。不答。重四遍问，乃**答之言**：'来方不知。'"（p. 154）又《孤娘女凭敬观音铜像示奇表得现报缘第 34》："里有富者，妻死而鳏。见之是娘，通媒作伉俪。娘**答之言**：'我今贫，身裸衣无被。何为障面，参向相语？'"（p. 238）又下卷《产生肉团之作女子修善化人缘第 19》："讲师见之，呵啧之言：'何尼滥交？'尼**答之言**：'佛平等大悲，故为一切众生，流布正教。何故别制我？'"（p. 309）又下卷《髑髅目穴笋揭脱以祈之示灵表缘第 27》："贼盗秋丸惚意悖然，不得隐事。乃**答之言**。"（p. 333）吴支谦译《撰集百缘经》卷 9《声闻品》："师闻是语，即**答之言**：'汝遭此苦，状似饿鬼。汝今可取，我瓶中水，至僧中行。'即受师教，取瓶行水。"东晋法显译《大般涅槃经》卷 1："尔时，如来而**答之言**：'汝等从今，至尽形寿，精勤持戒，如人护眼，意念端直，勿生谄嫉。此便即是，常得见我。'"刘宋求那跋陀罗译《过去现在因果经》卷 2："尔时太子，而**答之言**：'诚如所说，但我不以，捐国故尔，亦复不言，五欲无乐；以畏老病生死之苦故，于五欲不敢爱著。'"梁宝唱等集《经律异相》卷 23："夫**答之言**：'我家穷困，虽可有心，当以何施？'妇言：'我意欲以，此氎布施。'"

【**答之应曰**："～"／こたへて ～といふべし】 自创 应该回答说："……"。《日本灵异记》中卷《智者诽妒变化圣人而现至阎罗阙受地狱苦缘第 7》："儵得痢病，经一月许。临命终时，诫弟子曰：'我死莫烧。九日间置而待。'学生问我，**答之应曰**：'有缘东西。'而留供养。慎勿知他。"（p. 167）东晋瞿昙僧伽提婆译《中阿含经》卷 52《大品》："阿难，诸比丘众当问彼比丘曰：'贤者自见所犯耶？'彼应答曰：'实自见所犯。'众当语彼：'更善护持，莫复作也。'"

【**打鼓**／つづみをうつ】 述宾 （2 例） 击鼓。《日本书纪》卷 19《钦明纪》十四年十月条："俄而儵忽之际，闻鼓吹之声。余昌乃大惊，**打鼓**相应，通夜固守。"（第二册，p. 424）又："是时百济欢呼之声，可裂天地。复其偏将，**打鼓**疾斗，追却高丽王于东圣山之上。"（第二册，p.426）（1）后汉康孟详译《佛说兴起行经》卷1："诸臣受教，急缚驴驼，**打鼓**巷至巡之。"吴支谦译《佛说老女人经》卷1："譬如鼓不用一事成有皮有鞞有人持枹**打鼓**，鼓便有声。"梁宝唱等集《经律异相》卷5："王即敕放贼如法治，取五百贼，著迦毘罗华鬘，**打鼓**巡令，欲将杀之。"（2）《南齐书》卷46《顾宪之传》："又永兴、诸暨离唐宇之寇扰，公私残烬，弥复特甚。傥值水旱，实不易念。俗谚云：'会稽**打鼓**送恤，吴兴步檐令史。'"《齐民要术》卷6《养鹅鸭》："鹅鸭皆一月雏出。量雏欲出之时，四五日内，不用闻**打鼓**、纺车、大叫、猪、犬及春声。"按：《汉语大词典》例引南朝宋刘义庆《世说新语·豪爽第13》："（王敦）自言知**打鼓**吹。"刘孝标注："敦尝坐武昌钓台间，闻行船**打鼓**嗟称其能。"偏晚。

【打害/うちさく】后补 殴打伤害，被殴致伤。《播磨国风土记·托贺郡》条："目前田者，天皇猎犬，为猪所**打害**目。故曰目割。"（p.106）姚秦鸠摩罗什译《大智度论》卷16《序品》："复次，勤修忍辱，若人刀杖**打害**，骂詈毁辱，及恭敬供养，一切能忍，不受不著；于深法中，其心不没，亦不疑悔。"元魏慧觉等译《贤愚经》卷6《月光王头施品》："不也，世尊。正使彼人，无根见谤，毁辱极世，不轨之事，设加刀杖，**打害**次杀，复未残戮，临当断命，终不一念，生起恚心。"北凉昙无谶译《佛所行赞》卷3《破魔品》："或夺人生命，或超掷大呼，或奔走相逐，迭自相**打害**。"按：《汉语大词典》失收。→【打伤】

【打拍/うちうつ】并列 拍打，打击，殴打。《日本灵异记》下卷《减塔阶仆寺幢得恶报缘第36》："由此罪，召我于阎罗王阙，令抱火柱，以挫钉打立我手于，而问**打拍**。"（p.356）后汉安世高译《佛说鬼问目连经》卷1："目连答言：'汝为人时，作聚落主，自恃豪强，轻欺百姓，强**打拍**人，索好美食。今受花报，果入地狱。'"姚秦鸠摩罗什译《禅秘要法经》卷3："多有众生，怀嫉妒心，或以刀斫，或以瓦砾，**打拍**彼人，骂言痴人。"隋智顗说《妙法莲华经玄义》卷5："又威音王佛所，著法之众，闻不轻言，骂詈**打拍**，由恶业故，还值不轻，不轻教化，皆得不退。"

【打迫/うちせむ】自创（2例） 捶打胁迫。《日本灵异记》上卷《非理夺他物为恶行受恶报示奇事缘第30》："往而见之，实有我父。抱甚热之铜柱而立。铁钉三十七于其身打立，以铁打。凤三百段，昼三百段，夕三百段，合九百段，每日**打迫**。"（p.125）又："如是罪故，我身随少而三十七铁钉立，每九百段铁鞭**打迫**之。"（p.126）唐玄奘译《瑜伽师地论》卷2："又有怯弱无畏显了不显了杀害系缚禁闭割截驱摈句；又有骂詈忿怒捶**打迫**胁诃责烧烂燥暑，摧伏浑浊圣教随逐比度句。"

【打破/うちやぶる】后补（5例） 击败；攻陷；损坏。《日本书纪》卷19《钦明纪》二十三年八月条："八月，天皇遣大将军大伴连狭手彦，领兵数万，伐于高丽。狭手彦乃用百济计，**打破**高丽。"（第二册，p.452）《播磨国风土记·揖保郡》条："于是大怒，即起暴风，**打破**客船，漂没于高岛之南滨，人悉死亡。"（p.66）《日本灵异记》

上卷《邪见**打破**乞食沙弥钵以现得恶死报缘第29》（p. 121）。《续日本纪》卷21《淳仁纪》天平宝字二年十二月条："安东都护王玄志仍知其谋，帅精兵六千余人，**打破**柳城，斩徐归道。自称权知平庐节度，进镇北平。"（第三册，p. 298）又卷35《高绍纪》宝龟九年十一月条："八日初更，风急波高，**打破**左右棚根，潮水满船，盖板举流，人物随漂。无遗勺撮米水。"东晋佛陀跋陀罗、法显合译《摩诃僧祇律》卷10："设缀钵难用一日乃了，要当洗净。若故**打破**，得波夜提罪。"唐义净译《根本说一切有部毘奈耶》卷32："复有青、旗海贼，非意忽来，**打破**大舶，俱断汝命，遂令汝等，弃所爱身，父母宗亲，不复相见。"又《根本说一切有部毘奈耶药事》卷15："复于后时，有五百商人，乘船入海，乃被海兽，**打破**船舶。"按：《汉语大词典》例引北魏贾思勰《齐民要术》卷6《养鸡》："沦鸡子法：**打破**，乌沸汤中，浮出，即掠取。"偏晚。→【被打破】

【**打辱**/うちはづかしむ】 并列 打骂和侮辱。《日本灵异记》下卷《拍于忆持千手咒者以现得恶死报缘第14》："犹拒逆之，恳引譬言：'衣虱上于头而成黑，头虱下于衣而成白。如是有譬。顶载陀罗尼，负经之意，不遭俗难。何故持大乘之我令**打辱**。实有验德，今示威力。'"（p. 296）隋那连提耶舍译《大庄严法门经》卷2："若菩萨受诸众生呵骂**打辱**，其心如地不起怨恨，是名为忍。"唐地婆诃罗译《方广大庄严经》卷5《音乐发悟品》："于惠施中，三事清净，以金刚智，除断四魔，戒行成就，善能守护，身语意业，乃至小罪，而怀大惧，心常清净，于诸垢浊，恶言毁訾、轻弄诽谤、**打辱**系缚，曾无浊乱。"按：《汉语大词典》失收。

【**打伤**/うちやぶる】 后补 殴打致伤。《藤氏家传》上卷《镰足传》："即与古麻吕，出其不意，以剑**打伤**入鹿头肩。"（p. 171）（1）姚秦佛陀耶舍、竺佛念等合译《四分律》卷12："时比丘仰向恚骂：'云何比丘，在重阁上住坐脱脚床上坐不安庠，使床脚下脱，**打伤**我身，至令血出？'"唐义净译《根本萨婆多部律摄》卷10："佛在室罗伐城给孤独园。时邬波难陀由怀忿恚，坐脱脚床**打伤**乞食苾刍。"（2）《齐民要术》卷6《养羊》："若使急性人及小儿者，拦约不得，必有**打伤**之灾。"《水经注》卷20："善风角，弟子归，元章封筒药授之，曰：'路有急难，开之。'生到葭萌，从者与津吏净，**打伤**，开筒得书，言其破头者。"按：《汉语大词典》失收。→【打害】

【**打膝**/ひざをうつ】 先例 拍打膝盖，表示舞蹈、欢喜、顿悟等举动。《古事记》下卷《允恭记》："尔其大前小前宿祢举手**打膝**，舞诃那传，歌参来。"（p. 320）宋颐藏主集《古尊宿语录》卷37："师云：'因什么不行脚去？'问：'南泉以手**打膝**云：这里即易。又云：这里即难。'僧问云：'只如却手。岂不是举唱宗乘？'师便以手**打膝**云：'此不是举唱宗乘作么？'"按：《汉语大词典》失收。佛典例晚于《允恭记》，说明《允恭记》的语料价值。

【**打於我**～/わが～をうつ】 于字 打我的…… 《日本灵异记》中卷《贷用寺息利

酒不偿死作牛役之偿债缘第 32》："应役之年，限于八年。所役五年，未役三年。寺人无慈，**打于我**背，而迫驱使。斯甚苦痛。"（p. 231）唐义净译《根本说一切有部毗奈耶药事》卷 3："圆满答曰：'若彼骂时，乃至诽谤，我当作如是意：将彼人等，并为贤善，不以杖木瓦石拳脚等，而**打于我**。'"又《根本说一切有部毗奈耶杂事》卷 14："时二童子，还至王所，白言大王：'我向廛中，少取鱼饭，时彼家人，苦**打于我**，极困几死。'"

【**打鐘**/かねをうつ】 述宾 （3例） 犹言敲钟。《日本灵异记》中卷《智者诽妒变化圣人而现至阎罗阙受地狱苦缘第 7》："问：'是何处？'答：'为师煎熬阿鼻地狱。'即至，执师烧入烧煎，唯闻**打钟**音时冷乃憩。"（p. 168）又下卷《二目盲男敬称千手观音日摩尼手以现得明眼缘第 12》："日中之时，闻**打钟**之音，参入其寺，而就众僧乞饭，命活而经数年。"（p. 290）又《未作毕捻埴像生呻音示奇表缘第 17》："信行沙弥，常住其堂，**打钟**为宗。"（p. 304）（1）梁僧伽婆罗译《阿育王经》卷 8《佛弟子五人传授法藏因缘品》："尔时魔王，即舍佛形，供养优波笈多，还归本处。克后四日，魔王即自**打钟**，令一切人，悉皆闻知。若欲生天，及得涅槃，皆应往优波笈多所，咨受正法。"隋吉藏撰《法华义疏》卷 12《观世音菩萨普门品》："三因俱声，如人与外物合共出声，谓**打钟**等。"唐道宣撰述《四分律删繁补阙行事钞》卷 1："若闻钟声剑轮在空，如是因缘遣信白令长打使我苦息。即《增一阿含》云：'若**打钟**时，一切恶道诸苦并得停止。'此并因缘相召，自然之理不亡。"（2）《北齐书》卷 14《高元海传》："先是童谣云：'中兴寺内白凫翁，四方侧听声雍雍，道人闻之夜**打钟**。'时丞相府在北城中，即旧中兴寺也。凫翁，谓雄鸡，盖指武成小字步落稽也。道人，济南王小名。**打钟**，言将被击也。"按：《汉语大词典》失收。

【**大安**/だいあん】 寺名 （7例） "大安寺"的略称。《续日本纪》卷 2《文武纪》大宝元年七月条："戊戌，太政官处分，造宫官准职，造**大安**、药师二寺官准寮，造塔、长六二官准司马。"（第一册，p. 42）又卷 3《文武纪》大宝三年正月条："丁卯，奉为太上天皇，设斋于**大安**、药师、元兴、弘福四寺。"（第一册，p. 64）又卷 12《圣武纪》天平七年五月条："己卯，于宫中及**大安**、药师、元兴、兴福四寺，转读《大般若经》。为消除灾害，安宁国家也。"（第二册，p. 290）又卷 16《圣武纪》天平十七年五月条："乙丑，地震。于**大安**、药师、元兴、兴福四寺，限三七日，令读《大集经》。"（第三册，p. 10）又卷 17《圣武纪》天平胜宝元年五月条："癸丑，诏：'舍**大安**、药师、元兴、兴福、东大五寺，各絁五百匹、棉一千屯、布一千端、稻一十万束、垦田地一百町。'"（第三册，p. 80）又天平胜宝元年七月条："乙巳，定诸寺垦田地限。**大安**、药师、兴福、大倭国法华寺、诸国分金光明寺，寺别一千町。"（第三册，p. 88）又卷 31《光仁纪》宝龟二年八月条："己卯，初令所司铸僧纲及**大安**、药师、东大、兴福、新药、元兴、法隆、弘福、四天王、崇福、法华、西隆等寺印，各颁本寺。"（第四册，

p. 348）

【大安寺/だいあんじ】 寺名 （30 例） 位于日本奈良市大安寺町的真言宗寺院。南都七大寺之一。亦称南大寺、大寺。相传是源于公元 617 年（推古天皇二十五年），圣德太子在大和国熊凝村创建的熊凝精舍，其后，被舒明天皇移至百济川侧，改称百济大寺；又被天武天皇移至高市郡，称高市大寺，再改名为大官大寺。接着在圣武天皇时，被迁往平城京（现址），改称大安寺。从 7 世纪末叶至 8 世纪初叶，被列为举行国家祈祷、法会等的最重要官寺；奈良时代，华严宗之祖审祥及三论宗的道慈皆曾住于此寺。①人物。《怀风藻》释道慈《小传》："养老二年，归来本国。帝嘉之，拜僧纲律师。性甚骨鲠，为时不容，解任归游山野。时出京师，造**大安寺**。年七十余。"（p. 165）《日本灵异记》下卷《依妓修行人得猴身缘第 24》："近江国野州郡部内御上岭有神社。名曰陡我大神。奉依封六户。社边有堂。白壁天皇御世之宝龟年中，其堂居住**大安寺**僧惠胜。"（p. 322）《续日本纪》卷 12《圣武纪》天平九年四月条："壬午，律师道慈言：'道慈奉天敕，住此**大安寺**修造以来，于此伽蓝，恐有灾事。私请净行僧等，每年令转《大般若经》一部六百卷。因此，虽有雷声，无所灾害。'"（第二册，p. 312）②佛像。《日本灵异记》上卷《归信三宝钦仰众僧令诵经得现报缘第 32》："但谓：'自非三宝神力，孰肯掾其重忧。'流闻**大安寺**丈六，能随人愿。仍便使人，诣寺诵经。"（p. 130）又中卷《极穷女于尺迦丈六佛愿福分示奇表以现得大福缘第 28》："圣武天皇世，奈罗京**大安寺**之西里，有一女人。极穷，命活无由而饥。流闻：'**大安寺**丈六佛，众生所愿，急能施赐。'买花香油，而以参往于丈六佛前，奉白之言：'我昔世不修福因，现身受取贫穷之报。故我施宝，令免穷愁。'累日经月，愿祈不息。"（p. 223）又："如常愿福，献花香灯，罢家而寐，明日起见，于门椅所，有钱四贯。著之短籍，而注谓之：'**大安寺**大修多罗供钱。'"（p. 223）又："明日起，见乎庭中，有钱四贯。又短籍注谓：'**大安寺**常修多罗供钱。'"（p. 223）又下卷《沙门凭愿十一面观世音像得现报缘第 3》："沙门辨宗者，**大安寺**之僧也。天年有辨。白堂为宗，多知檀越，高得众气。"（p. 268）又："观音菩萨之手绳系，引之而白言：'我用**大安寺**修多罗宗分钱，而偿无便。愿我施钱。'称名以愿求。"（p. 268）《续日本纪》卷 15《圣武纪》天平十六年十月条："属迁造**大安寺**于平城。敕法师、勾当其事。法师尤妙工巧。构作形制、皆禀其规模。所有匠手，莫不叹服焉。"（第二册，p. 448）③读诵。《日本灵异记》中卷《阎罗王使鬼得所召人之赂以免缘第 24》："楢盘岛者，诺乐左京六条五坊人也，居住于**大安寺**之西里。圣武天皇世，借其**大安寺**修多罗分钱三十贯，以往于越前之都鲁鹿津，而交易以之运超，载船将来家之时，忽然得病。"（p. 211）又："盘岛参入**大安寺**南塔院，请沙弥仁耀法师，未受戒之时也。语欲奉读《金刚般若经》百卷。"（p. 212）《续日本纪》卷 17《圣武纪》天平二十年四月条："壬戌，于**大安寺**通经。"（第三册，p. 56）④宗学。《日本灵异记》中卷《极穷女于尺迦丈六佛愿福分示奇表以现得大福缘第 28》："明日开户见之，阃前有钱四贯。著短籍谓：'**大安寺**成实论宗分钱。'"（p.223）《唐大和上东征传》："僧思托便受于**大安**［**寺**］唐院，为忍基等讲，四、五年中，研磨数遍。"（p.95）又："宝字三年，僧忍基于东大唐院讲《疏记》，僧善俊于唐寺讲件《疏记》，僧忠惠于近江讲件《疏记》，僧惠新于大安塔院讲件《疏记》，僧常巍于**大安寺**讲件《疏记》，僧真法于兴福寺讲件《疏记》。"（p.96）《续日本纪》卷2《文武纪》大宝元年六月条："六月壬寅朔，令正七位下道君说僧尼令于**大安寺**。"（第一册，p.40）⑤法事。《日本灵异记》下卷《产生肉团之作女子修善化人缘第19》："**大安寺**僧戒明大德，任彼筑紫国府大国师之时，宝龟七八个年比顷，肥前国佐贺郡大领正七位上佐贺君儿公，设安居会。"（p.309）《续日本纪》卷18《孝谦纪》天平胜宝四年六月条："丁酉，泰廉等就**大安寺**、东大寺礼佛。"（第三册，p.124）又卷19《孝谦纪》天平胜宝八年六月条："丙戌，五七，于**大安寺**设斋焉。僧、沙弥合一千余人。"（第三册，p.164）又卷19《孝谦纪》天平胜宝八年十二月条："己酉，敕：'遣皇太子及右大辩从四位下巨势朝臣堺麻吕于东大寺。由大臣从二位藤原朝臣封成、出云国守从四位下山背王于**大安寺**。'"（第三册，p.170）又卷28《称德纪》神护景云元年三月条："戊午，幸**大安寺**，授造寺大工正六位上轻间连鸟麻吕外从五位下。"（第四册，p.156）卷30《称德纪》宝龟元年八月条："己未，四七，于**大安寺**设斋焉。"（第四册，p.302）又卷37《桓武纪》延历元年十二月条："辛未，是日，太上天皇周忌也。于**大安寺**设斋焉。百官参会。各供其事。"又卷40《桓武纪》延历九年十二月条："己未，是日，当中宫周忌，于**大安寺**设斋焉。"⑥事件。《续日本纪》卷27《称德纪》天平神护二年十二月条："己酉，震**大安寺**东塔。"（第四册，p.144）又卷32《光仁纪》宝龟三年六月条："己巳，有野狐，踞于**大安寺**讲堂之甍。"（第四册，p.384）又卷36《高绍纪》宝龟十一年五月条："壬辰，伊势太神宫封一千二十三户，**大安寺**封一百户，随旧复之。"

【**大安塔院**／だいあんとういん】 寺名 大安寺塔院。《唐大和上东征传》："宝字三年，僧忍基于东大唐院讲《疏记》，僧善俊于唐寺讲件《疏记》，僧忠惠于近江讲《件疏记》，僧惠新于**大安塔院**讲件《疏记》，僧常巍于大安寺讲件《疏记》，僧真法于兴福寺讲件《疏记》。"（p.96）

【**大白牛車**／だいびゃくごしゃ】 四字 由巨大、壮硕的白牛牵曳的宝车。谓《法华经·譬喻品》第三的"三车火宅譬"中所说的大车，用以比喻开说一佛乘的《法华经》。为父的长者（佛）欲救诸子（众生），于是告知孩子有他们平日喜欢的羊车（声闻乘）、鹿车（缘觉乘）、牛车（菩萨乘）三种车（三乘）放在门外，以此将火宅中玩耍的诸子诱出，之后所给予的却是最华丽的大白牛车。尔前三乘的教义是为自三界六道的火宅中诱出众生而讲说的方便，佛要给予众生的其实是一乘的《法华经》。《日本灵异记》下卷《灾与善表相先现而后其灾善答被缘第38》："擎白米献乞者，为得**大白牛车**，发愿造佛，写改大乘，勤修善因也。"（p.372）隋吉藏撰《法华义疏》卷6《譬喻品》："**大白牛车**者，谓平等大慧也。"唐法藏撰《华严经探玄记》卷 1："梁朝光宅寺云法师立四乘教，谓如法华中，临门三车即为三乘，四衢道中所授**大白牛车**即为第四乘。"宋志盘撰《佛祖统纪》卷 5："长者方便诱谕诸子，以羊鹿牛三车玩好之具，引之令出，然后等赐高广**大白牛车**，如来亦复如是。"

【**大悲愍心**/おほきにかなしぶるこころあり】 ☐四字☐   心中充满慈悲怜悯之心。《日本灵异记》中卷《见乌邪淫厌世修善缘第 2》："大领见之，**大悲愍心**，视乌邪淫，厌世出家。离妻子，舍官位，随行基大德，修善求道。名曰信严。"（p. 149）元魏菩提流志译《深密解脱经》卷 5《圣者观世自在菩萨问品》："观世自在菩萨白佛言：'世尊，若诸菩萨，一切资财，随心所用，不可穷尽，菩萨复有**大悲愍心**，何故世间，贫穷众生，受种种苦？'"

【**大般若**/だいはんにゃ】 ☐内典☐（3 例） ①20 卷。《大般若经疏》。散佚。《日本灵异记》中卷《智者诽妒变化圣人而现至阎罗阙受地狱苦缘第 7》："释智光者，河内国人，其安宿郡锄田寺之沙门也。俗姓锄田连，后改姓上村主也。母氏飞鸟部造也。天年聪明，智惠第一。制《盂兰瓮》《**大般若**》《心般若》等经疏，为诸学生，读传佛教。"（p. 167）②600 卷。亦作《大般若经》，具称《大般若波罗蜜多经》。《日本灵异记》下卷《用寺物复将写〈**大般若**〉建愿以现得善恶报缘第 23》（p. 318）《奈良朝写经 75·大般若经卷第 176》："［敬□以维］宝龟十年岁次己未润五月朔［癸丑，母］纪朝臣多继并男氏成女［秋穗等三人，同志］结言，奉写《**大般若**》［大乘一部六百卷，以］为远代之法宝也。"（p. 442）（说明：此处将下面的词条【大般若】合二为一。）

【**大般若经**/だいはんにゃきょう】 ☐内典☐（35 例） 600 卷。唐玄奘译。《大般若波罗蜜多经》的略称。集般若部诸经典的大成。由四处十六会构成，讲说诸法皆空的大乘早期经典。①书写。《续日本纪》卷 12《圣武纪》天平九年三月条："三月丁丑，诏曰：'每国令造释迦佛像一体，挟持菩萨二躯，兼写《**大般若经**》一部。'"（第二册，p. 312）又卷 16《圣武纪》天平十七年九月条："甲戌，令播磨守正五位上阿倍朝臣虫麻吕奉币帛于八幡神社，令京师及诸国写《**大般若经**》合一百部，又造药师佛像七躯，高六尺三寸，并写经七卷。"（第三册，p. 16）第一，免罪。《日本灵异记》下卷《用寺物复将写大般若建愿以现得善恶报缘第 23》："忍胜为欲写《**大般若经**》，发愿集物，剃除鬓发，著袈裟，受戒修道，常住彼堂。"（p. 318）又："爰三僧出来，问忍胜言：'汝作何善？'答：'我不作善。唯欲写《**大般若经**》六百卷，故先发愿，而未书写。'"（p. 319）第二，消灾。《续日本纪》卷 14《圣武纪》天平十三年三月条："顷者，年谷不丰，疫疠顿至。惭惧交集，唯劳罪己。是以，广为苍生，遍求景福。故前年，驰使增饰天下神宫。去岁，普令天下造释迦牟尼佛尊像，高一丈六尺者，各一铺，并写《**大般若经**》各一部。"（第二册，p. 388）《奈良朝写经 4·大般若经卷第 24》："长屋殿下，地极天伦，情深福报。乃为天皇敬写《**大般若经**》六百卷，用尽酸割之诚焉。"（p. 19）

《奈良朝写经 5·大般若经卷第 267》："神龟五年岁次戊辰五月十五日，佛弟子长王至诚发愿，奉写《**大般若经**》一部六百卷。"（p. 32）《奈良朝写经 7·大般若经卷第 522》："天平二年岁次庚午三月上旬，始写《**大般若经**》一部六百卷。"（p. 76）《奈良朝写经 8·大般若经卷第 514》："天平二岁次庚午年三月上旬始写《**大般若经**》一部。"（p. 78）《奈良朝写经 20·大般若经卷第 232》："托思玄津，庶福于安乐，归心实际，冀果于菩提，敬写《**大般若经**》一部，置净土寺，永为寺宝。"（p. 148）《奈良朝写经 38·大般若经卷第 591》："以天平十六年岁次甲申六月，发至信心，敬奉写《**大般若经**》六百卷。"（p. 253）《奈良朝写经 40·大般若经卷第 57》："奉为大师故僧正大和尚，敬写《**大般若经**》一部六百卷。"（p. 264）《奈良朝写经 49·大般若经卷第 355》："天平胜宝六年岁次甲午九月二十三日，锦识君麻吕为父母奉写《**大般若经**》一卷。"（p. 303）《奈良朝写经 56·大般若经卷第 50 等》："仰愿为神社安隐，雷电无骇，朝庭无事，人民宁之，敬欲奉写《**大般若经**》六百卷。"（p. 358）《奈良朝写经未收 3·大般若经卷第 578》："维被太政官天平九年三月十六日符称，奉三月三日敕每国令造释迦佛一躯、挟持菩萨二躯、兼写《**大般若经**》一部者。"（p. 469）《奈良朝写经未收 7－1·大般若经卷第 421》："谨敬加写《**大般若经**》二帙二十卷，缮饬已毕，此第四十三帙并第五十二帙也。"《奈良朝写经未收 7－2·大般若经卷第 425》："谨敬加写《**大般若经**》二帙二十卷，缮饬已毕，此第四十三帙并第五十二帙也。"（p. 504）②读诵。《续日本纪》卷 15《圣武纪》天平十六年三月条："丁丑，运金光明寺《**大般若经**》，致紫香乐宫。比至朱雀门，杂乐迎奏，官人迎礼。引导入宫中，奉置安殿。请僧二百，转读一日。"（第二册，p. 438）又天平十六年三月条："戊寅，难波宫东西楼殿，请僧三百人，令读《**大般若经**》"（第二册，p. 438）又卷 16《圣武纪》天平十七年九月条："丁丑，平城中宫，请僧六百人，令读《**大般若经**》。"（第三册，p. 16）又卷 22《淳仁纪》天平宝字四年闰四月条："壬午，转读《**大般若经**》于宫中。"（第三册，p. 350）又卷 28《称德纪》神护景云元年十月条："庚子，御大极殿，屈僧六百，转读《**大般若经**》。奏唐、高丽乐及内教坊蹋歌。"（第四册，p. 182）又卷 30《称德纪》宝龟元年七月条："谨于镜内诸大小寺，始自今月十七日七日之间，屈请缁徒，转读《**大般若经**》。"（第四册，p. 288）又卷 33《光仁纪》宝龟六年十月条："己卯，屈僧二百口，读《**大般若经**》于内里及朝堂。"（第四册，p. 462）又卷 34《高绍纪》宝龟七年五月条："丙辰，屈僧六百，读《**大般若经**》于宫中及朝堂。"又宝龟八年三月条："癸酉，屈僧六百口，沙弥一百口，转读《**大般若经**》于宫中。"第一，度人。《续日本纪》卷 3《文武纪》大宝三年三月条："辛未，诏四大寺，读《**大般若经**》。度一百人。"（第一册，p. 66）第二，消灾。《续日本纪》卷 9《圣武纪》神龟二年正月条："壬寅，请僧六百人于宫中，读诵《**大般若经**》。为除灾异也。"（第二册，p. 158）又卷 12《圣武纪》天平七年五月条："己卯，于宫中及大安、药师、元兴、兴福四寺，转读《**大般若经**》。为消除灾害，安宁国家也。"（第二册，p. 290）又天平九年四月条："壬子，律师道慈言：'道慈，奉天敕，任此大安寺修道以来，于此伽蓝，恐有灾事。私请净行僧等，每年令转《大般若经》一部六百卷。因此，虽有雷声，无所灾害。请自今以后，撮取诸国进调庸各三段物，以充布施，请僧百五十人，令转此经。'"（第二册，p. 312）又天平九年五月条："五月甲戌朔，日有蚀之。请僧六百人于宫中，令作《大般若经》焉。"（第二册，p. 320）又卷16《圣武纪》天平十七年五月条："丁卯，地震。读《大般若经》于平城京。是日，恭仁京市人徙于平城，晓夜争行，相接无绝。"（第三册，p. 10）第三，祈福。《续日本纪·圣武纪》天平九年八月条："丙辰，为天下太平，国家安宁，于宫中一十五处，请僧七百人，令转《大般若经》《最胜王经》。度四百人。四畿内七道诸国五百七十八人。"（第二册，p. 326）第四，疗病。《续日本纪》卷40《桓武纪》延历八年十二月条："又敕：'顷者中宫不予，稍经旬日。虽勤医疗，未有应验。思归至道，令复安稳。宜令畿内七道诸寺，一七个日读诵《大般若经》焉。'"③引用。《日本灵异记》下卷《用寺物复将写大般若建愿以现得善恶报缘第23》："《大般若经》云：'凡钱一文，至二十日，倍一百七十四万三贯九百六十八文在。故窃一文钱莫盗用也。'者，其斯谓之矣。"（p. 319）

【大瞋/いたくいかる】 偏正 （2例） 非常生气；恼羞成怒。《播磨风土记·宍禾郡》条："伊和大神将娶挑之，尔时，此神固辞不听。于是，大神大瞋，以石塞川源，流下于三形之方。故此川少水。"（p. 88）《唐大和上东征传》："时如海大瞋，裹头入州，上采访厅告曰：'大使知否？有僧道航造船入海，与海贼连。'"（p. 44）西晋安法钦译《阿育王传》卷2："时有优婆塞，已告于王，王闻大瞋，捉尼干陀，并其眷属，以火烧杀。"姚秦鸠摩罗什译《大庄严论经》卷12："彼王毁汝，汝起大瞋，瞋恚之法，现在大苦，于未来世，复获苦报，先当害瞋，云何伤彼？"北凉昙无谶译《大般涅槃经》卷31《师子吼菩萨品》："一切众生，四大毒蛇，亦复如是，若一大瞋，则能坏身。"按：《汉语大词典》失收。佛教以贪、瞋、痴为三毒。

【大瞋怨/いたくいかりうらむ】 三字 非常生气埋怨。《播磨国风土记·饰磨郡》条："于是，火明命汲水还来，见船发去，即大瞋怨。仍起风波，追迫其船。于是，父神之船，不能进行，遂被打破。"（p. 32）唐菩提流志译《金刚光焰止风雨陀罗尼经》卷1："我等眷属，今出本宫，由斯我皆，生大瞋怨，则便非时，起大恶风，卒暴恶雨，雷雹霹雳。"

【大乘/だいじょう】 偏正 （16例） 梵语 mahā - yāna 的译名，音译作"摩诃衍"。即大乘教。大型交通工具之意。"小乘"的对应词。谓使一切众生成佛，而说利他菩萨道的教义。大谓法体广大无限而卓越，乘是将教法比喻为交通工具，载运众生从迷惑的此岸至悟觉的彼岸。《日本灵异记》上卷《凶人不敬养奶房母以现得恶死报缘第13》："所以经云：'不孝众生，必堕地狱。孝养父母，往生净土。'是如来之所说，大乘之诚言矣。"（p. 110）又中卷《至诚心奉写〈法华经〉有验示异事缘第6》："为报四恩，奉写〈法华经〉，为纳**大乘**遣使四方，求白檀紫檀。"（p. 161）又："诚知示于**大乘**不思议力，试于愿主至深信心。更不可疑也。"（p. 161）又《奉写〈法华经〉因供养显母作女牛之因缘第15》："我昔先世偷用子物，所以今受牛身，以偿其债。明日为我将说**大乘**之师故，贵而殷告知。"（p. 188）又《佛铜像盗人所捕示灵表显盗人缘第22》："《涅槃经》十二卷文，如佛说：'我心重**大乘**。闻婆罗门诽谤方等，断其命根。以是因缘，从是以来，不堕地狱。'"（p. 206）又下卷《忆持〈法华经〉者舌著曝髑髅中不朽缘第1》："谅知**大乘**不思议力，诵经积功验德也。"（p. 264）又："赞曰：'贵哉！禅师。受血肉身，常诵法华，得**大乘**验。投身曝骨，而髑髅中，著舌不烂。是明圣也，不凡矣。'"又《沙门诵持方广**大乘**沉海不溺缘第4》："又问：'师何有要术，故沉水不死？'答：'我常诵持方广**大乘**。其威神力，何更疑之？'"（p. 272）又："是沉海，水污不溺，毒鱼不吞，身命不亡。诚知**大乘**威验，诸佛加护。"（p. 273）又《拍于忆持千手咒者以现得恶死报缘第14》："犹拒逆之，恳引譬言：'衣虱上于头而成黑，头虱下于衣而成白。如是有譬。顶载陀罗尼，负经之意，不遭俗难。何故持**大乘**之我令打辱。实有验德，今示威力。'"（p. 296）又《重斤取人物又写〈法华经〉以现得善恶报缘第22》："于时，僧言：'校札之者，实如汝曰，敬写三部法华大乘也。随写**大乘**，而作重罪。所以者何？汝用斤二，出举之时，用于轻斤，征纳之日，用于重斤，故召汝耳。今者忽还。'"（p. 315）又《怨病忽婴身因之受戒行善以现得愈病缘第34》："实知**大乘**神咒奇异之力，病人行者积功之德。"（p. 350）又《灾与善表相先现而后其灾善答被缘第38》："擎白米献乞者，为得大白牛车，发愿造佛，写改**大乘**，勤修善因也。"（p. 372）《奈良朝写经75·大般若经卷第176》："夫以般若**大乘**者，斯乃三世诸佛之肝心，十地菩萨之宝藏。"（p. 442）又："奉写《大般若》［**大乘**一部六百卷，以］为远代之法宝也。"（p. 442）姚秦鸠摩罗什译《十二门论》卷1："问曰：'何故名为摩诃衍？'答曰：'**摩诃衍**者，于二乘为上，故名**大乘**。诸佛最大，是乘能至，故名为大。诸佛大人，乘是乘故，故名为大。又能灭除众生大苦，与大利益事，故名为大。又观世音、得大势、文殊师利、弥勒菩萨等，是诸大士之所乘故，故名为大。又以此乘，能尽一切诸法边底，故名为大。又如般若经中。佛自说：摩诃衍义，无量无边。以是因缘，故名为大。'"北凉昙无谶译《大般涅槃经》卷12《圣行品》："善男子，我于尔时，心重**大乘**，闻婆罗门诽谤方等。闻已即时断其命根。善男子，以是因缘，从是已来，不堕地狱。善男子，护护摄持**大乘**经典，乃有如是无量势力。"按："大乘"的"乘"，《汉语大词典》中释为"佛教比喻运载众生到达解脱彼岸的种种教法"，读音作 chéng。辛岛静志则认为"大乘"的"乘"的原语 yāna 有"马车、船等运载工具"的意思，故读音应为 shèng。→【法华大乘】【方广大乘】【菩萨之乘】【心重大乘】

【大乘经/だいじょうきょう】 三字 （2例） 说明成佛之道的经典。此处指《法华经》《维摩诘经》《胜蔓经》等诸经。《日本灵异记》上卷《序》："唯代代天皇，或登

高山顶起悲，住雨漏殿，抚于庶民。或生而高辩，兼委未事，一闻十诉，一言不漏。生年二十五，受天皇请，说**大乘经**。所造经疏，长流末代。"（p. 54）又《非理夺他物为恶行受恶报示奇事缘第30》："作罪得报之因缘者，**大乘经**如广说，谁不信耶？所以经云：'现在甘露，未来铁丸也。'者，其斯谓之矣。"（p. 126）姚秦鸠摩罗什译《妙法莲华经》卷1《序品》："尔时世尊，四众围绕，供养恭敬，尊重赞叹。为诸菩萨，说**大乘经**，名无量义，教菩萨法，佛所护念。"萧齐昙摩伽陀耶舍译《无量义经》卷1《十功德品》："是持经者，亦复如是，随婴五道，诸有之身，百八重病，常恒相缠，安止无明，老死此岸，而有坚牢，此**大乘经**，无量义办，能度众生，能如说行者，得度生死。"

【**大乘经典**/だいじょうきょうてん】 四字　讲说大乘教法的经典。《日本书纪》卷24《皇极纪》元年七月条："戊寅，群臣相谓之曰：'随村村祝部所教，或杀牛马，祭诸社神。或频移市，或祷河伯。既无所效。'苏我大臣报曰：'可于寺寺转读**大乘经典**。悔过如佛所说，敬而祈雨。'"（第三册，p. 62）西晋聂道真译《佛说文殊师利般涅槃经》卷1："其众色中，化佛菩萨，不可具说。左手执钵，右手擎持，**大乘经典**，现此相已，光火皆灭，化琉璃像。"东晋佛驮跋陀罗译《佛说观佛三昧海经》卷10《念十方佛品》："正念诸佛，微妙色身，令心不退，亦当读诵，**大乘经典**。以此功德，念佛力故，疾疾得见，无量诸佛。"姚秦鸠摩罗什译《妙法莲华经》卷2《譬喻品》："若有比丘，为一切智，四方求法，合掌顶受，但乐受持，**大乘经典**，乃至不受，余经一偈，如是之人，乃可为说。"按：依《佛学大词典》所说，以大正大藏经为例，其中所收之经（律、论除外），除阿含部及本缘部内之一部分为小乘经典，其余之般若部、法华部、华严部、宝积部、涅槃部、大集部、经集部、密教部等所含之经书，皆为大乘经典。大乘经所说之主要内容，为成佛之途径、菩萨道之内涵，及六波罗蜜、佛性等教义，凡此皆非小乘佛教之义理所侧重者。

【**大乘力**/だいじょうのちから】 三字　修行实践大乘的利益功德。《日本灵异记》中卷《阎罗王使鬼得所召人之贿以免缘第24》："历三个日，使鬼来云：'依**大乘力**，脱百段罪，自常食复倍饭一斗而赐。喜、贵。自今以后，每节为我修福供养。'"（p. 212）西晋竺法护译《等目菩萨所问三昧经》卷3《分别身行大慧空品》："八者，将顺魔党，成**大乘力**故。"东晋佛驮跋陀罗译《文殊师利发愿经》卷1："神力遍游行，**大乘力**普门，慈力覆一切，行力功德满。"刘宋昙无蜜多译《佛说观普贤菩萨行法经》卷1："**大乘力**故，空中有声，而赞叹言：'善哉，善哉！善男子，汝行大乘，功德因缘，能见诸佛。'"

【**大乘小乘**/だいじょう・しょうじょう】 四字　大乘教和小乘教。《续日本纪》又卷17《圣武・孝谦纪》天平胜宝元年五月条："因发御愿曰：'以《华严经》为本，一切**大乘小乘**经律论抄疏章等，必为转读讲说，悉令尽竟。远限日月，穷未来际。'"（第三册，p. 82）北凉昙无谶译《大方等大集经》卷51《诸恶鬼神得敬信品》："彼彼如是护持我法故，亦复善护阿兰若住法比丘若 **大乘小乘**。如是如是精气增长乃至眷属。"唐玄奘撰《大唐西域记》卷 5："伽蓝百有余所，僧徒三千余人， **大乘小乘**，兼功习学。"

【大慈至深·弘愿潜运/だいじいたりてふかくして·ぐがんひそかにめぐりて】

自创 "弘愿"，拯救一切众生的大愿。"潜运"，悄悄运转。《续日本纪》卷 21《淳仁纪》天平宝字二年八月条："**大慈至深**，建药院而普济，**弘愿潜运**，设悲田而广救。"（第三册，p. 270）

【大德/だいとく】 偏正 （48 例） "大德"，佛家对年长德高僧人或佛菩萨的敬称。①用于非对话文中。《日本书纪》卷 30《持统纪》元年八月条："己未，天皇使直大肆藤原朝臣大岛、直大肆黄书连大伴，请集三百龙象**大德**等于飞鸟寺，奉施袈裟人别一领。"（第三册，p. 280）《藤氏家传》下卷《武智麻吕传》："每年夏三月，请十**大德**，听说《法华》，薰习心府。"（p. 296）《日本灵异记·勤求学佛教弘法利物临命终时示异表缘第 22》："即后夜，光自房出，施耀寺庭松树。良久，乃光指西飞行。弟子等莫不惊怪。**大德**西面端座，应卒焉。定知必生极乐净土。"（p. 108）又中卷《智者诽妒变化圣人而现至阎罗阙受地狱苦缘第 7》："智光大叹，向弟子具述阎罗状。大惧念，言向于**大德**举诽妒心。"（p. 168）又《赎蟹虾命放生得现报缘第 8》："女恐，明日白于**大德**。**大德**住在生马山寺，而告之言：'汝不得免。唯坚受戒。'"（p. 171）又："然蟹持更返，劝请**大德**，咒愿而放。**大德**叹言：'贵哉，善哉！'"（p. 171）又《行基大德携子女人视过去怨令投渊示异表缘第 30》："**大德**告曰：'咄！彼娘人，其汝之子持出舍渊。'众人闻之，当头之曰：'有慈圣人，以何因缘，而有是告？'娘依子慈不弃。犹抱持，闻说法。明日复来，携子闻法。子犹喜哭，听众障器，不得闻法。**大德**嗔言：'其子投渊。'尔母怪之，不得思忍，掷于深渊。儿更浮出于水之上，踏足攒手，目大瞻晖，而慷慨曰：'恻哉。今三年征食耶。'母怪之，更入会闻法。**大德**问言：'子掷舍耶？'时母答，具陈上事。**大德**告言：'汝昔先世，负彼之物，不偿纳故，今成子形，征债而食。是昔物主。'"（p. 227）又《沙门诵持〈方广大乘〉沉海不溺缘第 4》："忽值荒浪，驿船沉海，**大德**溺流，救取无便。终漂沉亡。但我仅活耳。"（p. 272）又《灾与善表相先现而后其灾善答被缘第 38》："正相木本者　**大德**食肥而立来也。"（p. 370）《唐大和上东征传》："唐国诸寺三藏、**大德**，皆以戒律为入道之正门；若有不持戒者，不齿于僧中。"（p. 38）又："遂终六十日，又诸寺三纲、**大德**共来礼谢，［乞］欢喜，大和上乃开颜耳。"（p. 61）又："又敕僧都良辨，令录诸临坛**大德**各进内。"（p. 92）《续日本纪》卷 24《淳仁纪》天平宝字七年五月条："五月戊申，大和上鉴真物化。和上者杨州龙兴寺之**大德**也。"（第三册，p. 430）②用于对话文中。第一，直接引语。《日本灵异记》上卷《聋者归敬方广经典得现报开两耳缘第 8》："于是发希有想，白禅师言：'今我片耳闻一菩萨名。故唯愿**大德**忍劳。'"（p. 82）又上卷《人畜所履髑髅救收示灵表而现报缘第 12》："其人语之曰：'蒙**大德**之慈，顷得平安之庆。然非今夜，无由报恩。'"

（p. 91）又："自尔以还，多年岁，往来人畜，皆踏我头。**大德**垂慈，令见离苦。"（p. 91）又中卷《见乌邪淫厌世修善缘第2》："但要语曰：'与**大德**俱死，必当同往生西方。'"（p. 149）又《智者诽妒变化圣人而现至阎罗阙受地狱苦缘第7》："亦更白：'见**大德**生处，以黄金造宫。'"（p. 169）《唐大和上东征传》："又闻日本国长屋王崇敬佛法，［造］千袈裟，［来施］此国**大德**、众僧。"（p. 40）第二，诏书敕命。《唐大和上东征传》："朕造此东大寺，经十余年，欲立戒坛，传受戒律，自有此心，日夜不忘。今诸**大德**，远来传戒，冥契朕心。"（p. 92）《续日本纪》卷15《圣武纪》天平十五年正月条："癸丑，为读《金光明最胜王经》，请众生于金光明寺。其词曰：'天皇敬咨四十九座诸**大德**等。'"（第二册，p. 414）又卷19《孝谦纪》天平胜宝八岁十二月条："愿众**大德**，勿辞摄受。欲使以此妙福无上威力，翼冥路之銮舆，向华藏之宝刹。"（第三册，p. 170）③前承人名。第一，用于非对话文中。《日本灵异记》上卷《信敬三宝得现报缘第5》："尔时，并住**行基大德**者，文殊师利菩萨反化也。是奇异事矣。"（p. 76）又《自幼时用网捕鱼而现得恶报缘第11》："播磨国饰磨郡浓于寺、京元兴寺沙门**慈应大德**，因坛越请夏安居，讲《法华经》。"（p. 88）又中卷《见乌邪淫厌世修善缘第2》："离妻子，舍官位，随**行基大德**，修善求道，名曰信严。"（p. 149）又："信严禅师，无幸少缘，自**行基大德**先命终也。**大德**哭咏，作歌曰。"（p. 149）又《智者诽妒变化圣人而现至阎罗阙受地狱苦缘第7》："**行基大德**，和颜嘿然。"（p. 169）又："**智光大德**，弘法传教，化迷趣正，以白壁天皇世，智囊蜕日本地，奇神迁不知堺矣。"（p. 169）又《赎蟹虾命放生得现报缘第8》："常勤采菜，一日不阙。奉供侍于**行基大德**。"（p. 171）又《赎蟹虾命放生现报蟹所助缘第12》："时**行基大德**，有纪伊郡深长寺。往白事状。**大德**闻曰：'呜呼！难量之语。唯能信三宝耳。'"（p. 180）又《**行基大德**放天眼视女人头涂猪油而呵嗔缘第29》："故京元兴寺之村，严备法会，奉请**行基大德**，七日说法。于是，道俗皆集闻法。听众之中，有一女人。发涂猪油，居中闻法。**大德**见之，嗔言：'我甚臭哉！彼头蒙血女，远引弃。'女大耻，出罢。"（p. 224）又《**行基大德**携子女人视过去怨令投渊示异表缘第30》："**行基大德**，令堀开于难波之江而造船津，说法化人。"（p. 226）又下卷《产生肉团之作女子修善化人缘第19》："大安寺僧**戒明大德**，任彼筑紫国府大国师之时，宝龟七八个年比顷，肥前国佐贺郡大领正七位上佐贺君儿公，设安居会。"（p. 309）又《沙门积功作佛像临命终时示异表缘第30》："赞曰：'嗟呼，庆哉！三间名干歧之氏**大德**。内密圣心，外现凡形。'"（p. 342）又《假官势非理为政得恶报缘第35》："天皇劝请**善珠大德**为讲师，请施皎僧头为读师。于平城宫野寺，备大法会，为讲读件经，赠救彼灵之苦也。"（p. 353）又《智行并具禅师重得人身生国皇之子缘第38》："是故当知，**善珠大德**，重得人身，生人王之子矣。"（p. 378）第二，用于对话文直接引语。《日本灵异记》上卷《人畜所履髑髅救收示异表而现报缘第12》："迄于同年十二月晦夕，人来寺门白：'欲遇**道登大德**之从者万侣者。'"（p. 91）《续日本纪》卷19《孝谦纪》天平胜宝八岁五月条："良辩、慈训二**大德**者，当于先帝不予之

日，自尽心力，劳勤昼夜。"（第三册，p. 163）

【大德和上/だいとく わじょう】 四字 "和上"，亦作"和尚"，义同。常指出家修行的男佛教徒。《唐大和上东征传》："**大德和上**，远涉沧波，来投此国，诚副朕意，喜慰无喻。"（p. 92）刘宋僧璩撰《十诵羯磨比丘要用》卷1："**大德**忆念，我某甲求大**德**为沙弥和上。愿**大德**为我某甲作十戒和上，我某甲依**大德和上**故，出家受十戒。"隋阇那崛多译《佛本行集经》卷41《迦叶三兄弟品》："尔时，彼处一切人民，见如是众诸天龙等，心生恐怖，身毛皆竖，即便问彼优娄频螺迦叶等言：'**大德和上**①，此何物神，作斯变怪？非是灾也？或当有疫，或大恐怖，或大斗诤，或有迦咤富单那鬼，及黑暗鬼，而欲来乎？'"唐道宣撰《四分律删繁补阙行事钞》卷1："律云：'应向二师具修威仪合掌云：**大德和尚**我今忏悔，更不复作。'"

【大地動/おほきに なゐふる】 格义 （3例） 大地震动，地震。《日本书纪》卷29《天武纪下》四年十一月条："十一月辛丑朔癸卯，有人登宫东岳，妖言而自刎死之。当是夜直者，悉赐爵一级。是月，**大地动**。"（第三册，p. 366）又卷19《天武纪下》七年十二月条："十二月癸丑朔己卯，腊子鸟弊天，自西南飞东北。是月，筑紫国**大地动**之，地裂广二丈，长三千余丈，百姓舍屋每村多仆坏。"（第三册，p. 382）又十一年八月条："癸酉，**大地动**。戊寅亦地震动。是日平旦，有虹，当于天中央，以向日。"（第三册，p. 422）东晋法显译《大般涅槃经》卷1："佛言：'阿难，**大地**震动，有八因缘：一者大地，依于水住，又此大水，依风轮住，又此风轮，依虚空住，空中有时，猛风大起，吹彼风轮，风轮既动，彼水亦动，彼水既动，**大地乃动**；二者比丘、比丘尼、优婆塞、优婆夷，有修神通，始成就者，欲自试验，故大地动；三者菩萨，在兜率天，将欲来下，降神母胎，故大地动；四者菩萨初生，从右胁出，故大地动；五者菩萨舍于王宫，出家学道，成一切种智，故大地动；六者如来成道，始为人天转妙法轮，故**大地动**；七者如来舍寿，以神通力，住命而住，故大地动；八者如来般涅槃时，故**大地动**。阿难当知，地动因缘，有此八事。'"唐义净译《金光明最胜王经》卷10《舍身品》："何故今时**大地动**，江河林，树皆摇震。"北凉昙无谶译《大般涅槃经》卷2云："是时，此地六种震动，乃至梵世，亦复如是，地动有二，或有地动大地动。小动者名为**地动**；大动者名**大地动**。有小声者名曰**地动**；有大声者，名**大地动**。独动者，名曰**地动**，山河树木，及大海水，一切动者，名大地动；一向动者，名曰地动，周回旋转，名**大动**。动名地动，动时能令，众生心动，名大地动，菩萨初从兜率天，下阎浮提时，名大地动，从初出家成阿耨多罗三藐三菩提，转于法轮，及般涅槃，名大地动。今日如来，将入涅槃，是故此地如大动。"按：根据佛教的说法，地动有两种，或为地动或为大地动。小动叫作地动，大动叫作大地动。有小声音名叫地动，有大声音名叫大地动。只是

---

① "上"，在明本中作"尚"。

地动名叫地动，山河树木及大海波浪全都动，名叫大地动。只朝一个方向动，名叫地动，四周旋转地动，名叫大动。动名叫地动，动时能撼动众生心灵的，名叫大地动。菩萨当初从兜率天降到阎浮提时，名叫大地动。从初生出家到成就阿耨多罗三藐三菩提、转于法轮及般涅槃，名叫大地动。今天如来将涅槃，所以大地有如此剧烈的震动。从文献学的角度来看，《大般涅槃经》早在奈良时代传入日本已是周知的事情。汉译佛经词语"大地动"等的引入，使得《日本书纪》关于地震的记述形式具有了不同于中国史书五行志的记述形式。→【大地动摇】【大地震】【大震动】【地大震动】

【大地動摇/おほきになゐふる】 格义　大地晃动，摇晃剧烈的地震。《元兴寺伽蓝缘起并流记资财账》："如是誓已，即**大地动摇**，震雷卒雨大雨，悉净国内。"唐菩提流志译《佛心经》卷2："复有大通，其通光明，遍十方刹。其时，**大地动摇**，三十六遍，星宿日月，应时堕落，遍于八方，所有魔及魔民，皆舍魔业，退其威神。即得佛通。"

【大地震/おほきになゐふる】 格义　今义同。《日本书纪》卷29《天武纪下》十三年十月条："壬辰，逮于人定，**大地震**。举国男女叫唱，不知东西，则山崩河涌。诸国郡官舍及百姓仓屋、寺塔神社，破坏之类不可胜数。由是人民及六畜多死伤之。时伊豫汤泉没而不出。土左国田菀五十余万顷没为海。古老曰：'若是地动，未曾有也。'"（第三册，p. 438）隋阇那崛多译《善思童子经》卷上："右足跨于阃，欲入此城门。犹彼**大地震**，亦如打铜钟。"唐道宣撰《法苑珠林》卷29："北门通大寺，其院内圣迹诸塔列多。树垣正中金刚座上者，贤劫初成与大地俱。大千界中，下极金轮上至地际，金刚所成，周百余步，千佛同坐入金刚定，故因号焉。即证道之处。又曰道场，**大地震**时独无摇也。"按："大地震"一词，在中国史书五行志中未曾现身。从灾异记述形式看，《天武纪下》中的"大地震"极有可能是日本文献中年代最早的例证。"大地震"一词出自汉文佛经的可能性颇大。《善思童子经》例言世尊进入毘耶离大城城门时的神采与威仪，那模样犹如大地震动，又似擂鼓敲钟。《释迦方志》中的"大地震"表示佛证道得悟时的祥瑞。两例"大地震"虽然并非表示作为自然灾害的地震，但其自身作为词形而存在则是难得的书证，值得引起学术界的关注。

【大法会/おほきなるほうえ】 三字　（2例）　规模巨大的供佛、施僧、说法等宗教集会。《日本灵异记》中卷《恃己高德刑贱形沙弥以现得恶死缘第1》："诺乐宫御宇大八岛国胜宝应真圣武太上天皇，发大誓愿，以天平元年己巳春二月八日，于左京元兴寺备**大法会**，供养三宝。"（p. 146）又下卷《假官势非理为政得恶报缘第35》："天皇劝请善珠大德为讲师，请施皎僧都为读师，于平城宫野寺，备**大法会**，为讲读件经，赠救彼灵之苦也。"（p. 353）东晋佛驮跋陀罗译《大方广佛华严经》卷60《入法界品》："守护正法，为大法师，施清净法，设**大法会**，建大法幢，击法鼓，吹法螺，雨法雨，兴立塔庙。"姚秦鸠摩罗什译《佛说华手经》卷6《验行品》："因是当得，无比智慧，无比佛力，佛无所畏，亦得无比，阿耨多罗三藐三菩提，能为众生，设**大法会**，施法宝分。"刘宋求那跋陀罗译《大法鼓经》卷 2："汝今闻此，大法鼓经，于我灭后，四十年中，当善护持，如今正法，当击大法鼓、吹大法蠡、设**大法会**、建大法幢。"按：从汉译佛经中"设大法会"的文例可知，《日本灵异记》中"备大法会"的说法疑似自创搭配，"设"与"备"在训读中属于同义异字。

【大法興寺/だいほうこうじ】 寺名 寺名。

【大方等経/だいほうどうきょう】 内典 《大方等大集经》的略称。亦称《大集经》。佛教经典。各种大乘经籍的汇编。汉译《大集经》为北凉昙无谶等译。30 卷。隋代在昙无谶译 30 卷本的基础上，增加了那连提耶舍等编译的《大乘大方等日藏经》《大方等大集月藏经》《大乘大集须弥藏经》，东汉安世高译的《明度五十校计经》（即《十方菩萨品》），合成 60 卷。《日本灵异记》上卷《僧用涌汤之分薪而与他作牛役之示奇表缘第20》："所以《**大方等経**》云：'四重五逆，我亦能救。盗僧物者，我所不救。'者，其斯谓之矣。"（p.105）西晋竺法护译《正法华经》卷 4《往古品》："于时大圣，为现真谛，显扬宣布，斯《正法华》。普雨讲说，《**大方等経**》，若干千颂，不可思念。"东晋佛驮跋陀罗译《大方等如来藏经》卷 1："尔时，世尊告金刚慧及诸菩萨言：'善男子，有《**大方等経**》，名如来藏。将欲演说，故现斯瑞。汝等谛听，善思念之。'"唐道宣撰《续高僧传》卷 2："初投信都僧边法师，因试令诵《须大拏经》，减七千言，一日便了。更诵《**大方等経**》，数日亦度。边异之也。"

【大方広仏華厳経/だいほうこうぶつけごんぎょう】 内典 《华严经》的全名。有东晋佛陀跋陀罗译 60 卷（60 华严、旧译华严经）、唐代实叉难陀译 80 卷（80 华严、新译华严经）、唐代般若译 40 卷（40 华严）。据称是释尊在伽耶城附近的菩提树下，于七处八会、三七日（或二七日）间所说的经。次于《法华经》的大乘经，配以五味，相当于乳味；配以八教，则相当于顿教、别教、圆教。《唐大和上东征传》："《**大方广佛华严经**》八十卷、《大佛名经》十六卷、金字《大品经》一部、金字《大集经》一部、南本《涅槃经》一部四十卷、《四分律》一部六十卷。"（p.87）→【八十華厳】【華（花）厳経】

【大仏/おほきなるほとけ】 偏正 一丈六尺以上的佛像。其种类以释迦如来、毗卢遮那佛居多。此处指奈良东大寺金堂的金铜毗卢舍那佛坐像，高五丈三尺，乃天平胜宝元年（749）完成。《日本灵异记》中卷《序》："之中，胜宝应真圣武太上天皇，尤造**大佛**，长绍法种，剃须发，著袈裟，受戒修善，以正治民。"（p.142）

【大仏殿/だいぶつでん】 三字 （2例） 供奉大佛的殿堂。《唐大和上东征传》："后于**大佛殿**西，别作戒坛院，即移天皇受戒坛土筑作之。"（p.93）《续日本纪》卷 19《孝谦纪》天平胜宝八年六月条："敕：'明日国忌御斋，应设东大寺。其**大佛殿**步廊者，宜令六道诸国营造，必会忌日。不可怠缓。'"（第三册，p.166）唐慧净集《建立曼荼罗及拣择地法》卷1："大河岸上，清净伽蓝，**大佛殿**中，或林木茂盛，多花果处，周匝有水，土余剩处，国土人盛，多慈悲处，城邑聚落，多人信敬，奉佛教处。"唐道宣撰《中天竺舍卫国祇洹寺图经》卷1："次北有**大佛殿**，高广映夺诸，院飞廊两注，及宇凭空，东西夹殿，大树庄严，冬夏常荣，重阴蔽日。"

【**大富财**／おほきにたからにとむ】　自创　非常富有，拥有无数的财产。《日本灵异记》中卷《穷女王归敬吉祥天女像得现报缘第14》："定知菩萨感应所赐。因**大富财**，免贫穷愁。是奇异之事矣。"（p.185）失译人名在后汉录《大方便佛报恩经》卷5《慈品》："其家**大富**，**财**宝无量，家无有子，一旦崩亡，财贿没官。"西晋竺法护译《修行地道经》卷4《行空品》："此人**大富**，**财**宝不訾，田地舍宅，器物无量，奴婢仆使，无所乏少，宗室亲友，皆亦炽盛。"姚秦佛陀耶舍、竺佛念等合译《四分律》卷43："汝是国之大长者，**大富财**宝无数。"刘宋求那跋陀罗译《佛说罪福报应经》卷1："为人豪贵国王长者，从礼事三宝中来；为人**大富**，**财**物无限，从布施中来。"隋菩提灯译《占察善恶业报经》卷1："四十九者，求**大富财**盈满。"

【**大富家**／おほきにとめるいへ】　三字　非常富有的家庭。《日本灵异记》中卷《女人恶鬼见点攸食嘌缘第33》："尔时，大和国十市郡庵知村东方，有**大富家**。姓镜作造。"（p.234）后汉安世高译《佛说分别善恶所起经》卷1："常好喜布施，而不学智慧，于智不敏达，生于**大富家**。"梁宝唱等集《经律异相》卷37："昔有**大富家**，食口六人奴婢，金银珍宝，不可称数。"北凉昙无谶译《大般涅槃经》卷12《圣行品》："复次迦叶，如**大富家**，多有财宝、金银、琉璃、珊瑚、虎珀、车璩、马瑙，有诸怨贼，若入其家，即能劫夺，悉令空尽。善男子，盛年好色，亦复如是，常为老贼，之所劫夺。"

【**大富饶财**／おほきにとみてたからゆたかなり】　四字　（2例）　非常富有，拥有大量的财物。《日本灵异记》中卷《奉写〈法华经〉因供养显母作女牛之因缘第15》："高桥连东人者，伊贺国山田郡嘌代里人也。**大富饶财**。奉为母写《法华经》，以盟之曰：'请于我愿有缘之师欲所济度。'"（p.187）又《极穷女于尺迦丈六佛愿福分示奇表以现得大福缘第28》："女得钱四贯，为增上缘，**大富饶财**，保身存命。"（p.223）后汉康孟详译《佛说兴起行经》卷1："复有一婆罗门，名曰梵天，**大富饶财**，象马七珍，侍使仆从。"唐道世撰《法苑珠林》卷55："如《增一阿含经》云：尔时，有长者名，阿那邠邸，家大富不可称计。尔时，满富城中有长者，名曰满财，亦大富饶财。"唐道世集《诸经要集》卷5："又《正法念经》云：若有众生，信心悲心，以种种食施人，命终生质多罗天，受种种乐。命终得受人身，**大富饶财**，常行正法。"→【～家饶财】

【**大功德**／おほきなるくどく】　三字　极为殊胜的功能福德。《日本书纪》卷22《推古纪》三十二年四白条："仰愿其除恶逆者以外僧尼，悉赦而勿罪。是**大功德**也。"

（第二册，p.586）后汉安世高译《佛说奈女祇域因缘经》卷1："佛言：'此女非淫女，其宿命有**大功德**，已供养三亿佛。'"姚秦鸠摩罗什译《妙法莲华经》卷5《从地踊出品》："世尊得佛未久，乃能作此，**大功德**事。我等虽复信佛，随宜所说，佛所出言，未曾虚妄，佛所知者，皆悉通达。"北凉昙无谶译《大般涅槃经》卷4："尔时，迦叶菩萨白佛言：'世尊，食肉之人，不应施肉。何以故？我见不食肉者，有**大功德**。'"

【大官/だいかん】 寺名 "大官大寺"的略称。《日本书纪》卷30《持统纪》即位前纪条："十二月丁卯朔乙酉，奉为天渟中原瀛真人天皇，设无遮大会于五寺**大官**、飞鸟、川原、小垦田丰浦、坂田。"（第三册，p.476）

【大官大寺/だいかんだいじ】 寺名 （8例） 由官府即朝廷经营管理的寺院，故名。据《大安寺伽蓝缘起并流记资财帐》天武六年（677）记载，"改高市大寺号大官大寺。"①纪事。《日本书纪》卷29《天武纪下》二年十二月条："戊戌，以小紫美浓王、小锦下纪臣诃多麻吕，拜造高市大寺司。今**大官大寺**是。"（第三册，p.354）又十四年十二月条："丁亥，绝棉布以施**大官大寺**僧等。"（第三册，p.452）又朱鸟元年正月条："庚戌，请三纲律师及**大官大寺**知事、佐官并九僧，以俗供养养之。仍施绝、棉、布各有差。"（第三册，p.454）又朱鸟元年五月条："癸丑，敕之**大官大寺**封七百户，乃纳税三十万束。"（第三册，p.458）又卷30《持统纪》十年十一月条："十一月己亥朔戊申，赐**大官大寺**沙门辩通，食封三十户。"（第三册，p.558）（2）延命。又卷29《天武纪下》十一年八月条："己丑，敕为日高皇女更名新家皇女之病，大辟罪以下男女并一百九十八人皆赦。庚寅，百三十余人出家于**大官大寺**。"（第三册，p.422）又十四年九月条："丁卯，为天皇体不豫之，三日诵经于**大官大寺**、川原寺、飞鸟寺，因以稻纳三寺各有差。"（第三册，p.450）又朱鸟元年八月条："是月，诸王臣等为天皇造观世音像，则说《观世经》于**大官大寺**。"（第三册，p.464）

【大果报/おほきなるかほう】 三字 极为殊胜的报应。果是依过去业因而产生的结果，报是应其业因而得的酬报。《唐大和上东征传》："四人口云：'大和上**大果报**，遇于弟子，不然合死。此间人物吃人，火急去来！便引舟去。'"（p.66）西晋安法钦译《阿育王传》卷1："遍满阎浮提，人天所供养。以少土施缘，受是**大果报**。"姚秦鸠摩罗什译《妙法莲华经》卷1《方便品》："如是**大果报**，种种性相义，我及十方佛，乃能知是事。"新罗璟兴撰《无量寿经连义述文赞》卷3："今依《法住记》云，佛灭度时，以无上法，付嘱十六大阿罗汉，并诸眷属，令其护持，使不灭没，及救其身，与诸施主，作真福田，令彼施者，得**大果报**。"→【福德果报】

【大好/いたくよし】 口语 很好，极好。用以表示感叹。《唐大和上东征传》："和上言：'**大好**！'即宝字三年八月一日，私立唐律招提名，后请官额，依此为定；还以此日请善俊师讲件疏记等。"（p.94）隋灌顶纂《国清百录》卷3："张衡又宣敕云师等既是先师之寺，行道与诸处同。为当有异？对云：'先师之法与诸寺有异，六时行道四时坐禅，处别行异，道场常以行法奉为至尊。’敕旨云：‘大好，大好！’”唐义净译《根本说一切有部毘奈耶破僧事》卷19：“其同日时，有一采鱼师妇，乃生一女，与渔师钱物将男换女。其大臣即白王言：‘达摩生一女也。’王曰：‘大好！我得解脱。’”《敦煌变文·维摩诘经讲经文（五）》：“休夸越女，莫说曹娥。任伊持世坚心，见了也须退败。大好，大好！希哉，希哉！如此丽质婵娟，争不忘生动念。”（p.884）按：《汉语大词典》首引唐韩愈《与冯宿论文书》：“时时应事作俗下文字，下笔令人惭，及示人，别人以为好矣。小惭者亦蒙谓之小好，大惭者即必以为大好矣。”略晚。→【太好】

【大号叫（曰）：“~”/~とおほきにおらぶ】 自创 大声嚎叫道：“……”。《日本书纪》卷19《钦明纪》二十三年七月条：“新罗斗将拔刀欲斩，逼而脱裈，追令以尻臀向日本大号叫曰：‘日本将啮我髋脽。’即号叫曰：‘新罗王啖我髋脽。’”（第二册，p.452）高齐那连提耶舍译《大悲经》卷4：“尔时，大众比丘、比丘尼、优婆塞、优婆夷，天龙、夜叉、乾闼婆、阿修罗、迦楼罗、紧那罗、摩睺罗伽、释天、梵天、四天王等，得闻如是，最后教已，愁苦不乐，为忧箭所射，啼哭流泪，极大号叫，作如是言：‘婆伽婆入盘涅槃，一何驶哉！’”唐义净译《根本说一切有部毘奈耶杂事》卷9：“于时，恶生被火烧害，极苦缠心，告苦母曰：‘祸哉！我今已受，烧害之苦。’苦母曰：‘大王，我亦同此。’大火烧然，身皆烂熟。俱大号叫，便堕无间，大地狱中，受诸极苦。”

【大懐/いたくおもふ】 偏正 感到非常……对某事感慨万千。《丰后国风土记·速见郡》条：“于时，鹿请云：‘我今立盟，免我死罪。若垂大恩，得更在者，告我子孙勿吃苗子。’田主于兹大怀恠异，放免不斩。”（p.302）（1）姚秦鸠摩罗什译《大智度论》卷27《序品》：“树神答言：‘此鸟从我怨家尼俱庐树上来，食彼树果，来栖我上，必当放粪；子堕地者，恶树复生，为害必大。以是故，于此一鸽，大怀忧畏。’”梁宝昌等集《经律异相》卷7：“时琉璃王，大怀恐怖，告群臣曰：‘汝观是箭，为从何来？彼若发心，欲害我者，必当死尽。’”唐义净译《根本说一切有部毘奈耶药事》卷5：“未生怨王，大怀剧苦，非人得便，起大疾疫，病死弥甚，送出城门，丧车相及。”（2）《北史》卷7《齐本纪中》：“太后尝在北宫，坐一小榻，帝时已醉，手自举床，后便坠落，颇有伤损。醒悟之后，大怀惭恨。”按：《汉语大词典》失收。“大怀”一般后续表示心情或感受的词语。

【大歓喜/おほきによろこぶ】 三字 （5例） 异常高兴，非常喜悦。《古事记》上卷《伊耶那岐命与伊耶那美命》：“此时，伊耶那岐命大欢喜诏：‘吾者生生子，而于生终得三贵子。’”（p.52）又《忍穗耳命与迩迩艺命》：“故乞遣其父大山津见神之时，大欢喜，而副其姊石长比卖，令持百取机代之物奉出。”（p.120）《日本书纪》卷9《神功纪》摄政四十七年四月条：“于是皇太后、太子誉田别尊大欢喜之曰：‘先王所望国人今来朝之.' 群臣皆莫不流涕。"（第一册，p.452）《日本灵异记》中卷《孤娘女凭敬观音铜像示奇表得现报缘第34》："娘**大欢喜**，不胜幸心，脱著黑衣，与使而言：'无物可献，但有垢衣。幸受用之.'"（p.238）又下卷《被观音木像之助脱王难缘第7》："故于己作善功德，发信至心，即**大欢喜**，被助脱灾故。"（p.279）后汉竺大力、康孟详合译《修行本起经》卷2《游观品》："未及城门，无数千人，华香奉迎，相师一切，称寿无量。王问：'何故？'梵志答言：'明旦日出，七宝当至.'王**大欢喜**，必成圣王.'"西晋法立、法炬合译《大楼炭经》卷4《忉利天品》："四天王闻之，即**大欢喜**说言：'我今闻善言。用人多有作善者，增益诸天，减损阿须伦种.'"唐义净译《金光明最胜王经》卷9《善生王品》："尔时彼王从梦觉，生**大欢喜**充遍身。至天晓已，出王宫，往诣苾刍僧伽处。"按：佛典和《忍穗耳命与迩迩艺命》、《日本灵异记》例中的"大欢喜"可用作谓语、宾语和状语等，《伊耶那岐命与伊耶那美命》传说中的"大欢喜"用作状语，修饰谓语动词"诏""曰"。该例与佛典例中"大欢喜说言"的用法极为相近，均用来修饰后续的言语类动词。此外，经文中的"欢喜"，于佛法上是说闻佛之教，或得解脱，或以慈悲心救众生时，身心感到喜悦，而更加有信心。

【大会设斋/だいえをせっさいす】 四字 "大会"，"大法会"的略称，指大规模的法会。"设斋"，招待僧尼读诵经文。《日本书纪》卷20《敏达纪》十三年是岁条："马子独依佛法，崇敬三尼。乃以三尼付氷田直与达等，令供衣食。经营佛殿于宅东方，安置弥勒石像。屈请三尼**大会设斋**。"（第二册，p.488）又十四年二月条："十四年春二月戊子朔壬寅，苏我大臣马子宿祢起塔于大野丘北，**大会设斋**。"（第二册，p.490）唐道宣撰集《毗尼作持续释》卷5："月八日食、十五日食、月初一日食者，此三日是西域每月一定**大会设斋**，普请十方僧伽。如此土圣会道场，宜当往受。"→【设斋大会】

【大集经/だいしゅうきょう】 内典 （4例） 60卷。北凉昙无谶等译。全称《大方等大集经》。乃大集部诸经之汇编。佛陀于成道后第十六年，集合十方佛刹诸菩萨及天龙鬼神等，为彼宣说十六大悲、三十二业等甚深法藏；以大乘六波罗蜜法与诸法性空为主要内容，兼含密教说法及陀罗尼与梵天等诸天护法之事。除"空"之思想以外，尚富浓厚之密教色彩。《日本灵异记》中卷《己作寺用其寺物作牛役缘第9》："所以《**大集经**》云：'盗僧物者，罪过五逆'云云。"（p.173）《唐大和上东征传》："《大方广佛华严经》八十卷、《大佛名经》十六卷、金字《大品经》一部、金字《**大集经**》一部、南本《涅槃经》一部四十卷、《四分律》一部六十卷。"（p.87）①为延命而抄写。《续日本纪》卷9《元正纪》养老六年十一月条："故奉为太上天皇，敬写《华严经》八十卷、《**大集经**》六十卷、《涅槃经》四十卷、《大菩萨藏经》二十卷、《观世音经》二百卷。"（第二册，p.124）②为消灾而读诵。《续日本纪》卷16《圣武纪》天平十七年五月条："乙丑，地震。于大安、药师、元兴、兴福四寺，限三七日，令读《大

集经》。"（第三册，p. 10）

【大戒/だいかい】 偏正 指大小乘的具足戒；大乘戒（菩萨戒）的通称。《元兴寺伽蓝缘起并流记资财账》："以庚戌年，自百济国尼等还来官白：'戊申年往，即受六法戒。己酉年三月，受**大戒**，今庚戌年还来。'白。"后汉昙果、康孟详合译《中本起经》卷2《瞿昙弥来作比丘尼品》："尔时，大爱道便受**大戒**为比丘尼，奉行法律，遂得应真。"元魏慧觉等译《贤愚经》卷13《沙弥均提品》："欣心内发，而自念言：'我蒙师恩，得脱诸苦，今当尽身，供给所须，永作沙弥，不受**大戒**。'"梁慧皎撰《高僧传》卷3："及受**大戒**，志行明敏，仪轨整肃。常慨经律舛阙，誓志寻求。以晋隆安三年，与同学慧景、道整、慧应、慧嵬等，发自长安，西渡流沙。"

【大净/はなはだきよし】 偏正 甚为清净，毫无纤染。《续日本纪》卷3《文武纪》庆云元年七月条："唐人谓我使曰：'亟闻海东有大倭国，谓之君子国。人民丰乐。礼义敦行。今看使人，仪容**大净**。岂不信乎？'语毕而去。"（第一册，p. 80）吴支谦译《佛说义足经》卷2："今十五**大净**，夜明如日光。求尊作何方？不著在何处？"西晋竺法护译《正法华经》卷6《药王如来品》："尔时有佛，号药王如来、至真、等正觉、明行成为、善逝、世间解、无上士、道法御、天人师、为佛、众佑，世界名**大净**，劫曰净除。"隋阇那崛多译《佛本行集经》卷19《车匿等还品》："圣子初出，宫门之时，如日初升，放**大净**光，破一切暗。"北凉昙无谶译《大方等大集经》卷11："大王，菩萨出家，有二十四，利益之事。何等为二十四？……九者不著法故，得**大净**心。"按：《汉语大词典》失收。在汉译佛经中，"大净"表示月光皎洁、佛世界的名称，或用以修饰阳光和心灵；在《文武纪》中则表示人物形象。

【大律师/だいりっし】 三字 （3例） 天平宝字四年七月制定的僧侣阶位的最高位。《续日本纪》卷27《称德纪》天平神护二年十月条："基真禅师〈尔〉法参议**大律师**〈止之天〉冠〈波〉正四位上〈乎〉授〈气〉、复物部净〈之乃〉朝臣〈止〉云姓〈乎〉授〈末川流止〉敕天皇〈我〉御命〈乎〉、诸闻食〈止〉宣。"（第四册，p. 136）又条："乙巳，诏：'法王月料准供御。法臣大僧都第一修行进守大禅师円兴准大纳言，法参议**大律师**修行进守大禅师正四位上基真准参议。'"（第四册，p. 140）又卷32《光仁纪》："庚辰，以僧永严为**大律师**，善荣为中律师。"（第四册，p. 392）→【中律师】

【大门前/みかどのまへ】 后缀 宫殿的门前。《日本书纪》卷22《推古纪》十六年九月条："时阿倍臣出进以受其书而进行。大伴啮连迎出承书，置于**大门前**机上而奏之。"（第二册，p. 559）后秦弗若多罗、罗什合译《十诵律》卷41："佛以种种因缘，呵责六群比丘。云何名比丘？僧洗脚处嚼杨枝。呵已，语诸比丘：'从今佛前，不得嚼杨枝。和上阿阇梨前、一切上座前、佛塔前声闻塔前、温室讲堂厨下**大门前**、厕边安水处、小便处、浴室中多人行处，不得嚼杨枝。嚼者突吉罗。'"→【門前】

【大妙声菩萨/だいみょうしょうぼさつ】 菩萨　大妙声菩萨。弥勒菩萨的侍者。《日本灵异记》下卷《未作毕捻埴像生呻音示奇表缘第17》："于兹，丰庆与信行，大怪大悲。率引知识，奉捻造毕。设会供养。今安置弥气堂，以居乎弥勒胁士之菩萨是也。左**大妙声菩萨**，右法音轮菩萨。诚知，愿无不得，无愿不果者，其斯谓之也。斯亦奇表之事也。"（p. 304）唐金刚智译《吽迦陀野仪轨》卷2："是即请召请尊，成就法相。若是行法时，经日无验，又作随心曼荼罗，中央弥勒菩萨，左方法音轮菩萨，右**大妙相菩萨**，四方四大天王。"唐僧详撰《法华传记》卷7："复见空座，无人甚多，即问天众：'何故有座无人？'时有二菩萨，即是侍者，一名法音①林，二名**大妙相**，即从座起，谓慧缘曰：'当知空座者，释迦如来末法中，读诵法华妙教之人，当生之时，所坐之座。是故彼座空无人。'"→【法音轮】【法音轮菩萨】

【大妙相/だいみょうそう】 菩萨　弥勒菩萨的胁侍之一。《奈良朝写经6·瑜伽师地论卷第21》："团而六度轻舫，设于三会之津。四无量桅贯，而八第人觉为左右桅，取八正道，分为水手。而法音轮、**大妙相**、二柱菩萨船主，分段生死之海度。"（p. 55）

【大怒云："～"/おほきにいかりてのたまはく ～】 说词　勃然大怒地说道："……"。《日本书纪》卷9《神功纪》摄政六十二年条："（《百济记》）天皇**大怒云**：'比跪何敢来。'妹以皇言报之。比跪知不免，入石穴而死也。"（第一册，p. 464）（1）唐道宣撰《集古今佛道论衡》卷4："李荣**大怒云**：'汝若以剪发为好，何不剔眉？'立曰：'何为剔眉？'荣曰：'一种毛故。'立曰：'一种是毛剔发亦剔眉，卿亦一种是毛。何为角发不角髭？'荣遂杜默无对。"唐道世撰《法苑珠林》卷46："鬼便**大怒云**：'急截头发。'却一鬼捉刀，即截法眼两髻，附肉落地。便至西街，闷绝落马，暴死不觉。"（2）《北史》卷26《宋世良传》："阳平太守魏明朗**大怒云**：'辄放吾贼！'及推问，送者皆实，放者皆非。"（p. 942）《广异记·崔昌》条："顷之，小儿至，**大怒云**：'君何故无状，杀我家长？我岂不能杀君？但以旧恩故尔。'大骂出门，自尔乃绝。"

【大菩萨藏经/だいぼさつぞうきょう】 内典　20卷。据《大唐内典录》《开元释教录》载，唐贞观十九年玄奘译。内容记述四无量、六度、四摄等大乘教义。另据《大日本古文书》载，天平三年抄经。《续日本纪》卷9《元正纪》养老六年十一月条："丙戌，诏曰：'朕精诚弗感，穆卜罔从。降祸彼苍，闵凶遄及，太上天皇奄弃普天。诚冀北辰合度，永庇生灵。南山协期，远常承定省。何图一旦厌宰万方，白云在驭。玄猷遂远，瞻奉宝镜。痛酷之情缠怀，敬事衣冠，终身之忧永结。然光阴不驻，倏忽及期。泛爱之恩，欲报无由。不仰真风，何助冥路。故奉为太上天皇，敬写《华严经》八十卷、《大集经》六十卷、《涅槃经》四十卷、《**大菩萨藏经**》二十卷，《观世音经》二百卷。'"（第二册，p. 124）唐道宣撰《续高僧传》卷4："《**大菩萨藏经**》二十卷，

---

① "音"，在甲本中作"苑"。

余为执笔，并删缀词理。其经广解六度、四摄、十力、四畏、三十七品诸菩萨行，合十二品，将四百纸。"又《大唐内典录》卷5："《**大菩萨藏经**》：一部二十卷，贞观十九年在弘福寺译。"唐智升撰《开元释教录》卷8："《**大菩萨藏经**》二十卷：'见《内典录》，今编入《宝积》，当第十二会。'贞观十九年五月二日，于西京弘福寺翻经院译，至九月二日毕，沙门智证笔受，道宣证文。"

【**大千**/だいせん】 偏正 　三千大千世界。《奈良朝写经38·大般若经卷第591》："寔知圣教广被，训尘沙而一味；法慧高照，运**大千**而分影。"（p. 253）吴支谦译《佛说维摩诘经》卷1《佛国品》："三转法轮于**大千**，受者修正质行清，天人得见从解法，为现三宝于世间。"曹魏康僧铠译《佛说无量寿经》卷1："斯愿若克果，**大千**应感动，虚空诸天人，当雨珍妙华。"

【**大如冬瓜**/おほきさとうがんのごとし】 比喻 　树上结的果子，大小与冬瓜一样。《唐大和上东征传》："又有波罗捺树，果**大如冬瓜**，树似［槟］楂；毕钵［菓］，子同今见，叶如水葱；其根味似干柿。"（p. 69）（1）唐玄奘撰《大唐西域记》卷10："奔那伐弹那国，周四千余里。国大都城周三十余里。居人殷盛，池馆花林往往相间。土地卑湿，稼穑滋茂。般核娑果既多且贵，其果**大如冬瓜**，熟则黄赤，剖之中有数十小果，大如鹤卵，又更破之，其汁黄赤，其味甘美。或在树枝，如众果之结实，或在树根，若伏苓之在土。"唐李通玄撰《新华严经论》卷11《世主妙严品》："此神是南方天王领二部众：一鸠盘荼；二薜荔鬼。此鸠盘荼阴囊**大如冬瓜**，若行乃擎置肩上，坐时而踞之而坐。"唐慧琳撰《一切经音义》卷4："庵没罗果，半娜娑果：并梵语，西国果名也。此国并无。其半娜娑果，**形如冬瓜**，其味甚美。或名么那娑。"（2）《洛阳缙绅旧闻记》第5："晋司空食积草内鱼，其味异常，谓之为龙。当时亦食之，竟无他怪，此其类乎是年，掘地得卵，其**大如冬瓜**状。弃之水，众谓之龙卵。"

【**大僧**/だいそう】 偏正 （6例） 　受过具足戒的僧尼。比丘、比丘尼。"沙弥""沙弥尼"的对应词。《日本灵异记》上卷《序》："或发弘誓愿，敬造佛像。天随所愿，地敞宝藏。亦**大僧**等，德侔十地，道超二乘。"（p. 54）又《信敬三宝得现报缘第5》："夏四月，有一**大僧**，执斧殴父。连公见之，直奏之曰：'僧尼检校，应中置上座，犯恶使断是非。'天皇敕之曰：'诺也。'"（p. 75）又中卷《智者诽妒变化圣人而现至阎罗阙受地狱苦缘第7》："光者古德**大僧**，加以智光生知。行基沙弥者，浅识之人，不受具戒。何故天皇唯誉行基，舍智光也？"（p. 168）又下卷《沙门诵持方广大乘沉海不溺缘第4》："诺乐京有一**大僧**，名未详也。僧常诵于方广经典，即俗贷钱，蓄养妻子。"（p. 272）又《禅师将食鱼化作〈法华经〉覆俗诽缘第6》："吉野山有一山寺，名号海部峰也。帝姬阿倍天皇御世，有一**大僧**，住彼山寺，精勤修道。疲身弱力，不得起居。"（p. 276）《唐大和上东征传》："又旧**大僧**灵［福］、贤璟、志忠、善顶、道缘、［平］德、忍基、善谢、行潜、行忍等八十余人僧，舍旧戒、重受和上所授之戒。"（p. 93）

西晋译《法海经》卷 1："目连手自引其弟子出。'卿是弃捐之人，不得预如来大众之清净集也。无以秽浊厕预**大僧**大集，大海不受秽尸。卿自思之，无秽贤众。"梁慧皎撰《高僧传》卷 2："道轻其年幼言颇不逊，什乘隙而挫之，外道折伏愧惋无言。王益敬异，日给鹅腊一双粳米面各三斗酥六升。此外国之上供也。所住寺僧乃差**大僧**五人、沙弥十人营视扫洒，有若弟子。其见尊崇如此。"唐义净译《根本说一切有部苾刍尼毗奈耶》卷 19："尼谓吐罗难陀，或复余尼。无苾刍处者，谓无**大僧**。作长净者，谓说波罗底木叉戒经。释罪相等广说如前。"

【大僧都/だいそうず】 ☐三字☐ （15 例）　僧纲（统辖僧尼、处理法务的僧官）之一。僧都的最高位阶者。《唐大和上东征传》："传灯贤大法师**大僧都**沙门释法进。"（p. 101）《续日本纪》卷 2《文武纪》大宝二年正月条："癸巳，诏：'以智渊法师为僧正，善往法师为**大僧都**，辩照法师为少僧都，僧照法师为律师。'"（第一册，p. 52）又卷 5《元明纪》和铜五年九月条："辛巳，观成法师为**大僧都**，辩通法师为少僧都，观智法师为律师。"（第一册，p. 186）又卷 10《圣武纪》天平元年十月条："甲子，以辩净法师为**大僧都**，神睿法师为少僧都，道慈法师为律师。"（第二册，p. 226）又天平二年十月条："冬十月乙酉，**大僧都**辩静法师为僧正。"（第二册，p. 238）又卷 12《圣武纪》天平九年八月条："丁卯，以玄昉法师为僧正，良敏法师为**大僧都**。"（第二册，p. 326）又卷 13《圣武纪》天平十一年十月条："丙子，少僧都行达为**大僧都**。"（第二册，p. 354）又卷 19《孝谦纪》天平胜宝八岁五月条："宜和上、小僧都拜**大僧都**，华严讲师拜小僧都，法进、庆俊并任律师。"（第三册，p. 162）又卷 21《淳仁纪》天平宝字二年八月条："其**大僧都**鉴真和上，戒行转洁，白头不变。"（第三册，p. 276）又卷 23《淳仁纪》天平宝字四年七月条："庚戌，**大僧都**良辩、少僧都慈训、律师法进等奏曰。"（第三册，p. 356）又卷 27《称德纪》天平神护元年（766）七月条："秋七月乙丑，以中律师円兴为**大僧都**。"（第四册，p. 128）又天平神护二年十月条："乙巳，诏：'法王月料准供御。法臣**大僧都**第一修行进守大禅师円兴准大纳言。'"（第四册，p. 140）又卷 35《高绍纪》宝龟十年十月条："壬子，诏以少僧都弘耀法师为**大僧都**，惠忠法师为少僧都，又施高睿法师封三十户。优宿德也。"又卷 38《桓武纪》延历三年四月条："辛亥，**大僧都**弘耀法师上表辞任。诏许之，因施几杖。"又卷 38《桓武帝》延历三年六月条："戊申，诏以贤憬法师为**大僧都**，行贺法师为少僧都，善上法师、玄怜法师并为律师。"→【大少僧都】【少僧都】

【大僧正/だいそうじょう】 ☐三字☐ （7 例）　古代僧官制度的最高位阶。其下设有僧正和权僧正。《日本灵异记》上卷《信敬三宝得现报缘第 5》："以观勒僧为**大僧正**，以大信大伴屋栖古连公与鞍部德积为僧都。"（p. 76）又中卷《智者诽妒变化圣人而现至阎罗阙受地狱苦缘第 7》："圣武天皇，感于威德，故重信之。时人钦贵，美称菩萨。以天平十六年甲申冬十一月，任**大僧正**。"（p. 167）《续日本纪》卷 16《圣武纪》天平十七年正月条:"己卯,诏以行基法师为**大僧正**。"(p. 3)又卷 17《圣武纪》天平胜宝元年二月条:"二月丁酉,**大僧正**行基和尚迁化。"(第三册,p. 60)又:"诏授**大僧正**之位,并施四百人出家。"(第三册,p. 60)又卷 24《淳仁纪》天平宝字七年五月条:"又以诸药物令名真伪,和上——以鼻别之,一无错失。圣武皇帝师之受戒焉。及皇太后不念,所进医药有验。授位**大僧正**。"(第三册,p. 432)又卷 32《光仁纪》宝龟四年十一月条:"十一月辛卯,敕:'故**大僧正**行基法师,戒行具足,智德兼备。先代之所推仰,后生以为耳目。'"(第四册,p. 414)按:中国是在梁武帝时,即公元 525 年(普通六年),首设此位,敕封予光宅寺法云。日本最早受封大僧正的是行基,时为 745 年(日本圣武天皇、天平十七年)。至于僧制又依各宗派而有差异。

【大少僧都/だいしょうそうず】 四字 大僧都、小僧都。僧侣的官职名。次于大僧正的要职。《续日本纪》卷 32《光仁纪》宝龟四年闰十一月条:"辛酉,诏:'僧正赙物准从四位、**大少僧都**准正五位,律师准从五位。'"(第四册,p. 414)→【大僧都】【少僧都】

【大舍/たいしゃ】 偏正 肯于不吝惜地布施,慷慨地布施。《日本书纪》卷 25《孝德纪》白雉三年十二月条:"冬十二月晦,请天下僧尼于内里,设斋、**大舍**、燃灯。"(第三册,p. 192)东晋佛驮跋陀罗译《大方广佛华严经》卷 19:"菩萨摩诃萨,复作是念:'如此善根,若有果报,我当尽未来际,行菩萨行,不舍众生故,修行**大舍**。'"唐玄奘译《大般若波罗蜜多经》卷 3《学观品》:"诸菩萨摩诃萨安住般若波罗蜜多,以无所得,而为方便,应圆满大慈、大悲、大喜、**大舍**及余无量无边佛法,如是诸法,不可得故。"唐义净译《妙色王因缘经》卷 1:"其王敬信,意乐贤善,自利利人,发坚固愿,有慈心,希大法,愍人众,爱群官,除去悭贪,常为**大舍**。"

【大設斎/おほきにせっさいす】 自创 (3例) 举办大规模的法会,供养僧众及诸佛、菩萨、人、天、神、鬼等。《日本书纪》卷 23《舒明纪》十二年五月条:"五月丁酉朔辛丑,**大设斋**,因以请惠隐僧令说《无量寿经》。"(第三册,p. 50)又卷 29《天武纪下》四年四月条:"夏四月甲戌朔戊寅,请僧尼二千四百余而**大设斋**焉。"(第三册,p. 360)又六年八月条:"八月辛卯朔乙巳,**大设斋**飞鸟寺以读一切经。"(第三册,p. 378)→【大会设斋】【设斋大会】

【大神王/だいじんおう】 菩萨 (2例) 众善神、护法神的统治者。《日本书纪》卷 21《崇峻纪》二年四月条:"乃斫取白月胶木,疾作四天王像,置于顶发而发誓言:'今若使我胜敌,必当奉为护世四王,起立寺塔。'苏我马子大臣又发誓言:'凡诸天王、**大神王**等,助卫于我使获利益,愿当奉为诸天与**大神王**,起立寺塔,流通三宝。'"(第二册,p. 512)吴康僧会译《六度集经》卷 8:"七日之后,有**大神王**,诣天王所贺曰:'亡女既归,又致圣婿。'天王曰:'吾女微贱,获圣雄之婿,思归养亲,烦为送之。'"隋阇那崛多译《虚空孕菩萨经》卷 1:"时彼应珠,最在其前。应珠现已,彼山所有，诸色光明，皆悉不现，并诸天人、**大神王**等，声闻菩萨，大地火风，诸水色光，莫不隐蔽，唯除如来，光明不灭。"唐菩提流志译《大宝积经》卷7《清净陀罗尼品》："持国**大神王**，恒将诸眷属。彼亦常卫护，善说此经者。"

【大神咒/だいじんじゅ】 三字 具备巨大神通力的咒言。→【千手经】

【大势至菩萨像/だいせいしぼさつぞう】 多音 "势至"，是梵名 mahasthamaprap-ta 的意译，音译为摩诃婆他摩罗多。亦译为"大势至""得大势""大精进"。为阿弥陀佛之胁侍。其左手持莲华，或成合掌等种种形相。《日本书纪》卷30《持统纪》三年三月条："壬寅，新罗遣级飡金道那等奉吊瀛真人天皇丧，并上送学问僧明聪、观智等，别献金铜阿弥陀像、金铜观世音菩萨像、**大势至菩萨像**各一躯、彩帛锦绫。"（第三册，p.492）唐阿地瞿多译《陀罗尼集经》卷2《释迦佛顶三昧陀罗尼品》："次画师画佛像法用。中央著阿弥陀佛，结加趺坐手作阿弥陀佛说法印，左右大指无名指，头各相捻，以右大指无名指头，压左大指无名指头，左右头指中指小指开竖。佛之右厢，作十一面观世音菩萨像，左厢作**大势至菩萨像**。"

【大檀越/だいだんおち】 三字 （2例） 大施主。《日本灵异记》下卷《禅师将食鱼化作〈法华经〉覆俗诽缘》："然食彼鱼时窥往俗见，五体投地，白禅师言：'虽实鱼体，而就圣人之食物者，化《法华经》也。我愚痴邪见，不知因果，而犯逼恼乱。愿罪脱赐。自今已后，为我大师，恭敬供养。'自尔，俗成**大檀越**，供养禅师。"（p.276）《奈良朝写经未收2·瑜伽师地论》："**大檀越**［优婆塞练信/从七位下大领熏十二等早部首名麻吕］。"（p.464）西晋安法钦译《阿育王传》卷1："尔时，比丘知阿育王是**大檀越**，必能分布，佛之舍利，饶益天人。"姚秦鸠摩罗什译《大智度论》卷30《序品》："如频头居士为**大檀越**，坐七宝大床，金刚为脚，敷以天褥，以赤真珠，上为帐幔，左右立侍，各八万四千，皆庄严琦妙。"萧齐僧伽跋陀罗译《善见律毗婆沙》卷11《舍利弗品》："若国王及聚落**大檀越**有病者，遣人至寺请比丘为说咒。比丘为说阿咤那咤，或往到病所为说法，为与戒故得往。"→【檀越】

【大啼泣言："～"/おほきになきていはく～】 自创 大声哭泣地说道："……"。《日本灵异记》上卷《偷用子物作牛役之示异表缘第10》："诸亲出声**大啼泣**言：'实吾父矣。'便起礼拜而曰牛言：'先时所用，今咸奉免。'牛闻之，流泪大息。"（p.87）萧齐求那毗地译《百喻经》卷2："其人复言：'汝妇今日，已生一子。'牧羊之人，未见于妇，闻其已生，心大欢喜，重与彼物。其人后复，而语之言：'汝儿生已今死矣。'牧羊之人，闻此人语，便**大啼泣**，嘘唏不已。"梁宝唱等集《经律异相》卷26："彼劫人王，闻诸臣民，各各说是，即便躄地，而**大啼泣**，不能自胜。"该例在唐道世撰《法苑珠林》卷47中亦见辑录。后唐景霄纂《四分律行事钞简正记》卷1："时诸比丘，皆**大啼泣**，泪流如雨。律云：时跋难陀恶释子在众中，语诸比丘言：'长老，且止！莫**大啼泣**。我于摩诃罗边，已得解脱。'"

【大喜之/おほきによろこぶ】 三字 （3 例） 非常欢喜，异常高兴。《日本书纪》卷 6《垂仁纪》三十二年七月条："天皇于是**大喜之**，诏野见宿祢曰：'汝之便议，寔洽朕心。'则其土物，始立于日叶酢媛命之墓。仍号是土物谓埴轮，亦名立物也。"（第一册，p. 326）又卷 22《推古纪》十五年是岁条："是岁，皇太子亦讲《法华经》于冈本宫。天皇**大喜之**，播磨国水田百町施于皇太子。因以纳于斑鸠寺。"（第二册，p. 554）又卷 28《天武纪上》元年六月条："既而遣大伴连安麻吕，坂上直老、佐味君宿那麻吕等于不破宫，令奏事状。天皇**大喜之**。因乃令吹负拜将军。"（第三册，p. 324）隋费长房撰《历代三宝纪》卷 8："学该内外才思清敏，罗什入关即往修造。什**大喜之**，及译出众经并助详定。"宋祖琇撰《僧宝正续传》卷 5："谒正觉显禅师，一见知为众称经藏子者，**大喜之**，嘱令负荷正法眼。"宋道融撰《丛林盛事》卷 1："韩魏公夏日来访，楷出接。韩遂曰：'禁足不出，因甚破戒。'楷曰：'官不容针，私通车马。'韩**大喜之**。"

【大小便利/だいしょうのべんり】 四字 大小便。大便利，大便。小便利，小便。《日本灵异记》下卷《如法奉写〈法华经〉火不烧缘第 10》："发愿如法，清净奉写《法华经》一部。专自书写。每**大小便利**，洗浴净身，自就书写筵以还，径六个月，乃缮写毕。"（p. 286）后汉竺大力、康孟详合译《修行本起经》卷 1《现变品》："玉女宝者，其身冬则温暖，夏则清凉，口中青莲花香，身栴檀香，食自消化，无**大小便利**之患，亦无女人恶露不净，发与身等，不长不短，不白不黑，不肥不瘦，是以名为玉女宝也。"吴康僧会译《六度集经》卷 8："时人皆寿八万四千岁，都有九种病：寒、热、饥、渴、**大小便利**、爱欲、食多、年老体羸，有斯九病。"唐义净译《金光明最胜王经》卷 5《重显空性品》："遭诸疾病身死后，**大小便利**悉盈流；脓烂虫蛆不可乐，弃在尸林如朽木。"

【大咲之曰："～"/おほきにわらひていはく ～】 说词 大笑地说道："……"。"咲"，"笑"的古字、俗字。《日本书纪》卷 3《神武纪》即位前纪戊午年九月条："时群房见二人，**大咲之曰**：'大丑乎，老父老姬。'则相与辟道使行，二人得至其山，取土来归。"（第一册，p. 212）唐法琳撰《一切经音义》卷 21："戏笑：笑字从竹，犬声。有作咲者，俗也。"（1）吴康僧会译《六度集经》卷 8："持尾者言如扫帚，持尾本者言如杖，持腹者言如鼓，持胁者言如壁，持背者言如高机，持耳者言如簸箕，持头者言如魁，持牙者言如角，持鼻者对言：'明王。象如大索。'复于王前，共讼言：'大王。象真如我言。'镜面王**大笑之曰**：'瞽乎瞽乎！尔犹不见，佛经者矣。'"该例在宋善卿编《祖庭事苑》卷 2 中亦见辑录。（2）《太平广记》卷 411《紫花梨》条："是时有李遵来侍御，任恒州记室，作《进梨表》云：'紫花开处，擅美春林。缥蒂悬时，迥光秋景。离离玉润，落落珠圆。甘不待尝，脆难胜口。'表达阙下，公卿见者，多**大笑之曰**：'常山公何用进残梨于天府也？'盖以其表有脆难胜口之字。"（p. 3339）→【含咲】【轻咲】【轻咲呰】

【大辛苦/おほきにくるしむ】 口语　非常辛苦，受很大的累。《续日本纪》卷3《文武纪》庆云三年三月条："又诏曰：'顷者，王公诸臣多占山泽，不事耕种，竞怀贪婪，空妨地利。若有百姓采柴草者，仍夺其器，令**大辛苦**。'"（第一册，p.102）（1）姚秦鸠摩罗什译《大智度论》卷11《序品》："化婆罗门言：'布施主。佛道难得，当**大辛苦**；汝心软串乐，必不能求，成办此道。'"后秦弗若多罗、罗什合译《十诵律》卷45："诸比丘尼闻是事，呵责言：'是不吉弊女！我为汝作衣、浣衣、染衣、割截篸撅，受**大辛苦**。受大戒已，便舍我去。'"唐义净译《根本说一切有部毗奈耶》卷48："女便稽首，白大王言：'……经历岁时，诞生幼稚，携我母子，远渡沧溟。遇摩竭鱼，破其船舶，遭**大辛苦**，达赡部洲。'"（2）《隋书》卷73《王伽传》："伽曰：'汝等虽犯宪法，枷锁亦**大辛苦**。吾欲与汝等脱去，行至京师总集，能不违期不？'"《太平广记》卷28《郗鉴》条："先生告曰：'夫居山异于人间，亦**大辛苦**，须忍饥馁，食药饵。能甘此，乃可居。子能之乎？'"按：该说法仅限于对话文中，《续日本纪》出现在诏书中是一种变化，在正格的汉文中难以想象。→【甚太辛苦】【甚辛苦】【太辛苦】【昼夜辛苦】

【大斋/だいさい】 偏正　（2例）"大斋会"的略称。《日本书纪》卷29《天武纪下》六年八日条："八月辛卯朔乙巳，设斋于飞鸟寺，以读一切经。便天皇御寺南门而礼三宝。是时，诏亲王诸王及群卿，每人赐出家一人。其出家者，不问男女长幼，皆随愿度之。因以会于**大斋**。"（第三册，p.378）又十年闰七月条："闰七月戊戌朔壬子，皇后誓愿之**大斋**，以说经于京内诸寺。"（第三册，p.410）吴支谦译《须摩提女经》卷1："崇集**大斋**，积功累德，以此因缘，今得值我，兼度一切。"唐阿地瞿多译《陀罗尼集经》卷11《诸天等献佛助成三昧法印咒品》："受此法印，预前七日，持斋戒已，当**大斋**日，对佛像前，烧沉水香，供养已竟，阴诵此咒，二十一遍。"唐道宣撰《续高僧传》卷4："显庆元年正月，为皇太子于慈恩设大斋，朝宰总至。"

【大斋（之）悔过/だいさいけか】 自创　举办大规模的斋会，对所犯罪过进行忏悔。《日本书纪》卷29《天武纪下》朱鸟元年六月条："丁亥，敕之，遣百官等于川原寺，为燃灯供养。仍**大斋之悔过**也。"（第三册，p.462）唐道宣撰《续高僧传》卷2："时文帝御寓，盛弘三宝，每设**大斋**，皆陈忏悔。帝亲执香炉，琮为宣导。畅引国情，恢张皇览。御必动容竦顾，欣其曲尽深衷。其言诚感达，如此类也。"又《广弘明集》卷17隋王邵《舍利感应记》："日日共设**大斋**，礼忏受戒。请从今以往修善断恶，生生世世常得作大隋臣子。"

【大斋会/だいさいえ】 三字　举办大规模的法会，以财、法二施，平等地供养僧众及诸佛、菩萨、人、天、神、鬼等。亦作"无遮会""大施会"。《唐大和上东征传》："宝龟［八］年甲辰，日本国使遣唐，扬州诸寺皆承大和上之凶闻，总著丧服，向东举哀三日，都会龙兴寺设大［斋］会。其龙兴寺先是失火，皆被烧，大和上昔住院房，独不烧损，是亦戒德之余庆也。"（p.97）姚秦鸠摩罗什译《大庄严论经》卷10："示种处已，向天祠中，为天祀弟子，作**大斋会**，香华供养，香泥涂地，昼夜礼拜，求恩请福，悕望现世，增益财产。"元魏瞿昙般若流支译《正法念处经》卷47《观天品》："彼何善业？谓前世时，是多财宝，富婆罗门，一居奢内，置婆罗门，设**大斋会**，集尊重人，饮食供养，施其财物。彼业因缘，是故当来，作帝释王，名憍尸迦。"唐义净译《根本说一切有部毗奈耶杂事》卷37："次洒香乳，以灭炎火。方收王骨，安置金瓶。于四衢道，与建大塔。幡幢伞盖，诸妙香华，恭敬供养，尊重赞叹，设**大斋会**。"

【大丈夫论/だいじょうぶろん】 内典 2卷。北凉道谛译。有39品，广说悲心行施及其功德。《日本灵异记》上卷《邪见打破乞食沙弥钵以现得恶死报缘第29》："《**大丈夫论**》云：'**悲心施一人，功德大如地；为己施一切，得报如芥子；救一厄难人，胜余一切施**。'云云。"（p. 121）北凉道谛译《大丈夫论》卷1《施胜品》："**悲心施一人，功德如大地；为己施一切，得报如芥子；救一厄难人，胜余一切施**。"该例亦见于唐道世撰《法苑珠林》卷71、《诸经要集》卷11、宋延寿述《万善同归集》卷2等。

【大震動/おほきになゐふる】 格义 剧烈震动。《日本书纪》卷29《天武纪下》六年六月条："六月壬辰朔乙巳，**大震动**。"（第三册，p. 376）后汉安世高译《佛说转法轮经》卷1："尔时，佛界三千日月万二千天地皆**大震动**，是为佛众佑，始于波罗奈以无上法轮转未转者，照无数度诸天人从是得道。"姚秦鸠摩罗什译《妙法莲华经》卷1《序品》："一切诸佛土，即时**大震动**，佛放眉间光，现诸希有事。"隋宝贵、北凉昙无谶译《合部金光明经》卷7《流水长者子品》："尔时其地，卒**大震动**，时十千鱼，同日命终，即命终已，生忉利天。"按：《天武纪下》中的"大震动"，指地震这一自然灾害，汉译佛经中则表示与佛事相关的祥瑞。→【大地動】【大地動摇】【大地震】

【大智度經論/だいちどきょうろん】 内典 《大智度论》的另一种说法。《奈良朝写经33·大智度论卷第54》："维天平十四年岁次壬午夏，甲戌朔丁亥，为河内国高安郡春日户村主广田父母，敬写《**大智度经论**》一部百卷。"（p. 217）

【大智度論/だいちどろん】 内典 凡100卷。印度龙树菩萨著，姚秦鸠摩罗什译。亦称《大智度经论》《摩诃般若释论》《大智释论》《释论》《智度论》《智论》《大论》等。《奈良朝写经38·大般若经卷第591》："以天平十六年岁次甲申六月，发至信心，敬奉写《大般若经》六百卷、《**大智度论**》一百卷。"（p. 253）

【大住/さはにすむ】 偏正 指居住着很多野猪猿猴。《常陆国风土记·行方郡》条："自池西山，猪猿**大住**，草木多密。"（p. 378）元魏昙曜译《大吉义神咒经》卷3："巨海边际有**大住**处，名曰善化，多有金银，真珠马瑙，水精瑠璃，并有颇梨，及毗琉璃，我等所居，有此好宝。"按：汉译佛经中的"大住"，谓很多人居住，或指宽敞的居住地。

【代度/かへど】 述宾 （3例） 有僧尼还俗时，使他人代替出家。《续日本纪》卷

227

1《文武纪》四年八月条："乙丑，敕僧通德、惠俊并还俗。**代度**各一人。"（第一册，p. 28）又卷2《文武纪》大宝元年三月条："壬辰，令僧辩纪还俗。**代度**一人。"（第一册，p. 34）又大宝元年八月条："八月壬寅，敕僧惠耀、信成、东楼，并令还俗复本姓。**代度**各一人。"（第一册，p. 44）

　　【**贷用**／かりもちゐる】　并列　（3例）　借贷使用。《日本灵异记》中卷《**贷用**寺息利酒不偿死作牛役之偿债缘第32》："吾先是寺药分之酒**贷用**二斗，未偿以死。所以今受牛身，而偿酒债，故役使耳。"（p. 231）又："答：'实如言。**贷用**酒二斗，未偿而死。'于兹，知寺僧净达并檀越等，悟于因缘，垂哀愍心，为修诵经。"（p. 232）（1）东晋佛陀跋陀罗、法显合译《摩诃僧祇律》卷3："若塔无物僧有物者，得如法**贷用**，但分明疏记言，某时**贷用**某时得当还。若僧无物塔有物者，得如法**贷用**亦如是。彼知事人若交代时，应僧中读疏分明付授。若不读疏得越比尼罪，是名**贷用**。"后秦弗若多罗、罗什合译《十诵律》卷61："有一住处，旧比丘属塔物自**贷用**，是比丘死，诸比丘不知当云何。"（2）《晋书》卷4《帝纪》："颖与帝单车走洛阳，服御分散，仓卒上下无赍，侍中黄门被囊中赍私钱三千，诏**贷用**。"按：《汉语大词典》首引。《清史稿·邦交志3》："初议限制中国公司延聘矿师，**贷用**洋款。"偏晚。

　　【**戴持**／いただきもつ】　偏正　"顶戴持"的缩略形式。如同将佛像、经典等乘戴在头顶上一样，以极为尊敬的心情持有、领受。《万叶集》卷5第894首《好去好来歌》："家子等　撰多麻比天　敕旨　**戴持**弖　唐能　远境尔　都加播佐礼"（第二册，p. 73）唐慧琳撰《一切经音义》卷20："顶戴：当爱反。《字书》云：在首曰戴。亦云举之于首也。孔注《尚书》：欣奉其上曰戴。刘瓛云：人所瞻，戴也。"东晋佛陀跋陀罗、法显合译《摩诃僧祇律》卷10："律师应问：'汝受用未？'若言：'受用。'应语言：'此中用不净钵，得无量越比尼罪。'应忏悔应言：'长老，我某甲钵减五缀，更乞新钵已僧舍。此中犯波夜提，受用不净钵，犯无量越比尼罪，一切悔过。'问：'汝见罪不？'答言：'见。''谨慎莫复犯。'答言：'**顶戴持**。'"唐义净译《佛说善夜经》卷1："若男子女人，**戴持**此经者，具相人敬重，所愿皆圆满。"唐不空译《法华曼荼罗威仪形色法经》卷1："宝冠严顶上，**戴持**三钻杵。面门白黄色，左定结拳印。"按：《汉语大词典》失收。→【顶戴】

　　【**戴荷**／たいか】　书简　（2例）　戴德荷恩。多用于尺牍。《万叶集》卷17第3969～3972首书简："含弘之德，垂恩蓬体，不赀之恩，报慰陋心。**戴荷**来眷，无堪所喻也。"（第四册，p. 181）《续日本纪》卷34《高绍纪》宝龟八年四月条："承闻圣皇新临天下，不胜欢庆。登时遣献可大夫司宾少令开国男史都蒙入朝，并**戴荷**国信。拜奉天阙。"（1）《全梁文》卷10简文帝《重谢上降为开讲启》："伏笔罄言，宁宣**戴荷**，不任下情。谨启事谢闻。"（p. 3007）《寺沙门玄奘上表记》卷1《谢许制大慈恩寺碑文及得宰相助译经表》："无任**戴荷**之至，谨诣阙奉表陈谢以闻。谨言。"《杜家立成杂书要略》："忽辱垂问，惟深戴荷。"（p. 97）（2）中土文献中较多使用"荷戴"，用以表现抽象义。《全梁文》卷10简文帝《谢敕赉钱并白檀香充法会启》："不任荷戴，谨启事以闻。"（p. 2007）《新集杂别纸》："卑情不任荷戴之至。"（p. 152）按：《汉语大词典》失收。在汉文佛经中，"荷戴"亦谓顶戴荷负，用作具体义。例如，唐实叉难陀译《大方广佛华严经》卷57《离世间品》："荷戴众生首，成就顶上，肉髻相故。"唐提云般若译《佛说大乘造像功德经》卷1："尔时，优陀延王，严整四兵，以为侍从，乘大白象，珍宝绮饰，躬自荷戴，所造之像，花幡音乐，随逐供养，从其本国，向僧伽尸城。"

【单唯一~/ただしひとりのみ~】 连言　唯独一人……仅仅一个……《日本灵异记》下卷《用网渔夫值海中难凭愿妙见菩萨得全命缘第32》："呜呼异哉。遇风破舟，击波亡人，单唯一在。"（p. 344）按：传世文献和汉译佛经中未见文例，疑似自创搭配。

【噉宍/ししをくらふ】 述宾　吃肉。《日本灵异记》中卷《依汉神崇杀牛而祭又修放生善以现得善恶报缘第5》："判许已讫，七牛闻之，尝舌饮唾，切脍为验，噉宍为效，慷慨捧刀而建，各言：'不报怨哉。我当不忘，犹后报之。'"（p. 159）唐慧琳撰《一切经音义》卷7："螯噉：下澹敢反。《考声》云：吃也。《尔雅》：噉，吞也。《古今正字》云：噉，食也。从口，敢声也。《说文》：噉，噍也。或作啖，或作啖，并同。"《新集藏经音义随函录》卷3："噉宍：音肉。"吴支谦撰《撰集百缘经》卷4《4出生菩萨品》："罗刹得已，即于王前瓯裂太子，狼藉在地，饮血噉肉。"姚秦鸠摩罗什译《妙法莲华经》卷2《譬喻品》："毘舍阇鬼，亦住其中，薄福德故，为火所逼，共相残害，饮血噉肉。"唐义净译《金光明最胜王经》卷10《舍身品》："是时饿虎，既见菩萨，颈下血流，即便舐血，噉肉皆尽，唯留余骨。"按：《汉语大词典》失收。

【当产/うまむ】 时段　（4例）将要分娩。《日本书纪》卷1《神代纪上》："伊奘诺尊乃报之曰：'爱也吾妹，言如此者，吾则当产日将千五百头。'"（第一册，p. 46）又卷2《神代纪下》："是后丰玉姬果如其言来至，谓火火出见尊曰：'妾今夜当产。请勿临之。'"（第一册，p. 166）又："先是丰玉姬谓天孙曰：'妾已有娠也。天孙之胤岂可产于海中乎？故当产时必就君处。如为我造屋于海边以相待者，是所望也。'"（第一册，p. 176）又："先是，丰玉姬出来当产时，请皇孙曰云云。皇孙不从。"（第一册，p. 186）（1）西晋法炬译《前世三转经》卷1："诸道人共行求果蓏，便见妊娠虎。童子道人语两道人言：'此虎今不久当产。饥饿经日，恐自噉其子。谁能持身食之者？'弥勒菩萨言：'我当持身食之。'"该例在梁宝唱等集《经律异相》卷10中亦见辑录。东晋瞿昙僧伽提婆译《增壹阿含经》卷20《声闻品》："梵志复以手击之，白世尊言：'当产之时，以取命终。'世尊告曰：'云何当产之时，以取命终？'梵志复以手击之，白世尊言：'此女人身，气力虚竭，又复饥饿，以致命终。'"唐义净译《根本说一切有部毘奈耶破僧事》卷15："有一母象，在彼林中，**当产**之时，闻师子吼，心大惊怖，失大小便，弃子而走。"（2）《搜神记》卷11："剑有雌雄，其妻重身**当产**，夫语妻曰：'吾为王作剑，三年乃成。王怒，往必杀我。汝若生子是男，大，告之曰：出户望南山，松生石上，剑在其背。'"按：《汉语大词典》失收。《日本书纪》卷2《神代纪下》："已而从容谓天孙曰：'妾**方产**，请勿临之。'"（第一册，p.178）又："天孙犹不能忍，窃往觇之。丰玉姬**方产**化为龙。"（第一册，p.180）佛经中未见例中"方产"的说法，疑似自创。

【当产不久／こうまむときひさにあらず】 自创   不久将分娩。《日本书纪》卷2《神代纪下》："及将归去，丰玉姬谓天孙曰：'妾已娠矣。**当产不久**。妾必以风涛急峻之日，出到海滨。请为我作产室相待矣。'"（第一册，p.160）元魏佛陀扇多译《银色女经》卷1："彼摩那婆，以修善业，福德力故，忽得天眼。即时遥见，于其住处，相去不远，有一母虎，住在彼处，而彼母虎，怀妊将产。时摩那婆见已，念言：'而此母**将产不久**，此虎产已，或容饿死，或时饥饿，极受困苦，或食自子。'"姚秦鸠摩罗什译《小品般若波罗蜜经》卷4《不可思议品》："世尊，譬如女人怀妊，转转不便，身体疲极，不乐事务，眠卧不安，食饮转少，苦恼在身，不欲语言，厌本所习，不复忆乐。本相相故，当知是女，**将产不久**。菩萨善根成就，亦复如是。"宋施护译《佛说佛母出生三法藏般若波罗蜜多经》卷10《赞持品》："又如世间，女人怀妊，日月将满，身力疲困，心识动乱，饮食减少，坐卧懈怠，凡诸所欲，而不勤行，苦恼悉生，厌本所习。见是相已，当知此人，**将产不久**。何以故？前相相故。"按："当"与"将"，都是助动词，属于类义词。前者表示情理上必当如此，后者含有未来势必如此的语气。

【当产时／こうまむときに】 时段 （2例）   将要分娩的时候。《日本书纪》卷2《神代纪下》："先是丰玉姬谓天孙曰：'妾已有娠也。天孙之胤岂可产于海中乎？故**当产时**必就君处。如为我造屋于海边以相待者，是所望也。'"（第一册，p.176）又："先是，丰玉姬出来**当产时**，请皇孙曰云云。"（第一册，p.186）刘宋佛陀什、竺道生等译《弥沙塞部和醯五分律》卷28："时目连语诸比丘：'某甲居士，妇当生男，彼**当产时**转为女。'"梁宝唱等集《经律异相》卷39："鹿**当产时**，往仙人舍前生子，付仙人而去。仙人出时，见此鹿子，自念本缘，知是己儿，取已养育。"按：《日本书纪》卷2《神代纪下》："丰玉姬**方产**化为龙。"（第一册，p.160）的说法，佛经中未见。

【当复何如／はたいかにかせむ】 口语 （4例）   又当如何呢？又当怎么样呢？《日本书纪》卷19《钦明纪》四年十一月条："是日，圣明王闻宣敕已，历问三佐平内头及诸臣曰：'诏敕如是，**当复何如**？'"（第二册，p.380）又十二月条："十二月，百济圣明王复以前诏，普示群臣曰：'天皇诏敕如是，**当复何如**？'"（第二册，p.380）又五年十一月条："于是百济王圣明略以诏书示曰：'吾遣奈率弥麻佐、奈率己连、奈率用奇多等朝于日本。诏曰：'早建任那。'又津守连奉敕问成任那。故遣召之。**当复何如**能建任那？请各陈谋。'"（第二册，p. 396）又九年六月条："六月辛酉朔壬戌，遣使诏于百济曰：'德率宣文取归以后，**当复何如**？消息何如？朕闻汝国为狛贼所害。宜共任那策励同谋，如前防距。'"（第二册，p. 410）唐僧详撰《法华传记》卷8《隋相州僧玄绪一》："绪惊叹谓明曰：'公精练之人，犹尚如此。况吾辈**当复何如**？'"唐怀信述《释门自镜录卷下·隋相州道明侵柴然足事》亦有相同的记载。

【当来/ゆくすゑ】 时段 指将来、未来，区别于过去、现在。当来之世，犹言应来之世，通指佛涅槃后。《日本灵异记》下卷《序》："既入末劫，何弗仍矣。喃泛言恻，那免劫灾？唯资施众僧一搏食，于修善之福而不逢**当来**饥馑之灾苦。"（p. 260）后汉支娄迦谶译《道行般若经》卷2《功德品》："何以故？用佛得道处故，佛威神所护，**过去**、**当来**、**今现在**佛天中天，皆为人中尊，悉于其中作佛。"姚秦鸠摩罗什译《金刚般若波罗蜜经》卷1："须菩提，**当来之世**，若有善男子、善女人，能于此经，受持读诵，则为如来，以佛智慧，悉知是人，悉见是人，皆得成就，无量无边功德。"隋阇那崛多译《佛本行集经》卷36《耶输陀宿缘品》："愿我来世，值如是圣，或胜于此；既值遇已，彼所说法，愿我即能，于彼法中，速疾证知，愿我**当来**，不堕恶道。"

【当日即差/そのひにすなはちいえぬ】 时段 当天痊愈。《续日本纪》卷1《文武纪》四年三月条："于是和尚拜谢，啼泣而辞。及至登州，使人多病。和尚出铛子，暖水煮粥，遍与病徒，**当日即差**。"（第一册，p. 24）唐慧琳撰《一切经音义》卷23："痊愈：《玉篇》曰：病**差**曰愈。"唐一行撰《七曜星辰别行法》卷1："当以纸钱一百二十贯清酒白脯祭之，其病**当日即差**。"

【当如所愿/ねがひのごとくならむ】 所字 应该如同希望的那样。《日本书纪》卷9《神功纪》摄政四十六年三月条："便天神诲之曰：'令武内宿祢行议。因以千熊长彦为使者，**当如所愿**。'"（第一册，p. 454）吴支谦译《赖吒和罗经》卷1："赖吒和罗言：'王但当言：令我国炽盛，五谷丰熟，人民众多，乞匈易得，可止我国中，我不得令吏民侵挝卿。'王言：'受教，**当如所愿**赖吒和罗所言。'"西秦圣坚译《太子须大拏经》卷1："妃即作礼，从索三愿：一者令婆罗门将我两儿还卖本国中；二者令我两儿不苦饥渴；三者令我及太子早得还国。天王释言：'**当如所愿**。'"隋阇那崛多译《佛本行集经》卷24《精进苦行品》："仁者若成，菩提道时，当来我家，受我供养，度脱于我，当与仁作，声闻弟子。是时菩萨报言：'善姊！**当如所愿**①。'"唐菩提流志译《大宝积经》卷9："寻时三千，大千世界，六反震动，天雨众华，箜篌乐器，不鼓自鸣，上虚空中，诸天百千，而叹颂曰：'**当如所愿**，最后成佛。'"

【当土百姓/そのところのはくせい】 四字 （2例） 当地民众。《续日本纪》卷10《圣武纪》天平元年十一月条："又阿波国、山背国陆田者，不问高下，皆悉归公，即

---

① "愿"，在圣本中作"说"。

给当土百姓。"（第二册，p. 228）又卷26《称德纪》天平神护元年三月条："又当土百姓一二町者，亦宜许之。"（第四册，p. 76）（1）新罗慧超、唐圆照等撰《游方记抄》卷1："又跋贺那国东有一国，名骨咄国。此王元是突厥种族，当土百姓，半胡半突厥。"（2）《唐文拾遗》卷53阙名《停诸州团练守促使奏》："当土百姓，名曰团练，春秋归，冬夏追，集日给一身粮及酱菜。诸道先置上都邸务，名留后使，宜令并改为上都进奏院官。"

【当须~/~べき】 并列 （2例） 必须，表示事理上的必要和情理上的必要，有强调的语气。《日本书纪》卷19《钦明纪》五年二月条："又谓日本府卿、任那旱歧等曰：'夫建任那之国，不假天皇之威，谁能建也。故我思欲就天皇，请将士而助任那之国。将士之粮，我当须运。'"（第二册，p. 386）《续日本纪》卷8《元正纪》养老五年正月条："甲戌，诏曰：'至公无私，国士之常风。以忠事君，臣子之恒道焉。当须各勤所职，退食自公。'"（第二册，p. 84）后汉安世高译《佛说处处经》卷1："阿难言：'如卿语，佛为不得自在耶？当须我言，设使止住一劫在世间。'"姚秦鸠摩罗什译《小品般若波罗蜜经》卷10："婆罗门言：'善男子，我不须人。今欲大祠，当须人心、人血人髓，能与我不？'"唐义净撰《金光明最胜王经》卷6《四天王护国品》："其持咒者，见是相已，知事得成。当须独处净室，烧香而卧。"按：《汉语大词典》首引《左传·昭公13年》："有人无主，二也。"晋杜预注："虽有贤人，当须内主为应。"

【当须~不/~べきやいなや】 口语 必须……吗？《日本书纪》卷2《神代纪下》："故先遣我二神，驱除平定。汝意何如。当须避不？"（第一册，p. 116）（1）后秦鸠摩罗什译《小品般若波罗蜜经》卷10："婆罗门言：'善男子！我不须人。今欲大祠，当须人心、人血人髓，能与我不？'萨陀波崙自念：'我得大利，定当得闻，般若波罗蜜方便。'以婆罗门欲买心血髓故，即大欢喜，语婆罗门：'汝所须者，尽当相与。'"（2）《南齐书》卷10《礼下》："有司奏：'穆妃卒哭后，灵还在道，遇朔望，当须设祭不？'"（p. 128）

【当於此时/このときにあたりて】 时段 犹言正当此时。《日本书纪》卷13《允恭纪》元年十二月条："于是大中姬命惶之，不知退而侍之经四五克。当于此时，季冬之节风亦烈寒。大中姬所捧碗水溢而腕凝，不堪寒以将死。"（第二册，p. 104）（1）后秦佛陀耶舍、竺佛念合译《长阿含经》卷2："复次，阿难。菩萨初成，无上正觉。当于此时，地大震动，是为五也。"隋阇那崛多译《大法炬陀罗尼经》卷13《供养法师品》："若诸法师，具足行能，堪受如是，种种供养。当于此时，则应为物，大师子吼。汝辈亦应，于彼师所，生大希有，尊敬之心。何以故？如是之人，难可值遇。"唐慧详撰《弘赞法华传》卷10："主者既至，府君即问：'弟子在无？'其人答云：'已生胜处。'超问：'何是受生？'其答云：'写经之人，初作妙字，女字始成，未得作少。当于此时，即得生处。'"（2）《艺文类聚》卷77所载梁简文帝《与广信侯书》曰："仰望九层，俯窥百尺，金池动月，玉树含风。**当于此时**，足称法乐。"（p. 1325）《陈书》卷 30《傅緈传》："若依外典，寻书契之前，至淳之世，朴质其心，行不言之教，**当于此时**，民至老死不相往来，而各得其所，复有何诤乎？"（p. 404）

【当於其時/そのときにあたりて】 时段 正在此时，正当这个时候。《古事记》下卷《安康记》："于是，其大后之先子目弱王，是年七岁。是王**当于其时**而游其殿下。"（p. 328）唐道宣撰《续高僧传》卷 19："经二宿左手仍内屈三指。**当于其时**，有房内弟子荣泰难提二人，剃头沐浴，见如此事，即报寺主慧网。合众惊集，倍恸于怀。然其为性，不畜私财。浙南诸州，男女黑白归向者，数不可纪。"

【刀子/かたな】 后缀 （18 例） 小刀，匕首。《日本书纪》卷 6《垂仁纪》三年三月条："（《一云》）仍贡献物，叶细珠、足高珠、鹈鹿鹿赤石珠、出石**刀子**、出石枪、日镜、熊神篱、胆狭浅大刀，并八物。"（第一册，p. 304）又八十八年七月条："则清彦忽以为非献**刀子**，仍匿袍中，而自佩之。天皇未知匿**小刀**之情，欲宠清彦，而召之赐酒于御所。时**刀子**从袍中出而显之。天皇见之，亲问清彦曰：'尔袍中**刀子**者，何**刀子**也？'爰清彦知不得匿**刀子**，而呈言：'所献神宝之类也。'则天皇谓清彦曰：'其神宝之，岂得离类乎？'乃出而献焉。皆藏于神府。然后开宝府而视之，**小刀**自失。则使问清彦曰：'尔所献**刀子**忽失矣。若至汝所乎？'清彦答曰：'昨夕**刀子**自然至于臣家，乃明旦失焉。'天皇则惶之，且更勿觅。是后出石**刀子**自然至于淡路岛。其道人谓神，而为**刀子**立祠。是于今所祠也。"（第一册，p. 332）又卷 15《仁贤纪》二年九月条："弘计天皇时，皇太子忆计侍宴，取瓜将吃，无**刀子**。弘计天皇亲执**刀子**，命其夫人小野传进。夫人就前，立置**刀子**于瓜盘。是日，更酌酒，立唤皇太子。缘斯不敬，恐诛自死。"（第二册，p. 258）又卷 21《崇峻纪》即位前纪条："万便抚捍飞矢，杀三十余人，仍以持剑三截其弓，还屈其剑，投河水里，别以**刀子**刺颈死焉。"（第二册，p. 516）又卷 27《天智纪》六年闰十一月条："**刀子**六十二枚、赐橡磨等。"（第三册，p. 272）又卷 29《天武纪》五年八月条："秅柱马一匹、布一常，以外郡司，各刀一口、鹿皮一张、镢一口、**刀子**一口、镰一口、矢一具、稻一束。"（第三册，p. 270）（1）东晋佛陀跋陀罗、法显合译《摩诃僧祇律》卷 3："随物者，三衣尼师檀覆疮衣雨浴衣，钵大捷镓小捷镓钵囊，络囊漉水囊二种腰带，**刀子**铜匙钵支针筒，军持澡罐盛油支瓶，锡杖革屣伞盖扇。及余种种所应畜物，是名随物。"姚秦鸠摩罗什译《梵网经》卷 2："若佛子常应二时头陀冬夏坐禅，结夏安居，常用杨枝、澡豆、三衣、瓶、钵、坐具、锡杖、香炉、漉水囊、手巾、**刀子**、火燧、镊子、绳床、经、律、佛像、菩萨形像。而菩萨行头陀时，及游方时，行来百里千里。此十八种物，常随其身。"隋阇那崛多等译《起世经》卷 2《地狱品》："复次，诸比丘，活大地狱，所有众生，生者有者，乃至住者，手指复生，纯铁**刀子**、半铁**刀子**，极长纤利。各各相看，心意浊乱，既浊乱已，乃至各各，瓯裂劈割，破截而死。冷风来吹，须臾还活。"（2）《宋书》卷 48《朱龄石传》："龄石少好武事，颇轻佻，不治崖检。舅淮南蒋氏，人才儜劣，龄石使舅卧于听事一头，剪纸方一寸，帖著舅枕，自以**刀子**悬掷之，相去八九尺，百掷百中。"《南齐书》卷30《戴僧静传》："僧静于都载锦出，为欧阳戍所得，系兖州狱，太祖遣薛渊饷僧静酒食，以**刀子**置鱼腹中。僧静与狱吏饮酒，既醉，以刀刻械，手自折锁，发屋而出。"按：《汉语大词典》首引北魏贾思勰《齐民要术》卷6《养牛马驴骡》："缠**刀子**，露锋刃一寸，刺咽喉，令溃破，即愈。"偏晚。名词后缀"子"的用法源自先秦，但广泛运用则是在魏晋南北朝。汉译佛经中的"子"也十分活跃。

【（生）忉利天/とうりてん（にうまる）】 三字　梵语 trāyastriṃśa 的音译，意译"三十三天"，为欲界六天中的第二重天，其宫殿在须弥山顶，天主名释提桓因，居中央，他有三十二个天臣，分居忉利天的四方，连他自己的宫殿，共成了三十三个天宫，所以叫作三十三天。此天一昼夜，人间已经一百年。《日本灵异记》中卷《阎罗王使鬼得所召人之赂以免缘第24》："'卖花女人，**生忉利天**。供毒掬多，返生善心。'者，其斯谓之矣。"（p.212）后晋可洪撰《新集藏经音义随函录》卷5："**忉利天**：第二天名也，亦名三十三天，在须弥山顶上，是帝释所居也。帝释身长一由旬，衣长二由旬，广一由旬，衣重六铢，寿天千岁。论云：人间一百岁，为三十三天一昼夜。如是日月岁数，三十三天寿千岁，当人闲三亿六百万岁也。经云：须弥山顶去地八万四千由旬。论云：八拘卢舍为一由旬，十六里为一由旬也。"（1）搭配例文。后汉竺大力、康孟详合译《修行本起经》卷1《菩萨降身品》："太子生七日，其母命终，以怀天师功德大故，**生忉利天**，封受自然。"隋阇那崛多译《佛本行集经》卷11《姨母养育品》："尔时，摩耶国大夫人，命终之后，即便往**生**，**忉利天**上。"（2）出典例文（《考证》说）。姚秦鸠摩罗什译《大庄严论经》卷5："如似放牛女，以臭恶草花，众人所不喜，**女人卖此花**，得**生忉利天**。"

【導師/どうし】 后缀　梵语 nāra-nāyaka。指教化引导众生入佛道的圣者。特指释尊，或为佛菩萨的通称。此处指举行法会时担任唱导表白之职者。《日本灵异记》中卷《骂僧与邪淫得恶病而死缘第11》："**导师**见之，宣义教化。不信受曰：'为无用语。汝婚吾妻，头可所罚破。斯下法师矣。'恶口多言，具不得述。"（p.178）姚秦鸠摩罗什译《妙法莲华经》卷5《从地踊出品》："是菩萨众中，有四**导师**：一名上行，二名无边行，三名净行，四名安立行。是四菩萨，于其众中，最为上首，唱导之师。"

【導者/しるべ】 偏正　（6例）　①向导，引路人。《日本书纪》卷10《应神纪》三十七年二月条："爰阿知使主等渡高丽国，欲达于吴。则至高丽，更不知道路，乞知道者于高丽。高丽王乃副久礼波、久礼志二人为**导者**，由是得通吴。"（第一册，p.494）又卷22《推古纪》十六年八月条："壬子，召唐客于朝庭令奏使旨。时阿倍鸟臣、物部依网连抱二人为客之**导者**也。"（第二册，p.558）又十八年十月条："丁酉，客等拜朝庭。于是命秦造河胜、土部连菟为新罗**导者**，以间人连盐盖、阿闭臣大笼为任那**导者**，共引以自南门入之，立于庭中。"（第二册，p. 562）又卷 23《舒明纪》四年十月条："于是令难波吉士小槻、大河内直矢伏为**导者**，到干馆前。"（第三册，p. 42）②导师。《日本书纪》卷 22《推古纪》十四年五月条："于是汝父多须那为橘丰日天皇出家，恭敬佛法。又汝姨岛女初出家，为诸尼**导者**，以修行释教。"（第二册，p. 552）东晋瞿昙僧伽提婆译《增壹阿含经》卷 8："犹如牛渡水，**导者**而不正。一切皆不正，斯由本导故。众生亦如是，众中必有导。**导者**行非法，况复下细人。"萧齐求那毘地译《百喻经》卷 1："如彼商贾，将入大海，杀其**导者**，迷失津济，终致困死。"隋阇那崛多译《佛本行集经》卷 21《王使往还品》："犹如盲人，欲行道路。既无**导者**，不见真实。"按：《汉语大词典》失收。→【海導者】【鄉導者】

【踏入/ふみいる】 后补 　踏入，踩进。《古事记》上卷《大国主神》："又其神之嫡后须势理毘卖命甚为嫉妒，故其日子迟神和备弖自出云将上坐倭国，而束装立时，片御手者，系御马之鞍，片御足**踏入**其御镫，而歌曰。"（p. 88）北凉昙无谶《悲华经》卷 1："其地柔软，譬如天衣，行时足下，**踏入**四寸，举足还复，自然而生，种种莲华。"又卷 4："其地柔软，譬如天衣，行时足下，**踏入**四寸，举足还复。"按：《汉语大词典》失收。

【到涅槃岸/ねはんのきしにいたる】 四字 　到达超越生死的彼岸。《奈良朝写经 75·大般若经卷第 176》："永觉三界之蔓，长息一如之床，广及有识，共出迷滨，**到涅槃岸**。"（p. 442）梁诸大法师集撰《慈悲道场忏法》卷 7："从今日去，越生死海，**到涅槃岸**，行愿早圆，俱登十地，入金刚心，成等正觉。"北凉道泰等译《入大乘论》卷 1《义品》："声闻不然，怖畏生死，求速灭度，以出世间道，见于法界。见法界已，**到涅槃岸**。"唐道世撰《法苑珠林》卷 60："若能洁净身心，善诵此咒，感得观音大势，大慈大悲，游戏神通，来于五道。常以善习，普救一切，离生死苦，得安乐处，脱诸烦恼，**到涅槃岸**。"

【到七日頭/なのかのすゑにいたりて】 四字 　大约过了七天。"头"，接在数量词后面表示约数。《日本灵异记》下卷《产生肉团之作女子修善化人缘第 19》："迦毘罗卫城长者之妻，怀妊生一肉团，**到七日头**，肉团开敷，有百童子。一时出家，而百人俱得阿罗汉果。"（p. 309）吴支谦译《撰集百从经》卷 1《菩萨授记品》："时波斯匿王闻其二大梵志语已，而告之曰：'卿等今者，各自称誉，所奉天神，最为第一。我今为汝，**到七日头**，于平博处，聚集人民，百千万众，试彼神验。'"西晋安法钦译《阿育王传》卷 7："**到七日头**，善咒婆罗门，即自咒身，化作摩醯首罗，于虚空中，飞到王门头。"元魏慧觉等译《贤愚经》卷 11《无恼指鬘品》："周行斩害，**到七日头**，方得九百九十九指，唯少一指，残杀一人，指数便满。"→【晚頭】

【到於此處/ここにいたる】 于字 （9 例） 　到达这个地方。①《播磨国风土记·饰磨郡》条："所以号手刈丘者，近国之神，**到于此处**，以手刈草，以为食荐。故号手

刈。"（p. 32）又："所以称币丘者，品太天皇，**到于此处**，奉币地祇。故号币丘。"（p. 34）又《揖保郡》条："此欲谏止，上来之时，**到于此处**，乃闻斗止，覆其所乘之船而坐之。故号神阜。阜形似覆。"（p. 50）又："品太天皇，巡行之时，**到于此处**，敕云：'吾谓狭地，此乃大内之乎。'故号大内。"（p. 54）又《贺毛郡》条："腹辟沼。右号腹辟者，花浪神之妻淡海神为追己夫，**到于此处**，遂怨瞋，受以刀辟腹，没于此沼。故号腹辟沼。"（p. 116）《肥前国风土记·松浦郡》条："昔者，气长足姬尊，**到于此处**，留为雄装，御负之鞆，落于此村。因号鞆驿。"（p. 332）②《播磨国风土记·揖保郡》条："广山里。土中上。所以名都可者，石比卖命，立于泉里波多为社而射之，**到此处**，箭尽入地，唯出握许。故号都可村。"（p. 56）又《宍禾郡》条："波加村。占国之时，天日枪命先**到此处**，伊和大神后到。于是，大神大恠之云：'非度先到之乎？'故曰波加村。**到此处**者，不洗手足必雨。"（p. 88）（1）隋阇那崛多译《佛本行集经》卷26《向菩提树品》："犹如往昔诸智人，**到于此处**取正觉。仁者今已来至此，我知作佛定无疑。"（2）苻秦僧伽跋澄等译《僧伽罗刹所集经》卷3："我起如是义，皆悉牢固，彼彼止住外道异学处，今**到此处**欲服甘露除一切结缚，意亦无所著。"元魏瞿昙般若流支译《正法念处经》卷12《地狱品》："放逸地不善，欲火烧人身。彼羂系缚我，是故**到此处**。"萧齐昙景译《僧伽罗刹所集经》卷3："我起如是义，皆悉牢固，彼彼止住外道异学处，今**到此处**欲服甘露除一切结缚，意亦无所著。"《全隋文》卷21王劭《舍利感应记》："郑州于定觉寺起塔。舍利将至，寺东有光，如大流星，入至佛堂前而没，舆**到此处**，无故自止。"《北史》卷53《薛修义传》："初，神武欲大城晋，中外府司马房毓曰：'若使贼**到此处**，虽城何益？'乃止。"

【到於墓所/つかどころにいたる】 于字　到达墓地。"墓所"，墓地，坟地。《日本书纪》卷22《推古纪》二十一年十二月条："遣使令视。于是使者还来之曰：'**到于墓所**而视之，封埋勿动。乃开以见，尸骨既空。唯衣服叠置棺上。'"（第二册，p. 570）（1）梁宝唱等集《经律异相》卷7："诸王白佛：'我佛弟子，从佛闻法，成须陀洹。我曹宜担。'佛听四天王担，即皆变身，如人形像，以手擎棺，著于肩上。佛之威光，犹如万日，手执香炉，最在前行，**到于墓所**。"（2）《后汉书》卷39《周磐传》："母平生畏雷，自亡后，每有雷震，顺辄圜冢泣，曰：'顺在此。'崇闻之，每雷辄为差车马**到墓所**。"（p. 1312）《晋书》卷70《刘超传》："咸和初，遭母忧去官，衰服不离身，朝夕号泣，朔望辄**步至墓所**，哀感路人。"按：通过比较汉译佛经与中土文献的文例可知，后者通常不使用介词"于"。

【倒映/さかしまにてる】 先例　物像倒过来映现在水中。《日本书纪》卷2《神代纪下》："俯视井中，则**倒映**人笑之颜。"（第一册，p. 164）《全宋词》："闲想孤山旧事，浸清漪、**倒映**千树残雪。"按：《汉语大词典》首引叶圣陶《倪焕之》二："灯光**倒映**河心，现出一条活动屈曲的明亮的波痕。"偏晚。

【道边/みちのへ】 后缀 （3 例） 路旁，道旁。《日本书纪》卷 1《神代纪上》："时**道边**有大桃树。故伊奘诺尊隐其树下，因采其实以掷雷者，雷等皆退走矣。此用桃避鬼之缘也。"（第一册，p. 54）又卷 9《神功纪》摄政前纪条："于时也，适当皇后之开胎。皇后则取石插腰，而祈之曰：'事竟还日，产于兹土。'其石今在于伊都县**道边**。"（第一册，p. 426）《播磨国风土记·贺古郡》条："长田里。土中中。昔大带日子命幸行别娘之处，**道边**有长田。敕云：'长田哉！'故曰长田里。"（p. 24）（1）后汉支娄迦谶译《佛说阿阇世王经》卷 1："敕令城郭诸街市里，皆而扫除以华香从之，**道边**者皆施帷帐幢幡而起除之，其里之门皆施双结华，令诸人民明旦皆当道迎供养。"吴康僧会译《旧杂譬喻经》卷 1："时**道边**有树，下有好泉水。"梁宝唱等撰《经律异相》卷 2："儿遂长大，年向七岁，与其辈类，于**道边**戏。"（2）《诗经》周南《芣苢》"采采芣苢"，唐孔颖达疏："车前草大叶长穗，好生**道边**。"按：《汉语大词典》首引《后汉书》卷 35《曹褒传》："作舍**道边**，三年不成。"略晚。

【道場/どうじょう】 偏正 （10 例） 诵经礼拜的场所。成道修道之所。①写经。《日本灵异记》下卷《奉写〈法华经〉经师为邪淫以现得恶死报缘第 18》："其郡部内有一**道场**，号曰野中堂。有发愿人以宝龟二年辛亥夏六月，请其经师于其堂，奉写《法华经》。"（p. 305）②读诵。《日本灵异记》下卷《依妖修行人得猴身缘第 24》："白壁天皇御世之宝龟年中，其堂居住大安寺僧惠胜。暂顷修行时，梦人语言：'为我读经。'惊觉念怪。明日，小白猴现来言：'住此**道场**，而为我读《法华经》。'云。"（p. 322）③名道场。《藤氏家传》上卷《贞慧传》："故以白凤五年岁次甲寅，随聘唐使，到于长安，住怀德坊慧日**道场**。"（p. 263）《日本灵异记》下卷《未作毕捻埴像生呻音示奇表缘第 17》："其里有一**道场**，号曰弥气山室堂。其村人等造私之堂，故以为字。法名曰慈氏禅定堂者。"（p. 203）《日本灵异记》下卷《弥勒丈六佛像其颈蚁所嚼示奇异表缘第 28》："纪伊国名草郡贵志里，有一**道场**，号曰贵志寺。其村人等，造私之寺，故以为字也。"（p. 335）④事件。《日本灵异记》上卷《信敬三宝得现报缘第 5》："弓削大连公，放火烧**道场**，将佛像流难破堀江。"（p. 75）《元兴寺伽蓝缘起并流记资财账》："时承如是命已，壬寅年，大后大大王与池边皇子二柱同心，牟久原殿樱井迁；癸卯，始作樱井**道场**，灌佛之器隐藏。"又："佛法最初时，后宫不令破，樱井迁作**道场**。尔时三女出家。时即大喜，喜令住其**道场**，而生佛法牙。"《续日本纪》卷 17《圣武纪》天平胜宝元年二月条："和尚灵异神验，触类而多。时人号曰行基菩萨。留止之处，皆建**道场**。其畿内凡四十九处，诸道亦往往而在。"（第三册，p. 60）又卷 37《桓武纪》延历二年六月条："自今以后，私立**道场**，将田宅园地舍施，并卖易与寺。"

【道場幡/どうじょうのはた】 三字 （3 例） 道场的旗帜。《唐大和上东征传》："月令［障］子一具，行天［障］子一具，**道场幡**一百二十口，珠幡十四条，玉环手幡八口。"（p. 47）《续日本纪》卷 9《元正纪》养老六年十一月条："故奉为太上天

皇……造灌顶幡八首，**道场幡**一千首，著牙漆几三十六，铜碗器一百六十八，柳箱八十二。"（第二册，p. 124）又卷 19《孝谦纪》天平胜宝八岁十二月条："国别颁下灌顶幡一具，**道场幡**四十九首，绯纲二条，以充周忌御斋庄严。"（第三册，p. 168）梁诸大法师集撰《慈悲道场忏法》卷 5："我等今日，亦复如是，起勇猛心，起慈悲心，等如来心，承诸佛力，建**道场幡**，击甘露鼓，秉智慧弓，执坚固箭，普为四生，六道三世，众怨父母师长，六亲眷属，解怨释结，已作之罪，一切舍施。"按：幡显示佛菩萨降魔之威德，与"幢"同为佛菩萨之庄严供具。

【道服/どうぶく】 偏正 僧服。袈裟的别名。为道人所服者，故名。亦称法服。《续日本纪》卷 7《元正纪》养老元年四月条："顷者，百姓乖违法律，恣任其情，剪发髡鬓，辄著**道服**。貌似桑门，轻挟奸盗，诈伪所以生，奸宄自斯起。"（第二册，p. 26）唐元照撰《佛制比丘六物图》卷 1："或名袈裟（从染色为名），或名**道服**，或名出世服，或名**法衣**。"西晋竺法护译《正法华经》卷 9《药王菩萨品》："此经如是，调御诸法，悉令成就，无上正真。犹如世尊，三界法王，被**道服**饰，三十二相，诱众愚蔽。"唐道宣撰《续高僧传》卷 18："逢于废教退僧潜匿城市，内持**道服**外假俗衣。"唐神清撰、慧宝注《北山录》卷 3："帝美其弘远命升殿锡法物**道服**，旌其异也。"按：《汉语大词典》首引宋无名氏《张协状元》戏文第十二出："（旦）我公休与婆知，种些善基，有旧底衣服把赠与。[末]兀底老汉有粗**道服**，赠君家须著取。"偏晚。

【道口/みちのくち】 后缀 路口。《古事记》中卷《孝灵记》："大吉备津日子命与若建吉备津日子命二柱相副，而于针间氷河之前居忌瓮，针间为**道口**，以言向和吉备国也。"（p. 170）（1）西晋白法祖译《佛般泥洹经》卷 1："诸理家行到**道口**，皆下车至佛所。"后秦弗若多罗译《十诵律》卷 14："至小**道口**，下乘步进，前诣佛所，问讯毕，一面坐。"刘宋求那跋陀罗译《杂阿含经》卷 37："至**道口**，下车步进，入于园门，至世尊前，面相问讯慰劳已，退坐一面。"（2）《古诗为焦仲卿妻作》："府吏马在前，新妇车在后。隐隐何甸甸，俱会大**道口**。"（p. 43）按：《汉语大词典》首引唐岑参《送李副使赴碛西官军》诗："火山六月应更热，赤亭**道口**行人绝。"偏晚。

【道路多难/どうろはばかりおほからむ】 四字 路途上有各种艰难险阻。《续日本纪》卷 23《淳仁纪》天平宝字五年八月条："又有内使，宣敕曰：'特进秘书监藤原河清，今依使奏，欲遣归朝。唯恐残贼未平，**道路多难**。元度宜取南路，先归复命。'"（第三册，p. 386）元魏菩提流支译《大萨遮尼干子所说经》卷 3《王论品》："尔时国主严炽王闻大萨遮尼干子所说正法，欢喜信受，即时问讯大萨遮尼干子言：'大师仁慈，而能远涉，游化众生，**道路多难**，不审大师，四大调和，气力安不？'"

【道路险难/どうろけんなんなり】 四字 路途艰险。《续日本纪》卷 6《元明纪》和铜六年九月条："己卯，摄津职言：'河边郡玖左佐村，山川远隔，**道路险难**。由是。大宝元年，始建馆舍。'"（第一册，p. 202）吴月支谦译《菩萨本缘经》卷 2《一切持

王子品》：“时婆罗门，语菩萨言：‘今此妇人，颜貌端正，身体姝妙，色像第一。**道路险难**，多有寇贼。我今单独，去必不达，且还相寄，莫复余施。’”姚秦竺佛念译《出曜经》卷25《恶行品》：“经过险难处，然有折轴忧者，**道路险难**，不遇良伴。舍其大道，随其细径，不达所至，中遇车坏。前伴不顾，后伴共相捐弃。”萧齐僧伽跋陀罗译《善见律毗婆沙》卷14《舍利弗品》：“若病比丘，僧为羯磨，离衣宿已往余方。若病差欲还，**道路险难**不得还，恒作还意，虽病差不失衣。”

【道俗帰敬/どうぞくききょう】　四字　（3例）　出家之人与世俗之人都归心敬仰。《日本灵异记》上卷《缔知识为四恩作绘佛像有验示奇表缘第35》：“尼等欢喜流泪，泣矜曰：‘吾先失斯像，日夜奉恋。今邂逅得遇。嗟呼，庆哉！’市人闻之，来集称：‘难。’尼等欢，放生修福，遂安本寺。**道俗归敬**，斯乃奇异之事也。”（p.135）又中卷《药师佛木像流水埋沙示灵表缘第39》：“是佛像有验放光，所愿能与故，**道俗归敬**。”（p.246）又下卷《产生肉团之作女子修善化人缘第19》：“乃知圣化，而更立名，号舍利菩萨。**道俗归敬**，而为化主。”（p.309）梁宝亮撰《名僧传抄》卷1：“于此少时，得第三果。直月还问曰：‘得和后，还高昌。大弘经律，**道俗归敬**，顾动乡邑。齐永元年，无疾坐亡，手屈四指。’云。”唐惠英撰、胡幽贞撰《大方广佛华严经感应传》卷1：“总章元年，西域有三藏梵僧，来至京洛。高宗师事，**道俗归敬**。”

【道俗帰心/どうぞくきしん】　四字　出家之人与世俗之人都诚心归附。《唐大和上东征传》：“淮南江左净持戒（律）者，唯大和上独秀无伦，**道俗归心**，仰为受戒之大师。”（p.80）唐慧详撰《弘赞法华传》卷6：“弘讲法华，**道俗归心**，每多祥瑞，后不知所终。”宋赞宁等撰《宋高僧传》卷12：“咸通三年辛巳，巡历名山，遂止天目东峯径山焉。**道俗归心**，恢扬法教。”宋王古辑撰《新修往生传》卷2：“导化洽京辈，**道俗归心**者如市。”

【道俗贵贱/どうぞくきせん】　四字　出家之人与世俗之人、富贵之人与贫贱之人。《日本灵异记》中卷《行基大德携子女人视过去怨令投渊示异表缘第30》：“行基大德，令堀开于难波之江而造船津，说法化人。**道俗贵贱**，集会闻法。”（p.226）元魏杨衒之撰《洛阳伽蓝记》卷4：“摩罗聪慧利根，学穷释氏，至中国即晓魏言隶书，凡闻见无不通解。是以**道俗贵贱**同归仰之。”唐道宣撰《续高僧传》卷25：“其言教所设，多抑浮词，显言正理，神树鬼庙，见即焚除，巫觋所事，躬为并当，祯祥屡见，绝无障碍。其奉正也如此。而笃性绵密，情兼泛爱，**道俗贵贱**，皆事邀延。”唐大觉撰《四分律行事钞批》卷4：“何人不事者，欲明能依教而行，**道俗贵贱**，谁不瞻奉加敬也。”

【道俗集言：“~”/どうぞく あつまりていはく ~】　自创　出家人和在家人聚在一起说：“……”。《日本灵异记》中卷《观音铜像及鹭形示奇表缘第17》：“**道俗集言**：‘铸钱盗人，取用无便，思烦而弃。’定知彼见鹭者，非现实鹭。观音变化，更莫疑也。”（p.195）（1）梁慧皎撰《高僧传》卷5：“时人闻者，方知翼之不谬。年八十二

而终。终日像圆光，奄然灵化，莫知所之。**道俗**咸谓，翼之通感焉。"唐道宣撰《续高僧传》卷 1："天监年中，在华光殿，亲对武帝，诵出异经。杨都**道俗，咸称神授**。"（2）唐道宣撰《续高僧传》卷 29："伪尚书令鄱阳胡秀才，亲领士众临据九江。因感发心，欣写庐山东林文殊瑞像。尽所镇境访监护者，**道俗**佥议：'以云有出众之奇，雅当此选。'"唐慧详撰《弘赞法华传》卷 2："彼诸**道俗**，闻而叹曰：'秦地乃有求道沙门矣。'"（3）唐道宣撰《续高僧传》卷 25："有道士蔡子晃者，闲习内外欹狎僧伦，**道俗盛集**僧寺。乃令晃开佛经。"又《续高僧传》卷 27："又近有汾州大乘寺僧忘名者，常厌生死浊世难度，誓必舍身，先节食服香。至期**道俗通集**。"

【道俗見聞/どうぞく みきく】 四字 出家人与在家人的所见所闻。《唐大和上东征传》："近天宝九载，有志恩律师于此坛上与授戒，又感天雨甘露。**道俗见闻**，叹同晋远。"（p.77）唐怀信述《释门自镜录》卷 1："新罗国大兴轮寺第一老僧，厥名道安。自小出家，即住兹寺，又薄解经论，为少长所宗。然于饭食，偏好拣择，一味乖心，杖楚交至。朝夕汲汲，略无宁舍，众虽患之，莫能救止。后因抱疾，更剧由来，骂詈瞋打，挥掷器物，内外亲邻，不敢觇视。经数日遂变作蛇身，长百余尺，号吼出房，径赴林野。**道俗见闻**，莫不伤心而诫矣。"该例亦见于宋延寿述《心赋注》卷 3。

【道俗皆集/どうぞく みなあつまる】 四字 僧尼和普通人全都聚集在一起。《日本灵异记》中卷《行基大德放天眼视女人头涂猪油而呵嘖缘第 29》："故京元兴寺之村，严备法会，奉请行基大德，七日说法。于是，**道俗皆集**闻法。"（p.224）东晋法显记《高僧法显传》卷 1："当此日，境内**道俗皆集**，作倡伎乐，华香供养，婆罗门子来请佛。佛次第入城，入城内再宿。通夜然灯，伎乐供养。国国皆尔。"

【道俗所貴/どうぞく にたふとばる】 自创 出家之人与世俗之人都很敬重。《日本灵异记》下卷《智行并具禅师重得人身生国皇之子缘第 39》："得度精勤修学，智行双有。皇臣见敬，**道俗所贵**。弘法导人，以为行业。"（p.377）（1）失译人名今附秦录《毗尼母经》卷 6："复更思惟：'此众中有僧，如父母教训子者不？有名德高远，**道俗所敬**重者，若我犯罪，当诣彼，生大惭愧，求于忏悔。'"梁僧佑撰《出三藏记集》卷 14："**道俗所宗**，丰于利养，其母羡之。故以谶为其弟子。"梁慧皎撰《高僧传》卷 2："**道俗所崇**，丰于利养，其母美之。故以谶为其弟子。"唐道世撰《法苑珠林》卷 19："凡圣硕德，数千余僧，积功殊异，**道俗所钦**。"（2）《宋书》卷 97《夷蛮传》："又有慧严、慧议道人，并住东安寺，学行精整，**为道俗所推**。"（p.2384）

【道俗無別/どうぞく べちなし】 四字 出家之人与世俗之人没有区别。《续日本纪》卷 7《元正纪》养老元年四月条："方今，僧尼则向病人之家，诈祷幻怪之情，庚执巫术，逆占吉凶，恐胁毫稚，稍致有求。**道俗无别**，终生奸乱。"（第二册，p.26）唐道宣撰《四分律含注戒本疏行宗记》卷 2："疏：问戒法是通，**道俗无别**，何义次第，二种不同。"宋宗晓编《法华经显应录》卷 1《序》："此本旧有，近再刊锓。但其间不指所出，**道俗无别**。诸祖事迹缺于纪载，有此疏陋殆非典刑。"

【**道俗之法**/どうぞく の みのり】 四字 出家之人与世俗之人不同的方式方法；出家之人与世俗之人不同的理解认识。《元兴寺伽蓝缘起并流记资财账》："当皇后帝世，并**道俗之法**建兴建通。故知大圣现影乎？经曰：'于王后宫变为女身而为说法，其斯之谓矣。'"姚秦竺佛念译《出曜经》卷1《无常品》："所谓大幽冥者，无明缠络遍人形体无空缺处，是谓大冥覆蔽众生，不别善恶趣要之本，不别白黑缚解之要**道俗之法**，亦复不知善趣恶趣出要灭尽，故曰深蔽幽冥。而不求锭者，云何为锭？所谓智慧之锭，以智慧锭为照何等？答曰：'知结所兴以道灭之，分别善趣恶趣出要之本，能别白黑缚解之要**道俗之法**，善能分别善趣恶趣出要灭尽，普曜诸法无不明照，而更舍之乃趣冥道故，曰而不求锭。'"姚秦竺佛念译《最胜问菩萨十住除垢断结经》卷3《童真品》："复当修习**道俗之法**，以法性故不断诸学，使慎禁戒因本清净而不可尽。"

【**道头**/みち の ほとり】 后缀 （4 例） 路边，路口。"头"，后缀词，"边、畔"的意思。《日本书纪》卷29《天武纪下》八年五月条："即自泊濑还宫之日，看群卿储细马于迹见驿家**道头**，皆令驰走。"（第三册，p.390）《日本灵异记》上卷《信敬三宝得现报缘第5》："语妻子曰：'有五色云，如霓度北。自而往其云道，芳如杂名香。观之**道头**有黄金山。'"（p.76）又《凶女不孝养所生母以现得恶死报缘第24》："时其母有稚子。携之还家，俛视**道头**，有遗裹饭。拾之慰饿，犹劳寝室。"（p.112）又下卷《用寺物复将写大般若建愿以现得善恶报缘第23》："召使五人，共副疾往，往**道头**有其峻坂。登于坂上，而踌躇见有三大道。"（p.319）（1）吴支谦译《撰集百缘经》卷6《比丘尼品》："须达长者，今欲劝化众人，以修惠施，于七日头，乘大白象，于四**道头**，街巷里陌，处处劝化。"后秦弗若多罗译《十诵律》卷36："王有一子，字优陀耶跋陀，于**道头**与狗子共戏。"梁宝唱等集《经律异相》卷13："时彼夫妇为欲有儿，三牲祭祠，累岁不遂。其人大忿，便与期七日，若复无验，当剪罚汝，弃都**道头**，以火烧之。"（2）《搜神记》卷1《弦超》条："去后五年，超奉郡使至洛，到济北鱼山下，陌上西行，遥望曲**道头**有一车马，似知琼。"（p.288）按：《汉语大词典》首引《宋书》卷93《朱百年传》："每以樵箬置**道头**，辄为行人所取，明旦亦复如是。"（p.2294）偏晚。

【**道心纯熟**/みち の こころ も はらなる】 四字 "道心"，追求悟达的心。与"菩提心"同义。"道"是梵语 bodhi 的译名，音译为"菩提"。佛悟之意，亦称道念。"纯熟"，毫无杂质、十分成熟。《日本灵异记》中卷《赎蟹虾命放生得现报缘第8》："置染臣鲷女者，奈良京富尼寺上座尼法迩之女也。**道心纯熟**，初淫不犯。"（p.171）唐伽梵达摩译《千手千眼观世音菩萨广大圆满无碍大悲心陀罗尼经》卷1："得十五种善生者：一者所生之处，常逢善王。二者常生善国。三者常值好时。四者常逢善友。五者身根常得具足。六者**道心纯熟**。七者**不犯禁戒**。八者所有眷属，恩义和顺。九者资具财食，常得丰足。十者恒得他人，恭敬扶接。十一者所有财宝，无他劫夺。十二者意欲所求，皆悉称遂。十三者龙天善神，恒常护卫。十四者所生之处，见佛闻法。十五者所闻正法，悟甚深义。若有诵持大悲心陀罗尼者，得如是等十五种善生也。一切天人，应常诵持，勿生懈怠。"类似的内容亦见于唐不空译《千手千眼观世音菩萨大悲心陀罗尼》卷 1 等。

【道種 ~ 空華 ~ /どうしゅ ~ くうげ ~】 对偶 "道种"，谓能产生佛果的种子。"空花"，隐现于病眼者视觉中的繁花状虚影。比喻纷繁的妄想和假象。《唐大和上东征传》淡海元开《初谒大和上二首并序》："**道种**将萌夏，**空华**更落春。自归三宝德，谁畏六魔瞋。"（p. 100）（1）后汉安世高译《阴持入经》卷 2："亦有三清净**道种**：一无恚不犯法本，为正语；二为正业；三为正致利。是为三清净**道种**，是故名为无恚不犯法本。"姚秦竺佛念译《出曜经》卷 3《无常品》："尔时众多比丘持钥母开门，见彼比丘已舍形寿，即白世尊：'抱患比丘今已命终，不审魂神，为生何处？在何**道种**？'"（2）《梁诗》卷 14 萧统《讲解将毕赋》："意树发**空花**，心莲吐轻馥。"唐玄奘译《大般若波罗蜜多经》卷 3《学观品》："若菩萨摩诃萨欲通达一切法如幻、如梦、如响、如像、如光影、如阳焰、如**空花**、如寻香城、如变化事，唯心所现性相俱空，应学般若波罗蜜多。"唐佛陀多罗译《大方广圆觉修多罗了义经》卷 1："知彼如**空花**，即能免流转，又如梦中人，醒时不可得。"按：《汉语大词典》首引唐魏静《〈永嘉集〉序》："心珠**道种**，莹七净以交辉；戒月**悲花**，耿三空而列耀。"偏晚。

【得安和/やすらかなるをう】 口语 得以平安、安好。《日本书纪》卷 29《天武纪下》朱鸟元年六月条："甲申，遣伊势王及官人等于飞鸟寺，敕众僧曰：'近者朕身不和，愿赖三宝之威，以身体欲**得安和**。'"（第三册，p. 460）西晋竺法护译《贤劫经》卷 1："彼时四辈，诸比丘比丘尼，清信士清信女，天龙鬼神，阿须伦迦留罗真陀罗摩休勒，及人非人，咸来云集。一切诸会，蒙众菩萨，光明所照，皆**得安和**。"隋智顗说、灌顶记《观音义疏》卷 1："若能称观世音，若应刑所，刀寻断坏，若应战阵，立之等力，令**得安和**。"唐菩提流志译《大宝积经》卷 19："复次，舍利弗，彼不动菩萨摩诃萨得授记时，彼世界中所有女人怀孕，皆**得安和**分释无诸苦难。盲者得视，聋者能闻，如我成佛时，等无有异。"唐义净撰《大唐西域求法高僧传》卷 2："于王城内僧尼有四千许人，皆受王供养，每于晨朝令使入寺合掌房前急行疾问：'大王奉问法师等宿夜**得安和**不？'僧答曰：'愿大王无病长寿国祚安宁。'使返报已方论国事。"

【得安身/やすきみをう】 口语 得以安身立命。《日本灵异记》上卷《非理夺他物为恶行受报示奇事缘第 30》："痛哉，苦哉！何日免吾罪，何日**得安身**也。"（p. 126）（1）西晋法立、法炬合译《佛说诸德福田经》卷 1："起塔立精舍，园果施清凉，病则医药救，桥船度人民，旷路作好井，渴乏**得安身**，所生食甘露，无病常安宁，造厕施清净，除秽致轻悦，后无便利患，莫见秽恶者。"姚秦竺佛念译《鼻奈耶》卷 1："诸贤听我所言：'我有鞞贳罗国知识家亲里家，富贵无限，钱财田业无量，珍宝杂物丰盈。我等可共到彼福度亲里，诸比丘亦可**得安身**。'"刘宋求那跋陀罗译《杂阿含经》卷4：
"佛告婆罗门：'我不见诸天、魔、梵、沙门、婆罗门、天神、世人堪食此食而**得安身**。
婆罗门，汝持此食著无虫水中，及少生草地。'"（2）《刘子·辩施》："策驷登山，不
得直辔而行；泛舟入海，**不得安身**而坐。"

【**得安稳/やすらかなることえたり**】 口语 "安稳"，安定、平静。"得安稳"，身
心得以安好。《藤氏家传》上卷《镰足传》："但闻无上大圣，犹不得避。故慰痛悼，小
得安稳。"（p. 239）（1）后汉安世高译《七处三观经》卷1："恶便望苦会得是故，我
为说舍身恶行，若比丘已舍身恶行，便得利便**得安隐**。是故我为说舍身恶行，口意亦如
上说。"姚秦鸠摩罗什译《妙法莲华经》卷2《譬喻品》："世尊，我从昔来，终日竟
夜，每自克责，而今从佛，闻所未闻，未曾有法，断诸疑悔，身意泰然，快**得安隐**。"
唐义净译《金光明最胜王经》卷6《四天王护国品》："若有人王，恭敬供养，此《金
光明》，最胜经典，汝等应当，勤加守护，令**得安隐**。"（2）《全唐文》卷40元宗《赐
三姓葛逻禄书》："卿等来日，大首领及将士以下，并**得安稳**与否？有所事意，具状奏
来。"《全唐文》卷254苏颋《处分朝集使敕》："不知卿等从州来日，百姓间**得安稳**以
否？其间阎未便，敕令有阙，具以陈闻，副我深寄。时寒涉路，并平安好，且三两日寻
亲识后，取曹司进止。"按："安稳"一词，又见于《肥前国风土记·神埼郡》条："天
皇敕曰：'夜里御寐，甚有**安稳**。'此村可谓天皇御寐安村。"（p. 322）《续日本纪》卷
22《淳仁纪》天平宝字四年三月条："甲戌，诏曰：'比来，皇太后御体不予。宜祭天
神地祇，诸祝部等各祷其社。欲令圣体**安稳**平复。'"（第三册，p. 348）又卷40《桓武
纪》延历八年十二月条："又敕：'顷者中宫不予，稍经旬日。随勤医疗，未有应验。
思归至道，令复**安稳**。宜令畿内七道诸寺，一七个日读诵《大般若经》焉。'"

【**得百味/もものあぢはひをう**】 自创 "百味"，各种食品和滋味。"得百味"，得
到各种美味佳肴。《常陆国风土记·多珂郡》条："此时，野狩者，终日驱射，不得一
穷。海渔者，须臾才采，尽**得百味**焉。"（p. 416）吴支谦译《大明度经》卷3："譬若
大饥，**得百味**饭不食也，欲得六十味饭。"西晋无罗叉译《放光般若经》卷10："譬如
饥人，**得百味**食，更念欲得，六十味食。"梁宝唱等集《经律异相》卷9："有比丘僧，
名曰慧王。持钵入惟致国中分卫，**得百味**饭。"按：佛经中通常以"得百味饭（食）"
等固有形式出现。→【百味飲食】

【**得饱满/ほうまんすることをえたり**】 三字 "饱满"，吃饱。"得饱满"，得以果
腹，能够吃饱。《唐大和上东征传》："舟人把碗，竞上岸头觅水，过一小岗，（便）遇
池水，清凉甘美，众人争饮，各**得饱满**。"（p. 66）后汉昙果、康孟详合译《中本起经》
卷2《尼揵问疑品》："吾闻沙门，咒愿一切，普**得饱满**；猥将大众，来适饥国，费损人
食，此大无益。"晋世法炬、法立合译《法句譬喻经》卷2《刀仗品》："树神即举手，
百味饮食，从手流溢，给众饭食，皆**得饱满**，其余食饮，足供道粮。"萧齐求那毘地译

《百喻经》卷3："譬如有人，因其饥故，食七枚煎饼，食六枚半已，**便得饱满**，其人恚悔，以手自打，而作是言：'我今饱足，由此半饼，然前六饼，唐自捐弃，设知半饼，能充足者，应先食之。'"唐义净译《金光明最胜王经》卷1《如来寿量品》："然释迦牟尼如来，曾于无量，百千万亿，无数大劫，不害生命，行十善道，常以饮食，惠施一切，饥饿众生，乃至己身血肉骨髓，亦持施与，**令得饱满**，况余饮食。"

【得报如芥子／むくひをうることなたねのごとし】 典据 得到的果报，如芥子一般微小。《日本灵异记》上卷《邪见打破乞食沙弥钵以现得恶死报缘第29》："《大丈夫论》云：'悲心施一人，功德大如地。为己施一切，**得报如芥子**。救一厄难人，胜余一切施。'云云。"（p.121）唐道世撰《法苑珠林》卷71："又《丈夫论》偈云：'悲心施一人，功德大如地。为己施一切，**得报如芥子**。救一厄难人，胜余一切施。众星虽有光，不如一明月。'"该例亦见于《诸经要集》卷11。按："芥子"用作喻体，表示极其微小或微少的意思。西晋无罗叉译《放光般若经》卷7《舍利品》："释提桓因白佛言：'世尊，如我从佛所闻法中事，善男子、善女人供养舍利；若复分持**如芥子**者与他人，其福甚多。'"姚秦鸠摩罗什译《妙法莲华经》卷4《提婆达多品》："观三千大千世界，乃至无有，**如芥子**许，非是菩萨，舍身命处，为众生故，然后乃得，成菩提道。不信此女，于须臾顷，便成正觉。"北凉昙无谶译《大般涅槃经》卷3《金刚身品》："王于尔时，身被刀剑，箭槊之疮，体无完处，**如芥子**许。"

【得便／べんをう】 述宾 遇到适宜的机会；寻找到方便。《续日本纪》卷6《元明纪》和铜六年三月条："宜各持一囊钱，作当炉给，永省劳费，往还**得便**。"（第一册，p.194）（1）后支娄迦谶译《道行般若经》卷9《萨陀波伦菩萨品》："女归以具为父母说是事，父母即报女言：'汝所说甚快，难得闻。我亦复欲，与汝共行，自惟年老，不能自行，汝所欲**得便**自说。'"姚秦鸠摩罗什译《妙法莲华经》卷7《陀罗尼品》："世尊，我亦为拥护读诵受持法华经者，说陀罗尼。若此法师得是陀罗尼，若夜叉、若罗刹、若富单那、若吉遮、若鸠盘茶、若饿鬼等，伺求其短，无能**得便**。"唐义净撰《金光明最胜王经》卷10《付嘱品》："若有说是经，诸魔不**得便**；由佛威神故，我当拥护彼。"（2）《蜀志》卷5《诸葛亮传》："其二事曰：曹公遣刺客见刘备，方得交接，开论伐魏形势，甚合备计。稍欲亲近，刺者尚未**得便**会，既而亮入，魏客神色失措。亮因而察之，亦知非常人。"《宋书》卷82《沈怀文传》："乃改用军法，**得便**斩之，莫不奔窜山湖，聚为盗贼。"按：《汉语大词典》首引唐韩愈《酬卢云夫望秋》诗："归来**得便**即游览，暂似壮马脱重衔。"偏晚。《续日本纪》卷36《高绍纪》宝龟十一年七月条："军所集处，预立标榜。宜量地势务**得便宜**。"由此可知，"得便"的"便"，是"便宜"的意思。又卷24《淳仁纪》天平宝字六年七月条："是月，送唐人使从五位下中臣朝臣鹰主等，风波**无便**，不得渡海。"（第三册，p.410）例中"无便"，表示不利于出海的条件，是"得便"的反义表达。

【得病而～/やまひをえて～】 三字 因为生病而……《日本灵异记》上卷《圣德皇太子示异表缘第4》："皇太子居住于鵤冈本宫时，有缘出宫游观。幸行片冈村之路侧，有毛乞匂人**得病而**卧。"（p.69）吴康僧会译《旧杂譬喻经》卷1："沙弥不应，遂昼夜思想，于彼不食，**得病而**死。"元魏杨衒之撰《洛阳伽蓝记》卷4："经二年，庆妻马氏忽梦此像谓之曰：'卿夫妇负我金色久而不偿。今取卿儿丑多以偿金色焉。'悟觉心不遑安至晓。丑多**得病而**亡。"

【得存济/ぞんせいすることう】 三字 （2例） 得到活路、生路。《续日本纪》卷7《元正纪》灵龟二年八月条："自此已来，驱使丁乏，凡诸属官并未辛苦。停棉给丁，欲**得存济**。许之。"（第二册，p.16）又卷12《圣武纪》天平九年八月条："良由朕之不德，致此灾殃。仰天惭惶，不敢宁处。故可优复百姓使**得存济**。"（第二册，p.324）（1）吴月支谦译《菩萨本缘经》卷1《一切施品》："譬如男子，为长养身，噉父母肉，是人虽**得**，**存济**生命，与怨何异？我亦如是，设缚王身，将送彼怨，虽多得财，以赎家居，我所不贵。"隋阇那崛多译《佛本行集经》卷50《说法仪式品》："尔时，慈者商主之母告慈者言：'儿今何用，入大海中？汝今家内，大富丰饶，财物具足，凡有所须，皆应无阙，七世已来，堪**得存济**，以充供养，兼得行檀，作诸功德。'"北凉道泰译《大丈夫论》卷1《施主体品》："菩萨法身，不依饮食，而**得存济**，大悲为食，菩萨身存。"（2）《魏书》卷7《高祖纪下》："又疾苦六极，人神所矜，宜时访恤，以拯穷废。鳏寡困乏、不能自存者，明加矜恤，令**得存济**。"《全唐文》卷31元宗《命诸道节度使募取丁壮诏》："宜令中书门下与诸道节度使，各量军镇闲剧，审利害，计兵防健儿等作定额，委节度使放诸色征行人内及客户中召募，取丁壮情愿充健儿长任边军者，每岁加于常例，给田地屋宅，务加优恤，便**得存济**。"按：《续日本纪》卷34《高绍纪》宝龟八年二月条："时都蒙言曰：'都蒙等一百六十余人，远贺皇祚，航海来朝。忽被风漂，致死一百二十。幸**得存活**，才四十六人。'"例中"得存活"，是"得存济"的类义表达。

【得大福/おほきなるさきはひをう】 三字 获得巨大的福报。《日本灵异记》中卷《极穷女于尺迦丈六佛愿福分示奇表以现**得大福**缘第28》（p.223）后汉安世高译《佛说处处经》卷1："佛言：'现神足复有两福：一者人见飞行，便精进念道；二者从人受施令**得大福**用。是故现神足，意喜故便**得大福**。'"姚秦鸠摩罗什译《大智度论》卷91《照明品》："舍利弗，譬如幻师，幻作百千万忆人，与种种饮食令饱满，欢喜唱言：'我**得大福**，我**得大**福。'于汝意云何？是中有人食饮饱满不？"

【得大福德/おほきなるさきはひをう】 四字 得到巨大的幸福和功德。用于说话故事的小标题。《日本灵异记》上卷《殷勤归信观音愿福分以现**得大福德**缘第31》（p.128）姚秦鸠摩罗什译《摩诃般若波罗蜜经》卷17《深奥品》："世尊，如佛所说，因缘起法从妄想生，非实。云何善男子、善女人**得大福德**？"高齐那连提耶舍译《大悲经》卷 5《殖善根品》："阿难，我观此义故作是说，有二种人**得大福德**：一者勤心为说；二者至心专听。"北凉昙无谶译《大般涅槃经》卷 7《如来性品》："如是比丘，真是梵行，清净之人，以是因缘，普令诸人，**得大福德**。"→【被大福德】

【**得大富**/おほきなるとみをう】 ⬛三字⬛　获得巨大的财富。《日本灵异记》中卷《极穷女凭敬千手观音像愿福分以**得大富**缘第 42》（p. 253）晋世法立、法炬合译《法句譬喻经》卷 1《慈仁品》："佛告大王：'善听一言！欲得谷食，当行耕种，**欲得大富**，当行布施，欲得长命，当行大慈，欲得智慧，当行学问。'"姚秦鸠摩罗什译《大庄严论经》卷 15："将至彼王所，令彼王欢喜，当施汝珍宝，金银诸财物，汝可**得大富**，彼王复欢喜。"西秦圣坚译《太子须大拏经》卷 1："太子言：'今且愿我，令**得大富**，常好布施，又胜于前；愿令父王，及诸傍臣，皆思见我。'"

【**得大蛇身**/おほへみのみをう】 ⬛四字⬛　因悭贪等宿业，转世生作蟒蛇。《日本灵异记》中卷《因悭贪成大蛇缘第 38》："诚知贪钱因隐，**得大蛇身**，返护其钱也。虽见须弥顶，不得见欲山顶者，其斯谓之矣。"（p. 244）唐金刚智译《吽迦陀野仪轨》卷 2："又清净心行法悉成就法，更无疑念。若作像等，有作人其欲多得，即现世**得大蛇身**，六根皆悉不具足，常常苦恼又至死。"

【**得度**/とくど】 ⬛述宾⬛（10 例）　剃发入佛门。入于佛道，则不久可至涅槃彼岸，故于因位，赋予果名，称为得度。《日本灵异记》中卷《埴神王腸放光示奇表得现报缘第 21》："召行者诏：'欲求何事？'答曰：'欲出家修学佛法。'敕许**得度**，金鹫为名。"（p. 204）又下卷《智行并具禅师重得人身生国皇之子缘第 39》："**得度**精勤修学，智行双有。皇臣见敬，道俗所贵。弘法导人，以为行业。"（p. 377）《元兴寺伽蓝缘起并流记资财账》："佛法最初时，后宫不令破，樱井迁作道场。尔时三女出家。时即大喜，喜令住其道场，而生佛法牙。故名元兴寺。其三尼等者，经云：'应以比丘身**得度**者，即现比丘身而为说法。'其斯之谓矣。"《续日本纪》卷 7《元正纪》养老元年五月条："率土百姓，浮浪四方。规避课役，遂仕王臣。或望资人，或求**得度**。"（第二册，p. 28）又卷 8《元正纪》养老五年五月条："经年堪为师者。虽非度色。并听**得度**。"（第二册，p. 94）又卷 11《圣武纪》天平六年十一月条："自今以后，不论道俗，所举度人，唯取暗诵《法华经》一部，或《最胜王经》一部，兼解礼佛，净行三年以上者，令**得度**者，学问弥长。嘱请自休。"（第二册，p. 282）又："所司知而不正者，与同罪。**得度**者还俗。"（第二册，p. 284）又卷 14《圣武纪》天平十三年十月条："癸巳，贺世山东河造桥。始自七月至今月乃成。召畿内及诸国优婆塞等役之。随成令**得度**。惣七百五十人。"（第二册，p. 398）又卷 21《淳仁纪》天平宝字二年八月条："天下诸国隐于山林清行逸士十年以上。皆令**得度**。"（第三册，p. 276）又卷 37《桓武纪》延历二年四月条："每国造僧寺。必合有二十僧者。仍取精进练行。操履可称者度之。必须数岁之间。观彼志性始终无变。乃听入道。而国司等不精试练，每有死阙，妄令**得度**。"后汉竺大力、康孟详合译《修行本起经》卷 1《现变品》："时有五百梵志，皆有五神通，飞过宫城，不能**得度**，惊而相谓：'吾等神足，石壁皆过，因何等故，今不**得度**？'"姚秦鸠摩罗什译《妙法莲华经》卷 7《妙音菩萨品》："若应以声闻形**得度**者，现声闻形而为说法；应以辟支佛形**得度**者，现辟支佛形而为说法；应以菩萨形**得度**者，现菩萨形而为说法；应以佛形**得度**者，即现佛形而为说法。如是种种，随所应度而为现形，乃至应以灭度而**得度**者，示现灭度。"唐义净译《金光明最胜王经》卷 2《分别三身品》："声闻、独觉已出三界，求真实境，不能知见。如是圣人，所不知见，一切凡夫，皆生疑惑，颠倒分别，不能**得度**，如兔浮海，必不能过。"

【得度出家/とくどしゅっけ】 四字 剃发入佛门，到寺庙去做僧尼。《日本灵异记》上卷《得雷之喜令生子强力在缘第 3》："故寺众僧听令**得度出家**，名号道场法师。后世人传谓'元兴寺道场法师，强力多有。'是。"（p. 65）萧齐僧伽跋陀罗译《善见律毘婆沙》卷 16《舍利弗品》："若屏处不增长得出家，若小时有疣病、大便失，**得度出家**，此非瘤病，是故得出家。"又卷 17："破僧人不**得度出家**。云何破僧？若执十八事，三谏不舍。"唐怀素撰《四分律开宗记》卷 7："若奴主放奴出家，语诸比丘言：'若奴有道心者放，若无道心，还复为奴。'若如是语者，不**得度出家**。"

【得度海/うみをわたることう】 三字 得以渡海。《日本书纪》卷 9《神功纪》摄政元年二月条："亦表筒男、中筒男、底筒男三神海之曰：'吾和魂宜居大津渟中仓之长峡，便因看往来船。'于是随神教以镇坐焉，则平**得度海**。"（第一册，p. 438）唐道世撰《法苑珠林》卷 65："尔时商主，为欲施彼，无悕怖故，兴大悲心，起大勇猛，即以利剑，断已命根，速取命终，于时大海，漂其死尸，置之岸上。时五商人，便**得度海**，安隐受乐，平吉无难还阎浮提。"又《诸经要集》卷 8："众商人等，极大惊怖，皆共唱言：'神地神日月诸神，谁能慈救济我也。'有一大龟，背广一里，心生悲愍，来向船所，负载众人，即**得度海**。"

【得渡海/うみをわたることう】 三字 （5 例） 得以渡海；允许出海。《唐大和上东征传》："十月十六日，晨朝大和上云：昨夜，梦见三官人，一著绯，二著绿。于岸上拜别，知是国神相别也。疑是度必**得渡海**也。"（p. 63）《续日本纪》卷 2《文武纪》大宝二年六月条："乙丑，遣唐使等去年从筑紫而入海。风浪暴险，不**得渡海**。至是乃发。"（第一册，p. 56）又卷 24《淳仁纪》天平宝字六年七月条："是月，送唐人使从五位下中臣朝臣鹰主等，风波无便，不**得渡海**。"（第三册，p. 410）又卷 34《高绍纪》宝龟七年闰八月条："奏上曰：'今既入于秋节，逆风日扇。臣等望，待来年夏月，庶**得渡海**。'"又宝龟八年二月条："二月戊子，遣唐使拜天神地祇于春日山下。去年风波不调，不**得渡海**。"东晋瞿昙僧伽提婆译《增壹阿含经》卷 41《马王品》："到已，语马王曰：'我等五百商人，为风所吹，今来堕此，极难之处，欲**得渡海**，唯愿渡之。'"高齐那连提耶舍译《大悲经》卷 4《以诸譬喻付嘱正法品》："于时，大海漂其死尸，置之岸上。时五商人，便**得渡海**，安隐受乐，平吉无难还阎浮提。"失译人名附前魏译《七佛父母姓字经》卷1："佛告诸比丘：经不可不学，道不可不为。佛者譬如大海水中船师，数千万人皆仰以**得渡海**，佛教天下，皆使为善。得道度世亦如是。"

【得悪報/あしきむくひをう】 三字 （5例）　得到恶劣的报因，遭受恶果的报应。①用于说话故事的小标题。《日本灵异记》上卷《呰读〈法华经〉品之人而现口喝斜**得悪報**缘第19》（p. 103）又《邪见假名沙弥斫塔木**得悪報**缘第27》（p. 116）又下卷《假官势非理为政**得悪報**缘第35》（p. 353）又《减塔阶仆寺幢**得悪報**缘第36》（p. 356）②用于说话故事之中。《日本灵异记》下卷《依妬修行人得猴身缘第24》："**得悪報**故。往昔过去罗，作国王时，制一独觉，不令乞食。入境不得，七日顷饥。依此罪报，罗睺罗不生六年，在母胎中者，其斯谓也矣。"（p. 323）→【現得悪報】

【得悪病/あしきやまひをう】 三字 （2例）　患上难以医治的疾病。《日本灵异记》中卷《骂僧与邪淫**得悪病**而死缘第11》（p. 177）又《打法师以现**得悪病**而死缘第35》（p. 240）元魏瞿昙般若流支译《正法念处经》卷8《地狱品》："若生人中，同业之处，心则不正，报**得悪病**。若得大病，若心痛病，只罗娑病；若脚肿病，若目盲病。是彼恶业，余残果报。"北凉昙无谶译《大方等大集经》卷32《四方菩萨集品》："若有食者，身**得悪病**，无有势力，是诸恶鬼，常伺众生，初生长大，能断其命。是故其土，众生短寿。"唐道世撰《法苑珠林》卷79："前县令何欣之妇，上织成宝盖带四枚，乃盗取之，以为腰带。不盈百日，复**得悪病**。发疮之始，起腰带处。世时在元嘉年初尔。"

【得奉見~/まみえまつらむことえば】 三字　"奉见"，"见"的谦辞。"得奉见"，得以见到，可以见到。《藤氏家传》上卷《镰足传》："若死者有灵，信**得奉見**先帝及皇后者，奏曰：'我先帝陛下平生之日游览淡海及平浦宫处，犹如昔日焉。'"（p. 243）（1）西晋竺法护译《正法华经》卷9《妙吼菩萨品》："今诸菩萨，故来诣此，本土如来，之所发遣，欲**得奉見**，七宝塔寺，灭度众宝如来，问讯启受，圣体康宁，说法如何？"东晋佛驮跋陀罗译《大方广佛华严经》卷18《金刚幢菩萨十回向品》："令一切众生，随方见佛，尽虚空界，一切如来，悉**得奉見**。"元魏吉迦夜、昙曜合译《杂宝藏经》卷8："我等今者，云何而**得**，**奉見**世尊？"（2）《全晋文》卷27王献之《如省》："献之白：思恋转不可言，瞻近而未**得奉見**。但有叹塞，迟诸信还具动静。献之。"《周书》卷11《晋荡公护传》："一**得奉見**慈颜，永毕生愿。生死肉骨，岂过今恩，负山戴岳，未足胜荷。"

【得福德聚/ふくとくあつまること】 四字　福报得以聚集。"福德"，幸福与功德，亦即由于善的行为而得到的福利、福报。《续日本纪》卷21《淳仁纪》天平宝字二年八月条："如闻《摩诃般若波罗蜜多》者，是诸佛之母也。四句偈等，受持读诵，**得福德聚**，不可思量……宜告天下诸国，莫论男女老少，起坐行步口闲，皆尽念诵摩诃般若波罗密。"（第三册，p.280）刘宋昙摩密多译《佛说诸法勇王经》卷1："若施是等人，得福报无量。欲得如是福，当发菩提心。既发菩提心，所**得福德聚**。欲称其少分，不可得计量。"元魏菩提流支译《金刚般若波罗蜜经》卷1："佛言：'如是，如是，须菩提。彼善男子、善女人，以是因缘，**得福德聚**多。须菩提，若**福德聚**有实，如来则不说**福德聚**、**福德聚**。'"唐菩提流志译《大宝积经》卷65《夜叉授记品》："赞叹无等大导师，我今所**得福德聚**。以此福德愿成佛，亦愿众生成自然。"

【**得好風**/よきかぜをう】 三字   遇上利于出船的风。《唐大和上东征传》："停住一月，**得好风**，发至署风山，停住一月。"（p.62）（1）唐圆照撰《贞元新定释教目录》卷14："和上东向遥礼文殊，西礼观音菩萨。便与徒众告别登舶入海，**得好风**便一日一夜渡海，却到师子国勃支利津口。"（2）李商隐《留赠畏之》："户外重阴黯不开，含羞迎夜复临台。潇湘浪上有烟景，安**得好风**吹汝来。"

【**得好在**/さきくはべることえたり】 口语   "好在"，安好。多用于问候。《日本书纪》卷26《齐明纪》五年七月条："（《伊吉连博德书》）天子问曰：'执事卿等，**好在**以不？'使者谨答：'天皇怜重，亦**得好在**。'"（第三册，p.224）唐圆照集《大唐贞元续开元释教录》卷2："又至十二月一日，内给事李宪诚宣奉敕：'茶贰拾伍钏、藤纸壹阡张、笔伍拾管、墨伍挺，充大德如净等金定律疏用。敬问诸大德等，各**得好在**否？'"又卷16："宝应元圣文武皇帝批曰：'和尚夙事先朝，弘阐妙教，演兹贝叶，广示迷津。朕嗣缵丕图，恭承睿旨。和上再加详译，今卷轴续毕，永济生灵，深可嘉叹。仍宜付中外遍入一切经目录，至其月二十二日中使李宪诚奉宣敕旨，大德比翻译多劳也。不空三藏宜赐锦采绢等共八百匹，同翻经十大德各赐采三十匹。敬问诸德渐寒，各**得好在**？'"《敦煌变文·八相变（二）》："摩耶夫人与太子只得六七日团圆，至弟一七日竿时已来，空中□［悲］声，庆云来现，唤言：'下方摩耶夫人**得好在**已否？'"

【**得寂静楽**/じゃくじょうのたのしみをう】 四字   得到懂得涅槃道理的快乐。"寂静"，脱离一切烦恼叫作寂，杜绝一切之苦患叫作静，寂静即涅槃的道理。《奈良朝写经67·华严八会刚目章》："回此功德施法界，皆愿当**得寂静乐**。"（p.417）姚秦鸠摩罗什译《大庄严论经》卷10："我今怜愍汝，欲使得解脱，令**得寂静乐**，获诸利益事。"元魏瞿昙般若流支译《正法念处经》卷43《观天品》："放逸则破怀，为慢所迷惑。若天若丈夫，不**得寂静乐**。"

【**得明眼**/めをあくることう】 三字 （3例）   得到明亮的眼光；得以复明。用于说话故事的小标题。《日本灵异记》下卷《二目盲女人归敬药师佛木像以现**得明眼**缘》（p.288）又《二目盲男敬称千手观音日摩尼手以现**得明眼**缘第12》（p.290）又《沙门一目眼盲使读〈金刚般若经〉**得明眼**缘第21》（p.310）西晋竺法护译《光赞经》卷7《蜜十住品》："何谓菩萨不舍智慧？谓能逮**得明眼**故。"姚秦竺佛念译《菩萨从兜术天降神母胎说广普经》卷5《善权品》："如人生便盲，不识玄黄色，遭遇圣巧匠，疗治以法药；昔闻有五色，青黄赤白黑，既**得明眼识**，不别青黄赤。"

【得平安/へいあんなることえたり】 口语 得以平安、安好。用于问候。《日本书纪》卷26《齐明纪》五年七月条："（《伊吉连博德书》）三十日，天子相见闻讯之：'日本国天皇平安以不？'使人谨答：'天地合德，自**得平安**。'"（第三册，p.224）《日本灵异记》上卷《人畜所履髑髅救收示灵表而现报缘第12》："万侣出而遇之。其人语之曰：'蒙大德之慈，顷**得平安**之庆。然非今夜，无由报恩。'"（p.91）唐菩提流志译《大宝积经》卷61："时有释种名曰喜面，不在众中，不闻王教，见优陀夷，即往其所，稽首白言：'善来！尊者。**得平安**耶？'"唐义净译《根本说一切有部毘奈耶杂事》卷9："世尊亦说：'汝等苾刍，常学报恩，少恩尚报，何况多耶？汝存宿恩，得见妻不？'答言：'我见。'又问曰：'得安稳耶？'报云：'幸承覆护，甚**得平安**。'"唐圆照集《大唐贞元续开元释教录》卷2："比修疏义，甚大勤劳也。秋热敬问，师等各**得**，**平安**好在。"

【得平復/たひらがむことう】 三字 得到痊愈，使受戕残身体恢复原状。《续日本纪》卷10《圣武纪》神龟五年八月条："甲申，敕：'皇太子寝病，经日不愈。自非三宝威力，何能解脱患苦。因兹，敬造观世音菩萨像一百七十七躯并经一百七十七卷，礼佛转经，一日行道。缘此功德，欲**得平复**。'"（第二册，p.198）失译人名今附后汉录《大方便佛报恩经》卷7《亲近品》："如来即以右手，从天帝释受取宝瓶，灌病比丘顶，左手摩拭病比丘身，身诸疮病随如来手寻**得平复**。**得平复**已，欢喜无量。"北凉昙无谶译《金光明经》卷3《除病品》："善女天，复有无量，百千众生，病苦深重，难除差者，即共来至，长者子所，时长者子，即以妙药，授之令服，服已除差，亦**得平复**。"唐义净译《金光明最胜王经》卷9《长者子流水品》："尔时，佛告菩提树神：'善女天，尔时长者子流水，于往昔时，在天自在，光王国内，疗诸众生，所有病苦，令**得平复**，受安隐乐。'"

【得顺風/じゅんぷうをう】 三字 （3例） 遇到与行进方向一致的风。《万叶集》卷15第3644~3651首歌题："经宿而后，幸**得顺风**，到著丰前国下毛郡分间浦。"（第四册，p.42）又第3697~3699首歌题："到对马岛浅茅浦舶泊之时，不**得顺风**，经停五个日。"（第四册，p.59）《续日本纪》卷34《高绍纪》宝龟八年四月条："即**得顺风**，不可相待。"（1）北凉昙无谶译《大般涅槃经》卷9《如来性品》："譬如有人，在大海中，乘船欲渡，若**得顺风**，须臾之间，则能得过，无量由延。若不得者，虽复久住，经无量岁，不离本处。"隋灌顶撰《国清百录》卷2："既乘爽节，因**得顺风**，去留之宜，事理咸会。此间彼处，仰听择一，意不可尽，辞岂多宣。谨和南。三月一日。"唐般若译《大乘本生心地观经》卷4《厌舍品》："是大菩萨，发起如是，同体大悲，无碍愿已，经一念顷，恶风寻止，便得**得顺风**，解脱众难，得至宝所，获诸珍宝。"（2）《全唐文》卷384独孤及《梦远游赋（并序）》："其往也，泛兮若游鱼，振鳞而泳清川，回

兮若翔雁，**得顺风**而缘秋天。"（p. 3901）

【得蘇/よみがへることえたり】 述宾 得以苏醒过来，得到复苏。《藤氏家传》下卷《武智麻吕传》："国人悦曰：'贵人临境，百姓**得苏**。'其被人贵仰，大略如斯也。"（p. 325）（1）西晋安法钦译《阿育王传》卷2："复闻一臣，道外沙门，被杀者多，所有者少，极为懊恼，闷绝躄地，以水洒面，久乃**得苏**。"唐义净译《金光明最胜王经》卷10《舍身品》："见已，闷绝不能自持，投身骨上，久乃**得苏**，即起举手，哀号大哭。"唐不空译《金刚顶经瑜伽十八会指归》卷1："摩酰首罗死已，自见于下方，过六十二，恒河沙世界，名灰庄严。彼世界中，成等正觉，名为怖畏自王如来。执金刚菩萨，以脚按之，诵金刚寿命真言，复**得苏**。"（2）《搜神记》卷17："魏黄初中，顿丘界有人骑马夜行，见道中有物，大如兔，两眼如镜，跳跃马前，令不得前。人遂惊惧，堕马。魅便就地捉之，惊怖暴死。良久**得苏**，苏已失魅，不知所在。"《搜神后记》卷4："襄阳李除，中时气死。其妇守尸。至于三更，崛然起坐，抟妇臂上金钏甚遽。妇因助脱，既手执之，还死。妇伺察之，至晓，心中更暖，渐渐**得苏**。"按：《汉语大词典》失收。

【得现报/げんぽうをう】 三字 （15例） 现在作善恶之业，现身受善恶之果。（1）用于说话故事小标题。《日本灵异记》上卷《信敬三宝**得现报**缘第5》（p. 74）又《恃凭念观音菩萨**得现报**缘第6》（p. 78）又《赎龟命放生**得现报**龟所助缘》（p. 80）又《聋者归敬方广经典**得现报**开两耳缘第8》（p. 82）又《僧忆持心经**得现报**示奇事缘第14》（p. 94）又《遭兵灾信敬观音菩萨像**得现报**缘第17》（p. 98）又《归信三宝钦仰众僧令诵经**得现报**缘第32》（p. 130）又中卷《赎蟹虾命放生**得现报**缘第8》（p. 171）又《穷女王归敬吉祥天女像**得现报**缘第14》（p. 184）又《埴神王腩放光示奇表**得现报**缘第21》（p. 203）又《孤娘女凭敬观音铜像示奇表**得现报**缘第34》（p. 238）又下卷《沙门凭愿十一面观世音像**得现报**缘第3》（p. 268）又《女人滥嫁饥子乳故**得现报**缘第16》（p. 301）（2）用于说话内容当中。又中卷《骂僧与邪淫得恶病而死缘第11》："随不加刑，而发恶心，滥骂令耻，不恐邪淫故，**得现报**也。"（p. 178）又下卷《强非理以征债取多倍而现得恶死报缘第26》："依此罪召汝。应**得现报**，今示汝耳。"（p. 329）→**【现报】**

【得现恶报/うつつにあしきむくひをう】 自创 现在作造恶业，现身受报恶果。《日本灵异记》上卷《无慈心剥生兔皮而**得现恶报**缘第16》（p. 97）→**【现得恶报】**

【得験/しるしをう】 述宾 （2例） 得到应验。《日本灵异记》上卷《序》："或贪寺物生犊偿债，或诽法僧现身被灾，或殉道积行而现**得验**。或深信修善，以生沾祜。"（p. 54）《续日本纪》卷19《孝谦纪》天平胜宝八岁五月条："丙子，敕：'禅师法荣，立性清洁，持戒第一，甚能看病。由此，请于边地，令侍医药。太上天皇**得验**多数，信重过人，不用他医。'"（第三册，p. 162）唐阿地瞿多译《陀罗尼集经》卷2《释迦佛顶三昧陀罗尼品》：“若作法时，深心发于，无上菩提心，平等怜愍，一切众生。发是心者，随意**得验**。若不尔者，**不得验**也。”唐义净译《曼殊室利咒藏中校量数珠功德经》卷1：“若善男子、善女人，有能诵念，诸陀罗尼，及佛名者，为欲自利，及护他人，速成诸法，而**得验**者，其数珠法，应当如是，作意受持。”唐善无畏译《尊胜佛顶修瑜伽法轨仪》卷1《修瑜伽本尊真言品》：“若作法**得验**，时当有白风旋来入身，身上所有粗恶黑皮及诸厄难，皆风吹恶皮变退厄难消灭。”按：《汉语大词典》失收。

【**得智慧眼**/ちゑのめをゑむ】　四字　　获得充满智慧的判断力。《奈良朝写经45・说一切有部俱舍论卷第21》：“凭斯胜因，断无明暗**得智慧眼**。披卷闻名，回邪归正；超过三界，游历宝□［刹］。”（p.292）姚秦鸠摩罗什译《大智度论》卷8《序品》：“复次，九十六种眼病，阇那迦药王，所不能治者，唯佛世尊，能令得视。复次，先令得视，后令**得智慧眼**。”西秦圣坚译《佛说罗摩伽经》卷2：“复发此愿，我今已施，一切众生，一切安乐，智慧光明，令彼众生，永离暗冥，无复痴爱，长夜迷昏，无明暗蔽，无眼众生，**得智慧眼**，普令明净。”唐实叉难陀译《大方广佛华严经》卷68《入法界品》：“由善知识，**得智慧眼**，普能明照，十方刹海。”

【**得重病**/おもきやまひをう】　三字　（4例）　患上难以医治的病。《日本灵异记》上卷《聋者归敬方广经典得现报开两耳缘第8》：“小垦田宫御宇天皇代，有衣缝伴造义通者。忽**得重病**，两耳并聋，恶疮遍身，历年不愈。”（p.82）中卷《依汉神崇杀牛而祭又修放生善以现得善恶报缘第5》：“圣武太上天皇之世，彼家长依汉神崇而祷之，祀限于七年，每年杀祀之以一牛，合杀七头。七年祭毕，忽**得重病**。又径七年间，医药方疗犹不愈。唤集卜者而被祈祷，亦弥增病。于兹思之：‘我**得重病**，由杀生业。’”（p.159）《续日本纪》卷9《圣武纪》神龟三年六月条：“庚申，诏曰：‘夫百姓或染沉痼病，经年未愈，或亦**得重病**，昼夜辛苦。朕为父母。何不怜愍。宜遣医药于左右京、四畿及六道诸国，救疗此类，咸得安宁。依病轻重，赐谷振恤。所司存怀，勉称朕心焉。’”（第二册，p.168）（1）吴支谦译《梵网六十二见经》卷1：“譬如人**得重病**，连年累岁，遭遇良医，攻治得愈，有气力行步，出入饭食，其人念言：昔时病累岁，今得除愈，有气力饭食出入。其人自念亦欢喜。”后秦佛陀耶舍、竺佛念等合译《长阿含经》卷9：“我**得重病**，困笃羸瘦，不能堪任坐禅、经行，当须寝息。”梁僧佑撰《释迦谱》卷2：“尔时世尊告难陀曰：‘父王净饭，胜世间王，是我曹父，今**得重病**。我曹应往，及命存在，得与相见，令王愿满。’”（2）《搜神后记》卷2：“高平郗超，字嘉宾，年二十余，**得重病**。”→【患重病】【受重病】

【**得著岸**/きしにつくことえたり】　三字　（6例）　船只得以靠岸；人得以上岸。《日本书纪》卷7《景行纪》十八年五月条：“五月壬辰朔，从苇北发船到火国。于是日没也，夜冥不知著岸。遥视火光，天皇诏挟杪者曰：‘直指火处。’因指火往之，即**得著岸**。”（第一册，p.360）又四十年是岁条：“时有从王之妾曰弟橘媛，穗积氏忍山宿祢之女也。启王曰：'今风起浪泌，王船欲没，是必海神心也。愿贱妾之身，赎王之命而人海。'言讫乃披澜人之。暴风即止，**船得著岸**。"（第一册，p. 376）又卷11《仁德纪》即位前纪条："然伏兵多起，**不得著岸**，遂沉而死焉。令求其尸，泛于考罗济。"（第二册，p. 24）又卷29《天武纪下》七年是年条："新罗王遣汲飧金消勿、大奈末金世世等贡上当年之调。仍遣臣井山、送消勿等。俱逢暴风于海中，以消勿等皆散之，不知所如。唯井山仅**得著岸**。"（第三册，p. 384）《唐大和上东征传》："是时，冬十一月，华［蘂］开敷，树实竹笋，不辨于夏。凡在海中经十四日，方**得著岸**。"（p. 66）《续日本纪》卷13《圣武纪》天平十二年十月条："时隼人三人直从河中泳来降服，则朝廷所遣隼人等扶救，遂**得著岸**。"（第二册，p. 372）吴支谦译《九色鹿经》卷1："时水中，有一溺人，随流来下，或出或没，得著树木，仰头呼天：'山神、树神、诸天龙神，何不愍伤于我？'鹿闻人声，走到水中，语溺人言：'汝莫恐怖！汝可骑我背上，捉我两角，我当相负出水。'鹿闻人声，走到水中，语溺人言。汝莫恐怖。汝可骑我背上，捉我两角。我当相负出水。**既得著岸**。鹿大疲极，溺人下地，绕鹿三匝，向鹿叩头：'乞与大家，作奴供给，使令采取水草。'"

【**得子力**/このちからをう】 三字 得到子女的帮助（赡养）。《日本灵异记》中卷《恶逆子爱妻将杀母谋现报被恶死缘第3》："母即子前长跪而言：'殖木之志，为得彼果并隐其影。养子之志，为**得子力**并被子养。'"（p. 152）苻秦昙摩难提译《阿育王息坏目因缘经》卷1："我恒长夜，而生斯念。吾年衰老，必**得子力**。反更摧辱，如弄淫种。此事隐匿，当复诉谁？"

【**得罪無量**/つみをうることはかりなし】 典据 获罪无数，不可计量。《日本灵异记》下卷《刑罚贱沙弥乞食以现得顿恶死报缘第33》："《像法决疑经》云：'未来世中，俗官莫令使比丘输税。若税夺者，**得罪无量**。'"（p. 348）疑似部《像法决疑经》卷1："慎莫令比丘输税。若欲税出家人者，**得罪无量**。"

【**德池**/とくぢ】 偏正 "八功德水"的略称。在西方极乐世界有无数盛满八功德水的宝池。《奈良朝写经31·别译杂阿含经卷第10》："次愿七世父母、六亲眷属，契会真如，驰紫舆于极乐；熏修慧日，沐甘露于**德池**。"（p. 232）东晋佛驮跋陀罗译《大方广佛华严经》卷47《入法界品》："一万浴池，众宝合成；七宝栏楯，周匝围绕；八**功德水**，湛然盈满。"唐菩提流志译《大宝积经》卷43《尸波罗蜜品》："菩萨摩和萨，若遇渴时，即于其前，具八**德池**，自然涌现，是名第二获得希有圆满之法。"唐道绰撰《安乐集》卷2："宝树、宝林之下，任意翱翔，八**德池**中，游神濯足；形则身同金色，寿则命与佛齐。"

【**德根**/とくこん】 偏正 福德根力。《续日本纪》卷8《元正纪》养老二年十月条："次**德根**有性分，业亦粗细。亦随性分皆令就学。"（第二册，p. 46）西晋竺法护译《度世品经》卷4："思诸**德根**，诸根寂定，制不放逸。"唐道世撰《法苑珠林》卷12：

"阿难言：'尔时我思惟：若诸女人见佛阴藏相者，便自羞耻女人形欲得男子身，修行佛于种种**德根**。'" →【善根】

【**德力**／めぐみのちから】 偏正　功德的威神之力。《日本灵异记》下卷《二目盲男敬称千手观音日摩尼手以现得明眼缘第12》："诚知观音**德力**，盲人深信也。"（p.291）吴支谦译《菩萨本缘经》卷2《月光王品》："时婆罗门谓已斫，竟即生欢喜，以是菩萨，及诸天神，威**德力**故，乃至不见，其王身首。"刘宋求那跋陀罗译《杂阿含经》卷34："佛告诸比丘：'诸天先已语我，汝今复说。如来成就第一知见，亦如婆蹉比丘，有如是**德力**。'"按：《汉语大词典》失收。

【**德流**／とくながる】 主谓　德操流传、流布。《唐大和上东征传》："岸律师迁化之后，其弟子（杭州）义威律师响振四远，**德流**八纮，诸州亦以为受戒师。"（p.80）（1）《史记》卷130《太史公自序》："维禹之功，九州攸同，光唐虞际，**德流**苗裔；夏桀淫骄，乃放鸣条。作《夏本纪》第二。"《汉书》卷75《翼奉传》："孝文欲作一台，度用百金，重民之财，废而不为，其积土基，至今犹存，又下遗诏，不起山坟。故其时天下大和，百姓洽足，**德流**后嗣。"（2）唐玄奘撰《大唐西域记》卷1："暨乎唐尧之受天运，光格四表，虞舜之纳地图，**德流**九土。"

【**德施**／とくせ】 主谓　以功德供施。《日本灵异记》上卷《殷勤归信观音愿福分以现得大福德缘第31》："御手代东人者，诸乐宫御宇胜宝应真圣武太上天皇之代，入吉野山修法求福。径三年许，称礼观音名号曰：'南无。铜钱万贯，白米万石，好女多**德施**。'"（p.128）西晋竺法护译《舍头谏太子二十八宿经（一名虎耳经）》卷1："在林树止，啖诸果蓏，深入一乐。彼尊敬天，常行**德施**，供给饮食，随一切人，之所欲乐，是为君子，除罪之律。"唐窥基撰《般若波罗蜜多心经幽赞》卷1："二摄善法戒，谓受戒后为大菩提所集善法，依戒独处起闻思修，尊所敬事病所慈愍，说施善哉，**德施**赞叹，于善随喜，诸善回向发愿供养。"

【**德天**／とくてん】 神名 →【黑暗】

【**登岸**／きしにのぼる】 述宾　登上堤岸，上岸。《奈良朝写经71·十诵律卷第17》："有能仁，谁明正法。惟朕仰止，给修慧业。权门利广兮拔苦，知力用妙兮**登岸**。"（p.425）吴康僧会译《六度集经》卷4："风漂附岸，地名鼻摩，**登岸**周旋，庶自苏息，睹一小径，寻之而进。"陈真谛译《阿毘达磨俱舍释论》卷8《分别世间品》："海中有大身众生，从水**登岸**，于沙上生卵，以沙覆之，还入海中。若母于此卵，忆念不忘，卵则不坏。母若于中，忘失忆念，此卵即坏。"唐道宣撰《广弘明集》卷20："牧女惊异以奉菩萨，菩萨食之，气力充实，入河洗浴。将**登岸**时，树自低枝，引菩萨上。"

【**登波若**／はんにゃにのぼる】 三字　登上智慧的山巅（轮船、讲台）。《奈良朝写

经 56·大般若经卷第 50 等》："一切合灵，亦犹如是。傍及千界，共**登波若**。"（p. 358）《大智度论》卷 100《昙无竭品》："如须弥山顶四园，诸天到者，受种种乐；般若亦如是，行者能**登般若**顶，到四禅等，诸定园中，受种种乐。"梁宝唱撰《名僧传抄》卷 1："中食竟，**登般若**台，读经倦卧，梦见一人。白银色相好分明，似是弥勒。"唐道世撰《法苑珠林》卷 7："归诚观物像，方知虚妄筌。苦海深何趣，思**登般若**船。"按：在佛教典籍中，搭配形式是"登（般若）顶、台、船"。

【登高山顶/たかきやまのいただきにのぼる】 四字　登上高山顶。《日本灵异记》上卷《序》："唯代代天皇或**登高山顶**起悲，住雨漏殿，抚于庶民。"（p. 54）刘宋求那跋陀罗译《杂阿含经》卷 20："成此大德神力，于千须弥山以少方便悉能观察，如明目士夫**登高山顶**，观下千多罗树林。如是我于四念处修习多修习，成此大德神力，以少方便见千须弥山。如是，尊者大目犍连，我于四念处修习多修习，成此大德神力。"元魏月婆首那译《僧伽咤经》卷 1："杀父母坏塔，我作五逆业。我**登高山顶**，自坠令碎灭。"

【登講座/こうざにのぼる】 三字　登上讲经说法的座席。《日本灵异记》中卷《奉写〈法华经〉因供养显母作女牛之因缘缘第 15》："讲师，自梦惊醒，心内大怪。明朝，**登讲座**言：'我无所觉。随愿主心，故登此座。唯有梦悟。'具陈梦状。"（p. 188）梁僧佑撰《出三藏记集》卷 15《道生法师传》："是以年在志学便**登讲座**，探赜索隐思彻渊泉，吐纳问辩辞清珠玉。虽宿望学僧当世名士，皆虑挫辞穷莫能抗敌。"该例亦见于梁慧皎撰《高僧传》卷 7、唐僧详撰《法华传记》卷 2 等。唐道宣撰《续高僧传》卷 15："将及志学，销会前闻，括悟新理，便**登讲座**，宣释教意，部分科宗，英秀诸僧，咸欣其德。"

【登净土/じょうどにのぼる】 三字　往生西方极乐净土。《法隆寺金堂释迦三尊像光背铭》："时王后王子等及与诸臣，深怀愁毒，共相发愿：'仰依三宝，当造释像尺寸王身。蒙此愿力，转病延寿，安住世间。若是定业，以背世者，往**登净土**，早升妙果。'"《全唐文》卷 987《崇胜寺丁思礼造像记》："（阙一字）士修兮圣作悟，立灵相兮寻觉路。标丰碑兮色身求，了心澄兮**登净土**。"宋志盘撰《佛祖统纪》卷 27："守真，永兴人。讲起信论法界观，常于中夜，轮结无量寿佛，往生秘密印，至天将晓，自觉身**登净土**，举目见佛，自俯伏像前，念曰：'四十八愿，能度我者。'乃持香华，入殿供养，就座而化。"

【登山涉海/やまにのぼり、うみをわたる】 四字　攀登高山，跨洋过海。《唐大和上东征传》："我大师和上，发愿向日本国，**登山涉海**，数年艰苦，沧溟万里，死生莫测，可共告官，遮令留住。"（p. 60）宋净伏编《虚舟普度禅师语录》卷 1："上堂，拈拄杖示众云：'拄杖子无向背，东拄西撑，**登山涉海**，卞璧骊珠，泥团土块。'卓拄杖一下云：'一时粉碎。'又卓拄杖一下云：'话在。'"

【登坛受戒/とうだんじゅかい・だんにのぼり、かいをうく】 四字 登上戒台，接受戒律。《唐大和上东征传》："引入大云寺，四事供养，**登坛受戒**。"（p.73）宋元照撰《四分律行事钞资持记》卷3："次明绕坛者，感通传天人。述西竺戒坛云：**众僧登坛受戒**，说戒事讫，东回左绕，南出而返。"宋志盘撰《佛祖统纪》卷10："自至德讫大历，频受众请，**登坛受戒**。"

【登无上觉/むじょうのさとりにのぼらむ】 典据 迅速成就无上正等正觉。《奈良朝写经6·瑜伽师地论卷第21》："而愿与群生共，**速登无上觉**也。"（p.55）唐玄奘译《成唯识论》卷10："已依圣教及正理，分别唯识性相义。所获功德施群生，**愿共速登无上觉**。"唐良贲述《仁王护国般若波罗蜜多经疏》卷3《嘱累品》："采集经论诸要旨，附赞般若妙难思。以斯片善施群生，**愿共速登无上觉**。"

【等觉·妙觉/とうがく・みょうがく】 佛名 "等觉"，佛的异名。"等"是平等，"觉"是觉悟之意，诸佛的悟觉真实一如，为平等，故谓等觉。"妙绝"，大乘菩萨道之五十二修行阶位之一。四十二地之一。又称妙觉地。即指觉行圆满的究竟佛果。修行至此阶位，则可断尽一切烦恼，智慧圆满，悟得绝妙的涅槃之理。且可超越四魔，照达一切事理，一念一时知一切佛国等事。《上宫皇太子菩萨传》："又记言：'从今近二百年，当有传持戒律大兴，律仪严峻。是知圣人记事无差。但太子龙楼不御，鹄驾长飞，弃劣仙而成大仙，**超等觉**而升**妙觉**。'云云。"（1）宋智圆述《维摩经略疏垂裕记》卷3《佛国品》："得菩提果出过清净者，菩提果即佛心，佛心无惑。**超等觉**上，故云出过清净。清净即第九禅也。"宋戒环解《华严经要解》卷1："第六圆契果法众。赞云回超果位不间初因等者，十一地终。德生令善财见弥勒，表**超等觉**位证**妙觉**果；弥勒又令善财还见文殊，表至果同因本始不二，则随回超实无间异也。尔时善财复因文殊得见普贤，遂具足普贤诸愿行海，与普贤等，与诸佛等。合此三位，为一切诸佛圆极果法寂用常然之行。故科名圆契果法。"（2）唐大乘基说、义令记《胜鬘经述记》卷2："法王法主而得自在者，谓般若也。谓诸四智，缘真故称王，缘俗故称主，皆得自在也。登一切法自在之地者，总结三事，谓如来升**妙觉**地，为法王主也。"

【等觉之真如/とうがくのしんにょ】 四字 "真如"，梵语 tathatā 的译音，万物、万象的本体是真实且不变之意。"真"是真实，"如"是常保不变。《续日本纪》卷20《孝谦纪》天平宝字元年十一月条："伏愿先帝陛下熏此芳因，恒荫禅林之定影，翼兹妙福，速乘智海之慧舟，终生莲花之宝刹，自契**等觉之真如**。"（第三册，p.236）《大般若波罗蜜多经》卷306《佛母品》："善现，若一切如来、应、**正等觉真如**，若一切有情真如，若一切法真如，无二无别，是一真如。"又卷364《实言品》："如是，善现，一切法真如，一切有情真如，一切如来、应、**正等觉真如**，一切菩萨摩诃萨真如，实皆无异，由无异故，言名真如。"

【**等流果**/とうるか】 三字 　梵语 niṣyanda-phala。又作"依果""习果"。为五果（异熟果、等流果、离系果、士用果、增上果。）之一。即从等同之因所流出之果。从善因生善果，从恶因生恶果，从无记因生无记果。《日本灵异记》下卷《灾与善表相先现而后其灾善答被缘第38》："**等流果**所引故，而结爱网业。烦恼之所缠，而继生死。驰乎八方，以炬生身。"（p.369）陈真谛译《摄大乘论释》卷12《释依慧学差别胜相品》："果或等因或胜因，此果以同类为因，是名**等流果**。"唐玄奘译《大般若波罗蜜多经》卷587："速证实际非为菩萨方便善巧。所以者何？堕二乘地非为方便善巧等流，乃是无方便善巧**等流果**，退失所求大菩提故。夫为菩萨求大菩提，饶益有情不求实际，故证实际非巧便果。"唐般若译《大方广佛华严经》卷33《入不思议解脱境界普贤行愿品》："善知识者，如**等流果**，从诸种智，同类生故。"

【**~等之类**/~どものたぐひ】 总括 （6例） ……等等，……等类别。《日本书纪》卷29《天武纪下》四年四月条："庚寅，诏诸国曰：'自今以后，制诸渔猎者，莫造槛穽及施机枪**等之类**。'"（第三册，p.362）《出云国风土记·岛根郡》条："前原坡。周二百八十步。有鸳鸯、凫、鸭**等之类**。"（p.168）又："土地丰沃，西边松二株，以外茅、莎、荠头蒿、蕗**等之类**，生靡。去陆三里。"（p.170）又："凡南入海所在杂物，入鹿、和尔、鲻、须受枳、近志吕、镇仁、白鱼、海鼠、鲭虾、海松**等之类**，至多不可尽名。"（p.172）又："凡北海所捕杂物，志毘、朝鲐、沙鱼、乌贼、蛣蜻、鲍鱼、螺、蛤贝、棘甲蠃、甲蠃、蓼螺子、螺蛎子、石华、白贝、海藻、海松、紫菜、凝海菜**等之类**，至繁，不可尽称也。"（p.184）又《出云郡》条："则有年鱼、鲑、麻须、伊具比、鲂、鳢**等之类**，潭湍双泳。"（p.218）（1）唐窥基撰《说无垢称经疏》卷3《显不思议方便善巧品》："一切无财名贫穷，无所归趣名无依，无父母**等之类**是也。"唐道宣集《量处轻重仪》卷1："不问头刃，方尖柄之大小，数之多少，通断轻收，过量者重摄。已外非法者，虽小细物而入重中（谓摘甲、剃眉、略毛、刀**等之类**也）。"唐不空摘抄《持咒仙人飞钵仪轨》卷1："清净洗浴，著新净衣，坐白茅上，坚固斋戒，不食一切五辛、不净鱼肉之类。不缘女境，远离一切世间，散乱烦恼。至清净无人处，作茅庵室，独好闲静，唯食草叶、木菓、石蜠**等之类**。"（2）《通典》卷187《边防》："其丈夫称阿蓍、阿段，妇人阿夷、阿**等之类**，皆其语之次第称谓也。"（p.5051）按："~等之类"，用于两个或两个以上并列的词语后，总括列举未尽。《论衡》卷7《道虚篇》："虾蟆化为鹑，雀入水为蜃蛤，禀自然之性，非学道所能为也。好道之人，恐其或若**等之类**，故谓人能生毛羽，毛羽备具，能升天也。"（p.318）东晋瞿昙僧伽提婆译《增壹阿含经》卷37《八难品》："诸声闻之中，不具足戒律者，斯**等之类**，皆离正法，不与戒律相应。"元魏吉迦夜译《佛说称扬诸佛功德经》卷2："所以尔者，此**等之类**，福德浅薄，无黠所致，不能信持。"该例中的"若（斯、此）等之类"是例示的意思，表示像这一类。→【如此等類】【如此之類】【如斯等類】

【涤心/こころをすすく】 述宾 洗涤心灵，荡涤心垢。《怀风藻》第 104 首释道慈《初春在竹溪山寺于于长王宅宴追致辞》："结萝为垂幕，枕石卧岩中。抽身离俗累，**涤心**守真空。"（p. 168）《唐文拾遗》卷 19 张佑仁《唐相州邺县天城山修定寺之碑》："尝闻上方有至德曰禅寂，形沦含动之表，栖迹玄空之外；西极有达道曰真幽。忘情是非之地，**涤心**有无之境。"《全唐文》卷 163 逢行珪《鬻子序》："王者览之，可以理国；吏者遵之，可以从政。足使贤者励志，不肖者**涤心**。"按：《汉语大词典》失收。

【嫡妻/むかひめ】 偏正 （4 例） 正妻，正房。《古事记》上卷《大国主神》："意礼，为大国主神，亦为宇都志国玉神，而其我之女须世理毗卖为**嫡妻**，而于宇迦能山三字以音之山本，于底津石根，宫柱布刀斯理、于高天原氷椽多迦斯理而居。是奴也。"（p. 84）又："故其八上比卖者如先期美刀阿多波志都。故其八上比卖者虽率来，畏其**嫡妻**须世理毗卖，而其所生子者，刺挟木俣而返。故名其子云木俣神，亦名谓御井神也。"（p. 84）又中卷《应神记》："故赦其贱夫，将来其玉，置于床边，即化美丽娘子。仍婚为**嫡妻**。"（p. 276）又下卷《安康记》："故天皇大怒，杀大日下王，而取持来其王之**嫡妻**长田大郎女为皇后。"（p. 328）《释名·释亲属》："妾谓夫之**嫡妻**曰女君。"（p. 103）唐玄应撰《一切经音义》卷 21："生**嫡**：丁历反。主，**嫡**也。《字书》：**嫡**，**正**也。《公羊传》曰：立**嫡**以长者。何谓嫡夫人之子，尊无与敌。"吴康僧会译《六度集经》卷 4："时有两妻。象王于水中，得一莲华，厥色甚妙，以惠**嫡妻**。**嫡妻**得华，欣怿曰：'氷寒尤甚，何缘有斯华乎？'小妻贪嫉，恚而誓曰：'会以重毒，鸩杀汝矣。'结气而殒。"梁宝唱等集《经律异相》卷 10："儿本小妻，母是**嫡妻**，女情妒嫉，常加酷暴，妾含怨恨，妻终为**嫡妻**子。"

【地大震動/つちおほきにふるひうごく】 格义 指地震。大地剧烈震动。《续日本纪》卷 14《圣武纪》天平十四年十一月条："壬子，大隅国司言：'从今月二十三日未时，至二十八日，空中有声，如大鼓。野雉相惊，**地大震动**。'"（第二册，p. 410）吴支谦译《撰集百缘经》卷 2《报应受供养品》："将诸群臣，各各执盖，盖佛众僧，入王舍城。足蹈门阃，**地大震动**，城中宝藏，自然踊出，盲者得视，聋者得听，哑者能言，躄者得伸，贫者得宝。"姚秦鸠摩罗什译《大智度论》卷 2《序品》："（佛涅槃）诸须弥山王尽皆倾摇，海水波扬，**地大震动**，山崖崩落。"后秦佛陀耶舍、竺佛念等合译《长阿含经》卷 3："（佛灭度）当此之时，**地大震动**，天人惊怖，衣毛为竖，佛放大光，彻照无穷，幽冥之处，莫不蒙明，各得相见。"按：汉译佛经的例文说明，佛经中，"地大震动"是祥瑞的征兆，用于佛陀的莅临或入灭等场合。《续日本纪》卷 11《圣武纪》天平六年四月条："戊戌，**地大震**。壤天下百姓庐舍，压死者多。山崩川壅，地往往坼裂，不可胜数。"（第二册，p. 276）又天平六年九月条："壬午，**地大震**。"（第二册，p. 282）与佛格式"地大震动"相比，"地大震"是正格式。《汉书》卷 36《楚元王传》："前弘恭奏望之等狱决，三月，**地大震**。恭移病出，后复视事，天阴雨雪。由是言之，地动殆为恭等。"《晋书》卷4《帝纪第4》："六月，寿春**地大震**，死者二十余家。"

【**地狱**/じごく】 地名 （8例） 梵文 naraka 的意译，意为"苦的世界"。处于地下，有八寒、八热、无间等名目。古印度传说人在生前做了坏事，死后要堕入地狱，受种种苦。佛教也采用此说。①《日本灵异记》上卷《邪见假名沙弥斫塔木得恶报缘第27》："《涅槃经》云：'若见有人修行善者，名见天人；**修行恶**者，名见**地狱**。何以故？定受报故。'者，其斯谓之矣。"（p.116）又中卷《忆持〈心经〉女现至阎罗王阙示奇表缘第19》："噫呼奇哉。如《涅槃经》云：'若见有人修行善者，名见天人。修行恶者，名见**地狱**。'者，其斯谓之矣。"（p.200）②《日本灵异记》下卷《假官势非理为政得恶报缘第35》："天皇闻之，请施皎僧头，而诏之言：'世间众生，至地狱受苦，经二十余年，免耶不也？'僧头答曰：'受苦之始也。何以知尔？以人间百年，为**地狱**一日一夜。故未免也。'"（p.353）③《日本灵异记》中卷《智者诽妒变化圣人而现至阎罗阙受地狱苦缘第7》："副使步前，不见火，非日光，甚热之气，当身炙面。虽极热恼，而心欲近就，问：'何是热？'答：'为煎汝**地狱**热气。'往前，极热铁柱立之。"（p.168）又："即至，执师烧入烧煎。唯闻打钟音时，冷乃憩。径之三日，叩**地狱**边，而言：'活活。'如本复生。"（p.168）又《常鸟卵煮食以现得恶死报缘第10》："诚知，**地狱**现在。应信因果，不可如乌之慈己儿而食他儿。"（p.176）又下卷《用寺物复将写大般若建愿以现得善恶报缘第23》："斯乃发愿之力。用物之灾，是我招罪。非**地狱**咎矣。"（p.319）又《假官势非理为政得恶报缘第35》："天皇闻之，请施皎僧都，而诏之言：'世间众生，至**地狱**受苦，经二十余年，免耶不也？'"（p.353）唐慧琳撰《一切经音义》卷6："**地狱**：虐录反。《急就章》云：皋陶始造**狱**，尧臣名也。《玉篇》云：囚系之所，因名为狱。杜预注《周礼》云：争财曰讼，争罪曰**狱**。《风俗通》云：三王为**狱**，夏曰夏台，殷曰羑里，周曰图圄，自秦汉已还，通名为狱。《说文》云：狱，确也。确音苦角反。狱字从狱，鱼斤反，二犬相啮，中心言者，讼也。会意字。二犬所以守也。经言**地狱**者，冥司幽系之所也，在世界之下，故云**地狱**。案：《俱舍论颂》云：此下过二万，无间深广周，上七捺（奴割反）洛迦，八增皆十六。谓塘（音唐）煨（乌雷反）尸粪、锋刃、烈河增各住彼四方余八寒**地狱**，此皆大**地狱**名也。"（1）北凉昙无谶译《大般涅槃经》卷27《师子吼菩萨品》："善男子，譬如有人，恶心害母，害已生悔，三业虽善，是人故名，**地狱**人也。何以故？是人定当，堕**地狱**故，是人虽无，**地狱**阴界诸入，犹故得名为**地狱**人。善男子，是故我于，诸经中说：'若见有人，修行善者，名见天人；修行恶者，名见**地狱**。'何以故？定受报故。"（2）东晋瞿昙僧伽提婆译《增壹阿含经》卷43《善恶品》："比丘当知，阎浮地五十岁，四天王中，一日一夜。计彼日夜之数，三十日为一月，十二月为一岁，四天王寿命五百岁，或复有中夭者。计人中之寿，十八忆岁，还活**地狱**，一日一夜。"东晋佛驮跋陀罗译《佛说观佛三昧海经》卷 5《观佛心品》："阿鼻**地狱**，一日一夜，此阎浮提，日月岁数，六十小劫。"→【阿鼻地狱】【堕地狱】【灰河地狱】【如釜地狱】【受地狱苦】

【地狱熱煩苦/じごくのねつぼんのく】 自创　八热地狱中所遭受的痛苦烦恼。《奈良朝写经29·千手千眼陀罗尼经》："又愿沦回于**地狱热烦苦**、饿鬼饥饿苦、畜生逼迫苦等众生，早得出离，同受安宁。"（p.200）失译人名今附后汉录《受十善戒经》卷1《十施报品》："二者，恶口之人，口有所吐，如雨铁丸，烧怀他家，此人未来，堕大**地狱**，热铁烧身，饮热铁汁。"元魏瞿昙般若流支译《正法念处经》卷11《地狱品》："彼中有人，既见地狱，焰火炽燃，色等诸阴，极受寒苦，战动难忍。于彼**地狱热**焰炽火，心生贪著，起心即取。"唐菩提流志译《一字佛顶轮王经》卷4《供养成就品》："于是之时，一切寒冰地狱，诸苦有情，皆得温适，所有猛火，**地狱热**恼有情，皆得清凉。"唐玄奘译《阿毘达磨顺正理论》卷24："冀除所厄，见热**地狱，热**焰炽然。"

【地狱之火/じごくのひ】 四字　地狱中灼烤现世做过恶业的人的熊熊烈火。《日本灵异记》上卷《邪见假名沙弥斫塔木得恶报缘第27》："众集见，或问曰：'何故如此叫？'答云：'**地狱之火**，来烧我身。受苦如此也，不可故问！'"（p.116）西晋竺法护译《文殊支利普超三昧经》卷3《心本净品》："于时逆人，**地狱之火**，从毛孔出，毒痛甚剧，而无救护，则白佛言：'我今被烧，惟天中天，而见救济，归命大圣。'"该例在梁宝唱等集《经律异相》卷18中亦见辑录。元魏慧觉等译《贤愚经》卷11《无恼指鬘品》："佛告大王：'行必有报，今此比丘，在于房中，**地狱之火**，从毛孔出，极患苦痛，酸切叵言。'"唐道世撰《法苑珠林》卷23："故《贤愚经》云：'如鸳崛魔罗，由杀九百九十九人，虽值佛成罗汉，居在房中，**地狱之火**，从毛孔出，极患苦痛。何况外凡，未起对治？'"

【地藏菩薩/じぞうぼさつ】 菩萨　地藏曾在忉利天的众生面前，受释尊咐嘱，从释尊灭后至弥勒菩萨出现为止的无佛世界担任导师。地藏处事坚毅不拔的态度，好比大地，以果敢的决断力救济三界六道的一切众生，直至悉皆得救为止，自己绝不往生。故名。《日本灵异记》下卷《阎罗王示奇表劝人令修善缘第9》："广足受诏，罢至阙门，即念欲知召我之人，我更还白之：'欲知御名。'爰告：'欲知我，我阎罗王。汝国称**地藏菩萨**是也。'"（p.284）唐玄奘译《地藏十轮经》卷1《序品》："安忍不动，犹如大地，静虑深密，犹如秘藏。"辽非浊集《三宝感应要略录》卷2："京师人，姓王失其名（余记名定藏也）。既无戒行，曾不修善。文明元年，因患致死。二人引至地狱门。王氏本事，**地藏菩萨**，见有一僧云：'是**地藏菩萨**。'乃教王氏，诵一行偈。其文曰：'若人欲了知，三世一切佛，应当如是观，心造诸如来。'菩萨曰：'诵得此能排地狱。'王氏尽诵。遂入见阎罗王。王问此人，有何功德。答云：'唯受持一四句偈。'具如上记。王遂放免王氏。"

【帝释/たいしゃく】 合成　（4例）梵语 śakra-devānām-Indra 的译名，音译为"释

迦提桓因陀罗""释提桓因",即"帝释天",亦略称"天帝释"。帝释是欲界第二天的忉利天之主宰,率领四天王,住于须弥山顶的喜见城,统率三十三天。守护佛法的诸天善神之一。《续日本纪》卷20《孝谦纪》天平宝字元年七月条:"又卢舍那如来、观世音菩萨、护法梵王、**帝释**、四大天王〈乃〉不可思议威神之力〈尔〉依〈弖志〉、此逆在恶奴等者显出、而悉罪〈尔〉伏〈奴良志止奈母〉。"(第三册,p.216)又八月条:"其文云:'五月八日开下**帝释**标知天皇命百年息。国内,顶戴兹祥,踊跃欢喜,不知进退。悚息交怀。'即下群臣议。便奏云:'维天平胜宝九岁岁次丁酉夏五月八日者,是陛下发奉为太上天皇周忌,设斋悔过之终日也。'于是,**帝释**感皇帝、皇后之至诚,开通天门,下鉴胜业,标陛下之御宇,授百年之远期。日月所临,咸看圣胤繁息。乾坤所载,悉知宝祚延长。仁化滂流,寓内安息,慈风远洽,国家全平之验也。"(第三册,p.222)又卷29《称德纪》神护景云三年五月条:"然〈母〉卢舍那如来、最胜王经、观世音菩萨、护法善神梵王、**帝释**、四大天王〈乃〉不可思议威神力、挂畏开辟已来御宇天皇御灵、天地〈乃〉神〈多知乃〉护助奉〈都流〉力〈尔〉依〈弖〉、其等〈我〉秽〈久〉谋〈弖〉为〈留〉厌魅事皆悉发觉〈奴〉。"(第四册,p.240)宋志盘撰《法界圣凡水陆胜会修斋仪轨》卷1:"恭白十方三宝众,明王秽迹众威神;梵王**帝释**四天王,八部天龙咸护念。此日将修平等供,要令此地异常居。须凭神力为加持,清净光明同佛刹。"按:帝释本为古印度吠陀教、婆罗门教之神,是古代雅利安人崇拜的雷神和战神。后皈依佛教,成为佛教重要的护法神之一。"帝释"等译名,早在东汉支娄迦谶、康孟详等人的译经中就已出现,后世一直沿用至今。

【**递传**/たごしにす】 偏正 依次传递、继承。《日本书纪》卷5《崇神纪》十年九月条:"是墓者,日也人作,夜也神作。故运大坂山石而造。则自山至于墓,人民相踵,以手**递传**而运焉。"(第一册,p.284)唐慧琳撰《一切经音义》卷47:"**递**共:提礼反。郭注《尔雅》云:更易也。《楚辞》云:四时**递**来而卒岁。《考声》云:**递**,代也。或作递。《言文》:从辵,虒声也。"(1)梁菩提达摩述《达磨大师血脉论》卷1:"自西天二十七祖,只是**递传**心印。吾今来此土,唯传顿教大乘,即心是佛,不言持戒精进苦行。"唐杜朏撰《传法宝纪》卷1:"稽首善知识,能令护本心。犹如浊水中,珠力顿清现。所以令修纪,明此**递传**法。愿当尽未来,广开佛知见。"(2)《武经总要·后集》卷21《六壬占法》:"天乙居中,而前尽于五,后尽于六。其前也,皆背天门,而向地户。数至用起之辰,所临**递传**,尽于二传,而各得其将。"《太平广记》卷150《玄宗》条:"唐德宗降诞三日,玄宗视之。肃宗、代宗以次立,保母褓褓德宗来呈。德宗色不白皙,龙身仆前,肃宗、代宗皆不悦。二帝以手自下**递传**,呈上玄宗。玄宗一顾之曰:'真我儿也。'"按:《汉语大词典》例举清姚衡《寒秀草堂笔记》卷3:"言地理者宗景纯,而杨、曾、廖、赖诸家,皆**递传**其学。"偏晚。

【**谛听**/つばひらかにうけたまはれ】 口语 恭敬地注意听、仔细听。《日本书纪》

卷 25《孝德纪》大化二年二月条："又诏：'集在国民，所诉多在。今将解理，**谛听**所宜！其欲决疑，入京朝集者，且莫退散，聚侍于朝。'"（第三册，p. 138）唐慧琳撰《一切经音义》卷 15："**谛听**而听：并体经反，去声。恭命听授也。"宋希麟集《续一切经音义》卷 4："**谛听**：上都计反。《说文》云：谛，审也。从言，帝声。"后汉安世高译《阿那邠邸化七子经》卷 1："长者，彼七子缘是功德，诸善功德，皆悉具足。**谛听**！彼七子所因功德，诸善所获果报，我今当说。"吴支谦译《菩萨本缘经》卷 2："波旬答言：'善哉！'菩萨汝有深智能问是义。**谛听**，**谛听**！当为汝说。"后秦佛陀耶舍、竺佛念等合译《长阿含经》卷 1："佛告诸比丘：'**谛听**，**谛听**！善思念之，吾当为汝，分别解说。'时诸比丘，受教而听。"姚秦鸠摩罗什译《妙法莲华经》卷 1《方便品》："尔时世尊告舍利弗：'汝已殷勤三请，岂得不说。汝今**谛听**，善思念之，吾当为汝，分别解说！'"按：《汉语大词典》首引唐白居易《霓裳羽衣歌》："当时乍见惊心目，凝视**谛听**殊未足。"偏晚。"谛听"一词有两种用法：一是"谛听"重复使用两次，直接用作吆喝语，意思是"（安静下来）仔细听！"二是组成动宾结构，表示仔细听的内容。《孝德纪》中的用法属于第二种。饶有兴趣的是，这一说法竟然出现在天皇的诏书当中。这在中国文献中几乎是难以想象的。

【点仏眼/ぶつげんをてんず】 三字 新的佛像、佛画完成后欲置于佛堂时，替佛像举行的开眼之仪式。经过此仪式，佛像的神圣性才被人认识和接受。俗称开光点眼。《上宫圣德法王帝说》："丙子年四月八日上露盘，戊寅年十二月四日铸丈六佛像，乙酉年三月二十五日**点佛眼**。"宋志盘撰《佛祖统纪》卷 39："八年，诏为穆太后建弘福寺。车驾亲临，自开**佛眼**。"

【雕仏/ほとけをゑる】 述宾 （2 例） 雕刻佛像。《日本灵异记》上卷《信敬三宝得现报缘第 5》："大臣亦喜，请池边直冰田**雕佛**，造菩萨三躯像，居于丰浦堂，以诸人仰敬。"（p. 75）《唐大和上东征传》："僧祥彦、道兴、德清、荣睿、普照、思托等一十七人，玉作人、画师、**雕佛**、刻镂、铸写、绣师、修文、镌碑等工手都有八十五人，同驾一只舟。"（p. 51）唐义净译《龙树菩萨劝诫王颂》卷 1："随何木等**雕佛像**，诸有智者咸供养。纵使我诗非巧妙，依正法说勿当轻。"宋道成集《释氏要览》卷 2："《增壹阿含经》云：'优填王用牛头栴檀，**雕佛**形像，高五尺。此为始也。'"

【雕造/ゑりつくる】 并列 （4 例） 雕刻制作（佛像等）。《常陆国风土记·多珂郡》条："国宰，川原宿祢黑麿时，大海之边石壁，**雕造**观世音菩萨像。今存矣。因号佛滨。"（p. 418）《日本灵异记》中卷《未作毕佛像而弃木示异灵表缘第 26》："请有缘处，劝人集物，**雕造**阿弥陀佛、弥勒佛、观音菩萨等像。"（p. 217）又下卷《沙门积功作佛像临命终时示异表缘第 30》："观规圣武天皇之代，发愿**雕造**尺迦丈六并胁士，以白壁天皇世宝龟十年己未，奉造既毕。居能应寺之金堂，以设会供养。又发愿**雕造**十一面观音菩萨木像高十尺许，半造未毕。小缘历年之，老耄力弱，不得自雕。"唐道宣撰

《续高僧传》卷20："**雕造**未毕而昌迁逝。族人百数，仰慨尊容，以为法仪，虽殁神足犹在。"宋志盘撰《佛祖统纪》卷18："**雕造**弥陀佛像，拈施众会。"按：《汉语大词典》失收。

【釣針/はりをまぐ】 先例 钓钩，鱼钩。《日本书纪》卷9《神功纪》摄政前纪仲哀天皇九年四月条："于是皇后**勾针**为钩，取粒为饵，抽取裳缕为缗，登河中石上，而投钩祈之曰：'朕西欲求财国。'"（第一册，p. 420）宋师明集《续古尊宿语要》卷2："上堂。苔封古径，不坠虚凝。雾锁寒林，肯彰风要。**勾针**针稳密，孰云渔父栖巢？只么承当。自是平常快活，还有具透关眼底么？良久云：'直饶闻早便归去，争奈从来不出门。'"按：《汉语大词典》失收。

【丁蘭木母/ていらんのきのはは】 典据 （2例） 后汉时期的孝子。幼时丧母，及年十五，造母像，奉如在世。妻怨之而烧木像容貌，丁兰遂疏远其妻。又有邻人砍断像臂时，木像淌出红血，发出痛苦声。丁兰便砍下邻人头，祭拜于亡母墓前。汉帝感其孝心，而恕其罪，封予禄位。《日本灵异记》上卷《遭兵灾信敬观音菩萨像得现报缘第17》："**丁兰木母**犹现生相，僧感**画女**尚应哀形。何况是菩萨而不应乎？"（p. 98）又中卷《药师佛木像流水埋沙示灵表缘第39》："传闻优填檀像，起致礼敬；**丁兰木**母，动示生形者，其斯谓之矣。"（p. 246）唐慧沼撰《十一面神咒心经义疏》卷1："一者行人心诚，二愿强盛故，三菩萨愿重故也。人世不无是事也。如**丁兰木母**，犹现生相，僧感画女，尚应哀形。何况是菩萨而不应耶？"

【頂戴/いただきいただく】 并列 （2例） 敬礼，感恩；供奉；拥戴。《日本书纪》卷25《孝德纪》大化二年三月条："壬午，皇太子使使奏请曰：'昔在天皇等世，混齐天下而治。及逮于今，分离失业。属天皇我皇可牧万民之运，天人合应厥政惟新。是故庆之尊之，**顶戴**伏奏。'"（第三册，p. 146）《续日本纪》卷20《孝谦纪》天平宝字元年八月条："其文云：'五月八日开下帝释标知天皇命百年息。国内，**顶戴**兹祥，踊跃欢喜，不知进退。悚息交怀。'"（第三册，p. 222）吴支谦译《菩萨本缘经》卷3《兔品》："我处此山，长发重担，虽经多年，无所利益。我愿从今，常相**顶戴**，愿汝功德，具足成就，令我来世，常为弟子。"东晋佛驮跋陀罗译《大方广佛华严经》卷13《如来升兜率天宫一切宝殿品》："百万亿阿迦尼咤天恭敬礼拜，百万亿种种天，皆大欢喜，恭敬赞叹，百万亿诸天，以种种善慧，而庄严之，百万亿诸大菩萨，**顶戴**护持。"姚秦鸠摩罗什译《妙法莲华经》卷5《分别功德品》："又复如来灭后，若闻是经，而不毁訾，起随喜心，当知已为，深信解相。何况读诵、受持之者，斯人则为，**顶戴**如来。"按：《汉语大词典》首引东晋法显《佛国记》："则诣精舍以华香供养。供养已，次第**顶戴**而去。"略晚。《新编日本古典文学全集》栏上注释推测"顶戴"为汉译佛经词语。→【受持顶戴】【戴持】

【頂髪/たまふさ】 偏正 （3例） 头顶的毛发，头发。《古事记》中卷《仲哀记》：

"于是，其将军既信诈，弢弓藏兵。尔自**顶发**中采出设弦，更张追击。"（p.250）《日本书纪》卷21《崇峻纪》二年四月条："乃斫取白月胶木，疾作四天王像，置于**顶发**而发誓言：'今若使我胜敌，必当奉为护世四王，起立寺塔。'"（第二册，p.512）《日本灵异记》上卷《非理夺他物为恶行受报示奇事缘第30》："使有二人，一**顶发**举来，一少子也。伴副往程，二驿度许，路中有大河。"（p.125）东晋佛驮跋陀罗译《大方广佛华严经》卷16《金刚幢菩萨十回向品》："若有人乞，连肤**顶发**，髻中明珠，眼耳鼻根，牙齿舌根，头顶手足，坏身出血，髓肉及心，肠肾肝肺，肢节诸骨，厚皮薄皮，或手足指，连肉指爪。"姚秦三藏鸠摩罗什译《坐禅三昧经》卷1："初降神时，震动天地。有三十二相大人相……三十一者，**顶发**肉骨成；三十二者，眉间白毛，长好右旋。"北凉昙无谶译《佛所行赞》卷2《车匿还品》："常欲奉事足，况今得**顶发**？尽心加供养，至于正法尽。"唐法崇述《佛顶尊胜陀罗尼经教迹义记》卷2："光从**顶发**，遍照刹尘，其光却收还入佛顶。"《敦煌变文·八相变》："仙人曰：'（中略）太□［子］长大必有三十二相庄严，八十种好，□□婴□［珞］项佩［背］圆光，**顶发**旋螺，人天广度，号曰天人师。'"（p.523）按：《汉语大词典》失收。

【顶礼/ちょうらい】 偏正 双膝下跪，两手伏地，以头顶尊者之足，是佛教徒最崇敬的礼节。《日本书纪》卷20《敏达纪》十四年六月条："乃以三尼，还付马子宿祢。马子宿祢受而欢悦，叹未曾有，**顶礼**三尼。新营精舍迎入供养。"（第二册，p.494）东晋法显译《大般涅槃经》卷2："淳陀闻已，忧悲小歇，便从座起，整身威仪，偏袒右肩，**顶礼**佛足白言：'世尊唯愿，明日受我薄供。'"姚秦鸠摩罗什译《妙法莲华经》卷1《御制大乘妙法莲华经序》："善男子、善女人，一切众生，能秉心至诚，持诵佩服，**顶礼**供养，即离一切苦恼，除一切业障，解一切生死之厄。"隋阇那崛多译《佛本行集经》卷2《发心供养品》："时然灯佛，足蹈地已，其诸人民，悉各皆念：'我独头面，**顶礼**于佛，而发是言，我得于先，**顶礼**佛足。'"按：《新编日本古典文学全集》栏上注释例举唐义净译《金光明最胜王经》卷4《最净地陀罗尼品》："合掌恭敬，**顶礼**佛足。"

【顶礼欢喜/ちょうらいしてかんぎ】 四字 礼拜愉快。《唐大和上东征传》："弟子等早知和上五回渡海向日本国，将欲传教，今亲奉颜色，**顶礼欢喜**。"（p.83）（1）隋毘尼多流支译《佛说象头精舍经》卷1："说此法时，文殊师利、无量天、人、阿修罗、干闼婆等一切大众，闻佛说法，信受**顶礼**，**欢喜**奉行。"唐佛陀波利译《佛说长寿灭罪护诸童子陀罗尼经》卷1："佛于大众中，说此十二因缘佛性法时，一切大会，比丘比丘尼、优婆塞优婆夷、天龙八部、人非人等、波斯匿王、并其眷属，数如恒沙，皆得三藐三菩提心，无生法忍，叹未曾有，一心**顶礼**，**欢喜**奉持。"（2）东晋法显译《大般涅槃经》卷3："尔时，善贤等闻王此言，心大**欢喜**，**顶礼**王足，退还所住。"失译人名今附秦录《别译杂阿含经》卷10："尊者犊子，闻佛所说，**欢喜顶礼**而去。"隋阇那崛多译《佛本行集经》卷 42《迦叶三兄弟品》："彼等螺髻，见于如是，诸异事已，心中复更，增益**欢喜**，**顶礼**佛足，而白佛言：'唯愿世尊，与我等辈，出家受戒。'"

【**顶礼弥勒**／みろくにちょうらいす】 四字 以最敬的礼节向弥勒佛叩头。《奈良朝写经 5・大般若经卷第 267》："以此善业，奉资登仙二尊神灵，各随本愿，往生上天，**顶礼弥勒**，游戏净域，面奉弥陀，并听闻正法，俱悟无生忍。"（p. 32）失译人名今附东晋录《佛说稻芉经》卷 1："天龙、夜叉、乾闼婆、阿修罗、及诸大众，**顶礼弥勒**，欢喜奉行。"隋阇那崛多译《不空罥索咒经》卷 1："我今**顶礼弥勒**世尊菩萨众等。"唐道世撰《法苑珠林》卷 16："众生但能至心礼，无始罪业定不生。故我**顶礼弥勒**佛，唯愿慈尊度有情。"

【**顶礼～足下**～／ちょうらい～そっか～】 对偶 "足下"，脚底。《唐大和上东征传》："荣睿、普照至大明寺，**顶礼**大和尚**足下**，具述本意曰：'佛法东流至日本国，虽有其法，而无传法人。本国昔有圣德太子曰：二百年后，圣教兴于日本。今钟此运，愿大和上东游兴化。'"（p. 40）东晋佛陀跋陀罗译《佛说观佛三昧海经》卷 6《观四威仪品》："见佛如来足步虚空，为于老母，现无数身，心大欢喜，裂邪见网，头脑**顶礼**，**世尊足下**。"失译人名今附秦录《别译杂阿含经》卷 13："时尊者婆耆奢告富匿言：'汝可往诣于世尊所，如我婆耆奢**顶礼**世尊**足下**，问讯世尊：少病、少恼、起居轻利，无诸苦不？'"隋阇那崛多译《佛本行集经》卷 33《转妙法轮品》："或迎取钵及三衣，或复**顶礼**佛**足下**，或预铺设所坐处，或持水器及澡瓶。"

【**顶上犹暖**／ちょうじょうなほしあたたけし】 典据 头顶上还冒着热气，谓人尚未咽气。《唐大和上东征传》："化后三日，**顶上犹暖**，由是久不殡殓；至于阇维，香气满山。"（p. 96）隋灌顶撰《隋天台智者大师别传》卷 1："以大隋开皇十七年岁次丁巳十一月二十四日未时入灭，春秋六十僧夏四十。至于子时**顶上犹暖**，虽复不许哀号，门人哽恋心没，忧海不能自喻。日隐舟沉，永无凭仰。"宋宗晓编《法华经显应录》卷 1："至于三更，手敲龛门曰：'吾缘佛土善友嫌服章不净，以故转来。'易毕再坐去，至于七日，**顶上犹暖**。葬后每有一虎，绕塔号叫。"

【**顶受**／いただきにうく】 偏正 （4 例） 顶礼接受，顶礼受持。《元兴寺伽蓝缘起并流记资财账》："时召池边皇子与大大王二柱告：'佛神者恐物，大父后言莫忘。慎慎，佛神不可憎舍。大大王之其牟久原后宫者，更无望心，终奉于佛，共莫取为自物。'其代者，耳无宫气辩田既得为后宫告：'时二柱皇子等其命**顶受**赐。'"《续日本纪》卷 9《圣武纪》神龟元年条："改养老八年为神龟元年，而天日嗣高御座食国天下之业〈乎〉，吾子美麻斯王〈尔〉，授赐让赐〈止〉诏天皇大命〈乎〉，**顶受**赐恐〈美〉持，而辞启者，天皇大命恐、被赐仕奉者拙〈久〉劣而无所知。"（p. 140）又卷 17《圣武纪》天平胜宝元年四月条："天下共**顶受**赐〈利〉欢〈流自〉理可在〈等〉、神奈我〈良母〉念坐〈弓奈母〉、众〈乎〉惠赐〈比〉治赐〈比〉、御代年号〈尔〉字加赐

〈久止〉宣天皇大命、众闻食宣。"（第三册，p.68）又卷23《淳仁纪》天平宝字三年六月条："是以、先考追皇〈止〉为。亲母大夫人〈止〉为。兄弟姊妹亲王〈止〉为〈与止〉仰给〈夫〉贵〈歧〉御命〈乎〉**顶受**给〈利〉。"（第三册，p.314）后汉昙果、康孟详合译《中本起经》卷1《度瓶沙王品》："变毕叉手，长跪白佛：'弟子迦叶，蒙佛慈恩，解脱罪缚，如来特尊，三界**顶受**。'"姚秦鸠摩罗什译《妙法莲华经》卷5《分别功德品》："如是诸人等，**顶受**此经典，愿我于未来，长寿度众生。"北凉昙无谶译《佛所行赞》卷5《神力住寿品》："尔时诸离车，闻佛所说法，即起礼佛足，欢喜而**顶受**。"按：《汉语大词典》例引南朝梁慧皎《高僧传·义解3·僧肇》："后见旧《维摩经》，欢喜**顶受**，披寻玩味，乃言始知所归矣。"偏晚。

【定水~慧烛~/じょうすい～えそく～】 对偶（2例）"定水"，澄静之水，喻禅定之心。"慧烛"，智慧之烛，犹慧炬。《续日本纪》卷8《元正纪》养老二年十月条："将须象德**定水**澜波，澄于法襟；龙智**慧烛**芳照，闻于朝听。"（第二册，p.48）又养老三年十一月条："于俗既有，于道亦然。神睿法师，幼而卓绝，道性凤成，抚翼**法林**，濡鳞**定水**。"（第二册，p.62）（1）东晋佛驮跋陀罗译《大方广佛华严经》卷58《入法界品》："三毒盛者，灭以**定水**，令得清凉。"姚秦鸠摩罗什译《维摩诘所说经》卷2《8佛道品》："八解之浴池，**定水**湛然满，布以七净华，浴此无垢人。"（以下搭配例文）南朝梁元帝《法宝联璧序》："熏戒香，沐**定水**。"元魏瞿昙般若流支译《正法念处经》卷1《序》："此乃济四部于**法桥**，刷六尘于**定水**。"北周庾信《陕西弘农郡五张寺经藏碑》："春园柳路，变入禅林；蚕月桑津，回成**定水**。"陈月婆首那译《胜天王般若波罗蜜经》卷7《经序》："江洲僧正释慧恭法师，戒香芬郁，**定水**澄明，揩则具瞻，陈梁是寄。"唐高宗《谒慈恩寺题奘法师房》诗："幡虹遥合彩，**定水**回分晖。"（2）梁慧皎撰《高僧传》卷7："适若因陛下**慧烛**海隅，明华日月，故以慧明为人名。继天兴祚，式垂无疆，故以天安为寺称。"元魏吉迦夜、昙曜合译《付法藏因缘传》卷3："佛告众会：'我灭度后，满一百年，此人尔时，得罗汉道，三明六通，具八解脱，**慧烛**独照，广化众生。其所度脱，不可称数。'众会闻已，生希有心。"（3）未详撰者今附梁录《陀罗尼杂集》卷1："我时当以，智慧火及禅**定水**，烧燃洗泽，令出三界，以萨婆若膏渍润令湿，令生法牙，拔其毒足，咸各使发，无上菩提道心。"→【法林~定水~】

【定业/じょうごう】 偏正 一定受报的业。定业有善恶两种，善的定业，定受乐果；恶的定业，定受苦果。《法隆寺金堂释迦三尊像光背铭》："时王后王子等及与诸臣，深怀愁毒，共相发愿：仰依三宝，当造释像尺寸王身。蒙此愿力，转病延寿，安住世间。若是**定业**，以背世者，往登净土，早升妙果。"失译人名今附后汉录《大方便佛报恩经》卷6《优波离品》："夫救护者，救可救者。提婆达多，罪恶深大，兼是**定业**，是故难救。"唐义净译《药师琉璃光七佛本愿功德经》卷2："佛告阿难：'彼诸有情，若得耳闻，诸佛名号，堕恶趣者，无有是处，唯除**定业**，不可转者。'"唐道宣撰《续高僧传》卷 11："受具已后，随惠晓禅师，综习**定业**，深明观行，频蒙印可。"按：《续日本纪》卷 30《承德纪》宝龟元年五月条："括天地以裁成，叶祯祥而**定业**。"（第四册，p. 284）例中的"定业"，表示奠定基业的意思。

【定影 ~ 慧舟 ~/じょうえい ~ えしゅう ~】 对偶 "定影"，禅林中修习禅定的人影。"慧舟"，般若智慧的海洋中荡漾的船只。《续日本纪》卷 20《孝谦纪》天平宝字元年十一月条："伏愿先帝陛下薰此芳因，恒荫禅林之**定影**；翼兹妙福，速乘智海之**慧舟**。终生莲华之宝刹，自契等觉之真如。"（第三册，p. 236）①唐义净译《止观门论颂》卷 1："此时用寻伺，次第应观察；**定影**即便生，分明现前住。"②唐道宣撰《广弘明集》卷 20 萧纲《上大法颂表》："伏惟陛下，天上天下，妙觉之理独圆；三千大千，无缘之慈普被。**慧舟**匪隔，法力无垠，躬纡尊极，降宣至理，泽雨无偏，心田受润。"唐义净译《南海寄归内法传》卷 1："幸愿检寻三藏，鼓法海而扬四波；皎镜五篇，泛**慧舟**而提六象。"

【東辺/ひむがしのへ】 后缀 （6 例） 东面、东边、东方。《出云国风土记·岛根郡》条："**东边**神社。以外皆悉百姓之家。"（p. 170）又："**东边**有神社。又有百姓之家。"（p. 180）又《卷末记》条："又西一十里二百二十步，出云郡家**东边**，即入正西道也。"（p. 272）《肥前国风土记·彼杵郡》条："川源有渊，深二许丈。石壁险峻，周匝如垣。年鱼多在。**东边**有汤泉，能愈人病。"（p. 342）《日本灵异记》下卷《二目盲男敬称千手观音日摩尼手以现得明眼缘第 12》："奈良京药师寺**东边**里，有盲人，二眼精盲。"（p. 290）《续日本纪》卷 39《桓武纪》延历七年六月条："备前国和气郡河西百姓一百七十余人款曰：'己等元是赤坂上道二郡**东边**之民也。'"东晋瞿昙僧伽提婆译《中阿含经》卷 34《大品》："于是，阎浮洲，一智慧商人，自制恐怖，复进南行。彼阎浮洲，一智慧商人，进行南已，忽见**东边**，有大铁城。见已，遍观不见其门，乃至可容猫子出处。"北凉昙无谶译《大方等大集经》卷 1："时诸菩萨，偈赞叹佛，头面礼已，以己神力，于佛**东边**，化作床座，次第而坐。"隋达摩笈多译《起世因本经》卷 1《郁多罗究留洲品》："诸比丘，其善现苑，接善现池**东边**有大河，名易入道，渐次下流，无有波浪，又不速疾，杂华覆流，广二由旬半。"按：《汉语大词典》例举唐刘禹锡《石头城》诗："淮水**东边**旧时月，夜深还过女墙来。"偏晚。

【東大寺/とうだいじ】 寺名 （65 例） 位于日本奈良。为华严宗总本山。又称大华严寺、恒说华严寺、城大寺、总国分寺、金光明四天王护国寺。世称为四圣建立（本愿圣武天皇、开基良辨、劝进行基、导师菩提仙那）。①人物。《日本灵异记》中卷《埋神王髑髅放光示奇表得现报缘 21》："诸乐京东山，有一寺，号曰金鹫。金鹫优婆塞，住斯山寺。故以为字。今成**东大寺**。"（p. 203）《唐大和上东征传》："四日，入京，敕遣正四位下安宿王于罗城门外迎慰、拜劳，引入**东大寺**安置。"（p. 92）又："朕造此**东大寺**，经十余年，欲立戒坛，传受戒律，自有此心，日夜不忘。"（p. 92）《续日本纪》

卷17《圣武纪》天平胜宝元年四月条："夏四月甲午朔，天皇幸东大寺，御卢舍那佛像前殿，北面对像。皇后、太子并侍焉。"（第三册，p. 64）又："丁未，天皇幸东大寺，御卢舍那佛前殿。大臣以下百官及士庶，皆以次行列。"（第三册，p. 76）又天平胜宝元年十二月条："丁亥，八幡大神祢宜尼大神朝臣社女拜东大寺。天皇、太上天皇、太后，同亦行幸。是日，百官及诸氏人等，咸会于寺。请僧五千，礼佛读经。"（第三册，p. 96）又卷18《孝谦纪》天平胜宝三年正月条："三年春正月戊戌，天皇幸东大寺，授木工寮长上正六位上神磯部国麻吕外从五位下。"（第三册，p. 108）又卷19《孝谦纪》天平胜宝八年十二月条："己酉，敕遣皇太子及右大辩从四位下巨势朝臣界麿于东大寺。"（第三册，p. 170）又卷22《淳仁纪》天平宝字四年六月条："太后仁慈，志在救物。创建东大寺及天下国分寺者，本太后之所劝也。"（第三册，p. 352）又卷23《淳仁纪》天平宝字四年七月条："又敕曰：'东大寺封五千户者，平城宫御宇后太上天皇、皇帝、皇太后，以去天平胜宝二年二月二十三日，专自参向于东大寺，永用件封入寺家讫。而造寺了后，种种用事，未宣分明。因兹，今追议定营造修理塔寺精舍分一千户，供养三宝并常住僧分二千户，官家修行诸佛事分二千户。'"（第三册，p. 358）又卷28《称德纪》神护景云元年二月条："二月甲申。幸东大寺。"（第四册，p. 152）又卷40《桓武纪》延历九年十月条："天平十六年，圣武皇帝，发愿始建东大寺。"②佛像。《日本灵异记》中卷《埴神王腼放光示奇表得现报缘21》："彼放光之执金刚神像，今东大寺于羂索堂北户而立也。"（p. 204）③读诵。又卷19《孝谦纪》天平胜宝八岁十二月条："甲寅申，请僧一百于东大寺，转读《仁王经》焉。"（第三册，p. 168）④讲经。《续日本纪》卷19《孝谦纪》天平胜宝五年三月条："三月庚午，于东大寺设百高座，讲《仁王经》。"（第三册，p. 128）⑤抄经。《奈良朝写经67·华严八会刚目章》："天平神护元年四月二十二日，东大寺僧兴显。"（p. 417）⑥法事。《续日本纪》卷18《孝谦纪》天平胜宝四年四月条："夏四月乙酉，卢舍那大佛像成，始开眼。是日，行幸东大寺。天皇亲率文武百官，设斋大会。"（第三册，p. 118）又天平胜宝四年六月条："丁酉，泰廉等就大安寺、东大寺礼佛。"（第三册，p. 124）又卷19《孝谦纪》六年正月条："辛丑，行幸东大寺。燃灯二万。"（第三册，p. 136）又卷20《孝谦纪》天平宝字符年五月条："五月己酉，太上天皇周忌也。请僧千五百余人于东大寺。设斋焉。"（第三册，p. 184）又卷22《淳仁纪》天平宝字四年二月条："庚申，设仁王会于宫中及东大寺。"（第三册，p. 346）又卷23《淳仁纪》天平宝字四年七月条："癸丑，设皇太后七七斋于东大寺并京师诸小寺。其天下诸国，每国奉造阿弥陀净土画像。仍计国内见僧尼，写《称赞净土经》，各于国分金光明寺礼拜供养。"（第三册，p. 358）⑦事件。《万叶集》卷18第4085首歌题："天平感宝元年五月五日，饷东大寺之占垦地使僧平荣等。"（第四册，p. 252）《日本灵异记》下卷《强非理以征债取多倍而现得恶死报缘第26》："为赎罪报，三木寺进入家内杂种财物，东大寺进入牛七十头马三十匹治田二十町稻四千束，负他人物，皆既免之。"（p. 329）《续日本纪》卷17《圣武纪》天平胜宝元年四月条："六位以下〈尔〉冠一阶上给〈比〉、**东大寺**造人等二阶加赐〈比〉。正六位上〈尔波〉子一人治赐〈夫〉。"（第三册，p.72）《续日本纪》卷17《圣武纪》天平胜宝元年十二月条："施**东大寺**封四千户、奴百人、婢百人。又预造**东大寺**人，随劳叙位有差。"（第三册，p.96）又卷18《孝谦纪》天平胜宝二年正月条："造**东大寺**官人以下、优婆塞以上。一等三十三人叙位三阶。二等二百四人二阶。三等四百三十四人一阶。"（第三册，p.102）又十一月条："又遣大纳言藤原朝臣仲麻吕就**东大寺**。"（第三册，p.108）又卷19《孝谦纪》天平胜宝八年六月条："敕明年国忌御斋，应设**东大寺**。其大佛殿步廊者，宜令六道诸国营造，必会忌日。不可怠缓。"（第三册，p.166）又卷19《孝谦纪》天平胜宝八年十月条："癸卯，大纳言藤原朝臣仲麿，献**东大寺**米一千斛，杂菜一千缶。"（第三册，p.166）又卷20《孝谦纪》天平宝字元年四月条："又**东大寺**匠丁。造山陵司役夫（中略）并免今年田租。"（第三册，p.184）又天平宝字符年七月条："款云：'造**东大寺**，人民苦辛。氏氏人等，亦是为忧。'"（第三册，p.204）又卷20《孝谦纪》天平宝字元年十一月条："壬寅，敕：'以备前国垦田一百町，永施**东大寺**唐禅院十方众僧供养料。'"（第三册，p.236）又卷22《淳仁纪》天平宝字三年十一月条："乙亥，造**东大寺**判官外从五位下河内画师祖足等十七人赐姓御杖连。"（第三册，p.332）又卷23《淳仁纪》天平宝字五年十月条："正五位下国中连公麻吕为造**东大寺**次官。"（第三册，p.388）又卷24《淳仁纪》天平宝字七年正月条："从四位下佐伯宿祢今毛人为造**东大寺**长官。"（第三册，p.422）又七年四月条："正五位下市原王为造东大寺长官。"（第三册，p.430）又五月条："胜宝四年。本国使适聘于唐。业行乃说以宿心。遂与弟子二十四人。寄乘副使大伴宿祢古麻吕船归朝。于**东大寺**安置供养。"（第三册，p.432）又十二月条："丁酉，礼部少辅从五位下中臣朝臣伊加麻吕、**造东大寺**判官正六位上葛井连根道、伊加麻吕男真助三人，坐饮酒言语涉时忌讳。伊加麻吕左迁大隅守，根道流于隐歧，真助于土左。"（第三册，p.442）又卷25《淳仁纪》天平宝字八年正月条："正四位下吉备朝臣真备为造**东大寺**长官。"（第四册，p.6）又八年十二月条："胜宝八岁，圣武皇帝崩，以久沐恩渥，乞守山陵。天皇嘉之，授正四位上。本官如故。九岁，为兼造**东大寺**长官，特赐食封百户。"（第四册，p.56）又卷28《称德纪》神护景云元年三月条："以垦田一百町献于**东大寺**也。"（第四册，p.160）又八月条："从四位下阿倍朝臣毛人为造**东大寺**次官。"（第四册，p.178）又卷29《称德纪》神护景云二年二月条："外从五位下上毛野公真人为造**东大寺**大判官。"（第四册，p.192）又卷30《称德纪》神护景云三年十一月条："壬午，弹正史生从八位下秦长田三山、造宫长上正七位下秦仓人呰主、造**东大寺**工手从七位下秦姓纲麻吕赐姓秦忌寸。"（第四册，p.270）又卷32《光仁纪》宝龟元年二月条："丙辰，破却西大寺东塔心础。其石大方一丈余，厚九尺。**东大寺**以东，饭盛山之石也。"（第四册，p.272）又三年十一月条："正五位下佐伯宿祢真守为兵部大辅兼造**东大寺**次官。"（第四册，p.392）又卷33《光仁纪》宝龟五年十月条："公麻吕颇有巧思，竟成其功。以劳遂授四位，官至造**东大寺**次官兼但马员外介。"（第四册，p. 442）又六年十月条：
"宝字七年，功夫略毕，迁造**东大寺**长官。"（第四册，p. 460）又卷34《高绍纪》宝龟
七年三月条："从四位下石上朝臣息嗣为造**东大寺**长官。"又八年十月条："从四位下石
川朝臣名足为造**东大寺**长官。"卷34《高绍纪》宝龟九年二月条："从四位下吉备朝臣
泉为造**东大寺**长官。"又十年十一月条："从五位下纪朝臣白麻吕为造**东大寺**次官。"又
卷36《高绍纪》天应元年五月条："从五位下桑原公足床为造**东大寺**次官。"又卷37
《桓武纪》延历元年二月条："从四位下吉备朝臣泉为造**东大寺**长官。"又："外从五位
下尾张连丰人为园池正。外从五位下林忌寸稻麻吕为东宫学士。造**东大寺**次官如故。"
又二年三月条："从五位下文室真人忍坂麻吕为造**东大寺**次官。"又六月条："从四位下
石上朝臣家成为造东大寺长官。"又三年六月条："造**东大寺**次官从五位下文室真人忍
坂麻吕。"又四年正月条："从四位下佐伯宿祢真守为造**东大寺**长官。"又："东宫学士
外从五位下林忌寸稻麻吕为兼介。造**东大寺**次官如故。"又九月条："造**东大寺**长官内
藏头从四位下石上朝臣家成为检卫门权督。"又十月条："从五位上弓削宿祢盐麻吕为
造**东大寺**次官。"又卷39《桓武纪》延历五年六月条："大纳言从二位藤原朝臣继绳为
兼造**东大寺**长官。东宫傅民部卿如故。"又六年十一月条："嗣天子臣谨遣从二位行大
纳言兼民部卿造**东大寺**司长官藤原朝臣继绳。"又："孝子皇帝臣讳谨遣从二位行大纳
言兼民部卿造**东大寺**司长官藤原朝臣继绳。"又卷40《桓武纪》延历八年三月条："废
造**东大寺**司。"

【東西狂走/とさまかくさまくるひはしる】 四字 （2例） 四处狂奔、逃跑。"东
西"，指四处、到处。《日本灵异记》上卷《恶人逼乞食僧而现得恶报缘第15》："昔故
京时，有一愚人，不信因果。见僧乞食，忿而欲击。时僧走入田水，追而执之。僧不得
忍，以咒缚之。愚人颠沛，**东西狂走**。僧即远去，不得眄瞻。"（p. 96）又《凶人不敬
养奶房母以现得恶死报缘第23》："瞻保于是不言，而起入于屋里，拾出举，炎于其庭
中，皆已烧灭。然后入山，迷惑不知所为。乱发身伤，**东西狂走**，复还行路，不住己
家。"（p. 110）日圆仁《入唐求法巡礼行记》："如已后州司追勘，称又**东西**不知去处。"
刘宋求那跋陀罗译《杂阿含经》卷47："时彼猫狸，疾取吞之。鼠子身小，生入腹中；
入腹中已，食其内藏，食内藏时，猫狸迷闷，**东西狂走**，空宅冢间，不知何止，遂至于
死。"该例在梁宝唱等集《经律异相》卷47、唐道世撰《法苑珠林》卷46中亦有辑录。
北凉昙无谶译《大方等大集经》卷41《星宿品》："时魔波旬，见已悲泣，涕泪横流，
心大懊恼，遍身汗出，啼哭失声，称怨大唤，或起或立，或坐或行，入出家居，**东西狂
走**。"唐阿地瞿多译《陀罗尼集经》卷8《金刚阿蜜哩多军荼利菩萨自在神力咒印品》：
"作此法者，金刚大欢喜。若人患心，**东西狂走**，或脱衣坐，或乱发髻，或取尘土，以
污其身。"

【東西求覓/とさまかくさまもとむ】 四字 四处寻找。"求觅"，寻找。《日本书

纪》卷14《雄略纪》三年四月条："天皇疑皇女不在，恒使暗夜**东西求觅**，乃于河上虹见如蛇四五丈者，掘虹起处而获神镜。"（第二册，p.156）（1）姚秦佛陀耶舍、竺佛念等合译《四分律》卷46："王即唤女告之：'善行与五百贾人，入海取宝，为水所漂。恶行安隐而还，今欲索汝为妇。'答言：'不能。我欲自出求夫。'时王即令国中皆令聚集，庄严其女，出外**东西求觅**夫。"隋阇那崛多译《佛本行集经》卷5《贤劫王种品》："时彼王仙，诸弟子等，欲往**东西**，**求觅**饮食，取好软草，安置笼里，用盛王仙，悬树枝上。"唐道世撰《法苑珠林》卷34："时彼乞人，于粪聚中，得彼铜钵，挂于杖头。将来往入波罗奈城。从街至街，从衖至衖，从此交衢，至彼交衢，从此方隅，至彼方隅，口唱是言：'此之铜钵，是谁之物？识者收取。'而彼游历，**处处东西**，**求觅**其主，了不能得。"（2）《太平广记》卷432《范端》条："每夜**东西求觅**，遇二虎见随。"按：《新编日本古典文学全集》栏上的注释以《文选》《鲁灵光殿赋》"东西周章"为例，释"东西"作"四处"。

【**栋梁**/どうりょう】 偏正 （2例） 担当守护弘扬佛法的重要人物。《续日本纪》卷9《元正纪》养老六年七月条："其僧纲者，智德具足，真俗**栋梁**。"（第二册，p.120）又卷8《元正纪》养老五年六月条："又百济沙门道藏。寔惟法门袖领。释道**栋梁**。"（第二册，p.98）唐道宣撰《续高僧传》卷18："诚释氏之**栋梁**，即人伦之龙象也。"按：《日本书纪》卷15《显宗纪》即位前纪条："筑立稚室葛根，筑立柱者，此家长御心之镇也。取举**栋梁**者，此家长御心之林也。"（第二册，p.232）该例中的"栋梁"，表基本义，即房屋的大梁。下面例中用法是其比喻用法，形容担负国家重任的人。《日本书纪》卷7《景行纪》五十一年八月条："是日，命武内宿祢为**栋梁**之臣。"（第一册，p.388）《藤氏家传》上卷《镰足传》："为国**栋梁**，作民船桥。一国之所瞻仰，百姓之所企望。"（p.217）《续日本纪》卷23《淳仁纪》天平宝字四年八月条："又得大师奏状称：'故臣父及叔者。并为圣代之**栋梁**。共作明时之羽翼。'"（第三册，p.360）→【领袖~栋梁~】【三宝（之）栋梁】

【**栋梁摧折**/どうりょうくだきをる】 四字 "栋梁"，房屋的大梁。"摧折"，毁坏，折断。"栋梁摧折"，喻指重要人物去世。《唐大和上东征传》："宝字七年癸卯春，弟子僧忍基梦见讲堂**栋梁摧折**，寤而惊惧，（知）大和上迁化之相也；仍率诸弟子模大和上之影。"（p.96）唐义净译《根本说一切有部毗奈耶杂事》卷40："时未生怨王，于其睡中，作如是梦，见宫中舍，**栋梁摧折**，忽然惊觉。其守门人，见王睡觉，便以迦摄，所嘱之语，具奏王知。王闻是语，闷绝于地。时诸辅佐，以清冷水，洒面乃苏，往竹林园，见阿难陀，五体投地，悲啼号哭，作如是言：'我闻尊者，大迦摄波，入般涅槃。'"宋非浊集《三宝感应要略录》卷3："昔有一沙门，奉行大法，次第乞食，至大婆罗门家。时婆罗门家中，遇此沙门，已屋**栋梁摧折**，打破水瓶瓮器，牛马绝剃，四方驰走。"按：佛典两例中，前一例为具体用法，后一例为抽象用法。按：《日本书纪》

卷 19《钦明纪》二年七月条："并持诏书，宣曰：'尔屡抗表，称当建任那，十余年矣。表奏如此，尚未成之。且夫任那者为尔国之**栋梁**。如**折栋梁**，讵成屋宇？朕念在兹，尔须早建。汝若早建任那，河内直等自当止退，岂足云乎？'"（第二册，p. 378）《藤氏家传》上卷《镰足传》："巨川未济，舟楫已沉。大厦始基，**栋梁**斯**折**。与谁御国，与谁治民？每至此念，酸切弥深。"（p. 239）

【都不 ~／かつて ~ず・なし】 否定 （5 例） 毫不……完全不……《古事记》上卷《日子穗穗手见命与鹈茸草不合命》："尔火远理命以海佐知钓鱼，**都不**得一鱼。亦其钩失海。"（p. 124）又中卷《应神记》："于是，其兄王隐伏兵士，衣中服铠，到于河边。将乘船时，望其严饰之处，以为弟王坐其吴床，**都不**知执楫而立船。"（p. 270）《日本书纪》卷 24《皇极纪》三年三月条："于是押坂直与童子煮而食之，大有气味。明日往见，**都不**在焉。"（第三册，p. 88）《万叶集》卷 4 第 675 首："娘子部四 咲泽二生流 花胜见 **都毛不**知 恋裳揩可闻"（第一册，p. 341）又卷 13 第 3308 首："天地之 神尾母吾者 祷而寸 恋云物者 **都不**止来"（第三册，p. 431）（1）后汉支娄迦谶译《道行般若经》卷 1："如是说菩萨，**都不**可得见，亦不可知处处，了无所有。当从何所法中，说般若波罗蜜？尔故字为菩萨。"吴支谦译《撰集百缘经》卷 4《出生菩萨品》："王即答言：'我今此身，**都不**悋惜。但身死已，不得闻法。'"姚秦鸠摩罗什译《妙法莲华经》卷 2《信解品》："我年老大，而汝少壮，汝常作时，无有欺怠，瞋恨怨言，**都不**见汝，有此诸恶，如余作人。"（2）《世说新语·雅量第 6》："须臾食下，二王**都不**得餐，唯属羊不暇。"（p. 212）按：《汉语大词典》失收。

【都無 ~／かつて ~ず】 否定 （15 例） 全无……完全没有……《日本书纪》卷 1《神代上》："是时，海上忽有人声。乃惊而求之，**都无**所见。"（第一册，p. 104）又卷 16《武烈纪》即位前纪条："大臣平群真鸟臣专擅国政，欲王日本，阳为太子营宫，了即自居。触事骄慢，**都无**臣节。"（第二册，p. 268）又卷 19《钦明纪》四年十二月条："臣等禀性愚暗，**都无**智略。诏建任那，早须奉敕。"（第二册，p. 380）又五年三月条："熟观所作，**都无**怖畏。故前奏恶行，具录闻讫。今犹著他服，日赴新罗域，公私往还，**都无**所惮。"（第二册，p. 394）又卷 24《皇极纪》三年七月条："都鄙之人取常世虫置于清座，歌舞求福弃舍珍财。**都无**所益，损费极甚。"（第三册，p. 94）又四年六月条："此即上宫王等性顺，**都无**有罪，而为入鹿见害。虽不自报，天使人诛之兆也。"（第三册，p. 104）又卷 25《孝德纪》大化二年三月条："复有见言不见、不见言见、闻言不闻、不闻言闻，**都无**正语正见，巧诈者多。"（第三册，p. 152）又大化三年四月条："自始治国皇祖之时，天下大同，**都无**彼此者也。"（第三册，p. 162）《出云国风土记·秋鹿郡》条："自养老元年以往，荷藁自然丛生太多。二年以降，自然亡失，**都无**茎。"（p. 192）《常陆国风土记·香岛郡》条："或曰：倭武天皇，停宿此滨，奉羞御膳，时**都无**水。即执鹿角，掘地之，为其角折。所以名之。"（p. 400）《日本灵异记》下卷

《如法奉写〈法华经〉火不烧缘第10》："唯彼纳经之筥，有于盛燔火之中，**都无**所烧损。开筥见之，经色俨然，文字菀然。"（p. 286）又《依妨修行人得猴身缘第24》："然后乎至于愿了，**都无**障难。"（p. 323）《奈良朝写经75·大般若经卷第176》："仰天伏地，而虽悲叹，**都无**［一益，空］沾领袖。唯有佛法，必救恩虚。"（p. 442）后汉支娄迦谶译《道行般若经》卷2《功德品》："学是祝者，是善男子、善女人不自念恶，亦不念他人恶，**都无**所念，善为人中之雄，自致作佛，为护人民蜎飞蠕动，学是祝者疾成佛道也。"姚秦鸠摩罗什译《妙法莲华经》卷2《信解品》："我等内灭，自谓为足，唯了此事，更无余事。我等若闻，净佛国土，教化众生，**都无**欣乐。"唐义净译《金光明最胜王经》卷10《舍身品》："至彼菩萨，舍身之地，见其骸骨，随处交横，俱时投地，闷绝将死，犹如猛风，吹倒大树，心迷失绪，**都无**所知。"按：《汉语大词典》中的该词条未见此义项。

【**都無彼此**/かつてかれこれといふことなし】 否定 丝毫不分彼此；没有人我之心。"彼此"，分别彼此，厚此薄彼。《日本书纪》卷25《孝德纪》大化三年四月条："自始治国皇祖之时，天下大同，**都无彼此**者也。"（第三册，p. 162）（1）姚秦竺佛念译《出曜经》卷27："我胜彼不如，彼胜我不如，**都无彼此**之心。是故说曰：息则快乐，无胜负心也。"（2）《全上古三代秦汉三国六朝文》王融《下狱答辞》："专行权利。又无赃贿。反覆唇齿之间。未审悉与谁言。倾动颊舌之内。不容**都无彼此**。"（p. 2859）

【**都無所見**/かつてみゆるなし】 否定 什么也没看见，连个人影也没有。《日本书纪》卷1《神代纪上》："是时，海上忽有人声。乃惊而求之，**都无所见**。"（第一册，p. 104）（1）后汉安世高译《佛说罪业应报教化地狱经》卷1："第四复有众生，两目盲瞎，**都无所见**，或抵树木，或堕沟坑。"吴康僧会译《六度集经》卷1："道逢乳虎，虎乳之后，疲困乏食，饥馑心荒，欲还食子。菩萨睹之，怆然心悲，哀念众生，处世忧苦，其为无量。母子相吞，其痛难言，哽咽流泪。回身四顾，索可以食虎，以济子命，**都无所见**。"西晋竺法护译《光赞经》卷3："又察怛萨阿竭阿罗呵三耶三佛诸菩萨众及声闻辟支佛众，省其本末，**都无所见**。"唐玄奘译《大般若波罗蜜多经》卷36："善现如是，菩萨摩诃萨，于一切法，**都无所见**；于一切法，无所见时，其心不惊，不恐不怖。"《敦煌变文·前汉刘家太子传》："于是打其三声，天地昏暗，**都无所见**。太子遂乃潜身，走出城外。"（p. 243）（2）《全隋文》卷22王劭《舍利感应记别录》："又复须臾，复闻行声，即走告寺主，共开阁门上验看，唯有佛像，自外**都无所见**。"《酉阳杂俎》卷2《壶史》："崔一日觉卧室北墙有人齅声，命左右视之，**都无所见**。"

【**都無所益**/かつてますところなし】 否定 丝毫没有益处。《日本书纪》卷24《皇极纪》三年六月条："都鄙之人取常世虫置于清座，歌舞求福弃舍珍财。**都无所益**，损费极甚。"（第三册，p. 94）西晋安法钦译《佛说道神足无极变化经》卷2："佛言天

子：'于欲界能为弟子说弟子法，不能于欲界有所益，于色界无色界能为弟子说弟子法**都无所益**。'"姚秦鸠摩罗什译《大智度论》卷7："是时，诸人各各，求其所事，**都无所益**。中有五戒优婆塞，语众人言：'吾等当共，称南无佛。佛为无上，能救苦厄。'众人一心同声，称南无佛。"唐法藏撰《梵网经菩萨戒本疏》卷4："一思惟己身，及以财物，皆是无常，磨灭之法。一旦废坏，非惜能留。是故悭惜，**都无所益**。"

【**都無有罪**/かつてつみあることなし】 否定　没有丝毫的罪过。《日本书纪》卷24《皇极纪》四年六月条："……此即上宫王等性顺，**都无有罪**，而为入鹿见害。"（第三册，p. 104）梁宝亮等集《大般涅槃经集解》卷19："宝亮曰：'若论无常虚伪果报，彼生此死，岂当有罪？今得罪之缘，别有以也。若无恶心，及伤田者，**都无有罪**。'"北凉昙无谶译《大般涅槃经》卷34："善见太子，见父丧已，方生悔心。雨行大臣，复以种种，恶邪之法，而为说之：'大王，一切业行，**都无有罪**。'"隋达磨笈多译《菩提资粮论》卷6："诸有他来，打骂恐怖，杀缚幽闭，皆是自罪，应当有此，终不瞋他。此是我业，前世已作，今时还受，相似不爱之果，彼诸众生，**都无有罪**，唯是我罪，业报来现。应当有此。"

【**都無正語正見**/かつてまさしくかたりまさしくみるところなし】 否定 →【**不聞言聞**】

【**都勿~**/かつて~なし】 先例　完全不……根本不……《古事记》下卷《仁德记》："是以，太殿破坏，悉虽雨漏，**都勿**修理，以椷受其漏雨。"（p. 286）《祖堂集》卷3："诸供奉曰：'我等诸人，谩作供奉，自道解经、解论。据他禅宗**都勿**交涉。'"按：《汉语大词典》失收。从用法上看，"都勿"与"都不"一样，强调对后续动作的全盘否定，具有口语性。

【**兜率天**/とそつてん】 音译 （2例）"兜率"，梵语 tuṣita 的译音，亦称"都率""兜率陀"等。六欲天之一。天界二十八天中，六欲天的第四天。兜率又有"知足""妙足""喜足""喜乐"等意。据称，释尊降生于阎浮提以前是住在此天，弥勒则以补处菩萨的身份住于此天。兜率天有内院与外院，内院是弥勒菩萨的住处，外院是天界众生的欲乐之所。《日本灵异记》下卷《弥勒菩萨应于所愿示奇形缘第8》："诚知弥勒之高有**兜率天**上，应愿所示。愿主下在苦缚凡地，深信招佑。何更疑之也。"（p. 280）《奈良朝写经18·弥勒上生经》："伏愿契道能仁，升游正觉，菩提枝下闻妙法之圆音，**兜率天**中得上真之胜业，通该有顶，普被无边，并泛慈航，同离爱网。"（p. 141）刘宋沮渠京声译《佛说观弥勒菩萨上生兜率天经》卷1："今于此众说弥勒菩萨摩诃萨阿耨多罗三藐三菩提记：此人从今十二年后命终，必得往生兜率陀天上。尔时**兜率陀天**上，有五百万忆天子。"陈真谛译《佛说立世阿毗昙论》卷6《云何品》："云何第四天名**兜率陀**？欢乐饱满，于其资具自知满足，于八圣道不生知足。故说名为**兜率陀天**。"新罗璟兴撰《三弥勒经疏》卷1："如《菩提资粮论》第一云：'一生所系菩萨者，入**兜率**

天；最后生菩萨者，住**兜率陀**。'"

【**兜率天堂**/とそつてんどう】 四字 兜率天的殿堂。《续日本纪》卷31《光仁纪》宝龟二年十月条："授正六位上英保首代作外从五位下。以构西大寺**兜率天堂**也。"（第四册，p.352）《诸佛世尊如来菩萨尊者名称歌曲》卷45："菩提无上殊祥，庄严**兜率天堂**。忽然超出世间，如彼慧炬慈航。"

【**兜率陀天**/とそつだてん】 四字 与"兜率天"义同。《藤氏家传》上卷《镰足传》："持此香炉，如汝誓愿，从观音菩萨之后，到**兜率陀天**之上，日日夜夜，听弥勒之妙说；朝朝暮暮，转真如之法轮。"（p.243）失译人名今附后汉录《大方便佛报恩经》卷1《孝养品》："或升**兜率陀天**，为诸天师；或从**兜率天**下，现于阎浮提，现八十年寿。"东晋佛驮跋陀罗译《大方广佛华严经》卷19《金刚幢菩萨十回向品》："菩萨尔时，心大欢喜，于百千亿，那由他劫，受帝释乐，所不能；须夜摩天王、**兜率陀天**王、化自在天王、他化自在天王，百千亿那由他劫，所受喜乐，所不能及。"隋阇那崛多译《佛本行集经》卷37《富楼那出家品》："昔在**兜率陀天**上，正念化作白象形，托身欲入摩耶胎，来至释种家作子。"

【**独觉**/どくかく】 偏正 梵语pratyeka-buddha的译名。音译为"辟支佛"，亦称"缘觉"。不闻他人教导而独自开悟的人。《日本灵异记》下卷《依妒修行人得猴身缘第24》："往昔过去，罗作国王时，制一**独觉**，不令乞食。入境不得，七日顷饥。依此罪报，罗睺罗不生六年，在母胎中者，其斯谓也矣。"（p.323）唐玄奘译《阿毘达磨俱舍论》卷12《分别世品》："言**独觉**者，谓现身中，离禀至教，唯自悟道，以能自调，不调他故。"又《阿毘达磨顺正理论》卷32："言**独觉**者，谓现身中，离禀至教，唯自悟道。以能自调，不调他故。何缘**独觉**，言不调他？非彼无能，演说正法。以彼亦得，无碍解故。"

【**独免**/ひとりまぬかる】 偏正 单独获免，独自逃避。《日本书纪》卷28《天武纪上》元年七月条："爰将军多臣品治遮之，以精兵追击之。小隅**独免**走焉。以后，遂复不来也。"（第三册，p.330）（1）晋世法炬、法立译《法句譬喻经》卷1："王乃悟曰：'四人避对，一人已死，其余三人，岂得**独免**？'"梁僧佑撰《释迦谱》卷1："尔时太子，闻是语已，生大苦恼，而自念言：'日月流迈，时变岁移。老至如电，身安足恃。我虽富贵，岂**独免**耶？'"（2）《宋书》卷93《隐逸传》："天地赋命，有往必终，自古贤圣，谁能**独免**？"《北齐书》卷25《张耀传》："后为御史所劾，州府僚佐及轨左右以赃罪挂网者百有余人，唯耀清白**独免**。征为丞相府仓曹。"按：《汉语大词典》失收。

【**独卧於~**/ひとり~にふす】 于字 孤单地躺在某处。《日本书纪》卷4《绥靖纪》即位前纪条："会有手研耳命于片丘大窨中，**独卧于**大床。"（第一册，p.242）《全

后周文》卷20甄鸾《佛生西阴八》："又云道人**独卧**，道士聚宿，据此合气。黄书亦妄乎。"《三国演义》第85回："厌见侍从之人，乃叱退左右，**独卧于**龙榻之上。"《红楼梦》第52回："到房中，药香满屋，一人不见，只见晴雯**独卧于**炕上，脸面烧的飞红，又摸了一摸，只觉烫手。"

【独悟/ひとりさとる】 格义　独自开悟。《怀风藻》第105首麻田阳春《和藤江守咏裨睿山先考之旧禅处柳树之作》："於穆我先考，**独悟**阐芳缘。宝殿临空构，梵钟入风传。"（p.169）失译人名今附后汉录《大方便佛报恩经》卷3："即夜踰出宫城，菩提树下，苦行六年，然后得成一切智，故号一切智人。**独悟**成佛，具十力、四无所畏、十八不共法，乃至一切种智。"刘宋求那跋陀罗译《过去现在因果经》卷3："时彼摩诃那摩等四人，闻佛转法轮已，阿若憍陈如，**独悟**道迹，心自念言：'世尊若更，为我说法，我等亦当，复悟道迹。'"北凉昙无谶译《大方等大集经》卷1："如来于法得自在，其光能破世间暗。世尊佛眼无挂碍，能见诸法真实义。具足无量诸功德，无师**独悟**诸法界。如来放光为众生，今入我身何因缘。"按：在传世文献中，"独悟"，即独自明悟。《汉诗》卷7赵壹《鲁生歌》："贤者虽**独悟**，所困在群愚。且各守尔分，勿复空驰驱。"（p.190）汉文佛经当中，有"无师独悟"的说法，谓不待师教而自觉本具真性。一般将辟支佛翻译为"缘觉"或"独觉"，即有不依师教、现生开悟之意。

【读唱/よみあぐ】 自创（2例）　谓宣读吟唱。疑似由"转读唱导"缩略而成。《日本书纪》卷24《皇极纪》四年六月条："六月丁酉朔甲辰，中大兄密谓仓山田麻吕臣曰：'三韩进调之日，必将使卿**读唱**其表，遂陈欲斩入鹿之谋。'"（第三册，p.98）又："中臣镰子连知苏我入鹿臣为人多疑，昼夜持剑，而教俳优，方便令解。入鹿臣咲而解剑，入侍于座。仓山田麻吕进而**读唱**三韩表文。"（第三册，p.98）《续高僧传》卷5："年十三，随回出都，住白马寺，寺僧多以，**转读唱**导为业，旻风韵清远，了不屑意。年十六而回亡。"

【读经/どくきょう】 述宾（23例）　读诵经文。①祈雨。《日本书纪》卷24《皇极纪》元年七月条："庚辰，于大寺南庭，严佛菩萨像与四天王像，屈请众僧，读《大云经》等。于时，苏我大臣手执香炉，烧香发愿。辛巳，微雨。壬午，不能祈雨。故停**读经**。"（第三册，p.64）②追善。《续日本纪》卷17《圣武纪》："五月丁丑，敕令天下诸国奉为太上天皇，每至七日，国司自亲洁斋，皆请诸寺僧尼，聚集于一寺，敬礼**读经**。"（第三册，p.56）③求道。《日本灵异记》上卷《忆持〈法华经〉现报示奇异表缘第18》："客人具述梦状，谓翁姥吾先父母。猴亦语，因而示之曰：'我先子号某，其子住堂**读经**及以持水瓶等是也。'"（p.101）又："赞曰：'善哉！日下部之氏，**读经**求道，过现二生，重诵本经。'"（p.101）又《非理夺他物为恶行受恶报示奇事缘第30》："令**读经**者，住东方金宫后，**随愿生天**。"（p.126）④果报。《日本灵异记》下卷《依妨修行人得猴身缘第24》："暂顷修行时，梦人语言：'为我**读经**。'惊觉念怪。"（p.322）

又："僧言：'此村籾多有。此乎充我供养料，令**读经**。'猕猴答言：'朝庭臣狈我。而有典主，念之己物，不免我。我恣不用。'典主者即彼神社司也。僧言：'无供养者，何为奉**读经**？'猕猴答言：'然者浅井郡有诸比丘，将读六卷抄故，我入其知识。'"（p. 322）《续日本纪》卷31《光仁纪》宝龟元年十月条："僧纲言：'奉去天平宝字八年敕，逆党之徒，于山林寺院，私聚一僧以上，**读经**悔过者，僧纲固加禁制。'"（第四册，p. 320）⑤襄灾。《日本书纪》卷30《持统纪》十一年六月条："六月丙寅朔丁卯，赦罪人。辛未，诏**读经**于京畿诸寺。"（第三册，p. 560）《日本灵异记》中卷《依恶梦至诚心使诵经示奇表得全命缘第20》："二子见有七僧，坐乎居屋上而**读经**也。二子白母言：'屋上在七躯法师而**读经**矣。遄出应见。彼**读经**音，如蜂集鸣。'母闻之怪，起后屋出。即当居处之壁仆也。亦七法师忽然不见。女大恐怪，自内心念：'天地助吾，不压于壁。'后守家母，遣使到问，陈凶梦状，传**读经**事。"（p. 202）《续日本纪》卷3《文武纪》庆云四年四月条："丙申，天下疫饥。诏加振恤。但丹波、出云、石见三国尤甚。奉币帛于诸社。又令京畿及诸国寺**读经**焉。"（第一册，p. 112）又卷15《圣武纪》天平十五年三月："三月癸卯，金光明寺**读经**竟。诏遣右大臣橘宿祢诸兄等就寺慰劳众僧。"（第二册，p. 416）又卷33《光仁纪》宝龟五年二月条："二月壬申，一七日**读经**于天下诸国。攘疫气也。"（第四册，p. 420）⑥传说。《日本灵异记》下卷《忆持〈法华经〉者舌著曝髑髅中不朽缘第1》："闻之有音，诵《法华经》。累日径月，犹读不止。造船之人，闻**读经**音，发心贵之，擎自分粮，以推求之，不瞰形色。故还而居，**读经**之音，如先不息。后历半年，为引船人入山，闻之**读经**，音犹不止。怪白禅师。禅师怪往，而闻有实。寻求见之，有一尸骨。以麻绳系二足，悬岩投身而死。骨侧有水瓶。乃知，别去之禅师也。永兴见之，悲哭而还。然历三年，山人告云：'**读经**之音，如常不止。'"（p. 264）又："禅师取收净处，语髑髅言：'以因缘故，汝值于我。'便以草葺覆于其上，共住**读经**，六时行道。"（p. 264）又《如法奉写〈法华经〉火不烧缘第10》："谅知阿东练行尼，所写如法经之功兹显；陈时王与，**读经**免火难之力再示。"（p. 286）后汉安世高译《佛说大安般守意经》卷1："若**读经**已，乃复行禅微意者，谓不数息及行相随也。"姚秦鸠摩罗什译《妙法莲华经》卷5《安乐行品》："若口宣说，若**读经**时，不乐说人，及经典过。"梁慧皎撰《高僧传》卷4："尝**读经**见双树鹿苑之处，郁而叹曰：'吾已不值圣人，宁可不睹圣处？'于是誓往迦夷仰瞻遗迹。"按：《汉语大词典》失收。→【礼仏読経】

【**読経竟**／どくきょうをはる】 完成 读诵完经文以后。《续日本纪》卷15《圣武纪》天平十五年三月条："三月癸卯，金光明寺**读经竟**诏：'遣右大臣橘宿祢诸兄等，就寺慰劳众僧。'"（第二册，p. 416）东晋失译《沙弥尼离戒文》卷1："复请一人，三呗读经，**读经竟**呗，呗讫，上座普咒愿，下座尼皆长跪受咒愿。"→【誦経竟】

【**読経求道**／きょうをよみ、どうをもとむ】 四字 读诵经典，追求成佛之道。

《日本灵异记》上卷《忆持〈法华经〉现报示奇表缘第18》："赞曰：'善哉！日下部之氏，**读经求道**，过现二生，重诵本经。'"（p. 101）姚秦鸠摩罗什译《诸法无行经》卷1："已身无所行，但依恃种性。但**读经求道**，常见他人过。"→【修法求道】

【**読師/どくし**】 后缀 （2例） 举行法会时，在佛前左右，讲师座居右，读师座居左，二座相对。读师读经题，讲师讲经义。《日本灵异记》下卷《假官势非理为政得恶报缘第35》："天皇劝请善珠大德为**讲师**，请施晈僧头为**读师**，于平城宫野寺，备大法会，为讲读件经，赠救彼灵之苦也。"（p. 350）《续日本纪》卷12《圣武纪》天平九年十月条："丙寅，讲《金光明最胜王经》于太极殿朝廷之仪，一同元日。请律师道慈为**讲师**，坚藏为**读师**。听众一百，沙弥一百。"（第二册，p. 330）唐义净译《根本说一切有部毗奈耶颂》卷3："**教读依止师**，报恩俱给侍；然于二人处，恭敬有差殊。若无教**读师**，在处住无犯；无依不应住，依止倍存心。"→【講師】

【**読誦/よむ**】 并列 （5例） 对着文字念叫作"读"，背文字叫作"诵"。读与诵，皆为五种妙行之一。《日本灵异记》下卷《沙门一目眼盲使读〈金刚般若经〉得明眼缘第21》："日夜耻悲，屈请众僧，三日三夜，**读诵**《金刚般若经》。便目开明，如本平也。"（p. 310）《续日本纪》神龟二年闰正月条："壬寅，请僧六百人于宫中，**读诵**《大般若经》。为除灾异也。"（第二册，p. 158）又卷30《称德纪》神护景云三年十月条："犹朕〈我〉尊〈备〉拜〈美〉**读诵**〈之〉奉〈留〉最胜王经〈乃〉王法正论品〈尔〉命〈久〉。"（第四册，p. 262）又卷40《桓武纪》延历八年十二月条："宜令畿内七道诸寺，一七个日**读诵**《大般若经》焉。"《奈良朝写经5·大般若经卷第267》："其经乃行行列华文，句句含深义。**读诵**者蠲耶去恶，披阅者纳福臻荣。"（p. 32）姚秦鸠摩罗什译《妙法莲华经》卷4《法师品》："若复有人，受持**读诵**，解说书写，妙法华经，乃至一偈，于此经卷，敬视如佛，种种供养，华、香、璎珞、末香、涂香、烧香、缯盖、幢幡、衣服、伎乐，乃至合掌恭敬。药王，当知是诸人等，已曾供养，十万亿佛，于诸佛所，成就大愿，愍众生故，生此人间。"→【講宣読誦】【受持読誦】【至心読誦】

【**読誦書写/よみうつす**】 四字 "读诵"见上。"书写"，抄写。五种妙行之一。《奈良朝写经66·大般若经卷第176》："受持顶戴，福利无边，**读诵书写**，胜业难测。"（p. 403）失译人名今附后汉录《大方便佛报恩经》卷5《慈品》："随有佛法，所流布处，若城邑、聚落、山林、树下、宫殿、舍宅，有**读诵书写**，解说其义，随流布处，称意供给，令无乏少。"西晋竺法护译《正法华经》卷8《叹法师品》："佛复告族姓子：'其有持是经典，**读诵书写**，当获奇异，舌根千二百功德，舌根具足分别诸味，若得甘美，变为天上，自然饮食。'"姚秦鸠摩罗什译《小品般若波罗蜜经》卷5《相无相品》："菩萨亦如是，闻深般若波罗蜜，不离说法者，乃至得**读诵书写**般若波罗蜜。"

【**読於~/~をよむ**】 于字 阅读，读诵。《日本灵异记》下卷《忆持〈法华经〉

者舌著曝髑髅中不朽缘第1》："又吉野金峰，有一禅师，往峰行道。禅师闻，往前有音，**读于**《法华经》《金刚般若经》。"（p. 263）唐大乘基说《胜鬘经述记》卷1："四云：口**读于**书，耳闻昔，名闻也。"

【犊慕/とくぼ】 自创 谓牛犊依恋母亲。《万叶集》卷16第3860～3869歌注："因斯，妻子等不胜**犊慕**，裁作此歌。"（第四册，p. 131）吴维祇难等译《法句经》卷2："不能断树，亲戚相恋。贪意自缚，**如犊慕**乳。能断意本，生死无疆。"刘宋佛陀什、竺道生等合译《弥沙塞部和酰五分律》卷22："庐夷于后思念：'世尊，**如犊慕**母。'见众多比丘，露地经行，问言：'佛在何处？'诸比丘指示言：'在彼闭户大房中，汝可徐往，謦咳叩户。世尊怜愍汝故，当为汝开。'即如语得开。"按：在佛典中，"**如犊慕**乳""**如犊慕**母"为固定的四字格句式，山上忆良有可能从中截取"**犊慕**"二字用作一词。这是上古文人诗文创作时常见的一种手法。

【睹史多天/としたてん】 典据 即"兜率天"。汉译"知足"。《奈良朝写经未收1·弥勒成佛经》："当愿必得往生**睹史多天**，奉事慈氏，听闻正法，登临觉路，遂契普提。"（p. 461）唐玄奘译《八名普密陀罗尼经》卷1："既闻法已，必得往生，**睹史多天**，奉事弥勒。后随弥勒，下赡部洲，行愿渐增，乃至究竟。"

【睹史之宫/としのみや】 自创 即兜率陀天天宫。《奈良朝写经31·别译杂阿含经卷第10》："愿以兹写经功德，仰资二亲尊灵，归依净域，曳影于**睹史之宫**；游戏觉林，升魂于摩尼之殿。"（p. 232）唐义净译《根本说一切有部苾刍尼毗奈耶》卷1："尔时菩萨，在**睹史**天宫，将欲下生，先以五事，观察世间。"唐般若译《大乘本生心地观经》卷7《功德庄严品》："如是发心，无量众生，命终上生，**睹史**天宫，得见汝身，无边福智，之所庄严，超越生死，证不退转。于当来世，大宝龙华，菩提树下，得阿耨多罗三藐三菩提。"唐提云般若译《大方广佛华严经不思议佛境界分》卷1："彼彼薄伽梵，示现**睹史多天宫**佛行行，示现度脱无量众生，佛土不小，极微不大。"

【妒害/ねたみてそこなふ】 并列 嫉妒，同义连言。《日本书纪》卷1《神代纪上》："故素戈鸣尊**妒害**姊田，春则废渠槽及埋沟、毁畔、又回放种子，秋则捶签、伏马。"（第一册，p. 84）唐慧琳撰《一切经音义》卷32："嫉**妒**：下都故反。正从户，作**妒**。王注《楚辞》云：害贤曰嫉，害色曰**妒**。《言文》：皆从女，并形声字也。"（1）后汉昙果、康孟详合译《中本起经》卷1《转法轮品》："王性**妒害**，恶心内发，便问道人：'何故诱他妓女，著此坐为？卿是何人？'"唐义净译《根本说一切有部毗奈耶杂事》卷35："三者我今应以，意业行慈，谓于贤圣，同梵行处，起慈善心，不生**妒害**，悭嫉之想。"唐不空译《大乘瑜伽金刚性海曼殊室利千臂千钵大教王经》卷10《演一切贤圣入法见道显教修持品》："若贪不得，便生**妒害**，如此之人，不肯发心。"（2）《后汉书》卷37《献帝伏皇后》："阴怀**妒害**，苞藏祸心。"按：《汉语大词典》失收。

【度国民/くにのたみをいへでせしむ】 自创　度脱百姓，使百姓了断生死。《日本书纪》卷19《钦明纪》十六年八月条："夫百济国者，高丽、新罗之所争欲灭。自始开国，迄于是岁。今此国宗，将授何国？要须道理分明应教。纵使能用耆老之言，岂至于此？请悛前过，无劳出俗。如欲果愿，须**度国民**。余昌对曰：'诺。'"（第二册，p. 438）

【度净行者/じょうぎょうしゃをいへでせしむ】 自创（2例）　"净行"，梵语 brahman-cārya，音译作"婆罗门""梵志""梵士"。意译作"净裔""净行"。亦称"净行者""净行梵志"，婆罗门志求住无垢清净得生梵天，故称。《日本书纪》卷30《持统纪》十年十二月条："十二月己巳朔，敕旨：'缘读《金光明经》，每年十二月晦日**度净行者**一十人。'"（第三册，p. 558）《续日本纪》卷32《光仁纪》宝龟三年八月条："改葬废帝于淡路。乃屈当界众僧六十口，设斋行道。又**度**当处年少稍有**净行者**二人，常庐墓侧，令修功德。"（第四册，p. 386）姚秦竺佛念译《最胜问菩萨十住除垢断结经》卷5《勇猛品》："所谓**净行者**，净三场，净三眼，净三聚，戒净定净慧净解脱净解脱见惠净，从三善法至十八无漏之法，道俗善法皆悉清净。"

【度来/わたりく】 后补（6例）　渡河（海）而来。"度"，古通"渡"。《古事记》上卷《大国主神》："如此言者，见欺而列伏之时，吾蹈其上读**度来**。"（p. 76）《播磨国风土记·揖保郡》条："饭盛山。赞伎国宇达郡饭神之妾，名曰饭盛大刀自。此神**度来**，占此山而居之。故名饭盛山。"（p. 48）又："所以称大田者，昔吴胜从韩国**度来**，始到于纪伊国名草郡大田村。"（p. 62）又："粒丘。所以号粒丘者，天日枪命，从韩国**度来**，到于宇头川底，而乞宿处于苇原志举乎命曰：'汝为国主，欲得吾所宿之处。'"（p. 70）《日本灵异记》下卷《沙门诵持方广大乘沉海不溺缘第4》："智与船人，同心谋恶，缚僧四枝，掷陷海中。往语妻曰：'汝之父僧，欲瞵汝面，率共**度来**。忽值荒浪，驿船沉海，大德溺流，救取无便。终漂沉亡。但我仅活耳。'"（p. 272）《元兴寺伽蓝缘起并流记资财账》："大倭国佛法，创自斯归岛宫治天下天国案春歧广庭天皇御世，苏我大臣稻目宿祢仕奉时，治天下七年岁次戊午十二月**度来**。"《说文通训定声·豫部》："度，又为'渡'。"陈真谛译《佛阿毘昙经出家相品》卷1："譬如月轮，于三万二千由旬，形现于此，以钵盛水，睹见月形，月亦不从空，坠落于此，亦**不度来**。而有月形像，因缘具故。"

【度尼/どせるあま】 偏正　业已得度的尼姑。《日本书纪》卷21《崇峻纪》三年是岁条："是岁，**度尼**大伴狭手彦连女善德、大伴狛夫人、新罗媛善妙、百济媛妙光，又汉人善聪、善通、妙德、法定照、善智聪、善智惠、善光等，鞍部司马达等子多须奈同时出家，名曰德齐法师。"（第二册，p. 520）

【度人/ひとをいへでせしむ】 述宾（21例）　使人出家，明晓出离生死苦海的道

理。①记录。《日本书纪》卷20《敏达纪》十三年是岁条："是岁，苏我马子宿祢请其佛像二躯，乃遣鞍部村主司马达等、池边直水田，使于四方访觅修行者。于是，唯于播磨国得僧还俗者，名高丽惠便。大臣乃以为师，令**度**司马达等女岛，曰善信尼年十一岁。又**度**善信尼弟子二**人**。其一，汉人夜菩之女丰女名曰禅藏尼；其二，锦织壶之女石女名曰惠善尼。"（第二册，p. 488）又卷22《推古纪》三十二年四月条："秋九月甲戌朔丙子，校寺及僧尼，具录其寺所造之缘、亦僧尼入道之缘及**度**之年月日也。当是时有寺四十六所、僧八百十六人、尼五百六十九人并一千三百八十五人。"（第二册，p. 586）②祈福。《日本书纪》卷19《钦明纪》十六年八月条："臣下遂用相议，为**度**百**人**，多造幡盖，种种功德云云。"（第二册，p. 440）《续日本纪》卷12《圣武纪》天平九年八月条："丙辰，为天下太平，国土安宁，于宫中一十五处，请僧七百人，令转《大般若经》、《最胜王经》。**度**四百**人**。四畿内七道诸国五百七十八人。"（第二册，p. 326）③追善。《日本书纪》卷27《天智纪》四年二月、三月条："四年春二月癸酉朔丁酉，间人大后薨……三月癸卯朔，为间人大后**度**三百三十**人**。"（第三册，p. 266）《续日本纪》卷3《文武纪》大宝三年三月条："辛未，诏四大寺，读《大般若经》，**度**一百**人**。"（第一册，p. 66）又卷20《孝谦纪》天平宝字元年正月条："天平宝字元年春正月庚戌朔，废朝，以谅暗故也。敕**度**八百**人**出家。"（第三册，p. 174）④斋会。《日本书纪》卷29《天武纪下》六年八月条："是时，诏亲王诸王及群卿，每人赐出家一人。其出家者，不问男女长幼，皆随愿**度**之。因以会于大斋。"（第三册，p. 378）⑤延命。《续日本纪》卷2《文武纪》大宝二年十二月条："乙巳，太上天皇不予。大赦天下。**度**一百**人**出家，令四畿内讲《金光明经》。"（第一册，p. 62）又卷8《元正纪》养老四年三月条："癸亥，敕**度**三百二十**人**出家。"（第二册，p. 66）又养老四年八月条："八月辛巳朔，右大臣正二位藤原朝臣不比等病。赐**度**三十**人**。"（第二册，p. 76）又卷12《圣武纪》天平八年七月条："辛卯，诏曰：'比来，太上天皇寝膳不安。朕其恻隐，思欲平复。宜奉为**度**一百**人**，都下四大寺七日行道。'"（第二册，p. 302）又卷16《圣武纪》天平十七年九月条："癸酉。散位从四位下中臣朝臣名代卒。天皇不予。敕平城·恭仁留守、固守宫中。悉追孙王等、诣难波宫。遣使取平城宫铃印。又令京师、畿内诸寺及诸名山、净处行药师悔过之法。奉币，祈祷贺茂、松尾等神社。令诸国所有鹰鹞并以放去。**度**三千八百**人**出家。"（第三册，p. 16）又卷17《圣武纪》天平胜宝元年五月条："壬寅，于宫中**度**一千**人**。"（第三册，p. 78）又卷35《高绍纪》宝龟九年三月条："又为皇太子，令**度**三十**人**出家。"又延历九年闰三月条："丙子，有敕**度**二百**人**出家。又左右京五畿内高年鳏寡孤独疹疾，不能自存者，普加赈恤。并为皇后不予也。是日皇后崩。"⑤禳灾。《续日本纪》卷14《圣武纪》天平十三年闰三月条："己巳。难波宫镇怪。庭中有狐头断绝而无其身。但毛屎等散落头傍。甲戌，奉八幡神宫秘锦冠一头。金字《最胜王经》、《法华经》各一部，**度者**十人，封户、马五匹。又令造三重塔一区，赛宿祷也。"（第二册，p. 392）又卷15《圣武纪》天平十六年十二月条："十二月庚寅，**有星**，**孛于将军**。壬辰，令天下诸国，药师悔过七日。丙申。**度一百人**。此夜于金钟寺及朱雀路燃灯一万杯。"（第二册，p. 450）⑥业已得度的人。《续日本纪》卷11《圣武纪》天平六年十一月条："戊寅，太政官奏：佛教流传，必在僧尼。**度人**才行，实简所司。"（第二册，p. 282）又："自今以后，不论道俗，所举**度人**，唯取暗诵《法华经》一部，或《最胜王经》一部，兼解礼佛，净行三年以上者，令得度者，学问弥长，嘱请自休。"（第二册，p. 282）→【度人出家】【处处度人、广行度人】

【度人出家/ひとのしゅっけをどす】 四字 （2例） 使人超度苦海，到寺庙成为僧尼。《上宫皇太子菩萨传》："思禅师后生日本国橘丰日天皇宫，**度人出家**，人皆不从。即云：'奴不能舍离眷属。'"又："先造大官寺，又为弓削大连起乱，于摄津造四天王寺，**度人出家**。而弓削殂殒，大祚克宁。"东晋佛陀跋陀罗、法显合译《摩诃僧祇律》卷23："尔时诸比丘，闻世尊教已，游行诸国，见有信善男子，求出家者，诸比丘亦教如来，唤善来比丘，**度人出家**。威仪进止，左右顾视，著衣持钵，皆不如法。为世人所讥。"隋灌顶撰《国清百录》卷2："谨于今月十三日，解讲功德，仰设法会，并**度人出家**。"唐道宣撰《释迦方志》卷2："吴主叹异，信心乃发，为造建初寺，**度人出家**。"

【度色/どのしき】 述宾 超度色相。《续日本纪》卷8《元正纪》养老五年五月条："欲简取净行男女一百人，入道修道。经年堪为师者，虽非**度色**，并听得度。"（第二册，p. 94）后汉竺大力、康孟详合译《修行本起经》卷2《出家品》："故吾欲入山，一心思四空净，**度色**灭恚，断求念空，无所适莫，是将反其原，而归其本，始出其根，如我愿得，乃可大安。"后秦佛陀耶舍、竺佛念等合译《长阿含经》卷8："诸比丘，如来说八正法，谓世八法：利、衰、毁、誉、称、讥、苦、乐。复有八法，谓八解脱：色观色，一解脱；内无色想观外色，二解脱；净解脱，三解脱；**度色**想灭瞋恚想住空处解脱，四解脱；度空处住识处，五解脱；度识处住不用处，六解脱；度不用处住有想无想处，七解脱；度有想无想处住想知灭，八解脱。"姚秦鸠摩罗什译《大智度论》卷17《序品》："常观身空，如笼、如甑，常念不舍，则得**度色**，不复见身。"

【度僧/ほうしをいへでせしむ】 述宾 （5例） 为渡过生死之海、进入涅槃境界，而使男众成为僧人。①延命。《日本书纪》卷29《天武纪下》九年十一月条："癸未，**皇后体不豫**。则为皇后誓愿之，初兴药师寺。仍**度**一百**僧**。由是得安平。"（第三册，p. 402）又："丁酉，**天皇病之**。因以**度**一百**僧**。俄而愈之。"（第三册，p. 404）朱鸟元年三月条："三月辛丑朔丙午，大辩官直大参羽田真人八国**病**。为之**度僧**三人。"（第三册，p. 456）又朱鸟元年八月条："八月己巳朔，**为天皇度**八十**僧**。"（第三册，p. 464）②记录。《唐大和上东征传》："是时，大周则天长安元年有诏于天下诸州**度僧**，便［就］智满禅师出家为沙弥，配住大云寺。"（p. 34）《续日本纪》卷37《桓武纪》延历二年四月条："去天平十三年二月，敕处分：每国造僧寺，必合有二十**僧**者，仍取精进练行，操履可称者**度**之。"《魏书》卷114《释老志》："二年春，灵太后令曰：'年常**度**

僧，依限大州应百人者，州郡于前十日解送三百人，其中州二百人，小州一百人。州统、维那与官及精练简取充数。若无精行，不得滥采。'"《旧唐书》卷6《则天皇后本纪6》："秋七月……有沙门十人伪撰《大云经》，表上之，盛言神皇受命之事。制颁于天下，令诸州各置大云寺，总**度僧**千人。"（p. 121）

【**度僧尼**/ほうしあまをいへでせしむ】 三字 （6例） 为渡过生死之海、进入涅槃境界，而使男众、女众成为僧尼。①延命。《日本书纪》卷29《天武纪下》朱鸟元年八月条："八月己巳朔，为天皇度八十僧。庚午，**度僧尼**并一百，因以坐百菩萨于宫中，读《观世音经》二百卷。"（第三册，p. 464）《续日本纪》卷9《圣武纪》神龟三年六月条："癸巳，诏曰：'太上天皇不予，稍经二序。宜大赦天下。疹疾之徒，量给汤药。'丁卯，奉为太上天皇，**度僧**二十八人、**尼**二人等。"（第二册，p. 168）又神龟三年七月条："甲午，**度僧**十五人，**尼**七人。"（第二册，p. 168）又卷18《孝谦纪》天平胜宝四年正月条："己丑，地动。是日，**度僧**九百五十人、**尼**五十人，为太上天皇不念也。"（第三册，p. 116）又卷19《孝谦纪》天平胜宝六年七月条："秋七月丙午，诏曰：'顷者，大皇大后，枕席不安……'此日**度僧**一百人，**尼**七人。"（第三册，p. 142）②穰灾。又卷17《圣武纪》天平二十年十二月条："十二月甲寅，遣使，镇祭佐保山陵。**度僧尼**各一千。"（第三册，p. 60）

【**度沙門**/しゃもんをいへでせしむ】 三字 使得出家修道者得度解脱。《日本书纪》卷30《持统纪》八年八月条："八月壬子朔戊辰，为皇女飞鸟，**度沙门**一百四口。"（第四册，p. 546）姚秦竺佛念译《鼻奈耶》卷1："时沙门，崛比丘作是念：'诚如天言，我大得功德，令诸比丘，不度者度，不脱者脱，不般泥洹者，令般泥洹，既**度沙门**，加得三衣。'喜自庆贺。"唐道宣撰《续高僧传》卷16："又令弟子道房**度沙门**僧稠，教其定业，自化行东夏。"

【**度縁**/どえん】 偏正 指正式验证。亦指僧侣受戒时，官方所颁发的公认证明书（戒牒）。《续日本纪》卷31《光仁纪》宝龟二年正月条："壬戌，自天平神护元年以来，僧尼**度缘**，一切用道镜印印之。至是，复用治部省印。"（第四册，p. 326）

【**渡到**/わたりいたる】 后补 从河海乘船来到某处。《古事记》中卷《应神记》："**渡到**河中之时，令倾其船，堕入水中。尔乃浮出，随水流下。"（p. 270）（1）后秦弗若多罗、罗什译《十诵律》卷42："作是言：'我能先入。'即便入水，**渡到**彼岸。"刘宋佛陀什、竺道生等译《弥沙塞部和醯五分律》卷20："佛展转到恒水，欲**渡到**跋耆国。"（2）隋阇那崛多译《佛本行集经》卷38《那罗陀出家品》："我今立验昔私陀，谛了如语莫不实，今复得闻世尊教，**渡到**诸法彼岸边。"按：《汉语大词典》失收。佛典文例中，（1）用作具体义，（2）用作抽象义。

【**渡竟**/わたりをふ】 完成 渡过河以后，上岸之后。《日本灵异记》上卷《凭念

观音菩萨得现报缘第6》："居断桥上，心念观音。即时老翁乘舟迎来，同载共渡。**渡竟**之后，从舟下道，老公不见。乃疑观音之应化也。"（p.78）吴支谦译《撰集百缘经》卷4《出生菩萨品》："尔时诸鹿，闻是语已，驰奔共渡，蹴鹿王脊，遂至破尽，痛不可言。是时诸鹿，尽皆**渡竟**，唯一鹿母，将一鹿麑，周惶惶怖，最在其后。时彼鹿王，见其在后，忍于疲苦，待令度过，即便命终，生忉利天。"

【**渡来/わたりく**】 后补 （4例） 渡海而来。《古事记》中卷《应神记》："故其国主之子心奢嫚妻，其女人言：'凡吾者，非应为汝妻之女。将行吾祖之国。'即窃小船，逃遁**渡来**，留于难波。于是天之日矛闻其妻遁，乃追**渡来**。将到难波之间，其渡之神，塞以不入。"（p.276）又中卷《应神记》："故其天之日矛持**渡来**物者，玉津宝云，而珠二贯、又振浪比礼、切浪比礼、振风比礼、切风比礼、又奥津镜、边津镜，并八种也。"（p.278）《万叶集》卷19第4264首："平安 早**渡来**而 还事 奏日尔 相饮酒会 死丰御酒者"（第四册，p.352）（1）吴支谦译《赖吒和罗经》卷1："赖吒和罗言：'若复有人，从海一边**渡来**，至诚语王，王亦信其所言。'"唐义净译《根本说一切有部毗奈耶破僧事》卷6："尔时世尊，河边经行，耶舍见水，如前叫唤。佛闻其声，告言童子：'此处无畏，汝可**渡来**。'于是耶舍，脱留宝履，渡诣佛所，顶礼佛足，在一面立。"宋赞宁等撰《宋高僧传》卷20："言讫，其僧褰衣蹑波，若履平陆，曾无沾湿，已到他岸矣。回顾招手曰：'**渡来**。'"（2）《隋书》卷23《五行下》："都官尚书孔范曰：'长江天堑，古以为限隔南北。今日北军岂能飞渡耶？臣每患官卑，彼若**渡来**，臣为太尉矣。'"（p.659）《太平广记》卷90《杯度》条："又有杜僧哀者，住在南冈下，昔经伏事杯渡，儿病甚笃，乃思念，恨不得渡与念神咒。明日，忽见**渡来**，言语如常，即为咒，病者便愈。"按：《汉语大词典》失收。

【**端坐诵经/うずゐしてずきょうす**】 四字 正座念经。《日本灵异记》上卷《僧忆持〈心经〉得现报示奇事缘第14》："时有同寺僧慧义，独以夜半出行。因见室中，光明照耀。僧乃怪之，窃穿牖纸窥看。法师**端坐诵经**，光从口出。"（p.94）①失译人名今附秦录《萨婆多毗尼毗婆沙》卷7："从中至后夜后分，应静拱**端坐诵经**坐禅各当所业。非是行来入聚落时，故名非时。"隋智𫖮撰《法华三昧忏仪》卷1："若意犹未欲坐禅，更**端坐诵经**，亦得多少随心斟酌。但四时坐禅不得全废，事须久坐。"②唐道宣撰《续高僧传》卷28："至夜忽有光明。迥遣人寻光，乃见诸僧并睡，唯法建**端坐诵经**，光从口出。"→【诵经】

【**断惑证真/わくをたち、しんをあかす**】 四字 断除迷惑，修证真如。《奈良朝写经75·大般若经卷第176》："皈依者，谁不消灾纳福。随顺者，岂无**断惑证真**。"（p.442）唐般若译《大乘本生心地观经》卷5《阿兰若品》："得大菩提在兰若，入大圆寂由住处，菩萨起于金刚智，**断惑证真**成妙觉。"唐栖复集《法华经玄赞要集》卷8："佛自觉了，又觉察一切众生，皆令**断惑证真**，故名为佛。"宋延寿集《宗镜录》卷24：

"发无漏心，**断惑证真**，名之为消，非是食灭，名为消也。"

【**断落**/きれおつ】 后补 （3例） 截断而落下。《日本灵异记》中卷《观音木像示神力缘第36》："圣武太上天皇世，奈良京下毛野寺金堂东胁士观音之颈，无故**断落**也。"（p.242）又下卷《弥勒丈六佛像其颈蚁所嚼示奇异表缘第28》："明日早起，见堂内，其弥勒丈六佛像颈**断落**在土。"（p.335）又《灾与善表相先现而后其灾善答被缘第38》："云教先烧之他人言：'如我能烧之。'已身之脚膝节骨，臂头，皆所烧**断落**也。"（p.373）（1）吴支谦译《菩萨本缘经》卷3《鹿品》："时王见已，即便下马，心惊毛竖，而作是言：'汝手云何，**断落**如是？'即舍刀杖，独往鹿所。"唐菩提流志译《大宝积经》卷43《尸波罗蜜品》："尔时众生，便进佛所，发自**断落**，被服袈裟，持钵多罗。是名第二迅速之法。"（2）《后汉书》卷87《西羌传》："若乃陷击之所歼伤，追走之所崩籍，头颅**断落**于万丈之山，支革判解于重崖之上，不可校计。"《宋书》卷53《张茂度传》："安都招引索虏之兵既至，士卒离散，永狼狈引军还，为虏所追，大败。复值寒雪，士卒离散，永脚指**断落**，仅以身免，失其第四子。"

【**断灭**/たつ】 并列 指人死之后不复再生的邪见。《日本灵异记》中卷《佛铜像盗人所捕示灵表显盗人缘第22》："又彼经三十三卷云：'一阐提辈，永**断灭**故，以是义故，杀害蚁子，犹得杀罪。杀一阐提，无有杀罪。'者，其斯谓之矣。"（p.207）北凉昙无谶译《大般涅槃经》卷33《迦叶菩萨品》："而一阐提辈，永**断灭**故，以是义故，杀害蚁子，犹得杀罪。杀一阐提，无有杀罪。"

【**断其命根**/そのいのちをたつ】 典据 杀掉那个人。《日本灵异记》中卷《佛铜像盗人所捕示灵表显盗人缘第22》："《涅槃经》十二卷文，如佛说：'心重大乘。闻婆罗门诽谤方等，**断其命根**。以是因缘，从是以来，不堕地狱。'"（p.206）北凉昙无谶译《大般涅槃经》卷12《圣行品》："善男子，我于尔时，心重大乘。闻婆罗门，诽谤方等，闻已即时，**断其命根**。善男子，以是因缘，从是已来，不堕地狱。"

【**断无明暗**/むみょうのやみをたつ】 四字 消除愚痴的黑暗。《奈良朝写经45·说一切有部俱舍论卷第21》："凭斯胜因，**断无明暗**得智慧眼。披卷闻名，回邪归正；超过三界，游历宝□ [刹]。"（p.292）唐均正撰《大乘四论玄义》卷2："初地断凡夫我相鄣；二地断众生身耶门鄣；三地**断无明暗**相鄣；四地断解法慢鄣；五地即身净我慢鄣。"宋法护等译《佛说大乘菩萨藏正法经》卷25《精进波罗蜜多品》："复于彼时，破诸魔障，令贪瞋痴，悉皆除灭，**断无明暗**，令生明慧。"

【**对立**/むかいたつ】 偏正 （3例） 相向而立，并立。《日本书纪》卷1《神代纪上》："时天照大神复问曰：'汝言虚实，将何以为验？'对曰：'请吾与姊共立誓约。誓约之间，生女为黑心，生男为赤心。'乃掘天真名井三处，相与**对立**。"（第一册，p.70）又卷5《崇神纪》七年二月条："是夜，梦有一贵人，**对立**殿户，自称大物主神曰：'天皇勿复为愁。国之不治，是吾意也。若以吾儿大田田根子令祭吾者，则立平矣。亦有海外之国自当归伏。'"（第一册，p. 272）又卷6《垂仁纪》七年七月条："二人相**对立**，各举足相蹴。则蹴折当麻蹴速之胁骨，亦蹈折其腰而杀之。"（第一册，p. 312）(1) 西晋竺法护译《舍头谏太子二十八宿经》卷1："有三要星，其形**对立**，行四十五须臾，而侍从矣。"唐一行记《大毗卢遮那成佛经疏》卷15："此云空中等者，即是如上所说。先共弟子**对立**，引其线而定方位。"(2)《太平广记》卷255《邵景》条："而制出，景、嵩俱授朝散大夫，而铿无命。景、嵩状貌类胡，朏鼻高而嵩须多。同时服朱绂，**对立**于庭。"又卷299《韦安道》条："有美妇人，备首饰袆衣，如谒庙之服，至殿间西向，与安道**对立**，乃是昔于慈惠西街飞伞下所见者也。"按：《汉语大词典》首引宋沈括《梦溪笔谈·故事一》："唐制，两省供奉官东西**对立**，谓之蛾眉班。"偏晚。

【**顿得**／ひたぶるにえてむ】 偏正 一下子得到，立刻获得。"顿"，时间副词，表短时、突发，相当于"一下子"。《日本书纪》卷6《垂仁纪》七年七月条："七年秋七月己巳朔乙亥，左右奏言：'当麻邑有勇悍士，曰当摩蹴速。其为人也，强力以能毁角申钩，恒语众中曰：于四方求之，岂有比我力者乎？何遇强力者而不期死生，**顿得**争力焉。'"（第一册，p. 312）东晋瞿昙僧伽提婆译《中阿含经》卷17《长寿王品》："阿那律陀，犹若如人本求一宝藏，**顿得**四宝藏，彼见已，便生悦欢喜。"姚秦鸠摩罗什译《大智度论》卷53《无生品》："菩萨能令，色毕竟空，是名清净，是事深妙，不可**顿得**。"刘宋佛陀什、竺道生等译《弥沙塞部和酰五分律》卷17："复有一长者，**顿得**七种重病，往语耆域，为我治之。"

【**顿归**／ひたぶるによる】 偏正 立刻皈依世尊；一下子归属于某人。《日本书纪》卷22《推古纪》三十二年十月条："三十二年夏四月丙午朔戊申，有一僧执斧殴祖父。时天皇闻之召大臣，诏之曰：'夫出家者，**顿归**三宝，具怀戒法。何无忓忌，辄犯恶逆？'"（第二册，p. 584）唐玄奘译《阿毗达磨大毗婆沙论》卷33："佛既出世，蔽诸外道，如日出已，萤光隐没。名利徒众，渐渐减少，便集一处，而共议言：'乔答摩氏，未出世时，世间名利，皆属我等，既出世已，**顿归**彼人。'"宋延寿撰《定慧相资歌》卷1："千经万论同标记，定慧全功不暂忘，一念**顿归**真觉地，定须习慧须闻。"

【**顿绝**／とんぜつす】 偏正 （2 例） 顿时绝灭；遽地断绝；突然死亡。《日本书纪》卷12《履中纪》五年三月条："时居岛伊弉诺神托祝曰：'不堪血臭矣。'因以卜之。兆云：'恶饲部等鲸之气。'故自是以后，**顿绝**以不鲸饲部而止之。"（第二册，p. 90）《续日本纪》卷8《元正纪》养老四年三月条："一概无利，恐其**顿绝**。"（第二册，p. 68）(1) 东晋法显译《大般涅槃经》卷2："时有耕者，兄弟二人，闻此惊怖，应声而死。又有四牛，亦皆**顿绝**。"唐玄奘译《阿毗达磨大毗婆沙论》卷110："佛未出时，我等多获，名誉利养。由佛出世，名利**顿绝**。"唐义净撰《根本说一切有部毗奈耶》卷35："我今不应，**顿绝**供给，宜设方便，令其自去。"(2)《宋书》卷91《何子平传》："母丧去官，哀毁逾礼，每至哭踊，**顿绝**方苏。"《南齐书》卷55《杜栖传》："因自投下床，抉匐至母尸侧，**顿绝**而死。"按：《汉语大词典》失收。

【**顿灭**/ひたぶるにほろぼす】 偏正 一举歼灭；全部消灭。"顿"，范围副词，表总括，相当于"全部"。《日本书纪》卷9《神功纪》摄政前纪条："于是天皇闻之，重发震恚，大起军众，欲**顿灭**新罗。是以军船满海而诣之。"（第一册，p.434）（1）梁僧佑撰《弘明集》卷2："今秦赵之众，其神与宇宙俱来，成败天地而不灭，起籍二将岂得**顿灭**六十万神哉？"唐不空译《降三世忿怒明王念诵仪轨》卷1："若欲**顿灭**恶人，炉中安恶人姓名形，以恶心诵咒一百八遍，以砂打恶人烧之，则死。"唐玄奘译《大般若波罗蜜多经》卷3："应学般若波罗蜜多，若菩萨摩诃萨，见有劫火遍烧三千大千世界天地洞然，欲以一气吹令**顿灭**。"又卷583："大劫火聚猛焰炽然皆令**顿灭**，而不能令不退菩萨心有转变。"（2）《宋书》卷99《二凶传》："难兴天属，衅流床第，爱敬之道，**顿灭**一时，生民得无左衽，亦为幸矣！"（p.2440）《南齐书》卷43《江敩传》："一沦疑似，身名**顿灭**，冤结渊泉，酷贯穹昊。"（p.760）按：《汉语大词典》失收。《神功纪》中的"顿灭"一词用作及物动词，表示一举歼灭新罗的意思。值得注意的是，在中土文献中，"顿灭"通常用作非及物动词，表示瞬间消失。相反，佛典中的"顿灭"一词可以用作及物动词，有以下两种用法：一是在"顿灭"前面添加使役助动词"令"；二是"顿灭"直接带宾语。据此可知，《神功纪》中"顿灭"的用法是通过佛典学来的。

【**顿命终**/たちまちにみょうじゅす】 时段 顿时毙命。《日本灵异记》中卷《告读〈法华经〉僧而现口喎斜得恶死报缘第18》："爰奄然白衣口喎斜。恐以手押颐，出寺而去。去程不远，举身辟地，**顿命终**矣。"（p.196）隋慧远撰《大乘义章》卷4："一切化生，皆**顿命终**，其犹灯灭。胎卵湿生，有渐有顿，任报自死。"唐玄奘译《阿毗达磨发智论》卷15："**顿命终**者，若无形，无记心八，善心十三；若一形，无记心九，善心十四；若二形，无记心十，善心十五。何系心心所灭？"又："**顿命终**者，无记心九，善心十四。何系心心所灭？"唐清素、澄净述《瑜伽师地论义演》卷1："**顿命终**者，诸根顿灭。根虽不足，而顿舍者，随根多少，亦顿舍之。"

【**遁度於**~/~にげわたる】 自创 从海上逃遁到某处。①《播磨国风土记·贺古郡》条："尔时，印南别娘闻，而惊畏之，即**遁度于**南毗都麻岛。于是，天皇乃到贺古松原而觅访之。"（p.20）②又《贺古郡》条："尔时，大带日古天皇欲娶此女，下幸行之。别娘闻之即**遁度**伴岛，隐居之。故曰南毗都麻。"（p.28）《说文·辵部》："遁，迁也。一曰逃也。"《尔雅·释言》："逊，**遁**也。"郭璞注："**遁**，谓逃也。"《国语·楚语上》："晋将**遁**矣。"韦昭注："**遁**，逃散也。"

【**多闻**/たもん】 偏正 听闻佛陀的很多教诲，且坚持不忘失。《日本灵异记》上卷《僧忆持〈心经〉得现报示奇事缘第14》："大哉，释子。**多闻**弘教，闭居诵经。心

287

廓融达，所现玄寂。焉为动摇，室壁开通，光明照耀。"（p.95）失译人名今附后汉录《大方便佛报恩经》卷7《亲近品》："复次，菩萨摩诃萨知恩报恩，思惟其义，**多闻**逮得总持，炽然法炬。为利益一切众生，应当修施戒多闻。"吴支谦译《菩萨本缘经》卷1《毘罗摩品》："发言柔软，悦可众心，修行忍辱，心常寂静，无有憍慢，贡高自大，**博学多闻**，无书不综，利益众生，犹如梵王，名毘罗摩。唯愿大王，即命此人，以为辅相。"姚秦鸠摩罗什译《维摩诘所言经》卷1《菩萨品》："**多闻**是道场，如闻行故。"

【多淫之人／たいむのひと】 四字　纵欲淫乱的人。《日本灵异记》中卷《生爱欲恋吉祥天女像感应示奇表缘第13》："如《涅槃经》云：'**多淫之人**，画女生欲。'者，其斯谓之矣。"（p.182）唐大觉撰《四分律行事钞批》卷12："**多淫之人**，死入地狱，随从彼出，淫业未尽。"宋戒环解《楞严经要解》卷10："**多淫之人**，本由暖触迫发，生为欲火，死为业火。业力增炽故，成猛火聚也。"

【多欲／たよく】 偏正　有着各种欲望。《日本灵异记》下卷《击沙弥乞食以现得恶死报缘第15》："谅知邪见切身之利剑，瞋心是招祸之疾鬼，悭贪受饿鬼之苦因，**多欲**障慈施之猛薮。"（p.298）后汉支曜译《阿那律八念经》卷1："道法少欲，**多欲**非道；道法知足，无厌非道。"吴维祇难等译《法句经》卷1《教学品》："稊稗害禾，**多欲**妨学，耘除众恶，成收必多。"姚秦鸠摩罗什译《大庄严论经》卷2："若其**多欲**者，诸根恒散乱，贪求无厌足，希望增苦恼。"

【多住／さはにすむ】 偏正（3例）　大量栖息在某处；很多人居住在某处。《播磨风土记·揖保郡》条："鹬住山。所以号鹬**多住**者，昔鹬**多住**此山。故因为名。"（p.50）《常陆国风土记·行方郡》条："其周山野，栎、柞、栗、柴，往往成林，猪、猴、狼**多住**。"（p.384）又《香岛郡》条："有病者，食此沼莲，早差验之。鲋、鲤**多住**。前郡所置，多莳橘。其实味之。"（p.394）西晋无罗叉译《放光般若经》卷14《问等学品》："须菩提，多所人求阿耨多罗三耶三菩意者，得成就者少少耳，**多住**罗汉、辟支佛地。"元魏慧觉等译《贤愚经》卷5《散檀宁品》："国有一山，名曰利师（晋言仙山）。古昔诸佛，**多住**其中。"元魏瞿昙般若流支译《正法念处经》卷58《观天品》："菩萨鹅王，名曰善时，**多住**此池。夜摩天王，牟修楼陀，**多住**于此，山窟之中。"隋阇那崛多译《佛本行集经》卷7《俯降王宫品》："彼仙**多住**南天竺国遮盘低城聚落，名恒河怛，去彼不远，有一丛林，名曰增长。是时仙人，在彼林中，修学仙道。"按：《汉语大词典》失收。

【夺施／ほどこしをうばふ】 述宾　抢夺施舍物。《元兴寺伽蓝缘起并流记资财账》："我既定知已，诽谤尊**夺施**，各得其灾祸。我既微之已，慎慎，不可轻三宝，不可犯三宝物。"东晋祇多蜜译《佛说宝如来三昧经》卷2："文殊师利意，慧尊无有前。所施蔽三千，其智莫不尊。威神所施行，悉除三千中。诸乐无所欲，但为不**夺施**。"按：《汉语大词典》失收。

【夺他物/ひとのものをうばふ】 三字　掠取他人的东西。《日本灵异记》上卷《非理夺他物为恶行受报示奇事缘第30》（p.125）后秦弗若多罗译《十诵律》卷58："复作是念：'若我不去，余人或当杀我。当共去，我不用物，不取分。'作是思惟已逐去。逐去已，是中不夺他物，亦不取分。"刘宋僧伽跋摩译《分别业报略经》卷1："能广行布施，而复夺他物，所生常得财，随得寻复失。"

【柂师/かじとり】 后缀（6例）　船上掌舵的人，舵手。《日本书纪》卷20《敏达纪》十二年是岁条："于是，百济国主怖畏天朝不敢违敕，奉遣以日罗、恩率、德尔、余怒、奇奴知、参官、柂师德率次于德、水手等若干人。"（第二册，p.480）《万叶集》卷16第3860~3869首歌注："右以神龟年中，大宰府差筑前国宗像郡之百姓宗形部津麻吕，宛对马送粮舶舵柂师也。"（第四册，p.130）《续日本纪》卷24《淳仁纪》天平宝字七年十月条："海中遭风，所向迷方。柂师、水手为波所没。"（第三册，p.440）又卷33《光仁纪》宝龟六年四月条："胜宝四年，为入唐使第四船柂师。归日海中顺风盛扇，忽于船尾失火，其炎覆舻而飞，人皆惶遽，不知为计。"（第四册，p.448）又卷30《桓武纪》延历六年二月条："甲戌，渤海使李元泰等言：'元泰等入朝时，柂师及挟杪等逢贼之日，并被劫杀，还国无由。于是，仰越后国，给船一艘柂师挟杪水手而发遣焉。'"唐义净译《根本说一切有部毗奈耶》卷47："于时，柂师将欲举帆，普告商人曰：'大海之中，厄难非一，或猛风卒起，漂泊山隅，或鲸鳞锯牙，穿舶沉没。君等不应，于急难时，无所凭据，宜将浮物，各自防身。'时诸商人，闻斯告已，共相谓曰：'大海安危，难可预识。我等宜应，随柂师语，各求浮物，以自防身。'"按：《汉语大词典》首引宋王安石《如归亭顺风》："柂师高卧自啸歌，戏彼挽舟行复止。"偏晚。→【船师】

【堕地死/つちにおちてしにき】 三字　（从高处掉下）摔死在地上。《古事记》中卷《垂仁记》："故科曙立王令宇气比白：'因拜此大神，诚有验者，住是鹭巢池之树鹭乎，宇气比落。'如此诏之时，宇气比其鹭堕地死。"（p.206）（1）吴支谦译《赖吒和罗经》卷1："譬如树木生华叶成实者，中有花时堕者，中有成果时堕者，中有大时堕者，中有熟时堕者。人亦如是，中有从腹中堕者，中有堕地死者，中有半年死者，中有老时死者，人命不可知。"姚秦竺佛念译《鼻奈耶》卷9："迦留陀夷问：'欲射何处？'童子言：'射右眼。'即射右眼。鸟堕地死。"唐道世撰《诸经要集》卷19："有一奈树，高大好花。妇欲得花，无人取与。夫为上树，乃至细枝，枝折堕地死。"（2）《文献通考》卷131《乐考4》："裴知古，武太后朝以知音直太常，路逢乘马者，闻其声，窃云：'此人当坠马。'好事者随观之，行未半里，马惊，堕地死。"《古今词话·词辨下卷》："元遗山自记曰：元好问遗山过并州，道逢捕雁者，一死一脱网去。其脱网者，盘空哀鸣，亦堕地死。"

【堕地狱/じごくにおつ】 三字（3例）　因前世所做恶业，后世堕入地狱受苦。

《日本灵异记》上卷《凶人不敬养奶房母以现得恶死报缘第23》："所以经云：'不孝众生，必**堕地狱**。孝养父母，往生净土。'是如来之所说，大乘之诚言矣。"（p. 110）又《告读〈法华经〉僧而现口㖞斜得恶死报缘第18》："《法华经》云：'贤僧与愚僧，不得居同位。又长发比丘者，白衣不剃发髻而贤也、同位同器而不得用。若强位者，铜炭上居铁丸吞，**堕地狱**。'者，其斯谓之矣。"（p. 196）又《佛铜像盗人所捕示灵表显盗人缘第22》："《涅槃经》十二卷文，如佛说：'我心重大乘。闻婆罗门诽谤方等，断其命根。以是因缘，从是以来，**不堕地狱**。'"（p. 206）后汉安世高译《太子慕魄经》卷1："虽有此行，犹犯微阙，终**堕地狱**，六万余岁。"姚秦鸠摩罗什译《妙法莲华经》卷4《提婆达多品》："未来世中，若有善男子、善女人，闻妙法华经提婆达多品，净心信敬，不生疑惑者，**不堕地狱**，饿鬼畜生，生十方佛前，所生之处，常闻此经。"唐义净译《金光明最胜王经》卷2《分别三身品》："善男子，若有善男子、善女人，于此《金光明经》，听闻信解，**不堕地狱**，饿鬼傍生、阿苏罗道，常处人天，不生下贱，恒得亲近，诸佛如来，听受正法，常生诸佛，清净国土。"

【堕恶道/あくどうにおつ】 三字 因前世所作恶业，后世堕入地狱、畜牲、恶鬼三恶道受苦。《日本灵异记》下卷《不顾因果作恶受罪报缘第37》："时妻子等闻之，恳哀之言：'卒经七七日，为彼恩灵修善赠福既毕。何图**堕恶道**受剧苦之耶？'"（p. 358）后汉安世高译《太子慕魄经》卷1："违戒犯禁，后**堕恶道**，得脱为人，当生贫苦，或作奴婢，愿不自由；奉戒行善，三尊可得。"吴支谦译《六度集经》卷7："众生之性，莫能自保，来始之变，道人自惧，命尽卒至，或**堕恶道**，视世荣乐，真伪如梦，志重醒悟，一其心得禅。"姚秦鸠摩罗什译《妙法莲华经》卷1《方便品》："当来世恶人，闻佛言一乘，迷惑不信受，破法**堕恶道**。"

【堕河/かはにおつ】 述宾 掉进河里。《日本书纪》卷11《仁德纪》即位前纪条："时太子服布袍取楫橹，密接度子，以载大山守皇子而济。至于河中，诮度子蹈船而倾。于是大山守皇子**堕河**而没。"（第二册，p. 24）（1）西晋安法钦译《阿育王传》卷6："长者女言：阿阇梨度我过河，道人在下流，妇女在上流，妇女**堕河**。"梁宝唱等集《经律异相》卷38："母闻其声，转顾见之，惊惧不觉，抱儿**堕河**，随流而逝。"北凉昙无谶译《大般涅槃经》卷23《光明遍照高贵德王菩萨品》："如**堕河**者，未得其底，即便命终。堕烦恼河，亦复如是。"（2）《艺文类聚》卷44所载《琴操》："箜篌引者，朝鲜津卒霍子高所作也。子高晨刺舡而濯，有一狂夫，被发提壶而渡。其妻追止之，不及，**堕河**而死。"（p. 787）按：《汉语大词典》失收。

【堕灰河地狱/はいがじごくにおつ】 典据 因前世犯严重的恶业，后世堕入十八层地狱中的灰河地狱。《日本灵异记》中卷《常鸟卵煮食以现得恶死报缘第10》："《善恶因果经》云：'今身烧煮鸡子者，死**堕灰河地狱**。'者，其谓之矣。"（p. 176）疑似部《善恶因果经》卷1："今身烧爆鸡子者，死**堕灰河地狱**中；今身攒猪鸡者，死堕镬汤地狱中；今身犍猪狗者，死堕尖石地狱中。"张总整理《地藏菩萨十斋日》卷1："三十日，大梵天王下来，日持斋，不**堕**灰河地狱，除罪五万劫。"

【**堕泪**/なみだをおとす】 述宾 流泪，眼泪掉落下来。《日本灵异记》下卷《击沙弥乞食以现得恶死报缘第15》："所以《丈夫论》云：'悭心多者，虽是泥土，重于金玉。悲心多者，虽施金玉，轻于草木。见乞人时，不忍言无，悲泣**堕泪**。'云云。"（p.298）（1）后汉昙果、康孟详合译《中本起经》卷1《还至父国品》："王即**堕泪**曰：'悉达在家，吾为作宫，七宝刻镂，极世珍妙；于今屋室，何如我许？'"吴支谦译《六度集经》卷1："地主之王，即释妻、子之罪。二王相见，寻问其原，具陈所由，国无巨细，靡不**堕泪**。"梁宝唱等集《经律异相》卷23："月光长者还来，见几罗婢头，破衣裂，悲泣**堕泪**。"（2）《古今注》卷中《音乐第3》："霍里子高还，以其声语其妻丽玉。玉伤之，乃引箜篌而写其声，闻者莫不**堕泪**饮泣焉。丽玉以其曲传邻女丽容，名之曰《箜篌引》。"《汉魏南北朝墓志汇·北魏》："内外士女，远迩贤愚，莫不泣若捐珠，悲如**堕泪**。惟王忠孝君亲，礼义家国，固能秀发瓜瓞，英标葛累。"按：《汉语大辞典》释义，指堕泪碑。借喻死者德高望重，百姓望其碑而落泪。南朝陈徐陵《司空章昭远墓志》："长安传坐，恩礼盛于西京；襄阳**堕泪**，悲恸喧于南北。"偏晚。→【泪堕】

【**堕牛（羊）**/うし（ひつじ）におつ】 后补 （2例） 因前世所作恶业，来世堕落为牛身而受苦。《日本灵异记》中卷《行基大德携子女人视过去怨令投渊示异表缘第30》："所以《出曜经》云：'负他一钱盐债故，**堕牛**负盐所驱，以偿主力。'者，其斯谓之矣。"又《贷用寺息利酒不偿死作牛役之偿债缘第32》："所以《成实论》云：'若人负债不偿，**堕牛**、羊、麞、鹿、驴、马等中，偿其宿债。'者，其斯谓之矣。"（p.232）（1）姚秦鸠摩罗什译《成实论》卷8《六业品》："又若人抵债不偿。**堕牛**、羊、麞、鹿、驴、马等中，偿其宿债。"（2）后汉支娄迦谶译《杂譬喻经》卷1："弟贪家业，汲汲不休，未曾以法，而住其心，然后寿终，**堕牛**中肥盛甚大，贾客买取，载盐贩之，往返有数，牛遂羸顿，不能复前，上坂困顿，躃卧不起，贾人策挝，摇头才动。"唐法藏撰《梵网经菩萨戒本疏》卷2："故迦叶佛时，有比丘田中行，见谷甚好，取七粒谷，安著口中，生**堕牛**中，以身偿之。"

【**堕入**/おとしいる】 后补 （4例） 坠入，掉进。《古事记》上卷《天照大御神与须佐之男命》："天照大御神坐忌服屋，而令织神御衣之时，穿其服屋之顶，逆剥天斑马剥，而所**堕入**时，天服织女见惊，而于梭冲阴上而死。"（p.62）又中卷《神武记》："降此刀状者，穿高仓下之仓顶，自其**堕入**。"（p.146）又《应神记》："渡到河中之时，令倾其船，**堕入**水中。尔乃浮出，随水流下。"（p.270）《万叶集》卷16第3878首："阶楣　熊来乃夜良尔　新罗斧　**堕入**"（第四册，p.135）（1）西晋竺法护译《普曜经》卷4："情欲多难，犹如杂毒，**堕入**地狱，饿鬼畜生。"唐道宣撰《续高僧传》卷1："孝昌二年，大风拔屋拔树，刹上宝瓶随风而**堕入**地丈余。"东晋竺昙无兰译《大鱼事经》卷1："如是诸比丘利养具，甚为难，甚为苦，甚为恐畏，**堕入**恶趣，不生无上处。"（2）《抱朴子·内篇》卷11《仙药》："去户外十余丈有石柱，柱上有偃盖石，高度径可一丈许，望见蜜芝从石户上**堕入**偃盖中，良久，辄有一滴，有似雨后屋之余漏，时时一落耳。"（p.198）《通典》卷160《兵》："五曰火坠：坠，**堕**也。以火**堕入**营中也。"（p.4115）按：《汉语大词典》失收。汉文佛经中，"堕入"一词既用作具体义，又用作抽象义；上古文学作品中的三例均用作具体义。

【堕転/おちまろぶ】 后补 从某处滚落下来。《古事记》下卷《清宁记》："尔即小楯连闻惊，而自床**堕転**，而追出其室人等，其二柱王子坐左右膝上泣悲，而集人民作假宫，坐置其假宫，而贡上驿使。"（p.356）苻秦僧伽跋澄译《鞞婆沙论》卷2："堕义是流义者，堕诸界诸趣，诸生**堕転**生死中，是故说堕义是流义，是故说流下义漂义，堕义是流义。"按：《汉语大词典》失收。佛典中比喻人在生死界中漂流沉浮；《清宁记》中描摹连滚带爬地从床上起来的动作。→【流転】【如車輪転】

E

【訛之也/よこなまれり】 三字 （5例） 系别名，是误传。《肥前国风土记·松浦郡》条："时霞四含，不见物色。因曰霞里。今谓贺周里，**讹之也**。"（p. 332）又《杵岛郡》条："一云：船泊之处，自成一岛。天皇御览，诏群臣等曰：'此郡可谓样戢岛郡。'今谓杵岛郡，**讹之也**。"（p. 338）又《藤津郡》条："同天皇，行幸之时，到于此乡御览，海物丰多，敕曰：'地势虽少，食物丰足。可谓丰足村。'今谓托罗乡，**讹之也**。"（p. 340）又《彼杵郡》条："于时，天皇敕曰：'此国可谓具足国。'今谓彼杵郡，**讹之也**。"（p. 344）又："于兹，有土蜘蛛名郁比表麻吕，拯济其船。因名曰救乡。今谓周贺乡，**讹之也**。"（p. 344）新罗璟兴撰《无量寿经连义述文赞》卷1："梵云罗怙罗，此云执月，今云罗云，延帛云王宫生，皆**讹之也**。"

【恶报/あしきむくひ】 偏正 （2例） 造恶业成为报应的缘由。"善报"的对应词。《日本灵异记》下卷《序》："**恶报**遝来如水镜，向之即现。夸力飒被如谷响，唤之必应。"（p. 260）又下卷《强非理以征债取多倍而现得恶死报缘第26》："是以定知非理现报，无义**恶报**矣。"→【得恶報】【得善恶報】【现得恶報】

【恶瘡/あしきかさ】 偏正 中医指局部皮肤肿胀坚硬的毒疮。《元兴寺伽蓝缘起并流记资财账》："佛法破亡时，即国内**恶疮**流兴，人民多病死。"唐慧琳撰《一切经音义》卷13："痔瘘：上持理反，腹中血病也。下郎豆反，**恶疮**病也。"又卷29："痛疽：下七余反。杜注《左传》云：疽，**恶疮**也。"后汉安世高译《佛说罪业应报教化地狱经》卷1："复有众生，其形甚丑，身体黑如漆，两目复青，头颊俱埚，疱面平鼻，两目黄赤，牙齿疎缺，口气腥臭，矬短痈肿，大腹腰髋，脚复缭戾，偻脊匡肋，费衣健食，**恶疮**脓血，水肿干痟，疥癞痈疽，种种诸恶，集在其身。"姚秦鸠摩罗什译《妙法莲华经》卷7《普贤菩萨劝发品》："若有轻笑之者，当世世牙齿疎缺，丑唇平鼻，手脚缭戾，眼目角睐，身体臭秽，**恶疮**脓血，水腹短气，诸恶重病。"按：《汉语大词典》失收。

【恶风/あしきかぜ】 偏正 （4例） 海上突然刮起的狂风。《唐大和上东征传》："天宝二载十二月，举帆东下，到狼沟浦，被**恶风**漂浪击，舟破，人总上岸。"（p. 51）

《续日本纪》卷13《圣武纪》天平十一年十一月条："六年十月，事毕却归。四船同发，从苏州入海。**恶风**忽起，彼此相失。广成之船一百一十五人漂著昆仑国。"（第二册，p.356）又卷34《高绍纪》宝龟七年十二月条："比著我岸，忽遭**恶风**，柁折帆落，漂没者多。计其全存，仅有四十六人，便于越前国加贺郡安置供给。"又宝龟八年五月条："王修朝聘于典故，庆宝历于惟新。勤恳之诚，实有嘉尚。但都蒙等比及此岸，忽遇**恶风**，有损人物，无船驾去。想彼闻此，复以伤怀。"（1）后汉安世高译《佛说骂意经》卷1："人来说恶事，迷乱人意是魔，所作当觉；是名好人，得恶父母，是为罪。魔人来骂，但有风，耳当避之，是为**恶风**；不避，反为恶人风所中。从是五得坐，是五行堕恶道。"隋阇那崛多译《佛本行集经》卷49《五百比丘因缘品》："时诸人辈，至其海内，忽值**恶风**，吹其船舫，至罗刹国。"唐义净译《金光明最胜王经》卷8《王法正论品》："**恶风**起无恒，暴雨非时下。妖星多变怪，日月蚀无光。"（2）《魏志》卷26《田豫传》："自入成山，登汉武之观。贼还，果遇**恶风**，船皆触山沈没，波荡著岸，无所蒙窜，尽虏其众。"按：《汉语大词典》首引唐杜甫《渼陂行》："鼍作鲸吞不复知，**恶风**白浪何嗟及！"偏晚。

【**恶口**／あくく】 偏正 恶毒的语言，即口出粗恶语毁訾他人。佛教以恶口为十恶行之一。《日本灵异记》中卷《骂僧与邪淫得恶病而死缘第11》："导师见之，宣义教化。不信受曰：'为无用语。汝婚吾妻，头可所罚破。斯下法师矣。'**恶口**多言，具不得述。"（p.178）姚秦鸠摩罗什译《妙法莲华经》卷5《分别功德品》："况复持此经，兼布施持戒，忍辱乐禅定，不瞋不**恶口**，恭敬于塔庙，谦下诸比丘，远离自高心，常思惟智慧，有问难不瞋，随顺为解说，若能行是行，功德不可量。"梁宝唱等集《经律异相》卷24："大王答曰：'汝等但以，正法治民，勿使偏挝，无令国内，有非法行，自不杀生，教人不杀、偷盗邪淫、两舌**恶口**、妄言绮语、贪邪嫉妒，邪见之人，此即名曰，我之所治。'"隋智顗撰《法界次第初门》卷1："恶言加彼，令他受恼，名为**恶口**。"

【**恶路**／あしきみち】 偏正 不好行走的路，用作具体义。《常陆国风土记·行方郡》条："即幸屋形野之帐宫，车驾所经之，道狭地深浅。取**恶路**之义，谓之当麻。俗云多多支支斯。"（p.384）（1）用作抽象义。西晋竺法护译《贤劫经》卷4："假使众生，在于**恶路**，各以若干，光明照之，使得解脱，是智慧报。"唐实叉难陀译《地藏菩萨本愿经》卷2《利益存亡品》："若得遇知识，替与减负，或全与负，是知识有大力故，复相扶助，劝令牢脚，若达平地，须省**恶路**，无再经历。"（2）用作具体义。唐玄奘译《摄大乘论释》卷9："或于林野，舍弃好道，而行**恶路**，或与怨贼、师子猛兽、及他妻等，同共游止。如是等类，诸阿罗汉，所有误失，诸佛皆无。"按：《汉语大词典》失收。

【**恶瑞相**／あしきしるし】 自创 预兆、前兆、前相，既用于吉相，又用于凶相。

《日本灵异记》中卷《依恶梦至诚心使诵经示奇表得全命缘第20》："智官遣县主宰，因率妻子，至所任国，经岁余也。但妻之母，留土守家。儵为女梦见**恶瑞相**……然凶梦相，复犹重现。"（p. 201）北凉浮陀跋摩、道泰等译《阿毘昙毘婆沙论》卷36《使揵度》："如此皆是前有时移转非中有时，一切众生死时，必有**好恶瑞相**。若多行善众生，死时多见，好堂舍、楼观、园林、浴地、从戏之处；多行恶众生，死时多见，火焰刀毒、狼狗冢墓。"按："瑞相"，原义指吉祥的征兆。"瑞"，是指天子将各地封赏给诸侯时，当所符节而赐予的圭玉，引申为证据、祥兆、喜庆等。沈约《答陶华阳书》："**瑞相**又有日月星辰，停住不行。"

【恶嫌/にく みきらふ】 [并列] 厌恶嫌弃。《日本灵异记》中卷《恃己高德刑贱形沙弥以现得恶死缘第1》："诚知怙自高德，刑彼沙弥，护法嗔喊。善神**恶嫌**。"（p. 146）唐不空译《蕤呬耶经》卷3《分别护摩品》："在生死中，不堕恶趣，不生贫穷家，及不具足之，人所恶[1]嫌。恒忆宿命，多饶资财，具戒端正，当生天人，恒遇佛世。"唐栖复集《法华经玄赞要集》卷26："此经是诸佛护念，诸佛欢喜，持经之人，人所喜见。由谤经故，不敬大乘，感人所**恶嫌**也。"《全唐文》卷804崔鹏《吴县邓蔚山光福讲寺舍利塔记》："光福寺者，即梁九真太守顾氏之家山也。士有**恶嫌**尘网，种植善根，遂舍林泉，建兹佛刹。"

【恶眼/あしきめ】 [偏正] 凶狠的目光。《日本灵异记》中卷《依汉神崇杀牛而祭又修放生善以现得善恶报缘第5》："见之前路，有楼阁宫。问：'是何宫？'非人**恶眼**睢眦而逼之言：'急往。'"（p. 159）姚秦鸠摩罗什译《妙法莲华经》卷7《观世音菩萨普门品》："若三千大千国土，满中夜叉、罗刹，欲来恼人，闻其称观世音菩萨名者，是诸恶鬼，尚不能以，**恶眼**视之，况加害？"元魏吉迦夜、昙曜合译《杂宝藏经》卷6："佛说有七种施，不损财物，获大果报。一名眼施，常以好眼，视父母师长沙门婆罗门，不以**恶眼**，名为眼施。"按：《汉语大词典》失收。

【恶业/あしきごう】 [偏正] "善业"的对应词。谓身、口、意所造乖理之行为。即指出于身、口、意三者之坏事、坏话、坏心等，能招感现在与未来之苦果。通常指造五逆、十恶等业。《日本灵异记》下卷《重斤取人物又写〈法华经〉以现得善恶报缘第22》："又径三日，极热如燔。铁铜虽热，非热非安。编铁虽重，非重非轻。**恶业**所引，唯欲抱荷。"（p. 315）唐般若译《大方广佛华严经》卷40《入不思议解脱境界普贤行愿品》："我昔所造诸**恶业**，皆由无始贪恚痴，从身语意之所生，一切我今皆忏悔。"又《大乘理趣六波罗蜜多经》卷5《净戒波罗蜜多品》："不得起于，贡高我慢，虽持此戒，清净如是，比于无始，所造**恶业**，如大千界，所有微尘，此持戒善，比彼**恶业**，如一微尘。"→【造恶业】【造善恶业】

---

① "恶"，在甲本中作"污"。

【恶因～善業～/あしきたね～よきわざ～】 对偶 "恶因"，招感恶果的业因。"善业"，招感善果之身口意业。《日本灵异记》中卷《序》："**恶因**连綮趋苦处，**善业**攀缘引安堺。"（p. 141）

【恶種/あくしゅ】 偏正 恶业的种子，所造孽业会成为报应的缘由。"善根"的对应词。《日本灵异记》下卷《序》："莫朽之号**恶种**，叵见之号善根。"（p. 260）后汉竺大力、康孟详合译《修行本起经》卷2《出家品》："如令诸**恶种**，不若干辈；如令诸恶，尽灭自离人；如令诸恶念，无有思想；假令如是，谁不乐世者？"姚秦竺佛念译《出曜经》卷11《诽谤品》："夫邪见之人自犯身行如所说，犯口所行如所说，犯意所行如所说，兴意想念流驰万端，尽兴邪见，不可亲近，消灭善本，增益**恶种**。"

【餓鬼/がき】 偏正 （3例） 梵语preta的译名。亦称"饿鬼界""饿鬼道"，略称"鬼"。常处于饿渴苦恼状态的鬼。据称其肚大如山，咽喉小如针孔。十界（地狱、饿鬼、畜生、修罗、人、天、声闻、缘觉、菩萨、佛）。六道、四恶趣之一。《万叶集》卷4第608首："不相念 人乎思者 大寺之 **饿鬼**之后尔 额冲如"（第一册，p. 320）《日本灵异记》下卷《击沙弥乞食以相得恶死报缘第15》："谅知邪见切身之利剑，瞋心是招祸之疾鬼，悭贪受**饿鬼**之苦因。"（p. 298）又《刑罚贱沙弥乞食以相得顿恶死报缘第33》："又如经论说：'悭心多者，虽是泥土，重于金玉。吝贪之人，闻乞粪土，犹怀吝惜。惜财不布施，藏积恐人知。舍身空卒，去**饿鬼**中，受饥寒心。'"（p. 348）后汉昙果、康孟详合译《中本起经》卷1《度瓶沙王品》："为恶行者，死堕地狱、畜生**饿鬼**。自从行致，不由他生。"姚秦鸠摩罗什译《妙法莲华经》卷2《譬喻品》："又以贪著追求故，现受众苦，后受地狱、畜生、**饿鬼**之苦。"唐义净译《金光明最胜王经》卷2《分别三身品》："善男子，若有善男子、善女人于此《金光明经》听闻信解，不地狱、**饿鬼**、傍生、阿苏罗道，常处人天，不生下贱，恒得亲近，诸佛如来，听受正法，常生诸佛清净国土。"→【女餓鬼·男餓鬼】

【餓鬼飢餓苦/がきのきがのく】 自创 饿鬼在地狱中遭受的饥饿之苦。《奈良朝写经29·千手千眼陀罗尼经》："又愿沦回于地狱热烦苦、**饿鬼饥饿苦**、畜生逼迫苦等众生，早得出离，同受安宁。"（p. 200）姚秦鸠摩罗什译《坐禅三昧经》卷1："若在地狱，吞饮洋铜，食烧铁丸；若在畜生，食粪噉草；若在**饿鬼**，受**饥饿苦**；若在人中，贫穷困厄。"又《大智度论》卷46《摩诃衍品》："复次，六道众生，皆受身、心苦恼：如地狱众生拷掠苦，畜生中相残害苦，**饿鬼**中**饥饿苦**，人中求欲苦，天上离所爱欲时苦，阿修罗道斗诤苦，菩萨生大悲心，欲灭六道众生苦故，生六波罗蜜。"

【恩活/いく】 偏正 承蒙对方的恩德（不杀之恩）而得以存活下来。《日本书纪》卷2《神代纪下》："时兄火阑降命既被厄困，乃自伏罪曰：'从今以后，吾将为汝俳优之民。请施**恩活**。'"（第一册，p. 160）唐僧详撰《法华传记》卷9："王更敕吏：'恶业虽无量，不如一善。何不赏其一善？汝等将可烧恶录札。'即如王敕，烧记恶札。法誉瞩目而坐，生希奇念：'蒙放**恩活**。'对亲属说此因缘。悔谢矣。"按：《汉语大词典》失收。

【**而白之言**："～"／まうしてまうさく ～】 说词 （位卑者对位尊者）说道："……"。《日本灵异记》下卷《阎罗王示奇表劝人令修善缘第9》："一使走入**而白之言**：'召将来也。'告之：'召入。'奉诏召入。"（p.284）姚秦鸠摩罗什译《大庄严论经》卷10："尔时舍之，以敬重心，仰视帝释，**而白之言**：'汝最尊贵，居放逸处，犹有善心，修于福德。'"隋阇那崛多译《佛本行集经》卷57《婆提唎迦等因缘品》："尔时，童子提婆达多被舍利弗之所发遣，复诣长老目揵连边，到已顶礼，却住一面，**而白之言**：'大目揵连，唯愿圣者，与我出家。'"唐实叉难陀译《大方广佛华严经》卷79《入法界品》："尔时，善财童子，恭敬右绕，弥勒菩萨摩诃萨已，**而白之言**：'唯愿大圣，开楼阁门，令我得入。'"

【**而不肯行**／ゆきかへにす】 四字 不同意去，不愿意走。《日本灵异记》上卷《恶人逼乞食僧而现得恶报缘第15》："其人有二子，欲解父缚。便诣僧房，劝请禅师。师问知其状**而不肯行**。二子勤重拜敬，请救父厄。"（p.96）东晋瞿昙僧伽提婆译《增壹阿含经》卷9《惭愧品》："舍利弗告曰：'世尊弟子所学寂静念安，声闻弟子不如是学；世尊吐教所应灭法，而诸比丘亦不灭之；于中懈怠起诸乱想，所应为者**而不肯行**，所不应为者便修行之。'"姚秦竺佛念译《鼻奈耶》卷7："佛游舍卫国祇树给孤独园，诸比丘次第与比丘尼说法，尊者难陀次应直往**而不肯行**。"唐大觉撰《四分律行事钞批》卷4："上根之人，犹如快马举鞭，见影即走；迟驴楚毒，**而不肯行**。"

【**而敕之曰**："～"／みことのりしてのたまはく ～】 说词 诫饬、告诫地说："……"。《日本书纪》卷3《神武纪》即位前纪条："乃使椎根津彦著弊衣服及蓑笠为老父貌，又使弟猾被箕为老妪貌，**而敕之曰**：'宜汝二人到天香山，潜取其颠土而可来旋矣。'"（第一册，p.212）西晋安法钦译《阿育王传》卷3："说是偈已，即唤傍臣，授庵摩勒与，**而敕之曰**：'汝持此果，向鸡头摩寺，施彼众僧，可白上座言：阿恕伽王，最后所施，唯于此半庵摩勒果，而得自在，一切所有，悉皆丧失。众僧哀愍，受我贫苦，最后之施，使我得福。'"唐地婆诃罗译《方广大庄严经》卷6："王闻此已，发声大唤，作如是言：'呜呼呜呼！我之爱子。今何所去？'作是语已，闷绝躄地。傍臣即以，冷水洒面，良久醒悟。即唤所有，防卫之臣，**而敕之曰**：'汝等诸将，已自不谨，致失我子。汝当为我，内外分行，速疾求觅。若得见者，善言诱喻，迎将还宫。'"唐义净译《根本说一切有部毘奈耶杂事》卷8："行雨答曰：'王今何有，兵众之盛？太子谋逆，夺父称王，唯我从王，而来至此。'未生怨曰：'若有此事，我当策彼，为此国王，我自退身，而为太子。'即召群臣，**而敕之曰**：'胜光王者是大国主，刹帝力种，灌顶之王。今忽至此，应须敬待，卿等即可，净治城路，严整四兵，领百千众，我欲亲往，迎王来人。'"按：以下两种四字格，是"而敕之曰"的正格式。《日本书纪》卷1《神代纪上》："于彼处建宫。乃相与遘合，而生儿大己贵神。**因敕之曰**：'吾儿宫首者，即脚摩乳、手摩乳也。'"（第一册，p.92）《列女传》卷1《母仪传》："及尧崩，舜即位，**乃敕之曰**：'契！百姓不亲，五品不逊，汝作司徒，而敬敷五教在宽。其后世世居亳，至殷汤兴为天子。'"

【而得免難/わざはひをまぬかるることえたり】 四字 得以躲过劫难。《日本书纪》卷3《神武纪》即位前纪条："初空舍卫之战，有人隐于大树**而得免难**。"（第一册，p.200）又卷12《履中纪》即位前纪条："太子于是以为，聆少女言**而得免难**。"（第二册，p.80）（1）失译人名今附秦录《别译杂阿含经》卷4："佛告王曰：'当于尔时，设何方计**而得免难**？'王言：'世尊。当尔之时，更无方计，唯信佛法，修行真行，更无余方。'"（第二册，p.80）（2）《魏书》卷13《皇后传》："俄而，高车奄来抄掠，后乘车与太祖避贼而南。中路失辖，后惧，仰天而告曰：'国家胤胄，岂止尔绝灭也！惟神灵扶助。'遂驰，轮正不倾。行百余里，至七介山南**而得免难**。"（p.324）

【而発誓言："～"/ちかひをたててのたまはく ～】 说词 发誓道："……"。《日本书纪》卷21《崇峻纪》二年四月条："乃斫取白月胶木，疾作四天王像，置于顶发**而发誓言**：'今若使我胜敌，必当奉为护世四王，起立寺塔。'"（第二册，p.512）姚秦鸠摩罗什译《妙法莲华经》卷4《劝持品》："时诸菩萨，敬顺佛意，并欲自满本愿，便于佛前，作师子吼，**而发誓言**：'世尊，我等于如来灭后，周旋往返，十方世界，能令众生，书写此经，受持读诵，解说其义，如法修行，正忆念，皆是佛之威力。唯愿世尊，在于他方，遥见守护。'"梁宝唱等集《经律异相》卷24："右执香炉，右膝著地，**而发誓言**：'是金轮宝，若实不虚，应如过去，转轮圣王。'即飞升虚空，周遍十方，还王左手。王心知作，转轮圣王……王试擎香炉，右膝著地，**而发誓言**：'是白象宝，若实不虚，应如过去转轮圣王所行象。'即旦至夕，周遍八方，尽大海际，还住本处。王大欢喜。"元魏慧觉等译《贤愚经》卷10《优婆斯兄所杀品》："由兴恶意，即还忏悔，**而发誓愿**：'使我来世遭值圣师，所得神足，如今者。'"

【而告之言："～"/つげていはく ～】 说词 告诉说："……"。《日本灵异记》中卷《赎蟹虾命放生得现报缘第8》："女恐，明日白于大德。大德住在生马山寺，**而告之言**：'汝不得免，唯坚受戒。'"（p.171）吴支谦译《撰集百缘经》卷1《菩萨授记品》："作是念已，即召长者，**而告之言**：'吾由汝故，资我珍宝，赏募勇健，战斗得胜。我今当还，报卿之恩，恣汝所愿。'"东晋佛驮跋陀罗译《大方广佛华严经》卷34《宝王如来性起品》："复次，佛子。譬如天妙音声，于虚空中，自然而出，悉能觉悟，放逸天子，**而告之言**：'汝等当知，五欲无常，虚妄颠倒，须臾变异，如逆风执火，愚夫所习，汝莫放逸，若放逸者，身坏命终，堕三恶道。'"姚秦鸠摩罗什译《妙法莲华经》卷2《譬喻品》："父知诸子，先心各有所好，种种珍玩，奇异之物，情必乐著，**而**

告之言：'汝等所可玩好，希有难得，汝若不取，后必忧悔。如此种种羊车、鹿车、牛车，今在门外，可以游戏。汝等于此火宅、宜速出来，随汝所欲，皆当与汝。'"隋阇那崛多译《佛本行集经》卷10《私陀问瑞品》："时净饭王，思惟如是，未来之事，心疑犹预，即集群臣，诸释种族，**而告之言**：'我救汝等，若见太子，增长之时，莫向彼前，说阿私陀授记之事。'"按：《日本灵异记》下卷《用寺物复将写大般若建愿以现得善恶报缘第23》："僧**告之言**：'汝实发愿，出家修道。虽有是善，而多用于住堂之物。故摧汝身。今还毕愿，后殡堂物。'"（p. 319）又中卷《忆持〈心经〉女现至阎罗王阙示奇表缘第19》："但贱人从市东之门，而入市中卖经。衔卖**以告之言**：'谁经买乎?'"（p. 199）"告之言：'～'"的句式，可见西晋竺法护译《佛五百弟子自说本起经》卷1《货竭品》："时彼大慈哀，如来**告之言**：'仁者善来此，便来坐此座。'"但"以告之言：'～'"的句式，未见文例，疑似自创搭配。→【即告之言："～"】

【而誨之曰："～"/をしへてのたまはく～】 说词 （2例） 于是教海道："……"。《日本书纪》卷2《神代纪下》："复授潮满琼及潮涸琼，**而诲之曰**：'溃潮满琼者则潮忽满，以此没溺汝兄。若兄悔而祈者，还溃潮涸琼则潮自涸，以此救之。如此逼恼，则汝兄自伏。'"（第一册，p. 276）又卷6《垂仁纪》二十五年三月条："是时，倭大神著穗积臣远祖大水口宿祢，**而诲之曰**：'太初之时期曰：天照大神悉治天原，皇御孙尊专治苇原中国之八十魂神，我亲治大地官者。'"（第一册，p. 320）（1）唐玄奘译《大般若波罗蜜多经》卷401："时宝性佛告普光言：'善哉，善哉！随汝意往。'即以千茎，金色莲花。其花千叶，众宝庄严，授与普光，**而诲之曰**：'汝持此花，至释迦牟尼佛所，如我词曰：宝性如来，致问无量。少病少恼，起居轻利，气力调和，安乐住不? 世事可忍不? 众生易度不?'"又卷479："普光闻已，欢喜踊跃，白言：'世尊，我今请往，堪忍世界，观礼供养，释迦牟尼佛，及菩萨众，唯愿听许。'时宝性佛，告普光言：'今正是时，随汝意往。'即以千茎，金色莲华。其华千叶，众宝庄严，授与普光，**而诲之曰**：'汝持此华，至释迦牟尼佛所，如我词曰：宝性如来，应正等觉，致问无量。'"（2）《魏志》卷28《锺会》裴松之注曰："正始八年，会为尚书郎，夫人执会手**而诲之曰**：'汝弱冠见叙，人情不能不自足，则损在其中矣，勉思其戒!'"（p. 786）宋希麟集《续一切经音义》卷2："**诱诲**：上与之反。《考声》云：引也，导也。《论语》曰：夫子循循善诱人。《说文》云：教也。从言，秀声。下荒外反。教也，亦训也。《论语》云：诲人不倦，何有于我哉。《说文》云：从言，每声也。"按："而诲之曰"在《大般若波罗蜜多经》中共有11例，其中10例集中在卷401。考虑到《大般若波罗蜜多经》在当时日本的影响力，出自该经的可能性颇大。"诲之曰：'～'"，教海道："……"，是正格表达形式。《日本书纪》卷5《崇神纪》九年三月条："九年春三月甲子朔戊寅，天皇梦有神人，**诲之曰**：'以赤盾八枚、赤矛八竿祠墨坂神。亦以黑盾八枚、黑矛八竿祠大坂神。'"（第一册，p. 276）又卷9《神功纪》摄政元年二月条："于是天照大神**诲**

之曰：'我之荒魂不可近皇居。当居御心广田国。' 即以山背根子之女叶山媛令祭。亦稚日女尊**诲之曰**：'吾欲居活田长峡国。' 因以海上五十狭茅令祭。亦事代主尊**诲之曰**：'祠吾于御心长田国。' 则以叶山媛之弟长媛令祭。亦表筒男、中筒男、底筒男三神**诲之曰**：'吾和魂宜居大津渟中仓之长峡。便因看往来船。'"（第一册，p.438）又四十七年四月条："便天神**诲之曰**：'令武内宿祢行议。因以千熊长彦为使者，当如所愿。'"（第一册，p.454）又卷11《仁德纪》十一年十月条："时天皇梦有神**诲之曰**：'武藏人强颈、河内人茨田连衫子二人以祭于河伯，必获塞。'"（第二册，p.36）（1）《周书》卷45《乐逊传》："昔申侯将奔，楚子**诲之曰**：'无适小国。言以政狭法峻，将不汝容。'"（2）宋赞宁等撰《宋高僧传》卷5："闻长寿寺和尚通达禅观，往叩其关，学习之心，未尝少懈。师**诲之曰**：'汝之出尘，有大利益，可谓良玉度尺，虽有十仞之土，不能揜其光矣。'" →【因诲之曰："～"】【以诲之曰："～"】

【**而求仏道**/ほとけのみちをもとむ】 四字 　追求佛法之道。《日本灵异记》中卷《未作毕佛像而弃木示异灵表缘第26》："圣武天皇代，广达入于吉野金峰，经行树下**而求佛道**。"（p.217）姚秦鸠摩罗什译《妙法莲华经》卷1《序品》："我见彼土，恒沙菩萨，种种因缘，**而求佛道**。"隋吉藏撰《法华游意》卷1："九者即此经云：'又见佛子，心无所著，以此妙慧，**而求佛道**。'"唐菩提流志译《大宝积经》卷3："菩萨念言：'乃至供养，恒河沙佛，然后乃发，一念之心，**而求佛道**。'"

【**而嘆之言："～"**/なげきてまうさく ～】 说词 　叹息地说道："……"；赞叹地说道："……"。《日本灵异记》中卷《见乌邪淫厌世修善缘第2》："爱男子得病临命终时，而白母言：'饮母乳者，应延我命。'母随子言，乳令饮病子。子饮**而叹之言**：'噫呼！舍母甜乳，而我死哉。'即命终焉。"（p.149）唐澄观述《大方广佛华严经随疏演义钞》卷50《十回向品》："闻说法已，便投火坑。帝释并梵天王，各执一手，**而叹之言**：'一切生类，赖太子安。何为投火，丧他父母？'太子答言：'为无上道，不惜身命。'才投于火，火变华池。太子安然，坐连华台，诸天雨华，没至于膝。"唐一行记《大毘庐遮那成佛经疏》卷15《秘密漫荼罗品》："时一切智毘庐遮那世尊，离众恼者，闻彼所问，秘要之事，**而叹之言**：'善哉，善哉！勤勇大心。'"

【**而往問之**/ゆきてとふに】 四字 　去问一问。《日本灵异记》中卷《穷女王归敬吉祥天女像得现报缘第14》："疑之**而往问之**，乳母答之：'不知。'定知菩萨感应所赐。因大富财，免贫穷愁。是奇异之事矣。"（p.185）宋晓莹录《云卧纪谭》卷1："余曰：'壮哉！子之志乎。难行能行，难弃能弃。吾弗及子矣。余适有口疾，不能答子。吾有方外之侣曰常总，居于东林。必能决子之疑。请持吾之说**而往问之**。'"

【**而為弟子**/でしになる】 四字 　成为学生。《日本灵异记》上卷《勤求学佛教弘法利物临命终时示异表缘第22》："故道照法师者船氏，河内国人也。奉敕求佛法于大唐，遇玄奘三藏，**而为弟子**。"（p.107）姚秦鸠摩罗什译《大庄严论经》卷15："我今亦恭敬，如来婆伽婆，谁能降毒龙，**而为弟子**者?"北凉昙无谶译《大方等大集经》卷2："愿彼宝上，成佛之时，我等当于，是佛法中，咨受正法，**而为弟子**。"唐义净译《根本说一切有部毘奈耶破僧事》卷6："如来教法，甚为深妙，令彼五长者子，各舍豪富，而为出家，我等诸人，亦宜诣佛，**而为弟子**。"

【**而無子息**／こなし】 四字 没有孩子，膝下无子。《日本灵异记》中卷《赎蟹虾命放生得现报缘第8》："然还来道，不知老人，以大蟹而逢。问之：'谁老?乞蟹免吾。'老答：'我摄津国兔原郡人，画问迩麻吕。年七十八，**而无子息**，活命无便。往于难波，偶得此蟹。但有期人，故汝不免。'"（p.171）唐窥基撰《阿弥陀经通赞疏》卷1："其家随富，**而无子息**。于其舍侧，有一树神，颇有灵祇。夫妇累求子息，数年无应。"唐义净译《根本说一切有部毘奈耶破僧事》卷13："彼剃头人，甚有财宝，无有男女。常私念云：'我今多诸财物。**而无子息**。一旦终没，无可委付，必被国王，尽取将去。'"唐道世撰《法苑珠林》卷38："昔舍卫城中，有夫妇二人，**而无子息**。"该例亦见于《诸经要集》卷3。

【**而憂之曰**："～"／うれへてまをさく ～】 说词 忧郁地说道："……"。《日本书纪》卷2《神代纪下》："时彦火火出见尊已归来，一遵神教依而行之。其后火酢芹命日以贫褛，**而忧之曰**：'吾已贫矣。'"（第二册，p.176）宋赞宁等撰《宋高僧传》卷18："先是天后朝任酷吏行罗织事，官稍高隆者日别妻子。博陵崔玄暐位望俱极，其母庐氏，贤**而忧之曰**：'汝可一日迎万回。此僧宝志之流，以可观其举止，知其祸福也。'"

【**而語之言**："～"／かたりていはく ～】 说词 说道："……"。《日本灵异记》下卷《髑髅目穴笋揭脱以祈之示灵表缘第27》："时彼髑髅，乃现生形，**而语之言**：'吾者苇田郡屋穴国乡穴君弟公也。贼伯父秋丸所杀是也。'"（p.333）东晋法显译《大般涅槃经》卷2："时天帝释，知王心念，呼一天子，名毗首建磨，极为妙巧，无事不能，**而语之言**：'今阎浮提，转轮圣王，名大善见。其今欲更，开拓宫城。汝便可下，为作监匠，使其居处，严丽雕饰，如我无异。'"姚秦鸠摩罗什译《妙法莲华经》卷6《常不轻菩萨品》："不轻菩萨，往到其所，**而语之言**：'我不轻汝，汝等行道，皆当作佛。'"隋阇那崛多译《佛本行集经》卷31《昔与魔竞品》："其虬在下，少时停待，见彼猕猴，淹迟不下，**而语之言**：'亲密善友，汝速下来，共汝相随，至于我家。'"

【**而作是念**："～"／このおもひをなさく ～】 四字 于是这样想到："……"。《日本灵异记》下卷《沙门诵持方广大乘沉海不溺缘第4》："聟窃怀嫌，**而作是念**：'求便杀舅。'舅不知，犹平心而乞。"（p.272）吴支谦译《须摩提女经》卷1："时修跋梵志**而作是念**：'我与长者，别来日久，今可往相见。'"东晋瞿昙僧伽提婆译《中阿含经》卷33《大品》："于是，天王释**而作是念**：'五结乐子，已令世尊，从定觉起已，通我于善逝。'"姚秦鸠摩罗什译《妙法莲华经》卷2《譬喻品》："长者见是大火，从四面起，即大惊怖，**而作是念**：'我虽能于此，所烧之门，安隐得出，而诸子等，于火宅内，乐著嬉戏，不觉不知，不惊不怖，火来逼身，苦痛切己，心不厌患，无求出意。'"

【**而作是言**："~"／このことばをなしてのたまはく～】 说词 （3例） 这样说道："……"。《日本灵异记》上卷《信敬三宝得现报缘第5》："比丘环解一玉授之，吞令服，**而作是言**：'南无妙德菩萨，令三遍诵礼。'"（p.76）又中卷《智者诽妒变化圣人而现至阎罗阙受地狱苦缘第7》："智广于菩萨所，致诽妒心，**而作是言**：'光者古德大僧，加以智光生知。行基沙弥者，浅识之人，不受具戒。何故天皇，唯誉行基，舍智光也？'"（p.168）又《女人大蛇所婚赖药力得全命缘第41》："爱心深入，死别之时，恋于夫妻，及父母子，**而作是言**：'我死复世，必复相也。'"（p.251）吴支谦译《撰集百缘经》卷4《6兔品》："时王太子，闻是语已，**而作是言**：'我于旷劫，唐捐身命，未曾有人，为我欲说，如是妙法，即欲自投。'"东晋佛驮跋陀罗译《大方广佛华严经》卷47《入法界品》："时彼仙人，观察大众，**而作是言**：'汝等当知，此童子者，已发阿耨多罗三藐三菩提心，请一切众生，普施无畏，饶益一切众生。'"姚秦鸠摩罗什译《妙法莲华经》卷3《化城喻品》："华供养已，各以宫殿，奉上彼佛，**而作是言**：'唯见哀愍，饶益我等。所献宫殿，愿垂纳受。'"

【**尔迺知之**／しかうしてすなはち～としる】 四字 这才知道原来是这么一回事。《日本灵异记》中卷《孤娘女凭敬观音铜像示奇表得现报缘第34》："所啧归家，如常将礼，入堂而见，著使黑衣，被铜像。**尔乃知之**，观音所示。"（p.239）西晋竺法护译《修行地道经》卷2《分别相品》："法师说经，观察人情，凡十九辈。以何了知？分别尘劳，**尔乃知之**。"按："迺"，与"乃"通。表示"始""才"的意思。《汉书》卷48《贾谊传》："太子乃生。"颜师古注："**乃**，<u>始</u>也。"刘宋佛陀什、竺道生等译《弥沙塞部和醯五分律》卷4："后因沐头谛观形相，乃疑是女，便问：'乡邦父母姓族？'女具以答。**尔乃知之**。母惊惋曰：'昔与母共夫，今与女同婿。生死迷乱乃至于此。'"唐道世撰《法苑珠林》卷99："前近死人，手捆其肉，口啮食之。夫见如是，**尔乃知之**，非人是鬼。"

【**二俱無異**／ふたつはともにことなることなし】 否定 两者相同没有差异，别无二致。《日本灵异记》中卷《常鸟卵煮食以现得恶死报缘第10》："《涅槃经》云：'虽复人兽，尊卑差别。宝命重死，**二俱无异**。'云云。"（p.176）北凉昙无谶译《大般涅槃经》卷20《梵行品》："大王，如王宫中，常救屠羊，心初无惧。云何于父，独生惧心？虽复人畜，尊卑差别，宝命畏死，**二俱无异**。"新罗太贤集《梵网经古迹记》卷2："佛告阿阇世王言：'大王，汝王宫中，常救屠羊，心初无惧。云何于父，独生惧心？虽复人兽，尊卑差别，宝命重死，**二俱无异**。'"

【**二七**／にしち】 时段 民间有"七七"之俗。人死之后，亲属每隔七天营斋。

"二七"，指人死之后的第二个七天，亦即第十四天。《续日本纪》卷19《孝谦纪》天平胜宝八岁五月条："戊辰，<u>二七</u>。于七大寺诵经焉。"（第三册，p. 160）又卷30《称德纪》宝龟元年八月条："乙巳，<u>二七</u>。于药师寺诵经。"（第四册，p. 296）方光锠整理《佛说水月光观音菩萨经》卷1："弟子朝议郎检校尚书工部员外郎翟奉达为亡过妻马氏追福，每斋写经一卷，标题如是：'第一七斋，写《无常经》一卷；第<u>二七</u>斋，写《水月观音经》一卷。'"又："《佛说水月光观音菩萨经》之题记为：'十四日，<u>二七</u>斋追福供养，愿神生净土，莫落三涂之难。马氏承受福田。'"

【二七日/にしちにち】 时段 （2例） 指人死之后的第十四天。《日本灵异记》中卷《至诚心奉写〈法华经〉有验示异事缘第6》："未历<u>二七日</u>，请经试纳，函自少延，垂不得纳。檀越增加精进悔过，历三七日纳，乃得纳。"（p. 161）《续日本纪》卷28《称德纪》："复去正月〈尔〉<u>二七日</u>之间诸大寺〈乃〉大法师等〈乎〉奏请〈良倍天〉最胜王经〈乎〉令讲赞〈末都利〉、又吉祥天〈乃〉悔过〈乎〉令仕奉〈流尔〉诸大法师等〈我〉如理〈久〉勤〈天〉坐〈佐比〉、又诸臣等〈乃〉天下〈乃〉政事〈乎〉合理〈天〉奉仕〈尔〉依〈天之〉三宝〈毛〉诸天〈毛〉天地〈乃〉神〈多知毛〉共〈尔〉示现赐〈币流〉奇〈久〉贵〈伎〉大瑞〈乃〉云〈尔〉在〈良之止奈毛〉念行〈须〉。"（第四册，p. 172）西晋竺法护译《修行地道经》卷1《五阴成败品》："寻在胎时，即得二根，意根、身根也。七日住中，而不增减；又<u>二七日</u>，其胎稍转，譬如薄酪。"东晋佛驮跋陀罗译《佛言观佛三昧海经》卷1《观相品》："经<u>二七日</u>，然后身心，可得安隐。复当系心，还观佛顶，观佛顶发先，随毛孔入。"梁宝唱等集《经律异相》卷35："时鱼即扑身，出沙坛上，不饮不食，经<u>二七日</u>命终。"

【二亲眷属/ちちはは・やから】 自创 双亲及亲属。《奈良朝写经56·大般若经卷第50等》："次愿<u>二亲眷属</u>，万福日新，千庆月来。百年之后，辞世之夕，游神率天，升弥勒之香台；栖想极乐，践观音之花座。"（p. 357）曹魏康僧铠译《佛说无量寿经》卷2："自用职当，不可谏晓，<u>六亲眷属</u>，所资有无，不能忧念。"唐般若译《大乘理趣六波罗蜜多经》卷3《不退转品》："此等众生，亦于过去，无量无边，生死劫中，恒为父母，<u>六亲眷属</u>，常为我故，造不善业，今在饿鬼，受斯苦报。"

【二亲听许/ちちははゆるす】 四字 父母同意。《日本灵异记》上卷《忆持〈法华经〉现报示奇异表缘第18》："从梦醒惊而思怪之，白其亲曰：'忽缘事，欲往伊豫。'<u>二亲听许</u>。"（p. 101）元魏慧觉等译《贤愚经》卷12《象护品》："经由少时，便自念曰：'国王无道，刑罚非理，因此象故，或能见害。今佛在世，泽润群生，不如离家，遵修梵行。'即白父母，求索入道，<u>二亲听许</u>，便辞而去，乘其金象，往至祇洹。"

【二日二夜/ふつかふたよ】 时段 两天两夜。《日本灵异记》下卷《沙门诵持方广大乘沉海不溺缘第4》："僧沉海，至心读诵《方广经》，海水凹开，踞底不溺。径<u>二日二夜</u>后，他船人向于奥国而度。"（p. 272）东晋瞿昙僧伽提婆译《增壹阿含经》卷48

《礼三宝品》："时罗阅城，人民之类，<u>二日二夜</u>，行乃至此山顶。如我今日，释迦文佛，出现于世，此山名耆阇崛山，须臾之顷，乃到此山顶。"失译人名附秦录《毘尼母经》卷7："应初夜受用者，一甘蔗浆。二水和甘蔗浆……如此等浆气味未变，至初夜得饮。变不得饮，<u>二日二夜</u>相应者。受具足人，与未受具足者共宿。"唐义净译《根本说一切有部毘奈耶》卷37："过二宿者，谓过<u>二日二夜</u>。整装军者，谓将欲战往布阵处。"唐湛然述《法华文句记》卷1《释序品》："俱留孙佛，四日四夜，行至山顶，那舍佛三日三夜，迦据佛<u>二日二夜</u>。释迦牟尼，须臾至顶，并以罗阅祇人行也。"

【二三/ふたたびみたび】 格义 约数，犹言再三、多次。《常陆国风土记·香岛郡》条："天之大神，昧爽后宣：'汝舟者，置于海中。'船主仍见，在冈上。又宣：'汝舟者，置于冈上也。'舟主因求，更在海中。如此之事，已非<u>二三</u>。"（p. 392）齐求那毘地译《百喻经》卷1："昔有愚人，头上无毛。时有一人，以梨打头。<u>乃至二三</u>，悉皆伤破。"元魏吉迦夜、昙曜合译《杂宝藏经》卷2："诸人已复，共作要言：'明日更会。不将妇来，复当重罚。'如是被罚，<u>乃至二三</u>，亦不将来，诣于会所。"唐道世撰《法苑珠林》卷43："时王语诸臣曰：'汝等可伐，华果之树，殖于刺棘。'诸臣答曰：'未尝见闻，却除华果，而殖刺树。而应除伐刺棘树，而殖果实。'<u>乃至二三</u>敕令伐，彼亦不从。"按："二三"一词，早在《尚书》中就已出现。《尚书·咸有一德》说："德唯一。动罔不吉。德<u>二三</u>，动罔不凶。"此言德纯一，行动起来无不吉利；德不纯一，行动起来无不凶险。孔传："<u>二三</u>，言不一。"（p. 166）由此可知，"二三"在上古经文中本指反复不定、变化无常。但在中古以后的佛典中，"二三"出现引申义，谓多次、屡次。而且，形成了"乃至二三"的固定搭配形式。《常陆国风土记》的撰录者在吸收佛典中的新词义的基础上，自创了"已非二三"的说法，且同为便于口头相传的四音节形式。

【二鼠/ふたつのねずみ】 比喻 二鼠喻昼夜（时间），比喻人命无常。《奈良朝写经75·大般若经卷第176》："［岂谓四蛇］侵命，<u>二鼠</u>催年。报运既穷，［奄从去世。］"（p. 442）宋法护等译《佛说大乘菩萨藏正法经》卷24《持戒波罗蜜多品》："又此眼等，犹如苦井，老病死苦，<u>四蛇二鼠</u>，交相侵迫，此苦井中，无我无人，乃至离一切相。此中何有，贪爱之者？"颜绢英主编《杨暎香等八十人造像记》卷1："四蛇吐毒，<u>二鼠</u>侵株。眷言苦海，沈溺须臾。敬凭介福，撤施□庐。邑同诸士，义等文殊。"

F

【发惭愧心/ざんぎのこころをおこす】 四字 （4例） 抱着羞耻过罪的念头；对罪过感到羞耻、忏悔。惭与愧。惭是因自己德学浅陋，常怀惭念而生善；愧是怕自己作恶受人讥评，生愧心而止恶。《日本灵异记》中卷《己作寺用其寺物作牛役缘第9》：“于兹，诸眷属及同僚**发惭愧心**，而懔无极，谓：‘作罪可恐，岂应无报矣？’”（p. 173）又下卷《灾与善表相先现而后其灾善答被缘第38》：“同天皇御世延历六年丁卯秋九月朔四日甲寅酉时，僧景戒，**发惭愧心**，忧愁嗟言：‘呜呼，耻哉愧哉！生世命活，存身无便。’”（p. 371）又：“爱景戒**发惭愧心**，弹指而言：‘修上品下品善者，得身长如是有也。我先唯不修下品善功德，故我受身唯有五尺余矣。鄙哉！’”（p. 371）又：“**发惭愧心**，弹指耻愁者，本有种子，加行智行者，远灭前罪，长得后善也。”（p. 372）萧齐僧伽跋陀罗译《善见律毗婆沙》卷7《舍利弗品》：“佛告迦叶：‘汝应如是学言：我于上中下坐，**发惭愧心**。’佛告迦叶：‘汝今应听，一切善法，入骨置于心中。我今摄心，侧耳听法。’”唐法砺撰述《四分律疏》卷1：“佛告迦叶：‘汝当**发惭愧心**，彻于骨髓，应如是学。’故名教授。得佛教授已，立誓要期，就中受称，故云自誓。”→【发欢喜心】【发菩提心】

【发大誓愿/おほきなるせいがんをおこす】 誓愿 许下宏大的誓言和心愿。《日本灵异记》中卷《恃己高德刑贱形沙弥以现得恶死缘第1》：“诺乐宫御字大八岛国胜宝应真圣武太上天皇，**发大誓愿**，以天平元年己巳春二月八日，于左京元兴寺，备大法会，供养三宝。”（p. 146）吴支谦译《撰集百缘经》卷1《菩萨授记品》：“时彼长者叹未曾有，即便以身，五体投地，**发大誓愿**：‘持此施食，善根功德，未来世中，盲冥众生，为作眼目；无归依者，为作归依；无救护者，为作救护；未解脱者，为作解脱；未安隐者，为作安隐；未涅槃者，令入涅槃。’”姚秦鸠摩罗什译《妙法莲华经》卷5《安乐行品》：“尔时文殊师利法王子菩萨摩诃萨白佛言：‘世尊，是诸菩萨，甚为难有。敬顺佛故，**发大誓愿**：于后恶世，护持读说，是《法华经》。世尊，菩萨摩诃萨，于后恶世，云何能说是经？’”隋宝贵、北凉昙无谶合译《合部金光明经》卷3《舍身品》：“见是虎已，深生悲心。**发大誓愿**，当度众生。于未来世，证成菩提。”

【発道心/みちのこころをおこす】 三字 产生立志修行佛道的愿望。《日本灵异记》中卷《见乌邪淫厌世修善缘第2》："示乌鄙事，领**发道心**。先善方便，见苦悟道者，其斯谓之矣。"（p.149）后汉昙果、康孟详合译《中本起经》卷2《自爱品》："王闻法言，愚解望断，前受五戒。群臣从官，皆**发道心**，天龙鬼神，欢喜乐闻。"姚秦鸠摩罗什译《妙法莲华经》卷5《从地踊出品》："尔乃教化之，令初**发道心**，今皆住不退，悉当得成佛。"隋阇那崛多译《佛本行集经》卷6《上托兜率品》："我于过去佛法僧边，种诸善业，常**发道心**，乞求大愿。"

【発悪心/あしきこころをおこす】 三字 （2例） 产生破坏他人信心、妨碍佛道之心的念头。《日本灵异记》中卷《骂僧与邪淫得恶病而死缘第11》："随不加刑，而**发恶心**，滥骂令耻，不恐邪淫故，得现报也。口生百舌，随万言白，慎莫诽僧。倏蒙灾故也。"（p.178）又下卷《序》："无记作罪，无记报怨。何况乎**发恶心**杀，无彼怨报欤。"（p.260）西晋竺法护译《修行地道经》卷2《分别相品》："其**发恶心**，横加于人，还自受罪，譬如向风扬尘，还自坌身也。"梁宝唱等集《经律异相》卷6："有龙王请佛，常住其所，若不住者，我**发恶心**，无由得道。"北凉昙无谶译《大般涅槃经》卷34《迦叶菩萨品》："若有比丘护持禁戒，若**发恶心**，当知是时失比丘戒。"

【発弘誓願/ひろきせいがんをおこす】 誓愿 （2例） 许下宏大的誓言和心愿。《日本灵异记》上卷《序》："生年二十五受天皇请，说大乘经。所造经疏长流末代。或**发弘誓愿**，敬造佛像。天随所愿，地敞宝藏。"（p.54）《奈良朝写经52·大唐内典录卷第10》："是以，**发弘誓愿**，奉为四恩，率知识等，敬写一切经律论焉。"（p.312）东晋佛驮跋陀罗译《大方广佛华严经》卷45《入法界品》："具菩萨力，长养大悲，入诸波罗蜜，**发弘誓愿**，悉见十方，诸如来海。"唐玄奘撰《大唐西域记》卷11："如来在昔，修菩萨行，起广大心，**发弘誓愿**：'上自身命，下至国城，悲愍四生，周给一切。'"唐义净译《金光明最胜王经》卷7《大辩才天女品》："若洗浴讫，其洗浴汤，及坛场中，供养饮食，弃河池内，余皆收摄。如是浴已，方著净衣，既出坛场，入净室内。咒师教其，**发弘誓愿**：'永断众恶，常修诸善，于诸有情，兴大悲心。以是因缘，当获无量，随心福报。'"

【発弘願/ぐがんをおこす】 誓愿 （2例） 许下宏大的心愿。《续日本纪》卷30《称德纪》宝龟元年四月条："戊午，初天皇，八年乱平，乃**发弘愿**，令造三重小塔一百万基。"（第四册，p.280）又卷33《光仁纪》宝龟五年九月条："天平年中，圣武皇帝**发弘愿**，造卢舍那铜像。"（第四册，p.442）唐地婆诃罗译《方广大庄严经》卷5《音乐发悟品》："尊忆往昔**发弘愿**，愍诸众生无依怙，若证甘露大菩提，救济令之离苦恼。"唐菩提流志译《大宝积经》卷85："四者以胜意，乐**发弘愿**故，复有四法，供养诸佛，心无懈倦。"唐义净译《金光明最胜王经》卷5《莲华喻赞品》："彼王赞叹如来已，倍复深心**发弘愿**：'愿我当于未来世，生在无量无数劫。'"→【弘愿】

【発洪誓/こうせいをほっす】 誓愿　许下宏大的誓愿。《续日本纪》卷21《淳仁纪》天平宝字二年八月条：“昔者，先帝敬**发洪誓**，奉造卢舍那金刚大像。若有朕时不得造了，愿于来世，改身犹作。”（第三册，p.278）宋太宗赵炅撰《御制莲华心轮回文偈颂》卷15：“生宽佛古留：佛**发洪誓**，显古往之利生，宽启宏悲，留兹时之润物。”

【発歓喜心/よろこぶるこころをおこす】 四字　生发欢喜的心情。《日本灵异记》下卷《被观音木像之助脱王难缘第7》：“回贼地之顷，彼妻为令脱贼难，作观音木像，殷勤敬供。夫无灾难，自贼地还来，**发欢喜心**，与妻相供。”（p.278）吴支谦译《撰集百缘经》卷4《出生菩萨品》：“贼作是念：‘今此比丘，遥知我饥，唤我与食。’寻即来前，食彼饭已，充足饱满，**发欢喜心**。”姚秦鸠摩罗什译《妙法莲华经》卷5《如来寿量品》：“诸善男子，若有众生，来至我所，我以佛眼，观其信等，诸根利钝，随所应度，处处自说，名字不同，年纪大小，亦复现言，当入涅槃。又以种种方便，说微妙法，能令众生，**发欢喜心**。”隋阇那崛多译《佛本行集经》卷18《剃发染衣品》：“此是解脱圣人衣，若执弓箭不合著，汝**发欢喜心**施我，莫惜共我博天衣。”

【発露/はつろ・あらわる】 并列　（6例）　①显示，揭露。《续日本纪》卷2《文武纪》大宝元年八月条：“又赠右大臣大伴宿祢御行、首遣五濑冶金。因赐大臣子封百户、田四十町。《年代历》曰：于后五濑之诈欺**发露**，知赠右大臣为五濑所误也。”（第一册，p.46）卷37《桓武纪》延历元年六月条：“初建麻吕冒称仲江王，事**发露**而自经。其男女亦伪为真人，至是改正之。”《续日本纪》卷39《桓武纪》延历七年五月条：“庚午，中务大录正六位下中臣丸连净兄。诈作印书，请受库物，前后非一。事已**发露**，欲加推勘。闻而自经矣。”又卷40《桓武纪》延历九年闰三月条：“自延历九年闰三月十六日昧爽以前大辟以下，罪无轻重，已**发露**、未**发露**，已结正、未结正，系囚见徒，私铸钱，八虐，强窃二盗，常赦所不免者，咸皆赦除。”②谓显露表白所犯之过失而无所隐瞒。《日本书纪》卷19《钦明纪》二年七月条：“上达云际，下及泉中，誓神乎今，改咎乎昔。一无隐匿，**发露**所为，请诚通灵，深自克责。”（第二册，p.372）按：①为传世文献中的传统用法；②为汉译佛经中后期派生的新词义。→【懴愧発露】

【発露懴悔/はつろさんげ】 四字　（2例）　坦白所犯之罪并进行忏悔。对自己的过错或罪恶进行反省并决心改正，谓之忏悔，这是一个梵汉并举的词。“忏”，是梵语 ksama（忏摩）的省音，悔过之义。忏悔原为僧团每半个月举行一次的诵戒仪式，让犯戒者披露自己的过失。《万叶集》卷5《沉痾自哀文》说云：“所以礼拜三宝，无日不勤。每日诵经，**发露忏悔**也。敬重百神，鲜夜有阙。”（第二册，p.75）《日本灵异记》中卷《智者诽妒变化圣人而现至阎罗阙受地狱苦缘第7》：“光**发露忏悔**曰：‘智光于菩萨所，致诽妒心，而作是言：光者古德大僧，加以智光生知。行基沙弥者，浅识之人，不受具戒。何故天皇，唯誉行基，舍智光也？’”（p.168）（1）吴支谦译《撰集百缘经》卷5《饿鬼品》：“时儿比丘，闻是语已，甚怀怜愍，即便劝化，办设肴膳，请佛及僧。供养讫竟，时彼饿鬼，即现其身，在于会中，**发露忏悔**。"刘宋求那跋陀罗译《杂阿含经》卷21："我今发露悔过：'愚痴不善脱，作如是不流类事。今于尊者，阿难所自见过，自知过，**发露忏悔**。哀愍故。'"北凉昙无谶译《大般涅槃经》卷6《如来性品》："广言如是，八大人觉，有犯罪者，教令**发露，忏悔**灭除。"（2）《全隋文》卷3隋文帝《忏悔文》："今于三宝前，志心**发露忏悔**。"按：《新编日本古典文学全集》栏上的注释例引梁僧伽婆罗译《菩萨藏经》，如例文所示，更早的文例可上溯至《撰集百缘经》等。

【発菩薩大願/ぼさつのだいがんをおこす】 誓願 许下上求无上菩萨、下化一切众生的宏大誓愿。《续日本纪》卷15《圣武纪》天平十五年十月条："粤以天平十五年岁次癸未十月十五日，**发菩萨大愿**，奉造卢舍那佛金铜像一躯。"（第二册，p.430）东晋佛驮跋陀罗译《大方广佛华严经》卷14《兜率天宫菩萨云集赞佛品》："为一切众生，作归依处，劝化令**发，菩萨大愿**。"唐慧苑述《续华严经略疏刊定记》卷15《入法界品第39》："十五无**发菩萨大愿**因；十六无佛加持生因；十七无知法如幻因；十八无知菩萨如梦因；十九无得菩萨广大法喜因。"

【発菩提心/ぼだいのこころをおこす】 四字 （4例） 许下为求开悟而修行佛道的心愿。"菩提心"，是一切诸佛之种子，净法长养之良田，若发起此心勤行精进，当得速成无上菩提。《续日本纪》卷24《淳仁纪》天平宝字六年六月条："又一〈尔波〉朕应**发菩提心**缘〈尔〉在〈良之止母奈母〉念〈须〉。是以、出家〈弖〉佛弟子〈止〉成〈奴〉。"（第三册，p.408）又卷27《称德纪》天平神护二年十月条："癸卯，敕：'去六月，为有所思，**发菩提心**，归无上道。'"（第四册，p.138）《元兴寺伽蓝缘起并流记资财账》："即**发菩提心**，誓愿十方诸佛，化度众生，国家大平，敬造立塔庙。"《奈良朝写经29·千手千眼陀罗尼经》："上臻有顶，傍及无边，俱**发菩提心**，顿悟无生理。"（p.200）吴支谦译《菩萨本缘经》卷2《月光王品》："王即答言：'我从昔来，常立誓愿，心难得动，我为众生，**发菩提心**，尚舍身命，况余外物？'"东晋佛驮跋陀罗译《大方广佛华严经》卷4《卢舍那佛品》："时佛处彼，大莲华上，眉间白毫，放大光明，名一切功德觉；有十佛世界，尘数光明，以为眷属。彼光灭除，一切众生，烦恼盖障，令得净心，起功德海，永离三恶，八难诸趣，**发菩提心**。"后秦法师鸠摩罗什译《妙法莲华经》卷4《提婆达多品》："无量众生，得阿罗汉果，无量众生，悟辟支佛，不可思议众生，**发菩提心**，至不退转。"

【発遣使/つかひをたてまださむ】 三字 派遣使者，遣使。《日本书纪》卷19《钦明纪》五年二月条："今欲请留津守连，别以疾使，具申情状遣奏天皇。当以三月十日，**发遣使**于日本。"（第二册，p.384）后秦弗若多罗译《十诵律》卷24："时诸比丘**发遣使**，还报居士言：'佛为比丘结戒，夏中不应，游行诸国，汝莫愁恼，以为忧苦。'"唐义净译《根本说一切有部毗奈耶药事》卷9："时象力药叉又**发遣使**已，即于其夜，备办饮食。并五百寺内，洒扫敷座，安置净水，命执事人，令知次第。"

【発遣使者/つかひをたてまださむ】 四字 派遣使者，遣使。《续日本纪》卷21《淳仁纪》天平六年四月条："诏曰：'比日，天地之灾，有异于常。思朕抚育之化，于汝百姓有所阙失欤。今故**発遣使者**问其疾苦。宜知朕意焉。'"（第三册，p. 278）西晋竺法护译《生经》卷1："群臣议曰：'国之无主，如人之无首。宜速**発遣使者**，勤求有德，以时立之。'"唐迦才撰《净土论》卷3："如是告终，即半夜内，**発遣使者**，遍告诸村，白衣弟子，及寺内出家弟子。可三百余人，一时雨云集。"

【発①忍辱/にんにくをおこす】 自创 内心生发忍受屈辱的念头，使屈辱感不再增加。《日本灵异记》下卷《杀生物命结怨作狐狗互相怨报缘第2》："若有人，能**発忍辱**时见怨人者，为我恩师。不报彼怨，以之为忍。是故怨者即忍之师。"（p. 267）西晋竺法护译《持人菩萨经》卷4《嘱累品》："何谓为四？一曰摄取精进，在弊恶世，受行正法；二曰若在厄难，第一苦毒，净乱正法，所持法品，人共斗时，化令和合，护护正法；三曰行**発忍辱**，具足仁和；四曰在于末世，心不怀恨，往来周旋，常行慈愍。是为四，得致深法，疾逮一切智。"又《持心梵天所问经》卷2《谈论品》："勇心菩萨曰：'假使以心，念一切法，而**発忍辱**，无所增减。斯则名曰，为菩萨也。'"东晋佛驮跋陀罗译《大方广佛华严经》卷49《入法界品》："汝应发不可坏心，除灭烦恼；发胜妙心，不著一切有；发不懈怠心，随顺深入，方便之法；**発忍辱**心，调伏众生，诸恶心海。"→【忍辱】

【発声大言/こゑをあげてさけぶ】 自创 大声喊叫。《丰后国风土记·速见郡》条："玖倍理汤井。此汤井，在郡西河直山东岸。口径丈余。汤色黑，泥常不流。人窃到井边，**発声大言**，惊鸣涌胜，二丈余许。"（300）（1）吴支谦译《菩萨本缘经》卷2《善吉王品》："既破之后，亦无脓污，但见生米，满其口中。是人以是，覆藏盗事，得见现报。犹如女人，覆藏怀妊，临产之日，受大苦恼，**発声大唤**，乃令一切悉共知之。"（2）后秦鸠摩罗什译《灯指因缘经》卷1："此何痴人，担负死尸，欲来入城。自见己身，被诸杖木，身体皆破，甚怀懊恼，**発声大哭**。"（3）元魏瞿昙般若流支译《正法念处经》卷7《地狱品》："以炎燃铁钵盛之，置其口中，大苦逼恼，**発声大吼**。"（4）唐法崇述《佛顶尊胜陀罗尼经教跡义记》卷1："复入炎床上，强扶令坐。一切毛孔皆出猛火，**発声大叫**。故名大叫唤地狱。"按：如例所示，该表达的格式为"发声大～"；"～"为言语行为；《风土记》中的"言"，与佛典中的"唤""哭""吼""叫"属于同类词语。

【発誓愿/せいがんをたつ】 誓愿 （4例） 许下誓言，起誓发愿。《日本书纪》卷22《推古纪》十三年四月条："十三年夏四月辛酉朔，天皇诏皇太子大臣及诸王诸臣，

---

① 《新日本古典文学大系》妄改"发"为"学"，不足取。

共同**发誓愿**，以始造铜，绣丈六佛像，各一躯。乃命鞍作鸟为造佛之工。"（第二册，p.540）《日本灵异记》上卷《恃凭念观音菩萨得现报缘第6》："即时老翁，乘舟迎来，同载共渡。渡竟之后，从舟下道。老公不见，其舟忽失。乃疑观音之应化也。便**发誓愿**，造像恭敬。遂至大唐，即造其像，日夜归敬。"（p.78）又中卷《依汉神崇杀牛而祭又修放生善以现得善恶报缘第5》："自阎罗阙还苏，增**发誓愿**。从此已后，效不祭神。"（p.160）又《观音铜像及鹭形示奇表缘第17》："大倭国平群郡鵤村冈本尼寺，观音铜像有十二体。（夹注）昔少垦田宫御宇天皇世，上宫皇太子所准宫也。太子**发誓愿**以宫成尼寺者也。"（p.194）吴支谦译《撰集百缘经》卷1《菩萨授记品》："时二梵志，在大众前，各**发誓愿**，信富兰那者。寻取香花，并及净水，在大众前，发大誓愿：'若我所奉，富兰那等，有神力者，令此香花，并及净水，于虚空中，至我师所，令知我心，来赴此会。若无神力，使此香花，及以净水，住而不去。'作是誓已，寻散香花，并及净水，皆住不去，即便堕地。"梁宝唱等集《经律异相》卷5："女**发誓愿**：'若诸天神，及与仙人，净饭王子，能免我苦，我持此舍，一切珍宝，以用给施。'"元魏慧觉等译《贤愚经》卷7："诸人同心，咸共供承，因**发誓愿**：'当来之世，富贵长寿，值佛出世，闻法获证，行报无遗，皆令果成。'"

【発誓願言："～"／せいがんをおこしてまうさく～】 誓愿（3例） 许下誓言道："……"。《日本灵异记》上卷《赎龟命放生得现报龟所助缘第7》："禅师弘济者，百济国人也。当百济乱时，备后国三谷郡大领之先祖，为救百济遣军旅。时**发誓愿言**：'若平还来，为诸神祇造立伽蓝。'遂免灾难。"（p.80）又中卷《未作毕佛像而弃木示异灵表缘第26》："禅师大恐，引置净处，哀哭敬礼，**发誓愿言**：'有因缘故遇。我必奉造。'请有缘处，劝人集物，雕造阿弥陀佛、弥勒佛、观音菩萨等像。"（p.217）又《减塔阶仆寺幢得恶报缘第36》："时看病众中，有一禅师，**发誓愿言**：'凡凭佛法，修行大意，救他活命。今我寿施病者代身。佛法实有，病人命活。'"（p.356）失译人名今附后汉录《大方便佛报恩经》卷2《对治品》："各于佛前，**发誓愿言**：'我等于世尊灭度之后，护持佛法，于十方界，广令流布，使不断绝。'"东晋瞿昙僧伽提婆译《增壹阿含经》卷50《大爱道般涅槃品》："尔时，迦叶如来，出现于世。时长者妇，七日七夜，供养迦叶佛，**发誓愿言**：'使我将来世得作女人身。'时长者妇随寿长短，命终之后生，三十三天，有五事功德，胜彼天女。"梁宝唱等集《经律异相》卷42："昔有国，名欢乐无忧。王号广慈哀。国有居士，名摩诃檀，妻名旃陀。生一子，姿容端正，世间少双，堕地便语。**发誓愿言**：'我当布施天下，救济人民，其有孤独贫穷者。我当给护，令得安隐。'父母因名为大意。"隋阇那崛多译《佛本行集经》卷34《转妙法轮品》："**发誓愿言**：'藉此善根，于当来世，愿值于彼，释迦如来，彼所说法，愿我证知，我于彼边，愿成最大最老声闻。'"唐义净译《根本说一切有部毗奈耶破僧事》卷16："菩萨复告妃曰：'汝应可自，当善筹量。'妃答言：'我随圣子意。'菩萨复告曰：

'若如是者，心常寄念，**发誓愿言**。'"

【発希有想/けうなるおもひをおこす】 四字　产生少有的念头，抱着罕见的想法。"希有"，亦作"稀有"，罕见、少有之意。经文中尤指如来之示现及其一代教法。《日本灵异记》上卷《聋者归敬方广经典得现报开两耳缘第8》："于是**发希有想**，白禅师言：'今我片耳闻一菩萨名。故唯愿大德忍劳。'后依禅师重拜，片耳既闻。"（p.82）宋法护等译《佛说大乘菩萨藏正法经》卷7《如来不思议品》："尔时佛告舍利子言：'信心住菩萨，于佛、如来、应供、正等正觉，十种不思议法中，信解清净，超越分别、离诸疑悔，后复生起，身喜心喜，适悦之相，**发希有想**。何等为十？一者于佛如来，最胜身相，不可思议，信解清净，乃至适悦之相，**发希有想**；二者于佛如来，妙好音声，不可思议，信解清净，乃至**发希有想**；三者于佛如来，最上大智，不可思议，信解清净，乃至**发希有想**；四者于佛如来，微妙光明，不可思议，信解清净，乃至**发希有想**；五者于佛如来，圆满戒定，不可思议，信解清净，乃至**发希有想**；六者于佛如来，广大神足，不可思议，信解清净，乃至**发希有想**；七者于佛如来，十种智力，不可思议，信解清净，乃至**发希有想**；八者于佛如来，四无所畏，不可思议，信解清净，乃至**发希有想**；九者于佛如来，大悲之心，不可思议，信解清净，乃至**发希有想**；十者于佛如来，不共佛法，不可思议，信解清净，乃至**发希有想**。如是十种如来、应供、正等正觉，不可思议，希有之法，住信菩萨，精进勤求，不怖不懈，心无动转，乃至身肉皮骨，筋脉血髓，干枯焦瘁。若未能得，如来十种，不思议法，于其中间，不生疲倦，精进勤求，必当获得。舍利子，住信菩萨于佛如来如，是十种不思议法，应当如是，信解清净，乃至**发希有想**。"

【発顕/あらわす】 并列　发现；彰显。《日本书纪》卷2《神代纪上》："因曰：'**发显**我者汝也。故汝可以送我而致之矣。'"（第一册，p.132）西晋竺法护译《贤劫经》卷2《习行品》："**发显**明智道心之法已，自察戒发菩萨心，始从施起，戒忍精进，一心智慧，是谓光曜度无极。"隋费长房撰《历代三宝纪》卷12："卿今备引，经史正文，会通运命，归于因果，意欲**发显**，儒教旨宗，助佛宣扬，导达群品，咸奔一趣。"唐冥详撰《大唐故三藏玄奘法师行状》卷1："望于中印度曲女城，为师作一会，命五印度沙门婆罗门外道等，**发显**大乘，使其改耶从正，不亦大哉。"按：《汉语大词典》失收。《神代纪上》例中，"发显"的对象为人，与佛典用作抽象义的表达有别。

【発向/たちむかふ】 后补　（5例）　差遣前往某处。《日本书纪》卷15《仁贤纪》六年九月条："于是粗寸从日鹰吉士，**发向**高丽。"（第二册，p.262）又卷17《继体纪》六年十二月条："物部大连方欲**发向**难波馆，宣敕于百济客。"（第二册，p.298）又卷30《持统纪》九年八月条："庚戌，小野朝臣毛野等**发向**新罗。"（第三册，p.552）《唐大和上东征传》："大和上住此一春，**发向**韶州，倾城送远。"（p.74）又："十二月六日，南风起，第一舟著石不动，第二舟**发向**多称去。"（p.91）（1）东晋法显撰《高僧法显传》卷1："慧景道整慧达先**发向**竭叉国，法显等欲观行像。"隋阇那崛多译《佛本行集经》卷38《娑毘耶出家品》："时娑毘耶受取记已，渐渐**发向**于南天竺，从村至村，从一聚落，至一聚落，从城至城，渐渐而向南天竺地。"唐义净译《金光明最胜王经》卷6："是时邻敌，更有异怨，而来侵扰，于其境界，多诸灾变，疫病流行。时王见已，即严四兵，**发向**彼国，欲为讨罚。"（p.86）《旧唐书》卷4《高宗纪上》："甲子，以**发向**泰山，停选。"（p.386）按：《汉语大词典》失收。

【**发心**/こころをおこす】 述宾 （4例） 发菩提心。谓起求悟之心。众生祈求成佛。《日本灵异记》上卷《妻为死夫建愿图绘像有验不烧火示异表缘第33》："画师矜之，共同**发心**，绘绚画毕。因设济会。即安置金堂，恒为敬礼。"（p.132）又中卷《恶逆子爱妻将杀母谋现报被恶死缘第3》："母所欺念，将闻经**发心**，洗汤净身，俱至山中。"（p.152）又下卷《忆持〈法华经〉者舌著曝髑髅中不朽缘第1》："造船之人，闻读经音，**发心**贵之，擎自分粮，以推求之，不睹形色。"（p.264）又《漂流大海敬称释迦佛名得全命缘第15》："马养**发心**厌世，入山修法。见闻之者，无不奇矣。"（p.326）东晋佛驮跋陀罗译《大方广佛华严经》卷8《梵行品》："初**发心**时，便成正觉，知一切法，真实之性，具足慧身，不由他悟。"姚秦鸠摩罗什译《大智度论》卷96《萨陀波仑品》："软心发意者，佛不以为**发心**；深心发意者，乃名为**发心**。"北凉昙无谶译《大般涅槃经》卷38《迦叶菩萨品》："**发心**毕竟二不别，如是二心先心难。"

【**发信心**/うやまふこころをおこす】 三字 （2例） 产生信仰之心。"信心"，信受所闻所解之法，对此毫无疑心，抱着一颗远离怀疑的清净之心。《日本灵异记》上卷《恶人逼乞食僧而现得恶报缘第15》："其师乃徐行，诵观音品初段竟，即得解脱。然后乃**发信心**，回邪入正也。"（p.96）又下卷《重斤取人物又写〈法华经〉以现得善恶报缘第22》："度彼椅毕，才见苏还。然而后戴所写之经，增**发信心**，讲读供养。"（p.316）吴支谦译《撰集百缘经》卷6《诸天来下供养品》："以我一时，诣僧坊中，闻一四句偈，心怀欢喜，内**发信心**，便取命终，今得生天。"高齐那连提耶舍译《大悲经》卷3《善根品》："尔时，世尊复告阿难：'若有众生，于诸佛所，一**发信心**，如是善根，终不败亡。何况复作，诸余善根？'"元魏慧觉等译《贤愚经》卷13《坚誓师子品》："若有众生，能**发信心**，向于出家，著染衣人，获福难量。"

【**发御愿曰**："～"/ごがんをほっしてのたまはく ～】 自创 天皇许下誓愿曰："……"。《续日本纪》卷17《圣武·孝谦纪》天平胜宝元年五月条："因**发御愿曰**：'以《华严经》为本，一切大乘小乘经律论抄疏章等，必为转读讲说，悉令尽竟。远限日月，穷未来际。'"（第三册，p.82）

【**发愿**/ほつがん】 誓愿 （20例） 发起誓愿。于佛法中，总指发求佛果的菩提心。《日本灵异记》上卷《赎龟命放生得现报龟所助缘第7》："于兹**发愿**而入海中。水及腰时，以石当脚。其晓见之，龟负之亦。"（p. 80）又中卷《骂僧与邪淫得恶病而死缘第11》："圣武天皇御世，纪伊国伊刀郡桑原之狭屋寺尼等**发愿**，于彼寺备法事，请奈良右京药师寺僧题惠禅师，奉仕十一面观音悔过。"（p. 177）又《将建塔**发愿**时生女子卷舍利所产缘第31》："弟上作塔**发愿**，未造其塔而历淹年，犹眭愿果，每轸于怀。"（p. 228）又下卷《弥勒菩萨应于所愿示奇形缘第8》："将写瑜伽论，**发愿**未写而淹历年。"（p. 280）又《沙门一目眼盲使读〈金刚般若经〉得明眼缘第21》："般若验力，其大高哉。深信**发愿**，无愿不应故也。"（p. 310）又《用寺物复将写大般若建愿以现得善恶报缘第23》："忍胜为欲写《大般若经》，**发愿**集物，剃除鬓发，著袈裟，受戒修道，常住彼堂。"（p. 318）又："爱三僧出来，问忍胜言：'汝作何善？'答：'我不作善。唯欲写《大般若经》六百卷，故先**发愿**，而未书写。'"（p. 319）又："僧告之言：'汝实**发愿**，出家修道。虽有是善，而多用于住堂之物。故摧汝身。今还毕愿，后殡堂物。'"（p. 319）又《沙门积功作佛像临命终时示异表缘第31》："观规圣武天皇之代，**发愿**雕造尺迦丈六并胁士，以白壁天皇世宝龟十年己未，奉造既毕。"（p. 341）又《灾与善表相先现而后其灾善答被缘第38》："擎白米献乞者，为得大白牛车，**发愿**造佛，写改大乘，勤修善因也。"（p. 372）又："常非乞食之人者，景戒不**发愿**时，无所感也。"（p. 372）《元兴寺伽蓝缘起并流记资财账》："马屋户丰聪耳皇子受敕，记元兴寺等之本缘及等与弥气命之**发愿**，并诸臣等**发愿**也。"《唐大和上东征传》："明朝，早食发，欲向温州，忽有采访使牒来追。其意［者］，在扬州和上弟子僧灵佑及诸寺三纲众僧，同议曰：'我大师和上，**发愿**向日本国，登山涉海，数年艰苦，沧溟万里，死生莫测；可共告官，遮令留住。'"（p. 60）又："时，和上执普照［师］手，悲泣而曰：'为传戒律，**发愿**过海，遂不至日本国，本愿不遂。'于是分手，感念无喻。"（p. 74）《续日本纪》卷40《桓武纪》延历九年十月条："天平十六年，圣武皇帝，**发愿**始建东大寺，征发百姓，方事营作。"《奈良朝写经10·法华经玄赞卷第3》："是以，后胤台史生仓桥部造麻吕秋豪发愿，为恩姊宝哗并老母齐蚖，天平三年乙未五月朔戊申二十三日庚午，住于埃宅，敬造奉行。"（p. 83）《奈良朝写经22·道行般若波经卷第5》："维天平十二年岁次庚辰三月十五日，正三位藤原夫人，奉为亡考赠左大臣府君及见在内亲王郡主**发愿**，敬写一切经律论各一部，庄严已讫。"（p. 167）《奈良朝写经27·大般若经卷第471》："天平十三年岁次辛巳三月八日，**发愿**。左京八条二坊，高史千导、高史橘。"（p. 196）《奈良朝写经29·千手千眼陀罗尼经》："天平十三年七月十五日，僧正玄昉**发愿**，敬写《千手千眼经》一千卷。"（p. 200）后汉竺大力、康孟详合译《修行本起经》卷2："**发愿**阿僧祇，欲度五道人。今往满本愿，是故欲得草。"姚秦鸠摩罗什译《佛说阿弥陀经》卷1："若有众生闻是说者，应当**发愿**生彼国土。"唐义净译《金光明最胜王经》卷2《梦见金鼓忏悔品》："汝今应知，此之胜业，皆是过去，赞叹**发愿**，宿习因缘，及由诸佛，威力加护。此之因缘，当为汝说。"按：《汉语大词典》首引姚秦鸠摩罗什译《法华经·提婆达多品》："于多劫中，常作国王，**发愿**求于，无上菩提，

心不退转。"偏晚。→【烧香発願】【至心発願】【種種発願】

【発願而言："～"／ねがひをおこしてまうさく ～】 自创 许下誓言道："……"。《日本灵异记》下卷《用网渔夫值海中难凭愿妙见菩萨得全命缘第32》："时名妹丸，漂之于海，至心归于妙见菩萨，**发愿而言**：'济助我命，量乎我身，作妙见像。'"（p.344）

【発願人／ほつがんのひと】 誓愿 （2例） 许下誓愿的人。《日本灵异记》中卷《至诚心奉写〈法花经〉有验示异事缘第6》："圣武天皇御代，山背国相乐郡，有**发愿人**。"（p.161）又下卷《奉写〈法华经〉经师为邪淫以现得恶死报第18缘》："有**发愿人**以宝龟二年辛亥夏六月，请其经师于其堂，奉写《法华经》。"（p.305）隋慧远撰《胜鬘经义记》卷1："言尔时者，举发愿时。言胜鬘者，举**发愿人**。"隋吉藏撰《胜鬘宝窟》卷1："言尔时者，发愿时也。胜鬘者，举**发愿人**也。所言复者，前已辨行，今更明愿，所以言复也。于佛前者，发愿处也。发三愿者，正举愿心也。"唐怀感撰《释净土群疑论》卷2："念佛不得往生，不取正觉，不言唯**发愿人**，不得生者，不取正觉。"

【発願如法／のりのごとく ほつがんす】 誓愿 随顺佛所说的教法许下誓愿，（这样更容易如愿以偿）。《日本灵异记》下卷《如法奉写〈法华经〉火不烧缘第10》："**发愿如法**，清净奉写《法华经》一部。专自书写，每大小便利，洗浴净身，自就书写筵以还，径六个月，乃缮写毕。"（p.286）唐菩提流志译《不空罥索神变真言经》卷20《溥遍轮转轮王神通香品》："若有苾刍、苾刍尼、族姓男、族姓女，于一千日、清净如法，随心严洁曼拏罗，随时以诸，草华香水，供养观世音菩萨，昼夜六时，烧焯此香，忏悔**发愿**、如法修观。"→【如法】

【発願无量／ねがひをおこすことはかりなし】 自创 无数次许下誓愿。《日本灵异记》下卷《强非理以征债取多倍而现得恶死报缘第26》："大领及男女之，愧耻戚恸，五体投地，**发愿无量**。"（p.329）

【発願修福／ねがひをおこして さきはひをおこなふ】 先例 许下誓愿，修习福业。《日本灵异记》下卷《强非理以征债取多倍而现得恶死报缘第26》："传语梦状，即日死亡。径于七日，不烧而置，请集禅师优婆塞三十二人，九日之顷，**发愿修福**。"清续法集录《贤首五教仪》卷5："后治业报病，当用惭愧大忏悔心，加诸念佛，**发愿修福**，以助治之。"（p.329）按：在现存的中日两国文献当中，"发愿修福"的搭配形式最早出现在《日本灵异记》中。

【発願言："～"／ねがひをおこしてまうさく ～】 誓愿 许下誓愿道："……"。《日本灵异记》下卷《怨病忽婴身因之受戒行善以现得愈病缘第34》："忠仙见之此病相惆，看病咒护，**发愿言**：'为愈是病，奉读《药师经》《金刚般若经》各三千卷、《观世音

314

经》一万卷、《观音三昧经》一百卷也。'"（p. 350）失译人名今附后汉录《大方便佛报恩经》卷2《对治品》："时转轮圣王，寻**发愿言**：'我今应当，求索无上佛法、出世间法，令诸众生，读诵玩习，远离生死，得至涅槃。'"吴支谦译《撰集百缘经》卷8《比丘尼品》："于是紧那罗女，闻是语已，寻向仙人，忏悔罪咎，因**发愿言**：'使我来世，得断生死，我于汝边，得获道果。'"隋阇那崛多译《佛本行集经》卷47《跋陀罗夫妇因缘品》："复以往昔，在长者家，为使女时，因施彼尊，辟支佛，食一飡饭故，而**发愿言**：'愿我所生，可喜端正，众所乐见。'"

【発願曰："~"/ねがひをおこしていはく ~】 誓愿 （2例） 许下誓愿道："……"。《唐大和上东征传》："昔远法师于是立寺，无水，**发愿曰**：'若于此地堪栖止者，当使抽泉。'以锡杖扣地，有二青龙寻锡杖上，水即飞涌。今尚其水涌出地上三尺焉，因名龙泉寺。"（p. 78）《上宫圣德法王帝说》："慧慈法师闻之，奉为王命讲经**发愿曰**：'逢上宫圣王必欲所化，吾慧慈来年二月二十二日死者，必逢圣王面奉净土。'遂如其言，到明年二月二十二日，发病命终也。"元魏吉迦夜、昙曜译《付法藏因缘传》卷4："长者子闻，寻更修治，如前严饰，造彼佛像，相好姝妙，因**发愿曰**：'使我来世，如彼世尊，得胜解脱。由斯业故，生尊贵家，得净妙果。阿恕伽王，眷属如是，皆舍重担，咸离生死。王之信心，深远难量，见诸沙门若长若幼，皆迎问讯，恭敬为礼。'"唐义净译《根本说一切有部毘奈耶药事》卷14："尔时王子，闻斯语已，心即欢喜，速从象下，而为奉施。复以伽他，而**发愿曰**：'愿我舍此象，喜施婆罗门。如是舍三界，速证妙菩提。'"唐道宣撰《续高僧传》卷24："又别造寺塔，十有余所，每一兴建，合国俱崇。藏乃**发愿曰**：'若所造有灵，希现异相。'便感舍利，在诸巾钵，大众悲庆，积施如山，便为受戒，行善遂广。"

【発願之力/がんをおこししちから】 誓愿 发求佛果的菩提心而具有的利益功德。《日本灵异记》下卷《用寺物复将写大般若建愿以现得善恶报缘第23》："于时，出三铁札，校之如白。僧告之言：'汝实发愿，出家修道。虽有是善，而多用于住堂之物。故摧汝身。今还毕愿，后殡堂物。'才放还来，过三大衢，从坂而下，即见苏返。斯乃**发愿之力**。用物之灾，是我招罪。非地狱咎矣。"（p. 319）宋周琪述《圆觉经夹颂集解讲义》卷5："愿我修起圆觉求知真识，妄知病识药之人誓愿决定，不随前五性中外道及小乘之人，依**发愿之力**修行。"

【発至 ~/たちて ~にいたる】 后补 出发到达某处。《唐大和上东征传》："停住一月，得好风，**发至**署风山，停住一月。"（p. 62）（1）西晋竺法护译《普曜经》卷8《优陀耶品》："于时大圣告诸弟子：'明日当**发至**迦维罗卫，见于父王，皆严整衣服，携持应钵。'"唐勿提提犀鱼译《佛说十力经》卷1《佛说十力经大唐贞元新译十地等经记》："次至乌耆国王龙如林，镇守使杨日佑，延留三月，从此又**发至**北庭州。"宋赞宁等撰《宋高僧传》卷18："弟子慧俨，未详氏姓生所。恒随师僧伽执侍缾锡，从楚州发至淮阴。"（2）《蜀志》卷12《谯周传》："时晋文王为魏相国，以周有全国之功，封阳城亭侯。又下书辟周，周**发至**汉中，困疾不进。"《北史》卷89《檀特师传》："周文遣书召之，檀特**发至**岐州，会齐神武来寇玉壁，檀特曰：'狗岂能至龙门也？'神武果不至龙门而还。侯景未叛东魏之前，忽捉一杖，杖头刻为猕猴。"

【**发至诚**/いたれるまことをおこす】 三字 发自内心的真诚。《续日本纪》卷15《圣武纪》天平十五年十月条："或生诽谤，反堕罪辜。是故，预智识者，恳**发至诚**，各招介福，宜日每三拜卢舍那佛。"（第二册，p.432）（1）姚秦鸠摩罗什译《大智度论》卷24《序品》："以是故，**发至诚**言：'我十种智力，四无所畏，安立具足；在大众中，说具足智慧，教化众生，如师子吼，转梵轮，一切外道，及天世人，无能转者。为止是谤故，说是十力。'"失译人名今附秦录《大乘悲分陀利经》卷7《宝施品》："我即以绘，而自缠手，内著油中，以火然之，**发至诚**言。"唐法照撰《净土五会念佛诵经观行仪卷中》卷3："一念一时随众听，闻一悟解百千门。西方净土实堪停，若欲求生**发至诚**。"（2）《全唐文》卷218崔融《为百官贺雨请复膳表》："近以少愆甘澍，亲**发至诚**，怀宋景之一言，采殷汤之六事。"按："至诚"一词，传世文献中屡见不鲜。但"发至诚"的三字格，却唯见于汉译佛经。

【**法宝**/みのりのたから】 偏正 佛教语。指教义和教典。是构成佛教的佛、法、僧三宝之一。《奈良朝写经75·大般若经卷第176》："［敬□以维］宝龟十年岁次己未润五月朔［癸丑，母］纪朝臣多继并男氏成女［秋穂等三人，同志］结言，奉写《大般若》［大乘一部六百卷，以］为远代之**法宝**也。"（p.442）东晋瞿昙僧伽提婆译《增壹阿含经》卷1《序品》："云何次第不失绪？三阿僧祇集**法宝**，使后四部得闻法，已闻便得离众苦。"姚秦鸠摩罗什译《维摩诘所说经》卷1《佛国品》："集众**法宝**，如海导师，了达诸法，深妙之义。"隋阇那崛多译《佛本行集经》卷22《问阿罗逻品》："是故平等见诸悉檀真实之路，愿为我说，莫辞疲劳，悭惜**法宝**。"

【**法幢高竖**/みのりのはたほこ、たかくたつ】 先例 旌旗高高竖起。"幢"，幢幡，与旌旗同义。妙法高耸，如幢幡之高悬；佛菩萨说法，能降伏魔军而得胜。《日本灵异记》上卷《缔知识为四恩作绘佛像有验示奇表缘第35》："**法幢高竖**而，蟠足遂八方。慧船轻泛，而帆影扇九天。"（p.135）明通容说《费隐禅师语录》卷6："无量百千法门都在笔端上流露，不惟使得**法幢高竖**亦令此山暗自点头。可谓龙得水时添意气，虎逢山势长威狞。"

【**法服**/みのりのきもの】 偏正 （2例） 梵语kāṣāya或vastra。意译作"法衣"，为三衣（安陀会、郁多罗僧、僧伽黎）的总称。《日本书纪》卷29《天武纪下》："庚申，敕制僧尼等威仪及**法服**之色，并马从者往来巷间之状。"（第三册，p.392）《日本灵异记》中卷《奉写〈法华经〉因供养显母作女牛之因缘缘第15》："使见起礼，劝请归家。愿主见之，信心敬礼，一日一夜，家内隐居，顿作**法服**，以之奉施。"（p.188）

姚秦鸠摩罗什译《妙法莲华经》卷 1《序品》："我见诸王，往诣佛所，问无上道，便舍乐土、宫殿臣妾，剃除须发，而被**法服**。"唐菩提流志译《大宝积经》卷 89："有信心婆罗门长者居士，见被**法服**，谓为沙门，皆共尊重，供养赞叹。彼愚痴人，因袈裟故，而得供养，便生欢喜，身坏命终，堕于地狱。"→【出家法服】

【**法海**/ほうかい】 偏正 （2 例）　谓佛法广大，深远辽阔犹如大海。《奈良朝写经 10·法华经玄赞卷第 3》："窃以**法海**颐邃，不设船楫，奚以度矣。彼岸峻险，不攀杖梯，岂敢登哉？"（p. 83）《奈良朝写经 66·大般若经卷第 176》："若夫**法海**渊旷，譬彼沧波；慧日高明，等斯灵曜。"（p. 403）吴支谦译《佛说维摩诘经》卷 1《佛国品》："佛所说法开化人，终已无求常寂然，上智愍度老死畏，当礼**法海**德无边。"曹魏康僧铠译《佛说无量寿经》卷 1："深谛善念，诸佛**法海**，穷深尽奥，究其崖底。"

【**法華**（花）/ほけ】 内典 （10 例）　①《妙法莲华经》的略称。亦指法华会。《日本灵异记》上卷《圣德皇太子示异表缘第 4》："进止威仪，似僧而行，加以制《胜鬘》、《**法华**》等经疏，弘法利物，定考绩功勋之阶，故曰圣德。"（p. 69）《藤氏家传》下卷《武智麻吕传》："每年夏三月，请十大德，听说《**法华**》，薰习心府。"（p. 296）按：《藤氏家传镰足贞慧武智麻吕传注释与研究》认为，此处可能指法华会。（p. 300）《日本灵异记》上卷《忆持〈法华经〉现报示奇异表缘第 18》："赞曰：'善哉！日下部之氏，读经求道，过现二生，重诵本经。现孝二父，美名传后。是圣非凡。诚知《**法华**》威神，观音验力。'"（p. 101）又下卷《忆持〈法华经〉者舌著曝髑髅中不朽缘第 1》："赞曰：'贵哉！禅师。受血肉身，常诵《**法华**》，得大乘验。投身曝骨，而髑髅中，著舌不烂。是明圣也，不凡矣。'"（p. 264）又："禅师随读《**法华**》，髑髅共读故，见彼舌，舌振动矣。是亦奇异之事也。"（p. 263）又《产生肉团之作女子修善化人缘第 19》："七岁以前，转读《**法华**》、《八十华严》。默然不逗。终乐出家。"（p. 308）《奈良朝写经 66·大般若经卷第 176》："是以，大法师讳行信，平生之日，至心发愿，敬写《**法华**》一乘之宗，金鼓灭罪之文。"（p. 403）②指法华寺。《续日本纪》卷 17《圣武孝谦纪》："崇福、香山药师、建兴、**法华**四寺，各絁二百匹、布四百端、棉一千屯、稻一十万束、垦田地一百町。"（第三册，p. 82）又卷 30《称德纪》宝龟元年九月条："辛巳，七七。于山阶寺设斋焉。诸国者，每国屈请管内僧尼于金光、**法华**二寺，行道转经。是日，京师及天下诸国大秡。"（第四册，p. 304）又卷 31《光仁纪》宝龟二年八月条："己卯，初令所司铸僧纲及大安、药师、东大、兴福、新药、元兴、法隆、弘福、四天王、崇福、**法华**、西隆等寺印，各颁本寺。"（第四册，p. 348）→【法华灭罪之寺】【法華寺】

【**法花大乘**/ほけだいじょう】 四字 （3 例）　《妙法莲花经》为大乘经典，故名。《日本灵异记》下卷《忆持〈法华经〉者舌著曝髑髅中不朽缘第 1》："僧常诵持**法华大乘**，以之为宗。"（p. 263）又《将写〈法华经〉建愿人断日暗穴赖愿力得全命缘第

13》："于时，独居穴里念：'吾先日愿奉写**法华大乘**，而未写断。我命全给，我必奉果。'"（p. 293）又《重斤取人物又写〈法华经〉以现得善恶报缘第22》："于时，僧言：'校札之者，实如汝曰。敬写三部**法华大乘**也。虽写大乘，而作重罪。所以者何？汝用斤二，出举之时，用于轻斤，征纳之日，用于重斤，故召汝耳。今者忽还。'"（p. 315）唐窥基撰《妙法莲华经玄赞》卷9《安乐行品》："赞曰：末赐大乘喻也。明珠即是**法华大乘**，是佛心首所持故言髻中，见功犹小不断智障品之四魔。法华会前尚住权智未为说此。"唐道宣撰《广弘明集》卷28："今谨于某处如干僧如干日法华忏，见前大众至心敬礼释迦如来多宝世尊，礼妙**法华大乘**经典，礼普贤菩萨妙光法师，愿多宝如来从地涌出，普贤菩萨乘象空来，并入道场证明功德。"

【**法華経**/ほけきょう】 内典 （60例） ①讲说。《日本书纪》卷22《推古纪》十四年是岁条："是岁，皇太子亦讲《**法华经**》于冈本宫，天皇大喜之，播磨国水田百町施于皇太子。因以纳于斑鸠寺。"（第二册，p. 554）《日本灵异记》上卷《自幼时用网捕鱼而现得恶报缘第11》："播磨国餝磨郡浓于寺、京元兴寺沙门慈应大德，因坛越请夏安居，讲《**法华经**》。"（p. 88）②读诵。《日本灵异记》上卷《忆持〈**法华经**〉现报示奇异表缘第18》："昔大和国葛木上郡，有一持经人丹治比之氏也。其生知。年八岁以前，诵持《**法华经**》，竟唯一字不得存。至于二十有余岁，犹难得持。因观音以悔过。于时，梦见，有人曰：'汝昔先身，生在伊豫国别郡日下部猴之子。时汝奉诵《**法华经**》，而灯烧一文，不得诵。今往见之。'从梦醒惊而思怪之，白其亲曰：'忽缘事，欲往伊豫。'二亲听许。然咨往当到之猴家，叩门唤人。乃女人出含咲还入，白家母曰：'门在客人，恰似死郎。'闻之出见，犹疑死子。家长见之，亦怪问之：'仁者何人？'答陈国郡之名。客人亦问之，答具告知彼姓名也。明知是我先父母。即长跪拜。猴爱之，唤入，居床而瞻言：'若死昔我子之灵矣。'客人具述梦状，谓翁姥吾先父母。猴亦语，因而示之曰：'我先子号某，其子住堂读经及以持水瓶等是也。'先子闻之，入堂内，取彼《**法华经**》，开见之。当不所诵之文，灯烧失也。于时忏悔，奉直之后，就状得持。于是，祖子相见，一怪一喜。父子之义，不失孝养。赞曰：'善哉！日下部之氏，读经求道，过现二生，重诵本经。现孝二父，美名传后，是圣非凡。诚知，法华威神，观音验力。'《善恶因果经》云：'欲知过去因，见其现在果。欲知未来报，见其现在业。'者，其斯谓之矣。"又下卷《忆持〈**法华经**〉者舌著曝髑髅中不朽缘第1》："诺乐宫御宇大八洲国之帝姬阿倍天皇御代，纪伊国牟娄郡熊野村，有永兴禅师。化海边之人。时人贵其行，故美称菩萨。从天皇城有南故，号曰南菩萨。尔时，有一禅师，来之于菩萨所。所持之物，《**法华经**》一部，字细少书，减卷数成一卷持之。白铜水瓶一口，绳床一足也。僧常诵持法华大乘，以之为宗。历一年余，而思别去。敬礼禅师，奉施绳床，而语之曰：'今者罢退，欲居山。踰于伊势国。'禅师闻之，糯干饭舂筛二斗，以之施师，优婆塞二人副，共遣使见送。是禅师一日道所送，而以《**法华经**》并钵干饭粉等与优婆塞，自此令还，唯以麻绳二十寻水瓶一口而别去。径送二年，熊野村人，至于熊野河上之山，伐树作船。闻之有音，诵《法华经》。累日径月，犹读不止。造船之人，闻读经音，发心贵之，擎自分粮，以推求之，不瞰形色。故还而居，读经之音，如先不息。后历半年，为引船人入山，闻之读经，音犹不止。怪白禅师。禅师怪往，而闻有实。寻求见之，有一尸骨。以麻绳系二足，悬岩投身而死。骨侧有水瓶。乃知别去之禅师也。永兴见之，悲哭而还。然历三年，山人告云：'读经之音，如常不止。'永兴复往，将取其骨，见髑髅者，至于三年，其舌不腐。菀然生有。谅知大乘不思议力，诵经积功验德也。赞曰：'贵哉！禅师。受血肉身，常诵法华，得大乘验。投身曝骨，而髑髅中，著舌不烂。是明圣也，不凡矣。'又吉野金峰，有一禅师。往峰行道。禅师闻，往前有音。读于《法华经》《金刚般若经》。闻之留立，排开草中而见之者，有一髑髅。历久日曝，其舌不烂而生者著有。禅师取收净处，语髑髅言：'以因缘故，汝值于我。'便以草茸覆于其上，共住读经，六时行道。禅师随读法华，髑髅共读故，见彼舌，舌振动矣。是亦奇异之事也。"（p. 263）又下卷《依妨修行人得猴身缘第24》："暂顷修行时，梦人语言：'为我读经。'惊觉念怪。明日，小白猴现来言：'住此道场，而为我读《法华经》。'云。僧问言：'汝谁耶？'猴答言：'我东天竺国大王也。彼国有修行僧从者数千所。农业息。数千者千余数之数千也。因我制言：'从者莫多。'其时我者，禁从众多，不妨修道，虽不禁修道，因妨从者，而成罪报。犹后生受此猕猴身，成此社神。故为脱斯身，居住此堂，为我读《法华经》。'"（p. 322）《续日本纪》卷11《圣武纪》天平六年十月条："自今以后，不论道俗，所举度人，唯取暗诵《法华经》一部，兼解礼法，敬行三年以上者，令得度者，学问弥长，嘱请自休。"（第二册，p. 282）③书写。《日本灵异记》中卷《奉写〈法华经〉因供养显母作女牛之因缘第15》："高桥连东人者，伊贺国山田郡嗷代里人也。大富饶财。奉为母写《法华经》，以盟之曰：'请于我愿有缘之师，欲所济度。'严法会讫，将供明日，而诫使曰：'值第一以为我缘师。有修法状，不过必请。'其使随愿出门，试往至于同郡御谷之里，见有乞者。钵囊悬肘，醉酒卧路。姓名未详。有伎戏人，剃发悬绳以为袈裟。虽为然，犹曾不觉知。使见起礼，劝请归家。愿主见之，信心敬礼，一日一夜，家内隐居，顿作法服，以之奉施。爰乞者问之：'所以者何？'答曰：'请令讲《法华经》。'乞者：'我无所学。唯诵持般若陀罗尼，乞食活命。'愿主犹请。乞者思议，不如窃逃。兼心知逃，副人令守。彼夜，讲师梦见，赤犊来至，告言：'我此家长公母也。是家牛中，有赤牝牛。其儿吾也。我昔，先世偷用子物。所以今受牛身，以偿其债。明日为我将说大乘之师故，贵而殷告知。欲知虚实，说法堂里，为我敷座，我当上居。'讲师，自梦惊醒，心内大怪。明朝，登讲座言：'我无所觉。随愿主心，故登此座。唯有梦悟。'具陈梦状。檀主闻起，敷座唤牝，牝伏座。于是，檀主大哭言：'实我母！我曾不知。今我奉免。'牛闻大息。法事讫后，其牛即死。法会之众，悉皆号哭，响于堂庭。往古已后，莫过斯奇。更为其母，重修功德。谅知愿主顾母恩，至深之信，乞者诵神咒，积功之验也。"

（p. 187）又《阎罗王示奇表劝人令修善缘第9》："广足白言：'我为此女，写**《法华经》**，讲读供养，救所受苦。'"（p. 284）又："广足朝臣，如之语传。为彼死妻，奉写**《法华经》**，讲读供养，追赠福聚，赎袚彼苦。斯奇异事矣。"（p. 284）又《如法奉写〈**法华经**〉火不烧缘第10》："牟娄沙弥者，榎本氏也。自度无名。纪伊国牟娄郡人，故字号牟娄沙弥者。居住安谛郡之荒田村，剃除鬓发，著袈裟，即俗收家，营造产业。发愿如法清净奉写**《法华经》**一部。专自书写。每大小便利，洗浴净身，自就书写筵以还，径六个月，乃缮写毕。供养之后，入于涂漆皮笥，不安外处，置于住室之翼阶，时时读之。神护景云三年，岁次己酉，夏五月二十三日丁酉，午时，发火总家，皆悉烧灭。唯彼纳经之笥，有于盛爝火之中，都无所烧损。开笥见之，经色俨然，文字菀然。八方人视闻之，无不奇异。谅知阿东练行尼，所写如法经之功兹显；陈时王与，读经免火难之力再示。赞曰：'贵哉，榎本氏。深信积功，写一乘经。护法神卫，火呈灵验。是不信人改心之能谈。邪见人辍恶之颖师矣。'"（p. 286）又《将写〈**法华经**〉建愿人断日暗穴赖愿力得全命缘第13》："美作国英多郡部内，有官取铁之山。帝姬阿倍天皇御代，其国司召发役夫十人，令入铁山入穴堀取铁。时山穴口，忽然崩塞动。役夫惊恐，从穴竞出，九人仅出。一人有后出。彼穴口塞合留，国司上下，思之所压而死，故惆怅之。妻子哭愁，图绘观音像，写经追赠福力而径七日已讫。于时，独居穴里，念：'吾先日愿奉写法华大乘，而未写断。我命全给，我必奉果。'居于暗穴，而惆怅之。自生长时，至于今日，无过此哀。彼穴户隙，指刺许开，日光被至。故有一沙弥。自隙入来，钵盛馔食，以与之语：'汝之妻子，供我饮食，雇吾劝救。汝复哭愁，故我来之。'自隙出去。去后不久，当乎居顶，而穴开通，日光照被及也。穴开通，广方二尺余，高五丈许。于时三十余人，取葛入山，自穴边往。穴底人，见人影，叫言：'取我手。'云。山人侧闻，如蚊音，即闻怪之，取葛系石，下底而诫，底人取引。明知人也。结葛为绳，编葛为笼，以四葛绳系笼四角，机立穴门，渐下穴底。底人乘笼，以机牵上，持送亲家。亲属见之，哀喜无比。国司问云：'汝作何善？'答曰如上。国司闻之大悲，引率知识，相助造**《法华经》**，供养已毕。是乃**《法华经》**神力，观音赑屃。更莫疑之矣。"（p. 293）又《奉写〈**法华经**〉经师为邪淫以现得恶死报缘第18》："丹治比经师者，河内国丹治比郡人。姓丹治比，故以为字。其郡部内有一道场，号曰野中堂。有发愿人以宝龟二年辛亥夏六月，请其经师于其堂，奉写**《法华经》**。女众参集，以净水加经之御墨。于时，未申之间，段云雨降。避雨入堂，堂里狭少，故经师与女众居同处。爱经师淫心炽发，踞于娘脊。举裳而婚。随屌入膣，携手俱死。唯女口沤啮啮出而死。晰知护法刑罚。爱欲之火，虽燋身心，而由淫心，不为秽行。愚人所贪，如蛾投火。所以律云：'弱脊自淫面门。'复《涅槃经》云：'知五欲法，无有欢乐。不得暂停。如犬啮枯骨，无饱厌期。'者，其斯谓也矣。"（p. 305）又下卷《重斤取人物又写〈**法华经**〉以现得善恶报缘第22》："他田舍人虾夷者，信浓国小县郡迹目里人也。多富财宝，钱稻出举。虾夷奉写**《法华经》**二遍，每遍设会，讲读既了。后复思议，犹不足心，更敬缮写。唯未供养。宝龟四年癸丑夏四月下旬，虾夷忽率。而死妻子量言：'丙年之人，故不烧失。'点地作冢，殡以置之。死经七日，而苏告言：'使有四人，共副将往。'广野，次有卒坂。登于坂上，观有大观。于是峙视前路，多有数人，以帚扫路言：'奉写《法华经》之人，从此路往，故我等扫净。'即至待礼。前有深河。广一町许。其河度椅。有数人众。其椅修理言：'奉写《法华经》之人，从此椅度，故我修理。'到便待礼。到椅彼方，有黄金宫，其宫有王。椅本有三衢。一道广平，一道草小生，一道以薮而塞。立虾夷于其衢，一人入宫曰：'召。'王见之言：'此奉写《法华经》之人。'即示于草小生道言：'从此道将来。'四人副至热铁柱，所令抱彼柱。编铁热烧，著背而押。历三日夜，令抱铜柱。编铜甚热，著背而押。又径三日，极热如爝。铁铜虽热，非热非安。编铁虽重，非重非轻。恶业所引，唯欲抱荷。合历六日乃出。三僧问虾夷言：'汝知此意不也？'答：'不知也。'僧复问言：'汝作何善？'答：'我奉写《法华经》三部。唯一部未供养之也。'札出三枚，二枚金札，一枚铁札。亦斤出二枝，一枝重倍稻一把，一枝轻减稻一把。于时，僧言：'校札之者，实如汝曰。敬写三部法华大乘也。虽写大乘，而作重罪。所以者何？汝用斤二，出举之时，用于轻斤，征纳之日，用于重斤，故召汝耳。今者忽还。'还来，如前多人以帚扫道，作椅言：'奉写《法华经》之人，从阎罗王宫还来之。'度彼椅毕，才见苏还。然而后戴所写之经，增发信心，讲读供养。诚知作善来福，作恶来灾。善恶之报，终不朽失，并受二报。唯专作善，不可作恶矣。"（p. 315）又《村童戏克木佛像愚夫斫破以现得恶死报缘》："如《法华经》说：'若童子戏木及笔，或以指爪甲，而画作佛像，皆成佛道。复举一手，小低头，以此供养佛像，成无上道。'是以慎信矣。"（p. 337）又《不顾因果作恶受罪报缘第37》："问诸史言：'若此人在世时，作何功德善？'诸史答言：'唯奉写《法华经》一部。'"（p. 358）又："时妻子等闻之，恳哀之言：'卒经七七日，为彼恩灵修善赠福既毕。何图，堕恶道受剧苦之耶？'更奉写《法华经》一部，恭敬供养，追救彼灵苦也。"（p. 358）《续日本纪》卷9《圣武纪》神龟三年八月条："八月癸丑，奉为太上天皇，造写释迦像并《法华经》讫。仍于药师寺设斋焉。"（第二册，p. 170）又卷13《圣武纪》天平十二年六月条："甲戌，令天下诸国，每国写《法华经》十部，并建七重塔焉。"（第二册，p. 364）又天平十三年闰三月条："甲戌，奉八幡神宫秘锦冠一头，金字《最胜王经》《法华经》各一部，度者十人，封户、马五匹。又令造三重塔一区。赛宿祷也。"（第二册，p. 392）又卷17《圣武纪》天平二十年七月条："奉为太上天皇，奉写《法华经》一千部。"（第三册，p. 58）《奈良朝写经64·金光明最胜王经卷第1》："维天平宝字六年岁次壬寅二月八日，菩萨戒佛弟子百济丰虫，奉为二亲，敬写《法华经》一部。"（p. 393）④恶报。《日本灵异记》上卷《誓读〈法华经〉品之人而现口喎斜得恶报缘第19》："昔山背国，有一自度，姓名未详也。常作碁为宗。沙弥与白衣俱作碁。时乞者来，读《法华经》品而乞物。沙弥闻之，轻咲呰，故戾己口，讹音效读。白衣闻之，碁条恐曰：'畏恐矣。'白衣者，作碁每遍而胜；沙弥者，每遍犹负。于是，即坐沙弥口喎，斜令药治疗，终不直。《法华经》云：'若有轻咲之者，当世世牙齿疏缺，丑唇、平鼻、手脚缭戾、眼目角睐。'者，其斯之谓矣。宁托恶鬼，虽多滥言，而持经者，不可诽谤。能谏口业矣。"（p. 103）又中卷《恶逆子爱妻将杀母谋现报被恶死缘第3》："子语母言：'东方山中，七日奉说《法华经》有大会。率母闻之。'"（p. 152）又中卷《呰读〈法华经〉僧而现口喎斜得恶死报缘第18》："去天平年中，山背国相乐郡部内，有一白衣。姓名未详也。同郡高丽寺僧荣常，常诵持《法华经》。彼白衣，与僧居其寺，暂间作碁。僧作碁条言：'荣常师之碁手乎。'每遍之言。白衣呰僧，故戾己口，效言而曰：'荣常师碁手乎？'如是重重不止犹效。爰奄然白衣口喎斜。恐以手押颐，出寺而去。去程不远，举身辟地，顿命终矣。见闻人云：'虽不加刑，呰心效言，口喎斜，忽然而死。何况发怨仇心，加刑罚矣。'《法华经》云：'贤僧与愚僧，不得居同位。又长发比丘者，白衣不剃发鬓而贤也。同位同器而不得用。若强位者，铜炭上居铁丸吞，堕地狱。'者，其斯谓之矣。"（p. 196）又下卷《诽奉写〈法华经〉女人过失以现口喎斜报缘第20》："粟国名方郡埴村，在一女人。忌部首。字曰多夜须子。白璧天皇代，是女奉写《法华经》于麻殖菀山寺。于时，麻殖郡人忌部连板屋，举显彼女人之过失，以诽谤故，即口喎斜，面戾于后，而终不直。《法华经》云：'谤受持此经者，诸根暗钝，矬陋挛躄，盲聋背伛。'又云：'见受持是经者，出其过恶，若实若不实，此人现世得白癞病。'者，其斯谓也矣。当慎信心。应赞彼德，不谤其缺。蒙大灾故矣。"（p. 310）又《假官势非理为政得恶报缘第35》："我存世时，白米纲丁而经数年，佰姓之物，非理打征。由其罪报，今受此苦。愿为我，奉写《法华经》者，脱我之罪。"（p. 353）又："天皇信悲，以延历十五年三月朔七日，始召经师四人，为古麿奉写《法华经》一部。"（p. 353）⑤善报。《日本灵异记》上卷《修持孔雀王咒法得异验力以现作仙飞天缘第28》："吾圣朝之人道照法师，奉敕求法，往于大唐。法师受五百虎请，至于新罗。有其山中《法华经》。"（p. 119）⑥灵异。《日本灵异记》中卷《至诚心奉写〈法华经〉有验示异事缘第6》："圣武天皇御代，山背国相乐郡，有发愿人。姓名未详也。为报四恩，奉写《法华经》，为纳大乘遣使四方，求白檀紫檀。"（p. 161）又《禅师将食鱼化作〈法华经〉覆俗诽缘第6》："吉野山有一山寺，名号海部峰也。帝姬阿倍天皇御世，有一大僧，住彼山寺。精勤修道。疲身弱力，不得起居。念欲食鱼，语弟子言：'我欲噉鱼。汝求养我。'弟子受师语，至于纪伊国海边，买鲭八只，纳小柜而归上。时本知檀越三人，遭道而问之言：'汝持物何物之也？'童子答言：'此《法华经》也。'从持小柜，垂鱼之汁，其臭如鱼。俗念非经。即至于大和国内市边，俗等俱息。俗人逼言：'汝之持物非经。此鱼也。'童子答言：'非鱼，当经也。'俗强令开。不得逆拒，开柜见，化《法华经》八卷也。俗等见之，恐奇而去。彼一俗念犹奇见遂，而窃窥往。童子至于山寺，向师具陈于俗等事，禅师闻之，一怪一喜，知天守护。然食彼鱼时窥往俗见，五体投地，白禅师言：'虽实鱼体，而就圣人之食物者，化《法华经》也。我愚痴邪见，不知因果，而犯逼恼乱。愿罪脱赐。自今已后，为我大师，恭敬供养。'自尔，俗成大檀越，供养禅师。当知为法助身。于食物者，虽食杂毒而成甘露，虽食鱼宍而非犯罪。鱼化成经，天感齐道。此复奇异事也。"（p. 276）⑦故事。《怀风藻》第 109 首释道融《小传》："昔丁母忧，寄住山寺，偶见《法华经》，慨然叹曰：'我久贫苦，未见三宝珠之在衣中。周孔糟粕，安足以留意。'遂脱俗累，落饰出家。"（p. 174）

【法華滅罪（之）寺/ほけめつざい（の）てら】 寺名 "法华寺"的别名。"灭罪"，又作除罪，通过忏悔、观佛、念佛、称名、持咒等宗教行为，灭罪、消业障。《续日本纪》卷 14《圣武纪》天平十三年三月条："僧寺必令有二十僧。其寺名，为金光明寺天王护国之寺。尼寺一十尼。其名为**法华灭罪之寺**。两寺相去，宜受教戒。"（第二册，p. 390）

【法華寺/ほっけじ】 寺名 （16 例） 位于日本奈良县奈良市法华寺町，真言律宗的尼寺。亦称法华灭罪寺、比丘尼御所，为门迹寺。奉 741 年（日本天平十三年）兴建国分寺、国分尼寺的诏书，753 年（天平胜宝五年）或 752 年光明皇后创立该寺，号总国分尼寺。①造寺。《续日本纪》卷 17《圣武纪》天平十九年十一月条："己卯，诏曰：'朕以去天平十三年二月十四日，至心发愿，欲使国家永固，圣法恒修，遍昭天下诸国，国别令造金光明寺、**法华寺**。其金光明寺各造七重塔一区，并写金字金光明经一部，安置塔里。'"（第三册，p. 48）又卷 29《称德纪》神护景云二年七月条："外从五位下秦忌寸真成为造**法华寺**判官。"（第四册，p. 208）又神护景云二年十一月条："兵部卿从三位藤原朝臣宿奈麻吕为兼造**法华寺**长官。"（第四册，p. 222）又卷 30《称德纪》宝龟元年八月条："参议从三位兵部卿兼造**法华寺**长官藤原朝臣宿奈麻吕为大宰帅。"（第四册，p. 300）又宝龟元年九月条："造**法华寺**长官如故。"（第四册，p. 304）又卷 36《高绍纪》天应元年十月条："外从五位下和史国守为造**法华寺**次官。"又卷 37《桓武纪》延历元年二月条："正五位下荣井宿祢襄麻吕为造**法华寺**长官。"②施舍。《续日本纪》卷 17《孝谦纪》天平胜宝元年七月条："乙巳，定诸寺垦田地限。大安、药师、兴福、大倭国**法华寺**、诸国分金光明寺、寺别一千町。大倭国国分金光明寺四千町。元兴寺二千町。弘福、法隆、四天王、崇福、新药师、建兴、下野药师寺、筑紫观世音寺，寺别五百町。诸国**法华寺**，寺别四百町。自余定额寺，寺别一百町。"（第三册，p. 88）③评价。《续日本纪》卷 19《孝谦纪》天平胜宝八岁五月条："又和上鉴真、小僧都良辩、华严讲师慈训、大唐僧法进、**法华寺**镇庆俊，或学业优富，或戒律清净，堪圣代之镇护，为玄徒之领袖。"（第三册，p. 162）又卷 20《孝谦纪》天平宝字二年六月条："六月甲辰，大宰阴阳师从六位下余益人、造**法华寺**判官从六位下余东人等四人，赐百济朝臣姓。"（第三册，p. 253）④法事。《续日本纪》卷 23《淳仁纪》天平宝字五年六月条："六月庚申，设皇太后周忌斋于阿弥陀净土院。其院者在**法华寺**内西南隅。为设忌斋所造也。"（第三册，p. 380）又："又舍田十町，于**法华寺**，每年始自忌日，一七日间，请僧十人，礼拜阿弥陀佛。"（第三册，p. 380）又卷27《称德纪》天平神护二年十月条："壬寅，奉请隅寺毗沙门像所现舍利于**法华寺**。"（第四册，p. 134）⑤行幸。《续日本纪》卷24《淳仁纪》天平宝字六年五条："帝御于中宫院，高野天皇御于**法华寺**。"（第三册，p. 408）⑥灵异。《日本灵异记》下卷《减塔阶仆寺幢得恶报缘减塔阶仆寺幢得恶报缘第36》："时病者托言：'我永手也。我令仆乎**法华寺**幢，后西大寺八角塔成四角，七层减五层也。由此罪，召我于阎罗王阙，令抱火柱，以挫钉打立我手于，而问打拍。'"（p. 356）

【**法華威神**/ほけのいじん】 四字 受持《法华经》所带来的巨大的利益功德。《日本灵异记》上卷《忆持〈法华经〉现报示奇异表缘第18》："赞曰：'善哉！日下部之氏，读经求道，过现二生，重诵本经。现孝二父，美名传后。是圣非凡。诚知**法华威神**，观音验力。'"（p. 101）宋智严译《佛说法华三昧经》卷1："愿得大普恩，**法华威神**力，三界一切人，皆得是三昧。"

【**法会**/ほうえ】 偏正 （3例） 供佛、施僧、说法等宗教集会。《日本灵异记》中卷《恃己高德刑贱形沙弥以现得恶死缘第1》："时**法会**众道俗，偷谤之言：'凶之，不善矣。'"（p. 146）又《奉写〈法华经〉因供养显母作女牛之因缘第15》："奉为母写《法华经》，以盟之曰：'请于我愿有缘之师，欲所济度。'严**法会**讫，将供明日，而诚使曰。"（p. 187）又《行基大德携子女人视过去怨令投渊示异表缘第30》："尔时，河内国若江郡川派里，有一女人，携子参往**法会**，闻法。"（p. 226）→【安居会】【大法会】【大斋会】【開仏眼会】【仁王般若（之）会】【仁王会】【三会】【設斋大会】【維摩会】【無遮大会】【厳備法会】【盂蘭瓮会】

【**法会之衆**/ほうえのもろひと】 先例 参加法会的众多僧人。《日本灵异记》中卷《奉写〈法华经〉因供养显母作女牛之因缘第15》："牛闻大息。法事讫后，其牛即死。**法会之众**，悉皆号哭，响于堂庭。"（p. 188）明德清述《法华经通义》卷1："此序广列**法会之众**也。诸大菩萨，乃助佛扬化，为法眷属。"

【**法慧**/さとり】 偏正 佛法的智慧，开悟的智慧。《奈良朝写经38·大般若经卷第591》："寔知圣教广被，训尘沙而一味；**法慧**高照，运大千而分影。"（p. 253）后汉支娄迦谶译《般舟三昧经》卷2《拥护品》："其人道意不退转，**法慧**之义而无尽。姿颜美艳无与等，诵习此经开化人。"西晋无罗叉译《放光般若经》卷4《陀邻尼品》："何等为**法慧**？晓断五阴，是为**法慧**。"西晋竺法护译《光赞经》卷7《观品》："何谓晓了**法慧**？谓于五阴所造罪福，断绝为慧。"

【**法界**/ほっかい】 偏正 （2例） "法界"，谓宇宙森罗万象的一切境界、全宇宙。《奈良朝写经38·大般若经卷第591》："玉镜悬于六道，感万机于**法界**。"（p. 253）《奈良朝写经67·华严八会刚目章》："回此功德施**法界**，皆愿当得寂静乐。"（p. 417）姚秦竺佛念译《菩萨璎珞本业经》卷1《贤圣学观品》："佛子，无明者名不了一切法，迷**法界**而起三界业果。"隋智顗说《摩诃止观》卷5："**法界**者三义。十数是能依，法界是所依，能所合称，故言十**法界**。又此十法各各因各各果，不相混滥故言十**法界**。又此十法一一当体，皆是**法界**故言十时界（云云）。"

【**法界含識/ほっかいのがんじき**】 四字 宇宙一切有情众生。"含识"，指含有心识的有情众生，即一切生物。《法隆寺金堂释迦三尊像光背铭》："癸未年三月中，如愿敬造释迦尊像并侠待及庄严具竟。乘斯微福，信道知识，现在安隐，出生入死，随奉三主，绍隆三宝，遂共彼岸。普遍六道，**法界含识**，得脱苦缘，同趣菩提。"唐义净撰《大唐西域求法高僧传》卷2："于时五体布地一想虔诚，先为东夏四恩，普及**法界含识**，愿龙华初会遇慈氏尊，并契真宗获无生智。"颜娟英主编《报德玉像七佛颂碑》卷1："愿七庙神□□域，皇祚遐隆，群寮忠贞。旷劫师僧，七世父母，**法界含识**，同沾斯庆。龙华之□，□登初会。"宋知礼集《金光明最胜忏仪》卷1："历世冤亲**法界含识**，咸生正信发菩提心。"

【**法界有情/ほっかいのうじょう**】 四字 "有情"，又名众生，即一切有情识的动物。《续日本纪》卷17《圣武纪》天平胜宝元年闰五月条："所冀太上天皇沙弥胜满，诸佛拥护，法药熏质，万病消除，寿命延长，一切所愿，皆使满足，令法久住，拔济群生，天下太平，兆民快乐，**法界有情**，共成佛道。"（第三册，p.82）唐玄奘译《瑜伽师地论》卷43《摄事品》："普为一切，**法界有情**，修行如是，施等善根，非专为己，事无别者。"唐不空译《金刚顶瑜伽三十七尊礼》卷1："普为梵释四王天龙八部帝主人王师僧父母，及善知识道场众等**法界有情**，并愿断除诸障，归命忏悔。"唐圆照集《代宗朝赠司空大辨正广智三藏和上表制集》卷3："诸佛理体，菩萨行门，**法界有情**，无生实相，分明表示，功德广大，余经罕俦。"

【**法襟/ほうきん**】 自创 佛法的情怀。《续日本纪》卷8《元正纪》养老二年十月条："将须象德定水澜波，澄于**法襟**，龙智慧烛芳照，闻于朝听。"（第二册，p.48）

【**法镜/ほうきょう**】 偏正 佛法能鉴照万物，犹如明镜，一一照显，丝毫不爽，故称。《奈良朝写经19·灌顶随愿往生经》："引四海于**法镜**，则欲海澄氛。导六识于禅门，则邪云卷翳。"（p.129）后汉安玄译《法镜经》卷1："群生贤圣竞于清净，称斯道曰大明，故曰**法镜**。"姚秦佛陀耶舍、竺佛念等合译《长阿含经》卷2："**法镜**者，谓圣弟子得不坏信，欢喜信佛、如来、无所著、等正觉、十号具足，欢喜信法。"姚秦鸠摩罗什译《大智度论》卷5《序品》："法之大将持**法镜**，照明佛法智慧藏，持诵广宣振法铃，如海中船渡一切。"唐义净译《根本说一切有部毗奈耶杂事》卷36："云何**法镜**？谓佛法僧，圣清净戒，汝等于此，深生尊重，恭敬供养，礼拜赞叹，正信正念，常不断绝。是名**法镜**。"→【智镜】

【法具/ほうぐ】 偏正 指修学佛道所必要之资具，古称道具。即三衣、六物乃至犍椎、筹、锡杖、瓶、数珠、抚子、扇等。此处指香炉。《藤氏家传》上卷《镰足传》："加以，出家归佛，必有**法具**。"（p. 243）后汉安世高译《长阿含十报法经》卷1："或时佛不说经，学者但如闻如受法，独一处计念，若如闻如受**法具**讽读，便如应解如法解。是行者四解脱。"

【法林～定水～/ほうりん～じょうすい～】 对偶 "法林"，佛法之园林，林喻佛法之多。"定水"，澄静之水，喻清净的禅定之心。《续日本纪》卷8《元正纪》养老三年十一月条："神睿法师，幼而卓绝，道性夙成。抚翼**法林**。濡鳞**定水**。不践安远之讲肆，学达三空；未漱澄什之言河，智周二谛。"（第二册，p. 62）北凉昙无谶译《佛所行赞》卷4《瓶沙王诸弟子品》："世尊独游步，往诣伽阇山，入空静**法林**，诣迦叶仙人。"吴支谦译《佛说维摩诘经》卷2《如来种品》："总持为苑囿，觉华甚奇快，厥实度知见，彼树**法林**大。"

【法林寺/ほうりんじ】 寺名 位于奈良县生驹郡斑鸠町大字三井。亦称法轮寺。《日本灵异记》上卷《圣德皇太子示异表缘第4》："后乞匃人，他处而死。太子闻之，遣使以殡，冈本村**法林寺**东北角有守部山，作墓而收。名曰人木墓也。"（p. 69）

【法侣/ほうりょ】 偏正 （2例） 遵法的徒众。犹言僧侣。《日本书纪》卷20《敏达纪》十四年三月条："是日，无云风雨。大连被雨衣，诃责马子宿祢与从行**法侣**，令生毁辱之心。"（第二册，p. 492）《藤氏家传》下卷《武智麻吕传》："何肯白衣檀越，辄统僧物。不供**法侣**，损坏精舍，此非所以益国家之福田，损众生之恶业者。"（p. 330）梁慧皎撰《高僧传》卷2："安阳居绝妻孥，无欲荣利，从容**法侣**，宣通正法，是以黑白，咸敬而嘉焉。"唐道宣撰《续高僧传》卷1："至三藏崩后，**法侣**雕散，宗嗣将亏。"唐法藏撰《华严经传记》卷2："齐主武成降书，邀请于大极殿，开阐此经。**法侣**云繁，士族咸集，时共荣之，为大观盛也。"→【玄侣】【众侣】【缁侣】

【法门/ほうもん】 偏正 佛所说的法，因是众生超凡入圣的门户，故称。《奈良朝写经18·弥勒上生经》："盖闻：**法门**兴圣，表无量以凝尊；真相开灵，随缘然而应物。"（p. 141）姚秦鸠摩罗什译《妙法莲华经》卷1《方便品》："今我亦如是，安隐众生故，以种种**法门**，宣示于佛道。"唐实叉难陀译《大方广佛华严经》卷2《世主妙严品》："佛刹微尘**法门**海，一言演说尽无余，如是劫海演不穷，善思慧光之解脱。"唐裴休集《黄檗山断际禅师传心法要》卷1："八万四千**法门**，对八万四千烦恼。祇是教化接引门，本无一切法。离即是法，知离者是佛。"→【無二法門】

【法门袖领/ほうもんのじゅりょう】 自创 佛教界的最高领导人。《续日本纪》卷8《元正纪》养老五年六月条："又百济沙门道藏，寔惟**法门袖领**，释道栋梁。"（第二册，p. 98）唐般若译《大乘理趣六波罗蜜多经》卷1御制《大乘理趣六波罗蜜多经

序》："时大德则有资圣寺道液、醴泉寺超悟、慈恩寺应真、庄严寺圆照、光宅寺道岸、西明寺圆照、章敬寺辩空、西明寺良秀等，**法门领袖**，人中龙象，证明正义，辉润玄文，知释迦之宝城，识众尊之满字。"按：《续日本纪》卷19《孝谦纪》天平胜宝八岁五月条："又和上鉴真、小僧都良辩、华严讲师慈训、大唐僧法进、法华寺镇庆俊，或学业优富，或戒律清净，堪圣代之镇护，为**玄徒之领袖**。"（第三册，p. 162）

【法名/ほうみょう】 偏正 出家僧或皈依佛教时，师父给取的名字。亦作法号、法讳、戒名。《日本灵异记》下卷《未作毕捻埴像生呻音示奇表缘第17》："其里有一道场，号曰弥气山室堂。其村人等造私之堂，故以为字。（夹注）**法名**曰慈氏禅定堂者。"（p. 303）唐慧立本、彦悰笺《大唐大慈恩寺三藏法师传》卷9："移人王之胤，为法王之子，披著法服，制立**法名**，授以三归，列于僧数。"

【法器山寺/ほうきのやまでら】 寺名 位于奈良县高市郡高取町的观音院（"考证说"）。《日本灵异记》上卷《持戒比丘修净行而得现奇验力缘第26》："大皇后天皇之代，有百济禅师，名曰多罗常。住高市郡部内**法器山寺**。"（p. 114）

【法僧/みのりとほうし】 偏正 佛法和僧人。《日本灵异记》上卷《序》："或贪寺物，生犊偿债。或诽**法僧**，现身被灾。或殉道积行，而现得验。"（p. 54）西晋法炬译《央掘魔罗经》卷3："如来第一常，闻无常生受，若闻**法僧**灭，是二俱受生，是名摩诃衍，所说三受义。"刘宋求那跋陀罗译《杂阿含经》卷40："诸比丘，彼天帝释，舍脂之夫，敬礼**法僧**，亦复赞叹，礼**法僧**者，汝等已能，正信非家，出家学道，亦当如是，敬礼**法僧**，当复赞叹，礼**法僧**者。"

【法身/ほうしん】 偏正 梵语 dharma-kāya。佛三身之一，又名自性身，或法性身，即诸佛所证的真如法性之身。《奈良朝写经71·十诵律卷第17》："伏愿桥山之凤辂，向莲场而鸣銮；汾水之龙骖，泛香海而韬影。遂披不测之了义，永证弥高之**法身**。"（p. 425）唐玄奘译《成唯识论》卷10："谓诸如来，真净法界，受用变化，平等所依，离相寂然，绝诸戏论，具无边际，真常功德，是一切法，平等实性，即此自性，亦名**法身**，大功德法，所依止故。"

【法身常存/ほうしんはつねにのこる】 四字 "法身"，指佛所说之正法、佛所得之无漏法，及佛之自性真如如来藏。"常存"，恒久地存在，谓生命本体永远不会消亡。《日本灵异记》下卷《弥勒丈六佛像其颈蚁所嚼示奇异表缘第28》："夫闻佛非肉身，何有痛病？诚知圣心示现。随佛灭后，而**法身常存**，常住不易。更莫疑之焉。"（p. 336）西晋竺法护译《度世品经》卷6："诸天人民著于色身，故现色身，如是无常，**法身常存**，而为分别。"《大般涅槃经》卷4《如来性品》："善男子，譬如男女然灯之时，灯炉大小，悉满中油，随有油在，其明犹存。若油尽已，明亦俱尽，其明灭者，喻烦恼灭，明随灭尽，灯炉犹存。如来亦尔，烦恼随灭，**法身常存**。"→【肉身】

【法師/ほうし】 后缀 （149 例） 梵语 dharma-bhāṇaka。指精通佛教教义，又能如法修行，并善于为他人演说教法的僧尼。①地位。《日本书纪》卷 25《孝德纪》即位前纪条："以沙门旻**法师**、高向史玄理为国博士。"（第三册，p. 112）又大化元年八月条："朕更复思崇正教光启大猷。故以沙门狛大**法师**、福亮、惠云、常安、灵云、惠至、寺主僧旻、道登、惠邻、惠妙而为十师。别以惠妙**法师**为百济寺寺主。"（第三册，p. 122）又白雉四年五月条："是月，天皇幸旻**法师**房而问其疾，遂口敕恩命。"（第三册，p. 192）又："或本于五年七月云：'僧旻**法师**卧病于阿昙寺。'"（第三册，p. 192）又白雉四年六月条："天皇闻旻**法师**命终而遣使吊，并多送赠。皇祖母尊及皇太子等皆遣使吊旻**法师**丧。遂为**法师**，命画工狛坚部子麻吕、鲫鱼户直等多造佛菩萨像，安置于川原寺"（第三册，p. 192）《藤氏家传》上卷《镰足传》："尝群公子，咸集于旻**法师**之堂，读《周易》焉。大臣后至，鞍作起立，抗礼俱坐。讲讫将散，旻**法师**击目留矣。"（p. 130）《日本灵异记》下卷《灾与善表相先现而后其灾善答被缘第 38》："**法师**等乎裙著轻侮　曾之中要带荐楒悬　弥发时时　畏卿耶"（p. 370）又："如是歌咏。帝姬阿倍天皇御世之天平神护元年岁次乙巳年始，弓削氏僧道镜**法师**，与皇后同枕交通，天下政相摄，治天下。彼咏歌者，是道镜**法师**之与皇后同枕交通，天下政摄表答也。"（p. 370）又："如是咏言。是当知同时道镜**法师**以为法皇，鸭氏僧韵兴**法师**以为法臣参议，而天下政摄表答也。"（p. 370）又《智行并具禅师重得人身生国皇之子缘第 39》："向问饭占时，大德亲王之灵，托卜者言：'我是善珠**法师**也。暂间生国王之子耳。为吾烧香供养。'者矣。"（p. 378）又卷 12《圣武纪》天平九年十二月条："丙寅，改大倭国为大养德国。是日，皇太夫人藤原氏就皇后宫，见僧正玄昉**法师**。天皇亦幸皇后宫。皇太夫人为沉幽忧，久废人事。自诞天皇，未曾相见。**法师**一看，惠然开晤。至是、适与天皇相见。天下莫不庆贺。即施**法师**絁一千匹、棉一千屯、丝一千绚、布一千端。"（第二册，p. 334）又卷 19《孝谦纪》天平胜宝八年五月条："丁丑，敕：'奉为先帝陛下，屈请看病禅师一百二十六人者，宜免当户课役。但良辩、慈训、安宽三**法师**者，并及父母两户。然其限者，终僧身。'"（第三册，p. 162）又卷 27《称德纪》天平神护二年十月条："故诸〈乃〉大**法师**等〈乎〉比岐为〈天〉上〈止〉伊麻〈须〉太政大臣禅师〈乃〉如理〈久〉劝行〈波之米〉教导赐〈尔〉依〈天之〉、如此〈久〉奇〈久〉尊〈歧〉验〈波〉显赐〈弊利〉。"（第四册，p. 136）又："诸大**法师**〈可〉中〈仁毛〉、此二禅师等〈伊〉同心〈乎〉以〈天〉相从、道〈乎〉志〈天〉、世间〈乃〉位冠〈乎波〉不乐伊末〈佐倍止毛奈毛〉犹不得止〈天〉"（第四册，p. 136）又卷 28《称德纪》神护景云元年八月条："复去正月〈尔〉二七日之间诸大寺〈乃〉大**法师**等〈乎〉奏请〈良倍天〉最胜王经〈乎〉令讲赞〈末都利〉、又吉祥天〈乃〉悔过〈乎〉令仕奉〈流尔〉诸大**法师**等〈我〉如理〈久〉勤〈天〉坐〈佐比〉、又诸臣等〈乃〉天下〈乃〉政事〈乎〉合理〈天〉奉仕〈尔〉依〈天之〉三宝〈毛〉诸天

〈毛〉天地〈乃〉神〈多知毛〉共〈尔〉示现赐〈币流〉奇〈久〉贵〈伎〉大瑞〈乃〉云〈尔〉在〈良之止奈毛〉念行〈须〉。"（第四册，p. 172）②知识。《日本书纪》卷25《孝德纪》白雉元年二月条："道登**法师**曰：'昔高丽欲营伽蓝，无地不览。便于一所白鹿徐行，遂于此地营造伽蓝，名白鹿薗寺，住持佛法。'"（第三册，p. 180）又："僧旻**法师**曰：'此谓休祥足为希物。伏闻王者旁流四表则白雉见。'"（第三册，p. 180）又卷29《天武纪下》十四年十一月条："丙寅，法藏**法师**、金钟献白术煎。"（第三册，p. 452）《怀风藻》释道融《小传》："时有宣律师六帖钞，辞义隐密。当时徒，绝无披览。**法师**周观未踰浃辰，敷讲莫不洞达。世读此书，从融始也。"（p. 174）③交流。《日本书纪》卷26《齐明纪》四年七月条："是月，沙门智通、智达奉敕乘新罗船往大唐国，受无性众生义于玄奘**法师**所。"（第三册，p. 214）《怀风藻》释智藏《小传》："智藏师者，俗姓禾田氏。淡海帝世，遗学唐国。时吴越之间，有高学尼，**法师**就尼受业，六七年中，学业颖秀。同伴僧等，颇有忌害之心。**法师**察之，计全躯之方，遂披发阳狂，奔荡道路。密写三藏要义，盛以木筒，著漆秘封，负担游行，同伴轻蔑，以为鬼狂，遂不为害所以。太后天皇世，师向本朝。同伴登陆，曝凉经书。**法师**开襟对风曰：'我亦曝凉经典之奥义。'众皆嗤笑，以为妖言。"（p. 79）又释辨正《小传》："辨正**法师**者，俗姓秦氏。性滑稽，善谈论。少年出家，颇洪玄学。太宝年中，遣学唐国。时遇李隆基龙潜之日，以善围棋，屡见赏遇。有子朝庆朝元。**法师**及庆在唐死。"（p. 96）又《道慈小传》："**法师**学业颖秀，预入选中。唐王怜其远学，特加优赏。游学西土，十有六岁。"（p. 165）《藤氏家传》上卷《贞慧传》："故以白凤五年岁次甲寅，随聘唐使，到于长安，住怀德坊慧日道场。依神泰**法师**作和上。"（p. 264）又："乃使**法师**，遣唐学问。有教相近，莫不研习。"（p. 274）《日本灵异记》上卷《圣德皇太子示异表缘第4》："又藉**法师**之弟子圆势师者，百济国之师也。"（p. 69）又《恃凭念观音菩萨得现报缘第6》："号曰河边**法师**。**法师**之性，忍辱过人，唐皇所重。"（p. 78）《续日本纪》卷10《圣武纪》天平元年八月条："又敕：'唐僧道荣，身生本乡，心向皇化，远涉沧波，作我**法师**。'"（第二册，p. 220）又卷12《圣武纪》天平八年二月条："二月丁巳，入唐学问僧玄昉**法师**，施封一百户、田一十町，扶翼童子八人。律师道慈**法师**，扶翼童子六人。"（第二册，p. 298）④风雅。《万叶集》卷16第3846首《戏嗤僧歌一首》："**法师**等之 鬓乃剃杭 马系 痛勿引曽 僧半甘"第3847首《**法师**报歌一首》："檀越也 然勿言 五十户长我 课役征 汝毛半甘"（第四册，p. 122）。⑤操行。《怀风藻》释道融《小传》："时皇后嘉之，施丝帛三百匹。**法师**曰：'我为菩提，修法施耳。因兹望报，市井之事耳。'宿遂策杖而遁。"（p. 174）《日本灵异记》上卷《人畜所履髑髅救收示灵表而现报缘第12》："而往大化二年丙午，营宇治椅，往来之时，髑髅在于奈良山溪，为人畜所履。**法师**悲之，令从者万侣置之于木上。"（p. 91）《续日本纪》卷8《元正纪》养老二年十月条："加以。**法师**非法、还坠佛教。是金口之所深诫。"（第二册，p. 48）又养老三年十一月条："神睿**法师**，幼而卓绝，道性凤成，抚翼法林，濡鳞定水。"（第二册，p.62）又："道慈**法师**，远涉苍波，核异闻于绝境；遐游赤县，研妙机于秘记。"（第二册，p.62）又卷10《圣武纪》神龟四年十二月条："十二月丁丑，敕曰：'僧正义渊**法师**，禅枝早茂，法梁惟隆，扇玄风于四方，照惠炬于三界。'"（第二册，p.184）又卷15《圣武纪》天平十六年十月条："冬十月辛卯，律师道慈**法师**卒。《天平元年为律师。》**法师**，俗姓额田氏，添下郡人也。性聪悟，为众所推。大宝元年，随使入唐。涉览经典，尤精三论。养老二年归朝。是时，释门之秀者，唯**法师**及神睿**法师**二人而已……属迁造大安寺于平城，敕**法师**勾当其事。**法师**尤妙工巧。构作形制，皆禀其规模。所有匠手，莫不叹服焉。"（第二册，p.446）又卷30《称德纪》宝龟元年八月条："庚戌，皇太子令旨：如闻道镜**法师**，窃挟舐粳之心，为日久矣。"（第四册，p.298）又："壬子，三七。于元兴寺诵经。是日，授从四位上坂上大忌寸苅田麻吕正四位下。以告道镜**法师**奸计也。"（第四册，p.300）又卷32《光仁纪》宝龟四年十一月条："十一月辛卯，敕：'故大僧正行基**法师**，戒行具足，智德兼备。先代之所推仰，后生以为耳目。'"（第四册，p.414）⑥传说。《日本灵异记》上卷《得雷之喜令生子强力在缘第3》："故寺众僧，听令得度出家，名号道场**法师**。后世人传谓：'元兴寺道场**法师**，强力多有。'"（p.65）又上卷《圣德皇太子示异表缘第4》："时有一**法师**而住北坊，名号愿觉也。"（p.69）《唐大和上东征传》："从此向江州，至庐山东林寺，是晋代慧远**法师**之所居也。远**法师**于是立坛授戒，天降甘露，因号甘露坛，今尚存焉。近天宝九载，有志恩律师于此坛上与授戒，又感天雨甘露。道俗见闻，叹同晋远。和上留连此地，已经三日，即向浔阳龙泉寺。昔远**法师**于是立寺，无水，爰发愿曰：'若于此地堪栖止者，当使抽泉。'以锡杖扣地，有二青龙寻锡杖上，水即飞涌，今尚其水涌出地上三尺焉，因名［曰］龙泉寺。"（p.78）又："玄奘**法师**《西域记》一本十二卷。"（p.88）又："不经日，敕授传灯大**法师**位。"（p.92）又："传灯贤大**法师**大僧都沙门释法进。"（p.101）⑦修行。《日本灵异记》上卷《僧忆持〈心经〉得现报示奇事缘第14》："**法师**身长七尺，广学佛教，念诵《心般若经》。"（p.94）又："**法师**端坐诵经，光从口出。"（p.95）又："时觉**法师**语弟子言：'吾一夕诵《心经》一百遍许。然后开目观，其室里，四壁穿通，庭中显见。吾于是生希有之想，从室而出回瞻院内，还来见室壁户皆闭。即外复诵《心经》，开通如前。'"（p.95）又中卷《依恶梦至诚心使诵经示奇表得全命缘第20》："二子白母言：'屋上在七躯**法师**而读经矣。遣出应见。'彼读经音，如蜂集鸣。母闻之怪，起后屋出。即当居处之壁仆也。亦七**法师**忽然不见。"（p.202）又下卷《沙门诵持方广大乘沉海不溺缘第4》："**法师**含咲，不瞋而忍，终后不显乎彼恶事。"（p.272）又："赞曰：'美哉！不举彼恶，犹能忍之。寔斯**法师**，鸿立忍辱高行。'"（p.273）又《女人滥嫁饥子乳故得现报缘第16》："寂林**法师**，离之国家，经之他国，修法求道，而至加贺郡䳲田村。"（p.301）又《产生肉团之作女子修善化人缘第19》："请戒明**法师**，令讲《八十华严》之时，彼尼不阙，坐众中听。"（p.309）《奈良朝写经71·十诵律卷第17》："维神护景云二年，岁在戊申五月十三日景申，弟子谨奉为先圣，敬写一切经一部，工夫之庄严竟矣。**法师**之转读尽焉。"（p. 425）《奈良朝写经未收 7 - 1·大般若经卷第 421》："窃以，昔河东化主，韦万福**法师**也。"（p. 504）⑧灵异。《日本灵异记》上卷《僧用涌汤之分薪而与他作牛役之示奇表缘第 20》："**法师**平生时，涌汤分薪诎一束，与他而死。其寺有一牸而生犊子。长大之后，驾车载薪，无憩所驱，控车入寺。时不知僧，在寺门曰：'惠胜**法师**者，《涅槃经》虽能读，而不能引车。'"（p. 104）又："宴嘿居于净屋，召请绘师，言：'如彼**法师**之容，不误绘之持来。'"（p. 105）又《勤求学佛教弘法利物临命终时示异表缘第 22》："故道照**法师**者船氏，河内国人也。"（p. 107）又："**法师**诚曰：'勿妄宣传！'即后夜，光自房出，施耀寺庭松树。"（p. 108）又《修持孔雀王咒法得异验力以现作仙飞天缘第 28》："吾圣朝之人道照**法师**，奉敕求法，往于大唐。**法师**受五百虎请，至于新罗。有其山中《法华经》。于时虎众之中，有人以倭语举问也。**法师**问：'谁？'答：'役优婆塞。'**法师**思之：'我国圣人。'"（p. 119）又中卷《力女捔力试缘第 4》："有一力女，为人少也。是昔有元兴寺道场**法师**之孙也。"（p. 154）又《力女示强力缘第 27》："是昔，有元兴寺道场**法师**之孙也。"（p. 220）又下卷《未作毕捻埴像生呻音示奇表缘第 17》："时左京元兴寺沙门丰庆，常住其堂。惊彼沙门，叩室户白：'咄！**大法师**，起应闻之矣。'具述呻状。"（p. 304）⑨报应。《日本灵异记》中卷《智者诽妒变化圣人而现至阎罗阙受地狱苦缘第 7》："于是，智光**法师**，发嫉妒之心，而非之曰：'吾是智人，行基是沙弥。何故天皇不齿吾智，唯誉沙弥而用焉？'"（p. 167）又："问曰：'是有于丰苇原水穗国所谓智光**法师**矣。'智光答白：'唯然。'"（p. 167）又："从此已来，智光**法师**，信行基菩萨，明知圣人。"（p. 169）又《阎罗王使鬼得所召人之赂以免缘第 24》："盘岛参入大安寺南塔院，请沙弥仁耀**法师**，未受戒之时也。"（p. 211）又《打**法师**以现得恶病而死缘第 35》："时**法师**呼曰：'奚无护法欤。'王去不远，于其路中，儵受重病，高声叫呻，踊离于地二三尺许。从者知状，劝请**法师**，师否不受。三遍请之，犹终不受。问曰：'病。'答：'甚为痛。'**法师**复曰：'斯下贱王。千遍痛病，万遍痛病。'时王眷属，奏于天皇：'谛镜**法师**，咀于宇迟。'令捉将杀。天皇知状，犹忍不可。王经三日，如墨而卒。眷属复奏：'杀报之者，杀而报之。宇迟既死。受于谛镜，以报怨也。'天皇敕诏：'朕亦**法师**。谛镜亦僧。**法师**云何杀于**法师**，宇迟招灾，非谛镜咎。'天皇剃除鬓发，受戒行道故，倘比**法师**，不杀谛镜。狂王宇迟，邪见太甚，护法加罚。护法非无，何不恐之也。"（p. 241）又下卷《沙门凭愿十一面观世音像得现报缘第 3》："辨宗**法师**，系像引绳，犹白之曰：'钱速赐我。征钱速偿。'亲王闻之，问弟子言：'以何因缘，今斯禅师如是白耶？'弟子答之，如上具述。亲王闻状，出钱偿寺。方知观音大悲，**法师**深信矣。"（p. 269）又《依妨修行人得猴身缘第 24》："此僧念怪，随猕猴语，往告檀越曰山阶寺满预**大法师**，陈猴诮语。"（p. 322）⑩教化。《日本灵异记》中卷《骂僧与邪淫得恶病而死缘第 11》："导师见之，宣义教化。不信受曰：'为无用语。汝婚吾妻，头可所罚破。斯下**法师**矣。'"（p. 178）又《依不布施与放生而现得善恶报缘第 16》：“如乞而赎，劝请**法师**，令咒愿放之于海。”（p. 192）又：
“七日乃苏，语妻子言：‘**法师**五人，有前而行，优婆塞五人，有后而行。行路广平，
直如墨绳。其路左右，立列宝幡，前有金宫。’问之：‘何宫？’优婆塞睇净谛曰：‘斯
汝家室将生之宫。养于耆妪。因此功德，为作是宫。汝知我耶。’答：‘不知也。’教
曰：‘当知十人**法师**优婆塞者，汝赎放之蚝十贝也。’宫门左右，有额生一角之人。捧
大刀，为杀于吾颈。**法师**优婆塞，谏之不令戮。门左右备兰西稀馔，诸人乐食。吾居于
中，七日饥渴，自口出焰。然言：‘汝不施饥耆妪，而厌罪报也。’**法师**优婆塞，将吾
而还，才见乃苏。’”（p. 192）⑪史实。《日本书纪》卷 21《崇峻纪》三年是岁条：“鞍
部司马达等子多须奈同时出家，名曰德齐**法师**。”（第二册，p. 522）又卷 25《孝德纪》
大化五年三月条：“大臣乃将二子、**法师**与赤猪，自茅渟道逃向于倭国境。”（第三册，
p. 172）《续日本纪》卷 1《文武纪》文武二年三月条：“壬午，诏：‘以惠施**法师**为僧
正，智渊**法师**为少僧都，善往**法师**为律师。’”（第一册，p. 8）又文武三年十一月条：
“己卯，施义渊**法师**稻一万束，褒学行也。”又卷 2《文武纪》大宝二年正月条：“癸
巳，诏：以智渊**法师**为僧正，善往**法师**为大僧都，辩照**法师**为少僧都，僧照**法师**为律
师。”（第一册，p. 52）又卷 3《文武纪》大宝三年三月条：“乙酉，以义渊**法师**为僧
正。”（第一册，p. 66）又卷 5《元明纪》和铜五年九月条：“辛巳，观成**法师**为大僧
都，辩通**法师**为少僧都，观智**法师**为律师。”（第一册，p. 186）又卷 10《圣武纪》神龟
五年十月条：“冬十月壬午，僧正义渊**法师**卒。”（第二册，p. 200）又卷 10《圣武纪》
天平元年十月条：“甲子。以辩净**法师**为大僧都。神睿**法师**为少僧都。道慈**法师**为律
师。”（第二册，p. 226）又卷 10《圣武纪》天平二年十月条：“冬十月乙酉，大僧都辩
静**法师**为僧正。”（第二册，p. 238）又卷 11《圣武纪》天平三年八月条：“诏曰：比
年，随逐行基**法师**优婆塞、优婆夷等，如法修行者，男年六十一以上，女年五十五以
上，咸听入道。”（第二册，p. 246）又卷 12《圣武纪》天平九年八月条：“丁卯，以玄
昉**法师**为僧正，良敏**法师**为大僧都。”（第二册，p. 326）又卷 13《圣武纪》天平十年闰
七月条：“乙巳，以行达**法师**、荣辩**法师**为少僧都，行信**法师**为律师。”（第二册，
p. 342）又天平十二年八月条：“癸未。大宰少式从五位下藤原朝臣广嗣上表。指时政
之得失，陈天地之灾异，因以除僧正玄昉**法师**。右卫士督从五位上下道朝臣真备为言。”
（第二册，p. 364）又卷 15《圣武纪》天平十五年十月条：“乙酉，皇帝御紫香乐宫。为
奉造卢舍那佛像，始开寺地。于是，行基**法师**率弟子等劝诱众庶。”（第二册，p. 432）
又卷 16《圣武纪》天平十七年正月条：“己卯，诏：以行基**法师**为大僧正。”（第三册，
p. 6）又天平十七年十一月条：“十一月乙卯，遣玄昉**法师**造筑紫观世音寺。”（第三册，
p. 18）又卷 18《孝谦纪》天平胜宝三年四月条：“甲戌，诏：‘以菩提**法师**为僧正，良
辩**法师**为少僧都，道璿**法师**、隆尊**法师**为律师。’”（第三册，p. 112）又卷 23《淳仁
纪》天平宝字四年七月条：“三色师位并大**法师**位，准敕授位记式，自外之阶，准奏授
位记式。”（第三册，p. 356）又卷 24《淳仁纪》天平宝字七年九月条：“癸卯，遣使于

山阶寺，宣诏曰：'少僧都慈训**法师**，行政乖理，不堪为纲。宜停其任。依众所议，以道镜**法师**为少僧都。'"（第三册，p. 438）又卷30《称德纪》宝龟元年八月条："皇太子在宫留守。道镜**法师**奉梓宫，便留庐于陵下。"（第四册，p. 298）又卷30《称德纪》宝龟元年八月条又："乙卯。河内职复为河内国。以慈训**法师**。庆俊**法师**复为少僧都。"（第四册，p. 300）又卷31《光仁纪》宝龟二年三月条："壬寅。始免陆奥国司户内杂徭。是日，僧纲请置威仪**法师**六员。许之。"（第四册，p. 340）又宝龟五年二月条："癸巳，以大**法师**镜忍、**法师**贤憬并为律师。"（第四册，p. 420）又卷33《光仁纪》宝龟六年十月条："十一年，式部少辅从五位下藤原朝臣广嗣，与玄昉**法师**有隙。"（第四册，p. 458）又卷35《高绍纪》宝龟九年正月条："甲子，以大**法师**円兴为少僧都。"又宝龟十年十月条："壬子，诏以少僧都弘耀**法师**为大僧都，惠忠**法师**为少僧都，又施高睿**法师**封三十户。优宿德也。"又卷37《桓武纪》延历元年七月条："壬寅，松尾山寺僧尊镜，生年百一岁。请入内里，叙位大**法师**。优高年也。"又延历二年四月条："至是敕。国分寺僧。死阙之替。宜以当士之僧堪为**法师**者补之。"又卷38《桓武纪》延历三年四月条："辛亥，大僧都弘耀**法师**上表辞任。诏许之，因施几杖。"又延历三年六月条："戊申，诏以贤憬**法师**为大僧都，行贺**法师**为少僧都，善上**法师**、玄怜**法师**并为律师。"又延历三年六月："辛亥，普光寺僧勤韩获赤乌。授大**法师**，并施稻一千束。"又延历四年十月条："庚辰，以善藻**法师**为律师。"又卷40《桓武纪》延历八年正月条："丁巳，以律师玄怜**法师**为少僧都。"又延历九年九月条："辛未，诏以善谢**法师**、等定**法师**并为律师。"《奈良朝写经39·瑜伽师地论卷第21》："天平十七年岁次乙酉四月中旬愿主万瑜菩萨，书写**法师**信瑜菩萨。"（p. 262）后汉支娄迦谶译《道行般若经》卷4《叹品》："若善男子、善女人为**法师**者，月八日、十四日、十五日说法时，得功德不可复计。"姚秦鸠摩罗什译《妙法莲华经》卷4《法师品》："若我灭度后，能说此经者，我遣化四众，比丘比丘尼，及清信士女，供养于**法师**，引导诸众生，集之令听法。"唐义净译《金光明最胜王经》卷7《大辩才天女品》："世尊，若有**法师**，说是《金光明最胜王经》者，我当益其智慧，具足庄严，言说之辩；若彼法师，于此经中，文字句义，所有忘失，皆令忆持，能善开悟，复与陀罗尼，总持无碍。"

【法师非法、还坠仏教/ほうしのりをそしり、かへりてぶっきょうをおとす】

自创　身为法师却妄议、诋毁佛教。《续日本纪》卷8《元正纪》养老二年十月条："加以，**法师非法**，**还坠佛教**，是金口之所深诫。"（第二册，p. 48）

【法施/ほうせ】　偏正　梵语 dharmācchāda，法的布施。亦称"法布施"。亦作"说教""说法""说经""谈义""劝化"。与"唱导"同义。以清净心为人说法，使闻之而开悟得道。相当于化他行。三施（财施、法施、无畏施）之一。《日本灵异记》下卷《击沙弥乞食以现得恶死报缘第15》："唯见来乞者，可生怜愍，和颜悦色，**法施**、财施。"（p. 298）曹魏康僧铠译《佛说无量寿经》卷1："释梵祈劝，请转法轮，以佛游步、佛吼而吼，扣法鼓、吹法螺、执法剑、建法幢、震法雷、曜法电、澍法雨、演**法施**，常以法音，觉诸世间，光明普照，无量佛土。"姚秦鸠摩罗什译《维摩诘所说经》卷1《菩萨品》："期满七日，时维摩诘，来入会中，谓我言：'长者子，夫大施会不当如汝所设，当为**法施**之会，何用是财施会为？'"又《大智度论》卷11《序品》："以诸佛语，妙善之法，为人演说，是为**法施**。"→【财施】

　　【法事/ほうじ】 偏正 （4例） 指供佛、礼忏、打醮、修斋等宗教法会、仪式。①《日本灵异记》下卷《沙门诵持方广大乘沉海不溺缘第4》："舅僧展转乞食，偶值**法事**，有于自度之例。"（p.272）《唐大和上东征传》："大和上曰：'为是**法事**也，何惜身命？诸人不去，我即去耳。'"（p.41）②《日本灵异记》中卷《奉写〈法华经〉因供养显冥作女牛之因缘第15》："**法事**讫后，其牛即死。法会之众，悉皆号哭，响于堂庭。"（p.188）又下卷《女人滥嫁饥子乳故得现报缘第16》："**法事**已讫后，悟梦曰：'今我罪免之矣。'"（p.301）后汉支娄迦谶译《阿閦佛国经》卷1《发意受慧品》："是为菩萨**法事**如意所念行，佛亦为如应说法。"按：《汉语大词典》首引晋法显《佛国记》："道俗云集，烧香然灯，种种**法事**，昼夜不息。"略晚。关于②完成句"**法事**讫后"、"**法事**已讫后"，有别于汉译佛经中的以下说法。吴支谦译《菩萨本缘经》卷1《毘罗摩品》："我今已为，无量众生，作**法事**已。聚集三法，所谓修行正法，聚集钱财，所愿成就，则令一切，国土安乐，无有怨仇，正法增长，犹如初月，好名流布，八方上下。"唐阿地瞿多译《陀罗尼集经》卷7《金刚藏眷属法印咒品》："烧香发愿，**法事**已讫，作印诵咒，请商迦罗，金刚安置，即以种种，香华供养。"又卷12《佛说诸佛大陀罗尼都会道场印品》："而以种种，上妙香华，五盘饮食，然十六灯，而作供养**法事**已竟，次阿阇梨出道场。"→【備法事】

　　【法頭/ほうず】 偏正 （2例） 辅助僧正、僧都管理佛教界的人员，主要职责是巡查各寺院，对其僧尼、奴婢和田地的实际情况进行调查。《日本书纪》卷22《推古纪》三十二年四月条："壬戌，以观勒僧为僧正，以鞍部德积为僧都，即日以阿昙连阚名为**法头**。"（第二册，p.586）又卷25《孝德纪》大化元年八月条："今拜寺司等与寺主。巡行诸寺，验僧尼、奴婢、田亩之实，而尽显奏。即以来目臣、三轮色夫君、额田部连甥为**法头**。"（第三册，p.122）

　　【法務/ほうむ】 偏正 佛法上的业务。《续日本纪》卷9《元正纪》养老六年七月条："然以居处非一，**法务**不备，杂事荐臻，终违令条。'"（第二册，p.120）西晋竺法护译《郁迦罗越问菩萨行经》卷1《上士品》："云何为归命法？奉事法教，敬受于法，解法妙义，好法乐法，归法志法。导御法护持法住于寂法，鼓法僧住法行，在所行法，为**法务**说法界，法力为法住，行法施求法宝。我得无上，正真之道，最正觉时，当为诸天，世间人民，开度说法。是为归命法。"唐实叉难陀译《大方广佛华严经》卷80《入法界品》："或为听讼断狱官，善解世间诸**法务**，所有与夺皆明审，令其一切悉欣伏。"唐义净译《根本说一切有部毗奈耶》卷38："一人告众曰：'上座难陀，即是其兄，善明**法务**，我等何能，与作羯磨？'"

【**法兴寺**/ほうこうじ】 寺名 （13例） 法兴寺。亦称飞鸟寺、元兴寺。①《日本书纪》卷21《崇峻纪》即位前纪条："苏我大臣亦依本愿，于飞鸟地起**法兴寺**。"（第二册，p.514）又元年是岁条："壤飞鸟衣缝造祖树叶之家，始作**法兴寺**，此地名飞鸟真神原。亦名飞鸟苦田。"（第二册，p.520）又卷22《推古纪》元年正月条："元年春正月壬寅朔丙辰，以佛舍利置**法兴寺**刹柱础中。丁巳，建刹柱。"（第二册，p.528）又四年十一月条："四年冬十一月，**法兴寺**造竟。则以大臣男善德臣拜寺司。是日，慧慈、慧聪二僧始住于**法兴寺**。"（第二册，p.532）又卷24《皇极纪》三年正月条："偶预中大兄于**法兴寺**槻树之下打毱之侣，而候皮鞋随毱脱落，取置掌中前，跪恭奉。中大兄对跪敬执。自兹相善，俱述所怀，既无所匿。"（第三册，p.86）又四年六月条："中大兄即入**法兴寺**，为城而备。"（第三册，p.102）又卷25《孝德纪》即位前纪条："辞讫，解所佩刀，投掷于地。亦命帐内皆令解刀。即自诣于**法兴寺**佛殿与塔间，剔除鬚发，披著袈裟。"（第三册，p.110）又卷27《天智纪》十年十月条："是月，天皇遣使，奉袈裟、金钵、象牙、沉水香、栴檀香及诸珍财于**法兴寺**佛。"（第三册，p.292）《藤原家传》上卷《镰足传》："时论以为，应天诛逆。而丰浦大臣犹在，狡贼未平。即入**法兴寺**为城，以备非常。"（p.176）《续日本纪》卷8《元正纪》养老二年九月条："甲寅，迁**法兴寺**于新京。"（第二册，p.46）②《日本书纪》卷21《崇峻纪》五年十月条："是月，起**大法兴寺**佛堂与步廊。"（第二册，p.524）又卷24《皇极纪》三年六月条："戊申，于剑池莲中有一茎二萼者。丰浦大臣妄推曰：'是苏我臣将荣之瑞也。'即以金墨书，而献**大法兴寺**丈六佛。"（第三册，p.92）→【大法兴寺】

【**法筵**/ほうえん】 偏正 指讲经说法者的座席。引申指说佛法的集会。《藤氏家传》上卷《镰足传》："大臣性崇三宝，钦尚四弘。每年十月，庄严**法筵**，仰维摩之景行，说不二之妙理。亦割取家财，入元兴寺，储置五宗学问之分。由是，贤僧不绝，圣道稍降。盖斯之征哉。"（p.253）（1）梁慧皎撰《高僧传》卷8："后自开**法筵**，锋镝互起，充既思入玄微，口辩天逸，通疑释滞，无所间然。"隋费长房撰《历代三宝纪》卷12："少出家尚游学，江河南北，靡所不经，关陇西东，触处皆履，涉历三国，备齐陈周，诸有**法筵**，无不必践。"唐慧立本、彦悰笺《大唐大慈恩寺三藏法师传》卷8："其有神泰法师、靖迈法师、明觉法师等，并以神机昭晰，志业兼该，博习群经，多所通悟，皆蒙别敕，追赴**法筵**，遂得函丈请益，执卷承旨。"（2）《北齐书》卷24《杜弼传》："四月八日，魏帝集名僧于显阳殿，讲说佛理。弼与吏部尚书杨愔、中书令邢劭，秘书监魏收等，并侍**法筵**。"

【**法衣**/ほうえ】 偏正 僧尼穿的衣服。释尊所制定之衣服有三衣、五衣等，通称法衣。《元兴寺伽蓝缘起并流记资财账》："佐俾岐弥牟留古造，召三尼等，泣而出往时见大臣。将三尼等至都波岐市长屋时，脱其**法衣**，破灭佛法。"后汉竺大力、康孟详合译《修行本起经》卷 2《出家品》："太子默然而逝，复前念言：'今我入山，当用宝衣为？世间痴人，皆为财所危。'即便见猎师，驱游被**法衣**。"北凉昙无谶译《大般涅槃经》卷 7《如来性品》："佛告迦叶：'我般涅槃，七百岁后，是魔波旬，渐当沮坏，我之正法。譬如猎师，身服**法衣**，魔王波旬，亦复如是。'"元魏慧觉等译《贤愚经》卷 1《海神难问船人品》："善来比丘，须发自落，**法衣**在身。佛为说法，应适其情，即时开悟，诸欲都净，得阿罗汉。"《法苑珠林》卷 35："出家著**法衣**，威仪具足，舍离烦恼，而复得一切种智，入其身内。"

【**法音轮**/ほうおんりん】 菩萨 弥勒菩萨的胁侍之一。《奈良朝写经 6·瑜伽师地论卷第 21》："团而六度轻舫，设于三会之津。四无量椳贯，而八第人觉为左右椳，取八正道，分为水手。而**法音轮**、大妙相、二柱菩萨船主，分段生死之海度。"（p. 55）

【**法音轮菩萨**/ほうおんりんぼさつ】 菩萨 → 【大妙声菩萨】

【**法友**/ほうゆう】 偏正 亦称道友。指佛教徒之间有交往的人。《奈良朝写经 17·大般若经卷第 319》："天平七年岁次乙亥四月十五日。**法友**笔主，川相君沟万吕。"（p. 127）后汉康孟详译《佛说兴起行经》卷 2："仁为我善友，**法友**无所贪，导我以正道，是友佛所誉。"梁慧皎撰《高僧传》卷 11："少帝准从受五戒，豫章王子尚崇为**法友**。"唐道宣撰《续高僧传》卷 3："梁国公房玄龄，求为**法友**，义结俗兄。"按：《汉语大词典》首引唐范摅《云溪友议》卷 4："**法友**谈玄，幸先达其深趣。"偏晚。

【**法藏**/ほうぞう】 偏正 （6 例） 佛说的教法或经典。亦称宝藏。《藤原家传》下卷《武智麻吕传》："敕曰：'崇饰**法藏**，肃敬为本；修营佛庙，清净为先。今闻诸国寺，多不如法。或草堂始辟，争求题额，幡幢才施，即诉田薗。或房舍不修，牛马踏损，庭荒凉，荆棘旅生。遂使无上尊像，永蒙尘埃；甚深**法藏**，不免风雨。'"（p. 337）《日本灵异记》上卷《勤求学佛教弘法利物临命终时示异表缘第 22》："赞曰：'船氏明德，远求**法藏**。是圣非凡，终没放光。'"（p. 108）《续日本纪》卷 7《元正纪》灵龟二年五月条："庚寅，诏曰：'崇饰**法藏**，肃敬为本，营修佛庙，清净为先。'"（第二册，p. 10）又："或房舍不修，马牛群聚。门庭荒废，荆棘弥生。遂使无上尊像，永蒙尘秽。甚深**法藏**，不免风雨。"（第二册，p. 12）又卷 32《光仁纪》宝龟四年十一月条："但其六院，未预施例。由兹**法藏**湮废，无复住持之徒。精舍荒谅，空余坐禅之迹。"（第四册，p. 414）姚秦鸠摩罗什译《妙法莲华经》卷 1《序品》："是妙光法师，奉持佛**法藏**，八十小劫中，广宣《法华经》。"又卷 4《见宝塔品》："若持八万，四千**法藏**，十二部经，为人演说，令诸听者，得六神通，随能如是，亦未为难。"唐法宝撰《俱舍论疏》卷 1《分别界品》："如是说者，所化有情有贪、瞋、痴、我慢、身见及寻思等八万行别，为对治彼八万行故，世尊宣说八万**法藏**，谓说不净、慈悲、缘起、无常想、空、持息念等，诸对治门。"

【法種/みのりのたね】 偏正 佛法的种子。《日本灵异记》中卷《序》："之中，胜宝应真圣武太上天皇，尤造大佛，长绍**法种**，剃须发，著袈裟，受戒修善，以正治民。"（p.142）西晋竺法护译《光赞经》卷6《无缚品》："其**法种**者，住于法界，诸法寂然。"姚秦鸠摩罗什译《大智度论》卷28《序品》："初发无上道意，未能有所作，而为诸佛所贵，以其渐渐当行，六波罗蜜，得方便力，入菩萨位，乃至得一切种智，度无量众生，不断佛种、**法种**、僧种，不断天上、世间净乐因缘故。"

【幡幢/はたほこ】 并列 佛道教所用的旌旗。《藤氏家传》下卷《武智麻吕传》："今闻诸国寺，多不如法，或草堂始辟，争求题额，**幡幢**才施，即诉田园。"（p.337）后汉竺大力、康孟详合译《修行本起经》卷1《菩萨降身品》："宫城牢固，七宝楼观，悬铃**幡幢**，门户开闭，声闻四十里。"东晋佛驮跋陀罗译《大方广佛华严经》卷44《入法界品》："阿僧祇妙宝庄严，光明普照。阿僧祇摩尼宝，王严饰其地，出众妙香。建立无量，摩尼王幢、香幢、衣幢、**幡幢**、缯幢、华幢、庄严具幢、鬘幢、宝垂带幢、众宝盖幢、大摩尼幢、普照摩尼宝幢、出佛音幢、师子宝王幢、出一切佛本生海幢、一切法界幢、摩尼宝王幢，以为庄严。"唐一行述记《大日经义释》卷6："梵云驮缚若，此翻为**幢**。梵云计都，此翻为**旗**。其相稍异，**幢**但以种种杂色丝标帜庄严，计都相亦大同，而更加旒旗密号，如兵家画作龟龙鸟兽等种种类形，以为三军节度。"→【幢幡】

【翻起/かへりておこす】 偏正 "翻"，通"反"，用作副词，反而之义。"翻起"，反而出现、产生、显出某种相反的情形。《日本书纪》卷1《神代纪上》："吾元无黑心。但父母已有严敕，将永就乎根国。如不与姊相见，吾何能敢去？是以，跋涉云雾，远自来参。不意阿姊**翻起**严颜。"（第一册，p.64）唐义净译《根本说一切有部毘奈耶》卷11："诸苾刍有少欲者，皆共讥嫌，而呵责曰：'云何苾刍，所作非理，应怀耻愧，**翻起**贡高？'"唐慧立本、彦悰笺《大唐大慈恩寺三藏法师传》卷1："妖妄之徒，不知惭悔，谋为不轨，**翻起**害心，此而可容，孰不可恕！"唐法琳撰《辩正论》卷4："诚恐一理不穷，反增邪见，一言不尽，**翻起**异端。"按：《汉语大词典》失收。

【凡地/ぼんじ】 偏正 凡人居住的地方，人世间。《日本灵异记》下卷《弥勒菩萨应于所愿示奇形缘第8》："诚知弥勒之高有兜率天上，应愿所示。愿主下在苦缚**凡地**，深信招佑。何更疑之也。"（p.280）西晋竺法护译《顺权方便经》卷2《假号品》："若以贤者，不越**凡地**，不处贤圣。若无光炎，亦不暗昧，不度所生，不得生死，不至灭度，言不诚信，亦无虚妄。乃应受食。"后魏菩提流支译《弥勒菩萨所问经论》卷1："彼不见**凡地**，以彼体空故，是故诸佛说，过彼凡夫地。远离圣人法，染著身见等，住五欲资生，故名凡夫人。"隋智顗说《妙法莲华经玄义》卷5："若众生始于**凡地**，得闻华严即便见理入佛慧者，此是血乳杀人。"

【凡夫肉眼・聖人明眼/ただひとのにくげん・ひじりのみょうげん】 四字 凡夫

俗子的俗眼，眼光短浅：肉眼见近不见远，见前不见后，见明不见暗。对应词是"圣人天眼"。《日本灵异记》中卷《行基大德放天眼视女人头涂猪油而呵啧缘第29》："**凡夫肉眼**是油色，圣人明眼见视宍血。于日本国，是化身圣也。隐身之圣矣。"（p. 224）（1）东晋法显译《佛说大般泥洹经》卷4《四依品》："当知是等，肉眼凡夫，犹如彼人，不识甜药，清净犯戒，其相难知，**凡夫肉眼**，不能分别，唯天眼者，乃能别知。"（2）姚秦鸠摩罗什译《大智度论》卷44《句义品》："色有二种：一者、**凡夫肉眼**忆想分别色；二者、**圣人心所知**色实相如涅槃。"（3）又《大智度论》卷80《无尽方便品》："一者、**凡夫肉眼**所见，颠倒著我心，起诸烦恼业，往来生死中。二者、**贤圣以法眼**分别诸法，老病死心厌，欲出世间。"（4）北凉昙无谶译《悲华经》卷9《檀波罗蜜品》："尔时，大王便作是言：'汝今可生，欢喜之心，我今以此，**凡夫肉眼**，布施于汝。以是缘故，令我来世，得清净慧眼。'"按：从汉译佛经的文例来看，"圣人明眼"疑似自创搭配形式。

【凡人不知／ただびとはしらず】 四字 凡人无法了解圣人的言行举止。《日本灵异记》上卷《圣德皇太子示异表缘第4》："诚知圣人知圣，**凡人不知**。凡夫之肉眼见贱人，圣人之通言见隐身，斯奇异之事。"（p. 69）失译人名今附东晋录《般泥洹经》卷1："佛告诸比丘：'皆听，其为道者，当知四谛，**凡人不知**，故走长涂，宛转生死，无休止时。吾是以启汝意。'"姚秦鸠摩罗什译《大智度论》卷71《大事起品》："处处说甚深，多有所益；**凡人不知**，谓为重说。"隋智顗说《妙法莲华经文句》卷2："若夫庸人不知术者，散人不知定者，**凡人不知**圣者，小圣不知身子，身子不知菩萨，菩萨不知补处，补处不知尊极。此就极处，亦不知也。"→【聖人知聖】

【煩惱／ぼんのう】 并列 梵语 kleśa 的意译。主要指由贪、嗔、痴"三毒"所带来的烦恼。《日本灵异记》下卷《刑罚贱沙弥乞食以现得顿恶死报缘第33》："今此义解云：'出血不能障佛道。说僧过时，破怀多人信，生彼**烦恼**，障圣道。是故菩萨，乐求彼德，不乐求彼失。'"（p. 348）姚秦鸠摩罗什译《大智度论》卷7《序品》："**烦恼**者，能令心烦，能作恼故，名为**烦恼**。**烦恼**有二种：内著，外著。内著者，五见、疑、慢等；外著者，淫、瞋等；无明内外共。"唐窥基撰《成唯识论述记》卷1："烦是扰义，恼是乱义，扰乱有情，故名**烦恼**。"

【煩惱之所纏／ぼんのうにまつはれる】 所字 为身心的苦恼所缠缚。《日本灵异记》下卷《灾与善表相先现而后其灾善答被缘第38》："等流果所引故，而结爱网业，**烦恼之所缠**，而继生死，驰乎八方，以炬生身。"（p. 369）东晋佛驮跋陀罗译《大方广佛华严经》卷11《功德华聚菩萨十行品》："我以解了，此甚深法，见诸众生，受大苦恼，趣危险径，为诸**烦恼，之所缠**缚。如重病人，常被苦痛，恩爱系缚，在生死狱。"后秦僧肇撰《注维摩诘经》卷4《菩萨品》："'不合是菩提离烦恼习故'。肇曰：'生死所以合**烦恼之所缠**，离烦恼故无合，无合即菩提也。'"唐般若译《大乘理趣六波罗蜜

多经》卷 8《静虑波罗蜜多品》："凡夫有情，身口意业，恒为八万四千，<u>烦恼之所缠</u>
<u>缚</u>，不得自在。"

【**烦障**/ぼんしょう】 并列 烦恼障碍。《奈良朝写经 23·十轮经卷第 3》："又光
明子自发誓言，弘济沉沦，勤除**烦障**，妙穷诸法，早契菩提。"（p. 179）唐义净译《手
杖论》卷 1："无数百苦行，无数善根生。进无数长时，断无数**烦障**。"宋绍德、慧询等
译《菩萨本生鬘论》卷 16："静住无染快乐清净，离造作义**烦障**不生，无诤讼义喧动止
息，束缚身心名为安静。"按：《汉语大词典》失收。

【**反化**/へんげ】 自创 （2 例） 佛菩萨或过世后的高僧大德，重新返回人世间来教
化众生。"反"，通"返"。《日本灵异记》上卷《圣德皇太子示异表缘第 4》："时有人
言：'是有愿觉师。'即优婆塞往而见，当实愿觉师也。逢于优婆塞而谈之言：'比顷不
谒恋思无间，起居安不也。'当知，是圣**反化**也。"又《信敬三宝得现报缘第 5》："尔
时并住行基大德者，文殊师利菩萨**反化**也。是奇异事矣。"（p. 76）晋惠达撰《肇论疏》
卷 1："圣人用心如镜之，影动而体寂，影隐而形彰。故云出幽入冥，**反化**无常。"梁僧
佑撰《弘明集》卷 10："澡江汉之波尘淬以涤，导德齐礼还风**反化**，法俗兼通于是乎
在。"唐澄观述《华严经行愿品疏》卷 8："初偈，敬上爱下，慈心不悆。二有一偈，恭
敬供养，岂有盗心？三有一偈半，尊事三宝，住正远非，故无邪行。四赞佛功德，净修
语业，故无语四过。五一偈慈悲哀愍，故无瞋恚心。六一偈喜他荣乐，住舍无贪。七一
偈**反化**愚痴，岂有邪见？"

【**反视**/かへりみ】 偏正 回过头来看，反观，回看。《日本书纪》卷 14《雄略
纪》九年五月条："大盘宿祢愕然**反视**，射堕韩子宿祢于中流而死。"（第二册，p. 184）
(1) 失译人名今附后汉录《大方便佛报恩经》卷 5《慈品》："如是忧苦，经留数日，
独在岸边，其水渐小。荷负小儿，以手牵持，其新产者，以裙盛之，衔著口中，即前入
水。正到河半，**反视**大儿，见一猛虎，犇走驰逐，开口唱唤，口即失裙，婴儿没水。以
手探摸，而竟不获；其背上者，失手落水，寻复没丧；其岸上者，为虎所食。我见是
已，心肝分裂，口吐热血，举声大哭：'怪哉，怪哉！我今一旦，见此祸酷。'即到岸
上，闷绝躄地。"唐道世撰《法苑珠林》卷 76："于市廛内，从人乞苽。其主弗与，便
从索子，掘地而种。顾眄之间，苽生俄而，蔓延生华，俄而成实。百姓咸瞩目焉。子成
乃取而食之，因以赐观者。向之鹗苽者，**反视**所赍皆耗矣。"（2）《全唐文》卷 274 刘
子元《韦弦赋（以"君子佩之，用规性情"为韵）》："昔董安于事赵简子，虚心固节，
收目**反视**，由一国之具瞻，在四德之为美。"按：《汉语大词典》失收。

【**反吐**/たまふ】 偏正 （2 例） 呕吐。《日本书纪》卷 24《皇极纪》四年六月条：
"子麻吕等以水送饭，恐而**反吐**。中臣镰子连嗔而使励。"（第三册，p. 98）《藤氏家传》
上卷《镰足传》："以水送饭，咽而**反吐**。大臣嗔使勤励。"（p. 167）唐怀信述《释门自
镜录》卷 1："吾念往昔，五百世中，常为狗身，饥饿穷困。虽经多身，唯两得饱满，

一者有人，饮酒大醉，道侧<u>反吐</u>，我行遇见，获一饱。"新罗元晓撰《起信论疏》卷2：
"云何最极静？谓失念故。即彼二种暂现行时，随所生起，然不忍受，寻即<u>反吐</u>。故名
最极静。"按：《汉语大词典》失收。

【返報／へんぽう】 偏正 （2 例） 回答；回报。《万叶集》卷 18 第 4128～4131 首
《越前国椽大伴宿祢池主来赠戏歌》书简："今勒风云，发遣征使。早速<u>返报</u>，不须延
回。"又："右歌之<u>返报</u>歌者，脱漏不得探求也。"（第四册，p. 1779）（1）西晋竺法护
译《鹿母经》卷1："猎者于是忽觉惊起，鹿复长跪向猎者，重说偈言：'君前见放去，
德重过天地。贱畜被慈育，赴信还就死。感仁恩难忘，不敢违命旨。虽怀千<u>返报</u>，犹不
毕恩纪。'"北凉昙无谶译《大般涅槃经》卷 15《梵行品》："所谓食饭、车乘衣服、花
香床卧，舍宅灯明。如是施时，心无系缚，不生贪著，必定回向阿耨多罗三藐三菩提。
其心尔时，无所依止，妄想永断，不为怖畏，名称利养，不求人天，所受快乐，不生憍
慢，不望<u>返报</u>，不为诳他。故行布施不求富贵。"唐义净译《根本萨婆多部律摄》卷
12："即将向杀处，彼人悲泣。随屠者行，高声大唤：'阿难陀，此是害毒，此是害
毒。'将刑有言，法须返奏，使持此语，<u>返报</u>于王。"（2）《太平广记》卷 232《令狐
绹》条："度之四丈无少，秤之才及半两，视之似非人世所。<u>返报</u>。太守惧。"（p. 1779）
按：《汉语大词典》失收。《日本灵异记》上卷《赎龟命放生得现报龟所助缘第7》：
"畜生犹不忘恩<u>返报</u>恩，何况义人而忘恩乎？"（p. 80）又中卷《赎蟹虾命放生现报蟹所
助缘第12》："无悟之虫，犹受恩<u>返报</u>恩。岂人应忘恩欤？"（p. 181）

【返奪／かへりてうばふ】 偏正 反过来夺取。《日本灵异记》下卷《击沙弥乞食
以现得恶死报缘第15》："真老不施乞物，<u>返夺</u>袈裟，诸见逼恼言：'汝曷僧也。'乞者
答曰：'我是自度。'真老亦拍逐之，沙弥大恨而去。"（p. 298）唐义净译《根本萨婆
多部律摄》卷7："夺者谓据本心有所希望，情既不遂而<u>返夺</u>之。"

【返就／かへりてつく】 偏正 返回某处。《续日本纪》卷25《淳仁纪》天平宝字
八年九月条："窃思此事，忧喜交怀。一喜功遂身退能守善道，一忧气衰力弱<u>返就</u>田
家。"（第四册，p. 18）唐道宣撰《续高僧传》卷8："乃携诸学侣，<u>返就</u>高都之清化寺
焉。众缘欢庆，叹所未闻，各出金帛，为之兴会。讲堂寺宇，一时崇敞，韩魏士庶，通
共荣之。"按：《汉语大词典》失收。

【返入／かへりいる】 后补 返回进到某处；退转入某处。《古事记》上卷《日子
穗穗手见命与鹈茸草不合命》："尔丰玉毘卖命知其伺见之事，以为心耻，乃生置其御
子而白：'妾恒通海道欲往来。然伺见吾形，是甚作之。'即塞海坂而<u>返入</u>。"（p. 134）
（1）失译人名今附后汉录《大方便佛报恩经》卷4："尔时波罗奈国，有一海师，前后
数<u>返，入</u>于大海，善知道路，通塞之相，而年八十，两目矇盲。"（2）姚秦竺佛念译
《最胜问菩萨十住除垢断结经》卷3《童真品》："三界众生，曹曹为痴，不知真道，以
不净为净，<u>返入</u>欲流，以苦为乐，以非常为常，以非身为身。"元魏瞿昙般若流支译

《正法念处经》卷50《观天品》："如是比丘，发心欲行，解脱之道，而复**返入**，系缚道中。"按：《汉语大词典》失收。《古事记》中的例子用于具体义，汉译佛经中的例子既用于具体义［（1）］，又用于抽象义［（2）］。

【犯恶逆／あくぎゃくなることををかす】 三字 （2例） "恶逆"，古代刑律十恶大罪之一。指殴打及谋杀祖父母、父母，杀死伯叔父母、姑、兄、姊、外祖父母、夫、夫之祖父母、父母的人。《日本书纪》卷22《推古纪》三十二年四条："'何无忏忌，辄**犯恶逆**。今朕闻有僧以殴祖父。故悉聚诸寺僧尼、以推问之。若事实者、重罪之。'于是集诸僧尼而推之。则**恶逆**僧及诸僧尼并将罪。"（第二册，p.584）又："故当今时，以僧尼未习法律，辄**犯恶逆**。是以，诸僧尼惶惧，以不知所如。"（第二册，p.586）西晋竺法护译《佛说申日经》卷1："其有一切，男子女人，闻申日经，前所作**犯恶逆**者，皆得除尽。当知世尊之所应度如是。"东晋竺昙无兰译《泥犁经》卷1："守门鬼言：'咄！死恶人。汝来于门下，何等求言我饥渴？'鬼便取钩，钩其上下颔，口皆挢开。便以消铜，灌人口中，唇舌肠胃，皆燋烂，铜便过下去。其人平生，在世间时，求财利不用道理，所**犯恶逆**，故受是殃。"

【饭粒／いひぼ】 偏正 （2例） 米饭的颗粒。《古事记》中卷《仲哀记》："尔，坐其河中之矶，拔取御裳之丝，以**饭粒**为饵，钓其河之年鱼。"（p.248）《肥前国风土记·松浦郡》条："于兹，皇后勾针为钩，**饭粒**为饵，裳丝为缗。"（p.328）（1）失译人名今附后汉录《分别功德论》卷4："不净观者，见**饭粒**动，皆谓是虫。"吴支谦译《梵摩渝经》卷1："抟饭入口，嚼饭之时，三转即止，**饭粒**皆碎，无在齿间者。"后秦弗若多罗、罗什合译《十诵律》卷19："尔时有比丘，先是伎儿，闻是声即起舞。诸比丘大笑，笑时口中**饭粒**出。"按：《汉语大词典》首引《世说新语·德行第1》："殷仲堪既为荆州，值水俭，食常五碗，盘外无余肴，**饭粒**脱落盘席间，辄拾以啖之。虽欲率物，亦缘其性真素。"（p.24）偏晚。

【饭气／いひのけ】 偏正 饭的热气，饭的气味。《日本书纪》卷20《钦明纪》元年五月条："辰尔乃蒸羽于**饭气**，以帛印羽，悉写其字。朝庭悉之异。"（第二册，p.466）（1）吴支谦译《佛说维摩诘经》卷2："若得法忍，而食此饭，至一生补处，其饭乃消。譬如阿难，阿昏陀药，其香遍一室，皆作蜜香气，悉消众毒，药气乃歇。此饭如是，未孚即消，至诸垢毒，一切除尽，**饭气**乃消。"后秦僧肇撰《注维摩诘经》卷9："什曰：'七日乃消，有二因缘，或有人食香饭，饭不时消，心必厌舍，故不令久也。亦云应得道者，**饭气**时熏，不过七日，必成圣道。如道迹七生，七步蛇啮等，势不过七。事不须久，故不令过七。'"隋智顗译《维摩经义疏》卷6《香积品》："时毗耶离婆罗门居士等闻是香**饭气**，身意快然，叹未曾有。"（2）《全唐文》卷335万齐融《阿育王寺常住田碑》："若长者主，若声闻人。天诸居士，地虚空神。如闻**饭气**，而亦来臻。况生生之位□有待之为身。"按：《汉语大词典》失收。

【泛慈航/じこうにうかぶ】 三字 泛起慈悲的航船。"慈航"，佛菩萨以普渡一切众生为大愿，运用大智慧，把众生从生死苦海中运到解脱的彼岸，故称。《奈良朝写经18·弥勒上生经》："伏愿契道能仁，升游正觉，菩提枝下闻妙法之圆音，兜率天中得上真之胜业，通该有顶，普被无边，并泛慈航，同离爱网。"（p. 141）唐胜庄撰《梵网经菩萨戒本述记》卷1："若夫法性凝寂，理超色相之端；觉路遥玄，迹晦名言之表。当机必应，若水镜之随来；缘减斯通，似谷严之对响。非直能仁示现应化无方，开钞典于三乘，畅真诠于八部。所以宗开大法，朗慧日于昏衢；光阐大猷，泛慈航于欲海。"宋智圆著《闲居编》卷49："昏衢悬慧日，苦海泛慈航。"

【梵僧/ぼんそう】 并列 印度僧人。古时泛称域外来华的僧侣；修学佛教的僧侣。《唐大和上东征传》："又有婆罗门寺三所，并梵僧居住。"（p. 73）梁慧皎撰《高僧传》卷8："初基寝疾，弟子梦见，梵僧数人，皆踞砌坐。问所从来，答云：'从大乘国来，奉迎基和上。'"唐道宣撰《续高僧传》卷7："魏宣武帝崇尚佛法。天竺梵僧菩提留支初翻十地，在紫极殿，勒那摩提，在大极殿，各有禁卫，不许通言。校其所译，恐有浮滥。"唐慧详撰《弘赞法华传》卷2："宣武皇帝，下敕引劳，供拟殷赡，处之永宁大寺，四事供给，七百梵僧，敕以流支。为译经之元匠也。"

【梵天/ぼんでん】 合成 梵名 brahmā。音译"婆罗贺摩""没罗含摩""梵摩"。意译"清净""离欲"。色界的初禅天（四禅天之一）。为大梵天王所统治，故称。《日本灵异记》中卷《极穷女凭敬千手观音像愿福分以得大富缘第42》："如《涅槃经》说：'母慈子，因自生梵天。'者，其斯谓之矣。斯奇异之事矣。"（p. 254）北凉昙无谶译《大般涅槃经》卷2《寿命品》："譬如贫女，无有居家，救护之者，加复病苦，饥渴所逼，从行乞丐，止他客舍，寄生一子。是客舍主，驱逐令去，其产未久，携抱是儿，欲至他国。于其中路，遇恶风雨，寒苦并至，多为蚊虻，蜂螫毒虫，之所唼食。经由恒河，抱儿而度，其水漂疾，而不放舍。于是母子，遂共俱没。如是女人，慈念功德，命终之后，生于梵天。"

【梵網経/ぼんもうきょう】 内典 （5例） 2卷。具称《梵网经卢舍那佛说菩萨心地戒品第十》，亦称《梵网菩萨戒经》《菩萨戒经》。鸠摩罗什于412年译出。此经属于大乘，被视为大乘菩萨戒的圣典。天台大师将此经定位为《华严经》的结经，故又称《结经梵网经》。梵网是谓佛随众生的机根设教，应其病而与药，皆令到达彼岸，不漏一人，有如大梵天王的因陀罗网，故名。《日本灵异记》中卷《忆持〈心经〉女现至阎罗王阙示奇表缘第19》："优婆夷欲买彼经，遣使而还，开卷见之，彼优婆夷昔时奉写《梵网经》二卷、《心经》一卷也。"（p. 199）《续日本纪》卷19《孝谦纪》天平胜宝八年十二月条："赞岐守正四位下安宿王、左大辩正四位下大伴宿祢古麿于山阶寺。请《梵网经》讲师六十二人……闻道有菩萨戒，本《梵网经》。功德巍巍，能资逝者。仍写六十二部，将说六十二国。始自四月十五日，令终于五月二日。"（第三册，p. 170）

又卷20《孝谦纪》天平宝字元年正月条："甲寅，敕始自来四月十五日，至于五月二日，每国令讲《**梵网经**》。其今年安居者，宜以五月三日为始。"（第三册，p. 174）又卷23《淳仁纪》天平宝字五年六月条："辛酉，于山阶寺，每年皇太后忌日，讲《**梵网经**》。"（第三册，p. 380）姚秦鸠摩罗什译《梵网经》卷1梁僧佑《梵网经序》："夫《梵网经》者，盖是万法之玄宗，众经之要旨，大圣开物之真模，行者阶道之正路。是以，如来权教，随复无量，所言要趣，莫不以此为指南之说。"隋费长房撰《历代三宝纪》卷8："《**梵网经**》二卷：弘始八年于草堂寺，三千学士最后出此一品，梵本有一百一十二卷六十一品。译讫融影等三百人一时共受菩萨十戒。"高丽一然撰《三国遗事》卷5："创寺于西川边，号虎愿寺。常讲《**梵网经**》，以导虎之冥游，亦报其杀身成己之恩。"

【**梵钟**/ぼんしょう】 偏正 佛寺中的大钟。"梵"，清净义，寺院敲钟因与佛事有关，故名。《怀风藻》第105首麻田阳春《和藤江守咏裨睿山先考之旧禅处柳树之作》："於穆我先考，独悟阐芳缘。宝殿临空构，**梵钟**入风传。"（p. 169）唐李世民《谒并州大兴国寺诗》："回銮游福地，极目玩芳晨。**梵钟**交二响，法日转双轮。宝刹遥承露，天花近足春。未佩兰犹小，无丝柳尚新。圆光低月殿，碎影乱风筠。对此留余想，超然离俗尘。"《唐文拾遗》卷72广相《神护寺钟铭序》："爰当之山，神护之寺，三宝既备，六度无亏。唯所有**梵钟**，形小音窄。"

【**梵众**/もろびと】 偏正 （5例） 修习梵行的众生，即僧侣。《日本书纪》卷30《持统纪》元年正月条："谏毕众庶发哀，次**梵众**发哀……庚午，皇太子率公卿百寮人等适殡宫而恸哭焉。**梵众**随而发哀。"（第三册，p. 478）又二年正月条："辛酉，**梵众**发哀于殡宫。"（p. 484）又五年六月条："京及畿内诸寺**梵众**，亦当五日诵经。庶有补焉。"（p. 516）《续日本纪》卷36《高绍纪》宝龟十一年正月条："又诸国国师，诸寺镇三纲，及受讲复者，不顾罪福专事请托，员复居多侵损不少。如斯等类不可更然，宜修护国之正法，以弘转祸之胜缘。凡厥**梵众**，知朕意焉。"姚秦鸠摩罗什译《妙法莲华经》卷3《化城喻品》："时彼众中，有一大梵天王，名救一切，为诸**梵众**，而说偈言。"唐义净译《金光明最胜王经》卷5《依空满愿品》："是时大梵天王，与诸**梵众**，从座而起，偏袒右肩，合掌恭敬。"又："尔时，佛告大梵天王，及诸**梵众**，乃至四王，诸药叉等：'善哉，善哉！汝等得闻，甚深妙法。复能于此，微妙经王，发心拥护。'"按：《汉语大词典》失收。

【**方便**/ほうべん】 偏正 梵语 upāya 的意译，犹言"善巧""权宜"，是利益他人、化度众生的智慧和方式，"方便"与"真实"相对而言，亦即随时设教、随机应变的"权智"。《奈良朝写经38·大般若经卷第591》："权实神机，邈绝名言之域；**方便**秀术，颐赜有无之间。"（p. 253）姚秦鸠摩罗什译《妙法莲华经》卷1《方便品》："舍利弗，吾从成佛已来，种种因缘，种种譬喻，广演言教，无数**方便**，引导众生，令离诸著。所以者何？如来方便，知见波罗蜜，皆已具足。"

【方便令～/たばかりて～しむ】 三字 （2例） 随机应变地使……《日本书纪》卷24《皇极纪》四年六月条："中臣镰子连知苏我入鹿臣为人多疑，昼夜持剑。而教俳优，**方便令**解。"（第三册，p.98）《藤氏家传》上卷《镰足传》："大臣尝知入鹿多疑，昼夜持剑。预教俳优，**方便令**解。"（p.164）后汉昙果、康孟详合译《中本起经》卷1《现变品》："道过一水，水名波罗奈。渡水见子宝展，脱置岸边，即寻足迹，径趣鹿园。佛以**方便，令**其父子，两不相见。"东晋佛驮跋陀罗译《大方广佛华严经》卷2《世间净眼品》："一切众生入邪径，佛示正道难思议，见诸众生堪受化，种种**方便令**调伏。"姚秦鸠摩罗什译《妙法莲华经》卷1《方便品》："我设是**方便，令**得入佛慧，未曾说汝等，当得成佛道。"北凉昙无谶译《大般涅槃经》卷25《光明遍照高贵德王菩萨品》："菩萨摩诃萨，深见五阴，是生烦恼，之根本也。以是义故，**方便令**断。"→【善方便】【生方便】【自作方便】【作方便】

【方广/ほうこう】 并列 "方"是方正之意，"广"是广大之义，方广就是一切大乘经的通称。《奈良朝写经19·灌顶随愿往生经》："盖闻：无色无声**方广**之功自远，常有常净圆朗之照不穷。"（p.129）隋吉藏撰《胜鬘宝窟》卷1："如大**方广**佛华严，亦如大方等大集，故知**方广**是大乘经之通名也。"隋慧远撰《胜鬘经义记》卷1："言**方广**者，是一乘理。理正名**方**，苞含曰**广**。"又《大乘义章》卷1："第十名为毗佛略经，此名**方广**。理正曰**方**，义备名**广**，教从旨因，名**方广**经。若依小乘，语正称**方**。言多曰**广**。"

【方广大乘/ほうこうだいじょう】 四字 （2例） 一般指大乘经典。"方"是谓理之方正，"广"是言词广博。谓大乘方等经典，其义广大，有如虚空。此处指《大通方广忏悔灭罪庄严成佛经》。《日本灵异记》下卷《沙门诵持〈方广大乘〉沉海不溺缘第4》："又问：'师何有要术，故沉水不死？'答：'我常诵持《**方广大乘**》。其威神力，何更疑之。'"（p.272）唐善无畏译《尊胜佛顶修瑜伽法轨仪》卷1《修瑜伽奉献香华品》："愿从今身，乃至当坐，菩提道场，归依如来，无上三身，归依**方广，大乘**法藏，归依一切，不退转菩萨摩诃萨僧。"

【方广经/ほうこうぎょう】 内典 （4例） 《大通方广忏悔灭罪庄严成佛经》的略称。3卷。又作《方广灭罪成佛经》《大通方广经》。上卷叙述佛向娑罗涅槃的途中，为十方菩萨宣说三乘一乘义，诸鬼神王等立誓护持此经，又为信相菩萨广说三世诸佛、十二部经及诸大菩萨名号及其功德；中卷讲说无憍慢等种种四法，并叙述付此法予虚空藏菩萨，并为之授记之情形；下卷秉上卷之说，为师子吼菩萨宣讲三宝一相之意，并为文殊师利举示灭罪之法、堕阿鼻地狱之果报。《日本灵异记》上卷《聋者归敬方广经典得现报开两耳缘第8》："小垦田宫御宇天皇代，有衣缝伴造义通者，忽得重病，两耳并聋，恶疮遍身，历年不愈。自谓：'宿业所招，非但现报。长生为人所厌，不如行善遄死。'乃扫地饬堂，屈请义禅师。先洁其身，香水澡浴，依《**方广经**》。于是发希有想，白禅师言：'今我片耳闻一菩萨名。故唯愿大德忍劳。'后依禅师重拜，片耳既闻。义通欢喜，亦请重更拜，两耳俱闻。遐近闻者，莫不惊怪。是知感应之道，谅不虚矣。"（p. 82）又《偷用子物作牛役之示异表缘第10》："大和国添上郡山村中里，昔有云椋家长公。当十二月，依《**方广经**》，欲忏先罪。"（p. 87）又下卷《沙门诵持方广大乘沉海不溺缘第4》："僧沉海，至心读诵《**方广经**》，海水凹开，踞底不溺。径二日二夜后，他船人向于奥国而度。"（p. 272）又《拍于忆持千手咒者以现得恶死报缘第14》："《**方广经**》云：'诽谤贤人者，等于破坏八万四千国塔寺之人罪。'者，其斯谓之矣。'"（p. 296）唐智升撰《开元释教录》卷18："《**方广灭罪成佛经**》三卷：亦云《**大通方广忏悔灭罪庄严成佛经**》，亦直云《**大通方广经**》。"唐圆照撰《贞元新定释教目录》卷28亦见相同记载。

【**方広経典**／ほうこうぎょうでん】 四字 （2例） 一般指大乘经典，此处指《大通方广忏悔灭罪庄严成佛经》。《日本灵异记》上卷《聋者归敬**方广经典**得现报开两耳缘第8》（p. 82）又下卷《沙门诵持方广大乘沉海不溺缘第4》："诺乐京有一大僧，名未详也。僧常诵于**方广经典**，即俗贷钱，蓄养妻子。"（p. 272）

【**方始得**～／まさにはじめて～をえたり】 三字 这才得以……《唐大和上东征传》："时，荣睿、普照四月被禁，八月**方始得**出。"（p. 46）隋阇那崛多译《佛本行集经》卷8《从园还城品》："是等王具大威德，然不得作，转轮圣王。彼等最后，头疏般那，生于一子，名婆罗陀。其婆罗陀，**方始得**作，转轮圣王。"隋阇那崛多译《大法炬陀罗尼经》卷16《将护法师品》："摩那婆，此言教藏，非少智众生，所行境界，亦非供养少佛，而能得闻。乃于无量无边，诸世尊，所修行供养，**方始得**闻，方乃得学。然后能知，此三教藏，为他解说。"唐达摩流支译《佛说宝雨经》卷9："止盖菩萨白佛言：'世尊，于此十法，为要具足，**方始得**生，若有阙者，能得生不？'"《敦煌变文·庐山远公话》："远公便制疏抄，前后三年，**方始得**成。"

【**方外士**／ほうがいのし】 三字 处于世俗礼法之外的人，即僧侣、道人、隐遁者等。《怀风藻》第104首释道慈《初春在竹溪山寺于于长王宅宴追致辞》："惊春柳虽变，余寒在单躬。僧既**方外士**，何烦入宴宫。"（p. 168）（1）《南史》卷19《谢澹传》："澹尝侍帝宴，酣饮大言无所屈，郑鲜之欲按之，帝以为澹**方外士**，不宜规矩绳之；然意不说。"刘禹锡《河南白尹有喜崔宾客归洛兼见怀长句因而继和》："几年侍从作名臣，却向青云索得身。朝士忽为**方外士**，主人仍是眼中人。"（2）宋蕴闻编《大慧普觉禅师语录》卷6："师虽为**方外士**而义笃君亲，每及时事，爱君忧时，见之词气，其论甚正确。"宋志盘撰《佛祖统纪》卷41："上待以师礼，尝在内廷见帝至起立。帝曰：'师何以起？'师曰：'檀越何得向四威仪中见贫道？'帝大悦。所赐一不受，布衣瓦钵与弟子，日唯乞食。相国杨绾叹曰：'真**方外士**也。'"

【芳林/ほうりん】 偏正 芬芳的林苑。此处指禅林寺院。《奈良朝写经 56·大般若经卷第 50 等》："谁不渡爱河者，乘彼宝船。步迷路者，休此**芳林**者也。"（p. 358）唐菩提流志译《大宝积经》卷 61《序品》："多诸贤圣众，无有杂恶人。**芳林**甚稠密，地净无棘刺。"唐义净译《佛说弥勒下生成佛经》卷 1："园苑擢**芳林**，庄严此城郭。国中有圣主，其名曰饷佉。"唐般若译《大方广佛华严经》卷 12《入不思议解脱境界普贤行愿品》："**芳林**伏猛兽，咸海毒清流，蠹政害良人，凶邪败君德。"

【芳因/ほういん】 偏正 （2 例） 殊胜美好的因缘。《续日本纪》卷 20《孝谦纪》天平宝字元年十一月条："伏愿先帝陛下，熏此**芳因**，恒荫禅林之定影，翼兹妙福，速乘智海之慧舟，终生莲花之宝刹，自契等觉之真如。"（第三册，p. 236）《奈良朝写经 19·灌顶随愿往生经》："崇慧业以致真如，积**芳因**而成圣果。"（p. 129）隋灌顶纂《国清百录》卷 2："特愿更回神虑，别俟胜贤。妙果**芳因**，使无断绝，经称一句，染神历劫不朽，大智慧海，信为能入。"唐义净撰《南海寄归内法传》卷 2："利九居而轮念，成三代之**芳因**。幸希万一而能改，亦宁辞二纪之艰辛。"唐僧详撰《弘赞法华传》卷 6："释正则，不知何许人也。宿植**芳因**，早敦信悟。"按：《汉语大词典》失收。

【芳缘/ほうえん】 偏正 殊胜美好的缘分。诗歌用语。《怀风藻》第 105 首麻田阳春《和藤江守咏禅睿山先考之旧禅处柳树之作》："於穆我先考，独悟阐**芳缘**。宝殿临空构，梵钟入风传。"唐道宣撰《广弘明集》卷 19 沈约《齐竟陵王发讲疏》："灵场徇采，正水兴涟。乘兹上果，永导**芳缘**。"又《竟陵王解讲疏一首》："兰泉波涌芳霭云回，秘理探微玄觊悠邈。宗条既举穷功允就，论堂卷坐义鼓停音。乘此**芳缘**将升上住，十方三世有证无爽。"按：《汉语大词典》失收。上引三例全部用于诗歌，且内容与佛教相关。

【访获/とぶらひもとむ】 后补 寻访获得，找到。《日本书纪》卷 2《神代纪下》："时弟已失钩于海中，无因**访获**。故别作新钩数千与之。兄怒不受。"（第一册，p. 174）唐慧立本、彦悰笺《大唐大慈恩寺三藏法师传》卷 7："沙门玄奘振锡寻真，出自玉关，长驱奈苑，至于天竺力士生处，**访获**此经，归而奏上，降诏翻译，于是毕功。"唐道宣撰《续高僧传》卷 25："后还天敕山夏坐树下，人来山所逢虎迫逐，便入绳床下。虎蹲床前，山曰：'床下佛子肉味可胜贫道耶？'即脱衣以施，虎屈起而永去。后其小子于山**访获**，山曰：'尔来何为？'曰：'久不奉见。生死不知，故来定省。'"宋志盘撰《佛祖统纪》卷 36："四年，远法师以江东经卷未备禅法无闻律藏残阙，乃令弟子支法领等往天竺，寻**访获**梵本于于阗，遇佛陀跋陀罗，乃要与东还。"按：《汉语大词典》失收。

【访觅/とひもとむ】 并列 （2 例） 访寻，寻找。《日本书纪》卷 2《神代纪下》："弟时既失兄钩，无由**访觅**，故别作新钩与兄。"（第一册，p. 154）又卷 20《敏达纪》

十三年是岁条:"是岁,苏我马子宿祢请其佛像二躯,乃遣鞍部村主司马达等、池边直冰田,使于四方**访觅**修行者。"(第二册,p. 488)(1)失译人名今附后汉录《分别功德论》卷3:"王曰:'死人王尚能作地狱治罪人,我是生人王,不能作地狱耶?问诸群臣,谁能造地狱?'诸臣对曰:'唯有极恶人,能造地狱耳。'王敕诸臣,**访觅**恶人。臣即行觅。"刘宋求那跋陀罗译《过去现在因果经》卷1:"父王心念:'太子已大,宜令学书。**访觅**国中,聪明婆罗门,善诸书艺,请使令来,以教太子。'"该例亦见于梁僧佑撰《释迦谱》卷1。(2)《宋书》卷72《王休若传》:"(书曰:)外间有一师,姓徐名绍之,状如狂病,自云为涂步郎所使。去三月中,忽云:'神语道巴陵王应作天子,汝使巴陵王密知之。'于是师便**访觅**休若左右人,不能得。"(p. 488)按:《汉语大词典》失收。

【**放船**/ふねをはなつ】 述宾 将船放进海里,开始航行,起锚出发。《日本书纪》卷26《齐明纪》六年七月条:"(《伊吉连博德书》)以八日鸡鸣之时,顺西南风,**放船**大海。海中迷途,漂荡辛苦。"(第三册,p. 242)姚秦佛陀耶舍、竺佛念等合译《四分律》卷46:"船师知海中诸难,涌浪难、洄澓难、大鱼难,庄严船已,复重唱令如上,即**放船**入海。"元魏慧觉等译《贤愚经》卷1《海神难问船人品》:"海神**放船**,没而不现。船行数里,海神复化,更作一人,极为端政。复来牵船,问诸商客:'人之美妙,有与我等者无?'"又卷9《善事太子入海品》:"太子还到,其船已满,**放船**还来,船便沉没。诸贾人辈,乍沉乍浮。太子已有如意珠,故身不没溺。"按:《汉语大词典》首引南朝宋刘义庆《世说新语·尤悔第33》:"小人引船,或迟或速,或停或待,又**放船**纵横,撞人触岸。"略晚。

【**放光**/ひかりをはなつ】 述宾 (8例) 佛用神通力来发放光明。大凡佛的种种放光,都对众生有利。放光也有各处的不同,如足底放光,是利益地狱道的众生;膝盖放光,是利益畜生道的众生;小腹放光,是利益饿鬼道的众生;肚脐放光,是利益修罗道的众生;胸口放光,是利益人道的众生,肩上放光,是利益天道的众生。《日本书纪》卷19《钦明纪》十四年正月条:"是时,沟边直入海果见樟木浮海玲珑,遂取而献天皇。命画工造佛像二躯,今吉野寺**放光**樟像也。"(第二册,p. 420)《日本灵异记》上卷《信敬三宝得现报缘第5》:"当于用明天皇世,而挫弓削大连。则出佛像,以传后世。今世安置吉野比苏寺,而**放光**阿弥陀之像是也。"(p. 75)又《勤求学佛教弘法利物临命终时示异表缘第22》:"赞曰:'船氏明德,远求法藏。是圣非凡,终没**放光**。'"(p. 108)又中卷《埴神王腨**放光**示奇表得现报缘第21》:"行者神王,腨系绳引之,愿昼夜不憩。时从腨**放光**,至于皇殿。"(p. 203)又:"彼**放光**之执金刚神像,今东大寺于羂索堂北户而立也。"(p. 204)又《观音木像示神力缘第36》:"经一日一夜而朝见,其颈自然如故继。加以**放光**。"又《药师佛木像流水埋沙示灵表得现报缘第39》:"是佛像有验**放光**,所愿能与故,道俗归敬。"(p. 246)

【放光明炫/ひかりをはなちひかりかがやく】 自创 放出炫目的光芒。《日本灵异记》上卷《捉雷缘第1》："时雷**放光明炫**，天皇见之恐，伟进币帛。"（p.57）唐道宣撰《集神州三宝感通录》卷1："及旦看之，获舍利一枚，殊大于粒，光明鲜洁。更细寻视，又获七枚，总置盘水，一枚独转，绕余舍利，**各放光明，炫**耀人目。"该例亦见于唐道世撰《法苑珠林》卷38、高丽守其等校勘《高丽国新雕大藏校正别录》卷27。

【放光照炫/ひかりをはなち、てりかがやく】 自创 放出炫目的光芒。《日本灵异记》上卷《圣德皇太子示异表缘第4》："优婆塞窃穿坊壁而窥之者，其室内**放光照炫**。"（p.69）失译人名今附秦录《别译杂阿含经》卷9："时尸婆天神**放光照曜**，乃至祇洹，悉皆大明。"梁慧皎撰《高僧传》卷11："盛夏于室中舍命，七日不臭。尸左侧有香，经旬乃歇。每夕**放光，照**彻数里。"唐菩提流志译《不空罥索神变真言经》卷3《秘密印三昧耶品》："观世音菩萨欢喜观视，**放光照**触，令得清净，灭除过现，五无间罪。"唐李通玄撰《新华严经论》卷28《十地品》："光照陀罗尼者，以教光及**放光照烛**，令一切众生解脱。"

【放还/かへす】 后补 （21例） 释放回来，释放回到某处。《日本书纪》卷2《神代纪下》："故自今以往，妾奴婢至君处者，勿复**放还**。君奴婢至妾处者，亦勿复还。"（第二册，p.186）又卷20《敏达纪》二年五月条："二年夏五月丙寅朔戊辰，高丽使人泊于越海之岸，破船溺死者众。朝廷猜频迷路，不饷**放还**。"（第二册，p.468）又三年七月条："天皇闻，即数难波罪曰：'欺诳朝庭，一也。溺杀邻使，二也。以兹大罪，不合**放还**。'以断其罪。"（第二册，p.472）《唐大和上东征传》："兼预随驾，非是伪滥。今欲还国，随意**放还**，宜［委］扬州，［依］例送遣。"（p.46）《续日本纪》卷4《元明纪》庆云四年七月条："前后流人非反逆缘坐及移乡者，并宜**放还**。"（第一册，p.122）又卷8《元正纪》养老五年十一月条："是月，新罗贡调使大使一吉飡金干安、副使萨飡金弼等来朝于筑紫。缘太上天皇登遐。从大宰**放还**。"（第二册，p.106）又卷9《元正纪》养老六年闰四月条："其国授刀、兵卫、卫士及位子、帐内、资人，并防阁、仕丁、采女、仕女，如此之类，皆悉**放还**，各从本色。"（第二册，p.116）又卷13《圣武纪》天平十年六月条："辛酉，遣使大宰，赐饷于新罗使金想纯等。便即**放还**。"（第二册，p.340）又卷14《圣武纪》天平十四年二月条："庚辰，诏以新京草创，宫室未成。便令右大辩纪朝臣饭麻吕等饷金钦英等于大宰，自彼**放还**。"（第二册，p.404）又卷16《圣武纪》天平十八年十二月条："是年，渤海人及铁利总一千二百余人，慕化来朝。安置出羽国，给衣粮**放还**。"（第三册，p.36）又卷18《孝谦纪》天平胜宝四年十一月条："壬子，制：诸司无故不上者，令**放还**本贯。"（第三册，p.126）又卷21《淳仁纪》天平宝字二年九月条："明法曹司言：'迁任国司，向京期限，依仓库令，仓藏及文案孔目，专当官人交代之日，并相分付。然后**放还**。'"（第三册，p.288）又卷

22《淳仁纪》天平宝字三年十月条："其中台牒曰：'迎藤原河清使惣九十九人，大唐禄山先为逆命，思明后作乱常。内外骚荒，未有平殄。即欲**放还**，恐被害残。又欲勒还，虑违邻意。仍放头首高元度等十一人，往大唐迎河清，即差此使，同为发遣。'"（第三册，p. 330）又天平宝字六年八月条："八月乙卯，敕唐人沉惟岳等著府，依先例安置供给。其送使者，海陆二路，量便咸令入京。其水手者，自彼**放还**本乡。"（第三册，p. 410）又卷 32《光仁纪》宝龟四年四月条："宝字符、八两度逆党远近配流。亦宜**放还**。"（第四册，p. 404）又宝龟四年六月条："涉海远来，事须怜矜。仍赐禄并路粮**放还**。"（第四册，p. 410）又卷 33《光仁纪》宝龟五年三月条："以昔准今，殊无礼数。宜给渡海料。早速**放还**。"（第四册，p. 422）又宝龟五年五月条："自今以后，如此之色，宜皆**放还**以示弘恕。如有船破及绝粮者，所司量事，令得归计。"（第四册，p. 433）又卷 35《高绍纪》宝龟十年九月条："但来使轻微。不足为宾。今欲遣使给饷自彼**放还**。"又卷 36《高绍纪》宝龟十一年二月条："理须依例从境**放还**。"又天应元年六月条："广田、广津等去宝龟元年配土左国。宜宥其罪**放还**本乡，但不得入京。"（1）晋世法炬、法立合译《法句譬喻经》卷 1："昔佛在罗阅祇竹园中。与诸弟子，入城受请，说法毕讫。晡时出城，道逢一人，趋大群牛，**放还**入城。肥饱跳腾，转相抵触。"（2）姚秦竺佛念译《出曜经》卷 20："身将至如来所，白世尊曰：'姊子阿阇世，叛逆无道，横兴恶意，攻伐我国。本无怨仇，自生怨仇，本无斗净，自生斗净。今原赦其罪，**放还**本国。'"高丽一然撰《三国遗事》卷 5："律曰：'贫道暮年欲成大品经，功未就而来。'司曰：'汝之寿箓虽尽，胜愿□□。宜复人间，毕成宝典。'乃**放还**。"（3）《宋书》卷 95《索虏传》："彼来侦谍，我已禽之**放还**，其人目所尽见，委曲善问之。"《陈书》卷 5《宣帝纪》："军士年登六十，悉许**放还**。"按：《汉语大词典》首引《周书·明帝纪》："及诸村民一家有犯，乃及数家而被远配者，并宜**放还**。"偏晚。《日本书纪》卷 20《敏达纪》二年八月条："天皇闻之，识其谩语，驱使于官，**不放还**国。"（第二册，p. 470）《日本灵异记》下卷《用寺物复将写大般若建愿以现得善恶报缘第 23》："僧告之言：'汝实发愿，出家修道。虽有是善，而多用于住堂之物。故摧汝身。今还毕愿，后殡堂物。'才**放还来**，过三大衢，从坂而下。"（p. 319）

【放火焚 ~ ／ ~ にひをはなちやく】 三字 （2 例） 放火焚烧某物。《日本书纪》卷 2《神代纪下》："是以吾田鹿苇津姬益恨，作无户室，入居其内誓之曰：'妾所娠，若非天神之胤者必亡，是若天神之胤者无所害。'则**放火焚**室。"（第一册，p. 146）又卷 5《垂仁纪》五年十月条："则将军八纲田**放火焚**其城。"（第一册，p. 310）刘宋沮渠京声译《佛说净饭王般涅槃经》卷 1："佛与大众，共积香薪，举棺置上，**放火焚**之。"唐道宣述《释门章服仪》卷 1："至于**放火焚**山，引水溉地。翻覆杀伤，残害逾甚。"唐智升撰《续集古今佛道论衡》卷 1："至正月十五日，在白马寺门南岳诸道士设坛，将所学法名灵宝经置坛上，**放火焚**之。"

【放火烧~/ひをはなち~をやく】 三字 （3 例） 引火焚烧某物。《日本书纪》卷2《神代纪下》："故鹿苇津姬忿恨，乃作无户室，入居其内而誓之曰：'妾所娠，非天孙之胤，必当糜灭。如实天孙之胤，火不能害。'即**放火烧**室。"（第一册，p.122）又卷7《景行纪》四十年是岁条："日本武尊信其言，入野中而觅兽。贼有杀王之情，**放火烧**其野。"（第一册，p.374）《日本灵异记》上卷《信敬三宝得现报缘第5》："弓削大连公，**放火烧**道场，将佛像流难破堀江。"（p.75）（1）西晋法立、法炬译《大楼炭经》卷2《转轮王品》："出著城外，积一切香薪，持转轮王棺，著上便**放火烧**①。"姚秦竺佛念译《鼻奈耶》卷4："时此比丘，收拾薪草、枝叶蓬蒿，**放火烧**此坏舍，火炎盛炽。"唐菩提流志译《大宝积经》卷61《序品》："譬如聚积众柴，若二若三，乃至千载，如此柴聚，经多年岁，甚大干燥。于时有人，**放火烧**之，成大火聚。"（2）《魏志》卷15《张既传》："胡骑数千，因大风欲**放火烧**营，将士皆恐。既夜藏精卒三千人为伏，使参军成公英督千余骑挑战，敕使阳退。"《后汉书》卷72《董卓传》："掠宫人什物，催又徙御府金帛乘舆器服，而**放火烧**宫殿官府居人悉尽。"《宋书》卷72《文九王传》："农夫等既至，**放火烧**市邑，而垣庆延等各相顾望，并无斗志。景素本乏威略，惝扰不知所为。"

【放落/はなれおつ】 后补 鞋踢掉了。《藤氏家传》上卷《镰足传》："倘遇于蹴球之庭，中大兄皮鞋随球**放落**。"（p.141）《冥报记》卷1："宋尚书仆射荥阳郑鲜之元嘉四年从大驾巡京，至都夕暴亡，乃灵语著人曰：'吾寿命久尽早应过世，赖比岁来敬信佛法放生布施。以此功德延驻数年耳。夫幽显报应有若影响，宜**放落**俗务崇心大教。'于时胜贵多皆闻云。"（2）《太平广记》卷178《府解》条："京兆府解送，自开元天宝之际，率以上十人，谓之等第。必求名实相副，以滋教化之源。小宗伯倚而选之，或悉中第。不然，十得其七八。苟异于是，则往往牒贡院，请**放落**之由。暨咸通、乾符，则为形势吞爵临制，近同及第。得之者首相夸诧，车服多侈靡，不以为僭，仍期集人事，真实之士不复齿矣。所以废置不定，职此之由。"按：《汉语大词典》失收。《镰足传》中的"放落"，表示踢球时鞋子踢落。《冥报记》中的"放落"，表示放下、抛弃俗世间的念头。"府解"条是说如果考试出现异常情况，就要由礼部行文，请贡院说明录取的情况。

【放尿/はなれおつ】 口语 排尿，小便。"放屎"的对应词。《日本书纪》卷1《神代纪上》："一云：伊奘诺尊乃向大树**放尿**。此树即化成巨川。"（第一册，p.46）元魏瞿县般若流支译《正法念处经》卷13："于大巷中，四出巷中，三角巷中，**放屎放尿**。如是之人，诸天舍离。"隋阇那崛多译《大威德陀罗尼经》卷19："佛告言：'阿难，若上虚空，蚊子飞行，所**放尿**滳，能令大地，得润泽不？又令生长，大苗稼不？一

---

① "烧"，在宋本、元本、明本中作"耶维"。

切药草，诸树木等，若大地中，一切水满，始从此岸，至彼岸不？'阿难言：'不也，世尊。'"唐裴休集《黄檗断际禅师宛陵录》卷1："昼参夜参，行住坐卧，著衣吃饭处，<u>阿屎放尿</u>处，心心相顾，猛著精彩，守个无字。"按：《汉语大词典》失收。→【放屎】

【放遣／はなちやる】 格义 放飞。《肥前国风土记·基肆郡》条："珂是古，即捧幡祈祷云：'诚有欲吾祀者，此幡顺风飞往，堕愿吾之神边。'便即举幡，顺风<u>放遣</u>。"（p.316）（1）西晋竺法护译《佛说鹿母经》卷1："于是，猎者闻鹿，言诉之声，甚叹其奇！贪利成事，不欲<u>放遣</u>，即告于鹿，责数之日。"唐道世撰《续高僧传》卷18："自尔留心庄易，归意佛经，愿预染衣，得通幽极。二亲爱之弗许，恳诚岁久，乃蒙<u>放遣</u>。"（2）《魏志》卷11《王修传》裴松之注引王隐《晋书》曰："云：'门生为县所役，故来送别。'执手涕泣而去。令即<u>放遣</u>诸生，一县以为耻。'"按：《基肆郡》中的"放遣"是"放飞旗帜"的意思；传世文献和汉文佛经中的"放遣"，表示"释放""遣散"。《汉语大词典》首引《后汉书》卷51《李恂传》："会西羌反畔，恂到田舍，为所执获。羌素闻其名，<u>放遣</u>之。"略晚。

【放去／はなちやる】 后补 （3例） 放走，释放使离开。《日本书纪》卷2《神代纪下》："是时，弟往海滨，低徊愁吟。时有川雁，婴罥困厄。即起怜心，解而<u>放去</u>。"（第一册，p.174）《续日本纪》卷11《圣武纪》天平五年二月条："入京之时，何乘来归。望请给四位守马六匹、五位五匹、六位以下守四匹、介、掾各三匹、目、史生各二匹<u>放去</u>。"（第二册，p.266）又卷16《圣武纪》天平十七年九月条："又令京师、畿内诸寺及诸名山、净处行药师悔过之法。奉币，祈祷贺茂、松尾等神社。令诸国所有鹰鹈并以<u>放去</u>。度三千八百人出家。"（第三册，p.16）（1）吴支谦译《撰集百缘经》卷1《菩萨授记品》："然阿阇世其父先王，是我亲友，不忍害命，今欲<u>放去</u>，还归本国。"吴康僧会译《旧杂譬喻经》卷1："出城逢贼，女向贼求哀：'我有重誓当解。'贼<u>放去</u>。"元魏吉迦夜、昙曜合译《杂宝藏经》卷2："昔干陀卫国，有一屠儿，将五百头小牛，尽欲刑犍。时有内官，以金钱赎牛，作群<u>放去</u>，以是因缘，现身即得，男根具足。"（2）《搜神记》卷3："护军张劭，母病笃。智筮之，便西出市沐猴，系母臂，令傍人槌拍，恒使作声，三日<u>放去</u>。劭从之。其猴出门，即为犬所咋死。母病遂差。"《世说新语·文学第45》："谢奕作剡令，有一老翁犯法，谢以醇酒罚之，乃至过醉，而尤未已。太傅时年七八岁，著青布绔，在兄膝边坐，谏曰：'阿兄，老翁可念，何可作此！'奕于是改容曰：'阿奴欲<u>放去</u>邪？'遂遣之。"

【放生／ほうじょう】 述宾 （19例） 释放被羁禁的生物。"不杀生"居佛教戒律之首。杀生的人，当坠落地狱、饿鬼、畜生"三恶道"中，受无穷苦；侥幸为人，亦受短命等恶报。戒分"止持"与"作持"。就"止持"而言，杀生为最大的恶业；就"作持"而言，则放生为最大的功德。放生典出《金光明经·流水长者子品》。《日本书纪》卷29《天武纪下》五年八月条："是日，诏诸国以**放生**。"（第三册，p. 372）又五年十一月条："癸未，诏近京诸国而**放生**。"（第三册，p. 374）《日本灵异记》上卷《赎**龟**命**放生**得现报龟所助缘第7》（p. 8）又《非理夺他物为恶行受恶报示奇事缘第30》："造佛菩萨者，生西方无量寿净土。**放生**之者，生北方无量净土。一日斋食者，得十年之粮。"（p. 126）又《缔知识为四恩作绘佛像有验示奇表缘第35》："更停知识，念欲**放生**，行乎难破，徘徊市归。"（p. 135）又中卷《依汉神崇杀牛而祭又修**放生**善以现得善恶报缘第5》（p. 159）又："爱吾问曰：'仁者谁人？'答：'我等是汝买**放生**。不忘彼恩，故今报耳。'"（p. 160）又："归信三宝，己家立幢，成寺安佛，修法**放生**。"（p. 160）又《赎蟹虾命**放生**得现报缘第8》（p. 171）又《赎蟹虾命**放生**现报蟹所助缘》（p. 180）又："劝请义禅师，令咒愿以**放生**。"（p. 180）又："自此已后，山背国贵乎山川大蟹，为善**放生**也。"（p. 181）又《依不布施与**放生**而现得善恶报缘第16》（p. 191）又："**放生**之人，与使人俱入山，拾薪，登于枯松，脱之落死。"又："**放生**赎命之报者，返救翼，不施之报者，返令饥渴矣。非无善恶之报也。"（p. 192）《续日本纪》卷1《文武纪》文武元年八月条："令诸国每年**放生**。"（第一册，p. 4）又卷9《圣武纪》神龟三年六月条："辛酉，太上天皇不豫。令天下诸国**放生**焉。"（第二册，p. 168）又卷19《孝谦纪》天平胜宝六年十一月条："窃以**放生**之中，莫若救人。宜依兹教，可大赦天下。"（第三册，p. 150）又卷25《淳仁纪》天平宝字八年十月条："冬十月乙丑，废放鹰司，置**放生**司。"（第四册，p. 38）又卷32《光仁纪》宝龟四年十二月条："经云：'应放杂类众生。'朕以杂类之中，人最为贵。至于**放生**，理必所急。"（第四册，p. 416）东晋帛尸梨蜜多罗译《佛说灌顶经》卷12："是故我今，劝诸四辈，造续命神幡，然四十九灯，放诸生命。以此幡灯，**放生**功德，拔彼精神，令得度苦，今世后世，不遭厄难。"姚秦鸠摩罗什译《梵网经》卷2："若佛子，以慈心故，行**放生**业。一切男子是我父，一切女人是我母，我生生无不，从之受生。故六道众生，皆是我父母，而杀而食者，即杀我父母亦杀我故身。"隋智顗说、灌顶录《金光明经文句》卷2《释寿量品》："不杀是止善，**放生**是行善。不盗是止善，施食是行善。"

【**放生**善／ほうじょうのよきこと】 自创 因为放生这一善举招致的福报。《日本灵异记》中卷《依汉神崇杀牛而祭又修**放生**善以现得善恶报缘第5》（p. 159）

【**放生**赎命／いきものをはなち、いのちをあかふ】 四字 通过放生的善举来赎取性命。《日本灵异记》中卷《依不布施与放生而现得善恶报缘第16》："**放生**赎命之报者，返救翼，不施之报者，返令饥渴矣。非无善恶之报也。"（p. 192）宋延寿述《万善同归集》卷2："今既承绍，合履玄踪；乃至**放生**赎命，止杀兴哀。断烧煮之殃，释笼罩之挚；续寿量之海，成慧命之因。"

【**放生**修福／ほうじょうしゅふく】 四字 "放生"，谓把捕获的小动物放掉。慈悲为怀者视放生为善举。"修福"，指行善积德，以求来世及子孙之福。《日本灵异记》上

卷《缔知识为四恩作绘佛像有验示奇表缘第35》：“尼等欢喜流泪，泣矜曰：‘吾先失斯像，日夜奉恋。今邂逅得遇。嗟呼庆哉！’市人闻之，来集称：‘难。’尼等欢，**放生修福**，遂安本寺。道俗归敬，斯乃奇异之事也。”（p.135）唐玄奘译《药师琉璃光如来本愿功德经》卷1：“复次，阿难。彼琰魔王主领世间名籍之记。若诸有情，不孝五逆，破辱三宝，坏君臣法，毁于信戒，琰魔法王，随罪轻重，考而罚之。是故我今，劝诸有情，然灯造幡，**放生修福**，令度苦厄，不遭众难。”该说法亦见于唐义净译《药师琉璃光七佛本愿功德经》卷2、新罗太贤撰《本愿药师经古迹》卷2、宋遇荣钞《盂兰盆经疏孝衡钞》卷1。

【**放生业**/ほうじょうのわざ】　三字　因为放生这一善行所带来的果报。《日本灵异记》中卷《依汉神崇杀牛而祭又修放生善以现得善恶报缘第5》：“故自卧病年已来，每月不阙，六节受斋戒，**修放生业**，见他杀含生之类，不论而赎，又遣八方，访买生物而放。”（p.159）姚秦鸠摩罗什译《梵网经》卷2：“若佛子，以慈心故行**放生业**。一切男子是我父，一切女人是我母，我生生无不，从之受生。故六道众生，皆是我父母，而杀而食者，即杀我父母，亦杀我故身。”该例亦见于隋智顗说、灌顶记《梵网菩萨戒经义疏》卷2、新罗义寂述《菩萨戒本疏》卷2、唐道世撰《法苑珠林》卷65、《诸经要集》卷8。

【**放屎**/くそまる】　口语　拉屎，大便。“放尿”的对应词。《日本书纪》卷1《神代纪上》：“复见天照大神当新尝时，则阴**放屎**于新宫。”（第一册，p.74）元魏瞿昙般若流支译《正法念处经》卷13《地狱品》：“于大巷中，四出巷中，三角巷中，**放屎**放尿。如是之人，诸天舍离，常得一切，不饶益事。彼人身色，如被烧林。一切世人，憎而不爱。”唐道世撰《法苑珠林》卷49：“若复有人，以父著左肩上，以母著右肩上，至千万岁，衣被饭食床榻卧具，病瘦医药。即于肩上**放屎**尿，犹不能得报恩。当知父母恩重，施育之时，将护不失时节，供养孝顺。”→【放尿】

【**放逸**/ほういつす】　格义　（2例）　放掉使逃走。《万叶集》卷17第4011首歌题《思**放逸**鹰梦见感悦作歌一首》：“喻曰：‘使君勿作苦念，空费精神，**放逸**彼鹰获得，未几矣哉！’”（第四册，p.213）（1）《逸周书》卷6《时训第52》：“蜩不鸣，贵臣**放逸**。”朱右曾校释：“**放逸**，放纵晏佚。”（p.595）（2）后汉支曜译《阿那律八念经》卷1：“道当精进，无得懈怠；道当制心，无得**放逸**；道当定意，无得乱念；道当智慧，无得愚谙。”姚秦鸠摩罗什译《妙法莲华经》卷1《序品》：“汝一心精进，当离于**放逸**，诸佛甚难值，亿劫时一遇。”唐义净译《金光明最胜王经》卷2《梦见金鼓忏悔品》：“或自恃尊高，种姓及财位，盛年行**放逸**，常造诸恶业。”按：传世文献中，“放逸”的意思是“放纵逸乐”，汉译佛经中谓“不守佛门规矩，放纵心思，任性妄为”。与传世文献中意思相同的文例可见《日本书纪》卷25《孝德纪》大化二年三月条：“自今以后、国司郡司、勉之勖之、勿为**放逸**。”（第三册，p.144）《万叶集》中的“放逸"指逃跑掉的老鹰，是大伴家持独特的用法。

【放著/ゆるす】 后缀 让某人待在某处；将某物放在某处。《日本书纪》卷26《齐明纪》六年七月条："（《伊吉连博德书》）十一月一日，为将军苏定方等所捉百济王以下太子隆等诸王子十三人，大佐平沙宅千福、国辩成以下三十七人，并五十许人，奉进朝堂。急引趁向天子。天子恩敕见前**放著**。"（第三册，p. 232）后秦弗若多罗什合译《十诵律》卷15："诸童子遥见，共相谓言：'此跋难陀释子，喜作恶罪，若见罪闻罪疑罪无惭无厌足。我等今当试看。'即以宝物，价直一千，**放著**道中，舍远遥看。"梁宝唱等集《经律异相》卷47："昔大迦罗越，出钱为业。有二人举钱一万，至时还之。后日二人，复相谓言：'我曹更各举十万，后不还之。'有牛系在篱里，语二人言：'我先世时，坐负主人一千钱不还债，三反作牛，犹故不了。况君欲取十万，罪无毕时。'二人惊怪。会天已晓，主人出，二人说牛之语。主人即便，**放著**群中，不复取用，咒愿：'此牛自今已后，莫复受此畜生身。'"唐阿地瞿多译《陀罗尼集经》卷10《乌枢沙摩金刚法印咒品》："若是优婆塞，头髻中藏著于像，大小行时，离身**放著**，不得共身上屏大小行。"唐菩提流志译《佛心经》卷2："若雨多时取金色赤土，于纸上画作一龙，咒一千八十遍**放著**井中。即有赤龙腾天，应时即止。"按：《汉语大词典》失收。

【飛到於 ~ / ~ にとびいたる】 于字（2例） 飞行到达某处。①《播磨国风土记·贺毛郡》条："粳冈。右号粳冈者，大汝命令舂稻于下鸭村，散粳**飞到于**此冈。故曰粳冈。"（p. 110）②又《宍禾郡》条："稻舂岑。大神令舂于此岑。故曰舂岑前。其粳**飞到**之处，故号前粳。"（p. 86）（1）后汉支曜译《阿那律八念经》卷1："佛以圣心，逆知其意，譬如力士，屈申臂顷，**飞到**其前，赞言：'善哉，善哉！阿那律。汝所念者，为大士念。听吾语汝，大士八念。善思行之。'"梁宝唱等集《经律异相》卷2："帝释闻之，与八万诸天，追寻所在，**飞到**井侧。"隋阇那崛多译《佛本行集经》卷40《迦叶三兄弟品》："尔时，世尊隐本形相，即便化作，苦行之身……以神通**飞到**，彼优娄频螺迦叶，所闻声处，下地而住。"（2）《艺文类聚》卷88引《庄子》曰："鹓雏发南海，而**飞到**北海，非梧桐不止，非竹实不食。"（p. 1526）按：双音词"飞到"始见于汉译佛经，且与中土文献一样，使用时无须后续"于"。

【飛度（渡）/とびわたる】 偏正（4例） 在上空越过。《万叶集》卷16第3831首《咏白鹭啄木飞歌》："池神 力士舞可母 白鹭乃 桙啄持而 **飞渡**良武"（第四册，p. 115）。又卷19第4192首："且**飞渡** 暮月夜 可苏气伎野边 遥遥尔 喧霍公鸟 例久久等"（p. 318）。《出云国风土记·岛根郡》条："神魂命御子，字武贺比卖命，法吉鸟化而**飞度**，静坐此处。故云法吉。"（p. 374）《常陆国风土记·行方郡》条："自无梶河，达于部陲，有鸭**飞度**。"（p. 374）（1）吴康僧会译《六度集经》卷6："马王遥睹，淫鬼噉人，为之流泪。因**飞渡**海，之海彼岸，获成捣粳米，马王食饮毕，登山呼曰：'谁欲度者？'如此三矣。"西晋竺法护译《佛说文殊师利现宝藏经》卷1："时两仙人，俱从海边，欲共**飞**<u>度</u>巨海，周旋彼岸。彼施信安心念言：'其好妙法神足，与我等矣。'然后复共，**飞**<u>度</u>大海，到女鬼界。"（2）《蜀志》卷 3《后主禅传》裴松之注引《汉晋春秋》曰："冬十月，江阳至江州有鸟从江南**飞**<u>渡</u>江北，不能达，堕水死者以千数。"《宋书》卷 32《五行 3》："蜀刘禅建兴九年十月，江阳至江州有鸟从江南**飞**<u>渡</u>江北，不能达，堕水死者以千余。"按：《汉语大词典》首引《晋书·杜预传》："北来诸军，乃**飞**<u>渡</u>江也。"偏晚。

【飛空而去/そらをとびてさる】 四字 从空中飞过去。《藤氏家传》下卷《武智麻吕传》："调伏东国粗恶鬼神，归到此界，仍即登也。登欲半，为神所害，变为白鸟，**飞**<u>空而去</u>也。"（p. 340）失译人名今附后汉录《大方便佛报恩经》卷 4《恶友品》："尔时一雁，悲鸣欢喜，鼓翅随逐，五百群雁，前后围绕，**飞**<u>空而去</u>。"隋阇那崛多译《佛本行集经》卷 34《转妙法轮品》："尔时，彼等诸辟支佛与于瓦师此誓愿已，即从彼处，**飞**<u>空而去</u>。"唐义净译《根本说一切有部毘奈耶》卷 28："时诸男女，同前嗟叹，鳖便自念：'我更几时，忍此辛苦。'长悬颈项，护口不言。即便报言：'我自欲去，非是偷来。'作是语时，遂便失杖，堕落于地。童子共打，而致命终。二鹅见已，情怀忧恨，**飞**<u>空而去</u>。"

【飛鳥/あすか】 寺名 "飞鸟寺"的略称。《日本书纪》卷 30《持统纪》即位前纪条："十二月丁卯朔乙酉，奉为天渟中原瀛真人天皇，设无遮大会于五寺大官、**飞**<u>鸟</u>、川原、小垦田丰浦、坂田。"（第三册，p. 476）

【飛鳥寺/あすかでら】 寺名 （17 例） 飞鸟寺。位于奈良县高市郡明日香村飞鸟的一座最早的大寺院。圣德太子与苏我马子一同讨伐物部守屋时于崇峻天皇元年（588）开始兴建，至推古天皇四年（596）完成佛堂、塔。据《日本书纪》记载，推古天皇十四年（606），鸟佛师（鞍作止利）造丈六释迦铜像。四方的门悬挂匾额，东门是书飞鸟寺，西门是法兴寺，南门是元兴寺，北门是法满寺。推古天皇三十三年（625），隋吉藏的弟子高丽僧慧灌来日，住在该寺，初弘三论宗。天平十七年（745）在平城京建立新寺，而将新寺称为新元兴寺，飞鸟的寺院则被称为本元兴寺。目前仅残存一座名为安居院的古迹。①纪事。《日本书纪》卷 28《天武纪下》元年六月条："是日，大伴连吹负，密与留守司坂上直熊毛，议之谓一二汉直等曰：'我诈称高市皇子，率数十骑，自**飞**<u>鸟寺</u>北路出之临营。乃汝内应之。'"（第三册，p. 322）又："爰留守司高坂王及兴兵使者穗积臣百足等据**飞**<u>鸟寺</u>西槻下为营。"（第三册，p. 324）又："爰百足乘马缓来，逮于**飞**<u>鸟寺</u>西槻下。"（第三册，p. 324）又六年二月条："是月，饷多祢岛人等于**飞**<u>鸟寺</u>西槻下。"（第三册，p. 374）又九年四月条："且以为**飞**<u>鸟寺</u>不可关于司治，然元为大寺而官司恒治，复尝有功，是以犹入官治之例。"（第三册，p. 396）又九年七月条："秋七月甲戌朔，**飞**<u>鸟寺</u>西槻枝自折而落之。"（第三册，p. 398）又："癸巳，**飞**<u>鸟寺</u>弘聪僧终，遣大津皇子、高市皇子而吊之。"（第三册，p. 398）又十年九月条："庚戌，饷多祢岛人等于飞鸟寺西河边，奏种种乐。"（第三册，p. 412）又十三年闰四月条："乙巳，坐飞鸟寺僧福杨以入狱。"（第三册，p. 436）又卷30《持统纪》二年十二月条："十二月乙酉朔丙申，饷虾夷男女二百一十三人于飞鸟寺西槻下，仍授冠位，赐物各有差。"（第四册，p. 488）《续日本纪》又卷7《元正纪》灵龟二年八月条："癸亥，备中国浅口郡犬养部雁手，昔配飞鸟寺烧盐户，误入贱例。至是遂诉。免之。"（第二册，p. 28）《奈良朝写经6·瑜伽师地论卷第21》："天平二年岁次庚午二月十日，飞鸟寺僧贤证，为七世父母、六亲眷属及广无边无际之、与一切有情共成佛道，贡敬《瑜伽论》七卷。"（p. 55）②法事。《日本书纪》卷26《齐明纪》三年七月条："辛丑，作须弥山像于飞鸟寺西，且设盂兰瓮会，暮饷睹货逻人"（第三册，p. 208）《日本书纪》卷28《天武纪下》六年八月条："八月辛卯朔乙巳，大设斋于飞鸟寺，以读一切经。便天皇御寺南门而礼三宝。"（第三册，p. 378）《日本书纪》卷28《天武纪下》又十四年五月条："五月丙午朔庚戌，射于南门。天皇幸于飞鸟寺，以珍宝奉于佛而礼敬。"（第三册，p. 446）又朱鸟元年六月条："甲申，遣伊势王及官人等于飞鸟寺，敕众僧曰：'近者朕身不和，愿赖三宝之威，以身体欲得安和。是以，僧正僧都及众僧应誓愿。'则奉珍宝于三宝。"（第三册，p. 460）又卷30《持统纪》元年八月条："己未，天皇使直大肆藤原朝臣大岛、直大肆黄书连大伴，请集三百龙象大德等于飞鸟寺，奉施袈裟人别一领。曰：'此以天渟中原瀛真人天皇御服所缝作也。'诏词酸割，不可具陈。"（第三册，p. 480）③延命。《日本书纪》卷28《天武纪下》十四年九月条："丁卯，为天皇体不豫之，三日诵经于大官大寺、川原寺、飞鸟寺，因以稻纳三寺各有差。"（第四册，p. 450）④追善。《续日本纪》卷17《圣武纪》天平二十年四月条："壬戌，于大安寺诵经。甲子，于山科寺诵经。丙寅，当初七，于飞鸟寺诵经。"（第三册，p. 56）

【飛往/とびゆく】 后补 （2例） 飞往，飞向。《肥前国风土记·基肆郡》条："珂是古，即捧幡祈祷云：'诚有欲吾祀者，此幡顺风飞往，堕愿吾之神边。'便即举幡，顺风放遣。于时，其幡飞往，堕于御原郡姬社之社，更还飞来，落此山道川边之田村。"（p. 316）（1）吴康僧会译《旧杂譬喻经》卷1："孔雀白大王：'国中诸恶病悉得除愈，人民供养我，如天神无异，终无去心。大王可解我足，使得飞往来，入湖水中，瞑止此梁上宿。'"晋世法炬、法立合译《法句譬喻经》卷4《道利品》："贤者大小，懊恼啼哭，遥向崛山，为佛作礼，悔过自责，佛以道眼，见其辛苦，便自说言：'因是小儿，当度无数人。'便独飞往，至罗刹门，现变光相，照其宫内。"隋阇那崛多译《佛本行集经》卷32《梵天劝请品》："时晒衣石，以佛威神，从虚空飞往，到北天竺，为彼帝梨富婆商主等作于塔，为供养故。"（2）《艺文类聚》卷9梁庾肩吾《石桥诗》："秦王金作柱，汉帝玉为栏。仙人飞往易，道士出归难。"《水经注》卷36："山并即草以立名，山在县东北乌句山南五百里，山生牧靡，可以解毒，百卉方盛，鸟多误食鸟喙，口中毒，必急**飞往**牧靡山，喙牧靡以解毒也。"按：《汉语大词典》失收。

【飛涌/とびわく】 偏正 飞溅。《唐大和上东征传》："昔远法师于是立寺，无水，发愿曰：'若于此地堪栖止者，当使抽泉。'以锡杖扣地，有二青龙寻锡杖上，水即**飞涌**。今尚其水涌出地上三尺焉，因名龙泉寺。"（p.78）（1）唐法藏撰《华严经传记》卷3："言讫，便睹天乐上腾，须臾还灭，更见西方，香华，伎乐，**飞涌**而来，旋环顶上，举众皆见。"（2）《栾城集》卷23《筠州圣祖殿记》："不期年，而荒榛岩石之间，台观**飞涌**，丹垩炳焕，如天帝释宫。"按：《汉语大词典》失收。

【非但 ~ 而已 ~/ただ ~ のみ ~ にあらず ~】 口语 "不仅……而且……"。"非但"与"而已"形成呼应表达，表示不止这一项，还有类似的情况。《藤氏家传》上卷《镰足传》："**非但**朕宠汝身**而已**，后嗣帝王，实惠子孙。"（p.231）（1）后汉支曜译《佛说成具光明定意经》卷1："天尊又说：'前世**非但**行此六事**而已**，又行定意之法及总持无底边三十七品，乃成具佛事四无所畏十种力十八神妙特异之法。"姚秦鸠摩罗什译《十住毗婆沙论》卷5《除业品》："求阿惟越致地者，**非但**忆念称名礼敬**而已**，复应于诸佛所忏悔劝请随喜回向。"（2）《后汉书》卷61《周举传》："**非但**陛下行此**而已**，竖宦之人，亦复虚以形势，威侮良家，取女闭之，至有白首殁无配偶，逆于天心。"《蜀志》卷12《谯周传》："北兵之来，**非但**取蜀**而已**，若奔南方，必因人势衰，及时赴追，二也。"

【非復/また ~ にあらず】 后缀 （2例）"不再（是）……"。《日本书纪》卷1《神代纪上》："时天钿女见之而告言于日神也。日神曰：'吾弟所以上来，**非复**好意。必欲夺之我国者欤。'"（第一册，p.86）《续日本纪》卷40《桓武纪》延历八年七月条："海浦窟宅，**非复**人烟。山谷巢穴，唯见鬼火。"吴支谦译《佛说维摩诘经》卷1《菩萨品》："于是，波旬谓诸玉女：'我欲与汝俱还天上。'曰：'以我等与此居士，乐法之乐，我等甚乐，**非复**乐欲乐也。'"东晋瞿昙僧伽提婆译《增壹阿含经》卷9《惭愧品》："迦叶去未久时，妇夫婿来至家。婆罗门见妇颜色甚悦，**非复**常人。"北凉昙无谶译《佛所行赞》卷1《厌患品》："即敕回车还，**非复**游戏时，命绝死无期，如何纵心游？"按：《汉语大词典》首引《后汉书》卷70《荀彧传》："纵数城或全，其余**非复**己有。"略晚。《新编日本古典文学全集》栏上的注释指出："'复'是强调'非'的语义的助字。"此说不知所依为何。根据梵汉对勘研究的结果，"复"，附在否定副词后面，充当音节成分，与否定副词"非"构成双音节。

【非久也/ひさにあらじ】 先例 （2例）（已经）指日可待；所剩日子不多。《日本书纪》卷14《雄略纪》八年二月条："有顷，高丽军士一人取假归国。时以新罗人为典马，而顾之谓曰：'汝国为吾国所破，**非久矣**。'（《一本云》）汝国果成吾土，**非久矣**。"（第二册，p.174）宋赞宁等撰《宋高僧传》卷1："武贵妃宠异六宫，荐施宝玩。智劝贵妃急造金刚寿命菩萨像，又劝河东郡王于毗卢遮那塔中绘像，谓门人曰：'此二人者，寿**非久矣**。'经数月皆如其言。凡先觉多此类也。"宋道原撰《景德传灯录》卷25："师曰：'吾**非久矣**。'明年六月大星陨于峯顶，林木变白，师乃示疾于莲华峯，参问如常。二十八日集众言别，跏趺而逝。寿八十二，腊六十五。"

【**非色非心**／かたちにあらず、こころにあらず】　四字　一切有为法分为色法、心法、非色非心法。非四大所造成的叫作非色，不与心相应的法叫作非心。《日本灵异记》中卷《观音木像不烧火难示威神力缘第37》："诚知三宝之**非色非心**，虽不见目，而非无威力。此不思议第一也。"（p.243）姚秦鸠摩罗什译《梵网经》卷2："**非色非心**，非有非无，非因果法，是诸佛之本源，菩萨之根本，是大众诸佛子之根本。"梁真谛译《大乘起信论》卷1："复次，究竟离妄执者，当知染法、净法皆悉相待，无有自相可说，是故一切法从本已来，**非色非心**、非智非识、非有非无，毕竟不可说相。"

【**非時**／ときじき】　时段　（6例）　不是时候，不合时令；随时。《日本书纪》卷6《垂仁纪》九十年二月条："九十年春二月庚子朔，天皇命田道间守常世国，令求**非时**香果。今谓橘是也。"（第一册，p.231）又："田道间守至自常世国，则赍物也，**非时**香果八竿八缦焉。"（第一册，p.231）又卷12《履中纪》三年十一月条："膳臣余矶献酒，时樱花落于御盏，天皇异之则召物部长真胆连，诏之曰：'是花也，**非时**而来。其何处之花矣。'"（第二册，p.84）《万叶集》卷8第1627~1628歌题《大伴宿祢家持攀**非时**藤花并芽子黄叶二物赠坂上大娘歌二首》。《日本灵异记》中卷《将建塔发愿时生女子卷舍利所产缘第31》："父母愁曰：'妪**非时**产子，根不具。斯为大耻。以因缘故，汝生我子。'乃不嫌弃，而慈哺育。"（p.229）《续日本纪》卷9《圣武纪》神龟元年三月条："甲申，令七道诸国，依国大小，割取税稻四万以上二十万束以下，每年出举，取其息利，以充朝集使在京及**非时**差使。"（第二册，p.148）后秦佛陀耶舍、竺佛念等合译《长阿含经》卷3："尔时，世尊告阿难曰：'此双树神，以**非时**华，供养于我，此非供养如来。'"北凉昙无谶译《大般涅槃经》卷1《寿命品》："复有十万亿恒河沙等四方风神，吹诸树上，时**非时**花，散双树间。"隋阇那崛多译《佛本行集经》卷10《私陀问瑞品》："复次大师，童子生时，一切树木，随时敷荣，花果茂盛，**非时**诸树，亦复开鲜。"唐道世撰《法苑珠林》卷54："夫闻妇语，心自念言：'唯王园中，有**非时**果，我当往偷。'作是念已，即夜入王园。"按：佛典中"非时"一词，通常用来修饰花草树木，有着特殊的含义。花儿不按季节开放，草木顷刻间变得郁郁葱葱，是神通力作用的结果，一般用来象征一种吉兆。如引文中的如来涅槃、童子降生等。由此可知，《万叶集》歌题中出现的"非时藤花"云云，恐怕不宜简单地解释为不合时宜开放的花儿，而应当把它看作受到歌人缠绵悱恻的相思之情的感染而绽放的鲜花。它反映的是歌人的一种心理感受，是对现实生活中无法实现的相思相爱的期许。正如歌词所唱到的"吾屋前之　**非时**藤之　目颇布　今毛见壮鹿　妹之咲容乎"（卷8第1627首），寄希望于千载难逢的机遇。因为人毕竟不是菩萨，更不是佛。从和歌表达史来看，"非时

（花）/非时藤"的入歌，在歌中形成比兴（序词）的修辞效果，使得大伴家持获得了《万叶集》中这种独一无二的表达形式，充分体现了歌人在表现手法上不断推陈出新的意识。附带说一句，传世文籍韵文中较早的例证可见王建《薛二十池亭》："异花多是非时有，好竹皆当要处生。"

【非无因果/いんがなきにあらず】 否定 （2例） 并非没有因果关系。《日本灵异记》中卷《已作寺用其寺物作牛役缘第9》："古人谚曰：'现在甘露，未来铁丸。'者，其斯谓之欤。诚知非无因果，不怖慎欤。"（p.173）又下卷《假官势非理为政得恶报缘第35》："不睹因果之贱心，太甚也。非无因果也。"（p.353）后魏菩提流支译《弥勒菩萨所问经论》卷8："又复有答：'若一切物，无因生者，应一物中，一切法生。不尔，便应一切物中，一一各有，一切物生。而此义不然，以是义故，非无因果。'"唐窥基撰《瑜伽师地论略纂》卷4："未熟名因，非无因果；已熟名果，非无果因。"

【非一二（~）/ひとつふたつ（~）にあらずして】 否定 （3例） 并非一两次，多次。《古事记》中卷《应神记》："尔兄辞令贡于弟，弟辞令贡于兄，相让之间，既经多日。如此相让，非一二时。"（p.272）《日本书纪》卷29《天武纪下》十二年正月条："朕初登鸿祚以来，天瑞非一二，多至之。传闻其天瑞者，行政之理，协于天道，则应之。"（第三册，p.426）《藤氏家传》上卷《镰足传》："邈思前代，执政之臣，时时世世，非一二耳。"（p.231）（1）东晋佛驮跋陀罗译《大方广佛华严经》卷33《普贤菩萨行品》："了知非一二，非秽亦非净。亦复非积集，皆从因缘起。"刘宋功德直译《菩萨念佛三昧经》卷4："如是善人等，昔已曾供养，非一二与十，无量亿诸佛。"唐李通玄撰《略释新华严经修行次第决疑论》卷4："十方诞生无挂碍，无像法中现妙像。引接迷流达虚妄，善达心境非一二。"《敦煌变文·张淮深变文》："回鹘既败，当即生降，归。某乙所来为寇非实虑尚书征兵来伐为游军何期天道助乞首领而已。尚书业，累致逃亡，使安西之窟奈何先陈降非一二，据汝猖狂，尽且留性命。首领等离鼎上当则收贼戈首尾相连，俘诸丁写表闻天处，若为？"（2）《魏书》卷84《儒林传》："其省先无本者，广加推寻，搜求令足。然经记浩博，诸子纷纶，部帙既多，章篇纰缪，当非一二校书，岁月可了。"《陈书》卷33《儒林传》："自天下寇乱，西朝倾覆，流播绝域，情礼莫申，若此之徒，谅非一二，宁可丧期无数，而弗除衰服，朝庭自应为之限制，以义断恩，通访博识，折之礼衷。"（p.437）

【非余事也/あたしことにあらず】 口语 （2例） 并非其他的事，并非其他情况。《日本书纪》卷17《继体纪》八年正月条："妃曰：'非余事也。唯妾所悲者，飞天之鸟，为爱育儿，树颠作巢，其爱深矣。'"（第二册，p.304）又卷19《钦明纪》元年九月条："大连怖谢曰：'臣所疾者，非余事也。今诸臣等谓臣灭任那。故恐怖不朝耳。'"（第二册，p.362）唐义净译《根本说一切有部毗奈耶》卷11："有胜善法者，谓具定蕴，言梵行者，谓具慧蕴，言将此淫欲法者此中法言目其非法将此淫欲非余事也，淫欲者谓不净行。"又卷40："欲令心生恶作，发起追悔，少时不乐者，乃至须臾情不安隐。以此为缘者，**非余事也**。"按：语气词"也"用于否定句中，强调的语气反而更强。

【绯缦/あけのかづら】 偏正 （2例） 无文饰的红色丝织品。《日本灵异记》上卷《捉雷缘第1》："栖轻奉敕，从宫罢出。**绯缦**著额，擎赤幡桙，乘马从阿倍山田前之道与丰浦寺前之路走往。"（p.57）又中卷《智者诽妒变化圣人而现至阎罗阙受地狱苦缘第7》："见之前路有金楼阁，问：'是和宫。'答曰：'于苇原国名闻智者，何故不知。当知行基菩萨将来生之宫。'其门左右，立二神人，身著甲铠，额著**绯缦**。"（p.167）《说文·系部》："**绯**，帛赤色。"唐阿地瞿多译《陀罗尼集经》卷7《佛说金刚藏大威神力三昧法印咒品》："其像左厢，近像髀侧，有一菩萨，通身碧色。于其头上，出三股跋折啰形，其跋折啰下，有**绯缦**，缦其头上。次下复有，黄缦缠头，覆脐鬟额，唯出面眼。"按：《汉语大词典》失收。

【绯色袈裟/ひいろのけさ】 四字 染成绯色的袈裟，朝廷封赏高僧的赐予物。按照《衣服令4、5》规定，五位的礼服、朝服的颜色为浅绯色。《续日本纪》卷10《圣武纪》天平元年八月条："宜拟从五位下阶。仍施**绯色袈裟**并物。其位禄料，一依令条。"（第二册，p.220）→**【紫袈裟】**

【肥人/こまひと】 偏正 肥胖的人，胖子。《万叶集》卷11第2496首："**肥人** 额发结在 染木棉 染心 我忘哉"（第三册，p.201）。（1）唐慧祥撰《古清凉传》卷1："于是相将寻西归，至昨日值**肥人**之所，忽见此人。复披林上岭，逆谓沙弥曰：'伊更作何言？'报云：'极嗔无语。'**肥人**笑曰：'嗜酒来饮，尔令恼之。慎不复来，急取伊酒好饮。'"（2）《玄怪录》卷1："骨低悦，更命加食。一人曰：'某请弄大小相成，终始相生。'于是长人吞短人，**肥人**吞瘦人，相吞残两人。"（p.374）《太平御览》卷378所载《三辅决录注》："言何氏有**肥人**辄贵，瘦人辄贱；张氏瘦者辄贵，肥者辄贱。故二族以钩、算智吉凶，以肥瘦知贵贱。"按：《汉语大词典》失收。

【诽谤/ひぼう】 说词 （4例） 以不实之词毁人。毁訾。于佛法而言，诽谤主要指诽谤大乘经典非为佛所说，谓不信般若、法华、无量寿等大乘经典，且加以毁訾诽谤者，断尽一切善根，堕入大地狱。《日本灵异记》中卷《智者诽妒变化圣人而现至阎罗阙受地狱苦缘第7》："在于宫门，二人告言：'召师因缘，有苇原国**诽谤**行基菩萨。为灭其罪，故请召耳。'"（p.168）又下卷《诽奉写〈法华经〉女人过失以现口喝斜报缘第20》："于时，麻殖郡人忌部连板屋，举显彼女人之过失，以**诽谤**故，即口喝斜，面戾于后，而终不直。"（p.310）又《智行并具禅师重得人身生国皇之子缘第39》："或人**诽谤**非圣君：'何以故，此天皇时，天下旱厉有？又天灾地妖饥馑随繁多有，又养鹰犬，取鸟猪鹿。是非慈悲心。'"（p.378）《续日本纪》卷19《孝谦纪》天平胜宝八岁七月条："癸酉，土左国道原寺僧专住，**诽谤**僧纲，无所拘忌。配伊豆岛。"（第三册，p.166）唐慧琳撰《一切经音义》卷2："**诽谤**：上非味反，下补浪反。《大戴礼》云：

立**诽谤**之木，设谏诤之鼓……《说文》二字互相训……皆形声字也。"→【生诽谤】

【**誹謗方等**/ほうどうをひぼうす】 四字 毁訾大乘经典。《日本灵异记》中卷《佛铜像盗人所捕示灵表显盗人缘第22》："《涅槃经》十二卷文，如佛说：'我心重大乘。闻婆罗门**诽谤方等**，断其命根。以是因缘，从是以来，不堕地狱。'"（p. 206）北凉昙无谶译《大般涅槃经》卷12《圣行品》："善男子，我于尔时，心重大乘。闻婆罗门**诽谤方等**，闻已即时，断其命根。善男子，以是因缘，从是以来，不堕地狱。"又："人中有三种恶：一者一阐提；二者**诽谤方等**经典；三者犯四重禁。"

【**誹謗仏法僧**/ぶっぽうそうをひぼうす】 多音 毁訾佛法僧三宝。《日本灵异记》中卷《佛铜像盗人所捕示灵表显盗人缘第22》："此人者，**诽谤佛法僧**，为众生不说法。无恩义故，杀无罪者也。"（p. 207）陈真谛译《金七十论》卷2："最后由伽时，当有如是人，依邪见邪行，**诽谤佛法僧**。"隋毗尼多流支译《大乘方广总持经》卷1："若彼愚人，于佛大乘，乃至诽谤，一四句偈，当知是业，定堕地狱。何以故？毁谤佛法，及法师故。以是因缘，常处恶道，永不见佛。以曾**诽谤，佛法僧**故，亦于初发，菩提心者，能作障碍，令退正道。"唐金刚智译《吽迦陀野仪轨》卷1："依此密印法，身口意业，所有一切，恶业重罪，**诽谤佛法僧**，大乘经典，同一阐提罪，依此印明故悉除。"

【**誹謗賢人**/さかきひとをひぼうす】 四字 诋毁有才德的人。《日本灵异记》下卷《拍于忆持千手咒者以现得恶死报缘第14》："《方广经》云：'**诽谤贤人**者，等于破坏八万四千国塔寺之人罪。'者，其斯谓之矣。"（p. 296）符秦鸠摩罗佛提等译《四阿鋡暮抄解》卷2："彼于此间，**诽谤贤人**，优钵罗受罪。"又："问：'云何不能语？'答：'不能语者，须捷提（极香花）拘物度（白花）分陀黎，钵暮（藕花修妒路）。此四地狱，不能语，唯极冬疾风，吹身令强。须捷提（修妒路）拘物度分陀黎藕花，随其象身，更苦嗢喘（嗢音穷诡反）身战栗住此**诽谤贤人**，是须捷提。'"

【**誹謗罪**/そしりしつみ】 三字 诽谤罪。《日本灵异记》中卷《智者诽妒变化圣人而现至阎罗阙受地狱苦缘第7》："经之九日，偿**诽谤罪**。恐至余罪于后生世，是以惭愧发露。"（p. 168）西晋竺法护译《佛说阿惟越致遮经》卷3《讥谤品》："阿难白佛：'愿佛说之。若不信者，闻**诽谤罪**，或能自改。'佛言：'得五逆罪，又复加害三千大千世界人命，其罪云何？'阿难言：'甚多，甚多！天中天，凶殃无量。'佛言：'诽谤法者，罪至于此。若复有人破坏、损毁恒边沙等佛之塔寺，佛泥洹后，火烧寺舍，罪宁多不？'"姚秦竺佛念译《菩萨从兜术天降神母胎说广普经》卷7《人品》："口气腥臊臭，支节烦恼热；恶念遂炽盛，斯由**诽谤罪**。"唐玄奘译《阿毗达磨大毗婆沙论》卷29："为止如是诸诽谤，故问彼功德，令世共知：舍**诽谤罪**，勤修敬养，于当来世，生天解脱。"

【**誹妒**/そしりねたむ】 自创 诽谤妒忌。《日本灵异记》中卷《智者**诽妒**变化圣

人而现至阎罗阙受地狱苦缘第7》（p.167）后汉支娄迦谶译《般舟三昧经》卷1《譬喻品》："佛言：'痴人自于前世不供养作功德，反自贡高，多行**诽谤嫉妒**，贪财利故欲求名誉，但欲哗说，不信深经，闻是三昧，不信不乐不学，反诽谤是经，言非佛所说。'"吴支谦译《梵网六十二见经》卷1："譬如异道人，受人信施食，以是故常作痴业，徐行出入，**诽谤嫉妒**，但欲得自恭敬。佛常离是痴业。"

【誹妒心/そしりねたむこころ】 自创 （2例） 诽谤嫉妒。《日本灵异记》中卷《智者诽妒变化圣人而现至阎罗阙受地狱苦缘第7》："智光大叹，向弟子具述阎罗状。大惧念言：'向于大德举**诽妒心**。'"（p.168）又："菩萨见之，即以神通，知光所念。含咲爱言：'何罕面奉？'光发露忏悔曰：'智光于菩萨所，致**诽妒心**，而作是言。'"（p.168）

【誹於仏法/ほとけのみのりをそしる】 于字 诋毁释尊所说的教法。《日本灵异记》上卷《序》："然乃学外之者，**诽于佛法**。读内之者，轻于外典。愚痴之类，怀于迷执，匪信于罪福。"失译人名今附三秦录《大方广如来秘密藏经》卷2："毁**诽**①**于正法**，多闻怀恪惜。增上慢贡高，不善起禅定。"

【廃忘/すたれわする】 并列 忘记，忘却。《日本书纪》卷25《孝德纪》大化二年正月条："昔诏曰：'谏者题名。而不随诏命者，自非求利，而将助国。不言题不，谏朕**废忘**。'"（第三册，p.136）（1）后汉支娄迦谶译《杂譬喻经》卷1："昔有贤者，奉法精进，得病奄亡。妻子嗥恋，无聊有生。火葬收骨，埋去既讫，**废忘**经道，香灯不设。"姚秦鸠摩罗什译《妙法莲华经》卷1《序品》："是妙光法师，时有一弟子，心常怀懈怠，贪著于名利，求名利无厌，多游族姓家，弃舍所习诵，**废忘**不通利。"（2）《抱朴子内篇》卷20《祛惑》："时人各共识之，以为戏笑。然凡人闻之，皆信其言。又强转惛耄，**废忘**事几。"（p.138）《魏书》卷333《李先传》："臣才识愚暗，少习经史，年荒**废忘**，十犹通六。"（p.789）按：《汉语大词典》失收。"废"与"忘"连用，"废"沾染了"忘"的"忘记"义。

【分布/まきほどこす】 格义 撒播，四处种植。《日本书纪》卷1《神代纪上》："于时，素戈呜尊之子，号曰五十猛命、妹大屋津姬命、次枛津姬命。凡此三神亦能**分布**木种。即奉渡于纪伊国也。"（第一册，p.100）西晋法立、法炬合译《大楼炭经》卷3："须弥山王南胁天琉璃照南方天下，北方天下有树名银茎，围二百八十里高四千里，枝叶**分布**二千里。"刘宋求那跋陀罗译《过去现在因果经》卷1："尔时夫人，既入园已，诸根寂净。十月满足，于二月八日日初出时，夫人见彼园中，有一大树，名曰无忧，花色香鲜，枝叶**分布**，极为茂盛。即举右手，欲牵摘之。菩萨渐渐，从右胁出。"梁宝唱等集《经律异相》卷1："切利殿南，又有一树，名波质拘耆罗，高四千里，枝

---

① "诽"，在宋本、元本、明本、宫本中作"谤"。

叶**分布**二千里，风吹花香，逆风行闻二千里。"唐道宣撰《续高僧传》卷21："又见白莲花，在塔四角，高数百丈，**花叶分布**，下垂于空。"按：《汉语大词典》中的"分布"条目无此义项。传世文献中，"分布"表示均等的意思。《国语》卷1《虢文公谏宣王不籍千亩》："阴阳**分布**，震雷出滞。"（p. 11）在汉译佛经中，"分布"表示枝叶抚疏的意思。《神代纪上》化用佛典用法，表示四处撒播种子的意思。

【**分段生死**／ぶんだんしょうじ】 四字 即凡夫的苦恼与迷惑。"变易生死"的对应词，二者并称为二种生死。谓轮回于三界六道的生死，迷惑凡夫的生死。轮回于六道的凡身寿命依各自的业因而分限，其形体有段别，故称。《奈良朝写经6·瑜伽师地论卷第21》："团而六度轻舫，设于三会之津。四无量桅贯，而八第人觉为左右桅，取八正道，分为水手。而法音轮、大妙相、二柱菩萨船主，**分段生死**之海度。"（p. 55）隋慧远撰《大乘义章》卷8："第一释名，二种生死。出《胜鬘经》，名字是何。一**分段生死**，二变易生死。言分段者，六道果报，三世分异，名为分段。分段之法，始起名生，终谢称死。"

【**分明显示**／あきらかにあらわる】 四字 清楚地显示。《唐大和上东征传》："（其）郯山东南岭石上，有佛（右）迹；东北小岩上，复有佛左迹，并长一尺四寸，前阔五寸八分，后阔四寸半，深三寸。千幅轮相，其印文**分明显示**。世传曰：'迦叶佛之迹也。'"（p. 56）姚秦筏提摩多译《释摩诃衍论》卷4："是故论者，具举十一种之别名，**分明显示**。云何名为十一种名？一者根本无明；二者业相；三者转相；四者现相；五者智相；六者相续相；七者业识；八者转识；九者现识；十者智识；十一者相续识。是名十一。"唐义净译《根本说一切有部尼陀那目得迦》卷10："佛言：'宜应屏处，为说记验，**分明显示**，寄物之状，然后与衣。'"唐般若译《大方广佛华严经》卷26《入不思议解脱境界普贤行愿品》："善财如是，以正念力，忆持分别。彼主夜神，所得解脱，所有教法，一一字句，名相体性，以总持力，忆念摄持，以慧解力，**分明显示**，以行愿力，发起广大，如是随顺，获得无量，殊胜功德。"

【**分头**／ぶんとう】 口语 分别，各自。《续日本纪》卷5《元明纪》和铜三年正月条："右将军正五位下佐伯宿祢石汤，副将军从五位下小野朝臣马养等，于皇城门外朱雀路东西，**分头**陈列骑兵，引隼人、虾夷等而进。"（第一册，p. 158）（1）《水经注疏》卷31："南水自岭南流，北水从岭北注，故世俗谓此岭为**分头**也。南水自岭南流，北水从岭北注，故世俗谓此岭为**分头**也。"（2）隋阇那崛多译《佛本行集经》卷17《舍宫出家品》："净饭大王有如是敕：'所在境界，百官大臣，其有受食，我封禄者，或有依我，而活命者，如是人辈，皆悉集聚，速疾**分头**，行求太子。若得见者，善言慰喻，勿听住彼，山林碛谷，迎将回还。'"按：《汉语大词典》首引《水浒传》第106回："李俊等夺了水门，当下鲍旭等那伙大虫，护卫凌振施放轰天子母号炮，**分头**去放火杀人。"偏晚。

【粉身碎骨/ふんしんすいこつす】 四字 身躯粉碎。指牺牲性命。多用于愿文，表示为报答父母恩德而不惜献出生命。《奈良朝写经40·大般若经卷第57》："今纵**粉身碎骨**，以酬恩德，无过磬用私财依凭般若，故今缮写奉翊幽灵。"（p.264）（1）唐善导集记《观念阿弥陀佛相海三昧功德法门》卷1："又敬白一切往生人等：若闻此语，即应声悲雨泪，连劫累劫，**粉身碎骨**，报谢佛恩由来，称本心。岂敢更有毛发惮之心？"（2）《唐文拾遗》卷68新罗文武王金法敏《报薛仁贵书》："大事未终，文帝先崩，今帝践祚，复继前恩，频蒙慈造，兄弟及儿，怀金拖紫，荣宠之极，夐古未有，**粉身碎骨**，望报万一。"唐张鷟《游仙窟》："玉馔珍奇，非常厚重，**粉身灰骨**，不能酬谢。"

【豊浦寺/とゆらでら】 寺名 飞鸟时代的尼寺。据《日本书纪》载，该尼寺始建于钦明十三年（552）。当时，百济王奉献释迦塑像，苏我稻目将其安放在向原的家里，并将这里改作寺院。又据《元兴寺伽蓝缘起并流记资财账》载，该尼寺叫作牟久原殿，癸卯年（583）移至樱井。作为樱井道场，住有善信尼等三人，被称作樱井寺。嗣后，尼寺一度被废弃，推古天皇将樱井宫当作樱井寺，再次使之兴隆起来，并重新命名为丰浦寺。《日本书纪》卷23《舒明纪》即位前纪条："吾曾将讯叔父之病，向京而居**丰浦寺**。是日，天皇遣八口采女鮪女诏之曰：'汝叔父大臣常为汝愁言：百岁之后，嗣位非当汝乎。故慎以自爱矣。'"（第三册，p.28）→【小垦田豊浦】

【豊足/ゆたけくたらはす】 并列（3例）丰裕富足。《肥前国风土记·藤津郡》条："托罗乡。同天皇，行幸之时，到于此乡御览，海物**丰多**，敕曰：'地势虽少，食物**丰足**。可谓**丰足**村。'"（p.340）《续日本纪》卷6《元正纪》灵龟元年五月条："宜其劝催产业，资产**丰足**者为上等；虽加催劝，衣食短乏者为中等；田畴荒废，百姓饥寒，因致死亡者为下等。"（第一册，p.226）（1）吴支谦译《撰集百缘经》卷10《诸缘品》："时到乞食，即便**丰足**。"西晋竺法护译《生经》卷1："彼时比丘，得是美食，甘美**丰足**，心中欢喜，不能自胜，数数往诣，淫荡女舍。"隋阇那崛多译《佛本行集经》卷11《姨母养育品》："少种多收，彼诸苗稼，一切药草，树木园林，随色长色，诸香**丰足**，随味具味，依限成熟，终不过时，皆是太子，威德力故。"（2）《魏志》卷16《任峻传》裴松之注引《魏武故事》载令曰："其时岁则大收，后遂因此大田，**丰足**军用，摧灭群逆，克定天下，以隆王室。祗兴其功，不幸早没，追赠以郡，犹未副之。"按：《汉语大词典》首引《齐民要术》卷6《养鱼》："然依法为池，养鱼必大**丰足**，终天靡穷，斯亦无赀之利也。"略晚。

【風停浪静/かぜやみ、なみしづかなり】 四字 犹言"风平浪静"，指没有风浪。《唐大和上东征传》："水米俱尽，饥渴三日，**风停浪静**，（有白水郎）将水、米来相救。"（p.52）唐法琳撰《辨正论》卷7："俞文载盐于南海值风，默念观音，**风停浪静**，于是获安。"

【風雨順時/ふううときにしたがふ】 四字 （3 例） 犹言"风调雨顺"，指刮风下雨顺应时宜。《日本书纪》卷 5《崇神纪》十二年九月条："是以天神地祇共和享，而**风雨顺时**，百谷用成，家给人足，天下大平矣。"（第一册，p. 286）《续日本纪》又卷 28《称德纪》神护景云元年正月条："神护景云元年春正月己未，敕畿内七道诸国，一七日间，各于国分金光明寺，行吉祥天悔过之法。因此功德，天下太平，**风雨顺时**，五谷成熟，兆民快乐，十方有情，同沾此福。"（第四册，p. 148）又卷 32《光仁纪》宝龟四年十一月条："所冀真荃秘典，永洽东流，金轮宝位，恒齐北极，**风雨顺时**，年谷丰稔。"（第四册，p. 414）吴康僧会译《六度集经》卷 5："释梵四王，海龙地祇，朝夕肃虔，叉手稽首，禀化承风，拥护其国，**风雨顺时**，五谷丰熟，毒消灾灭，君臣炽盛。"唐义净译《根本说一切有部毘奈耶杂事》卷 27："时王夫人，容貌端严，王极爱宠。及诞一子，人皆乐见。此子福力，于其国中，**风雨顺时**，谷稼丰稔，饮食易得。"新罗太贤集《本愿药师经古迹》卷 2："由此善根，及彼如来，本愿力故，令其国界，即得安稳，**风雨顺时**，谷稼成熟。"→【年穀豊稔】【遭風雨】

【風雨随時/ふううときにしたがふ】 四字 犹言"风调雨顺"，没有旱涝之灾。《续日本纪》卷 21《淳仁纪》天平宝字二年八月条："宜告天下诸国，莫论男女老少，起坐行步口闲，皆尽念诵在《摩诃般若波罗密》。其文武百官人等，向朝赴司，道路之上，每日常念，勿空往来。庶使**风雨随时**，咸无水旱之厄，寒温调气，悉免疾疫之灾。普告遐迩，知朕意焉。"（第三册，p. 280）姚秦鸠摩罗什译《成实论》卷 7《三业品》："又行慈者，以慈心果报，饶益一切。谓**风雨随时**，日月星宿，不失常度，大海不溢，大火不烧，大风不坏，此皆慈果报力。"隋阇那崛多译《佛本行集经》卷 11《姨母养育品》："时净饭王，所有怨仇，自然皆悉，生平等心，平等心已，渐生亲厚。既生亲厚，共王同心，即便牢固，一心一意，同愿同行，**风雨随时**，无诸灾雹，亦无扰乱。"唐义净译《金光明最胜王经》卷 6《四天王护国品》："以是因缘，此赡部洲，安隐丰乐，人民炽盛，大地沃壤，寒暑调和，时不乖序，日月星宿，常度无亏，**风雨随时**，离诸灾横，资产财宝，皆悉丰盈，心无悭鄙，常行慧施，具十善业，若人命终，多生天上，增益天众。"

【峰辺/みねへ】 先例 山峰旁边。《万叶集》卷 12 第 3067 首："谷迫　**峰边**延有　玉葛　令曼之有者　年二不来及"（第三册，p. 344）。《古尊宿语录》卷 45："本来心自寂，不必更论禅。我欲辞多事，谁来共少缘？万杉青霭里，五老碧**峰边**。第一幽藏处，庐山小洞天。"按：从现存文献资料来看，《万叶集》的文例年代更早。作为语料之一的《万叶集》的文献价值由此可见一斑。

【峰頂/みねのいただき】 后缀 （2 例） 山峰的顶部，山顶。《丰后国风土记·直入郡》条："救覃峰。此**峰顶**，火恒燎之。基有数川，名曰神河。亦有二汤河，流会神河。"（p. 292）又《速见郡》条："柚富峰。此**峰顶**有石室，其深一十余丈，高八丈四

尺，广三丈余。常有冰凝，经夏不解。凡柚富乡，近于此峰。因以为峰名。"（p. 302）
（1）刘宋求那跋陀罗重译《拔一切业障根本得生净土神咒》卷 1："其夜**峰顶**寺僧众，咸见一谷内，有数十炬火，大如车轮，寻验古今，得生安乐，世界者非一。"唐道宣撰《续高僧传》卷 27："今庐山**峰顶**每至暮年，诸寺见僧，宿集一夜，读其遗誓，用晓道俗，合众皆酸结矣。"隋灌顶撰《国清百录》卷 2："自大化江左，贫道因至彼山，憩泊东林。时游**峰顶**，以岁为日，羡玩忘劳。"（2）《全梁文》卷 38 江淹《柽》："木贵冬荣，柽实寒色。停黛**峰顶**，插翠石侧。"《太平御览》卷 392 所载《异苑》曰："浔阳姑石在江之坻。初，桓玄西下，令人登之，中岭，便闻长啸，声甚清彻。至**峰顶**，见一人箕，踞石上啸。"按：《汉语大词典》失收。

【峰谷/をたに】 偏正（2 例） 山峰峡谷。《常陆国风土记·总记》条："所以然号者，往来道路，不隔江海之津济。郡乡境界，相续山河之**峰谷**，取直通之意，以为名称焉。"（p. 354）又《香岛郡》条："神社周匝，卜氏居所。地体高敞，东西临海，**峰谷**犬牙，邑里交错。"（p. 392）元魏瞿昙般若流支译《正法念处经》卷 58："其山一面，毗琉璃宝；其第二面，真金所成；其第三面，因陀青宝；其第四面，大青宝王。四面严饰，皆悉平等。于平正处，**峰谷**笁林，皆悉具足。"按：《汉语大词典》失收。

【蜂冈寺/はちおかでら】 寺名 亦称广隆寺、太秦寺。据《朝野群载》所收，承和三年（836）成书的《广隆寺缘起》记载，该寺于推古天皇即位的壬午年，特为圣德太子而建。壬午年是推古天皇三十年，正值圣德太子去世的年份。《日本书纪》卷 22《推古纪》十一年十一月条："十一月己亥朔，皇太子谓诸大夫曰：'我有尊佛像，谁得是像以恭拜。'时秦造河胜进曰：'臣拜之。'便受佛像，因以造**蜂冈寺**。"（第二册，p. 540）

【缝著/ぬひつく】 后补（2 例） 缝补上，缝纫上。《万叶集》卷 16 第 3791 首："狛锦 纽丹**缝著** 刺部重部 波累服"（第四册，p. 92）。《上宫圣德法王帝说》："右在法隆寺藏绣帐二张，**缝著**龟背上文字者也，更更不知者也。"秦鸠摩罗什译《佛藏经》卷 3《了戒品》："是比丘净浣**缝著**。若此比丘，于此纳衣，生贪著心，即应舍之。我不听著，何况余衣？"刘宋佛陀什、竺道生等合译《弥沙塞部和酰五分律》卷 20："有一外道，以杂色緂，**缝著**衣上，作条幅处，后于佛法中出家，犹著此衣。诸居士见讥诃言：'沙门释子合著外道衣，不可分别。'"刘宋僧伽跋摩译《萨婆多部毗尼摩得勒伽》卷 3："颇有比丘，以褥**缝著**，坐床卧床，不犯耶？答：'有。'除木棉褥余褥**缝著**，突吉罗，为他缝，突吉罗。"按：《汉语大词典》失收。

【奉白之言："～"/まうしてまうさく ～】 自创 （位卑者对位尊者）说道："……"。《日本灵异记》中卷《极穷女于尺迦丈六佛愿福分示奇表以现得大福缘第28》："买花香油，而以参往于丈六佛前，**奉白之言**：'我昔世不修福因，现身受取贫穷之报。故我施宝，令免穷愁。'"（p. 223）宋惟净等译《金色童子因缘经》卷 1："苾刍答言：'汝今当知，此是佛语。'童子闻已，于佛法中，益生净信，乃发谛诚，乐欲出家。转复肃恭，于苾刍前，再伸拜**奉白言**：'圣者，我今乐欲，清净出家。惟愿圣者，悲愍摄受，令得出家。'"

【**奉拜**/をろがみまつる】 前缀 （5例） 参拜，拜见。《万叶集》卷6第957～959首歌题："冬十一月，大宰官人等，**奉拜**乡椎庙讫，退归之时，马驻于乡椎浦，各述怀作歌。"（第二册，p.128）又第1017首歌题："夏四月，大伴坂上郎女**奉拜**贺茂神社之时，便超相坂山，望见近江海，而晚头还来作歌一首。"（第二册，p.154）《常陆国风土记·行方郡》条："其寸津毗古，当天皇之幸，违命背化，甚无肃敬。爰抽御剑，登时斩灭。于是，寸津毗卖，惧悚心愁，表举白幡，迎道**奉拜**。"（p.386）《日本灵异记》上卷《归信三宝钦仰众僧令诵经得现报缘第32》："又请曰：'我等参向官，开寺南门，令得亲拜。更请我等及于诣阙之间，欲令钟声从。'众僧随愿鸣钟，转经开门令得**奉拜**。"（p.130）《续日本纪》卷32《光仁纪》宝龟三年二月条："不胜庆跃，谨**奉拜**阙庭。"（第四册，p.368）（1）吴支谦译《撰集百缘经》卷1《菩萨授记品》："佛便为王，种种说法。即于佛所，深生信敬。舍事天神，心不**奉拜**。"北凉昙无谶译《佛所行赞》卷4："王已见真谛，**奉拜**而还宫。世尊与大众，徙居安竹园。"（2）《晋书》卷32《穆章何皇后传》："后时以远还，欲**奉拜**陵庙。"（p.978）《南齐书》卷45《萧遥光传》："遥光字元晖。生有躄疾，太祖谓不堪**奉拜**祭祀，欲封其弟，世祖谏，乃以遥光袭爵。"（p.788）按：《汉语大词典》失收。在《万叶集》歌题中，"奉拜"的"奉"用作谦称，日语训作助动词"マツル"，用于自己的举动涉及对方的时候；佛典中用作拜见位尊者，中土文献中表示祭拜神灵或参拜陵庙；原文用法属于后者。

【**奉承**/うけまつる】 前缀 （4例） ①遵行、继承。《日本书纪》卷3《神武纪》即位前纪条："初天皇草创天基之日也。大伴氏之远祖道臣命帅大来目部**奉承**密策，能以讽歌，倒语扫荡妖气。倒语之用，始起乎兹。"（第一册，p.232）又："今朕**奉承**大运，爰育黎元。何当聿遵皇祖之迹，永保无穷之祚。其群卿百僚竭尔忠贞，共安天下，不亦可乎？"（第一册，p.268）《续日本纪》卷33《光仁纪》宝龟六年十一月条："镇守将军大伴宿祢骏河麻吕等，**奉承**朝委，不顾身命，讨治叛贼，怀柔归服，勤劳之重，实合嘉尚。"（第四册，p.462）②承接的谦辞。《日本书纪》卷1《神代纪上》："是时天照大神闻之而曰：'吾比闭居石窟，谓当丰苇原中国必为长夜，云何天钿女命喔乐如此者乎。'乃以御手细开盘户窥之。时手力雄神则**奉承**天照大神之手引而奉出。"（第一册，p.76）唐慧琳撰《一切经音义》卷22："**奉养**：养余亮反。《说文》曰：**奉**，**承**也。谓承事供养。"姚秦鸠摩罗什译《大智度论》卷35《报应品》："如佛初生时，释提桓因以天衣**奉承**佛身，梵天王躬自执盖，四天王四边防护。"唐道宣撰《广弘明集》卷10："至如丁兰束带，孝事木母之形。无尽解璎，**奉承**多宝佛塔。眇寻旷古，邈想清尘，既种成林，于理不越。"按：在传世文献中，①的用法比比皆是。《左传·昭公七年》："婴齐受命于蜀，**奉承**以来，弗敢失损。"《后汉书》卷45《袁安传》："陛下**奉承**洪业，大开疆宇。"《汉语大词典》无②义项，②源自汉译佛经。

【奉敕/みことのりをうけたまはる】 述宾 （40例） 遵奉（皇帝的）命令。《日本书纪》卷14《雄略纪》九年三月条："于是，纪小弓宿祢使大伴室屋大连忧陈于天皇曰：'臣虽拙弱，敬**奉敕**矣。'"（第二册，p.180）又九年五月条："于是大连**奉敕**，使土师连小鸟作冢墓于田身轮邑而葬之也。"（第二册，p.184）又卷18《安闲纪》元年四月条："夏四月癸丑朔，内膳卿膳臣大麻吕**奉敕**，遣使求珠伊甚。"（第二册，p.334）又元年五月条："敕使**奉敕**，宣于大河内直味张更名黑梭曰：'今汝宜奉进膏腴雌雉田。'"（第二册，p.336）又元年十月条："大伴大连**奉敕**宣曰：'率土之下，莫匪王封。普天之上，莫匪王域。'"（第二册，p.338）又卷19《钦明纪》四年十二月条："臣等禀性愚暗，都无智略。诏建任那，早须**奉敕**。"（第二册，p.380）又五年三月条："又津守连等至臣蕃**奉敕**书问建任那。恭承来敕，不敢停时，为欲共谋。"（第二册，p.388）又五年十一月条："又津守连**奉敕**问成任那。故遣召之。"（第二册，p.398）又九年四月条："德率宣文等**奉敕**至臣蕃曰：'所乞救兵，应时遣送。祗承恩诏，喜庆无限。'"（第二册，p.408）又十一年四月条："百济王圣明谓王人曰：'任那之事，**奉敕**坚守。延那斯、麻都之事，问与不问，唯从敕之。'"（第二册，p.414）又十四年七月条："苏我大臣稻目宿祢**奉敕**遣王辰尔，数录船赋。即以王辰尔为船长。因赐姓为船史。今船连之先也。"（第二册，p.422）又十五年正月条："于是内臣**奉敕**而答报曰：'即令遣助军数一千、马一百匹、船四十只。'"（第二册，p.428）又十五年二月条："别**奉敕**：'贡易博士施德王道良、历博士固德王保孙、医博士奈率王有悷陀、采药师施德潘量丰、固德丁有陀、乐人施德三斤、季德己麻次、季德进奴、对德进陀。皆依请代之。'"（第二册，p.428）又卷26《齐明纪》四年七月条："是月，沙门智通、智达**奉敕**乘新罗船往大唐国，受无性众生义于玄奘法师所。"（第三册，p.214）又卷28《齐明纪》六年五月条："是月，有司**奉敕**造一百高座、一百衲袈裟，设仁王般若之会。"（第三册，p.230）又卷30《持统纪》三年四月条："太政官卿等**奉敕**奉宣，二年，遣田中朝臣法麻吕等，相告大行天皇丧。时新罗言，新罗**奉敕**人元来用苏判位。"（第三册，p.492）又："太政官卿等**奉敕**奉宣：二年，遣田中朝臣法麻吕等相告大行天皇丧。时新罗言：新罗**奉敕**人者元来用苏判位。今将复尔。由是法麻吕等不得奉宣赴告之诏。若言前事者，在昔难波宫治天下天皇崩时，遣巨势稻持等告丧之日，翳飡金春秋**奉敕**。而言用苏判**奉敕**，即违前事也。"（第三册，p.492）又四年十一月条："甲申，**奉敕**始行元嘉历与仪凤历。"（第三册，p.510）《肥前国风土记·总纪》条："朝庭敕遣肥君等祖健绪组伐之。于兹，健绪组**奉敕**，悉诛灭之。"（p.310）又《三根郡》条："于时，皇子**奉敕**，到于筑紫，乃遣物部若宫部，立社此村，镇祭其神。"（p.320）《日本灵异记》上卷《捉雷缘第1》："当于时，而空雷鸣，即天皇敕栖轻而诏：'汝鸣雷奉请之耶。'

答曰：'将请。'天皇诏言：'尔汝奉请。'栖轻**奉敕**从宫罢出。"（p. 57）又《信敬三宝得现报缘第5》："连公见之，直奏之曰：'僧尼检校，应中置上座，犯恶使断是非。'天皇敕之曰：'诺也。'连公**奉敕**而检之，僧八百三十七人，尼五百七十九人也。"（p. 75）又《勤求学佛教弘法利物临命终时示异表缘第22》："故道照法师者船氏，河内国人也。**奉敕**求佛法于大唐，遇玄奘三藏，而为弟子。"（p. 107）又《修持孔雀王咒法得异验力以现作仙飞天缘第28》："吾圣朝之人道照法师，**奉敕**求法，往于大唐。"（p. 119）《唐大和上东征传》："时荣睿、普照同议曰：'我等本愿为传戒法，［请］诸高德，将还本国，今扬州**奉敕**唯送我四人，不得请诸师而空［返］无益，岂如不受官送，依旧请僧将还本国，流传戒法者乎?'"（p. 46）《续日本纪》卷7《元正纪》养老四年五月条："先是，一品舍人亲王**奉敕**修日本纪，至是功成奏上。纪三十卷，系图一卷。"（第二册，p. 72）又卷8《元正纪》养老五年二月条："于是，公卿等**奉敕**诏退，各仰属司令言意见。"（第二册，p. 90）又卷10《圣武纪》神龟四年三月条："三月乙亥，百官**奉敕**，上官人善恶之状。"（第二册，p. 180）又卷20《孝谦纪》天平宝字元年五月条："去养老年中，朕外祖故太政大臣**奉敕**刊修律令。宜告所司早使施行。"（第三册，p. 186）又卷21《淳仁纪》天平宝字二年八月条："**奉敕**改易官号。"（第三册，p. 284）又："紫微中台，居中**奉敕**，颁行诸司。如地承天亭毒庶物。故改为坤宫官。"（第三册，p. 284）又卷25《淳仁纪》天平宝字八年七月条："净三等庸愚，心迷孰是，轻陈管见，伏听天裁。**奉敕**，依后判。"（第三册，p. 14）又卷29《称德纪》神护景云二年三月条："**奉敕**依奏。其余道春米、诸国粮料，亦准东海道施行。"（第四册，p. 196）又卷29《称德纪》神护景云二年九月条："至是日**奉敕**，班给百姓见开田十二町四段舍入寺家，园地三十六町六段依旧为公地。"（第四册，p. 216）又卷30《称德纪》宝龟元年七月条："具注名簿，伏听天裁。**奉敕**、依奏。"（第四册，p. 292）又卷32《光仁纪》宝龟三年四月条："**奉敕**：'宜莫勘谱第，听任郡司。'"（第四册，p. 380）（1）后汉昙果、康孟详合译《中本起经》卷1："鬼师**奉敕**，挝打尼犍，拖拽器物。尼犍惊怖，驰走而言：'此何恶人，暴害乃尔！'"东晋法显译《大般涅槃经》卷1："尔时世尊，告阿难言：'汝今可语，此大林中，重阁讲堂，诸比丘众，皆悉令往，大集讲堂。'阿难**奉敕**，即便普语，诸比丘众，世尊皆令，往大集堂。"姚秦鸠摩罗什译《大庄严论经》卷12："时王侍人，奉敕取秤。尔时大王，虽见秤来，都无愁色，即出其股，脚白滑泽，如多罗叶，唤一侍人，即说偈言。"（2）《宋书》卷9《后废帝纪》："昔岁**奉敕**，课以扬、徐众通，凡入米谷六十万斛，钱五千余万，布绢五万匹，杂物在外，赖此相赡，故得推移。"按：《汉语大词典》首引南朝梁任昉《奉敕示〈七夕〉诗启》："臣昉启，**奉敕**，并赐示《七夕》五韵。"偏晚。

【奉勅而往/みことのりをうけたまはりてゆく】 四字 遵照命令而往，领命而去。《古语拾遗》："于是，天钿女命**奉敕而往**，乃露其胸乳，抑下裳带于脐下，而向立

咲噱。"（p. 129）唐临撰《冥报记》卷1："梁武帝微时，识一寒士。及即位，游于苑中，见牵舟。帝问之，尚贫贱如故。敕曰：'明日可上谒。吾当与汝县令。'此人**奉敕而往**，会故不得见。频往遇有事，终不得通。"

【**奉辞**/いとままをす】 前缀 谓行告别之礼。《古语拾遗》："于是，素戈鸣神，欲**奉辞**日神［天照大神］，升天之时，栲明玉命奉迎，献以瑞八坂琼之曲玉。素戈鸣神受之，转奉日神。"（p. 121）后汉安世高译《佛说柰女祇域因缘经》卷1："祇域殷勤至到，宾迦罗乃受此金，祇域**奉辞**，礼足而去。"西晋法立、法炬合译《法句譬喻经》卷2《明哲品》："月日之中，具解弓法，所作巧妙，乃踊于师，布施财物，**奉辞**而去。"刘宋求那跋陀罗译《杂阿含经》卷5："时尊者舍利弗去佛不远，坐一坚固树下，西方诸比丘，往诣尊者，舍利弗所，稽首礼足，退坐一面，白尊者舍利弗言：'我等欲还，西方安居，故来**奉辞**。'"隋阇那崛多译《佛本行集经》卷25《精进苦行品》："尔时提婆婆罗门，闻菩萨如是印可其已，即便**奉辞**菩萨而去，还诣向彼斯那耶那婆罗门家。"按：《汉语大词典》例引《续资治通鉴·宋高宗绍兴》三十二年条："丙子，帝亲行卒哭之祭于几筵殿。戊寅，帝送钦宗虞主于和宁门外，**奉辞**，遂祔神主于太庙第十一室。"偏晚。

【**奉从**/つかへまつる】 前缀 "跟随"的谦辞。《日本书纪》卷2《神代纪上》："乃荐歧神于二神曰：'是当代我而**奉从**也。吾将自此避去。'"（第一册，p. 136）西晋竺法护译《修行地道经》卷7《缘觉品》："时有天王，名曰休息，即睹其人，为解说之：'此非圣帝处也，是鬼神国也。转轮圣王，威德巍巍。'尔乃欣然，亲近**奉从**。"隋达磨笈多译《大方等大集经菩萨念佛三昧分》卷8《神通品》："时彼善观作王，见彼世尊鸯耆罗娑如来应供等正觉，及诸大众，乘空而返，王便严驾，**奉从**世尊，达本住所，然后乃还。"隋灌顶撰《大般涅槃经玄义》卷2："于是负笈天台，心欣蓝染。登山甫尔，仍逢出谷，不惟菲薄，**奉从**帝庭。"按：《汉语大词典》失收。

【**奉读**/よみたてまつる】 前缀 读诵经文。《日本灵异记》下卷《怨病忽婴身因之受戒行善以现得愈病缘第34》："历十四年，**奉读**《药师经》二千五首卷，《金刚般若经》千卷，《观世音经》二百卷。"（p. 350）西晋竺法护译《佛说八阳神咒经》卷1："复次，舍利弗。诸佛如来，是善男子、善女人，以平旦净澡漱、正衣服，昼夜各三时**奉读**是经，得功德无量，第一四天王常拥护。"梁僧佑撰《弘明集》卷10："辱告并伏见。敕答臣下审神灭论，**奉读**循环顿醒昏缚。"

【**奉护**/まもりまつる】 前缀 （2例） 膺奉护持；"保护"的谦辞。《日本书纪》卷2《神代纪上》："时高皇产灵尊、敕大物主神：'汝若以国神为妻，吾犹谓汝有疏心。故今以吾女三穗津姬，配汝为妻。宜领八十万神，永为皇孙**奉护**。'乃使还降之。"（第一册，p. 136）《古语拾遗》："仍令诸神亦与陪从，复敕大物主神：'宜领八十万神，永为皇孙**奉护**焉。'"（p. 128）后汉安世高译《迦叶结经》卷1："何以故？世尊从无数劫作行，积功累德，勤苦难量，欲安世间，集是法律，律以救摄。于是**奉护**佛法所化未灭度顷，当共合集，摄护法化。"西晋竺法护译《度世品经》卷2："**奉护**禁戒，终不毁犯。"刘宋求那跋陀罗译《过去现在因果经》卷1："有二十八大鬼神王，在园四角，守卫**奉护**。"按：《汉语大词典》失收。

【**奉教归家**/をしえをうけたまはりて、いへにかへる】 先例 接受教导，回到家里。《日本灵异记》中卷《赎蟹虾命放生现报蟹所助缘第12》："**奉教归家**，当期日之夜，闭屋坚身，种种发愿以信三宝。"（p.180）清弘赞辑《归戒要集》卷3："时老婢**奉教归家**，依敕施行。于后夜中，即便命终，生忉利天。"该例亦见于《八关斋法》卷1。

【**奉觐**/まみえまつる】 前缀 （2例） "觐见"的谦辞。《日本书纪》卷1《神代纪上》："今则**奉觐**已讫。当随众神之意，自此永归根国矣。"（第一册，p.88）又卷25《孝德纪》五年二月条："留连数月，取新罗道泊于莱州，遂到于京**奉觐**天子。"（第三册，p.196）吴支谦译《撰集百缘经》卷6《诸天来下供养品》："时波斯匿王，闻是语已，寻即遣使，往请世尊，通书致问：'遥礼世尊，久不**奉觐**，唯垂哀愍，来受我请。'"西晋竺法护译《正法华经》卷10《净复净王品》："王告二子：'吾欲往诣，卿等师主，**奉觐**亲受大圣正真无上言教。'"姚秦鸠摩罗什译《妙法莲华经》卷3《授记品》："尔时世尊，说是偈已，告诸大众，唱如是言：'我此弟子，摩诃迦叶，于未来世，当得**奉觐**，三百万亿，诸佛世尊，供养恭敬，尊重赞叹，广宣诸佛，无量大法。'"按：《汉语大词典》失收。

【**奉纳**/いれたてまつる】 先例 （5例） ①"缴纳"的谦辞，敬献。《肥前国风土记·基肆郡》条："天皇宣：'实有然者，**奉纳**神社。可为永世之财。'因号永世社。"（p.314）《常陆国风土记·香岛郡》条："天皇闻诸，即恐惊，**奉纳**前件币帛于神宫也。"（p.390）又："年别七月，造舟而**奉纳**津宫。"（p.392）②放入。"奉"用作谦辞。《日本灵异记》中卷《至诚心奉写〈法华经〉有验示异事缘第4》："为报四恩，奉写〈法华经〉，为纳大乘遣使四方，求白檀紫檀。乃得诸乐京，以钱百贯而买。唤工巧人，规令造函，以**奉纳**经，经长函短，纳经不得。"（p.161）《续日本纪》卷26《称德纪》天平神护元年四月条："伏愿**奉纳**先代所赐功封，少塞天下之责。无任兢惶之至。奉表以闻。"（第四册，p.82）宋志盘撰《佛祖统纪》卷6："八月，蒋山栖霞寺沙门保恭，**奉纳**纳本寺田园，请师来居不赴。九月，王迎师入城，既入谒恳辞东归。王不敢留，遂行。吴越之民，扫巷以迎，沿道令牧，幡华交侯。寺久荒芜，已十二载。"宋契嵩撰《镡津文集》卷10："若谓之寄迹，专以文字见教，则不敢闻命，弊名恐污盛集。幸为削之，其嘉章一一**奉纳**。不宣。"按：《汉语大词典》例引清陈天华《猛回头》："我想这政府是送土地送熟了的，不久就是拱手**奉纳**。"偏晚。②的用法为《日本灵异记》独有。

【奉入/たてまつりいる】 前缀 "进献"的谦辞。《万叶集》卷2第113歌题《从吉野折取萝生松柯遣时额田王**奉入**歌一首》（第一册，p.92）。（1）唐道宣撰《集神州三宝感通录》卷2："十一东晋义熙元年，司徒王谧入宫住东掖门。有侍人于门东见五色光出地，惊而穿之得古形铜盘，盘下获金像高四尺，光趺并具，斯又同孙皓之育王像也。因**奉入**宫。"（2）《旧唐书》卷118《杨炎传》："请出之以归有司，度宫中经费一岁几何，量数**奉入**，不敢亏用。"（p.3420）按：《汉语大词典》失收。

【奉設/まうけたてまつる】 前缀 "设置"的谦辞。《续日本纪》卷15《圣武纪》天平十五年正月条："别于大养德国金光明寺，**奉设**殊胜之会，欲为天下之模。"（第二册，p.416）刘宋功德直译《菩萨念佛三昧经》卷2《弥勒神通品》："尔时长者即以名膳奉授弥勒。弥勒受已，于长者前一念之须，忽然往彼恒沙佛所，供养周遍**奉设**既毕，还长者家。"隋阇那崛多译《佛本行集经》卷3《受决定记品》："彼祭祀德大婆罗门，欲为六万诸婆罗门，**奉设**一年无遮之会，备办六万布施之具，为一一人，人一伞盖、一三叉木、革屣瓶钵、上下舍勒，及钱物等，供身之具，皆悉备足。"《全唐文》卷138虞世南《设斋疏》："弟子早年忽遇重患，当时运心，差愈之日，**奉设**千人斋。今谨于道场饭供百僧蔬会，以斯愿力，希生生世世，常无疾恼，七世久远，六道怨亲，并同今愿。"按：《汉语大词典》失收。

【奉施於~/~におくりたてまつる】 于字（5例） 向某人献上布施品。"奉施"，"布施"的谦辞。①《日本书纪》卷30《持统纪》四年七月条："是日，以絁、系、棉、布，**奉施**七寺安居沙门三千二百六十三。别为皇太子，**奉施于**三寺安居沙门三百二十九。"（第三册，p.506）②《日本书纪》卷30《持统纪》元年八月条："己未，天皇使直大肆藤原朝臣大岛、直大肆黄书连大伴，请集三百龙象大德于飞鸟寺，**奉施**袈裟。人别一领。"（第三册，p.482）《日本灵异记》中卷《奉写〈法华经〉因供养显母作女牛之因缘第15》："有伎戏人，剃发悬绳以为袈裟。虽为然犹曾不觉知。使者起礼，劝请归家。愿主见之，信心敬礼，一日一夜，家内隐居，顿作法服，以之**奉施**。"（p.188）又下卷《忆持〈法华经〉者舌著曝髑髅中不朽缘第1》："敬礼禅师，**奉施**绳床，而语之曰：'今者罢退，欲居山。踰于伊势国。'"（p.264）（1）西晋安法钦译《阿育王传》卷2："王复言曰：'我以三十万两金**奉施于**僧，以三千宝瓶，盛满香汤，灌菩提树。'"梁僧伽婆罗译《阿育王经》卷2《见优波笈多因缘品》："我以胜供养，供养佛世尊。不及王以沙，**奉施于**如来。"唐实叉难陀译《大方广佛华严经》卷15《贤首品》："以诸种种上妙宝，**奉施于**佛及佛塔，亦以惠施诸贫乏，是故得成此光明。"（2）吴支谦译《菩萨本缘经》卷2《月光王品》："王即答言：'大婆罗门，不须多语，请敕所作，随其所须，悉当**奉施**，若象马、车牛、金银、琉璃、衣服、珍宝、奴婢使人，悉当给与。'"东晋法显译《大般涅槃经》卷2："时弗迦婆闻佛此语，欢喜踊跃，即以一张，置佛足下，又持一张，至阿难所，长跪白言：'我今以此，**奉施**尊者，唯愿纳受。'"唐义净译《金光明最胜王经》卷7《无染著陀罗尼品》:"若复有人以十阿僧企耶三千大千世界满中七宝，**奉施**诸佛，及以上妙，衣服饮食，种种供养，经无数劫。"按：《汉语大词典》失收。

【**奉仕/つかへまつる**】 前缀 （14例） "仕奉"的谦辞。《日本书纪》卷2《神代纪下》:"且天儿屋命主神事之宗源者也。故俾以太占之卜事而**奉仕**焉。"（第一册，p.136）又卷21《用明纪》元年五月条:"于殡庭谋曰:'不荒朝庭，净如镜面，臣治平**奉仕**。即是无礼，方今天皇子弟多在，两大臣侍。讵得恣情，专言**奉仕**。'"（第二册，p.500）又卷25《孝德纪》:"如是思故宣之。始于祖子，**奉仕**卿大夫臣连伴造氏氏人等，咸可听闻。今以汝等使仕状者，改去旧职，新设百官，及著位阶，以官位叙。"（第三册，p.160）又卷30《持统纪》三年五月条:"又新罗元来奏云:'我国自日本远皇祖代，并舳不干楫**奉仕**之国。而今一艘，亦乖故典也。'"（第三册，p.494）《古语拾遗》:"所谓底都盘根仁宫柱帝都之利立，高天乃原尔搏风高之利，皇孙命乃美豆乃御殿乎造**奉仕**也。"（p.131）《日本灵异记》中卷《骂僧与邪淫得恶病而死缘第11》:"圣武天皇御世，纪伊国伊刀郡桑原之狭屋寺尼等发愿，于彼寺备法事，请奈良右京药师寺僧题惠禅师，字曰依网禅师。俗姓依网连，故以为字。**奉仕**十一面观音悔过。"（p.177）《续日本纪》卷26《称德纪》天平神护元年八月条:"是以此奴等〈毛〉如是〈久〉逆秽心〈乎〉发〈天〉在〈计利止方〉、既明〈仁〉知〈奴〉。由此〈天〉理〈波〉法〈乃末尔末尔〉治给〈倍久〉在。然此遍〈方〉犹道镜〈伊〉所赐〈天〉彼等〈我〉惑心〈乎方〉教导〈天〉贞〈久〉净〈伎〉心〈乎〉以〈天〉朝庭〈乃〉御奴〈止〉**奉仕**〈之米无止〉宣〈尔〉依〈天〉、汝等〈我〉罪〈方〉免给。但官〈方〉解给〈不〉。散位〈止之天〉**奉仕**〈止〉敕御命〈乎〉、闻食〈倍止〉宣。"（第四册，p.86）又天平神护元年闰十月条:"今敕〈久〉。太政官〈乃〉大臣〈方〉**奉仕**〈倍伎〉人〈乃〉侍坐时〈仁方〉、必其官〈乎〉授赐物〈仁〉在。是以、朕师大臣禅师〈能〉朕〈乎〉守〈多比〉助赐〈乎〉见〈礼方〉、内外二种〈乃〉人等〈仁〉置〈天〉其理〈仁〉慈哀〈天〉过无〈久毛〉**奉仕**〈之米天志可等〉念〈保之米之天〉可多良〈比〉能利〈多布〉言〈乎〉闻〈久仁〉、是〈能〉太政太臣〈乃〉官〈乎〉授〈末都流仁方〉敢〈多比奈牟可等奈毛〉念。"（第四册，p.96）又卷28《称德纪》神护景云元年八月条:"又吉祥天〈乃〉悔过〈乎〉令仕奉〈流尔〉诸大法师等〈我〉如理〈久〉勤〈天〉坐〈佐比〉、又诸臣等〈乃〉天下〈乃〉政事〈乎〉合理〈天〉**奉仕**〈尔〉依〈天之〉三宝〈毛〉诸天〈毛〉天地〈乃〉神〈多知毛〉共〈尔〉示现赐〈币流〉奇〈久〉贵〈伎〉大瑞〈乃〉云〈尔〉在〈良之止奈毛〉念行〈须〉。"（第四册，p.172）又卷31《光仁纪》宝龟二年二月条:"美麻志大臣〈乃〉仕奉来状〈波〉不今耳。挂〈母〉畏近江大津宫御宇天皇御世〈尔八〉大臣之曾祖藤原朝臣内大臣明净心以〈弖〉天皇朝〈乎〉助**奉仕**奉〈歧〉。藤原宫御宇天皇御世〈尔八〉祖父太政大臣又明净心以天皇朝〈乎〉助**奉仕**奉〈歧〉。今大臣者钝朕〈乎〉扶奉**仕**奉〈麻之都〉。贤臣等〈乃〉累世而**仕奉**〈麻佐部流〉事〈乎奈母〉加多自气奈〈美〉伊苏志〈美〉思坐〈须〉。故是以祖等〈乃〉**仕奉**〈之〉次〈仁母〉有。又朕大臣〈乃〉**仕奉**状〈母〉劳〈美〉重〈美〉太政大臣之位〈尔〉上赐〈比〉授赐时〈尔〉固辞申而不受赐成〈尔歧〉。"（第四册，p. 334）（1）唐窥基撰《阿弥陀经疏》卷1："若观经云，当修三行：一孝养父母，**奉仕**师长，慈心不杀，修十善业；二受持三归，具足众戒，不犯威仪；三发菩提心，深信因果，读诵大乘，劝进行者，修此三业亦得往生。"唐金刚智译《大胜金刚佛顶念诵仪轨》卷1："若有真言行者，欲供养者，于净室及，山林静静处，烧香散时花，念诵真言，五十万遍。我及八佛顶无量天菩萨金刚天等，现身常随意**奉仕**。"唐僧详撰《法华传记》卷7："梦一人童子来告缘：'汝行业欣兜率，虽生彼天，不可**奉仕**，弥勒大士。何以故？未读《法华》故。'"《敦煌变文·降魔变文》："太子至尊至贵，一国储君，卑臣**奉仕**（事）玉阶，股肱王室。"（p. 555）又："各自抽身**奉仕**（事）佛，免被当来铁碓春。"（p. 567）（2）《全唐文》卷588柳宗元《先侍御史府君神道表》："**奉侍**温清，未尝见忧。"（p. 5942）按：《汉语大词典》失收。柳宗元神道表中的"奉仕"在构词上为并列式，谓奉养、侍候；佛典中的"奉仕"属于偏正式，"奉"是敬辞。

【奉事慈氏/じしにつかへたてまつる】 四字 仕奉弥勒菩萨。《奈良朝写经未收1·弥勒成佛经》："当愿必得往生睹史多天，**奉事慈氏**，听闻正法，登临觉路，遂契普提。"（p. 461）唐僧详撰《法华传记》卷3："或贤士梦，基公以此，偈赞一乘，既及千佛灭度，以愿上生都率天，**奉事慈氏**矣。"辽非浊集《三宝感应要略录》卷2："对亲友曰：'吾写《华严》，生兜率天，**奉事慈氏**矣。'"又卷3："生年七十有余，微疾顿发。语师友言：'化佛来迎。说此言：汝画药王药上二菩萨像。若有人识二菩萨名字者，一切人天，亦应礼拜。不久必生，兜率内院，**奉事慈氏**菩萨云。'不久而卒矣。"

【奉誦/よみたてまつる】 前缀 读诵。"奉"，谦辞，多指说话者（包括说话者自己一方的人）的行为。日语训读作后补动词。《日本灵异记》上卷《忆持〈法华经〉现报示奇异表缘第18》："汝昔先身，生在伊豫国别郡日下部猴之子。时汝**奉诵**《法华经》，而灯烧一文，不得诵。今往见之。"（p. 101）梁僧佑撰《弘明集》卷11："岂不思乐方广，勤志一乘，况仰资明，公齐礼道德，加须**奉诵**？"密教部《一髻文殊师利童子陀罗尼念诵仪轨》卷1："**奉诵**七佛名并十二神将名，唱书此咒，系之肘后。若差已，置清净所（云云）。"宋志盘撰《佛祖统纪》卷28："能奉，钱唐人。专修净业。常梦佛光照身，或闻诸尼善言开发。一日无疾，告其徒曰：'吾往生时至。'少顷，闻**奉诵**佛声厉，奔往视之，则合掌面西坐逝矣。异香满室，乐音西迈。"

【奉為~/~のみために】 前缀 （35例）"为了"的谦辞。①对象为天神。《日本书纪》卷21《崇峻纪》二年四月条："乃斫取白月胶木，疾作四天王像，置于顶发而发誓言：'今若使我胜敌，必当**奉为**护世四王，起立寺塔。'苏我马子大臣又发誓言：'凡诸天王、大神王等，助卫于我使获利益，愿当**奉为**诸天与大神王，起立寺塔，流通三宝。'"（第二册，p. 512）《奈良朝写经55·大般若经卷第50等（道行知识经）》："**奉为**神风仙大神　愿主沙弥道行　书写山君萨比等"（p. 358）《奈良朝写经56·大般若经卷第50等（道行知识经）》："天平宝字二年岁次戊戌十一月　**奉为**伊势大神　愿主沙弥道行　书写优婆塞圆智。"（p. 358）②对象为国家。《日本书纪》卷20《敏达纪》十二年是岁条："于桧隈宫御寓天皇之世，我君大伴金村大连**奉为**国家使于海表。"（第二册，p. 482）《奈良朝写经3·舍利弗阿毗昙卷第12》："**奉为**圣朝恒延福寿，敬写一切经论及律，庄严既了。"（p. 15）《奈良朝写经68·大毗庐遮那成佛神变加持经卷第7》："天平神护二年十月八日，正四位下吉备朝臣由利**奉为**天朝奉写一切经律疏集传等一部。"（p. 420）③对象为皇族。《日本书纪》卷19《钦明纪》十六年八月条："八月，百济余昌谓诸臣等曰：'少子今愿，**奉为**考王出家修道。'"（第二册，p. 438）又卷21《用明纪》二年四月条："天皇之疮转盛，将欲终时，鞍部多须奈进而奏曰：'臣**奉为**天皇，出家修道。'"（第二册，p. 506）又卷25《孝德纪》大化元年八月条："于小垦田宫御宇天皇之世，马子宿祢**奉为**天皇，造丈六绣像、丈六铜像，显扬佛教恭敬僧尼。"（第三册，p. 122）又大化五年三月条："凡此伽蓝者，元非自身故造，**奉为**天皇誓作。"（第三册，p. 174）又卷27《天智纪》十年十月条："于是，再拜称疾固辞，不受曰：'请奉洪业，付属大后，令大友王，奉宣诸政。臣请愿**奉为**天皇，出家修道。'"（第三册，p. 292）又卷30《持统纪》称制前纪条："十二月丁卯朔乙酉，**奉为**天渟中原瀛真人天皇，设无遮大会于五寺大官、飞鸟、川原、小垦田丰浦、坂田。"（第三册，p. 476）《续日本纪》卷3《文武纪》大宝三年正月条："丁卯，**奉为**太上天皇，设斋于大安、药师、元兴、弘福四寺。"（第一册，p. 64）又大宝三年三月条："夏四月癸巳，**奉为**太上天皇，设百日斋于御在所。"（第一册，p. 68）又卷4《元明纪》和铜二年二月条："二月戊子，诏曰：'筑紫观世音寺，淡海大津宫御宇天皇**奉为**后冈本宫御宇天皇，誓愿所基也。'"（第一册，p. 146）又卷8《元正纪》养老二年十二月条："朕恭**奉为**太上天皇，思降非常之泽。可大赦天下。"（第二册，p. 50）又养老五年五月条："戊午，右大辩从四位上笠朝臣麻吕，请**奉为**太上天皇，出家入道。敕许之。"（第二册，p. 94）又卷9《元正纪》养老六年十一月条："故**奉为**太上天皇，敬写《华严经》八十卷。"（第二册，p. 124）又养老六年十二月条："十二月庚戌，敕**奉为**净御原宫御宇天皇，造弥勒像。藤原宫御宇太上天皇释迦像。其本愿缘记，写以金泥，安置佛殿焉。"（第二册，p. 126）又卷9《圣武纪》神龟三年六月条："丁卯，**奉为**太上天皇，度僧二十八人，尼二人等。"（第二册，p. 168）又神龟三年八月条："八月癸丑，**奉为**太上天皇，造写释迦像并《法华经》讫。仍于药师寺设斋焉。"（第二册，p. 170）又《圣武纪》卷12天平八年七月条："辛卯，诏曰：'比来，太上天皇寝膳不安。朕甚恻隐，思欲平复。宜**奉为**度一百人，都下四大寺七日行道。'"（第二册，p. 302）又卷17《圣武纪》天平二十年五月条："五月丁丑，敕令天下诸国**奉为**太上天皇，每至七日，国司自亲洁斋，皆请诸寺僧尼，聚集于一寺，敬礼读经。"（第三册，p.56）又天平二十年七月条："丙戌，从五位下大倭御手代连麻吕女赐宿祢姓，**奉为**太上天皇，奉写《法华经》一千部。"（第三册，p.58）又卷19《孝谦纪》天平胜宝六年十一月条："戊辰，敕：'朕以至款，**奉为**二尊御体平安，宝寿增长。一七之间，屈四十九僧，归依药师琉璃光佛，恭敬供养。'"（第三册，p.150）又天平胜宝八年五月条："丁丑，敕：'**奉为**先帝陛下，屈请看病禅师一百二十六人者，宜免当户课役。'"（第三册，p.162）又卷20《孝谦纪》天平宝字元年八月条："维天平胜宝九岁，岁次丁酉夏五月八日者，是陛下**奉为**太上天皇周忌，设斋悔过之终日也。"（第三册，p.222）又卷36《高绍纪》天应元年十二月条："又敕天下诸国，七七之日，令国分二寺见僧尼**奉为**设斋以追福焉。"又卷37《桓武纪》延历元年十二月条："壬子，敕太上天皇周忌御斋。当今月二十三日，宜令天下诸国国分二寺见僧尼**奉为**诵经焉。"又卷40《桓武纪》延历八年十二月条："敕曰：中宫七七御斋。当来年二月十六日，宜令天下诸国国分二寺见僧尼**奉为**诵经焉。"《奈良朝写经12·中阿含经卷第45》："**奉为**皇太后，维天平五年六月四日敬奉写竟。"（p.99）④对象为父母。《日本灵异记》上卷《凶人不敬养奶房母以现得恶死报缘第23》："宾明语之曰：'善人何为违孝？或人**奉为**父母，建立塔，造佛写经，屈请众僧，令行安居。汝家饶财，贷稻多吉。何违学覆，不孝亲母？'"（p.110）又《非理夺他物为恶行受报示奇事缘第30》："广国**奉为**其父，造佛写经，供养三宝，报父之恩，赎所受罪。自此以后，回邪趣正。"（p.126）又中卷《奉写〈法华经〉因供养显母作女牛之因缘第15》："**奉为**母写《法华经》，以盟之曰：'请于我愿有缘之师，欲所济度。'"（p.187）《奈良朝写经22·道行般若波经卷第5（藤原夫人愿经）》："维天平十二年岁次庚辰三月十五日，正三位藤原夫人，**奉为**亡考赠左大臣府君及见在内亲王郡主发愿，敬写一切经律论各一部，庄严已讫。"《奈良朝写经23·十轮经卷第3（光明皇后发愿一切经·五月一日经）》："皇后藤原氏光明子，**奉为**尊考赠正一位太政太臣府君、尊妣赠从一位橘氏太夫人，敬写一切经论及律，庄严既了。"（p.179）《奈良朝写经31·别译杂阿含经卷第10》："**奉为**二亲魂路，敬写一切经一部。"（p.232）《奈良朝写经64·金光明最胜王经卷第1》："维天平宝字六年岁次壬寅二月八日，菩萨戒佛弟子百济丰虫，**奉为**二亲，敬写《法华经》一部。"（p.393）《奈良朝写经71·十诵律卷第17》："维神护景云二年，岁在戊申五月十三日景申，弟子谨**奉为**先圣，敬写一切经一部，工夫之庄严竟矣。"（p.425）《奈良朝写经未收4·大宝积经》："皇后藤原氏光明子，**奉为**尊考赠正一位太政太臣府君、尊妣赠一位橘氏太夫人，敬书写《大宝积经》，以奉资冥助。"⑤为报答四恩。《日本灵异记》上卷《缔知识为四恩作绘佛像有验示奇表缘第35》："率引知识，**奉为**四恩，敬画像，其中图六道。"（p.135）《奈良朝写经30·大般若经卷第12》："天平十三年岁次辛巳七月十八日**奉为**四恩写。檀越下村主广麻吕"（p.215）《奈良朝写经52·大唐内典录卷第10》："是以，发弘誓愿，**奉为**四恩，率知识等，敬写一切经律论焉。"（p. 312）⑥对象为高僧。《奈良朝写经 40·大般若经卷第 57（善意愿经）》："**奉为**大师故僧正大和尚，敬写《大般若经》一部六百卷。"（p. 264）⑦对象为官员。《奈良朝写经未收 1·弥勒成佛经（石川卿愿经）》："维天平二年岁次庚午八月癸未朔辛卯，**奉为**从三位行左大辩石川卿，敬写《弥勒经》一十部。"（p. 461）（1）梁诸大法师集撰《慈悲道场忏法》卷 1："**奉为**国王帝主，土地人民，父母师长，上中下座，善恶知识，诸天诸仙，护世四王，主善罚恶，守护持咒，五方龙王，龙神八部，广及十方，无穷无尽，含灵抱识水陆，空界一切众生。"（2）《全唐文》卷 210 陈子昂《为人请子弟出家表》："启足之日，露首之惭，是以臣克奉诏言，志期冥报，请以当家子弟三两人，**奉为**高宗大帝出家归道。"《全唐文》卷 913 承远《大唐□□寺故比邱尼法琬法师碑文》："去永徽六年，襄邑王薨。其年**奉为**亡父舍所爱之女，请度出家。"按：《汉语大词典》失收。《新编日本古典文学全集》栏上的注释指出："'奉'表示对天皇、神佛的敬意。此处表示对圣明王的敬意。"（第一册，p. 507 注 22）

【**奉写**/うつしたてまつる】 前缀 （34 例） 抄写的谦辞。①《观世音经》。《日本灵异记》上卷《非理夺他物为恶行受恶报示奇事缘第 30》："广国问少子云：'汝谁之子？'答：'欲知我者，汝幼稚时，**奉写**《观世音经》是也。'"（p. 126）②《妙法莲华经》。《日本灵异记》中卷《至诚心**奉写**〈法华经〉有验示异事缘第 6》（p. 161）又："为报四恩，**奉写**《法华经》，为纳大乘遣使四方，求白檀紫檀。"（p. 161）又《**奉写**〈法华经〉因供养显母作女牛之因缘第 15》（p. 187）又《阎罗王示奇表劝人令修善缘第 9》："为彼死妻，**奉写**《法华经》，讲读供养，追赠福聚，赎被彼苦。"（p. 284）又《如法**奉写**〈法华经〉火不烧缘第 10》："发愿如法，清净**奉写**《法华经》一部。"（p. 286）又《将写〈法华经〉建愿人断日暗穴赖愿力得全命缘第 13》："于时，独居穴里念：'吾先日愿**奉写**法华大乘，而未写断。我命全给，我必奉果。'"（p. 293）又《**奉写**〈法华经〉经师为邪淫以现得恶死报缘第 18》："有发愿人以宝龟二年辛亥夏六月，请其经师于其堂，**奉写**《法华经》。"（p. 305）又《诽**奉写**〈法华经〉女人过失以现口㖞斜报缘第 20》："白壁天皇代，是女**奉写**《法华经》于麻殖菀山寺。"（p. 310）《重斤取人物又写〈法华经〉以现得善恶报缘第 22》："虾夷**奉写**《法华经》二遍，每遍设会，讲读既了。后复思议，犹不足心，更敬缮写。"（p. 315）又："于是峙视前路，多有数人，以帚扫路言：'**奉写**《法华经》之人，从此路往，故我等扫净。'"（p. 315）又："**奉写**《法华经》之人，从此椅度，故我修理。"（p. 315）又："王见之言：'此**奉写**《法华经》之人。'"（p. 315）又："僧复问言：'汝作何善？'答：'我**奉写**《法华经》三部。唯一部未供养之也。'"（p. 315）又："**奉写**《法华经》之人，从阎罗王宫还来之。"（p. 315）又《假官势非理为政得恶报缘第 35》："愿为我**奉写**《法华经》者，脱我之罪。"（p. 353）又："天皇信悲，以延历十五年三月朔七日，始召经师四人，为古麿**奉写**《法华经》一部。"（p. 353）又《不顾因果作恶受罪报缘第37》："问诸史言：'若此人在世时，作何功德善？'诸史答言：'唯**奉写**《法华经》一部。'"（p. 358）又："更**奉写**《法华经》一部，恭敬供养，追救彼灵苦也。"（p. 358）《续日本纪》卷17《圣武纪》天平二十年七月条："奉为太上天皇，**奉写**《法华经》一千部。"（第三册，p. 58）《奈良朝写经51·华严经卷第65》："以天平胜宝六年十一月十日，沙弥尼真证，令缮，**奉写**。"（p. 309）③《梵网经》《心经》。《日本灵异记》中卷《忆持〈心经〉女现至阎罗王阙示奇表缘第19》："优婆夷欲买彼经，遣使而还，开经见之，彼优婆夷昔时**奉写**《梵网经》二卷、《心经》一卷也。"（p. 199）④《金刚般若经》。《续日本纪》卷20《孝谦纪》天平宝字二年七月条："戊戌，敕：'为令朝廷安宁，天下太平，国别**奉写**《金刚般若经》三十卷，安置国分僧寺二十卷，尼寺十卷，恒副《金光明最胜王经》，并令转读。'"（p. 256）⑤《大般若经》。《奈良朝写经5·大般若经卷第267》："神龟五年岁次戊辰五月十五日，佛弟子长王至诚发愿，**奉写**《大般若经》一部六百卷。"（p. 32）《奈良朝写经34·大般若经卷第401》："山田方见任肥后国史生，而史天平十五年岁次癸未八月二十九日，于合志郡以东山里在井出原之禅房，六见母之愿所**奉写**。"（p. 244）《奈良朝写经49·大般若经卷第355》："天平胜宝六年岁次甲午九月二十三日，锦识君麻吕为父母**奉写**《大般若经》一卷。"（p. 303）《奈良朝写经56·大般若经卷第50等》："仰愿为神社安隐，雷电无骇，朝庭无事，人民宁之，敬欲**奉写**《大般若经》六百卷。"（p. 358）《奈良朝写经75·大般若经卷第176》："**奉写**《大般若》［大乘一部六百卷，以］为远代之法宝也。"（p. 442）⑥《灌顶经》。《奈良朝写经50·灌顶经卷第7》："殖栗乡秦禅卖，御为四恩，**奉写**《灌顶经》一部。"（p. 305）⑦《首愣严经》。《奈良朝写经54·首愣严经》："天平胜宝九岁六月三日，散位正八位上山边君诸公**奉写**。"（p. 350）⑧一切经。《奈良朝写经68·大毗庐遮那成佛神变加持经卷第7》："天平神护二年十月八日，正四位下吉备朝臣由利奉为天朝**奉写**一切经律疏集传等一部。"（p. 420）安惠造、苏军整理《阿毗达磨俱舍论实义疏》："本疏首题'阿毗达磨俱舍论卷第三，尊者安惠造，尾题'释门法律法严**奉写**记'，卷中有朱笔校改，据纸张、字体、行款，可断定为晚唐时期的写本。"按：《汉语大词典》失收。→【敬奉写】【敬奉写竟】

【奉仰/のけたてまつる】 偏正　使之仰面朝天。"奉"，日语后补动词。《日本灵异记》中卷《佛铜像盗人所捕示灵表显盗人缘第22》："疑若杀人，必有异心，良久徘徊，窃入从者，窥看屋内，**奉仰**佛铜像，剔缺手足，以锭鏑颈。即捕打问：'何寺佛像？'答：'尽惠寺之佛像也。'遣使问之，实所盗矣。"（p. 206）后汉昙果、康孟详译《中本起经》卷1《化迦叶品》："近泥兰禅河边，有梵志，姓迦叶氏，字郁俾罗，年百二十，名声高远，世人**奉仰**，修治火祠，昼夜不懈。"西晋竺法护译《贤劫经》卷3《三十二相品》："其依言教，**奉仰**真正，不为虚伪，而怀来义，是曰持戒报。"按：汉译佛经中的"奉仰"，表示敬仰、尊崇的意思。"奉"是谦辞。

【奉詣於 ~／~にまゐづ】 于字 "去到某处"的谦辞。《日本书纪》卷 17《继体纪》二十四年九月条："顾以河内母树马饲首御狩，**奉诣于**京而奏曰：'臣未成敕旨还入京乡，劳往虚归。'"（第二册，p. 324）（1）西晋竺法护译《持人菩萨经》卷 2："佛告持人：'其二太子，见是瑞应，往见父母，具说此意。我等兄弟，今日夜梦中，目见如来至真，故启二亲，欲往**奉诣**如来。'"刘宋求那跋陀罗译《杂阿含经》卷 47："时跋迦梨语富邻尼：'汝可诣世尊所，为我稽首，礼世尊足，问讯世尊，少病少恼，起居轻利，安乐住不？言跋迦梨住金师精舍，疾病困笃，委积床褥，愿见世尊。疾病困苦，气力赢惙，无由**奉诣**。唯愿世尊，降此金师精舍，以哀愍故。'"（2）《后汉书》卷 16《邓寇传》："二年春，遣使者更封禹为梁侯，食四县。时赤眉西走扶风，禹乃南至长安，军昆明池，大飨士卒。率诸将斋戒，择吉日，修礼谒祠高庙，收十一帝神主，遣使**奉诣**洛阳，因循行园陵，为置吏士奉守焉。"（p. 604）《太平广记》卷 340《韩弇》条："谓绩曰：'今从秃发大使填漳河，憔悴困辱不可言，间来**奉诣**耳。别后有一诗奉呈。'"（p. 2695）按：汉译佛经和传世文献中，"奉诣"通常不带"于"。《日本书纪》卷 1《神代纪上》："故还复上**诣于**天，具奏其状。时天神以太占而卜合之，乃教曰：'妇人之辞，其已先扬乎。宜更还去。'"（第一册，p. 30）又卷 14《雄略纪》三年四月条："俄而皇女赍持神镜，**诣于**五十铃河上，伺人不行，埋镜经死。"（第二册，p. 156）又卷 20《敏达纪》十四年三月条："丙戌，物部弓削守屋大连**自诣于**寺，踞坐胡床，斫倒其塔，纵火燔之，并烧佛像与佛殿。既而取所烧余佛像，令弃难波堀江。"（第二册，p. 490）又卷 23《舒明纪》即位前纪条："既而便且谓大夫等曰：'汝大夫等共**诣于**斑鸠宫……'"（第三册，p. 22）又卷 25《孝德纪》即位前纪条："即**自诣于**法兴寺佛殿与塔间，剔除髭发，披著袈裟。"（第三册，p. 110）

【奉於 ~／~をたてまつる】 于字 奉献某物；奉行某事。《日本灵异记》下卷《妙见菩萨变化示异形显盗人缘第5》："河内国安宿郡部内，有信天原山寺，为妙见菩萨献燃灯处。畿内每年**奉于**燃灯。"（p. 274）西晋竺法护译《光赞经》卷 2《行空品》："某可愍之，了身行恶、口言恶、心念恶，具足恶行，诽谤贤圣，**奉于**邪见，以此缘故，碎身寿命，趣于勤苦，堕于地狱。"后秦佛陀耶舍译《四分僧戒本》卷 1："不谤亦不嫉，常**奉于**戒行，饮食知止足，常乐在空闲，心定乐精进，是名诸佛教。"→【施於 ~】

【奉造／つくりまつる】 前缀 （16 例） "制造"的谦辞。①神物。《日本书纪》卷 1《神代纪上》："用此**奉造**之神，是即纪伊国所坐日前神也。"（第一册，p. 80）《古语拾遗》："凡**奉造**神殿帝殿者，皆须依神代之职。"（p. 141）②御物。《肥前国风土记·神埼郡》条："同天皇行幸之时，于此村**奉造**行宫。因名宫处乡。"（p. 324）又《松浦郡》条："若降恩情，得再生者，**奉造**御赞，恒供御膳。"（p. 334）又卷 20《孝谦纪》天平宝字元年四月条："内供奉竖子，授刀舍人，及预周忌御斋种种作物而**奉造**诸司男女等，夙夜不怠，各竭乃诚，宜令加位二级并赐绵帛。"（第三册，p.182）③佛菩萨像。《日本书纪》卷21《用明纪》二年四月条："天皇之疮转盛，将欲终时，鞍部多须奈司马达等子也进而奏曰：'臣奉为天皇出家修道。又**奉造**丈六佛像及寺。'"（第二册，p.506）《日本灵异记》上卷《妻为死夫建愿图绘像有验不烧火示异表缘第33》："其里人云：'昔于此寺边有贤妇，妇名不传焉。其夫将死之日，愿**奉造**斯佛像，而缘贫未遂。'"（p.132）又中卷《未作毕佛像而乞木示异灵表缘第26》："禅师大恐，引置净处，哀哭敬礼，发誓愿曰：'有因缘故遇，我必**奉造**。'"（p.217）又下卷《弥勒丈六佛像其颈蚁所嚼示奇异表缘第28》："行者见之，告知檀越。檀越等怅，复**奉造**副，恭敬供养矣。"（p.336）又《沙门积功作佛像临命终时示异表缘第30》："观规圣武天皇之代，发愿雕造尺迦丈六并胁士，以白壁天皇世宝龟十年己未，**奉造**既毕。"（p.341）《续日本纪》卷15《圣武纪》天平十五年十月条："粤以天平十五年岁次癸未十月十五日，发菩萨大愿，**奉造**卢舍那佛金铜像一躯。"（第二册，p.430）又："乙酉，皇帝御紫香乐宫。为**奉造**卢舍那佛像，始开寺地。"（第二册，p.432）又卷17《孝谦纪》天平胜宝元年十二月条："去辰年，河内国大县郡〈乃〉智识寺〈尔〉坐卢舍那佛〈远〉礼奉〈天〉则朕〈毛〉欲**奉造**〈止〉思〈登毛〉。"（第三册，p.96）又卷21《淳仁纪》天平宝字二年八月条："昔者，先帝敬发洪誓，**奉造**卢舍那金刚大像。若有朕时不得造了，愿于来世，改身犹作。"（第三册，p.278）又卷23《淳仁纪》天平宝字四年七月条："癸丑，设皇太后七七斋于东大寺并京师诸小寺。其天下诸国，每国**奉造**阿弥陀净土画像。"（第三册，p.358）又天平宝字五年六月条："其天下诸国，各于国分尼寺，**奉造**阿弥陀丈六像一躯、挟持菩萨像二躯。"（第三册，p.380）（1）《金楼子·立言篇九上》："又宣修容**奉造**二亲像，朝夕礼敬，虔事孜孜，四十年中，聿修功德，追荐继孝，丁兰无以尚此。"《全隋文》卷15灌顶《解讲疏》："又观音菩萨，法身大士，拯危拔难，利益人天，**奉造**灵仪，即日镕铸。"（2）陈慧思撰《南岳思大禅师立誓愿文》卷1："太岁戊寅，还于大苏山光州境内，唱告诸方：'我欲**奉造**金字摩诃般若波罗蜜经。'"唐道宣撰《广弘明集》卷22王褒《周经藏愿文》："以岁在昭阳，龙集天井，奉为云云，**奉造**一切经藏。"唐法琳撰《辩正论》卷4："爰敕上宫式摹遗景，**奉造**释迦绣像一帧，并菩萨圣僧、金刚师子。"按：《汉语大词典》失收。

【奉斋/いはひまつる】 述宾 （2例） 因奉行宗教戒律而持斋吃素。《日本书纪》卷2《神代纪下》："高皇产灵尊因敕曰：'吾则起树天津神篱及天津盘境，当为吾孙**奉斋**矣。'汝天儿屋命、太玉命宜持天津神篱，降于苇原中国，亦为吾孙**奉斋**焉。"（第一册，p.138）后汉昙果、康孟详合译《中本起经》卷1《度瓶沙王品》："瓶沙归宫，教敕宫内，**奉斋**持戒。国内一切，信解欢喜。"吴康僧会译《六度集经》卷4："昔者菩萨，为清信士，所处之国，其王行真，劝导臣民，令知三尊，执戒**奉斋**者，捐赋除役。"唐道宣撰《续高僧传》卷6："后遭母忧，舍法还家，庐于墓侧，哀毁过礼，茹菜**奉**

斋。"按：《汉语大词典》例举《醒世恒言·刘小官雌雄兄弟》："刘公举目看时，只见他把小菜下酒，那盘牛肉，全然不动。问道：'长官父子想都是**奉斋**么？'"过晚。

【奉置/おきたてまつる】 前缀 （2例） 设置、安置的谦辞。《日本书纪》卷18《安闲纪》元年闰十二月条："国造使主悚喜交怀，不能默已。谨为国家**奉置**横渟、橘花、多氷、仓橡四处屯仓。"（第二册，p.348）《续日本纪》卷15《圣武纪》天平十六年三月条："丁丑，运金光明寺大般若经，致紫香乐宫。比至朱雀门，杂乐迎奏，官人迎礼。引导入宫中，**奉置**大安殿。请僧二百，转读一日。"（第二册，p.438）（1）隋灌顶撰《国清百录》卷2："弟子总持和南。奉旨于荆州当阳县境玉泉山陲，为建造伽蓝招提行道，图写地形具以赐示。伏以布金遍地，买园建立，**奉置**三尊，永流万代。唱诵所不能赞，算数所不能量。"唐菩提流志译《如意轮陀罗尼经》卷1《法印品》："二中指二无名指二小指，掌中右押左相叉相钩二头指斜竖头相著，二大指向身竖头侧相著，诵小心明明印七遍，绕坛三匝挥印结立坛界次于坛内诸圣者位，**奉置**香水器，水上泛花供养。"（2）《全唐文》卷337颜真卿《鲜于氏离堆记》："其松竹桂榑，冬青杂树，皆徙他山，而栽莳焉。其上方有男宫观焉，署之曰景福，君弟京兆尹叔明至德一年十月尝任尚书司勋员外郎之所**奉置**也。"按：《汉语大词典》失收。

【奉资/たすけたてまつる】 前缀 （4例） 资助，供给。《奈良朝写经5·大般若经卷第267》："以此善业，**奉资**登仙二尊神灵，各随本愿，往生上天，顶礼弥勒，游戏净域，面奉弥陀，并听闻正法，俱悟无生忍。"（p.32）《奈良朝写经23·十轮经卷第3》："伏愿凭斯胜因，**奉资**冥助，永庇菩提之树，长游般若之津。"（p.179）《奈良朝写经75·大般若经卷第176》："［仰愿以此功德，先同］**奉资**先考之神［路，般若知船，净于苦］海，速到极乐之宝［城，大乘炬焕于间］衢，早登摩尼之宝殿。"（p.442）《奈良朝写经未收4·大宝积经》："皇后藤原氏光明子，奉为尊考赠正一位太政太臣府君、尊妣赠一位橘氏太夫人，敬书写《大宝积经》，以**奉资**冥助。"（p.481）隋灌顶撰《国清百录》卷4："冀其心力增进，学行日新，念念功熏，**奉资**皇国。"隋费长房撰《历代三宝纪》卷12："所以每年，至国忌日，废务设斋，造像行道，八关忏悔，奉资神灵。"唐道宣撰《广弘明集》卷28："惟愿藉此功德，**奉资**皇帝陛下，寿与南山共久，年将北极俱长，道懋农轩，德高尧舜。"

【仏/ほとけ】 佛名 （27例） 佛陀；佛像。《日本书纪》卷19《钦明纪》十三年十月条："由是，百济王臣明谨遣陪臣怒唎斯致契，奉传帝国，流通畿内。果**佛**所记我法东流。"（第二册，p.416）又："乃历问群臣曰：'西蕃献**佛**，相貌端严。全未曾有，可礼以不。'"（第二册，p.418）又卷27《天智纪》十年十月条："是月，天皇遣使，奉袈裟、金钵、象牙、沉水香、栴檀香及诸珍财于法兴寺**佛**。"（第三册，p.292）又卷29《天武纪下》十四年五月条："五月丙午朔庚戌，射于南门。天皇幸于飞鸟寺，以珍宝奉于**佛**而礼敬。"（第三册，p.446）《日本灵异记》上卷《妻为死夫建愿图绘像有验不烧火示异表缘第33》："后盗人放火，其堂皆烧。唯妇**佛**独存。曾无损。"（p.132）又中卷《弥勒菩萨铜像盗人所捕示灵表显盗人缘第23》："夫理法身**佛**，非血肉身。何有所痛？唯所以示常住不变也。是亦奇异之事也。"（p.208）又《极穷女于尺迦丈六佛愿福分示奇表以现得大福缘第28》："众僧闻之，而商量言：'是**佛**赐钱，故我不藏。'返赐女人。"（p.223）又《女人大蛇所婚赖药力得全命缘第41》："如经说：'昔**佛**与阿难，自墓边而过。夫妻二人，共备饮食，祠墓慕哭。夫恋，母啼，妻咏，姨泣。**佛**闻妻哭，出音而叹。阿难白言："以何因缘，如来叹之。"**佛**告阿难：是女先世产一男子。深结爱心，口啜其子屎。母经三年，儵条得病，临命终时，抚子啜屎，而斯之言："我生生世，常生相之。"生邻家女，终成子妻，祠自夫骨，而今慕哭。知本末事故，我哭耳。'者，其斯谓之矣。"（p.251）又下卷《序》："三，末法万年。自**佛**涅槃以来，迄于延历六年岁次丁卯，而径一千七百二十二年。过正像二而入末法。"（p.259）又《产生肉团之作女子修善化人缘第19》："讲师见之，呵啧之言：'何尼滥交？'尼答之言：'**佛**平等大悲，故为一切众生，流布正教。何故别制我？'"（p.309）又："昔**佛**在世时，舍卫城须达长老之女苏曼，所生卵十枚，开成十男，出家皆得罗汉果。"（p.309）又《弥勒丈六佛像其颈蚁所嚼示奇异表缘第28》："夫闻**佛**非肉身，何有痛病？诚知圣心示现。随**佛**灭后，而法身常存，常住不易。更莫疑之焉。"（p.336）又《村童戏克木佛像愚夫斫破以现得恶死报缘第29》："木克以为佛像，累石为塔，以戏克**佛**而居石寺，时时戏游。"（p.337）又《沙门积功作佛像临命终时示异表缘第30》："沙门闻之，起拜欢喜。又径二日，至同月十五日，召明规言：'今日当**佛**涅槃日，余亦命终。'"（p.341）《唐大和上东征传》："其〔阿〕育王塔者，是**佛**灭度后一百年，时有铁轮王，名〔曰〕阿育王，役使鬼神，建八万四千塔之一也。"（p.55）《续日本纪》卷16《圣武纪》天平十八年十月条："甲寅，天皇、太上天皇、皇后行幸金钟寺，燃灯供养卢舍那佛。**佛**前后灯一万五千七百余杯。夜至一更，使数千僧令擎脂烛。赞叹供养，绕佛三匝。至三更而还宫。"（第三册，p.34）又卷17《圣武纪》天平胜宝元年四月条："敕遣左大臣橘宿祢诸兄。白**佛**。"（第三册，p.64）又条："此〈远〉所念〈波〉、种种法中〈尔波〉、**佛**大御言〈之〉国家护〈我〉多仁〈波〉胜在〈止〉闻召。"（第三册，p.66）又卷25《淳仁纪》天平宝字八年九月条："此禅师〈乃〉行〈乎〉见〈尔〉至〈天〉净〈久〉。**佛**〈乃〉御法〈乎〉继隆〈武止〉念行〈末之〉朕〈乎毛〉导护〈末须〉己师〈乎夜〉多夜须〈久〉退〈末都良武止〉念〈天〉在〈都〉。然朕〈方〉发〈乎〉曾利〈天〉**佛**〈乃〉御袈裟〈乎〉服〈天〉在〈止毛〉、国家〈乃〉政〈乎〉不行〈阿流己止〉不得。**佛**〈毛〉经〈仁〉救〈久〉、国王〈伊〉、王位〈仁〉坐时〈方〉菩萨〈乃〉净戒〈乎〉受〈与止〉敕〈天〉在。"（第四册，p.32）又卷26《称德纪》天平神护元年十一月条："然此遍〈能〉常〈余利〉别〈仁〉在故〈方〉、朕〈方〉**佛**〈能〉御弟子〈等之天〉菩萨〈乃〉戒〈乎〉受赐〈天〉在。"（第四册，p.102）又："然经〈乎〉见〈末都礼方〉、**佛**〈能〉御法〈乎〉护〈末都利〉尊〈末都流方〉诸〈乃〉神〈多知仁〉伊末〈志家利〉。"（p. 102）又卷 30《称德纪》神护景云三年十月条："今世〈尔方〉世间〈乃〉荣福〈乎〉蒙〈利〉忠净名〈乎〉显〈之〉。后世〈尔方〉人天〈乃〉胜乐〈乎〉受〈天〉终〈尔〉**佛**〈止〉成〈止〉所念〈天奈毛〉诸〈尔〉是事〈乎〉教给〈布止〉诏〈布〉御命〈乎〉、众诸闻食〈止〉宣。"（第四册，p. 262）

【仏本/ぶつぼん】 偏正 指佛像的雏形或原图。《日本书纪》卷 22《推古纪》十四年五月条："今朕为造丈六佛，以求好佛像，汝之所献**佛本**则合朕心。"（第二册，p. 552）

【仏刹/ぶっせつ】 偏正 即佛国，佛土。谓佛居住的国土、佛教化的国土。"刹"有国土、塔、庙、寺等义，又指寺院或佛塔。《日本书纪》卷 22《推古纪》十四年五月条："五月甲寅朔戊午，敕鞍作鸟曰：'朕欲兴隆内典，方将建**佛刹**，肇求舍利。'"（第二册，p. 552）后汉支娄迦谶译《阿閦佛国经》卷 2《诸菩萨学成品》："佛语舍利弗：'是陂陀劫中当有千佛，甫始四佛过。菩萨摩诃萨欲见是诸佛者，当愿生阿閦**佛刹**。'"东晋佛驮跋陀罗译《大方广佛华严经》卷 1《世间净眼品》："如来神力遍十方，普照无量诸**佛刹**，十方诸佛皆悉现，胜念方便灭愚痴。"隋阇那崛多译《佛本行集经》卷 1《发心供养品》："时毗卢遮那转轮圣王，见彼如来具足三十二大人相、八十种好，及声闻众，**佛刹**庄严，寿命岁数。"→【宝刹】

【仏出世/ほとけしゅっせ】 三字 指诸佛出现于世间成佛，以教化众生。《续日本纪》卷 30《称德纪》宝龟元年七月条："乙亥，敕曰：'朕荷负重任，履薄临深。上不能先天奉时，下不能养民如子。常有惭德，实无荣心。撤膳菲躬，日慎一日。禁杀之令立国，宥罪之典班朝。而犹疫气损生，变异惊物，永言疢怀，不知所措。唯有**佛出世**遗教应感，苦是必脱，灾则能除。'"（第四册，p. 288）后汉昙果、康孟详合译《中本起经》卷 1《度瓶沙王品》："王升车已，群臣跪贺：'大王功德，值**佛出世**，并令臣等，沐浴清化。'"姚秦鸠摩罗什译《妙法莲华经》卷 5《如来寿量品》："是故如来，以方便说：'比丘当知，诸**佛出世**，难可值遇。'"唐义净译《金光明最胜王经》卷 5《莲华喻赞品》："诸**佛出世**时一现，于百千劫甚难逢；夜梦常闻妙鼓音，昼则随应而忏悔。"→【如来出世】

【仏道/ぶつどう】 偏正 （10 例） 指佛陀教化众生之道，即佛教。《日本书纪》卷 25《孝德纪》即位前纪条："臣愿出家入于吉野，勤修**佛道**，奉佑天皇。"（第三册，p. 110）又卷 27《天智纪》十年十月条："壬午，东宫见天皇请之吉野修行**佛道**。天皇许焉。"（第三册，p. 292）《日本灵异记》中卷《序》："普施群生，共成**佛道**也。"（p. 143）又《未作毕佛像而弃木示异灵表缘第 26》："圣武天皇代，广达入于吉野金峰，经行树下而求**佛道**。"（p. 217）又下卷《村童戏克木佛像愚夫斫破以现得恶死报缘第 29》："如《法华经》说：'若童子戏木及笔，或以指爪甲，而画作佛像，皆成**佛道**。复举一手，小低头，以此供养佛像，成无上道。'是以慎信矣。"（p. 337）又《刑罚贱沙弥乞食以现得顿恶死报缘第33》："今此义解云：'出血不能障**佛道**。说僧过时，破坏多人信，生彼烦恼，障圣道。是故菩萨，乐求彼德，不乐求彼失。'"（p. 348）《续日本纪》卷7《元正纪》养老元年四月条："僧尼依**佛道**，持神咒以救溺徒，施汤药而疗痼病，于令听之。"（第二册，p. 26）又卷17《圣武·孝谦纪》天平胜宝元年五月条："天下太平，兆民快乐。法界有情，共成**佛道**。"（第三册，p. 82）又卷22《淳仁纪》天平宝字四年六月条："接引众御，皆尽其欢，雅闲礼训，敦崇**佛道**。"（第三册，p. 352）又卷30《称德纪》宝龟元年八月条："天皇尤崇**佛道**，务恤刑狱。胜宝之际，政称俭约。"（第四册，p. 298）→【而求仏道】【共成仏道】【歸依仏道】【皆成仏道】【勤修仏道】【先以欲釣牽、後令入仏道】【修行仏道】【障仏道】

【仏弟子/ぶつでし・ほとけのでし】 三字 （6例） 佛陀之弟子。如摩诃迦叶、舍利弗、目犍连、阿难等十大弟子，以及其他佛陀在世时的弟子。其后广泛指称信仰佛陀教法的人。《续日本纪》卷24《淳仁纪》天平宝字六年六月条："是以、出家〈弖〉**佛弟子**〈止〉成〈奴〉。但政事〈波〉、常祀〈利〉小事〈波〉今帝行给〈部〉。国家大事赏罚二柄〈波〉朕行〈牟〉。加久〈能〉状闻食悟〈止〉宣御命、众闻食宣。"（第三册，p. 408）又卷26《称德纪》天平神护元年十一月条："然此遍〈能〉常〈余利〉别〈仁〉在故〈方〉、朕〈方〉**佛**〈能〉**御弟子**〈等之天〉菩萨〈乃〉戒〈乎〉受赐〈天〉在。"（第四册，p. 102）《奈良朝写经5·大般若经卷第267》："神龟五年岁次戊辰五月十五日，**佛弟子**长王至诚发愿，奉写《大般若经》一部六百卷。"（p. 32）《奈良朝写经20·大般若经卷第232》："维天平十一年岁次己卯七月辛卯朔十日庚子，**佛弟子**出云国守从五位下勋十二等石川朝臣年足，稽首和南一切诸佛、诸大菩萨并贤圣等。"（p. 148）《奈良朝写经31·别译杂阿含经卷第10》："维天平十五年岁次癸未五月十一日，**佛弟子**藤三女，稽首和南十方诸佛、诸大菩萨、诸圣贤众。"（p. 323）《奈良朝写经64·金光明最胜王经卷第1》："维天平宝字六年岁次壬寅二月八日，菩萨戒**佛弟子**百济丰虫，奉为二亲，敬写《法华经》一部。"（p. 393）后汉昙果、康孟详合译《中本起经》卷1《度瓶沙王品》："王及群臣乃知迦叶是**佛弟子**。"吴支谦译《撰集百缘经》卷10《诸缘品》："尔时梵志，心怀惶怖，流污犮垢，无所归趣，即自引负，寄颜无所，便于佛前，心怀敬伏，求索出家，为**佛弟子**。"姚秦鸠摩罗什译《妙法莲华经》卷3《化城喻品》："彼**佛弟子**十六沙弥，今皆得阿耨多罗三藐三菩提，于十方国土，现在说法，有无量百千万亿，菩萨声闻，以为眷属。"→【仏子】

【仏殿/ぶつでん】 偏正 （17例） 安置佛、菩萨像之殿堂，或安置本尊佛而成为伽蓝中心之殿堂。又称佛堂。《日本书纪》卷20《敏达纪》十三年是岁条："马子独依佛法，崇敬三尼。乃以三尼付氷田直与达等令供衣食经营**佛殿**于宅东方，安置弥勒石像，屈请三尼大会设斋。"（第二册，p. 488）又："马子宿祢亦于石川宅修治**佛殿**。佛法之初，自兹而作。"（第二册，p. 490）又："丙戌，物部弓削守屋大连自诣于寺，踞坐胡床，斫倒其塔，纵火燔之，并烧佛像与**佛殿**。既而取所烧余佛像，令弃难波堀江。"（第二册，p. 490）又卷25《孝德纪》即位前条："即自诣于法兴寺**佛殿**与塔间，剔除鬓发，披著袈裟。"（第三册，p. 110）又大化五年三月条："言毕，开**佛殿**之户，仰而发誓曰：'愿我生生世世不怨君王。'"（第三册，p. 174）又卷27《天智纪》十年十月条："天皇许焉。东宫起而再拜，便向于内里**佛殿**之南，踞坐胡床，剃除鬓发，为沙门。"（第三册，p. 292）五年二月条："二月壬寅朔，天皇诏公卿等曰：'卿等于天皇世作**佛殿**、经藏，行月六斋。天皇时时遣大舍人问讯。朕世亦如之，故当勤心奉佛法也。'"（第三册，p. 514）《日本灵异记》中卷《孤娘女凭敬观音铜像示奇表得现报缘第34》："父母有时，多饶留财，数作屋仓，奉铸观世音菩萨铜像一体，高二尺五寸。隔家成**佛殿**，安彼像以之供养。"（p. 238）又《观音木像不烧火难示威神力缘第37》："圣武天皇世，泉国泉郡部内珍努上山寺，居于正观自在菩萨木像，而敬供之。时失火，烧其**佛殿**。"（p. 243）《唐大和上东征传》："州太守卢同宰及僧徒父老迎送，设供养，差人备粮送至白社村寺；修理坏塔，劝诸乡人造一**佛殿**，至台州宁海县白泉寺宿。"（p. 58）又："其寺**佛殿**坏废，众僧各舍衣物造**佛殿**，住一年造了。"（p. 68）又："振州别驾闻和上造寺，即遣诸奴，各令进一椽，三日内一时将来，即构**佛殿**、讲堂、砖塔。"（p. 70）又："初开**佛殿**，香气满城，城中僧徒〔擎〕幡、烧香、唱梵。"（p. 72）《续日本纪》卷8《元正纪》养老四年十月条："丙申，始置养民，造器及造兴福寺**佛殿**三司。"（第二册，p. 80）又卷9《元正纪》养老六年十二月条："十二月庚戌，敕奉为净御原宫御宇天皇，造弥勒像。藤原宫御宇太上天皇释迦像。其本愿缘记，写以金泥，安置**佛殿**焉。"（第二册，p. 126）又卷19《孝谦纪》天平胜宝八年六月条："壬辰，诏曰：'顷者，分遣使工，检催诸国佛像。宜来年忌日必令造了。其**佛殿**兼使造备。'"（第三册，p. 164）萧齐僧伽跋陀罗译《善见律毗婆沙》卷8《舍利弗品》："如是故作不止，语至三，犹不应，若众多比丘有惭愧者，剔坏此房，唯置**佛殿**及菩提树，坏已勿用，次第举置，遣送与住比丘，余草使取。"唐义净译《根本说一切有部毗奈耶杂事》卷10："造苾刍寺，僧房应作五层，**佛殿**应作七层，门楼七层；若造尼寺，房应三层，佛殿五层。"→【宝殿】【大仏殿】【摩尼（之）宝殿】【摩尼之殿】

【仏法／ぶっぽう】 偏正 （47例） 佛所说之教法，包括各种教义及教义所表达之佛教真理。《日本书纪》卷20《敏达纪》即位前纪："天皇不信**佛法**，而爱文史。"（第二册，p. 464）又十三年是岁条："马子独依**佛法**，崇敬三尼。乃以三尼付冰田直与达等，令供衣食经营佛殿于宅东方，安置弥勒石像，屈请三尼大会设斋。"（第二册，p. 488）又："由是，马子宿祢、池边冰田、司马达等深信**佛法**，修行不懈。马子宿祢亦于石川宅修治佛殿。**佛法**之初，自兹而作。"（第二册，p. 490）又十四年三月条："自考天皇及于陛下，疫疾流行，国民可绝。岂非专由苏我臣之兴行**佛法**欤？诏曰：'灼然。宜断**佛法**。'"（第二册，p. 490）又十四年六月条："夏六月，马子宿祢奏曰：

'臣之疾病至今未愈，不蒙三宝之力，难可救治。'于是诏马子宿祢曰：'汝可独行**佛法**，宜断余人。'"（第二册，p. 492）又："物部弓削守屋大连、大三轮逆君、中臣盘余连，俱谋灭**佛法**，欲烧寺塔并弃佛像。"（第二册，p. 494）又卷21《用明纪》即位前纪条："天皇信**佛法**尊神道。"（第二册，p. 498）又卷22《推古纪》十四年五月条："于是汝父多须那为橘丰日天皇出家，恭敬**佛法**。"（第二册，p. 552）又三十二年四月条："于是，百济观勤僧表上以言：'夫**佛法**自西国至于汉经三百岁，乃传之至于百济国而仅一百年矣。'"（第二册，p. 586）又卷25《孝德纪》即位前纪条："尊**佛法**，轻神道。"（第三册，p. 108）又大化元年八月条："癸卯，遣使于大寺，唤聚僧尼而诏曰：'于矶城岛宫御宇天皇十三年中，百济明王奉传**佛法**于我大倭。'"（第三册，p. 120）又白雉元年二月条："道登法师曰：'昔高丽，欲营伽蓝，无地不览。便于一所白鹿徐行，遂于此地营造伽蓝，名白鹿菌寺，住持**佛法**。'"（第三册，p. 180）又卷30《持统纪》五年二月条："二月壬寅朔，天皇诏公卿等曰：'卿等于天皇世作佛殿经藏，行月六斋。天皇时时遣大舍人问讯。朕世亦如之，故当勤心奉**佛法**也。'"（第三册，p. 514）《藤氏家传》下卷《武智麻吕传》："公尝梦遇一奇人，容貌非常。语曰：'公爱慕**佛法**，人神共知。'"（p. 351）又："由是即位已后，常施善政，矜愍百姓，崇重**佛法**也。"（p. 357）《元兴寺伽蓝缘起并流记资财账》："大倭国**佛法**，创自斯归岛宫治天下天国案春岐广庭天皇御世。苏我大臣稻目宿祢仕奉时，治天下七年岁次戊午十二月度来。"又："太子像并灌佛之器一具，及说佛起书卷一筐度而言，当闻**佛法**既是世间无上之法　其国亦应修行也。"又："时按师首达等女斯末卖年十七在，阿野师保斯女等已卖，锦师都瓶善女伊志卖，合三女等就法明受学**佛法**在。"《日本灵异记》上卷《序》："然乃学外之者，诽于**佛法**。读内之者，轻于外典。愚痴之类，怀于迷执，匪信于罪福。深智之俦，覩于内外，信恐因果。"（p. 54）又《圣德皇太子示异表缘第4》："食五辛者，**佛法**中制，而圣人用食之者，无所得罪耳。"（p. 69）又《女人好风声之行食仙草以现身飞天缘第13》："诚知不修**佛法**，而好风流，仙药感应。"（p. 93）又《勤求学佛教弘法利物临命终时示异表缘第22》："故道照法师者船氏，河内国人也。奉敕求**佛法**于大唐，遇玄奘三藏，而为弟子。"（p. 107）又《修持孔雀王咒法得异验力以现作仙飞天缘第28》："诚知**佛法**验术广大者，皈依之人，必证得之矣。"（p. 120）又中卷《序》："窃视历代，自宣化天皇以往，随外道凭卜者。自钦明天皇也后，敬三宝信正教。然或皇臣烧寺流佛像，或皇臣建寺弘**佛法**。"（p. 142）又《埋神王腗放光示奇表得现报缘第21》："召行者诏：'欲求何事？'答曰：'欲出家修学**佛法**。'敕许得度，金鹫为名。"（p. 204）又下卷《序》："然日本从**佛法**传适以还，迄于延历六年而径二百三十六岁也。"（p. 259）《唐大和尚东征传》："**佛法**东流至日本国，随有其法，而无传法人。"（p. 40）"昔闻南岳［惠］思禅师迁化之后，托生倭国王子，兴隆**佛法**，济度众生。又闻日本国长屋王崇敬**佛法**，［造］千袈裟，［来施］此国大德、众僧。"（p. 40）又："以此思量，诚是**佛法**兴隆，有缘之国也。"（p. 40）又："昔梁武帝崇信**佛法**，兴建伽蓝，今有江宁寺、弥勒寺、长庆寺、延祚寺等，其数甚多；庄严雕刻，已尽工巧。"（p. 79）又下卷《序》："闻夫闻夫**佛法**东流，摩腾入于伊洛；真教南被，僧会游于吴都。"（p. 98）又《减塔阶仆寺幢得恶报缘第36》："时看病众中，有一禅师，发誓愿言：'凡凭**佛法**，修行大意，救他活命。今我寿施病者代身。**佛法**实有，病人命活。'"（p. 356）《续日本纪》卷7《元正纪》灵龟二年五月条："臣等商量，人能弘道，先哲格言。阐扬**佛法**，圣朝上愿。"（第二册，p. 14）又卷9《元正纪》养老六年七月条："内黩圣教，外亏皇猷。遂令人之妻子剃发刻肤，动称**佛法**，辄离室家。"（第二册，p. 122）又卷10《圣武纪》天平元年四月条："如有停住山林，详道**佛法**，自作教化，传习授业，封印书符，合药造毒，万方作怪，违犯敕禁者，罪亦如此。"（第二册，p. 210）又卷15《圣武纪》天平十六年十月条："今察日本素缉行**佛法**轨模、全异大唐道俗传圣教法则。若顺经典，能护国土。如违宪章，不利人民。一国**佛法**，万家修善，何用虚设。岂不慎乎。"（第二册，p. 446）又卷18《孝谦纪》天平胜宝四年四月条："**佛法**东归，斋会之仪，未尝有如此之盛也。"（第三册，p. 118）又卷19《孝谦纪》天平胜宝八岁六月条："夫**佛法**者，以慈为先。不须因此辛苦百姓。"（第三册，p. 164）又卷20《孝谦纪》天平宝字元年闰八月条："则以每年冬十月十日，始辟胜筵，至于内大臣忌辰，终为讲了。此是奉翼皇宗，住持**佛法**，引导尊灵，催劝学徒者也。"（第三册，p. 230）又："丙寅，敕曰：'如闻护持**佛法**，无尚木叉。劝导尸罗，实在施礼。'"（第三册，p. 232）又卷24《淳仁纪》天平宝字七年五月条："天宝二载，留学僧荣睿、业行等白和上曰：'**佛法**东流，至于本国。虽有其教，无人传授。'"（第三册，p. 430）《奈良朝写经75·大般若经卷第176》："［仰天］伏地，而虽悲叹，都无［一益，空］沾领袖。唯有**佛法**，必救恩虚。"（p. 442）后汉昙果、康孟详合译《中本起经》卷1《还至父国品》："王见忧陀，已受法服，而问忧陀：'卿作沙门那？'忧陀答曰：'以服**佛法**。'"吴支谦译《佛开解梵志阿颰经》卷1："佛言：'我见世间，亦有道士，不知**佛法**，隐居薮泽，食于果蓏，言不用师，当得自然。'此得道乎？"姚秦鸠摩罗什译《妙法莲华经》卷3《授记品》："其国菩萨，无量千亿，诸声闻众，亦复无数，无有魔事，虽有魔及魔民，皆护**佛法**。"→【愛慕仏法】【闡揚仏法】【崇敬仏法】【崇信仏法】【崇重仏法】【恭敬仏法】【弘仏法】【護持仏法】【獙仏法】【深信仏法】【興隆仏法】【行仏法】【修学仏法】【住持仏法】

【仏法東帰／ぶっぽう ひむかし にいたる】 自創 释尊灭后，佛法从印度逐渐传播于东方。传播路线有北传与南传。北传是从印度经中亚细亚、西域而传入中国、日本的路线，主要是以梵语、西域诸语、汉语传播大乘佛教、小乘佛教。南传是从印度往斯里兰卡、东南亚的路线，主要是传播小乘佛教，其中也有一部分传入中国。北传又称为北方佛教，南传称为南方佛教。《续日本纪》卷18《孝谦纪》天平胜宝四年四月条："夏四月乙酉，卢舍那大佛像成，始开眼。是日行幸东大寺。天皇亲率文武百官，设斋大会。其仪一同元日，五位以上者著礼服，六位以下者当色。请僧一万。既而雅乐寮及诸寺种种音乐，并咸来集。复有王臣诸氏五节、久米舞、楯伏、踏歌、袍袴等哥舞。东西发声，分庭而奏。所作奇伟，不可胜记。**法法东**归，斋会之仪，未尝有如此之盛也。"（第三册，p. 118）隋彦琮撰《众经目录》卷1："**佛法东**行，年代已远，梵经西至，流布渐多，旧来正典，并由翻出。"唐道宣撰《律相感通传》卷1："自**佛法东**传，六七百年，南北律师，曾无此意。安用杀生之财，而为慈悲之服？全不然也。"唐道宣辑《量处轻重仪》卷1："**佛法东**度，爰至于今，讲解持律，判轻重者，咸言：'上三大小帐行步障耳。'"唐圆照集《代宗朝赠司空大辨正广智三藏和上表制集》卷3："自**佛法东**来，向欲千载，古之王者，岂不修福？弘益广大实未有如今之皇上。"唐僧详撰《法华传记》卷1："凡**佛法东**渐以来，大化普润，多是什公力也。"唐宝达撰《金刚映卷上》卷1："**佛法东**至江表者，为永平十四年，五岳道士与摩腾较力。"

【**仏法東流／ぶっぽうとうりゅうす**】 四字 （3例） 犹言"佛法东归"。《续日本纪》卷24《淳仁纪》天平宝字七年五月条："天宝二载，留学僧荣睿、业行等白和上曰：'**佛法东流**，至于本国。虽有其教，无人传授。幸愿和上东游兴化。辞旨恳至，咨请不息。'"（第三册，p. 430）《唐大和上东征传》："荣睿、普照至大明寺，顶礼大和尚足下，具述本意曰：'**佛法东流**至日本国，虽有其法，而无传法人。本国昔有圣德太子曰：二百年后，圣教兴于日本。今钟此运，愿大和上东游兴化。'"（p. 40）又淡海元开《初谒大和上二首并序》："闻夫**佛法东流**，摩腾入于伊洛；真教南被，僧会游于吴都。"（p. 98）唐法藏撰《入楞伽心玄义》卷1："自**佛法东流**，此方诸德分教开宗，差别纷纠难备说。"唐道宣撰《续高僧传》卷24："自**佛法东流**，矫诈非少，前代大乘之贼，近时弥勒之妖，诖误无识，其徒不一。"唐大觉撰《四分律行事钞批》卷1："**佛法东流**，几六百载者，从西方流来此方，故曰东流。几六百者，几音其，久训近也。此明**佛法东流**，自汉明夜梦。至今贞观年中，犹少二三年，不满六百载。故曰几六百年。"高丽一然撰《三国遗事》卷3："元和中，南涧寺沙门一念撰髑香坟礼佛结社文，载此事甚详。其略曰：'昔在法兴大王垂拱紫极之殿，俯察扶桑之域，以谓昔汉明感梦，**佛法东流**。寡人自登位，愿为苍生，欲造修福，灭罪之处。'"

【**仏法僧／ぶっぽうそう**】 三字 （2例） "佛"是谓悟得贯通宇宙与生命的根源之法，对一切众生具备主师亲三德的佛法教主。"法"是谓此佛所说的教理，又指其悟得。"僧"是谓传持、弘扬此法的佛弟子。上述三者皆须尊重，故称"三宝"。归依此佛法僧三宝是佛道修行的基本。《日本书纪》卷22《推古纪》十二年四月条："二曰笃敬三宝。三宝者，**佛法僧**也，则四生之终归万国之极宗。何世何人，非贵是法。人鲜尤恶，能教从之。其不归三宝，何以直枉。"（第二册，p. 542）《日本灵异记》中卷《佛铜像盗人所捕示灵表显盗人缘第22》："此人者，诽谤**佛法僧**，为众生不说法。无恩义故，杀无罪者也。"（p. 207）东晋瞿昙僧伽提婆译《增壹阿含经》卷49《非常品》：

"所以然者，归**佛法僧**，其德不可量。其有自归，**佛法僧**者，其福如是。"隋阇那崛多译《佛本行集经》卷32《二商奉食品》："欲得自利利一切，欲得求道导世间，应于三宝**佛法僧**，发心当生正信行。"宋善卿编《祖庭事苑》卷4："《实性论》云：'**佛法僧**何以名三宝？曰具六义故：一、希有如珍宝等；二、离垢不染；三、势力除贪去毒；四、庄严；五、最胜；六、不改变。'"

【仏法僧宝/ぶつほうそうのたから】 四字 一切之佛，即佛宝；佛所说之法，即法宝；奉行佛所说之法的人，即僧宝。佛者觉知之义，法者法轨之义，僧者和合之义。《续日本纪》卷20《孝谦纪》天平宝字元年四月条："方知**佛法僧宝**，先记国家太平，天地诸神，预示宗社永固。"（第三册，p.180）刘宋求那跋陀罗译《杂阿含经》卷5："我已超、已度，我今归依**佛法僧宝**，为优婆塞，证知我，我今尽寿，归依三宝。"北凉昙无谶译《大般涅槃经》卷39《憍陈如品》："婆罗门言：'世尊，我今闻法，已得正见，今当归依，**佛法僧宝**，唯愿大慈，听我出家。'"隋阇那崛多译《佛本行集经》卷4《受决定记品》："是等痴人，行不纯故，使彼如来，**佛法僧宝**，速疾隐没，不现世间，所有经书，悉皆灭尽。"

【仏法興隆/ぶっぽうをこうりゅうす】 四字 释尊的教理教法兴旺隆盛。《唐大和上东征传》："又闻：日本国长屋王崇敬佛法，［造］千袈裟，［来施］此国大德、众僧；其袈裟［缘］上，绣著四句曰：'山川异域，风月同天，寄诸佛子，共结来缘。'以此思量，诚是**佛法兴隆**，有缘之国也。"（p.40）萧齐僧伽跋陀罗译《善见律毘婆沙》卷2《阿育王品》："尔时，**佛法兴隆**，诸外道等衰殄，失供养利，周遍乞食，都无所得，为饥渴所逼，托入佛法，而作沙门，犹自执本法，教化人民，此是律，此是法。"梁宝唱等集《经律异相》卷33："王外甥阿嗜婆罗门，一男出家（佛法第四），诸侯百官，奴婢仆使，悉持五戒，月持六斋，满八支法。由是多有，刹利出家，**佛法兴隆**。"硕法师撰《三论游意义》卷1："八百余年，有婆罗门，种名曰提婆，是龙树上足弟子。其人皆与玄师并照德，与皆机净行故，令**佛法兴隆**，邪道隐塞也。"

【仏法最上/ぶっぽういとすぐる】 比较 释尊所说的教法最为上乘，至高无上。《元兴寺伽蓝缘起并流记资财账》："百济国正明王上启云：万法之中，**佛法最上**也。是以天皇并大臣闻食之宣：'善哉。则受佛法，造立倭国，然天皇大臣等受报业尽。'"唐菩提流志译《大宝积经》卷45《毘利耶波罗蜜多品》："闻是法已，当无障碍。于诸**佛法**，**最上**无疑。"唐窥基撰《说无垢称经疏》卷6《菩萨行品》："赞曰：'二名号平等也。以**诸佛法最上**，周圆究竟无尽。'"

【仏化/ぶつけ】 偏正 佛的教化；佛的化身。《藤氏家传》下卷《武智麻吕传》："僧尼空载名于寺籍，分散糊口于村里。未尝修理，寺家破坏。但能致有牛马踏损。此非国家度僧尼，演**佛化**也。"（p.334）后汉支娄迦谶译《般舟三昧经》卷2《无著品》："广采众经不可议，欲达一切诸**佛化**。速疾去欲诸垢尘，精进行是净三昧。"西晋竺法护译《佛说幻士仁贤经》卷1："于是天帝知仁贤所念，便告言：'如卿为**佛化**作严净供具，不能变复使如本。'故其见如来，发欢喜心，常得安隐，至泥洹道。"隋阇那崛多译《佛本行集经》卷2《发心供养品》："时阎浮提，一切人民，诸根成熟，应得**佛化**。"按：《汉语大词典》例举南朝宋宗炳《答何衡阳书》："敬览来论，抑裁**佛化**，毕志儒业。"偏晚。

【仏記/ぶっき】 偏正 　将来必定成佛的记别。佛的未来记。《唐大和上东征传》淡海元开《初谒大和上二首并序》："我皇帝据此龙图，济苍生于八表，受彼**佛记**，导黔首于三乘。"（p.98）东晋佛驮跋陀罗译《大方广佛华严经》卷35《宝王如来性起品》："初生果时，一切菩萨，得无生忍，受**佛记**果。"姚秦鸠摩罗什译《佛说华手经》卷7《毁坏品》："若入顶相中，自知受**佛记**；若光从口入，知受缘觉乘。"北凉昙无谶译《大般涅槃经》卷15《梵行品》："是名祇夜经。何等名为授记经？如有经律，如来说时，为诸大人，受**佛记**别。"

【仏跡/ぶっせき】 偏正 　（4例）　指释尊之遗迹。即释尊诞生至入灭期间，遗留足迹之场所。《唐大和上东征传》："［其］郧山东南岭石上，有**佛**［右］**迹**；东北小岩上，复有**佛左迹**，并长一尺四寸，前阔五寸八分，后阔四寸半，深三寸。千幅轮相，其印文分明显示。世传曰：'迦叶**佛之迹**也。'"（p.56）又："和上率诸门徒祥彦、荣睿、普照、思托等三十余人，辞礼育王塔，巡礼**佛迹**，供养圣［井］，护塔鱼菩萨，寻山直出。"（p.58）后汉安世高译《佛说处处经》卷1："佛姑子名须那察多，随侍佛八年便生念：'与我兄弟俱行，而独端正有三十二相。'便恶意生，随佛后扫**佛迹**，不令人见佛相。"吴支谦译《佛说菩萨本业经》卷1《愿行品》："早起当愿，一切众生，觉识非常，兴精进意，下床当愿，一切众生，履践**佛迹**，心不动摇。"唐道宣撰《续高僧传》卷25："其寺在涪州上流大江水北，崖侧有铭方五尺许，字如掌大，都不可识。下有**佛迹**，相去九尺，长三尺许。"按：据传，释尊如灭前有四个圣地：一、佛的诞生地蓝毗尼园；二、佛的成地道伽耶城菩提树；三、佛初转法轮地鹿野苑；四、佛涅槃地拘尸那揭罗城双树林。

【仏教/ぶっきょう】 偏正 　（11例）　佛对世人的训示。教即训示之义。《日本书纪》卷22《推古纪》元年是岁条："是岁，百济僧慧聪来之。此两僧弘演**佛教**，并为三宝之栋梁。"（第二册，p.532）又卷25《孝德纪》大化元年八月条："天皇诏马子宿祢而使奉其法。于小垦田宫御宇天皇之世，马子宿祢奉为天皇造丈六绣像、丈六铜像，显扬**佛教**，恭敬僧尼。"（第三册，p.122）又卷30《持统纪》六年闰五月条："己酉，诏筑紫大宰率河内王等曰：'宜遣沙门于大隅与阿多，可传**佛教**。'"（第三册，p.530）《日本灵异记》上卷《序》："原夫，内经外书诸传于日本而兴始代，内经、外书，**佛教**、儒教。凡有二时，皆自百济国浮来之。"（p.54）又《僧忆持〈心经〉得现报示奇事缘第14》："法师身长七尺，广学**佛教**，念诵《心般若经》。"（p.94）又《勤求学**佛**

教弘法利物临命终时示异表缘第22》（p. 107）又中卷《智者诽妒变化圣人而现至阎罗阙受地狱苦缘第7》："制《盂兰瓮》《大般若》《心般若》等经疏，为诸学生，读传**佛教**。"（p. 167）《唐大和上东征传》："上方传**佛教**，名僧号鉴真。怀藏通邻国，真如转付民。"（p. 102）《续日本纪》卷8《元正纪》养老二年十月条："法师非法，还坠**佛教**，是金口之所深诫。"（第二册，p. 48）又卷11《圣武纪》天平六年十一月条："戊寅，太政官奏：**佛教**流传，必在僧尼。度人才行，实简所司。"（第二册，p. 282）又卷25《淳仁纪》天平宝字八年九月条："然欲隆**佛教**，无高位则不得服众。劝奖缁徒，非显荣则难令速进。"（第四册，p. 36）

【**仏戒**/ぶっかい】 偏正 亦称"菩萨戒"。佛所制定的戒律和戒法。亦称"佛乘戒"或"佛性戒"。谓佛因佛果的戒体戒相。《唐大和上东征传》："大师慈育契园空，远迈传灯照海东。度物草筹盈石室，散流**佛戒**绍遗踪。"（p. 101）姚秦鸠摩罗什译《梵网经》卷2："一切有心者，皆应摄**佛戒**。众生受**佛戒**，即入诸佛位。位同大觉已，真是诸佛子。大众皆恭敬，至心听我诵。"隋智顗说、灌顶记《梵网菩萨戒经义疏》卷1："一切有心者，皆应摄**佛戒**。众生受**佛戒**，即入诸佛位。"新罗义寂述《菩萨戒本疏》卷1："一切有心者，皆应摄**佛戒**者，谓一切众生有成佛信心，皆应摄受诸**佛戒**也。"

【**仏廟**/ぶつみょう】 偏正 （3例） 佛寺，寺院。《藤氏家传》下卷《武智麻吕传》："崇饰法藏，肃敬为本，修营**佛庙**，清净为先。"（p. 337）《续日本纪》卷7《元正纪》灵龟二年五月条："庚寅，诏曰：'崇饰法藏，肃敬为本，营修**佛庙**，清净为先。'"（第二册，p. 10）又卷37《桓武纪》延历元年四月条："今者宫室堪居，服玩足用。**佛庙**云毕，钱价既贱。宜且罢造宫敕旨二省，法华铸钱两司，以充府库之宝，以崇简易之化。"吴康僧会译《六度集经》卷5："彼买此池，以华奉**佛庙**，水果自供。"姚秦鸠摩罗什译《妙法莲华经》卷1《方便品》："若于旷野中，积土成**佛庙**，乃至童子戏，聚沙为佛塔，如是诸人等，皆已成佛道。"唐菩提流志译《大宝积经》卷100《菩萨行品》："开导难放逸，宝饰施**佛庙**。是故诸菩萨，能放净光明。"按：《汉语大词典》首引唐柳宗元《柳州复大云寺记》："崇**佛庙**，为学者居，会其徒而委之食，使击磬鼓钟，以严其道而传其言。"偏晚。

【**仏菩薩**/ぶつ・ぼさつ】 菩萨 （3例） "佛"，指正觉和遍知的大觉大悟者。"菩萨"，指上求佛道、下化众生的大圣人。《日本灵异记》上卷《非理夺他物为恶行受恶报示奇事缘第30》："令读经者，住东方金宫后，随愿生天。造**佛菩萨**者，生西方无量寿净土。放生之者，生北方无量净土。一日斋食者，得十年之粮。"（p. 126）《唐大和上东征传》："漆合子盘三十具，兼将［画］五顶像一铺，宝像一铺，金［漆］泥像一躯，六扇**佛菩萨**障子一具……"（p. 47）《续日本纪》卷29《称德纪》神护景云二年五月条："或取真人、朝臣立字，以氏作字。是近冒姓。复用**佛菩萨**及贤圣之号，每经闻见，不安于怀。自今以后，宜勿更然。"（第四册，p. 200）

【仏菩薩像/ぶつ・ぼさつのぞう】 四字 （3例） 佛菩萨的塑像或画像等。《日本书纪》卷24《皇极纪》元年七月条："戊寅，群臣相语之曰：随村村祝部所教，或杀牛马祭诸社神，或频移市，或祷河伯，既无所效。苏我大臣报曰：'可与寺寺转读大乘经典。悔过如佛所说，敬而祈雨。'庚辰，于大寺南庭，严**佛菩萨像**与四天王像，屈请僧众，读大云经等。于时，苏我大臣手执香炉，烧香发愿。辛巳，微雨。壬午，不能祈雨。故停读经。"（第三册，p. 62）又卷25《孝谦纪》白雉四年六月条："皇祖母尊及皇太子等，皆遣使吊旻法师丧。遂为法师，命画工狛坚部子麻吕、卿鱼户直等多造**佛菩萨像**，安置于川原寺。"（第三册，p. 194）《唐大和上东征传》："讲授之间，造立寺舍，供养十方（众）僧，造**佛菩萨像**，其数无量。"（p. 80）隋智顗说《观无量寿佛经疏》卷1："云何当见阿弥陀极乐国土？正为启请。答中有十六观：一日观；二水观；三地观；四树观；五池观；六总观；观一切楼地池等；七华座观；八**佛菩萨像**观；九佛身观；十观音观；十一势至观；十二普往生观；十三杂明佛菩萨观；十四上品生观；十五中品生观；十六下品生观。"唐地婆诃罗译《佛说七俱胝佛母心大准提陀罗尼经》卷1："又于镜前正观，诵咒亦千八遍，得见**佛菩萨像**。"唐实叉难陀译《地藏菩萨本愿经》卷1《如来赞叹品》："但当对诸**佛菩萨像**前，高声转读此经一遍。"

【仏舍/ぶっしゃ】 偏正 寺院的房舍，佛堂。《日本书纪》卷22《推古纪》元年二月条："二年春二月丙寅朔，诏皇太子及大臣令兴隆三宝。是时，诸臣连等各为君亲之恩竞造**佛舍**，即是谓寺焉。"（第二册，p. 532）又卷29《天智纪下》十四年三月条："壬申，诏诸国每家作**佛舍**，乃置佛像及经，以礼拜供养。"（第三册，p. 444）《旧唐书》卷22《礼仪志2》："臣愚以为火发既先从麻主，后及总章，意将所营**佛舍**，恐劳而无益。"（p. 865）

【仏舍利/ぶっしゃり】 三字 （6例） 梵语buddha-dhātu的译音，指佛的身体、遗骨。《日本书纪》卷20《敏达纪》十三年是岁条："此时，达等得**佛舍利**于斋食上。以舍利献于马子宿祢。"（第二册，p. 488）又卷21《崇峻纪》元年是岁条："是岁，百济国遣使并僧惠总、令斤、惠寔等献**佛舍利**。百济国遣恩率首信、德率盖文、那率福富味身等，进调并献**佛舍利**。"（第二册，p. 518）又卷22《推古纪》元年正月条："元年春正月壬寅朔丙辰、以**佛舍利**置于法兴寺刹柱础中。丁巳，建刹柱。"（p. 528）《日本灵异记》下卷《减塔阶仆寺幢得恶报缘第36》："夫幢是招转轮王报之善因也。塔是收三世**佛舍利**之宝藏也。故依幢仆得罪，由塔高减被罪也。不应不恐，是近现报也。"（p. 356）《续日本纪》卷29《称德纪》神护景云二年十二月条："至乃毗沙门天像，密置数珠珠子于其前，称为现**佛舍利**。道镜仍欲眩耀时人，以为己瑞。"（第四册，p. 224）后汉支娄迦谶译《道行般若经》卷2《功德品》："若般泥洹后，持**佛舍利**起塔，自归作礼，承事供养。"姚秦鸠摩罗什译《妙法莲华经》卷1《序品》："复见诸佛，般涅槃者，复见诸佛，般涅槃后，以**佛舍利**，起七宝塔。"唐义净译《金光明最胜王经》卷1《如来寿量品》："若善男子、善女人，得**佛舍利**，如芥子许，恭敬供养，是人当生，三十三天，而为帝释。"→【舍利】

【**仏神/ほとけ**】 菩萨 指佛及诸天善神。《日本书纪》卷20《敏达纪》十四年二月条："辛亥，苏我大臣患疾。问于卜者，卜者对言：'崇于父时所祭**佛神**之心也。'"（第二册，p.490）西晋竺法护译《正法华经》卷6《药王如来品》："佛告药王菩萨：'若有能说，斯经训者，书写见者，则于其人，起**佛神**寺，以大宝立，高广长大，不当复著，佛舍利也。'"

【**仏師/ぶっし**】 后缀 （2例） 又作"造佛师""造佛工""佛工"。指造佛像之工匠。有木佛师、绘佛师之别，造木像的工匠，称为木佛师；描像者，称为绘佛师。一般称前者为佛师，后者为绘师。《日本灵异记》中卷《药师佛木像流水埋沙示灵表缘第39》："堀见有药师佛木像，高六尺五寸，左右耳缺。敬礼哭言：'我大师哉，何有过失，遇是水难。有缘偶值。愿我修理。'引率知识，劝请**佛师**，令造佛耳。"（p.246）又下卷《沙门积功作佛像临命终时示异表缘第30》："既而**佛师**多利麿，受遗言，造彼十一面观音像，因关白供养已讫。今居能应寺之塔本也矣。"（p.341）

【**仏使/ぶっし**】 偏正 佛的使者。语出《法华经·法师品》："我灭度后，能窃为一人说法华经乃至一句，当知是人即如来使，如来所遣行如来事。"此外，香能通达人之信心于佛，犹如佛之使者，故称为佛使。《唐大和上东征传》："大和上诞生像季，亲为**佛使**。经云：'如来处处度人，汝等亦教如来，广行度人。'"（p.95）吴支谦译《须摩提女经》卷1："佛言：'此香是**佛使**之香，今须摩提女在满富城中，为诸邪道所逼，今遣香来请我并及卿等。速鸣槌集众普会堂上，语言：今须摩提女在满富城中，为众邪道所逼，今遣香来请佛并及时众，若有得神通变化者受筹，不得者默然。'"姚秦鸠摩罗什译《大庄严论经》卷11："尔时福梨伽闻斯偈已，颜色怡悦心怀欢喜，白长者言：'应作欢悦莫生忧恼，我能请**佛使**住于国。'"唐义净译《根本说一切有部毘奈耶》卷18："尔时邬陀夷，闻佛世尊说伽他已，顶礼佛足白佛言：'世尊，我欲还宫，白父王知。'佛告邬陀夷：'为**佛使**者，理不应然。'邬陀夷白佛言：'为**佛使**者，其事如何？'佛告邬陀夷：'凡出家者，方为**佛使**。'"

【**仏事/ぶつじ**】 偏正 （2例） 与佛教相关的活动、行事。对祖先的追善供养等；佛的教化或流布法的行为。《唐大和上东征传》："于是兴建**佛事**，济化群生，其事繁多，不可具载。"（p.34）《续日本纪》卷23《淳仁纪》天平宝字四年七月条："因兹，今追议定营造修理塔寺精舍分一千户，供养三宝并常住僧分二千户，官家修行诸**佛事**分二千户。"（第三册，p.358）西晋无罗叉译《放光般若经》卷11《不和合品》："若有是善男子、善女人，书持讽诵，般若波罗蜜者，便具足五波罗蜜，及萨云若已。当知是为**佛事**。"后秦僧肇撰《注维摩诘经》卷8《香积佛品》："'愿得世尊，所食之余，当于娑婆世界，施作**佛事**。'什曰：'**佛事**谓化众生。'"唐善导集记《观无量寿佛经疏》

卷3："从顶上肉髻下，至普现**佛事**已来，正明肉髻，宝瓶之相。"→【兴建仏事】

【仏寺/てら】 偏正 （3例） 佛教寺院。《续日本纪》卷3《文武纪》庆云三年闰正月条："是日，令扫净诸**佛寺**并神社。"（p.94）又卷11《圣武纪》天平四年八月条："丁酉，大风雨。坏百姓庐舍及处处**佛寺**堂塔。"（第二册，p.260）又卷16《圣武纪》天平十七年四月条："是日，通夜地震。三日三夜。美浓国橹、馆、正仓、**佛寺**堂塔，百姓庐舍，触处崩坏。"（第三册，p.8）后汉支娄迦谶译《杂譬喻经》卷1："便牵著地布施迄，迦罗越便然灯烧香，著**佛寺**中言：'持是功德现世见文殊师利。'"西晋竺法护译《正法华经》卷10《总持品》："破坏**佛寺**罪，斗乱圣众殃，如合众麻油，麻油聚一处。"姚秦竺佛念译《出曜经》卷24《观品》："母教敕王：'设卿有临死之难，慎莫左旋**佛寺**，当念右旋，慎莫违吾此教。'"

【仏堂/ぶつどう】 偏正 （2例） 安置佛、菩萨像之堂宇。亦作"佛殿""大雄宝殿""大殿""金堂"等。《日本书纪》卷21《崇峻纪》五年十月条："是月，起大法兴寺**佛堂**与步廊。"（第二册，p.524）《万叶集》卷16第2849～2850首："右歌二首，河原寺之**佛堂**里，在倭琴面之。"（第四册，p.124）失译人名今附东晋录《佛说目连问戒律中五百轻重事》卷1《佛事品》："问：'先**佛堂**坏，主人更出，私财作堂，用故财施僧。僧得取不？'答：'不得。'"唐提云般若译《佛说大乘造像功德经》卷1："优楼频螺迦叶、伽耶迦叶、那提迦叶并曾于往世修故**佛堂**。由此因缘，永得解脱。"唐输波迦罗译《苏悉地羯罗经》卷2《奉请成就品》："若于人民，集会之处，作漫荼罗时，其五宝物，不应埋之，但置所成物下。若于中庭，及与室内，或**佛堂**中作漫荼罗时，亦复如是。"→【礼仏堂】

【仏铜像/ほとけのあかがねのみかた】 三字 （2例） 铜制的佛像。《日本灵异记》中卷《**佛铜像**盗人所捕示灵表显盗人缘第22》："疑若杀人，必有异心，良久徘徊，窃入从者，窥看屋内，奉仰**佛铜像**，剔缺手足，以锭鏑颈。即捕打问：'何寺佛像？'答：'尽惠寺之佛像也。'遣使问之，实所盗矣。"（p.206）唐道世撰《法苑珠林》卷74："若烧故经得重罪，如烧父母。不知有罪者犯轻（数有恶人，偷**佛铜像**，烧铸圣容，将供身命。逆中之极，无过于此）。"宋志盘撰《佛祖统纪》卷53："秦缪公，造**佛铜像**。"

【仏像/ぶつぞう・ほとけのみかた】 偏正 （51例） 佛陀的画像和塑像。《日本书纪》卷19《钦明纪》十三年十月条："有司乃以**佛像**，流弃难波堀江。复纵火于伽蓝，烧烬更无余。于是，天无风云，忽炎大殿。"（第二册，p.418）又十四年五月条："是时，沟边直入海，果见樟木浮海玲珑，遂取而献天皇。命画工造**佛像**二躯，今吉野寺放光樟像也。"（第二册，p.420）又卷20《敏达纪》八年十月条："八年冬十月，新罗遣枳叱政奈末进调，并送**佛像**。"（第二册，p.476）又十三年九月条："秋九月，从百济来鹿深臣有弥勒石像一躯、佐伯连有**佛像**一躯。"（第二册，p.486）又十三年是岁条："是岁，苏我马子宿祢请其**佛像**二躯，乃遣鞍部村主司马达等、池边直冰田，使于四方访觅修行者。"（第二册，p. 488）又："丙戌，物部弓削守屋大连自诣于寺，踞坐胡床，斫倒其塔，纵火燔之，并烧**佛像**与佛殿。既而取所烧余**佛像**，令弃难波堀江。"（第二册，p. 490）又十四年三月条："其患疮者言：'身如被烧被打被摧。'啼泣而死。老少窃相谓曰：'是烧**佛像**之罪矣。'"（第二册，p. 492）又十四年六月条："或本云：物部弓削守屋大连、大三轮逆君、中臣盘余连，俱谋灭佛法，欲烧寺塔并弃**佛像**。"（第二册，p. 494）又卷22《推古纪》十一年十一月条："十一月己亥朔，皇太子谓诸大夫曰：'我有尊**佛像**，谁得是像以恭拜。'时秦造河胜进曰：'臣拜之。'便受**佛像**，因以造蜂冈寺。"（第二册，p. 540）又十三年四月条："是时，高丽国大兴王闻日本国天皇造**佛像**，贡上黄金三百两。"（第二册，p. 550）又十四年四月条："是**佛像**高于金堂户，以不得纳堂。"（第二册，p. 552）又十四年五月条："今朕为造丈六佛，以求好**佛像**，汝之所献佛本则合朕心。又造**佛像**既讫，不得入堂。诸工人不能计，以将破堂户。然汝不破户而得入。此皆汝之功也。"（第二册，p. 552）又二十四年七月条："秋七月，新罗遣奈末竹世士贡**佛像**。"（第二册，p. 572）又三十一年七月条："三十一年秋七月，新罗遣大使奈末智洗尔、任那遣达率奈末智并来朝。仍贡**佛像**一具及金塔并舍利，且大观顶幡一具，小幡十二条。即**佛像**居于葛野秦寺，以余舍利金塔观顶幡等皆纳于四天王寺。"（第二册，p. 578）又三十二年四月条："于是，百济观勤僧表上以言：'夫佛法自西国至于汉经三百岁，乃传之至于百济国而仅一百年矣。然我王闻日本天皇之贤哲而贡上**佛像**及内典，未满百岁。'"（第二册，p. 586）又卷25《孝德纪》大化四年二月条："己未，阿倍大臣请四众于四天王寺迎**佛像**四躯，使坐于塔内，造灵鹫山像，累积鼓为之。"（第三册，p. 168）又卷29《天武纪下》十四年三月条："壬申，诏诸国每家作佛舍，乃置**佛像**及经，以礼拜供养。"（第三册，p. 444）又卷30《持统纪》二年二月条："二月庚寅朔辛卯，大宰献新罗调赋，金银绢布、皮铜铁之类十余物，并别所献**佛像**。"（第三册，p. 484）又三年正月条："是日，赐越虾夷沙门道信**佛像**一躯、灌顶幡、钟钵各一口。"（第三册，p. 490）又十一年六月条："辛卯，公卿百寮始造为天皇病所愿**佛像**。"（第三册，p. 560）《日本灵异记》上卷《序》："或发弘誓愿，敬造**佛像**。天随所愿，地敞宝藏。"（p. 54）又《信敬三宝得现报缘第5》："还上奏之：'泊乎高脚滨。今屋栖。伏愿应造**佛像**焉。'"（p. 75）又："然物部弓削守屋大连公，奏皇后曰：'凡**佛像**，不可置国内。犹远退。'皇后闻之，诏屋栖古连公曰：'疾隐此**佛像**。'连公奉诏，使冰田直藏乎稻中矣。弓削大连公，放火烧道场，将**佛像**流难破堀江。"（p. 75）又："当于用明天皇世，而挫弓削大连。则出**佛像**，以传后世。"（p. 75）又《妻为死夫建愿图绘像有验不烧火示异表缘第33》："其夫将死之日，愿奉造斯**佛像**，而缘贫未遂。"（p. 132）又《缔知识为四恩作绘**佛像**有验示奇表缘》（p. 135）又中卷《序》："自钦明天皇也后，敬三宝信正教。然或皇臣烧寺流**佛像**，或皇臣建寺弘佛法。"（p. 141）又《恶逆子爱妻将杀母谋现报被恶死缘第3》："慈母持发归家，为子备法事，其发入笥，置**佛像**前，谨请讽诵矣。"（p.152）又《佛铜像盗人所捕示灵表显盗人缘第22》："圣武天皇御世，其部尽惠寺**佛像**，盗人所取。"（p.206）又："即捕打问：'何寺**佛像**?'答：'尽惠寺之**佛像**也。'"（p.206）又《未作毕**佛像**而弃木示异灵表缘第26》（p.217）又《药师佛木像流水埋沙示灵表缘第39》："是**佛像**有验放光，所愿能与故，道俗归敬。"（p.146）又下卷《依妨修行人得猴身缘第24》："即将读抄，为设之顷，堂童子优婆塞，匆匆走来言：'小白猴居堂上，才见九间大堂仆如征尘，皆悉折摧，**佛像**皆破，僧坊皆仆。'"（p.323）又《村童戏克木**佛像**愚夫斫破以现得恶死报缘第29》："当里小子，入山拾薪，其山道侧戏游。木克以为**佛像**，累石为塔，以戏克佛而居石寺，时时戏游。"（p.337）又："如《法华经》说：'若童子戏木及笔，或以指爪甲，而画作**佛像**，皆成佛道。复举一手，小低头，以此供养**佛像**，成无上道。'"（p.337）又《沙门积功作**佛像**临命终时示异表缘第30》（p.341）《唐大和上东征传》："大和上年十四，随父入寺，见**佛像**感动心，因请父求出家；父奇其志，许焉。"（p.34）《元兴寺伽蓝缘起并流记资财账》："然已丑年稻目大臣薨已后，余臣等共计，庚寅年烧切堂舍，**佛像**经教流于难波江也。"又："此会此时，他田天皇欲破佛法。即此二月十五日，斫伐刹柱，重责大臣及依佛法人人家 **佛像**殿皆破烧灭尽。"《续日本纪》卷16《圣武纪》天平十八年六月条："天平七年，随大使多治比真人广成还归。赍经论五千余卷及诸**佛像**来。皇朝亦施紫袈裟著之，尊为僧正，安置内道场。"（第三册，p.30）又卷19《孝谦纪》天平胜宝八年六月条："壬辰，诏曰：'顷者，分遣使工，检催诸国**佛像**。宜来年忌日必令造了。其佛殿兼使造备。如有**佛像**并殿已造毕者，亦造塔令会忌日。'"（第三册，p.164）后汉支娄迦谶译《道行般若经》卷10《29 昙无竭菩萨品》："萨陀波伦菩萨报言：'不在中。所以作**佛像**者，但欲使人，得其福耳。不用一事成**佛像**，亦不用二事成，有金有黠人，若有见佛时人，佛般泥洹后念佛故作像，欲使世间人供养得其福。'"姚秦鸠摩罗什译《妙法莲华经》卷1《方便品》："或以七宝成，鍮石赤白铜、白镴及铅锡，铁木及与泥，或以胶漆布，严饰作**佛像**，如是诸人等，皆已成佛道。彩画作**佛像**，百福庄严相，自作若使人，皆已成佛道。乃至童子戏，若草木及笔，或以指爪甲，而画作**佛像**，如是诸人等，渐渐积功德，具足大悲心，皆已成佛道。"→【見仏佛像感動心】【金銅薬師仏像】【敬造仏像】【蘆舍那大仏像】【蘆舍那仏像】【弥勒丈六仏像】【千仏像】【釈迦仏像】【釈迦丈六仏像】【薬師仏像】【造仏像司】【丈六仏像】【織仏像】

【仏性／ぶっしょう】 偏正 佛者觉悟之意，性者不改之意，佛性即是一切众生永不变异的觉悟之性。《日本灵异记》中卷《序》："籍此功德，右胁著福德之翩，而翔于冲虚之表。左胁烛智惠之炬，而登于**佛性**之顶。普施群生，共成佛道也。"（p.143）北凉昙无谶译《大般涅槃经》卷27《师子吼菩萨品》："一切众生，悉有**佛性**，如来常住，无有变易。"《北齐书》卷24《杜弼传》："（杜弼）奉使诣阙，魏帝见之于九龙殿，曰：'朕始读《庄子》，便值奏名，定是体道得真，玄同齐物。闻卿精学，聊有所问。经中**佛性**、法性为一为异？'弼对曰：'**佛性**、法性，止是一理。'诏又问曰：'**佛性**即非法性，何得为一？'对曰：'性无不在，故不说二。'诏又问曰：'说者皆言法性宽，**佛性**狭，宽狭既别，非二如何？'弼又对曰：'在宽成宽，在狭成狭，若论性体，非宽非狭。'"（p. 348）→【五種仏性】

【仏験/ぶつげん】 偏正　指神佛等的不可思议的效验，神佛的灵妙感应。《续日本纪》卷38《桓武纪》延历四年五月条："己未，敕曰：'出家之人，本事行道。今见众僧，多乖法旨。或私定檀越，出入间巷。或诬称**佛验**，诖误愚民。非唯比丘之不慎教律，抑是所司之不勤捉搦也。'"

【仏在世時/ほとけよにありしときに】 时段　释尊在世的时候。《日本灵异记》下卷《产生肉团之作女子修善化人缘第19》："昔**佛在世时**，舍卫城须达长老之女苏曼，所生卵十枚，开成十男，出家皆得罗汉果。"（p. 309）后汉安世高译《佛说奈女耆婆经》卷1："**佛在世时**，维耶离国王苑中，自然生一奈树，枝叶繁茂，实又加大，既有光色，香美非凡。"姚秦鸠摩罗什译《众经撰杂譬喻》卷2："昔**佛在世时**，有一优婆夷，朝夕诣佛，供养尽虔，未曾有懈。"唐道世撰《法苑珠林》卷73："昔**佛在世时**，舍卫城中，有一长者，名黎耆弥，有七头儿，皆以婚娶。"

【仏子/ぶっし・ほとけのこ】 偏正 （2例）　梵语budeha-putra，即佛弟子，指信受奉行释尊教法的人。与"法王子"义同。《唐大和上东征传》："又闻：日本国长屋王崇敬佛法，［造］千袈裟，［来施］此国大德、众僧；其袈裟［缘］上，绣著四句曰：'山川异域，风月同天，寄诸**佛子**，共结来缘。'以此思量，诚是佛法兴隆，有缘之国也。"（p. 40）《续日本纪》卷36《高绍纪》宝龟十一年正月条："丙戌，诏曰：'朕以仁王御历法日恒澄，**佛子**弘猷惠风长扇。遂使人天合应邦家保安，幽显致和鬼神无爽。'"姚秦鸠摩罗什译《妙法莲华经》卷2《譬喻品》："世尊，我从昔来，终日竟夜，每自克责，而今从佛，闻所未闻，未曾有法，断诸疑悔，身意泰然，快得安隐。今日乃知真是**佛子**，从佛口生，从法化生，得佛法分。"又《大智度论》卷54《天主品》："须菩提知舍利弗心之所念，语舍利弗：'诸菩萨皆是**佛子**，子法应如父所行。'"隋智顗说《妙法莲华经文句》卷9《释寿量品》："一切众生，皆有三种性，得佛性，即是**佛子**。故云其中众生，悉是吾子。"→【仏弟子】【释子】【真仏子】

【仏尊像/ほとけのたふときみかた】 三字　珍贵的佛像。《续日本纪》卷17《圣武纪》天平胜宝元年五月条："自天平感宝元年闰五月十日昧爽已前大辟以下，咸赦除之。但杀其父母及毁**佛尊像**者，不在此例。"（第三册，p. 80）又卷19《孝谦纪》天平胜宝五年四月条："常赦所不免者，咸悉赦除。但杀其父母，毁**佛尊像**及强盗、窃盗，不在此例。"（第三册，p. 130）东晋佛驮跋陀罗译《佛说观佛三昧海经》卷9《观像品》："其华如云，在空中住，所上璎珞，变成金台。于金台中，有金色光，其光变为，

七佛尊像，端严微妙，色相悉具。"唐玄奘撰《大唐西域记》卷1："及**佛尊像**，多神异，有灵鉴。"宋法贤译《佛说最上根本大乐金刚不空三昧大教王经》卷4《一切如来金刚菩提大仪轨分》："于**佛尊像**前，复安**佛尊像**，降伏诸魔相；于佛右安置，灌顶大菩萨；佛后复安置，转法轮菩萨；于佛左安置，成最胜菩萨。各说心明曰。"

【**跌坐**／あぐみゐる】 偏正 （2例） 盘腿端坐。《古事记》上卷《忍穗耳命与迩迩艺命》："是以，此二神降到出云国伊那佐之小滨，而拔十掬剑，逆刺立于浪穗，**跌坐**其剑前，问其大国主神言。"（p.106）《唐大和上东征传》："是岁五月六日，**结跏跌座**，面西化，春秋七十六。"（p.96）（1）后汉安世高译《佛说阿难同学经》卷1："时彼比丘，还敛神足，身就独坐，结加**跌坐**，直身正意，系念在前，便入初禅。"姚秦鸠摩罗什译《妙法莲华经》卷1《序品》："佛说此经已，结加**跌坐**，入于无量义处三昧，身心不动。"唐义净撰《金光明最胜王经》卷9《善生王品》："尔时宝积大法师，即升高座加**跌坐**；念彼十方诸刹土，百千万亿大慈尊。"（2）张说《唐玉泉寺大通禅师碑铭》："诏请而来。**跌坐**觐君……神龙二年二月二十八日夜中，顾命**跌坐**，泊如化灭。"（p.3335）按：《汉语大词典》首引唐王维《登辨觉寺》诗："软草承**跌坐**，长松响梵声。"偏晚。中土文献中的例句，实际上同样用于表现高僧大通盘腿端坐的身姿。

【**敷草为坐（座）**／くさをしきてゐしきとなす】 四字 （2例） 铺上草当成坐的地方。《日本书纪》卷9《神功纪》摄政四十九年三月条："时百济王盟之曰：'若**敷草为坐**，恐见火烧。且取木为坐，恐为水流。故居盘石而盟者示长远之不朽者也。'"（第一册，p.456）《播磨国风土记·宍禾郡》条："敷草村。**敷草为神座**，故曰敷草。此村有山，南方去十里许，有泽，二町许。此泽生菅，作笠最好。"（p.86）东晋佛陀跋陀罗译《佛说观佛三昧海经》卷7："若欲知佛坐者，当观佛影。观佛影者，先观佛像，作丈六想。结加跌坐，**敷草为坐**，请像令坐，见坐了了。"刘宋求那跋陀罗译《杂阿含经》卷15："尔时，世尊告诸比丘：'昔者毗婆尸佛，未成正觉时，住菩提所。不久成佛，诣菩提树下，**敷草为坐**，结跏跌坐，端坐正念，一坐七日。'"唐阿地瞿多译《陀罗尼集经》卷4："应须一千，八茎好华，其行法者，在于像前，**敷草为坐**，胡跪恭敬，取其一华，咒之一遍，散著像上。"

【**敷讲**／ふこう】 偏正 展开讲授，铺陈讲说。《怀风藻》第109首释道融《小传》："法师周观，未踰浃辰，**敷讲**莫不洞达。"（p.174）《穆天子传》卷6："**敷**筵席，设几。"郭璞注："**敷**，犹铺也。"（1）梁慧皎撰《高僧传》卷8："基弟子德行、慧旭、道恢，并学业优深，次第**敷讲**，各领门徒，继轨前辙。"隋吉藏撰《三论玄义》卷1："爰至齐司徒文宣王，诚信三宝，每感嘉瑞。以齐永明十年十月，延请名德五百余人，于普弘寺**敷讲**。"唐道宣撰《续高僧传》卷5："时诸名德各撰成实义疏，云乃经论合撰，有四十科为四十二卷，俄寻究了。又敕于寺，三遍**敷讲**，广请义学，充诸堂宇。"（2）《北史》卷81《徐遵明传》："是后教授门徒，每临讲坐，先持经执疏，然后**敷讲**。"

学徒至今，浸以成俗。遵明讲学于外，二十余年，海内莫不宗仰。"（p. 2720）按：《汉语大词典》失收。

【扶翼童子/ふよくのどうじ】 自创 （2例） "扶翼"，护持，搀扶。"童子"，指一边学习佛典，同时在法会上牵纲、执幡，伴随高僧出行，且尚未剃发得度的幼童。称八岁至二十岁尚未剃发的童子。《续日本纪》卷12《圣武纪》天平八年二月条："二月丁巳，入唐学问僧玄昉法师，施封一百户、田一十町，**扶翼童子**八人。律师道慈法师，**扶翼童子**六人。"（第二册，p. 298）《晋书》卷95《佛图澄传》："及季龙僭位，迁都于邺，倾心事澄，有重于勒。下书衣澄以绫锦，乘以雕辇，朝会之日，引之升殿，常侍以下悉助举舆，太子诸公**扶翼**而上，主者唱大和尚，众坐皆起，以彰其尊。"（p. 2485）按："扶翼童子"，指仕奉在特定的僧人身边的少年。年龄盖与《僧尼令6》规定的17岁信心童子相仿。

【服毒薬/あやしきくすりをはむ】 三字 饮用危害生命的药物。《日本灵异记》中卷《恃己高德刑贱形沙弥以现得恶死缘第1》："亲王自念：'无罪而被囚执，此决定死。为他刑杀，不如自死。'即其子孙，令**服毒药**。"（p. 146）西晋竺法护译《正法华经》卷7《如来现寿品》："譬如士夫，而为医术，聪明智慧，工巧难及，晓练方药，知病轻重，药所应疗，多有儿子，若十至百，其医远行，诸子皆在，不解谊理，不别医药，不识毒草，被病困笃，皆**服毒药**。毒药发作，闷愊反复。"姚秦鸠摩罗什译《妙法莲华经》卷5《如来寿量品》："是时其父，还来归家，诸子饮毒，或失本心，或不失者，遥见其父，皆大欢喜，拜跪问讯：'善安隐归。我等愚痴，误**服毒药**，愿见救疗，更赐寿命。'"

【服著/つく、きる】 并列 衣着；装束。《古事记》下卷《仁德记》："其臣**服著**红纽青折衣。故水潦拂红纽，青皆变红色。"（p. 296）西晋竺法护译《贤劫经》卷8："时转轮王，闻此至教，心自念言：'在国秽浊，出乃清净。宁可弃国，除去须发，舍家捐业，**服著**袈裟，行作沙门。'"前凉支施仑译《佛说须赖经》卷1："于舍卫城，百千亿众生，皆适得是，百千价服，已皆**服著**之。适**服著**已，善心生焉。"唐义净译《根本说一切有部毘奈耶药事》卷17："**服著**垢敝衣，但唯求粪扫。常乐居闲静，不爱俗喧林。"按：《汉语大词典》例举清黄遵宪《番客篇》："凡我化外人，从来奉正朔，披衣襟在胸，剃发辫垂索，是皆满洲装，何曾变**服著**。"过晚。"著"，穿、戴的意思。

【浮沈於~/~にうきしづむ】 于字 （4例） "浮沉"，犹言"沉浮"，谓在水中或空中忽上忽下。①《日本书纪》卷20《钦明纪》十三年是岁条："又投舍利于水，舍利随心所愿，**浮沉于水**。"（第二册，p. 490）②《古事记·序》："所以，出入幽显，日月彰于洗目；**浮沉**海水，神祇呈于涤身。"（p. 16）《怀风藻》第39首大神安麻吕《山斋言志》："欲知闲居趣，来寻山水幽。**浮沉**烟云外，攀玩野花秋。"（p. 107）《续日本纪》卷25《淳仁纪》天平宝字八年七月条："为贱为良。有因有果。**浮沉**任理。其报必应。宜存此情。子细推勘**浮沉**所适。剖判申闻者。"（第四册，p.12）（1）魏杨衒之撰《洛阳伽蓝记》卷3："寺有三池，崔蒲菱藕水物生焉。或黄甲紫鳞出没于繁藻，青凫白雁**浮沉**于绿水。"（2）宋契嵩撰《镡津文集》卷1："物有性情，古今有死生。然而死生性情，未始不相因而有之。死固因于生，生固因于情。情固因于性，使万物而**浮沉**于生死者，情为其累也。"宋本觉遍集《释氏通鉴》卷11："纸衲僧惟亮，谥介空。自龟山寺，来福州长溪，筑庵于龟湖禅院之前山。山岗有湖水，与海潮准。忽有大龟，**浮沉**于湖，循庵游止。僧有所之，龟辄以载。师见饿虎，乃弃身以饲焉。龟化为石，庵鞠为草。"

【浮来／うかべきたる】 后补 （2例） 漂浮而来。《日本书纪》卷1《神代纪上》："于时神光照海，忽然有**浮来**者曰：'如吾不在者，汝何能平此国乎？由吾在故，汝得建其大造之绩矣。'"（第一册，p.104）《日本灵异记》上卷《序》："原夫，内经外书传于日本而兴始代，凡有二时，皆自百济国**浮来**之。"（p.54）（1）隋灌顶撰《国清百录》卷3："稽首和南三世诸佛，伏惟法身无像，随机显现净土，不毁人众见烧沪渎，**浮来**灵塔地涌剡山。"唐法琳撰《辩正论》卷3："晋太常卿朱鹰，鹰在松江沪渎口，感二石像水上**浮来**，憨帝奉迎于通玄寺供养。鹰遂委命法桥，以为自任。"高丽一然撰《三国遗事》卷2："东海中有小山**浮来**向感恩寺，随波往来。王异之。"（2）《全后周文》卷14庾信《周车骑大将军贺娄公神道碑》："公六郡良家，西河鼎族，地壮金行，人雄塞气。兵书七卷，河水**浮来**，射法三篇，天弧夜下。"按：《汉语大词典》失收。

【福报／さきほひのむくひ】 偏正 福德果报，即以善的行为为原因而获得的福运、果报。福德果报。《奈良朝写经4·大般若经卷第24》："长屋殿下，地极天伦，情深**福报**。乃为天皇敬写《大般若经》六百卷，用尽酸割之诚焉。"（p.19）姚秦鸠摩罗什译《妙法莲华经》卷7《普贤菩萨劝发品》："普贤，若于后世，受持读诵，是经典者，是人不复贪著衣服、卧具饮食、资生之物，所愿不虚，亦于现世，得其**福报**。"又《百论》卷1《舍罪福品》："福名**福报**，灭名失怀。**福报**灭时，离所乐事。"

【福德／ふくとく】 并列 （2例） "福德"，幸福与功德，即由善的行为而得到的利益福报。《日本灵异记》中卷《序》："由此**福德**，飞空之螯，咋芝草葺寺。"（p.142）又："籍此功德，右胁著**福德**之翮，而翔于冲虚之表。左胁烛智惠之炬，而登于佛性之顶，普施群生，共成佛道也。"（p.143）（1）后汉安世高译《尸迦罗越六方礼经》卷1："戒慎除恐畏，**福德**三界尊，鬼神邪毒害，不犯有戒人。"后汉昙果、康孟详合译《中本起经》卷1《化迦叶品》："容颜紫金耀，面满发绀青，大人百**福德**，神妙应相经。"姚秦鸠摩罗什译《妙法莲华经》卷1《方便品》："众中之糟糠，佛威德故去，斯人尠**福德**，不堪受是法。"（2）《北史》卷18《拓跋嵩传》："任城康王大有**福德**，文武顿出其门。"→【被大福德】【得大福德】【得福德聚】

【福德果报／ふくとくかほう】 四字 "果"，指依过去业因而产生的结果，"报"

指应其业因而得的报应。因宿世积善而使今生有某种威力或福分。《日本书纪》卷19《钦明纪》十三年十月条："是法于诸法中，最为殊胜，难解难入。周公、孔子尚不能知。此法能生无量无边，**福德果报**，乃至成办，无上菩提。"（第二册，p.416）唐义净译《金光明最胜王经》卷1《如来寿量品》："是时童子，语婆罗门曰：'若欲愿生，三十三天，受胜报者，应当至心听是《金光明最胜王经》。于诸经中，最为殊胜，难解难入，声闻独觉，所不能知。此经能生，无量无边，**福德果报**，乃至成办，无上菩提。我今为汝，略说其事。'婆罗门言：'善哉童子，此《金光明》甚深最上，难解难入，声闻独觉，尚不能知，何况我等，边鄙之人，智慧微浅，而能解了。'"→【大果报】

【**福德智惠**/ふくとくちえ】 四字 "福德"，指六度（布施、持戒、忍辱、精进、禅定、智慧）中之前五度，相对于"智慧"而言。"智慧"的"智（知）"，梵语jñāna，音译作"若那"，意译作"智"。"慧"，梵语prajñā，音译作"般若"，意译作"慧"。明白一切事相叫作"智"；了解一切事理叫作"慧"。《日本灵异记》下卷《灾与善表相先现而后其灾善答被缘第38》："还来者，景戒所愿毕者，令得**福德智惠**也。"（p.369）隋笈多、行矩等合译《摄大乘论释论》卷6："菩萨具满无边际，**福德智惠**之资粮。法中思量善决已，则了义类意言生。"唐窥基撰《成唯识论述记》卷9："《庄严论》亦云：'谓诸菩萨已善积集**福德智惠**二种资粮，已过第一无数大劫，已闻随顺通达真如契经等法。'"新罗元晓撰《涅槃宗要》卷1："《摄大乘》云：'为显异人功德，故立自性身，依止自性身起**福德智惠**二行。二行所得之果，谓净土及法乐，能受用二果，故名受用身。'"

【**福分**/さきほひのわけ】 偏正 （7例） 招感世俗幸福的五戒、十善等行法。《日本灵异记》上卷《殷勤归信观音愿**福分**以现得大福德缘第31》（p.128）又中卷《极穷女于尺迦丈六佛愿**福分**示奇表以现得大福缘第28》："女如先参往丈六前，愿白**福分**，罢家而寝。"（p.223）又："爱六宗之学头僧等，集会怪之，问女人曰：'汝为何行？'答曰：'无所为。唯依贫穷，存命无便，无归无怙。故我是寺尺迦丈六佛，献花香灯，愿**福分**耳。'"（p.223）又《孤娘女凭敬观音铜像示奇表得现报缘第34》："闻观音菩萨者所愿能与，其铜像手系绳牵之，供花香灯，用愿**福分**曰。"（p.238）又《极穷女凭敬千手观音像愿**福分**以得大富缘第42》："穴穗寺于千手像而愿**福分**，一年不满。"（p.252）

【**福聚**/さきほひ】 主谓 福德聚集。《日本灵异记》下卷《阎罗王示奇表劝人令修善缘第9》："为彼死妻，奉写《法华经》，讲读供养，追增**福聚**，赎被彼苦。斯奇异事矣。"（p.284）姚秦鸠摩罗什译《妙法莲华经》卷7《观世音菩萨普门品》："观世音净圣，于苦恼死厄，能为作依怙，具一切功德，慈眼视众生，**福聚**海无量，是故应顶礼。"唐义净译《金光明最胜王经》卷1《序品》："此**福聚**无量，数过于恒沙，读诵是经者，当获斯功德。"唐实叉难陀译《大方广佛华严经》卷4《世主妙严品》："三世众生及菩萨，所有一切众**福**聚，悉现如来毛孔中，**福**严见已生欢喜。"

【**福力**/さきほひのちから】 偏正 福德的力用。《日本灵异记》下卷《将写〈法华经〉建愿人断日暗穴赖愿力得全命缘第13》："妻子哭愁，图绘观音像，写经追增**福力**而径七日已讫。"（p. 293）吴康僧会译《旧杂譬喻经》卷2："阿那律行分卫往至其家，妇人涕泣自说其夫不归，乞匈**福力**使得生活。"西晋竺法护译《佛说力士移山经》卷1："力士答曰：'唯然！大圣。我之**福力**莫能踰者，庶几欲徙石光益于世，著名垂勋铭誉来裔，使王路平直荒域归伏。'"隋阇那崛多译《佛本行集经》卷36《耶输陀宿缘品》："藉彼**福力**，果报因缘，值遇于我，最胜世尊。"按：指为亡者乞求转世时福德的力用。

【**福利無邊**/ふくりはむへんなり・ふくりはきはまりなし】 比较 福德、利益不可计数。《奈良朝写经66·大般若经卷第176》："受持顶戴，**福利无边**；读诵书写，胜业难测。"（p. 403）唐义净译《金光明最胜王经》卷3《灭业障品》："佛言：'如是，如是。善男子，是故汝等于此《金光明经》，一句一颂、一品一部，皆当一心正读诵、正闻持、正思惟、正修习，为诸众生，广宣流布，长夜安乐，**福利无边**。'"又卷8《僧慎尔耶药叉大将品》："尔时，世尊告正了知药叉大将曰：'善哉，善哉！汝能如是，利益一切众生，说此神咒，拥护正法，**福利无边**。'"又《根本说一切有部毘奈耶杂事》卷16："佛告舍利子：'汝能如是，以善方便，引导众生，于我法中。因斯制戒，为清净事，**福利无边**。'"→【普被無邊】【無边無境】【無量無边】【傍及無邊】

【**福田**/ふくでん】 偏正 （5例） 田以生长为义，人若行善修慧，犹如农夫于田下种，能得福慧之报，故名。《藤氏家传》下卷《武智麻吕传》："不供法侣，损坏精舍，此非所以益国家之**福田**，损众生之恶业也。"（p. 330）《续日本纪》卷8《元正纪》养老三年十一月条："道慈法师，远涉沧波，核异文于绝境，遐游赤县，研妙机于秘记。参迹象龙，振英秦汉。并以戒珠如怀满月，慧水若写沧溟。倘使天下桑门智行如此者，岂不殖善根之**福田**，渡苦海之宝筏。"（第二册，p. 62）又卷16《圣武纪》天平十八年三月条："丁卯，敕曰：'兴隆三宝，国家之**福田**。抚育万民，先王之茂典。'"（第三册，p. 22）又卷20《孝谦纪》天平宝字元年十二月条："伏愿因此善业，朕与众生，三檀**福田**穷于来际，十身药树荫于尘区。"（第三册，p. 238）又卷32《光仁纪》宝龟四年十二月条："乙未，敕：'增益**福田**，凭释教之弘济。光隆国祚，资大悲之神功。是以，比日之间，依《药师经》，屈请贤僧，设斋行道。经云：应放杂类众生。朕以杂类之中，人最为贵。至于放生。理必所急。'"（第四册，p. 416）后汉昙果、康孟详合译《中本起经》卷2《尼揵问疑品》："是故如来，以此因缘，劝人布施，安置**福田**，深坚难动，水火盗贼，不复得害，寿终生天，衣食自然。"隋阇那崛多译《佛本行集经》卷40《迦叶三兄弟品》："诸仙闻声心欢喜，布施持戒最**福田**，身体柔软大吉祥，呜呼今被龙火杀。"唐义净译《金光明最胜王经》卷10《舍身品》："汝等苾刍，咸应礼敬，菩萨本身，此之舍利，乃是无量，戒定慧香，之所熏馥，最上**福田**，极难逢遇。"

【**福田衣**／ふくでんのころも】 三字 袈裟的别称。供养僧众能获大功德，僧众被称为"福田"，僧众穿的袈裟则被称为福田衣。《日本灵异记》下卷《未作毕捻埴像生呻音示奇表缘第17》："舍俗自度，剃除鬓发，著**福田衣**，求福行因。"（p. 302）东晋僧肇注《金刚经诸》卷1："著僧伽梨，**福田衣**也。"唐义净译《根本说一切有部毗奈耶药事》卷8："二者若剃除须发，被**福田衣**，正信出家，当成正觉。"唐道宣撰《广弘明集》卷25："据《僧祇律》，敬袈裟如敬佛塔，谓袈裟为**福田衣**。"

【**福因**／さきほひのたね・さきほひのよすが】 偏正 （2例） 招感福报的业因，亦即布施持戒等善根的功德。《日本灵异记》中卷《极穷女于尺迦丈六佛愿福分示奇表以现得大福缘第28》："买花香油，而以参往于丈六佛前，奉白之言：'我昔世不修**福因**，现身受取贫穷之报。故我施宝，令免穷愁。'"（p. 223）又下卷《序》："殖恶之因，怨恶之果，是吾迷心。作于**福因**，而鉴菩提，是我窹怀。"（p. 260）隋阇那崛多译《佛本行集经》卷35《耶输陀因缘品》："尔时，天主帝释大王告树神曰：'汝之树神，勿作是语。所以者何？今我亦复，不能为于，世间之人，定与男女，但诸人辈，自有**福因**，而得男女。'"宋施护等译《福力太子因缘经》卷1："尔时世尊，为发此缘，说伽陀曰：'色相工巧与精进，智慧于中为最胜；若诸有情**修福因**，所获福果又极胜。'"→【良因】【善因】【勝因】

【**撫養黎民**／れいみんをぶようす】 四字 抚育教养平民百姓。《日本书纪》卷19《钦明纪》二年七月条："天皇诏称：'任那若灭，汝则无资；任那若兴，汝则有援。今宜兴建任那，使如旧日，以为汝助，**抚养黎民**。'"（第二册，p. 376）《敦煌变文·破魔变》："门传阀阅，**抚养黎民**；总邦教之清规，均水土之重位。"按：《新编日本古典文学全集》栏上的注释例引《尚书》虞书《尧典》："百姓昭明，协和万邦，黎民于变时雍。"不确。

【**斧沈海底**／をのうみのそこにおちる】 典据 斧头沉入大海的底层。《万叶集》卷16第3878首歌注："阶楯 熊来乃夜良尔 **新罗斧 堕入** 和之 阿毛低阿毛低 勿鸣为曾称 浮出流夜登 将见 和之／右歌一首，传云，或有愚人，**斧沉海底**，而不解铁沉无理浮水。聊作此歌，口吟为喻也。"（第四册，p. 135）按：契冲《代匠记》（精撰本）最早指出该故事与《吕氏春秋》的关系（p. 378）。《吕氏春秋·慎大览第三·察今》："楚人有涉江者。**其剑自舟中坠于水**，遽契其舟曰：是吾剑之所从坠。舟止，从其所契者入水求之。舟已行矣，而剑不行，求剑若此，不亦惑乎？"（p. 1778）《万叶集释注》指出，汉译佛经《百喻经》中也存在类似的民间故事（p. 588）。《百喻经》卷1《乘船失釪喻》："昔有人乘船渡海，**失一银釪堕于水中**。即便思念：'我今画水作记。舍之而去后当取之。'行经二月，到师子诸国，见一河水便入其中觅本失釪。诸人问言：'欲何所作？'答言：'我先失釪今欲觅取。'问言：'于何处失？'答言：

'初入海失。'又复问言：'失经几时。'言失来二月。问言：'失来二月，云何此觅？'答言：'我失釪时画水作记，本所画水与此无异。是故觅之。'又复问言：'水虽不别，汝昔失时，乃在于彼。今在此觅，何由可得？'尔时众人无不大笑。亦如外道不修正行，相似善中横计苦困，以求解脱，犹如愚人失釪于彼而于此觅。"

【父母命終/ちちははいのちをはる】 四字　父母去世。《日本灵异记》中卷《孤娘女凭敬观音铜像示奇表得现报缘第34》："圣武天皇御世，**父母命终**，奴婢逃散，马牛死亡。失财贫家，独守空宅，昼夜哀啼流泪。"（p.238）晋世法立、法炬合译《法句譬喻经》卷4《爱欲品》："时世有大长者，财富无数，有一息男，年十二三。**父母命终**，其儿年小，未知生活，理家之事，泮散财物，数年便尽，久后行乞，由不自供。"东晋瞿昙僧伽提婆译《增壹阿含经》卷35《莫畏品》："近四日已来，**父母命终**，年向百岁，舍我去世。"萧齐僧伽跋陀罗译《善见律毗婆沙》卷16《舍利弗品》："二儿年已长大，为其娶妇。父母年老，临欲终时，以家业悉付二儿，其**父母命终**。"

【付嘱/ゆだねる】 并列 （2例）　吩咐；叮嘱。《日本书纪》卷14《雄略纪》即位前纪条："冬十月癸未朔，天皇恨穴穗天皇曾欲望以市边押盘皇子，传国而遥**付嘱**后事，乃使人于市边押盘皇子，阳期狡猎。"（第二册，p.146）《日本灵异记》中卷《阎罗王使鬼受所召人之饷而报恩缘第25》："于此衣女，具陈阎罗王诏状。时彼二郡父母闻之，诸信，以二家财许可**付嘱**。"（p.215）唐慧琳撰《一切经音义》卷3："嘱累：上之欲反。《韵诠》云：嘱，付也。对也。杜注《左传》云：托也。《楚辞》云：续也。《玉篇》：相寄托也。委也。《说文》：连也。从尾，蜀声也。"（1）吴支谦译《菩萨本缘经》卷2《一切持王子品》："时婆罗门即复帝释身，语菩萨言：'妇、目二物，悉是我有，今相**付嘱**，莫复余施。'"姚秦鸠摩罗什译《妙法莲华经》卷4《见宝塔品》："即时释迦牟尼佛，以神通力，接诸大众，皆在虚空，以大音声，普告四众：'谁能于此，娑婆国土，广说妙法华经，今正是时。如来不久，当入涅槃，佛欲以此，妙法华经，**付嘱**有在。'"隋阇那崛多译《佛本行集经》卷11《姨母养育品》："汝等眷属，并是国亲，今是童子，婴孩失母，乳哺之寄，将**付嘱**谁，教令养育，使得存活？谁能依时，看视瞻护？谁能至心令善增长？谁能怜愍，爱如己生，携抱捧持？"史传部《历代法宝记》卷1："更待三五年，闻太平即出，遥**付嘱**讫，至五月十九日，命弟子：'与吾取新净衣，吾欲沐浴。'至夜半子时，俨然坐化。"（2）《隋书》卷48《杨素传》："由朕不能和兄弟，不能安苍生，德泽未弘，兵戈先动，贼乱者止一人，涂炭者乃众庶。非唯寅畏天威，亦乃孤负**付嘱**，薄德厚耻，愧乎天下。"《周书》卷40《宇文孝伯传》："孝伯对曰：'臣知齐王忠于社稷，为群小媒孽，加之以罪。臣以言必不用，所以不言。且先帝**付嘱**微臣，唯令辅导陛下，今谏而不从，实负顾托。以此为罪，是所甘心。'"按：《汉语大词典》首引唐黄滔《龟洋灵感禅院东塔和尚碑》："故将仪貌若生而盖棺，晦朔不逾而启土，从**付嘱**也。"偏晚。

【負債不償/もののかひをおひて、つく のはざれば】 四字 （2 例） 负债不偿还。《日本灵异记》中卷《贷用寺息利酒不偿死作牛役之偿债缘第32》："当知，**负债不偿**，非无彼报。岂敢忘矣？所以《成实论》云：'若人**负债不偿**，堕牛羊、麋鹿、驴马等中，偿其宿债。'者，其斯谓之矣。"（p. 232）（1）后汉安世高译《佛说骂意经》卷1："**负债不偿**，作牛。牛所以破蹄者，有二因缘：一者，负债；二者，好著木屐以作好。"吴支谦译《佛说四愿经》卷1："盗窃欺人、**负债不偿**、借贷不归，死后当为奴婢牛马，或作大猪，屠割剥其躯，称卖偿人。"（2）唐道世撰《诸经要集》卷9："又《成实论》云：'若人**负债不偿**①，堕牛羊、麋鹿、驴马等中，偿其宿债。'"

【負重駄/おもきにをおほす】 比喻 （犹如）背负沉重的包袱。《日本灵异记》上卷《无慈心而马**负重駄**以现得恶报缘第21》："昔河内国有瓜贩之人，名曰石别也。过马之力，而**负重荷**。马不得往时，瞋恚捶驱。负重荷劳之，两目出泪。卖瓜竟者，即杀其马。如是杀之为多遍。后石别自才临涌釜，两目于釜所煮。现报其近，应信因果。虽见畜生，而我过去父母，六道四生我所生家，故不可无慈悲也。"（p. 106）吴支谦译《弊魔试目连经》卷2："于是瞋恚，魔心自念言：'此辈沙门，自谓持戒，寂然默声，思惟而行，譬如狗猫，思欲捕鼠，静然不动，鼠出即搏。沙门禅思，亦复如是。譬如鸧鹤，而欲捕鱼，默静声潜，思鱼出则吞。诸沙门等，亦复如是。潜思惟念，专有所求。譬如大驴，昼**负重駄**，至夜疲极，饥渴潜思，欲得食饮。诸沙门等，亦复如是。'"

【附心於～/～にこころをつく】 于字 衷心归顺于某人。《日本书纪》卷24《皇极纪》三年正月条："中臣镰子连为人忠正，有匡济心。乃愤苏我臣入鹿，失君臣长幼之序，挟阚阛社稷之权，历试接于王宗之中，而求可立功名哲主。便**附心于**中大兄，疏然未获展其幽抱。"（第三册，p. 84）（1）唐释道宣撰《续高僧传》卷15："至于世情得丧，浮艳雕华，既不**附心**，口亦无述。"（2）《北史》卷11《文帝纪》："皇考间岁再举，尽定汉东地，甚得新**附心**。"（p. 397）按：《汉语大词典》失收。"附心"一词，佛典中谓放在心里，用于否定形式；中土文献中表示得到归顺者的人心，用作名词；《皇极纪》中用作动词，是说欣悦臣服于某人。而且，《皇极纪》中"附心"后续处所介词"于"的用法，在中国两类文献中均未见类例。

【赴集/ゆきつどふ】 并列 前往聚集在某处。《日本书纪》卷17《继体纪》二十三年四月条："新罗王佐利迟遣久迟布礼、百济遣恩率弥腾利**赴集**毛野臣所，而二王不自来参。"（第二册，p. 318）（1）后秦弗若多罗译《十诵律》卷6："尔时舍卫国，众人共要，聚集一处，若不及者，罚钱五十。是估客子，应往**赴集**。"刘宋求那跋陀罗译《宾头卢突罗阇为优陀延王说法经》卷1："优陀延王，形貌端正，威相具足，聪明黠慧，武勇绝伦，才伎兼备，靡所不知。善能咒象，令诸山象，咸来**赴集**。又能控御，皆

---

① "不偿"，在宋本、元本中作"偿"；"必"，在明本、宫本中作"必"。

令调顺。"唐义净译《根本说一切有部苾刍尼毗奈耶》卷 16："若尼知大众集评论事时唤令**赴集**，而不来者便得堕罪。唤住不住遣去不去，遣取卧具而不肯取，不遣取时即便强取，遣诣房等，事皆同此，违众教时皆得堕罪。"（2）《晋书》卷 110《慕容儁传》："儁览而悦之，付公卿博议，事多纳用，乃改为三五占兵，宽戎备一周，悉令明年季冬**赴集**邺都。"《梁书》卷 51《庾承先传》："又令讲《老子》。远近名僧，咸来**赴集**，论难锋起，异端竞至，承先徐相酬答，皆得所未闻。"按：《汉语大词典》首引北魏郦道元《水经注·泗水上》："洗浴者，常有硫黄气，**赴集**者，常有百数。"偏晚。

【**赴向**／おもぶく】 后补 前往某处。《万叶集》卷 17 第 3960～3961 首歌注："又以天平十八年八月，掾大伴宿祢池主附大帐使，**赴向**京师，而同年十一月还到本任。"（第四册，p. 175）隋阇那崛多译《佛本行集经》卷 56《罗睺罗因缘品》："尔时所有，诸搦象人，闻梵德王，有如是敕，而报之言：'如王所敕，不敢违教。'即办牢韧，诸皮索等，往至象边，以咒咒之。其象自来，**赴向**人所，遂即捉之，以彼皮绳，系缚象已，牵来将至，梵德王边。"按：《汉语大词典》失收。

【**复还於**～／～にかへる】 于字 又返回到某处。《日本书纪》卷 2《神代纪下》："然后，天忍穗耳尊**复还于**天。"（第一册，p. 138）唐玄奘译《大宝积经》卷 38："又舍利子，若第八人，未证于果，而出受者，无有是处。证果已出，斯有是处。若至圣流，受第八有，无有是处。即此诸蕴，而般涅槃，斯有是处。若一来人，受第三有，无有是处。即此诸蕴，而般涅槃，斯有是处。若不还人，**复还于**此，无有是处。"宋法贤译《佛说最上根本大乐金刚不空三昧大教王经》卷 3："旋绕礼敬已，**复还于**本座，即以妙伽陀，至诚伸赞叹。"按："复还"一词，在传世文献中，通常不带介词"于"字。《战国策》卷 31《燕太子丹质于秦》："太子及宾客知其事者，皆白衣冠以送之。至易水上，既祖，取道。高渐离击筑，荆轲和而歌，为变徵之声，士皆垂泪涕泣。又前而为歌曰：'风萧萧兮易水寒，壮士一去兮不**复还**！'"（p. 1790）《搜神记》卷 1《葛由》条："绥山多桃，在峨嵋山西南，高无极也。随之者不**复还**，皆得仙道。"（p. 279）

【**复问言**："～"／またとひていはく～】 说词 再次问道："……"。《日本灵异记》下卷《重斤取人物又写〈法华经〉以现得善恶报缘第 22》："僧**复问言**：'汝作何善？'答：'我奉写《法华经》三部。唯一部未供养之也。'"（p. 315）东晋瞿昙僧伽提婆译《增壹阿含经》卷 15《高幢品》："王**复问言**：'今日如来，竟为所在？'优陀耶报言：'如来今在，摩竭国界，尼拘类树下。'"刘宋求那跋陀罗译《杂阿含经》卷 11："作是说已，当**复问言**：'何故如此，像类沙门、婆罗门，不应恭敬尊重，礼事供养？'"隋阇那崛多译《佛本行集经》卷 34《转妙法轮品》："佛**复问言**：'识既无常，为苦为乐？'诸比丘言：'世尊，此识是苦。'"

【**富豊**／とみ】 自创 （2 例） 富裕丰饶。《常陆国风土记·总记》条："设有身劳耕耘，力竭纺蚕者，立即可取**富丰**，自然应免贫穷。"（p. 356）又《筑波郡》条："人民贺集，饮食**富丰**，代代无绝，日日弥荣，千秋万岁，游乐不穷者。"（p. 360）东晋瞿昙僧伽提婆译《中阿含经》卷 13《王相应品》："诸贤，我因施彼，一钵食福，得生如此，释种族中，**大富丰饶**，多诸畜牧，封户食邑，资财无量，珍宝具足。"元魏瞿昙般若流支译《正法念处经》卷 31《观天品》："若生人中，受第一乐。主大园林，常受安乐，以余业故，生摩罗耶国，主栴檀林，**大富丰乐**。"唐菩提流志译《大宝积经》卷 120："乐林戏处身有胜香，**大富丰财**金宝具足。"按：从译经文例可知，"富丰"一词截取自"大富丰饶"等。

【**縛打**/しばりうつ】　并列　捆绑和殴打。《日本灵异记》下卷《拍于忆持千手咒者以现得恶死报缘第 14》："遇行者曰：'汝何国人？'答：'我修行者，非俗人也。'长瞋嗔言：'汝浮浪人，何不输调。**缚打**驱傜。'"（p. 296）姚秦鸠摩罗什译《大智度论》卷 5《序品》："戏笑语言，歌舞邪视，如是等从爱生；**缚打**鞭拷，刺割斫截，如是等从瞋生。"刘宋求那跋陀罗译《杂阿含经》卷 32："若彼众生所无欲贪爱念、相习近者，彼遭**缚打**责杀，我何为横生忧悲恼苦？"隋阇那崛多译《大法炬陀罗尼经》卷 10《六度品》："时彼王子，作是思惟：'我今居此，于诸众生，何异恶王，阎摩使者，治断罪人？今我能行，如法忍者，当应导引，诸众生等，诣世尊所。我虽久习，如此忍法，而亦不可，于一切时，欲行刑害，加彼众生，禁闭狱中，乃至**缚打**，后时但行，诃责放之。'"按：《汉语大词典》失收。

【**縛繩**/ゆはひづな】　偏正　绑缚的绳索。《日本灵异记》中卷《依汉神崇杀牛而祭又修放生善以现得善恶报缘第 5》："时千万余人，勃然出来，解**缚绳**曰：'非此人咎。所崇鬼神为祀杀害。'"（p. 159）刘宋求那跋陀罗译《杂阿含经》卷 32："聚落主，譬如有人以绳反缚，有人长夜以恶心欲令此人非义饶益，不安不乐，数数以水浇所**缚绳**，此人被缚岂不转增急耶？"唐普光述《俱舍论记》卷 26《分别智品》："九地能缚众惑断无余故，所缚善法通畅故，如能**缚绳**断所缚人气通。又彼自心杀惑怨已今登王位，一切善法起得来朝。"按：《汉语大词典》失收。

【**覆於其上**/そのうへをおほふ】　于字　覆盖在它的上面。《日本灵异记》下卷《忆持〈法华经〉者舌著曝髑髅中不朽缘第 1》："禅师取收净处，语髑髅言：'以因缘故，汝值于我。'便以草葺**覆于其上**，共住读经，六时行道。"（p. 263）《洛阳伽蓝记》卷 5："此塔初成用真珠为罗网，**覆于其上**。后数年王乃思量，此珠网价直万金，我崩之后恐人侵夺，复虑大塔破坏无人修补，即解珠网，以铜镬盛之。"

G

【該動植/どうしょくをかぬ】 先例 涵盖动物和植物。"该",包容,包括。"动植",动物和植物。《奈良朝写经19·灌顶随愿往生经》:"伏愿金花承步高升五净之天,玉叶籍仪远契三明之果,傍该动植,普洎尘劳,并出盖缠,俱登彼岸。"(p. 129)宋太宗赵炅撰《御制逍遥咏》卷3:"'周通无不关':周于四荒,通其八极。遍该动植,无幽不烛者矣。"

【改心/こころをあらたむ】 述宾 (2例) 洗心革面,痛改前非。《日本灵异记》下卷《如法奉写〈法华经〉火不烧缘第10》:"赞曰:'贵哉!榎本氏。深信积功,写一乘经。护法神卫,火呈灵验。是不信人改心之能谈。邪见人辍恶之颖师矣。'"(p. 286)《续日本纪》卷13《圣武纪》天平十二年九月条:"比在京中,谗乱亲族。故令迁远,冀其改心。"(第二册,p. 368)唐慧琳撰《一切经音义》卷80:"悛改:上音诠。孔注《尚书》云:悛,亦改心。"西晋竺法护译《佛说海龙王经》卷4《舍利品》:"佛化四鸟,皆识宿命,金仁佛时,为四比丘,坐行凶暴,不顺正法,逼迫同学故,堕金翅鸟,自首悔过,改心易行,发大道意,行四等心,不害群黎,以得善护,吾等永安,不复见食,志不怀惧,长夜无难,皆蒙佛恩。"梁法云撰《法华经义记》卷2《方便品》:"人一者明昔日声闻缘觉等人,今日皆改心成菩萨,下经文言,但化诸菩萨,无声闻弟子。"

【改心悔過/こころをあらため、とがをくゆ】 四字 转变思想态度,悔改过错。《续日本纪》卷13《圣武纪》天平十二年九月条:"如有人,虽本与广嗣同心起谋,今能改心悔过,斩杀广嗣,而息百姓者,白丁赐五位以上,官人随等加给。"(第二册,p. 370)唐宗密撰《圆觉经大疏释义钞》卷3:"六度权教入大乘始教分中故,此意如别卷说,疏以随机故等者,正明佛设此教之意。以凡夫外道邪正不分(对外道也)真妄浑滥(对凡夫也),佛若使说了义,云一切皆真,即此等何因改心悔过。故说诸法染净定别。"→【懺悔改心】

【改心行善/こころをあらため、よきことをおこなふ】 自創 转变思想态度,改做善事。《日本灵异记》中卷《己作寺用其寺物作牛役缘第9》:"冀无惭愧者,览乎斯

408

录，**改心**行善。宁饥苦所迫，虽饮铜汤，而不食寺物。"（p. 173）姚秦竺佛念译《出曜经》卷25《恶行品》："鬼王闻之，内怀惭愧，**改心**易行，思修善本，即告善宿王曰：'今闻所说，人中难有，今放九十九王。我舍此位，愿王统领，以法治化，我领鬼众，还归本居住，若俱健者，自当数觐。'"元魏慧觉等译《贤愚经》卷2《降六师品》："太子尔时，寻登王位，告下人民，普行十善，一切敬顺，**改心**易操。"北凉昙无谶译《大般涅槃经》卷3《1寿命品》："见坏法者，即能驱遣呵责征治，当知是人得福无量不可称计。善男子，譬如有王专行暴恶会遇重病，有邻国王闻其名声兴兵而来规欲殄灭。是时病王无力势故，方乃恐怖，**改心**修善。而是邻王得无量福。"

【改於~／~をあらたむ】 于字 改掉，改正。《日本灵异记》上卷《序》："匪呈善恶之状，何以直于曲执而定是非，巨示因果之报。何由**改于**恶心而修善道乎。"（p. 54）苻秦僧伽跋澄等译《尊婆须蜜菩萨所集论》卷10："彼于众生，不改嗔者，猎师不**改于**杀生。能仁常护众生者，比丘无有杀意。"梁宝亮等集《大般涅槃经集解》卷54《师子吼品》："宝亮曰：'二乘行不得中道，然非不是缘因性，若能**改于**固执，必得上果。'"唐义净译《根本说一切有部毗奈耶出家事》卷3："尔时具寿邬波离问佛：'世尊，如佛所说，改旧见者。云何得知，**改于**旧见？'"

【（出）蓋纏／がいてん（をいづ）】 三字 "盖""缠"皆为"烦恼"的异名。"盖"，覆障之义。因烦恼可覆障善心，故称。"贪欲盖""嗔恚盖""惛沉睡眠盖""掉举恶作盖""疑盖"五种烦恼，称为五盖。"缠"，缠缚之义。因烦恼可缠缚修善之心，故称。"无惭""无愧""嫉""悭""悔""睡眠""掉举""惛沈"八随烦恼，称为八缠，再加上"忿""覆"，则为十缠。《奈良朝写经19·灌顶随愿往生经》："伏愿金花承步高升五净之天，玉叶籍仪远契三明之果，傍该动植，普洎尘劳，并**出盖缠**，俱登彼岸。"（p. 129）姚秦佛陀耶舍、竺佛念等合译《长阿含经》卷3："时佛知福贵意，欢喜柔软，无诸**盖缠**，易可开化，如诸佛常法，即为福贵说苦圣谛，苦集、苦灭、苦出要谛。"唐玄奘译《瑜伽师地论》卷1许敬宗《后序》："爱初束发，即事抽簪，迥**出盖缠**，深悟空假。研求四谛，嗟谬旨于真宗；钻仰一乘，鉴讹文于实相。"唐宗密撰《圆觉经道场修证仪》卷16："因何肯受妄情牵，即知吞食金刚者，决定终须**出盖缠**。"

【乾枯樹／かれき】 三字 干枯的树木。《日本灵异记》下卷《拍于忆持千手咒者以现得恶死报缘第14》："以绳系《千手经》，从地引之而去。刑行者之处，与长家之程一里许……如《**千手经**》说：'大神咒，**干枯树**尚得生枝柯华菓。若有谤此咒者，即为谤彼九十九亿恒河沙诸佛。'云云。"（p. 296）唐伽梵达摩译《千手千眼观世音菩萨广大圆满无碍大悲心陀罗尼经》卷1："此大神咒，咒**干枯树**，尚得生枝柯华果，何况有情、有识众生？身有病患，治之不差者，必无是处……若有谤此咒者，即为谤彼九十九亿恒河沙诸佛。"

【乾萎／ひしなゆ】 并列 干瘪枯萎。《古事记》中卷《应神记》："是以，其兄八

年之间，**干萎**病枯。"（p. 280）北凉浮陀跋摩、道泰等译《阿毗昙毗婆沙论》卷19：
"若此不断，彼则生长；若此断者，彼则**干萎**。"陈真谛译《佛说立世阿毗昙论》卷6：
"云何春热？是禽河时，水界长起，已灭已尽，草木**干萎**。地已燥坼，水气向下，火气
上升。"按：佛典两例中，前一例用作比喻义，谓"善根"的生长或干萎。后一例表述
对象为植物。《应神记》转以表示人的枯瘦，可谓形象生动。

【甘露/かんる】 偏正 梵语 amṛta，音译作"阿密哩多""阿蜜栗多"，意译作
"不死""不死液""天酒"。即不死之神药，天上之灵酒。吠陀中谓苏摩酒为诸神常饮
之物，饮之可长生不老，其味甘之如蜜，故称。亦以甘露比喻佛法之法味和妙味长养众
生之身心。《奈良朝写经31·别译杂阿含经卷第10》："次愿七世父母、六亲眷属，契会
真如，驰紫舆于极乐；熏修慧日，沐**甘露**于德池。"（p. 232）后秦僧肇撰《注维摩诘
经》卷7《佛道品》："什曰：'诸天以种种名药著海中，以宝山摩之令成**甘露**，食之得
仙，名不死药。佛法中以涅槃**甘露**，令生死永断，是真不死药也。'"唐金刚智译《金
刚顶瑜伽中略出念诵经》卷4："迦毗罗卫诞释宫，龙王澍沐**甘露**水。诸天供养吉祥事，
愿汝灌顶亦如是。"→【天雨甘露】

【肝心/かんじん】 并列 最重要的事情、部分。肝脏与心脏皆是人体的重要器
官，故用于专称特别重要的部位。《奈良朝写经75·大般若经卷第176》："夫以般若大
乘者，斯乃三世诸佛之**肝心**，十地菩萨之宝藏。"（p. 442）唐善无畏译《三种悉地破地
狱转业障出三界秘密陀罗尼法》卷1："此五字门是五智髻珠五佛**肝心**，十方三世诸佛
能寂智母，一切众生养育父母，十方法界库藏也。"唐不空译《如意宝珠转轮秘密现身
成佛金轮咒王经》卷1《灌顶印真言品》："佛告秘密手菩萨言：'是则一切如来，**肝心**
秘密印。今就汝请，我当说之。'"日本空海撰《御请来目录》卷1："斯法也，则诸佛
之**肝心**，成佛之径路。"

【感怜/かんれん】 述宾 感到怜惜。《万叶集》卷20第4471首歌序："忽怀**感
怜**，聊作短歌一首。"（第四册，p. 442）晋法炬、法立合译《法句譬喻经》卷3《忿怒
品》："佛说偈已，重告王曰：'昔有国王，喜食雁肉，常遣猎师，张网捕雁，日送一
雁，以供王食。时有雁王，将五百雁，飞下求食，雁王堕网，为猎师所得，余雁惊飞，
徘徊不去。时有一雁，连翻追随，不避弓矢，悲鸣吐血，昼夜不息。猎师见之，**感怜**其
义，即放雁王，令相随去。'"该例在《经律异相》卷21《调达欲害佛及佛弟子二》中
亦有收录。按：《汉语大词典》失收。

【感应之道/かんのうのみち】 四字 犹言感应道交。指众生之所感与佛之能应相
交之意。《日本灵异记》上卷《聋者归敬方广经典得现报开两耳缘第8》："是知**感应之
道**，谅不虚矣。"（p. 82）梁宝亮等集《大般涅槃经集解》卷55《师子吼品》："僧亮
曰：'云何而受是身者，乃知**感应之道**，而不能知所以尔耶？谓以大悲之心，故受身
也。'"隋吉藏撰《金光明经疏》卷1："忏悔品是佛所说信相述之，赞叹品是信相昔

说。佛今述之，何故明此二者？显**感应之道**故也。"唐澄观传《大方广佛华严经疏》卷
49《如来出现品》："然**感应之道**，略有三义：一互相成；二互相夺；三缘成性空。"

【冈寺/おかでら】 寺名 位于大和国高市的寺院。《续日本纪》卷24《淳仁纪》天
平宝字六年四月条："壬申，敕：'越前国江沼郡山背乡户五十烟施入**冈寺**。'"（第三册，
p. 406）

【高弁/たかきわきまへあり】 偏正 雄辩，辩才无碍，有力的辩论。《日本灵异
记》上卷《序》："或生而**高辩**，兼委未事，一闻十颂，一言不漏。"（p. 54）刘宋功德
直、玄畅合译《无量门破魔陀罗尼经》卷1："尔时世尊，告诸菩萨：'汝等即时，皆应
来集。'时不空见菩萨、文殊师利菩萨、不舍恶趣菩萨、断一切忧惛菩萨、施一切菩萨、
除一切碍菩萨、观世音菩萨、香象菩萨、最**高辩**菩萨、弥勒菩萨摩诃萨等，同时俱来，
到如来所。"唐道世撰《广弘明集》卷4："若夫云鸿振羽，孔雀谢其远飞；净名现疾，
比丘惮其**高辩**。发心即是出家，何关落发？弃俗方称入法，岂要抽簪？"按：《汉语大
词典》失收。

【高宫寺/たかみやでら】 寺名 位于奈良县御所市大市西佐味。《日本灵异记》
上卷《圣德皇太子示异表缘第4》："又，藉法师之弟子圆势师者，百济国之师也。住于
日本国大倭国葛木**高宫寺**。"（p. 69）

【高僧/こうそう】 偏正 对德行崇高的僧人的尊称。与"名僧"相对而言。《怀
风藻》第103首释道慈《小传》："时唐简于国中义学**高僧**一百人，请入宫中，令讲
《仁王般若》。"（p. 165）唐法藏撰《华严经探玄记》卷1："又魏朝此土，**高僧**灵辩法
师，于五台山，顶戴华严，膝步殷勤，足破血流。遂经三载，冥加解悟，于悬瓮山中，
造此经论，一百余卷，现传于世，后敕请法师入内，于式干殿，讲此大经。"唐慧立本、
彦悰笺《大唐大慈恩寺三藏法师传》卷8："于是殊方硕德，异域**高僧**，伏膺问道，蓄
疑请益。"

【高声叫呻/たかきこえをもちてさけびによふ】 自创 高声叫喊。《日本灵异记》
中卷《打法师以现得恶病而死缘第35》："王去不远，于其路中，儵受重病，**高声叫呻**。
踊离于地二三尺许。"（p. 241）唐法琳撰《一切经音义》卷79："呻吟：上音申，下弌
今反。《考声》：**呻**吟，痛苦声。《说文》：**呻**亦吟也。并从口，形声字。"吴支谦译《撰
集百缘经》卷6《诸天来下供养品》："复有五百，放牛之人，遥见佛来，将诸比丘，从
此道行，**高声叫唤**：'唯愿世尊，莫此道行。此牛群中，有大恶牛，抵突伤人，难可得
过。'"该例亦见于唐道世撰《诸经要集》卷15。唐输波迦罗译《苏悉地羯罗经》卷3
《补阙少法品》："谓死尸形甚可怖畏，**高声叫唤**，手执大刀，皆悉劓鼻，手执髑髅，盛
人血领，头上火燃。应知即是，焰摩之难。"

【高姓/たかきかばね】 偏正 （2例） 敬辞。犹尊姓，贵姓。"下姓"的对应词。

《万叶集》卷16第3821首歌注："右，时有娘子，姓尺度氏也。此娘子不听**高姓**美人之所挑，应许下姓丑士之所挑也。"（第四册，p.110）《日本灵异记》中卷《女人恶鬼见点收食啖缘第32》："有一女子，名曰万之子。未嫁未通。面容端正。**高姓**之人伉俪，犹辞而经年祀。"（p.234）（1）唐道宣撰《四分律删繁补阙行事钞》卷2："十诵若语**高姓**人，云是下姓人者犯堕。"唐道世撰《法苑珠林》卷75："又《十诵律》云：'若语**高姓**人云是下贱，若两眼人云是一眼，并得妄语。又语一眼人汝是瞎眼人，并得轻恼他罪。'"唐湛然述《止观辅行传弘决》卷2："以是缘故，迦叶佛时作比丘尼，自恃**高姓**颜貌端正，心生憍慢而破禁戒，破戒罪故堕于地狱受种种苦。"唐智者撰《四分律疏》卷9："若语**高姓**人云：'汝是剃毛下姓人。'故妄语提；若云：'汝作剃毛人。'未得吉。"（2）《通典》卷187《边防》："东谢渠帅姓谢氏，南蛮别种，在黔中之东，地方千里。其俗无文字，刻木为约。巢居，刀剑不离其身。冠熊皮，披猛兽革。酋长名元深，代袭。其一族不育女，自云**高姓**，不可下嫁。"（p.5049）《旧唐书》卷197《东谢蛮传》："谢氏一族，法不育女，自云高姓不可下嫁故也。"按：《汉语大词典》首引《西游记》第22回："老菩萨，**高姓**？"偏晚。唐代以后产生的新词。

【高学/こうがく】 偏正 学养高深。《怀风藻》第8首释智藏《玩花鸟》小传："时吴越之间，有**高学**尼，法师就尼受业。六七年中，学业颖秀。"（p.79）唐道宣撰《广弘明集》卷29梁宣帝《游七山寺赋》："故孝先往而成真，庆绪经而离俗。凭怪石而为枕，因沧浪而洗足。盖往贤之所同，亦先儒之**高学**。"唐玄奘撰《大唐西域记》卷9："僧徒数千，并俊才**高学**也。德重当时，声驰异域者，数百余矣。"又卷10："拘摩罗王曰：'虽则不才，常慕**高学**，闻名雅尚，敢事延请。'"按：《汉语大词典》例引宋陈师道《次韵苏公西湖观月听琴》："世事如病耳，蚁斗作牛闻，苦怀太史惠，养豹烟雨昏，后世无**高学**，举俗爱许浑。"略晚。

【（讚）告："～"告/つげてのりたまひしく～とつげたまひき】 自创 （称赞地）表示说："……"。《元兴寺伽蓝缘起并流记资财账》："时聪耳皇子闻此语已具白天皇。尔时，天皇赞**告**：'善哉。我亦随喜。'**告**。"又："时天皇受而诸臣等**告**：'此自他国送度之物，可用耶不用耶？善计可白。'**告**。"又："尔时天皇闻食赐而大臣**告**：'国内数数乱病死人多者 他国神礼罪言。宜不可许。'**告**。"又："时大臣久念念而白，外状余臣等随在，内心他国神不舍白。时天皇**告**：'我亦如是念。'**告**。"又："时召池边皇子与大大王二柱**告**：'佛神者恐物。大父后言莫忘。慎慎，佛神不可憎舍。大大王之其牟久原后宫者，更无望心，终奉于佛，共莫取为自物。其代者，耳无宫气辩田既得为后宫。'**告**。"又："时即召聪耳皇子**告**：'其事状细知，我治在时，凡佛法之起来相并元兴寺建通寺等成来相及我发愿，皆细为委记。'**告**。"【語告宣："～"告】

【告其子言："～"/そのこにつげていはく～】 说词 告诉自己的孩子说："……"。《日本灵异记》中卷《力女示强力缘第27》："大领之父母，见之大惶，**告其**

子言：'汝依此妻，国司见怨，行事。'"（p. 220）西晋竺法护译《佛说鹿母经》卷1："于是鹿子，说此偈已，其母悲感，低头号泣，哀悼怨叹，回头还顾，抗声悲鸣，**告其子言**：'尔还勿来！吾自毕故，以寿当之；无得母子，夭横并命。'"隋阇那崛多译《佛本行集经》卷45《大迦叶因缘品》："尔时，耶那童子父母**告其子言**：'我所爱子儿，今先须生子立世，然后任当，修于梵行。'"唐义净译《金光明最胜王经》卷9《长者子流水品》："尔时长者子流水，**告其子言**：'汝取一象，最大力者，速至家中，启父长者：家中所有，可食之物，乃至父母，食噉之分，及以妻子，奴婢之分，悉皆收取，即可持来。'"

【**告宣**："~"告/つげてのりたまひしく ~とつげたまひき】 自创 （3 例） 告示道："……"。《元兴寺伽蓝缘起并流记资财账》："时他田天皇**告宣**：'犹今时臣等无等心故，若欲为，为事窃窃可行。'**告**。"又："时聪耳皇子大大王大前白：'昔百济国乞遣法师等及工人奉上。是事为云何？'时大后大大王**告宣**：'以先种种事今帝大前白。'**告**。"又："时大后大大王，聪耳皇子与马古大臣二人**告宣**：'今者以百济工等作二寺也。然尼寺者如标始，故今作法师寺。'**告**。"

【**告宣**："~"告宣/つげてのりたまひしく ~つげてのりたまひき】 自创 告示道："……"。《元兴寺伽蓝缘起并流记资财账》："又辛卯年父天皇后言承在也。池边皇子与我二人召**告宣**：'佛法不可憎舍也。又大大王者其牟久原后宫者，无更望心，终奉于佛神。莫取为自物。'**告宣**。"

【**告诏**："~"/つげてのたまはく ~】 说词 诏告，命令。《日本灵异记》中卷《依汉神崇杀牛而祭又修放生善以现得善恶报缘第5》："经八日已，其夕**告诏**：'参向明日。'奉诏而罢，九日集会。"（p. 159）西晋竺法护译《佛说如来兴显经》卷4："又，是十方八十不可称计亿百千姟佛之世界满其中尘一切诸佛，自然有音，而说经法：'吾等于此，而现**告诏**，犹如余党，被蒙开化。亦如一切，诸佛讲法，等无差特。'"明德清述《法华经通义》卷3："大圣下十四句。颂**告诏**之辞。诸天下十句。颂召集人天当说平等法也。"按：《汉语大词典》失收。《日本灵异记》中"告诏"在用法上的特点是用作直接引语的引导词。

【**告之言**："~"/つげていはく ~】 说词 告诉说："……"。《日本灵异记》下卷《用寺物复将写〈大般若〉建愿以现得善恶报缘第23》："于时，出三铁札，校之如白。僧**告之言**：'汝实发愿，出家修道。虽有是善，而多用于住堂之物。故摧汝身。今还毕愿，后偿堂物。'"（p. 319）失译人名今附秦录《别译杂阿含经》卷7："佛**告之言**：'若良田尽，次种何田？'闭口姓言：'次种中者。种中田已，次种下田。亦复掷子，亦望后时少有所获。'"隋达摩笈多译《起世因本经》卷5《诸龙金翅鸟品》："时，镜面王即便敕唤一调象师来，**告之言**：'卿可速往，彼象厩内，取一象来，置于我前，示诸盲人。'"唐玄奘译《说无垢称经》卷5《菩萨行品》："时阿难陀，即便白佛：'今所闻香，昔来未有。如是香者，为是谁香？'佛**告之言**：'是诸菩萨，毛孔所出。'"

【割剥/さきかきはぐ】 格义 切割撕裂，割裂。《日本书纪》卷11《仁德纪》六十七年十月条："丁酉，始筑陵。是日有鹿，忽起野中，走之入役民之中而仆死。时异其忽死，以探其痕，即百舌鸟自耳出之飞去。因视其中，悉咋**割剥**。"（第二册，p.70）西晋竺法护译《佛说须真天子经》卷1："二者若得苦痛，挝捶**割剥**，计无有身，而不愁忧。"姚秦鸠摩罗什译《大智度论》卷16："活大地狱中，诸受罪人，各各共斗，恶心瞋净，手捉利刀，互相**割剥**。"按：《汉语大词典》失收。中土文献中很早就有"割剥"一词，但意思有所不同。《汉书》卷94下《匈奴传》："而务赋敛于民，远行货赂，**割剥**百姓，以奉寇雠。"（p.3832）此处"割剥"表示剥削的意思。《魏志》卷8《公孙瓒传》裴松之注引《典略》曰："绍既兴兵，涉历二年，不恤国难，广自封殖。乃多以资粮专为不急，**割剥**富室，收考责钱，百姓吁嗟，莫不痛怨，绍罪四也。"（p.242）例中"割剥"表示剥夺的意思。相比之下，佛典中的"割剥"不用于抽象义，而是作为具体义表示切割、撕裂。显然，这是从中土文献的用法引申而来的新词义。

【割取/さきとる】 后补（8例） 从整体中取出一部分。《藤氏家传》上卷《镰足传》："大臣性崇三宝，钦尚四弘。每年十月，庄严法筵，仰唯摩之景行，说不二之妙理。亦**割取**家财，入元兴寺，储置五宗学问之分。"（p.253）《续日本纪》卷5《元正纪》和铜五年八月条："宜准国大小，**割取**大税，以充郡稻，相通出举，所息之利，随即充用。"（第一册，p.184）又卷9《圣武纪》神龟元年三月条："甲申，令七道诸国，依国大小，**割取**税稻四万以上二十万束以下，每年出举，取其息李，以充朝集使在京及非时差使。"（第二册，p.148）又卷10《圣武纪》天平元年四月条："又敕：'每年**割取**伊势神调絁三百匹，赐任神祇官中臣朝臣等。'"（第二册，p.210）又卷11《圣武纪》天平四年八月条："但西海道依恒法。又节度使所管诸国军团幕釜，有欠者。**割取**今年应入京官物充价，速令填备。"（第二册，p.260）又卷13《圣武纪》天平十一年五月条："自今以后，全赐其主，运送佣食，**割取**其租。"（第二册，p.354）又卷15《圣武纪》天平十六年七月条："甲申，诏曰：'四畿内七道诸国，国别**割取**正税四万束，以入僧尼两寺，各二万束。每年出举。以其息利，永支造寺用。'"（第二册，p.442）又卷33《光仁纪》宝龟六年八月条："臣等承奉圣旨，喜百恒情。臣等商量，每国**割取**公廨四分之一，以益在京俸禄。"（第四册，p.456）（1）西晋竺法护译《般泥洹后灌腊经》卷1："灌腊佛者，是福愿人之度者，各自减钱宝，**割取**珍爱，用求度世之福。"元魏慧觉等译《贤愚经》卷4《21摩诃斯那优婆夷品》："尔时使人如教，即以利刀**割取**。当割肉时，苦痛逼切，闷绝躄地。"隋阇那崛多译《佛本行集经》卷18《剃发染衣品》："尔时太子，从车匿边，索取摩尼，杂饰庄严，七宝把刀，自以右手，执于彼刀，从鞘拔出，即以左手，揽捉绀青，优钵罗色，螺髻之发，右手自持，利刀**割取**，以左手擎，掷置空中。"（2）《博物志》卷3："越隽国有牛，稍**割取**肉，牛不死，经日肉生如故。"按：《汉语大词典》首引《太平御览》卷900引《玄中记》："大月支及西胡有牛名曰支牛，今日**割取**其肉三四斤，明日其肉已复，创即愈也。"偏晚。

【割自身宍/おのがししをさく】 [四字] 割掉自己身上的肉施舍食不果腹的人。"宍"，"肉"的俗字。《日本灵异记》中卷《依不布施与放生而现得善恶报缘第16》："长闻之曰：'操饭而养，自今已后，各缺自分，施彼耆姬。功德之中，**割自身宍**，施他救命，最上之行。今我所作，称彼功德。'"（p. 191）隋智顗说、灌顶记《梵网菩萨戒经义疏》卷2："若佛子先在僧房中住，后见客菩萨比丘来入僧房、舍宅、城邑，若国王宅舍中，乃至夏坐安居处及大会中，先住僧应迎来送去饮食，供养房舍、卧具、绳床、木床，事事给与。若无物，应卖自身及男女身，**割自身肉**卖，供给所须。"唐菩提流志译《大宝积经》卷28："善男子，菩萨乃至，**割自身肉**，施于众生。如是行施，愿取阿耨多罗三藐三菩提，而不取著，受者财物。"唐义净译《根本说一切有部毗奈耶》卷22："若邬波难陀，为他宣说，舍施法时，彼婆罗门，诸居士等，皆欲**割自身肉**，持以相施。"

【~箇年/~とせ】 [口语] （7例）（经过）若干年。《万叶集》卷19第4250首："之奈谢可流 越尔五**个年**住住而 立别麻久 惜初夜可毛"（第四册，p. 345）《日本灵异记》上卷《婴儿抚所擒他国得逢父缘第9》："故为修福，径**八个年**，以难破长柄丰前宫御宇天皇之世，庚戌年秋八月下旬，鹫擒子父，有缘事至于丹波后国加作郡部内，宿于他家。"（p. 84）又下卷《产生肉团之作女子修善化人缘第19》："大安寺僧戒明大德，任彼筑紫国府大国师之时，宝龟七八**个年**比顷，肥前国佐贺郡大领正七位上佐贺君儿公，设安居会。"（p. 309）又《智行并具禅师重得人身生国皇之子缘第39》："今平安宫经十四**个年**，治天下贺美能天皇是也。"（p. 378）《续日本纪》卷1《文武纪》元年八月条："又始自今年三**个年**，不收大税之利。高年老人加恤焉。"（第一册，p. 104）又卷37《桓武纪》延历元年五月条："庚寅，诸司直丁，劳二十四**个年**以上者八人，赐爵一级。"又卷40《桓武纪》延历九年闰三月条："庚午，敕为征虾夷。仰下诸国令造革甲二千领，东海道骏河以东，东山道信浓以东，国别有数。限三**个年**并令造讫。"唐僧详撰《法华传记》卷6："时有河胤之，谓藏曰：'此沙弥全无年寿。'藏闻之悲愍。沙弥遂归父母家，过五**个年**，还投藏所。"宋常谨集《地藏菩萨像灵验记》卷1："大师释尊，昔在鹫峯，**八个年**说《法华经》。"

【~箇（物）/~つ（もの）】 [口语] （40例）若干个（东西）。《古事记》上卷《伊耶那岐命与伊耶那美命》："故刺左之御美豆良汤津津间栉之男柱一**个**取阙，而烛一火入见之时……"（p. 44）又："到黄泉比良坂之坂本时，取在其坂本桃子三**个**待击者，悉坂返也。"（p. 46）又《日子穗穗手见命与鹈葺草葺不合命》："授盐盈珠、盐干珠，并两**个**。"（p. 132）《日本书纪》卷1《神代纪上》："复剑刃垂血，是为天安河边所在五百**个**盘石也。即此经津主神之祖矣。"（第一册，p. 42）又："斩轲遇突智时，其血激

越，染于天八十河中所在五百个盘石。"（第一册，p.50）又："乃结发为髻，缚裳为
袴，便以八坂琼之五百个御统，缠其髻鬘及腕。"（第一册，p.62）又："既而，素戋鸣
尊乞取天照大神髻、鬘及腕所缠八坂琼之五百个御统，濯于天真名井，齚然咀嚼，而吹
弃气喷之狭雾所生神，号曰正哉吾胜胜速日天忍穗耳尊。"（第一册，p.64）又："是时
天照大神敕曰：'原其物根，则八坂琼之五百个御统者是吾物也。故彼五男神，悉是吾
儿。'乃取而子养焉。"（第一册，p.66）又："已而素戋鸣尊以其颈所婴五百个御统之
琼，濯于天渟名井，亦名去来之真名井而食之，乃生儿。"（第一册，p.68）又："已而
素戋鸣尊含其左髻所缠五百个御统之琼，而著于左手掌中便化生男矣。"（第一册，
p.72）又："掘天香山之五百个真坂树，而上枝悬八坂琼之五百个御统，中枝悬八咫
镜，下枝悬青和币、白和币，相与致其祈祷焉。"（第一册，p.76）又："又使山雷者采
五百个真坂树八十玉签、野槌者采五百个野荐八十玉签。凡此诸物，皆来聚集。"（第
一册，p.82）又："素戋鸣尊乃轺轳然解其左髻所缠五百个御统之琼纶，而琼响玱玱濯
浮于天渟名井。"（第一册，p.88）又："素戋鸣尊自天而降到于出云簸之川上，则见稻
田宫主簀狭之八个耳女子，号稻田媛。"（第一册，p.94）又："彼处有神，名曰脚摩手
摩。其妻名曰稻田宫主簀狭之八个耳。此神正在姙身。"（第一册，p.94）又："是后，
以稻田宫主簀狭之八个耳生儿真发触奇稻田媛，迁置于出云国簸川上，而长养焉。"
（第一册，p.96）又卷2《神代纪下》："即以纪国忌部远祖手置帆负神定为作笠者，彦
狭知神为作盾者，天目一个神为作金者，天日鹫神为作木绵者，栉明玉神为作玉者。"
（第一册，p.136）又："老翁即取出囊中玄栉投地，则化成五百个竹林。"（第一册，
p.162）又卷3《神武纪》即位前纪戊午年九月条："天皇大喜，乃拔取丹生川上之五百
个真坂树，以祭诸神。自此始有严瓮之置也。"（第一册，p.214）又卷6《垂仁纪》三
年三月条："三年春三月，新罗王子天日枪来归焉。将来物，羽太玉一个、足高玉一个、
鹈鹿鹿赤石玉一个、出石小刀一口、出石桙一枝、日镜一面、熊神篱一具，并七物。则
藏于但马国，常为神物也。"（第一册，p.304）又三十九年十月条："（一云）是时，楯
部、倭文部、神弓削部、神矢作部、大穴矶部、泊橿部、玉作部、神刑部、日置部、大
刀佩部，并十个品部赐五十琼敷皇子。"（第一册，p.328）又八十七年七月条："于是
清彦被敕，乃自捧神宝而献之。羽太玉一个、足高玉一个、鹈鹿鹿赤石玉一个、日镜一
面、熊神篱一具。"（第一册，p.332）又卷7《景行纪》四十年是岁条："山神令苦王，
以化白鹿立于王前。王异之，以一个蒜弹白鹿。则中眼而杀之。"（第一册，p.380）又
卷11《仁德纪》十一年十月条："唯衫子取全匏两个，临于难塞水。乃取两个匏投于水
中，请之曰。"（第二册，p.36）又卷27《天智纪》三年十二月条："新妇出庭，两个
钥匙自天落前。妇取而与殷，殷得始富。"（第三册，p.264）又卷30《持统纪》六年九
月条："丙午，神祇官奏上神宝书四卷、钥九个、木印一个。"（第三册，p.532）《怀风
藻》第89首藤原宇合《七言在常陆赠倭判官留在京一首并序》："仆与明公，忘言岁
久，义存伐木，道叶采葵。待君千里之驾，于今三年。悬我一个榻，于是九秋。"

（p. 151）《古语拾遗》："天目一个命。筑紫、伊势两国忌部祖也。"（p. 120）又："故更令斋部，率石凝姥神裔、天目一个神裔二氏，更铸镜造剑，以为护身御玺。是今践祚之日所献神玺之镜剑也。"（p. 134）《唐大和上东征传》："罗补头二千枚，麻靴三十量，麂胃三十个。"（p. 48）《续日本纪》卷 31《光仁纪》宝龟二年十月条："而枉从上野国邑乐郡，经五个驿到武藏国，事毕去日，又取同道，向下野国。"（第四册，p. 352）又卷 40《桓武纪》延历八年八月条："其牡鹿、小田、新田、长冈、志太、玉造、富田、色麻、贺美、黑川等一十个郡，与贼接居，不可同等。故特延复年。"隋阇那崛多译《佛本行集经》卷 59《婆提唎迦等因缘品》："而彼二头，至于一时，游行经历，忽然值遇，一个毒华，便作是念：'我食此华，愿令二头，俱时取死。'"隋那连提耶舍译《力庄严三昧经》卷 2："如是竟已，或复食于，一个小枣，或一胡麻，及一粳米，寿命住世，径恒沙劫，身不被烧，又亦不死。"唐阿地瞿多译《陀罗尼集经》卷 1《释迦佛顶三昧陀罗尼品》："乃至第十四日，于佛像前，结长二尺华鬘十六个，著之。复安十八瓦盎，其十中盛满香水，八个瓦盎，盛满牛乳。"按：《藤氏家传》上卷《镰足传》："赐箱中两剑于佐伯连古麻吕、稚犬养连网田曰：'努力，努力！一个打杀。'"（p. 167）

【～箇人（动物）／～ひと（もの）】 口语 （8 例） 若干个人（动物）。《万叶集》卷 16 第 3791～3802 首歌序："昔有老翁，号曰竹取翁也。此翁季春之月，登丘远望。忽值煮九个女子也。"（第四册，p. 92）《日本书纪》卷 1《神代纪上》："所以哭者，往时吾儿有八个少女，每年为八岐大蛇所吞。今此少童且临被吞。无由脱免。"（第一册，p. 90）又："顷时有一个小男，以白荻皮为舟，以鹪鹩羽为衣，随潮水以浮到。"（第一册，p. 106）卷 26《齐明纪》三年是岁条："西海使小花下阿昙连颊垂、小山下津臣伛偻自百济还，献骆驼一个、驴二个。"（第三册，p. 210）又卷 26《齐明纪》六年三月条："臣遣船唤至两个虾夷，问贼隐所与其船数。两个虾夷便指隐所曰：'船二十余艘。'"（第三册，p. 228）《续日本纪》卷 20《孝谦纪》天平宝字元年七月条："古麻吕曰：'右大臣、大纳言，是两个人乘势握权。汝虽立君，人岂合从。愿勿言之。'"（第三册，p. 210）隋阇那崛多译《佛本行集经》卷 26《向菩提树品》："见其四个，所爱之女，各举两手，大声号哭，作如是言：'呜呼呜呼，阿耶阿耶！'"唐善无畏译《尊胜佛顶修瑜伽法轨仪》卷 2《大灌顶曼荼罗品》："其外院各安十方护法神王等，各领眷属，左右画四个侍者。"唐道镜、善道集《念佛镜》卷 1："有一个人，广造罪业，或杀、盗、邪行，妄语、两舌、恶口，贪、嗔、邪见，五逆、不孝，诽谤大乘，一切恶业，堕地狱中，经八十亿劫。"

【～箇日／～か】 口语 （10 例）（经过）若干天。《万叶集》卷 15 第 3697～3699 首歌题："到对马岛浅茅浦舶泊之时，不得顺风，经停五个日。"（第四册，p. 59）《日本灵异记》中卷《阎罗王使鬼得所召人之赂以免缘第 24》："仁耀受请，经二个日，读《金刚般若经》百卷讫。历三个日，使鬼来云：'依大乘力，脱百段罪，自常食复倍饭

417

一斗而赐。喜、贵。自今以后，每节为我修福供养。' 即忽然失。"（p. 212）又下卷《灾与善表相先现而后其灾善答被缘第38》："然经之二百二十余个日，以十二月十七日，景戒之男死也。"（p. 373）《续日本纪》卷13《圣武纪》天平十二年十一月条："广嗣之船，从知贺岛发，得东风往四个日，行见岛。"（第二册，p. 366）又天平十二年十一月条："丙戌，遣少纳言从五位下大井王，并中臣、忌部等，奉币帛于大神宫。车驾停御关宫十个日。"（第二册，p. 376）又卷15《圣武纪》天平十五年八月条："乙亥，上总国司言：'去七月，大风雨数个日。杂木长三四丈以下，二三尺以上，一万五千许株漂著部内海浜也。'"（第二册，p. 430）又卷40《桓帝纪》延历八年六月条："至衣川营四日，辎重受纳二个日。"又延历八年十二月条："宜令畿内七道诸寺，一七个日读诵《大般若经》焉。"《上宫圣德法王帝说》："戊午年四月十五日，少治田天皇请上宫王令讲《胜鬘经》。其仪如僧也。诸王公主及臣连公民 信受无不嘉也。三个日之内，讲说讫也。"唐阿地瞿多译《陀罗尼集经》卷1《释迦佛顶三昧陀罗尼品》："其道场四角，各作一水坛，坛上各安一水罐盛满净水，各以柏叶梨枝等塞其罐口。复以种种华鬘及与绢片，系其罐口柏叶梨枝。如是白月十五个日，日别作此法。若水华叶不好恶者，数数换却更著新者。其佛左边安净箱子，盛金刚般若波罗蜜多经，日日读之。其作法人日日洒浴，于净草上而坐卧之。于白月十五个日，从初一日，日别请一比丘设斋，多亦无限。初日三时供养佛顶，各诵咒一千八遍竟，然后发遣已。复数数诵般若灭罪咒，如是日日倍增供养。"唐栖复集《法华经玄赞要集》卷34："摄云：'三千界菓子，不如一如意树；亦十方莹光不如一个日，大千野马不及一师子也。'"

【～箇月/～つき】 口语 （4例） 若干个月。《日本灵异记》下卷《如法奉写〈法华经〉火不烧缘第10》："每大小便利，洗浴净身，自就书写筵以还，径六个月，乃缮写毕。"（p. 286）又《产生肉团之作女子修善化人缘第19》："父母取之，更哺乳养。见闻人，合国无不奇。经八个月，身俄长大，头颈成合，异人无颡。"（p. 308）又下卷《灾与善表相先现而后其灾善答被缘第38》："又十八年己卯十一十二个月顷，景戒之家狐鸣，又时时蟆鸣也。"（p. 373）又卷39《桓帝纪》延历七年四月条："癸巳，自去冬不雨。既经五个月，灌溉已竭，公私望断。"

【各立誓愿/おのおのせいがんをたつ】 誓愿 各自立下誓愿。《日本灵异记》上卷《遭兵灾信敬观音菩萨像得现报缘第17》："觅得观音菩萨像，信敬尊重。八人同心，窃截松木，以为一舟。奉请其像，安置舟上，**各立誓愿**，念彼观音。"（p. 98）唐菩提流志译《金刚光焰止风雨陀罗尼经》卷1："世尊是故，持真言者，常于六趣，一切有情，起大慈悲，利乐之心。世尊以此起，大慈悲威力，则令一切，灾害疫毒，恶风恶雨，悉皆消灭。世尊，我诸龙等，今于佛前，**各立誓愿**。"

【各领眷属/おのもおのもやからをつかふ】 四字 各自率领着家族、从仆等。眷为亲爱，属为隶属，指亲近、顺从者。《日本书纪》卷7《景行纪》十二年九月条：

"是四人也，其所据并要害之地。**故各领眷属**，为一处之长也。"（第一册，p.348）梁失译《阿咤婆呴鬼神大将上佛陀罗尼经》卷1："四天王**各领眷属**：东方天王领乾闼婆将军执铎铃；南方天王铃鸠盘茶王执弓箭；西方天王领龙王执剑；北方天王执药叉王执伏突，其神头上赤黑云起。"唐善无畏译《尊胜佛顶修瑜伽法轨仪》卷2："其外院各安十方护法神王等，**各领眷属**，左右画四个侍者。"唐裴休述《劝发菩提心文》卷1："普告大众，若僧若俗，有能同发阿耨多罗三藐三菩提心者，我愿生生，常同净业，**各领眷属**，分化众生，龙华会中，同受佛记，广修大愿，直至菩提。"→【眷族】

【各随本愿/おのもおのもほんがんのまにまに】 随字 各自按照自己的根本愿望那样去做。《奈良朝写经5·大般若经卷第267》："以此善业，奉资登仙二尊神灵，**各随本愿**，往生上天，顶礼弥勒，游戏净域，面奉弥陀，并听闻正法，俱悟无生忍。"（p.32）东晋帛尸梨蜜多罗译《佛说灌顶经》卷5："佛说此经已，会中人民，外道梵志，天龙八部，悉得解悟，**各随本愿**，得道不同，闻佛所说，欢喜奉行。"又卷6："佛语阿难：'吾现王宫，出生之时，无量无边，恒沙众生，见我身者，喜踊无量，**各随本愿**，悉得道迹。'"失译人名今附秦录《大乘悲分陀利经》卷7《庄严品》："尔时如是，供养大悲，大沙门舍利已，其命终日，宝藏如来，正法亦灭。彼诸菩萨摩诃萨，**各随本愿**，生他方界，有随愿生兜率陀天，有生人中，有生龙中，有生夜叉中，有生阿修罗中，有随愿受，种种畜生。"

【各相背/おのもおのもあひそむく】 相字 各自互相不照面，各自不相互照面。《日本书纪》卷11《仁德纪》六十五年条："其为人壹体有两面，面**各相背**，顶合无项，各有手足，其有膝而无腘踵。力多以轻捷，左右佩剑，四足并用弓矢。是以不虽皇命，掠略人民为乐。"（第二册，p.68）（1）唐宝思惟译《观世音菩萨如意摩尼轮陀罗尼念诵法》卷1："次结界马头观音印作避除结界，二手合掌二头指二无名指屈入掌**各相背**，并二大指微屈勿著头指，即诵马头明王咒曰。"唐不空译《五字陀罗尼颂》卷1："应观虚空中，诸佛及圣众，充满法界海，间无有空缺。悉以誓愿力，咸来降道场，结持金刚印，想礼诸佛足。二羽**各相背**，檀慧禅智钩，想礼诸如来，长跪顶上散。"唐金刚智译《吽迦陀野仪轨》卷2："二手作金刚拳，左手背上于右手**各相背**，二地背叉立风叉叉立打坛上，真言曰。"（2）《晋书》卷13《志第3》："元帝景元四年六月，有大流星二并如斗，见西方，分流南北，光照地，隆隆有声。案占：'流星为贵使，星大者使大。'是年，钟、邓克蜀，二星盖二帅之象。二帅**相背**，又分流南北之应。钟会既叛，三军愤怒，隆隆有声，兵将怒之徵也。"（p.396）

【各相去/おのもおのもあひさる】 相字 各自相隔，各自中间的距离。《续日本纪》卷40《桓武纪》延历十年二月条："癸卯，诸国仓库，不可相接。一仓失火，合院烧尽。于是敕：'自今以后，新造仓库，**各相去**十丈以上。随处宽狭，量宜置之。'"姚秦竺佛念译《菩萨璎珞经》卷4《音响品》："第二宫墙，去第三宫墙。复去七由延，光明转减，乃至第七**各相去**七由延，光明所照，各各不如。"隋阇那崛多译《起世经》卷6《三十三天品》："外有七重多罗行树，周匝围绕，杂色可观。亦以七宝，之所成就，所谓金银，乃至玛瑙。其城亦高，四百由旬，厚五十由旬，城之四面，**亦各相去**，五百由旬。"唐慧立本、彦悰笺《大唐大慈恩寺三藏法师传》卷1："关外西北又有五烽，候望者居之，**各相去**百里，中无水草。"按：从表达上看，"各相去"后续数量词。

【各自/おのもおのも】 后缀 （7例） 各人自己。《日本书纪》卷3《神武纪》即位前纪："自天祖降迹以逮，于今一百七十九万二千四百七十余岁。而辽邈之地，犹未沾于王泽。遂使邑有君，村有长，**各自**分疆，用相凌踬。"（第一册，p.192）又卷19《钦明纪》五年三月条："近安罗处，安罗耕种。近久礼山处，斯罗耕种。**各自**耕之，不相侵夺。"（第二册，p.392）又卷24《皇极纪》元年十二月条："丁卯，天皇御新尝。是日，皇子、大臣**各自**新尝。"（第三册，p.68）又卷28《天武纪上》元年七月条："辛亥，将军吹负既定倭地，便越大坂往难波。以余别将军等**各自**三道进，至于山前，屯河南。"（第三册，p.342）《续日本纪》卷4《元明纪》和铜元年七月条："敕曰：'卿等情存公平，率先百寮。朕闻之喜慰于怀。思由卿等如此，百官为本，至天下平民，垂拱开衿，长久平好。又卿等子子孙孙，各保荣命，相继供奉。宜知此意**各自**努力。'"（第一册，p.138）又卷12《圣武纪》天平七年闰十一月条："自今以后，勤恪奉法者，褒赏之。懈怠无状者，贬黜之。宜知斯意，**各自**努力。"（第二册，p.296）又卷25《淳仁纪》天平宝字八年七月条："双疑耸立，**各自**争长。净三等庸愚，心迷执是，轻陈管见，伏听天裁。"（第四册，p.14）后汉安世高译《普法义经》卷1："二十二为**各自**从行得，**各自**从行本，**各自**从行受苦，**各自**作善恶，从所行受，已避形当为，急时处观。"姚秦鸠摩罗什译《妙法莲华经》卷2《譬喻品》："毒虫之属，诸恶禽兽，孚乳产生，**各自**藏护。"唐义净译《金光明最胜王经》卷6《四天王护国品》："我等尔时，当与眷属，无量无边，药叉诸神，**各自**隐形，为作护助，令彼怨敌，自然降伏，尚不敢来，至其国界，岂复得有，兵戈相罚？"

【耕人/たひと】 偏正 农夫，农人。《古事记》中卷《应神记》："故**耕人**等之饮食，负一牛而，入山谷之中，遇逢其国主之子，天之日矛。"（p.274）（1）后秦弗若多罗、罗什合译《十诵律》卷1："**耕人**遥见，语比丘言：'莫取我衣。'比丘不闻。"梁宝唱等集《经律异相》卷44："昔有一人，在田耕莳，日已垂中，家饷未至。道人失路，至其田所，从乞中食。**耕人**曰诺。"（2）《晋书》卷95《步熊传》："吏如熊言，果是**耕人**，自言草恶难耕，故烧之，忽风起延烧远近，实不知草中有人。"（p.2478）《全隋文》卷22王劭《舍利感应记别录》："江州，舍利至彼，行道日，耕人犁得一铜像。"（p.4147）

【更不见~/また~みず】 否定 根本不见……丝毫不见……《唐大和上东征传》："其日本僧四人，扬州上奏；（奏）至京鸿胪，检案问本配寺，寺家报曰：'其僧随驾去。**更不见**（来）。'"（p. 45）（1）东晋瞿昙僧伽提婆译《增壹阿含经》卷 50《大爱道般涅槃品》："尔时，大爱道复白佛言：'我今**更不见**如来颜色，亦不见将来诸佛，不受胞胎，永处无为，今日违离圣颜，永更不睹。'"隋阇那崛多译《四童子三昧经》卷 3："我所说诸法，寂静无畏乐，若能知彼法，此不堕恶趣。能归依佛者，彼人得大利，百千诸劫数，**更不见**诸苦。"唐僧详撰《法华传记》卷 7："儿曰：'吾持法华寿量品题，有一人乘白象来放光，教句逗初读一品得明，助毕一部。后**更不见**所去。'"（2）《全梁文》卷 71《菩萨善戒菩萨地持二经记》："检此两本，文句悉同，唯一两品分品品名，小小有异，义亦不殊。既**更不见**有异人重出，推之应是一经。"

【**更不可~/また~べからず**】 否定 （3 例） 丝毫不可以……完全不能够……《日本书纪》卷 23《舒明纪》即位前纪条："于是大伴鲸连进曰：'既从天皇遗命耳。**更不可**待群言。'"（第三册，p. 20）《日本灵异记》中卷《至诚心奉写〈法华经〉有验示异事缘第 6》："诚知示于大乘不思议力，试于愿主至深信心。**更不可**疑也。"（p. 161） 又下卷《刑罚贱沙弥乞食以现得顿恶死报缘第 33》："沙弥犹辞之，凶人犹强之。不胜强逼，一遍读逃。然后不久，仆地而死。**更不可**疑，护法加罚。"（p. 384）（1）姚秦鸠摩罗什译《维摩诘所说经》卷 2："文殊师利言：'如是居士，若来已更不来，若去已更不去。所以者何？来者无所从来，去者无所至所，可见者**更不可**见。'"北凉昙无谶译《大般涅槃经》卷 21："世尊，过去已灭，则不可闻；未来未至，亦不可闻；现在听时，则不名闻；闻已声灭，**更不可**闻。"唐窥基撰《说无垢称经疏》卷 5《不二法门品》："旧云：'若究竟尽者，**更不可**尽。故有尽者，即是无尽。'"（2）《全唐文》卷 260 邱憎《陈李昭德罪状疏》："近者新陷来、张两族，兼挫侯、王二仇，锋锐**更不可**当，方寸良难窥测。"《太平广记》卷 75《潘老人》条："嵩山少林寺，元和中，常因风歇，有一老人杖策扣门求宿。寺人以关门讫，**更不可**开，乃指寺外空室二间，请自止宿。亦无床席，老人即入屋。"

【**更发弘誓/さらにぐぜいをおこす**】 誓愿 进一步立下宏大的誓愿。"弘誓"，梵语 pratijñā 的意译，亦作"弘誓愿""大誓庄严"。以其所愿之事，广大普被众生，故称。《续日本纪》卷 20《孝谦纪》天平宝字元年闰八月条："**更发弘誓**，追继先行。则以每年冬十月十日，始辟胜筵，至于内大臣忌辰，终为讲了。"（第三册，p. 230）姚秦竺佛念译《菩萨璎珞经》卷 11《三世法相品》："劝进菩萨言：'善男子，知不乎？'我前所说，非如今说。是汝应闻未来法，应得受决。今乃闻吾，说过去法，唐劳其功，不成果报。汝何不速舍本意，**更发弘誓**，然后乃成，无上等正觉。"

【**更浮/またうく**】 偏正 （一会儿沉下去，一会儿）又浮起来。《日本书纪》卷 11《仁德纪》即位前纪条："于是大山守皇子堕河而没**更浮**，流之歌曰。"（第二册，p. 24）元魏瞿昙般若流支译《正法念处经》卷 10："又复沉没，没已**更浮**，浮已复沉。如是锯水，常割常裂，皆悉熟烂，犹如熟豆。"按：《汉语大词典》失收。

【更復/さらにまた】 后缀 （5例） 更加，进一步。《日本书纪》卷1《神代纪上》：“时以阴神先言故为不祥，**更复**改巡，则阳神先唱曰：‘美哉！善少女。’”（第一册，p.32）又卷9《神功纪》摄政四十九年三月条：“时或曰：‘兵众少之，不可破新罗。**更复**奉上沙白、盖卢，请增军士。’”（第一册，p.456）又卷25《孝德纪》大化元年八月条：“朕**更复**思崇正教光启大猷。故以沙门狛大法师、福亮、惠云、常安、灵云、惠至、寺主僧旻、道登、惠邻、惠妙，而为十师。”（第三册，p.122）《续日本纪》卷9《圣武纪》神龟三年二月条：“若居中考，减一年劳。即减劳年，亦居中等，**更复**减一年劳。两年考第，频注中等者，惣除前劳。”（第二册，p.166）又卷24《淳仁纪》天平宝字七年五月条：“和上一心念佛，人皆赖之免死。至于七载，**更复**渡海。亦遭风浪，漂著日南。”（第三册，p.430）后汉支娄迦谶译《道行般若经》卷8《贡高品》：“菩萨虽有是恶念，不舍萨艺若，却无数劫极，甫当**更复**从发意起。”西晋竺法护译《正法华经》卷9《药王菩萨品》：“于时菩萨，自然其身，千二百岁，火故不灭，用一心故，无有苦患。于是之后，火焰乃息，勤修精进，供养法故，于是终没，还生其世，**更复**值见，离垢日月光首如来。”唐义净译《金光明最胜王经》卷3《灭业障品》：“因此善根，**更复**出生，无量善法，亦皆回向，无上菩提。”按：《汉语大词典》失收。“更”表累加的副词，“复”表重复的副词，两者同义连用。

【更何恃怙/またなににかじこせむや】 四字 还能依靠谁呢？《奈良朝写经40·大般若经卷第57》：“没想提奖之教，则顿绝无期，念愍育之言，则**更何恃怙**。”（p.264）唐慧琳撰《一切经音义》卷6：“**恃怙**：上时止反。《考声》云：**恃**，依也。《集训》云：**恃**，负也，乘负倚凭也。《说文》云：**恃**，赖也。从心，寺声也。下胡古反。《说文》：**怙**，恃也。从忄，音心。从祜，胡古反，省声也。”唐慧琳撰《一切经音义》卷6：“**恃怙**：上时止反。《考声》云：**恃**，依也。《集训》云：**恃**，负也，乘负倚凭也。《说文》云：**恃**，赖也。从心，寺声也。”元魏吉迦夜、昙曜合译《付法藏因缘传》卷2：“昔日世尊，慈悲深厚，为诸众生，作大依止，自入涅槃，世间孤露。摩和迦叶有大名称，次补如来，演法教化，而复减度，法转衰笋。瞻仰阿难，犹如日月，今入涅槃，**更何恃怙**？”该例亦见于后唐景霄纂《四分律行事钞简正记》卷1。→【無帰無怙】

【更莫疑也/さらにうたがふことなかれ】 口语 不要有丝毫的怀疑。《日本灵异记》中卷《观音铜像及鹭形示奇表缘第17》：“道俗集言：‘铸钱盗人，取用无便，思烦而弃。’定知彼见鹭者，非现实鹭。观音变化，**更莫疑也**。”（p.194）高丽知讷撰《高丽国普照禅师修心诀》卷1：“曰：‘奇哉，奇哉！此是观音，入理之门。我更问尔，尔道：到这里一切声，一切分别，总不可得。既不可得，当伊么时，莫是虚空么？’曰：‘元来不空，明明不昧。’曰：‘作么生是不空之体？’曰：‘亦无相貌，言之不可及。’曰：‘此是诸佛、诸祖寿命，**更莫疑也**。’”

【更思之/さらにおもふ】 三字 进一步考虑。《日本书纪》卷23《舒明纪》即位前纪条："唯苏我仓摩吕臣独曰：'臣也当时不得便言，**更思之**后启。'"（第三册，p. 22）（1）西晋竺法护译《修行地道经》卷6："导师见贼，逼之欲近，念失财宝，又不济命，则**更思之**：'我当解箧，取中要者，以著怀中，置余退去。'尔乃安隐，则开箧视，唯见毒蛇，乃知非宝，是蛇蚖耳。修行如是，已逮道谛，见一切形，皆犹毒蛇。以是之故，得至于观，欲求观者，当作是察。"梁慧皎撰《高僧传》卷13："后出门乃见一僧云，听讲寄宿。因言：'去岁剡溪所嘱建安王事犹忆此不？'咸当时惧然，答云：'不忆。'道人笑曰：'宜**更思之**。'仍即辞去。咸悟其非凡，乃倒屣咨访，追及百步，忽然不见。咸豁尔意解，具忆前梦，乃剡溪所见第三僧也。"唐义净译《根本说一切有部毘奈耶破僧事》卷3："菩萨重问：'此象中路，谁人拽来，在于此处？'诸人答曰：'难陀王子，一手执尾，拽其大象，置于此地。'菩萨重言：'打死之人，甚当不善。拽令远路，极是善哉。'重**更思之**：'将非二人，私试自力？我亦试之。'"（2）《抱朴子》卷15《杂应》："若昼夜十二时思之，则可以一日一夕行万二千里，亦不能过此，过此当**更思之**，如前法。"《隋书》卷42《李德林传》："陆机称纪元立断，或以正始，或以嘉平。束皙议云，赤雀白鱼之事。恐晋朝之议，是并论受命之元，非止代终之断也。公议云陆机不议元者，是所未喻，愿**更思之**。"

【更蘇/よみがへる】 并列 苏醒过来。《日本灵异记》上卷《持戒比丘修净行而得现奇验力缘第26》："应死之人，蒙验**更苏**。每咒病者，而有奇异。"（p. 114）（1）梁慧皎撰《高僧传》卷1："后少时有一人，姓李名通，死而**更苏**云：'见祖法师在阎罗王处为王讲《首楞严经》云：讲竟应往忉利天。'"该例亦见于唐道世撰《法苑珠林》卷57、唐杜升撰《开元释教录》卷2等。（2）《梁书》卷54《扶南国传》："其后西河离石县有胡人刘萨何遇疾暴亡，而心下犹暖，其家未敢便殡，经十日**更苏**。"《周书》卷11《晋荡公护传》："言此悲喜，死而**更苏**。世间所有，求皆可得，母子异国，何处可求。"

【更甦/よみがへる】 并列 （4例） 犹言"更苏"，苏醒过来。用于说话故事死而复生的场合。"甦"，即"苏"的俗字。①三日后死而复生。《日本灵异记》上卷《非理夺他物为恶行受恶报示奇事缘第30》："膳臣广国者，丰前国宫子郡少领也。藤原宫御宇天皇之代，庆云二年乙巳秋九月十五日庚申，广国忽死。径之三日，戊日申时，**更苏**之而语之曰。"（p. 125）又中卷《忆持〈心经〉女现至阎罗王阙示奇表缘第19》："值优婆夷而欢喜曰：'唯瞥所觏。比顷不瞬，故吾恋思。何偶今逢。往矣。速还。我从今日经于三日，诸乐京东市中必逢。'别还才见，**更苏**之也。"（p. 199）②两日后死而复生。《日本灵异记》下卷《沙门积功作佛像临命终时示异表缘第30》："爰老僧年八十有余岁之时，长冈宫御宇大八岛国山部天皇代，延历元年癸亥春二月十一日，卧于能应寺而命终焉。径之二日，**更苏**还之。"（p. 341）③七日后死而复生。《日本灵异记》

下卷《强非理以征债取多倍而现得恶死报缘第26》："传语梦状，即日死亡。径于七日，不烧而置，请集禅师优婆塞三十二人，九日之顷，发愿修福。其七日夕，<u>更苏</u>还之，棺盖自开。"（p.329）《颜氏家训·杂艺》："北朝丧乱之余，书迹鄙陋，加以专辄造字，猥拙甚于江南。乃以……更生为苏，先人为老，如此非一，遍满经传。"《集韵·模韵》："酥，死而更生曰'酥'。通作'苏'，俗作'甦'，非是。"后晋可洪撰《新集藏经音义随函录》卷10："<u>更苏</u>：音苏。"唐湛然述《法华经大意》卷1："夫斗数迦叶，闻八相而<u>更苏</u>；神通目连，顾二乘而怀惧。"

【更無～/さらになし～】 否定 （20例） 绝无……丝毫没有……多用于对话体。《古事记》下卷《仁德记》："大后幸行所以者，奴理能美之所养虫，一度为匐虫，一度为鼓，一度为飞鸟，有变三色之奇虫。看行此虫而入坐耳。<u>更无</u>异心。"（p.296）又《安康记》："是以思贱奴意富美者，虽竭力战，<u>更无</u>可胜。然恃己入坐于陋家之王子者，死而不弃。"（p.332）又："其王子答诏：'然者<u>更无</u>可为。今杀吾。'故以刀刺杀其王子，乃切己颈以死也。"（p.332）又《雄略记》："于是，赤猪子以为，望命之间，已经多年，姿体瘦萎，<u>更无</u>所恃。"（p.340）又："尔赤猪子答白：'其年其月，被天皇之命，仰待大命，至于今日经八十岁。今容姿既耆，<u>更无</u>所恃。然显白己志以参出耳。'"（p.342）《日本书纪》卷10《应神纪》三十一年八月条："时大鹪鹩尊预察天皇之色，以对言：'长者多经寒暑，既为成人<u>更无</u>悒矣。'"（第一册，p.494）又卷11《仁德纪》即位前纪条："时大鹪鹩尊遣吾子笼于额田大中彦皇子而令知状。大中彦皇子，<u>更无</u>如何焉。"（第二册，p.22）又卷13《允恭纪》四年九月条："自是之后，氏姓自定，<u>更无</u>诈人。"（第二册，p.110）又卷19《钦明纪》十三年十月条："有司乃以佛像，流弃难波堀江。复纵火于伽蓝，烧烬<u>更无</u>余。于是，天无风云，忽炎大殿。"（第二册，p.418）又卷23《舒明纪》即位前纪条："时采女臣摩礼志、高向臣宇摩、中臣连弥气、难波吉士身刺四臣曰：'随大伴连言，<u>更无</u>异。'"（第三册，p.20）又："时大臣遣纪臣、大伴连谓三国王樱井臣曰：'先日言讫，<u>更无</u>异矣。然臣敢之轻谁王也重谁王也。'"（第三册，p.30）又卷24《皇极纪》二年十月条："冬十月丁未朔己酉，饷赐群臣伴造于朝堂庭，而议授位之事。遂诏国司，如前所敕，<u>更无</u>改换。宜之厥任，慎尔所治。"（第三册，p.76）又三年正月条："少女曰：'愿勿为忧。以我奉进，亦复不晚。'父便大悦，遂进其女。奉以赤心，<u>更无</u>所忌。"（第三册，p.88）《常陆国风土记·久慈郡》条："其所织服，自成衣裳，<u>更无</u>裁缝，谓之内织。"（p.410）《元兴寺伽蓝缘起并流记资财账》："时召池边皇子与大大王二柱告：'佛神者恐物。大父后言莫忘，慎慎。佛神不可憎舍。大大王之其牟久原后宫者，<u>更无</u>望心，终奉于佛，共莫取为自物。其代者，耳无宫气辩田既得为后宫。'告。"《续日本纪》卷3《文武纪》大宝三年七月条："秋七月甲午，诏曰：'籍帐之设，国家大信。逐时变更，诈伪必起。宜以庚午年籍为定，<u>更无</u>改易。'"（第一册，p.70）又卷7《元正纪》灵龟二年五月条：

"观其如此，**更无**异量。所有田园，自欲专利。若不匡正，恐致灭法。"（第二册，p.14）又卷10《圣武纪》神龟五年三月条："又敕：'补事业、位分资人者，依养老三年十二月七日格，**更无**改张。'"（第二册，p.190）又卷35《高绍纪》宝龟十年九月条："无论不课及课户之色，惣取其田，皆悉买却。一取之后，**更无**改还。济民之务，岂合如此？"又卷40《桓武纪》延历八年五月条："将军等应机进退，**更无**间然。但久留一处，积日费粮。朕之所怪，唯在此耳。宜具滞由及贼军消息，附驿奏来。"（1）吴支谦译《菩萨本缘经》卷1："尔时，诸臣即白王言：'唯愿大王，宽意莫愁，勿谓国中，**更无**有任，为辅相者。'"姚秦鸠摩罗什译《妙法莲华经》卷2《譬喻品》："以是因缘，十方谛求，**更无**余乘，除佛方便。"唐义净译《金光明最胜王经》卷10《舍身品》："虎豹豺师子，唯噉热血肉；**更无**余饮食，可济此虚羸。"（2）《列子》卷4《仲尼篇》："七年之后，从心之所念，更无是非；从口之所言，**更无**利害。"（p.127）《搜神记》卷18条："明日视之，乃老狐也。自是亭舍**更无**妖怪。"（p.420）按：《汉语大词典》失收。

【**更無過此**／さらにこれにすぐるはなし】　比较　　根本没有超过这个的。《日本书纪》卷18《宣化纪》元年五月条："自胎中之帝洎于朕身，收藏谷稼，蓄积储粮，遥设凶年，厚饷良客。安国之方，**更无过此**。"（第二册，p.348）唐义净译《根本说一切有部毗奈耶杂事》卷18："我于生不爱，于死亦无忧。是故我涅槃，**更无过此**乐。"唐智周撰《成唯识论演秘》卷7："'过无我性，更无所求'：以所缘中，以得究竟，故名为际，际者极也。会悟此已，**更无过此**，可缘求法。故名实际。"新罗璟兴撰《无量寿经连义述文赞》卷2："大音者，即语密之音。如来之声，**更无过此**。故云大音。"

【**更無所避**／さらにさくるところはなし】　自创　　完全无法规避。《续日本纪》卷34《高绍纪》宝龟八年正月条："由是，都蒙等发自弊邑南海府吐号浦，西指对马岛竹室之津。而海中遭风，著此禁境。失约之罪，**更无所避**。"

【**更無所恃**／さらにたのむところはなし】　所字　　毫无倚仗。《古事记》下卷《雄略记》："于是，赤猪子以为，望命之间，已经多年。姿体，瘦萎，**更无所恃**。"（p.340）姚秦鸠摩罗什译《大庄严论经》卷14："我今无救护，唯愿济拔我。多有诸众生，我今独怖迮。愿垂哀怜愍，拔济我苦难。我**更无所恃**，唯来归依汝。"

【**更無所望**／さらにのぞむところなし】　所字　　丝毫没有期待。《续日本纪》卷40《桓武纪》延历十年十二月："今牛养幸藉时来，获免负担。云雨之施，**更无所望**。"唐一行记译《大毗卢遮那成佛经疏》卷18《菩萨戒品受方便学处品》："菩萨后时观彼心渐通泰，如法之告言：'我昔来所用施物，乃汝物耳。以汝不能自用，犹如收谷，而不更种，必致穷乏，先福已尽，**更无所望**。故为汝用之，今先施福皆是汝有。'"该例亦见于唐一行述记《大日经义释》卷13。

【更無余～/またあまりなし】 否定 （2 例） 没有剩余的；除此以外没有其它的。
《日本书纪》卷 19《钦明纪》十三年十月条：“有司乃以佛像，流弃难波堀江，复纵火
于伽蓝。烧尽**更无余**。”（第二册，p. 418）《续日本纪》卷 7《元正纪》灵龟元年十月
条：“今诸国百姓，未尽产术，唯趣水泽之种，不知陆田之利。或遭涝旱，**更无余**谷，
秋稼若罢，多致饥饿。此乃非唯百姓懈懒，固由国司不存教导。”（第二册，p. 4）刘宋
求那跋陀罗译《央掘魔罗经》卷 2：“所谓佛世尊，及与一阐提。如来最上处，于上**更
无余**。”隋阇那崛多译《佛本行集经》卷 45：“汝等若值，如是马者，即得免难。唯有
此事，**更无余**也。”北凉昙无谶译《佛所行赞》卷 3：“识还从名色，展转**更无余**。缘识
生名色，缘名色生识。”唐菩提流志译《大宝积经》卷 67：“诸法无体不可得，分别诸
法说言空。若离分别得无相，彼即菩提**更无余**。”唐金刚智译《吽迦陀野仪轨》卷 3：
“若吾等如是供养，常作下使奉仕，一切应随。又一切军事，有吾等供养，一切之事相
应，更无生疑念。念无疑思时，我等现形，其人俱一切闻，可来灾皆悉消灭**更无余**。”

【更無余事/さらによじなし】 否定 （2 例） 此外没有其他的事情，唯独这件事情
（最为重要）。《续日本纪》又卷 22《淳仁纪》天平宝字三年二月条：“但随时变礼，圣
哲通规。从吉履新，**更无余事**。”（第三册，p. 304）又卷 32《光仁纪》宝龟四年六月
条：“由是，差大使壹万福等，遣向日本国拟于朝参。稍经四年，未返本国。更差大使
乌须弗等四十人，面奉诏旨。**更无余事**。所附进物及表书。并在船内。”（第四册，
p. 408）（1）失译人名今附后汉录《大方便佛报恩经》卷 2《对治品》：“尔时，诸饥饿
人，各各以情实自说因缘：‘大施主，**更无余事**。我等以饥饿因缘故，还相噉食耳。’”
东晋佛陀跋陀罗、法显合译《摩诃僧祇律》卷 14：“长老来，阐陀作是念：‘今唤我者，
正当欲治罚我罪，**更无余事**。’”后秦法师鸠摩罗什译《妙法莲华经》卷 2《信解品》：
“我等内灭，自谓为足，唯了此事，**更无余事**。”（2）《隋书》卷 26《百官上》：“诸王
公参佐等官，仍为清浊。或有选司补用，亦有府牒即授者，不拘年限，去留随意。在府
之日，唯宾游宴赏，时复修参，**更无余事**。”

【更亦/さらにまた】 并列 （7 例） 再，又；不再……《古事记》下卷《雄略
记》：“天皇幸行吉野宫之时，吉野川之滨，有童女，其形姿美丽。故婚是童女，而还
坐于宫。后**更亦**幸行吉野之时，留其童女之所遇于其处，立大御吴床，而坐其御吴床，
弹御琴，令为舞其娘子。”（p. 344）《日本书纪》卷 11《仁德纪》四十年二月条：“俄
而隼别皇子枕皇女之膝以卧，乃语之曰：‘孰捷鹪鹩与隼焉？’曰：‘隼捷也。’乃皇子
曰：‘是我所先也。’天皇闻是言，**更亦**起恨。”（第二册，p. 56）又卷 23《舒明纪》即
位前纪条：“既而**更亦**令告群大夫等曰：‘爱之叔父劳思，非一介之使遣重臣等而教觉。
是大恩也。’”（第三册，p. 26）又：“既而大臣传阿倍臣、中臣连，更问境部臣曰：‘谁
王为天皇。’对曰：‘先是大臣亲问之日，仆启既讫之。今何**更亦**传以告耶？’”《续日本
纪》卷 15《圣武纪》天平十五年五月条：“丙寅，禁断诸国司等不住旧馆，更作新舍。

又到任一度须给铺设。而虽经年序**更亦**给之。"（第二册，p. 426）又卷20《孝谦纪》天平宝字二年二月条："加以，地即大和神山，藤此当今宰辅。事已有效，**更亦**何疑。"（第三册，p. 248）又卷23《淳仁纪》天平宝字五年八月条："虽有周公之才，朕不足观也。自今已后，**更亦**莫任。还却田园，令勤耕作。若有悔过自新，必加褒赏。迷涂不返，永须贬黜。普告遐迩，教喻众诸。"（第三册，p. 384）（1）吴支谦译《贝多树下思惟十二因缘经》卷1："六入故有，**更亦**六人，因缘复更。比丘便思惟念：'何以故有六人，亦何因缘，复有六人？'"隋阇那崛多译《佛本行集经》卷20《观诸异道品》："应所作者，更不复作，应所取者，**更亦**不取，其余华果，及药草根，设已取者，亦悉舍之，但心速欲，来菩萨前。"（2）《全晋文》卷24王羲之《所欲示之》："念君劳心，贤妹大都转差。然以故有时呕食不已，是老年衰疾，**更亦**非可仓卒。"（p. 1595）《全唐文》卷40唐元宗皇帝《赐突厥玺书》："可汗若实好心，求为和好。计彼此百姓，各得自安，斟酌一生，**更亦**何虑。"（p. 441）按：《汉语大词典》失收。"更亦"一词有两种用法：后续肯定形式，表示"再、又"的意思，类义词叠用，含有强调的语气；后续否定形式，表示"不再……"的意思。

【**工巧人**／たくみのひと】 三字 匠人，工匠。《日本灵异记》中卷《至诚心奉写〈法华经〉有验示异事缘第6》："为报四恩，奉写《法华经》，为纳大乘遣使四方，求白檀紫檀。乃得诸乐京，以钱百贯而买。唤**工巧人**，规令造函，以奉纳经，经长函短，纳经不得。"（p. 161）唐慧琳撰《一切经音义》卷8："匠莹拭：《考声》曰：**工，巧人**也。凡从事曰匠。《说文》：木工也。"（1）西晋竺法护译《舍头谏太子二十八宿经》卷1："时王答曰：'大种彩色，大家之女，因是之元，生**工巧人**，坏诸彩色，是为工师，除罪之律。人在世间，以欲第一。设不断欲，则有殃罪。是故仁者，当断断著，便入甘露，得生梵天。"唐义净译《根本说一切有部毗奈耶杂事》卷29："尔时佛在室罗伐城，既现大神通，降伏诸外道，利益无量众，随类悉归依。一切人天，咸令欢喜，远近城邑，婆罗门等，及**工巧人**，并皆来集，室罗伐城。"唐提云般若译《佛说大乘造像功德经》卷1："诸**工巧人**，共白王言：'王今所敕，甚为难事。如来相好，世间无匹。我今何能，造佛形像！'"（2）《武经总要·前集》卷15："凡军中，不使羸老疾病人在战列，恐牵溃行阵。及不使**工巧人**战斗，妨葺理军器。"

【**工手**／たくみのひと】 偏正 工匠，能工巧匠。《唐大和上东征传》："玉作人、画师、雕佛、刻镂、铸写、绣师、修文、镌碑等**工手**都有八十五人，同驾一只舟。"（p. 51）（1）唐昙旷撰《大乘入道次第开决》卷1："大唐开元初有朴阳大德身号智周，我大唐三藏曾孙弟子，慈恩大师之孙弟子，河南法师之亲弟子。即是青龙大师异方同学，内穷三藏外达九流，为学者师宗作词场雄伯。**工手**著述妙手赞扬，所撰章钞凡十数部。"（2）《太平御览》卷722引《宋书》曰："秦承祖性耿介，专好艺术。于方药，不问贵贱，皆治疗之，多所全获，当时称之为**工手**。撰方二十卷，大行于世。"

【功德/くどく】　并列　（6例）　梵语 guṇya，音译作"求那"，指功能福德。亦谓行善所获之果报。《日本灵异记》中卷《依不布施与放生而现得善恶报缘第16》："**功德**之中，割自身宍，施他救命，最上之行。今我所作，称彼**功德**。"（p.191）又下卷《沙门积功作佛像临命终时示异表缘第30》："寸心之愿，仅当所望，故后生大福，被于观规，现报**功德**，蒙于尊主。"（p.342）又《不顾因果作恶受罪报缘第37》："问诸史言：'若此人在世时，作何**功德**善？'诸史答言：'唯奉写《法华经》一部。'"（p.358）《唐大和上东征传》："道航答曰：'不与〔海〕贼连，航是宰相李林甫之兄林宗家僧，今送**功德**往天台国清寺，陆行过岭辛苦，造舟从海路去耳！今有林宗书二通在仓曹所。'"（p.45）又："所将如来肉舍利三千粒，**功德**绣普集变一铺。"（p.87）姚秦鸠摩罗什译《妙法莲华经》卷3《药草喻品》："尔时世尊，告摩诃迦叶，及诸大弟子：'善哉，善哉！迦叶善说，如来真实**功德**。诚如所言，如来复有，无量无边，阿僧祇**功德**，汝等若于，无量忆劫，说不能尽。'"又《妙法莲华经》卷6《法师功德品》："尔时佛告常精进菩萨摩诃萨：'若善男子、善女人，受持是《法华经》，若读、若诵、若解说、若书写，是人当得八百眼**功德**、千二百耳**功德**、八百鼻**功德**、千二百舌**功德**、八百身**功德**、千二百意**功德**。以是**功德**，庄严六根，皆令清净。'"隋吉藏撰《胜鬘宝窟》卷1："恶尽曰**功**，善满称**德**。又**德**者得也，修**功**所得。故名**功德**也。"→【広修功德】【回此功德】【礼拜功德】【善功德】【善愿功德】【誦经（之）功德】【五功德】【修功德】【種種功德】【重修功德】【大功德】

【功德大如地/くどくのおほきなることじのごとし】　比喻　功能福利如同大地一样宽阔厚重。《日本灵异记》上卷《邪见打破乞食沙弥钵以现得恶死报缘第29》："《大丈夫论》云：'悲心施一人，**功德大如地**。为己施一切，得报如芥子。救一厄难人，胜余一切施。'云云。"（p.121）唐道世撰《法苑珠林》卷71："又《丈夫论》偈云：'悲心施一人，**功德大如地**。为己施一切，得报如芥子。救一厄难人，胜余一切施。众星虽有光，不如一明月。'"该例亦见于《诸经要集》卷11。

【功德甚大/くどくじんだいなり】　四字　功能福利甚为巨大。《日本书纪》卷19《钦明纪》六年九月条："是月，百济造丈六佛像，制愿文曰：'盖闻造丈六佛**功德甚大**。今敬造。以此功德，愿天皇获胜善之德，天皇所用弥移居国，俱蒙福佑。'"（第二册，p.404）前秦昙摩蜱、竺佛念合译《摩诃般若钞经》卷2《功德品》："复次，拘翼，若法师在所至凑，辄说经法分教于人，其**功德甚大**甚大。"后秦佛陀耶舍、竺佛念等合译《长阿含经》卷4："阿难，汝供养我，**功德甚大**。"姚秦鸠摩罗什译《大庄严论经》卷13："复次，供养佛塔，**功德甚大**。是故应当，勤心供养。"唐道世撰《法苑珠林》卷79："王闻此语，合掌敛膝，赞言：'善哉，善哉！汝能受持般若，**功德甚大**，不可思议。'"按：《新编日本古典文学全集》栏上的注释例引唐义净译《金光明最胜王经》卷10《十方菩萨赞叹品》："智慧澄明如大海，**功德**广大若虚空。"不确。

【功德巍巍/くどくぎぎとして】 四字 功能福利崇高伟大。《续日本纪》卷19《孝谦纪》天平胜宝八年十二月条："闻道：'有菩萨戒，本梵网经。**功德巍巍**，能资逝者。仍写六十二部，将说六十二国。始自四月十五日，令终于五月二日。'"（第三册，p.170）后汉安世高译《佛说柰女祇域因缘经》卷1："祇域曰：'愿王请佛，从受明法，因为王说，佛**功德巍巍**特尊。'"吴康僧会译《六度集经》卷6："昔者菩萨，时为凡人，闻佛名号、相好、道力，**功德巍巍**，诸天共宗，则高行者，众苦都灭矣。"元魏慧觉等译《贤愚经》卷7《大劫宾宁品》："阿难白佛：'此金地王，宿种何德，生在豪尊，**功德巍巍**，遭值佛世，逮成无漏？'"

【功虚/くむなし】 主谓 徒劳无益，劳而无获。《日本灵异记》中卷《阎罗王使鬼受所召人之馈而报恩缘第25》："此非**功虚**。凡有物者，犹可赂馈。是亦奇异事矣。"（p.215）唐遁伦集撰《瑜伽论记》卷1："夫教不会理，则龃龉而难趣，行不符果，则**修造之功虚**，智不谐境，则照物之功僻，有不即空，则舍之情见。"宋延寿集《宗镜录》卷3："执佛方便致使教开八网，乘对四机。越一念而远骤三祇，**功虚**大劫；离宝所而久淹化垒，迹困长衢。斯即权机小果，乃至禅宗，不得意者之所失也。"

【恭拜/ゐやまひをろがむ】 偏正 恭敬地礼拜。《日本书纪》卷22《推古纪》十一年十一月条："十一月己亥朔，皇太子谓诸大夫曰：'我有尊佛像，谁得是像以**恭拜**。'时秦造河胜进曰：'臣拜之。'便受佛像，因以造蜂冈寺。"（第二册，p.540）（1）苻秦僧伽跋澄等译《僧伽罗刹所集经》卷3："无与彼尊德等者，天人所供养，是大福田，加敬**恭拜**，诸遭困厄者皆度脱之。"唐彦悰撰录《集沙门不应拜俗等事》卷5："今令道士女官僧尼**恭拜**君亲，于道佛无亏。复从国王正法，大革前弊，深废浇讹，使其永识，随顺之方，更知天性之重。谨议。"（2）《全梁文》卷67庾元威《论书》："近来贵宰，于二品清宫进，不假手作书，而笔迹过鄙，无法度，彼**恭拜**，忽云：'永感答人借车，还白不具，真本流传，合朝耻辱，是其第七秒也。'"《隋书》卷9《礼仪4》："诸王、三公、仪同、尚书令、五等开国、太妃、妃、公主**恭拜**册，轴一枚，长二尺，以白练衣之。"

【恭敬承事/くぎょうしてしょうじす】 四字 虔诚敬肃地治事。《唐大和上东征传》："端州太守迎引送至广州，庐都督率诸道俗出迎城外，**恭敬承事**，其事无量。"（p.73）后汉支娄迦谶译《道行般若经》卷7《善知识品》："复次，须菩提，菩萨摩诃萨在事，欲得阿耨多罗三耶三菩阿惟三佛，是彼当与善知识从事，**恭敬承事**。"西晋竺法护译《正法华经》卷10《乐普贤品》："佛言：'是故普贤，若见比丘，受持是经，遥起远迎，**恭敬承事**，如奉如来。今佛现在，靡不归命，归彼法师，如是无异，乃应佛教。'"唐实叉难陀译《大方广佛华严经》卷80《入法界品》："于是，善财思惟观察，一心愿见文殊师利，及见三千大千世界微尘数，诸善知识，悉皆亲近，**恭敬承事**，受行其教，无有违逆。"

【恭敬仏法/ぶっぽうをくぎょうす・つつしみゐやまふ】 四字 尊敬佛教的教理教义。《日本书纪》卷22《推古纪》十四年五月条："于是汝父多须那为橘丰日天皇，出家**恭敬佛法**。"（第二册，p.552）东晋佛驮跋陀罗译《大方广佛华严经》卷46《入法界品》："尔时善财童子，见虚空中，如是供养，合掌敬礼，善住比丘，白言：'大圣，我已先发，阿耨多罗三藐三菩提心，而未知菩萨，云何正向佛法、专求佛法、**恭敬佛法**、修诸佛法、长养佛法、积集佛法、熏修佛法、净诸佛法、遍净佛法、至诸佛法？'"唐道宣撰述《四分律删繁补阙行事钞》卷3："其敬长老者，是人能护法，现世有名誉，将来生善道，教化人民，皆随法训。汝等于我法律中出家，更相**恭敬佛法**，可得流布。自今已去，听随长幼，恭敬礼拜上座，迎逆问讯。"

【恭敬供養/くぎょうしてくようす】 四字 （7例） 虔诚敬肃地资养三宝。"恭敬"，自谦而尊重、礼敬他人。恭敬通于身口意三业。《日本灵异记》下卷《禅师将食鱼化作〈法华经〉覆俗诽缘第6》："我愚痴邪见，不知因果，而犯逼恼乱。愿罪脱赐。自今已后，为我大师，**恭敬供养**。"（p.276）又："檀越等怅，复奉造副，**恭敬供养**矣。"（p.336）又《不顾因果作恶受罪报缘第37》："更奉写《法华经》一部，**恭敬供养**，追救彼灵苦也。"（p.358）《续日本纪》卷8《元正纪》养老五年六月条："沙门行善，负笈游学，既经七代。备尝难行，解三五术，方归本乡。矜赏良深。如有修行天下诸寺，**恭敬供养**，一同僧钢之例。"（第二册，p.98）又卷14《圣武纪》天平十三年三月条："案经云：'若有国土讲宣读诵，**恭敬供养**，流通此经王者，我等四王，常来拥护。一切灾障，皆使消殄。'"（第二册，p.388）又卷19《孝谦纪》天平胜宝六年十一月条："戊辰，敕：'朕以至款奉为二尊御体平安，宝寿增长，一七之间，屈四十九僧，归依药师琉璃光佛，**恭敬供养**。'"（第三册，p.150）又卷21《淳仁纪》天平宝字二年八月条："其大僧都鉴真和上，戒行转洁，白头不变。远涉沧波，归我圣朝。号曰大和上，**恭敬供养**，政事躁烦，不敢劳老。宜停僧纲之任。集诸寺僧尼，欲学戒律者，皆属令习。"（第三册，p.276）失译人名今附后汉录《大方便佛报恩经》卷5《慈品》："我思惟如是，功德利故，于阿难所，深生**恭敬，供养**之想。白言：'大德阿难，愿不有虑。如来秘教，当尽奉行，假使丧失身命，终不退失。如来即当，宣说微妙，八敬之法，难可毁犯。'"西晋圣坚译《佛说罗摩伽经》卷3："又于一一毛孔，示现一切五道生处，令十方五道，皆见其身，诣诸佛所，尽一切佛刹，诸佛师长及善知识，**恭敬供养**，心不懈倦。"姚秦鸠摩罗什译《妙法莲华经》卷2《譬喻品》："若有信受，此经法者，是人已曾，见过去佛，**恭敬供养**，亦闻是法。"

【恭敬三宝/さんぼうをくぎょうす】 四字 （3例） 谨慎尊敬地对待佛法僧。《日本书纪》卷22《推古纪》二十九年二月条："苞贯三统，纂先圣之宏猷，**恭敬三宝**，救梨元之厄。是实大圣也。"（第二册，p.278）又三十四年五月条："大臣则稻目宿祢之子也，性有武略亦有辩才，以**恭敬三宝**。家于飞鸟河之傍，乃庭中开小池，仍兴小岛于池中，故时人曰岛大臣。"（第二册，p. 588）《上宫圣德法王帝说》："有本云：'请愿造寺，**恭敬三宝**。十三年辛丑春三月十五日，始净土寺。'云云。"曹魏康僧铠译《佛说无量寿经》卷1："勇猛精进，志愿无倦，专求清白之法，以慧利群生，**恭敬三宝**，奉事师长。"姚秦竺佛念译《出曜经》卷24："尔时比丘，说此二偈已，便从坐起而去。时彼长者，及诸妇女，善心自生，**恭敬三宝**，后日各各，成其道迹。"唐义净译《佛为胜光天子说王法经》卷1："大王，常当一心，**恭敬三宝**，莫生邪见。我涅槃后，法付国王，大臣辅相，当为拥护，勿致衰损。"→【敬三宝】

【恭敬师长／かみをくぎょうす・ゐやまふ】 四字 谦逊礼敬老师和尊长。《日本灵异记》上卷《非理夺他物为恶行受恶报示奇事缘第30》："我为养妻子故，或杀生物，或贷八两棉强倍十两征，或贷小斤稻而强大斤取，或人物强夺取，或他妻奸犯，不孝养父母，**不恭敬师长**，不奴婢者骂慢。"（p. 126）东晋佛驮跋陀罗译《佛说观佛三昧海经》卷9《观像品》："若出家人，应诵毗尼，极令通利；若在家人，孝养父母，**恭敬师长**。"刘宋昙无蜜多译《佛说观普贤菩萨行法经》卷1："第二忏悔者，孝养父母，**恭敬师长**，是名修第二忏悔法。"唐菩提流志译《大宝积经》卷76《四转轮王品》："又复告言：'汝等常应，孝养父母、**恭敬师长**，及诸沙门，诸婆罗门，莫作非法，不善恶行。'"

【恭敬往～／ゐやまひかよふ】 三字 谦恭礼貌地来去往返。"恭敬"，梵语satkṛtya，谓保持谦逊而尊重、礼敬他人。"轻慢"的反义词。《古事记》中卷《应神记》："故闻惊，以兵伏河边。亦其山之上，张緝垣立帷幕，诈以舍人为王，露坐吴床。百官**恭敬往**来之状，既如王子之坐所。"（p. 270）东晋佛驮跋陀罗译《大方广佛华严经》卷2《卢舍那佛品》："如来所说一语中，演出无边契经海。于一切众雨甘露，**恭敬往**诣两足尊。"又卷60《入法界品》："是故善男子，汝应一心，尊重**恭敬**，**往**诣其所。"清行悦集《列祖提纲录》卷17："教汝**恭敬往**来广结欢喜众缘，汝又要自求闲静，迷识沉神。"按：面谒佛陀必须抱以恭敬虔诚的心情，这是佛经中不厌其烦宣扬的律仪规矩之一，因此，"恭敬往……"在佛典中已成为一种固定的表达形式。中土文献中"恭敬"一词，无一例用于形容往来时谦虚有礼貌的心情，它从传统表达的角度反衬出"恭敬往……"这一搭配形式的异样性。

【共成仏道／ともにぶつどうをじょうせむ】 四字 （3例） 共同成就佛果。《日本灵异记》中卷《序》："籍此功德，右胁著福德之翩，而翔于冲虚之表。左胁烛智惠之炬，而登于佛性之顶，普施群生，**共成佛道**也。"（p. 143）《续日本纪》卷17《圣武纪》天平胜宝元年闰五月条："所冀：太上天皇沙弥胜满，诸佛拥护，法药熏质，万病消除，寿命延长，一切所愿，皆使满足，令法久住，拔济群生，天下太平，兆民快乐，法界有情，**共成佛道**。"（第三册，p. 82）《奈良朝写经6·瑜伽师地论卷第21》："天平二年岁次庚午二月十日，飞鸟寺僧贤证，为七世父母、六亲眷属及广无边无际之、与一切有情**共成佛道**，贡敬《瑜伽论》七卷。"（p.55）姚秦鸠摩罗什译《妙法莲华经》卷3《化城喻品》："愿以此功德，普及于一切，我等与众生，皆**共成佛道**。"唐善导集记《观无量寿佛经疏》卷4："以此功德，回施众生，悉发菩提心，慈心相向，佛眼相看，菩提眷属，作真善知识，同归净国，**共成佛道**。"唐道宣撰述《四分律删繁补阙行事钞》卷1："戒本文云：'若有为自身，欲求于佛道，当尊重正戒，及回施众生，**共成佛道**。'"→【皆成仏道】

【共到～/とも～にいたる】 偏正 （3例） 一起到某处，共同去某处。《日本书纪》卷5《崇神纪》六十年七月条："当时自佩之，弟佩真刀，**共到**渊头，兄谓弟曰：'渊水清冷，愿欲共游沐。'"（第一册，p.290）又卷9《神功纪》摄政五年三月条："**共到**对马，宿于钼海水门。时新罗使者毛麻利叱智等窃分船及水手，载微叱旱岐，令逃于新罗。"（第一册，p.446）又卷24《皇极纪》元年正月条："乙酉，百济使人大仁阿昙连比罗夫，从筑紫国乘驿马来言：'百济国闻天皇崩，奉遣吊使。臣随吊使，**共到**筑紫。'"（第三册，p.56）（1）后汉支娄迦谶译《道行般若经》卷10《昙无竭菩萨品》："萨陀波伦菩萨及五百女人，**共到**说经处，至已特为昙无竭菩萨施高座。时五百女人，各各自取，著身衣布著座上。"吴支谦译《大明度经》卷6《法来闿士品》："时有巨亿万人**共到**法来所听经，普慈欢喜，即于座上，得六万定门。"梁宝唱等集《经律异相》卷30："大王勿忧，愿王屈意，**共到**佛所，以此香瓔，奉上世尊，并采圣训，累劫之福矣。"（2）《后汉书》卷81《独行传》："奂曰：'行路仓卒，非陈契阔之所，可**共到**前亭宿息，以叙分隔。'"按：《汉语大词典》失收。

【共化衆生/ともにしゅじょうをわたさむ】 四字 共同教化世人。《日本书纪》卷22《推古纪》二十九年二月条："今太子既薨之，我虽异国心在断金，其独生之何益矣？我以来年二月五日必死。因以遇上宫太子于净土，以**共化众生**。"（第二册，p.578）隋智顗说《四念处》卷4："是故从本垂迹，与法身眷属，隐实扬权藏高设下，**共化众生**，开示正道，内秘外视，令开显令得入妙。正是此四念处也。"又《维摩经文疏》卷11："如来法王道王，三千初开，三藏之教，必须法臣，辅翼**共化众生**。此十大声闻，十德互有所长，故各掌一法，助佛化一切众生也。"宋王日休撰《龙舒增广净土文》卷4："俟某生极乐世界，见佛闻法，证六神通，来此南阎浮提。化度众生之时，此等众生皆随逐而来，**共化众生**，同升佛道。"

【共会於～/ともに～につどふ】 于字 （2例） 一起聚在某处见面。①《日本书纪》卷22《推古纪》三十一年是岁条："时盘金等**共会于**津，将发船一候风波。于是船师满海多至。两国使人望瞻之愕然，乃还留焉。"（第二册，p.282）②《日本书纪》卷9《神功纪》摄政四十九年三月条："是以百济王父子及荒田别，木罗斤资等**共会**意流村。"（第一册，p.456）（1）唐玄奘译《大般若波罗蜜多经》卷329："世尊，是人欲念，于女处转，谓作是念：'彼何当来，**共会于**此，欢娱戏乐？'"（该经共有4例）

（2）《太平广记》卷236《玄宗》条：“于是竞购名马，以黄金为衔镳，组绣为障泥，**共会于**国忠宅，将同入禁中。”（p.1819）

【**共婚**/ともにあふ】 偏正 结为夫妇，结婚。《古事记》中卷《崇神记》：“于是有神壮夫，其形姿威仪，于时无比，夜半之时，儵忽到来。故相感，**共婚**供住之间，未经几时，其美人妊身。”（p.184）（1）姚秦竺佛念译《出曜经》卷3：“其王报曰：‘夫王者法不娶外类，不与细民为婚，常与长者居士**共婚**。’”（2）《晋书》卷96《杜有道妻严氏传》：“时玄与何晏、邓扬不穆，晏等每欲害之，时人莫肯**共婚**。”（p.2509）按：《汉语大词典》失收。

【**共乞**/ともにこふ】 偏正 共同乞求。《肥前国风土记·藤津郡》条：“此人等造堡隐居，不肯降服。尔时，遣陪从纪直等祖稚日子，以且诛灭。于兹，大白等三人但叩头，陈己罪过，**共乞**更生。”（p.340）失译人名今附秦录《萨婆多毗尼毗婆沙》卷5：“若二人**共乞**一衣，突吉罗；若为他索，突吉罗；若得应量衣舍堕，若得不应量衣，突吉罗。”刘宋僧伽跋摩译《萨婆多部毗尼摩得勒伽》卷2：“二人共作，偷罗遮。十人**共乞**作一房十人，各犯僧伽婆尸沙。物不现前而作房，偷罗遮不舍房而作。”唐义净译《根本说一切有部毗奈耶杂事》卷33：“佛言一切苾刍不应为忏，于有瑕隙情相违者，而为忏谢**共乞**欢喜。”按：《汉语大词典》失收。

【**共食者**/あひたげひと】 三字 （4例） 一起吃饭（的人）；不同的东西混在一起吃。《日本书纪》卷14《雄略纪》十四年四月条：“夏四月午朔，天皇欲设吴人，历问群臣曰：‘其**共食者**谁好乎？’群臣佥曰：‘根使主可。’天皇即命根使主为**共食者**，遂于石上高原飨吴人。”（第二册，p.196）又卷22《推古纪》十八年十月条：“乙巳，飨使人等于朝，以河内汉直赞为新罗**共食者**，锦织首久僧为任那**共食者**。”（第二册，p.564）（1）东晋佛陀跋陀罗、法显合译《摩诃僧祇律》卷32：“佛言：‘从今日后，不听共食。**共食者**，共一器食。食者，五正食五杂正食，应别器食。’”后秦弗若多罗、罗什合译《十诵律》卷40：“从今不得共女人一床坐，共坐者突吉罗。不得与女人共食，**共食者**突吉罗。不共女人一器饮酒，饮者突吉罗。”（2）《世说新语·黜免第28》：“桓公坐有参军椅烝薤，不时解；**共食者**又不助，而椅终不放。举坐皆笑。桓公曰：‘同盘尚不相助，况复危难乎？’敕令免官。”（p.462）

【**共死於**~/~ともにしぬ】 于字 （4例） 一起死，同归于尽。①《日本书纪》卷6《垂仁纪》五年十月条：“时火兴城崩，军众悉走。狭穗彦与妹**共死于**城中。”（第一册，p.312）②《古事记》中卷《仲哀记》：“于是，其忍熊王与伊佐比宿祢共被追迫，乘船浮海。歌曰：……即入海**共死**也。”（p.250）《日本书纪》卷22《推古纪》三十四年五条：“老者噉草根而死于道垂，幼者含乳以母子**共死**。”（第二册，p.590）又卷23《舒明纪》即位前纪条：“时军至，乃令来目物部伊区比以绞之，父子**共死**，乃埋同处。”（第三册，p.36）（1）后汉昙果、康孟详合译《中本起经》卷2：“古昔有人，居贫穷困，而其娶妇，得富家女。懒堕无计，日更贫乏，家困饷馈，欲夺更嫁。妻闻家议，便以语夫：'我家势强，必当夺卿。当作何计？'夫闻妇言，将共入房：'今欲与汝**共死**一处。'即便刺妇，还复自刺。"失译人名今附后汉录《杂譬喻经》卷2："佛告母：'何为冢间耶？'白言：'世尊，唯有一子舍我终亡，爱之情切，欲**共死**在一处。'"晋世法炬、法立合译《法句譬喻经》卷4《爱欲品》："思惟反复便兴恶念，将妇入房，今欲与汝**共死**一处，即便刺妇还自刺害，夫妇俱死。"姚秦鸠摩罗什译《众经撰杂譬喻》卷2："佛告老母：'何以冢间也？'白言世尊：'唯有一子舍我终亡，爱之情重欲**共死**一处。'"后秦佛陀耶舍、竺佛念等合译《长阿含经》卷10："汝死当**共死**，汝无我活为。宁使我身死，不能无汝存。"（2）《魏志》卷5《后妃传》："袁术传太祖凶问，时太祖左右至洛者皆欲归，后止之曰：'曹君吉凶未可知，今日还家，明日若在，何面目复相见也？正使祸至，**共死**何苦！'遂从后言。"（p. 156）《宋书》卷72《建平宣简王宏传》："孙子曰：'视卒如赤子，故可与之**共死**。'所以张卷效争先之心，吮痈致必尽之命，岂不由恩著者士轻其生，令明者卒毕其力。"按：《汉语大词典》失收。

【共天地長往／あめつちとともにながくゆく】 多音 →【将随日月远流】

【共同发誓願／もろともにせいがんをたつ】 自创 共同许下誓愿。《日本书纪》卷21《推古纪》十三年四月条："十三年夏四月辛酉朔，天皇诏皇太子大臣及诸王诸臣，**共同发誓愿**，以始造铜、绣丈六佛像各一躯，乃命鞍作鸟为造佛之工。"（第二册，p. 550）北凉昙无谶译《大方等大集经》卷57《灭非时风雨品》："我念往昔，过无量劫，我共释迦牟尼佛，修菩萨行，**同发誓愿**：'汝若能得成，无上道时，愿我于彼四天下中到功德处。得功德处已，于一切众生中，随其所须，衣食之具，悉皆给与。'"又《大方等大集经》卷58《陀罗尼品》："尔时世尊，告功德天言：'清净智，我于往昔，与汝二人，于因陀罗幢相王佛所，**同发誓愿**：我今与汝，得愿满足，我今已得，阿耨多罗三藐三菩提，汝亦住于，功德之处。'功德天言：'如是，如是。'"宋施护译《佛说诸佛经》卷1："复有一佛，名德，出现于世。我于此佛，与诸声闻弟子，**同发誓愿**，恭敬供养。经于多岁，于此佛后，复有八十俱胝那由他辟支佛，出现于世。"按："誓愿"，立誓发愿，尤其指佛、菩萨为救济众生而立下誓言，祈愿其成就。

【共為夫婦／ともにいもせとなる】 四字 （2例） 结为夫妻，结婚。《日本书纪》卷1《神代纪上》："二神于是降居彼岛，因欲**共为夫妇**，产生洲国。"（第一册，p. 24）《古语拾遗》："闻夫开辟之初，伊奘诺伊奘冉二神，**共为夫妇**，生大八州国及山川草木，次生日神月神，最后生素戈呜神。"（p. 119）失译人名今附东晋录《菩萨本行经》卷1："其夫复问：'汝今与我，**共为夫妇**，何以昼夜，思念前夫？'"后秦佛陀耶舍、竺佛念等合译《长阿含经》卷13："时声摩王，闻其四子，诸母与女，**共为夫妇**，生子端正。王即欢喜，而发此言：'此真释子，真释童子！'"唐义净译《根本说一切有部毗奈耶药事》卷8："有婆罗门童子，与刹利童女，**共为夫妇**，后生一男。此男于婆罗门众

中，得同坐起，得共祭水，得读典籍。于刹利众中，得受灌顶不？答言：'得耳，乔答摩。'"→【合为夫妇】

【共為善友/ともにうるはしきともたる】 四字 一起做好朋友，共同成为志同道合的人。《日本书纪》卷9《神功纪》摄政元年二月条："因以问推问巷里，有一人曰：'小竹祝与天野祝，<u>共为善友</u>，小竹祝逢病而死之。'"（第一册，p. 440）姚秦竺佛念译《菩萨从兜术天降神母胎说广普经》卷1《游步品》："或有菩萨，在彼众中，<u>共为善友</u>，与说杀业，快乐难忘。快哉！杀生。减汝寿命，增我寿命。后渐渐与说杀生，受罪极重。与说百八，杀生重罪，为苦为恼。引令入于'得在道检'无有欲痴。即于胎中，成无上道。或有菩萨，在彼众中，<u>共为朋友</u>，说十不善道。亦身教口，意教不善，以真为虚，无常谓常，空谓有实，无身谓有身，苦谓有乐，无世谓有世。"

【共相擊/ともにあひうつ】 相字 互相攻击，相互击打。"共"与"相"义同，互相之义。《日本书纪》卷5《崇神纪》六十年七月条："乃兄先上陆，取弟真刀自佩。后弟惊而取兄木刀，<u>共相击</u>矣。弟不得拔木刀，兄击弟饭入根而杀之。"（第一册，p. 290）元魏瞿昙般若流支译《正法念处经》卷67："譬如二山，坚如金刚。于二山间，置生酥抟。有大黑风，吹此二山，<u>互共相击</u>，压生酥抟。地大风大，如彼二山。一切身命，皮肉骨血，脂髓精气，身箧盛之，犹如生酥。为地大风大，打压加害，破坏身界，得大苦恼。"

【共議曰："～"/ともにはかりてのたまはく～】 说词（3例） 一起商议道："……"。《日本书纪》卷1《神代纪上》："既而伊奘诺尊、伊奘冉尊<u>共议曰</u>：'吾已生大八洲国及山川草木。何不生天下之主者欤。'"（第一册，p. 34）又卷22《推古纪》八年是岁条："时将军<u>共议曰</u>：'新罗知罪服之，强击不可。'则奏上。爰天皇更遣难波吉师神于新罗，复遣难波吉士木莲子于任那，并检校事状。"（第二册，p. 534）《唐大和上东征传》："毕后，大使以下<u>共议曰</u>：'方今广陵郡觉知和上向日本国，将欲搜舟，若被搜得，为使有［㾨］；又［被风］漂还，著唐界，不免罪恶。'由是，众僧总下舟，留。"（p. 90）（1）后汉昙果、康孟详合译《中本起经》卷1《转法轮品》："五人遥见佛来，便<u>共议曰</u>：'我等勤苦，室家离别，登山越领，困苦疲极，正坐此人，供给麻米，谓其叵堪。'"元魏慧觉等译《贤愚经》卷6《月光王头施品》："时五百人，复<u>共议曰</u>：'空手倩人，人无应者。今共行乞，人各令得，金钱一枚，以用雇人，足得达彼。'"唐义净译《根本说一切有部毘奈耶》卷47："商主以儿告诸亲曰：'此儿今者，当作何字？'众<u>共议曰</u>：'此是商主，师子之儿。可名师子胤。'"（2）《宋书》卷91《孝义传》："妇生一男，夫妻<u>共议曰</u>：'勤身供养，力犹不足，若养此儿，则所费者大。'乃垂泣瘞之。"（p. 2243）

【共諸衆生/もろもろのしゅじょうとともに】 四字 与各位道友一同。《奈良朝写经未收6·维摩诘经卷第下》："所以，生安养界同处，欲相愿<u>共诸众生</u>往生安乐国。"

（p. 497）高齐那连提耶舍译《月灯三昧经》卷 6："三者**共诸众生**，同其资产，摄受坚固而至灭度。"唐菩提流志译《大宝积经》卷 59："二者若菩萨在家出家，宁舍身命，终不破戒。以此持戒，**共诸众生**，回向阿耨多罗三藐三菩提。"唐义净译《金光明最胜王经》卷 3《灭业障品》："我从无始，生死以来，随恶流转，**共诸众生**，造业障罪，为贪瞋痴，之所缠缚。"

【貢上/たてまつる】 ☐后补☐ （24 例） 贡献呈上。《古事记》中卷《垂仁记》："尔所遣御伴王等闻欢见喜，而御子者坐槟榔之长穗宫，而**贡上**驿使。"（p. 208）又《景行记》："故其所遣大碓命勿召上，而即己自婚其二娘子，更求他女人，诈名其娘女而**贡上**。"（p. 214）又："歌竟即崩。尔**贡上**驿使。"（p. 234）又《应神记》："亦百济国主照古王以牡马壹匹、牝马壹匹付阿知吉师以**贡上**。亦贡上横刀及大镜。又科赐百济国'若有贤人者，**贡上**。'故受命以**贡上**人名和迩吉师。即论语十卷、千字文一卷并十一卷，付是人即贡进。又**贡上**手人韩锻、名卓素，亦吴服西素二人也。"（p. 266）又下卷《清宁记》："尔即小楯连闻惊，而自床堕转，而追出其室人等，其二柱王子坐左右膝上泣悲，而集人民作假宫，坐置其假宫，而**贡上**驿使。"（p. 356）《日本书纪》卷 5《崇神纪》六十年七月条："其弟饭入根则被皇命，以神宝，付弟甘美韩日狭与子鸬濡渟而**贡上**。"（第一册，p. 290）又卷 10《应神纪》十三年九月条："（《一云》）日向诸县君牛仕于朝庭，年既耆耇之不能仕，仍致仕退于本土，则**贡上**己女发长媛……问曰：'谁人也？'对曰：'诸县君牛。是年耆之，虽致仕，不得忘朝。故以己女发长媛而**贡上**矣。'"（第一册，p. 480）又三十一年八月条："是以诸国一时**贡上**五百船，悉集于武库水门。"（第一册，p. 492）又卷 13《允恭纪》四十二年正月条："于是新罗王闻天皇既崩，惊愁之，**贡上**调船八十艘及种乐人八十。"（第二册，p. 126）又十一月条："于是新罗人大恨，更减**贡上**之物色及船数。"（第二册，p. 128）又卷 22《推古纪》十三年四月条："是时，高丽国大兴王闻日本国天皇造佛像，**贡上**黄金三百两。"（第二册，p. 550）又十八年三月条："十八年春三月，高丽王**贡上**僧昙征、法定。"（第五册，p. 562）又三十一年是岁条："时盘金等共会于津，将发船以候风波。于是船师满海多至。两国使人望瞻之愕然，乃还留焉。更代堪迟大舍，为任那调使而**贡上**。"（第二册，p. 582）又十一月条："冬十一月，盘金、仓下等至自新罗。时大臣问其状，对曰：'新罗奉命以惊惧之，则并差专使，因以贡两国之调。然见船师至而朝贡使人更还耳。但调犹**贡上**。'"（第二册，p. 582）又三十二年四月条："于是，百济观勤僧表上以言：'夫佛法自西国至于汉经三百岁，乃传之至于百济国而仅一百年矣。然我王闻日本天皇之贤哲而**贡上**佛像及内典，未满百岁。'"（第二册，p. 586）又卷 29《天武纪下》三年三月条："三月庚戌朔丙辰，对马国司守忍海造大国言：'银始出于当国，即**贡上**。'"（第三册，p. 356）又是年二月条："选所部百姓之能歌男女及侏儒伎人而**贡上**。"（第三册，p. 358）又七年是年条："是年，新罗送使奈末加良井山、奈末金红世到于筑紫曰：'新罗王遣汲浼金消勿、大奈末金世世等**贡上**当年之调。'"（第三册，p.384）又朱鸟元年三月条："戊子，新罗进调，从筑紫**贡上**。"（第三册，p.458）《肥前国风土记·养父郡》条："昔者，轻岛明宫御宇誉田天皇之世，造鸟屋于此乡，取聚杂鸟养驯，**贡上**朝廷。因曰鸟屋乡。"（p.318）又《高来郡》条："又有抜木。本者著地，末者沉海。海藻早生。以拟**贡上**。"（p.346）（1）西晋竺法护译《正法华经》卷9《妙吼菩萨品》："下宝交路，手执宝瑛，其价百千，诣能仁佛，稽首足下，以持**贡上**，能仁如来。"梁宝唱等集《经律异相》卷30："昔有一人，见浮图寺，意欲作之，而钱帛不足。发愿入海，益得金宝，我当作寺，国中第一。得金银还，复熟思惟：'谁能同意，共作寺者？'国王常言：'我欲作寺塔。'今初未作，当珠宝瑛，**贡上**于王。"北凉昙无谶译《大般涅槃经》卷12："复次迦叶，譬如有人，为王所瞋，其人若能，以软善语，**贡上**财宝，便可得脱。善男子，死王不尔，虽以软语，钱财珍宝，而贡上之，亦不得脱。"（2）《初学记》卷8《州郡部》："《吴录》曰：'宜春泉水。'《地道记》曰：'宜春县出美酒，随岁**贡上**。'"按：《汉语大词典》失收。→【逆上】【牵上】【送上】

【**供奉三宝**/さんぼうにつかへまつる】 四字 供养侍奉佛法僧。《续日本纪》卷26《称德纪》天平神护元年十一月条："然此遍〈能〉常〈余利〉别〈仁〉在故〈方〉、朕〈方〉佛〈能〉御弟子〈等之天〉菩萨〈乃〉戒〈乎〉受赐〈天〉在。此〈仁〉依〈天〉上〈都〉方〈波〉三宝〈仁〉**供奉**。次〈仁方〉天社国社〈乃〉神等〈乎毛〉为夜〈备末都利〉、次〈仁方〉供奉〈留〉亲王〈多知〉臣〈多知〉百官〈能〉人等、天下〈能〉人民诸〈乎〉愍赐慈赐〈牟等〉念〈天奈毛〉还〈天〉复天下〈乎〉治赐。"（第四册，p.102）东晋竺昙无兰译《采花违王上佛授决号妙花经》卷1："佛即授决：'后当得佛，号曰妙华如来、至真、等正觉、明行成为、善逝、世间解、无上士、道法御、天人师、号佛、世尊。'其边人闻，莫不怡悦，启受大法，**供奉三宝**。"→【供養三宝】

【**供進**/たてまつる】 并列（2例） 进贡呈献。《播磨国风土记·贺古郡》条："遂到赤石郡厮御井，**供进**御食，故曰厮御井。"（p.18）又："乃天皇知在于此少岛，即欲度。到阿闭津，**供进**御食，故号阿闭村。"（p.20）（1）西晋竺法护译《正法华经》卷6："其人**供进**，珍馔众味。诸天香华，细柔精妙。"西晋竺法护译《持心梵天所问经》卷4："平等以时节，与此经典俱。**供进**饮食馔，奉持佛道故。"唐智严译《师子素驮娑王断肉经》卷1："虽居人王不食谷，唯浼鸟兽水陆虫。**供进**杂肉时将至，阒拔兽肉狗衔将。阙肉厨人惧王斩，走出捕捉小婴孩。密截头项并手足，全煮镬中**供进**王。王食其肉甚将美，长嗜肉味状烧薪。王问食官是何肉，食官惶怖具启王。王赦其罪勿忧愁，每日**供进**是肉来。厨人既承大王教，变服每日盗他儿。"（2）《金楼子》卷3《后妃篇》："每大官**供进**，并以准取钱，纤毫以上，皆施宣业寺。数年之中，僧徒众食，并是丰饱。"《旧唐书》卷20下《哀帝纪》："十一月庚戌朔。丙子，废牛羊司。御厨肉河南府**供进**，所有进到牛羊，便付河南府收管。"按：《汉语大词典》首引《隋书·王世充传》："（帝）后令以船送东京，而道路贼起，使者苦役，于淮泗中沉船溺之者，前后十数。或有发露，充为秘之，又遽简阅以**供进**。"偏晚。

【**供侍於~/~につかふ**】 ⎡于字⎦ 供养侍奉于某人。《日本灵异记》中卷《赎蟹虾命放生得现报缘第8》："道心纯熟，初淫不犯。常勤采菜，一日不阙，奉**供侍于**行基大德。"（p. 171）唐义净译《根本说一切有部毗奈耶杂事》卷37："阿难陀，过去如来，皆有如是，供侍之人。如汝用心，**供侍于**我，未来诸佛，亦有供侍，与汝无异。"宋法贤译《众许摩诃帝经》卷7："于是世尊，思念五人：'我出王宫，入山苦行，是等寻来，**供侍于**我，我应先为，彼人说法。'"

【**供養/くよう**】 ⎡并列⎦ （48例） 供给奉养之义。为示报恩而向佛法僧三宝、父母、师长、死者等奉献真心或诸物。《日本书纪》卷20《敏达纪》十四年六月条："马子宿祢受而欢悦，叹未曾有，顶礼三尼。新营精舍迎入**供养**。"（第二册，p. 494）又卷29《天武纪下》朱鸟元年正月条："庚戌，请三纲律师及大官大寺知事、佐官并九僧，以俗**供养**养之，仍施絁绵布各有差。"（第三册，p. 454）《万叶集》卷10第1904首："梅花 四垂柳尔 折杂 花尔**供养**者 君尔相可毛"（第三册，p. 50）《日本灵异记》上卷《恃凭念观音菩萨得现报缘第6》："从日本国使，以养老二年，归向本朝。住兴福寺，**供养**其像，至卒不息。"（p. 78）又《持戒比丘修净行而得现奇验力缘第26》："天皇尊重而常**供养**，诸人归依而恒恭敬。斯乃修行之功，远流芳名，慈悲之德，长存美誉也。"（p. 114）又《非理夺他物为恶行受恶报示奇事缘第30》："我正月一日，成狸入于汝家之时，饱**供养**宍种物，是以继三年之粮。"（p. 126）又《妻为死夫建愿图绘像有验不烧火示异表缘第33》："多经岁月数，终迄秋拾穗，便请画师，亲载**供养**灵，情泣悼。"（p. 132）又《缔知识为四恩作绘佛像有验示奇表缘第35》："率引知识，奉为四恩，敬画像，其中图六道。**供养**之后，安置其寺。"（p. 135）又中卷《恃己高德刑贱形沙弥以现得恶死缘第1》："时有一沙弥，滥就餐**供养**之处，捧钵受饭。亲王见之，以牙册以罚沙弥之头。头破流血，沙弥摩头扪血，悕哭而忽不覩。"（p. 146）又《智者诽妒变化圣人而现至阎罗阙受地狱苦缘第7》："临命终时，诫弟子曰：'我死莫烧。九日间置而待。学生问我，答之应曰：有缘东西，而留**供养**。慎勿知他。'弟子受教，闭师室户，不令知他。而窃涕泣，昼夜护阙，唯待期日。学生问求，如遗言答：'留**供养**也。'"（p. 167）又《奉写〈法华经〉因供养显母作女牛之因缘第15》（p. 187）又下卷《禅师将食鱼化作〈法华经〉覆俗诽缘第6》："自尔俗成大檀越，**供养**禅师。"（p. 276）又《阎罗王示奇表劝人令修善缘第9》："广足白言：'我为此女，写《法华经》，讲读**供养**，救所受苦。'"（p. 284）又："为彼死妻，奉写《法华经》，讲读**供养**，追赠福聚，赎被彼苦。"（p. 284）又《如法奉写〈法华经〉火不烧缘第10》："每大小便利，洗浴净身，自就书写筵以还，径六个月，乃缮写毕。**供养**之后，入于涂漆皮笥，不安外处，置于住室之翼阶，时时读之。"（p. 286）又《重斤取人物又写〈法华经〉以现得善恶报缘第22》："虾夷奉写《法华经》二遍，每遍设会，讲读既了。后复思议，犹不足心，更敬缮写。唯未**供养**。"（p. 315）又："僧复问言：'汝作何善？'答：'我奉写《法华经》三部。唯一部未**供养**之也。'"（p. 315）又："然而后戴所写之经，增发信心，讲读**供养**。"（p. 316）《依妨修行人得猴身缘第24》："因我制言：'从者莫多。'其时我者，禁从众多，不妨修道。虽不禁修道，因妨从者，而成罪报。犹后生受此猕猴身，成此社神。故为脱斯身，居住此堂，为我读《法华经》。言：'然者**供养**行也。'"（p. 322）又："僧言：'无**供养**者，何为奉读经？'猕猴答言：'然者浅井郡有诸比丘，将读六卷抄故，我入其知识。'"（p. 322）《唐大和上东征传》："和上率诸门徒祥彦、荣睿、普照、思托等三十余人，辞礼育王塔，巡礼佛迹，**供养**圣〔井〕，护塔鱼菩萨，寻山直出。州太守卢同宰及僧徒父老迎送，设**供养**，差人备粮送至白社村寺。"（p. 58）又："采访使刘〔巨鳞〕奏状，敕留开元寺**供养**，七宝庄严，不可思议。"（p. 73）又："二月一日到难波，唐僧崇道等迎慰供养。"（p. 91）又："时有四方来学戒律者，缘无**供养**，多有退还，此事漏闻于天听，仍以宝字元年丁酉十一月二十三日，敕施备前国水田一百町，大和上以此田欲立伽蓝。"（p. 94）《续日本纪》卷19《孝谦纪》天平胜宝八岁六月条："辛卯，太政官处分，太上天皇供御米盐之类，宜充唐和上鉴真、禅师法荣二人，永令**供养**焉。"（第三册，p. 164）又卷32《光仁纪》宝龟三年三月条："或持戒足称，或看病著声。诏充**供养**，并终其身。"（第四册，p. 374）又卷32《光仁纪》宝龟四年十一月条："其修行之院，惣四十余处。或先朝之日，有施入田，或本有田园，**供养**得济。"（第四册，p. 414）后汉安世高译《四谛经》卷1："舍利曰比丘能令随道，目揵连比丘能令竟道；舍利曰比丘如母生，目揵连比丘如母**供养**。"姚秦鸠摩罗什译《妙法莲华经》卷4《五百弟子受记品》："**供养**诸如来，护持法宝藏，其后得成佛，号名曰法明。"唐义净译《金光明最胜王经》卷1《序品》："**供养**是经者，如前澡浴身，饮食及香花，恒起慈悲意。"→【安置供養】【恭敬供養】【礼拜供養】【燃灯供養】【烧香供養】【設会供養】【設斎供養】【四事供養】【修福供養】【以此供養】【以香華供養】【讚嘆供養】【住心供養】【尊重供養】

【供養承事/くようしてしょうじす】 四字 供施受事。《唐大和上东征传》："三日三夜，便达雷州。罗州、辨州、象州、白州、佣州、藤州、梧州、桂州等官人、僧、道父老。迎送礼拜，**供养承事**，其事无量，不可言记。"（p. 71）后汉支娄迦谶译《道行般若经》卷2《功德品》："释提桓因白佛言：'如是阎浮利人，不**供养承事**，般若波罗蜜者，是曹之人，为不知其尊耶？供养般若波罗蜜者，其福尊无比。般若波罗蜜者，当取供养之。'"东晋瞿昙僧伽提婆译《中阿含经》卷31《大品》："若见如来、无所著、等正觉，尊重礼拜，**供养承事**者，快得善利。我等应共，往见沙门瞿昙，礼拜供养。"隋天竺阇那崛多译《佛本行集经》卷2《发心供养品》："阿难，彼诸世尊、多陀阿伽度、阿罗诃、三藐三佛陀，各各次第，转相授记，至于最后，胜上如来，我身悉皆，**供养承事**。"

【供養恭敬/くようしてくぎょうす】 四字 供给奉养，谦逊礼敬。《元兴寺伽蓝缘起并流记资财账》："若有仰信尊**供养恭敬**修治丰养者，被三宝之赖，身命长安乐，得种种之福，万事事如意，不绝于万世也。"曹魏康僧铠译《佛说无量寿经》卷1："常以四事**供养恭敬**一切诸佛，如是功德，不可称说。"后秦法师鸠摩罗什译《妙法莲华经》卷3《授记品》："尔时世尊，说是偈已，告诸大众，唱如是言：'我此弟子，摩诃迦叶，于未来世，当得奉觐，三百万亿，诸佛世尊，**供养恭敬**，尊重赞叹，广宣诸佛，无量大法。'"唐义净译《金光明最胜王经》卷5《金胜陀罗尼品》："佛告善住菩萨：'此陀罗尼，是三世佛母。若有善男子、善女人，持此咒者，能生无量无边，福德之聚，即是**供养恭敬**，尊重赞叹。无数诸佛，如是诸佛，皆与此人，授阿耨多罗三藐三菩提记。'"

【供養礼拝/くようし、うやまひおろがむ】 四字 供给奉养，礼敬膜拜。"礼拜"，即以身体的动作（身业）来表示尊敬的意思。《元兴寺伽蓝缘起并流记资财账》："次甲贺臣从百济持度来石弥勒菩萨像。三柱尼等持家口**供养礼拜**。"西晋无罗叉译《放光般若经》卷3《摩诃衍品》："复次，舍利弗，菩萨摩诃萨从初发意以来，具足菩萨之神通。具足已，欲育养群生，从一佛国，游至一佛国，**供养礼拜**，事诸佛世尊，从诸佛听受法教。"姚秦鸠摩罗什译《妙法莲华经》卷2《譬喻品》："是乘微妙，清净第一，于诸世间，为无有上，佛所悦可。一切众生，所应称赞，**供养礼拜**。"唐僧详撰《法华传记》卷8："法随前沙门而出梦觉，即日舍衣钵资，雇书生四十人，一日写之，**供养礼拜**。"

【供養了/くようしをはる】 完成 供给奉养完毕。《日本灵异记》中卷《将建塔发愿时生女子卷舍利所产缘第31》："国司郡卿悉喜，引率知识，建七重塔，安彼舍利，以**供养了**。"（p.229）唐义净译《佛说大孔雀咒王经》卷3："如前所说，所有天龙八部，及诸神等，可界称名，亦愿来此，受我香花，所有饮食，成我事业。**供养了**时，烧香咒愿，诸来天神，并眷属等，皆愿欢喜，各还本处，供养之物，同前屏弃。"唐不空译《金刚顶瑜伽护摩仪轨》卷1："若无苏即，用乳亦得，**供养了**，用大杓满杓，三献圣众，并三洒三漱，取小杓诵灭恶趣真言，为一切有情，护摩七遍，或二十一遍，心奉送圣，众还本座，以四字明引十方世天人炉中，依前洒漱。"

【供養料/くようりょう】 自创 （2例） 供给奉养的材料。《日本灵异记》下卷《依妨修行人得猴身缘第24》："时猕猴答曰：'无本应供物。'僧言：'此村籾多有。此乎充我**供养料**，令读经。'"（p.322）《续日本纪》卷20《孝谦纪》天平宝字元年十一月条："壬寅，敕：'以备前国垦田一百町，永施东大寺唐禅院十方众僧**供养料**。'"（第三册，p.236）

【供養三宝/さんぼうをくようす】 四字 （6例） 供施佛法僧。供养佛者，可得大福德，速成阿耨菩提，令众生皆得安乐；供养法者，增长智慧，证法自在，了知诸法实性；供养僧者，增长无量福德资粮，致成佛道。《日本灵异记》上卷《非理夺他物为恶行受恶报示奇事缘第30》："广国奉为其父，造佛写经，**供养三宝**，报父之恩，赎所受罪。自此以后，回邪趣正。"（p.126）又中卷《恃己高德刑贱形沙弥以现得恶死缘第1》："诸乐宫御宇大八岛国胜宝应真圣武太上天皇，发大誓愿，以天平元年己巳春二月八日，于左京元兴寺备大法会，**供养三宝**。"（p.146）又《力女示强力缘第27》："故知彼力过五百人力。如经说：'作饼**供养三宝**者，得金刚那罗延力云云。'是以当知，先世作大枚饼，**供养三宝**众僧，得此强力矣。"（p.220）《唐大和上东征传》："开悲田而救济贫病，启敬田而**供养三宝**。"（p.81）《续日本纪》卷23《淳仁纪》天平宝字四年七月条："因兹，今追议定营造修理塔寺精舍分一千户，**供养三宝**并常住僧分二千户，官家修行诸佛事分二千户。"（第三册，p.358）后汉支娄迦谶译《杂譬喻经》卷1："五戒十善，**供养三宝**，行六度，坐禅念定，以道化亲，乃为孝耳。"后秦佛陀耶舍、竺佛念等合译《长阿含经》卷15："天及世间人，唯佛为最上，欲求大福者，当**供养三宝**。"唐义净译《金光明最胜王经》卷6《四天王护国品》："问言：'何故须唤我父？'即可报言：'我为**供养三宝**，事须财物，愿当施与。'"→【供奉三宝】

【供養已畢/くようすることすでにをはりぬ】 完成 供给奉养业已完毕。《日本灵异记》下卷《将写〈法华经〉建愿人断日暗穴赖愿力得全命缘第13》："国司闻之大悲，引率知识，相助造《法华经》，**供养已毕**。是乃《法华经》神力，观音翳睟。更莫疑之矣。"（p.293）《说文·言部》："毕，田网也。""毕"的本义为"田网"，引申为"竟"。《广雅·释诂》："毕，竟也。"东晋法显译《大般涅槃经》卷3："尔时，阿难又复普告诸余人言：'诸比丘尼及优婆夷，**供养已毕**，汝等可前次第供养。'"姚秦鸠摩罗什译《持世经》卷2《五阴品》："其二王子，三月之中，以一切乐具，供佛及僧，**供养已毕**，于佛法中，俱共出家。"刘宋功德直译《菩萨念佛三昧经》卷3《赞佛音声辩才品》："复有大力，威德诸天，欲色二界，诸天子等，闻不空见菩萨所说，佛声功德，叹未曾有，以天栴檀，细末之香，散不空见菩萨摩诃萨，乃至十方，**供养已毕**。"

【供養已了/くようしをはりぬ】 完成 供给奉养业已了结。《日本灵异记》上卷又《赎龟命放生得现报龟所助缘第7》："造佛严塔，**供养已了**。后住海边，化往来人，春秋八十有余而卒。"（p.80）唐善无畏译《大圣欢喜双身大自在天毗那夜迦王归依念诵供养法》卷1："**供养已了**，陈所念事，取出坛中供具，初夜之分，外作水坛，以其供等和清水散水坛，及掷洒诸方。"唐栖复集《法华经玄赞要集》卷10："**供养已了**，便于此舍利，向上总作。一切佛舍，利皆同此。"

【供養已訖/くようすることすでにをはりぬ】 完成 供给奉养业已完毕。《日本灵异记》下卷《沙门积功作佛像临命终时示异表缘第30》："既而佛师多利麿，受遗言，

造彼十一面观音像，因关白**供养已讫**。今居能应寺之塔本也矣。"（p. 342）吴支谦译《撰集百缘经》卷5《饿鬼品》："作是语已，寻从天下，顶戴天冠，著诸璎珞，庄严其身，各赍香花，来供养佛，及大目连。**供养已讫**，却坐一面，听佛说法，心开意解，各获道迹，绕佛三匝，还诣天上。"姚秦鸠摩罗什译《大庄严论经》卷5："我昔曾闻，有一幻师，有信乐心，至昼暗山，为僧设食。**供养已讫**，幻尸陀罗木作一女人，端正奇特，于大众前，抱捉此女，而呜嗻之，共为欲事。"唐玄奘撰《大唐西域记》卷6："时末罗众**供养已讫**，欲举金棺，诣涅叠般那所。"

【**供養院**/くよういん】 自创 供养院。《续日本纪》卷12《圣武纪》天平九年十月条："甲子，令百官人等贡薪一千荷。从三位铃鹿王以下，文官番上以上，躬担进于中宫**供养院**。"（第二册，p. 330）

【**供養衆僧**/もろもろのほうしをくようす】 四字 （5例） 供施许多僧侣。《唐大和上东征传》："大和上、荣睿、普照师等同在既济寺，备辨干粮，但云将供具往天台山国清寺，**供养众僧**。"（p. 43）又："大使以下，至于典正，作番**供养众僧**。大使自手行食，将优昙钵树叶以充生菜，复将优昙钵子**供养众僧**。"（p. 70）又："冯都督来，自手行食，**供养众僧**，请大和上受菩萨戒。"（p. 72）又："讲授之［闲］，造立寺舍，**供养**十方［众］僧，造佛菩萨像，其数无量。"（p. 80）后汉康孟详译《佛说兴起行经》卷2："然其不识三尊，不信三宝，不见佛，不闻法，**不供养众僧**，愿世尊开化愚冥，使其信解。"姚秦鸠摩罗什译《妙法莲华经》卷5《分别功德品》："阿逸多，是善男子、善女人，不须为我，复起塔寺，及作僧坊、以四事**供养众僧**。"梁会慧皎撰《高僧传》卷13："时有释道敬者，本琅邪胄族，晋右将军王羲之曾孙。避世出家，情爱丘壑，栖于若耶山。立悬溜精舍，敬后为**供养众僧**，乃舍具足，专精十戒云。"

【**供於三宝**/さんぼうにたてまつる】 四字 供奉佛法僧。《日本灵异记》下卷《沙门诵持方广大乘沉海不溺缘第4》："彼䂞奥国而为陷舅，聊备斋食，**供于三宝**。舅僧展转乞食，偶值法事，有于自度之例。匿面而居，受其供养。"（p. 272）宋志盘撰《佛祖统纪》卷33："盂兰盆供 经言：'是佛弟子，修孝顺者，应念念中，常忆父母，乃至七世父母，年年七月十五日以百味饮食，安盂兰盆中，施佛及僧，以报父母，长养慈爱之恩'（《盂兰盆经》："此翻解倒悬，言奉盆**供于三宝**福田，用以解饥虚倒悬之急。'）"

【**供造**/つくる】 并列 （3例） 供应制造。《日本书纪》卷2《神代纪下》："又汝应住天日隅宫者，今当**供造**。即以千寻栲绳，结为百八十纽。其造宫之制者，柱则高大，板则广厚。又将田供佃。又为汝往来游海之具，高桥、浮桥及天鸟船亦将**供造**。又于天安河亦造打桥。又**供造**百八十缝之白楯。又当主汝祭祀者，天穗日命是也。"（第一册，p. 134）梁僧佑撰《出三藏记集》卷12《瓦官寺释僧**供造**丈六金像记第三》。梁宝亮撰《名僧传抄》卷1《僧**供造**丈六金像事》。又《僧**供造**金无量寿像事》。《全梁文》卷 10 萧纲《谢敕赉铜**供造**善觉寺塔露盘启》："臣纲启：主书陈僧聪奉宣敕旨，垂赉铜一万三千斤，**供造**善觉寺塔灵盘，是称杻阳之珍，实亦昆吾之宝，燥湿无变，九布见奇，寒暑得宜，六律成用。"按：《汉语大词典》失收。

【供斋/いはひまつる】 述宾 犹言斋供。祭祀死者、神佛，并上供食品。原义表斋戒，谓谨慎饮食，使身心保持清净。《续日本纪》卷 12《圣武纪》："冬十月丁亥，诏：'亲王薨者，每七日**供斋**，以僧一百人为限。七七日斋讫者，停之。自今以后，为例行之。'"（第二册，p.294）失译人名今附东晋录《佛说护净经》卷 1："一切檀越，施设法会，**供斋**调度，持斋者得食，不持斋者不得食。"唐惠详撰《弘赞法华传》卷 6："法师睡觉，述斯事。语诸弟子云：'汝可贸吾三衣六物，作一**供斋**。'依语营办。"按：《汉语大词典》失收。

【構塔/とうをかまふ】 述宾 建构佛塔，造塔。《续日本纪》卷 32《光仁纪》宝龟三年四月条："己卯，震西大寺西塔。卜之，采近江国滋贺郡小野社木，**构塔**为祟。充当郡户二烟。"（第四册，p.380）唐道宣撰《续高僧传》卷 11："季春三月，侃到宣州权止公馆，案行置所通皆下湿，一州之上不过永安。既预光待因**构塔**焉。"又卷 26："林崖重映松竹交参，前带环川北背峻岭，江流萦绕寔为清胜。谞巡此地，仍**构塔**焉。"

【垢衣/あかつけるころも】 偏正 污垢的衣服。《日本灵异记》中卷《孤娘女凭敬观音铜像示奇表得现报缘第 34》："娘大欢喜，不胜幸心，脱著黑衣，与使而言：'无物可献，但有**垢衣**。幸受用之。'使母取著。"（p.238）元魏昙摩流支译《信力入印法门经》卷 4："文殊师利，如大琉璃如意宝王，**垢衣**所缠，依**垢衣**故，种种事现。"北凉昙无谶译《大般涅槃经》卷 31《师子吼菩萨品》："善男子，如浣**垢衣**，先以灰汁，后以清水，衣则鲜洁。菩萨定慧，亦复如是。"唐般若译《大乘理趣六波罗蜜多经》卷 6《安忍波罗蜜多品》："善法易修悉弃舍，欲乐败类苦贪求，智者观之无所成，犹如**垢衣**郁金染。"

【孤唯独（居）/みなしごにしてただひとり（ゐる）】 连言 孑然一身，独自居住。《日本灵异记》中卷《孤娘女凭敬观音铜像示奇表得现报缘第 34》："我乃一子而无父母，**孤唯独**居。亡财贫家，存身无便。愿我施福。早觊，急施！"（p.238）按："孤""唯""独"三字，都表示唯一的意思，系同义连言，疑似自创搭配表达。

【孤園/こをん】 地名 即祇树给孤独园。《续日本纪》卷 27《称德纪》天平神护二年十月条："**孤园**绝迹，久矣惊心；双林挽客，烂然满目。"（第四册，p.140）梁僧佑撰《出三藏记集》卷 7："称在罗阅山箸陀邻尼行，无来无去非住非止。斯盖鹫岳鹤林之别记，宝殿**孤园**之后述，不殊玉捡靡异宝函，理出希微辞深钩致。"唐道宣撰《续高僧传》卷 30："共游秦岭凌云旧房，朝阳澄景，则高谈慧照；夕阴匿采，则深安禅寂。及智者征上阙庭，观便**孤园**敷说，大流法味，载广俗心。"按："孤园"，印度佛教

443

圣地之一，位于中印度憍萨罗国舍卫城之南。略称祇园、祇园精舍。只树是只陀太子所有树林的略称；给孤独即舍卫城长者须达的异称，因长者矜怜孤独，好布施，故名。此园是须达长者为佛陀及其教团所建的僧坊，精舍建于只陀太子的林苑，以二人共同成就这一功德，故称祇树给孤独园。佛陀曾多次在此说法，为最著名之遗迹，与王舍城之竹林精舍并称为佛教最早的两大精舍。

【古老伝云："～"／ふるおきなのつたへていへらく～】 说词 （16例） 据老一辈人传说："……"。《出云国风土记·岛根郡》条："**古老传云**：'云郡杵筑御埼在蜈蝓岛，天羽合鹫，掠持飞来，止居此岛。故云蜈蝓岛。'"（p.170）又："**古老传云**：'有蜈蝓岛蜈蝓，食来蜈蝓，止居此岛。故云蜈蝓岛。'"（p.170）又《秋鹿郡》条："**古老传云**：'岛根郡大领社部臣训麻吕之祖波苏等，依稻田之涝，所雕掘也。'"（p.194）又《楯缝郡》条："**古老传云**：'阿迟须枳高日子命之后，天御梶日女命，来坐多久村，产给多伎都比古命。'"（p.202）又《饭石郡》条："**古老传云**：'久志伊奈太美等与麻奴良比卖命，任身及将产时，求处生之。'"（p.240）又："**古老传云**：'此山峰有窟。里所造天下大神之御琴，长七尺，广三尺，厚一尺五寸。又在石神，高二丈，周四丈。故云琴引山。'"（p.244）又《仁多郡》条："**古老传云**：'大神命之宿坐处。故云布世。'"（p.250）又："**古老传云**：'乡中有田，四段许。形聊长。遂依田而，故云横田。'"（p.252）又："**古老传云**：'山岭在玉上神。故云玉峰。'"（p.254）又："**古老传云**：'和尔，恋阿伊村坐神玉日女命而上到。尔时，玉日女命以石塞川，不得会所恋。故云恋山。'"（p.254）又《大原郡》条："**古老传云**：'所造天下大神之御财积置给处，则可谓神财乡，而今人犹误云神原乡。'"（p.260）又："**古老传云**：'所造天下大神，令殖笑给处。故云矢内。'"（p.160）又："**古老传云**：'须佐能袁命，佐世乃木叶头刺，而踊跃为时，所刺佐世木叶堕地。故云佐世。'"（p.262）又："**古老传云**：'昔或人此处山田佃而守之。'"（p.262）又："**古老传云**：'宇能治比古命，恨御祖须义命，而北方出云海潮押上，漂御祖之神，此海潮至。故云得盐。'"（p.262）又："**古老传云**：'神须佐能袁命御子，青幡佐草壮［丁］命，是山上麻苕初。故云高麻山。'"（p.266）（1）唐道宣撰《续高僧传》卷4："城东有池，中有天金，光浮水上。**古老传云**：弥勒下生，用为首饰。或有利其宝者，夜往盗之。但见火聚腾焰，都不可近。"又卷11："初孟春下诏之日，宣州城内，官仓之地，夜放光明，红赤洞发，举焰五丈，广一丈许。官人军防，千有余人，一时奔赴，谓是火起。及至仓所，乃是光相。**古老传云**：'此仓本是，永安旧寺也。'"唐道世撰《法苑珠林》卷14："**古老传云**：'迦叶佛时所藏有四十躯，今虽两现，余在山隐，其形如今玉华东铁矿像相似。'"（2）《太平广记》卷399《盐井》条："井上又有玉女庙。**古老传云**：'比十二玉女，尝与张道陵指，地开井，遂奉以为神。'"（p.3206）

【古老相传："～"／ころうのあひつたふ～】 相字 （3例） 老一辈人互相传说。

《续日本纪》卷6《元明纪》和铜六年五月条："其郡内所生银铜彩色草木禽兽鱼虫等物，具录色目，及土地沃瘠，山川原野名号所由，又**古老相传**、旧闻异事，载于史籍亦宜言上。"（第一册，p.198）又卷38《桓武纪》延历四年正月条："戊午，安房国言：'以今月十九日，部内海边，漂著大鱼五百余，长各一丈五尺以下，一丈三尺以上。**古老相传**云诸泊鱼。'"（1）《宋书》卷29《志第19》："文帝元嘉二十五年五月，征北长史、广陵太守范邈上言：'所领舆县，前有大浦，控引潮流，水常淤浊。自比以来，源流清洁，纤鳞呈形。**古老相传**，以为休瑞。'"（p.872）《魏书》卷74《尒朱荣传》："新兴谓荣曰：'**古老相传**，凡闻此声皆至公辅。吾今年已衰暮，当为汝耳。汝其勉之。'"（p.1644）（2）梁慧皎撰《高僧传》卷11："**古老相传**云：'上有佳精舍，得道者居之。随有石桥跨涧，而横石断人，且莓苔青滑，自终古以来，无得至者。'"唐道宣撰《广弘明集》卷12："闻**古老相传**云，昔汉高祖，应二十四气，祭二十四山，遂王有天下。"按：《元明纪》中"古老相传"的意义特殊，有别于中国两类文献中"古老相传"的一般意义。《桓武纪》中"古老相传云"的搭配形式，更接近于佛典两例。

【**古人谚曰**："～"/ふるひとのことわざにいはく　～】 说词 据古人的俗谚说："……"。《日本灵异记》中卷《己作寺用其寺物作牛役缘第9》："**古人谚曰**：'现在甘露，未来铁丸'者，其斯谓之欤。诚知非无因果，不怖慎欤？"（p.173）唐玄应撰《一切经音义》卷5："真**谚**：宜箭反。俗言也。言了别真言俗语无疑难也。经文从口作喭，非也。"唐道宣撰《大唐内典录》卷3："**古人谚曰**：'知识相逢，不吉则凶。'斯言可录。于后逊行虐己，心愧其事，白日见鬼，以剑刺之，遂崩。二主四十三年，为**魏**所灭。"

【**古语云**："～"/ふることに　～といふ】 说词 按照老话来说："……"。《日本书纪》卷20《钦明纪》十年二月条："于是绫糟等惧然恐惧，乃下泊濑中流，面三诸岳，歃水而盟曰：'臣等虾夷自今以后，子子孙孙［**古语云**：'生儿八十连绵。'］用清明心，事奉天阙。臣等若违盟者，天地诸神及天皇灵，绝灭臣种矣。'"（第二册，p.478）隋吉藏撰《法华玄论》卷5："**古语云**：'真言归于竟。'辨宗逾出于好异，可谓去城逾远，歧路逾多，乖之弥至，失之弥甚。"唐神情撰、宝慧注《北山录》卷10："**古语云**：'行无礼必自及（敬人者人必敬己，陵人者人亦仇已）。'"宋契嵩撰《镡津文集》卷5："**古语云**：'德合元者皇，德合天者帝，与仁义合者王（仁或作人）。'孰曰皇无道真乎？"

【**骨璅存**/ほねぐさりのこる】 自创 （仅剩下）零碎的骨头。《日本灵异记》中卷《智者诽妒变化圣人而现至阎罗阙受地狱苦缘第7》："往前极热铁柱立之。使曰：'抱柱！'光就抱柱，肉皆销烂，唯**骨璅存**。"（p.168）《墨子》63章《备蛾傅》："为县脾，以木板厚二寸……刃其两端，居县脾中，以铁**璅**敷县二脾上衡，为之机。"毕沅注："《说文》无锁字，此**璅**与琐皆无锁钥之义，古字少，故借音用之。"《后汉书》卷47

《班固传》："愍亡迥而不泯，微胡琐而不颐。"李贤注："琐，小也。"按：《汉语大词典》失收。疑似依据"骨璅在"自创而来。

【骨璅在/ほねぐさりあり】 典据 （仅剩下）零碎的骨头。《日本灵异记》中卷《常鸟卵煮食以现得恶死报缘第10》："山人闻之，褰袴见膞，膞肉烂销，其骨璅在。唯径之一日而死也。"（p.176）东晋瞿昙僧伽提婆译《中阿含经》卷24《因品》："复次，比丘观身如身，比丘者，如本见息道骸骨青色，烂腐食半，骨璅在地，见已自比：'今我此身亦复如是，俱有此法，终不得离。'"又卷25："复次，若见彼姝息道，骸骨青色烂腐，食半骨璅在地，于汝等意云何？若本有美色，彼灭生患耶？"唐窥基撰《妙法莲华经玄赞》卷6《譬喻品》："又以三热大铜铁镴遍裹其身，又复倒掷如前。三热弥满灰水大铁镴中而煎煮之，其汤涌沸。令此有情随汤飘转或出或没，令其血肉及以皮脉悉皆销烂，唯骨璅在。"该例在唐宗密撰《圆觉经大疏释义钞》卷10、唐道暹述《涅槃经疏私记》卷4中亦有辑录。该例亦见于唐道暹述《涅槃经疏私记》卷4。按：《汉语大词典》失收。

【骨族/やから】 偏正 骨肉至亲，血亲。《日本书纪》卷16《武烈纪》七年四月条："夏四月，百济王遣期我君进调，别表曰：'前进调使麻那者，非百济国主之骨族也。故谨遣斯我奉事于朝。'"（第二册，p.280）唐释道宣撰《续高僧传》卷8："初凭之处道，弘护居心，经律遞讲，福智双习。骨族血亲，往来顿绝，势贵豪家，全无游止。而乞食自资，少所恒习，袒肩洗净，老而弥固。胫臂无服，生死齐焉。兼以心缘口授，杜于文相者，古今绝矣。"按：《汉语大词典》失收。

【鼓荡/とどろきただよふ】 并列 鼓动激荡。《日本书纪》卷1《神代纪上》："始素戋鸣尊升天之时，溟渤以之鼓荡，山岳为之鸣响。此则神性雄健使之然也。"（第一册，p.62）东晋佛驮跋陀罗译《大方广佛华严经》卷8《菩萨十住品》："震动一切佛世界，倾覆鼓荡诸大海，悉欲明达佛神力，菩萨因此初发心。"后秦佛陀耶舍、竺佛念等合译《长阿含经》卷21："其水四面有大风起，名曰僧伽。吹水令动，鼓荡涛波，起沫积聚，风吹离水。在于空中，自然坚固，变成天宫，七宝校饰。由此因缘，有梵迦夷天宫。"按：及至初唐，中土文献中，沈佺期的《被弹》一诗中才出现了"鼓荡"一词。诗曰："有风自扶摇，鼓荡无伦匹。"（p.165）该诗"鼓荡"的用法与佛典用法相同，表现大风骤起时海水翻腾的景象。《神代纪》讲述的是素戋鸣尊升天时，沧海汹涌、大地鸣动的情形。将佛典例、沈佺期诗和《神代纪》做一比较，可知三者在用法上一脉相承。

【固当如此/もとよりかくなるべし】 总括 自然如此，理所当然如此。《日本书纪》卷9《神功纪》摄政前纪条："（一云）乃时取宰尸，埋于王墓土底，以举王樣，窆其上曰：'尊卑次第，固当如此。'"（第一册，p.434）（1）唐智云撰《妙经文句私志记》卷2："次问因缘义通本迹义，别今明因缘尚未得约教，岂便约本迹一宗，翻倒都不可会其义？如何有云，从来不释，后学何能知之？疑者尚希，焉有能释？今谓**固当如此**。以此之故，故四由来不可会也。"又卷10："十双后五，并是化他，何故但言自行？依于文义，**固当如此**。以说自行化他全化他是自行为简非监故，但言自然明渐顿具有自他。"（2）《欧阳修集》卷16《居士集》卷16："或问：子于《史记·本纪》，则不伪梁而进之，于论正统，则黜梁而绝之，君子之信乎后世者，**固当如此**乎？"

【**故发是问**／かれこのとひことをおこす】 说词　因此提出这样的问题。《日本书纪》卷10《应神纪》四十年正月条："是时天皇常有立菟道稚郎子为太子之情。然欲知二皇子之意，**故发是问**。"（第一册，p.496）梁曼陀罗仙译《宝云经》卷1："佛告除盖障菩萨摩诃萨：'善哉，善哉！善男子，汝欲利益天人，拔济一切众生，**故发是问**。我今当为汝说。'除盖障菩萨摩诃萨白佛言：'善哉！世尊。愿时演说。'佛即告言：'善男子，我今当说，汝等谛听！'"北凉昙无谶译《大方等无想经》卷1："善男子，善哉，善哉！声闻缘觉，未曾得闻，是一字义，汝今欲令，彼得闻故。**故发是问**。谛听，谛听！善思念之。吾今为汝，分别解说。"隋阇那崛多译《善恭敬经》卷1："世尊，我为自身，**故发是问**：'我等云何应住？云何应行？'"唐菩提流志译《如意轮陀罗尼经》卷1："尔时世尊，告观自在菩萨摩诃萨言：'善哉，善哉！汝以大悲，为诸有情，**故发是问**。我已加持，听汝无碍，说示如意轮，陀罗尼明。'"按：在汉译佛经当中，"故发是问"多为自问自答的形式，用于展开讲经说法的开场白。

【**故发誓愿**／ゆえにせいがんをたつ】 誓愿　所以才许下了（这样的）誓愿。《日本灵异记》中卷《至诚心奉写〈法华经〉有验示异事缘第6》："檀越大悔，又访无由。**故发誓愿**，依经作法，屈请众僧，限三七日悔过，哭曰：'亦令得。'"（p.160）北凉昙无谶译《大般涅槃经》卷31《师子吼菩萨品》："善男子，菩萨摩诃萨，实无如是，诸恶业果，为化众生，令得解脱。**故发誓愿**，受如是身。是名菩萨摩诃萨，非现生后，受是恶业。"唐玄奘译《瑜伽师地论》卷79："依第四住，于一切法，安立通达，而得善巧，为度众生，**故发誓愿**，受于生死。因此誓愿，便能积集，广大资粮。"

【**故为名焉**／かれなとしき】 说词　所以才取了这样一个名字。《藤氏家传》下卷《武智麻吕传》："藤原左大臣，讳武智麻吕，左京人也。太政大臣史之长子，其母宗我藏大臣之女也。天武天皇即位九年岁次庚辰四月十五日，诞于大原之第。义取茂荣，**故为名焉**。"（p.291）唐大小乘释论部《法华经论述记》卷1："真谛翻云天亲，其人本是天帝之弟，故名天亲。沙门玄奘翻为世亲，菩萨托生于世，因祈世亲之天，**故为名焉**。"宋智圆述《维摩经略疏垂裕记》卷4《方便品》："翻为田主者，肇云：'刹利王种也。秦言田主，劫初人食地味，转食自然粳米。后情渐伪各有封植，遂立有德处平分田。此王者之始也。**故为名焉**。'"

【**故以为字**／このゆゑにこれをもちてあざなとす】 说词　（7例）　因此以这个作为与本名相关的另一个名字。《日本灵异记》中卷《骂僧与邪淫得恶病而死缘第17》：

"圣武天皇御世，纪伊国伊刀郡桑原之狭屋寺尼等发愿，于彼寺备法事，请奈良右京药师寺僧题惠禅师，字曰依网禅师。俗姓依网连，**故以为字**。"（p.177）又《忆持〈心经〉女现至阎罗王阙示奇表缘第19》："利苅优婆夷者，河内国人也。姓利苅村主，**故以为字**。"（p.199）又《埴神王腨放光示奇表得现报缘第21》："诸乐京东山有一寺，号曰金鹫。金鹫优婆塞，住斯山寺。**故以为字**。"（p.203）又《贷用寺息利酒不偿死作牛役之偿债缘第32》："字号盐春也。是人存时，不中矢，猪念我当射，春盐往荷见之无猪。但矢立于地。里人见咲，号曰盐春。**故以为字**也。"（p.231）又下卷《未作毕捻埴像生呻音示奇表缘第17》："其里有一道场，号曰弥气山室堂。其村人等造私之堂，**故以为字**，法名曰慈氏禅定堂者。"（p.303）又《奉写〈法华经〉经师为邪淫以现得恶死报缘第18》："丹治比经师者，河内国丹治比郡人。姓丹治比，**故以为字**。"（p.305）又《弥勒丈六佛像其颈蚁所嚼示奇异表缘第28》："纪伊国名草郡贵志里，有一道场，号曰贵志寺。其村人等造私之寺，**故以为字**也。"（p.335）唐窥基撰《阿弥陀经疏》卷1："摩诃劫宾那者，此云房宿。相传云：以其初入道门，在僧房宿。佛知道根将熟，即自化为老比丘，与之共宿。因为说法，而悟圣道，故名房宿。亦名房星，因祷房星而生，**故以为字**。"按：值得注意的是，"故以为字"的说法在《阿弥陀经疏》一类的注释典籍中可以找到先例，说明它具有来自注释典籍又活用于注释的特点。

【**故因以名~**／かれ、よりて～をなづく】 说词 因此命名为……，所以起名叫作……。《日本书纪》卷2《神代纪下》："乃以草裹儿弃之海边，闭海途而径去矣。**故因以名**儿曰彦波瀲武鸬鹚草葺不合尊。"（第一册，p.160）（1）后秦僧肇撰《注维摩诘经》卷1《佛国品水》："什曰：'秦言（紧那罗）人非人，似人而头上有角，人见之言人耶？非人耶？**故因以名**之。亦天伎神也。'"唐临撰《冥报记》卷1："初此地无水，僧彻常远汲山下，以自供。一朝忽有陷，陷处泉出。**故因以名**陷寺也。"唐慧琳撰《一切经音义》卷52："髦马：莫高反。青，绀色也。头如乌。此马宝也，以毛饰。**故因以名**焉。"（2）《水经注》卷37："夷水又东径虎滩，岸石有虎像，**故因以名**滩也。"《太平御览》卷46："《宣城图经》曰：'芜湖山，在县西南，山因湖以名之。汉末于湖侧置芜湖县，以其地卑畜水非深而生芜藻。**故因以名**县焉。'"

【**故因以名焉**／かれ、よりてなづくるなり】 说词 因此才这样命名的，所以才起了这样一个名字。《日本书纪》卷2《神代纪下》："所以儿名称彦波瀲武鸬鹚草葺不合尊者，以彼海滨产屋，全用鸬鹚羽为草葺之，而甍未合时，儿即生焉。**故因以名焉**。"（第一册，p.168）《水经注》卷25："黄水西北通巨野泽，盖以黄水沿注于菏，**故因以名焉**。"（p.640）唐慧琳撰《一切经音义》卷52："髦马：莫高反，青绀色也。头如乌，此马宝也。以毛饰故，**因以名焉**。"又卷70："饮光部：梵言迦叶波。迦叶，此云光波，此间语名饮光。饮光有二义，一迦叶波，是上古仙人。此仙人身有光明，能饮余光，令不复现此，罗汉是彼种。**故因以名焉**。二此阿罗汉人，身作金色，常有光明，以阎浮檀金为人，并此阿罗汉身光，余金人光不复现。故名饮光也。"

【故云尔也/かれし かいへるなり】 说词 所以才这样说的。《日本书纪》卷20
《钦明纪》十二年是岁条："时日罗身光有如火焰，由是德尔等恐而不杀。遂于十二月
晦，候失光，杀。日罗更苏生曰：'此是我驱使奴等所为，非新罗也。'属是时，有新
罗使，**故云尔也**。"（第二册，p.484）后秦僧肇撰《注维摩诘经》卷5："'得是平等，
无有余病，唯有空病'：生曰：'亦以言迹除之也，义以粗妙，**故云尔也**。'"又卷9：
"肇曰：'欲言此岸，寂同涅槃。欲言彼岸，生死是安。又非中流而教化众生，此盖道
之极也。此岸生死，彼岸涅槃，中流贤圣也。'生曰：'夫化众生，使其断结，离生死，
至泥洹耳。而向言无三，似若不复化之。**故云尔也**。'"唐澄观述《大方广佛华严经随
疏演义钞》卷15："言终气绝，须臾复苏。真问：'何所见耶？'干曰：'见大水遍满，
华如车轮，而坐其上。所愿足矣。'言绝而逝。**故云尔也**。"唐宗密述《大方广圆觉修
多罗了义经略疏》卷1："'得无所离，即除诸幻'：梦中见梦，转转觉于前非，直到寤
时，所见方实。**故云尔也**。"唐元康作《肇论疏》卷3："位体第三：《尚书》云：'位，
次也。'如阶品次高下不同，今明涅槃体相次第。**故云尔也**。"按："故云尔也"，是从
佛典注释中学习到的表述方法。

【雇得/やとひう】 后补 雇用到某人。《唐大和上东征传》："于是巡避官所，俱
至大和上所计量。大和上曰：'不须愁，宜求方便，必遂本愿。'仍出正炉八十贯钱，
买得岭南道采访使刘臣鳞之军舟一只，**雇得**舟人等十八口。"（p.47）（1）东晋佛陀跋
陀罗、法显译《摩诃僧祇律》卷2："若比丘行淫，若买得若**雇得**，若恩义得知识得调
戏得试弄得未更事，得如是一切，得而行淫者，皆波罗夷。"隋阇那崛多译《佛本行集
经》卷39《教化兵将品》："时彼朋友，二十九人，共为此一，无妻之人，求觅于妇，
而不能得，称可其意。忽然**雇得**，一个淫女，将来与其共相娱乐。而彼淫女，即共彼
人，随意娱乐，行于世事，伺候彼等，三十丈夫，并皆眠睡，所有好物，皆选择取，即
将逃走。"唐法藏撰《梵网经菩萨戒本疏》卷2："又《十诵》云：'客作人**雇得**全日，
卒遇难缘不得如契者，佛令量功与之。'"（2）《苏轼集》卷57《申三省起请开湖六条
状》："今有钱米一万贯石，度所**雇得**十万工，每工约开葑一丈，亦可添得十万丈水面，
不为小补。"《太平广记》卷84《唐庆》条："寿州唐庆中丞栖泊京都，偶**雇得**月作人，
颇极专谨，常不言钱，冬首暴处雪中。亲从外至，见卧雪中，呼起，雪厚数寸，都无寒
色，与唐君话，深异之。"按：《汉语大词典》失收。→【見得】【請得】【取得】【搜
得】【証得】【捉得】

【寡而无夫/やもめにして をひとなし】 自创 寡妇，多指死了丈夫的妇人。《日
本灵异记》下卷《二目盲女人归敬药师佛木像以现得明眼缘第11》："此生一女子年七
岁也。**寡**而无夫，极穷无比，不得索食，将饥而死。"（p.288）唐法琳撰《一切经音
义》卷82："鳏寡……《礼记》云：老而无夫曰寡。《广雅》：寡，独也。弱也。《说

文》：少也。从宀，下从颁。颁，分赋也。故言少也。"宋法云编《翻译名义集》卷2：
"孟子曰：'老而无妻曰<u>鳏</u>，老<u>而无夫</u>曰<u>寡</u>，老而无子曰独，幼而无父曰孤。此四者天
下之穷民。'"

　　【怪而問之／あやしびてとふ】 四字 　奇怪地问道。《日本灵异记》上卷《人畜所
履髑髅救收示灵表而现报缘第12》："其于后夜，有男声，告万侣曰：'杀吾之兄欲来，
故早去。'万侣<u>怪而问之</u>。"（p.91）东晋法显译《佛说杂藏经》卷1："月明<u>怪而问之</u>，
王以死事大故，恐其忧恼，隐而不说。"元魏慧觉等译《贤愚经》卷5《散檀宁品》：
"经数时间，所种之物，尽变为瓠。长者见已，<u>怪而问之</u>。"唐玄奘译《大唐西域记》
卷1："王<u>怪而问之</u>，乃陈其始末。王以为奇特也，遂建伽蓝，式旌美迹，传芳后叶。"

　　【怪視／あやしびみる】 偏正 　奇怪地看。《日本灵异记》下卷《强非理以征债取
多倍而现得恶死报缘第26》："东西之人，匆匆走集，<u>怪视</u>隙视莫息。"（p.329）唐道宣
撰《续高僧传》卷6："及就讲之辰，倏然满坐，容貌瓌，异莫有识者，竟席便散。其
感迹征异，为若此也。加以性好山水，亟果幽寻，而翼从之声，闻于数里。山人<u>怪视</u>，
唯见超身，射猎之徒，莫不自息。"

　　【観日色／ひのひかりをみる】 三字 　见天日，喻生命延续。《日本书纪》卷15
《清宁纪》即位前纪条："小根仍使汉彦启示于大连曰：'大伴大连，我君降大慈愍，促
短之命，既续延长，获<u>观日色</u>。'"（第二册，p.218）姚秦鸠摩罗什译《成实论》卷
13："又汝法中以韦陀为贵，韦陀中说由智慧。故得不死法。如说<u>见日色</u>，大人过于世
性，先随，顺此人意，能得不死道，更无余道。小人神小，大人神大，常在身中。若人
不知，此神相者，虽复读诵韦陀等经，无所益也。"

　　【観世音経／かんぜおんきょう】 内典 （6例） 　亦称《观音经》。为《法华经·观
世音菩萨普门品第25》一品的别行。①讲说。《日本书纪》卷29《天武纪下》朱鸟元
年七月条："是月，诸王臣等为天皇造观世音像，则说《<u>观世音经</u>》于大官大寺。"（第
三册，p.464）②读诵。《日本书纪》卷29《天武纪下》朱鸟八月条："八月己巳朔，
为天皇度八十僧。庚午，度僧尼并一百，因以坐百菩萨于宫中，读《<u>观世音经</u>》二百
卷。"（第三册，p.464）《日本灵异记》下卷《怨病忽婴身因之受戒行善以现得愈病缘
第34》："忠仙见之此病相惆，看病咒护，发愿言：'为愈是病，<u>奉读</u>《药师经》《金刚
般若经》各三千卷，《<u>观世音经</u>》一万卷，《观音三昧经》一百卷也。'历十四年，<u>奉读</u>
《药师经》二千五首卷，《金刚般若经》千卷，《<u>观世音经</u>》二百卷。唯《千手陀罗
尼》，无间诵之也。"（p.350）③书写。《日本灵异记》上卷《非理夺他物为恶行受恶报
示奇事缘第30》："广国问少子云：'汝谁之子？'答：'欲知我者，汝幼稚时，<u>奉写</u>
《<u>观世音经</u>》是也。'"（p.126）《续日本纪》卷9《元正纪》养老六年十一月条："故
奉为太上天皇，<u>敬写</u>《华严经》八十卷、《大集经》六十卷、《涅槃经》四十卷、《大
菩萨藏经》二十卷，《<u>观世音经</u>》二百卷。"（第二册，p.124）又卷13《圣武纪》天平

十二年九月条："己亥，敕四畿内七道诸国曰：'比来，缘筑紫境有不轨之臣，命军讨伐。愿依圣佑，欲安百姓。故今国别造观世音菩萨像一躯，高七尺，并写《观世音经》一十卷。'"（第二册，p.366）《梁书》卷47《刘霁传》："刘霁字士烜，平原人也……母明氏寝疾，霁年已五十，衣不解带者七旬，诵《观世音经》，数至万遍，夜因感梦，见一僧谓曰：'夫人算尽，君精诚笃至，当相为申延。'后六十余日乃亡。"（p.657）按：《观世音菩萨普门品》，述说观世音菩萨现三十三身救众生，劝《法华经》的流通。首先记述，依唱此菩萨的名号，可消灭火难、水难、罗刹难（食人鬼难）、王难（刀杖难）、鬼难、枷锁难（束缚难）、怨贼难的七难，又可消除贪、瞋、痴三毒，更可依女人所愿而授予男儿、女儿（二求两愿）。经由中国、日本而成为独立的经典（《观音经》）颇受读诵，与观音信仰同时普及民间。→【救［苦］观世音像】【十一面观世音像】

【観世音菩薩/かんぜおんぼさつ】 菩萨 （3例） 梵语 avalokiteśvara 的译名。音译为"阿缚卢枳低湿伐罗"。旧译作"光世音""观世音"，新译作"观世自在""观自在"，一般略称"观音"，或称"莲华手菩萨""救世菩萨"。"观世音"的名字之所以普及，主要源自5世纪鸠摩罗什译《法华经·普门品》，即由所谓《观音经》的流行所致。《观世音菩萨普门品第25》说有此菩萨名观世音的理由，谓观音是大慈悲心的体现者，具有拯救一切苦恼的力量，为救济众生而现三十三化身说法。《续日本纪》卷20《孝谦纪》天平宝字元年七月条："又卢舍那如来、观世音菩萨、护法梵王、帝释四大天王〈乃〉不可思议威神之力〈尔〉依〈弖志〉。此逆在恶奴等者显出而、悉罪〈尔〉伏〈奴良志止奈母〉。"（第三册，p.216）又卷29《称德纪》神护景云三年五月条："然〈母〉卢舍那如来、〈最胜王经〉、观世音菩萨、护法善神梵王、帝释、四大天王〈乃〉不可思议威神力。"（第四册，p.240）《奈良朝写经19·灌顶随愿往生经》："爰为二郎，敬造自愿药师如来、侠侍观世音菩萨，追福日光遍照、月光遍照菩萨等像一铺，并写《随愿往生经》一卷。"（p.129）姚秦鸠摩罗什译《妙法莲华经》卷7《观世音菩萨普门品》："善男子，若有无量百千万忆众生受诸苦恼，闻是观世音菩萨，一心称名，观世音菩萨即时观其音声，皆得解脱。若有持是观世音菩萨名者，设入大火，火不能烧，由是菩萨威神力故。若为大水所漂，称其名号，即得浅处。若有百千万忆众生，为求金、银、琉璃、车璩、马瑙、珊瑚、虎珀、真珠等宝，入于大海，假使黑风吹其船舫，飘堕罗刹鬼国，其中若有，乃至一人，称观世音菩萨名者，是诸人等皆得解脱罗刹之难。以是因缘，名观世音。"

【観世音菩薩銅像/かんぜおんぼさつのあかがねのみかた】 多音 观世音菩萨铜像。《日本灵异记》中卷《孤娘女凭敬观音铜像示奇表得现报缘第34》："父母有时，多饶留财，数作屋仓，奉铸观世音菩萨铜像一体，高二尺五寸。隔家成佛殿，安彼像以之供养。"（p.238）

【観世音菩薩像/かんぜおんぼさつのぞう】 多音 （5例） 观世音菩萨像。《日本

书纪》卷30《持统纪》三年三月条："壬寅，新罗遣级飡金道那等奉吊瀛真人天皇丧，并上送学问僧明聪、观智等，别献金铜阿弥陀像、金铜**观世音菩萨像**、大势至菩萨像各一躯、彩帛锦绫。"（第三册，p. 492）又三年七月条："秋七月壬子朔，付赐陆奥虾夷沙门自得所请金铜药师佛像、**观世音菩萨像**各一躯、钟、娑罗、宝帐、香炉、幡等物。"（第三册，p. 496）《常陆国风土记·多珂郡》条："国宰，川原宿祢黑麿时，大海之边石壁，雕造**观世音菩萨像**。今存矣。因号佛滨。"（p. 418）《续日本纪》卷10《圣武纪》神龟五年八月条："甲申，敕：'皇太子寝病，经日不愈。自非三宝威力，何能解脱患苦。因兹，敬造**观世音菩萨像**一百七十七躯并经一百七十七卷，礼佛转经，一日行道。缘此功德，欲得平复。'"（第二册，p. 198）又卷13《圣武纪》天平十二年九月条："己亥，敕四畿内七道诸国曰：'比来，缘筑紫境有不轨之臣，命军讨伐。愿依圣佑，欲安百姓。故今国别造**观世音菩萨像**一躯，高七尺，并写《观世音经》一十卷。'"（第二册，p. 366）唐菩提流志译《千手千眼观世音菩萨姥陀罗尼身经》卷1："若恒持以，满掬香花，先散**观世音菩萨像**前，乃诵此陀罗尼，三七遍者，即得大千功德，大悲法性，彼人渐于世间，速得大力成就。"唐道世撰《法苑珠林》卷60："若行此法，于**观世音菩萨像**前，烧好沉水香，至心忏悔，于六时中，礼诵行道，时时中各，诵三遍。能灭无始已来，一切罪业，获大功德，不可思议，欲求所愿，如愿必得。"→【観世音像】【観音菩薩像】

【観世音寺／かんぜおんじ】 寺名 （6例） 位于福冈县太宰府市的天台宗寺院。奉天智天皇敕愿而兴建、开基。建有戒坛院，与奈良东大寺、下野药师寺并列日本三大戒坛之一。《续日本纪》卷2《文武纪》大宝元年八月条："甲辰，太政官处分，近江国志我山寺封，起庚子年计满三十岁，**观世音寺**、筑紫尼寺封，起大宝元年计满五岁，并停止之。皆准封施物。"（第一册，p. 44）又卷4《元明纪》和铜二年正月条："二月戊子，诏曰：'筑紫**观世音寺**，淡海大津宫御宇天皇，奉为后冈本宫御宇天皇，誓愿所基也。虽累年代，迄今未了。宜大宰商量，充驱使丁五十许人，及逐闲月，差发人夫，专加检校，早令营作。'"（第一册，p. 146）又卷9《元正纪》养老七年二月条："二月丁酉，遣僧满誓于筑紫，令造**观世音寺**。"（第二册，p. 128）又卷13《圣武纪》天平十年三月条："又限五年，施**观世音寺**食封一百户。"（第二册，p. 338）又卷16《圣武纪》天平十七年十一月条："十一月乙卯，遣玄昉法师，造筑紫**观世音寺**。"（第三册，p. 18）又卷17《孝谦纪》天平胜宝元年七月条："乙巳，定诸寺垦田地限。大安、药师、兴福、大倭国法华寺、诸国分金光明寺、寺别一千町。大倭国国分金光明寺四千町。元兴寺二千町。弘福、法隆、四天王、崇福、新药师、建兴、下野药师寺、筑紫**观世音寺**，寺别五百町。"（第三册，p. 88）又卷29《称德纪》神护景云二年九月条："如闻大宰府收**观世音寺**垦田，班给百姓。事如有实，深乖道理。宜下所由研其根源。"（第四册，p. 216）

【観世音像/かんぜおんぞう】 四字 观世音像。《日本书纪》卷29《天武纪下》朱鸟元年七月条："是月，诸王臣等为天皇造**观世音像**，则说《观世音经》于大官大寺。"（第三册，p.464）梁慧皎撰《高僧传》卷13："颖尝患癣疮，积治不除，房内恒供养，一**观世音像**，晨夕礼拜，求差此疾。"唐法琳撰《辩正论》卷7："吴人陆晖系狱分死，乃令家人造**观世音像**，冀得免死。临刑三刀，其刀皆折，官问之。故答云：'恐是观世音慈力。'及看像项上，乃有三刀痕。"按：观世音菩萨之形象，因其应化无方，故相状亦颇多，而以二臂之正观音为其本形，余者皆其示现神变自在之力用，有一首、三首、五首，乃至千首、万首、八万四千烁迦啰首；有二臂、四臂，乃至万臂、八万四千母陀罗臂；有二目、三目，乃至八万四千清净宝目。其化相有千手千眼、十一面等，亦皆有个别之仪轨。→【観世音菩薩像】

【観音/かんのん】 菩薩 （26例） 菩萨名。观世音菩萨的略称；经品名。即《法华经·观世音菩萨普门品第25》。《日本灵异记》上卷《恃凭念观音菩萨得现报缘第6》："小治田宫御宇天皇之代，遣学高丽，遭其国破，流离而行。忽其河边椅坏，无船，过渡无由。居断桥上，心念**观音**。即时老翁乘舟迎来，同载共渡。渡竟之后，从舟下道。老公不见，其舟忽失。乃疑**观音**之应化也。"（p.78）又："从日本国使，以养老二年，归向本朝。住兴福寺，供养其像，至卒不息。诚知**观音**威力，难思议矣。"（p.78）又《遭兵灾信敬观音菩萨像得现报缘第17》："八人同心，窃截松木，以为一舟。奉请其像，安置舟上。各立誓愿，念彼**观音**……盖是**观音**之力，信心至之。"（p.98）又《忆持〈法华经〉现报示奇异表缘第18》："年八岁以前，诵持《法华经》，竟唯一字不得存。至于二十有余岁，犹难得持。因**观音**以悔过。"（p.101）又："诚知法华威神，**观音**验力。"（p.101）又《僧用涌汤之分薪而与他作牛役之示奇表缘第20》："谅委**观音**所示，更不应疑。"（p.105）又《殷勤归信**观音**愿福分以现得大福德缘第31》："**观音**威德，更不应哉？"（p.129）又中卷《观音铜像及鹭形示奇表缘第17》："定知彼见鹭者，非现实鹭。**观音**变化，更莫疑也。"（p.195）又《孤娘女凭敬观音铜像示奇表得现报缘第34》："尔乃知之，**观音**所示。因信因果，增加殷勤，恭敬彼像。"（p.239）又《观音木像示神力缘第36》："圣武太上天皇世，奈良京下毛野寺金堂东胁士**观音**之颈，无故断落也。檀主见之，明日将奉继。经一日一夜，而朝见，其颈自然如故继。加以放光。"（p.242）又《极穷女凭敬千手观音像愿福分以得大富缘第42》："晰委，是钱**观音**所赐。赞曰：'善哉！海使氏长母。朝视饥子，流泣血泪。夕烧香灯，愿**观音**德。应钱入家，灭贫穷愁。'"（p.253）又下卷《被观音木像之助脱王难缘第7》："山继脱杀全命之者，**观音**助救也。"（p.278）又《二目盲男敬称千手观音日摩尼手以现得明眼缘第12》："奈良京药师寺东边里，有盲人，二眼精盲。归敬**观音**，称念日摩尼手，明眼暗。"（p.290）又："诚知**观音**德力，盲人深信也。"（p.291）又《将写〈法华经〉建愿人断日暗穴赖愿力得全命缘第13》："是乃《法华经》神力，**观音**赑厕。更莫疑之矣。"（p. 293）又《灾与善表相先现而后其灾善答被缘第38》："沙弥者**观音**变化。何以故，未受具戒，名为沙弥。**观音**亦尔……乞者咒愿而受者，**观音**应所愿也……我往他处，乞食还来者，往他处乞食者，**观音**无缘大悲，驰法界救有情也。"（p. 372）《藤氏家传》上卷《镰足传》："璧像申臂而摩顶，**观音**寄梦以现空。圣应有所，焕然明矣。"（p. 204）《唐大和上东征传》："去岸渐远，风急波峻，水黑如墨。沸浪一透，如上高山；怒涛再至，似入深谷。人皆荒醉，［但］唱**观音**。"（p. 63）《奈良朝写经56·大般若经卷第50等》："百年之后，辞世之夕，游神率天，升弥勒之香台；栖想极乐，践**观音**之花座。"（p. 358）→【千手観音日摩尼手】【千手観音像】【十一面観音】【十一面観音菩薩】【十一面観音菩薩木像】【十一面観音像】【心念観音】

【観音大悲/かんのんのおほきなるかなしび】 四字 观世音菩萨欲消除众生痛苦的慈悲心。"大悲"，"悲"的意思是拔苦。诸佛菩萨不忍十方众生受苦而欲拔济之，其心称大悲，是佛菩萨为救度众生痛苦的悲悯心。《日本灵异记》下卷《沙门凭愿十一面观世音像得现报缘第3》："方知**观音大悲**，法师深信矣。"（p. 269）唐不空译《不空罥索神变真言经》卷3《秘密印三昧耶品》："昼夜归依称赞礼，观念**观音大悲**者。发大慈悲平等心，精进至诚尊重法。"唐金刚智译《金刚顶瑜伽青颈大悲王观自在念诵仪轨》卷1："诵三遍净契已以自在，想**观音大悲**千眼口中，出大悲妙言文字，放五色光入行者口里，自心月中右旋布置，即诵本尊真言一遍。"

【観音名号/かんのんのみな】 四字 （称念）观世音菩萨的名号。如《法华经·普门品》所示，恭敬礼拜观世音菩萨，及受持称念其名号者，即可得福。《日本灵异记》上卷《殷勤归信观音愿福分以现得大福德缘第31》："径三年许，称礼**观音名号**曰：'南无。铜钱万贯，白米万石，好女多德施。'"（p. 128）宋延寿集《宗镜录》卷29："又《敦煌实录》云：宋质直，破虏有威名。儿啼，恐之即止。且孩儿未识其人，闻名即能止啼者，全证唯心矣。乃至如念**观音名号**，火不能烧等。此托观音，为增上缘，并是自心所感。"宋道原撰《景德传灯录》卷8："潭州华林善觉禅师，常持锡夜出林麓间，七步一振锡一称**观音名号**。"按：名号可表显诸佛菩萨之真如体性，及其广大圆满之功德，除此以外，名号系从诸佛菩萨而来，以名体不离故，所以诸佛之名号，即等同诸佛之法体，故诸经论中，多载有诚心称念诸佛之名号，及思惟忆念诸佛者，可消除罪障灾难，或可往生净土等之说。

【観音木像/かんのんのきのみかた】 四字 （5例） 木雕的观世音菩萨像。《日本灵异记》中卷《**观音木像**示神力缘第36》："圣武太上天皇世，奈良京下毛野寺金堂东胁士观音之颈，无故断落也。檀主见之，明日将奉继。经一日一夜，而朝见，其颈自然如故继。加以放光。诚知理智法身，常住非无。为令知于不信众生所示也。"（p. 242）又《**观音木像**不烧火难示威神力缘37》（p. 243）又下卷《被**观音木像**之助脱王难缘第7》："回贼地之顷，彼妻为令脱贼难，作**观音木像**，殷勤敬供。"（p. 278）又："彼奉作敬供**观音木像**，呵啧而言：'咄！汝何居此秽地哉？'"（p. 278）→【十一面観音菩薩木像】【薬師仏木像】【薬師如来木像】【正観自在菩薩木像】

【観音品初段/かんのんぼんそだん】 多音 《法华经·观世音菩萨普门品第25》的开始部分，叙述称念观世音菩萨名号的缘起。《日本灵异记》上卷《恶人逼乞食僧而现得恶报缘第15》："二子勤重拜敬，请救父厄。其师乃徐行，诵《**观音品**》**初段**竟，即得解脱。"（p. 96）

【観音菩薩/かんのんぼさつ】 菩薩 （4例） 观世音菩萨的略称。《日本灵异记》上卷《恃凭念**观音菩薩**得现报缘第6》（p. 76）又中卷《孤娘女凭敬观音铜像示奇表得现报缘第34》："闻**观音菩薩**者所愿能与，其铜像手系绳牵之，供花香灯，用愿福分曰：'我乃一子而无父母，孤唯独居。亡财贫家，存身无便。愿我施福。早贶，急施！'"（p. 238）又下卷《沙门凭愿十一面观世音像得现报缘第3》："**观音菩薩**之手绳系，引之而白言：'我用大安寺修多罗宗分钱，而偿无便。愿我施钱。'称名以愿求。"（p. 268）《藤氏家传》上卷《镰足传》："持此香炉，如汝誓愿，从**观音菩薩**之后，到兜率陀天之上，日日夜夜，听弥勒之妙说，朝朝暮暮，转真如之法轮。"（p. 243）高齐那连提耶舍译《月灯三昧经》卷3："又复安乐妙世界，**观音菩薩**大势至，那由菩萨众围绕，来问两足释师子。"唐僧详撰《弘赞法华传》卷10："于时昼坐，忽梦空中数百檀龛观音菩萨。以手仰攀，渐觉来就。"唐僧详撰《弘赞法华传》卷10："于时昼坐，忽梦空中数百檀龛**观音菩萨**，以手仰攀，渐觉来就。"→【観世音菩薩】

【観音菩薩像/かんのんぼさつぞう】 多音 观世音菩萨像的略称。《日本灵异记》上卷《遭兵灾信敬**观音菩薩像**得现报缘第17》："我八人同住一洲。倘得**观音菩薩像**，信敬尊重。"（p. 98）又《僧用涌汤之分薪而与他作牛役之示奇表缘第20》："绘师等奉诏持进之于官。官见之，皆**观音菩薩**之**像**也。"（p. 104）又中卷《未作毕佛像而弃木示异灵表缘第26》："请有缘处，劝人集物，雕造阿弥陀佛、弥勒佛、**观音菩薩**等**像**。"（p. 217）宋赞宁等撰《宋高僧传》卷23："彼寺有圣**观音菩薩像**，长烛七灯香华供献。后被诸生就请下山，城内传扬大论，四序无辍。"宋法云编《翻译名义集》卷1："波毘吠伽，《西域记》，唐言清辩。静而思曰：'非慈氏成佛，谁决我疑？'遂于**观音菩薩像**前，诵随心陀罗尼。经涉三年，菩萨现身。"→【観世音菩薩像】

【観音三昧経/かんのんさんまいきょう】 内典 未详。俟考。《日本灵异记》下卷《怨病忽婴身因之受戒行善以现得愈病缘第34》："忠仙见之此病相恫，看病咒护，发愿言：'为愈是病，奉读《药师经》《金刚般若经》各三千卷，《观世音经》一万卷，《**观音三昧经**》一百卷也。'"（p. 350）

【観音銅像/かんのんのあかがねのみかた】 四字 （4例） 铜制观世音菩萨像。《日本灵异记》中卷《**观音铜像**及鹭形示奇表缘第17》："大倭国平群郡鵤村冈本尼寺，

观音铜像有十二体。"（p.194）又："垂将捕之，即入于水，见所居木，有金之指。取牵上见，**观音铜像**。赖观音像，名菩萨池。"又《孤娘女凭敬**观音铜像**示奇表得现报缘第34》（p.237）宋本觉编辑《释氏通鉴》卷12："时镇州大悲**观音铜像**极灵，州之士民，愿以钱代。制不许。方毁其背，群力皆堕腕而死，遂停其半。后未四年，世宗发疽于背而崩。"

【**観音像/かんのんのみかた**】 三字 （3例） 观世音菩萨像的略称。《日本灵异记》中卷《观音铜像及鹭形示奇表缘第17》："见所居木，有金之指。取牵上见，观音铜像。赖**观音像**，名菩萨池。"（p.194）又下卷《将写〈法华经〉建愿人断日暗穴赖愿力得全命缘第13》："妻子哭愁，图绘**观音像**，写经追赠福力而径七日已讫。"（p.293）又《沙门积功作佛像临命终时示异表缘第30》："即从坐起，引率明规并诸亲属，长跪礼于多利丸言：'观规少分，尽命不毕**观音像**，而忽率罢。今幸逢嘉时，盍申所思。'"（p.341）唐道宣撰《续高僧传》卷25："一朝对**观音像**慨慷曰：'通闻菩萨圣鉴，所愿克从，乞垂提诱，免斯轻侮。'因斯诵观音经，昼夜不舍。"唐僧详撰《法华传记》卷8："堂有**观音像**，断食祈誓，必有感应。僧法断食五日，在堂不出户外。"

【**観音之応化/かんのんのおうけ**】 四字 观音应现变化。"应化"，又作应现、应化利生。佛菩萨应众生之利益而变现与众生同类之形象，故称。《日本灵异记》上卷《恃凭念观音菩萨得现报缘第6》："小治田宫御宇天皇之代，遣学高丽，遭其国破，流离而行。忽其河边椅坏，无船，过渡无由。居断桥上，心念观音。即时老翁乘舟迎来，同载共渡。渡竟之后，从舟下道。老公不见，其舟忽失。乃疑**观音之应化**也。"（p.78）宋知礼述《观音义疏记》卷4："二以种下据总文示三广，不明三广，但依别答，则成限局**观音应化**矣。"宋契嵩撰《镡津文集》卷12："王公始欲为僧伽像，疑而未果。法师乃为其推**观音应化**遍知无方者示之。"

【**観音之力/かんのんのちから**】 四字 观世音菩萨的威神之力量。《日本灵异记》上卷《遭兵灾信敬观音菩萨像得现报缘第17》："八人同心，窃截松木，以为一舟。奉请其像，安置舟上。各立誓愿，念彼观音……盖是**观音之力**，信心至之。"（p.98）隋智顗说、灌顶记《观音义疏》卷1："巍巍者，重明高累之辞也。明**观音之力**出于分段之外竖应二土。故言重明。"唐道宣撰《续高僧传》卷24："自隋季扰攘四海沸腾，役毒流行干戈竟起，兴师相伐舍檀兵威，臣佞君荒不为正治，遏绝王路固执一隅。自皇王吊伐载清陆海。斯寔**观音之力**，咸资势至之因。"此处相同内容亦见于唐智升撰《开元释教录》卷8、唐圆照撰《贞元新定释教目录》卷11。

【**官僧/かんそう**】 偏正 获得官方的度牒，正式出家的僧侣。"私度僧"的对应词。《续日本纪》卷35《高绍纪》宝龟十年八月条："望请重仰所由，令陈住处在不之状。然则**官僧**已明，**私度**自止。于是下知诸国，令取治部处分焉。"

【灌頂/かんちょう】述宾 "灌"，大悲护念之意，"顶"，佛果最上之意，谓诸佛以大悲水灌顶，能使功德圆满。有种种不同的方法。《奈良朝写经66·大般若经卷第176》："退愿笃蒙四恩，枕涅槃之山，坐普提之树，位成灌顶，力奋降魔。"（p. 403）唐不空译《大宝广博楼阁善住秘密陀罗尼经》卷3《护摩品》："为一切如来长子殊胜灌顶，成一切如来三昧耶秘密曼荼罗灌顶，以大宝广博楼阁秘密成灌顶。"唐善导集记《观无量寿佛经疏》卷4："又念天者，即是最后身十地之菩萨，此等难行之行已过，三祇之劫已超，万德之行已成，灌顶之位已证。"

【灌頂幡/かんちょうのはた】三字（4例） 又作"观顶幡"，略称"灌顶"。《日本书纪》卷29《文武纪》十一年八月条："壬申，有物，形如灌顶幡而火色，浮空流北。每国皆见，或曰入越海。"（第三册，p. 420）又卷30《持统纪》三年正月条："是日，赐越虾夷沙门道信佛像一躯、灌顶幡、钟钵各一口、五色采各五尺、棉五屯、布一十端、锹一十枚、鞍一具。"（第三册，p. 490）《续日本纪》卷9《元正纪》养老六年十一月条："故奉为太上天皇……造灌顶幡八首，道场幡一千首，著牙漆几三十六，铜碗器一百六十八，柳箱八十二。"（第二册，p. 124）又卷19《孝谦纪》天平胜宝八年十二月条："……国别颁下灌顶幡一具，道场幡四十九首，绯纲二条，以充周忌御斋庄严。"（第三册，p. 168）按：幡具有灌顶之功德，故称灌顶幡，或谓高悬其幡而使其端触人之头顶，类于灌顶，故附以灌顶之名。起于印度转轮圣王太子灌顶即位时，以幢幡庄严其仪式，佛教仿此作为法具。古代多以铜板镂刻作之。

【灌頂経/かんちょうきょう】内典 凡12卷。东晋帛尸梨蜜多罗译。具称《大灌顶神咒经》，又作《大灌顶经》。本经由灌顶三归五戒带佩护身咒经乃至灌顶拔除过罪生死得度经等十二部小经所成，此十二经各就其功德而有"佛说灌顶"四字，故称灌顶经。该经被疑为我国梁代以前所做之伪经。《奈良朝写经50·灌顶经卷第7》："殖栗乡秦禅卖，御为四恩，奉写《灌顶经》一部。天平胜宝六年润十月二十九日。"（p. 305）

【灌仏/かんぶつ】述宾（2例） 将水浇灌在头顶，晋升一定阶位的仪式。《元兴寺伽蓝缘起并流记资财账》："太子像并灌佛之器一具，及说佛起书卷一筐度而言：'当闻佛法既是世间无上之法，其国亦应修行也。'"又："时承如是命已，壬寅年，大后大大王与池边皇子二柱同心，牟久原殿樱井迁；癸卯，始作樱井道场，灌佛之器隐藏。"梁慧皎撰《高僧传》卷9："勒曰：'朕闻号太子死扁鹊能生。大和上国之神人，可急往告必能致福。'澄乃取杨枝咒之。须臾能起，有顷平复。由是勒诸稚子多在佛寺中养之。每至四月八日，勒躬自诣寺灌佛为儿发愿。"梁僧佑撰《出三藏记集》卷13："后使宿卫兵入后宫治园，于地中得一立金像，高数尺，以呈晧。晧使著厕前。至四月八日，晧至厕污秽像云：'灌佛讫。'还与诸臣共笑为乐。未暮阴囊肿痛，叫呼不可堪忍。"按：一般来说，灌顶仪式包括以下三种。①即位灌顶。印度古代，帝王即位时将四大海之水注于头上。②授职灌顶。九地菩萨登上第十法云地时，诸佛将智水注于其顶。③秘密灌顶。密教所施行，但未必注水。此又有二种灌顶（传法、结缘）、三种灌顶（传法、结缘、苏悉地）等。

【光従口出／ひかりくちよりいづ】 四字　从口中放光（以显示神通）。《日本灵异记》上卷《僧忆持〈心经〉得现报示奇事缘第14》："僧乃怪之，窃穿牖纸窥看。法师端坐诵经，**光从口出**。"（p.94）后汉支曜译《佛说成具光明定意经》卷1："于是佛笑，皆见**光从口出**，五色炜晔明接十方。其在痛者一时得安，还从顶入自如常辉。"西晋无罗叉译《放光般若经》卷15《嘱累品》："尔时世尊知诸比丘意便笑，如诸佛常法，五色**光从口出**，遍照十方，还绕身三匝，从顶而入。"姚秦鸠摩罗什译《大智度论》卷9《序品》："尔时世尊，在师子座，熙怡而笑，**光从口出**，遍照三千，大千世界。"【放光】【放光明炫】【放光照炫】

【光明遍室／ひかりむろにあまねし】 四字　阳光洒满整个房间。《日本灵异记》上卷《勤求学佛教弘法利物临命终时示异表缘第22》："临命终时，洗浴易衣，向西端坐，**光明遍室**。"（p.108）《全隋文》卷29阙名《江夏县缘果道场七层砖塔下舍利铭》："亡父于大业三年二月，乃于食内感舍利一枚，大小相欢。睹兹希有，安止水器，且浸且浮，旋绕久之，**光明遍室**，顶带虔礼，日申供养。"唐善导集记《观无量寿佛经疏》卷4："应知四明既蒙化众告及即见**光明遍室**，五明既蒙光照报命寻终，六明乘华从佛生宝池中。"

【光明·炳然／ひかり、かがやく】 四字　发光熠熠，耀眼夺目。《播磨国风土记·贺古郡》条："于是，即取为道行储之弟缦，投入舟中，则缦**光明**，**炳然**满舟。度子得赁，乃度之。"（p.18）晋法炬、法立合译《法句譬喻经》卷1："佛知其意即还复身，**光明炳然**，晃照天地，便持梵声，为梵志说偈言。"姚秦鸠摩罗什等译《禅秘要法经》卷1："见一丈六佛，圆光一寻。左右上下，亦各一寻。躯体金色，举身**光明**，炎赤端严，三十二相，八十种好，皆悉**炳然**，一一相好，分明得见，如佛在世，等无有异。"

【光明显耀／ひかりあきらかにかがやく】 四字　明亮放光。《日本灵异记》上卷《僧忆持〈心经〉得现报示奇事缘第14》："赞曰：'大哉！释子。多闻弘教，闭居诵经。心廓融达，所现玄寂。焉为动摇。室壁开通，**光明显耀**。'"（p.95）吴康僧会译《无量寿经》上卷："舍彼天宫，降神母胎，从右胁生，现行七步，**光明显耀**，普照十方，无量佛土，六种震动。"元魏瞿昙般若流支译《正法念处经》卷59《观天品》："杀怨家已，如阎浮提中，观于虚空。净无云翳，日月清净，**光明显耀**。其人清净，亦复如是。"唐菩提流志译《大宝积经》卷61《序品》："譬如须夜摩天、兜率陀天王、化乐天王、他化自在天王，在天众中，光明显耀，威德独尊。"

【光明異常/かがやきて、つねにことなりき】 四字 光亮异乎寻常。《肥前国风土记·基肆郡》条:"同天皇自高罗行宫还幸而,在酒殿泉之边。于兹,荐膳之时,御具甲铠,**光明异常**。"(p. 314)(1)失译人名今附秦录《别译杂阿含经》卷14:"时有六天女,各乘宫殿,陵虚而行。天等出宫,语此人言:'舅可为我,弹奏清琴,我当歌舞。'时弹琴人,睹其容貌,**光明异常**,生希有想。"(2)《宋书》卷26《天文4》:"五月戊申,太白昼见午上,**光明异常**。占曰:'更姓。'"

【光啓大猷、則天御寓/みのりをひろめひらき、てんにのりあめのしたしらしめす】 典据 "光启大猷",谓光明开启治国大道。"则天御宇",指以天为法统治天下。《日本书纪》卷25《孝德纪》大化元年八月条:"朕更复思崇正教,**光启大猷**,故以沙门狛大法师、福亮、惠云、常安、灵云、惠至、寺主僧旻、道登、惠邻、惠妙而为十师。"(第三册,p. 122)又大化二年八月条:"是以圣主天皇,**则天御寓**,思人获所,暂不废胸。"(第三册,p. 158)史传部《寺沙门玄奘上表记》卷1《请取梵本表》:"伏惟陛下**则天御宇**,**光启大猷**,膺录受图,弘扬正法。"按:由此可以证明《孝德纪》的用法与此处表达的近缘关系。

【光如明鏡/ひかり、あきらけきかがみのごとし】 比喻 明亮得像一面镜子。《播磨国风土记·赞容郡》条:"然后,苫编部犬猪,圃彼地之墟,土中得此剑。土与相去,回一尺许。其柄杇失,而其刃不涩,**光如明镜**。"(p. 80)元魏菩提留支译《大萨遮尼乾子所说经》卷6《如来无过功德品》:"尔时萨遮尼乾子答严炽王言:'大王,汝能为诸众生,现发如来功德小相,多有利益?''汝今谛听!我当一一分别现说。沙门瞿昙,八十种好。依彼诸好,广宣瞿昙,诸功德相。如秋满月,现众星中。何等八十?一者,沙门瞿昙,头相端严,上下相称……十六者,沙门瞿昙,面色华艳,**光如明镜**。'"

【広慈/ひろくめぐむ】 偏正 (3例) 广厚的慈悲。《日本书记》卷30《持统纪》三年五月条:"然自我国家远皇祖代,**广慈**汝等之德,不可绝之。故弥勤弥谨,战战兢兢,修其职任奉遵法度者,天朝复**广慈**耳。汝道那等奉斯所敕,奉宣汝王。"(第三册,p. 494)《元兴寺伽蓝缘起并流记资财账》:"故佛法始建大倭,广庭天皇之子多知波奈土与比天皇在夷波礼渟边宫,任性**广慈**,信重三宝,损弃魔眼,绍兴佛法。"姚秦鸠摩罗什译《十住毘婆沙论》卷1《入初地品》:"是心为**广慈**如虚空故,是心为大受一切众生故,是心无阂至无障智故,是心遍到不断大悲故,是心不断能正回向故,是心众所趣向。"梁宝亮等集《大般涅槃经集解》卷9《长寿品》:"第四发四弘誓,安慰未来**广慈**之用也。"唐菩提流志译《大宝积经》卷100《菩萨行品》:"不生憎嫉心,及以两舌语。能教多众生,种善法根栽。能修**广慈**心,普及于十方。善行此行者,能摧诸魔怨。"按:《汉语大词典》失收。

【広及法界/ひろく ほっかいにおよぼす】 四字 （2例） 遍及宇宙森罗万象的一切境界。法界的"法"，指十界三千的一切现象；"界"是谓差别、境界。《续日本纪》卷15《圣武纪》天平十五年十月条："尽国铜而镕香，削大山以构堂，**广及法界**，为朕智识。"（第二册，p.430）《奈良朝写经66·大般若经卷第176》："退愿笃蒙四恩，枕涅槃之山，坐普提之树，位成灌顶，力奋降魔，**广及法界**，六道有识，离苦得乐，齐登觉道。"（p.403）隋智顗撰《法华三昧忏仪》卷1："又为国王帝主，土境万民，师僧父母，善恶知识，造寺檀越，十方信施，**广及法界**众生。愿藉此善根，平等熏修，功德智慧，二种庄严，同会无生，成种智道。"该例亦见于宋尊式撰《往生净土忏愿仪》卷1。

【広救/ひろく すくふ】 偏正 广泛救济，与"普济"义同。《续日本纪》卷21《淳仁纪》天平宝字二年八月条："大慈至深，建药院而普济，弘愿潜运，设悲田而**广救**。"（第三册，p.270）（1）刘宋功德直译《菩萨念佛三昧经》卷3《不空见劝请品》："七菩提花，悉能普熏，十方世界，如优昙花，世所希有，亦如良医，善疗诸患，大悲**广救**，应病授药，如栴檀树，能消热恼。"唐阿地瞿多译《陀罗尼集经》卷6《诸大菩萨法会印咒品》："诸佛赞言：'善哉，善哉！汝等能为，善护念故，设此方便，威神自在，**广救**众生，离诸贪著，除其罪障，去诸烦恼。'"唐菩提流志译《佛心经》卷2："善男子，当知是人，是如来依，久远过去诸佛。依护此人，**广救**世谛故，当知此人，即是佛树，即是佛日，永劫不灭，当知此人，是佛金刚山也。"（2）《全唐文》卷223张说《为僧普润辞公封表》："贫道起**广救**之悲，决必成之策，奉符命之旨，赞无畏之心，今得众生义安，群魔消伏，在于法侣，所愿为多，视身本无，何功受禄？天位有德，陛下享之；天讨有罪，太子行之。"按：《汉语大词典》失收。

【広寛/こうかん】 并列 犹言"宽广"。《续日本纪》卷7《元正纪》灵龟二年九月条："建出羽国，已经数年。吏民少稀，狄徒未驯。其地膏腴，田野**广寛**。请令随近国民迁于出羽国，教喻狂狄，兼保地利。"（第二册，p.18）（1）隋阇那崛多译《佛本行集经》卷26《向菩提树品》："如雁王行，如象王行，不恇怯行，无疑滞行，无怪悮行，**广寛**博行，那罗延行，不触地行，千辐相轮下地而行，以脚足指网缦所罗，甲如赤铜色泽而行，行步振遍大地而行，行步犹如大山谷响出声而行。"唐尸罗达摩译《佛说十地经》卷8《菩萨法云地》："佛子，譬如大海一大龙王所注大雨，皆能堪任，皆能领纳，悉能摄受，普能任持。若二、若三乃至无量诸大龙王，同一那，瞬息须臾，所注大雨，皆能堪任，咸能领纳，悉能摄受，普能任持。所以者何？大海无量，纵**广寛**故。"（2）《全唐文》卷968阙名《请准崔龟从立私庙奏》："今若人家居第**广寛**，或邻里可兼并者，必便置庙，以展孝思。"按：《汉语大词典》失收。

【広説/こうせつ·ひろくとく】 偏正 （2例） 广泛详细地解说。《万叶集》卷5《沉疴自哀文》说云："夫医方诸家之**广说**，饮食禁忌之厚训，知易行难之钝情三者，盈目满耳，由来久矣。"（第二册，p.77）《日本灵异记》上卷《非理夺他物为恶行受恶

报示奇事缘第 30》："作罪得报之因缘者，《大乘经》如**广说**，谁不信耶？所以经云：'现在甘露，未来铁丸也。'者，其斯谓之矣。"（p. 126）吴支谦译《弊魔试目连经》卷 1："佛为四辈，天龙鬼神，**广说**经道。"西晋白法祖译《佛般泥洹经》卷 1："国王问我：'作何经？'我言：'欲问何等经？所问者我皆应答。'国王所可喜者，我皆为**广说**已。我即化没去，不见国王，从后皆不知我为谁。"姚秦鸠摩罗什译《妙法莲华经》卷 4《法师品》："当知如是人，自在所欲生，能于此恶世，**广说**无上法。"按：《汉语大词典》失收。

【**広談**/ひろくだんず】 偏正　纵横谈论。《怀风藻》第 103 首释道慈《小传》："太宝元年，遣学唐国，历访明哲，留连讲肆。妙通三藏之玄宗，**广谈**五明之微旨。"（p. 165）唐窥基撰《说无垢称经疏》卷 1《序品》："十一为令正见之心，于邪见者，不生恪心，由诸菩萨，能摧伏故，以大师子，吼声敷演。敷谓开发，警悟初机。演谓**广谈**，觉察根熟。既住十地，能遍十方，云雨说法，其说法声，远播十方，美妙音声。"《敦煌变文·维摩诘经讲经文（一）》："〔上缺〕□应，所表何题？今□□□者，□题有十□解信，不敢**广谈**，辄陈五种。"（p. 751）又："若论经首置'如是'两字，已表信也者，若据慈恩解信，理有十般，不敢**广谈**，聊申五种。"（p. 754）又："或在毗耶国内，或于王舍城中，鹫峰之大阐三乘，祇树之**广谈**四谛。"（p. 754）又："经中虽道于我闻，圣上全无于我见。聊申略解，不备**广谈**，听时速起□（于）信心，闻者早生于悟解。"（p. 755）又《维摩诘经讲经文（三）》："居士为愍众生及小果之辈，意欲**广谈**妙法，示现有疾于方丈室中，独寝一床，以疾而卧。"（p. 832）又："**广谈**人世事，四大似浮尘。"（p. 832）按：《汉语大词典》失收。

【**広無辺無際之**/こうむへんむさいの】 自创　广阔、无边无际的。《奈良朝写经 6·瑜伽师地论卷第 21》："天平二年岁次庚午二月十日，飞鸟寺僧贤证，为七世父母、六亲眷属及**广无边无际之**与一切有情共成佛道，贡敬《瑜伽论》七卷。"（p. 55）（1）西晋竺法护译《佛说普门品经》卷 1："何谓菩萨等游有为也？所有无有，一切从念。念者空念，计不可量，无量难计，~~无边无际~~，所起为想。"（2）唐玄奘译《阿毗达磨品类足论》卷 6《辩摄等品》："若诸色法，~~多广无边无际~~无量。若择灭，是名无量法。"

【**広行度人**/ひろくひとをしゅっけせしむをおこなふ】 典据　广泛地劝人剃发出家，脱离苦海，到达彼岸。《唐大和上东征传》："大和上诞生像季，亲为佛使。经云：'如来处处度人，汝等亦教如来，**广行度人**。'"（p. 95）唐法砺撰《四分律疏》卷 1："佛自觉已，在王舍竹园，告诸比丘：'如来处处度人，汝等亦效如来，**广行度人**。'"

【**広修功徳**/ひろくくどくををさむ】 四字　广泛行善以获得利益福报。《日本灵异记》上卷《偷用子物作牛役之示异表缘第 10》："即日申时命终。然后，以覆被及财物，而施其师，更为其父，**广修功德**。"（p. 87）元魏吉迦夜、昙曜合译《杂宝藏经》卷 7："而我乃于三阿僧祇劫，**广修功德**，一阿僧祇劫，我曾供养，无量诸佛，第二第三阿僧祇劫，亦复如是。供养声闻缘觉之人，不可计数，一切大地，无有针许，非我身骨。"隋阇那崛多译《佛本行集经》卷50《说法仪式品》："是时慈者，重白母言：'善哉！阿母。我必诣海，为求财故，至于彼所，持种种宝，必望归还，所谓摩尼真珠，乃至金银，将来供养，父母师长，行檀布施，**广修功德**。'"唐义净译《根本说一切有部毗奈耶药事》卷13："佛告大王：'我于尔时，名茅草转轮王，置六十万义堂，行祭施法，**广修功德**。'"

【帰伏於〜/〜にしたがふ】 ☐于字　归顺降服于某人。①《日本书纪》卷2《神代纪下》："时彦火火出见尊已归来，一遵神教依而行之。其后火酢芹命日以褴褛，而忧之曰：'吾已贫矣。'乃**归伏于**弟。"（第一册，p.176）②《日本书记》卷16《武烈纪》即位前纪条："是夜，梦有一贵人，对立殿户，自称大物主神曰：'天皇勿复为愁。国之不治，是吾意也。若以吾儿大田田根子令祭吾者，则立平矣。亦有海外之国，自当**归伏**。'"（第二册，p.272）（1）隋阇那崛多译《佛本行集经》卷9《相师占看品》："净饭王言：'大圣尊仙，我今不解，尊师此意。'仙人复言：'大王当知，我今身心。深自**归伏，于**此童子。'净饭王言：'何因何缘？愿为解释。'时阿私陀，即报王言：'大王谛心，善听是义。我当为王，说其本末。'"唐义净译《根本说一切有部毗奈耶破僧事》卷10："于时巧师，报儿母曰：'此机关象，汝可藏之。儿若索时，必不应与。由其解去，未学还归。勿使其儿，致遭苦厄。'其儿于后，数数从母，索其孔雀：'我乘木象，暂欲旋游。欲使多人，**归伏于**我。'母遂报曰：'汝师去日，固有留言：儿索象时，不宜见与。但解升去，未体归还。勿令因此，致招苦厄。'"（2）《全晋文》卷152苻朗《苻子》："群蚁曰：'彼之冠山，何异我之载戴也？'消摇乎壤封之巅，**归伏**乎窟穴之下，此乃物我之失，自已而然，何用数百里劳形而观之乎。"《晋书》卷100《祖约传》："勒将程遐说勒曰：'天下粗定，当显明逆顺，此汉高祖所以斩丁公也。今忠于事君者莫不显擢，背叛不臣者无不夷戮，此天下所以**归伏**大王也。'"（p.2627）《全唐文》卷211陈子昂《上西蕃边州安危事》："国家所以制有十姓者，本为九姓强大，**归伏**圣朝，十姓微弱，势不能动，故所以委命臣妾，为国忠良。"（p.2140）

【帰浄国/じょうこくにくゐす・よる】 ☐三字　归往清净的佛国。《唐大和上东征传》法进《七言伤大和上》："大师慈育契圆空，远迈传灯照海东。度物草筹盈石室，散流佛戒绍遗踪。化毕分身**归净国**，娑婆谁复为（驱）龙。"（p.101）唐善导集记《观无量寿佛经疏》卷4："以此功，德回施众生，悉发菩提心，慈心相向，佛眼相看，菩提眷属，作真善知识，**同归净国**，共成佛道。"唐道绰撰《安乐集》卷2："是以无问，一切道俗，但与法师，一面相遇者，若未生正信，劝令生信；若已生正信者，皆劝**归净国**。"

【帰浄土/じょうどにくゐす・よる】 ☐三字　归往佛所住的清净国土。"净土"，同"佛国土""佛土""寂光土""常寂光土"。又有使国土清净之意。相对于被烦恼污染

的秽土（众生所住的娑婆世界），佛所住的国土是不受五浊污垢所染的清净土，故称。《唐大和上东征传》藤原刷雄《五言伤大和上》："哀哉**归净土**，悲哉赴泉场。寄语腾兰迹，洪慈万代光。"（p. 101）唐窥基撰《阿弥陀经通赞疏》卷1："为破不净轮故，三为破苦轮。诸众生为苦逼迫故，令**归净土**，除此苦故，为破此等，三种轮故。故说此经。"唐法崇述《佛顶尊胜陀罗尼经教迹义记》卷2："解曰：善逝者，十号之中一名称也，能引众生皆**归净土**。故名善逝也。"唐道绰撰《安乐集》卷2："第一、依中国三藏法师，并此土大德等，皆共详审圣教，叹**归净土**，今以劝依。"

【**帰敬**/よりうやまふ】 并列 （6例）　归心敬仰。①用于文章中。《日本灵异记》上卷《恃凭念观音菩萨得现报缘第6》："便发誓愿，造像恭敬。遂至大唐，即造其像，日夜**归敬**。"（p. 78）又《遭兵灾信敬观音菩萨像得现报缘第17》："自时迄乎今世，子孙相续**归敬**。"（p. 98）又下卷《二目盲男敬称千手观音日摩尼手以现得明眼缘第12》："奈良京药师寺东边里，有盲人，二眼精盲。**归敬**观音，称念日摩尼手，明眼暗。"（p. 290）②用于说话故事小标题中。《日本灵异记》上卷《聾者**归敬**方广经典得现报开两耳缘第8》（p. 82）又中卷《穷女王**归敬**吉祥天女像得现报缘第14》（p. 184）又下卷《二目盲女人**归敬**药师佛木像以现得明眼缘第11》（p. 288）《太平广记》卷395《法门寺》条："长安西法门寺……如来中指节在焉，照临之内，奉佛之人，罔不**归敬**。"→【道俗帰敬】

【**帰觉路**/かくろにくゐす・よる】 先例 　归往正觉的道路。"觉路"，亦即菩提之道。《奈良朝写经23·十轮经卷第3》："乃至传灯无穷，流布天下，闻名持卷，获福消灾，一切迷方，会**归觉路**。"（p. 179）宋太宗赵炅撰《御制莲华心轮回文偈颂》卷2："照迷情于苦海，咸悟佛心；训狂子于邪山，同**归觉路**。在心修种，永出循流。"

【**帰三宝**/さんぼうにくゐす・よる】 三字 （3例）　皈依佛宝、法宝、僧宝。《日本书纪》卷21《用明纪》二年四月条："天皇诏群臣曰：'朕思欲**归三宝**，卿等议之。'"又卷22《推古纪》十二年四月条："二曰笃敬三宝。三宝者，佛法僧也，则四生之终，归万国之极宗。何世何人，非贵是法。人鲜尤恶，能教从之。其不**归三宝**，何以直枉？"（第二册，p. 524）又三十二年四月条："夫出家者，顿**归三宝**，具怀戒法。"（第五册，p. 584）西晋竺法护译《贤劫经》卷2："犹如圣王，有八万四千，诸宫采女。采女所违佛道者终不与俱。使**归三宝**，消除三百尘。众劳如一，疾致道术。以是戒禁，慈劝众生。是曰持戒。"刘宋求那跋陀罗译《杂阿含经》卷39："时诸信心，**归三宝**者，斯则皆生，人天道中。"北凉昙无谶译《大般涅槃经》卷8《如来性品》："迦叶白佛言：'我亦**归三宝**。是名为正路，诸佛之境界。三宝平等相，常有大智性。我性及佛性，无二无差别。'"《敦煌变文·降魔变文》："各拟悔谢**归三宝**，更亦无心事火龙。"（p. 567）又《维摩诘经讲经文（二）》："居士已作念了，便入王宫。见宝积逐乐追欢，方便发言呵责，令厌奢华，交［教］**归三宝**。"（p. 810）→【帰依三宝】

【帰無上道/むじょうどうにく ゐす・よる】 四字 归顺至高无上的道法。《续日本纪》卷27《称德纪》天平神护二年十月条："癸卯，敕：'去六月，为有所思，发菩提心，**归无上道**。'"（第四册，p.138）东晋帛尸梨蜜多罗译《佛说灌顶经》卷10："三界拔苦恼，宗族蒙福庆。自**归无上道**，所生值众圣。"梁诸大法师集撰《慈悲道场忏法》卷9："十方诸人王，所修菩提业。我今为回向，**同归无上道**。六道众生类，所有微善业。我今为回向，**同归无上道**。"唐般剌蜜帝译《大佛顶如来密因修证了义诸菩萨万行首楞严经》卷2："阿难承佛，悲救深诲，垂泣叉手，而白佛言：'我虽承佛，如是妙音，悟妙明心，元所圆满，常住心地；而我悟佛，现说法音，现以缘心，允所瞻仰，徒获此心，未敢认为，本元心地。愿佛哀愍，宣示圆音，拔我疑根，**归无上道**。'"按："无上道"，即无出其上的最上道。谓佛最高的教法。"有上道"的对应词。相当于释尊一代圣教中的《法华经》。《方便品》第2有云："正直舍方便，但说**无上道**。"→【成无上道】

【帰信/よりうやまふ】 并列 皈依信仰。《日本灵异记》上卷《殷勤**归信**观音愿福分以现得大福德缘第31》（p.128）西晋竺法护译《佛说鹿母经》卷1："诸欲求安逮是功德，疾成佛者，皆当尽心中诚，**归信**三尊，世世不废，如我今日，现般泥洹，诚信所致也。"姚秦鸠摩罗什译《妙法莲华经》卷1《序品》："天人所奉尊，适从三昧起，赞妙光菩萨：'汝为世间眼，一切所**归信**，能奉持法藏，如我所说法，唯汝能证知。'"隋阇那崛多译《佛本行集经》卷44《布施竹园品》："一月之中千过斗，一斗百倍得胜他，若能**归信**佛世尊，能胜于彼十六分。一月之中千过斗，一斗百倍得胜人，若能**归信**法正真，能胜于彼十六分。一月之中千过斗，一斗百倍得胜他，若能**归信**一切僧，能胜于彼十六分。一月之中千过斗，一斗百倍得胜人，若能思惟法性空，能胜于彼十六分。犹如小儿月月学，所食如彼茅草头，若人**归信**佛如来，能胜于彼十六分。"

【帰信三宝/さんぼうをよりうやまふ】 四字 （2例） 皈依信仰佛宝、法宝、僧宝。《日本灵异记》上卷《**归信三宝**钦仰众僧令诵经得现报缘第32》（p.130）又中卷《依汉神崇杀牛而祭又修放生善以现得善恶报缘第5》："自阎罗阙还苏，增发誓愿。从此已后，效不祀神。**归信三宝**，己家立幢，成寺安佛，修法放生。"（p.160）梁慧皎撰《高僧传》卷3："师嘉而叹曰：'汝于大乘有重缘矣。'于是读诵讲宣，莫能酬抗。进受菩萨戒法，乃奉书父母，劝归正法曰：'若专守外道，则虽还无益。若**归信三宝**，则长相见。'"北凉昙无谶译《大方等大集经》卷46《月幢神咒品》："世尊，如此神咒，过去诸佛，牟尼仙圣，建立守护。如此神咒，名月幢月，能令众生，悉得吉祥，**归信三宝**，灭除一切，诸恶重罪，乃至逮得，无上涅槃。"唐义净译《根本说一切有部毗奈耶杂事》卷29："或发无上，大菩提心者，或发烦顶，所有善根，或发中下忍心，皆令大众，**归信三宝**。"

【帰仰/よりあふぐ】 并列 （2例） 皈依敬仰。《日本灵异记》上卷《持戒比丘修

净行而得现奇验力缘第26》："天皇尊重而常供养，诸人**归仰**而恒恭敬。斯乃修行之功，远流芳名，慈悲之德，长存美誉也。"（p. 114）《续日本纪》卷9《元正纪》养老六年七月条："其僧纲者，智德具足，真俗栋梁。理义该通。戒业精勤。缁侣以之推让。素众由是**归仰**。"（第二册，p. 120）后汉昙果、康孟详合译《中本起经》卷2《佛食马麦品》："人中所**归仰**，遮迦越为最。江河泉源流，大海深为最。"西晋竺法护译《正法华经》卷10《净复净王品》："若有闻此，二正士名，执持怀抱，一切众人，皆当礼敬，如是学士，天上世间，皆**归仰**之。"隋宝贵、北凉昙无谶译《合部金光明经》卷1《三身分别品》："三时之中，四大调适，是诸人天，增加守护，慈悲平等，心无伤害，令一切众生，诚心**归仰**，皆悉修行，菩提之行。"

【帰依/きゑす】 并列 （3例） 又作"皈依"。指归敬依投于佛、法、僧三宝。《续日本纪》卷19《孝谦纪》天平胜宝六年十一月条："戊辰，敕：'朕以至款，奉为二尊御体平安，宝寿增长。一七之间，屈四十九僧，**归依**药师琉璃光佛，恭敬供养。'"（第三册，p. 150）《奈良朝写经31·别译杂阿含经卷第10》："愿以兹写经功德，仰资二亲尊灵，**归依**净域，曳影于睹史之宫；游戏觉林，升魂于摩尼之殿。"（p. 232）《奈良朝写经14·七知经》："由是，仰凭三宝，**归依**一乘，敬写一切经，卷轴已讫。"（p. 108）唐玄奘译《阿毗达磨大毗婆沙论》卷34："众人怖所逼，多**归依**诸山，园苑及丛林，孤树制多等。此**归依**非胜，此**归依**非尊，不因此**归依**，能解脱众苦。诸有**归依**佛，及**归依**法僧，于四圣谛中，恒以慧观察。知苦知苦集，知永超众苦，知八支圣道，趣安隐涅槃。此**归依**最胜，此**归依**最尊，必因此**归依**，能解脱众苦。"

【帰依仏道/ぶつどうにきえす】 四字 皈依佛教。《藤氏家传》下卷《武智麻吕传》："我因宿业，为神固久。今欲**归依佛道**，修行福业，不得因缘，故来告之。"（p. 351）唐不空译《降三世忿怒明王念诵仪轨》卷1："尔时忿怒王，说此真言时，一切天魔恶鬼等，皆大降伏，而信受**归依佛道**，各作将护者行者。"唐金刚智译《金刚药叉瞋怒王息灾大威神验念诵仪轨》卷1："又欲解免者，诵大慈三昧明三遍，便得本心即言：'自今已后，**归依佛道**。更不生起，邪见不善心。'"宋法天译《妙法圣念处经》卷5："若离痴爱，明了通达，利益有情，**归依佛道**，永出世间，断有爱支，得一切智，平等无碍。"

【帰依三宝/さんぼうにきえす】 四字 （3例） 皈依佛，即依靠佛陀的指示而得入正道；皈依法，即依靠佛教的教义而求得真理；皈依僧，即依靠僧伽的指导而正信佛教。《续日本纪》卷8《元正纪》养老五年五月条："壬子，诏曰：'太上天皇圣体不豫，寝膳日损。每至此念，心肝如裂。思**归依三宝**，欲令平复。'"（第二册，p. 92）又卷27《称德纪》天平神护二年四月条："丁未，比日之间，缘有所念，**归依三宝**，行道忏悔。泣罪解网，先圣仁迹。冀施恩恕，尽洗瑕秽。"（第四册，p. 118）《奈良朝写经56·大般若经卷第50等》："独出里邻，远入山岳，收秽累之逸豫，卷淫放之散心，俨然闲居，**归依三宝**。"（p. 358）吴支谦译《撰集百缘经》卷1《菩萨授记品》："寻即遣使，敕诸小王：'各令七日，罢诸王课，来朝拜我，**归依三宝**，请佛供养。'"北凉昙无谶译《大般涅槃经》卷8《如来性品》："我今都不知，**归依三宝**处。云何当归趣？无上无所畏。"隋阇那崛多等译《起世经》卷8《三十三天品》："佛开其意，皆得悟解，**归依三宝**，悉随顺行，略说如前。"→【帰三宝】

【帰願/よりねがふ】 誓愿 皈依祈愿。《日本灵异记》上卷《令盗绢衣**归愿**妙现菩萨俟得其绢衣缘第34》：（p. 133）西晋竺法护译《修行道地经》卷6《学地品》："身德成无极，调顺能忍辱，佛乐戒定安，众**归愿**稽首。"宋太宗赵炅撰《御制莲华心轮回文偈颂》卷14："'缘愿归侵会'：**归愿**海者，乘彼慈舟。侵胜缘者，坐其嘉会。俱是离尘之众，尽为出世之人。"

【规令 ~ /はかりて~しむ】 并列 谋划命令。《日本灵异记》中卷《至诚心奉写〈法华经〉有验示异事缘第6》："为报四恩，奉写《法华经》，为纳大乘，遣使四方，求白檀紫檀。乃得诺乐京，以钱百贯而买。唤工巧人，**规令**造函，以奉纳经。经长函短，纳经不得。"（p. 161）唐玄奘译《阿毗达磨大毗婆沙论》卷116："云何离间语从贪生？谓如有一为名利故，于彼有情或彼亲友作离间语。若为己若为他，如国王等招募辩士，令行离间**规令**他伏。彼人尔时以财位故，或依内离外，或依外离内，或依二离二。"按：《汉语大词典》失收。

【皈依/きえす・よりたのむ】 并列 （2例） 皈向、依靠、救度之义。皈依佛、皈依法、皈依僧，叫作皈依三宝，也叫作三皈依。《奈良朝写经75·大般若经卷第176》："然则，**皈依**者，谁不消灾纳福。随顺者，岂无断惑证真。"（p. 442）《日本灵异记》上卷《修持孔雀王咒法得异验力以现作仙飞天缘第28》："诚知佛法验术广大者，**皈依**之人，必证得之矣。"（p. 120）唐不空译《瑜伽集要焰口施食仪》卷1："**皈依**发心：（此去引偈表白提举）归依与佛同慈力，发心与生同悲仰。菩提以是为修因，即得圆成无上果。"唐栖复集《法华经玄赞要集》卷33："一观无所者，观一切众生，无所**皈依**者，无父母庄园宅舍故救。"

【鬼病/きびょう】 偏正 鬼魅附身而产生的病，病因不明的怪病。《万叶集》卷15第3688~3690首歌题《到壹岐岛雪连宅满忽遇**鬼病**死去之时作歌一首并短歌》（第四册，p. 54）（1）吴康僧会译《六度集经》卷6："夫人怀妊，口便能说般若波罗蜜，从朝至暮初不懈息。其长者家，素不知法，恠此夫人口为妄语，谓呼**鬼病**，下问遣祟，无所不至，无能知者。"姚秦鸠摩罗什译《大庄严论经》卷13："如人得**鬼病**，心意不自在，加毁骂咒师，为治**鬼病**故，亦不责病者。"唐不空译《圣贺野纥哩缚大威怒王立成大神验供养念诵仪轨法品》卷2："若一切人，患头痛者，取其名字，即诵真言加持水。作吽字声已，即以此水，打其头上，印其痛处，其痛即愈。风病热病，头病脚病，四百四病，万恼皆悉，消除断尽，乃至世间，所有八万四，千种**鬼病**，皆悉治之，无不差者，皆得成就。"（2）《搜神后记》卷6："及子豫入视，曰：'**鬼病**也。'遂于巾箱中出八毒赤丸子与服之。"按：《汉语大词典》无此义项。《新编日本古典文学全集》栏上的注释指出，从《法苑珠林》卷17、《艺文类聚》卷97《蝉》所引《搜神记》（第四册，p.54）中可见"鬼病"的例句。但从上述文例可知，"鬼病"一词早在六朝前期就已经出现，指一些莫明其妙的怪病。

【鬼狂/ききょう】 比喻 像魔鬼一样狂乱。《怀风藻》第8首释智藏《小传》："法师察之，计全躯之方，遂披发阳狂，奔荡道路。密写三藏要义，盛以木筒，著漆秘封，负担游行，同伴轻蔑，以为**鬼狂**，遂不为害。"（p.79）姚秦鸠摩罗什译《大智度论》卷14《序品》："譬如药师，疗治众病。若**鬼狂**病，拔刀骂詈，不识好丑。医知鬼病，但为治之，而不瞋恚。菩萨若为众生，瞋恼骂詈，知其为瞋患者，烦恼所病，狂心所使，方便治之，无所嫌责，亦复如是。"陈真谛译《四谛论》卷2《分别苦谛品》："复次，父母妻子，所爱眷属，别离因故，如并失财，懊悔失心。如著**鬼狂**，漫语啼哭，闷绝战掉；如临死人，如失王位，重苦所逼；如无识无知，痴乱默然；如船舶破，没忧悲海。故名爱别离苦。"按：《汉语大词典》失收。

【贵贱老少/きせんろうしょう】 四字 不论富贵与贫贱，还是老年与少年。《古语拾遗》："盖闻上古之世，未有文字，**贵贱老少**，口口相传，前言往行，存而不忘。"（p.119）唐道镜、善道共集《念佛镜》卷2："又不问道俗、男女、**贵贱**、**老少**、好丑、贫富及罪轻重，以是义故，唯论信者，能悔过者，深信成就，声声不绝，念佛名字。经云：'一切诸佛，共所护念，皆得不退转。'"唐慧然集《镇州临济慧照禅师语录》卷1："大德，三界无安，犹如火宅，此不是尔，久停住处。无常杀鬼，一刹那间，不拣**贵贱老少**，尔要与祖佛不别，但莫外求。尔一念心上清净光，是尔屋里法身佛；尔一念心上无分别光，是尔屋里报身佛；尔一念心上无差别光，是尔屋里化身佛。"

【贵仰/たふとびあふぐ】 并列 敬重仰慕。《藤氏家传》下卷《武智麻吕传》："国人悦曰：'贵人临境，百姓得苏。'其被人**贵仰**，大略如斯也。"（p.325）唐菩提仙译《大圣妙吉祥菩萨秘密八字陀罗尼修行曼荼罗次第仪轨法》卷1："若洗手面时，加持净水七遍，然洗手面，能令众生**贵仰**。所有诸恶见者，悉当降伏，一切诸人，皆伏敬重，除彼恶心，生欢喜心。"唐菩提流志译《佛说文殊师利法宝藏陀罗尼经》卷1："若洗手面时，当加持水七遍，能令众人，生**贵仰**心。所有诸恶鬼神，见者悉当降伏，一切诸人，皆复敬重，降彼恶心，生欢喜心。"唐阿质达霰译《大威力乌枢瑟摩明王经》卷1："若寒林中坐髑髅上，寒林薪作火坛，进血于中昼夜。茶吉现，以血充阏伽供养之。云有何事？随意乞大愿，天神**贵仰**。"按：《汉语大词典》失收。

【贵志寺/きしでら】 寺名 未详。俟考。《日本灵异记》下卷《弥勒丈六佛像其颈蚁所嚼示奇异表缘第28》："纪伊国名草郡贵志里，有一道场，号曰**贵志寺**。"（p.335）

【国忌斋/こくきのさい】 先例　天皇驾崩之日举行的供养法会。《日本书纪》卷30《持统纪》元年九月条："九月壬戌朔庚午，设**国忌斋**于京师诸寺。辛未，设斋于殡宫。"（第三册，p. 482）《新唐书》卷48《百官志3》："凡十道巡按，以判官二人为佐，务繁则有支使……**国忌斋**，则与殿中侍御史分察寺观。苴宴射、习射及大祠、中祠，视不如仪者以闻。"（p. 1240）

【国内居人/くぬちのたみ】 四字　居住在国内的人们。《日本书纪》卷16《武烈纪》即位前纪条："亿计天皇七年，立为皇太子。长好刑理，法令分明。日晏坐朝，幽枉必达，断狱得情。又频造诸恶，不修一善。凡诸酷刑，无不亲览。**国内居人**，咸皆震怖。"（第二册，p. 268）唐慧沼撰《金光明最胜王经疏》卷5："经：令诸人王，得闻法已，如说修行，正化于世，能令胜位，永保安宁，**国内居人**，咸蒙利益。"

【国人佥曰："～"/くにひとみないはく～】 说词　全国人民都说："……"。《日本书纪》卷25《孝德纪》白雉元年二月条："又白雀见于一寺田庄，**国人佥曰**：'休祥。'又遣大唐使者持死三足乌来，国人亦曰：'休祥。'"（第三册，p. 180）《说文·人》："佥，皆也。"唐玄应撰《一切经音义》卷1："佥皆：且廉反。佥，咸也。《小尔雅》：同也。《方言》自关而东五国之都谓皆为佥。"吴康僧会译《六度集经》卷8："宝尽议曰：'令王取童男童女，光华踰众者，各百人，象马杂畜事，各百头，先饭吾等，却杀人畜，以其骨肉，为陛升天。'以事上闻。王曰：'甚善。'王即命外臣，疾具如之。悉闭著狱，哭者塞路。**国人佥曰**：'夫为王者，背佛真化，而兴妖蛊，丧国之基也。'"

【国师僧/こくしのほうし】 三字　"国师"，是朝廷派往各郡国的僧官，负责管理、监督当地的僧尼，检校寺院的财务。《续日本纪》卷4《元明纪》和铜二年六月条："敕：'自大宰率以下至于品官，事力半减。唯萨摩、多祢两国司及**国师僧**等，不在减例。'"（第一册，p. 150）

【国土严净/こくどごんじょう】 四字　国家领土庄严清净。《续日本纪》卷15《圣武纪》天平十五年正月条："仰愿梵字增威，皇家累庆，**国土严净**，人民康乐，广及群方，绵该广类，同乘菩萨之乘，并坐如来之座。像法中兴，实在今日。凡阙知见，可不思哉。"（第二册，p. 416）西晋无罗叉译《放光般若经》卷2《授决品》："佛之威神，令会者见，东方千佛，及四部众，及诸十方，各千佛现。尔时沙诃楼陀刹土，不如彼佛，**国土严净**。"姚秦鸠摩罗什译《妙法莲华经》卷5《安乐行品》："佛知其心，深入佛道，即为授记，成最正觉：'汝善男子，当于来世，得无量智，佛之大道。**国土严净**，广大无比。'"又《维摩诘所说经》卷1《佛国品》："舍利弗言：'唯然！世尊。本所不见，本所不闻，今佛**国土**，**严净**悉现。'"

【果本愿/ほんがんをはたす】 誓愿　完成凤愿。《唐大和上东征传》："道俗二百

余人，唯有大和上、学问僧普照、天台僧思托始终六度，经（逾）十二年，**遂果本愿**。来传圣戒；方知济物慈悲，宿因深厚，不惜身命，所度极多。"（p.93）姚秦竺佛念译《菩萨璎珞经》卷2《龙王浴太子品》："昔在瑠璃池，禅头龙宫时。专意发大乘，要灭爱欲魔。今已**果本愿**，三界无等伦。愿升无畏座，何为现洗浴？"又《出曜经》卷16《忿怒品》："或有愚人，不遇师训，既不广学，志性暗钝，结怨在心，终已不解，如斯之人，不当与坐起，言语饮食欢燕，人欲之造，见则不吉，成事倾败，**不果本愿**。是故说，击人得击也。"按：佛菩萨于过去世为救济众生而发下的誓愿。与"证得之果"相对，称因位誓愿。亦称本弘誓愿、本誓，此又分为总愿、别愿二种。总愿是一切的佛、菩萨所共通的誓愿，相当于四弘誓愿。别愿是各个的佛、菩萨所固有的誓愿，譬如阿弥陀佛的四十八愿、药师佛的十二大愿等，即相当于此。

【果願/ねがひをはたす】 誓愿 实现愿望。《日本书纪》卷19《钦明纪》十六年八月条："请悯前过，无劳出俗。如欲**果愿**，得度国民。"（第二册，p.440）西晋竺法护译《佛说海龙王经》卷1："善讲本性而为说法，不尽八难音声诸法，亦无有尽，及譬喻慧三世无尽，及报应**果愿**可尽耶？经典顺普可尽耶？"姚秦竺佛念译《菩萨从兜术天降神母胎说广普经》卷3《八种身品》："吾今处胎所欲灭者，都已灭尽，**果愿**成报今日已获。"齐那连提耶舍译《大方等大集经》卷57："大众云集**果愿**满，十方菩萨赞佛德。云何降伏诸恶龙？雨泽调适苗稼茂。"按：《汉语大词典》失收。

【裹持/つつみもつ】 偏正 包裹挟持，犹携带。《万叶集》卷10第1833首："梅花 零覆雪乎 **裹持** 君令见迹 取者消管"（第三册，p.30）姚秦鸠摩罗什译《成实论》卷3《四大相品》："此坚等物，不离色等。轻重亦如是，虽用身根，是中更无异相。又身根不触，不生身识，是重相。身虽未触，亦能生识，如重物虽以物**裹持**，亦知其重。"刘宋佛陀什、竺道生等合译《弥沙塞部和醯五分律》卷27："彼客比丘，欲至僧坊，若先反抄，衣应下之；若先扠腰，不应复扠；若先戴衣，应下著肩上，脱革屣抖擞拭令净，以草叶**裹持**入。"梁宝唱等集《经律异相》卷19："比丘夜卧，鬼女以纳衣**裹持**，著酒舍酒瓮中。酒家人明日见比丘在酒瓮中，问言：'汝是何人？'答言：'我是沙门。'"唐义净译《根本说一切有部苾刍尼毗奈耶》卷17："昔有一贼，穿墙作孔，而入王家，盗多金银，诸妙珍宝，**裹持**而出。"按：《汉语大词典》例举清黄六鸿《福惠全书·刑名·设便民房》："住人自是乡民，干粮小米**裹持**而来，绝无他费。"偏晚。

【裹頭/かうべをつつむ】 述宾 裹扎头巾；包头。《唐大和上东征传》："时如海大瞋，**裹头**入州，上采访厅告曰： '大使知否？有僧道航造船入海，与海贼连。'"（p.44）（1）东晋瞿昙僧伽提婆译《中阿含经》卷37《梵志品》："于是，阿私罗仙人提鞞逻闻众多仙人共住无事高处，生如是恶见已，著袈裟衣，以袈裟巾**裹头**，拄杖持伞，著白衣变，不从门入，至仙人住处静室经行。"刘宋佛陀什、竺道生等合译《弥沙塞部和醯五分律》卷13："尔时诸比丘尼，掷屎溺于篱墙外，污泥人及非人。时有婆罗门大臣，被冕斋洁清净，晨朝洗浴，著香熏衣，欲至天祠，求复其官。**裹头**行路，恐见剃发，割截衣人。"梁宝唱等集《经律异相》卷20："时有国王，头素少发。加复有疮，又脚著革屣，自恃豪尊，以叠衣**裹头**。"按：《汉语大词典》首引《北史》卷93《僭伪附庸传·萧詧》："又恶见人发，白事者，必方便避之，担舆者，冬月必须**裹头**，夏月则加莲叶帽。"偏晚。

【**裹物**/つと】 述宾 包裹；礼物、礼品。"裹物"的基本含义是包裹起来的东西，引申为用于赠送的礼物、礼品。《万叶集》卷16第3810首歌注："尔时，夫君更取他妻，正身不来，徒赠**裹物**。"（第四册，p.105）刘宋佛陀什、竺道生等合译《弥沙塞部和醯五分律》卷21："有一外道弟子，以衣裹钱著道中，比丘见拾取，便语众人言：'诸比丘果是觅钱。'诸比丘以是白佛，佛言：'不应取街巷中**裹物**。'"隋阇那崛多译《佛本行集经》卷57《难陀出家因缘品》："尔时，世尊又共，长老难陀，至于一卖香邸，见彼邸上，有诸香裹。见已，即告长老难陀，作如是言：'难陀，汝来取此邸上，**诸香裹物**。'"唐道世撰《法苑珠林》卷22："夜梦一人，形貌秀异，若神人者，自屋梁上，以小**裹物**及剃刀，授习云：'服此药用此刀病必愈。'习既惊觉，果得刀药焉。登即服药疾除。"按：《汉语大词典》失收。

【**裹著**/つつみてつく】 后补 裹在身体的某部位；将某物包裹起来放在某处。《古事记》中卷《应神记》："故是女人自其昼寝时，妊身，生赤玉。尔其所伺贱夫，乞取其玉，恒**裹著**腰。"（p.274）（1）后汉安世高译《地道经》卷1："痴人计为净，都庐儿拨肌合裁如一酸枣为**裹著**身。"姚秦鸠摩罗什译《大智度论》卷59："若以青物**裹著**水中，水色即为青；若黄赤白红缥物**裹著**水中，水随作黄、赤、白、红、缥色。如是等种种色物，**裹著**水中，水随作种种色。"高丽一然撰《三国遗事》卷2："寻绳之下，乃见红幅裹金合子，开而视之，有黄金卵六圆如日者。众人悉皆惊喜，俱伸百拜。寻还，**裹著**抱持而归我刀家寘榻上，其众各散。"（2）《幽明录》："后盗牛肉，鸲鹆复白参军，参军曰：'汝云盗肉，应有验。'鸲鹆曰：'以新荷**裹著**屏风后。'检之，果获，痛加治，而盗者患之，以热汤灌杀。"（p.709）按：《汉语大词典》失收。

【**過渡**/すぎわたる】 并列 横越江河湖海。《日本灵异记》上卷《凭念观音菩萨得现报缘第6》："忽其河边桥坏，无船**过渡**无由。居断桥上，心念观音。"（p.78）西晋竺法护译《普曜经》卷3："又有大水，泛泛盈溢，众生欲渡，而不能越，心怀恐怖，即**过渡**之。"失译人名今附东晋录《那先比丘经》卷1："人不去是五恶，心意不定，去是五恶，意便清净。那先言：'譬如遮迦越王车马人，从灟渡水，令水浊恶。**过渡**以去，王渴欲得水饮。'"唐实叉难陀译《地藏菩萨本愿经》卷2："若未来世，有善男子、善女人，或因治生，或因公私，或因生死，或因急事，入山林中，**过渡**河海，乃及大水，或经险道，是人先当念地藏菩萨名万遍。"按：《汉语大辞典》首引宋苏轼《荆州》诗之五："野市分麕闹，宫帆**过渡**迟。"偏晚。

【過前所～／まえよりの～にすぎたり】 比较 超过了过去（上一次）……的。
《日本书纪》卷24《皇极纪》三年正月条："中臣镰子连便感所遇，而语舍人曰：'殊奉恩泽，**过前所**望。'舍人便以所语陈于皇子，皇子大悦。"（第三册，p. 84）失译人名今附东晋录《菩萨本行经》卷2："衣被床卧，饭食供养，过去当来，今现在，四方众僧，沙门道士，给其所须，计其功德，**过前所**作功德者。"唐玄奘译《大般若波罗蜜多经》卷600："善勇猛，如有情类，成胜善根，清净**过前**，**所**成就者。"又《大乘大集地藏十轮经》卷7："是故恼乱，佛弟子罪，**过前所**说，五无间罪，无量倍数。是故汝等，今于我前，起至诚心，增上惭，殷勤恳切，发露忏悔，往昔所造，诸恶业障。我今慈悲，摄受汝等，令恶业障，渐得消灭。"又《瑜伽师地论》卷44："如是供养，为最第一，最上最胜，最妙无上。如是供养，**过前所**说，具一切种，财敬供养，百倍千倍，乃至邬波尼杀昙倍。"

【過去／すぎぬ】 并列 （9例） 梵语 naṣṭa，某个时间、某种状态已经消逝；去世，灭亡。《万叶集》卷1第47首："真草苅 荒野者虽有 叶 **过去**君之 形见跡曾来师。"（第一册，p. 52）又卷2第217首："时不在 **过去**子等我 朝露乃如也 夕雾乃如也。"（第一册，p. 144）又卷3第427首："百不足 八十隅坂尔 手向为者 **过去**人尔 盖相牟鸭。"（第一册，p. 239）又第464首："长夜乎 独哉将宿跡 君之云者 **过去**人之 所念久尔。"（第一册，p. 255）又卷9第1796首："黄叶之 **过去**子等携 游礒麻 见者悲裳。"（第二册，p. 442）又第1797首："盐气立 荒礒丹者虽在 徃水之 **过去**妹之 方见等曾来。"（第二册，p. 442）又卷10第1888首："白雪之 常敷冬者 **过去**良家霜。"（第三册，p. 45）又卷13第3333首："我心 尽之山之 黄叶之 散**过去**常 公之正香乎。"（第三册，p. 445）《日本灵异记》上卷《无慈心而马负重驮以现得恶报缘第21》："现报甚近，应信因果。虽见畜生，而我**过去**父母，六道四生我所生家，故不可无慈悲也。"（p. 106）吴康僧会译《六度集经》卷7："思十六事，一其心得禅。何谓十六？喘息长短即自知，喘息动身即自知，喘息微着即自知，喘息快不快即自知，喘息止走即自知，喘息欢戚即自知，自惟万物无常喘息自知，**万物过去**不可追得喘息自知，内无所思弃捐所惟喘息自知，放弃躯命不弃躯命喘息自知。"又卷8："人命譬若，牵牛市屠，牛一迁步，一近死地，人得一日，犹牛一步，命之流去，又促于此。人命譬若，水从山下，昼夜进疾，无须臾止，**人命过去**，有疾于此，昼夜趣死，进疾无住。"西晋竺法护译《德光太子经》卷1："人以意为本，**身命过去**疾，譬如河水流，适合便复别。"按：《汉语大辞典》例举《朱子语类》卷65："老阳**过去**交阴，老阴过来交阳，便是兑、艮。"偏晚。《日本灵异记》上卷《忆持〈法华经〉现报示奇异表缘第18》："《善恶因果经》云：'欲知**过去**因，见其现在果。欲知未来报，见其现在业。'者，其斯谓之矣。"（p. 102）又中卷《行基大德携子女人视**过去**怨令投渊示异表缘第30》（p. 226）又《女人恶鬼见点攸食嗷缘第33》："或言神怪，或言鬼唉。覆思之，犹是**过去**怨。"（p. 234）又下卷《杀生物命结怨作狐狗互相怨报缘第2》："何以故？毗瑠璃王，报**过去**怨，而杀释众九千九百九十万人，以怨报怨，怨犹不灭。如车轮转。"（p. 267）又《依妨修行人得猴身缘第24》："往昔**过去**罗，作国王时，制一独觉，不令乞食。入境不得，七日顷饥。依此罪报，罗睺罗不生六年，在母胎中者，其斯谓也矣。"（p. 323）又《灾与善表相先现而后其灾善答被缘第38》："授本垢者，**过去**时，本有善种子之菩堤，所覆久不现形，由修善法，后应得故也。"（p. 372）以上诸例中的"过去"一词，均表示"前世"的意思。

【**過去父母・六道四生**／かこのちちはは・ろくどうししょう】 四字 前世的父亲和母亲。多用于劝诫杀生的场合。《日本灵异记》上卷《无慈心而马负重驮以现得恶报缘第21》："随见畜生，而我**过去父母**，**六道四生**我所生家，故不可无慈悲也。"（p. 106）姚秦鸠摩罗什译《梵网经》卷2："若佛子，以慈心故，行放生业。一切男子是我**父**，一切女人是我**母**。我生生无不，从之受生，故**六道众生**，皆是我父母。而杀而食者，即杀我父母，亦杀我故身。"按：此说由《新日本古典文学大系》提出。

【**過去七世父母**／かこのしちせいのぶも】 典据 过去（前世）七代的父母。《元兴寺伽蓝缘起并流记资财账》："缘此福力，天皇大臣及诸臣等**过去七世父母**，广及六道四生众生，生生处处，十方净土，普因此愿，皆成佛果。以为子孙，世世不忘，莫绝纲纪，名建通寺。"西晋竺法护译《佛说盂兰盆经》卷1："佛言：'大善！快问。我正欲说，汝今复问。善男子，若有比丘比丘尼、国王太子、王子大臣宰相、三公百官、万民庶人行孝慈者，皆应为所生现在父母、**过去七世父母**，于七月十五日——佛欢喜日、僧自恣日——以百味饮食，安盂兰盆中，施十方自恣僧。乞愿便使现在父母寿命百年、无病，无一切苦恼之患，乃至七世父母离饿鬼苦，得生天人中，福乐无极。"→【七世父母】

【**過去神霊**／すぎにししんれい】 典据 逝去的人的魂魄。《奈良朝写经33·大智度论卷第54》："仰愿藉此功德，**过去神灵**救三恶趣苦，欲令往生十方净土，莲花台化生，俱成觉道。"（p. 217）唐道宣撰《广弘明集》卷22："仰愿**过去神灵**，乘兹道力。得无生忍，具足威仪。又愿国祚遐长，臣民休庆，四方内附，万福现前，六趣怨亲，同登正觉。"

【**過去無量劫**／かこのむりょうこう】 比较 过去无可计量的劫数。《上宫皇太子菩萨传》："若恶人入山，怀劫夺者，至松径，异人即出捉手，牵入松林溪中。而言：'汝**过去无量劫**中作恶业，今旦坐禅入灭尽定，以一手捉石压脚上，更不得起。'"东晋佛驮跋陀罗译《大方广佛华严经》卷14《兜率天宫菩萨云集赞佛品》："**过去无量劫**，流转于生死，不知真实法，如来所起处。"姚秦鸠摩罗什译《妙法莲华经》卷4《提婆达多品》："尔时佛告，诸菩萨及，天人四众：'吾于**过去，无量劫**中，求法华经，无有懈惓。于多劫中，常作国王，发愿求于，无上菩提，心不退转。'"北凉昙无谶译《大般涅槃经》卷 15《梵行品》："善男子。以难成故，不名大慈。何以故。久于**过去，无量劫**中。多集烦恼，未修善法。是故不能，于一日中，调伏其心。"

【過去因・現在果・未来報・現在業/かこのいん・げんざいのか・みらいのほう・げんざいのごう】 典据　过去世所作的善恶，会在现世体现出来；来世的果报，取决于现世的所作所为。《日本灵异记》上卷《忆持〈法华经〉现报示奇异表缘第 18》："《善恶因果经》云：'欲知**过去因**，见其**现在果**。欲知**未来报**，见其**现在业**。'者，其斯谓之矣。"（p. 102）唐道世撰《法苑珠林》卷 56："夫贫富贵贱，并因往业，得失有无，皆由昔行。故经言：'欲知**过去因**，当观**现在果**；欲知**未来果**，当观**现在因**。'"该例亦见于《诸经要集》卷 6。又《法苑珠林》卷 74："如斯之苦，皆由前身不施劫盗中来。故经曰：'欲知**过去因**，当看**现在果**；欲知**未来果**，但观**现在因**。'"该例亦见于《诸经要集》卷 14。

【過現二生/かげんのにしょう】 自创　过去世和现在世。《日本灵异记》上卷《忆持〈法华经〉现报示奇异表缘第 18》："赞曰：'善哉！日下部之氏，读经求道，<u>过现二生</u>，重诵本经。现孝二父，美名传后。是圣非凡。诚知法华威神，观音验力。'"（p. 101）唐玄奘译《阿毗达磨顺正理论》卷 17："以无漏心，非烦恼故，又非所断，如何可执，由断彼故？亦说能缘，<u>过现二世</u>，诸烦恼断。今恣汝说，此位断何能，缘过去现在烦恼？故汝所言，都无实义。"唐湛然述《止观辅行传弘决》卷 8："言法门者，<u>过现二世</u>，或单分别，布施法门；或欲施时，先简邪正，偏圆等心。故此心现，总名习因。"唐圆晖述《俱舍论颂疏论本》卷 6《分别根品二之一》："二世者，遍行同类，唯通<u>过现二世</u>也。三世三者，谓异熟相应，俱有三因，通三世也。"

【過之甚也/すぎてはなはだし】 比较　超过得很多，有过之而无不及。《日本书纪》卷 29《天武纪下》十年五月条："是日，诏曰：'凡百寮诸人恭敬宫人**过之甚也**。或诣其门谒己之讼、或捧币以媚于其家。'"（第三册，p. 408）隋吉藏撰《涅槃经游意》卷 1："灭诸结火，名为灭度。离觉观故，名为涅槃。既涅槃灭度两出别，知不以灭度翻涅槃。然生肇等，师亲承什师，血共翻译，岂当有谬，而释弹片耶？今明不破生肇，今古人弹其定翻者耳。若定言翻灭度，则**过之甚也**。"隋吉藏撰《二谛义》卷 1："菩萨时长除粪广故，**过之甚也**。今明菩萨知惑本不生今不灭。何所断？斯即生在佛家，种姓尊贵，如转轮圣王皇太子也。唯见客作，贱人除粪，何曾闻长者之儿担屎？故今明。"

H

【海潮/うしほ】 偏正 （2例） 海洋潮汐。指海水定时涨落的现象；水路。《日本书纪》卷11《仁德纪》十一年十月条："聊逢霖雨，**海潮**逆上，而巷里乘船，道路亦泥。故群臣共视之，决横源而通海，塞逆流以全田宅。"（第二册，p.36）《出云国风土记·出云郡》条："即自神门水海，通大**海潮**，长三里，广一百二十步。此则出云与神门二郡堺也。"（p.224）（1）西晋法炬译《法海经》卷1："大**海潮**水，寻以时而来，不失常处。吾四部众，受吾戒者，不犯禁戒，违失常法。此第二之德。"晋世法炬、法立合译《法句譬喻经》卷2："时**海潮**来，城内人民至水边取薪，分那持珠物出至城外。"姚秦鸠摩罗什译《妙法莲华经》卷7《观世音菩萨普门品》："妙音观世音，梵音**海潮**音，胜彼世间音，是故须常念，念念勿生疑。"（2）《艺文类聚》卷72所载庚肩吾《谢湘东王赉米启》曰："窃以月满则亏，恩来无爽，**海潮**虽大，万江恒注，遂使连箱委地，不殊阳翟，盈仓接宇，宁异海陵。"《太平御览》卷558所引《吴越春秋》曰："取土临**海潮**，千万人筑治之。以葬后金精上地为白虎据坟，故以为虎丘。"按：《汉语大词典》首引北周庾信《哀江南赋》："**海潮**迎舰，江萍送王。"偏晚。

【海导者/わたのみちびと】 自创 熟悉海上路线的人，海上导游的人。《日本书纪》卷3《神武纪》即位前纪条："天皇敕授渔人椎橘末令执，而牵纳于皇舟，以为**海导者**。乃特赐名为椎根津彦，此即倭直部始祖也。"（第一册，p.196）唐慧琳撰《一切经音义》卷41："帆主：上音凡。《考声》云：船舶上使风幔也。帆主者，**海导**师也。从巾，凡声。"东晋佛驮跋陀罗译《大方广佛华严经》卷5《菩萨明难品》："譬如**海导**师，能度无量众。拯彼不自济，多闻亦如是。"姚秦鸠摩罗什译《维摩诘所说经》卷1《佛国品》："其所讲说，乃如雷震，无有量已过量，集众法宝，如**海导**师，达诸法深妙之义。"唐良贲述《仁王护国般若波罗蜜多经疏》卷3："解曰：世尊如上，言导师者，善巧具足，如**海导**师，彼引得宝。此引成佛。"按："海导者"是"海导师"的替换说法。"师"，与"船师"（《日本书纪》卷9《神功纪》摄政前纪条）、"柁师"（《日本书纪》卷20《敏达纪》十二年是岁条）、"书写师"（《奈良朝写经15·瑜伽师地论卷第8》）等一样，指从事某种职业的人。此外，《日本书纪》卷2《神代纪下》："故经津主神，以歧神为**乡导**，周流削平。有逆命者，即加斩戮。归顺者，仍加美。"（第一册，p. 136）又卷3《神武纪》即位前纪戊午年六月条："时夜梦，天照大神训于天皇曰：'朕今遣头八咫乌，宜以为**乡导者**。'果有头八咫乌，自空翔降。"（第一册，p. 204）例中"乡导""乡导者"，谓向导、领路人。"乡"，通"向"。《孙子·军争》："不用**乡导者**，不能得地利。"→【導者】

【海宫/わたつみのみや】 偏正 （3例） 海底宫殿；龙宫。《日本书纪》卷2《神代纪下》："已而彦火火出见尊因娶海神女丰玉姬，仍留住**海宫**，已经三年。"（第一册，p. 158）又："时海神迎拜延入，殷勤奉慰，因以女丰玉姬妻之。故留住**海宫**，已经三载。"（第一册，p. 164）又："是时鳄鱼策之曰：'吾者八日以后，方致天孙于**海宫**。唯我王骏马，一寻鳄鱼，是当一日之内，必奉致焉。'"（第一册，p. 180）（1）西晋竺法护译《佛说海龙王经》卷3："以佛三昧正受已，所作庄严光饰大海不可思议。佛从宝阶，降神**海宫**，自然音乐，普闻十方，无量世界。佛之威神，如来所感，皆见能仁如来，下于大海。"姚秦竺佛念译《菩萨从兜术天降神母胎说广普经》卷7："尔时金翅鸟，闻龙子所说，受八关斋法，口自发言：'自今以后尽形寿不杀，如诸佛教金翅鸟眷属。'受三自归已，即从龙子到**海宫**殿。"梁僧佑撰《出三藏记集》卷11："时有大士，厥号龙树。爰托**海宫**逮无生忍，意在傍宗载隆遗教。故作论以折中。"（2）鲍溶《采珠行》："**海宫**正当龙睡重，昨夜孤光今得弄。河伯空忧水府贫，天吴不敢相惊动。"温庭筠《晓仙谣》："玉妃唤月归**海宫**，月色澹白涵春空。银河欲转星靥靥，碧浪叠山埋早红。"按：《汉语大词典》失收。

【海途/うみのみち】 偏正 海路，海上航行。《日本书纪》卷2《神代纪下》："天孙犹不能忍，窃往觇之。丰玉姬方产化为龙。而甚惭之曰：'如有不辱我者，则使海陆相通，永无隔绝。今既辱之。将何以结亲昵之情乎？'乃以草裹儿弃之海边，闭**海途**而径去矣。"（第一册，p. 160）（1）唐义净撰《大唐西域求法高僧传》卷2："合门眷属，咸见资赠，争抽上贿，各舍奇浇，庶无乏于**海途**，恐有劳于险地，笃如亲之惠，顺给孤之心，共作归依，同缘胜境。所以得成礼谒者，盖冯家之力也。"（2）《初学记》卷27《草部（附）》："何晏诗曰：转蓬去其根，流飘从风移；芒芒四**海途**，悠悠焉可弥。愿为浮萍草，托身寄清池；且以乐今日，其后非所知。"孟云卿《今别离（一作别离曲）》："渺渺大**海途**，悠悠吴江岛。但恐不出门，出门无远道。"按：《汉语大词典》失收。传世文籍中的用法，均以复合词的形式出现，不同于独立使用的佛经用法。

【海原/うなはら】 偏正 （20例） 大海，海洋。《古事记》上卷《伊耶那岐命与伊耶那美命》："次诏建速须佐之男命：'汝命者，所知**海原**矣。'事依也。"（p. 54）又《日子穗穗手见命与鹈葺草葺不合命》："于是，海神之女丰玉毗卖命自参出白之：'妾已妊身，今临产时。此念天神之御子不可生**海原**。故参出到也。'"（p. 134）又："故御毛沼命者，跳波穗渡坐于常世国；稻冰命者，为妣国而入坐**海原**也。"（p. 138）又中卷

《垂仁记》："尔其御子一宿婚肥长比卖。故窃伺其美人者，蛇也。既见畏遁逃。尔其肥长比卖患，光**海原**自船追来。"（p.208）又《仲哀记》："故备如教觉，整军双船，度幸之时，**海原**之鱼，不问大小，悉负御船而渡。尔顺风大起，御船从浪。故其御船之波澜，押胜新罗之国，既到半国。"（p.246）《日本书纪》卷1《神代纪上》："又入吹生赤土命、出吹生大地**海原**之诸神矣。"（第一册，p.58）又卷2《神代纪下》："兄则溺苦，无由可生，便遥请弟曰：'汝久居**海原**，必有善术。愿以救之。'"（第一册，p.184）又卷8《仲哀纪》八年正月条："因以奏言：'臣敢所以献是物者，天皇如八尺琼之勾以曲妙御宇，且如白铜镜以分明看行山川**海原**，乃提是十握剑平天下矣。'"（第一册，p.408）《万叶集》卷1第2首："国原波　烟立龙　**海原**波　加万目立多都"（第一册，p.24）又卷6第1016首："**海原**之　远渡乎　游士之　游乎将见登　莫津左比曾来之"（第二册，p.153）。又卷7第1075首："**海原**之　道远鸭　月读　明少　夜者更下乍"（第二册，p.187）又卷7第1089首："大海尔　岛毛不在尔　**海原**　绝塔浪尔　立有白云"（第二册，p.191）。又卷11第2367首："**海原**乃　路尔乘哉　吾恋居　大舟之　由多尔将有　人儿由惠尔"（第三册，p.170）。又第2779首："**海原**之　奥津绳乘　打靡　心裳四怒尔　所念鸭"（第三册，p.270）。又卷15第3592首："**海原**尔　宇伎祢世武夜者　于伎都风　伊多久奈布吉曽　妹毛安良奈久尔"（第四册，p.25）。又第3618首："**海原**乎　夜苏之麻我久里　伎奴礼杼母　奈良能美也故波　和须礼可祢都母"（第四册，p.33）。又卷20第4334首："**海原**乎　等保久和多里弖　等之布等母　儿良我牟须敝流　比毛等久奈由米"（第四册，p.389）。又第4360首："**海原**见礼婆　之良奈美乃　夜敝乎流我宇倍尔　安麻乎夫祢　波良良尔宇伎弖"（第四册，p.398）。又第4362首："**海原**乃　由多气伎见都都　安之我知流　奈尔波尔等之波　倍奴倍久于毛保由"（第四册，p.399）。又第4408首："**海原**乃　可之古伎美知乎　之麻豆多比　伊己艺和多利弓　安里米具利"（第四册，p.4408）。东晋佛驮跋陀罗译《大方广佛华严经》卷14《兜率天宫菩萨云集赞佛品》："尔时勇猛幢菩萨，承佛神力，普观十方，以偈颂曰：'有眼有日光，能见细微色。最胜神力故，净心见诸佛。勇猛勤方便，能尽**海原**①底。智慧力如是，究竟诸佛海。'"《华严经探玄记》卷7《兜率天宫菩萨云集赞佛品》："第三智力勇健尽佛**海原**名勇猛幢。"按：《汉语大词典》失收。上代文学作品中，"海原"是异域的磁场，是神灵发挥威力的空间。在佛典表达中，"海原"被视为一个喻词，谓大海有多宽阔，神威就有多浩荡，亦即大海无边，神威无量。

　　【**海中大鱼**/わたなかのおふを】 四字　即鲸鲵。雄曰鲸，雌曰鲵。《日本书纪》卷9《神功纪》摄政前纪条："时飞廉起风，阳侯举浪，**海中大鱼**，悉浮扶船。则大风

---

　　① "原"，在元本、明本、圣本中作"源"。

顺吹，帆舶随波，不劳橹楫，便到新罗。"（第一册，p. 426）（1）唐慧琳撰《一切经音义》卷15："鲸鲵：上渠迎反。《说文》云：<u>海中大鱼</u>也。《淮南子》云：鲸鱼死而彗星出。《左传》云：大鱼也。许叔重曰：<u>鱼之王也</u>。"又卷41："摩竭：摩竭者，梵语也。<u>海中大鱼</u>，吞啖一切诸水族类及吞船舶者是也。"失译人名今附梁录《陀罗尼杂集》卷8："<u>海中大鱼</u>化为螫，雷起西南不闻其音。"唐良贲述《仁王护国般若波罗蜜多经疏》卷7："阿修罗匈军众破，散走入海下，还住本宫。<u>海中大鱼</u>，皆大怖散。"（2）《初学记》卷16《乐部下》："张衡《西京赋》：发鲸鱼，铿华钟。薛综注曰：<u>海中大鱼</u>名鲸。海岛又有大兽名蒲牢。蒲牢畏鲸鱼，鲸鱼一击，蒲牢辄大鸣吼。凡钟欲令声大，故作蒲牢于上，以所击之者为鲸鱼。有篆刻文，故曰华钟。"《旧唐书》卷197《南蛮传》："<u>海中大鱼</u>有时半出，望之如山。"

【含口／くちにふふむ】 后补 （2例） 含在口中。《古事记》上卷《日子穗穗手见命与鹈茸草茸不合命》："尔不饮水，解御颈之玙，**含口**唾入其玉器。于是其玙著器，婢不得离玙。故玙任著，以进丰玉毘卖命。"（p. 128）《日本灵异记》下卷《击沙弥乞食以现得恶死报缘第15》："明日辰时起，居朝床，彼鲤**含口**，取酒将饮。自口黑血返吐倾卧。如幻绝气，如寐命终。"（p. 298）梁失译《阿咤婆响鬼神大将上佛陀罗尼经》卷1："若取兵死人血书恶人名字，亦画恶人形，以符安口中**含口**中，一切人使病癫舌自入肚，结著碓尾下随意舂之。三日内恶人自缚不休。"唐阿质达霰译《秽迹金刚禁百变法经》卷1："若欲令人不语者，书前人姓名，向口中**含口**。其人口不能言，吐出即语得。"唐僧详撰《法华传记》卷9："朝众多琰魔卒来，以热铁丸**含口**，以铁棒而打掷之，身成火灰，段段坏尽。凉风所吹，还活如故。"按：《汉语大词典》失收。佛典三例中，两例是佛教咒术的传授，即将人名写在纸上放进嘴里，人便不能说话，吐出后恢复如常。另一例说的是饿鬼所遭受的酷刑之一，即将烧热的铁丸含在口里。《日子穗穗手见命与鹈茸草茸不合命》传说中，"含口"一词出现在著名的"海宫访问"的段落：火远理命造访海宫，欲见龙女。在一棵香木树上小憩时，见海龙女的侍女出来汲水，火远理命谎称讨水。当奴婢递过饮水的玉器时，火远理命解下颈上的一块玉佩，含在口中吐进玉器中。于是，玉佩附在侍女身上，挥之不去。结果，火远理命在侍女的引导下得见海龙女。由此可知，这段传说中的"含口"一词，反映的同样是一种咒术，暗示海神所具有的超凡能力，这更是书录者的表达意图之所在。

【含情／こころあるもの】 述宾 梵语 sattva 的意译，含有情识者，亦即含有生命的动物。《日本书纪》卷19《钦明纪》十六年二月条："岂图一旦眇然升遐，与水无归，即安玄室。何痛之酷，何悲之哀。凡在**含情**，谁不伤悼？"（第二册，p. 436）（1）姚秦鸠摩罗什译《马鸣菩萨传》卷1："于是比丘为王说法，其辞曰：'夫**含情**受化者天下莫二也。佛道渊弘义存兼救，大人之德亦以济物为上，世教多难故王化一国而已。'"（2）唐地婆诃罗译《大乘密严经》卷3："一切诸**含情**，乃至众珍宝。藏识亦如是，众识之所依。"唐道宣撰《广弘明集》卷23《道士支昙谛诔》："弃世永辞，仪景长归，逝矣不追，<u>有识</u>深恸，<u>含情</u>同悲。呜呼哀哉！"宋宗晓编《四明尊者教行录》卷1："一心奉请，十方法界六道四生，三才九类，<u>一切含情</u>，现前受戒合道场人，住居香火本命星辰，生身父母上代宗亲，惟愿承三宝力，俱到道场，同沾戒善。"按：《汉语大词典》中无此义项。《钦明纪》中的"凡在含情"与佛典中的"一切含情"义同。

【含生之類/ごんしょうのともがら】 四字 含有生命的动物。义同"含灵"。《日本灵异记》中卷《依汉神崇杀牛而祭又修放生善以现得善恶报缘第5》："故自卧病年已来，每月不阙，六节受斋戒，修放生业，见他杀<u>含生之类</u>，不论而赎，又遣八方，访买生物而放。"（p.159）后秦佛陀耶舍译《佛说仁王般若波罗蜜经》卷1《菩萨教化品》："百亿万土六大动，<u>含生之类</u>受妙报，天尊快说十四王，是故我今略叹佛。"唐道宣撰《净心戒观法》卷2："善恶一如性俱空故，于好丑色二见平等，常观空寂入三解脱门，<u>含生之类</u>皆如幻化，不著诸相，名为净心。"隋灌顶纂《国清百录》卷2："若身从道服心染俗尘，非直<u>含生之类</u>无所归依，仰恐妙法之门更来谤讟。"

【含識/がんじき】 述宾 （2例） 梵语 bhūta。意译作"有情""众生"。亦作"含灵""含生""含情"等。指含有心识之有情众生，即一切生物。《奈良朝写经20·大般若经卷第232》："又愿内外眷属、七代父母，无边无境，有形<u>含识</u>，并乘般若之舟，咸登正觉之路。"（p.148）《奈良朝写经52·大唐内典录卷第10》："愿合门眷属及知识等，龙天卫护，万善庆集，广暨<u>含识</u>，同沾此愿，俱出九居，早成佛果。"（p.312）唐实叉难陀译《大方广佛华严经》卷31《十回向品》："所修种种诸善根，悉为利益诸<u>含识</u>，安住深心广大解，回向人尊功德位。"宋元照撰《四分律行事钞资持记》卷1："心依色中名为<u>含识</u>，总收六道有情之众。"→【法界含識】【含生之類】【三界含識】【一切含靈】【一切含識有形】

【含咲/ゑみをふくむ】 述宾 （6例） 面带笑容。《万叶集》卷16第3791～3802首前文："良久，娘子等皆共<u>含咲</u>，相推让之曰：'阿谁呼此翁哉？'"（第四册，p.92）又卷18第4128首～4131首前文："忽辱恩赐，惊欣已深。心中<u>含咲</u>，独座稍开。表里不同，相违何异？"《日本灵异记》上卷《女人好风声之行食仙草以现身飞天缘第13》："每临于野，采草为事。常住于家，净家为心。采菜调盛，唱子端坐。<u>含咲</u>驯言，致敬而食。"（p.93）又《忆持〈法华经〉现报示奇异表缘第18》："然咨往当到之猴家，叩门唤人。乃女人出<u>含咲</u>还入，白家母曰：'门在客人，恰似死郎。'"（p.101）又中卷《智者诽妒变化圣人而现至阎罗阙受地狱苦缘第7》："菩萨见之，即以神通知光所念。<u>含咲</u>爱言：'何罕面奉？'"（p.168）又下卷《沙门诵持方广大乘沉海不溺缘第4》："法师<u>含咲</u>，不瞋而忍，终后不显乎彼恶事。"（p.272）唐慧琳撰《一切经音义》卷21："戏笑……笑字，从竹，犬声。有作<u>咲</u>者，俗也。"（1）唐窥基撰《观弥勒上生兜率天经赞》卷2："世尊颜貌舒泰光显，<u>含咲</u>先言，唯向不背，是五十八。"唐慧沼撰《金光明最胜王经疏》卷1《序品》：“赞曰：若见众生**含咲**，先言令生欢喜，而得自在名高王，处灌顶位得上授记，他进自进对。”唐智周撰《法华经玄赞摄释》卷2：“故按《大般若经》云：‘是菩萨谓随所化，多为爱语，**含咲**先言，远离频蹙，发词有义，能称如实。’”（2）《世说新语·言语第2》：“周仆射雍容好仪形，诣王公，初下车，隐数人，王公**含笑**看之。”（p. 56）

【**罕测**/はかりがたし】 偏正 难以测度，鲜有测量。《日本灵异记》上卷《序》：“难行苦行，名流远国。今时深智人，神功亦**罕测**。”（p. 54）唐慧琳撰《一切经音义》卷21：“**罕测**：罕，希也。测，度也。”唐法藏述《华严经旨归》卷1：“浩汗微言实叵寻其旨趣，宏深法海尤**罕测**于宗源。”唐实叉难陀译《大方广佛华严经》卷1武则天《大周新译大方广佛华严经序》：“《大方广佛华严经》者，斯乃诸佛之密藏，如来之性海。视之者，莫识其指归；挹之者，**罕测**其涯际。”宋赞宁等撰《宋高僧传》卷21：“其四门玉石功德细妙光彩，神工**罕测**。”按：《汉语大词典》失收。

【**行业**/ぎょうごう】 偏正 （3例） 佛教指恪守戒律的操行。《日本灵异记》下卷《智行并具禅师重得人身生国皇之子缘第39》：“得度精勤修学，智行双有。皇臣见敬，道俗所贵。弘法导人，以为**行业**。”（p. 377）《唐大和上东征传》：“僧道航云：‘今向他国，为传戒法，人皆高德，**行业**肃清。如如海等少学，可停却矣。’”（p. 43）《续日本纪》卷1《文武纪》四年三月条：“于时天下**行业**之徒，从和尚学禅焉。”（第一册，p. 24）后汉支曜译《小道地经》卷1：“求向佛道菩萨**行业**者，要当知是，乃能脱人，亦能自脱，复能业人，亦能自业。”姚秦鸠摩罗什译《妙法莲华经》卷3《化城喻品》：“欲乐及修福，宿命所**行业**。世尊悉知已，当转无上轮。”唐义净译《金光明经》卷1《赞叹品》：“本所修习，百千**行业**，聚集功德，庄严佛身。”按：《汉语大词典》首引北齐颜之推《颜氏家训·归心》：“以僧尼**行业**多不精纯为奸慝也。”偏晚。《日本书纪》卷14《雄略纪》二十三年八月条：“皇太子地居储君上嗣，仁孝著闻，以其**行业**，堪成朕志。”（第二册，p. 210）例中“行业”，表示德行功业或操行学业。→【以为行业】

【**号叫曰：“～”**/おらびていはく ～】 说词 （2例） 大声叫喊道：“……”。《日本书纪》卷19《钦明纪》二十三年七月条：“新罗斗将拔刀欲斩、逼而脱裈、追令以尻臀向日本大**号叫曰**：‘日本将啗我髋雁。’即**号叫曰**：‘新罗王啖我髋雁。’”（第二册，p. 452）梁宝唱等集《经律异相》卷7：“梵志理家办送精舍中，精舍中门闭缘入开之，欲诣讲堂。有女沙弥，告曰：‘吾师入定。慎勿扰动。’答曰：‘死而非定。沙弥蹙身消息。’良久乃苏，哀恸**号叫曰**：‘谁当教化吾等？圣训绝矣。’”

【**嗥吠**/ほゆ】 并列 狗大叫。《日本灵异记》下卷《杀生物命结怨作狐狗互相怨报缘第2》：“尔时有人，系犬于禅师而来。彼犬**嗥吠**，抓脱枷断镍欲奔。”（p. 267）后汉失译人名《受十善戒经》卷1《十施报品》：“一者，盗报必定当堕肉山地狱，肉山罪人，项如大山，有百千头，于一一头颊生肉埠，百千铁狗，从铁山出，嘘喋**嗥吠**，争取食之。"唐慧沼撰《劝发菩提心集》卷2："又复往昔，有一妇人，隐避其夫，独食无度。以偷食故，堕饿狗中。贫贱家生，薄福德故，形容丑陋，身体疥癞。叫哭之力反耳，**嗥吠**灾怪数作，人所憎嫉。"唐湛然述《法华文句记》卷6《释譬喻品》："**嗥吠**者，出声大吼也。"按：《汉语大词典》首引唐薛用弱著《集异记·郑韶》条："犬乃**嗥吠**，跳身于元周队内，咬杀薛元周。"偏晚。→【眶眥嗥吠】

【好井/よきゐ】 偏正 　水量丰富、水质清澈的井。《日本书纪》卷2《神代纪下》："门前有一**好井**，井上有百枝杜树。故彦火火出见尊跳升其树而立之。"（第一册，p. 168）（1）失译人名今附后汉录《大方便佛报恩经》卷2："若不得水命去不远，今见**好井**，必其望得，清净冷水，济我虚渴，运急之命。"北凉昙无谶译《大般涅槃经》卷21《光明遍照高贵德王菩萨品》："旷路作**好井**，种殖果树林。常施乞者食，则生不动国。"唐道宣撰《广弘明集》卷27："我今悉随喜，旷路作**好井**，桥船度人物，园林池花果。"（2）《南史》卷80《侯景传》："先是江陵谣言：'苦竹町，市南有**好井**。荆州军，杀侯景。'及景首至，元帝付谘议参军李季长宅，宅东即苦竹町也。"按：《汉语大词典》失收。

【好施/ほどこしをこのむ】 述宾 　喜好施舍。《日本灵异记》中卷《依不布施与放生而现得善恶报缘第16》："是人观之，潹然**好施**。放生赎命之报者，返救翼，不施之报者，返令饥渴矣。非无善恶之报也。"（p. 192）吴支谦译《菩萨本缘经》卷2《月光王品》："尔时，有一老婆罗门，舍家爱欲，居在雪山；长发须爪，为梵行相，结草障身，水果御饥。闻有人言，有月光王者，**好施**无悭。"北凉昙无谶译《佛所行赞》卷5《大般涅槃品》："为安应少欲，况求真解脱？悭恪畏多求，恐损其财宝，**好施**者亦畏，愧财不供足，是故当小欲，施彼无畏心。"唐实叉难陀译《大方广佛华严经》卷14《贤首品》："或以饮食上好味，宝衣严具众妙物，乃至王位皆能舍，令**好施**者悉从化。"

【呵啧/さきなむ】 并列 　（3例） 　责难，谴责。《日本灵异记》中卷《行基大德放天眼视女人头涂猪油而**呵啧**缘第29》（p. 224）又下卷《被观音木像之助脱王难缘第7》："彼奉作敬供观音木像，**呵啧**而言：'咄！汝何居此秽地哉？'"（p. 278）又《产生肉团之作女子修善化人缘第19》："请戒明法师令，讲《八十华严》之时，彼尼不阙，坐众中听。讲师见之，**呵啧**之言：'何尼滥交？'"（p. 308）后晋可洪撰《新集藏经音义随函录》卷17："**呵啧**：音责，谴也。"梁法云撰《法华经义记》卷4《譬喻品》："若便呵之太过容生羞耻之心，或起退堕之意，由我是佛弟子，是故致此**呵啧**，是故第二从舍利弗今当复以譬喻更明斯义，诸有智者以譬喻得解，此则明佛许为譬说同归之理。"隋慧远撰《大乘义章》卷13："八不乐定难，或得好师好法处，心不爱乐，当自**呵啧**。离是因缘，更依何法得生禅定？"按：《汉语大词典》失收。

【诃啧/せむ】 并列 　大声斥责。《日本书纪》卷25《孝德纪》白雉二年十二月条："是岁，新罗贡调使知万沙飡等著唐国服，泊于筑紫。朝廷恶恣移俗，**诃啧**追还。"

（第三册，p. 188）唐慧琳撰《一切经音义》卷7："诃责：《集训》云：诃，责也。《韵英》云：叱，怒也。"又卷55："诃谴：诃，谓诘问也。《说文》：诃，大言而怒也。"又卷33："啧数：上争格反。《广雅》：啧，怒也。责，让也。《说文》：啧，大呼也。从口，责声。或从言，作讀也。"东晋瞿昙僧伽提婆译《中阿含经》卷39《梵志品》："于是，彼众生中，若有端正形色，极妙最第一者，众便共举，立为田主。若可诃者，彼便诃啧。若可摈者，彼便摈弃。若有稻者，便以如法输送，与彼是田主。"隋阇那崛多等译《大法炬陀罗尼经》卷10："如是经历二十年间，然彼王子以慈忍故，初无苛暴恚恨之心，卒亦不行刑戮之事，唯出私藏财宝而施与之。然后随罪轻重诃啧便放，因教诫曰：'汝等当知，我信佛故，不为众恶。复舍放汝，不至苦治，欲汝念恩，断恶修善。'"唐窥基撰《大乘法苑义林章》卷2："真谛云：'迦叶有二弟子，一名难陀，二名优婆难陀。见佛涅槃生大欢喜。时四部众以告迦叶，迦叶诃啧趋令出众。'"按：《汉语大词典》失收。

【合船/ふねごぞりて】述宾（3例）整条船，全船。《日本书纪》卷25《孝德纪》白雉四年七月条："秋七月，被遣大唐使人高田根麻吕等，于萨麻之曲、竹岛之间合船没死。唯有五人，系胸一板，流遇竹岛，不知所计。"（第三册，p. 194）《续日本纪》卷1《文武纪》四年三月条："卜人曰：'龙王欲得钤子。'和尚闻之曰：'钤子此是三藏之所施者也。龙王何敢索之？'诸人皆曰：'今惜钤子不与，恐合船为鱼食。'因取钤子，抛入海中。登时船进，还归本朝。"（第一册，p. 24）又卷35《高绍纪》宝龟十年二月条："胜宝五年，为大使入唐，回日遭逆风漂著唐国南边骦州。时遇土人，及合船被害。清河仅以身免，遂留唐国，不得归朝。于后十余年，薨于唐国。"（1）东晋佛陀跋陀罗、法显合译《摩诃僧祇律》卷3："若欲合船盗者，顺牵船尾过船头处波罗夷。若倒牵船者，船头过船尾处，若右边傍牵左过右者，波罗夷。若左边傍牵亦如是。"史传部《金刚经感应传》卷1："唐龙朔中，白仁哲为虔州朱阳县尉。蒙差运米辽东，过海，忽遇恶风，四望昏黑。仁哲与合船人从八十二人，尽皆忧惧。"（2）《水经注》卷39："其妻夜梦致聘，怖百遽发，明引中流，而船不行。合船惊惧，曰：'爱一女而合门受祸也。'公直不忍，遂令妻下女于江。"按：《汉语大词典》失收。

【合家/いへこぞりて】述宾 全家，全家人。《日本灵异记》中卷《依不布施与放生而现得善恶报缘第16》："绫君之家，为所乞食，日日不阙，晡时而逢。主将试之，而每夜半，窃起爨，令食于家口，犹来相之。合家怪之。"（p. 191）（1）东晋帛尸梨蜜多罗译《佛说灌顶经》卷10："种恶得其殃，合家悉疾病。困者非一人，乃得虑减性。"隋阇那崛多译《佛本行集经》卷19《车匿等还品》："凡人宁近智慧怨，莫取愚痴作朋友，由汝作事不思审，令我合家苦恼煎。"《敦煌变文·押座文（二）》："平生现在及尊亲，□愿合家无障难。"（2）《北齐书》卷17《斛律羡传》："羡未诛前，忽令其在州诸子自伏护以下五六人，锁颈乘驴出城，合家皆泣送之至门，日晚而归。"《梁书》卷29

481

《高祖三王传》："绍先防之甚严，不得与兄弟相见，乃伪请先还京，得入辞母，谓其姊安固公主曰：'事既如此，岂可**合家**受毙？'"《魏书》卷 69：《崔休传》"叔仁弟叔义，孝庄时为尚书库部郎。坐兄悛铸钱事发，**合家**逃逸。"按：《汉语大词典》首引《南史》卷 70《郭祖深传》："**合家**又叛，则取同籍。"偏晚。

【**合家财物**/いへこぞりてたからもの】 四字 家里的全部财产。《日本灵异记》上卷《殷勤归信观音愿福分以现得大福德缘第 31》："眷属量定放乎东人。更为夫妻，**合家财物**，皆既施与。"（p.128）刘宋佛陀什、竺道生等合译《弥沙塞部和酰五分律》卷 17："复有一长者，顿得七种重病，往语耆域，为我治之。答言：'汝岂不闻，王有令乎？'长者复言：'密为我治。当雇汝百千金钱。'答之如初。长者复加二百三百四百五百千金钱乃至**合家财物**，及于妻子，悉为奴婢。答亦如初。"

【**合門眷属**/いへこぞりてけんぞく】 四字 所有亲属，一族人。《奈良朝写经52·大唐内典录卷第 10》："愿**合门眷属**及知识等，龙天卫护，万善庆集，广暨含识，同沾此愿，俱出九居，早成佛果。"（p.312）唐义净撰《大唐西域求法高僧传》卷 2："复蒙使君命往岗州，重为檀主及弟孝诞使君孝轸使君郡君宁氏郡君彭氏等，**合门眷属**，咸见资赠，争抽上贿，各舍奇飡。"颜绢英主编《王贰郎法义三百人等造像记》卷 1："使**合门眷属**，愿令从心。后以灵鉴，化容侍身。琴瑟箜篌，箫笛鼓乐。"

【**合死**/しすべし】 偏正 活到命数，死到临头，该死。《唐大和上东征传》："四人口云：'大和上大果报，遇于弟子，不然**合死**。此间人物吃人，火急去来！便引舟去。'"（p.66）（1）萧齐僧伽跋陀罗译《善见律毘婆沙》卷 16《舍利弗品》："偷果人在树上，心自念言：'我今偷果，事应**合死**，因王听婆罗门说法故，我今得脱。'"元魏杨衒之撰《洛阳伽蓝记》卷 2："世隆侍宴，帝每言：'太原王贪天之功，以为己力，罪有**合死**。'世隆等愕然。"唐唐临撰《冥报记》卷 2："伯怒曰：'人死各从本业受报。汝业恶，不得生乐堂。但以未**合死**，故得客游其中耳。'"（2）《魏书》卷 15《昭成子孙传》："祯告诸蛮曰：'尔乡里作贼如此，**合死**以不？'蛮等皆叩头曰：'合万死。'祯即斩之。"《北齐书》卷 30《高德政传》："德政死后，显祖谓群臣曰：'高德政常言宜用汉人，除鲜卑，此即**合死**。又教我诛诸元，我今杀之，为诸元报仇也。'"按：《汉语大词典》失收。《日本灵异记》下卷《假官势非理为政得恶报缘第 35》："白璧天皇之世，筑紫肥前国松浦郡人，火君之氏，忽然死而至琰魔国。时王挍之，<u>不**合死**</u>期，故更敢返。"（p.353）从此例可知，所谓"合死"，就是契合命数中死期的意思。《续日本纪》卷 6《元明纪》和铜七年六月条："其私铸钱及窃盗、强盗，并不在赦限。但铸、盗之徒**合死**坐，降罪一等。"（第一册，p.214）

【**合為夫婦**/みとのまぐはひし、いもせとなる】 四字 （2例） 结为夫妻，结婚。《日本书纪》卷 1《神代纪上》："因问阴神曰：'汝身有何成耶？'对曰：'吾身有一雌元之处。'阳神曰：'吾身亦有雄元之处。思欲以吾身元处合汝身之元处。'于是阴阳始

媾，**合为夫妇**。"（第一册，p. 26）又："二神**合为夫妇**，先以淡路洲、淡洲为胞，生大日本丰秋津洲。次伊豫洲、次筑紫洲、次双生亿岐洲与佐度洲，次越洲，次大洲，次子洲。"（第一册，p. 32）隋吉藏撰《维摩经义疏》卷1《佛国品》："道士因以二儿与牧牛人，语之云：'可以二儿为夫妻，觅平博地，安处之。'二儿年十六。牧牛人见平博地，纵阔一由旬，为起立宫舍。因**合为夫妇**，生一男一女。"→【共為夫婦】

【**合 ~ 悉 ~ / ~をこぞりてことごとくに~**】 总括 全部的……都……所有的……全……《日本书纪》卷21《崇峻纪》："爰有迹见首赤梼，射堕大连于枝下而诛大连并其子等。由是，大连之军忽然自败，**合军悉**被皂衣，驰猎广濑勾原而散。"（第二册，p. 512）东晋帛尸梨蜜多罗译《佛说灌顶经》卷10："种恶得其殃，**合家悉**疾病。困者非一人，乃得虑灭性。"梁宝唱等集《经律异相》卷22："女即白父：'唯愿父母，从诸僮使，但行应请，我堪后守。'父曰：'甚善！合家悉往。'"

【**合愿/ねがひにかなふ**】 誓愿 与愿望相同，愿望得到满足。《肥前国风土记·基肆郡》条："兆云：'令筑前国宗像郡人，珂是古，祭吾社。若**合愿**者，不起荒心。'"（p. 316）梁宝亮等集《大般涅槃经集解》卷13《四相品》："案：僧亮曰：'众生所好不同，广赞解脱，明无苦不尽，无乐不备，称情**合愿**，汲引多矣。'"唐澄观撰《大方广佛华严经疏》卷28《十回向品》："幢旛**合愿**：一建善翻恶；二重法翻慢。"按：《汉语大词典》例引韩愈《请上尊号表》："考其所陈，中于义理。天人**合愿**，不谋而同。"偏晚。

【**合掌/たなごころをあわす**】 述宾 （2例） 佛教徒合两掌于胸前，表示虔敬。一般人亦借以表示虔诚或敬意。《日本灵异记》下卷《沙门积功作佛像临命终时示异表缘第30》："师乞历见之言：'今当十五日。何我子虚言未及也。'乞汤洗身，易著袈裟，胡跪**合掌**，擎持香炉，烧香向西，便日申时，命终之矣。"（p. 341）《元兴寺伽蓝缘起并流记资财账》："尔时天皇即从座起**合掌**，仰天至心流泪发忏悔言。"吴支谦译《菩萨本缘经》卷1《一切施品》："尔时，怨王闻是语已，从御座起，**合掌**敬礼，一切施王，作如是言。"姚秦鸠摩罗什译《妙法莲华经》卷4《授学无学人记品》："尔时，学无学、声闻弟子二千人，皆从座起，偏袒右肩，到于佛前，一心**合掌**，瞻仰世尊，如阿难、罗睺罗所愿，住立一面。"唐义净译《金光明最胜王经》卷1《序品》："如是等声闻、菩萨、人天大众、龙神八部，既云集已，各各至心，**合掌**恭敬，瞻仰尊容，目未曾舍，愿乐欲闻，殊胜妙法。"按：《汉语大词典》首引沈约《齐禅林寺尼净秀行状》："恒多东向视，**合掌**向空。"偏晚。

【**何处去耶/いづこにかいにませる**】 口语 要去哪里？去了哪里？《日本书纪》卷12《履中纪》五年十月条："二月癸丑朔，唤鲫鱼矶别王之女太姬郎姬、高鹤郎姬，纳于后宫并为嫔。于是二嫔横叹之曰：'悲哉！吾兄王**何处去耶**？'天皇闻其叹，而问之曰：'汝何叹息也？'对曰：'妾兄鹭住王为人强力轻捷。由是独驰越八寻屋而游行。

既经多日，不得面言。故叹耳。'"（第二册，p. 92）萧齐僧伽跋陀罗译《善见律毘婆沙》卷6《舍利弗品》："须提那清旦食竟，见诸人偏袒右肩，赍持种种华香往至佛所，欲供养听法，从城门出。须提那见已而问：'咄！善人**何处去耶**？'答言：'今往佛所，供养听法。'须提那曰：'善哉！我亦随去。'"梁慧皎撰《高僧传》卷11："猷曰：'本是何神居之久，近欲移**何处去耶**？'神曰：'弟子夏帝之子，居此山二千余年，寒石山是家舅所治，当往彼住。'"隋阇那崛多译《金刚场陀罗尼经》卷1："尔时世尊入名一切法平等相三昧。入三昧已，诸比丘等，顶礼佛足，忽然不见，如来所在。各自相问：'今婆伽婆修伽陀，**何处去耶**？'"唐实叉难陀译《大方广佛华严经》卷79《入法界品》："善财问言：'此庄严事，**何处去耶**？'弥勒答言：'于来处去。'曰：'从何处来？'曰：'从菩萨智慧，神力中来，依菩萨智慧，神力而住，无有去处，亦无住处，非集非常，远离一切。'"唐义净译《根本说一切有部毘奈耶出家事》卷4："至于明日，彼即归来。诸苾刍问曰：'汝于昨日，**何处去耶**？'答曰：'我向本梵行处去来。'"

【何处去矣／いづこにかいにし】 先例 去了哪里？《日本书纪》卷6《垂仁纪》二年是岁条："（《一云》）阿罗斯等大惊之，问己妇曰：'童女**何处去矣**？'"（第一册，p. 304）《子不语》卷23："失靴人哀告街邻，寻觅得梯才下。持靴者不知**何处去矣**。"

【何处住耶／いづこにかとどまらむ】 口语 住在那里？在哪里住？《日本书纪》卷1《神代纪上》："大已贵神曰：'唯然。乃知汝是吾之幸魂、奇魂。今欲**何处住耶**？'对曰：'吾欲住于日本国之三诸山。'故即营宫彼处，使就而居。此大三轮之神也。"（第一册，p. 104）失译人名今附秦录《佛入涅槃密迹金刚力士哀恋经》卷1："复作是言：'大寂真济，愿为我说。即于今者，为何处去？至何方所为适何国？为至舍卫，及王舍城。迦毘罗卫波罗奈耶？于此诸国，为**何处住耶**？'"萧齐僧伽跋陀罗译《善见律毘婆沙》卷13《舍利弗品》："诸比丘从远方来，欲看神力。至已，语沓婆摩罗子言：'长老，为我等安止住处，敷施床座。'沓婆摩罗子问诸大德：'乐**何处住耶**？'诸比丘各各答言：'我乐耆阇崛山住。'"唐法藏撰《大乘法界无差别论疏》卷1："会释可知，云佛心下二句，明心云遍空德，以于诸有，若尽若不尽，既皆不著。'**何处住耶**'谓住实际空处，以无障碍故，明佛为生说法之心，犹如大云。"

【何得（免）～耶／なにぞ～（をまぬかるること）えむ】 口语 如何才能免于……呢？《日本书纪》卷8《仲哀纪》元年十一月条："天皇于是恶蒲见别王无礼于先王，乃遣兵卒而诛矣。蒲见别王则天皇之异母弟也。时人曰：'父是天也，兄亦君也。其慢天违君，**何得免诛耶**？'"（第一册，p. 402）（1）梁宝亮等集《大般涅槃经集解》卷19《如来性品》："何者？以丈六为佛，以十二部经为法，以三乘圣众为僧。而魔所化形，所说邪法，行魔法者，亦可归依，并是形骸中取。**何得免**滥**耶**？若就释迦一体三归，亦不免过。何者？以丈六为迹，法身为本，约本取迹。如为小胜，然同是形骸。魔亦能尔，岂容得免？法僧二宝，亦复如是也。"隋吉藏撰《大品经义疏》卷6："'闻诵般若，云**何得免**五死**耶**?'答：'闻波若解脱无常等十五劝，因无常入无生实相，观智不生不死，是故免五死也。'"（2）《太平经》卷40《努力为善法第52》："'善哉！子既来学，不欲闻此，即且努力为善矣。''唯唯！天师处地，使得知天命，受教敕深厚，**以何得免**于此**哉**?'"（p.74）按：《日本书纪》卷13《允恭纪》二十三年三月条："太子恒念合大娘皇女，畏有罪而默之。然感情既盛，殆将至死。爰以为徒空死者，虽有罪，**何得**忍乎?"（第二册，p.124）

【何烦 ~ /なにぞわづらはしく ~ 】 口语 　何须，何必。《怀风藻》第104首释道慈《初春在竹溪山寺于于长王宅宴追致辞》："惊春柳虽变，余寒在单躬。僧既方外士，**何烦**入宴宫。"（p.168）（1）东晋法显译《佛说大般泥洹经》卷1："纯陀答曰：'文殊师利，**何烦**催此垢秽食为？如来宁当，待此食耶？如来六年，在道树下，难行苦行，日食麻米犹自支持。况今须臾，岂不能耶？汝谓如来，食此食乎？如来法身，非秽食身。'"梁宝唱等集《经律异相》卷17："差摩比丘，身得重病，受大苦痛。陀娑比丘，为瞻病者。时诸上座，令陀娑比丘，为病者说，五受阴法，往反至再。差摩比丘，语陀娑比丘：'**何烦**令汝，驱驰往反。汝取杖来，我自扶杖。'诣彼上座。彼上座遥见，差摩扶杖而来，自为敷座，命令就坐，更为具说，往古谈论。差摩比丘，即便说法。"（2）《宋书》卷96《鲜卑吐谷浑传》："叶延少而勇果，年十岁，缚草为人，号曰姜聪，每旦辄射之，射中则喜，不中则号叫泣涕。其母曰：'仇贼诸将已屠脍之，汝年小，**何烦**朝朝自苦如此！'叶延呜咽不自胜。"（p.2370）《世说新语·赏誉第8》："桓诣谢，值谢梳头，遽取衣帻。桓公云：'**何烦**此。'"（p.260）徐彦伯《苑中遇雪应制》："千钟圣酒御筵披，六出祥英乱绕枝。即此神仙对琼圃，**何烦**辙迹向瑶池。"按：《汉语大词典》例举《太平广记》卷252引唐高彦休《唐阙史·俳优人》："《金刚经》云：'敷座而坐。'或非妇人，**何烦**夫坐然后儿坐也?"偏晚。

【何故然也/なにゆゑぞしかうする】 口语 　为什么是这样的呢？《日本灵异记》中卷《常鸟卵煮食以现得恶死报缘第十》："良久苏起，然病叫言：'痛足矣。'云云。山人问言：'**何故然也**。'答曰：'有一兵士，召我将来，押入燌火，烧足如煮。见四方者，皆卫火山。无间所出，故叫走回。'"（p.176）隋阇那崛多译《佛本行集经》卷58《婆提唎迦等因缘品》："摩尼娄陀复报王言：'我夜腹痛，又患寒热。'王复问言：'**何故然也**?'摩尼娄陀复报王言：'于彼饮食，味不调适。是故当时，我患腹痛。其所卧褥，当织之时，其彼织师，身患寒热。是故我亦，著寒热病。'"古逸部《华严经章》卷1《菩萨云集品》："此品所以兴者，前明十方法界，一合之相。此品欲明，平等真寂，一切皆是，是故大士十菩萨，皆据实观穷玄乃名见佛泯于分别。**何故然也**?欲明菩萨发菩提心决定即是与佛无别故，次明云集品。"宋处元述《摩诃止观义例随释》卷5："此差无差一一体徧，皆断三惑。**何故然也**?原此三惑，其体圆融，本无异质，教门诠辩，说之为三。"

【何故如此～/なにのゆゑにかかく のごとく ～】 口语　为什么这样（地……）？
《日本灵异记》上卷《邪见假名沙弥斫塔木得恶报缘第27》："众集见，或问曰：'**何故如此**叫？'答云：'地狱之火来烧我身。受苦如此也。不可故问。'即日命终。"（p.116）
（1）西晋竺法护译《修行地道经》卷7《弟子三品修行品》："时众贾人，便住彼土，快相娱乐，饮食自恣，从意休息。如欲厌之城郭则没，不见国土。贾人皆怪：'**何故如此**也？'"刘宋求那跋陀罗译《杂阿含经》卷11："作是说已，当复问言：'**何故如此**像类沙门、婆罗门，不应恭敬、尊重、礼事、供养？'"唐义净译《根本说一切有部毗奈耶杂事》卷32："共相谓曰：'此尼是头首，宜可苦治即前共捉。或有拳打头上，或以脚蹋腰间，或用锡杖而为打拍，遍体青肿不复能行，以油揩身卧在床席。'诸尼见问：'**何故如此**？'"（2）《韩愈集》卷15《启》："又按：此二书误字尤多，而阁、杭、蜀本又为特甚，不知**何故如此**。大抵公于朝廷或抵上官论时事及职事，则皆如公状之体，不用古文奇语，此二篇亦其类也。"《太平广记》卷45《贾耽》条："至一峰，半腰中石壁耸拔，见二道流棋次，使者遂拜道流曰：'贾相公使来。'开书大笑，遂作报书一曰：'传语相公早归，**何故如此**贪著富贵！'使者赍书而返。"（p.279）

【何故問耶/なにのゆゑにとふや】 口语　为什么问呢？《日本书纪》卷14《雄略纪》即位前纪条："女子过庭。目大连顾谓群臣曰：'丽哉！女子。古人有云：娜毗腾耶幡么珥。徐步清庭者，言谁女子？'天皇曰：'**何故问耶**？'"（第二册，p.150）东晋佛陀跋陀罗、法显合译《摩诃僧祇律》卷31："时无畏萨薄主见已便识，问言：'汝何处得此甀？'答言：'大家郎，**何故问耶**？诸年少边得。'"又卷37："问言：'何者是跋陀罗跋陀罗比丘尼？'答言：'**何故问耶**？'答言：'欲买是钦婆罗不？'"姚秦佛陀耶舍、竺佛念等合译《四分律》卷7："问言：'向闻有诸比丘失衣来，何者是？'报言：'我等是。**何故问耶**？'答言：'我等闻诸比丘遇贼失衣，来至祇桓，故持此衣来。为诸大德，须衣随意取。'"又卷25："时偷罗难陀，将沙弥尼式叉摩那即往蒜园，问守蒜人言：'园主何处？'报言：'诣毗舍离卖蒜。'时守蒜人言：'**何故问耶**？'答言：'园主日给比丘尼人各五枚蒜，今可与我。'"

【何故無礼/なにゆゑぞいやなき】 口语　为何这么不懂礼貌！《日本灵异记》上卷《婴儿鹫所擒他国得逢父缘第9》："其村童女等，皆同心凌蔑之曰：'汝鹫噉残。**何故无礼**！'骂压而打，所拍哭归。"（p.84）《景德传灯录》卷9："有僧来礼拜，师作起势。僧云：'请和尚不起。'师云：'老僧未曾坐。'僧云：'某甲亦未曾礼。'师云：'**何故无礼**？'僧无对。"该例亦见于宋普济集《五灯会元》卷9。

【何故耶/なにのゆゑぞ】 口语　为什么呢？《日本书纪》卷2《神代纪下》："是时衢神问曰：'天钿女汝为之**何故耶**？'对曰：'天照大神之子所幸道路，有如此居之者谁也。敢问之。'"（第一册，p.130）东晋佛陀跋陀罗、法显合译《摩诃僧祇律》卷37："即求衣不见，正见师衣，作是念：'师必著我衣去。'即生念：'师可得著我衣，我不得著师衣。'语言：'汝去，我不得去。''**何故耶**？'答言：'我无衣。'"姚秦佛陀耶舍、竺佛念等合译《四分律》卷46："时恶行臂寻自堕，即自称祸。王便觉问言：'童子何故称祸？'答王言：'天自造其业。'王言：'**何故耶**？'以此因缘白王。"又卷51："尔时世尊，在舍卫国。时有比丘，在僧地中作私房，有上座客比丘来语言，起避上座。彼答言不起，问言：'**何故耶**？'答言：'是我私房。'诸比丘白佛。"唐义净译《根本说一切有部毗奈耶破僧事》卷12："时诸苾刍皆疑，白佛言：'世尊，**何故耶**？输陀罗因欢喜团，于佛世尊，生于染著。'"

【何故於我～/なにのゆゑかわれを～】 口语 为什么（偏偏）对我……《日本书纪》卷25《孝德纪》大化二年三月条："复有百姓溺死于河逢者。乃谓之曰：'**何故于我**使遇溺人？'困留溺者友伴，强使被除。"（第一册，p.154）吴支谦译《菩萨本缘经》卷3："金翅鸟言：'我与汝怨，**何故于我**，不生恶心？'龙王答言：'我虽兽身，善解业报。审知少恶，报逐不置，犹如形影，不相舍离。我今与汝，所以俱生，如是恶家，悉由先世，集恶业故。'"刘宋求那跋陀罗译《宾头卢突罗阇为优陀延王说法经》卷1："王闻斯语，语宾头卢：'今我势力，能伏诸国。威德晖赫，有如盛日。首戴天冠，璎珞盛服。采女侍卫，如天帝释。汝今独处，颇羡我不？'尊者答言：'我无羡心。'王复问言：'**何故于我**，而不愿羡。'尊者答言：'我于今日，欲泥已干，诸有结缚，今已解脱。乃至帝释，诸妙天女，尚不生羡。况汝人间，鄙秽者乎？'"北凉昙无谶译《大般涅槃经》卷7："若有说言，如来虽为，一一经律，说如恒河沙等义味，我律中无，将知为无。如其有者，如来**何故，于我**律中，而不解说？是故我今，不能信受。当知是人，则为得罪。"唐义净译《根本说一切有部毗奈耶杂事》卷8："佛言：'大王，**何故于我**，顿能降伏屈己殷勤？'王言：'我于世尊法起深信心，由敬信故令我如是发殷重心。'"

【何国人也/いづこのくにのひとぞ】 口语 （3例） 哪个国家的人？《日本书纪》卷6《垂仁纪》二年是岁条："（一云）问之曰：'**何国人也**？'对曰：'意富加罗国王之子，名都怒我阿罗斯等，亦名曰于斯岐阿利叱智干岐。传闻日本国有圣皇，以归化之。'"（第一册，p.300）又三年三月条："（一云）时天皇遣三轮君祖大友主与倭直祖长尾市于播磨而问天日枪曰：'汝也谁人？且**何国人也**？'天日枪对曰：'仆新罗国主之子也。然闻日本国有圣皇，则以己国授弟知古而化归之。'"（第一册，p.304）又八十八年七月条："昔有一人。乘艇泊于但马国。因问曰：'汝**何国人也**？'对曰：'新罗王子，名曰天日枪。'"（第一册，p.334）唐玄奘撰《大唐西域记》卷11："于是至父本国，非家族宗祀已灭，投寄邑人。人谓之曰：'尔曹**何国人也**？'曰：'我本此国，流离异域，子母相携，来归故里。人皆哀愍，更共资给。'"该例在唐道宣撰《法苑珠林》卷6中亦有辑录。

【何能逃避/いかにしてかよくまぬかれさらむ】 先例 怎能逃避，无法逃避。

《万叶集》卷5《敬和为熊凝述其志歌》序云："所以千圣已去，百贤不留。况乎凡愚微者，**何能逃避**？"（第二册，p.66）宋施护译《佛说胜军王所问经》卷1："大王，又如师子，为兽中王，若入兽群，取一兽食，彼所取兽，**何能逃避**？入师子腹，灭无有余。"

【何容可得／いかにぞほしきままにせむ】口语 怎么可以容忍做某事呢？绝不可以容忍做某事。《日本书纪》卷19《钦明纪》九年四月条："又复密使于高丽者，不可信也。朕命即自遣之，不命**何容可得**？"（第二册，p.410）唐善导集记《观无量寿佛经疏》卷3："此明众生散动，识剧猨猴，心遍六尘无由暂息。但以境缘非一，触目起贪乱想，安心三昧，**何容可得**？自非舍缘托静，相续注心，直指西方，简余九域。是以一身一心一回向，一处一境界一相续一归依一正念，是名想成，就明正受；此世后生，随心解脱也。"

【何无人耶／なにぞひとなけむ】口语 为什么没有人呢？《日本书纪》卷7《景行纪》十八年六月条："时有二神，曰阿苏都彦、阿苏都媛，忽化人以游诣之曰：'吾二人在，**何无人耶**？'故号其国曰阿苏。"（第一册，p.360）唐僧详撰《法华传记》卷6："即童子从座而起，引慧手渐进见城郭，无有一人，自问：'**何无人耶**？'答：'依师诵愿，悉生天上。'"

【何以得～耶／なにをもちてか～ことえむ】口语 怎样才能……呢？《日本书纪》卷9《神功纪》摄政四十六年三月条："时谓久氐等曰：'本闻东有贵国。然未曾有通，不知其道。唯海远浪险，则乘大船，仅可得通。若虽有路津，**何以得**达**耶**？'"（第一册，p.450）失译人名今附秦录《萨婆多毗尼毗婆沙》卷6："问曰：'《戒序》非戒，**何以得**罪**耶**？'答曰：'《戒序》说二百五十戒义，若呵《戒序》即是呵一切戒，是故得罪。'"梁法云撰《法华经义记》卷2《序品》："问者又言：'**何以得**知非是对说之因，而是凭附因**耶**？'解者又言：'若如来虽说此经，无有药王等大士传说，此自行化人之时，如来则不得说此经。故知是凭附之因也。'"隋吉藏撰《金刚般若疏》卷2："问：'**何以得**知，前周尽缘，后周尽观**耶**？'答：'经有明文，论有诚说。'"《祖堂集》卷6："第八问曰：'云何佛比所生？吾如彼生，佛既无生，生是何义？若言心生法生，心灭法灭，**何以得**无生法忍**耶**？'"《敦煌变文·金刚般若波罗蜜经讲经》："此唱经文是第二约二谛，辩为重成也。言若世界实有，是一合相者，**何以得**知世界不实**耶**？若世界定实有性，法身如来，喻如世界。一切烦恼，喻如尘埃。"

【何以故／なにをもちてのゆゑに】口语（5例）为什么呢？《日本灵异记》上卷《邪见假名沙弥斫塔木得恶报缘第27》："《涅槃经》云：'若见有人修行善者，名见天人；修行恶者，名见地狱。**何以故**？定受报故。'"（p.116）又下卷《杀生物命结怨作狐狗互相怨报缘第2》："呜呼惟也！怨报不朽。**何以故**？毗瑠璃王，报过去怨，而杀释众九千九百九十万人。以怨报怨，怨犹不灭。如车轮转。"（p.367）又《灾与善表相先现而后其灾善答被缘第38》："梦答未详。唯疑圣示矣。沙弥者观音变化。**何以故**？未受具戒，名为沙弥。观音亦尔。"（p. 372）又："余者不定种性，回心向大也。**何以故**？非尺非丈，数不定故。"（p. 372）又《智行并具禅师重得人身生国皇之子缘第39》："或人诽谤非圣君：'**何以故**？此天皇时，天下旱厉有？又天灾地妖饥馑虽繁多有，又养鹰犬，取鸟猪鹿。是非慈悲心。'"（p. 378）后汉康孟详译《佛说兴起行经》卷1："延如达自觉，薄已厚彼，便兴妒嫉、诽谤之言：'此道士，实无戒德。**何以故**？与此净音，作不净行故也。以是故，厚供养之。'"姚秦鸠摩罗什译《妙法莲华经》卷2《譬喻品》："舍利弗言：'不也，世尊，是长者但令诸子得免火难，全其躯命，非为虚妄。**何以故**？若全身命，便为已得，玩好之具，况复方便，于彼火宅，而拔济之。'"唐义净译《金光明最胜王经》卷1《如来寿量品》："尔时，四佛告妙幢菩萨言：'善男子，汝今不应思忖，如来寿命长短。**何以故**？善男子，我等不见，诸天世间梵、魔、沙门、婆罗门等，人及非人，有能算知，佛之寿量，知其齐限。'"

【何以故知/なにをもちてのゆゑにしる】 口语　是怎么知道的呢？《日本灵异记》中卷《贷用寺息利酒不偿死作牛役之偿债缘第32》："石人问曰：'**何以故知**矣？'牡答之曰：'问樱大娘，而知虚实。大娘者，作酒家主，即石人之妹也。'"（p. 232）后汉安世高译《佛说处处经》卷1："今世相见欢喜者，皆是前世亲里善知识。**何以故知**之？相见意解故。"西晋无罗叉译《放光般若经》卷11《大明品》："复次，须菩提，如来因般若波罗蜜悉知众生有大意者。**何以故知**？以众生意无来无往、无生无灭、无住无变，以是故知。"姚秦竺佛念译《出曜经》卷25《恶行品》："人欲修学，专意乃获，如匹夫闻彼有法，中路多难，无由经过，一意念彼形意以达。**何以故知**？如彼得通之人，心念形以随。是故说曰：'人不损其心，亦不毁其意也。'"

【何以杀之/いかにしてかころさむ】 口语　怎样干掉它呢？《日本书纪》卷1《神代上》："素戈鸣尊欲幸奇稻田媛而乞之。脚摩乳、手摩乳对曰：'请先杀彼蛇。然后幸者宜也。彼大蛇每头各有石松，两胁有山，甚可畏矣。将**何以杀之**？'"（第一册，p. 96）元魏慧觉等译《贤愚经》卷1《恒伽达品》："大臣进入，启白王言：'彼人之罪，不至深重，**何以杀之**？虽和其音，而不见形，既无交通，奸淫之事。幸愿垂矜，匄其生命。'王不能违，赦不刑戮。'"按：《神代纪》说的是如何斩杀，《贤愚经》说的是为何要杀掉。意思不同，但句式一样。

【何以知尔/なにをもちてかそれをしる】 口语　这一点是怎样知道的呢？多用于下文引经据典的情况。《日本灵异记》下卷《假官势非理为政得恶报缘第35》："天皇闻之，请施皎僧头，而诮之言：'世间众生，至地狱受苦，经二十余年，免耶不也？'僧头答曰：'受苦之始也。**何以知尔**，以人间百年，为地狱一日一夜。故未免也。'"（p. 353）隋吉藏撰《观无量寿经义疏》卷1："又说弥勒成佛为小乘众生，无量寿观经为大乘众生。**何以知尔**？经文如此。"又《二谛义》卷1："如此二谛，皆是凡夫二谛也。**何以知尔**？《大经》云众生起见凡有二种，一者常见，二者断见，具有有无断常二见也。"唐窥基撰《成唯识论述记》卷5："又彼无此分别烦恼，亦无妨难。**何以知尔**？论：《瑜伽》论说至广，说如前。"按：多用于引经据典的情况。

【**何以知乎/なにをもちてかしれる**】　口语　怎样知道的呢？多用于自问自答的场合。《日本书纪》卷15《仁贤纪》六年九月条："有同伴者，不悟其意，问曰：'**何以知乎**？'"（第二册，p.260）东晋昙无兰译《佛说见正经》卷1："时有一比丘，名曰见正。新入法服，其心有疑，独念言：'佛说有后世生，至于人死，皆无还相报告者。**何以知乎**？当以此问佛。'未即发言，佛已豫知。"在唐道世撰《法苑珠林》卷62亦见辑录该例。唐道宣述《释门归敬仪》卷1："是以论云，菩萨昼三夜三，礼念诸佛，致使宗文之士，崇遵此教，遂分六时，以净三业。余时舍纵，且习由来。此则福浅罪深，无由拔本。又理都不然，情亦不可，**何以知乎**？夫以六时之候，接俗恒仪，类彼八斋，同于五戒，言虽有数，事义无穷。"按：《古事记》上卷《天照大御神与须佐之男命》："尔天照大御神诏：'然者，汝心之清明**何以知**？'于是速须佐之男命答白：'各宇气比而生子。'"（p.56）

【**何以知～耶/なにをもちてか～とする**】　口语　怎样知道某事的呢？《日本灵异记》下卷《智行并具禅师重得人身生国皇之子缘第39》："是以定知，此圣君也。又**何以知**圣君**耶**？世俗云：'国皇法，人杀罪人者，必随法杀。而是天皇者，出弘仁年号传世，应杀之人成流罪，活彼命以人治也。是以旺知圣君也。'"（p.378）后汉康孟详译《佛说兴起行经》卷2："佛问王曰：'本**何以知**身口大，意为小；今方云意大，身口小**耶**？'王复白佛：'夫人杀生，人皆见之；若偷盗、淫妷，亦人所见，此身三事，天下尽见；口行妄语、恶口、两舌、言不至诚，此口四事，天下所闻；意家三事，非耳所闻、非眼所见。是故，众生以眼见、耳闻为大。今闻佛说，乃知心意为大，身口为小。以是故，身口二事，系于意钉。'"梁宝亮等集《大般涅槃经集解》卷4《纯陀品》："道生曰：'**何以知**久非食身**耶**？夫见佛性照极之时，岂待食乎而云食已见者？'答：'知非实也。'"北凉浮陀跋摩、道泰等合译《阿毗昙毗婆沙论》卷11《智品》："问曰：'**何以知**初一切后一切本曾起**耶**？'答曰：'如施设经说，一切皆是苦。于是苦法中，无有一法凡夫人于中不起我我所见，无有不起断常亦谤无因无作亦起见最胜。'"又卷16《爱敬品》："问曰：'何处有法养耶？'答曰：'五趣尽有。''**何以知**地狱趣中有**耶**？'答曰：'曾闻弥多达子小生地狱中谓是浴室。'"唐法藏述《华严经探玄记》卷5《初发心菩萨功德品》："初中先征问，谓**何以知**初发心已，即能证得，三世诸佛，大福智**耶**？下释中二十句，显谓同三世佛音所行路，故云等也。"

【**何用求～耶/なにせむとか～もとむ**】　口语　哪里用得着去追求（寻求）……《日本书纪》卷13《允恭纪》二年二月条："皇后则采一根兰，与于乘马者，因以问曰：'**何用求**兰**耶**？'乘马者对曰：'行山拔蘡也。'时皇后结之意里乘马者辞无礼，即谓之曰：

'首也，余不忘矣。'"（第二册，p. 106）（1）姚秦鸠摩罗什译《佛藏经》卷3："阿难，尔时阎浮提内，如是痴人，充满其中。阿难，且置。**何用求**此，愚痴恶人，徒生徒老，所行恶事？"姚秦鸠摩罗什译《大智度论》卷38《往生品》："若肉眼能见者，**何用求**天眼？若尔者，天眼肉眼，愚圣无异。汝以畜生同见，何能见后世？"北凉法众译《大方等陀罗尼经》卷1："曰无所求者，当何用求？上首答言：'无所求中，吾故求之。'曰：'无所求中，**何用求**为？'答言：'有所求者，一切皆空，得者亦空，著者亦空，实者亦空，来者亦空，语者亦空，问者亦空。'"（2）梁宝亮等集《大般涅槃经集解》卷60《师子吼品》："僧亮曰：'难意若定受者，可修梵行。求解脱不定，**何用求离耶**？'"唐湛然述《止观辅行传弘决》卷2："又问：'无所求者，**何用求耶**？'答曰：'无所求中，吾故求之。'又问：'无所求中，**何用求耶**？'答曰：'有所求者，一切皆空。'"

【何由如此（之）～/なにのゆゑにかかく～】 口语 是什么原因致使如此呢？《古语拾遗》："于时，天照大神，中心独谓：'比吾幽居，天下悉暗。群神**何由如此之**歌乐，聊开户而窥之。'"（p. 124）失译人名今附后汉录《分别功德论》卷3："昔有比丘，名曰等会。时近大道边，坐禅定意，时有五百乘车过，声甚凶凶，寂然不闻。时复天雷霹雳，又顷复地大动，都无所闻。行过者众，尘土坌衣。积有时节，有一人来，见此比丘，端坐不动：'尘土坌衣，都无所觉耶？'比丘定觉，抖擞尘土。又问曰：'向者眠耶？'曰：'不也。'又问：'若不眠者，向有车过，及天雷地动，寂然不惊。**何由如此**？'答曰：'我时入休息三昧，是以都无所闻耳。'"姚秦竺佛念译《鼻奈耶》卷1道安述《鼻奈耶序》："然世尊制戒，必有所因。六群比丘，生于贵族，攀龙附凤。虽贪出家，而豪心不尽。鄙悖之行，以成斯戒。二人得道，二人生天，二人堕龙，一人无择明，恃贵不节。自贻伊戚，向使中门家子，遇佛出学，虽不能一坐成道，**何由如此之**困乎？然此经是佛未制戒时，其人所犯，秽陋行多。既制之后，改之可贵。"

【何有过失/なにのとがいませばか】 自创 （2例） 有什么过错呢？《日本灵异记》中卷《佛铜像盗人所捕示灵表显盗人缘第22》："僧并檀越，闻之集来，卫于破佛，而号愁曰：'哀哉，恳哉！我大师聊**何有过失**，蒙此贼难。尊像有寺，以像为师。今自灭后，以何为师矣？'"（p. 206）又《药师佛木像流水埋沙示灵表缘第39》："敬礼哭言：'我大师哉，**何有过失**，遇是水难。有缘偶值。愿我修理。'"（p. 246）东晋瞿昙僧伽提婆译《增壹阿含经》卷28《听法品》："是时，龙王复作是念：'国中人民，**有何过失**？当取舍卫城，人民害之。'复重作是念：'舍卫国人，**有何过失**于我等？当取王宫官属，尽取杀之。'"唐玄奘译《大般若波罗蜜多经》卷299《难闻功德品》："时天帝释，问舍利子言：'大德，若在新学，大乘菩萨前，说如是甚深，般若波罗蜜多，**有何过失**？'"唐义净译《根本说一切有部毗奈耶药事》卷8："佛告庵没罗言：'诸释种等，**有何过失**？'庵没罗子曰：'我于昔时，有事入劫比罗城，诸释种等，在于高楼，咸指我言：此是莲花茎弟子，轻慢于我，不生恭敬。'"

【何有所（思）~/なにか~ところあらむ】 所字 （2 例）　有什么……呢？《古事记》下卷《安康记》："自此以后，天皇坐神床而昼寝。尔来，语其后曰：'汝有所思乎？'答曰：'被天皇之敦泽，**何有所**思？'"（p. 328）《日本灵异记》中卷《弥勒菩萨铜像盗人所捕示灵表显盗人缘第 23》："夫理法身佛，非血肉身。**何有所**痛？唯所以示，常住不变也。是亦奇异之事也。"（p. 208）北凉昙无谶译《菩萨地持经》卷 8："如是咒术章句，如是正思惟，如此义尚不自闻，**何有所**得？"玄奘译《阿毘达磨顺正理论》卷 17："尔来时、为在未来、为在现在、定不可执在于过去、已灭无故。岂复须断？若在未来，彼执无故，与空花等，**何有所**缘？"唐圆晖述《俱舍论颂疏论本》卷 23："心便得定，心得定已，复**何有所**修？"唐僧详撰《法华传记》卷 9："群中一人，是商主也，问云：'**何有所**为乎？'或人答曰：'讲《法华经》。'"按：《古事记》和《日本灵异记》的"所"字后面多为表感情或感觉的动词。

【何有罪過/なにのつみとがいませば】 自创 　有什么罪过（以至于……呢？）《日本灵异记》中卷《观音铜像及鹭形示奇表缘第 17》："尼众卫绕彼像，而悲哭云：'我失尊像，日夜奉恋，今邂逅而逢。我诸大师，**何有罪**过，蒙斯贼难。'"（p. 194）（1）《后汉书》卷 10《皇后纪下》："帝后梦见桓帝怒曰：'宋皇后**有何罪过**，而听用邪孽，使绝其命？勃海王悝既已自贬，又受诛毙。'"《搜神记》卷 10："汉灵帝梦见桓帝，怒曰：'宋皇后**有何罪过**？而听用邪孽，使绝其命！渤海王悝，既已自贬，又受诛毙。今宋氏及悝，自诉于天，上帝震怒，罪在难救。'梦殊明察。帝既觉而恐，寻亦崩。"（2）隋阇那崛多译《佛本行集经》卷 54《优波离因缘品》："时优波伽，心生恐怖，举身毛竖，怅怏不乐，作如是念：'今谁知我，于梵德边，**有何罪过**？令我愁恼。'"唐法琳撰《辩正论》卷 7："前问：'生时所行事，**有何罪过**？行何功德？作何善行？'言者各各不同。"

【河辺/かはのへ・かはのほとり】 后缀 （20 例）　河边，河畔。《古事记》中卷《神武记》："其河谓佐韦河由者，于其**河边**山由理草多在。故取其山由理草之名号佐韦河也。"（p. 160）又《仲哀记》："亦到坐筑紫末罗县之玉岛里，而御食其**河边**之时，当四月之上旬。"（p. 248）又《应神记》："尔大雀命闻其兄备兵，即遣使者，令告宇迟能和纪郎子。故闻惊以兵伏**河边**。"（p. 268）又："于是，其兄王隐伏兵士，衣中服铠，到于**河边**。"（p. 270）又："于是，伏隐**河边**之兵，彼厢此厢，一时共兴，矢刺而流。"（p. 272）又《雄略记》："亦一时，天皇游行到于美和河之时，**河边**有洗衣童女，其容姿甚丽。"（p. 340）《日本书纪》卷 1《神代纪上》："复剑刃垂血，是为天安**河边**所在五百个盘石也。即此经津主神之祖矣。"（第一册，p. 42）又："于时，八十万神会于天安**河边**，计其可祷之方。"（第一册，p. 76）又卷 7《景行纪》十八年春三月条："十八年春三月，天皇将向京，以巡狩筑紫国。始到夷守。是时，于石濑**河边**人众聚集。"（第一册，p. 356）又卷 8《仲哀纪》元年闰十一月条："闰十一月乙卯朔戊午，越国贡白鸟四只。于是送鸟使人宿菟道**河边**。"（第一册，p. 402）又卷11《仁德纪》四十年二月条："时雄鲫等探皇女之玉，自裳中得之，乃以二王尸埋于庐杵**河边**而复命。"（第二册，p. 58）又卷22《推古纪》十八年十月条："是日，命额田部连比罗夫为迎新罗客庄马之长，以膳臣大伴为迎任那客庄马之长，即安置阿斗**河边**馆。"（第二册，p. 562）又卷24《皇极纪》三年七月条："秋七月，东国不尽**河边**人大生部多，劝祭虫于村里之人曰：'此者常世神也。祭此神者，到富与寿。'"（第三册，p. 92）又四年正月条："四年春正月，或于阜岭，或于**河边**，或于宫寺之间，遥见有物而听媛吟。"（第三册，p. 96）又卷25《孝德纪》白雉四年是岁条："皇太子乃奉皇祖母尊间人皇后并率皇弟等，往居于倭飞鸟**河边**行宫。"（第三册，p. 194）又白雉四年是岁条："十二月壬寅朔己酉、葬于大坂矶长陵。是日，皇太子奉皇祖母尊迁居倭**河边**行宫。"（第三册，p. 198）又卷29《天武纪下》十年九月条："庚戌，饷多祢岛人等于飞鸟寺西**河边**，奏种种乐。"（第三册，p. 412）《日本灵异记》上卷《恃凭念观音菩萨得现报缘第6》："忽其**河边**椅坏，无船，过渡无由。居断桥上，心念观音。"（p. 78）又中卷《药师佛木像流水埋沙示灵表缘第39》："奈良宫治天下大炊天皇御世，天平宝字二年戊戌春三月，彼鹈田里**河边**沙之中，有音而曰：'取我矣，取我矣。'"（p. 246）《续日本纪》卷36《高绍纪》宝龟十一年八月条："秋田难保，**河边**易治者，当时之议，依治**河边**。然今积以岁月，尚未移徙。以此言之，百姓重迁明矣。"（1）《文选》卷27《饮马长城窟行》："青青**河边**草，绵绵思远道。远道不可思，夙昔梦见之。"（2）后汉昙果、康孟详合译《中本起经》卷1《化迦叶品》："近泥兰禅**河边**，有梵志，姓迦叶氏，字郁俾罗，年百二十，名声高远，世人奉仰，修治火祠，昼夜不懈。"隋阇那崛多译《佛本行集经》卷25《精进苦行品》："尔时，国师子优陀夷严驾，即从迦毗罗出，径往向彼优娄频螺聚落之所尼连**河边**。"唐义净译《金光明最胜王经》卷7《大辩才天女品》："或在山岩深险处，或居坎窟及**河边**；或在大树诸丛林，天女多依此中住。"按：《汉语大词典》未见。

【**河頭**/かはぎし】 后缀 河口，河岸。《续日本纪》卷14《圣武纪》天平十三年七月条："戊午，太上天皇移御新宫。天皇奉迎**河头**。"（第二册，p. 294）宋颐藏主集《古尊宿语录》卷22："上堂云：'担水**河头**卖，诸人尽笑怪。滞货没人猜，一似欠他债。'"按：《汉语大词典》失收。

【**赫奕**/かくえき】 并列 光辉炫耀貌。《唐大和上东征传》："明日度岭，入（始丰）县，日暮至国清寺，松篁翁郁，奇树璀璨；宝塔玉殿，玲珑**赫奕**，庄严华饰，不可言尽。"（p. 59）唐慧琳撰《一切经音义》卷29："**赫奕**：上享厄反。《毛诗传》曰：**赫**，赤貌。《说文》：从并，二赤。下音亦。《毛诗》云：**奕奕**，轻丽广大貌也。郑笺《毛诗》云：**赫奕**，光明貌也，形声字也。"又卷30："**赫奕**：上亨格反。《毛诗传》云：**赫赫**，显盛貌也。《广雅》云：明也。《说文》：大赤貌也。"又卷48："**赫奕**：余石反。《广雅》：**赫**，明也。**奕**，盛也。谓光明昱曜也。字从大。"

【黑暗～德天／こくあん～とくてん～】 自创 "黑暗"，指黑暗女。"德天"，山上忆良自创词语，疑似由"功德天"或"功德大天"缩略而来。黑暗和功德天是两姊妹。《万叶集》卷5《悲叹俗道假合即离，易去难留诗一首并序》："内教曰：'不欲**黑暗**之后来，莫入**德天**之先至。**德天**者生也，**黑暗**者死也。'"（第二册，p.88）按：《新编日本古典文学全集》栏上的注释指出，原文所说的"内教"，内容具体指《大般涅槃经》卷12《圣行品》："迦叶，如有女人入于他舍。是女端正，颜貌璎丽，以好璎珞庄严其身。主人见已，即便问言：'汝字何等？系属于谁？'女人答言：'我身即是**功德大天**。'主人问言：'汝所至处，为何所作？'女人答言：'我所至处，能与种种金银、琉璃、颇梨、真珠、珊瑚、虎珀、车磲、马瑙、象马车乘、奴婢仆使。'主人闻已，心生欢喜踊跃无量：'我今福德故，令汝来至我舍宅。'即便烧香，散花供养，恭敬礼拜。复于门外，更见一女。其形丑陋，衣裳弊坏，多诸垢腻。皮肤皴裂，其色艾白。见已问言：'汝字何等？系属谁家？'女人答言：'我字**黑暗**。'复问：'何故名为**黑暗**？'女人答言：'我所行处，能令其家，所有财宝，一切衰耗。'主人闻已，即持利刀，作如是言：'汝若不去，当断汝命。'女人答言：'汝甚愚痴，无有智慧。'主人问言：'何故名我，痴无智慧？'女人答言：'汝舍中者，即是我姊。我常与姊，进止共俱。汝若驱我，亦当驱彼。'主人还入，问**功德天**：'外有一女，云是汝妹。实为是不？'**功德天**言：'实是我妹。我与此妹，行住共俱，未曾相离。随所住处，我常作好，彼常作恶。我常利益，彼常作衰。若爱我者，亦应爱彼。若见恭敬，亦应敬彼。'主人即言：'若有如是，好恶事者，我俱不用，各随意去。'是时二女，俱共相将，还其所止。尔时主人，见其还去，心生欢喜，踊跃无量。"吴言生在《禅宗思想渊源》一书中指出，《大般涅槃经》以世人爱怜功德天厌嫌黑暗女，象征人类爱生怖死的本能。智者泯除相对念，对黑暗女功德天等观齐视。《涅槃经》中以"功德天"与"黑暗女"二女同游而不相离，喻常与无常、苦与乐、空与不空等事理二法。

【黑心／きたなきこころ】 偏正（5例） 阴险、歹毒的心肠，"赤心"（忠诚之丹心）、"白心"（清净之苦心）的对义词。《日本书纪》卷1《神代纪上》："素戋鸣尊对曰：'吾元无**黑心**。但父母已有严敕，将永就乎根国。如不与姊相见，吾何能敢去？是以跋涉云雾，远自来参。不意阿姊翻起严颜。'"（第一册，p.64）又："时天照大神复问曰：'汝言虚实，将何以为验。'对曰：'请吾与姊共立誓约。誓约之间，生女为**黑心**，生男为赤心。'"（第一册，p.70）又："故天照大神谓素戋鸣尊曰：'汝犹有**黑心**。不欲与汝相见。'乃入于天石窟而闭著盘户焉。"（第一册，p.78）又卷10《应神纪》九年四月条："今大臣以忠事君，既无**黑心**，天下共知。愿密避之，参赴于朝，亲辩无罪，而后死不晚也。"（第一册，p.476）又卷12《履中纪》即位前纪条："时瑞齿别皇子令诘曰：'仆无**黑心**，唯愁太子不在而参赴耳。'"（第二册，p.82）梁宝唱等集《经律异相》卷16："时舍那婆私长老语言：'汝心心法，云何为善，云何为恶？'答言：

'不知。'长老又言：'若心心法，与贪瞋痴相应，是名为恶；与不贪不瞋不痴相应，是名为善。'是时长老，以黑土白土，各各为丸，而语之言：'若汝黑心起取黑丸，若白心起取白丸。'"隋那连提耶舍译《佛说德护长者经》上卷："尔时月光，白其父言：'佛实一切知，实一切见，悉见悉知，父所有恶心，亦知因此恶心，而得调伏。佛智慧最大，智慧自在，觉知具足，为欲除灭，父恶心故，今受父请，非为食故，父当念佛大庄严，念佛大神通。佛大慈悲，为欲令父，恶心、浊心，得解脱故，而来至此，欲令恶攀缘者，作善根故，为欲令身，作解脱故，得调伏故，欲令暗心，作明心故，欲令黑心，作白心故，欲令浊心，作净心故。'"按：《汉语大词典》失收。

【恨言/うらみごと】偏正 怨恨的言辞。《日本书纪》卷2《神代纪下》："初丰玉姬别去时，恨言既切，故火折尊知其不可复会，乃有赠歌，已见上。"（第一册，p.186）（1）后汉安世高译《迦叶结经》卷1："阿难，汝且不识是过，汝复有过。世尊诃汝，汝时恨言他。犯他坐是为三过。"西晋竺法护译《正法华经》卷6："佛即告曰：'汝辈瞿昙弥，勿怀悒悒，而为愁戚，悲颜观佛，恨言如来，而不班宣，独不见蒙，授无上至真，正觉之决。一切众会，等共和同。尔乃演布，授众人决，当至无上，正真之道，皆一等味，味无有异。'"刘宋佛陀什、竺道生等合译《弥沙塞部和酰五分律》卷7："贫人恨言：'云何先受我请，而余家食，我本肆力，期尽供养。今诸大德，虽不能噉，愿随意持去，勿令有余。'"（2）《宋书》卷75《颜竣传》："及王僧达被诛，谓为竣所谮构，临死陈竣前后忿怼，每恨言不见从。"《晋书》卷125《冯跋传》："寻而辽东太守务银提自以功在孙护、张兴之右，而出为边郡，抗表有恨言，密谋外叛。跋怒，杀之。"《北史》卷80《真长子宁传》："彦深等颇有恨言，长粲不以介意。"按：《汉语大词典》失收。

【恒规/こうき】偏正 犹言"常规"。《续日本纪》卷8《元正纪》养老四年十二月条："释典之道，教在甚深。转经唱礼，先传恒规。理合遵承，不须辄改。"（第二册，p.80）唐道宣撰《续高僧传》卷1："逮乎素王，继辙前修，举其四科，班生著词后进，弘其九等，皆所谓化道之恒规，言行之权致者也。"唐圆照集《大唐贞元续开元释教录》卷1："伏以母以子贵，俗礼恒规。师因第荣，释门罕有。恭受荣命，喜惧感怀，捧戴屏营。"按：《汉语大词典》失收。

【恒河沙/ごうがしゃ】比喻 梵语 gaṅ gā-naḍī-vālukā。恒河是印度大河，两岸多细沙，佛所法时，每以恒河之细沙喻最多之数。《日本灵异记》下卷《拍于忆持千手咒者以现得恶死报缘第14》："如《千手经》说：'大神咒，干枯树尚得生枝柯华菓。若有谤此咒者，即为谤彼九十九亿恒河沙诸佛。'云云。"（p.296）东晋瞿昙僧伽提婆译《增壹阿含经》卷29《六重品》："是时，目连礼世尊足，即于如来，前没不现，往诣东方，七恒河沙佛土，有佛名奇光如来、至真、等正觉，出现彼土。"姚秦鸠摩罗什译《妙法莲华经》卷2《譬喻品》："于无数劫，如恒河沙，生辄聋哑，诸根不具。"唐义净译《金光明最胜王经》卷3《灭业障品》："尔时，世尊住正分别，入于甚深，微妙静虑，从身毛孔，放大光明，无量百千，种种诸色，诸佛刹土，悉现光中，十方**恒河沙**，校量譬喻，所不能及。"

【**恒居於~**/つね～にをり】 恒自创 经常居住在某处。《日本书纪》卷12《履中纪》六年二月条："天皇悦其强力以唤之，不参来。亦重使而召，犹不参来。亦重使而召，犹不参来。**恒居**于住吉邑。"（第二册，p.94）唐玄奘译《受持七佛名号所生功德经》卷1："若有得闻，彼佛名者，便得超越，一切八难，随在所生，常识宿命。有能受持，彼佛名者，不失如前，所获功德。复于无量，俱胝大劫，随在所生，心常聪慧，**恒居**善趣，受诸妙乐。"

【**恒念**/つねにおもふ】 偏正 （3例） 常想，经常思考，时常思念。《古事记》中卷《景行记》："自其处发，到当艺野上之时，诏者：'吾心**恒念**自虚翔行。然今吾足不得步，成当艺当艺斯玖。'"（p.232）《日本书纪》卷13《允恭纪》二十三年三月条："太子**恒念**合大娘皇女，畏有罪而默之。然感情既盛，殆将至死。爰以为徒空死者，虽有罪，何得忍乎？"（第二册，p.124）《续日本纪》卷13《圣武纪》天平十二年六月条："六月庚午，敕曰：'朕君临八荒，奄有万姓，履薄驭朽，情深覆育。求衣忘寝，思切纳隍。**恒念**何答上玄。人民有休平之乐；能称明命，国家致宁泰之荣者。'"（第二册，p.362）东晋瞿昙僧伽提婆译《增壹阿含经》卷10《劝请品》："知恩识反复，**恒念**教授人；智者所敬侍，名闻天世人。"齐那连提耶舍译《月灯三昧经》卷3："**恒念**一切如来恩，愿绍佛种不断绝。"按：《汉语大词典》失收。与中土先行文献中难觅"恒念"一词相比，佛典中可谓俯拾即是。

【**恒生歓喜**/つねにかんぎをしょうせしめむ】 四字 时常生发欢喜的心情。《续日本纪》卷14《圣武纪》天平十三年三月条："案经云：'若有国土讲宣读诵，恭敬供养，流通此经王者，我等四王，常来拥护。一切灾障，皆使消殄。忧愁疾疫，亦令除差。所愿遂心，**恒生欢喜**，宜令天下诸国各令敬造七重塔一区，并写《金光明最胜王经》《妙法莲花经》一部。'"（第二册，p.388）唐义净译《金光明最胜王经》卷3《灭业障品》："是时无量，释梵四王，及药叉众，俱时同声，答世尊言：'如是，如是。若有国土，讲宣读诵，此妙经王，是诸国主，我等四王，常来拥护，行住共俱，其王若有，一切灾障，及诸怨敌，我等四王，皆使消殄，忧愁疾疫，亦令除差，增益寿命，感应祯祥，所愿遂心，**恒生欢喜**，我等亦能，令其国中，所有军兵，悉皆勇健。'"又《根本说一切有部毗奈耶药事》卷5："由世尊威力故，安伽国及摩揭陀国，所有众生，增长利乐，**恒生欢喜**。"唐般若译《大方广佛华严经》卷26《入不思议解脱境界普贤行愿品》："此菩萨初发心时，作如是愿：'我当亲近，承事诸佛，及诸菩萨，现见诸佛，**恒生欢喜**。'"

【**恒食**/つねにはましむ】 偏正 经常做……给……吃。此处"食"用作使令义。

《古事记》中卷《应神记》："尔其娘子常设种种之珍味，**恒食**其夫。"（p. 276）后汉安世高译《佛说分别善恶所起经》卷1："不与追谤施，食粗外自举。后为窦饿鬼，**恒食**人欬唾。"萧齐求那毘地译《百喻经》卷3："医于后时见，便问之：'汝病愈未？'病者答言：'医先教我，**恒食**雉肉。是故今者，食一雉已尽，更不敢食。'"梁宝唱等集《经律异相》卷25："昔有噉人鬼，作人中王，**恒食**人肉，以为厨宰。"按：《汉语大词典》失收。

【恒伺／つねにうかがふ】 偏正 （2例） 经常窥视，时常寻找机会。《古事记》中卷《应神记》："亦有一贱夫，思异其状，**恒伺**其女人之行。故是女人自其昼寝时，妊身，生赤玉。"（p. 274）《日本书纪》卷17《继体纪》二十一年六月条："于是，筑紫国造盘井阴谋叛逆，犹预经年，恐事难成，**恒伺**间隙。"（第二册，p. 308）姚秦鸠摩罗什译《大智度论》卷14《序品》："复次，世间众生，常为众病所恼，又为死贼，常随伺之。譬如怨家，**恒伺**人便。"萧齐昙景译《摩诃摩耶经》卷1："譬如猎师，围逐诸兽。无常之法，亦复如是。驰逼众生，至阎罗王所，而使业象，随次蹈之，无常群虎，**恒伺**众生。若得其便，而共残食。"梁宝唱等集《经律异相》卷33："微沙落起多，**恒伺**其过，而欲杀之。"按：《汉语大词典》失收。值得注意的是，由副词"恒"构成的双音词，多见于汉文佛经中，极少出现在先行的中土文献之中。

【恒愿／つねにねがふ】 誓愿 一直以来的心愿、凤愿。《日本书纪》卷19《钦明纪》二年七月条："言念先祖与旧旱歧和亲之词有如皎日，自兹以降勤修邻好遂敦与国，恩踰骨肉。善始有终，寡人之所**恒愿**。"（第二册，p. 372）（1）刘宋佛陀什、竺道生等合译《弥沙塞部和酰五分律》卷8："白佛言：'世尊，此邑常有一恶毒龙，破坏田苗，我**恒愿**得，大威德人，而降伏之。'"唐实叉难陀译《大方广佛华严经》卷61《入法界品》："**恒愿**拔济，一切众生，出诸有海，迦楼罗王，愿得成就，诸如来身，高出世间，阿修罗王，见佛欢喜，曲躬恭敬，摩睺罗伽王，常厌生死，恒乐见佛，诸大天王，尊重于佛，赞叹供养，诸大梵王。"唐玄奘译《大般若波罗蜜多经》卷449《转不转品》："善现，是菩萨摩诃萨虽行一切法空，而爱乐正法不爱非法，**恒愿**饶益一切有情。"《文镜秘府论·北·句端》："敢欲，辄欲，轻欲，轻用，轻以，辄用，辄以，敢以，每欲，常欲，**恒愿**，恒望。右并论志所欲行也。"（p. 1729）按：《汉语大词典》失收。

【横恶（神）／あしき（かみ）】 偏正 横行凶恶，霸道凶暴。《日本书纪》卷2《神代纪下》："天照大神敕天稚彦曰：'丰苇原中国，是吾儿可王之地也。然虑有残贼强暴**横恶**之神者。故汝先往平之。'"（第一册，p. 122）东晋帛尸梨蜜多罗译《佛说灌顶经》卷12："应放杂类众生至四十九，可得过度危厄之难，不为诸**横恶**鬼所持。"唐玄奘译《药师琉璃光如来本愿功德经》卷1："可得过度危厄之难，不为诸**横恶**鬼所持。"唐菩提流志译《佛说文殊师利法宝藏陀罗尼经》卷1："当知此人现世获得十种果报。何等为十？所谓一者国中永不为他方怨贼来相侵娆；二者不为日月星辰二十八宿诸恶变怪而起灾患；三者不为国中有大灾**横恶**鬼神等而行疫障。”唐阿地瞿多译《陀罗尼集经》卷12《佛说诸佛大陀罗尼都会道场印品》：“我与一切，诸菩萨等，卫护行者，日夜忆念，不相舍离，无有**横恶**，侵娆其身。”按：《汉语大词典》失收。

【横風（乃）/よこしま（の）】 偏正 侧面方向的来风，泛指意外刮起的大风（会给人带来灾害）。《万叶集》卷5第904首《恋男子名古日歌》：“大船乃　于毛比多能无尔　于毛波奴尔　**横風乃**　覆来礼婆　世武须便乃　多杼伎乎之良尔”（第二册，p. 93）。（1）后汉安世高译《七处三观经》卷1：“佛报告婆罗门：‘今世婆罗门非法贪世间，横欲行意堕非法，以是辈人自洿①念堕非法，横堕贪非是是习者，便从是因缘日月不正行；已不正行，便星宿亦不正行；已星宿不正行，便日月亦不正，时岁亦不正；已时岁不正，便漏刻时不正；已漏刻时不正，便有**横風**；已有**横風**，便天不时，时雨堕；已天不时时雨堕，便若人种地便不时，生熟得不如意；已不时生熟，所谷若人食，若畜生飞鸟，便少色、少力、多病、少命、少豪，是为，婆罗门，本是因缘，今世人少色、少力、多病、少命、少豪。”唐惠详撰《弘赞法华传》卷10：“有卢江人侯志，从鄱阳郡下，到宫亭湖，卒遇暴风。宗伴多有被溺，唯志一船，如被持引，**横風**截浪，遥到庙所。”（2）《艺文类聚》卷87梁徐摛《冬蕉卷心赋》曰：“拔残心于孤翠，植晚玩于冬余。枝**横風**而碎色，叶渍雪而傍枯。”（p. 1499）《全唐文》卷348李白《赵公西候新亭颂（并序）》：“**横風**霜之秀气，郁王霸之奇略。”

【横臥/ふす】 偏正 横向躺下或趴下。《日本书纪》卷21《崇峻纪》二年四月条：“爰有万养白犬，俯仰回吠于其尸侧。遂啮举头，收置古冢，**横臥**枕侧，饿死于前。”（第二册，p. 516）（1）隋阇那崛多译《大威德陀罗尼经》卷17：“于地狱聚中住大地狱，故言生于彼处，譬如余诸地狱辈有立住者不得**横臥**，身坏命终已生于彼处。”唐道宣撰《集神州三宝感通录》卷3：“晋初沙门佛调者，住常山。积年业尚纯朴，独行山林夜投虎窟。大雪，虎来**横臥**其前。调曰：‘我夺汝舍，有愧如何？’以手抚虎上雪，虎弭耳下山。”高丽一然撰《三国遗事》卷5：“败蒲**横臥**于憨眠，梦魂不到红尘羁。云游逝兮二庵墟，山鹿恣登人迹稀。”（2）《南史》卷62《贺革传》：“革字文明，少以家贫，躬耕供养，年二十，始辍耒就父受业，精力不息。有六尺方床，思义未达，则**横臥**其上，不尽其义，终不肯食。”《太平广记》卷86《赵燕奴》条：“或乘驴远适，只使人持之，**横臥**鞍中，若衣囊焉。”按：《汉语大词典》失收。

【横遭/よこさまにあふ】 偏正 意外地遭受。《日本书纪》卷26《齐明纪》五年七月条：“（《伊吉连博德书》）：十五日日入之时，石布连船，**横遭**逆风，漂到南海之岛。岛名尔加委。”（第三册，p. 224）（1）东晋帛尸梨蜜多罗译《佛说灌顶经》卷8：

---

① “洿”，在宋元、元本、明本中作“夸”。

"佛告阿难：'是诸大神及神母女等三十三王，若四辈弟子，**横遭**难者，呼其名字，令人得福，万事吉祥。'"又卷 12："一者横病；二者横有口舌；三者**横遭**县官；四者身羸无福。"唐玄奘译《阿毗达磨大毗婆沙论》卷 125："时阿罗汉，勉众而言：'以我宿殃，**横遭**拘絷，勿以恶意。'"（2）《文选》卷 23 阮籍《咏怀》："原睹卒欢好，不见悲别离。（言四时代移，日月递运，年寿将尽，而人莫己知。恐被谗邪，**横遭**摈斥，故云原卒欢好，不见离别。）"（p. 325）按：《汉语大词典》失收。在所引诸例中，只有《齐明纪》"横遭"后续的是自然现象（天灾）"逆风"，中国两类文献中均为人事（人祸），即"难""拘絷""摈斥"。

【横诛/よこさまにころす】 偏正 无辜诛杀。《日本书纪》卷 25《孝德纪》大化五年三月条："凡此伽蓝者元非自身故造，奉为天皇誓作。今我见谮身刺而恐**横诛**，聊望黄泉尚怀忠退。所以来寺，使易终时。"（第三册，p. 174）梁宝唱等集《经律异相》卷 27："舍卫有王，号曰篮达。土地丰沃，人民淳信，君臣父子，相率以道。后王即位，法俗转薄，治行不平，阿扛百姓，**横诛**无辜，正乱祸应，雨泽不时，五谷不丰，互生妖怪。遂致荒残，惧于危亡。"按：《汉语大词典》失收。

【弘道由人/みちをひろむることひとによれり】 四字 人能够把道德、道义弘扬光大。语出《论语·卫灵公》："子曰：'人能弘道，非道弘人。'"《续日本纪》卷 32《光仁纪》宝龟四年十一月条："**弘道由人**。实合奖励。宜大和国菩提、登美、生马，河内国石凝，和泉国高渚五院，各舍当郡田三町。河内国山崎院二町。"（第四册，p. 414）唐栖复集《法华经玄赞要集》卷 9："谟云：'**弘道由人**。升人在位高听受，表经之可信。德高围绕，表佛之可尊。论以两内，经标五唱叹德。'"→【人能弘道】

【弘法/みのりをひろむ】 述宾 弘扬佛法。《日本灵异记》下卷《智行并具禅师重得人身生国皇之子缘第 39》："得度精勤修学，智行双有。皇臣见敬，道俗所贵。**弘法**导人，以为行业。"（p. 377）西晋竺法护译《佛说弘道广显三昧经》卷 1《得普智心品》："辩才行具云何得，深致总持永安住。**弘法**要说常无断，闻辄奉行终不忘。"隋智顗说《妙法莲华经玄义》卷 7："今时人**弘法**，或一向用大，或一向用小，皆不得佛意。善弘经者，用与适时。"

【弘法传教/みのりをひろめ、おしへをつたふ】 自创 弘扬佛法，传布教义。《日本灵异记》中卷《智者诽妒变化圣人而现至阎罗阙受地狱苦缘第 7》："智光大德，**弘法传教**，化迷趣正，以白壁天皇世，智囊蜕日本地，奇神迂不知堺矣。"（p. 169）宋志盘撰《佛祖统纪》卷 8："自荆溪而来，九世二百年矣。**弘法传**道何世无之？备众体而集大成，辟异端而隆正统者，唯法智一师耳。"

【弘法化迷/みのりをひろめ、まどふひとをおしふ】 自创 弘扬佛法，教化顽迷。《日本灵异记》中卷《智者诽妒变化圣人而现至阎罗阙受地狱苦缘第 7》："舍俗离

欲，**弘法化迷**。器宇聪敏，自然生知。内密菩萨仪，外现声闻形。"（p. 167）隋智顗说《妙法莲华经文句》卷 8《释五百弟子受记品》："官事当行者，明王子余处机兴逗缘往应故云当行，**弘法化**他此非私务故云官事。"隋吉藏撰《法华义疏》卷 9《法师品》："三者上告药王列二世弟子令师识弟子，今出法师相貌，令弟子识师，以师弟子相知则**弘法化**人义成也。"隋费长房撰《历代三宝纪》卷 12："所冀今来，明王睿主，种贤绍圣，**弘法化**君，写以传流，所统之内，闻善尚传。故因叙载。"该例亦见于唐道宣撰《大唐内典录》卷 5。

【**弘法化物**/みのりをひろめ、ものをおしふ】 四字 弘扬佛法，教化有情。《日本灵异记》上卷《勤求学佛教弘法利物临命终时示异表缘第 22》："时戒珠无玷，知鉴恒耀。遍游诸方，**弘法化物**。"（p. 108）隋吉藏撰《法华义疏》卷 11《嘱累品》："有三因缘：一者时众，闻佛殷勤付嘱，则重法情深，各欲宣持；二付诸菩萨，即令其，自行化他；三者众生，于菩萨有重缘，故令其**弘法化物**。"

【**弘法利物**/みのりをひろめ、ものをたすく】 先例 （2 例） 弘扬佛法，利益众生。《日本灵异记》上卷《圣德皇太子示异表缘第 4》："进止威仪，似僧而行。加以制《胜鬘》、《法华》等经疏，**弘法利物**，定考绩功勋之阶，故曰圣德。"（p. 69）又《勤求学佛教**弘法利物**临命终时示异表缘第 22》（p. 107）清功布察布译《药师七佛供养仪轨如意王经》卷 1："以斯善根之力，并佛菩萨威神摄授之力伏愿掌教**弘法**，**利物**济人。"

【**弘仏法**/ぶっぽうをひろむ】 三字 （2 例） 弘扬佛教的教理教义。《日本灵异记》中卷《序》："窃视历代，自宣化天皇以往，随外道凭卜者。自钦明天皇也后，敬三宝信正教。然或皇臣烧寺流佛像，或皇臣建寺**弘佛法**。"（p. 142）《元兴寺伽蓝缘起并流记资财账》："时大臣恐惧而愿**弘佛法**，即求可出家人，都无应者。"姚秦鸠摩罗什译《龙树菩萨传》卷 1："大**弘佛法**，摧伏外道，广明摩诃衍作优波提舍十万偈。又作庄严佛道论五千偈，大慈方便论五千偈，中论五百偈，令摩诃衍教大行于天竺。"梁慧皎撰《高僧传》卷 7："人情危扰法事罢废，进避地东下止于京师。更精寻文旨，开畅讲说，顷之进适姑苏，复**弘佛法**。"唐道宣撰《续高僧传》卷 20："初诞之日，有外国道人曰：'此儿当贵，若出家者，大**弘佛法**。'"

【**弘济沈沦**/ひろくじんりんをすくふ】 自创 广泛地拯救沉迷沦落之人。《奈良朝写经 23·十轮经卷第 3》："又光明子自发誓言，**弘济沉沦**，勤除烦障，妙穷诸法，早契菩提。"（p. 179）唐慧琳撰《一切经音义》卷 11："**沉沦**：上持林反，《集训》云：**沈**，没也。《庄子》曰：是陆沈者。顾野王曰：人之居陆而若沈溺，无闻朝廷，是陆沈也。下音伦。《考声》云：**沦**，渍也。资四反。《说文》：**没**也。从水仑声，仑音伦。"宋太宗赵炅撰《御制莲华心轮回文偈颂》卷 2："霭行孝悌，齐灭多嗔，运慈舟以**济沉沦**，般凡夫而到彼岸。"又卷 6："佛之名誉，普震善施，安乐吉祥，因性空空，身悲心现，土恭行教法，**拯济沉沦**。"

【弘世/よにひろまる】 后补 在世间弘扬。《元兴寺伽蓝缘起并流记资财账》："今亦更佛法兴**弘世**，建元兴寺。本名故称名建兴寺。"唐道宣撰《续高僧传》卷29："论曰：'夫住持之相，其例乃多。包举精博，要惟二种：道法**弘世**，则静倒绝其生源；相法所持，则导昏开其耳目。'"按：《汉语大词典》失收。

【弘演/ぐえんす】 并列 弘扬传布。《日本书纪》卷22《推古纪》三年是岁条："五月戊午朔丁卯，高丽僧慧慈归化，则皇太子师之。是岁，百济僧慧聪来之。此两僧**弘演**佛教，并为三宝之栋梁。"（第二册，p.532）西晋竺法护译《佛说弘道广显三昧经》卷1："尔时世尊，见诸天龙神之众人，与非人又及四辈，闻其至说，莫不悦怿。于是如来为阿耨达，重复**弘演**，而说颂云。"唐玄奘撰《大唐西域记》卷11："佛教至后，二百余年，各擅专门，分成二部：一曰摩诃毘诃罗住部，斥大乘习小教；二曰阿跋邪祇厘住部，学兼二乘，**弘演**三藏。"高丽一然撰《三国遗事》卷3："咸谓子推割股，未足比其苦节，**弘演**刳腹，讵能方其壮烈。"按：《汉语大词典》失收。

【弘愿/ぐがん】 誓愿 （3例） 宏大的心愿。《续日本纪》卷21《淳仁纪》天平宝字二年八月条："大慈至深，建药院而普济；**弘愿**潜运，设悲田而广救。"（第三册，p.270）又卷30《称德纪》宝龟元年四月条："戊午，初天皇，八年乱平，乃发**弘愿**，令造三重小塔一百万基。"（第四册，p.280）又卷33《光仁纪》宝龟五年九月条："天平年中，圣武皇帝发**弘愿**，造卢舍那铜像。"东晋佛驮跋陀罗译《大方广佛华严经》卷11《功德华聚菩萨十行品》："一切众魔，所不能坏，一切诸佛，悉共护念。常行菩萨，诸清净行，精勤修习，一切菩萨，无量苦行，未曾懈倦，得不退转，大乘**弘愿**。"姚秦鸠摩罗什译《佛言仁王般若波罗蜜经》卷1《菩萨教化品》："四摄法、四无量心、四**弘愿**、三解脱门。是菩萨从善地至于萨婆若，以此十五心为一切行根本种子。"唐义净译《金光明最胜王经》卷1《序品》："如是等天子，而为上首，皆发**弘愿**，护持大乘，绍隆正法，能使不绝。"→【発弘愿】

【洪慈/こうじ】 偏正 大慈大悲。《唐大和上东征传》藤原刷雄《五言伤大和上》："哀哉归净土，悲哉赴泉场。寄语腾兰迹，**洪慈**万代光。"（p.101）（1）吴康僧会译《六度集经》卷2："山中道士皆守节好学。有一道士，名阿周陀，久处山间，有玄妙之德。即与妻子，诣之稽首，却叉手立，向道士曰：'吾将妻子，来斯学道，愿垂**洪慈**，诲成吾志也。'"唐慧立本、释彦悰笺《大唐大慈恩寺三藏法师传》卷9："奘出自凡品，夙惭行业，既蒙落饰，思阐玄猷。往涉迦维，本凭皇化，迨兹翻译，复承　朝奖。而贞观之际，滥沐**洪慈**，永徽以来，更叨殊遇。"唐道宣撰《广弘明集》卷8："释迦发穷源之真唱，演大哀之**洪慈**，上极圣人下及蜫蚁，等行不杀，仁人之至也。"（2）《梁书》卷26《萧琛传》："高祖在西邸，早与琛狎，每朝宴，接以旧恩，呼为宗老。琛亦奉陈昔恩，以'早簉中阳，凤忝同闻，虽迷兴运，犹荷**洪慈**。'上答曰：'虽云早契阔，乃自非同志；勿谈兴运初，且道狂奴异。'"《艺文类聚》卷 95 梁简文《谢敕赉貂坐褥席启》："东瀛美毳，不著马彪之仪，北朝文茵，岂问张敞所记，阴炭既重，寒井犹冰，特降殊私，温华曲被，虽狐白千金，织成千种，李颁汉被，杨降曹毡，不足以仿佛**洪慈**，连类圣泽。"按：《汉语大词典》失收。

【**後報**/ごほう】 偏正 （3 例） 三报（现报、生报、后报）之一。又称后受业、顺后次受业。谓于现世所造善恶之业，二生以后，受其果报。《日本灵异记》中卷《依汉神崇杀牛而祭又修放生善以现得善恶报缘第 5》："不报怨哉！我当不忘，犹**后报**之。"（p.159）又下卷《漂流大海敬称尺迦佛名得全命缘第 25》："海中虽多难，而全命存身，寔尺迦如来之威德，海中漂人之深信矣。现报犹如是，况**后报**也。"（p.325）又《强非理以征债取多倍而现得恶死报缘第 26》："不睹因果，非理无义。是以定知非理现报、无义恶报矣。现报犹然，况亦**后报**乎。"（p.330）姚秦鸠摩罗什译《成实论》卷 8《三报业品》："问曰：'经中佛说三种业，现报生报**后报**业，何者是耶？'答曰：'若此身造业即此身受，是名现报；此世造业次来世受，是名生报；此世造业过次世受，是名**后报**，以过次世故名为后。'"

【**後代流伝**/のちのよにつたふ】 四字 流传后代，流芳百世。《常陆国风土记·筑波郡》条："美万贵天皇之世，遣采女臣友属筑箪命，于纪国之国造时，筑箪命云：'欲令身名者，著国**后代流传**。'即改本号，更称筑波者。"（p.358）唐澄观撰《大方广佛华严经疏》卷 3："良以音声一种，正就佛说，容为教体，**后代流传**书之竹帛。"古逸部《维摩经疏卷第三》卷 6："初来意者，有其四义：一众香菩萨，欲还本土，请法自资；二维摩，请佛印述，以成经法，**后代流传**；三维摩所现神变，庵罗未睹，化事未周；四香积之饭，庵罗未知，欲使同知。有此四义，明品来也。"

【**後悔無益**/のちにくゆともかひなし】 四字 即使后悔也徒劳无益。用于劝勉的场合。《日本灵异记》下卷《序》："此生空过，**后悔无益**。暂尔身讵伯存之，泛尔命孰常恃之？"（p.260）东晋瞿昙僧伽提婆译《增壹阿含经》卷 18《四意断品》："四神足、四意止、四谛，有狐疑者，便来问我义，我今当说之。今不问者，**后悔无益**。"后秦佛陀耶舍、竺佛念等合译《长阿含经》卷 10："汝等亦宜，自忧其身，当处闲居，树下思惟，勿为懈怠，今不勉力，**后悔无益**。"梁诸大法师集撰《慈悲道场忏法》卷 2："唯愿大众，各坚其志，莫以年命，待时漏尽，勿令空去，**后悔无益**。"

【**後久之**/のちにひさしくして】 自创 后来过了很长时间。《日本书纪》卷 2《神代纪下》："**后久之**，彦火火出见尊崩，葬日向高屋山上陵。"（第一册，p.160）梁慧皎撰《高僧传》卷 1："寻僧会以晋太康元年乃死，而已云此经出**后久之**沉翳。"唐道世撰《法苑珠林》卷 17："其夕南涧十余躯像，悉遇盗亡。其**后久之**，像于曛暮间放光，显照三尺许地，金辉秀起，焕然夺目。"又卷 97："阇境为设三七斋起塔，塔今犹存。死**后久之**，见形多宝寺。"按："后久之"在《神代纪下》用作连词，与佛典用法不同。

【後生/のちのうまれ】 偏正 （5 例） 即未来之生。相对于"前生""今生"。又作"来世""来生""后世"。佛教立三世因果轮回转生，以今生为前生之后生，而今生之苦乐多由前生之业因，后生之苦乐亦由今生之善恶业所造，故对今生之造业须谨慎行之，特别于净土门期望证悟佛果者，更不可造次。《日本灵异记》上卷《序》："不升贪善之至，慓示滥竽之业。**后生**贤者，幸勿嗤嗤焉。"又《自幼时用网捕鱼而现得恶报缘第11》："如《颜氏家训》云：'昔江陵刘氏，以卖鳝羹为业。**后生**一儿，头具是鳝。自颈以下，方为人身。'者，其斯之谓矣。"（p. 89）又中卷《女人大蛇所婚赖药力得全命缘第41》："父见子轻，譬之而言：'善哉我儿，疾走如狐。'其子命终，**后生**狐身。"（p. 251）又下卷《依妨修行人得猴身缘第24》："其时我者，禁从众多，不妨修道。虽不禁修道，因妨从者，而成罪报。犹**后生**受此猕猴身，成此社神。"（p. 322）又《沙门积功作佛像临命终时示异表缘第30》："寸心之愿，仅当所望，故**后生**大福，被于观规，现报功德，蒙于尊主。"（p. 341）曹魏康僧铠译《佛说无量寿经》卷2："虽一世勤苦须臾之间，**后生**无量寿佛国快乐无极，长与道德合明，永拔生死根本，无复贪恚、愚痴、苦恼之患。"姚秦鸠摩罗什译《妙法莲华经》卷3《药草喻品》："是诸众生闻是法已，现世安隐，**后生**善处，以道受乐，亦得闻法。"

【後生世/のちのよ】 自创 与"后生"义同，由"后生"与"后世"二词缀合而成。《日本灵异记》中卷《智者诽妒变化圣人而现至阎罗阙受地狱苦缘第7》："由口业罪，阎罗王，召我令抱于铁铜柱。经之九日，偿诽谤罪。恐至余罪于**后生世**，是以惭愧发露。当愿免罪。"（p. 168）

【後世/のちのよ】 时段 后来之世、来世、来生。同"后生"。"今世"的对应词。《日本灵异记》中卷《行基大德携子女人视过去怨令投渊示异表缘第30》："不偿他债，宁应死耶？**后世**必有彼报而已。"（p. 227）按：在传世文献当中，"后世"原指某一时代以后的时代。《日本书纪》卷19《钦明纪》十五年十二月条："今使贱奴杀名主。冀传后世，莫忘于口。"（第二册，p. 432）《日本灵异记》上卷《信敬三宝得现报缘第5》："爱天亦嫌之，地复恶之。当于用明天皇世，而挫弓削大连。则出佛像，以传**后世**。"（p. 75）《续日本纪》卷8《元正纪》养老五年十月条："朕崩之后，宜于大和国添上郡藏宝山雍良岑造灶火葬，莫改他处，谥号称其国其郡朝庭驭宇天皇，流传**后世**。"（第二册，p. 102）

【後世人/のちのよのひと】 三字 后世的人。《日本灵异记》上卷《得雷之意令生子强力在缘第3》："**后世人**传谓：'元兴寺道场法师，强力多有。'是也。"（p. 65）后汉支娄迦谶译《道行般若经》卷3《泥犁品》："舍利弗白佛言：'愿为人故当说之，令知其身，受形云何，当为**后世**，人作大明。其有闻者，畏惧当自念：我不可诽谤，断法如彼人。'"姚秦鸠摩罗什译《小品般若波罗蜜经》卷3《泥犁品》："舍利弗白佛言：

‘世尊，唯愿佛说，是人身量，令**后世人**，得为明戒，知以是罪业故，受是大身。’”

【**後月余日**／のちつきあまりのひにして】 时段 一个多月以后的某一天。《续日本纪》卷30《称德纪》宝龟元年二月条：“时巫觋之徒，动以石崇为言。于是。积柴烧之，灌以三十余斛酒。片片破却，弃于道路。**后月余日**，天皇不念。卜之，破石为祟。即复拾置净地，不令人马践之。今其寺内东南隅数十片破石是也。”（第四册，p. 274）梁慧皎撰《高僧传》卷9：“时澄在堂上坐，弟子法常在侧。澄惨然改容曰：‘郭公今厄，唱云。’众僧咒愿。澄又自咒愿，须臾更曰：‘若东南出者活，余向则困。’复更咒愿，有顷曰：‘脱矣。’**后月余日**黑略还，自说堕羌围中东南走马之际，正遇帐下人，推马与之曰：‘公乘此马，小人乘公马。济与不济任命也。’略得其马故获免。推检日时，正是澄咒愿时也。”唐临撰《冥报记》卷1：“是日，恭父母在家。昏时有乌衣客五十人，诣门寄宿，并送钱五万。付恭父曰：‘君儿在杨州市，附此钱归。愿依数受也。’恭父怪愕，疑谓恭死，因审之。客曰：‘儿无恙。但不须钱。故附归耳。’恭父受之，记是本钱，而皆水湿。留客为设食，客止，明旦辞去。**后月余日**，恭还。父母大喜，既而问附钱所由。恭答无之。父母说客形状，及附钱月日，乃赎鼋之日。于是知五十客，皆所赎鼋也。”唐智升撰《开元释教录》卷8：“及终**后月余日**，有人赍栴檀末香至，请依西国法以涂三藏身，众咸莫之许。其人作色曰：‘弟子别奉进止师等。若不许，请录状以闻。’众从之。及开棺发殓已，人觉异香，等莲花之气，互相惊问，皆云若兹。”

【**呼为～**／よびて～といふ】 说词 （4例） 称为……叫作……《日本书纪》卷2《神代纪下》：“时皇孙敕天钿女命：‘汝宜以所显神名为姓氏焉。’因赐猿女君之号。故猿女君等男女，皆**呼为**君，此其缘也。”（第一册，p. 132）又卷3《神武纪》即位前纪己未年二月条：“又皇师立诰之处，是谓猛田，作城处号曰城田，又贼众战死而僵尸，枕臂处**呼为**颊枕田。”（第一册，p. 228）又卷14《雄略纪》七年八月条：“天皇遣身毛君大夫召焉。虚空被召来言：‘前津屋以小女为天皇人，以大女为己人，竞令相斗，见幼女胜，即拔刀而杀。复以小雄鸡**呼为**天皇鸡，拔毛剪翼，以大雄鸡**呼为**己鸡，著铃金距，竞令斗之。见秃鸡胜，亦拔刀而杀。’”（第二册，p. 168）（1）后汉安世高译《佛说奈女祇域因缘经》卷1：“奈女常从五百弟子，赞授经术，或相与游戏园池。及作音乐，国人不解其故，便生讥谤，**呼为**淫女。”西晋法立、法炬合译《大楼炭经》卷6《天地成品》：“然后有王，名大善生，人**呼为**伊摩。”北凉昙无谶译《大方广三戒经》卷1：“后闻他问：‘是谁所有？云何族亲**呼为**姊，妹数数相见？数相见故，则堕非处，互生欲心，渐现欲相。’”（2）《搜神记》卷5：“于是丁姑遂还丹阳。江南人皆**呼为**丁姑。九月九日，不用作事，咸以为息日也。今所在祠之。”《史记》卷2《夏本纪》：“又东至于盟津，（正义杜预云：盟，河内郡河阳县南孟津也，在洛阳城北。都道所凑，古今为津，武王度之，近代**呼为**武济。）”

【**忽到**／たちまちにいたる】 偏正 （3例） 忽然来到。《日本书纪》卷2《神代纪

下》："于时，海底自有可怜小汀。乃寻汀而进，**忽到**海神丰玉彦之宫。"（第一册，p. 162）又卷 19《钦明纪》三十一年四月条："越人江渟臣裾代诣京奏曰：'高丽使人，辛苦风浪，迷失浦津，任水漂流，**忽到**著岸。郡司隐匿，故臣显奏。'"（第二册，p. 456）又卷 28《天武纪上》元年七月条："乙未，小隅亦进，欲袭刺获野营而**忽到**。爰将军多臣品治遮之，以精兵追击之。小隅独免走焉。以后遂复不来也。"（第三册，p. 330）后汉昙果、康孟详合译《中本起经》卷 1《化迦叶品》："如来**忽到**，迦叶大喜：'善来瞿昙，起居常安。'"梁宝唱等集《经律异相》卷 19："昔有道人，昼夜行道，初不懈息。且有身口之急，当须饮食，便行乞匃。**忽到**猎师边乞。"《敦煌变文·张义潮变文》："贼等不虞汉兵**忽到**，都无准备之心。"又《角座文汇抄》："无常**忽到**一生休，不修宝是愚痴意。"按：《汉语大词典》失收。

【**忽得病**/たちまちにやまひをえたり】 三字（2 例） 突然生病。《日本灵异记》上卷《邪见假名沙弥斫塔木得恶报缘第 27》："终到岛下郡味木里，**忽得病**，举声叫言：'热热乎乎。'"（p. 116）又中卷《阎罗王使鬼受所召人之饷而报恩缘第 25》："圣武天皇代，衣女**忽得病**。时伟备百味，祭门左右，赂于疫神而饷之也。"（p. 214）（1）后汉安世高译《佛说柰女祇域因缘经》卷 1："祇域则过墟聚，语长伍曰：'此是国王使，今**忽得病**。汝等急往，舁取归家，好养护之。厚其床席，给与糜粥，慎莫令死。死者王灭汝国。'语毕便去，遂归本国。"唐慧详撰《弘赞法华传》卷 6："清信女费氏者，宁蜀人。宋宁州刺史费悦之女也。出为罗玛之妻，少而敬信，诵《法华经》数年，勤至不倦。后**忽得病**苦心痛，阖门惶惧，属圹待尽。"（2）《酉阳杂俎·续集》卷 3《支诺皋下》："经旬，严师**忽得病**若狂，或自批触，秽骂大呼，数日不已。"《太平广记》卷 113《陈安居》条："安居虽即伯舍，而理行精至，废绝淫祀。**忽得病**发狂，则为歌神之曲，迷闷邪僻，如此弥岁，而执心愈固。"

【**忽得重病**/たまちまにおもきやまひをえたり】 四字（2 例） 突然患了严重的疾病。《日本灵异记》上卷《聋者归敬方广经典得报闻两耳缘第 8》："少垦田宫御宇天皇代，有衣缝伴造义通者，**忽得重病**，两耳并聋，恶疮遍身，历年不愈。"（p. 82）又中卷《依汉神崇杀牛而祭又修放生善以现得善恶报缘第 5》："祀限于七年，每年杀祀之以一牛，合杀七头，七年祭毕。**忽得重病**。又径七年间，医药方疗犹不愈。"（p. 159）东晋帛尸梨蜜多罗译《佛说灌顶经》卷 11："于是那舍**忽得重病**，奄便欲死，唯心上暖。家中大小，未便殡敛，至七日后，乃得苏解。家中问言：'那舍长者，病苦如是，本死今苏，从何而来？'"唐僧详撰《法华传记》卷 7："不修戒行，广营田业，积布郡绫绮，动盈万计，而贪惜鄙悋，不拔一毛。后**忽得重病**，隐处合，便利不通，命将欲绝。"宋宗晓编《法华经显应录》卷 2："恭因发心造经一百部，未及成办，**忽得重病**。乃更发愿增造千部，病既愈。"

【**忽而死**/たちまちにしぬ】 自创 突然死亡。《日本灵异记》上卷《僧用涌汤之

分薪而与他作牛役之示奇表缘第20》："牛闻，流泪长息，**忽而死**。将牛之人，啧其僧言：'汝咒牛杀！' 捉之申官。"（p. 105）吴康僧会译《六度集经》卷4："象适人去远，其痛难忍，躃地大呼，**奄忽而死**，即生天上。"刘宋沮渠京声译《佛说佛大僧大经》卷1："妻即大怖，擗踊呼曰：'子竟坐吾，见残贼乎。' 哀愤呼天，摧裂肝心，崩血出口，**奄忽而死**。"

【忽尔/たちまち】 后缀 忽然；突然。"尔"，助词。用作词缀，犹"然"。《日本书纪》卷18《安闲纪》元年闰十二月条："今汝味张，率土幽微百姓，**忽尔**奉惜王地，轻背使乎宜旨。味张自今以后勿预郡司。"（第二册，p. 340）《文选》卷17傅毅《舞赋》："**翼尔**悠往，谇复辍已。"李善注："言翼然而往，谇而复止。"失译人名今附后汉录《杂譬喻经》卷1："昔日供侍众僧，随意所设，今日**忽尔**穷厄，施心不达，内自感伤。"《高僧传》卷11："后卧疾少时，问侍者：'日中未？' 答云：'已中。' 乃索水漱口，颜貌怡然，**忽尔**从化。春秋八十矣。"梁宝唱等集《经律异相》卷32："帝释感曰：'斯王后者，故世吾姊也。今以无嗣，捐躯山险，**怆然愍之，忽尔**降焉。'"按：《汉语大词典》首引三国魏郭遐叔《赠嵇康》诗之一："欢接无厌，如川赴谷。如何**忽尔**，将适他俗。"略晚。

【忽怒/たちまちにいかる】 偏正 突然发起火来。《日本灵异记》上卷《凶人不敬养奶房母以现得恶死报缘第23》："徒学书传，不养其母。母贷子稻，无物可偿。瞻宝**忽怒**逼征之。"（p. 110）（1）魏杨衒之撰《洛阳伽兰记》卷5："于阗王不信佛法。有商将一比丘石毗庐旃在城南杏树下，向王伏罪云：'今辄将吴国沙门来在城南杏树下。' 王闻**忽怒**，即往看毗庐旃。"隋智顗撰《三观义》卷2："若心爱著，即是软贼。或时横致衰损讥谤违情，种种恼乱非意而起。若心嗔恨**忽怒**，即是强贼。"（2）《酉阳杂俎》卷5《怪术》："秀才**忽怒**曰：'我与上人素未相识，焉知予不逞徒也？'"《玄怪录》卷1："至于再三，叟**忽怒**叱曰：'年少子，乃敢相逼！吾岂盗贼椎埋者耶？何必问所从来。'"按：《汉语大词典》失收。

【忽然得病/たちまちにやまひをう】 四字 （2例）突然生病。《日本灵异记》上卷《殷勤归信观音愿福分以现得大福德缘第31》："时从三位粟田朝臣之女，未通不嫁。其娘女于广濑之家**忽然得病**，匆匆痛苦无由差。"（p. 128）又《阎罗王使鬼得所召人之赂以免缘第24》："圣武天皇世，借其大安寺修多罗分钱三十贯，以往于越前之都鲁鹿津，而交易以之运超，载船将来家之时，**忽然得病**。"（p. 211）梁慧皎撰《高僧传》卷5："以晋义熙之初，投山阴嘉祥寺克己导物，苦身率众。凡诸新经皆书写讲说，涉将五载。**忽然得病**寝疾。"唐宗密述《禅源诸诠集都序》卷2："如有一人（在缠法身）诸根具足（恒沙功德）强壮（常住不变，妄不能染）多艺（恒沙妙用）。**忽然得病**（无始无明），渐渐加增（其次七重），乃至气绝（第十重），唯心头暖（赖耶识中无漏智种）。忽遇良医（大善知识），知其命在（见凡夫人，即心是佛），强灌神药（初闻不信，频就不舍）。忽然苏醒（悟解），初未能言（初悟之人，未能说法，答他问难，皆悉未得），乃至渐语（能说法也），渐能行履（十地十波罗蜜），直至平复（成佛）。"

【忽然而死/たちまちにしてしぬ】 四字　突然死去。《日本灵异记》中卷《眚读〈法华经〉僧而现口㖞斜得恶死报缘第18》："见闻人云：'虽不加刑，眚心效言，口㖞斜，**忽然而死**。何况发怨仇心，加刑罚矣。'"（p. 196）梁曼陀罗仙、僧伽婆罗合译《大乘宝云经》卷2《十波罗蜜品》："作是方便，化作女色，形容端正，具足相好，胜余女人。众生见已，生贪甚深，爱乐耽著，于所眠息，受乐之时，**忽然而死**。一念之顷，即成臭烂。"

【忽然而至/たちまちにいたる】 四字　突然到来，神不知鬼不觉地出现。《日本书纪》卷2《神代纪下》："时有一长老，**忽然而至**，自称盐土老翁。乃问之曰：'君是谁者？何故患于此处乎？'"（第一册，p. 162）日本圣德太子撰《胜鬘经疏义私钞》卷6："尔时，世尊入祇桓林，告长老阿难及念天帝释。应时帝释与诸眷属，**忽然而至**，住于佛前。"（1）姚秦鸠摩罗什译《思益梵天所问经》卷2："大迦叶言：'世尊，是四菩萨，从彼发来，几时至此？'佛言：'如一念顷，于彼不现，**忽然而至**。'"刘宋求那跋陀罗译《胜鬘师子吼一乘大方便方广经》卷1："尔时世尊，入祇桓林，告长老阿难，及念天帝释。应时帝释，与诸眷属，**忽然而至**，住于佛前。"高丽一然撰《三国遗事》卷1："又有一女，**忽然而至**。公与三娘子，喜话之时，娘等以美果馈之。郎受而啖之。"（2）《后汉书》卷39《刘平传》："更始时，天下乱，平弟仲为贼所杀。其后贼复**忽然而至**，平扶侍其母，奔走逃难。"（p. 1295）

【忽然化生/たちまちにうまる】 四字　突然变化而生。"化生"，四生之一，如诸天、地狱，及劫初的人类都是化生的。《日本灵异记》下卷《弥勒菩萨应于所愿示奇形缘第8》："其山寺内，生立一柴。其柴枝皮上，**忽然化生**弥勒菩萨像。"（p. 280）姚秦鸠摩罗什译《妙法莲华经》卷6《药王菩萨本事品》："一切众生憙见菩萨，作如是法供养已，命终之后，复生日月净明德佛国中，于净德王家，结加趺坐，**忽然化生**。"刘宋县无蜜多译《佛说转女身经》卷1："尔时此女，以佛神力，犹如后边身菩萨，从母右胁，**忽然化生**。"唐实叉难陀译《大方广佛华严经》卷70《入法界品》："毘庐遮那妙宝莲华髻，于莲华中**忽然化生**，三十二相以为严好，七宝具足，王四天下，恒以正法教导群生。"

【忽然火起/たちまちにひおこる】 四字　（2例）　突然发生火灾。《日本灵异记》上卷《凶人不敬养奶房母以现得恶死报缘第23》："乱发身伤，东西狂走，复还行路，不住己家。三日之后，**忽然火起**，内外屋仓，一时皆焚。"（p. 110）又下卷《刑罚贱沙弥乞食以现得顿恶死报缘第33》："夫钱财者，五家共有。何五家者？一县官非理来向，二者盗贼犹来劫夺，三者忽为水漂流，四者**忽然火起**不免焚烧，五者恶子无理费用。其故菩萨欢喜布施也。"（p. 348）刘宋县摩蜜多译《五门禅经要用法》卷1："见此事已，自身入水，丛树边坐，自观身中，火出满于池中。须臾之顷，**忽然火起**，自烧己身及众生。"梁僧佑撰《出三藏记集》卷5："慧佑道人，私以正本。雇人写之。客书之。家**忽然火起**，三十余家，一时荡然。"唐义净译《根本说一切有部毘奈耶》卷43："时有苾刍，于俗舍内，先寄衣钵，其舍非时，**忽然火起**。"

【**忽然命终**／たちまちにみょうじゅす】 四字　突然死去。《日本灵异记》上卷《圣德皇太子示异表缘第4》："然后愿觉**忽然命终**。时元势师告弟子优婆塞言：'葬烧收。'"（p.69）后秦佛陀耶舍、竺佛念等合译《长阿含经》卷4："阿难，彼玉女宝，抚此言顷，时善见王，**忽然命终**，犹如壮士，美饭一飡，无有苦恼，魂神上生，第七梵天。"刘宋求那跋陀罗译《杂阿含经》卷37："时有生闻梵，志来诣佛所，与世尊面相，问讯慰劳已，退坐一面，白佛言：'瞿昙，我有亲族，极所爱念，**忽然命终**。我为彼故，信心布施。云何？'"唐怀信述《释门自镜录》卷1："神都福先寺僧某乙，于一时中，**忽然命终**。遂于业道中，见信行禅师，作大蛇身，遍身总是口。又见学三阶人死者，皆入此蛇身口中，莫知去处。其僧即活，因此故来向京，报僧静禅师。僧静不信。遂即却归向都。"

【**忽失火**／たちまちにひつく】 三字　突然发生火灾。《日本书纪》卷10《应神纪》三十一年八月条："当是时，新罗调使共宿武库。爰于新罗停**忽失火**，即引之于聚船，而多船见焚。"（第一册，p.492）（1）唐义净译《根本说一切有部苾刍尼毘奈耶》卷17："夫便却至，唤妇开门。问言：'是谁？'既识夫声二俱惶怖。遂将外人置牛粪篅内，方与开门。夫入家已，妻持水来与夫洗足。家**忽失火**。夫主忽遽运出赀财，妻语夫言：'诸妙财货在此篅内，宜可先出。'即欲共舆篅便烈破，外人走出，柱打头伤，血流而去。"（2）《苏轼集·补遗》："博罗正月一日夜，**忽失火**，一邑皆为灰烬，公私荡然。"

【**忽为我~**／たちまちにわがために~】 口语　赶紧为我做某事（用于请求他人的场合）。《日本灵异记》上卷《非理夺他物为恶行受报示奇事缘第30》："'痛哉，苦哉！何日免吾罪？何日得安身也？汝**忽为我**造佛写经，赎罪苦。慎慎莫忘矣。'"（p.126）隋阇那崛多译《佛本行集经》卷21《问阿罗逻品》："尔时，菩萨闻阿罗逻仙如是语已，生大欢喜，而重问言：'尊者大仙，今日未知我之孝心，**忽为我**作如是妙说，我知是相，虽未即益，今已得利。'"

【**忽遭**／たちまちあふ】 偏正　（4例）忽然遭遇到（反向风）。《万叶集》卷15第3644～3651首歌题："佐婆海中**忽遭**逆风，涨浪漂流。"（第四册，p.42）《播磨国风土记·揖保郡》条："自此泊度行于伊部之时，**忽遭**逆风，不得进行。而从船越越御船，御船犹亦不得进。"（p.64）《续日本纪》卷34《高绍纪》宝龟七年十二月条："乙巳，渤海国遣献可大夫司宾少令开国男史都蒙等一百八十七人，贺我即位，并赴彼国王妃之丧。比著我岸，**忽遭**恶风，柁折帆落，漂没者多。计其全存，仅有四十六人。便于越前国加贺郡安置供给。"又卷35《高绍纪》宝龟九年十月条:"九月九日,臣船得正南风,发船入海。行已三日,**忽遭**逆风,船著沙上,损坏处多,竭力修造。"(1)刘宋求那跋陀罗译《杂阿含经》卷24:"尔时,世尊告诸比丘,过去世时有一鸟,名曰罗婆,为鹰所捉,飞腾虚空,于空鸣唤言:'我不自觉,**忽遭**此难,我坐舍离父母境界而游他处,故遭此难。如何今日为他所困,不得自在。'"隋阇那崛多译《佛本行集经》卷33《梵天劝请品》:"共圣多劫不可期,犹如优昙花难值,诸佛出世既难遇,今日**忽遭**大导师。"唐道宣撰《续高僧传》卷6:"尝与同学数辈住师后房。房本朽故,**忽遭**飘风吹屋,欹斜欲倒。师行不在,无物支持,众人皆走。彻习业如故。会稽孔广闻之叹曰:'孺子风素殊佳,当成名器。'"《敦煌变文·孟姜女变文》:"谁为**忽遭**槌杵祸,魂销命尽塞垣亡。"(2)《全唐文》卷134陈子良《平城县正陈子幹诔》:"贼见威雄,莫不披靡,**忽遭**流矢,毙于阵中,春秋三十有一。"按:《汉语大词典》失收。

【**忽遭暴风/たちまちにあらしにあふ**】 四字 突然遭遇到大而急的风。《续日本纪》卷32《光仁纪》宝龟三年九月条:"送渤海客使武生鸟守等解缆入海,**忽遭暴风**,漂著能登国。客主仅得免死。便于福良津安置。"(第四册,p.388)新罗慧超、唐圆照等撰《游方记抄》卷1《南天竺婆罗门僧正碑》:"唐国僧道璇,随船泛海,及于中路,**忽遭暴风**,波涛注日,阴曀迷天。计命忽若赘疣,去死犹其一分。举船惶遽,不知所为。乃端仰一心,入禅观佛。少选之间,风定波息。众咸叹其奇异。"

【**忽作/たちまちにつくる**】 偏正 忽然成为(变成);突然想起做某事。《日本书纪》卷8《仲哀纪》八年正月条:"时熊鳄更还之,自洞奉迎皇后,则见御船不进惶惧之,**忽作**鱼沼、鸟池,悉聚鱼鸟。皇后看是鱼鸟之游而忿心稍解。"(第一册,p.408)(1)后汉安世高译《佛说㮈女耆婆经》卷1:"国有迦罗越家,常笮须曼,以为香膏。笮膏石边,**忽作**瘤节,大如弹丸。"姚秦鸠摩罗什译《大庄严论经》卷6:"勇捍而自称,谓己真沙门,为此不调心,**忽作**斯大恶。"隋阇那崛多译《佛本行集经》卷52《优陀夷因缘品》:"时彼鸟妻,**忽作**是念:'愿我得净香洁饭食,现今人王之所食者。'"(2)《搜神记》卷7:"永嘉五年,吴郡嘉兴张林家,有狗**忽作**人言云:'天下人俱饿死。'于是果有刘、石之乱,天下饥荒焉。"《世说新语·黜免第28》:"殷仲文既素有名望,自谓必当阿衡朝政。**忽作**东阳太守,意甚不平,及之郡,至富阳,慨然叹曰:'看此山川形势,当复出一孙伯符!'"按:《汉语大词典》失收。

【**狐借虎皮/きつねのとらのかわをかる**】 自创 狐假虎威。语出《战国策·楚策1》:"虎求百兽而食之,得狐。狐曰:'子无敢食我也。天帝使我长百兽,今子食我,是逆天帝命也。子以我为不信,吾为子先行,子随我后,观百兽之见我而敢不走乎!'虎以为然,故遂与之行,兽见之皆走。虎不知兽畏己而走也,以为畏狐也。"后因以"狐假虎威"喻仰仗别人的威势或倚仗别人的威势来欺压人。《日本灵异记》

下卷《假官势非理为政得恶报缘第35》："呜呼鄙哉！古丸。用于**狐借虎皮**之势，非理为政，受恶报者。不睹因果之贱心，太甚也。非无因果也。"（p. 353）北齐魏收《为后魏孝静帝伐元神和等诏》："谓己功名，难居物下；曾不知**狐假虎威**，地凭雾积。"

【**戶隙/とのひま**】　偏正　门缝儿。《日本灵异记》下卷《将写〈法华经〉建愿人断日暗穴赖愿力得全命缘第13》："彼穴戶隙，指刺许开，日光被至。"（p. 293）唐慧琳撰《一切经音义》卷83："**戶隙**：卿戟反。顾野王云：**隙**，犹穿穴也。《说文》：**隙**，壁际也。"唐慧立本、彦悰笺《大唐大慈恩寺三藏法师传》卷3："阿难乃从，**戶隙**而入，礼拜僧足。迦叶执其手曰：'我欲汝除断诸漏证圣果，故驱逐汝出。汝当知之，勿以为恨。'"按：《汉语大词典》失收。

【**護持/ごじ**】　典据　受持维护教法。有时亦谓从事祈祷。《续日本纪》卷30《称德纪》神护景云三年十月条："犹朕〈我〉尊〈备〉拜〈美〉读诵〈之〉奉〈留〉最胜王经〈乃〉王法正论品〈尔〉命〈久〉。**若造善恶业，今于现在中，诸天共护持，示其善恶报**。"（第四册，p. 262）唐义净译《金光明最胜王经》卷8《王法正论品》："父母资半力，令舍恶修善；诸天共护持，示其诸善①报。**若造诸恶②业，令于现世中；诸天不③护持，示其诸恶④报**。"

【**護持仏法/ぶっぽうをごじす**】　四字　受持维护佛教的教理教义。《续日本纪》卷20《孝谦纪》天平宝字元年闰八月条："如闻**护持佛法**，无尚木叉。劝导尸罗，实在施礼。"（第三册，p. 232）失译人名今附后汉录《大方便佛报恩经》卷2《对治品》："我等于世尊，灭度之后，**护持佛法**，于十方界，广令流布，使不断绝。"北凉昙无谶译《大般涅槃经》卷30《师子吼菩萨品》："善男子，此中众生，为双树故，护娑罗林，不令外人，取其枝叶，斫截破坏。我亦如是，为四法故，令诸弟子，**护持佛法**。"唐实叉难陀译《大方广佛华严经》卷78《入法界品》："善男子，如人护身，先护命根。菩萨摩诃萨，亦复如是。**护持佛法**，亦当先护菩提之心。"

【**護法/ごほう**】　述宾　（7例）　护持佛法；护持佛法者。上自梵天帝释、八部鬼神，下至人世檀越、施主，都可称护法。《日本灵异记》中卷《恃己高德刑贱形沙弥以现得恶死缘第1》："诚知恃自高德，刑彼沙弥，**护法**嚬蹙。善神恶嫌。"（p. 146）又《打法师以现得恶病而死缘第35》："师与弟子，入乎水田，而逃避走。犹强追打师，负持藏皆击破损。时法师呼曰：'奚无**护法**欤？'"（p. 240）又："狂王宇迟，邪见太甚，**护法**加罚。**护法**非无，何不恐之也。"又下卷《奉写〈法华经〉经师为邪淫以现得恶死

---

① "诸善"，西本中作"善恶"。
② "诸恶"，西本中作"善恶"。
③ "不"，西本中作"共"。
④ "诸恶"，西本中作"善恶"。

报缘第 18》:"晰知**护法**刑罚。爱欲之火,随燋身心,而由淫心,不为秽行。愚人所贪,如蛾投火。"(p.305)又《村童戏克木佛像愚夫斫破以现得恶死报缘第 29》:"谅知**护法**非无,何不恭敬?"(p.337)又《刑罚贱沙弥乞食以现得顿恶死报缘第 33》:"沙弥犹辞之。凶人犹强之。不胜强逼,一遍读逃。然后不久,蹒地而死。更不可疑,**护法**加罚。"(p.348)西晋无罗叉译《放光般若经》卷 13《坚固品》:"须菩提白佛言:'菩萨不惜身命,欲**护法**者,为欲护持,何等法耶?'"东晋法显译《佛说大般泥洹经》卷 2《金刚身品》:"佛告迦叶:'其**护法**者,非为五戒,亦非习行,贤者律仪;于恶世中,不惜身命,执持利器,防护法师,诸持戒者,是为**护法**。'"唐玄奘译《阿毗达磨俱舍论》卷 25《分别贤圣品》:"言**护法**者,谓于所得,喜自防护。"

【**護法善神**/ごほう ぜんじん】 四字 护持佛法的骁勇的天神。《续日本纪》卷 20《孝谦纪》神护景云三年五月条:"然〈母〉庐舍那如来、〈最胜王经〉观世音菩萨、**护法善神**梵王、帝释、四大天王〈乃〉不可思议威神力、挂畏开辟已来御宇天皇御灵、天地〈乃〉神〈多知乃〉护助奉〈都流〉力〈尔〉依〈弖〉、其等〈我〉秽〈久〉谋〈弖〉为〈留〉厌魅事皆悉发觉〈奴〉。"(第四册,p.240)梁诸大法师集撰《慈悲道场忏法》卷 6:"(某甲)等又愿若舍此身,不蒙解脱,生鬼神中。愿为大力,**护法善神**,济苦善神,不须衣食,自然温饱。"唐善无畏译《阿咤薄俱元帅大将上佛陀罗尼经修行仪轨》卷 1:"今自所有,一切鬼神,阿修罗、四方镇守**护法善神**、将军护世持国天王、金刚力士般若善神、天龙八部人及非人,悉来集会结誓言,同心护佛法藏并及汝等众生,无诸衰恼,从今以往,昼夜常安。"

【**護法神**/ごほうのかみ】 三字 (2 例) 护持佛法的诸天神。《日本灵异记》下卷《如法奉写〈法华经〉火不烧缘第 10》:"赞曰:'贵哉!榎本氏。深信积功,写一乘经。**护法神**卫,火呈灵验。是不信人改心之能谈。邪见人辍恶之颖师矣。'"(p.286)《续日本纪》卷 20《孝谦纪》天平宝字元年七月条:"又庐舍那如来、观世音菩萨、**护法**梵王、帝释四大天王〈乃〉不可思议威神之力〈尔〉依〈弖志〉。此逆在恶奴等者显出而、悉罪〈尔〉伏〈奴良志止奈母〉。"(第三册,p.216)唐波罗颇蜜多罗译《宝星陀罗尼经》卷 9《护正法品》:"时彼一切,诸佛世尊,一切大众,人非人等,咸共同声,赞彼天龙,**护法神**等:'善哉,善哉!汝等如是,善所应作。'"唐阿地瞿多译《陀罗尼集经》卷 5《观世音毗俱知菩萨三昧法印咒品》:"印中盛著,诸饮食已,将布施与,**护法神**等,一切众生,一切得者,皆生欢喜。"

【**護口業**/くごうをまもる】 三字 守护出自一切言语的行为。"口业",身口意三业之一,亦称"语业"。如妄言、绮语等是恶语业,如爱语、实语等是善语业。《日本灵异记》上卷《訾读〈法华经〉品而现口喎斜得恶报缘第 19》:"宁托恶鬼虽多滥言,而与持经者不可诽谤。能**护口业**矣。"(p.103)姚秦鸠摩罗什译《十住毗婆沙论》卷 11《四十不共法中善知不定品》:"四不守护法者,诸佛不守护身业,不**护口业**,不护意业，不护资生。"北凉昙无谶译《大方等大集经》卷10："复有四法：一者不净身业；二者不**护口业**；三者不舍意业；四者厌悔大乘。"唐道世撰《法苑珠林》卷57："王即问言：'以何业缘，在狱受苦？'离越答言：'我于往昔，亦曾失牛，逐踪谋他，经一日夜，后堕三涂，受苦无量，余殃不尽。今得罗汉，犹被谋谤，以是因缘，一切众生，应**护口业**，莫谋谤他。'"

【護念/みめぐみ】 并列 呵护关爱。《日本书纪》卷26《齐明纪》六年十月条："唐人率我蚕贼，来荡摇我疆场，覆我社稷，俘我君臣。而百济遥赖天皇**护念**，更鸠集以成邦。"（第三册，p.236）隋吉藏撰《法华义疏》卷9《法师品》："令外恶不侵为**护**，内善得生为**念**也。"姚秦鸠摩罗什译《妙法莲华经》卷2《譬喻品》："我今还欲令汝忆念本愿所行道故，为诸声闻说是大乘经，名妙法莲华，教菩萨法，佛所**护念**。"唐义净译《金光明最胜王经》卷7《如意宝珠品》："我某甲及此住处，一切恐怖，所有苦恼，乃至枉死，悉皆远离，愿我莫见，罪恶之事，常蒙圣观，自在菩萨，大悲威光，之所**护念**。"唐般若译《大乘本生心地观经》卷8："今者我等，海会大众，为报佛恩，不惜身命，为诸众生，遍诸佛土，分别演说，此微妙法，受持读诵，书写流布，令不断绝。唯愿如来，遥垂**护念**。"按：《汉语大词典》例引《坛经·行由品》："汝为第六代祖，善自**护念**，广度有情，流布将来，无令断绝。"偏晚。从语用学的角度来看，首先，"护念"一词用于祈祷的场合。其次，祈求"护念"的对象一般为如来或菩萨。最后，《齐明纪》中"护念"一词的用法，带有明显的政治宗教化的色彩，它借百济人之口，表示渴求能得到菩萨一样的天皇的呵护和关爱。→【三宝護念】

【護三宝/さんぼうをまもる】 三字 护持佛、法、僧三种宝。《日本书纪》卷29《天武纪下》六年十月条："是月，敕曰：'凡诸僧尼者，常住寺内以**护三宝**。然或及老，或患病，其永卧狭房，久苦老疾者，进止不便，净地亦秽。是以自今以后，各就亲族及笃信者，而立一二舍屋于间处，老者养身，病者服药。'"（第三册，p.392）西晋竺法护译《佛升忉利天为母说法经》卷3："能受奉持讽诵读其经典者，为**护三宝**令不断绝。"姚秦鸠摩罗什译《佛说仁王般若波罗蜜经》卷2《嘱累品》："大王，我灭度后，未来世中，四部弟子，诸小国王，太子王子，乃是住持，**护三宝**者，转更灭破三宝。"北凉昙无谶译《大方等大集经》卷32《分别品》："能疗一切，诸恶重病，能防一切，诸恶斗讼，能增法界，能**护三宝**，能得尽智，及无生智，坏无明聚。"

【護世四王/ごせしおう】 四字 又作护国四王、四大天王、四王。即持国（东方）、增长（南方）、广目（西方）、多闻（北方）四天王。此四天王居须弥山四方之半腹，常守护佛法，护持四天下，令诸恶鬼神不得侵害众生，故称护世，又称护国。《日本书纪》卷21《崇峻纪》二年四月条："乃斫取白月胶木，疾作四天王像，置于顶发而发誓言：'今若使我胜敌，必当奉为**护世四王**，起立寺塔。'苏我马子大臣又发誓言：'凡诸天王、大神王等，助卫于我使获利益，愿当奉为诸天与大神王，起立寺塔，流通三宝。'"（第三册，p. 512）按：《新编日本古典文学全集》栏上的注释例举《妙法莲华经》卷1《2方便品》："尔时诸梵王，及诸天帝释、**护世四**天王，及大自在天。"非是。当引唐义净译《金光明最胜王经》卷1《序品》："**护世四王**众，及大臣眷属。无量诸药叉，一心皆拥卫。"

【護塔菩薩/ごとうのぼさつ】 自创 （2例） 保护佛塔的菩萨。《唐大和上东征传》："中有一鳗鱼，长一尺九寸，世传云**护塔菩萨**。有人以香华供养，有福者即见，无福者经年求不见。"（p. 57）又："和上率诸门徒祥彦、荣睿、普照、思托等三十余人，辞礼育王塔，巡礼佛迹，供养圣〔井〕，**护塔鱼菩萨**，寻山直出。"（p. 58）姚秦竺佛念译《菩萨从兜术天降神母胎说广普经》卷7《起塔品》："佛之威神，令诸七宝塔，各各有光明，或夜放光明，与昼无异，或昼放光明，与夜无异，诸**护塔**善神，各各来营护，不令恶人，有触犯者。"唐道宣撰《律相感通传》卷1："临海郯县塔者，亦是育王古塔。小塔是贤劫，初佛中者，有迦叶佛臂骨，非人所见。罗汉将往铁围山，留小塔，从地涌出，为开俗福也。其塔大有善神，恒现二鱼。井中鳗蟆鱼**护塔**神也。其侧有佛足迹石上者，云是前三佛所蹈处也。"唐道宣撰《道宣律师感通录》卷1："又问：'杨都长干塔郯塔，是育王者非？'答云：'是昔刘萨何感，今往扬州上越城，望见长干有异气，因摽掘获。如今传所明。'余问：'若尔已有长干，便为佛刹不？'答：'非刹干也。是地之名。名陇为干，塔逼长陇之侧。书不云乎？包括干越。干越名陇也。临海郯县塔者，亦是育王造。是贤劫初佛中者，有迦叶佛臂骨，非人所见。罗汉将往铁围山，留小塔。其塔大，有善神且现二鱼。井中鳗蟆鱼，**护塔**神也。其侧有足迹石上者云，是前三佛所蹈处也。从地踊出。为开俗福也。昔周时，此土大有人住。故置此塔。'"魏杨衒之撰《洛阳伽蓝记》卷5："有大寺僧徒二百人，太子所食。泉水北有寺，恒以驴数头运粮上山。无人驱逐自然往还。寅发午至，每及冲飡。此是**护塔**神渥婆仙使之然。"

【護養/まもりやしなふ】 并列 保护养育，保养。《日本书纪》卷20《敏达纪》十二年是岁条："日罗对言：'天皇所以治天下政，要须**护养**黎民。何遽兴兵，翻将失灭。故今合议者仕奉朝列臣、连、二造、下及百姓，悉皆饶富，令无所乏。'"（第二册，p. 482）吴支谦译《佛说维摩诘经》卷2："劫中有疾疫，为之设医药。勤恤**护养**安，除病消诸毒。"元魏慧觉等译《贤愚经》卷2《波斯匿王女金刚品》："此虽丑恶，当密遣人，而**护养**之，女年转大，任当嫁处。"唐道宣撰《续高僧传》卷25："其上善者，略以虚怀为本，不著为宗，亡相为因，涅槃为果；其中善，略以持身为本，治国为宗，天上人间，果报安乐；其下善，略以**护养**众生。"按：《汉语大词典》首引唐司空图《华帅许国公德政碑》："又交锋之隙，恤物犹勤，遗蟘弃蚕，皆令**护养**。"偏晚。

【花縵/けまん】 偏正 （3例） 即花鬘。古印度人用作身首饰物的花串。也有用各种宝物雕刻成花形，联缀而成的。"缦"，通"鬘"。《日本书纪》卷20《持统纪》元年三月条："甲申，以**花缦**进于殡宫，此曰御荫。"（第三册，p. 478）又卷30《持统纪》

二年三月条："三月己未朔己卯，以花缦进于殡宫。藤原朝臣大岛诔焉。"（第三册，p.484）《续日本纪》卷19《孝谦纪》天平胜宝八年五月条："壬申，奉葬太上天皇于佐保山陵。御葬之仪，如奉佛。供具有师子座香、天子座金轮幢、大小宝幢、香幢、花缦、盖伞之类。"（第三册，p.160）吴支谦译《撰集百缘经》卷6《诸天来下供养品》："时彼会中，遣于一人，诣林树间，采娑罗花，作诸花鬘。"唐义净译《金光明最胜王经》卷8《僧慎尔耶药叉大将品》："若持此咒时，应知其法，先画一铺僧慎尔耶药叉形像，高四五尺，手执鈇镝。于此像前，作四方坛，安四满瓶蜜水，或沙糖水，涂香粖香烧香及诸花鬘。"唐输波迦罗译《苏婆呼童子请问经》卷1："应用涂香，烧香花缦，饮食灯明，赞叹礼拜。广供养已。然后所求，速得成就。"按：《新唐书》卷222《南蛮传下》："（乐工）冠金冠，左右珥珰，绦贯花鬘，珥双簪，散以毳。初奏乐，有赞者一人先导乐意，其舞容随曲。"偏晚。

【花香灯/はなこりみあかし】 自创 （4例） 鲜花、香料、灯明。《日本灵异记》中卷《极穷女于尺迦丈六佛愿福分示奇表以现得大福缘第28》："如常愿福，献花香灯，罢家而寐，明日起见，于门椅所，有钱四贯。"（p.223）又："女又参向于丈六前，献花香灯，罢家而寝。明日起，见乎庭中，有钱四贯。"（p.223）又："无所为。唯依贫穷，存命无便，无归无怙。故我是寺，尺迦丈六佛，献花香灯，愿福分耳。"（p.223）又《孤娘女凭敬观音铜像示奇表得现报缘第34》："闻观音菩萨者所愿能与，其铜像手系绳牵之，供花香灯，用愿福分曰。"（p.238）唐玄奘译《大般若波罗蜜多经》卷402《欢喜品》："欲满一切有情所求饮食、衣服、床榻、卧具、病缘医药、种种花香、灯明、车乘、园林、舍宅、财谷、珍宝、严具、伎乐及余种种上妙乐具，当学般若波罗蜜多。"唐不空译《菩提场庄严陀罗尼经》卷1："当于白月十五日，一日一夜不食，清净澡浴，著新净衣，对佛像结跏趺坐，以花香灯明，供养世尊，诵此菩提场庄严陀罗尼一千遍。"

【花香油/はなこりあぶら】 三字 （2例） 鲜花、烧香、酥油。《日本灵异记》中卷《极穷女于尺迦丈六佛愿福分示奇表以现得大福缘第28》："买花香油，而以参往于丈六佛前，奉白之言：'我昔世不修福因，现身受取贫穷之报。故我施宝，令免穷愁。'"（p.223）又《极穷女凭敬千手观音像愿福分以得大富缘第42》："如常买花香油，擎往千手前而见，其足著之马屎。尔乃疑思：'菩萨觊钱欤。'"（p.253）唐不空译《七俱胝佛母所说准提陀罗尼经》卷1："又法欲知事善不善、成就不成就，取苏摩那花香油，诵真言加持一百八遍，涂右手大母指面，诵真言声不断绝，令童子观指上，现诸佛菩萨形像，或现文字，具说善恶。"唐一行记《大毗庐遮那成佛经疏》卷7《入漫荼罗具缘真言品》："次说奉献灯明者，香油之类甚多，谓蒨卜、香油、苏摩那花香油等。"

【花座/けざ】 偏正 即佛菩萨坐的莲花台座。《奈良朝写经56·大般若经卷第50

等》："百年之后，辞世之夕，游神率天，升弥勒之香台；栖想极乐，践观音之**花座**。"（p. 358）后汉康孟详译《佛说兴起行经》卷2："佛说如是已，与诸比丘，各离本**花座**。"刘宋功德直译《菩萨念佛三昧经》卷2《神通品》："我在于**花座**，明见诸刹土。建列不思议，宝幢妙花香。"隋阇那崛多译《虚空孕菩萨经》卷1："尔时佛前自然即有一莲华座，白银为茎，紫金为叶，马瑙为台，梵摩尼宝，以为花蕊，纵广正等，一俱卢舍，其叶无量，百千等数，其花周匝，自然踊出，无量无边，百千**花座**。"

【**華厳講師**/けごんこうし】 四字 华严会上，讲解《华严经》经义的人。《续日本纪》卷19《孝谦纪》天平胜宝八岁五月条："又和上鉴真、小僧都良辩、**华严讲师**慈训、大唐僧法进、法华寺镇庆俊，或学业优富，或戒律清净，堪圣代之镇护，为玄徒之领袖。加以，良辩、慈训二大德者，当于先帝不予之日，自尽心力，劳勤昼夜。欲报之德，朕怀罔极。宜和上、小僧都拜大僧都，**华严讲师**拜小僧都，法进、庆俊并任律师。"（第三册，p. 162）宋晓莹录《云卧纪谭》卷2："宣和元年正月诏下，改僧为德士。道偕律师悟明、**华严讲师**慧日，与道士林灵素抗辨邪正，诉于朝廷，忤旨流道州。"

【**華**（花）**厳経**/けごんきょう】 内典 （4例）《大方广佛华严经》的略称。释尊于伽耶城附近的菩提树下始成正觉，该经是依据天台大师所立五时八教的教判，经二十一日、七处八会所说的经。《唐大和上东征传》："金字《华严经》一部，金字《大品经》一部，金字《大集经》一部，金字《大涅盘经》一部，杂经、章疏都一百部。"（p. 47）又："又开元寺有胡人造白檀《华严经》九会，率工匠六十人，三十年造毕，用物三十万贯钱，欲［将往］天竺；采访使刘［巨鳞］奏状，敕留开元寺供养，七宝庄严，不可思议。"（p. 73）《续日本纪》卷9《元正纪》养老六年十一月条："故奉为太上天皇，敬写《华严经》八十卷、《大集经》六十卷、《涅槃经》四十卷、《大菩萨藏经》二十卷、《观世音经》二百卷。"（第二册，p. 124）又卷17《圣武纪》天平胜宝元年闰五月条："因发御愿曰：'以《华严经》为本，一切大乘小乘经律论抄疏章等，必为转读讲说，悉令尽竟。'"（第三册，p. 82）按：汉译《华严经》中主要有如下三部：①"六十华严"。最早的全译，60卷。与后来的"八十华严"相对，称为旧译。译出时代为东晋，译者是佛跋陀罗，协助者有法业、慧观等一百多人。②"八十华严"。相对于"六十华严"，称为新译。唐则天武后时代译出80卷，译者是实叉难陀，协助者是菩提流支、义净等。③"四十华严"。唐德宗时代译出40卷，译者为般若三藏。《法华经》是在736年（圣武天皇天平八年）传入日本，唐朝的道璇赴日时携去的《华严经章疏》为最早。740年（天平十二年），新罗国的审祥于东大寺讲说《华严经》。→【大方広仏華厳経】

【**華蔵**/けぞう】 偏正 华藏世界的略称。按照《华严经》的说法，有一个华严教主毗卢遮那如来所庄严的世界。《续日本纪》卷19《孝谦纪》天平胜宝八年十二月条："是以差使，敬遣请屈。愿众大德，勿辞摄取。欲使以词妙福无上威力，冀冥路之銮舆，向<u>华藏</u>之宝刹。"（第三册，p.170）唐实叉难陀译《大方广佛华严经》卷48《如来十身相海品》："佛子，毘卢遮那如来，有如是等，十<u>华藏</u>世界海，微尘数大人相；一一身分，众宝妙相，以为庄严。"唐澄观撰《大方广佛华严经疏》卷2《世主妙严品》："<u>华藏</u>世界所有尘，一一尘中见法界。一尘尚具，况一叶耶？"

【化成/なる】 格义 （13例） 变化成为，变幻而成。《日本书纪》卷1《神代纪上》："遂拔所带十握剑，斩轲遇突智为三段，此各<u>化成</u>神也。"（第一册，p.42）又："因投黑鬘，此即<u>化成</u>蒲陶，丑女见而采噉之，噉了则更追。"（第一册，p.44）又："伊奘诺尊，又投汤津爪栉，此即<u>化成</u>笋，丑女亦以拔噉之，噉了则更追。"（第一册，p.46）又："又曰：'斩轲遇突智时，其血激越，染于天八十河中所在五百个盘石。而因<u>化成</u>神，号曰盘裂神。"（第一册，p.50）又："伊奘诺尊斩轲遇突智命，为五段。此各<u>化成</u>五山祇。"（第一册，p.52）又："伊奘诺尊乃向大树放尿。此树即<u>化成</u>巨川。"（第一册，p.74）又卷2《神代纪下》："老翁即取囊中玄栉投地，则<u>化成</u>五百个竹林。"（第一册，p.162）又卷15《钦明纪》五年十二月条："岛东禹武邑人采拾椎子为欲熟吃，著灰里炮，其皮甲<u>化成</u>二人飞腾火上一尺余许，经时相斗。"（第二册，p.402）《常陆国风土记·香岛郡》条："爱童子等，不知所为，遂愧人见，<u>化成</u>松树。"（p.400）《日本灵异记》下卷《禅师将食鱼化作〈法华经〉覆俗诽缘第6》："鱼<u>化成</u>经，天感齐道。此复奇异事也。"（p.276）《续日本纪》卷10《圣武纪》神龟四年五月条："辛卯，从楢波池，飘风忽来，吹折南苑树二株，即<u>化成</u>雉。"（第二册，p.180）又卷25《淳仁纪》天平宝字八年十一月条："昔大泊濑天皇，猎于葛城山。时有老夫，每与天皇相逐争获。天皇怒之，流其人于土左国。先祖所主之神，<u>化成</u>老夫。爰被放逐。"（第四册，p.54）又十二月条："七日之后乃天晴。于麑岛信尔村之海，沙石自聚，<u>化成</u>三岛。"（第四册，p.58）后汉支曜译《佛说成具光明定意经》卷1："母听行即往见佛，稽首于地礼竟正住，喜心兴盛，便脱身珍琦杂宝璎珞，散于佛上。以佛神威，应时所散<u>化成</u>花盖，到覆大众。"吴支谦译《太子瑞应本起经》卷1："其三玉女，<u>化成</u>老母，不能自复。"姚秦鸠摩罗什译《妙法莲华经》卷7《妙庄严王本事品》："尔时妙庄严王及其夫人，解颈真珠璎珞，价直百千，以散佛上，于虚空中，<u>化成</u>四柱宝台，台中有大宝床，敷百千万天衣，其上有佛，结加趺坐，放大光明。"按：传世文献当中，"化成"通常表示"教化成功"。《易经·恒》："圣人久于其道，而天下<u>化成</u>。"《汉书》卷48《贾谊传》："故<u>化成</u>俗定，则为人臣者主耳忘身，国耳忘家，公耳忘私。"（p.2257）唐权德舆《奉和圣制重阳日》诗："宸衷在<u>化成</u>，藻思焕琼琚。"但在汉译佛经当中，"化成"多用以表示"变化成为、变幻而成"。上引日本上古文献舍弃了儒家教化的形而上的思想背景，沿用的是汉译佛经的用法。

【化诞/なりいづ】 并列 化育诞生。《常陆国风土记·香岛郡》条："春经其村者，百草□花，秋过其路者，千树锦叶。可谓神仙幽居之境，灵异<u>化诞</u>之地。佳丽之丰，不可悉记。"（p.394）唐抚多诞译《摩尼光佛教法仪略》卷1："佛夷瑟德乌庐诜者（本国梵音也）译云光明使者，又号具智法王，亦谓摩尼光佛。即我光明大慧无上医王应化法身之异号也。当欲出世，二耀降灵，分光三体。大慈愍故，应敌魔军，亲受明尊，清净教命，然后**化诞**。故云光明使者。"按：《汉语大词典》失收。

【**化度衆生**/しゅじょうををしへいへでせしむ】 四字 教化度脱大众。《元兴寺伽蓝缘起并流记资财账》："即发菩提心，誓愿十方诸佛，**化度众生**，国家大平，敬造立塔庙。"吴支谦译《撰集百缘经》卷8《比丘尼品》："时有长者，名阿沙罗，闻佛在彼，**化度众生**，而作是言：'我当劝化，城中民众，为佛及僧，作般遮于瑟。'"东晋佛驮跋陀罗译《大方广佛华严经》卷11《功德华聚菩萨十行品》："如此三千，大千世界，乃至无量无边，不可称数，诸世界中，自化其身为真金色，妙音具足。于一切法，无所障碍，而作佛事。以无量无边清净法门，**化度众生**。"

【**化迷趣正**/まどふひとををしへ、ただしきことにおもむかす】 自创 教化顽迷，使之走上正确的道路。《日本灵异记》中卷《智者诽妬变化圣人而现受地狱苦缘第7》："智光大德，弘法传教，**化迷趣正**，以白壁天皇世，智囊蜕日本地，奇神迁不知堺矣。"（p.169）(1) 唐般剌蜜帝译《大佛顶如来密因修证了义诸菩萨万行首楞严经》卷9："由汝妄想，迷理为咎，痴爱发生，生发遍迷，故有空性，**化迷**不息，有世界生，则此十方，微尘国土，非无漏者，皆是迷顽，妄想安立。"唐李通玄撰《新华严经论》卷4："未为晦明入俗同俗**化迷**，申酉戌亥为所化故，如是安立法则，法合如是故。"(2) 西晋竺法护译《佛说大方等顶王经》卷1："十方诸佛法，护世所敷演，是皆归**趣正**，是第一供养。"唐法藏述《华严经探玄记》卷17《离世间品》："三有十事诣道场者，明舍邪**趣正**，亦是因圆趣果。"

【**化人**/ひとををしふ】 述宾 佛菩萨变形为人，以化度众生。《日本灵异记》下卷《产生肉团之作女子修善化人缘第19》："剃除头发，著袈裟，修善**化人**，无人不信。"（p.308）西晋竺法护译《生经》卷4："奉四等心，慈悲喜护、行空、无想、无愿之法，解了善权，随时**化人**，使发道意。"姚秦鸠摩罗什译《妙法莲华经》卷4《法师品》："药王，我于余国，遣**化人**为其集听法众，亦遣化比丘、比丘尼、优婆塞、优婆夷听其说法，是诸**化人**，闻法信受，随顺不逆。"隋阇那崛多译《佛本行集经》卷2《发心供养品》："是时有一转轮圣王，名曰善见，降伏四方，如法治世，彼王所统，悉皆丰乐，不行鞭杖，亦无杀害，兵戈偃息，如法**化人**。"

【**化身聖**/けしんのひじり】 自创 为了济度众生而变化出来的圣者。"化身"，为了方便度化化生，佛菩萨应化变现出各类众生的形象，佛菩萨三身（法身、报身、化身）之一。《日本灵异记》中卷《行基大德放天眼视女人头涂猪油而呵嗔缘第29》："凡夫肉眼是油色，圣人明眼见视宍血。于日本国，是**化身圣**也。隐身之圣矣。"（p.224）隋慧远撰《大乘义章》卷19："佛随众生，现种种形，或人或天，或龙或鬼，如是一切，同世色像，不为佛形，名为**化身**。"隋吉藏撰《金刚般若疏》卷3："三者**化身**佛，今言无有实证无有实说者。释迦即是**化身**佛，非是真佛，即是化证化说，非是实证实说。"

【化誘/けゆ】 并列 教化诱导众生。《奈良朝写经29·千手千眼陀罗尼经》："皇太子殿下及诸亲王等，文武百官，天下兆民，咸资**化诱**，各尽忠孝。"（p.200）唐实叉难陀译《大方广佛华严经》卷2《世主妙严品》："佛身周遍等法界，普应众生悉现前，种种教门常**化诱**，于法自在能开悟。"唐般若、牟尼室利合译《守护国界主陀罗尼经》卷5《入如来不思议甚深事业品》："云何知于邪定众生？谓此众生愚痴，覆心非是法器，更无方便可以**化诱**。譬如盲者对于日光，若为说法及不说法，俱无利益，无解脱分。"→【勸誘】

【化主/をしへぬし】 偏正（3例） 教化众生之主。同"教主""能化"。又指一派的贯主或学林等的首席。"化"，"教化"之义。《日本灵异记》下卷《产生肉团之作女子修善化人缘第19》："诸高名智者怪之，一向问试。尼终不屈。乃知圣化，而更立名，号舍利菩萨。道俗归敬，而为**化主**。"（p.309）《唐大和上东征传》："后归淮南，教授戒律；江淮之间，独为**化主**。"（p.34）西晋竺法护译《无极宝三昧经》卷2："文殊又问：'过于泥洹皆亦自然，谁为是化本者？谁是**化主**者？化为有本无化有所？起处无道为有处无？'"元魏毘目智仙、般若流支合译《圣善住意天子所问经》卷1："善男子，彼婆婆世界释迦牟尼如来佛土，有童子菩萨摩诃萨，名文殊师利，有大势力，大智慧力，大精进力，能与一切菩萨欢喜，菩萨**化主**，菩萨导首，安慰众生。"《古尊宿语录》："诸方**化主**往来多，青山绿山意如何？"→【檀主】【天祀主】【愿主】

【画女/あがめるをみな】 典据（2例） 画像中的美女。《日本灵异记》上卷《遭兵灾信敬观音菩萨像得现报缘第17》："丁兰木母犹现生相，僧感**画女**尚应哀形。何况是菩萨而不应乎？"（p.98）又中卷《生爱欲恋吉祥天女像感应示奇表缘第13》："如《涅槃经》云：'多淫之人，**画女**生欲。'者，其斯谓之矣。"（p.182）北凉昙无谶译《大般涅槃经》卷25《光明遍照高贵德王菩萨品》："世尊，譬如有人，见**画女**像，亦复生贪，以生贪故，得种种罪。若本无贪，云何见画，而生于贪？"唐慧沼撰《十一面神咒心经义疏》卷1："一者行人心诚，二愿强盛故，三菩萨愿重故也。人世不无是事也。如丁兰木母，犹现生相，僧感**画女**，尚应哀形。何况是菩萨，而不应耶？"按：《汉语大词典》失收。

【画著/かきつく】 后补 画上去，画在某处。《古事记》下卷《清宁记》："物部之 我夫子之 取佩 于大刀之手上 丹**画著** 其绪者 载赤幡 立赤幡见者"（p.356）。唐阿地瞿多译《陀罗尼集经》卷6："欲令余人，所作咒法，不成办者，当作四肘，三色粉坛，南北两面，画莲花座，于其座上，**画著**牙形。"又卷7《佛说金刚藏大威神力三昧法印咒品》："其像侧相，布以绿地。像上侧相两边，**画著**须陀会天。"唐不空译《末利支提婆花鬘经》卷1："中心著末利支座，座上**画著**，花座并像。"按：《汉语大词典》失收。

【懷逆心/さかあいまなるこころをうだく】 三字　怀有叛逆之心。《日本书纪》卷21《崇峻纪》二年四月条："朝庭议曰：'万**怀逆心**，故隐此山中。早须灭族，可不怠欤。'"（第二册，p.514）唐菩提流志译《大宝积经》卷13："捷沓和摩休勒，及余所居众生，见如来尊，听闻斯经法，长夜安隐，无有众患，一定无难，便当弃捐，瞋恚毒害，无**怀逆心**。"

【歡叫/かんきょう】 偏正　欢呼。《日本书纪》卷19《钦明纪》十四年十月条："是时百济**欢叫**之声，可裂天地。"（第二册，p.426）（1）魏杨衒之撰《洛阳伽蓝记》卷4："遂唱生太子，遣徽特至太原王第，告云皇储诞育。值荣与上党王天穆博戏，徽脱荣帽，劝舞盘旋。徽素大度量，喜怒不形于色，绕殿内外**欢叫**。荣遂信之，与穆并入朝。"（2）《独异志》卷下："乃具抛发一石，正中其首，随石迸落。军中**欢叫**，城上飞动。"《太平广记》卷441《萧至忠》条："群兽皆轮转**欢叫**。使者即东行，群兽毕从。时薪者疾亦少间，随往觇之。"按：《汉语大词典》首引《隋书》卷56《令狐熙传》："百姓出境迎谒，**欢叫**盈路。"略晚。

【歡喜布施/ほどこすことをよろこぶ】 四字　对以慈悲心施福与人而感到喜悦。《日本灵异记》下卷《刑罚贱沙弥乞食以现得顿恶死报缘第33》："夫钱财者，五家共有。何五家者？一县官非理来向，二者盗贼犹来劫夺，三者忽为水漂流，四者忽然火起不免焚烧，五者恶子无理费用。其故菩萨**欢喜布施**也。"（p.348）东晋佛驮跋陀罗译《大方广佛华严经》卷17《金刚幢菩萨十回向品》："作是念已，除灭众苦，**欢喜布施**，善根回向。"姚秦鸠摩罗什译《妙法莲华经》卷1《序品》："或有行施，金银珊瑚、真珠摩尼、车璩马脑、金刚诸珍，奴婢车乘、宝饰辇舆，**欢喜布施**。"萧齐求那毗地译《百喻经》卷3："其于初时，虽无净心，然彼其施，遇善知识，便获胜报，不净之施，犹尚如此，况复善心，**欢喜布施**？是故应当，于福田所，勤心修施。"按：布施有三种：一、财施，即以财物去救济疾病贫苦的人；二、法施，即以正法去劝人修善断恶；三、无畏施，即不顾虑自己的安危去解除别人的怖畏。

【歡喜流淚/かんぎして、なみだをながす】 四字　高兴得流下眼泪。《日本灵异记》上卷《缔知识为四恩作绘佛像有验示奇表缘第35》："尼等**欢喜流泪**，泣矜曰：'吾先失斯像，日夜奉恋。今邂逅得遇。嗟呼庆哉！'市人闻之，来集称：'难。'尼等欢，放生修福，遂安本寺。道俗归敬，斯乃奇异之事也。"（p.135）唐僧详撰《法华传记》卷7："复梦前童子来谓缘：'汝业既熟，寿命未尽。先欲奉见，弥勒菩萨，从我胁下，即接上升入内院。'弥勒菩萨，与大菩萨，围绕说法，见缘入说偈赞曰：'善哉！大释子，转读一乘故，现身见我身，舍寿必生此。'缘闻斯偈讫，**欢喜流泪**。"又卷8："中有特进士，七十有八顿闷绝。良久起居，**欢喜流泪**：'吾如梦见自身，左右有羽翼，飞到天上，即兜率宫前入内院。'"

【歓喜無比/よろこぶることたぐひなし】 比较 无比喜悦。《日本灵异记》上卷《归信三宝钦仰众僧令诵经得现报缘第32》："即依皇子诞生，于时朝庭大贺，大赦天下，不加刑罚，反赐官禄于众人。**欢喜无比**。"（p.131）东晋佛驮跋陀罗译《大方广佛华严经》卷5《如来光明觉品》："**无比欢喜**念，诸佛常清净，虚空等如来，彼是具足愿。"元魏瞿昙般若流支译《正法念处经》卷24《观天品》："时彼天子，既舍父母，欲心所覆，诣天女众，共相娱乐，**欢喜无比**。"→【大歓喜】【即大歓喜】【深用歓喜】【深之歓喜】【踊跃歓喜】

【歓喜踊躍/かんぎようやくす】 四字 （2例） 欢欣雀跃，高兴地跳了起来。"欢喜""踊跃"同义复用。《日本书纪》卷9《神功纪》摄政五十年五月条："久氐等奏曰：'天朝鸿泽远及弊邑，吾王**欢喜踊跃**，不任于心。故因还使以致至诚。虽逮万世，何年非朝。'"（第一册，p.458）又卷19《钦明纪》十三年十月条："是日，天皇闻已，**欢喜踊跃**，诏使者云：'朕从昔来，未曾得闻如是微妙之法。然朕不自决。'"（第二册，p.416）西晋法炬译《频毗娑罗王诣佛供养经》卷1："尔时摩竭国王频毗娑罗王，见世尊默然受请，便**欢喜踊跃**，不能自胜。即从坐起，头面礼世尊足，右绕三匝，便退而去。祇桓门乘羽葆车，还诣罗阅祇城自宫殿所。"北凉县无谶译《大般涅槃经》卷12《圣行品》："主人问言：'汝所至处，为何所作？'女人答言：'我所至处，能与种种金银、琉璃、颇梨、真珠、珊瑚、虎珀、车磲、马瑙、象马、车乘、奴婢、仆使。'主人闻已，心生**欢喜，踊跃**无量：'我今福德故，令汝来至我舍宅。'即便烧香散花，供养恭敬礼拜。"唐玄奘译《大般若波罗蜜多经》卷405："时彼彼界，无量无数，菩萨摩诃萨，闻是事已，**欢喜踊跃**，叹未曾有，各白佛言：'我等欲往，堪忍世界，观礼供养，释迦牟尼如来、应正、等觉及诸菩萨摩诃萨众，并听般若波罗蜜多。唯愿世尊，哀愍听许。'"高丽一然撰《三国遗事》卷2："又曰：'皇天所以命我者，御是处，惟新家邦，为君后，为兹故降矣。'尔等须掘峯顶撮土歌之云：'龟何龟何，首其现也。若不现也，燔灼而吃也。'以之蹈舞，则是迎大王，**欢喜踊跃**之也。"按：《新编日本古典文学全集》栏上的注释例引《法华经·譬喻品》："心大**欢喜**，**踊跃**无量。"不确。→【踊跃歓喜】

【歓喜曰："～"/よろこびていはく ～】 说词 高兴地说："……"。《日本灵异记》中卷《忆持〈心经〉女现至阎罗王阙示奇表缘19》："自王宫出，门有三人，著之黄衣。值优婆夷，而**欢喜曰**：'唯瞥所觊。比顷不瞬，故吾恋思。何偶今逢？往矣。速还。我从今日经于三日，诸乐京东市中必逢。'"（p.199）吴康僧会译《六度集经》卷1："登之入城中，有天人，睹普施**欢喜曰**：'久服灵耀，翔兹甚善，愿留二时百八十日，吾愿尽养，惟留威神。'即然许之，留为说法，无上明行，讫即辞退。"梁宝唱等集《经律异相》卷24："比丘独坐莲华。王闻与一切人民共往看之。比丘即以神力身升虚空，现十八变。王**大欢喜曰**：'汝身同人身，汝力过人力，应令我知之，为汝作神足。'"元魏瞿昙般若流支译《正法念处经》卷2《十善业道品》："彼天闻已，**心欢喜曰**：'魔分损减，正法朋长。'彼四大王，既如是说，四天王闻，如是欢喜。"

【歡喜云："～"/よろこびていひしく～】 说词 欢喜地说："……"。《丰后国风土记·总论》条："菟名手见之为异，**欢喜云**：'化生之芋，未曾有见。实至德之盛，乾坤之瑞。'"（p.284）唐慧立本、彦悰笺《大唐大慈恩寺三藏法师传》卷2："既与相见，可汗**欢喜云**：'暂一处行，二三日当还，师且向衙所。令达官答靡支引送安置。'"唐道世撰《法苑珠林》卷81："女大**欢喜云**：'我得果报。'将食出外，到一树下，食讫而卧，施福所感，黄云覆之。"唐迦才撰《净土论》卷3："'师读佛经，如弟子罪人，垂终之时，有救法不？'僧答云：'观经有文，其人忽然踊跃**欢喜云**：佛言有地狱如言即有者，佛言得往生，弟子定得往生也。'"

【還復/また】 后缀 反复，接连。《日本书纪》卷1《神代纪上》："遂为夫妇。先生蛭儿，便载苇船而流之。次生淡洲，此亦不以充儿数。故**还复**上诣于天，具奏其状。"（第一册，p.30）后汉昙果、康孟详合译《中本起经》卷2《度波斯匿王品》："夫闻妇言，将共入房：'今欲与汝共死一处。'即便刺妇，**还复**自刺。"东晋瞿昙僧伽提婆译《中阿含经》卷20《长寿王品》："此四衢道，或象行马行，骆驼、牛、驴、猪、鹿、水牛，及人民行，风吹日炙，彼四衢道，泥干燥已，**还复**作尘。"北凉昙无谶译《大般涅槃经》卷17《梵行品》："世医所疗治，虽差**还复**生；如来所治者，毕竟不复发。"

【還降/かへりくだる】 后补 （3例） 从上返回降落下来。《古事记》上卷《伊耶那岐命与伊耶那美命》："尔天神之命以布斗麻迩尔卜相而诏之：'因女先言而不良，亦**还降**改言。'故尔反降，更往回其天之御柱如先。"（p.34）《日本书纪》卷1《神代纪上》："'今则奉觐已讫，当随众神之意，自此永归根国矣。请姊照临天国，自可平安。且吾以清心所生儿等亦奉于姊。'已而复**还降**焉。"（第一册，p.88）又卷2《神代纪下》："时高皇产灵尊敕大物主神：'汝若以国神为妻，吾犹谓汝有疏心。故今以吾女三穗津姬，配汝为妻。宜领八十万神，永为皇孙奉护。'乃使**还降**之。"（第一册，p.136）唐玄奘撰《大唐西域记》卷4："时苏部底宴坐石室，窃自思曰：'今佛**还降**，人天导从。如我今者，何所宜行？尝闻佛说，知诸法空，体诸法性。是则以慧眼，观法身也。'"按：《汉语大词典》失收。

【還覓/かへりてもとむ】 偏正 返回去寻找。《日本书纪》卷14《雄略纪》九年七月条："其明旦，赤骏变为土马。伯孙心异之，**还觅**誉田陵，乃见骢马在于土马之间。取代而置所换土马也。"（第一册，p.188）（1）东晋佛陀跋陀罗、法显合译《摩诃僧祇律》卷18："尔时比丘，在苏河上，脱衣洗浴，时有梨车童子，亦诣河浴，即脱耳环，以衣覆上，入水而浴。浴已，上岸著衣，忘环而去。比丘后出，见此耳环，即遥呼言：

521

'童子、童子。耳环在地。'童子去疾，不闻其唤，行渐渐远，觉耳无环，即便<u>还觅</u>。"刘宋僧伽跋摩译《萨婆多部毘尼摩得勒伽》卷4："有贼偷酒持至阿练若处，中有已饮者，未饮者藏著阿练若处已去。有比丘到彼坐禅，见是酒已，语余人言：'持是酒去，著寺中用作苦酒。'即持著寺中，诸贼渴乏<u>还，觅</u>酒不得。"（2）《全梁文》卷60吴均《与顾章书》："仆去月谢病，<u>还觅</u>薜萝。梅溪之西，有石门山者，森壁争霞，孤峰限日，幽岫含云，深溪蓄翠，蝉吟鹤唳，水响猿啼，英英相杂，绵绵成韵。"按：《汉语大词典》失收。

【還平復／かへりてたひらぎぬ】 连言 恢复如常，使受戕残身体恢复原状。《日本书纪》卷2《神代纪下》："时彦火火出见尊受彼琼钩，归来本宫。一依海神之教，先以其钩与兄，兄怒不受。故弟出潮溢琼，则潮大溢，而兄自没溺。因请之曰：'吾当事汝为奴仆。愿垂救活。'弟出潮涸琼，则潮自涸，而兄<u>还平复</u>。"（第二册，p.172）东晋佛陀跋陀罗、法显合译《摩诃僧祇律》卷23："若能治瘢<u>还平复</u>，与肉肤不异者，得与出家。"梁宝唱等集《经律异相》卷25："王即以刀，自割其臂，与婆罗门，无有悔恨，一心布施，舍一切物，臂<u>还平复</u>。"元魏慧觉等译《贤愚经》卷6《月光王头施品》："寻即誓愿，眼<u>还平复</u>，眼好于前。"

【還遣／かへしつかはす】 偏正 （2例） 再次派遣。《日本书纪》卷2《神代纪上》："时高皇产灵尊乃<u>还遣</u>二神，敕大己贵神曰：'今者闻汝所言，深有其理。'"（第一册，p.134）《播磨国风土记·美囊郡》条："仍参上，启如右件，即欢哀泣，<u>还遣</u>少楯召上。仍相见相语。"（p.120）后秦弗若多罗译《十诵律》卷13："时饼器皆空，夫家复更遣使，唤眜眼女。婆罗门<u>还，遣</u>使答言：'小待。'作饼竟送，更求煎饼具。"刘宋求那跋陀罗译《杂阿含经》卷5："时陀娑比丘还至诸上座所，以差摩比丘所说病状，具白诸上座。时诸上座，<u>还遣</u>陀娑比丘，至差摩比丘所，语差摩比丘言。"元魏慧觉等译《贤愚经》卷9《善事太子入海品》："食时已到，王遣人唤，女<u>还遣</u>人，白于王曰：'愿送食来，欲就此食。'"按：《汉语大词典》失收。

【還清／かへりてすむ】 后补 （河水等）恢复到清洁的状态。《日本书纪》卷24《皇极纪》二年十月条："是月，茨田池水<u>还清</u>。"（第三册，p.78）唐窥基撰《大乘法苑义林章》卷2："迦叶复言：'佛欲涅槃时，近俱夷那竭城，背痛，四叠郁多罗僧敷卧。'言：'我须水，汝不供给。'阿难答言：'时五百车，截流而度，令水浑浊。由是不取。'迦叶复言：'正使水浊，佛有神力，能令大海，浊水<u>还清</u>。汝何不取？是汝之罪，应作突吉罗忏。'"按：《汉语大词典》失收。

【還入於～／～にかへりいる】 于字 （14例） 返回进入某处。①《古事记》下卷《仁德记》："故天皇知其情，<u>还入于</u>宫。"（p.301）《日本书纪》卷21《用明纪》二年四月条："是年，天皇得病，<u>还入于</u>宫。群臣侍焉。"（第二册，p.504）②《古事记》上卷《伊耶那岐命与伊耶那美命》："如此白而<u>还入</u>其殿内之间，甚久难待。"（p.44）

又《天照大御神与须佐之男命》："即布刀玉命以尻久米绳控度其御后方，白言：'从此以内，不得**还入**。'"（p. 66）又《大国主神》："故随诏命，而参到须佐之男命之御所者，其女须势理毗卖出见，为目合而相婚。**还入**白其父言：'甚丽神来。'"（p. 80）又下卷《安康记》："如此白，而亦取其兵，**还入**以战。"（p. 332）《日本书纪》卷2《神代纪下》："良久有一美人，排闼而出。遂以玉碗，来当汲水。因举目视之，乃惊而**还入**，白其父母曰：'有一希客者，在门前树下。'"（第一册，p. 156）又："因以仰观，有一丽神，倚于杜树。故**还入**白其王。"（第一册，p. 164）又："于时，海神之女丰玉姬手持玉碗，来将汲水。正见人影在于井中，乃仰视之。惊而坠碗，碗既破碎，不顾而**还入**，谓父母曰：'妾见一人于井边树上，颜色甚美，容貌且闲。殆非常之人者也。'"（第一册，p. 168）又卷17《继体纪》二十四年九月条："顾以河内母树马饲首御狩，奉诣于京而奏曰：'臣未成敕旨。**还入**京乡，劳往虚归，惭恧安措。'"（第二册，p. 324）又十四年十月条："于是，百济以铄刺堕高丽勇士于马斩首，仍刺举头于铄末，**还入**示众。"（第二册，p. 426）又卷24《皇极纪》二年十一月条："于是山背大兄王等自山**还入**斑鸠寺。"（第三册，p. 82）《日本灵异记》上卷《忆持〈法华经〉现报示奇异表缘第18》："然咨往当到之猴家，叩门唤人。乃女人出含咲**还入**，白家母曰：'门在客人，恰似死郎。'闻之出见，犹疑死子。"（p. 101）《续日本纪》卷13《圣武纪》天平十二年十二月条："丙辰，解骑兵司，令**还入**京。"（第二册，p. 380）（1）姚秦鸠摩罗什译《佛说华手经》卷7："随众生所乐，微笑现光明。大光普照已，**还入于**本处。"元魏吉迦夜、昙曜合译《杂宝藏经》卷10："作是语已，便于塔所，造作二孔各置一猫，于塔养食，唤言咥师出，猫出食肉，语令还去，**还入于**孔。"隋阇那崛多译《佛本行集经》卷14《出逢老人品》："是时驭者答太子言：'如圣子敕，我不敢违。'即回车乘，**还入于**城。"又卷40《迦叶三兄弟品》："尔时，彼堂毒龙出外求觅食故，处处经历，饱已回**还入于**火堂，遥见如来坐火堂内，见已其心作如是念：'我身犹活，今有何人忽入我堂？'"（2）《梁书》卷56《侯景传》："又筑土山以逼城，城内作地道以引其土山，贼又不能立，焚其攻具，**还入于**栅。"（p. 844）

【還昇/かへりのぼる】 后补 （2例） 谓神飞回天界。亦谓佛菩萨等升空返回天宫。《日本书纪》卷2《神代纪下》"于是经律主神则**还升**报告。"（第一册，p. 134）《常陆国风土记·信太郡》条："即时，随身器仗及所执玉圭，悉皆脱履，留置兹地，即乘白云，**还升**苍天。"（p. 364）（1）西晋竺法护译《佛说弘道广显三昧经》卷2："于是龙王，自与其众，诸将从俱，见尊受请，忻喜悦怿，善心遂生，绕佛三匝，兴震云电，而降微雨，普遍天下，忽然之顷，**还升**宫中。"东晋瞿昙僧伽提婆译《中阿含经》卷14："阿难，彼八万四千，夫人及女宝，还去不久，大善见王，即共侍者，**还升**大殿。"姚秦鸠摩罗什译《大庄严论经》卷9："世间人天，皆共礼敬，尔时不敬于泥木，欲敬礼佛故。我礼佛色像，不为礼魔形，闻是语已，还复本形，礼尊者足，**还升**天

523

上。"梁宝唱等集《经律异相》卷 14："时阿耨达与其眷属，三月请佛，入无热大池供养，并诸神通果办菩萨，及弟子众，许其半月。龙喜兴云，震电降雨，普遍天下，忽然之顷，**还升**宫中，召五百长子。"（2）《梁书》卷 56《侯景传》："将登坛，有兔自前而走，俄失所在；又白虹贯日。景**还升**太极前殿，大赦，改元为太始元年。"《陈书》卷 33《沈文阿传》："谨撰谒庙**还升**正寝，群臣陪荐仪注如别。"按：《汉语大词典》失收。

【**還蘇**/よみがへる】 并列 苏醒过来。死而复生。《日本灵异记》中卷《依汉神崇杀牛而祭又修放生善以现得善恶报缘第 5》："迄七年头，临命终时，语妻子曰：'我死之后，十九日置之，莫烧。'妻子置之，犹待期日。唯历九日，**还苏**而语。"（p. 159）梁慧皎撰《高僧传》卷 13："释慧达，姓刘，本名萨河，并州西河离石人。少好田猎。年三十一忽如暂死，经日**还苏**，备见地狱苦报。"唐道宣撰《集神州三宝感通录》卷 3："至日晚又死，明日**还苏**，自云：'见大官。'"唐道世撰《法苑珠林》卷 9："太子以手执象，掷著城外，还以手接不令伤损，象又**还苏**。"

【**還甦**/よみがへる】 并列 与"还苏"义同。《日本灵异记》中卷《依汉神崇杀牛而祭又修放生善以现得善恶报缘第 5》："自阎罗阙**还苏**，增发誓愿。从此已后，效不祀神。归信三宝，己家立幢，成寺安佛，修法放生。"（p. 160）梁僧佑撰《释迦谱》卷 1："太子即便，以手执象，掷著城外，还以手接，不令伤损。象又**还苏**①，无所苦痛。时诸人民，叹未曾有。"宋绍昙记《五家正宗赞》卷 3："命根断处，绝后**还苏**。随类受身，逢场作戏。只改旧时人，不改旧时行履处。"

【**還俗**/げんぞくす】 述宾 （12 例） 僧尼或出家的道士恢复俗人的身份。《日本书纪》卷 20《敏达纪》十三年是岁条："是岁，苏我马子宿祢请其佛像二躯，乃遣鞍部村主司马达等、池边直冰田，使于四方访觅修行者。于是，唯于播磨国得僧**还俗**者，名高丽惠便。"（第二册，p. 488）又卷 30《持统纪》七年六月条："六月己未朔，诏高丽沙门福嘉**还俗**。"（第三册，p. 538）《唐大和上东征传》："其所造舟没官，其杂物送僧。其诬告僧如海与反坐，**还俗**，决杖六十，［还］送本贯。"（p. 45）《续日本纪》卷 1《文武纪》四年六月条："乙丑，敕僧通德、惠俊并**还俗**。代度各一人。赐通德姓阳侯史，名久尔曽。授勤广肆。赐惠俊姓吉，名宜。授务广肆。为用其艺也。"（第一册，p. 28）又卷 2《文武纪》大宝元年三月条："壬辰，令僧辩纪**还俗**。代度一人。赐姓春日仓首，名老。授追大壱。"（第一册，p. 34）又大宝元年八月条："八月壬寅，敕僧惠耀、信成、东楼，并令**还俗**复本姓。代度各一人。惠耀姓禄，名兄麻吕。信成姓高，名金藏。东楼姓王，名中文。"（第一册，p. 44）又卷 3《文武纪》大宝三年十月条："甲戌，僧隆观**还俗**。本姓金，名财。沙门幸甚子也。颇涉艺术。兼知算历。"（第一册，p. 72）又卷 6《元明纪》和铜七年三月条："三月丁酉，沙门义法**还俗**。姓大津连，名

---

① "苏"，在宋本、元本、宫本中作"稣"。

意毘登。授从五位下。为用占术也。"（第一册，p. 210）又卷11《圣武纪》天平六年十一月条："其取僧尼儿，诈作男女。令得出家者。准法科罪。所司知而不正者，与同罪。得度者**还俗**。奏可之。"（第二册，p. 282）又卷22《淳仁纪》天平宝字三年五月条："庚辰，先是，僧善神殉心以纵奸恶。僧专住极口而詈宿德。并摈佐渡，令其悔过。而戾性不悛，丑声滋彰。至是，**还俗**从之差科。"（第三册，p. 312）又卷23《淳仁纪》天平宝字四年十二月条："戊寅，药师寺僧华达，俗名山村臣伎婆都。与同寺僧范曜，博戏争道，遂杀范曜。**还俗**配陆奥国桃生栅户。"（第三册，p. 368）又卷30《称德纪》神护景云三年九月条："于是道镜大怒，解清麻吕本官，出为因幡员外介。未之任所。寻有诏，除名配于大隅。其姊法均**还俗**配于备后。"（第四册，p. 256）（1）西晋法炬译《比丘避女恶名欲自杀经》卷1："我与汝共相习近，作不正事，已有恶名，今可**还俗**，共相娱乐。"姚秦鸠摩罗什译《大庄严论经》卷6："妇女言：'汝今若能，罢道**还俗**，我当相从。'"（2）《魏书》卷43《房伯玉传》："伯玉在南之日，放妾杨氏为尼。入国，遂令**还俗**，复爱幸焉。"（p. 974）按：《汉语大词典》首引《宋书》卷71《徐湛之传》："时有沙门释惠休，善属文，辞采绮艳，湛之与之甚厚。世祖命使**还俗**。本姓汤，位至扬州从事史。"（p. 1847）偏晚。

【還投／かへしうつ】 偏正 反方向投掷过来。《日本书纪》卷2《神代纪下》："乃取矢而咒之曰：'若以恶心射者，则天稚彦必当遭害。若以平心射者，则当无恙。'因**还投**之。"（第一册，p. 124）后秦佛陀耶舍、竺佛念合译《长阿含经》卷3："时居士宝，被王严敕，即于船上长跪，以右手内著水中，水中宝瓶，随手而出，如虫缘树。彼居士宝，亦复如是。内手水中，宝缘手出，充满船上，而白王言：'向须宝用，为须几许？'时王善见，语居士言：'止，止！吾无所须。向相试耳。汝今便为，供养我已。'时彼居士，闻王语已，寻以宝物，**还投**水中。"刘宋求那跋陀罗译《杂阿含经》卷50："迈世而出家，何为还聚落，烧舍急出财，岂**还投**火中？"梁慧皎撰《高僧传》卷10："路见钓鱼师，因就乞鱼。鱼师施一餧者，度手弄反，复**还投**水中，游泳而去。"按：《汉语大词典》失收。

【還献於～／かへりて～にたてまつる】 于字 将某物返还献给某人。《肥前国风土记·彼杵郡》条："筐簶云：'实有之。以贡于御。不敢爱惜。'神代直捧此三色之玉，**还献于**御。"（p. 344）唐行满集《涅槃经疏私记》卷1："偶尔得之者，意云此鬼是先佛所说，非魔本有，引喻奉国王等。即是先佛法王之宝，**还献于**今佛法王也。"

【還向於～／～にかへりむかふ】 于字 （2例） 朝着某处返回来。①《日本书纪》卷1《神代纪上》："故欲濯除其秽恶、乃往见粟门及速吸名门。然此二门，潮既太急，故**还向于**橘之小门，而抚濯也。"（第一册，p. 56）②《日本书纪》卷30《持统纪》四年九月条："泊天命开别天皇三年，土师连富杼、水连老、筑紫君萨夜麻、弓削连元宝儿四人，思欲奏闻唐人所计，缘无衣粮，忧不能达。于是博麻谓土师富杼等曰：'我欲共汝，**还向**本朝。缘无衣粮，俱不能去。愿卖我身以充衣食。'"（第三册，p. 508）隋阇那崛多译《佛本行集经》卷41《迦叶三兄弟品》："尔时世尊，于彼优娄频螺迦叶居处食讫，速**还向于**林内经行。"又《佛说月上女经》卷2："尔时舍利弗告月上女，作如是言：'汝今但当，先向佛所。我等须臾，为听法故，不久当**还，向于**彼处，而来听法。'"唐玄奘译《大般若波罗蜜多经》卷66《无所得品》："不还向性空故，不**还向于**不还向无所有不可得，不**还向于**预流向乃至一来果无所有不可得，预流向乃至不还向于不还果无所有不可得。"

【還言/かへりこと】 说词 （2例） 报告，汇报；回话。《日本书纪》卷23《舒明纪》即位前纪条："既而泊瀬仲王别唤中臣连、河边臣谓之曰：'我等父子，并自苏我出之，天下所知。是以如高山恃之。愿嗣位勿辄言。'则令三国王、樱井臣、副群卿而遣之曰：'欲闻**还言**。'"（第三册，p. 30）又卷26《齐明纪》四年是岁条："又西海使小花下阿昙连颊垂自百济还言：'百济伐新罗还时，马自行道于寺金堂，昼夜勿息，唯食草时止。'"（第三册，p. 220）后秦弗若多罗、罗什合译《十诵律》卷18："佛言：'汝见何因缘故，欲与比丘僧雨浴衣。'答言：'大德，我今日早起敷座已，遣婢使诣祇洹白佛时，到婢至门间，见诸比丘露地雨中，裸形洗浴。'婢**还言**：'祇洹中无一比丘，但诸外道无惭人。'"梁宝唱等集《经律异相》卷14："佛住舍卫城。时诸比丘，集在一处，共作是论：'善法讲堂，柱柱梁不？'目连言：'柱梁。'又有一无岁比丘言：'不柱。'即遣神足，比丘往看，**还言**：'不柱。'诸比丘语目连言：'汝不知，何故言柱？妄语不实，应摈趋遣。'"按：《汉语大词典》失收。《新编日本古典文学全集》栏上的注释释义作："该词可能是日式汉语词汇。"不可从。

【還詣/かへりいたる】 并列 （2例） 回去来到某处或拜访某人。《日本书纪》卷2《神代纪下》："天钿女**还诣**报状。皇孙于是脱离天盘座，排分天八重云，棱威道别道别，而天降之也。"（第一册，p. 132）又卷9《神功纪》摄政前纪条："皇后**还诣**橿日浦，解发临海曰：'吾被神祇之教，赖皇祖之灵，浮涉沧海，躬欲西征。是以令头涤海水，若有验者，发自分为两。'即入海洗之，发自分也。"（第一册，p. 422）（1）后汉安世高译《佛说阿难同学经》卷1："彼比丘，即从坐起，头面礼足，绕世尊三匝，便退而去，**还诣**己房。"西晋竺法护译《佛说鸯掘摩经》卷1："尔时指鬘，入舍卫城，群小童戯，见之分卫，或瓦石掷，或以箭射，或刀斫刺，或杖捶击。贤者指鬘，破头伤体，衣服破裂，**还诣**佛所，稽首足下，起于佛前颂曰。"北凉昙无谶译《大般涅槃经》卷30《师子吼菩萨品》："尔时耆婆，前入火聚，犹入清凉，大河水中，抱持是儿，**还诣**我所，授儿与我。"唐道世撰《法苑珠林》卷78："尔时天子，赞叹佛已，绕佛三匝，**还诣**天宫。时频婆娑罗王闻佛说悭贪缘。时会诸人，有得四沙门果者，有发无上菩提心者，欢喜奉行。"（2）《后汉书》卷21《耿纯传》："世祖即位，封纯高阳侯。击刘永于济阴，下定陶。初，纯从攻王郎，堕马折肩，时疾发，乃**还诣**怀宫。"《晋书》卷79

《谢安传》："安少有盛名，时多爱慕。乡人有罢中宿县者，**还诣**安。"《南齐书》卷 28
《刘善明传》："遣部曲健儿数十人随僧副**还诣**领府，太祖纳之。"按：《汉语大词典》
失收。

【**還於家/いへにかへる**】 于字 （10 例） 回家，回到家里。①《日本灵异记》上
卷《非理夺他物为恶行受报示奇事缘第 30》："王诏广国曰：'汝无罪，可**还于家**。然慎
以黄泉之事勿忘宣传。若欲见父，往于南方。'"（p. 125）②《日本书纪》卷 16《武烈
纪》即位前纪条："于是影媛收埋既毕，临欲**还家**，悲鲠而言：'苦哉！今日失我爱
夫。'"（第二册，p. 274）《日本灵异记》上卷《信敬三宝得现报缘第 5》："皇太子言：
'速**还家**，除作佛处。我悔过毕，还宫作佛。'"（p. 76）又《凶女不孝养所生母以现得
恶死报缘第 24》："时其母有稚子。携之**还家**，俛视道头，有遗裹饭。拾之慰饿，犹劳
寝室。"（p. 112）《续日本纪》卷 40《桓武纪》延历九年十一月条："但以国司等久有
仕官之劳，曾无**还家**之资。"③《日本书纪》卷 2《神代纪下》："然后，天忍穗耳尊复
还于天。"（第一册，p. 138）又卷 7《景行纪》四十年是岁条："日本武尊更**还于**尾张，
即娶尾张氏之女宫簧媛，而淹留踰月。"（第一册，p. 380） 又："日本武尊于是始有痛
身。然稍起之，**还于**尾张。"（第一册，p. 382）又卷 26《齐明纪》六年五月条："又举
国百姓无故持兵，往**还于**道。"（第三册，p. 230）《续日本纪》卷 34《高绍纪》宝龟七
年闰八月条："先是，遣唐使船到肥前国松浦郡合蚕田浦。积月余日，不得信风。既入
秋节，弥违水候。乃引**还于**博德大津。"（1）元魏吉迦夜、昙曜合译《杂宝藏经》卷
7："佛言：'往在人中，不堪辛苦，欲**还于家**。其父不听，代其使役，强驱出家。遂便
欢喜，命终生天。又于我所，闻法得道。'"隋阇那崛多译《佛本行集经》卷 58《婆提
唎迦等因缘品》："尔时，提婆达多，所至之处，皆不许已，还乘白象，向迦毗罗婆苏
都城，**还于家**内。"（2）《风俗通义》卷 5："安定太守汝南胡伊伯、建平长樊绍孟建，
俱为司空虞放椽属。放逊位，自劾**还家**。"《搜神后记》卷 1："深广，不得渡。欲还，
失道，遇伐薪人，问径，仅得**还家**。"

【**换著/かへきる**】 后补 换穿，换上。《日本书纪》卷 26《齐明纪》六年三月
条："肃慎乃陈船师，系羽于木举而为旗，齐棹近来停于浅处，从一船里出二老翁回行，
熟视所积采帛等物，便**换著**单衫，各提布一断，乘船还去。"（第三册，p. 230）唐阿地
瞿多译《陀罗尼集经》卷 6："是法印咒，若破诸法，欲令余人，所作咒法，不成办者，
当作四肘，三色粉坛，南北两面，画莲华座。于其座上，画著牙形，东面华座。座上画
作，拔折啰印，然十二灯，百味异食，备办八盘。其食日别，**换著**新者，新新供养。"
唐傅翕录《善慧大士语录》卷 4："时有疾愈者来相报，法师受之，回施乞人。法师或
于道路，逢遇乞人，衣服破弊，即脱衣而与之，**换著**恶衣去。"宋法天译《佛说圣宝藏
神仪轨经》卷 1："然自志诚斋戒，一日三时沐浴。又于三时，**换著**新净之衣，意中思
念，三妙解脱，如是而行。"按：《汉语大词典》失收。

【唤归/よびよす】 后补 召唤回来，叫回来。《古事记》中卷《神武记》："尔**唤归**问之：'汝者谁也?'答白：'仆者国神。'"（p.142）唐义净译《根本说一切有部毗奈耶杂事》卷19："时邬波难陀，见而问曰：'汝何意啼?'答曰：'被师诃责。'报言：'子来！我当与汝衣钵及钵、络腰条之类。随所须者，不令阙乏。'遂**唤归**房白佛。"唐大觉撰《四分律行事钞批》卷8："佛在世亦与弟子，同房宿故者，谓罗云作沙弥时，诸比丘缘佛制戒，不得与非具人同宿。遂趁罗云，夜宿厕中。世尊夜见**唤归**，夜同房宿等。虽**唤归**房宿，世尊竟晓面坐。以与比丘，同制戒故，佛不敢违。"按：《汉语大词典》失收。→【急唤】【惊唤】【来唤】【频唤】【遣人唤】【强唤】【往唤】【勅唤】

【唤集/めしつどふ】 后补 （3例） 犹言召集。《日本书纪》卷14《雄略纪》十三年九月条："乃**唤集**采女，使脱衣裙而著犊鼻，露所相扑。于是真根暂停仰视而斫。不觉手误伤刃。"（第二册，p.194）《日本灵异记》中卷《依汉神崇杀牛而祭又修放生善以现得善恶报缘第5》："又径七年间，医药方疗犹不愈。**唤集**卜者而被祈祷，亦弥增病。"（p.124）《续日本纪》卷24《淳仁纪》天平宝字六年六月条："六月庚戌，**唤集**五位以上于朝堂。"（第三册，p.408）姚秦竺佛念译《出曜经》卷4："尔时世尊，即遣信**唤集**，普会讲堂，诸比丘即集讲堂。"唐义净译《根本说一切有部毗奈耶药事》卷15："于时王敕诸城，所有猎师，皆悉**唤集**，令取六牙大象。"又卷21："时阿难陀，奉佛教已，悉皆唤众，还诣佛所，礼佛足已，在一面立，白佛言：'世尊，我奉佛教，近此蕊刍，悉皆**唤集**，在食堂中，唯佛知时。'"按：《汉语大词典》失收。

【唤令/~めして~しむ】 并列 （2例） 使唤，命令。《日本书纪》卷10《应神纪》十三年九月条："（《一云》）天皇悦之，即**唤令**从御船。是以时人号其著岸之处曰鹿子水门也。"（第一册，p.480）又卷28《天武纪上》即位前纪条："于此时，屯田司舍人土师连马手，供从驾者食。过甘罗村，有猎者二十余人。大伴朴本连大国为猎者之首。则悉**唤令**从驾。"（第三册，p.130）西晋竺法护译《生经》卷2："王即出女，庄严璎珞，珠玑宝饰，安立房室。于大水傍，众人侍卫，伺察非妄，必有利色，来趣女者。素教诫女，得逆抱捉，**唤令**众人，则可收执。"梁宝唱等集《经律异相》卷19："猎师无道，便大瞋恚，欲射道人。道人言：'止，止！勿射我余处，正射我腹。'便开衣露腹，**唤令**其射。"隋宝贵合、北凉昙无谶译《合部金光明经》卷7："王即告臣卿：'可往至彼长者家，善言诱喻，**唤令**使来。'"按：《汉语大词典》失收。

【唤入/めしいる】 后补 （5例） 唤进，叫进来。《古事记》上卷《大国主神》："尔其大神出见而告：'此者谓之苇原色许男。'即**唤入**而令寝其蛇室。"（p.80）又："尔持其矢以奉之时，率入家而**唤入**八田间大室，而令取其头之虱。故尔见其头者，吴公多在。"（p.82）《日本灵异记》上卷《忆持〈法华经〉现报示奇表缘第18》："猴爱之**唤入**，居床而瞻言：'若死昔我子之灵矣。'"（p.101）《续日本纪》卷10《圣武纪》天平元年八月条："壬午，**唤入**五位及诸司长官于内里。"（第二册，p.220）又卷24

《淳仁纪》天平宝字六年九月条："于是，今城告曰：'乾政官处分，此行使人者**唤入**京都，如常可遇。'"（第三册，p.412）（1）后汉安世高译《佛说奈女祇域因缘经》卷1："守门人即入白王，王敕守门人，**唤入**祇域，入已，前头面礼已。"姚秦佛陀耶舍、竺佛念等合译《四分律》卷39："医作如是言：'但听我治。若差，随意与我物。'长者妇闻之，自念言：'若如是无所损。'敕守门人，**唤入**。"梁宝唱等集《经律异相》卷32："耆婆还王舍城，到无畏王子门，王**唤入**。"（2）《北齐书》卷45《颜之推传》："及召集谏人，之推亦被**唤入**，勘无其名，方得免祸。"（p.618）《北史》卷92《恩幸传》："及后主晋阳走还，被敕**唤入**内，寻诏复王爵及开府、领军大将军，常在左右。仍从后主走度河，到青州，并为周军所获。"按：《汉语大词典》失收。传世文献中，"唤入"通常用作被动语态。

【**唤使**/よぶつかひ】 并列　唤来，叫来，与"唤令"义同。《万叶集》卷18第4110首歌题："先妻不待夫君之**唤使**自来时作歌一首"（第四册，p.267）西晋安法钦译《阿育王传》卷7："余婆罗门，在地而立，欲得见王。阿恕伽王**唤使**来前，便唤来入坐于两厢床上。"姚秦竺佛念译《出曜经》卷25："王问左右：'斯是谁家，戏笑之声，乃彻于此？'诸臣白曰：'此是祇头太子家中，音乐之声。'王寻遣信，速**唤使**来。"刘宋慧简译《佛说贫穷老公经》卷1："佛言：'近在门外，释梵断之。可**唤使**前。'于是老公，匍匐寸进，为佛作礼。"按：《汉语大词典》失收。《万叶集》中用作"跑腿的人"。

【**唤至**/めしいたらしむ】 后补　唤到，叫到。《日本书纪》卷26《齐明纪》六年三月条："阿倍臣遣船**唤至**两个虾夷，问贼隐所与其船数。两个虾夷便指隐所曰：'船二十余艘。'即遣使唤而不肯来。"（第三册，p.228）唐义净译《根本说一切有部毗奈耶》卷22："然有一女，能作细缕。邬波难陀曰：'试唤来看。'即便**唤至**。邬波难陀报曰：'少女汝试捻看。'彼即为捻。"《敦煌变文·八相变》："父王闻太子入内，亲**唤至**于面前，遂乃出于善言，亲自劝免［勉］。"（p.512）按：《汉语大词典》失收。

【**患脚**/あしのやまひす】 述宾　（2例）　脚部患病，脚疾。《日本书纪》卷24《皇极纪》三年正月条："于时轻皇子**患脚**不朝。中臣镰子连曾善于轻皇子，故诣彼宫，而将侍宿。"（第三册，p.84）《藤氏家传》上卷《镰足传》："于时，轻皇子**患脚**不朝。大臣曾善于轻皇子，故诣彼宫而侍宿。相与言谈，终夜忘疲。"（p.136）（1）姚秦佛陀耶舍、竺佛念等译《四分律》卷42："尔时世尊从迦摩罗，至迦维罗卫国，毕陵伽婆蹉在彼国住，**患脚**劈破，医教涂脚。白佛，佛言听涂。"梁宝唱等集《经律异相》卷44："昔有跛脚道人，持戒乞食，遇至一家，信大法久，见其**患脚**，心悲愍一年供养。道人辞去，主人言曰：'愿数垂顾。'分离之际，客主悲泪。道人去后，主人发床，唯见金宝。因此至富。"唐道宣撰《集神州三宝感通录》卷1："初有一僧，闻塔来礼，处所荒凉，恃食为难。有一老姥**患脚**，来为造食便去。"（2）《南齐书》卷46《王慈传》："慈患脚，世祖敕王晏曰：'慈在职未久，既有微疾，不堪朝，又不能骑马，听乘车在仗后。'江左来少例也。"《梁书》卷36《江革传》："革称**患脚**不拜，延明将加害焉，见革辞色严正，更相敬重。"按：《汉语大词典》失收。

【**患重病**/おもきやまひにかかる】 三字 得重病。《日本书纪》卷13《安康纪》元年二月条："爰大草香皇子对曰：'仆顷**患重病**，不得愈，譬如物积船以待潮者。然死之命也，何足惜乎？'"（第二册，p.134）唐不空译《七俱胝佛母所说准提陀罗尼经》卷1："又法若**患重病**者，诵真言一百八遍，称彼人名，以牛乳护摩即差。"又《普遍光明清净炽盛如意宝印心无能胜大明王大随求陀罗尼经》卷2："为**患重病**人，应作四方坛。瞿摩和土泥，用五色粉画。而作曼荼罗，四瓶安四角。智者依仪轨，坛上散诸花。"唐道镜、善道集《念佛镜》卷1："天竺国中有一优婆夷，信敬三宝，常好供养，一切众僧。中有一比丘，身**患重病**。"→【得重病】【受重病】

【**焕然明矣**/あきらかなり】 四字 格外明显，彰明较著。《藤氏家传》上卷《镰足传》："至秋七月，天皇御体不念。于是，大臣中心危惧，祈祷神祇，亦依三宝，敦求眉寿。璧像申臂而摩顶，观音寄梦以现空。圣有应所，**焕然明矣**。"（p.204）宋子璿录《起信论疏笔削记》卷12："此文具说，真如为因，无明为缘，由此因缘，道理和合。成就色心诸法，既属因缘，遂令诸法，无性之义，显然可见。真如随缘，不住之理，**焕然明矣**。彰明也。"宋法云编《翻译名义集》卷6："净名三道，乃约即为种（三道是能三德是所），犹冰是水种。法华三德，指性自是种（乃性当家名种），如水为冰种。作此区别，**焕然明矣**。"按："注释与研究"指出："《魏志·夏侯玄传》：'则所任之流，亦**焕然明别矣**。'观智院本《类聚名义抄》：焕然 アキラカニ。"释例未必妥贴。

【**荒心**/あらきこころ】 偏正（2例） 昏聩恣肆之心。《古事记》上卷《日子穗穗手见命与鹈茸草不合命》："是以备如海神之教言与其钩。故自尔以后，稍愈贫，更起**荒心**迫来。"（p.132）《肥前国风土记·基肆郡》条："兆云：'令筑前国宗像郡人，珂是古，祭吾社。若合愿者，不起**荒心**。'"（p.316）（1）失译人名今附秦录《萨婆多毗尼毗婆沙》卷7："十有一长者，唯有一子甚爱。象所踏杀，父即荒迷，狂行东西。佛以神力，化作其儿，使令见之，**荒心**即除。佛为说法，发辟支佛因缘。"（2）《宋书》卷65《申恬传》："时又迁换诸郡守，恬上表曰：'伏闻朝恩当加臣济南太守，仰惟优旨，**荒心**散越。'"（p.1723）按：《汉语大词典》失收。佛典例中，"荒心"一词指面对突然发生的变故而失去理智，做出超越常情的行为。《宋书》例中的"荒心"一词用作谦辞，指突然接到兼任太守一职的圣旨，难以抑制心中的激动之情。

【**荒醉**/こうすい】 偏正 迷乱，昏昧；沉湎于酒。《唐大和上东征传》："人皆**荒醉**，但唱观音。舟人告曰：'舟今欲没，有何所惜！'"（p.63）《尚书·五子之歌》："内作色**荒**，外作禽**荒**。"孔传："迷乱曰**荒**。"孔颖达疏："好色好田则精神迷乱，故迷乱曰<u>荒</u>。"《说文·酉部》："<u>醉</u>，卒也，卒其度量，不至于乱也。一曰溃也。"孔传："迷乱曰<u>荒</u>。"孔颖达疏："好色好田则精神迷乱，故迷乱曰<u>荒</u>。"唐慧琳撰《一切经音义》卷29："酒<u>醉</u>：觜崇反。饮酒过度，神识蒙昧曰<u>醉</u>也。"《正字通·酉部》："<u>醉</u>，凡昏昧不反曰<u>醉</u>。"（1）失译人名今附秦录《别译杂阿含经》卷13："我昔如<u>荒醉</u>，经历诸城邑，游行得值佛，即蒙大福利。"梁宝唱等集《经律异相》卷27："又祀妖神，上下相学，如风靡草，黎民乐乱，竞为奸宄，强者陵弱，更相伤杀，劫夺人财，不从道理，淫他妇女，君臣<u>荒醉</u>，迷惑日滋，旱踰三年，前后请祷，初不得雨。"北凉昙无谶译《大般涅槃经》卷19《梵行品》："不但独为，断酒之人，亦为耽酒，郁伽长者，<u>荒醉</u>者说。"（2）《艺文类聚》卷27梁武帝《凡百箴》："勿恃尔尊，骄慢淫昏；勿谓尔贵，长夜<u>荒醉</u>。"按：《汉语大词典》首引《晋书》卷69《周顗传》："顗<u>荒醉</u>失仪，复为有司所奏。"略晚。

【慌迷／ほれまどふ】 并列 （2例） 心慌迷乱。《日本灵异记》上卷《得雷之喜令生子强力在缘第3》："鬼者外引，童子内引。彼储四人<u>慌迷</u>，盖不得开。童子四角别引鬼，而依开灯盖。"（p.65）又中卷《女人大蛇所婚赖药力得全命缘第41》："时有大蛇，缠于登女之桑而登。往路之人，见示于娘。娘见惊落。蛇亦副堕，缠之以婚，<u>慌迷</u>而卧。"（p.250）姚秦鸠摩罗什译《大智度论》卷35："复次若受余欲犹不失智慧，淫欲会时身心<u>慌迷</u>，无所省觉深著自没，以是故诸天令菩萨离之。"按：《汉语大词典》失收。

【黄金山／こがねのやま】 地名 （2例） 黄金山。此处指五台山，在山西五台县东北，以东、西、南、北、中五峰耸立，山顶无林木，垒土如台，故称五台山。又以五峦巍然，拔乎群山，盛夏仍不知炎暑，故别号清凉山。为古来文殊菩萨示现之道场，广受海内之信仰。《日本灵异记》上卷《信敬三宝得现报缘第5》："语妻子曰：'有五色云，如霓度北。自而往其云道，芳如杂名香。观之道头，有<u>黄金山</u>。'"（p.76）又："<u>黄金山</u>者，五台山也。"（p.76）东晋佛陀跋陀罗译《佛说观佛三昧海经》卷2："是诸鬼等，自见其身，如似白玉，似瑠璃山，似颇梨山，似<u>黄金山</u>，似马瑙山。"姚秦鸠摩罗什译《佛说弥勒大成佛经》卷1："佛身高显，如<u>黄金山</u>，见者自然，脱三恶趣。"宋法贤译《佛说大乘无量寿庄严经》卷3："尔时阿难，即从座起，合掌面西，顶礼之间，忽然得见，极乐世界，<u>无量寿佛</u>，容颜广大，色相端严，如<u>黄金山</u>。"宋王日休校辑《佛说大阿弥陀经》卷2："尔时，阿难见阿弥陀佛，容体巍巍，如<u>黄金山</u>，高出一切，诸世界上，相好光明，无不照耀。会中四众，悉皆睹见。"

【晃曜／こうよう】 并列 明亮辉映。《日本书纪》卷19《钦明纪》十四年五月条："夏五月戊辰朔，河内国言：'泉郡茅渟海中有梵音，雷响若雷声，光彩<u>晃曜</u>如日色。'"（第二册，p.420）（1）曹魏康僧铠译《佛说无量寿经》卷1："又以众宝妙衣，遍布其地，一切人天，践之而行，无量宝网，弥覆佛上，皆以金缕，真珠百千杂宝，奇妙珍异，庄严绞饰，周匝四面，垂以宝铃，光色<u>晃曜</u>，尽极严丽。"西晋竺法护译《贤劫经》卷6："威坚固，大光明，日<u>晃曜</u>。"姚秦鸠摩罗什译《妙法莲华经》卷3《药草喻品》："譬如大云，起于世间，遍覆一切；慧云含润，电光<u>晃曜</u>，雷声远震，令众悦豫。日光掩蔽，地上清凉，叆叇垂布，如可承揽。"（2）《艺文类聚》卷81所载魏陈思王曹植《宜男花颂》曰："草号宜男，既晔且贞，厥贞伊何，惟乾之嘉，其晔伊何，绿叶丹花，光采<u>晃曜</u>，配彼朝日，君子耽乐，好和琴瑟，固作螽斯，微立孔臧，福齐大姒，永世克昌。"

【灰河地狱/けがじごく】 地名 十六游增地狱之一。谓八热地狱，每一狱的四门，各有十六副地狱，此十六副地狱的痛苦，一狱比一狱加深，故名游增。罪人在八热地狱受罪后，又要经过十六游增，次第受苦，其名为：斤斧、豺狼、剑树、寒冰、黑沙、沸屎、铁钉、焦渴、饥饿、铜镬、多镬、石磨、脓血、量火、灰河、铁丸。《日本灵异记》中卷《常鸟卵煮食以现得恶死报缘第10》："《善恶因果经》：'今身烧煮鸡子，死堕<u>灰河地狱</u>。'"（p.176）唐慧琳撰《一切经音义》卷70："熷煨……热地狱名也。熷煨者，<u>热灰火也</u>，亦<u>灰河地狱</u>。皆随自身，恶业化现，罪人自见。皆自作自受，所有苦事，一如梦中，受苦乐也。"东晋瞿昙僧伽提婆译《增壹阿含经》卷36《八难品》："由此因缘，名为八大地狱。一一地狱有十六隔子，其名优钵地狱、钵头地狱、拘牟头地狱、分陀利地狱、未曾有地狱、永无地狱、愚惑地狱、缩聚地狱、刀山地狱、汤火地狱、火山地狱、<u>灰河地狱</u>、荆棘地狱、沸屎地狱、剑树地狱、热铁丸地狱。如是比十六隔子，不可称量，使彼众生，生地狱中。"失名人名今附秦录《大乘悲分陀利经》卷5《大师立愿品》："为一切善知识所弃，为一切慧人所讥；为三界烦恼驶水所漂，没在生死<u>灰河</u>烧煮。"隋阇那崛多等译《起世经》卷3《地狱品》："诸比丘，时彼灰河，流注漂疾，波浪腾涌，其声吼震，灰水沸溢，弥盈两岸。罪人入已，随流出没，灰河之底，悉是铁刺，其锋纤利，皆若新磨。于河两岸，复有刀林，森竦稠密，极可怖畏。刀林之中，复有诸狗，其形烟黑，皮毛垢污，又甚可畏。岸上复有众多狱卒，守彼地狱。又其两岸，别生无量，奢摩罗树，其树多刺，并皆纤长，其锋若磨。尔时，地狱诸众生等，既入河中，欲趣彼岸。当于是时，便为大波，之所沦没，遂至河底，即为河中，所有铁刺，仰刺其身，举体周遍，不得移动，罪人在中，受大重苦，受严毒苦；受之既久，方得浮出，从沸<u>灰河</u>，渡至彼岸。"→【阿鼻地狱】【（如）釜地狱】

【徽缠/ゆはひづな】 格义 捆绑罪人的绳索。亦比喻束缚，牵累。《日本书纪》卷14《雄略纪》十三年九月条："天皇闻是歌，反生悔惜，喟然颜叹曰：'几失人哉！'乃以敕使，乘于甲斐黑驹驰，诣刑所止而赦之，用解<u>徽缠</u>。"（第二册，p.194）《说文》："三股曰<u>徽</u>，两股曰<u>缠</u>。"（1）三国魏阮籍《猕猴赋》："婴<u>徽缠</u>以拘制兮，顾西山而长吟。"唐骆宾王《〈在狱咏蝉〉序》："仆失路艰虞，遭时<u>徽缠</u>，不哀伤而自怨，未摇落而先衰。"（2）唐实叉难陀译《大方广佛华严经》卷62《入法界品》："贪爱为徽纆，诇诳为謷勒。疑惑蔽其眼，趣入诸邪道。"唐李通玄撰《新华严经论》卷33：
"贪爱为**徽纆**者，前因贪起恚，此因贪起爱，以自缠缚。**徽纆**者，<u>执缚罪人之绳</u>。"

【回此功德/このくどくをめぐらす】 四字 将这一功德回向给他人。《奈良朝写
经67·华严八会刚目章》："**回此功德**施法界，皆愿当得寂静乐。"（p. 417）姚秦筏提摩
多译《释摩诃衍论》卷10："诸佛甚深广大义，我今随分总特说。**回此功德**如法性，普
利一切众生界。"梁宝亮等集《大般涅槃经集解》卷41《梵行品》："三界天因，我今
具之，无地狱等苦，世天无常。**回此功德**，以求义天，永离生死，何有生死之畏？"唐
道世撰《法苑珠林》卷63："其诵咒者，于一切众生，起慈悲心，劝请一切，诸佛菩
萨，怜愍加护，**回此功德**，分施诸龙。"

【回烧/めぐりやく】 自创 大火沿原路烧回来。大火又烧回来。《古事记》上卷
《大国主神》："亦鸣镝射入大野之中，令采其矢。故入其野时，即以火**回烧**其野。"
（p. 82）

【回头/かうべをめぐらす】 述宾 向后转头，回过脸来。《日本灵异记》下卷
《灾与善表相先现而后其灾善答被缘第38》："爱景戒闻之，**回头**而睇乞人者，有纪伊国
名草郡部内楠见粟村之沙弥镜日也。"（p. 371）（1）后汉安世高译《婆罗门子命终爱念
不离经》卷1："于是彼婆罗门，作是念：'此诸戏人，语与我等。'**回头**已即便去。"
隋阇那崛多译《佛本行集经》卷18《剃发染衣品》："其乾陟马，数数**回头**，观看菩
萨，作声鸣唤，逐车匿后，泪下而行。"《敦煌变文·伍子胥变文》："哽咽声嘶，由如
四鸟分飞，状若三荆离别；遂别渔人南行，眷恋之情，悲伤不已。**回头**遥望，忽见渔人
覆船而死。"（2）《文选》卷25陆士龙《答张士然》："欢旧难假合，风土岂虚亲。感
念桑梓城，仿佛眼中人。（魏文帝诗曰：'**回头**四向望，眼中无故人。'）"《晋诗》卷13
《子夜歌42首》："初时非不密，其后日不如。**回头**批栌脱，转觉薄志疏。"晋刘琨《胡
姬年十五》诗："**回头**堪百万，价重为时年。"

【回邪归正/よこしまなることをかへして、ただしきことによる】 四字 犹言
"改邪归正""回邪趣正""回邪入正"。《奈良朝写经45·说一切有部俱舍论卷第21》：
"凭斯胜因，断无明暗，得智慧眼。披卷闻名，**回邪归正**；超过三界，游历宝
□［刹］。"（p. 292）梁慧皎撰《高僧传》卷7："什亡后乃南适荆州，州将司马休之甚
相敬重。于彼立高悝寺，使夫荆楚之民，**回邪归正**者，十有其半。"

【回邪趣正/よこしまなることをかへして、ただしきことにおもむく】 自创 犹
言"改邪归正"。改正错误，朝着正确的方向努力。《日本灵异记》上卷《非理夺他物
为恶行受恶报示奇事缘第30》："广国奉为其父，造佛写经，供养三宝，报父之恩，赎
所受罪。自此以后，**回邪趣正**。"（p. 126）唐法藏述《华严经探玄记》卷2："又有经
本作趣者，谓因趣果故，及<u>离**邪趣正**</u>故，十照理断疑超度惑染。"唐澄观撰《大方广佛

华严经疏》卷53《离世间品》："一明进趣所安，即从苦行所向于道树，显舍邪趣正故，因圆趣果故，行行后边故，十句可知。"唐一行记《大毘庐遮那成佛经疏》卷17《阿阇梨真实智品》："复次乐著妙事业，故名苏啰多也。又以弃邪趣正义故，名苏罗哆也。"

【回邪入正／よこしまなることをかへして、ただしきことにいる】 四字 犹言"改邪归正"。不再做坏事，走上正路。《日本灵异记》上卷《恶人逼乞食僧而现得恶报缘第15》："二子勤重拜敬，请救父厄。其师乃徐行，诵《观音品》初段竟，即得解脱。然后乃发信心，回邪入正也。"（p.96）姚秦鸠摩罗什译《大庄严论经》卷2："善导我心意，回邪入正道，示我善恶相，令得于解脱。"梁真谛译《大乘起信论》卷1智恺《序》："时有一高德沙门，名曰马鸣，深契大乘穷尽法性，大悲内融随机应现，愍物长迷故作斯论，盛隆三宝重兴佛日，起信未久回邪入正，使大乘正典复显于时，缘起深理更彰于后代，迷群异见者舍执而归依，暗类偏情之党弃著而臻凑。"隋阇那崛多译《佛本行集经》卷7《俯降王宫品》："又复菩萨兜率下时，右胁入胎，自余众生，从产门入。佛得成道，为诸众生，说清净法，回邪入正，此是于先，示现瑞相。"按：《日本灵异记》上卷《序》："不升贪善之至，慓示滥竽之业。后生贤者，幸勿嗤嗤焉。祈览奇记者，却邪入正。诸恶莫作，诸善奉行。"例中"却邪入正"，在中国文献中未见，疑似自创搭配。

【回心向大／こころをめぐらして、おほきなることにおもむく】 四字 亦称"回小向大"，即把本来的小乘心回转过来以趋向于大乘的佛道。《日本灵异记》下卷《灾与善表相先现而后其灾善答被缘第38》："我受身唯有五尺余者，五尺者五趣因果也。余者不定种性，回心向大也。"（p.369）唐窥基撰《瑜伽师地论略纂》卷16："初是本三乘种性人，一人身中，有三乘种性故。二方便不定，前解已圣道已然。始回心向大等入方便，故不定名方便不定也。"唐慧沼撰《成唯识论了义灯》卷6："二乘圣者回心向大，岂可不起无漏智耶？回心已前既名菩萨，所起无漏何非此根。"唐迦才撰《净土论》卷2："信有十方诸佛及以净土，发愿回向，始得往生。若悟果竟，佛为说《法华经》，并回心向大也。"

【悔过／けか】 格义 （18例） 巴利语 paṭideseti，认错，忏悔。《日本书纪》卷24《皇极纪》元年七月条："苏我大臣报曰：'可于寺寺转读大乘经典。悔过如佛所说，敬而祈雨。'"（第三册，p.62）又卷29《天武纪下》朱鸟元年六月条："丁亥，敕之遣百官人等于川原寺为燃灯供养，仍大斋之悔过也。"（第三册，p.462）又朱鸟元年七月条："是日，僧正僧都等参赴宫中而悔过矣。"（第三册，p.462）《日本灵异记》上卷《僧忆持〈心经〉得现报示奇事缘第14》："僧以惊悚，明日悔过，周告大众。"（p.95）又《忆持〈法华经〉现报示奇异表缘第18》："年八岁以前，诵持《法华经》，竟唯一字不得存。至于二十有余岁，犹难得持。因观音以悔过。"（p.101）又中卷《至诚心奉写〈法华经〉有验示异缘第6》："经长函短，纳经不得。檀越大悔，又访无由。故发誓愿，依经作法，屈请众僧，限三七日**悔过**。"（p. 161）又："檀越增加精进**悔过**，历三七日纳，乃得纳。"（p. 161）又《骂僧与邪淫得恶病而死缘第 11》："奉仕十一面观音**悔过**。"（p. 177）又："一日一夜，受八斋戒，参行**悔过**，居于众中。夫从外归家，而见无妻。问家人，答曰：'参往**悔过**。'闻之，瞋怒，即往唤妻。"（p. 178）《续日本纪》卷 8《元正纪》养老四年三月条："其中纵有**悔过**还本贯者，缘其家业散失，无由存济。望请逃经六年以上，能**悔过**归者，给复一年，继其产。"（第二册，p. 70）又卷 16《圣武纪》天平十七年九月条："又令京师、畿内诸寺及诸名山、净处行药师**悔过**之法。"（第三册，p. 16）又卷 17《圣武纪》天平胜宝元年正月条："始从元日七七之内，令天下诸寺**悔过**，转读《金光明经》。又禁断天下杀生。"（第三册，p. 60）又卷 20《孝谦纪》："维天平胜宝九岁，岁次丁酉夏五月八日者，是陛下奉为太上天皇周忌，设斋**悔过**之终日也。"（第三册，p. 222）又卷 22《淳仁纪》天平宝字三年五月条："先是，僧善神殉心以纵奸恶。僧专住极口而詈宿德。并摈佐渡，令其**悔过**。而戾性不悛，丑声滋彰。至是，还俗从之差科。"（第三册，p. 312）天平宝字三年六月条："伏见天下诸寺，每年正月**悔过**，稍乖圣愿，终非功德。"（第三册，p. 322）又卷 31《光仁纪》宝龟元年十月条："丙辰，僧纲言：'奉去天平宝字八年敕，逆党之徒，于山林寺院，私聚一僧以上，读经**悔过**者，僧纲固加禁制。'"（第四册，p. 320）后汉竺大力、康孟详合译《修行本起经》卷 2《出家品》："魔王败绩怅失利，惛迷却踞前画地，其子又晓心乃寤，即时自归前**悔过**。"东晋佛驮跋陀罗译《大方广佛华严经》卷 16《金刚幢菩萨十回向品》："菩萨即时，敬礼**悔过**，爱言慰谕，屈辱远来，得无疲倦，处令安隐，供给所须。"姚秦鸠摩罗什译《妙法莲华经》卷 4《五百弟子受记品》："尔时，五百阿罗汉于佛前得受记已，欢喜踊跃，即从座起，到于佛前，头面礼足，**悔过**自责。"按："悔过"一词，最早见于中土文献，表示悔改过错。《孟子·万章上》："太甲悔过，自怨自艾。"汉译佛经中的"悔过"，指为减轻或消除罪业而于佛、僧之前，自述所犯身口意等三业之忏悔仪式。→【大斋（之）悔過】【改心悔過】【精进悔過】【礼仏悔過】【摄心悔過】

【悔過畢/けかしをはる】 完成 忏悔罪过（的仪式）结束。《日本灵异记》上卷《信敬三宝得现报缘第 5》："皇太子言：'速还家，除作佛处。我**悔过毕**，还宫作佛。'"（p. 76）吴康僧会译《六度集经》卷 1："释闻圣趣，因却叩头曰：'实无布施，慈济众生，远福受祸，入太山狱者也。子德动乾坤，惧夺吾位，故示地狱以惑子志耳。愚欺圣人，原其重尤。'既**悔过毕**，稽首而退。"→【誓畢】【写畢】【言畢】【造畢】

【悔過七日/けかすることなぬかなり】 时段 （2 例） 举办七天的悔过仪式。在日本，举行忏悔依据所信奉的佛菩萨而有药师悔过、吉祥悔过、阿弥陀佛悔过等不同的仪式。《续日本纪》卷 15《圣武纪》天平十六年十二月条："壬辰，令天下诸国，药师**悔过七日**。"（第二册，p. 450）又卷 17《孝谦纪》天平胜宝元年十二月条："即于宫南

535

梨原宫造新殿，以为神宫。请僧四十口，**悔过七日**。"（第三册，p. 96）→【吉祥悔過】
【吉祥天悔過】

【悔過七日七夜/けかすることなぬかなななよなり】 多音 七天七夜忏悔罪过。
《续日本纪》卷 13《圣武纪》天平十一年七月条："甲辰，诏曰：'方今孟秋，苗子圣
秀。欲令风雨调和，年谷成熟。宜令天下诸寺转读无故成熟经，并**悔过七日七夜**焉。'"
（第二册，p. 354）隋智顗说、灌顶记《菩萨戒义疏》卷 1："有沙门道进，求忏受菩萨
戒，忏不许且令**悔过**。**七日七夜**竟诣忏求受，忏大怒不答。进自念：'正是我障业未消
耳。'复更竭诚礼忏首尾三年。进梦见释迦文佛授已戒法，明日诣忏欲说所梦，未至数
十步忏惊起唱：'善哉！已感戒矣。我当为汝作证。'次第于佛像前更说戒相。"该记录
亦见于隋智顗说、灌顶记《梵网菩萨戒经义疏》卷 1。

【悔過自首/あやまちをくいてじしゆす】 四字 忏悔罪过，承认罪责。《续日本
纪》卷 5《元明纪》和铜四年十月条："凡私铸钱者斩，从者没官，家口皆流。五保知
而不告者与同罪。不知情者减五等罪之。其钱虽用，**悔过自首**，减罪一等。或未用自首
免罪。"（第一册，p. 174）后晋可洪撰《新集藏经音义随函录》卷 28："自首：音兽。
自首前非谓悔过也。"西晋竺法护译《佛五百弟子自说本起经》卷 1《货提品》："亲属
闻是言，悉共愁忧念，皆会诸道人，对**悔过自首**。归命诸道人，**悔过自首**已，请五百道
人，供养以饭食。重**悔过自首**，归命众道人，供养饭食已，心自发愿言。"又《佛说文
殊悔过经》卷 1："吾今皆从，十方诸佛，世尊光耀，**悔过自首**，不敢覆蔽，令除其殃，
改往修来，从今已后，不敢复犯。"梁宝唱等集《经律异相》卷 5："四十人闻是，自相
谓言：'法王尚尔，况于吾等，当不受罪乎？'**悔过自首**，入平等慧。"

【悔過自新/あやまちをくいてみづからあらたにす】 四字 忏悔罪过，重新做
人。《续日本纪》卷 23《淳仁纪》天平宝字五年八月条："虽有周公之才。朕不足观
也。自今已后，更亦莫任。还却田园，令勤耕作。若有**悔过自新**，必加褒赏。迷涂不
返，永须贬黜。普告遐迩，教喻众诸。"（第三册，p. 384）吴康僧会译《六度集经》卷
4："阿群**悔过自新**，依树为居，日存四偈，命终神迁，为王太子，纳妻不男。"该例在
梁宝唱等集《经律异相》卷 10 中亦见辑录。梁僧佑撰《弘明集》卷 1："持五戒者，一
月六斋，斋之日专心一意，**悔过自新**。"唐玄奘撰《大唐西域记》卷 9："其后重往佛
所，如来方便摄化，罗者闻法，**悔过自新**，舍家修学，便证圣果。因名所建，为鸽
伽蓝。"

【悔惜/あたらしぶ】 并列 后悔可惜。"惜"，谓过分爱惜而不愿割舍，导致无施
与他人之心。《日本书纪》卷 14《雄略纪》十三年九月条："天皇闻是歌，反生**悔惜**，
喟然颓叹曰：'几失人哉！'乃以赦使，乘于甲斐黑驹驰，诣刑所止而赦之，用解徽
缠。"（第二册，p. 194）后汉安世高译《佛说鬼问目连经》卷 1："目连答言：'汝为人
时，布施作福，还复**悔惜**，今受花报，果在地狱。'"后秦罗什译《大宝积经》卷 79：

"目连，我于尔时，心无悔惜，不愁不没。"刘宋求那跋摩译《菩萨善戒经》卷4："出家学道，受解脱戒，放舍五欲，如弃涕唾，不念不求，不生**悔惜**，乃至天上五欲之乐，亦复如是。"按：《汉语大词典》失收。

【**悔先罪**/さきのよのつみをくゆ】 三字 　对前世罪过（前罪）进行忏悔。《日本灵异记》上卷《偷用子物作牛役之示异表缘第10》："大和国添上郡山村中里，昔有云椋家长公，当十二月，依《方广经》欲**忏先罪**。"（p.87）高齐那连提耶舍译《月灯三昧经》卷9："其王虽复**忏先**①**罪**，而不得免昔所作。造斯如是恶业已，死后当堕阿鼻狱。"梁诸大法师集撰《慈悲道场忏法》卷5："愿以佛力法力大地菩萨力一切贤圣力，令（某甲）等父母亲缘于六道中有怨对者，各及眷属，皆悉同时，集此道场，共**忏先罪**，解诸怨结。"梁慧皎撰《高僧传》卷13："见一道人云：'是其前世师，为其说法，训诲令出家，往丹阳会稽吴郡觅阿育王塔像，礼拜悔过以**忏先罪**。'"

【**毁仏尊像**/ほとけのたふときみかたをこほつ】 自创 （2例）　毁坏尊贵的佛像。《续日本纪》卷17《圣武纪》天平胜宝元年闰五月条："但杀其父母及**毁佛尊像**者，不在此例。"（第三册，p.80）又卷19《孝谦纪》天平胜宝五年三月条："但杀其父母、**毁佛尊像**及强盗、窃盗，不在此例。"（第三册，p.130）姚秦鸠摩罗什译《大智度论》卷8《序品》："若有人先世破他身，截其头，斩其手足，破种种身分；或破坏佛像，**毁佛像**鼻，及诸贤圣形像；或破父母形像。以是罪故，受形多不具足。"隋瞿昙法智译《佛为首迦长者说业报差别经》卷1："六者，退菩提心，**毁佛**形像；七者，于己父母，及贤圣所，无心奉侍；八者，劝人修习，少威德业；九者，障他修行，大威德业；十者，见少威德者，心生轻贱。以是十业，得少威势报。"唐玄奘撰《大唐西域记》卷8："宰臣受旨，惧而叹曰：'**毁佛像**则历劫招殃，违王命乃丧身灭族，进退若此，何所宜行。'"

【**会集**/あひつどふ】 并列 （12例）　集会，聚会。《万叶集》卷6第962首歌注："此日**会集**众诸，相诱驿使葛井连广成，言须作歌词。"（第二册，p.130）又卷16第3808首歌注："是**会集**之中有鄙人夫妇。其妇容姿端正秀于众诸。乃彼鄙人之意，弥增爱妻之情，而作斯歌，赞叹美貌也。"（第四册，p.332）又卷19第4230首歌注："右一首，三日**会集**介内藏忌寸绳麻吕之馆宴乐时，大伴宿祢家持作之。"（p.339）又第4238首歌题："二月二日**会集**于守馆宴作歌一首"（第四册，p.339）《日本书纪》卷22《推古纪》十四年四月条："于是**会集**人众，不可胜数。自是年初，每寺四月八日、七月十五日设斋。"（第二册，p.552）又卷29《天武纪下》十三年闰四月条："男女并衣服者，有襕无襕及结纽、长纽，任意服之。其**会集**之日，著襕衣而长纽。唯男子者，有圭冠冠而著括绪袴。"（第三册，p.436）《常陆国风土记·行方郡》条："杜中寒泉，谓

---

①　"先"，在宋本、宫本、圣本作"无"。

之大井。缘郡男女，**会集**汲饮。”（p.374）又《香岛郡》条：“清浊得纠，天地草昧已前，诸祖天神，**会集**八百万神于高天之原时，诸祖神告云：‘今我御孙命，光宅丰苇原水穗之国。’”（p.388）又《那贺郡》条：“缘泉所居村落妇女，夏月**会集**，浣布曝干。”（p.406）又《久慈郡》条：“夏暑之时，远迩乡里，酒肴赍赍，男女**会集**，休游饮乐。”（p.414）《续日本纪》卷2《文武纪》大宝二年四月条：“夏四月庚子，禁祭贺茂神日，徒众**会集**，执仗骑射。唯当国之人不在禁限。”（第一册，p.54）又卷15《圣武纪》天平十六年十一月条：“十一月壬申，甲贺寺始建卢舍那佛像体骨柱。天皇亲临手引其绳，于时种种乐共作。四大寺众僧**会集**。儵施各有差。”（第二册，p.448）又卷16《圣武纪》天平十七年五月条：“时诸寺众僧率净人、童子等，争来**会集**。百姓亦尽出，里无居人。”（第三册，p.10）（1）西晋竺法护译《贤劫经》卷1：“尔时喜王菩萨，睹众**会集**，即从坐起，更正衣服，长跪叉手，白佛：‘愿有所问听乃敢宣陈。’”姚秦竺佛念译《最胜问菩萨十住除垢断结经》卷1：“尔时世尊，观众来**会，集**坐已定，告四部众：‘汝等见此，执志菩萨乎？’”（2）《后汉书》卷87《西羌传》：“太守寇盱与战于白石，迷唐不利，引还大、小榆谷，北招属国诸胡，**会集**附落，种众炽盛，张纡不能讨。”（p.2883）《魏书》卷33《公孙瓒传》：“巨鹿太守祖季真，多识北方人物，每云：‘士大夫当须好婚亲，二公孙同堂兄弟耳，吉凶**会集**，便有士庶之异。’”（p.786）按：上引例文中，（1）的意思为聚集，聚在一起；（2）的意思为汇合，汇集，且用以抽象义。由此可知，《万叶集》中“会集”的用法出自佛典。

【**会集於**~／~にあひつどふ】 于字 （2例） 一起聚集在某处。《万叶集》卷19第4238首歌题：“二月二日，**会集于**守馆宴作歌一首。”（第四册，p.339）《日本书纪》卷30《持统纪》三年八月条：“秋八月辛巳朔壬午，百官**会集于**神祇官，而奉宣天神地祇之事。”（第三册，p.496）（1）高丽义天集《圆宗文类》卷22：“如是众愿金谐，年约两**会，集于**陵寝北寺，转读于百编真筌。伏愿先王月耀金姿，云承玉趾，纵赏于喜园春色，娱怀于灵岫梵音。设使西空芥城，东没蓬岛，妙缘无坠。仰天上之尊良，良会不亏，传日边之盛事。宜空圣众，照达斯诚。”（2）《东周列国志》第45回：“先且居诸将**会集于**东崤之下，将三帅及褒蛮子，上了囚车。”

【**诲曰**：“~”／をしへてのたまはく~】 说词 （3例） 教诲道：“……”；告诉说：“……”。《日本书纪》卷5《崇神纪》七年八月条：“昨夜梦之有一贵人，**诲曰**：‘以大田田根子命为祭大物主大神之主，亦以市矶长尾市为祭倭大国魂神主，必天下太平矣。’”（第一册，p.272）又卷8《仲哀纪》八年九月条：“秋九月乙亥朔己卯，诏群臣以议讨熊袭。时有神托皇后而**诲曰**：‘天皇何忧熊袭之不服。是脊宍之空国也。岂足举兵伐乎？’”（第一册，p.410）又卷23《舒明纪》即位前纪条：“时大臣愠之，遣身狭君胜牛、锦织首赤猪而**诲曰**：‘吾知汝言之非，以干支之义，不得害。’”（第三册，p.32）（1）唐玄奘译《阿毗达磨俱舍论》卷30《破执我品》：“王言：‘宫内此树既无，宁可答言果味甘酢?’大德**诲曰**:‘命者亦无,如何可言与身一异?’”唐义净译《根本说一切有部苾刍尼毗奈耶》卷1:“其父告曰:‘迦摄波,汝今知不?年既长成,宜遵婚礼。’答曰:‘世间欲乐,非我所愿。’父又**诲曰**:‘夫为人子,须绍家业,敬事祖祢,无令绝嗣。’”(2)《唐语林》卷1《德行》:“主既行,每进见,上常**诲曰**:‘无轻待夫,无干预时事。’”《全唐文》卷663白居易《徐登授醴泉令制》:“昔子路理蒲,仲尼**诲曰**:‘爱而恕,可以容困;温而断,可以抑奸。’”→【亲诲曰:“~”】【有诲曰:“~”】

【**诲曰之:“~”云而** ~/をしへていはく ~といひて~】 [自创] 教诲道:“……”;告诉说:“……”。《古事记》上卷《日子穗穗手见命与鹈葺草葺不合命》:“于是,探赤海鲫鱼之喉者,有钩。即取出而清洗,奉火远理命之时,其棉津见大神**诲曰之**:‘以此钩给其兄时,言状者:此钩者,淤烦钩、须须钩、贫钩、宇流钩。’**云而**。于后手赐。”(p.130)

【**秽臭**/けがらはし】 [并列] (3例) 污秽恶臭。《常陆国风土记·九慈郡》条:“遣片冈大连,敬祭祈曰:‘今所坐此处,百姓近家,朝夕**秽臭**。理不合坐。宜避移,可镇高山之净境。’”(p.412)《续日本纪》卷3《文武纪》庆云三年二月条:“又如闻:‘京城内外多有**秽臭**。良由所司不存检察。’”(第一册,p.102)又卷9《圣武纪》神龟二年七月条:“戊戌,诏七道诸国,除冤祈祥,必凭幽冥,敬神尊佛,清净为先。今闻诸国神只社内,多有**秽臭**,及放杂畜。”(第二册,p.160)西晋竺法护译《贤劫经》卷3:“食膳极妙,于口甘美,而无**秽臭**,是曰一心报。”姚秦竺佛念译《出曜经》卷9《戒品》:“然此黑衣小儿,年在七八未离乳哺,身体**秽臭**故存,然更待敬过重,迎逆承事。用何等故?”梁宝唱等集《经律异相》卷22:“然此黑衣小儿,年在七八,未离乳哺,身体**秽臭**,待敬过重。”按:《汉语大词典》所引《林则徐日记·道光二十二年十一月朔日》:“仅一旅店,**秽臭**殊甚,不得已仍赴军台之厢屋住焉。”从佛典两例可知,“净秽”指又脏又臭的膳食和体臭。归根结底,它们都是佛教“不净观”的不同体现。

【**秽地**/きたなきくに】 [偏正] 污秽之地。《日本灵异记》下卷《被观音木像之助脱王难缘第7》:“彼奉作敬供观音木像,呵啧而言:‘咄!汝何居此**秽地**哉?’举足从项蹂通,而为行腾。”(p.278)姚秦竺佛念译《出曜经》卷18《杂品》:“爱欲意为田者,犹如荒田**秽地**不数修治,菅草竟生伤害良苗,谷子不滋时不丰熟,人染著爱欲亦如是,是故说,爱欲意为田也。”唐佛陀波利译《佛说长寿灭罪护诸童子陀罗尼经》卷1:“二者初产令血**秽地**,地神不居,恶鬼得便。”

【**秽恶**/けがれ】 [并列] (2例) 邪恶;污浊。《日本书纪》卷1《神代纪上》:“故欲濯除其**秽恶**,乃往见粟门及速吸名门。然此二门,潮既太急。故还向于橘之小门而抚濯也。”(第一册,p.56)又卷25《孝德纪》大化二年三月条:“又诸国造违诏送财于己国司,遂俱求利,恒怀**秽恶**。”(第三册,p.144)(1)吴支谦译《须摩提女经》卷1:“所谓论者,戒论、施论、生天之论,欲不净想、漏为**秽恶**,出家为要。”吴康僧会译《六度集经》卷7："禅度无极者云何？端其心，壹其意，合会众善，内著心中，意诸**秽恶**，以善消之。"姚秦鸠摩罗什译《妙法莲华经》卷3《授记品》："国界严饰，无诸**秽恶**、瓦砾荆棘，便利不净。其土平正，无有高下，坑坎堆阜。"（2）《搜神记》卷12："若有**秽恶**及其所止者，则有虎通夕来守，人不去，便伤害人。"按：《汉语大词典》首引晋袁宏《后汉纪·灵帝纪上》："夏侯氏便于座中攘臂大呼，数元艾隐匿**秽恶**十五事，曰：'吾早欲弃卿去，而情所未忍耳，今反黜我！'遂越席而去。"稍晚。

【秽邪/きたなきあし】 并列 污秽邪恶。《古事记》下卷《履中记》："尔天皇令诏：'吾疑汝命若与墨江中王同心乎，故不相言。'答白：'仆者，无**秽邪**心，亦不同墨江中王。'"（p.310）唐慧沼撰《劝发菩提心集》卷3："七遂求戒者，略有八种，谓诸菩萨，自谛思惟。如我惜求，勿彼于我，现行断命，不与而取，**秽邪**虚妄，离间粗恶绮语，手块杖等，诸非爱触，加害于我。于他亦然。"宋知礼述《观音义疏记》卷4："观音深智，游于娑婆，岂容独应，同居**秽邪**？"按：《汉语大词典》失收。上引例中，佛典例表示需要通过修炼戒除的八种想法、言辞和行为。《履中记》借指作为臣民理应臣服而无大逆不道的反叛之心。

【秽衣/けがたるころも】 偏正 污秽的衣服。《日本灵异记》上卷《圣德皇太子示异表缘第4》："有臣白曰：'触于贱人而**秽衣**，何乏更著之？'"（p.69）密教部《大日如来剑印》卷1："二者久持诵人，身心清净，忽然不觉，悟被触秽，或食著秽食，或著**秽衣**，或秽触陵突。自觉身心，不安之时，当须速以灰水摩，洗一金银器，或白瓷器，取少许新汲水，以军荼唎真言，加持七遍，或二十一遍，或一百八遍，然饮之。应时即定，如汤泼雪。此真言名解触秽。"按：《汉语大词典》失收。

【慧船/さとりのふね】 偏正 智慧之舟，形容乘坐此舟可以到达彼岸。《日本灵异记》上卷《缔知识为四恩作绘佛像有验示奇表缘第35》："法幢高竖而，蟠足遂八方。**慧船**轻泛，而帆影扇九天。"（p.135）后汉安世高译《佛说阿难问事佛吉凶经》卷1："愿使一切人，得服甘露浆，**慧船**到彼岸，法磬倡三千。"乞伏秦法坚译《佛说阿难分别经》卷1："**慧船**到彼岸，法磬引大千，彼我无有二，愿发无上真。"北凉昙无谶译《佛所行赞》卷4《庵摩罗女见佛品》："以乘智**慧船**，广济于众生，缘斯德力故，济河不凭舟。"按：汉译佛经中，"慧船"，亦作"慧舟"。唐道宣撰《广弘明集》卷20萧纲《上大法颂表》："伏惟陛下，天上天下，妙觉之理独圆；三千大千，无缘之慈普被。**慧舟**匪隔，法力无垠，躬纡尊极，降宣至理，泽雨无偏，心田受润。"唐玄觉撰《禅宗永嘉集》卷1："智灯了了，何惑雾而不祛？乖之则六趣循环，会之则三途迥出。如是则何不乘**慧舟**，而游法海？"→【定影～慧舟～】

【慧筏/えばつ】 偏正 智慧的伐木。比喻佛法能将众生从此岸转送到彼岸。《奈良朝写经52·大唐内典录卷第10》："自兹以降，归仰寔繁，可谓觉迷之逸轨，拯溺之**慧筏**者也。"（p.312）唐崔致远撰《唐大荐福寺故寺主翻经大德法藏和尚传》卷1：

"爱标十观，用契四禅。普断烦恼，遐祛盖缠。心源鉴彻，法镜澄悬。**慧筏**周运，慈灯永传。"该例亦见于高丽义天集《圆宗文类》卷22。

【**慧炬**/えこ】 [偏正] 智慧的火炬。智慧能照破无明之暗，使众生知晓道途之险难，而以灯炬为喻，故称。《奈良朝写经38·大般若经卷第591》："盖闻：无二法门，悬智镜而圆满；非一戒筏，扬**慧炬**以均照。权实神机，邈绝名言之域，方便秀术，颐翳有无之间。感而遂通，枳无不应。"（p.253）唐慧琳撰《一切经音义》卷21："法**炬**：炬，渠与反。《说文》曰：炬，谓束薪而灼之，谓大**烛**也。《珠丛》曰：苣，谓莒苣，束草爇火以照之也。苣即古之炬字。苣音居吕反。"姚秦鸠摩罗什译《妙法莲华经》卷7《妙音菩萨品》："**慧炬**三昧、庄严王三昧、净光明三昧、净藏三昧、不共三昧、日旋三昧，得如是等，百千万亿，恒河沙等，诸大三昧。"西秦圣坚译《佛说罗摩伽经》卷2："又愿众生，超生死流，**慧炬**炎炽，破无明暗，烧五阴村，度死生泽。"北凉昙无谶译《大般涅槃经》卷21《光明遍照高贵德王菩萨品》："汝于佛性犹未明了，我有**慧炬**能为照明。"→【戒香～慧炬～】

【**慧日**/えにち】 [偏正]（2例） 以日光比喻佛之智慧，它普照众生，能破无明生死痴暗。与"慧光""慧照"等同义。《奈良朝写经31·别译杂阿含经卷第10》："次愿七世父母、六亲眷属，契会真如，驰紫舆于极乐；熏修**慧日**，沐甘露于德池。"（p.232）《奈良朝写经66·大般若经卷第176》："若夫法海渊旷，譬彼沧波；**慧日**高明，等斯灵曜。"（p.403）东晋佛驮跋陀罗译《大方广佛华严经》卷8《菩萨云集妙胜殿上说偈品》："**慧日**照十方，减除众暗冥，亦非有所照，亦复非无照。"姚秦鸠摩罗什译《妙法莲华经》卷7《观世音菩萨普门品》："无垢清净光，**慧日**破诸暗，能伏灾风火，普明照世间。"唐义净译《金光明最胜王经》卷2《梦见金鼓忏悔品》："身色金光净无垢，目如清净绀琉璃；吉祥威德名称尊，大悲**慧日**除众暗。"

【**慧业**/えごう】 [偏正]（2例） 指由智慧所引发的行为，达于空理而做的诸种善事。《奈良朝写经19·灌顶随愿往生经》："崇**慧业**以致真如，积芳因而成圣果。"（p.129）《奈良朝写经71·十诵律卷第17》："非有能仁，谁明正法。惟朕仰止，给修**慧业**。"（p.425）西晋竺法护译《度世品经》卷5："所谓**慧业**：奉修要行，常欲舍家，虽游三界，乐于寂静。自察己心，不随恶念，消去三恶，身口意事，心观究竟，自然之事，净己彼心。"姚秦鸠摩罗什译《维摩诘所说经》卷1《菩萨品》："知一切法，不取不舍，入一相门，起于**慧业**。"

【**慧苑**～禅林～/えおん～ぜんりん～】 [对偶] "慧苑"，指寺院，传授佛教智慧的园林。"禅林"，指寺院，僧徒聚居森林。《续日本纪》卷21《淳仁纪》天平宝字二年八月条："（光明子）既而游神**慧苑**，体三空之玄宗，降迹**禅林**，开一真之妙觉。大慈至深，建药院而普济，弘愿潜运，设悲田而广救。"（第三册，p.270）唐道宣撰《续高僧传》卷24："皇帝受禅，抚育万方，欲使王道惟清，法海无秽。公策名奉节，许道亡身。除甘蔗之灾，拔空腹之树。使**禅林**郁映，**慧苑**扶疏，茂实嘉声，振于邦国。"《全唐文》卷903法琳《致杜正伦书》："公策名奉节，许道亡身，除甘蔗之灾，拔空腹之树。使**禅林**郁映，**慧苑**扶疏，茂实家声，震于邦国。"唐彦琮撰《唐护法沙门法琳别传》卷2："散诞白云之际，优游青松之下。朝窥**慧苑**暮宿**禅林**，送此残年放情物外。"按：《汉语大词典》失收。→【禅林～慧苑～】【鹿苑～龍宫～】

【**慧舟**/えしゅう】 偏正 犹言"慧船"。智慧之舟，形容乘坐此舟可以到达彼岸。《续日本纪》卷20《孝谦纪》天平宝字元年十一月条："伏愿先帝陛下，熏此芳因，恒荫禅林之定影，翼兹妙福，速乘智海之**慧舟**，终生莲花之宝刹，自契等觉之真如。"（第三册，p.236）唐义净撰《南海寄归内法传》卷1："泛**慧舟**而提六象，虽复亲承匠旨备捡玄宗，然非浚发于巧心，终恐受嗤于慧目云尔。"唐道宣撰《广弘明集》卷20萧纲《上大法颂表》："伏惟陛下，天上天下，妙觉之理独圆；三千大千，无缘之慈普被。**慧舟**匪隔法力无垠，躬纡尊极降宣至理，泽雨无偏心田受润。"唐玄觉撰《禅宗永嘉集》卷1："何惑雾而不祛，乖之则六趣循环，会之则三涂迥出。如是则何不乘**慧舟**，而游法海？而欲驾折轴于山谷者哉。"

【**昏衢**/くらきちまた】 偏正 昏暗的大路。《唐大和上东征传》："我大和上远向海东，自谓一生不获再觐，今日亲礼，诚如盲龟开目见日；戒灯重明，**昏衢**再（朗）。"（p.80）唐慧琳撰《一切经音义》卷32："衢巷：上具于反。《尔雅》云：四达谓之衢。郭注云：衢，谓交道四出也。顾野王案：《公羊传》云放于衢，路是也。《说文》：从行，瞿声也。"隋灌顶撰《观心论疏》卷1："而今诸师不取所诠之一道，共出生死**昏衢**法侣之亲。但执能诠种种之道共相，是非遂结重怨，何愚之甚。故偈云：'遂结未来怨也。'"唐法藏述《十二门论宗致义记》卷1："是故如来在世，曜般若于**昏衢**；上品之流，契玄津于累外。大师没后，异执纷纶，或趣邪途，或犇小径。"按：《汉语大词典》失收。

【**魂路**/ごんろ】 偏正 泉路，冥途。《奈良朝写经31·别译杂阿含经卷第10》："仰托慈悲，庶展哀感。奉为二亲**魂路**，敬写一切经一部。"（p.232）唐义净译《根本说一切有部毗奈耶杂事》卷38："王曰：'此之智马，能全我命。马今既死，欲何以报？'诸臣答言：'应为智马，于城四门，宜作非时，白莲华会，广行惠施，盛修福业，以资**魂路**。'王言：'甚善！宜时疾作。'"唐道宣撰《广弘明集》卷27："或为疾患危急县官牢狱，或亲亲崩亡祈福**魂路**，或生善灭罪始发信心，崇仰沙门在圣无别。"唐慧详撰《弘赞法华传》卷10："其人又起念：'我虽为父母，造成此坟。仍未为亡灵别修功德。'因即发愿，造《法华经》，以资**魂路**。"

【**活活**/いきよいきよ】 重叠 （3例） 地狱中将人折磨得死去活来时的吆喝声："活过来，活过来！"《日本灵异记》中卷《智者诽妒变化圣人而现至阎罗阙受地狱苦缘第7》："往前极热铁柱立之。使曰：'抱柱。'光就抱柱，肉皆销烂，唯骨璨存。历之三日，使以弊帚，抚于其柱而言：'**活活**。'如故身生……径之三日，如先抚柱而言：'**活活**！'如故更生……径之三日，叩地狱边，而言：'**活活**！'如本复生。"（p.168）失译人名今附后汉录《受十善戒经》卷1《十施报品》："八者，杀生之业生五死五活地狱之中，有五大山，五百亿刀轮在山顶，上有大水轮在刀轮上，罪人在中，身如华敷，卧寒冰上，五山刀轮从五方来，唱言：'**活活**！'分为五段，五死五活，碎身如尘。一日一夜，八万四千生、八万四千死，杀生之业，其事如是。"东佛陀跋陀罗译《佛说观佛三昧海经》卷5《观佛心品》："尔时空中，有诸铁鸟，口嘴吐火，从空中下，破头啄脑，罪人即死。命终之后，狱卒复以，铁叉打地，唤言：'**活活**！'应声即苏。"该文在《经律异相》卷50、《十八小地狱各有十八狱围绕阿鼻》中亦有辑录。唐道暹述《涅槃经疏私记》卷4："大论云狱卒唤之咄诸罪还活，故名'**活活**。'"唐澄观别行疏、密述随疏钞《华严经行愿品疏钞》卷4："狱主以刀剑，割为千段万段，受苦死已，又拨聚一处以铁叉。按云：'**活活**！'活罪人依前还活，又复治罚如是。"唐宗密述《圆觉经道场修证仪》卷6："复有饿鬼，来食其肉。复有饿狗，来饮其血。马头罗刹敲地言：'**活活**！'罪人即活。"

【**火不能害**/ひもそこなふことあたはじ】 四字 （2例） 大火不能伤害人的身体。《日本书纪》卷2《神代纪下》："故鹿苇津姬忿恨，乃作无户室，入居其内而誓之曰：'妾所娠，非天孙之胤，必当燋灭。如实天孙之胤，**火不能害**。'"（第一册，p.122）又："初火焰明时生儿火明命。次火炎盛时生儿火进命，又曰火酢芹命。次避火炎时生儿火折彦火火出见尊。凡此三子**火不能害**，及母亦无所少损。"（第一册，p.122）姚秦鸠摩罗什译《成实论》卷12《四无量定品》："问曰：'行慈三昧者，何故兵刃水**火不能害**耶？'答曰：'是善福深厚，诸恶不加，亦为诸天，所守护故。'"唐菩提流志译《一字佛顶轮王经》卷1《序品》："读诵受持，如是一字，佛顶轮王，大明咒者，所有一切，诸天世人，种种神鬼，悉无能害，作诸破坏。是人当得，一切安寿，无量福乐，行大慈悲，住不退地，无诸恼疾，**火不能害**，水不能溺，刀不横害，毒药毒蛇，亦不中害。"唐窥基撰《金刚般若经赞述》卷2："此之真理，水**火不能害**，风贼不能坏，有佛无佛，其性恒然，若说不说其义不改。"

【**火気如雲霞**/ほけくものごとく にして】 自创 火苗就像燃烧的云霞一般。《日本灵异记》中卷《智者诽妒变化圣人而现至阎罗阙受地狱苦缘第7》："又指北而往，甚热，**火气如云霞**。而从空飞鸟，当于热气，而落煎之。"（p.168）

【**火葬於**～／～にかそうす】 于字 （5例） 于某处火葬。《藤氏家传》下卷《武智麻吕传》："八月五日，**火葬于**佐保山。礼也。"（p.389）《续日本纪》卷1《文武纪》四年三月条："弟子等奉遗教，**火葬于**粟原。天下火葬从此而始也。"（第一册，p.26）又卷3《文武纪》大宝三年十二月条："癸酉，从四位上当麻真人智德率诸王、诸臣，奉谍太上天皇。谥曰大倭根子天之广野日女尊。是日，**火葬于**飞鸟冈。"（第一册，

p. 74）又庆云四年十一月条：“十一月丙午，从四位上当麻真人智德率诔人奉诔。谥曰倭根子丰祖父天皇。即日，**火葬于**飞鸟冈。”（第一册，p. 116）又卷19《孝谦纪》天平胜宝六年八月条：“八月丁卯，正四位下安宿王率诔人奉诔。谥曰千寻葛藤高知天宫姬之尊。是日，**火葬于**佐保山陵。”（第三册，p. 146）唐道宣撰《续高僧传》卷12：“至八年正月二十九日卒于寺房，春秋七十有八。幢盖道俗，相与奔随，乃**火葬于**，终南之阴。”按：下面的“火葬（某人）于（某处）”的句式，在中国文献中难觅文例。《续日本纪》又卷17《圣武纪》天平二十年四月条：“丁卯，敕天下悉素服。是日，**火葬**太上天皇**于**佐保山陵。”（第三册，p. 56）

【火宅/かたく】 比喻 比喻迷界众生所居住之三界。语出《法华经》火宅喻。众生生存于三界中，受各种迷惑之苦，然犹不自知其置身苦中，譬如屋宅燃烧，而宅中稚儿仍不知置身火宅，依然嬉乐自得。《奈良朝写经38·大般若经卷第591》：“玉镜悬于六道，感万机于法界。悲云覆于三界，奖四生于**火宅**。”（p. 253）姚秦鸠摩罗什译《妙法莲华经》卷2《譬喻品》：“三界无安，犹如**火宅**，众苦充满，甚可怖畏。常有生老、病死忧患，如是等火，炽然不息。如来已离，**三界火宅**，寂然闲居，安处林野。”→【三界~火宅~】

【火著/ひをつく】 后补 （2例） 点火烧燃某物，放火点燃某物。《古事记》中卷《景行记》：“于是，看行其神入坐其野，尔其国造**火著**其野。”（p. 224）又下卷《履中纪》：“尔阿知直白：‘墨江中王**火著**大殿。故率逃于倭。’”（p. 306）后汉安世高译《大比丘三千威仪》卷2：“设大比丘僧会时，扫除讲堂，中有七事……五者当作大灯**火，著**堂中央，却正比丘僧坐席。”姚秦佛陀耶舍、竺佛念等合译《四分律》卷12：“若以**火著**，生草木上，波逸提；若断多分生草木，波逸提；断半干半生草，木突吉罗。”唐输波迦罗译《苏悉地羯罗经》卷3《被偷成物却征法品》：“或用苦练木，或用烧尸残柴，而用护摩。**火著**已后，以烧尸灰，和己身血，而用护摩。”→【著火】

【获福消灾/さきほひをえて、わざはひをけす】 自创 获得福报，消除灾祸。《奈良朝写经23·十轮经卷第3》：“乃至传灯无穷，流布天下，闻名持卷，**获福消灾**，一切迷方，会归觉路。”（p. 179）隋达摩笈多译《佛说药师如来本愿经》卷1：“药师如来本愿经者，**致福消灾**，之要法也；曼殊以慈悲之力，请说尊号，如来以利物之心，盛陈功业；十二大愿彰因，行之弘远，七宝庄严，显果德之纯净；忆念称名，则众苦咸脱，祈请供养，则诸愿皆满；至于病士求救，应死更生，王者攘灾，转祸为福；信是消百怪之神符，除九横之妙术矣。”（1）西晋竺法护译《正法华经》卷6《药王如来品》：“称咏法师，发心悦豫，其人**获福**，不可限量。”姚秦鸠摩罗什译《妙法莲华经》卷6《随喜功德品》：“若人于法会，得闻是经典，乃至于一偈，随喜为他说，如是展转教，至于第五十，最后人**获福**，今当分别之。”唐义净译《金光明最胜王经》卷2《梦见金鼓忏悔品》：“若有闻者，**获福**甚多，广利有情，灭除罪障。”（2）吴支谦译《佛说戒消灾经》。元魏吉迦夜、昙曜合译《杂宝藏经》卷9："却后七日，若杀此八，聚集其血，入中而行，可得<u>消灾</u>。"唐义净译《根本说一切有部毗奈耶药事》卷8："于时聚落人众，来诣化龙仙所，顶礼白言：'今此聚落，遭其亢旱。我等作何方计？'仙人报曰：'汝等可共，来于此住，即得<u>消灾</u>。'"

【獲利益／かつことをう】 三字 获得恩惠及福利。《日本书纪》卷21《崇峻纪》二年四月条："乃斫取白月胶木，疾作四天王像，置于顶发而发誓言：'今若使我胜敌，必当奉为，护世四王，起立寺塔。'苏我马子大臣又发誓言：'凡诸天王、大神王等，助卫于我，使<u>获利益</u>，愿当奉为诸天与大神王，起立寺塔，流通三宝。'"（第二册，p.512）姚秦鸠摩罗什译《成实论》卷14："又行者于一切世间出世间事，应念即办不劳加功，余人尚不能发心量其所得，故说定心能<u>获利益</u>。"北齐那连提耶舍译《大宝积经》卷65："天人大众闻是已，心生欣喜<u>获利益</u>。一切于佛敬信已，心住菩提寂静句。"唐义净译《根本说一切有部毗奈耶破僧事》卷13："时辟支佛，复思念云：'彼人与我，如法剃头。我当护助，必令此人，多<u>获利益</u>。'"按：《新编日本古典文学全集》例引姚秦鸠摩罗什译《妙法莲华经》卷2《信解品》："世尊大恩，以希有事，怜愍教化，<u>利益</u>我等，无量亿劫，谁能报者。"

J

【撃波/なみにうたる】 述宾 波浪汹涌，起伏不定。《日本灵异记》下卷《用网渔夫值海中难凭愿妙见菩萨得全命缘第32》："呜呼异哉！遇风破舟，**击波**亡人，单唯一在。"（p. 344）宋延寿集《宗镜录》卷57："转相者，假无明力，资助业相，转成能缘。有能见用，向外面起，即名转相。虽有转相，而未能现五尘所缘境相。喻如海波浪，假于风力，兼资微动，从此**击波**，转移而起。"该例亦见于宋法云编《翻译名义集》卷6。

【撃目/けきもく】 述宾 （2例） ①谓眨眼的工夫，表示时间之短暂。《万叶集》卷5《悲叹俗道假合即离、易去难留诗一首并序》："**击目**之间，百龄已尽；沉臂之顷，千代亦空。"（第二册，p. 86）②目击，目睹。《藤氏家传》上卷《镰足传》："讲讫将散，旻法师**击目**留矣。"（p. 130）（1）高丽一然撰《三国遗事》卷3："时年二十二，当充舍人（罗爵有大舍小舍等，盖下士之秩）瞻仰龙颜，知情击目。"（2）宋普济集《五灯会元》卷6："问：'尊者拨眉**击目**，视育王时如何？'师曰：'即今也怎么。'"按：《汉语大词典》失收。《藤氏家传 镰足贞慧武智麻吕传注释》就《镰足传》中的"击目"指出："'眨眼'之义，此处谓眨眼示意。"→【申臂】

【飢苦/うゑのくるしみ】 并列 （3例） 饥饿痛苦。《日本灵异记》中卷《己作寺用其寺物作牛役缘第9》："冀无惭愧者，览乎斯录，改心行善。宁**饥苦**所迫虽饮铜汤，而不食寺物。"（p. 173）《续日本纪》卷22《淳仁纪》天平宝字三年五月条："宜随国大小，割出公廨，以为常平仓，逐时贵贱，籴粜取利，普救还脚**饥苦**。"（第三册，p. 310）又天平宝字四年五月条："敕：'如闻顷者疾疫流行，黎元**饥苦**。宜天下高年、鳏寡孤独、废疾及卧疫病者，加赈恤。'"（第三册，p. 350）（1）东晋佛驮跋陀罗译《大方广佛华严经》卷12《菩萨十无尽藏品》："所施之余，然后自食，作是念言：'为我身中，八万户虫故，我身安乐，彼亦安乐；我身**饥苦**，彼亦**饥苦**。是故，菩萨有所服食，皆为诸虫，欲令安乐，不贪其味。'"北凉昙无谶译《大般涅槃经》卷14《圣行品》："罗刹答言：'汝智太过但自忧身，都不见念今我定为**饥苦**所逼。实不能说。'我即问言：'汝所食者，为是何物？'罗刹答言：'汝不足问。我若说者令多人怖。'我复问言：'此中独处更无有人，我不畏汝何故不说？'罗刹答言：'我所食者，唯人暖肉，其所饮者，唯人热血。'"唐义净译《金光明最胜王经》卷10《舍身品》："第二王子，闻兄语已，说伽他曰：'我闻萨埵慈悲语，见彼饿虎身羸瘦；**饥苦所缠**恐食子，我今疑弟舍其身。'"（2）《宋书》卷47《刘敬宣传》："今大难已夷，君臣俱泰。顷五谷转丰，民无**饥苦**，劫盗之患，亦为弭息，比诚渐足无事，宜大宁治本。"《南史》卷2《文帝纪》："上诚之曰：'汝曹少长丰佚，不见百姓艰难，今使尔识有**饥苦**，知以节俭期物。'"按：《汉语大词典》失收。

【飢困/うゑくるしぶ】 并列 饥饿困顿。《日本书纪》卷15《显宗纪》三年是岁条："筑带山城，距守东道，断运粮津，令军**饥困**。"（第二册，p.252）（1）失译人名今附后汉录《分别功德论》卷5："时摩竭国，人民种作，苗稼适生，龙即雹杀。如是经数年，人民**饥困**，死亡者众。"吴康僧会译《六度集经》卷1："王即出猎，驰马逐兽，与众相失，唯与长生俱，处山三日，遂至**饥困**，解剑授长生，枕其膝眠。"北凉昙无谶译《大般涅槃经》卷2《寿命品》："世尊，我等从今，无主无亲，无救无护，无归无趣，贫穷**饥困**。欲从如来，求将来食，唯愿哀愍，受我微供。然后乃入，于般涅槃。"（2）《吴志》卷2《吴主传》："三年春正月，诏曰：'盖君非民不立，民非谷不生。顷者以来，民多征役，岁又水旱，年谷有损，而吏或不良，侵夺民时，以致**饥困**。'"《抱朴子》卷11《仙药》："南阳文氏，说其先祖，汉末大乱，逃去山中，**饥困**欲死。"按：《汉语大词典》例引《百喻经·五百欢喜丸喻》："尔若出国，至他境界，**饥困**之时，乃可取食。"略晚。→【溺困】

【飢疲/すくなし】 并列 （2例） 饥饿疲惫。《日本灵异记》中卷《依不布施与放生而现得善恶报缘第16》："常恶之人，谗长公曰：'缺使人分，育耆妪故，噉饭尠少。**饥疲**之者，不能营农，令懈产业。'谗之不辍，犹送于养。"（p.191）又《阎罗王使鬼得所召人之略以免缘第24》："'召汝累日，而我**饥疲**。若有食物耶？'盘岛云：'唯有干饭。'与之令食。"（p.212）吴支谦译《弊魔试目连经》卷1："此诸沙门，如猫捕鼠，如鹤吞鱼，譬如鸱枭于树间捕鼠，诸沙门坐禅亦复如是，如驴**饥疲**。"西晋竺法护译《鹿母经》卷1："昔者，有鹿数百为群，随逐美草侵近人邑，国王出猎遂各分迸。有一鹿母怀妊独逝，被逐**饥疲**失侣怅怏。"唐道世撰《法苑珠林》卷65："仲德与兄元德携母南归，登陟峭险，**饥疲**绝粮，无复余计，唯归心三宝。"

【肌膚爛敗/かはべくさる】 自创 皮肤腐烂。《日本灵异记》上卷《无慈心剥生兔皮而得现恶报缘第16》："然后不久之顷，毒疮遍身，**肌肤烂败**。苦病无比，终不得愈。叫号而死。"（p.97）姚秦鸠摩罗什译《禅秘要法经》卷2："彼当以意，使膖胀烂坏，皮肉两披，黄脓流出，于黄脓间，血流滂滂。一节之上，**肌肤烂**尽，唯见右脚指节，白如珂雪。"（1）《太平御览》卷964引晋郭澄之《郭子》："帐下甘果盈溢不散，入春**烂败**。"（2）萧齐僧伽跋陀罗译《善见律毘婆沙》卷10《舍利弗品》："与材木者，借用无罪。众僧材木，拟作说戒堂，或作食堂者，先白众僧然后借用得。若众僧材具露，无覆<u>烂败</u>，或雨湿曝露，得用作房。若后有众僧责直及材具者，<u>应依数还</u>。"按：从上引中土文献和汉译佛经的文例来看，"烂败"谓水果或木材等的腐烂，《日本灵异记》则用作肌肤溃疡糜烂的意思。

【**積功**/くをつむ】 述宾 （4例） 积累功德，积功累德。（1）用于说话故事结尾时归纳处。《日本灵异记》中卷《奉写〈法华经〉因供养显母作女牛之因缘第15》："谅知愿主顾母恩，至深之信，乞者诵神咒，**积功**之验也。"（p.188）又下卷《如法奉写〈法华经〉火不烧缘第10》："赞曰：'贵哉！榎本氏。深信**积功**，写一乘经。护法神卫，火呈灵验。'"（p.286）又《怨病忽婴身因之受戒行善以现得愈病缘第34》："实知大乘神咒奇异之力，病人行者**积功**之德。"（2）用于说话故事的小标题。《日本灵异记》下卷《沙门**积功**作佛像临命终时示异表缘第30》（p.337）后汉竺大力、康孟详合译《中本起经》卷1《转法轮品》："吾从是来，修治本心，六度无极，**积功**累行，四等不倦，高行殊异，忍苦无量，功报无遗，大愿果成。"吴支谦译《六度集经》卷7："自无数劫来，布施、持戒、忍辱、精进、禅定、明度，**积功**之愿，始今得极尊，作善福归，不亡我功。"隋阇那崛多译《佛本行集经》卷28《魔怖菩萨品》："彼圣犹如日初出，亿劫行诸行**积功**。"

【**積功験德**/くをつみたるしるし】 自创 积累功德的回报。《日本灵异记》下卷《忆持〈法华经〉者舌著曝髑髅中不朽缘第1》："谅知大乘不思议力，诵经**积功验德**也。"（p.264）吴支谦译《须摩提女经》卷1："崇集大斋，**积功**累德，以此因缘，今得值我，兼度一切。"西晋竺法护译《生经》卷4："吾为菩萨，勤苦如是，精进不懈，以经道故，不惜躯命，**积功**累德，无央数劫，乃得佛道。"姚秦鸠摩罗什译《妙法莲华经》卷4《提婆达多品》："我见释迦如来，于无量劫，难行苦行，**积功**累德，求菩提道，未曾止息。观三千大千世界，乃至无有，如芥子许，非是菩萨，舍身命处，为众生故，然后乃得成菩提道。"

【**積日累夜**/ひをつみ、よをかさぬ】 四字 连日连夜，夜以继日。《常陆国风土记·香岛郡》条："又年别四月十日，设祭灌酒。卜氏种属，男女集会，**积日累夜**，饮乐歌舞。"（p.392）唐道世撰《法苑珠林》卷39："山有九窟，仙人所居也。有蓝田大谷伏羲城侧归义寺僧弘藏者，有胆勇闻而往寻，**积日累夜**，巡绕山陕，止获五窟。甚圆净如人所造。"

【**積置**/つみおく】 并列 堆积置放，堆放。《日本书纪》卷17《继体纪》十年五月条："群臣各出衣裳、斧钺、帛布，诸加国物，**积置**朝廷，慰问殷勤，赏禄优节。"（第二册，p.308）（1）吴支谦译《佛说戒消灾经》卷1："鬼知人意，而患苦之，鬼自相共议：'此人财产空讫，正为吾耳，未曾有益，令相厌患。宜求珍宝，以施与之，令其心悦。'便行盗他方，国王库藏好宝，**积置**园中，报言：'汝事吾历年，勤苦甚久。

今欲福汝，使得饶富，此乃快乎?'"东晋佛陀跋陀罗、法显合译《摩诃僧祇律》卷33："华法者，佛住舍卫城，聚落边有僧伽兰。时客比丘来取华，旧比丘言：'汝何以取华？我等勤苦种殖，守护溉灌。汝客来但逐凉坐，不欲料理，狼藉称意，明日便去，不知我苦。'如是语已，旧比丘乞食去后，客比丘成华不成华，合折狼藉，**积置**房前。"后秦佛陀耶舍、竺佛念等合译《四分律》卷18："彼即回还，入祇桓精舍，心自念言：'我不宜著璎珞、庄严具往见世尊。今当先脱却，然后乃见，礼拜世尊。'时将从在一树下，脱身宝衣璎珞，**积置**树下，乃成大积。"（2）《齐民要术》卷3《蔓菁》："燥则上有厨**积置**以苫之。积时宜候天阴润，不尔多碎折。久不积苫则涩也。"又卷8《作脯腊》："冬直**积置**，以席覆之；夏须瓮盛泥封，勿令蝇蛆。"（p. 829）按：《汉语大词典》例举吴其敏《海上文情点滴》："一半是生性疏懒，一半是年事老大，力不从心，案头**积置**著大量的来信。"过晚。

【**赍持**／とりもつ】 并列 拿着，带来。《日本书纪》卷14《雄略纪》三年四月条："俄而皇女**赍持**神镜，诣于五十铃河上，伺人不行，埋镜经死。"（第二册，p. 156）（1）唐慧琳撰《一切经音义》卷10《远赍》条："精奚反。《玉篇》：赍，持也。《广雅》：送也。《说文》：持，遗也。从贝齐声。文中作赍，俗字也。"吴支谦译《赖吒和罗经》卷1："何等为四？一者人生无有能，避于老者，无有能止身，使不老者；二者无有能，避于病者，身无有代人死者；三者人死空身，不能**赍持**财产去；四者人至死，无有能厌于爱欲，及财产者，人皆为财产爱欲作奴婢。"姚秦鸠摩罗什译《妙法莲华经》卷7《观世音菩萨普门品》："若三千大千国土，满中怨贼，有一商主，将诸商人，**赍持**重宝、经过险路。"隋阇那崛多译《佛本行集经》卷2《发心供养品》："时四天王，及梵释等，诸天大众，**赍持**种种，天诸供具，来献如来。"（2）《五杂俎》卷16《事部》："卢思道聘陈，陈主用观世音语，弄思道曰：'是何商人，**赍持**重宝？'思道即以观世音语，报曰：'忽遇恶风，漂堕罗刹鬼国。'陈主大惭。"按：《汉语大词典》失收。

【**稽首白**："～"／ぬかつきてまをししく ～】 说词 （2例） 叩头至地说道："……"。"稽首"，pādau śirasā√vand 的意译，亦作"顶礼"，指佛教中"接足作礼""头面礼足""五体投地"等最高礼仪。《古事记》上卷《日子穂穂手见命与鹈茸草不合命》："如此令惚苦之时，**稽首白**：'仆者，自今以后，为汝命之昼夜守护人而仕奉。'故至今其溺时之种种之态，不绝仕奉也。"（p. 134）又下卷《雄略记》："即遣人令烧其家之时，其大县主惧畏，**稽首白**：'奴有者，随奴不觉，而过作甚畏。'故献能美之御币物。"（p. 338）西晋白法祖译《佛般泥洹经》卷2："阿难时在佛后，**稽首白**佛：'自佛教化，诸比丘僧，无疑结者。'"姚秦鸠摩罗什译《大智度论》卷32《序品》："目连涕泣，**稽首白**佛：'佛有大悲，不舍一切，作如是种种，化度众生。'"按：因"白"字多用于汉文佛经，故而由其组成的复合词"稽首白"在中土文献中难得一见。相反，

"稽首"一词，在传世文献当中早已出现，指古时的一种跪拜礼，叩头至地，是九拜中最恭敬者。譬如，《公羊传·宣公六年》："灵公望见赵盾，愬而再拜；赵盾逡巡北面再拜稽首，趋而出。"而且，在中土文献中，在描述一边行跪拜礼一边说话这一行为时，自儒学经文开始，通常常用的是"稽首曰：'～'"，而并非汉译佛经中的"稽首白：'～'"的形式。《尚书》商书《太甲中》："王拜手稽首曰：'予小子不明于德，自底不类。'"（p.164）《左传》僖公十五年条："晋大夫三拜稽首曰：'君履后土而戴皇天，皇天后土，实闻君之言，群臣敢在下风。'"（p.1806）《史记》卷43《赵世家》："公子成再拜稽首曰：'臣固闻王之胡服也。'"（p.1809）

【稽首和南/けいしゅわなんしたてまつる】 书简 （3例）"稽首"，古时一种跪拜礼，叩头至地，是九拜中最恭敬者。"和南"，佛门称稽首、敬礼为和南。《奈良朝写经19·灌顶随愿往生经》："维天平九年岁次戊寅，六月戊戌朔二十九日丙寅，出云国守从五位下勋十二等石川朝臣年足，稽首和南十方诸佛。"（p.129）《奈良朝写经20·大般若经卷第232》："维天平十一年岁次己卯七月辛卯朔十日庚子，佛弟子出云国守从五位下勋十二等石川朝臣年足，稽首和南一切诸佛、诸大菩萨并贤圣等。"（p.148）《奈良朝写经31·别译杂阿含经卷第10》："维天平十五年岁次癸未五月十一日，佛弟子藤三女，稽首和南十方诸佛、诸大菩萨、诸圣贤众。"（p.232）（1）梁僧祐撰《弘明集》卷10《五经博士沈宏答》："弟子宏稽首和南：辱告伏览，敕答臣下审神灭论。"又卷12《习凿齿与释道安书》："兴宁三年四月五日，凿齿稽首和南：承应真履正，明白内融；慈训兼照，道俗齐荫。宗虚者悟无常之旨，存有者达外身之权。清风藻于中夏，鸾响厉乎八冥。玄味远猷，何劳如之？"（2）隋灌顶纂《国清百录·发愿疏文第64》："稽首和南三世诸佛：伏惟，法身无像，随机显现净土，不毁人众见烧澍渎，浮来灵塔地涌剡山。天乐通梦陆咸三处，尊仪表代三世慈善根力，利益斯土。"唐道宣撰《四分律删繁补阙行事钞》卷1："小比丘某甲稽首和南敬白众僧：僧差诵律，恐有错误，愿同诵者指授。"按：（1）出现在书简之中，（2）用于愿文起首部分。后者与奈良朝写经文的文体一致。

【及年～岁/とし～にいたりて】 时段 到了……的年龄。《日本书纪》卷3《神武纪》即位前纪条："及年四十五岁，谓诸兄及子等曰：'昔我天神高皇产灵尊、大日霎尊，举此丰苇原瑞穗国而授我天祖彦火琼琼杵尊。于是火琼琼杵尊辟天关，披云路，驱仙跸以戾止。是时运属鸿荒，时钟草昧。'"（第一册，p.192）（1）西晋安法钦译《阿育王传》卷5："婆罗门言：'我妇怀妊，若生男者，当与尊者。'后双生二千。尊者邬多往从索之。婆罗门言：'小待长大，然后当与。'及年八岁，尊者邬多复往从索。婆罗门即以一子，与于尊者。"梁宝唱等集《经律异相》卷45："有一母人，怀妊数月，见佛及僧心自计言：'我生子如此，使作沙门，为佛弟子。'月满生男，姝好异众。及年七岁，家贫但作二人食，及三法衣，手持澡瓶，将儿诣佛曰：'愿哀我子，使作沙门．'佛即听之。"唐道宣撰《续高僧传》卷19："**及年**七岁还为拯公弟子，日进文词，玄儒并骛，清藻才绮，即誉当时。"（2）《晋书》卷95《艺术传》"鸠摩罗什，天竺人也。世为国相。父鸠摩罗炎，聪懿有大节，将嗣相位，乃辞避出家，东渡葱岭。龟兹王闻其名，郊迎之，请为国师。王有妹，年二十，才悟明敏，诸国交娉，并不许，及见炎，心欲当之，王乃逼以妻焉。既而罗什在胎，其母慧解倍常。**及年**七岁，母遂与俱出家。"（p.2499）《梁书》卷49《刘苞传》："刘苞，字孝尝，彭城人也。祖勔，宋司空。父恒，齐太子中庶子。苞四岁而父终，**及年**六七岁，见诸父常泣。"（p.687）《南史》卷73《庾沙弥传》："沙弥，晋司空冰之六世孙也。父佩玉，仕宋位长沙内史，升明中，坐沉攸之事诛。时沙弥始生。**及年**五岁，所生母为制采衣，辄不肯服。"（p.1829）

【及至～時/～ときにいたる】 時段 （3例） 到了某一时刻。《日本书纪》卷1《神代纪上》："**及至**产**时**，先以淡路洲为胞。意所不快。故名之曰淡路洲。"（第一册，p.26）又："**及至**日神当新尝之**时**，素戈鸣尊则于新宫御席之下阴自送粪。日神不知，径坐席上。由是日神举体不平，故以恚恨。乃居于天石窟，闭其盘户。"（第一册，p.80）又卷2《神代纪下》："**及至**彦火火出见尊将归之**时**，海神白言：'今者，天神之孙辱临吾处。中心欣庆，何日忘之？'"（第一册，p.170）又卷26《齐明纪》元年五月条："夏五月庚午朔，空中有乘龙者，貌似唐人著青油笠而自葛城岭驰隐胆驹山。**及至**午**时**，从于住吉松岭之上向西驰去。"（第三册，p.202）（1）失译人名今附东晋录《般泥洹经》卷2："佛言：'阿难，有二因缘，佛色发明。何等二？谓初夜，得佛无上，正真之道，妙正觉时，**及至**终夜，弃所受余，无为之情，取灭度**时**。吾今夜半，当般泥洹，故色发明。'"唐义净译《根本说一切有部毘奈耶》卷29："时有婆罗门居士，来至寺中，用僧坐物。**及至**去**时**弃在露地，无人收举致有损坏。"又《根本说一切有部毘奈耶杂事》卷7："众人议曰：'初怀此子，母受艰辛，**及至**生**时**，还遭极苦。宜与此儿，名为苦母。'"唐提云般若等译《大方广佛华严经修慈分》卷1："又如梦中，见种种物，梦心分别，谓为实事。**及至**觉**时**，了无所在。应知诸法皆亦复然。"（2）《孟子》卷5《滕文公上》："**及至**葬，四方来观之，颜色之戚，哭泣之哀，吊者大悦。"《史记》卷6《秦始皇本纪》："**及至**秦王，续六世之余烈，振长策而御宇内，吞二周而亡诸侯，履至尊而制六合，执棰拊以鞭笞天下，威振四海。"按：（1）汉译佛经文例中的句式是"及至～时"；（2）传世文献中的句式是"及至～"。由此可知，《神代纪上》的句式源自汉译佛经。

【及至～時～/～にいたり、～ときに～】 時段 及至……这时……《日本书纪》卷1《神代纪上》："**及至**得酒，头各一槽饮，醉而睡。**时**素戈鸣尊乃拔所带十握剑，寸斩其蛇。"（第一册，p.92）吴支谦译《太子瑞应本起经》卷1："**及至**七岁，而索学书，乘羊车诣师门。**时**去圣久，书缺二字，以问于师。师不能达，反启其志。"姚秦竺佛念译《出曜经》卷7《放逸品》："**及至**秋节，风飘叶落，各得相见，贼自隐藏。**时**

诸比丘，复作是念：'荫厚叶茂，寇贼纵逸。外事如是，内亦当尔。毛发爪齿，形容殊妙，覆诸结使，奸爱游荡，得伺其便，劫善本财货。'"隋阇那崛多译《佛本行集经》卷38《婆毘耶出家品》："尔时，外道波梨婆阇即便摄受，彼女养育，如是看视，其女渐渐，随时长大，**及至**笄年，女意智成。**时**彼外道，波梨婆阇，妇见女大，即教彼女，种种咒术，种种技能，悉皆成就，意智明解，种种诸论，至齿成就。"

【**及至~是時 ~/~にいたりて ~このときに~**】 時段 及至……，正在这时……。《日本书纪》卷14《雄略纪》九年五月条："是以韩子宿祢等并辔而往，**及至**于河，大盘宿祢饮马于河。**是时**，韩子宿祢从后而射大盘宿祢鞍几后桥。"（第二册，p.184）（1）梁僧伽婆罗译《阿育王经》卷3《供养菩提树因缘品》："时大臣答阿育王言：'大王云何，教我所作？'王语大臣：'我今欲洗，入彼浴室。应脱天冠，及衣服等。汝当以我服饰，庄严我弟，令登王座。'臣答言：'尔。'**及至**阿育王，将入浴室，脱庄严具。入浴室已，**是时**大臣，语阿育王弟：'若无阿育，汝当作王。是故今者，试著天冠，被天衣服，及登王座。'"（2）元魏慧觉等译《贤愚经》卷6《月光王头施品》："到已，即敕沙弥均提：'汝往入城，**及至**聚落，告国王大臣，旧故知识，诸檀越辈，来共取别。'**尔时**均提，礼师足已，遍行宣告：'我和上舍利弗，今来在此，欲般涅槃，诸欲见者，宜可时往。'"

【**及至於今/いまにいたりて**】 時段 直到今天，直到现在。《日本书纪》卷21《崇峻纪》二年五月条："五月，物部大连军众三度惊骇。大连元欲去余皇子等而立穴穗部皇子为天皇。**及至于今**，望因游猎而谋替立，密使人于穴穗部皇子曰：'愿与皇子将驰猎于淡路。'"（第二册，p.508）东晋瞿昙僧伽提婆译《中阿含经》卷49："尔时，世尊答曰：'阿难，彼我所说，汝实善知、善受、善持。所以者何？我从尔时，**及至于今**，多行空也。'"

【**吉祥悔過/きちじょうげか**】 自创 （3例） 即于每年正月，以吉祥天为本尊，诵念《金光明最胜王经》，以忏悔罪过，及祈请禳灾招福之法。又称吉祥天悔过法、吉祥天女法、吉祥悔过法。8世纪左右，日本由于天皇之御愿，开始举行此法会。该法会主要为了祈求风调雨顺、五谷丰收。《续日本纪》卷29《称德纪》神护景云三年正月条："丁丑，御东内，始行**吉祥悔过**。"（第四册，p.226）又卷31《光仁纪》宝龟二年正月条："辛未，停天下诸国**吉祥悔过**。"（第四册，p.326）又卷32《光仁纪》宝龟三年十一月条："丙戌，诏曰：'顷者，风雨不调，频年饥荒。欲救此祸，唯凭冥助。宜于天下诸国国分寺，每年正月一七日之间，行**吉祥悔过**，以为恒例。'"（第四册，p.392）

【**吉祥天悔過/きちじょうてんげか**】 自创 （2例） "吉祥天"，本为印度神话中之神，系那罗延天之妃，爱欲神之母，后与帝释、摩醯首罗、毗湿奴等诸神，一并为佛教所承，成为佛教之护法天神。据早期印度佛教传说，此天系毗沙门天之妃，其父为德叉迦，母为鬼子母神。其形象一般多作左手持如意珠，右手结施无畏印。以此天为本尊而忏悔罪过之修法，称为吉祥天女法、吉祥悔过法；修此法所用之曼荼罗，称为吉祥天曼荼罗。此外，修此法时，念诵随求菩萨之真言，能消除附随于此天之黑暗天女所作灾祸。黑暗天女为吉祥天女之妹，常伴随其姊到处予人灾祸，二姊妹相互随逐，予人福祸，表示福祸相随之意。《续日本纪》卷28《称德纪》神护景云元年正月条："神护景云元年春正月己未，敕畿内七道诸国，一七日间，各于国分金光明寺，行**吉祥天悔过**之法。因此功德，天下太平，风雨顺时，五谷成熟，兆民快乐，十方有情，同沾此福。"（第四册，p. 148）又神护景云元年八月条："又**吉祥天**〈乃〉**悔过**〈乎〉令仕奉〈流尔〉诸大法师等〈我〉如理〈久〉勤〈天〉坐〈佐比〉、又诸臣等〈乃〉天下〈乃〉政事〈乎〉合理〈天〉奉仕〈尔〉依〈天之〉三宝〈毛〉诸天〈毛〉天地〈乃〉神〈多知毛〉共〈尔〉示现赐〈币流〉奇〈久〉贵〈伎〉大瑞〈乃〉云〈尔〉在〈良之止奈毛〉念行〈须〉。"（第四册，p. 172）

【**吉祥天女（像）**/きちじょうてんにょ（のみかた）】 多音 （4例） 旧译"功德天"，新译"吉祥天"。原是印度神话中的神祇，后来被佛教纳入，而与帝释天等频频出现在佛典。据说是毗沙门天的妃子，父亲是德叉迦，母亲是鬼子母神，住在北方毗沙门天的居城。此天女因容貌姣好、施与众人福德而知名。《日本灵异记》中卷《生爱欲恋**吉祥天女像**感应示奇表缘第13》："和泉国泉郡血渟山寺，有**吉祥天女像**。"（p. 182）又《穷女王归敬**吉祥天女像**得现报缘第14》："备食无便，大耻贫报，至于诸乐左京服部堂，对面**吉祥天女像**而哭之曰：'我先世殖，贫穷之因，今受穷报。我身为食，入于宴会，徒噉人物，设食无便。愿我赐财。'"唐一行述记《大日经义释》卷4："**吉祥天女**，旧译云功德天女。"唐义净译《金光明最胜王经》卷6《四天王护国品》："世尊，若持咒时，欲得见我，自身现者，可于月八日或十五日，于白叠上，画佛形像，当用木胶，杂彩庄饰，其画像人，为受八戒。于佛左边，作**吉祥天女像**，于佛右边，作我多闻天像，并画男女，眷属之类。安置座处，咸令如法，布列花彩，烧众名香，然灯续明，昼夜无歇，上妙饮食，种种珍奇，发殷重心，随时供养，受持神咒，不得轻心。请召我时，应诵此咒。"唐不空译《毗沙门天王经》卷1："中心画释迦牟尼佛，作说法相。佛右边画**吉祥天女**形。眼目广长，颜貌寂静。首戴天冠璎珞，臂钏庄严其身。右手作施愿手，左手执开敷莲花。画像得已，于清净处。安像供养，以涂香、花鬘、烧香、饮食、灯明，以供养佛，及**吉祥天女**。受持者不应，以下劣心，而生恐怖，应以决定心。如法念诵，此**吉祥天女**真言曰。"

【**極旱**/きはめてひでりす】 偏正 极端严重的干旱。《唐大和上东征传》："东方二里，路侧有圣井，深三尺许，清凉甘美，极雨不溢，**极旱**不涸。"（p. 57）唐大觉撰《四分律行事钞批》卷4："六江相四月不雨等者，要经百二十日不雨。此是**极旱**时也。若是潮水，不得为相，潮来是江，潮去只是陆地。故不许也。"

【**極老**/きはめておゆ】 偏正 极端衰老。《古事记》下卷《雄略记》："于是天皇

大惊：'吾既忘先事。然汝守志待命，徒过盛年，是甚爱悲。'心里欲婚，悼其**极老**，不得成婚，而赐御歌。"（p. 342）吴支谦译《撰集百缘经》卷8《比丘尼品》："时彼舞女，自观其身，形状**极老**。"东晋瞿昙僧伽提婆译《中阿含经》卷12《王相应品》："阎王复问：'汝本不见，一村邑中，或男或女，年耆**极老**，寿过苦极，命垂欲讫，齿落头白，身曲偻步，拄杖而行，身体战动耶？'"唐义净译《根本说一切有部毗奈耶杂事》卷12："难陀。寿命百年，有其十位……九谓**极老**，无所能为；十谓百年，是当死位。"按：《汉语大词典》失收。原文断句应为"不得成婚，而赐御歌"，是典型的四字语句，具有汉文佛经的文体特征。中土先行文献中难觅"极老"的例句。

【**極楽**/ごくらく】 偏正 （2例） 梵语 sukhāvatī，音译作"须摩提"，意译作"妙乐"。佛土名，阿弥陀佛之国土。亦作"安养""安乐""无量清净土""无量光明土""无量寿佛土""莲华藏世界"等。诸事具足圆满，唯有乐而无有苦也。《奈良朝写经31·别译杂阿含经卷第10》："次愿七世父母、六亲眷属，契会真如，驰紫舆于**极乐**；熏修慧日，沐甘露于德池。"（p. 232）《奈良朝写经56·大般若经卷第50等》："百年之后，辞世之夕，游神率天，升弥勒之香台；栖想**极乐**，践观音之花座。"（p. 358）姚秦鸠摩罗什译《佛说阿弥陀经》卷1："从是西方，过十万亿佛土，有世界名曰**极乐**。其土有佛，号阿弥陀，今现在说法。舍利弗，彼土何故名为极乐？其国众生，无有众苦，但受诸乐，故名**极乐**。又舍利弗，极乐国土，七重栏楯、七重罗网、七重行树，皆是四宝，周匝围绕，是故彼国，名曰**极乐**。"《奈良朝写经75·大般若经卷第176》："［仰愿以此功德，先同］奉资先考之神［路，般若之船，净于苦］海，速到**极乐**之宝［城，大乘炬焕于间］衢，早登摩尼之宝殿。"（p. 442）→【西方極楽】

【**極楽浄土**/ごくらくじょうど】 地名 过西方十万亿佛土的极乐世界，谓阿弥陀佛的净土。《日本灵异记》上卷《勤求学佛教弘法利物临命终时示异表缘第22》："即后夜，光自房出，施耀寺庭松树。良久，乃光指西飞行。弟子等莫不惊怪。大德西面端座，应卒焉。定知必生**极乐净土**。"（p. 108）曹魏菩提流支译《佛说阿弥陀佛根本秘密神咒经》卷1："又舍利弗，阿弥陀佛有根本秘密陀罗尼神咒，是名拔一切业障根本得生**极乐净土**神咒。即说咒曰。"隋智顗说《净土十疑论》卷1："婆婆，秽土也；**极乐**，**净土**也。婆婆之寿有量，彼土之寿则无量矣。婆婆备诸苦，彼土则安养无苦矣。婆婆随业，转轮生死，彼土一往，则永证无生法忍。若愿度生，则任意自在，不为诸业转矣。"

【**極理**/きはめて】 偏正 极端，极其，表示程度之甚。多用作谓语形容词，偶尔用作副词。《日本书纪》卷26《齐明纪》五年七月条："（《伊吉连博德书》）天子重曰：'朕见虾夷身面之异，**极理**喜怪。使人远来辛苦，退在馆里，后更相见。'"（第三册，p. 226）《广雅·训诂一》："疲、羸、券，极也。"（1）梁宝唱等集《经律异相》卷14："时婆罗门，进道而去。人见便责，无给食者。饥饿委悴，困切**极理**。道中有人，自问消息，知毗摩羡王，已复命终。"元魏慧觉等译《贤愚经》卷1《梵天请法六事品》：

"时天帝释，下至王前，种种赞叹，复问之曰：'大王，今者苦痛**极理**，心中颇有，悔恨事不？'"唐义净译《根本说一切有部毗奈耶破僧事》卷16："尔时目连，即入于定，从瞻波城，没于王舍城，出至竹林中，将奉世尊。频毗娑罗，更将粥来，欲至佛所。闻食香气普遍，意将诸天，及天帝释，来供养佛。我所作粥，并不堪用。白言世尊：'有天帝释，及诸天来，供养于佛。此竹林中，**极理**香好。'"（2）《全隋文》卷19薛德音《为越王侗别与李密书》："且闻元凶初谋，诳惑内外，及行大祸，残忍**极理**。"（p.4129）按：中国两类文献中用作谓语形容词，《齐明纪》中用作副词。《汉语大词典》失收。另有"理极"一词，意思几近相同。有一种说法认为，"理"可能指"家理"，指家计、生计。窃以为按照字面解释，所谓"极理"，就是无法用常理来解释的意思。

【**極窮**/きはめてまづし】 自创（7例） 极端贫穷。①《日本灵异记》上卷《女人好风声之行食仙草以现身飞天缘第13》："七子产生。**极穷**无食，养子无便。无衣缀藤。日日沐浴洁身，著缀。"（p.93）又中卷《依不布施与放生而现得善恶报缘第16》："圣武天皇御代，赞歧国香川郡坂田里，有一富人。夫妻同姓绫君也。邻有耆妪，各居鳏寡，曾无子息。**极穷**裸衣，不能活命。"（p.191）又《**极穷**女于尺迦丈六佛愿福分示奇表以现得大福缘第28》："圣武天皇世，奈罗京大安寺之西里，有一女人。**极穷**，命活无由而饥。"（p.223）②《日本灵异记》中卷《**极穷**女凭敬千手观音像愿福分以得大富缘第42》："海使薇女者，诺乐左京九条二坊之人也。产生九子，**极穷**无比，不能生活。"（p.253）又下卷《二目盲女人归敬药师佛木像以现得明眼缘第11》"此生一女子年七岁也。寡而无夫。**极穷**无比，不得索食。将饥而死。"唐慧琳撰《一切经音义》卷7："疲**极**……下其巇反。《考声》云：**极**，穷也，竟也。从木，亟声也。"姚秦筏提摩多译《释摩诃衍论》卷7："言人众喻者，谓**极穷**贫极懈怠故，不求宝人，并及精进，乐求宝人故，是名为人众喻。"按：②中的"极穷无比"这一表达形式，在中国的传世文献和汉译佛经中均未见文例，疑似自创搭配。

【**極甚**/きはまりてはなはだし】 并列（7例） 犹言极其、极端。①《日本书纪》卷24《皇极纪》二年十一月条："苏我大臣虾夷闻山背大兄王等总被亡于入鹿，而嗔骂曰：'噫！入鹿**极甚**愚痴。专行暴恶，尔之身命，不亦殆乎？'"（第三册，p.82）②《日本书纪》卷20《钦明纪》元年五月条："天皇闻之，伤恻**极甚**，愀然而叹曰：'悲哉！此使人等名既奏闻于先考天皇矣。'"（第二册，p.464）又卷24《皇极纪》三年六月条："都鄙之人取常世虫置于清座，歌舞求福弃舍珍财。都无所益，损费**极甚**。"（第三册，p.94）又卷25《孝德纪》大化五年三月条："造媛遂因伤心而致死焉。皇太子闻造媛徂逝，怆然伤悒，哀泣**极甚**。"（第三册，p.178）又卷26《齐明纪》四年五月条："五月，皇孙建王年八岁薨，今城谷上起殡而收。天皇本以皇孙有顺而器重之，故不忍哀伤恸**极甚**。"（第三册，p.212）又卷27《天智纪》八年十月条："冬十月丙午朔乙卯，天皇幸藤原内大臣家，亲问所患。而忧悴**极甚**。"（第三册，p. 280）《万叶集》卷4第534~535首歌注："右，安贵王娶因幡八上采女，系念**极甚**，爱情尤盛。"（第一册，p. 295）（1）西晋竺法护译《正法华经》卷2："譬如长者，而有大宅。**极甚**朽故，腐败倾危。"东晋瞿昙僧伽提婆译《中阿含经》卷5《舍梨子相应品》："世尊坐已，叹曰：'善哉，善哉！舍梨子，汝**极甚善**。'"隋阇那崛多译《佛本行集经》卷16《舍宫出家品》："尔时，太子忽然而寤，睹其宫内，蜡烛及灯，或如拳粗，或如臂大，显嫲朗耀，**极甚**光明。"（2）高齐那连提耶舍译《大悲经》卷4《以诸譬喻付嘱正法品》："时彼长者，身遇重病，痛苦**极甚**。"元魏慧觉等译《贤愚经》卷5《金天品》："今者我身贫困**极甚**，坐卧草蓐，衣不盖形，家无升斗，何其苦耶？"《敦煌变文·唐太宗入冥记》："皇帝闻已，忙怕**极甚**，若嘱□〔崔〕子玉。"（p. 322）按：《汉语大词典》失收。"极甚"有两种用法，一是作状语，例如（1）；另一个是作谓语，例如（2）。歌注中"极甚"与"尤盛"同为偏正式，作谓语。

【極甚愚痴/はなはだぐちなり】 四字 极其愚蠢，不可理喻。《日本书纪》卷24《皇极纪》二年十一月条："苏我大臣虾夷闻山背大兄王等总被亡于入鹿，而嗔骂曰：'噫！入鹿**极甚愚痴**，专行暴恶。尔之身命，不亦殆乎？'"（第三册，p. 82）失译人名今附秦录《大乘悲分陀利经》卷5《大师立愿品》："圣日没后，我当具作佛事。如是迦那迦牟尼迦叶成佛未久，往至其所，乃至具作佛事。展转乃至，千岁世人，以三福地，安立众生，过是已往，上生天上，为天说法，而摄度之。乃至众生，百二十岁，**极甚愚痴**，憍慢恃色，自倚种族，昏浊无识，多怀嫉恚，处在五浊谝冥。"→【愚痴】

【極宗/きょくそう】 偏正 终极的道理，最高的真谛。《日本书纪》卷22《推古纪》十二年四月条："则四生之终归，万国之**极宗**。"（第二册，p. 542）梁僧佑撰《弘明集》卷11："民生平所崇初不违背，常推之于至理。理至则归一，置之于**极宗**，**宗极**不容二。"按：《汉语大词典》失收。

【即大歓喜/すなはちおほきによろこぶ】 四字 于是非常高兴。《日本灵异记》下卷《被观音木像之助脱王难缘第7》："故于己作善功德，发信至心，**即大欢喜**，被助脱灾故。"（p. 279）后汉安世高译《太子慕魄经》卷1："王闻慕魄语言音声，威神光景，震动天地，绝无双比，**即大欢喜**，便晓慕魄：'共还入国，居位理政，吾请避退。'"吴支谦译《九色鹿经》卷1："王闻此言，**即大欢喜**，便语溺人：'汝若能得九色鹿者，我当与汝半国，此言不虚。'"姚秦鸠摩罗什译《妙法莲华经》卷2《信解品》："世尊，是时穷子，闻父此言，**即大欢喜**，得未曾有，而作念：'我本无心，有所希求，今此宝藏，自然而至。'"

【即得解脱/すなはちとかるること】 四字 很快摆脱束缚。《日本灵异记》上卷《恶人逼乞食僧而现得恶报缘第15》："师问知其状而不肯行。二子勤重拜敬，请救父厄。其师乃徐行，诵《观音品》初段竟，**即得解脱**。"（p. 96）吴支谦译《佛说八吉

祥神咒经》卷1："使十方天下、人民皆得佛道。若有急疾，皆当呼我，八人名字，**即得解脱**；寿命欲终时，我八人便当，飞往迎逆之。"东晋瞿昙僧伽提婆译《增壹阿含经》卷14《高幢品》："是时，世尊便作是念：'郁头蓝弗，何其苦哉！不闻吾法，而取命过；设得闻吾法者，**即得解脱**。'"姚秦鸠摩罗什译《妙法莲华经》卷7《观世音菩萨普门品》："设复有人，若有罪，若无罪，杻械枷锁，检系其身，称观世音，菩萨名者，皆悉断坏，**即得解脱**。"隋阇那崛多译《佛本行集经》卷42《迦叶三兄弟品》："既厌离讫，即不染著，既不染著，**即得解脱**。"

【即告之言："～"/すなはちつげてのたまはく～】 说词 于是宣告道："……"。《日本灵异记》中卷《依汉神崇杀牛而祭又修放生善以现得善恶报缘第5》："阎罗王**即告之言**：'大分理判，由多数证故，就多数。'"（p.159）东晋法显译《大般涅槃经》卷1："时彼座中，有一婆罗门，名弗波育帝，聪明智慧，博闻强记。尔时如来，**即告之言**：'汝等当知，在家之人，有四种法，宜应修习。'"姚秦鸠摩罗什译《维摩诘所说经》卷1《佛国品》："佛知其念，**即告之言**：'于意云何？日月岂不净耶？而盲者不见。'对曰：'不也，世尊。是盲者过，非日月咎。'"唐道世集《诸经要集》卷8："时有五人，呼商主言：'大士商主唯愿惠，施我等无畏。'说是语已，尔时商主，**即告之言**：'诸丈夫勿生怖畏，我令汝等，从此大海，安隐得度。'"→【而告之言："～"】

【即起悲心/すなはちかなしびのこころをおこす】 四字 于是产生了悲悯之心。《日本灵异记》上卷《偷用子物作牛役之示异表缘第10》："朝事行既讫之日：'令他人远却。'然后召集亲族，具陈先事。檀越**即起悲心**，而就牛边，敷藁白言：'实吾父者，就此座。'"（p.87）吴支谦译《菩萨本缘经》卷2《月光王品》："尔时，大王**即起悲心**，而作是言：'怪哉众生，咄哉世间！乃无一人，修行善法，为己利者。我虽种种，劝谏是人，而其本心，犹乐行恶，譬如苍蝇，在蜜器中，有人拔出，心犹乐著，以乐著故，乃至丧命。是婆罗门，亦复如是。'"后秦僧肇撰《注维摩诘经》卷5《文殊师利问疾品》："'设身有苦念恶趣众生起大悲心'：什曰：'我功德智慧之身尚苦痛如是，况恶趣众生，受苦无量耶？**即起悲心**，志拔苦也。'"北凉昙无谶译《大方等大集经》卷47《诸阿修罗诣佛所品》："此诸修罗宫，苦云悉弥覆。佛**即起悲心**，触我诸修罗。佛为众生故，修诸苦行讫。多劫修檀戒，行忍及智慧。"

【即启曰："～"/すなはちまをしてまをさく～】 说词 于是禀告道："……"。《日本书纪》卷7《景行纪》二十七年十二月条："川上枭帅亦启之曰：'吾是国中之强力者也。是以当时诸人不胜我之威力，而无不从者。吾多遇武力矣。未有若皇子者。是以贱贼陋口以奉尊号。若听乎？'曰：'听之。'**即启曰**：'自今以后，号皇子应称日本武皇子。'言讫乃通胸而杀之。"（第一册，p.366）西竺法护译《佛五百弟子自说本起经》卷1："我时**即启曰**：'我是人非鬼，追识宿命施，好欲见惠人。'"梁宝唱等集《经律异相》卷4："王载饮食，往东山候之，寻前礼足，自称：'摩竭国瓶沙王者，今我是也。'佛曰：'我先识矣。何须致敬？'王**即启曰**：'今献微供，以表单心，愿见纳受。'佛默然受。"宋张商英述《续清凉传》卷1："商英遍体森飒，若沃冰雪。**即启曰**：'疑心已断。'言已，复归本处，光满溪上。"

【**即日命終**/そのひにみょうじゅす】 時段 当天死去。《日本灵异记》上卷《偷用子物作牛役之示异表缘第10》："牛屈膝，而卧座上。诸亲出声，大啼泣言：'实吾父矣。'便起礼拜，而曰牛言：'先时所用，今咸奉免。'牛闻之，流泪大息。**即日**申时**命終**。"（p. 87）又《邪见假名沙弥斫塔木得恶报缘第27》："或问曰：'何故如此叫？'答云：'地狱之火来烧我身，受苦如此也。不可故问。'**即日命終**。"（p. 116）宋志盘撰《佛祖统纪》卷28："汾阳梁氏女，两目俱盲，遇沙门劝令念佛，越三年双目开明。后忽见佛菩萨幡盖来迎，**即日命終**。"明袾宏辑《往生集》卷2："宋梁氏女，居汾阳。两目俱盲，遇沙门劝令念佛，越三年双目开明。后忽见佛菩萨幡盖来迎，**即日命終**。"

【**即日死亡**/そのひにしぬ】 時段 当天死去。《日本灵异记》下卷《强非理以征债取多倍而现得恶死报缘第26》："'依此罪召汝，应得现报，今示汝耳。'传语梦状，**即日死亡**。"（p. 329）宋志盘撰《佛祖统纪》卷33："《瑜伽论》：'中有亦名中阴，极善即生净土，其次生人天。极恶即入地狱，或生三恶道，**即日死亡**，不经中阴。'"

【**即心念**："～"/すなはちこころにおもはく ～】 三字 于是心里想到："……"。《日本灵异记》上卷《偷用子物作牛役之示异表缘第10》："僧**即心念**：'明日得物，不如取被而出。'时有声而言：'莫盗其被。'"（p. 201）西晋竺法护译《修行地道经》卷1《五阴成败品》："此人心中，有身意根，其生存时，所为善恶，**即心念**本，殃福吉凶，今世后世，所可作为，心悉自知。奉行善者，面色和解，其行恶者，颜貌不悦。"东晋佛陀跋陀罗、法显合译《摩和僧祇律》卷6："王**即心念**：'彼将试我。'便说偈言。"刘宋求那跋陀罗译《过去现在因果经》卷2："尔时太子，剃须发已，自见其身，所著之衣，犹是七宝，**即心念言**：'过去诸佛，出家之法，所著衣服，不当如此。'"

【**即語云**："～"/すなはちかたりていひしく ～】 说词 于是说道："……"。《肥前国风土记·松浦郡》条："随麻寻往，到此峰头之沼边，有寝蛇，身人而沉沼底，头蛇而卧沼唇，忽化为人，**即語云**：'志奴波罗能 意登比卖能古素 佐比等由母 为祢弓牟志太夜 伊币尔 久太佐牟也'"（p. 330）（1）隋吉藏撰《金刚般若疏》卷1："祇陀念言：'佛必有大德，乃使斯人，轻财乃尔。'**即語云**：'齐是可止，勿更出金。园属卿树属我，我自为佛，造立门楼。'须达欢喜，即便归家，当施功作。"隋智顗说《妙法莲华经文句》卷1《序品》："佛**即語云**：'汝非罗汉，亦不得道，霍然开悟，师徒皆伏。'二弟见相，亦随归佛，是则一千比丘。"唐神清撰、慧宝注《北山录》卷4："乘年十三在师侧，**即語云**：'和尚已相许前人，果非求财者，将观护之道德也。'"（2）《北齐书》卷50《韩凤传》："凤母鲜于，段孝言之从母姊也，为此偏相参附，奏遣监造晋阳宫。陈德信驰驿检行，见孝言役官夫匠自营宅，**即語云**：'仆射为至尊起台殿未讫，

何容先自营造？'"（p. 693）

【急催／すみやかにうながす】 偏正 急忙催促，催促急办。《上宫皇太子菩萨传》："至天宝八年，有住桧和上，久在彼山修道。其年造大讲堂，**急催**造毕，即都会山中僧，设大斋庆堂。"唐道宣撰《续高僧传》卷9："又于寒陵山，所造九级浮图，仁寿末岁止营四层。裕一旦**急催**曰：'一切无常，事有障绝，通夜累构，将结八重。'命令断作，仅得施座安橙。值晋阳事故，生民无措其手足，裕命复悬于后载。其先见之明皆，若此也。"《敦煌变文·大目乾连冥间救母变文》："**急催**左右莫交迟，家中取饭与阇梨。"白居易《听歌六绝句·想夫怜》："玉管朱弦莫**急催**，容听歌送十分杯。长爱夫怜第二句，请君重唱夕阳开。"按：《汉语大词典》失收。

【急唤／すみやかにめす】 偏正 急忙召唤，紧急召见。《藤氏家传》上卷《镰足传》："戊申，帝临轩。古人大兄侍焉。使舍人**急唤**入鹿。入鹿起立著履，履三回不著。"（p. 164）（1）萧齐求那毗地译《百喻经》卷2："昔有一人，其妇端正，唯其鼻丑。其人出外，见他妇女，面貌端正，其鼻甚好，便作念言：'我今宁可，截取其鼻，著我妇面上，不亦好乎？'即截他妇鼻，持来归家，**急唤**其妇：'汝速出来，与汝好鼻。'其妇出来，即割其鼻，寻以他鼻，著妇面上，既不相著，复失其鼻。唐使其妇，受大苦痛。"元魏慧觉等译《贤愚经》卷9《善事太子入海品》："太子苦痛，高声**急唤**：'波婆伽梨，波婆伽梨，此中有贼！'唤经数返无有应者。"北凉昙无谶译《金光明经》卷4《嘱累品》："王曰：'此人极大罪过，何为捉来迟脱，令此猪等再诉？'**急唤**诉者将来。使人走出，诸处叫唤，求觅所诉，命者不得，走来报王：'诸处追觅，猪等不见。'"（2）《朝野佥载》卷3："宰执方食即来，诸人命坐，常遣一人门外**急唤**，云殿下须使令，吐饭而去。"《云笈七签》卷32："凡人魇，勿点灯照定，魇死暗唤之，即吉，亦不可近前及**急唤**。"按：《汉语大词典》失收。

【急施／すみやかにほどこす】 偏正 尽快施与福德；赶紧行布施。《日本灵异记》中卷《孤娘女凭敬观音铜像示奇表得现报缘第34》："我乃一子而无父母，孤唯独居。亡财贫家，存身无便。愿我施福。早贶，**急施**！"（p. 238）唐义净译《根本说一切有部毗奈耶药事》卷13："迷人悭执住，佛生须**急施**。持杖非是勇，能施心为猛。"唐道世撰《法苑珠林》卷81："若其愚人，贪著财物，不知无常，人物属他，恋著悭惜。菩萨见此，无益之物，即令**急施**，废修道业。"

【急行到～／いそぎすすみて～にいたる】 三字 快速步行到某处。《日本书纪》卷28《天武纪上》元年六月条："将及横河有黑云，广十余丈经天。时天皇异之，则举烛亲秉式占曰：'天下两分之祥也。然朕遂得天下欤。'即**急行到**伊贺郡，焚伊贺驿家。"（第三册，p. 312）杜顺说《华严五教止观》卷1《终南山杜顺禅师缘起》："信此老人语，即回须臾到西京。其日薄晚甚怪，便且过诸善知识家，皆是不错逞巡。间鼓声动，即拟趁南门出。早被闭了，甚怅望不得出城。遂却善知识家。寄宿之上鼓动，即出城**急行到**山。其和上昨夜早已灭度讫。其人甚怨恨，不得见和上别，极悲哽果。如五台老人言，方知是文殊菩萨。"

【急须/あからさまに～べし】 偏正 迫切需要做某事。《唐大和上东征传》："时彼官人唤雨令老人处分，云汝等大了事人，急送水来。梦相如是，水应〔今〕至，诸人**急须**把碗待。"（p.65）东晋瞿昙僧伽提婆译《增壹阿含经》卷11《善知识品》："梵志曰：'贤女，此事无苦，王不奈汝何！我今**急须**，此五枚华，我得此华，汝得贵价。'梵志女曰：'汝**急须**华，欲作何等？'"（1）后秦佛陀耶舍、竺佛念等合译《四分律》卷3："佛告诸比丘：'汝伺彼鸟，还林宿时，语鸟言：与我两翅来，我今**急须**用。'"元魏慧觉等译《贤愚经》卷7《梨耆弥七子品》："王自忆念：'昔得其种，赋人恳殖，今当推校，为有为无？'即召诸臣，而问之言：'前敕种稻，为成熟不？今日**急须**，用治困病。'"（2）《宋书》卷65《申恬传》："河、济之间，应置戍捍，其中四处，**急须**修立，瓮口故城，又是要所，宜移太原，委以边事。"《魏书》卷78《孙绍传》："臣今不忧荒外，正虑中畿，**急须**改张，以宁其意。"按：《汉语大词典》中该词条无此义。

【急须应～/あからさまに～べし】 三字 必须赶紧做某事。《日本书纪》卷24《皇极纪》四年六月条："时中大兄即自执长枪，隐于殿侧。中臣镰子连等持弓矢而为助卫。使海犬养连胜麻吕授箱中两剑于佐伯连子麻吕与葛城稚犬养连网田，曰：'努力努力！**急须应**斩。'"（第三册，p.98）隋智顗说、灌顶记《菩萨戒义疏》卷2："十心者，十发趣心。起金刚心，谓十金刚。略不说十长养。此三十是始行者，**急须应**为开示故。三明不应，不应恶心教二乘外典等。"又《梵网菩萨戒经义疏》卷2："此三十是始行者**急须应**为开示故，三明不应。不应恶心教二乘外典等。若见机益物不犯。"

【疾鬼/ときおに】 偏正 （2例） 指掌管疾病的鬼神。《常陆国风土记·九慈郡》条："东山石镜。昔有魑魅，萃集玩见镜则自去。俗云**疾鬼**面镜自灭。"（p.408）《日本灵异记》下卷《击沙弥乞食以现得恶死报缘第15》："谅知邪见切身之利剑，瞋心是招祸之**疾鬼**，悭贪受饿鬼之苦因。"（p.298）唐实叉难陀译《地藏菩萨本愿经》下卷："尔时铁围山内，有无量鬼王，与阎罗天子俱，诣切利来到佛所。所谓……主畜鬼王、主禽鬼王、主兽鬼王、主魅鬼王、主产鬼王、主命鬼王、主**疾鬼**王、主险鬼王……如是等大鬼王，各各与百千诸小鬼王，尽居阎浮提，各有所执，各有所主。"按：《汉语大词典》失收。《日本古典文学大系》栏上的注释解作"气势汹汹的鬼魅"。《新编日本古典文学全集》栏上的注引"角川本"曰："鬼惧怕照镜子的民间信仰，亦可见《抱朴子内篇》"。由此可知，诸家认为"疾鬼"是指因害怕照镜子而迅速逃离的鬼魅。我们认为，根据字面以及《日本灵异记》的文例，"疾鬼"只是千万种魑魅魍魉中主管疾病的一种，指给人带来疾病等灾祸的鬼魅。这样理解非但与文义毫无抵触，反而丰富了传说的内涵。

【疾隐/すみやかにかくす】 自创 迅速藏匿起来。《日本灵异记》上卷《信敬三

宝得现报缘第 5》:"然物部弓削守屋大连公,奏皇后曰:'凡佛像,不可置国内。犹远退。'皇后闻之,诏屋栖古连公曰:'<u>疾隐</u>此佛像。'"隋阇那崛多译《佛本行集经》卷 4《受决定记品》:"诸恶知识,不善之人,以为朋友,共相狎习,围绕游从。是等痴人,行不纯故,使彼如来,佛法僧宝,<u>速疾隐</u>没,不现世间,所有经书,悉皆灭尽。"又《佛本行集经》卷 36《耶输陀宿缘品》:"时彼长老,年少比丘,从毗耶离,<u>速疾隐</u>身,至于婆罗瞿摩帝岸,出身现往,彼所居处,诸比丘边。到已,即告彼等一切诸比丘言。"唐玄奘译《瑜伽师地论》卷 88:"勿因如是,似正法见,令佛圣教,<u>速疾隐</u>灭。"唐一行记《大毗庐遮那成佛经疏》卷 1《入真言门住心品》:"西方谓夜叉为秘密,以其身口意,<u>速疾隐</u>秘,难可了知故。"按:从译经文例可知,"疾隐"截取自"速疾隐身"等说法。

【疾作/とくつくる】 格义 紧急制作,赶制。《日本书纪》卷 21《崇峻纪》二年四月条:"乃斫取白月胶木,<u>疾作</u>四天王像,置于顶发,而发誓言:'今若使我胜敌,必当奉为护世四王,起立寺塔。'"(第二册,p. 512)吴康僧会译《六度集经》卷 8:"月光泣曰:'愿假吾命,漏刻之期,募求智士,必有能却,七国之患者也。'王即募曰:'孰能禳斯祸者,妻以月光,育以原福。'太子曰:'<u>疾作</u>高观,吾其禳之。'"后秦弗若多罗、罗什合译《十诵律》卷 19:"一贾客见已,语其妇言:'华色比丘尼于巷中倒地,汝扶令起将来。'妇即去扶起将来入舍,<u>疾作</u>籽糒粥,与已得醒。"唐义净译《根本说一切有部毗奈耶杂事》卷 38:"王曰:'此之智马,能全我命,马今既死,欲何以报?'诸臣答言:'应为智马,于城四门,宜作非时,白莲华会,广行惠施,盛修福业,以资魂路。'王言:'甚善!宜时<u>疾作</u>。'"按:根据《汉语大词典》的释义,"疾作",一是"努力劳作"的意思。《庄子·外篇·至乐第 18》:"夫富者,苦身<u>疾作</u>,多积财而不得尽用,其为形也亦外矣。"(p. 609)二是"疟疾发作"。《孟子·离娄下》:"子濯孺子曰:今日我<u>疾作</u>,不可以执弓,吾死矣夫。"孙奭疏:"今日我疟疾发作,不可以执弓而敌之,我必死矣。"上述两个意思,与《崇峻纪》和汉译佛经的意思均有所不同。

【集鸣/あつまりなく】 格义 (蜜蜂等)聚集在一起鸣叫。《日本灵异记》中卷《依恶梦至诚心使诵经示奇表得全命缘第 20》:"二子白母言:'屋上在七躯法师而读经矣。遄出应见。'彼读经音,如蜂<u>集鸣</u>。"(p. 202)高丽一然撰《三国遗事》卷 1:"寺玉门池,冬月众蛙,<u>集鸣</u>三四日。"按:在中国传世文献当中,"集鸣",谓凤凰集鸣。汉刘向《说苑·辨物》:"[凤]晨鸣曰发明……<u>集鸣</u>曰归昌。"→【来鸣】

【嫉妒之心/ねたみのこころ】 四字 不满他人胜过自己而心生妒恨。嫉、妒皆有怨恨之意,谓憎恶卓越者的情绪。《日本灵异记》中卷《智者诽妒变化圣人而现至阎罗阙受地狱苦缘第 7》:"于是智光法师,发<u>嫉妒之心</u>,而非之曰:'吾是智人,行基是沙弥。何故天皇不齿吾智,唯誉沙弥而用焉?'"(p. 167)吴支谦译《撰集百缘经》卷 5

《饿鬼品》："时诸比丘，闻佛说是，**嫉妒之心**，多诸过患，能令众生，堕于恶趣，咸共舍离，厌恶生死，心开意解。"姚秦佛陀耶舍、竺佛念等译《四分律》卷52："时萨遮尼犍子，闻毘舍离诸梨奢以大价摩尼钵，先与瞿昙沙门，不受后来与我。彼怀憍慢贡高，**嫉妒之心**，瞋恚不喜，不自慎护。"梁曼陀罗仙译《宝云经》卷5："善男子，菩萨复有十法，名除嫉妒。何等为十？自行布施，亦教他人，行布施；赞叹布施法；见他布施，心生随喜；为说法要，赞叹彼人；令使欢喜，终不生念；但施于我，莫施于彼；愿一切众生，皆得施利；所须具足，皆得快乐；得世间利乐；得出世利乐。我今勤为众生，修无上道，为欲利益故，云何当起，**嫉妒之心**？善男子，具此十事，是名菩萨，能除嫉妒。"

【**嫉意**/ねたむこころ】 偏正 嫉妒的心情。《日本书纪》卷13《允恭纪》八年二月条："皇后闻之，且大恨也。于是衣通郎姬奏言：'妾常近王宫，而昼夜相续欲视陛下之威仪。然皇后则妾之姊也。因妾以恒恨陛下，亦为妾苦。是以冀离王居而欲远居，若皇后**嫉意**少息欤。'"（第二册，p. 120）吴支谦译《太子瑞应本起经》卷1："太子有从伯仲之子，兄弟二人，长名调达，其次曰难陀。调达虽有高世之才，自然难暨，然而自憍，常怀**嫉意**。"西晋无罗叉译《放光般若经》卷14："菩萨学般若波罗蜜时，**嫉意**不生，犯戒意不生，恚意不生，乱意不生，懈怠意不生，愚痴意不生，三毒意不生，疑意不生，五阴意不生，乃至道意不生。"姚秦竺佛念译《出曜经》卷17："失所怀痛忧者，行不专己，俱兴**嫉意**，自坠于渊，皆由行不正故，是故说失所怀痛忧也。"按：《汉语大词典》失收。

【**幾日之内**/いく かがうちに】 先例 几天之内。《日本书纪》卷2《神代纪下》："已而召集鳄鱼问之曰：'天神之孙，今当还去。你等**几日之内**，将以奉致。'"（第一册，p. 176）《野叟曝言》第48回："他拿了诗去，**几日之内**，颜色大是不豫。一日，忽满面笑容，私递一柬，说：'前日花笺忽被大小姐看见，不特不加谴责，反有敬慕先生之意，吟成此诗。先生当力图之，一箭双雕，认嫦娥便不辜负秋风也！'"→【未経几日】

【**己財**/おのがたから】 偏正 自己的财产，私人财产。《日本书纪》卷25《孝德纪》大化元年九月条："其臣、连等、伴造、国造各置己民恣情驱使，又割国县山海、林野、池田以为**己财**，争战不已。"（第三册，p. 126）西晋竺法护译《渐备一切智德经》卷1："又不盗窃，心常好施，不贪他财，**己财**止足，不数多求，睹他所有，万物生业，财宝之利，不生嫉心。"齐求那毘地译《百喻经》卷4："心怀忧苦，便欲罢道。如彼愚人，欲等富者，自弃**己财**。"唐义净译《根本说一切有部毘奈耶颂》卷1："若借他衣等，由贪作**己财**，若后不还他，便得吐罗罪。"按：《汉语大词典》失收。

【**己児**/おのがこ】 偏正 自己的儿子。《日本灵异记》中卷《常鸟卵煮食以现得恶死报缘第10》："诚知地狱现在。应信因果，不可如乌鸟慈**己儿**而食他儿。"（p. 176）

姚秦鸠摩罗什译《大智度论》卷1《序品》："仙人出时，见此鹿子，自念本缘，知是己儿，取已养育。"梁宝唱等集《经律异相》卷39《独角仙人情染世欲为淫女所骑》亦有辑录。元魏慧觉等译《贤愚经》卷1《无恼指鬘品》："王亦思惟，自忆前事，知是己儿，即收取养，以足斑驳，字为迦摩沙波陀，晋言驳足。"元魏瞿昙般若流支译《正法念处经》卷28《观天品》："以何等心，利益众生？见杀生者，如杀己儿。观诸虫蚁，亦复如是。亦教他人，令住善道。"按：《汉语大词典》失收。→【他儿】【健儿】

【己夫／おのがつま】 偏正　自己的丈夫。《播磨国风土记·贺毛郡》条："右号腹辟者，花浪神之妻为追己夫，到于此处。遂怨瞋，受以刀辟腹，没于此沼。故号腹辟沼。其沼鲋等，今无五藏。"（p.116）后汉安世高译《婆罗门子命终爱念不离经》卷1："昔有一人妇还归家，彼亲属欲夺与他人。彼妇人闻之，亲属欲持我与他人。彼妇人闻已，速便走还，还至己夫所。到已，语彼夫曰：'君当知，我亲属欲持我与他人。君所应为者，今当为之。'"刘宋昙摩蜜多译《佛说转女身经》卷1："复次，女人成就八法，得离女身，速成男子。何谓为八？一不偏爱己男；二不偏爱己女；三不偏爱己夫；四不专念衣服、璎珞；五不贪著华饰、涂香；六不为美食因缘，犹如罗刹杀生食之；七不悋所施之物，常追忆之，而生欢喜；八所行清净，常怀惭愧。是名为八。"唐道世撰《法苑珠林》卷54："婆罗门言：'儿今堕火何故不捉？'妇即答言：'我自少来，唯近己夫，不近余男。云何令我，捉此男子？'"按：《汉语大词典》失收。

【己妇／おのがめ】 偏正　（2例）　自己的女人，自己的老婆。《日本书纪》卷6《垂仁纪》二年是岁条："（《一云》）于是阿罗斯等大欢之欲合。然阿罗斯等去他处之间，童女忽失也。阿罗斯等大惊之，问己妇曰：'童女何处去矣？'对曰：'向东方。'"（第一册，p.304）又卷25《孝德记》大化二年三月条："复有屡嫌己妇奸他，好向官司请决。假使得明三证，而俱显陈，然后可咨。讵生浪诉？"（第三册，p.154）（1）西晋安法钦译《阿育王传》卷6："摩突罗国，有一长者，子新取妇，竟辞其父母，向尊者所，求哀出家。尊者即时，度使出家，教受禅法。及其坐禅，心念己妇，颜貌端正。"隋阇那崛多译《佛本行集经》卷47《跋陀罗夫妇因缘品》："尔时，长者便生瞋恨，即唤己妇，令解衣服，及诸璎珞，复告言曰：'我既遣汝，捡挍家资，乃有沙门，婆罗门者，诣家乞食，而汝不与？'"唐道世撰《法苑珠林》卷55："老母于后，伺其夫主，不在之时，以一死尸，置其家中。及其夫还，老母语言：'汝妇已死。'夫即往视，信是己妇，哀哭懊恼。"（2）《广异记·仇嘉福》条："嘉福出堂后幕中，闻幕外有痛楚声。抉幕，见己妇悬头在庭树上，审其必死，心色俱坏。"该例亦见于《太平广记》卷301。按：《汉语大词典》失收。→【他妇】

【己所造～／おのれがつくるところの～】 所字　自己建造的……《日本灵异记》中卷《己作寺用其寺物作牛役缘第9》："探之斑文，谓：'赤麻吕者，檀于己所造寺，而随恣心借用寺物，未报纳之死亡焉。为偿此物，故受牛身者也。'"（p.173）姚秦竺

佛念译《出曜经》卷8《念品》："为人所爱敬，皆由**己所造**，现世得称誉，后生于天上。"萧齐僧伽跋陀罗译《善见律毗婆沙》卷1《3 阿育王品》："诸比丘僧，心作是念：'我当以神通力，令王得见，**己所造**功德。见此已，然后佛法大盛。'"按：如文例所示，第9话中的"己所造~"用作具体义；汉译佛经中的该句式用作抽象义。

【**己众**／おのがしゅう】 偏正 （3例） 隶属于我方的众人。《日本书纪》卷7《景行纪》十二年九月条："于是武诸木等先诱麻剥之徒，仍赐赤衣、裈及种种奇物，兼令执不服之三人。乃率**己众**而参来，悉捕诛之。"（第一册，p.350）又卷9《神功纪》摄政元年三月条："时有熊之凝者，为忍熊王军之先锋。则欲劝**己众**，因以高唱之歌曰。"（第一册，p.442）又卷30《持统纪》元年五月："五月甲子朔乙酉，皇太子率公卿百寮人等适殡宫而恸哭焉。于是隼人大隅阿多魁帅各领**己众**，互进诔焉。"（第三册，p.480）（1）东晋瞿昙僧伽提婆译《中阿含经》卷26："于是，异学无恚，告**己众**曰：'诸贤，沙门瞿昙，倘至此众。若必来者，汝等莫敬，从坐而起，叉手向彼，莫请令坐，豫留一座。彼到此已，作如是语：瞿昙，有座，欲坐随意。'"失译人名今附秦录《别译杂阿含经》卷2："时阿修罗，亦敕**己众**：'我等若胜，亦以五缚，系释提桓因，诣阿修罗宫。'"姚秦鸠摩罗什译《佛垂般涅槃略说教诫经》卷1："汝等比丘，若求寂静，无为安乐，当离愦闹，独处闲居。静处之人，帝释诸天，所共敬重，是故当舍，**己众**他众，空闲独处，思灭苦本。若乐众者，则受众恼。譬如大树，众鸟集之，则有枯折之患，世间缚著，没于众苦。"（2）《晋书》卷84《殷仲堪传》："仲堪恚被贬退，以王恭虽败，**己众**亦足以立事，令玄等急进军。"按：《汉语大词典》失收。

【**系恋**／おもい·けいれん】 书简 （3例） 犹言挂念，恋念不舍。《万叶集》卷16第3811～3813首歌注："于时娘子，**系恋**伤心，沉卧痾疹"（第四册，p.107）又第3857首歌注："于时宿直不遑，夫君难遇。感情驰结，**系恋**实深。"又卷17第3965首歌题："而由身体疼羸，筋力怯软。未堪展谢，**系恋**弥深。"（第四册，p.178）（1）吴支谦译《佛说须摩提长者经》卷1："是故汝等，当深观察，无常之法，若能如是，无复恩爱，**系恋**之心，亦无贪欲瞋恚，愚痴之想，永断生老，病死之苦，得离一切，不善之法，增益无量，清净之行，深达诸法，十二缘起。以是因缘，常值诸佛。"梁僧佑撰《弘明集》卷8："释曰：'原夫形像始立非为教本之意，当由灭度之后，**系恋**罔己栴檀香像，亦有明文。'"敦煌杜友晋《书仪镜》："事阻愿为（违），**系恋**殊增。"（2）《魏书》卷41《源贺传》："臣受恩深重，无以仰答，将违阙庭，豫增**系恋**，敢上瞽言，唯加裁察。"（p.921）按：从上引诸例可知，"系恋"一词最早出现在佛典，指包括男欢女爱在内的世间眷恋之情。如《魏书》例文所示，嗣后开始用于书仪类文章，表示作者自身对君上的顾恋之心。后来又出现在书简之中，成为书仪用语。《万叶集》3例中，卷16的例句用于歌注，表示妻子对丈夫思念情切，与佛典用法相同。卷17中的例文有所不同，延续的是规范的书仪用法。

【繋念相続/けいねんあひつづく】 四字 "系"，拴缚；"念"，思念。"系念"，挂念的意思。《日本书纪》卷19《钦明纪》二年四月条："以后**系念相续**，图建任那，旦夕无忘。"（第二册，p.368）隋智顗撰《妙法莲华经玄义》卷4："初中后夜，**系念相续**，行住坐卧，心常在定，间念不生，是名精进。一心在定，不乱不味名为定。"唐玄奘译《大般若波罗蜜多经》卷590："若菩萨摩诃萨闻诸善事，不能**系念**，**相续**受行，当知名为，懈怠菩萨。"唐法藏撰《华严游心法界记》卷1："既知是已，常须**系念相续**，勿令恶见闻之。乃至证见如常见世间物等者，方名入大缘起法界也。"唐道宣撰《续高僧传》卷19："侍者道游供给左右，唯以粳米白粥日进一杯。余则**系念相续**，不愧空景。经于数年，不涉村邑。"按：佛典中的"系念相续"表示不断地控制住妄念；《钦明纪》中"系念相续"则表示一直挂记着做某事。两者词形相同，意思和用法却截然相反。

【繋心供奉/こころをぐぶにかく】 四字 时刻不忘供给奉养，控制妄念供养。《续日本纪》卷33《光仁纪》宝龟五年三月条："今其孙邕，即位执政，追寻家声，**系心供奉**。"（第四册，p.422）《占察善恶业报经》卷1："供养一切，诸佛法身、色身、舍利、形像、浮图、庙塔一切佛事；供养一切，所有法藏，及说法处；供养一切，贤圣僧众，愿共一切众生。修行如是供养已，渐得成就，六波罗蜜、四无量心。深知一切法，本来寂静，无生无灭，一味平等，离念清净，毕竟圆满。又应别复，**系心供养**，我地藏菩萨摩诃萨。"

【忌捨/いみすつ】 并列 （2例） 避讳舍弃。《元兴寺伽蓝缘起并流记资财账》："但天皇与我同心，皇子等亦底同心，终佛法莫**忌舍**。"又："此樱井寺者，我汝不得**忌舍**。"唐迦才撰《净土论》卷2："念斯如来，其人当得无量之福，永当远离三涂之厄。命终之后，皆当往生彼佛刹土。命欲终时，一心信乐，念不**忌舍**。阿弥陀佛将诸比丘僧，往其人前，魔终不能毁坏斯等正觉之心。"按：《汉语大词典》失收。

【忌斎/をがみ】 偏正 （2例） 旧时于忌辰设的斋醮；帝王忌日所设的斋会。《续日本纪》卷31《光仁纪》宝龟二年五月条："甲寅，始设田原天皇八月九日**忌斋**于川原寺。"（第四册，p.344）又宝龟二年八月条："丁巳，设高野天皇**忌斋**于西大寺。"（第四册，p.348）（1）《全隋文》卷12柳晋《天台国清寺智者禅师碑文》："赴十一月二十四日先师**忌斋**，使乎集僧。跪开石室，唯见空床虚帐，薜苔蛛网。"《全唐文》卷742刘轲《大唐三藏大遍觉法师塔铭（并序）》："大和二年，安国寺三教谈论大德内供奉赐紫义林，修三藏**忌斋**于寺。"（2）宋志盘撰《佛祖统纪》卷33："佛祖**忌斋**：如来于周穆王五十三年（壬申）二月十五日入灭。凡在伽蓝，必修供设礼，谓之佛忌。"前蜀杜光庭《冯涓大夫助上元斋词》："今年二十六日，亡姚陇西郡君赠陇西郡太夫人李氏**忌斋**。"

【济苍生/そう せいをやすくすく ふ】 三字 　救济百姓。《唐大和上东征传》淡海元开《初谒大和上二首并序》："我皇帝据此龙图，**济苍生**于八表，受彼佛记，导黔首于三乘，则有负鼎掷〔钓〕，虽比肩于绛阙，而乘杯听铎，未连影于玄门。"（p. 98）梁会慧皎撰《高僧传》卷4："烈宗孝武诏曰：'深法师理悟虚远，风鉴清贞，弃宰相之荣，袭染衣之素。山居人外，笃勤匪懈，方赖宣道，以**济苍生**。'"该例在唐神清撰、慧宝注《北山录》卷3中亦见辑录。梁僧佑撰《弘明集》卷8："兆百福于未萌，**济苍生**于万劫。"→【宁济苍生】

【济度/さいど】 并列 　谓救渡沉浮于生死苦海的众生，到达开悟的彼岸。《日本灵异记》中卷《奉写〈法华经〉因供养显母作女牛之因缘第15》："高桥连东人者，伊贺国山田郡嗷代里人也。大富饶财。奉为母写《法华经》，以盟之曰：'请于我愿，有缘之师，欲所**济度**。'"（p. 187）后汉康孟详译《佛说兴起行经》卷1："佛告舍利弗：'汝观如来，众漏已尽，诸善普具，慈愍天人，乃至蠕动，皆欲使**济度**。随有此功德，犹不免于宿缘。况复愚曚，未识道者？'"姚秦鸠摩罗什译《妙法莲华经》卷1《方便品》："唯此一事实，余二则非真，终不以小乘，**济度**于众生。"隋阇那崛多译《佛本行集经》卷17《舍宫出家品》："此处今出大船师，当度未度众生类，牢装方便智舟楫，**济度**无量忆天人。"

【济度衆生/しゅじょうをさいどす】 四字 　使世人脱离生死苦海，到达开悟的彼岸。《唐大和上东征传》："大和上答曰：'昔闻南岳思禅师迁化之后，托生倭国王子，兴隆佛法，**济度众生**。'"（p. 40）后汉竺大力、康孟详合译《修行本起经》卷1《试艺品》："太子志意，不以为欢，常欲弃舍，静修道业，**济度众生**。"东晋佛驮跋陀罗译《大方广佛华严经》卷55《入法界品》："佛子，譬如大船不依此岸，不乐彼岸，不著中流，于大海中，**济度众生**；菩萨摩诃萨，亦复如是。以波罗蜜力船，于生死海，**济度众生**，不依此岸，不乐彼岸，而度众生，于一切劫，修菩萨行，不起劫想，亦不见劫，有修短相。"姚秦竺佛念译《出曜经》卷30《梵志品》："佛灭度后，当有罗汉出世，名曰优波掘，于其中间，**济度众生**不可称计，演说八道，无碍之法。"

【济化/さいげ・すくひをしふ】 并列 　救渡教化。《唐大和上东征传》："于是兴建佛事，**济化**群生，其事繁多，不可具载。"（p. 34）西晋竺法护译《佛说弘道广显三昧经》卷4《不起法忍品》："是慧菩萨，应修向脱，执权而还，还住生死。现在所生，受身之处，**济化**愚冥，导以智慧，得免罪苦。"失译人名今附秦录《大乘悲分陀利经》卷5《大师立愿品》："舍此众生，各取妙土，易化净意，种诸善根，精进不懈，以曾亲近，供养多佛，而**济化**之。"按：《汉语大词典》例举《晋书》卷45《王坦之传》："立德存乎至公，故无亲而非理；成名在乎无私，故在当而忘我。此天地所以成功，圣人所以**济化**。"偏晚。

【济疾/やまひをすくふ】 自创　救治病患。《续日本纪》卷20《孝谦纪》天平宝字二年七月条："朕思延年**济疾**，莫若仁慈。宜令天下诸国，始自今日，迄今年十二月三十日，禁断杀生。又以猪鹿之类，永不得进御。"（第三册，p.256）姚秦鸠摩罗什等译《禅秘要法经》卷3："尔时天地，六种震动。释梵护世、无数天子，金然俱下，到太子所，告太子言：'汝今以身，**济病**众生，欲求何等？''为求帝释、魔王梵天、转轮圣王。'"唐法藏撰《梵网经菩萨戒本疏》卷5："二次第者，前防自身，不能济病，今就依报，不畜非器，故次制也。"按："济疾"是通过异字同训的手法，由佛典中的"济病"一词中的"病"换成"疾"而来。

【济助/すくひたすく】 并列　救助；帮助。《日本灵异记》下卷《用网渔夫值海中难凭愿妙见菩萨得全命缘第32》："时名妹丸，漂之于海，至心归于妙见菩萨，发愿而言：'**济助**我命，量乎我身，作妙见像。'"（p.344）唐法琳撰《一切经音义》卷22："廉所资赡……《声类》曰：赡，助也。言孤茕无人**济助**也。"唐不空译《降三世忿怒明王念诵仪轨》卷1："若欲**济助**，重病人者，对像前咒香水一百八遍，急撮入病者腹怀内，则醒起。"按：《汉语大词典》首引元范康《竹叶舟》楔子："他曾屡次寄书，约我到寺中相会，或者他肯**济助**我，也未见得。"偏晚。

【既经多日/すでにあまたのひをへぬ】 时段 （2例）　已经过好了多天，已经过了好一段日子。《古事记》中卷《应神记》："于是大雀命与宇迟能和纪郎子二柱各让天下之间，海人贡大赞。尔兄辞令贡于弟，弟辞令贡于兄。相让之间，**既经多日**。如此相让，非一二时。"（p.272）《日本书纪》卷12《履中纪》六年二月条："天皇闻其叹而问之曰：'汝何叹息也。'对曰：'妾兄鹭住王为人强力轻捷。由是独驰越八寻屋而游行，**既经多日**，不得面言。故叹耳。'"（第二册，p.94）唐义净译《根本说一切有部毘奈耶》卷22："邬波难陀，报少女曰：'汝乐福者，可为捻之。'彼便报曰：'圣者若捻细缕，多时方办。幸勿疾催。'邬波难陀，见其许已，咒愿而去。**既经多日**，便来问缕。诸女悉皆，持缕相施。邬波难陀，既受得缕，皆与咒愿：'此之施物，是庄严心。是心资助，胜定资粮。当获人天，上妙衣服。'"按：在"既经多日"和"已经多日"的短语中，"既"与"已"为同义词，可视作异字同训。而且，四字语句亦为传经布道时常见的话语节奏。→【逗之多日】【未経多日】【已経多日】

【既了/すでにをはる】 完成 （3例）　已经结束。《日本书纪》卷15《显宗纪》即位前纪条："亿计王起舞**既了**，天皇次起，自整衣带，为室寿曰。"（第二册，p.218）《万叶集》卷16第3804~3805首歌注："累年之后，壮士还来，复命**既了**。"（第四册，p.100）《日本灵异记》下卷《重斤取人物又写〈法华经〉以现得善恶报缘第20》："虾夷奉写《法华经》二遍，每遍设会，讲读**既了**。后复思议，犹不足心，更敬缮写。"（p.315）（1）《魏志》卷16裴松之注引《魏略》曰："乐详字文载。少好学，建安初，详闻公车司马令南郡谢该善《左氏传》，乃从南阳步［涉］诣［许，从］该问疑难诸要，今《左氏乐氏问七十二事》，详所撰也。所问**既了**而归乡里，时杜畿为太守，亦甚好学，署详文学祭酒，使教后进，于是河东学业大兴。"（p.507）（2）《敦煌变文·庐山远公话》："书契**既了**，度与相公。"（p.258）又《韩擒虎话本》："拜舞**既了**，遂拣细马百匹，明驼千头、骨咄、猠㺜、麋鹿、麝香，盘缠天使。"（p.304）又《降魔变文》："须达叹之**既了**，如来天耳遥闻，他心即知，万里殊无障隔。"（p.554）按：《汉语大词典》失收。尽管"既了"一词早在裴松之的注释中就已出现，但从敦煌变文中例句有 6 例之多这一点来看，其口语特征不容置疑。而且，它还习见于唐以后的汉译佛经。唐义净译《根本说一切有部毘奈耶》卷 3："苾刍得食，还归商旅，食事**既了**，持己衣钵，同过税处。"唐输波迦罗译《苏悉地羯罗经》卷 1《持戒品》："澡浴**既了**，应以两手，掬水一掬，用前心真言加之。经诵七遍，用灌其顶。"不空译《金刚寿命陀罗尼经法》卷 1："设坛**既了**，悬诸幡盖，安置金刚，三世尊像，供养之物，华菓饮食，布坛四周，护摩药物，置行者前。"

【既訖／すでにをはる】 完成 （14 例）　已经结束，业已完结。《日本书纪》卷 10《应神纪》十九年十月条："歌之**既讫**，则打口以仰笑。今国樔献土毛之日，歌讫即击口仰咲者，盖上古之遗则也。"（第一册，p.486）又卷 12《履中纪》即位前纪条："皇太子自谅暗出之，未即尊位之间，以羽田矢代宿祢之女黑媛欲为妃，纳采**既讫**，遣住吉仲皇子而告吉日。"（第二册，p.76）又卷 22《推古纪》十四年五月条："又造佛像**既讫**，不得入堂。诸工人不能计，以将破堂户。然汝不破户而得入。此皆汝之功也。"（第二册，p.552）又卷 23《舒明纪》即位前纪条："既而大臣传阿倍臣、中臣连，更问境部臣曰：'谁王为天皇？'对曰：'先是大臣亲问之日，仆启**既讫**之。今何更亦传以告耶？'乃大忿而起行之。"（第三册，p.32）又卷 24《皇极纪》元年二月条："使人贡献**既讫**，而咨云：'去年六月，弟王子薨。'"（第三册，p.58）又卷 25《孝德纪》白雉三年正月条："自正月至是月，班田**既讫**。凡田长三十步为段，十段为町。"（第三册，p.190）又卷 28《天武纪上》元年七月条："军政**既讫**，将军等举是三神教言而奏之。即敕登进三神之品以祠焉。"（第三册，p.340）又卷 29《天武纪下》十年八月条："丙子，诏三韩诸人曰：'先日复十年调税**既讫**。且加以归化初年俱来之子孙，并课役悉免焉。'"（第三册，p.410）《日本灵异记》上卷《圣德皇太子示异表缘第 4》："游观**既讫**，返釐幸行。脱覆之衣挂于木枝，无彼乞匂。"（p.69）又《偷用子物作牛役之示异表缘第 10》："朝，事行**既讫**之曰：'令他人远却。'然后召集亲族，具陈先事。"（p.87）又中卷《未作毕佛像而弃木示异灵表缘第 26》："请有缘处，劝人集物，雕造阿弥陀佛、弥勒佛、观音菩萨等像。**既讫**，今居置吉野郡越部村之冈堂也。"（p.217）《续日本纪》卷 11《圣武纪》天平六年四月条："诸道节度使事**既讫**，于是令国司主典以上掌知其事。"（第二册，p.278）又天平七年九月条："于是，下所司科断。承伏**既讫**。有诏，并宥之。"（第二册，p.294）又卷 19《孝谦纪》天平胜宝六年九月条："又览去天平八年格，国司等所部交关，运物无限者，禁断**既讫**。"（第三册，p. 146）（1）《尚书》商书《西伯戡黎》："西伯既戡黎，祖伊恐，奔告于王。曰：'天子！天**既讫**我殷命。格人元龟，罔敢知吉。非先王不相我后人，惟王淫戏用自绝。'"《魏志》卷29《方伎传》："祭祀**既讫**，则刍狗为车所轹，故中梦当堕车折脚也。"《后汉书》卷44《张禹传》："诏报曰：'祠谒**既讫**，当南礼大江，会得君奏，临汉回舆而旋。'及行还，禹持蒙赏赐。"（2）后汉支娄迦谶译《佛说阿阇世王经》卷2："饭事**既讫**，阿阇世则取一机，坐文殊师利前，自白言：'愿解我狐疑。'"《杂譬喻经》卷1："昔有贤者，奉法精进，得病奄亡。妻子嗥恋，无聊有生。火葬收骨，埋去**既讫**，废忘经道，香灯不设。家财饶富，月旦晦朔，烹杀馔饭，上冢集会，相哭哀摧，悲悼断绝。亡者戒德，终乃升天。"唐般若译《大方广佛华严经》卷12："所为**既讫**，正坐临朝，十千大臣，前后围绕，共理王事，出纳王言，听事毕来，尽昼初时，为后二分。"按：《汉语大词典》失收。

【继生死/しょうじをつぐ】 三字　不断地生死轮回。《日本灵异记》下卷《灾与善表相先现而后其灾善答被缘第38》："等流果所引故，而结爱网业，烦恼之所缠，而**继生死**，驰乎八方，以炬生身。"（p. 371）东晋道安撰《人本欲生经诸》卷1："由生有死故，故曰因缘。达今世后世，累**继生死**，故曰更苦。明照三世，故曰微妙也。结苦谛也。"

【寄住/きじゅう】 偏正　暂时借住在某处。《怀风藻》第109首释道融《小传》："昔丁母忧，**寄住**山寺，偶见《法华经》，慨然叹曰：'我久贫苦，未见三宝珠之在衣中。周孔糟粕，安足以留意？'遂脱俗累，落饰出家。"（p. 174）（1）吴支谦译《撰集百缘经》卷5《饿鬼品》："时彼父母，为此女故，造僧伽蓝。又请诸比丘尼，共住寺中。时长者女，于戒律中，有少毁犯，诸比丘尼，驱令出寺。心怀惭愧，不能归家，**寄住**他舍，生大瞋恚，便作是言。"梁慧皎撰《高僧传》卷9："时衡阳太守南阳滕永文在洛，**寄住**满水寺，得病经年不差，两脚挛屈，不能起行。域往看之曰：'君欲得病疾差不？'因取净水一杯，杨柳一枝，便以杨柳抚水，举手向永文而咒。如此者三，因以手搦，永文两膝令起，即起行步如故。"（2）《艺文类聚》卷82引《幽明录》曰："河东常丑奴，将一小儿，湖边拔蒲，暮恒宿空田舍中。时日向暝，见一少女子，姿容极美，乘小船，载莼。径前投丑奴舍**寄住**。因卧，觉有臊气。女已知人意，便求出户，变为獭。"（p. 1407）《南齐书》卷54《何求传》："泰始中，妻亡，还吴葬旧墓，除中书郎，不拜。仍住吴，居波若寺，足不逾户，人莫见其面。明帝崩，出奔国哀，除为司空从事中郎，不就。乃除永嘉太守。求时**寄住**南涧寺，不肯诣台，乞于寺拜受，见许。"按：《汉语大词典》例引《周书》卷47《褚该传》："恒**寄住**诸佛寺，好游行民家，兼历造王公邸第。"偏晚。

【寂居/じゃくこ】 自创　寂然居住在寺院（过着修行的生活）。《续日本纪》卷7《元正纪》："凡僧尼，**寂居**寺家，受教传道。准令云：'其有乞食者，三纲连署。午前捧钵告乞，不得因此更乞余物。'"（第二册，p.26）（1）西晋竺法护译《佛说弘道广显三昧经》卷1《得普智心品》："身命无惜，得精进力，积众德本，志常无惓，使得定力，**善寂居静**，解定要行，使得慧力。"梁僧伽婆罗译《解脱道论》卷5《行门品》："**寂寂居住**，修定果报，此功德生虚空处，如初广说。功德生虚空者，已修虚空处，命终生虚空天，寿命二千劫。"唐义净译《根本说一切有部毗奈耶》卷8："问言圣者：'仁是上座，为是法师？'报言贤首：'我非上座，亦非法师，我是**求寂，居**僧之下。'"（2）宋惟净等译《金色童子因缘经》卷10："商主即入，残破舍中，见其妻室，同一女使，**寂居**其内。妻之容貌，干黑瘦赢，破弊垢衣，掩覆身体。"按：《汉语大词典》失收。

【寂然無言/じゃくねんとしていふことなし】 说词 寂静地不吱声。《唐大和上东征传》："彦即一声唱佛，端坐，**寂然无言**。大和尚乃唤彦，彦悲恸无数。"（p.76）吴支谦译《菩萨本缘经》卷1《毗罗摩品》："尔时，菩萨为诸婆罗门，说如是言：'汝等当知，我今集聚，如是种种，金银、女人、车乘、象马、仓谷、珍宝，正为汝等，幸可少时，**寂然无言**，听我所愿，然后随意，共分而去。'"姚秦竺佛念译《菩萨从兜术天降神母胎说广普经》卷2《三世等品》："尔时世尊，即以神力，入无畏空界三昧，使一切众，尽见释迦文身。**寂然无言**，身相具足。"刘宋求那跋陀罗译《杂阿含经》卷23："次复示尊者薄拘罗塔：'此是薄拘罗塔，应当供养。'王问曰：'彼有何功德？'尊者答曰：'彼无病第一，乃至不为人，说一句法，**寂然无言**。'王曰：'以一钱供养。'诸臣白王：'功德既等，何故于此，供养一钱？'"

【加療治/りょうじをくはふ】 三字 加以医治、治疗。《唐大和上东征传》："爰有胡人言能治目，遂**加疗治**，眼遂失明。"（p.74）吴支谦译《撰集百缘经》卷10《诸缘品》："足满十月，产一男儿，身体有疮，甚患苦痛，呻号叫唤，未曾休息。年渐长大，疮皆溃烂，脓血横流，常患疼痛，因为立字，名曰呻号。父母怜愍，设诸方药，虽**加疗治**，疮无除愈。"→【医药疗治】

【加行/かぎょう】 并列 意为加力修行，以做入正位的准备。亦译作"方便"。《日本灵异记》下卷《灾与善表相先现而后其灾善答被缘第38》："发惭愧心，弹指耻愁者，本有种子，**加行**智行者，远灭前罪，长得后善也。"（p.372）后汉昙果、康孟详合译《中本起经》卷2《本起该容品》："夫人对曰：'唯事如来，归命三尊，朝奉佛斋，过中不湌，**加行**八事，饰不近身。必是世尊，哀顾若兹。'"东晋瞿昙僧伽提婆译《增壹阿含经》卷19《四意断品》："世尊告曰：'汝今当知，转轮圣王，**加行**十善，修十功德，亦复教人，行十善功德。'"按：《汉语大词典》首引唐窥基《成唯识论述记》卷9："旧言方便道，今言**加行**，显与佛果，善巧差别，因中行未成圆足，所行必须加功，求后胜果。"略晚。

【加言/ことをくはふ】 说词 添油加醋的话，诽谤。《万叶集》卷18第4128~

4131 首《越前国掾大伴宿祢池主来赠戏歌》书简："明知**加言**，岂有他意乎？"（第四册，p. 279）唐慧琳撰《一切经音义》卷52："诬谤：武干反。《说文》：**加言**也，亦欺也，以恶取善曰诬也。"宋从义撰《摩诃止观义例纂要》卷6："《玉篇》云：**加言**曰诬，亦掩也，欺也。"（1）后汉康孟详译《佛说兴起行经》卷2："我尔时不言与佛马麦，但言与比丘，以是故，我今得食捣麦仁；以卿等**加言**，当与佛麦故，今日卿等，食著皮麦耳。"宋法天译《妙法圣念处经》卷7："绮语而增过，**加言**饰说多。如理称实谈，而得生天上。"（2）西晋竺法护译《佛说阿惟越致遮经》卷2："'古今以来，夙兴夜寐，而不专精进，违失道义；两舌、恶口、妄言、绮语，其志怀害、转共净讼；重于罪福，不信空、无相、不愿之法。蠲于众行不起不灭，坏一切法永无有想，此之谓也。'于是佛默然，无所**加言**。贤者阿难承佛威神，问文殊师利曰：'何故世尊，默而不言？'文殊师利报曰：'最于后末，五浊世时，人法如是，不信深经，佛故默然。'"按：《汉语大词典》失收。上述诸例中，古辞书释"加言"为"诬蔑""诽谤"，含有贬义；如例句所示，"加言"与"绮语"并举，都是佛教中所说的口业之一。但是（2）中的"加言"意思有所不同，是说佛默不作声，没有再说什么。歌注中的"加言"用于戏书，意思是诬蔑、诽谤。

【加医疗/いりょうをくはふ】 三字　加以医治，给予治疗。《续日本纪》卷33《光仁纪》宝龟五年四月条："敕曰：'如闻天下诸国，疾疫者众。虽**加医疗**，犹未平复。'"（第四册，p. 430）（1）隋阇那崛多译《佛本行集经》卷54《优波离因缘品》："彼剃发师，寻时遇患，虽**加医疗**，治而不差，因其所患，乃至命终。"唐义净译《根本说一切有部毗奈耶杂事》卷17："时此城中有，卖香童子。有好毛緤，极生爱乐，不同余物。后因染患。虽**加医疗**，无效将终。遂集诸亲告言。我亡之后勿以火焚。将此毛緤缠裹我身弃于林野。"唐道宣撰《续高僧传》卷19："六年春创染微疾，自知非久，强**加医疗**，终无进服。"（2）《南史》卷30《何偃传》："上表解职，告灵不仕。孝武遇偃既深，备**加医疗**乃得差。"《全唐文》卷22元宗《分遣蒋钦绪等往十道疏决囚徒宣慰百姓制》："其有穷乏交不存济，及侍老行人之家有疾苦者，各令州县量**加医疗**及赈恤。"

【迦留陀夷/かるだい】 人名　梵语 kālodāyin 的译音，亦写作"迦楼陀因""迦楼陀夷"。佛弟子之一。原本是六群比丘之一，多有破戒的言行，其后才得道果，成为阿罗汉。《日本灵异记》中卷《依汉神崇杀牛而祭又修放生善以现得善恶报缘第5》："如《鼻奈耶经》说：'**迦留陀夷**，昔作天祀主，由杀一羊，今随作罗汉，而后得怨报于婆罗门之妻所杀。'云云。"（p. 160）姚秦鸠摩罗什译《妙法莲华经》卷4《五百弟子受记品》："其五百阿罗汉：优楼频螺迦叶、伽耶迦叶、那提迦叶、**迦留陀夷**、优陀夷、阿㝹楼驮、离婆多、劫宾那、薄拘罗、周陀、莎伽陀等，皆当得阿耨多罗三藐三菩提，尽同一号，名曰普明。"唐窥基撰《阿弥陀经疏》卷1："**迦留陀夷**者，《正法华》云：'此名黑曜。'《毗奈耶律》云：'名黑光。'《增一阿含》云：'迦留陀夷，其身极黑，夜行乞食。'"

【迦毘羅衛城/かびらえじょう】 地名 佛教圣地，尼泊尔古城遗址，意译"妙德城"。坐落在喜马拉雅山和楚里亚山麓卢醯赋河畔，临近蓝毗尼，是古代迦累罗卫国的都城。释迦族集居于此。《日本灵异记》下卷《产生肉团之作女子修善化人缘第19》："**迦毘罗卫城**长者之妻，怀妊生一肉团，到七日头，肉团开敷，有百童子。一时出家，而百人俱得阿罗汉果。"（p.309）金刚仙论师释《金刚仙论》卷1："如因拘尸那仙人名拘尸那城，因<u>迦毘罗仙人</u>名**迦毘罗卫城**，此皆因人为名也。"

【家大富饒/いへいたくとみにぎはふ】 自创 家境殷实，财物富足有余。《播磨国风土记·饰磨郡》条："右称韩室者，韩室首宝等上祖，**家大富饶**，造韩室。故号韩室。"（p.34）元魏瞿昙般若流支译《正法念处经》卷24："时彼天子，于此林中，受五欲乐，乃至爱善业尽，堕于地狱、饿鬼畜生。若生人中，于法城内，生于正见，大长者**家**，**大富饶**财，以余业故。"隋阇那崛多译《佛本行集经》卷35《耶输陀因缘品》："尔时天子，白帝释言：'愿闻其处。'帝释报言：'今此下方，阎浮提地，有一大城，名波罗奈。而彼城有，一大长者，名曰善觉。彼长者**家**，**大富饶**财，多有势力，乃至一切，无所乏少。而彼无子，汝今发心，往波罗奈，为彼作儿。'"唐般若译《大乘本生心地观经》卷4："爱乐在家诸菩萨，观于舍宅如宝藏。譬如长者有一子，其**家大富饶**财宝。"按：比照文例可知，四字语句"家大富饶"是从佛典中相关说法截取重组而成的。→【大富饶财】【~家饶财】

【家当（边）/いへのあたり】 口语 （10例） 房屋的旁边，房前屋后。日语训读中，"当"与"边"通，读作"アタリ"。①汉字例。《古事记》中卷《景行记》："故到于熊曾建之家见者，于其**家边**，军围三重，作室以居。"（p.218）《万叶集》卷3第254首："留火之 明大门尔 入日哉 榜将别 **家当**不见"（第一册，p.175）。又卷4第509首："**家当** 吾立见者 青旗乃 葛木山尔"（第一册，p.285）。又卷7第1244首："未通女等之 放发乎 木棉山 云莫蒙 **家当**将见"（第二册，p.230）。又卷11第2609首："白细之 袖者间结奴 我妹子我 **家当**乎 不止振四二"（第三册，p.228）。又卷12第2947首："（一云：无乏 出行家当见）"（第三册，p.316）。又第3057首："浅茅原 茅生丹足蹈 意具美 吾念儿等之 **家当**见津（一云：妹之**家当**见津）"（第三册，p.342）。②假名例。《万叶集》卷12卷14第3423首："布路与伎能游吉须宜可提奴 伊毛贺**伊敝乃安多里**"（第三册，p.479）。又第3542首："已许吕伊多美 安我毛布伊毛我 **伊敝能安多里**可闻"（第三册，p.509）。又卷15第3608首："孤悲久礼婆 安可思能门欲里 **伊敝乃安多里**见由"（第四册，p.29）。陈真谛译《律二十二明了论》卷1："释曰：'非成食有五种：一有因缘受四月请食；二**家边**请不具足食；三教化得食；四常食；五怜愍食。此食不碍次第传食。'"唐义净译《根本说一切有部毗奈耶》卷23："是时彼妇，与外私通。近彼**家边**，有空闲处。法与求地，遂便至此。"按：《汉语大词典》失收。日语"边"与"当"异字同训。《古事记》中还有"床边""河边"等说法，它们在古汉语中均为常见词语。

【家地/いへところ】偏正　居家之地。《播磨国风土记·贺古郡》条："所以号瓶落者，难波高津御宫天皇御世，私部弓取等远祖，他田熊千，瓶酒著于马尻，求行**家地**，其瓶落于此村。故曰瓶落。"（p.28）东晋佛驮跋陀罗译《大方广佛华严经》卷60《入法界品》："菩提心为家；如说修行为**家地**；菩萨所住为家处；菩萨忍法为豪尊；出生大愿为巨富；具菩萨行为顺家法；赞摩诃衍为绍家法；甘露灌顶一生菩萨为王太子，能净修治三世佛家。"梁宝唱等集《经律异相》卷44："国王闻之，念我国人物皆我许，便将人兵诣山采之，金化作石。复至一**家地**，耕取金，金化为土。复至一家井中汲取金，金化作瓦。都不能得。"唐实叉难陀译《大方广佛华严经》卷28《十回向品》："愿一切众生，离家属爱，虽现居家，心无所著；愿一切众生，善能化诱，不离家法，说佛智慧；愿一切众生，身现在家，心常随顺佛智而住；愿一切众生，在居**家地**，住于佛地，普令无量无边众生发欢喜心。"隋阇那崛多译《佛本行集经》卷2《发心供养品》："办具已讫，起明清旦于**家地**上，扫除清净，香泥涂地，以妙香水，重洒其上。复散种种，杂妙好花，敷置床座，即遣使人，往白佛言：'如来若知，时节至者，愿赴我家。'"按：《汉语大词典》失收。

【家家/いへいへ】重叠（4例）　每家，每户；每人，人人。《播磨国风土记·揖保郡》条："自此以后，**家家**静安，遂得成里，即号伊势。"（p.54）《常陆国风土记·新治郡》条："夫常陆国者，堺是广大，地亦缅邈，土壤沃坟，原野肥衍。垦发之处，山海之利，人人自得，**家家**足饶。"（p.356）《日本灵异记》下卷《智行并具禅师重得人身生国皇之子缘第39》："内教言：'人**家家**。'者，其斯谓矣。是亦奇异事矣。"（p.378）《续日本纪》卷20《孝谦纪》天平宝字元年七月条："如此宣大命〈尔〉不从将在人〈波〉、朕一人极而慈赐〈止母〉、国法不得已成〈奈牟〉。己**家家**、己门门祖名不失勤仕奉〈礼止〉宣天皇大命〈乎〉、众闻食〈止〉宣。"（第三册，p.196）（1）《汉书》卷76《赵广汉传》："其后强宗大族**家家**结为仇雠，奸党散落，风俗大改。"（2）后汉康孟详译《佛说兴起行经》卷1："世尊晨旦，著衣持钵，与五百比丘僧，及阿难围绕，共入罗阅祇城乞食，**家家**遍至。"刘宋求那跋陀罗译《杂阿含经》卷10："出家之人，卑下活命，剃发持钵，**家家**乞食，如被嗫咒。"隋阇那崛多译《佛本行集经》卷21《问阿罗逻品》："多见有人，以不少欲，不知厌足，爱惜资财，常起贪心，染著世利，**家家**尽皆，举手大哭。"唐玄奘译《阿毗达磨俱舍论》卷24《分别贤圣品》："二人**家家**，谓于人趣，生三二家，而证圆寂。"

【家家门门/いへいへかどかど】自创　犹言"家家户户"。《续日本纪》卷22《淳仁纪》天平宝字三年六月条："辞别宣〈久〉。朕一人〈乃未也〉庆〈之歧〉贵〈歧〉御命受赐〈牟〉。卿等庶〈母〉共喜〈牟止〉为〈弓奈母〉、一二治赐〈倍歧〉**家家门门**人

等〈尔〉、冠位上赐〈比〉治赐〈久止〉宣天皇御命、众闻食宣。"（第三册，p. 316）

【家裹/いへのうち】 后缀 （2例） 家中。《日本书纪》卷20《钦明纪》十二年是岁条："俄而有**家里**来韩妇，用韩语言：'以汝之根，入我根内。'即入家去。"（第二册，p. 478）《日本灵异记》上卷《殷勤归信观音愿福分以现得大福德缘第31》："妹语之曰：'妾被东人之恩，犹长不忘。欲以妹之女，为东人之妻，令守**家里**。'妹受遗言，以己之女，放与东人，令主家财也。"（p. 129）（1）姚秦竺佛念译《出曜经》卷3："昔佛在毗舍离，甘梨园中。尔时，阿梵和利，自怙色貌，与世无双，进过人貌，退及天形，形范端严，视无厌足。然**家里**财富，不可称限，饶财多宝，七珍备足。"梁宝唱等集《经律异相》卷41："时有婆罗门，名檀腻羁，**家里**空贫，有少熟谷。"（2）《敦煌变文·董永变文》："**家里**贫穷无钱物，所买［卖］当身殡耶孃。"又《舜子变》："后阿孃闻道苦嗽到来，心里当时设计，高声唤言舜子：'实若是阿耶来，**家里**苦无供备；阿孃见后园果子，非常最好，红桃先（鲜）味。我若嘀（摘）得桃来，岂不是于家了事！'"按：《汉语大词典》首引宋黄庭坚《新喻道中寄元明用觞字韵》："但知**家里**俱无恙，不用书来细作行。"偏晚。→【室裹】【屋裹】【巷裹】【夜裹】【口裹】【意裹】

【家门当（边）/いへのあたり】 后缀 家门边。日语训读中，"当"与"边"通，读作"アタリ"。《万叶集》卷3第255首："天离　夷之长道从　恋来者　自明门　倭岛所见〈一本云：**家门当**见由〉。"（第一册，p. 175）（1）北凉浮陀跋摩、道泰等译《阿毗昙毗婆沙论》卷50《智揵度》："问曰：'谁能以相知耶？'答曰：'人能。'曾闻跋难陀释子，至一优婆塞家，其**家门边**，系一驳犊。时跋难陀释子，语优婆塞言：'汝**家门边**，所系犊子，其色斑驳，若以其皮，作敷具者好。时优婆塞，作是思惟：是比丘，欲得是犊子皮，以为敷具。即便杀犊。以皮与之。'"（2）《歧路灯·第87回》："巫氏上卧房卸妆，见了绍闻，细声笑道：'你与我有了什么仇，怎的再不踩俺**家门边**，问我一声儿。'绍闻忍不住笑了。"

【～家饶财/～いへはたからにゆたかなり】 自创 家境富裕，财产丰积。《日本灵异记》上卷《凶人不敬养奶房母以现得恶死报缘第23》："宾明语之曰：'善人何为违孝？'……汝**家饶财**，贷稻多吉。何违学覆，不孝亲母？"（p. 110）东晋瞿昙僧伽提婆译《增壹阿含经》卷21《苦乐品》："若人中，生富贵之**家**，**饶财**多宝，是谓此人，先乐而后乐。"姚秦竺佛念译《出曜经》卷15《利养品》："其于饮食，从人得利者，皆由前身，好喜惠施，颜貌端正，面如桃华，生豪族**家**，**饶财**多宝，先笑后言，和颜悦色，神识了朗，聪明智慧，高才博学，无事不知，所至到处，增益法事。是故说，其于饮食，从人得利也。"又卷27《乐品》："人尊甚难遇，终不虚托生者，亿千万劫，不可遭遇，所谓人尊者，诸佛世尊是。所谓生之处，其种清净，父母真正，其**家饶财**多宝，七珍具足，金银珍宝、车璩马瑙、真珠虎珀、象马车乘，无所渴乏。所生国土，上下和穆，共相顺从。"按：比照文例可知，"～家饶财"的词组结构，取自汉译佛

经的类似说法。→【大富饶财】

【袈裟/けさ】 并列 （13例） 梵语 kāṣāya。比丘的法衣，有不正色坏色染色等因为出家比丘所穿的法衣，都要染成浊色，故袈裟是依染色而立名的。《日本书纪》卷25《孝德纪》即位前纪条："辞讫，解所佩刀，投掷于地。亦命帐内，皆令解刀。即自诣于法兴寺佛殿与塔间，剔除鬓发，披著**袈裟**。"（第三册，p.110）又卷26《齐明纪》六年五月条："是月，有司奉敕，造一百高座、一百衲**袈裟**，设仁王般若之会。"（第三册，p.230）又卷27《天智纪》十年十月条："是月，天皇遣使，奉**袈裟**、金钵、象牙、沉水香、栴檀香及诸珍财于法兴寺佛。"（第三册，p.292）又："东宫起而再拜，便向于内里佛殿之南，踞坐胡床，剃除鬓发为沙门。于是，天皇遣次田生盘送**袈裟**。"（第三册，p.292）又卷30《持统纪》元年八月条："己未，天皇使直大肆藤原朝臣大岛、直大肆黄书连大伴，请集三百龙象大德等于飞鸟寺，奉施**袈裟**，人别一领。"（第三册，p.482）《日本灵异记》中卷《奉写〈法华经〉因供养显母作女牛之因缘第15》："有伎戏人，剃发悬绳以为**袈裟**。虽为然，犹曾不觉知。"（p.188）又下卷《击沙弥乞食以相得恶死报缘第15》："当帝姬阿倍天皇之代，有一沙弥，就真老之门而乞食。真老不施乞物，返夺**袈裟**，诸见逼恼言：'汝曷僧也?'乞者答曰：'我是自度。'真老亦拍逐之，沙弥大恨而去。"（p.298）又《沙门积功作佛像临命终时示异表缘》："乞汤洗身，易著**袈裟**，胡跪合掌，擎持香炉，烧香向西，便日申时，命终之矣。"（p.341）又《刑罚贱沙弥乞食以相得顿恶死报缘第33》："见彼乞者，不施乞物。散其荷稻，亦剥**袈裟**而拍逼之。"（p.347）《唐大和上东征传》："又闻日本国长屋王崇敬佛法，[造]千**袈裟**，[来施]此国大德、众僧；其**袈裟**[缘]上，绣著四句曰：'山川异域，风月同天，寄诸佛子，共结来缘。'"（p.40）又："华毡二十四领，**袈裟**一千领，[裙]衫一千对"（p.47）又："缝[衲]**袈裟**千领，布袈裟二千余领，[供]送五台山僧，设无遮大会。"（p.81）唐慧琳撰《一切经音义》卷59："**袈裟**：举佉反，下所加反。《韵集》：音加沙，字本从毛，作毠𣰽二形。葛洪后作字苑，始改从衣。案外国通称**袈裟**，此云不正色也。诸木中，若皮若叶若花等，不成五味，杂以为食者，则名迦沙。此物染衣，其色浊赤，故梵本五浊之浊亦名迦沙。天竺比丘多用此色，或言缁衣者。当是初译之时，见其色浊因以名也。又案《如幻三昧经》云：晋言无垢秽，又义云离尘服，或云消瘦衣，或称莲华服，或言间色衣。皆随义立名耳。"→【布袈裟】【绯色袈裟】【披著袈裟】【御袈裟】【著袈裟】【紫袈裟】

【嘉歓/かかん】 书简 （3例） 吉庆欢乐。多用于尺牍。《万叶集》卷5第812首前文："跪承芳音，**嘉欢**交深。乃知龙门之恩，复厚蓬身之上。恋望殊念，常心百倍。谨和白云之什，以奏野鄙之歌。房前谨状。"（第二册，p.36）《续日本纪》卷8《元正纪》养老三年十一月条："十一月乙卯朔，诏僧纲曰：'……倘使天下桑门智行如此者，岂不殖善根之福田，渡苦海之宝筏？朕每**嘉欢**不能已也。'"（第二册，p.62）又卷18

《孝谦纪》天平胜宝四年六月条："是日，饷新罗使于朝堂，诏曰：'……今彼王轩英，改悔前过，冀亲来庭。而为顾国政，因遣王子泰廉等代而入朝，兼贡御调。朕所以**嘉欢**勤款，进位赐物也。'"（第三册，p. 122）（1）后汉昙果、康孟详合译《中本起经》卷 1《舍利弗大目揵连来学品》："延趣坐前，头面礼佛。礼毕**嘉**①**欢**，重喜无量，斯须乃进，具陈情言：'替等罪弊，随流入渊，始于今日，反俗极源，愿蒙接纳，得充僧次。'即便许可，头发自落，皆成沙门。"（2）《全后周文》卷 10 庾信《移房留使文》："式观盛礼，洽此**嘉欢**；阳和既动，泽渐万邦。"（p. 3934）按：《汉语大词典》失收。上引例文说明，"嘉欢"一词最早出现在佛典；但佛典和传世文献均不用于书仪或诏书中。

【**仮宫**／かりみや】 先例 （7 例） 天皇出行时居住的宫室。行宫。《古事记》中卷《垂仁记》："故到于出云，拜讫大神，还上之时，肥河之中，作黑樔桥，仕奉**假宫**而坐。"（p. 208）又《仲哀记》："故建内宿祢命率其太子为将禊，而经历淡海及若狭国之时，于高志前之角鹿造**假宫**而坐。"（p. 252）又下卷《履中记》："留其山口，即造**假宫**，忽为丰乐，乃于其隼人赐大臣位，百官令拜，隼人欢喜，以为遂志。"（p. 312）又《安康记》："此时，相率市边之忍齿王幸行淡海，到其野者，各异作**假宫**而宿。尔明旦，未日出之时，忍齿王以平心随乘御马，到立大长谷王**假宫**之傍。"（p. 334）又《雄略记》："尔即小楯连闻惊，而自床堕转，而追出其室人等，其二柱王子坐左右御膝上泣悲，而集人民作**假宫**，坐置其**假宫**，而贡上驿使。"（p. 356）高丽一然撰《三国遗事》卷 2："俾创**假宫**而入御，但要质俭，茅茨不剪，土阶三尺。"按：《汉语大词典》失收词条。《古事记》中的例句早于佛典。

【**仮合之身**／けごうのみ】 先例 "假合"，谓一切事物均由众缘和合而成，暂时聚合，终必离散，人的肉体亦是如此。《万叶集》卷 5《敬和为熊凝述其志歌》序云："**假合之身**易灭，泡沫之命难驻。"（第二册，p. 66）宋法贤译《众许摩诃帝经》卷 4："太子闻已，即归王宫。复自思惟：'**假合之身**，众病所集。众生愚迷，深可怜愍。'"按：从现有文献来看，歌序中的"假合之身"年代最早，具有较高的语料价值。

【**仮身**／かれるみ】 偏正 "假合之身"的略语。《万叶集》卷 20 第 4470 首《愿寿作歌一首》："美都烦奈须 **可礼流**〔假〕**身**曾等波 之礼礼杼母 奈保之祢我比都知等世能伊乃知乎。"（第四册，p. 441）姚秦昙摩耶舍、昙摩崛多等合译《舍利弗阿毗昙论》卷 15《非问分》："因身有**假身**业，无身无**假身**业；因口有假口业，无口无假口业；因意有假意业，无意无假意业。"隋智顗说、灌顶录《金光明经文句》卷 4《释空品》："大经以**假身**为箧，身待四大，如箧贮蛇，箧坏则蛇去，身灭则大亡，如鸟在笼。"

【**仮体**／けたい】 偏正 假象。以一定的条件暂时显现地存在。一切万法依各个假

---

① "嘉"，在宋本、元本、明本中作"加"。

因缘而和合的现象面，称为假。假是"假借"之意，谓并非实体，仅限于现象与言语而成立。体是本质、本体、存在等之意。《奈良朝写经66·大般若经卷第176》："奉翊圣朝，退报四恩，兼救群品。然**假体**如浮云，草命似电光。未毕其事，含玉从化。"（p. 403）陈真谛译《十八空论》卷1："**假体**即空，故名真实，假空即如如，真实之相，亦不可得也。"隋吉藏撰《涅槃经游意》卷1："《庄严》云：'涅槃出二谛外。明惑因所感果是浮虚之故，是世谛；**假体**则空故，是真谛。今佛果非惑因所感故，非世谛；非世谛故不可则空，故非真谛。'"

【坚不动/かちはにうごかず】 自创 坚毅不动摇；坚守不动；坚如磐石。《古事记》上卷《忍穗耳命与迩迩艺命》："尔大山津见神因返石长比卖而大耻，白送言：'我之女二并立奉由者，使石长比卖者，天神御子之命，虽雨零风吹，恒如石而常**坚不动**坐。'"（p. 120）（1）后汉昙果、康孟详合译《中本起经》卷1："道人豫知，王意必兴暴害。答曰：'是忍辱人。'王拔佩剑，削其两臂，而问何人。答曰：'实忍辱人。'又截其耳鼻，心**坚不动**，犹言忍辱人。"西晋竺法护译《佛说须摩提菩萨经》卷1："佛语须摩提，菩萨复有四事法，不为他人之所别离。何等为四？……四者劝勉诸人，教使求佛，令**坚不动**。是为四法。"（2）《后汉书》卷58《盖勋传》："羌精骑夹攻之急，士卒多死。勋被三创，**坚不动**，乃指木表曰：'必尸我于此。'"按：佛典中二例，"（心）坚不动"、"（令）坚不动"表示坚毅或坚信不动摇，用于抽象义，指佛门弟子虔信践行。传世文籍中的一例，表示坚持或坚守不退却，用于具体义。《忍穗耳命与迩迩艺命》传说中的"（常）坚不动"，表示坚固如磐石的生命力，用于抽象义。该用法有别于中土文献，虽出自佛典却又别具意味。

【坚固之志/けんこたるこころざし】 四字 坚定的意志，坚忍不拔的毅力。《唐大和上东征传》："荣睿、普照师等为求法故，前后被灾，艰辛不可言尽，然其**坚固之志**，曾无退悔。"（p. 58）后汉安世高译《佛说自誓三昧经》卷1："于是菩萨，左手执发，右手持刀，心自念言：'刈习苦垢，殖无著根，断不退流，通泥洹源。从始起意，常得去家，**坚固之志**，心无懈倦。深不退转，信证具足，意思分明，刀未近发，忽便自堕，肉髻自然明显。'"该例在西晋竺法护译《佛说如来独证自誓三昧经》卷1中亦见辑录。吴支谦译《佛说维摩诘经》卷1《弟子品》："诸童子言：'居士，我闻佛不教人，违亲为道。'维摩诘言：'然。当观清净，发菩萨意，已应行者，可得去家，**坚固之志**。'即时，三十二长者子，皆发无上，正真道意，故我不任，诣彼问疾。"

【坚身/みをかたむ】 格义 （2例） 坚守在屋里，绝不迈出门槛儿。《日本灵异记》中卷《赎蟹虾命放生得现报缘第8》："然到期日闭屋塞穴，**坚身**居内，诚如期来，以尾拍壁。"（p. 171）又《赎蟹蝦命放生现报蟹所助缘第12》："奉教归家，当期日之夜，闭屋**坚身**，种种发愿以信三宝。"（p. 180）吴支谦译《菩萨本缘经》卷2《月光王品》："汝等当知，我今以此，不坚之身，易彼**坚身**；不坚之财，贸易坚财；不坚之命，贸易坚命。"北凉昙无谶译《大般涅槃经》卷14《圣行品》："我今为求，阿耨多罗三藐三菩提，舍不坚身，以易**坚身**。"唐菩提流志译《大宝积经》卷42《尸波罗蜜品》："尔时菩萨，复作是念：'我此病身，虽经此苦，曾不值遇，如是福田。我今得值，又复善感，如此之身。我当依诸福田，长养慧命，舍不坚身，获于**坚身**。'"按：《汉语大词典》失收。佛典中的"坚身"，指坚固不坏之身。

【坚受持／かたくうけてもつ】 三字 坚定不移地摄受于心，忆而不忘。所谓受持，包括受持、经典和三衣。《元兴寺伽蓝缘起并流记资财账》："若灭此文，若错乱者，当知二寺即将散灭也。汝等三师**坚受持**。"后秦法师鸠摩罗什译《大智度论》卷5《序品》："是诸菩萨摩诃萨愿言：'尽教化一切十方众生，尽供养供给一切十方诸佛，愿令一切十方诸佛土清净，心**坚受持**一切十方诸佛法。'"梁僧伽婆罗译《解脱道论》卷8《行门品》："如是满实谛波罗蜜。菩萨摩诃萨，于一切众生行慈，依饶益于一切众生，乃至失命誓不舍，愿成**坚受持**誓愿。"僧佑录云安公凉土异经附北凉录《优婆夷净行法门经》卷1《修学品》："**坚受持**不犯，欢喜赞圣王，施恩无有比，慈润于四方。若弃舍五欲，出家得成佛，为众生说法，闻者悉顶受。"

【坚惜／かたくをしむ】 偏正 过分吝惜，自己不肯享用，亦不肯惠施他人。《元兴寺伽蓝缘起并流记资财账》："时二柱皇子等言：'此殿者不佛神宫，借坐在耳。'此大大王之后宫告，不令烧切也。但不得**坚惜**，太子像出，灌佛之器者隐藏不出。今此元兴寺在此是也。"唐怀素撰《四分律开宗记》卷5："'次家悭生嫉妒戒'：师得供养，弥应助喜。友以如心，轻言于汝。此则**坚惜**他心。"

【见得／みゆ】 后补 （2例）看到；发现。《古事记》中卷《崇神记》："是以驿使班于四方，求谓意富多多多泥古人之时，于河内之美努村**见得**其人，贡进。"（p.182）《日本书纪》卷12《履中纪》即位前纪条："今既被命，岂难于杀仲皇子乎？唯独惧之，既杀仲皇子，犹且疑臣欤。冀**见得**忠直者，欲明臣之不欺。"（第二册，p.84）后汉支娄迦谶译《般舟三昧经》卷2《拥护品》："复次飈陀和，是菩萨所未诵经，前所不闻经卷。是菩萨持是三昧威神，梦中悉自得其经卷名。各各悉见，悉闻经声。若昼日不得者，若夜于梦中悉**见得**。"西晋竺法护译《生经》卷2："外甥教舅：'舅年尊体羸力少，若为守者所得，不能自脱。更从地窟，却行而入。如令**见得**，我力强盛，当济免舅。'"东晋竺昙无兰译《佛说见正经》卷1："如暗夜贯针，水中求火，终无**见得**。"按：《汉语大词典》所收词条中未见该义项。在"V＋得"格式中，"得"用作补助助词，尚保留着明显的"获得"的语义。

【见仏像感動心／ほとけのみかたをみたてまつりてこころをかんどうす】 典据 见到佛像以后，有一种心灵上的感应。《唐大和上东征传》："大和尚年十四，随父入寺，**见佛像感动心**，因请父求出家；父奇其志，许焉。"（p.34）《神僧传》卷8："释鉴真，姓淳于氏，广陵江阳县人也。总角随父入大云寺，**见佛像感动凤心**，因白父求出

家，父奇其志许焉。"宋志盘撰《佛祖统纪》卷13《广智法师法嗣》："法师继忠字法臣，永嘉丘氏。父母求嗣佛祠，同梦一僧授以好子云：螺溪尊者寄汝养之，母娠即厌荤血。幼<u>见佛像</u>必致敬。八岁入开元，蒙恩得度。"宋赞宁等撰《宋高僧传》卷6《唐彭州丹景山知玄传》："释知玄，字后觉，姓陈氏。眉州洪雅人也。曾祖图南任梓州射洪县令，祖宪考邈皆名场不捷。母魏氏梦月入于怀，因而载诞。虽乳哺未能言，<u>见佛像</u>僧形必含喜色。"又卷7《汉太原崇福寺巨岷传》："释巨岷，姓任氏。西河人也。父游于艺而贲丘园，母王氏戒受八关心归三宝，从妊岷也更好善缘，复求福利而生令子。及生年甫七岁志气敦笃，暂<u>见佛像</u>注仰欣然。父母知有宿因，或携入寺意欲忘归。"又卷16《周东京相国寺澄楚传》："释澄楚，姓宗氏。不知何许人也。爰祖暨考，偕贲丘园高蹈不仕。母赵氏妊楚也，忽畏膻腺之臭，及乎诞生之夕，光烂充室邻落咸惊。洎当七岁亲党携之入寺，<u>见佛像</u>辄嗟叹而作礼。归家问父曰：'唯佛独尔，余者如何？'父曰：'蠢动皆佛，何况人矣。'楚曰：'儿愿学佛聊报二亲劬劳。'其父默而许旃。"《续传灯录》卷22："渺潭文准禅师，兴元府唐固梁氏子。生始幼<u>见佛像</u>辄笑。"又卷26："江州圆通道旻圆机禅师，世称古佛。兴化蔡氏子。母梦吞摩尼宝珠有孕。生五岁，足不履，口不言。母抱游西明寺<u>见佛像</u>，遽履地合爪，称南无佛仍作礼。人大异之。"

【見感/みめづ】连动（3例）　见到后的一种心灵感受；一见钟情。《古事记》上卷《日子穗穗手见命与鹈茸草茸不合命》："尔丰玉毘卖命思奇出见，乃<u>见感</u>目合，而白其父曰：'吾门有丽人。'"（p.128）又中卷《神武记》："其所以谓神御子者，三岛湟咋之女，名势夜陀多良比卖，其容姿丽美。故美和之大物主神<u>见感</u>，而其美人为大便之时，化丹涂矢，自其为大便之沟流下，突其美人之富登。"（p.156）又《景行记》："尔临其乐日，如童女之发，梳垂其结御发，服其姨之御衣御裳。既成童女之姿，交立女人之中，入坐其室内。尔熊曾建兄弟二人，<u>见感</u>其娘子，坐于己中而盛乐。"（p.218）梁法云撰《法华经义记》卷8《如来寿量品》："今唯为前二阶作譬，今言诸子于后饮他毒药，下为第一<u>见感</u>，生机作譬。上言如来见诸众生，乐于小法，德薄垢重，今言诸子于后，饮他毒药。药发闷乱，宛转于地者，明众生昔日已径受如来正化，弃背之后，遇恶知识受邪见教，各饮他毒药，广起烦恼业，如药发也。"唐道宣撰《释迦方志》卷2："次东大精舍高二十余丈，佛曾四月说法处。次北百余步精舍观自在像，<u>见感</u>不同，或立门侧，或出檐前。故国法俗，咸别供养。"宋宝云译《佛本行经》卷1《阿夷决疑品》："颂宣慧照曜，奋千辞义光；佛因当显明，我独不<u>见感</u>。"宋天息灾译《菩提行经》卷2《菩提心忍辱波罗蜜多品》："将护于有情，后当得成佛。<u>见感</u>尊重称，此善何不见？"按：《汉语大词典》失收。《古事记》中的"见感"表示异性相见后的愉悦心情，即一见钟情。

【見驚/みおどろく】并列（5例）　看到后感到吃惊。《古事记》上卷《天照大御神与须佐之男命》："天照大御神坐忌服屋，而令织神御衣之时，穿其服屋之顶，逆剥

579

天斑马剥，而所堕入时，天服织女**见惊**，而于梭冲阴上而死。"（p. 62）又《日子穗穗手见命与鹈茸草茸不合命》："于是思奇其言，窃伺其方产者，化八寻和迩而匍匐委蛇。即**见惊**畏而遁退。"（p. 134）《日本灵异记》上卷《信敬三宝得现报缘第5》："皇太子言：'速还家，除作佛处。我悔过毕，还宫作佛。'然从先道还，即**见惊**苏也。"（p. 76）又《女人大蛇所婚赖药力得全命缘第41》："时有大蛇，缠于登女之桑之登。往路之人，见示于娘。娘**见惊**落。"（p. 250）后汉安世高译《地道经》卷1："复譬如猪为屠家所杀，余猪**见惊**，怖畏效死，便耸耳直视。"姚秦佛陀耶舍、竺佛念等译《四分律》卷50："时诸比丘，蛇蝎蜈蚣，诸毒虫入屋。未离欲比丘**见惊**。佛言：'听支床脚。'"符秦昙摩难提译《阿育王息坏目因缘经》卷1："狱卒**见惊**，白阿育王：'狱中奇异，未曾所见。'"按：《汉语大词典》失收。

【見恼/なやまさる】 被动 蒙受烦恼，为某事感到烦恼。《万叶集》卷5山上忆良《沉疴自哀文》："今吾为病**见恼**，不得卧坐。向东向西，莫知所为。"（第二册，p. 78）失译人名今附西晋录《佛使比丘迦旃延说法没尽偈120章》卷1："耕种及治生，遭值诸吏卒。朝夕习秽欲，众患所**见恼**。"东晋帛尸梨蜜多罗译《佛说灌顶经》卷1："比丘对曰：'我为魔所娆，在所不安，昼则遇诸贼盗，毒蛇蚖蝮，及诸龙象，熊罴所娆，不得定意，求四道果。**见恼**如是，当奈之何？'"唐义净译《根本说一切有部毘奈耶》卷5："身子报曰：'具寿勿以小缘**见恼**耆德。'"按：《汉语大词典》失收。

【見聞之人/みきくひと】 四字 看到和听到的人。《日本灵异记》下卷《强非理以征债取多倍而现得恶死报缘第26》："国司郡司见，将送解官之比顷，经五日而死。举国郡**见闻之人**，喟然憷然。"（p. 330）宋延寿集《宗镜录》卷9："普法者，一具一切，一一称性，同时具足。眼外无法，乃称普眼，亦名普眼经。遂令**见闻之人**，皆同性得。"

【見聞之者/みきくひと】 四字 看到和听到的人。《日本灵异记》下卷《漂流大海敬称尺迦佛名得全命缘第25》："于是妻子闻之，相悲相喜。马养发心厌世，入山修法。**见闻之者**，无不奇矣。"（p. 326）梁慧皎撰《高僧传》卷7："时任城彭丞著无三世论，含乃作神不灭论以抗之，使夫**见闻之者**，莫不将坠，而更兴矣。"唐实叉难陀译《大方广佛华严经》卷41《十定品》："为令一切众生，**见闻之者**，皆不空故，现不可说、不可说、种种无量，清净色相身，无能见顶。"唐法照著《净土五会念佛略法事仪赞》卷2："宝林森森是翠林，微风五会演清音，华雨六时随处下，**见闻之者**发真心。"

【見喜/みよろこぶ】 连动 （2例） 看到后感到欢喜。《古事记》中卷《垂仁记》："尔所遣御伴王等，闻欢**见喜**。而御子者坐槟榔之长穗宫，而贡上驿使。"（p. 208）《续日本纪》卷30《称德纪》神护景云三年十一月条："复三〈乃〉善事〈乃〉同时〈仁〉集〈天〉在〈己止〉、甚希有〈止〉念畏〈末利〉尊〈备〉、诸臣等〈止〉共〈仁〉异奇〈久〉丽白〈伎〉形〈乎奈毛〉**见喜**〈流〉。"（第四册，p. 272）（1）东晋瞿昙僧伽提婆译《中阿含经》卷 10："金鞞河水，极妙可乐，清泉徐流，冷暖和适，我**见喜**已。"唐玄奘译《大般若波罗蜜多经》卷 381《诸功德相品》："世尊威德，远震一切，恶心**见喜**，恐怖见安。"唐义净译《根本说一切有部毗奈耶杂事》卷 7："老母即报明月：'汝今可往，林内采花。我在家中，营事饼食。'彼采花已，线结好鬘，奉上大名。大名**见喜**，告曰：'胜妙花鬘，可置而去。'"（p. 1757）《太平御览》卷 381 所载王子年《拾遗记》："夫人忧戚不食，减瘦改形。工人写之以进吴主。主**见喜**，以虎魄如意抚案嗟曰：'此神女也。愁貌尚能感人，况在欢乐？'乃纳于后宫。"《广异记·仇嘉福》条："传言王使相迎，仓卒随去。王**见喜**，方欲结欢。"按：《汉语大词典》列举《儿女英雄传》第 37 回："等明儿他姐儿俩再生上个一男半女，那才是重重**见喜**。"偏晚。

【见言不见/みてみずといふ】 四字 →**【不见言见】**

【建立/たつ】 并列 （11 例） 修建寺院、塔庙、道场和严堂等佛教设施。《出云国风土记·意宇郡》条："教昊寺。有山国乡中，郡家正东二十五里一百二十步。**建立**五层之塔也。教昊僧之所造也。"（p. 148）又："新造院一所。山代乡中，郡家西北四里二百步。**建立**严堂也。日置君目烈之所造。"（p. 148）又："新造院一所。有山代乡中，郡家西北二里。**建立**教堂。饭石郡少领出云臣弟山之所造也。"（p. 148）又："新造院一所。有山国乡中，郡家东南二十一里百二十步。**建立**三层之塔也。山国乡人日置部根绪之所造也。"（p. 148）又《楯缝郡》条："新造院一所。在沼田乡中，**建立**严堂也。郡家正西六里一百六十步。大领出云臣大田之所造也。"（p. 200）又《出云郡》条："新造院一所。有河内乡中。**建立**严堂中。郡家正南一十三里一百步。旧大领日置部臣布祢之所造。"（p. 214）又《神门郡》条："新造院一所。有朝山乡中。郡家正东二里六十步。**建立**严堂也。神门臣等之所造也。"（p. 232）又："新造院一所。有古志乡中。郡家东南一里。刑部臣等之所造也。**建立**严堂。"（p. 232）又《大原郡》条："新造院一所。在斐伊乡中。郡家正南一里。**建立**严堂也。有僧五躯。大领胜部臣虫麻吕之所造也。"（p. 264）又："新造院一所。在屋里乡中。郡家正北一十一里一百二十步。**建立**□层塔也。有僧一躯前少领额田部臣押岛之所造。"（p. 264）又："新造院一所。在斐伊乡中。郡家东北一里。**建立**严堂。有尼二躯斐伊乡人，樋印支知麻吕之所造也。"（p. 264）

【建立仏法/ほとけのみのりをたつ】 四字 创建佛法，建设释尊的教法。《上宫圣德法王帝说》："小治田天皇御世，乙丑年五月，圣德王与岛大臣共谋**建立佛法**，更兴三宝。"东晋佛陀跋陀罗、法显合译《摩诃僧祇律》卷 1："欲**建立佛法**者，当尽受持此律。欲令正法久住者，当尽受持此律。"后秦法师鸠摩罗什译《大智度论》卷 2《序品》："说法人欲去，行道人渐少，恶人力转盛，当以大慈，**建立佛法**！"萧齐僧伽跋陀罗译《善见律毗婆沙》卷 2《阿育王品》："若王命终，太子代位，我当共往，**建立佛法**。"

【建立三宝/さんぼうをたつ】 四字　　开始抱有皈依信仰佛宝、法宝、僧宝的信念。《上宫圣德法王帝说》："小治田天皇之世，东宫厩户丰聪耳命、大臣宗我马子宿祢，共平章而**建立三宝**，始兴大寺，故曰法兴元世也。"梁诸大法师集撰《慈悲道场忏法》卷1："不知舍此身形应入地狱，于他身色起种种恶；障人**建立三宝**兴显供养，障人修习一切功德。如是罪障无量无边，今日忏悔，愿乞除灭。"隋阇那崛多译《如来方便善巧咒经》卷1："若人受持，是神咒者，于未来世、末劫之中，**建立三宝**，能生正信。"唐地婆诃罗译《方广大庄严经》卷4《现艺品》："**建立三宝**，功不唐捐，身口意业，皆悉清净。"

【建立塔/とうをたつ】 三字 （3例）　　建造佛塔，造塔。《日本灵异记》上卷《凶人不敬养奶房母以现得恶死报缘第23》："宾明语之曰：'善人何为违孝？或人奉为父母，**建立塔**，造佛写经，屈请众僧，令行安居。汝家饶财，贷稻多吉。何违学覆，不孝亲母？'"（p.110）又中卷《将建塔发愿时生女子卷舍利所产缘第31》："国司郡卿悉喜，引率知识，**建**七重**塔**，安彼舍利以供养了。今盘田郡部内**建立**盘田寺之**塔**是也。"（p.229）萧齐僧伽跋陀罗译《善见律毗婆沙》卷3《阿育王品》："尔时**建立塔**竟，大王夫人乃与王妹，天、龙、夜叉、乾闼婆，各各供养。"

【建塔/とうをたつ】 述宾 （2例）　　建造佛塔，造塔。《日本灵异记》中卷《序》："飞空之鳌，咋芝草葺寺。走地之蚁，构金沙**建塔**。"（p.142）又中卷《将**建塔**发愿时生女子卷舍利所产缘第31》（p.228）隋费长房撰《历代三宝纪》卷5："权大嗟伏，即为**建塔**，以始有佛寺。故号建初寺。因名其地为佛陀里。"唐义净译《根本说一切有部毗奈耶药事》卷15："曾作富长者，三月供养佛；世尊灭度后，**建塔**九十肘。"唐澄观述《大方广佛华严经随疏演义钞》卷15："门人等**建塔**于龙门山伊水之右。后梁王武三思奏请置伽蓝，制以香山为名。"→【立塔】【造塔】

【建愿/ねがひをたつ】 誓愿 （3例）　　建立誓愿，许下誓言。主要用于说话故事的小标题之中。《日本灵异记》上卷《妻为死夫**建愿**图绘像有验不烧火示异表缘第33》（p.132）又下卷《将写〈法华经〉**建愿**人断日暗穴赖愿力得全命缘第13》（p.293）又《用寺物复将写〈大般若〉**建愿**以现得善恶报缘第23》（p.318）宋元照集《阿弥陀经义疏》卷1："良以从因**建愿**，秉志躬行，历尘点劫，怀济众之仁，无芥子地，非舍身之处。悲智六度，摄化以无遗。内外两财，随求而必应。机兴缘熟，行满功成，一时圆证于三身，万德总彰于四字。"宋元照述、戒度记《阿弥陀经义疏闻持记》卷1："'良以从因**建愿**秉志躬行'：［记］究名初科中初，总明愿行。愿行犹目足也，人有目足，所往必至，事有愿行，所求必遂。初句明异愿，指法藏时，故曰从因。《大本》云：'我**建**超世**愿**，必至无上道。斯愿不满足，誓不成正觉。'次句明实行。秉，专也，躬亲也。即《大本》云**建**此**愿**已，一向专志，庄严妙土等。"按：《汉语大词典》失收。

【贱畜生/いやしきちくしょう】 三字 下贱的牛、马、羊、鸡、狗、猪六畜。《日本灵异记》中卷《好于恶事者以现所诛利锐得恶死报缘第40》："虽贱畜生，报怨有术。现报甚近。不无慈心。为无慈行，致无慈怨。"（p.247）西晋竺法护译《鹿母经》卷1："猎者即便，放鹿使去。母子悲喜，鸣声呦呦，偈谢猎者：'贱畜生处世，当应充厨宰，即时分烹煮，宽惠辞二子。天仁重爱物，复蒙放舍原，德佑积无量，非口所能陈。'"该例亦见于《佛说鹿母经》卷1、梁宝唱等集《经律异相》卷47。

【贱夫/いやしきを】 偏正 （3例） 低贱的男人，卑微的丈夫。《古事记》中卷《应神记》："亦有一贱夫，思异其状，恒伺其女人之行。故是女人自其昼寝时，妊身，生赤玉。尔其所伺贱夫，乞取其玉，恒裹著腰。"（p.274）又："故赦其贱夫，将来其玉，置于床边，即化美丽娘子。"（p.276）梁僧佑撰《弘明集》卷4："夫良玉时玷，贱夫指其瑕；望舒抱魄，野人睨其缺。岂伊好辩未获，云已复进，请益之问？庶以研尽所滞。"唐道宣撰《广弘明集》卷12："昔天师贵士，尚拜帝王；今鬼卒贱夫，须跪卿相。宜令道士，习其师法，朝谒帝王，参拜官长。编于朝典，不亦宜乎？"按：《汉语大词典》首引唐杜甫《七月三日戏呈元二十一曹长》诗："贱夫美一睡，烦促婴词笔。"偏晚。通过佛典例句可知，"贱夫"的类义词是"野人"，对义词有"贵士"。

【贱奴/いやしきやつこ】 偏正 （5例） 地位低下的人，亦用作谦辞。《古事记》中卷《神武记》："故尔诏：'吾者为日神之御子，向日而战不良。故负贱奴之痛手。自今者行回，而背负日以击。'"（p.142）又："从其地回幸，到纪国男之水门而诏：'负贱奴之手乎死。'男建而崩，故号其水门谓男水门也。陵即在纪国之灶山也。"（p.144）又下卷《安康记》："贱奴意富美者，虽竭力战，更无可胜。"（p.332）《日本书纪》卷19《钦明纪》十五年十二月条："是时新罗谓佐知村饲马奴苦都曰：'苦都贱奴也。明王名主也。今使贱奴杀名主。冀传后世莫忘于口。'"（第二册，p.432）《敦煌变文·庐山远公话》："白庄于东岭上惊觉，遂乃问左右曰：'西边是甚声音？'左右曰：'启将军，西边是掳来者贱奴念经声。'白庄闻语，大奴（怒）非常，遂唤远公直至面前，高声责曰：'你若在寺舍伽蓝，要念即不可；今况是随逐于我，争合念经！'远公曰：'将军当日掳贱奴来时，许交（教）念经。'"（p.357）按：《汉语大词典》分别例举《西游记》第70回："妖王上前喝道：'好贱奴！怎么偷了我的金铃宝贝，在此胡弄！'"明徐霖《绣襦记·帮宦重媒》："蒙抬举贱奴，笑妆奁衣饰无。"偏晚。变文对话中，前一"贱奴"为詈词，贬斥惠远为下贱的奴才；后一"贱奴"为谦辞，惠远自称地位低下。而且，两例均出现在对话文中。

【贱女/いやしきをみな】 偏正 （2例） 品行下贱的女子。《古事记》中卷《应神记》："此沼之边，一贱女昼寝。于是日耀如虹，指其阴上。"（p.274）《日本灵异记》中卷《力女示强力缘第27》："娘言：'无礼故引居船。何故诸人令陵贱女？'"（p.220）（1）晋代失译人名《佛说摩诃衍宝严经》卷1："'譬如刹利顶生大王贱女共会，若后生子，于意云何？贱人所生，当言此子，非王子耶？'答曰：'不也，世尊。此是王子。如是迦叶，虽从贱生，而是王子。'"符秦僧伽跋澄译《鞞婆沙论》卷14："答曰：'谓豪贵与**贱女人**共会者，彼**贱女人**，随彼得贵。'"唐玄奘译《瑜伽师地论》卷61："云何名王种姓不高？谓有国王，随一下类王家而生，非宿尊贵；或虽于此，王家而生，**贱女**之子，不相似子；或是大臣辅相、国师群官等子。如是名王，种姓不高。"按：《汉语大词典》例引明孙柚《琴心记·杜门谢客》："丑事莫轻题，**贱女**淫奔去。"偏晚。

【**贱心**/いやしきこころ】 偏正 　轻贱之心，嫌弃的想法。《日本灵异记》下卷《假官势非理为政得恶报缘第35》："不睹因果之**贱心**，太甚也。非无因果也。"（p.353）唐义净译《根本说一切有部毗奈耶杂事》卷17："彼言：'畔睇圣者，我实希来，今幸得见。若数来者，仁生**贱心**。'问曰：'仁何故来？'答言：'圣者，我子病重，往问医人。'"唐大觉撰《四分律行事钞批》卷4："毁损三归者，若不问是非而给者，僧俗混同，将何以为归敬？不知尊胜分齐，而生**贱心**，即是毁损之义也。"

【**健儿**/こんでい】 后缀 （6例）　力士，壮士；军卒，士兵。《日本书纪》卷24《皇极纪》元年七月条："乙亥，饷百济使人大佐平智积等于朝。乃命**健儿**相扑于翘歧前。智积等宴毕而退，拜翘歧门。"（第三册，p.62）又卷27《天智纪》二年六月条："于是达率德执得曰：'此恶逆人不合放舍。'福信即唾于执得曰：'腐狗痴奴。'王勒**健儿**斩而醢首。"（第三册，p.258）又二年八月条："于是百济知贼所计，谓诸将曰：'今闻大日本国之救将庐原君臣率**健儿**万余，正当越海而至。愿诸将军等应预图之。我欲自往待饷白村。'"（第三册，p.258）《续日本纪》卷11《圣武纪》天平六年四月条："甲寅，许东海、东山、山阴道诸国买卖牛马出堺。又免诸道**健儿**、储士、选士田租并杂徭之半。"（第二册，p.278）又卷13《圣武纪》天平十年四月条："五月庚午，停东海、东山、山阴、山阳、西海等道诸国**健儿**。"（第二册，p.338）又卷24《淳仁纪》天平宝字六年二月条："辛酉，简点伊势、近江、美浓、越前等四国郡司子弟及百姓，年四十以下二十以上练习弓马者，以为**健儿**。"（第三册，p.402）（1）失译人名今附后汉录《分别功德论》卷3："舍与俱至涅槃者，犹象逐**健儿**，进之与退，其于得肉，进则破军，退则自丧，食肉必矣。"吴支谦译《撰集百缘经》卷1《菩萨授记品》："时有长者，多财饶宝，不可称计，闻王愁恼，来白王言：'奴家多有，金银珍宝，恣王所用，可买象马，赏募**健儿**，还与战击，可得胜彼。今者何故，忧惨如是？'王即然可。大出珍宝，奉上与王，募索**健儿**，遍行诸国，以求策谋。"梁宝唱等集《经律异相》卷40："昔时有一小儿，持弓箭入神树中戏。边有三人看树上雀，小儿欲射。三人劝言：'若能中者，世称**健儿**。'"（2）《吴志》卷10《甘宁传》："宁虽粗猛好杀，然开爽有计略，轻财敬士，能厚养**健儿**，**健儿**亦乐为用命。"《乐府诗集·横吹曲辞五·折杨柳歌辞》："**健儿**须快马，快马须**健儿**。"

【**践跡**/ふみしあと】 述宾 （2例）　神佛的足迹，神佛踩出的脚印。《常陆国风土

记·那贺郡》条:"平津驿家西一二里,有冈,名曰大㭴。上古有人,体极长大,身居丘垄之上,手捃海滨之蜃。大蛤也。其所食贝,积聚成冈。时人取大朽之义,今谓大㭴之冈。其**践迹**长四十余步,广二十余步。尿穴径可二十余步许。"(p.402)《唐大和上东征传》:"昔一夜暴风急吹,明旦,人看阁下四隅,有(八)**神迹**,长三尺,入地三寸;今造四神王像,扶持阁四角,其神(**践**)**迹**,今尚存焉。"(p.79)吴维祇难等译《法句经》卷2《述佛品》:"决网无罣碍,爱尽无所积,佛意深无极,未**践迹**令践。"姚秦竺佛念译《中阴经》卷1《如来五弘誓入中阴教化品》:"今此菩萨有立根得力,有初发意者,复有四众未**践迹**者,当以佛力威神接引,令彼大众知过去、当来、今现在佛不可思议难有之法。"按:《汉语大词典》中该词条无此义项。含义佛经中的"践迹",表示实践、实行。

【**践足**/あしをふむ】 述宾 踩踏;涉足。《日本灵异记》中卷《常鸟卵煮食以现得恶死报缘第十》:"畠一町余,麦生二尺许。眼见烛火,**践足**无间。"(p.176)唐道宣撰《续高僧传》卷26:"寺有金像一躯,举高丈六,面部圆满、相仪充备、峙于堂内。众鸟无敢**践足**。庭前树碑,庾信文萧云书,世称冠绝。诞历览徽猷,讲授相接,终于本寺。"按:《汉语大词典》失收。

【**江边**/えのへ】 后缀 (3例) 江边,江畔。《万叶集》卷13第3302首:"纪伊国之 室之**江边**尔 千年尔 障事无 万世尔 如是将在登"(第三册,p.428)又卷20第4460~4462首歌注:"右三首**江边**作之。"(第四册,p.437)《唐大和上东征传》:"下时,有二十四沙弥悲泣〔赶〕来,白和上言:'大和上今向海东,重〔觐〕无由我,今者最后请预结缘。'乃于**江边**为二十四沙弥授戒讫。"(p.85)(1)吴康僧会译《六度集经》卷6:"昔者菩萨,身为鹿王,名曰修凡,体毛九色,睹世希有,**江边**游戏。"晋世法炬、法立合译《法句譬喻经》卷1《笃信品》:"众人见之,莫不惊怪,问化人曰:'吾等先人,以来居此**江边**,未曾闻人,行水上者,卿是何人?有何道术,履水不没?愿闻其意。'"高丽一然撰《三国遗事》卷3:"有时自**江边**云气始出来到山顶,云中有音乐之声是也。"(2)《搜神记》卷20:"太兴中,吴民华隆养一快犬,号的尾,常将自随。隆后至**江边**伐荻,为大蛇盘绕,犬奋咋蛇,蛇死。"《搜神后记》卷10:"长沙有人,忘其姓名,家住**江边**。有女子渚次浣衣,觉身中有异,后不以为患,遂妊身。"《吴志》卷16《陆凯传》:"夫赏以劝功,罚以禁邪,赏罚不中,则士民散失。今**江边**将士,死不见哀,劳不见赏,是不遵先帝十六也。"(p.1407)按:古汉语的"江",特指长江。

【**江头**/えのほとり】 后缀 (3例) 江边,江岸。《唐大和上东征传》:"由是,龙兴寺防护甚固,无由进发,时有仁干禅师从〔婺〕州来,密知和上欲出,备具舟舫于**江头**相待。"(p.83)又:"和上于天宝十二载十月〔十〕九日戌时,从龙兴寺出,至**江头**乘舟。"(p.83)《续日本纪》卷25《淳仁纪》天平宝字八年九月条:"押胜众溃,独与妻子三四人乘船浮江。石楯获而斩之。及其妻子从党三十四人，皆斩之于**江头**。"（第四册，p.30）隋炀帝《凤舸歌》："三月三日向江头，正见鲤鱼波上游。"唐姚合《送林使君赴邵州》诗："江头斑竹寻应遍，洞里丹砂自采还。"唐僧详撰《法华传记》卷9："王言：'吾误，吾误。遣汝使见受苦之人。彼闻妙法言，罪灭生天。汝还人间，告**江头**人，以明善业果报。'（云云）老女得活，对**江头**人说此事。亲传闻在实矣。"

【将来/もちく】 后补（19例）　拿来，带来。《古事记》上卷《日子穗穗手见命与鹈茸草茸不合命》："尔见其玙，问婢曰：'若人有门外哉？'答曰：'有人坐我井上香木之上。甚丽壮夫也。益我王而甚贵。故其人乞水故，奉水者，不饮水，唾入此玙。是不得离故。故任入**将来**而献。'"（p.128）又中卷《神武记》："尔其美人惊，而立走伊须须歧伎，乃**将来**其矢，置于床边，忽成丽壮夫。"（p.156）又《垂仁记》："故多迟摩毛理遂到其国，采其木实，以缦八缦、矛八矛**将来**之间，天皇既崩。"（p.210）又《应神记》："故赦其贱夫，**将来**其玉，置于床边，即化美丽娘子。"（p.276）又："尔伊豆志袁登卖思异其花，**将来**之时，立其娘子之后，入其屋即婚。"（p.278）《日本书纪》卷5《崇神纪》六十年七月条："六十年秋七月丙申朔己酉，诏群臣曰：'武日照命从天**将来**神宝，藏于出云大神宫。是欲见焉。'"（第一册，p.288）又卷6《垂仁纪》三年三月条"（《一云》）其所祭神，是白石也。乃以白石授牛直。因以**将来**置于寝中，其神石化美丽童女。"（第一册，p.304）又八十八年七月条："八十八年秋七月己酉朔戊午，诏群卿曰：'朕闻新罗王子天日枪，初来之时，**将来**宝物今有但马。元为国人见贵，则为神宝也。朕欲见其宝物。'"（第一册，p.332）又卷9《神功纪》摄政前纪条："（《一云》）是有神，托沙么县主祖内避高国避高松屋种，以海天皇曰：'御孙尊也。若欲得国耶？将现授之。'便复曰：'琴**将来**以进于皇后。'则随神言而皇后抚琴。"（第一册，p.432）又卷11《仁德纪》六十二年五月条："皇子则**将来**其水，献于御所。天皇欢之。自是以后，每当季冬，必藏冰，至于春分，始散冰也。"（第二册，p.68）又卷13《允恭纪》七年十二月条："时乌贼津使主对言：'臣既被天皇命，必召率来矣。若不**将来**，必罪之。故返被极刑，宁伏庭而死耳。'"（第二册，p.116）又卷24《皇极纪》二年七月条："于是大夫问调使曰：'所进国调，欠少前例。送大臣物，不改去年所还之色。送群卿物，亦全不**将来**。皆违前例，其状何也？'"（第三册，p.74）《播磨国风土记·赞容郡》条："一云：桑原村主等，盗赞容郡桉见桉**将来**，其主认来，见于此村。故曰桉见。"（p.74）《肥前国风土记·三根郡》条："昔者，来目皇子为征伐新罗，勒忍海汉人，**将来**居此村，令造兵器。因曰汉部乡。"（p.320）《日本灵异记》上卷《非理夺他物为恶行受报示奇事缘第30》："见之，昔死妻。以铁铁打顶通尻，打额通项。以铁绳缚四枝，八人悬举而**将来**。"（p.125）又中卷《常鸟卵煮食以现得恶死报缘第10》："良久苏起，然病叫言：'痛足矣。'云云。山人问言：'何故然也？'答曰：'有一士兵，召我**将来**，押入烛火，烧足如煮。见四方者，皆卫火山。无间所出，故叫走回。'"

（p. 176）又《阎罗王使鬼得所召人之赂以免缘第 24》："圣武天皇世，借其大安寺修多罗分钱三十贯，以往于越前之都鲁鹿津，而交易以之运超，载船**将来**家之时，忽然得病。"（p. 211）又《阎罗王使鬼受所召人之饷而报恩缘第 25》："鬼不得愆，荐召山田郡衣女，而**将来**也。"（p. 215）又《重斤取人物又写〈法华经〉以现得善恶报缘第22》："立虾夷于其衢，一人入宫曰：'召。'王见之言：'此奉写《法华经》之人。'即示于草小生道言：'从此道**将来**。'"（p. 315）失译人名今附后汉录《分别功德论》卷3："有男女二人坐犯淫，**将来**欲治罪，置碓臼中捣之，斯须变成为沫。"东晋法显译《大般涅槃经》卷2："即语侍人：'汝可取我，金色劫贝，二张**持来**。我欲上佛。'侍人奉敕，即取**将来**。"隋阇那崛多、笈多合译《添品妙法莲华经》卷2《信解品》："父遥见之，而语使言：'不须此人，勿强**将来**，以冷水洒面，令得醒悟，莫复与语。'"按：《汉语大词典》首引《太平广记》卷378刘义庆《幽明录·陈良》条："向下土有一人，姓陈名良，游魂而已，未有统摄，是以**将来**。"略晚。→【将来物】【取将来】【所将来～】【一时将来】【召将来】

【将来生/まさにきたりうまれむ】 三字 （相对于过去、现在）来生会转世……。《日本灵异记》中卷《智者诽妒变化圣人而现至阎罗阙受地狱苦缘第7》："见之前路有金楼阁，问：'是和宫？'答曰：'于苇原国名闻智者，何故不知？当知行基菩萨**将来生**之宫。'"（p. 167）西晋安法钦译《阿育王传》卷3："王闻此语，即起合掌，遍观四方，而作是言：'唯除库藏，今以四海，一切大地，悉施佛僧，并诸前后，所作功德。不求转轮圣王，释梵尊位，人天之乐，正欲愿我，**将来生**处，心得自在，速成圣果。'"姚秦鸠摩罗什译《大庄严论经》卷6："我今自观察，穷贱极可愍，结使所欺诳，放逸之所坏，自从今以后，勤修施戒定，必使**将来生**，种姓好眷属，端正有威德，财富多侍从，众事不可嫌，为世所尊敬。"唐道世集《诸经要集》卷1："有敬长老者，是人能护法。现世得名誉，**将来生**善道。"

【将来物/もちきたるもの】 三字 带来的东西，携带品。《日本书纪》卷6《垂仁纪》三年三月条："三年春三月，新罗王子天日枪来归焉。**将来物**，羽太玉一个、足高玉一个、鹈鹿鹿赤石玉一个、出石小刀一口、出石桙一枝、日镜一面、熊神篱一具并七物。则藏于但马国，常为神物也。"（第一册，p. 304）密教部《大佛顶广聚陀罗尼经》卷5《大坛功能品》："其咒师坐处，皆须当面坐，其使人所**将来物**，并向左边著之，一切所有供养等，并如前作之。"

【将来於～/～にひきいたる】 于字 （2例） 带到某处。《日本书纪》卷11《仁德纪》六十二年五月条："时遣倭直吾子笼令造船，而自南海运之，**将来于**难波津，以充御船也。"（第二册，p. 66）《日本灵异记》下卷《杀生物命结怨作狐狗互相怨报缘第2》："时彼村有病者。是**将来于**禅师住寺，劝请禅师而令看病，咒之时愈，即退发病。如是生经多日不辍。"（p. 266）萧齐求那毗地译《百喻经》卷2："世间之人，亦复如是，见他头陀苦行，山林旷野，冢间树下，修四意止，及不净观，便强**将来，于**其家中，种种供养，毁他善法，使道果不成，丧其道眼。已失其利，空无所获，如彼愚臣，唐毁他目也。"陈真谛译《佛说立世阿毗昙论》卷2："昔时净命大智舍利弗，身带风病。医师说言：'大德此疾，藕能治之。'时有净命，神通目连，于往昔时，已见此藕。即此大德，说如是言：'我往取此，**藕将来于**是。'"唐明佺等撰《大周刊定众经目录》卷6："右昙无谶**将来于**高昌译，出《宝唱录》。"

【**将去/もちいぬ**】 后补 （4例） 带走，拿走。《日本书纪》卷8《仲哀纪》二年正月条："时芦发蒲见别王视其白鸟，而问之曰：'何处**将去**白鸟也？'越人答曰：'天皇恋父王，而将养狎。故贡之。'则蒲见别王谓越人曰：'虽白鸟而烧之则为黑鸟。'仍强之夺白鸟而**将去**。"（第一册，p.402）又卷14《雄略纪》四年二月条："庚戌，幸于河上小野。命虞人驱兽，欲躬射而待，虻疾飞来，噆天皇臂。于是蜻蛉忽然飞来，啮虻**将去**。"（第二册，p.160）《藤氏家传》上卷《镰足传》："及于三春忽至，百两迎新，其弟五藏，挑女**将去**。"（p.153）（1）吴康僧会译《六度集经》卷6："王曰：'将去以象示之。'臣奉王命，引彼瞽人，将之象所。"姚秦鸠摩罗什译《维摩诘所说经》卷1《菩萨品》："维摩诘言：'我已舍矣。汝便**将去**，令一切众生，得法愿具足。'"北凉昙无谶译《金光明经》卷4《嘱累品》："三人近前，一人以索，系居道咽，一人以袋，收居道气，一人以棒，杖居道头，及缚两手，**将去**直行。"（2）《搜神记》卷5《蒋山祠》条："相问讯既毕，逻将适还去，其妇上岸，便为虎**将去**。其夫拔刀大唤，欲逐之。"（p.321）《搜神后记》卷9："时有一沙门在座，是流俗道人。主人欲杀一羊，羊绝绳便走，来投入此道人膝中，穿头向袈裟下。道人不能救，即**将去**杀之。"（p.481）按：《汉语大词典》失收。→【持将去】【召将去】

【**将死之时/みょうせなむとするとき**】 时段 快要死的时候。《播磨国风土记·饰磨郡》条："于是，长日子**将死之时**，谓其子曰：'吾死以后，皆葬准吾。'即为之作墓。"（p.44）隋吉藏撰《中观论疏》卷10《十二因缘品》："经云：'**将死之时**，恋生畏死，名之为忧。发声啼哭，目之为悲。五根相对为苦，意根相对为恼也。'"唐菩提流志译《大宝积经》卷100："月实童真，复白佛言：'世尊，**将死之时**，云何识舍于身？云何识迁于身？云何识知今舍此身？'"唐栖复集《法华经玄赞要集》卷25："言三德者：问：'何但说三，不增减耶？'答：'被言有二德等，一狐色多黄，黄中方之色中胜余色，是一德。''二若于野行时，小者在前，大者居后。若尔不顺，何名为德？'答：'如母引子，令子先行，却成恩德。''三**将死之时**，必能回首于本丘墓，必不忘本。故名为德戒。'"

【**将往/ゐてゆく**】 后补 （2例） 带往，带去。《日本灵异记》中卷《智者诽妒变化圣人而现至阎罗阙受地狱苦缘第7》："问曰：'是有于丰苇原水穗国，所谓智光法师矣。'智光答白：'唯然。'即指北方曰：'从此道**将往**。'"（p.167）又："又指北**将往**，倍胜于先热铜柱立。极热之柱，而所引恶，犹就欲抱。"（p. 168）吴支谦译《撰集百缘经》卷10《诸缘品》："时舍利弗于第二日，复更语言：'我于今朝，当自将汝，受长者请，令汝饱足。'时到**将往**，其上中下，皆悉得食，唯此一人，独不得食，高声唱言：'我不得食。'"隋阇那崛多译《佛本行集经》卷45《大迦叶因缘品》："尔时，彼等一切诸女，各将种种末香、涂香、花鬘、散花，速走向彼，神明之边，口作是言：'我今供养，此天神明。'唯自有彼，跋陀罗女，独不肯往，近彼神明，而彼一切，诸女伴辈，强抱其**将往**神明边，亦到彼处。其威光力，彼阎浮檀，金色之形，即无威光，便失本色。"元魏慧觉等译《贤愚经》卷1《恒伽达品》："时恒伽达，密入林中，取其服饰，抱持而出。门监见之，**将往**白阿阇世王。王闻此事，瞋恚隆盛，便取弓箭，自手射之，而箭还反，正向王身；如是至三，不能使中。"按：《汉语大词典》失收。

【将無～/はた～なからむや】 否定 莫非……《日本书纪》卷21《崇峻纪》二年四月条："是时厩户皇子束发于额，而随军后，自忖度曰：'**将无**见败。'"（第二册，p. 512）（1）失译人名今附后汉录《分别功德论》卷5："有天于上叹曰：'善哉！长者。乃作是大施也，福德之施也，无能过者。'长者心念：'我先施梵志，百千两金，而无叹我者。今施此少恶食，乃叹为善。**将无**妄语耶？'天复告曰：'所施虽少，福田良美，故曰大施也。'"梁宝唱等集《经律异相》卷10："时盲父母，惊起相谓：'睒行取水，经久不还，**将无**为毒虫所害。'"唐义净译《金光明最胜王经》卷10《舍身品》："第一王子，作如是言：'我于今日，心甚惊惶。于此林中，**将无**猛兽，损害于我。'"按：《汉语大词典》首引《世说新语·德行第19》："太保居在正始中，不在能言之流；及与之言，理中清远。**将无**以德掩其言？"偏晚。《新编日本古典文学全集》栏上注释指出："'将无～'，或许的意思。"中古时期副词"将"有一种新的语气副词用法，表示不定、推测，常与否定副词"无""非""不"连用，句末一般有语气词与之配合使用，相当于"或许""莫非"。《崇峻纪》文例句末未见呼应的语气词。

【将欲終時/うせたまひなむとするときに】 时段 将要去世的时候。《日本书纪》卷21《用明纪》二年四月条："天皇之疮转盛，**将欲终时**，鞍部多须奈进而奏曰：'臣奉为天皇，出家修道。又奉造丈六佛像及寺。'"（第二册，p. 506）唐玄奘译《瑜伽师地论》卷1："如前善说，又善心死时，安乐而死。**将欲终时**，无极苦受，逼迫于身；恶心死时，苦恼而死。**将命终时**，极重苦受，逼迫于身；又善心死者，见不乱色相；不善心死者，见乱色相。"唐义净撰《南海寄归内法传》卷4："**将欲终时**，先告门人曰：'吾三数日，定当去矣。然于终际，必抱扫帚而亡。我之余骸，当遗广泽。'后于晨朝，俯临清涧，萧条白杨之下，彷徨绿筱之侧，孑然独坐，执箒而终。"

【講読/ときよむ】 格义 （6例） 讲经诵经。《日本灵异记》中卷《忆持〈心经〉女现至阎罗王阙示奇表缘第19》："设会**讲读**，增信因果，殷勤诵持，昼夜不息。"又下卷《阎罗王示奇表劝人令修善缘第9》："广足白言：'我为此女，写《法华经》，**讲读**

供养，救所受苦。'"（p. 284）又："为彼死妻，奉写《法华经》，**讲读**供养，追赠福聚，赎祓彼苦。斯奇异事矣。"（p. 284）又下卷《重斤取人物又写〈法华经〉以现得善恶报缘第22》："虾夷奉写《法华经》二遍，每遍设会，**讲读**既了。"（p. 316）又："然而后戴所写之经，增发信心，**讲读**供养。"（p. 316）又《假官势非理为政得恶报缘第35》："天皇劝请善珠大德为讲师，请施皎僧都为读师，于平城宫野寺，备大法会，为**讲读**件经，赠救彼灵之苦也。"（p. 353）（1）西晋竺法护译《正法华经》卷9《如来神足行品》："若有受持，此妙典要，**讲读**书写，为人说者，德不可量。"唐僧详撰《法华传记》卷3："王曰：'地狱如斯，非法华力，不可救济。若欲救之，将须**讲读**妙法。'"（2）《后汉书》卷23《窦章传》："居贫，蓬户蔬食，躬勤孝养，然**讲读**不辍。"

【講訖/こうしをはる】 完成 讲授完毕。《藤氏家传》上卷《镰足传》："尝群公子，咸集于旻法师之堂，读周易焉。大臣后至，鞍作起立，抗礼俱坐。**讲讫**将散，旻法师击目留矣。"（p. 130）（1）梁慧皎撰《高僧传》卷7："所设斋**讲讫**，今月八日，嚫会有限，名簿素定。引次就席，数无盈减，转经明半，景及昆吾。"唐慧立本、彦悰笺《大唐大慈恩寺三藏法师传》卷1："每到讲时，王躬执香炉，自来迎引。将升法座，王又低跪为蹬，令法师蹑上，日日如此。**讲讫**，为法师度四沙弥，以充给侍。"唐法藏撰《华严经传记》卷1："于是四部交欢，十方延庆。**讲讫**，敕侍中大傅清河王允怿，安置法师式乾殿楼上，准前修论。"（2）《隋书》卷9《礼仪4》："讲之旦，皇帝服通天冠、玄纱袍，乘象辂，至学，坐庙堂上。**讲讫**，还便殿，改服绛纱袍，乘象辂，还宫。讲毕，以一太牢释奠孔父，配以颜回，列轩悬乐，六佾舞。"按：《汉语大词典》失收。

【講師/こうし】 后缀 （8例） 举行法会时，在佛前左右，讲师座居右，读师座居左，二座相对。读师读经题，讲师讲经义。《日本灵异记》中卷《奉写〈法华经〉因供养显母作女牛之因缘第15》："彼夜，**讲师**梦见，赤犊来至，告言：'我此家长公母也。是家牛中，有赤牝牛。其儿吾也。我昔先世偷用子物，所以今受牛身，以偿其债。明日为我将说大乘之师故，贵而殷告知。欲知虚实，说法堂里，为我敷座，我当上居。'**讲师**自梦惊醒，心内大怪。"（p. 187）又下卷《产生肉团之作女子修善化人缘第19》："请戒明法师令，讲八十华严之时，彼尼不阙，坐众中听。**讲师**见之，呵啧之言：'何尼滥交？'尼答之言：'佛平等大悲，故为一切众生，流布正教。何故别制我？'因举偈问之，**讲师**不得偈通。"（p. 309）又《假官势非理为政得恶报缘第35》："天皇劝请善珠大德为**讲师**，请施皎僧头为读师，于平城宫野寺，备大法会，为讲读件经，赠救彼灵之苦也。"（p. 350）《续日本纪》卷12《圣武纪》天平九年十月条："丙寅，讲《金光明最胜王经》于太极殿朝廷之仪，一同元日。请律师道慈为**讲师**，坚藏为读师。听众一百，沙弥一百。"（第二册，p. 330）又卷19《孝谦纪》天平胜宝八年五月条："又和上鉴真、小僧都良辩、华严讲师慈训、大唐僧法进、法华寺镇庆俊，或学业优富，或戒律清净，堪圣代之镇护，为玄徒之领袖。加以，良辩、慈训二大德者，当于先帝不予之日，自尽心力，劳勤昼夜。欲报之德，朕怀罔极。宜和上、小僧都拜大僧都，华严**讲师**拜小僧都，法进、庆俊并任律师。"（第三册，p. 162）又天平胜宝八年十二月条："大宰帅从三位石川朝臣年足。弹正尹从四位上池田王于元兴寺。赞歧守正四位下安宿王。左大辩正四位下大伴宿祢古麻吕于山阶寺。讲《梵网经》。**讲师**六十二人。"（第三册，p. 170）→【読師】

【講説/こうせち】 并列 （7 例） 讲述演说法义。《日本书纪》卷30《持统纪》四年五月条："庚寅，于内里始安居**讲说**。"（第三册，p. 504）又六年闰五月条："闰五月乙未朔丁酉，大水。遣使循行郡国，禀贷灾害不能自存者，令得渔采山林池泽。诏令京师及四畿内，**讲说**《金光明经》。"（第三册，p. 528）《藤氏家传》下卷《武智麻吕传》："即共长官良虞王陈请，遂招硕学，**讲说**经史。浃辰之间，庠序忧起，远近学者，云集星列。讽诵之声，洋洋盈耳。"（p. 309）《续日本纪》卷17《圣武纪》天平十九年五月条："庚寅，于南苑**讲说**《仁王经》，令天下诸国亦同讲焉。"（第三册，p. 44）又卷17《圣武·孝谦纪》天平胜宝元年五月条："因发御愿曰：'以《华严经》为本，一切大乘小乘经律论抄疏章等，必为转读**讲说**，悉令尽竟。远限日月，穷未来际。'"（第三册，p. 82）又卷18《孝谦纪》天平胜宝二年五月条："五月乙未，于中宫安殿，请僧一百，讲《仁王经》。并令左右京四畿七道诸国**讲说**焉。"（第三册，p. 104）又卷19《孝谦纪》天平胜宝五年三月条："三月庚午，于东大寺设百高座，讲《仁王经》。是日，飘风起，说经不竟。于后，以四月九日**讲说**，飘风亦发。"（第三册，p. 128）后汉支娄迦谶译《般舟三昧经》卷2《无著品》："如我于是**讲说**经，乐道法者面见佛。作行勤力而不著，唯从世尊所说法。"北凉昙无谶译《大般涅槃经》卷24《光明遍照高贵德王菩萨品》："愿诸佛土，所有众生，常共和合，**讲说**正法。以是誓愿，因缘力故，成佛之时，国土所有，一切众生，悉共和合，讲论法要。"唐义净译《金光明最胜王经》卷3《灭业障品》："若有苾刍、苾刍尼、邬波索迦、邬波斯迦，随在何处，为人**讲说**，是《金光明》微妙经典，于其国土，皆获四种，福利善根。"按：《汉语大词典》首引《普曜经》卷1《说法门品》："是为八百，法曜法门，菩萨大士，临降神时，为诸天子，**讲说**此法。"略晚。

【講説訖/こうせちしをはる】 自创 讲述演说法义完成。《上宫圣德法王帝说》："戊午年四月十五日，少治田天皇请上宫王令讲《胜鬘经》。其仪如僧也。诸王公主及臣连公民信受无不嘉也。三个日之内，**讲说讫**也。"

【講宣読誦/こうせんしどくじゅす】 四字 讲说宣导、阅读念诵。"读诵"，对着文字念叫作读，背文字叫作诵。读与诵，都是五种妙行之一。《续日本纪》卷14《圣武纪》天平十三年三月条："案经云：'若有国土**讲宣读诵**，恭敬供养，流通此经王者，我等四王，常来拥护。一切灾障，皆使消殄。'"（第二册，p. 388）唐义净译《金光明最胜王经》卷3《灭业障品》："是时无量，释梵四王，及药叉众，俱时同声，答世尊言：'如是，如是。若有国土，**讲宣读诵**，此妙经王，是诸国主，我等四王，常来拥护，行住共俱，其王若有，一切灾障，及诸怨敌，我等四王，皆使消殄，忧愁疾疫，亦令除差，增益寿命，感应祯祥，所愿遂心，恒生欢喜，我等亦能，令其国中，所有军兵，悉皆勇健。'"又卷4《最净地陀罗尼品》："尔时，大众俱从座起，顶礼佛足而白佛言：'世尊，若所在处，**讲宣读诵**，此《金光明最胜王经》，我等大众，皆悉往彼，为作听众，是说法师，令得利益，安乐无障，身意泰然。'"唐圆照撰《贞元新定释教目录》卷16："冀兹法利，酬恩万一，特望天恩，令天下大寺七僧小寺三僧于新置文殊院，长时为国，**讲宣读诵**。有阙续填，务使法音相续，传灯不绝，永康率土，长护圣躬。"

【降暴雨/あらきあめふる】 三字 突然下起大雨。《日本灵异记》下卷《漂流大海敬称尺迦佛名得全命缘第25》："白壁天皇世宝龟六年乙卯夏六月六日，天卒吹强风，**降暴雨**，潮涨大水，流出杂木。"（p. 325）北凉昙无谶译《大方等大集经》卷47《诸阿修罗诣佛所品》："是时于此，佉罗帝山，牟尼诸仙，所依住处，雨种种华，乃至末香，如**降暴雨**。"宋宝云译《佛本行经》卷6《现乳哺品》："须弥四方域，诸龙上升天；同时**降暴雨**，周遍四天下。"

【降到於~/~にくだりいたる】 于字 （12例） 下降到某处。①《日本书纪》卷1《神代上》："是时，素戋呜尊自天而**降到于**出云国簸之川上。"（第一册，p. 90）又："素戋呜尊自天而**降到于**出云簸之川上，则见稻田宫主簺狭之八个耳女子，号稻田媛。"（第一册，p. 94）又："是时，素戋呜尊帅其子五十猛神，**降到于**新罗国，居曾尸茂梨之处。"（第一册，p. 98）又卷2《神代下》："故天津彦火琼琼杵尊**降到于**日向槵日高千穗之峯，而膂宍胸副国自顿丘觅国行去，立于浮渚在平地，乃召国主事胜国胜长狭而访之。对曰：'是有国也，取舍随敕。'"（第一册，p. 138）②《古事记》上卷《忍穗耳命与迩迩艺命》："于是，天若日子**降到**其国，即娶大国主神之女下照比卖，亦虑获其国，至于八年不复奏。"（p. 100）又："故尔呜女自天**降到**，居天若日子之门汤津枫上，而言委曲如天神之诏命。"（p. 102）又："此时，阿迟志贵高日子根神到，而吊天若日子之丧时，自天**降到**天若日子之父，亦其妻皆哭云：'我子者不死有祁理。'"（p. 104）又："是以，此二神**降到**出云国伊那佐之小滨，而拔十掬剑，逆刺立于浪穗，趺坐其剑前。"（p. 106）《日本书纪》卷2《神代纪下》："二神于是**降到**出云国五十田狭之小汀，则拔十握剑，倒植于地，踞其锋端，而问大己贵神曰：'高皇产灵尊欲降皇孙，君临此地。故先遣我二神，驱除平定。汝意何如，当须避不？'"（第一册，p. 116）又："时二神**降到**出云，便问大己贵神曰：'汝将此国，奉天神耶以不？'"（第一册，p. 128）又："既而二神**降到**出云五十田狭之小汀，而问大己贵神曰：'汝将以此国，奉天神耶以不？'"（第一册，p. 134）又："于时**降到**之处者，呼曰日向袭之高千穗添山峯矣。"（第一册，p. 150）→【下到於~】

【降来/くだりく】 后补 （10例） 从天而降，表示位尊者的移动，特别用于神灵

降临人世间的场合。《古事记》上卷《忍穗耳命与迩迩艺命》："故天若日子之妻、下照比卖之哭声，与风响到天。于是在天、天若日子之父、天津国玉神及其妻子闻，而**降来**哭悲。"（p. 100）《日本书纪》卷2《神代纪下》："时天稚之妻子从天**降来**，将柩上去，而于天作丧屋殡哭之。"（第一册，p. 124）又："又带头槌剑，而立天孙之前，游行**降来**，到于日向袭之高千穗槵日二上峰天浮桥。"（第一册，p. 144）又："乃遣无名雄雉往候之。此雉**降来**，因见粟田、豆田，则留而不返。"（第一册，p. 150）又卷19《钦明纪》："原夫建邦神者，天地割判之代、草木言语之时，自天**降来**造立国家之神也。"（第二册，p. 438）《出云国风土记·意宇郡》条："屋代乡。郡家正东三十九里一百二十步。天乃夫比命御伴天**降来**，社伊支等之远神天津子命诏：'吾静将坐志社。'诏。故云社。"（p. 140）《常陆国风土记·信太郡》条："从此以西，高来里。古老曰：'天地权舆，草木言语之时，自天**降来**神，名称普都大神。'"（p. 364）又《行方郡》条："又，倭武天皇之后，大橘比卖命，自倭**降来**，参遇此地。故谓安布贺之邑。"（p. 388）又《香岛郡》条："自高天原**降来**大神，名称香岛之大神。天则号曰香岛之宫，地则名丰香岛之宫。"（p. 388）又："斯口口唱升天，不复**降来**。由此其所号白鸟乡。"（p. 400）唐道世撰《法苑珠林》卷29："次侧一塔，是阿泥楼陀，上天告母，**降来**哭佛处。"按：《汉语大词典》失收。上引例中，《日本书纪·香岛郡》条中的"降来"与佛典用法相同，都用于表示天神或天孙降临人世间；《行方郡》条中的"降来"较为特殊，指皇后离开国家的中心"倭/大和"随驾幸行地方。之所以出现这种用法，可以看作是天皇及皇后是天神的后裔这一思想在起作用。因此，这种表达在汉语中是难得一见的。→【参降来】

【憍慢経/きょうまんぎょう】 内典 未详。俟考。《日本灵异记》中卷《恃己高德刑贱形沙弥以现得恶死缘第1》："故《**憍慢经**》云：'先生位上人，尺迦牟尼佛顶，佩履跐人等罪。'云云。何况著袈裟之人打侮之者，其罪甚深矣。"（p. 146）

【燋身心/みとこころをやく】 三字 （欲望的火焰）烧灼着身体和心灵。《日本灵异记》下卷《奉写〈法华经〉经师为邪淫以现得恶死报缘第18》："晰知护法刑罚。爱欲之火，虽**燋身心**，而由淫心，不为秽行。愚人所贪，如蛾投火。"（p. 306）姚秦鸠摩罗什译《大庄严论经》卷10："嗜欲深污泥，人皆多沈没，苦行**燋身心**，亦不免此患；舍离是二边，中道到涅槃。"

【嚼楊枝/ようじをかむ】 三字 咀嚼齿木。"杨枝"，梵语 danta-kāṣṭha，意译"齿木"。取杨柳等之小枝，将枝头咬成细条，用以刷牙，故称。《日本灵异记》下卷《序》："比丘斋食讫后，**嚼杨枝**，嗽口洒手，把砾而玩。乌居篱外。"（p. 260）后汉安世高译《大比丘三千威仪》卷1："若不**嚼杨枝**，若食若服药若饮，得三突吉罗罪。"东晋佛驮跋陀罗译《大方广佛华严经》卷6《净行品》："晨**嚼杨枝**，当愿众生，得调伏牙，**噬诸烦恼**。"姚秦鸠摩罗什译《大庄严论经》卷10："我昔曾闻，有一比丘，诣檀越家，时彼檀越，**既嚼杨枝**，以用漱口，又取牛黄，用涂其额，捉所吹贝，戴于顶上，捉毘勒果，以手擎举，以著额上，**用为恭敬**。"

【绞人/ひとをくぶる】 述宾　绞死人，勒死人。《日本书纪》卷25《孝德纪》大化二年三月条："凡人死亡之时，若经自殉，或**绞人**殉及强殉亡人之马，或为亡人藏宝于墓，或为亡人断发刺股而诔，如此旧俗，一皆悉断。"（第三册，p. 152）唐慧琳撰《一切经音义》卷17："**绞人**：交巧反。《考声》云：缚也。《史记》云：以冠缨绞煞人。《说文》：**绞**，**缢**也。从纟，交声也。"晋代译人失名《佛说摩诃衍宝严经》卷1："若心驰散，即随制止，令顺不乱，譬如**绞人**，必断其命。"按：《汉语大词典》失收。

【脚边/あとへ】 后缀　（2例）脚边，脚旁。《日本书纪》卷1《神代纪上》："于时伊奘诺尊恨之曰：'唯以一儿，替我爱之妹者乎。'则匍匐头边，匍匐**脚边**，而哭泣流涕焉。"（第一册，p. 42）又："**脚边**，此云阿度陛。"（第一册，p. 52）（1）东晋佛陀跋陀罗、法显合译《摩诃僧祇律》卷18："时有释子，饭诸比丘，与诸宗亲共行食，著金钏重，行食不便，即脱钏置，比丘**脚边**，而作是言：'此钏置阿阇梨足边。'"刘宋佛陀什、竺道生等合译《弥沙塞部和酰五分律》卷12："复有一比丘尼，作系著脚根内女根中。时一式叉摩那煎油，失火烧屋。彼比丘尼惶怖，忘解著脚出外。诸救火人见，问言：'阿姨**脚边**何等？'具以实答。"姚秦佛陀耶舍、竺佛念等合译《四分律》卷12："中间者，若头边、若**脚边**、若两胁边；卧具者，草敷叶敷下至地敷卧毡。"（2）张祜《涃川寺路》："日沉西涧阴，远驱愁突兀。烟苔湿凝地，露竹光滴月。时见一僧来，**脚边**云勃勃。"按：《汉语大词典》失收。

【叫唱/さけぶ】 并列　叫喊，叫唤。"唱"，有"大声呼叫"之意，这里不是"歌咏"的意思。《日本书纪》卷29《天武纪下》十三年十月条："壬辰，逮于人定，大地震。举国男女**叫唱**，不知东西。"（第三册，p. 438）唐菩提流志译《不空罥索神变真言经》卷26："一切诸恶妒媟，天龙药叉罗刹乾闼婆阿素洛蘗噜茶紧那罗摩呼罗伽，毘舍遮鬼毘那夜迦，蘗啰诃鬼，俱时热恼闷绝躄地。一切大力、药叉罗刹，诸天神鬼、夺人精气、食噉之者，皆为火烧，大声**叫唱**。"唐栖复集《法华经玄赞要集》卷27："有人犯法，将此罪人，巡历郡邑，**叫唱**令人普知故。"宋惟净等译《金色童子因缘经》卷3："是时，王舍城中，内外所有，一切人众，以此童子，将期命殒，咸生别离，逼切之苦，互相叫唱，声言杂乱，战怖惴惶，悲苦无救。"按：《汉语大词典》失收。传世文献中，可见"唱叫"一词，谓狂呼乱叫。《太平广记》卷361《齐后主》条："北齐后主武平五年，如晋阳，在路，兵人于幕下忽**唱叫**，讯之曰：'见无数人，皆骑小马如狐，争挥刀梢，故叫之。'"

【叫哭/さけびなく】 并列　（5例）又叫又哭，哭喊。《古事记》中卷《垂仁记》："尔多迟摩毛理分缦四缦、矛四矛献于大后，以缦四缦、矛四矛献置天皇之御陵户，而擎其木实，**叫哭**以白：'常世国之登歧士玖能迦玖能木实，持参上侍。'遂**叫哭**死也。"

（p. 210）《日本书纪》卷6《垂仁纪》九十九年三月条："'今天皇既崩，不得复命。臣虽生之，亦何益矣。'乃向天皇之陵**叫哭**，而自死之。"（第一册，p. 336）《日本灵异记》中卷《常鸟卵煮食以现得恶死报缘第10》："畠一町余，麦生二尺许。眼见燔火，践足无间。走回畠内，而**叫哭**曰：'热哉，热哉！'"（p. 176）又中卷《佛铜像盗人所捕示灵表显盗人缘第22》："时有路往人，从寺北路，乘马而往。闻之有声，而**叫哭**曰：'痛哉，痛哉！'"（p. 206）苻秦昙摩难提译《阿育王息坏目因缘经》卷1："刀山剑树，火车炉炭。罪人**叫哭**，苦毒万端。"隋阇那崛多译《佛本行集经》卷19《车匿等还品》："尔时耶输陀罗，大声**叫哭**，一瞋一骂，杂种语音，呵责车匿。"又卷54《优波离因缘品》："时优波伽，作是念已，举声**叫哭**。"《敦煌变文·王昭君变文》："地上筑坟犹未了，泉下惟闻**叫哭**声。"（p. 159）按：《汉语大词典》失收。→【哭叫】【啼叫】

【叫啼/さけぶ】 自创 叫喊啼哭。叫喊啼哭。疑似佛典表达"号叫啼泣（哭）"的缩略形式。《日本书纪》卷5《崇神纪》十年九月条："爱倭迹迹姬命，心里密异之，待明以见枱笥，遂有美丽小蛇。其长大如衣纽。惊而**叫啼**。"（第一册，p. 282）梁僧伽婆罗译《文殊师利问经》卷1："号**叫啼**泣，此谓悲气。"梁僧佑撰《释迦谱》卷2："于是诸释，号**叫啼**哭，举身自扑，两手拍地，解髻乱发，同发声言：永失覆盖，王中尊王。"唐般若、牟尼室利合译《守护国界主陀罗尼经》卷9《陀罗尼功德轨仪品》："时彼病人，如挞其身，嗥**叫啼**泣，叩头求救：从今永去，不敢更来。"按：《汉语大词典》失收。"叫啼"一词是从"号叫啼泣""号叫啼哭""嗥叫啼泣"等"四字格"中拦腰截取而来的。

【叫走/さけびはしる】 偏正 边叫边跑。《日本灵异记》中卷《常鸟卵煮食以现得恶死报缘第10》："山人问言：'何故然也？'答曰：'有一士兵，召我将来，押入烛火，烧足如煮。见四方者，皆卫火山，无间所出故，**叫走**回。'"（p. 176）唐僧详撰《法华传记》卷7："楚宣宗家大富，有三男二女。小男遭病顿卒，宣发痴狂，裸身**叫走**一月余。"按：《汉语大词典》失收。

【教导众僧/もろもろのほうしををしへみちびく】 自创 教育引导诸多僧人。《日本书纪》卷25《孝德纪》大化元年八月条："朕更复思崇正教光启大猷。故以沙门狛大法师、福亮、惠云、常安、灵云、惠至、寺主僧旻、道登、惠邻、惠妙而为十师。别以惠妙法师为百济寺寺主。此十师等宜能**教导众僧**，修行释教，要使如法。"（第三册，p. 122）姚秦鸠摩罗什译《维摩诘所说经》卷2："维摩诘言：'说身无常，不说厌离于身；说身有苦，不说乐于涅槃；说身无我，而说**教导众生**；说身空寂，不说毕竟寂灭；说悔先罪，而不说入于过去。'"刘宋求那跋陀罗译《大方广宝箧经》卷2："佛言：'迦叶，汝今可问，文殊师利，自当答汝。'我时即问，文殊师利：'汝说何法，教化调伏，如是众生？'彼答我言：'非唯说法，**教导众生**。'"僧佑录云安公凉土异经附北凉录《优婆夷净行法门经》卷1："恒以善法，利益众生；恒以善语，**教导众生**；恒以善力，将侍众生。"

【教昊寺/きょうこうじ】 寺名 寺院遗址位于岛根县安来平原南部的安来市野方町，至今仍保留着一块支撑五重塔中央部分的柱石。《出云国风土记·意宇郡》条："**教昊寺**。有山国乡中，郡家正东二十五里一百二十步。建立五层之塔也。教昊僧之所造也。"（p. 148）

【教化/きょうけ】 并列 （4 例） 教导化益。说法教导众生，令入善道，给予利益。教导众生使其成佛。与"开化""施化"同义。《日本灵异记》上卷《赎龟命放生得现报龟所助缘第7》："舟人起欲，行到备前骨岛之边，取童子等，掷入海中。然后告禅师曰：'应速入海。'师虽**教化**，贼犹不许。于兹发愿，而入海中。水及腰时，以石当脚。"（p. 80）又中卷《骂僧与邪淫得恶病而死缘第17》："夫从外归家，而见无妻。问家人，答曰：'参往悔过。'闻之瞋怒，即往唤妻。导师见之，宣义**教化**。"（p. 178）又《因悭贪成大蛇缘第38》："然死后经七七日，在大毒蛇，伏其室户。弟子知因，**教化**而开室户见之，钱三十贯隐藏也。"（p. 244）又下卷《杀生物命结怨作狐狗互相怨报缘第2》："问之：'何故？'答：'斯先杀我，我报彼怨。是人才死，生犬杀我。'闻怪**教化**，不放而杀。"（p. 266）姚秦鸠摩罗什译《妙法莲华经》卷1《方便品》："佛告舍利弗：'诸佛如来，但**教化**菩萨，诸有所作，常为一事，唯以佛之知见，示悟众生。舍利弗，如来但以，一佛乘故，为众生说法，无有余乘，若二若三。舍利弗，一切十方诸佛，法亦如是。'"→【誦経教化】【宣義教化】【自作教化】

【教化僧/きょうけのほうし】 自创 讲说释尊的功德，并号召为佛教事业的发展而捐款的僧侣。《奈良朝写经1·金刚场陀罗尼经》："藉此善因，往生净土，终成正觉。**教化僧**宝林"（p. 5）

【教化之言："～"/きょうけしていはく ～】 自创 教育化导地说："……"。《日本灵异记》中卷《依不布施与放生而现得善恶报缘》："诮钓主曰：'此蛎欲赎。'钓主不免。叮叮至心，**教化之言**：'能人作寺。何甚不脱？'"（p. 192）西晋竺法护译《佛说海龙王经》卷1《行品》："复有六事，分别所受，**教化之言**。何等六？逮得总持，心立寂然，入审谛净，心入诸慧，辩才无著无止，方便之慧，次第解脱。是为六。"隋吉藏撰《法华义疏》卷10《寿量品》："又上直称**教化之言**未出化之仪则故今辨之。又开三别，一感，二应，三得益。若有众生，来至我所者，机发扣佛，故名为至，即是感也；我以佛眼下第二明应；应中明三轮益物。"

【教化衆生/しゅじょうきょうけす】 四字 教化引导大众。《续日本纪》卷17《圣武纪》天平胜宝元年二月条："初出家，读瑜伽唯实论，即了真意。既而周游都鄙，**教化众生**。"（第三册，p. 60）失译人名今附后汉录《大方便佛报恩经》卷4《恶友品》："提婆达多言：'汝应除之；我亦欲灭佛。然后新王、新佛**教化众生**，不亦快乎?’”吴支谦译《菩萨本缘经》卷1《一切持王子品》：“心常爱念，一切众生，犹如父母，念所生子；**教化众生**，法则礼仪，如大博士。”姚秦鸠摩罗什译《妙法莲华经》卷2《譬喻品》：“华光如来，亦以三乘，**教化众生**。”→【教導衆僧】

【**教覚**/をしへさとす】 并列 （6例） 教训，教导使觉悟。《古事记·神武记》："故随其**教覚**，从其八咫乌之后幸行者，到吉野河之河尻时，作筌有取鱼人。"（p.148）又中卷《景行记》："天皇诏小碓命：'何汝兄于朝夕之大御食不参出来。专汝泥疑**教覚**。'如此诏以后，至于五日，犹不参出。"（p.216）又《仲哀记》："于是太后归神，言**教覚**诏者：'西方有国，金银为本，目之炎耀，种种珍宝，多在其国，吾今归赐其国。'"（p.242）又："于是**教覚**之状，具如先日：'凡此国者，坐汝命御腹之御子，所知国者也。'"（p.244）又："故备如**教覚**，整军双船，度幸之时，海原之鱼，不问大小，悉负御船而渡。"（p.246）《日本书纪》卷23《舒明纪》即位前纪条："既而更亦令告群大夫等曰：'爱之叔父劳思，非一介之使，遣重臣等而**教覚**。'"（第三册，p.26）唐慧琳撰《一切经音义》卷50《覚寱》条："上音教。**覚**，亦寱也。《苍颉篇》：**覚**而有言，曰寱，眠后**覚**，**寱**也。"宋有严述《止观辅行助览》卷1："诗云：无竟维人，四方其训；有觉德行，四国顺之。注云：无竟，竟也。训，**教覚**也。人君为政有大德，行则天下顺。"苻秦僧伽跋澄译《鞞婆沙论》卷9："内空无作无教作，无觉无**教覚**。"唐菩提流志译《五佛顶三昧陀罗尼经》卷2《仪法秘密品》："若**教覚**已，加念神咒，愿当为现大丈夫相，勿为我现天女状相。"按：《汉语大词典》失收。

【**教授戒律**/かいりつをきょうじゅす】 四字 讲解传授佛道修行所应遵循的生活规范。《唐大和上东征传》："荆州南泉寺弘景律师为和上巡游二京，究学三藏。后归淮南，**教授戒律**；江淮之间，独为化主。"（p.34）苻秦僧伽跋澄等译《尊婆须蜜菩萨所集论》卷8："于此间或有人，无有尊卑，**教授戒律**，亦不肯受，不润溃其心，重复更犯余罪。"唐智严译《大乘修行菩萨行门诸经要集》卷1："今如来在世，若复涅槃，我当云何，**教授戒律**？若声闻、缘觉、乘人，修持禁戒，不令缺犯，复当云何教授，初修大乘，行菩萨，修持护戒？"

【**教说**/きょうせい】 并列 为化导、利益众生，而说示教法。亦指所说的教法。《续日本纪》卷29《称德纪》神护景云二年十二月条："十二月甲辰，先山阶寺僧基真，心性无常，好学左道。诈咒缚其童子，**教说**人之阴事。"（第四册，p.224）西晋聂承远译《佛说越难经》卷1："儿闻母说如是，便行家家乞匄，复到栴檀家。其子适到，时守门者适小出，盲儿径入，前到中庭，如母**教说**之。"隋法师阇那崛多等译《大法炬陀罗尼经》卷9《劝证品》："是中如来，**教说**往昔，所行之事，普为怜愍，一切众生，非独为汝，一身益也。"唐智俨述《大方广佛华严经搜玄分齐通智方轨》卷3《十地品》："前六偈是其请说，后之一偈半是其**教说**。请彰法胜，令人重敬，教显说真，使众深信。"按：《汉语大词典》失收。

【教堂/きょうどう】 偏正 佛教道场。《出云国风土记·意宇郡》条："有山代乡中，郡家西北二里，建立**教堂**。饭石郡少领出云臣弟山之所造也。"（p.148）

【阶缘宿殖、嗣应宝命/しゅしょくにかいえんして、ほうみょうをつぎうく】 典据 "阶缘""宿殖"，指于宿世植积善根。又作宿植。"嗣应"，谓继前人而顺受。"宝命"，对天命的美称。《续日本纪》卷15《圣武纪》天平十五年正月条："癸丑，为读《金光明最胜王经》，请众生于金光明寺。其词曰：'天皇敬咨四十九座诸大德等。弟子，**阶缘宿殖**，**嗣应宝命**。'"（第二册，p.414）唐道宣撰《广弘明集》卷28："弟子**阶缘宿殖**，**嗣膺宝命**，临御区宇。宁济苍生。而德化弗弘，刑罚未止。万方有罪，寔当忧责。百姓不足，用增尘累。夙夜战兢，如临渊谷。"

【皆称其善/みなそのぜんをたたふ】 说词 大家都称赞其优点，获得交口称赞。《日本书纪》卷19《钦明纪》十四年八月条："由是海表诸蕃，**皆称其善**，谓当万岁肃清海表。"（第二册，p.424）（1）姚秦竺佛念译《出曜经》卷10："护意为善哉者。若人杖棰，割截形体，复被骂詈，彼执行人，持心洁净，不兴恚怒，诸天世人，**皆称其善**。"（2）《隋书》卷68《黄衮传》："凡有所为，何稠先令亘、衮立样，当时工人**皆称其善**，莫能有所损益。"（p.1599）

【皆成佛道/みなほとけのみちをなさむ】 四字 共同成就无上菩提。《日本灵异记》下卷《村童戏克木佛像愚夫斫破以现得恶死报缘第29》："如《法华经》说：'若童子戏木及笔，或以指爪甲，而画作佛像，**皆成佛道**。复举一手，小低头，以此供养佛像，成无上道。'是以慎信矣。"（p.337）西晋竺法护译《正法华经》卷5《授五百弟子决品》："具足当为，五百导师，各各悉等，**皆成佛道**。"姚秦鸠摩罗什译《妙法莲华经》卷1《序品》："是诸王子，供养无量，百千万亿佛已，**皆成佛道**，其最后成佛者，名曰燃灯。"隋智顗说《妙法莲华经玄义》卷3："低头举手，积土弄砂，**皆成佛道**。"→【共成佛道】

【皆成佛果/みなぶっかをなさむ】 四字 一同从事佛道修行，体会成佛的证果功德。《元兴寺伽蓝缘起并流记资财账》："缘此福力，天皇大臣及诸臣等过去七世父母，广及六道四生众生，生生处处，十方净土，普因此愿，**皆成佛果**。以为子孙，世世不忘，莫绝纲纪，名建通寺。"梁法云撰《法华经义记》卷5《信解品》："若佛见无为入正位者不能复发菩提心，而今日值法华座席即会三成一，明声闻小行**皆成佛果**，此则是自得之义，只就第一明昔日不求中自有二，第一列三种不求章门，第二从无所堪任以下释上三章门。"唐佛陀多罗译《大方广圆觉修多罗了义经》卷1："若遇如来，无上菩提，正修行路，根无大小，**皆成佛果**。"唐李通玄撰《新华严经论》卷29《十定品》："四离世间品，是一切诸佛，**皆成佛果**，恒以自己果行常行利生，亦名为利世间品。"→【早成佛果】

【皆共/みな】 并列 （2例） 全都，共同。《万叶集》卷16第3791~3802首歌题："良久，娘子等**皆共**含笑，相推让之曰：'阿谁呼此翁哉？'"（第四册，p.92）又卷19第4251首歌题："五日平旦上道。仍国司次官以下诸僚**皆共**视送。"（第四册，p.346）后汉竺大力、康孟详合译《修行本起经》卷1《现变品》："是时国中，百官群臣，谓佛大众又来攻夺国，**皆共**议言：'今当兴师，逆往拒之，不宜与国。'"姚秦鸠摩罗什译《妙法莲华经》卷2《信解品》："千万亿众，围绕恭敬，常为王者，之所爱念，群臣豪族，**皆共**宗重。"唐义净译《金光明最胜王经》卷2《梦见金鼓忏悔品》："一切有情**皆共**赞，世尊名称诸功德，清净相好妙庄严，不可称量知分齐。"按：《汉语大词典》失收。

【皆皆/みなみな】 重叠 全部，所有，统统。《古事记》中卷《仲哀记》："今寔思求其国者，于天神地祇亦山神及河海之诸神悉奉币帛，我之御魂坐于船上，而真木灰纳瓠、亦箸及比罗传多作，**皆皆**散浮大海，以可度。"（p.244）唐澄观撰《大方广佛华严经疏》卷54："其故何耶后释意云：'彼境殊胜，宿因现缘，**皆皆**缺故。'"唐窥基撰《金刚般若论会释》卷3："经文有三：初问、次遮后征释。什魏二本，**皆皆**阙征释之文。"按：《汉语大词典》失收。同一副词重叠的构词法，是佛典中双音词创出的显著特征之一。例如，后汉安世高译《十支居士八城人经》卷1："尊者阿难，于此十二甘露门，依各各甘露门，当安隐自御之。"

【皆来聚集/みなきつどふ】 四字 全部都聚集在一起。《日本书纪》卷1《神代纪上》："于时诸神忧之，乃使镜作部远祖天糠户者造镜，忌部远祖太玉者造币，玉作部远祖丰玉者造玉。又使山雷者采五百个真坂树八十玉签，野槌者采五百个野荐八十玉签。凡此诸物，**皆来聚集**。"（第一册，p.82）姚秦鸠摩罗什译《大庄严论经》卷4："说法时到，无数千人，**皆来聚集**。"隋阇那崛多译《佛本行集经》卷6《上托兜率品》："时兜率陀，诸天大众，闻于菩萨，如此语已，及天玉女，一切眷属，**皆来聚集**，上于彼宫。"唐阿地瞿多译《陀罗尼集经》卷10《乌枢沙摩金刚法印咒品》："又法须取，谷麦小豆，咒之一遍，掷著火中，令满一千八遍。一日三时，如是满足，四十五日。一切家中谷麦豆，自然色别，**皆来聚集**。"

【皆蒙解脱/みなげだつをかがふらむ】 四字 →【一切衆生】

【皆使满足/みなまんぞくせしむ】 四字 全部使之心满意足。《续日本纪》卷17《圣武纪》天平胜宝元年闰五月条："所冀：太上天皇沙弥胜满，诸佛拥护，法药熏质，万病消除，寿命延长，一切所愿，**皆使满足**，令法久住，拔济群生，天下太平，兆民快乐，法界有情，共成佛道。"（第三册，p.82）北凉昙无谶译《悲华经》卷4《诸菩萨本授记品》："众生无有，身心疲极，皆得五通，无有饥渴、诸苦恼事，随所喜乐，种种食饮，即有宝器，自然在手，有种种食，犹如欲界，所有诸天。无有涕唾、便利之患、痰癃汗泪，亦无寒热，常有柔软，香风触身，此风香气，微妙具足，熏诸天人、不须余香。如是香风，随诸天人，所求冷温**皆使满足**。"宋日称等译《福盖正行所集经》卷1："如摩尼宝，随意成就诸来乞者，**皆使满足**。"

【皆使消殄/みなしょうてんせしめむ】 四字 全都使之毁灭。《续日本纪》卷14《圣武纪》天平十三年三月条："案经云：若有国土讲宣读诵，恭敬供养，流通此经王者，我等四王，常来拥护。一切灾障，**皆使消殄**。"（第二册，p.388）唐义净译《金光明最胜王经》卷3《灭业障品》："是时无量释梵四王及药叉众，俱时同声答世尊言：'如是，如是。若有国土讲宣读诵此妙经王，是诸国主，我等四王常来拥护，行住共俱，其王若有一切灾障及诸怨敌，我等四王**皆使消殄**，忧愁疾疫亦令除差，增益寿命，感应祯祥，所愿遂心，恒生欢喜，我等亦能令其国中所有军兵悉皆勇健。'"

【皆悉/みなふつくに】 并列 （22例） 尽；全都。《日本书纪》卷27《天智纪》即位前纪条："乃遣大山下狭井连槟榔，小山下秦造田来津，率军五千余卫送于本乡。于是丰璋入国之时，福信迎来稽首奉国朝政，**皆悉**委焉。"（第三册，p.250）《出云国风土记·意宇郡》条："天神千五百万，地祇千五百万，并当国静坐三百九十九社，及海若等，大神之和魂者静而，荒魂者**皆悉**依给猪麻吕之所乞。"（p.142）又《岛根郡》条："东边神社。以外**皆悉**百姓之家。"（p.170）《肥前国风土记·小城郡》条："昔者，此村有土蜘蛛，造堡隐之，不从皇命。日本武尊，巡幸之日，**皆悉**诛之。因号小城郡。"（p.328）《日本灵异记》下卷《如法奉写〈法华经〉火不烧缘第10》："神护景云三年，岁次己酉，夏五月二十三日丁酉，午时，发火总家，**皆悉**烧灭。"（p.286）又《依妨修行人得猴身缘第24》："即将读抄，为设之顷，堂童子优婆塞，匆匆走来言：'小白猴居堂上。才见九间大堂仆如征尘，**皆悉**折摧，佛像皆破，僧坊皆仆。'"（p.323）又《假官势非理为政得恶报缘第35》："宛经六万九千三百八十四文字，劝率知识，举皇太子、大臣、百官**皆悉**加入其知识也。"（p.353）《续日本纪》养老五年六月条："又京及诸国，因官人月俸，收敛轻税。自今以去。**皆悉**停之。"（第二册，p.96）又卷9《元正纪》养老六年正月条："诏曰：'朕以不天，奄丁凶酷。婴蓼莪之巨痛，怀顾复之深慈。悲慕缠心，不忍贺正。宜朝廷礼仪**皆悉**停之。'"（第二册，p.108）又养老六年闰四月条："其税者，每卒一人，输布长一丈三尺，阔一尺八寸，三丁成端。其国授刀、兵卫、卫士及位子、帐内、资人。并防阁、仕丁，采女、仕女，如此之类，**皆悉**放还。"（第二册，p.116）又卷10《圣武纪》天平元年十一月条："又阿波国、山背国陆田者，不问高下，**皆悉**还公。"（第二册，p.228）又卷11《圣武纪》天平五年五月条："自天平五年五月二十六日昧爽以前大辟以下，常赦所不免，**皆悉**原放。"（第二册，p.270）又天平六年五月条："而每年回举，取利过本，及父负物征不知情妻子，子子负物征不知情父母者，自今以后，**皆悉**禁断之。"（第二册，p.280）又卷14《圣武纪》天平十三年九月条："丁丑，行幸宇治及山科。五位以上，**皆悉**从驾。"（第二册，p.398）又天平十四年八月条："其三岛拟郡司并成选人等，身留当岛，名附筑前国申上。仕丁国别点三人。**皆悉**进京。"（第二册，p. 408）又卷20《孝谦纪》天平宝字二年七月条："又敕，缘有所思，免官奴婢并紫微中台奴婢，**皆悉**从良。"（第三册，p. 256）卷29《称德纪》神护景云三年五月条："然〈母〉卢舍那如来、〈最胜王经〉、观世音菩萨、护法善神梵王、帝释、四大天王〈乃〉不可思议威神力、挂畏开辟已来御宇天皇御灵、天地〈乃〉神〈多知乃〉护助奉〈都流〉力〈尔〉依〈弖〉、其等〈我〉秽〈久〉谋〈弖〉为〈留〉厌魅事**皆悉**发觉〈奴〉。"（第四册，p. 240）又卷30《称德纪》宝龟元年五月条："又伊予、肥后两国，神护景云三年以往正税未纳，**皆悉**除免。"（第四册，p. 284）又卷35《高绍纪》宝龟十年四月条："又新罗朝贡使王子泰廉入京之日，官使宣命。以迎马。客徒敛辔，马上答谢。但渤海国使。**皆悉**下马。再拜舞踏，今领唐客。准据何例者。"又宝龟十年九月条："无论不课及课户之色，惣取其田，**皆悉**买却。"又卷37《桓武纪》延历二年十二月条："贫乏之民，宅地为质，至于迫征，自偿其质。既失本业，迸散他国。自今以后，**皆悉**禁止。"又卷38《桓武纪》延历三年五月条："今月七日卯时，虾蟇二万许，长可四分，其色黑斑。从难波市南道，南行池列可三町，随道南行，入四天王寺内，至于午时，**皆悉**散去。"后汉安世高译《十支居士八城人经》卷1："于是十支居士八城人，于其夜馔具净妙饮食。于其夜馔具净妙饮食已，随时敷座。敷座已，请鸡园中比丘僧、毘舍离比丘僧**皆悉**聚之。鸡园中诸比丘僧、毘舍离诸比丘僧皆悉聚已，以净妙饮食手自授与。"姚秦鸠摩罗什译《妙法莲华经》卷1《序品》："又见佛子，住忍辱力，增上慢人，恶骂捶打，**皆悉**能忍，以求佛道。"唐义净译《金光明最胜王经》卷5《重显空性品》："一切十方诸刹土，所有三千大千界；地土**皆悉**末为尘，此微尘量不可数。"按：《汉语大词典》失收。

【**皆悉從**/みなことごとくにしたがふ】 三字 （3例） 所有人都跟随在后面。《日本书纪》卷27《天智纪》七年五月条："五月五日，天皇纵猎于蒲生野。于时大皇弟、诸王、内臣及群臣**皆悉从**焉。"（第三册，p. 276）又八年五月条："夏五月戊寅朔壬午，天皇纵猎于山科野。大皇弟、藤原内大臣及群臣**皆悉从**焉。"（第三册，p. 280）《万叶集》卷1第21首歌注："纪曰：'……五月五日，天皇纵猎于蒲生野。于时，大皇弟诸王内臣及群臣，**皆悉从**焉。'"（第一册，p. 37）西晋竺法护译《佛说文殊师利现宝藏经》卷1："譬如转轮圣王，在所至奏，七宝、四种兵，**皆悉从**之；如是菩萨，得善权方便，智慧度无极，无所不入，一切诸道品之法，**皆悉随从**。"刘宋求那跋陀罗译《杂阿含经》卷38："摩竭提王瓶沙闻，世尊摩竭提国，人间游行，至善建立，支提杖林中住，与诸小王，群臣羽从，车万二千，乘马万八千，步逐众无数，摩竭提婆罗门长者**悉皆从**。"唐义净译《金光明最胜王经》卷6《四天王护国品》："国土丰乐无违净，随心所愿**悉皆从**，能令他方贼退散，于自国界常安隐。"

【**皆有効験**/みなしるしあり】 四字 全部都有效果灵验。《古语拾遗》："又为攘

鸟兽昆虫之灾，定禁压之法。百姓至今，咸蒙恩赖，**皆有效验**也。"（p. 126）（1）唐阿地瞿多译《陀罗尼集经》卷 2《佛说作数珠法相品》："仰启供养，称赞三宝，威神力故，种种法事，**皆有效验**。然后持行，随身备用，一切诸恶，不相染著，一切鬼神，共相敬畏。是故福力，具足成办，功德满愿。是名数珠，秘密功能。"宋契嵩编修《传法正宗记》卷 9："力遂说偈答之曰：'清宵吃饭，云间斗走。十四年末，必逢猪口。'当时权不晓其言，而亦甚礼之，大力留吴久之。及权死其子亮即位，益相见问，而言**皆有效验**。"（2）《晋书》卷 118《载记第 18》："正旦，兴朝群臣于太极前殿，沙门贺僧恸泣不能自胜，众咸怪焉。贺僧者，莫知其所从来也，言事**皆有效验**，兴甚神礼之，常与隐士数人预于宴会。"

【接足而礼／みあしをせっしてらいす】 四字　行礼者伸两手掌承接受礼者之双足，并以头面接之。在印度为最尊敬之礼法，即行五体投地的礼法。人的身体中，头为最尊，足为最卑，以头礼足，表示恭敬之至。《唐大和上东征传》："始安（郡）都督上党公冯古璞等步出城外，五体投地，**接足而礼**，引入开元寺。"（p. 72）姚秦鸠摩罗什译《大庄严论经》卷 3："我昔曾闻，牟尼种中，有王名曰阿育，信乐三宝。若于静处，见佛弟子，不问长幼，必为下马，**接足而礼**。"姚秦竺佛念译《最胜问菩萨十住除垢断结经》卷 10《梦中成道品》："尔时最胜，即从坐起，五体投地，**接足而礼**，须臾退却，复白佛言：'自审有过于，如来所说，愿世尊愍恕不及，愿垂敷演，永除愚惑。'"梁宝唱等集《经律异相》卷 17："王闻佛度旃陀罗儿，念佛出释种，豪族姓家，左右弟子，皆出四姓，来入宫室，受供信施，五体投地，**接足而礼**。"

【嗟怪／あやしむ】 并列　感叹诧异。《日本书纪》卷 26《齐明纪》七年八月条："八月甲子朔，皇太子奉徙天皇丧，还至盘濑宫。是夕于朝仓山上有鬼，著大笠，临视丧仪。众皆**嗟怪**。"（第三册，p. 242）（1）唐玄奘译《阿毗达磨大毗婆沙论》卷 84："时热铁丸，烧然象顶，如烧桦皮，王见**嗟怪**，令去铁丸。"唐道宣撰《续高僧传》卷 12："行至景藏，忽感异香满院，众共**嗟怪**。"唐慧立本、彦悰笺《大唐大慈恩寺三藏法师传》卷 3："同伴敬叹，转异于常，远近闻者，莫不**嗟怪**。非求法殷重，何以致兹？"（2）《旧唐书》卷 102《元行冲传》："咸云先儒多阙，郑氏道备，縶窃**嗟怪**，因求其学。"（p. 3180）按：《汉语大词典》失收。

【劫石／こうじゃく】 偏正（2 例）　衡量劫长的基准石，即天人以天衣擦损的大石。此石以天羽衣摩灭尽时为一劫，表示长远的时间。此处用作"寿比南山"之意。《奈良朝写经 38·大般若经卷第 591》："仰愿圣朝体固南山，尊镇北极。照临广运，与大椿而竞年；历数长菁，将**劫石**而侔世。"（p. 253）《奈良朝写经 66·大般若经卷第 176》："仰愿挂畏圣朝，金轮之化，与乾坤无动；长远之寿，争**劫石**弥远。"（p. 403）唐道宣撰《广弘明集》卷 25："敬佛教而崇僧宝，益戒香而增慧力，自可天基转高，比梵宫之远大；圣寿恒固，同**劫石**之长久。"唐道世撰《法苑珠林》卷 91："无辜者，获腰领之全。履福者，同**劫石**之寿也。"宋绍隆等编《圆悟佛果禅师语录》卷4："伏愿道超盘古，德冠羲轩，位永固于金轮，寿弥坚于**劫石**。"

【**劫石**～恒沙～／こうじゃく ～ごうじゃ～】 对偶 "恒沙"，"恒河沙"的简称。恒河沙粒至细，其量无法计算。通常形容无法计算之数。此处用作"福如东海"之义。《奈良朝写经20·大般若经卷第232》："以此功德，庆善日新，命绪将**劫石**俱延，寿算与**恒沙**共远。以此功德，庆善日新，命绪将劫石俱延，寿算与恒沙共远。"（p.148）崔致力远撰《唐大荐福寺故寺主翻经大德法藏和尚传》卷1："乘兹令日，用表单心，故奉法衣，兼长命索饼，既荐四禅之味。爰助三衣之资，愿寿等**恒沙**，年同**劫石**。"

【**劫灾**／こふのわざはひ】 偏正 世界末日的灾难。《日本灵异记》下卷《序》："既入末劫，何弗仍矣。喃泛言恻，那免**劫灾**?"（p.260）北凉昙无谶译《大方等大集经》卷30："设**劫灾**起，舍命余生。菩萨尔时，正念总持，不忘不失，如观掌中，阿摩勒果。菩萨观见，一切诸法，亦复如是，是名总持。"唐善无畏、一行合译《大毘庐遮那成佛神变加持经》卷3《转字轮漫荼罗行品》："如**劫灾**猛焰，宝冠举手印，能怖一切恶，降伏诸魔军。"唐不空译《金刚顶瑜伽千手千眼观自在菩萨修行仪轨经》卷1："此菩萨有四面，皆忿怒，八臂各执器仗，左足踏乌摩，如丁字势立，遍身火焰，炯燃如**劫灾**火。此即三世胜圣者，三摩地观也。"

【**潔斋**／ものいみ】 偏正 戒慎身心，保持清净。断酒肉等，或借沐浴等净身，使身心处于清洁状态。又谓谨言慎行。特别是于佛事、祭祀等之前施行。《续日本纪》卷17《圣武纪》天平二十年五月条："五月丁丑，敕令天下诸国奉为太上天皇，每至七日，国司自亲**洁斋**，皆请诸寺僧尼，聚集于一寺，敬礼读经。"（第三册，p.56）梁慧皎撰《高僧传》卷1："会请期七日，乃谓其属曰：'法之兴废在此一举。今不至诚后将何及?' 乃共**洁斋**净室，以铜瓶加凡烧香礼请。"唐道宣撰《续高僧传》卷16："初梁晋安王来部襄雍。承风来问将至禅室，马骑将从无故却退。王惭而返，夜感恶梦。后更再往，马退如故。王乃**洁斋**，躬尽虔敬，方得进见。"《魏书》卷114《释老志》："汉章帝时，楚王英喜为浮屠斋戒，遣郎中令奉黄缣白纨三十匹，诣国相以赎愆。诏报曰：'楚王尚浮屠之仁祠，**洁斋**三月，与神为誓，何嫌何疑，当有悔吝。其还赎，以助伊蒲塞、桑门之盛馔。'因以班示诸国。"

【**結垂**／むすびたれ】 后补 （3例）（腰带、衣物等）挂垂。《万叶集》卷11第2628首："去家之 倭文旗带乎 **结垂** 孰云人毛 君者不益"同首歌注："一书歌曰：古之 狭织之带乎 **结垂** 谁之能人毛 君尔波不益"（第三册，p.233）。又卷13第3295首："蜷肠 香黑发丹 真木棉持 阿邪左**结垂**"（第三册，p.425）。唐金刚智译《吽迦陀野仪轨》卷3《吽迦陀野相应天成就八界供养洗浴品》："次自身为坚金刚，以先印顶，顺后腰腹、二膝二肩、目耳口面各三遍，指固印捧首，如天衣**结垂**庄严。"大兴善寺翻经院述《圣无动尊一字出生八大童子秘要法品》卷1："清净比丘，剃除首发，而著法袈裟。于左肩**结垂**，左手执梵夹，右手当心持五股杵。右肩现露，于腰缠赤裳。其面貌非若非老，目如青莲，其口上牙于下显出。"按：《汉语大词典》失收。

【結額/ひたひにゆふ】 后补 把结打在额上，系在额头上。《古事记》中卷《景行记》："当此之时，其御发**结額**也。"（p.218）大兴善寺翻经院述《圣无动尊一字出生八大童子秘要法品》卷1："次制咤迦，亦如童子，色如红莲，头结五髻（一结顶上之中，一**结額**上，二结头左右，一结顶后，表五方五智）左手嚼日啰，右手执金刚棒。"按：《汉语大词典》失收。

【結網捕魚/あみをむすびてうををとる】 自创 织网打鱼。《日本灵异记》下卷《漂流大海敬称尺迦佛名得全命缘第25》："纪万侣朝臣居住于同国日高郡之潮，**结網捕魚**。"（p.325）（1）后汉安世高译《佛说分别善恶所起经》卷1："今见有短命人，若形癞疮，身体不完，跛蹇秃伛，或盲聋瘖哑，䬜鼻塞壅，或无手足，孔窍不通，皆由故世宿命屠杀射猎、罗**網捕魚**，残杀蚊虻、龟鳖蚤虱所致。如是分明，慎莫犯杀。"（2）西晋竺法护译《生经》卷2："尔时无数比丘，各各驰走匆匆不安，如捕鱼师，布**網捕魚**，鱼都驰散。"（3）东晋佛陀跋陀罗、法显合译《摩诃僧祇律》卷14："时诸捕鱼人，捉**網捕魚**。诸比丘见已，白佛言：'世尊，是捕鱼人，不应作是，事而勤作。'世尊因诸比丘问已，即说偈言。"（4）元魏慧觉等译《贤愚经》卷9《善事太子入海品》："太子闻此，深叹舍去。到河池边，见捕鱼师，张**網捕魚**，狼藉在地，跳踉申缩，死者无数。"按："结网捕鱼"这一特有说法只是将原典中的动词"罗""布""张"和"捉"换成了类义词"结"而已。→【引網捕魚】

【結著/ゆひつく】 后补 将某物系在某处，在某处打结。《古事记》上卷《大国主神》："尔握其神之发，其室每椽**结著**，而五百引石取塞其室户，负其妻须世理毘卖，即取持其大神之生大刀与生弓矢及其天诏琴，而逃出之时，其天诏琴，抚树而地动鸣。"（p.82）（1）东晋佛陀跋陀罗、法显合译《摩诃僧祇律》卷16："临发时便言：'我无，净人有牛，尊者，须者当取，使净人长囊，盛种种粮食，计日日食分。作一齐已，纽**结著**牛上。'"失译人名今附梁录《六字神咒王经》卷1："作索成已，若有官事被言，或逢斗净，更相咒诅，谗谤谋枉，及一切众恶，以此咒**结著**其人衣带中。如上诸难，悉皆灭之。"唐善无畏译《阿咤薄俱元帅大将上佛陀罗尼经修行仪轨》卷2："又书恶人形，以符安口中，含口中，一切恶人，便赖舌自入肚，**结著**碓尾下，随意舂之，三日内，恶人，自缚不休。"（2）《晋书》卷25《舆服》："钗以铁为之，其大三寸，中央两头高，如山形，贯中以翟尾而**结著**之也。"（p.753）按：《汉语大词典》失收。

【解開/ときあく】 后补 打开，解开。《古事记》中卷《景行记》："于是看行其神入坐其野。尔其国造，火著其野。故知见欺，而**解開**其姨倭比卖命之所给囊口而见者，火打有其里。"（p.224）（1）唐义净撰《南海寄归内法传》卷1："事如律说，其施主家，设食之处，地必牛粪净涂，各别安小床座。复须清净瓷瓮，预多贮水，**解開**衣纽，安置净瓶，即宜看水。"（2）《洛阳缙绅旧闻记》第4："命老仆开布囊中，取绵复**解开**，内各用绵裹大小珠数千枚，杂以琥珀、马脑、大真珠可升许。"按：《汉语大词典》失收。

【戒灯/かいとう】 偏正　戒灯。将戒律比作灯光，照亮僧侣们的修行生活。《唐大和上东征传》："我大和上远向海东，自谓一生不获再觌，今日亲礼，诚如盲龟开目见日；**戒灯**重明，昏衢再（朗）。"（p.80）唐菩提流志译《大乘金刚髻珠菩萨修行分》卷1："次有智灯佛，次有贤善灯，次有**戒灯**佛，次有忍辱灯。"《全唐文》卷306毕彦雄《大唐龙兴大德香积寺主净业法师灵塔铭》："禅月西隐，**戒灯**东照，谈真利俗，稀代称贤，智炬增辉，法师一人矣。"按：《汉语大词典》失收。

【戒定慧行/かいじょうゑのぎょう】 四字　"戒定慧"，亦名"三学"或"三无漏学"。"戒"是戒止恶行，"定"是定心一处，"慧"是破妄证真。"行"指为到达戒定慧之修行或行法。《续日本纪》卷23《淳仁纪》天平宝字四年七月条："然则，**戒定慧行**，非独昔时。经论律旨，方盛当今。"（第三册，p.356）吴维祇难等译《法句经》卷1《戒慎品》："狂惑自恣，已常外避，**戒定慧行**，求满勿离。"姚秦竺佛念译《出曜经》卷9《戒品》："**戒定慧行**者，戒品定品慧品，昼夜精勤，不兴放逸，欲度巨海，当乘大舫，欲趣灭度，当须**戒定慧行**，损不善法，增益善法。违此正教，不顺法律者，则于佛法圣众，便有相累。是故说曰：'**戒定慧行**，求满勿离也。'"

【戒筏/かいばつ】 偏正　用戒律编制的渡河工具，比喻戒律是抵达彼岸的一种手段。《奈良朝写经38·大般若经卷第591》："盖闻无二法门，悬智镜而圆满；非一**戒筏**，扬慧炬以均照。权实神机，邈绝名言之域，方便秀术，颐颐有无之间。感而遂通，枳无不应。"（p.253）唐怀素集《僧羯磨》卷1《僧羯磨卷上并序》："原夫鹿苑龙城，启尸罗之妙躅。象严鹫岭，开解脱之玄宗。于是三千大千，受清凉而出火宅。天上天下，乘**戒筏**而越迷津。"新罗太贤撰《菩萨戒本宗要》卷1："丈夫欲取三界王，当挥智剑断众魔。吾于苦海誓无畏，庄严**戒筏**摄诸方。"

【戒羯磨/かいかつま】 音译　梵语 karman 的译音。意译"为业""所作""事""办事""作法"等。羯磨原本是行为、业之意，但特别书写为羯磨时，则指受戒或忏悔时的做法。《续日本纪》卷14《圣武纪》天平十三年三月条："其僧尼每月八日，必应转读《最胜王经》。每至月半，诵**戒羯磨**。每月六斋日，公私不得渔猎杀生。"（第二册，p.390）后秦佛陀耶舍、竺佛念等合译《四分律》卷36："尔时，诸比丘以，此事往白佛。佛言：'众多痴比丘，不应共集一处。既不知戒，复不知说戒，不知布萨，不知布萨羯磨。自今已去，制五岁比丘诵戒羯磨。若不诵**戒羯磨**者，如法治。'"唐道宣撰《四分律删补随机羯磨》卷1《昙无德部四分律删补随机羯磨序》："持戒之心，要唯二辙：止持则戒本最为标首，作持则羯磨结其大科，后进前修妙宗斯法。故律云：'若不诵**戒羯磨**，尽形不离依止。'"

【戒律／かいりつ】 偏正 （8 例） 防止佛教徒邪恶的法律，如五戒十善乃至二百五十戒。《唐大和上东征传》："唐国诸寺三藏、大德，皆以**戒律**为入道之正门；若有不持戒者，不齿于僧中。于是，方知本国无传戒人。仍请东都大福［先］寺沙门道璇律师，附副使中臣朝臣名代之［舶］，先向本国去，拟为传戒者也。"（p. 38）又："时和上执普照［师］手，悲泣而曰：'为传**戒律**，发愿过海，遂不至日本国，本愿不遂。'"（p. 74）又："朕造此东大寺，经十余年，欲立戒坛，传受**戒律**，自有此心，日夜不忘。今诸大德，远来传戒，冥契朕心。自今以后，受戒传律，一任和上。"（p. 92）又："时有四方来学**戒律**者，缘无供养，多有退还，此事漏闻于天听，仍以宝字元年丁酉十一月二十三日，敕施备前国水田一百町，大和上以此田欲立伽蓝。"（p. 94）《续日本纪》卷 9《元正纪》养老六年七月条："近在京僧尼，以浅识轻智，巧说罪福之因果，不练**戒律**，诈诱都里之众庶。"（第二册，p. 122）又卷 21《淳仁纪》天平宝字二年八月条："其依犯摈出僧等，**戒律**无阙。移近一国。"（第三册，p. 276）又："集诸寺僧尼，欲学**戒律**者，皆属令习。"（第三册，p. 276）又卷 24《淳仁纪》天平宝字七年五月条："五月戊申，大和上鉴真物化。和上者扬州龙兴寺之大德也。博涉经论，尤精**戒律**。江淮之间，独为化主。"（第三册，p. 430）隋慧远撰《大乘义章》卷 1："言毘尼者，名别有四：一曰毘尼，二名木叉，三曰尸罗，四名为律……言尸罗者，此名清凉。亦名为**戒**。三业炎非，焚烧行人，事等如热，戒能防息，故名清凉。清凉之名，正翻彼也。以能防禁，故名为**戒**……所言**律**者，是外国名优婆罗叉。此翻名**律**。解释有二，一就教论，二就行辨。若当就教诠量名**律**，若当就行调伏名**律**。"

【戒律清净／かいりつしょうじょう】 四字 严格遵循佛道修行的生活规范，离恶行的过失，断烦恼的垢染。《续日本纪》卷 19《孝谦纪》天平胜宝八年五月条："又和上鉴真、小僧都良辩、华严讲师慈训、大唐僧法进、法华寺镇庆俊，或学业优富，或**戒律清净**，堪圣代之镇护，为玄徒之领袖。"（第三册，p. 162）姚秦竺佛念译《菩萨璎珞经》卷 14《十方法界品》："复有菩萨名曰色身，前白佛言：'无量诸佛等，**戒律清净**具。自得复授彼，充饱一切愿。'"宋法贤译《佛说阿罗汉具德经》卷 1："复有声闻，善持**戒律，清净**无缺，罗睺罗苾刍是。"

【戒網～觉華～／かいもう～かくけ～】 对偶 "戒网"，戒律之网。将戒律比作落网，谓戒律的威严，疏而不漏。"觉华"，智慧之花。将真觉比作莲花，谓出离烦恼，清净微妙。《唐大和上东征传》："爰有鉴真大和上。张**戒网**而曾临。法进阇梨。照智炬而戾止像化多士。于斯为盛。玄风不坠。寔赖兹焉。"（p. 98）又淡海元开《初谒大和上二首并序》："禅林**戒网**密，慧苑**觉华**丰。欲识玄津路，缁门得妙工。"（p. 99）（1）唐道宣撰《续高僧传》卷 3："十岁出家，随师习学，诵一洛叉大乘经，可十万偈。受具已后，便学律藏，博通**戒网**，心乐禅思。"又卷 21："若初依经论，必轻**戒网**，邪见灭法，障道之元。"唐不空译《大乘瑜伽金刚性海曼殊室利千臂千钵大教王经》卷

3《诸佛出现证修金刚菩提殊胜品》："菩萨常自观身，严持威仪，**戒网**不以为喜，威德自在，人所称赞。"（2）后秦佛陀耶舍、竺佛念等合译《长阿含经》卷3："阿难白佛言：'云何名供养？受法而能行，**觉华**而为供。'"北凉昙无谶译《大般涅槃经》卷4《如来性品》："如来出于无量烦恼入于涅槃安乐之处，游诸**觉华**欢娱受乐。"唐实叉难陀译《大方广佛华严经》卷50《如来出现品》："令心无碍，不坏善根；令智修明，开敷**觉华**；令其发心，成就本行。"

【**戒香~慧炬~**/かいこう～えこ～】 对偶 （2例）"戒香"，谓戒律能涤除尘世的污浊，故以"香"喻。亦指所燃之香。"慧炬"，谓无幽不照的智慧。《续日本纪》卷10《圣武纪》神龟四年十二月条："十二月丁丑，敕曰：'僧正义渊法师，禅枝早茂，法梁惟隆。扇玄风于四方，照**慧炬**于三界。'"（第二册，p.184）《唐大和上东征传》思托《五言伤大和上传灯逝》："上德乘杯渡，金人道已东。**戒香**余散馥，**慧炬**复流风。"（p.100）（1）东晋竺昙无兰译《佛说戒德香经》卷1："木蜜及栴檀，青莲诸雨香，一切此众香，**戒香**最无上。"晋世法炬、法立合译《法句譬喻经》卷2《华香品》："栴檀多香，青莲芳花，虽曰是真，不如**戒香**。"南朝齐张公礼《龙藏寺碑》："**戒香**恒馥，法轮常转。"唐慧立本、彦悰笺《大唐大慈恩寺三藏法师传》卷5："自遗法东被，咸重大乘，定水澄明，**戒香**芬馥。"（2）北凉昙无谶译《大般涅槃经》卷21《光明遍照高贵德王菩萨品》："汝今所有疑网毒镞，我为大医能善拔出。汝于佛性犹未明了，我有**慧炬**能为照明。"南朝梁萧子良《与南郡太守刘景蕤书》："逝将烛昏霾于**慧炬**，拯沦溺于法桥。"唐王勃《益州德阳县善寂寺碑》："奏鸣凤于天歌，下清群籁；腾烛龙于**慧炬**，俯镜重昏。"高丽觉训撰《海东高僧传》卷2："**慧炬**夙明。禅枝早茂。穷涯盈量虚往实归。诚佛家之栋梁。实僧徒之领袖。"→【慧炬】

【**戒行**/かいぎょう】 偏正 （2例）恪守戒律的操行，即受持释尊所制之律法，能随顺戒体，动作身、口、意三业而不违法，称为戒行。《续日本纪》卷21《淳仁纪》天平宝字二年八月条："其大僧都鉴真和上，**戒行**转洁、白头不变。远涉沧波，归我圣朝。号曰大和上。恭敬供养，政事躁烦，不敢劳老。宜停僧纲之任。集诸寺僧尼，欲学戒律者，皆属令习。"（第三册，p.276）又卷23《淳仁纪》天平宝字四年七月条："若有诵经忘却，**戒行**过失者，待众人知，然后改正。但师位等级，宜如奏状。"（第三册，p.358）元魏杨衒之撰《洛阳伽蓝记》卷4："京师沙门，好胡法者，皆就摩罗受持之。**戒行**真苦，难可揄扬。"唐道宣撰《四分律删繁补阙行事钞》卷2："**戒行**，谓方便修成，顺本受体。"

【**戒行不欠**/かいぎょうかけず】 自创 没有缺失恪守戒律的操行。《续日本纪》卷1《文武纪》四年三月条："和尚**戒行不欠**，尤尚忍行。尝弟子欲究其性，窃穿便器，漏污被褥。"（第一册，p.22）隋阇那崛多译《大方等大集经贤护分》卷3《戒行具足品》："佛告贤护言：'贤护，若有菩萨，舍家出家，深乐广宣，复欲思惟，如是三昧者，彼出家菩萨，当先护持，清净戒行，**不缺戒行**，不染戒行，不污戒行，不浊戒行，不著戒行，不动戒行，不被呵戒行。智者所赞戒行，圣所爱敬戒行。应当念知，如是诸戒也。'"宋惟净等译《佛说除盖障菩萨所问经》卷 5："所有徒众，**不缺戒行**，不坏正见，不越法式，不染净命。"

【戒行具足／かいぎょうぐそく】　四字　具备恪守戒律的操行。《续日本纪》卷 32《光仁纪》宝龟四年十一月条："十一月辛卯，敕故大僧正行基法师，**戒行具足**，智德兼备。先代之所推仰，后生以为耳目。"（第四册，p.414）东晋帛尸梨蜜多罗译《佛说灌顶经》卷 12："第五愿者，使我来世，发大精进，净持戒地，令无浊秽，慎护所受，令无缺犯，亦令一切，**戒行具足**，坚持不犯，至无为道。"隋阇那崛多译《弥沙塞部和酰五分律》卷 2："复有比丘得重病，诸比丘问讯如上，语病者言：'汝等**戒行具足**，应受天福。若自杀者，必得生天，何用如是，久受苦为？'"隋阇那崛多译《佛本行集经》卷 38《那罗陀出家品》："时彼长老，便成出家，**戒行具足**。"

【戒业精勤／かいごうしょうごん】　四字　"戒业"，恪守戒律的修行。"精勤"，努力，勤奋。《续日本纪》卷 9《元正纪》养老六年七月条："其僧纲者，智德具足，真俗栋梁。理义该通，**戒业精勤**。"（第二册，p.120）唐般若译《大乘本生心地观经》卷 3《报恩品》："若有不受如来戒，终不能得野干身。何况能感人天中，最胜快乐居王位？是故王者非无因，**戒业精勤**成妙果。"唐僧详撰《弘赞法华传》卷 8："释道琳，未详氏族，荆州人也。**戒业精勤**，讽诵兹典。"→【精勤】

【戒珠／いむことのたま】　比喻　（2 例）"戒珠"，（喻）戒律洁白，可以庄严人身，好像晶莹剔透的宝珠。《日本灵异记》上卷《勤求学佛教弘法利物临命终时示异表缘第 22》："时**戒珠**无玷，知鉴恒耀。遍游诸方，弘法化物。"（p.108）又下卷《沙门积功作佛像临命终时示异表缘第 30》："赞曰：'嗟呼，庆哉！三间名干歧之氏大德。内密圣心，外现凡形。著俗触色，不染**戒珠**，临没向西，走神示异。'诚知是圣非凡矣。"（p.342）隋灌顶撰《国清百录》卷 2："童真出家，**戒珠**圆净，年将耳顺，定水渊澄。"唐菩提流志译《大宝积经》卷 1 李隆基《大宝积经并序》："法师**戒珠**在握，慧炬明心，为法门之栋梁，启僧徒之耳目。"唐般若译《大方广佛华严经》卷 17《入不思议解脱境界普贤行愿品》："**戒珠**不假刀兵护，戒为伏藏无所侵，戒为勇伴导前行，戒为出世庄严具。"

【戒珠～慧水～／かいしゅ～えすい～】　比喻　"慧水"，（譬喻）智慧能洗烦恼之垢，故譬以水。《续日本纪》卷 8《元正纪》养老三年十一月条："道慈法师，远涉沧波，核异文于绝境，遐游赤县，研妙机于秘记。参迹象龙，振英秦汉。并以**戒珠**如怀满月，**慧水**若写沧溟。倘使天下桑门智行如此者，岂不殖善根之福田，渡苦海之宝筏？"（第二册，p.62）（1）隋灌顶纂《国清百录》卷 2："童真出家，**戒珠**圆净，年将耳顺，定**水**渊澄。"唐菩提流志译《大宝积经》卷 1 唐太上皇制《大宝积经并序》："法师**戒珠**

在握，**慧炬**明心，为法门之栋梁，启僧徒之耳目。"唐道宣撰《关中创立戒坛图经》卷1："故初受戒人，如佛法王，受法王位，有摩尼珠光，触受戒人，得清凉乐，又表受人，**戒珠**清净。"唐不空译《大乘密严经》卷1《大唐新翻密严经序》："大兴善寺三藏沙门不空，像教栋梁，爱河舟楫。**戒珠**在握，明镜人怀。雪涉云征，穷鹿野之真谛；帆飞海宿，究马鸣之奥音。"（2）梁僧伽婆罗译《阿育王经》卷8《佛弟子五人传授法藏因缘品》："汝所作众罪，今但略说之。当以念慧水，洗除烦恼垢。"梁会慧皎撰《高僧传》卷3："赞曰：'频婆捹唱，叠教攸陈。五乘竟转，八万弥纶。周星曜魄，汉梦通神。腾兰讖什，殉道来臻。**慈云**徙荫，**慧水**传津。俾夫季末，方树洪因。"唐玄奘译《阿毗达磨识身足论》卷1："智者**慧水**大陂池，求智勇锐胜基本。了此胜法至聪明，悟斯圣教真佛子。"北凉昙无谶译《大方等无想经》卷1《大众健度》："以此法界，诸佛世尊，等有常慧，以常**慧水**，净自洗浴，服甘露味，并以惠施，一切众生，修集一切，诸佛所行，汝今当服，是甘露味。"

【**诫勅殷勤**/いましむるみことのりねもころなり】 四字 告诫诚恳。《日本书纪》卷14《雄略纪》二十三年四月条："勅唤内里，亲抚头面，**诫勅殷勤**，使王其国。"（第二册，p.206）苻秦昙摩难提译《阿育王息坏目因缘经》卷1："师今**诫**①**勅**，**殷勤**至深，宜当防护，施行严教，岂敢轻慢，违我圣师。"古逸部《法华经疏》卷1《嘱累品》："第一从初以下，讫普得闻知，欲明如来口自**殷勤诫勅**二依。第二从所以者何已，下讫诸佛之恩，欲明如来劝彼二依。"

【**藉此功德**/このくどくによりて】 四字 凭借这一功能福德。《奈良朝写经33·大智度论卷第54》："仰愿**藉此功德**，过去神灵救三恶趣苦，欲令往生十方净土，莲花台化生，俱成觉道。"（p.217）隋阇那崛多译《佛本行集经》卷2《发心供养品》："出家如前，复发此心：'愿我未来，**藉此功德**，生生世世，莫生恶道。'"又《无所有菩萨经》卷3："既图画已，奉彼弥勒如来世尊，即发愿言：'**藉此功德**，愿我当得，如是佛刹庄严之事。亦如今者，弥勒世尊阿罗诃三藐三佛陀所有具足，庄严之相。愿我佛刹，诸声闻众，智慧具足，愿我佛刹，诸菩萨等，无量智慧，皆悉具足。'"唐道宣撰《广弘明集》卷28："惟愿**藉此功德**，奉资皇帝陛下，寿与南山共久，年将北极俱长，道懋农轩，德高尧舜，上界八万，之劫可期，下方七百，之祚未拟。"

【**藉此善因**/このぜんいんによりて】 四字 希望凭借这一招感善果的业因。《奈良朝写经1·金刚场陀罗尼经》："岁次丙戌年五月，川内国志贵评内知识，为七世父母及一切众生，敬造《金刚场陀罗尼经》一部。**藉此善因**，往生净土，终成正觉。"（p.5）隋阇那崛多译《佛说月上女经》卷2："尔时彼女，以佛神力，忽然复有，第八莲华，现其右手。其女复持向佛而掷，其华至已次第成其第八华帐，形状纵广亦如上

---

① "诫"，宋本、元本、明本、宫本中作"戒"。

说。其女于是复言：'世尊，愿我来世，**藉此善因**，若有众生，著八颠倒，为说其法，令悉除灭。'"

【藉此勝因/このすぐれたるえにによりて】 四字　凭借这一殊胜的因缘。《奈良朝写经29·千手千眼陀罗尼经》："**藉此胜因**，伏愿皇帝陛下、太上天皇、皇后殿下，与日月齐其明，共乾坤合此德，圣寿恒永，景福无疆。"（p. 200）唐实叉难陀译《大方广佛华严经》卷28《十回向品》："以彼施舌诸功德，回向一切诸众生，普愿**藉此胜因**缘，悉得如来广长舌。"该例亦见于唐李通玄撰《华严经合论》卷48《十回向品第25》、唐澄观疏义《华严纲要》卷28《十回向品第25》。

【藉此勝緣/このすぐれたるえににによらむ】 先例　凭借这一殊胜的因缘。《奈良朝写经22·道行般若波经卷第5》："设斋敬赞，**藉此胜缘**，伏惟尊府君道济迷途，神游净国。"（p. 167）宋宗晓编《四明尊者教行录》卷1："**凭此胜缘**，求生上品净土，宜各志诚，随声发愿。"宋契嵩编《镡津文集》卷9："苟吾道益劝，君子益信，小人益敬。**资此胜缘**，以报圣君之赐。"宋祖琇撰《建中靖国续灯录》卷1："嘉与有众，**缔此胜缘**，俱离迷津，偕之觉路。"

【藉斯至善/このしぜんによりて】 自创　凭借这一最佳的善行。《奈良朝写经52·大唐内典录卷第10》："伏愿**藉斯至善**，庄严国家，淳化出于三五之先，圣寿超于万亿之外。"（p. 312）隋阇那崛多译《佛本行集经》卷31《二商奉食品》："**藉斯善业**，我今得此，微妙果报。"唐菩提流志译《大宝积经》卷54《大自在天授记品》："何以故？纵逢如是诸苦难事，犹应修集，**藉斯缘**故必证菩提。"唐道宣撰《广弘明集》卷15："**藉斯妙果**，奉逮七庙圣灵，归命敬礼。"

【籍此功德/このくどくによりて】 四字　犹言"以此功德"。"籍"通"藉"。《日本灵异记》中卷《序》："庶觊拾文者，愧天惭人，忍忘事，作心之师，莫心为师。**籍此功德**，右胁著福德之翮，而翔于冲虚之表。左胁烛智惠之炬，而登于佛性之顶，普施群生，共成佛道也。"（p. 143）隋阇那崛多译《佛本行集经》卷2《发心供养品》："出家如前，复发此心：'愿我未来，**藉此功德**，生生世世，莫生恶道。'"唐菩提流志译《大宝积经》卷109："阿难，是跋陀罗波梨长者，于彼乐光佛世作法师时，见诸梵行，持戒比丘，羸瘦顿乏，力弱无堪，凡有所须，悉皆布施。复造鞋袜、靴履等物，欢喜施与。**藉此功德**，今感妙车，如意果报。"唐道宣撰《广弘明集》卷28沈约《南齐皇太子礼佛愿疏》："惟愿**藉此功德**，奉资皇帝陛下，寿与南山共久，年将北极俱长，道懋农轩，德高尧舜。"→【以此功德】【因此功德】【缘此功德】

【今訛謂～/いまはよこなまりて～といふ】 说词　（5例）　现在民间说成"……"。《肥前国风土记·养父郡》条："于此，有一产妇，临见御狗，即吠止。因曰犬声止国。**今讹谓养父郡也**。"（p. 316）又："同天皇，行幸之时，在此山行宫，徘徊

四望，四方分明。因曰分明村。**今讹谓**狭山乡。"（p. 318）又《三根郡》条："即敕赐名，曰海藻生井。**今讹谓**米多井，以为乡名。"（p. 320）又《松浦郡》条："皇后曰：'甚希见物。'因曰希见国。**今讹谓**松浦郡。"（p. 328）又《藤津郡》条："潮满之时，逆流沂洄，流势太高，因名潮高满川。**今讹谓**盐田川。"（p. 340）（1）唐道宣撰集《毗尼作持续释》卷7："《三千威仪》云：'令帖四角，律本令裸，障垢腻处，若衣坏随孔大小方圆补，及如二指大。'释：'令帖四角者，制取坚用。**今讹谓**四天王也。'"（2）《旧唐书》卷196上《吐蕃上》："樊尼威惠夙著，为群羌所怀，皆抚以恩信，归之如市。遂改姓为窣勃野，以秃发为国号，**语讹谓**之吐蕃。其后子孙繁昌，又侵伐不息，土宇渐广。历周及隋，犹隔诸羌，未通于中国。"

【今身／いまのみ】 偏正 此世的身体。现在的己身。"来世"的对应词。《日本灵异记》中卷《常鸟卵煮食以现得恶死报缘第10》："《善恶因果经》云：'**今身**烧煮鸡子者，死堕灰河地狱。'者，其谓之矣。"（p. 176）东晋瞿昙僧伽提婆译《增壹阿含经》卷11《善知识品》："梵志女曰：'如我**今身**不求为汝作妻，使我将来世与汝作妻。'"姚秦鸠摩罗什译《大庄严论经》卷4："**今身**得苦恼，**来世**亦复然，世界结使业，能遮净施报，所谓是悭贪，众怨中最大。"

【今受此苦／いまこのくるしびをうく】 四字 现在遭受这一苦难。《日本灵异记》下卷《假官势非理为政得恶报缘第35》："我存世时，白米纲丁而经数年，佰姓之物，非理打征。由其罪报，**今受此苦**。"（p. 353）东晋瞿昙僧伽提婆译《增壹阿含经》卷24《善聚品》："卿等不得善利，昔在人中受人中福，身、口、意行不与相应，亦不惠施、仁爱、利人、等利，以是之故，**今受此苦**。"姚秦鸠摩罗什译《大庄严论经》卷7："我于先世，不造福业，为恶所牵，**今受此苦**。"梁宝唱等集《经律异相》卷16："是时愿足问饿鬼曰：'汝宿何罪，**今受此苦**？'"

【今我所作／いまわがおこなふところ】 口语 现在我所做的事情。《日本灵异记》中卷《依不布施与放生而现得善恶报缘第16》："长闻之曰：'操饭而养，自今已后，各缺自分，施彼耆姬。功德之中，割自身宍，施他救命，最上之行。**今我所作**，称彼功德。'"（p. 191）失译人名今附秦录《佛说净业障经》卷1："尔时，勇施闻彼命终，心生大悔，作是思惟：'**今我所作**，是大重恶。何名比丘？受行淫法，又断人命。我今如是，当何所归？'生大忧恼。"北凉昙无谶译《大般涅槃经》卷10《一切大众所问品》："能生悔心，内怀惭愧，**今我所作**，不善之业，甚为大苦，我当建立，护持正法，是则不名，五逆罪也。"唐义净译《根本说一切有部毗奈耶》卷4："时经未久，还复重来。邬波难陀，同前捉得，告曰：'汝等数数，诡诳于我。**今我所作**，令汝知之。'"

【今现在／いまげんざいす・いまうつつにあり】 时段 现在正在某处。《唐大和上东征传》："韶州官人又迎引入法泉寺，乃是则天为慧能禅师造寺也，禅师影像**今现在**。"（p. 74）西晋竺法护译《大哀经》卷8《叹品》："世尊**今现在**，清净诸众生，以

持此经典，察谊观奉行，于百千劫中，终不归恶趣。已授于佛决，得为法王子。"隋毘尼多流支译《大乘方广总持经》卷1："尔时，佛告弥勒菩萨摩诃萨言：'阿逸多，如来不久，当入涅槃。汝于诸法，有所疑者，我**今现在**，欲有所问，今正是时。佛灭度后，勿生忧悔。'"隋阇那崛多译《入法界体性经》卷1："世尊，彼等即**今现在**，亦不可为其分别，但说名字。"按："今"与"现"义同，同义连言。

【今在於~/いまし ~にあり】 [于字] （4例） 现在在某处。《日本书纪》卷1《神代纪上》："故裂尾而看，即别有一剑焉，名为草薙剑。此剑昔在素戋呜尊许，**今在于**尾张国也。"（第一册，p.98）又卷2《神代纪下》："是时，斋主神号斋之大人。此神**今在于**东国楫取之地也。"（第一册，p.134）又卷9《神功纪》摄政前纪条："于是也，适当皇后之开胎。皇后则取石插腰，而祈之曰：'事竟还日，产于兹土。'其石**今在于**伊都县道边。"（第一册，p.426）又卷10《应神纪》条："是以，其子孙于**今在于**吉备国，是其缘也。"（第一册，p.490）东晋法显译《大般涅槃经》卷3："尔时鸠尸那城，有一外道，年百二十，名须跋陀罗。聪明多智，诵四毘陀经，一切书论，无不通达，为一切人，之所宗敬。其闻如来，在娑罗林，双树之间，将般涅槃，心自思惟：'我诸书论，说佛出世，极为难遇。如优昙钵花，时一现耳。其**今在于**，娑罗林中。我有所疑，试往请问。'"失译人名今附秦录《别译杂阿含经》卷12："时尊者婆耆奢，亦在众中，而作是念：'我**今在于**，佛僧之前，欲有赞说。'即从坐起，整其衣服，合掌向佛，而作是言：'唯愿世尊，听我所说。'"梁月婆首那译《大乘顶王经》卷1："此诸佛境界，救护世间者。**今在于**佛前，身无有诸过。"唐义净译《根本说一切有部毘奈耶破僧事》卷17："时诸臣佐，既奉王命，即便访觅。时黑头虫，时时往彼，猎师之处，而觅方便，觑其缨络。见已，便知是王缨络，**今在于**此。"

【今至於此/いましここにいたるに】 [于字] 今天来到这里；以至于落到今天这个地步。《日本书纪》卷7《景行纪》四十年是岁条："昔日本武尊向东之岁，停尾津滨而进食。是时解一剑置于松下，遂忘而去。**今至于**此，剑犹存。"（第一册，p.382）（1）唐义净译《根本说一切有部苾刍尼毘奈耶》卷18："妇人答言：'我不自由，身属于他。当时我频，咨请圣者，吐罗尼，请将余方，勿遭留难，不蒙存护，**今至于**此。'"（2）《宋史》卷1《本纪第1》："有顷，诸将拥宰相范质等至，太祖见之，呜咽流涕曰：'违负天地，**今至于**此！'"

【金钵/こがねのはち】 [偏正] 镀金的食器。《日本书纪》卷27《天智纪》十年十月条："是月，天皇遣使，奉袈裟、**金钵**、象牙、沉水香、栴檀香及诸珍财于法兴寺佛。"（第三册，p.292）吴支谦译《九色鹿经》卷1："王即募于国中：'若有能得，九色鹿者，吾当与其，分国而治，即赐**金钵**，盛满银粟，又赐银钵，盛满金粟。'"东晋瞿昙僧伽提婆译《增壹阿含经》卷48《礼三宝品》："东界诸小王，皆来朝觐，所贡皆以，**金钵**盛银粟，银钵盛金粟：'善来！大王。此东界土地，珍宝人民，尽是王有。愿当停驾住此，我等当禀承天教。'"唐玄奘撰《大唐西域记》卷8："时四天从四方来，各持金钵，而以奉上。世尊默然，而不纳受，以为出家，不宜此器。"

【金刚般若经/こんごうはんにゃきょう】 内典 （13 例） 1 卷。《金刚般若波罗蜜经》，略称《金刚经》《金刚般若经》。属于"般若部"的大乘经典之一。汉译有六种，罗什译本常被诸家用于讲读。①讲说。《日本书纪》卷29《天武纪》十四年十月条："是月，说《金刚般若经》于宫中。"（第三册，p. 452）②读诵。《日本灵异记》中卷《阎罗王使鬼得所召人之赂以免缘第24》："为令脱我所打之罪，呼我三名，奉读《金刚般若经》百卷。"（p. 212）又："盘岛参入大安寺南塔院，请沙弥仁耀法师，未受戒之时也。语欲奉读《金刚般若经》百卷。仁耀受请，经二个日，读《金刚般若经》百卷讫。历三个日，使鬼来云：'依大乘力，脱百段罪，自常食复倍饭一斗而赐。喜贵。自今以后，每节为我修福供养。'"（p. 212）又下卷《忆持〈法华经〉者舌著曝髑髅中不朽缘第1》："又吉野金峰，有一禅师，往峰行道。禅师闻，往前有音，读于《法华经》《金刚般若经》。"（p. 264）又《沙门一目眼盲使读〈金刚般若经〉得明眼缘》："日夜耻悲，屈请众僧，三日三夜，读诵《金刚般若经》。便目开明，如本平也。"（p. 310）又《怨病忽婴身因之受戒行善以现得愈病缘第34》："忠仙见之此病相惘，看病咒护，发愿言：'为愈是病，奉读《药师经》《金刚般若经》各三千卷，《观世音经》一万卷，《观音三昧经》一百卷也。'历十四年，奉读《药师经》二千五首卷，《金刚般若经》千卷，《观世音经》二百卷。唯《千手陀罗尼》，无间诵之也。"（p. 350）《续日本纪》卷10《圣武纪》神龟四年二月条："辛酉，请僧六百、尼三百于中宫，令转读《金刚般若经》。为销灾异也。"（第二册，p. 178）又卷12《圣武纪》天平八年八月条："乙未，敕曰：'如闻比日大宰府疫死者多，思欲救疗疫气，以济民命。'是以，奉币彼部神祇，为民祷祈焉。又府大寺及别国诸寺，读《金刚般若经》。"（第二册，p. 292）③书写。《续日本纪》卷20《孝谦纪》天平宝字二年七月条："戊戌，敕为令朝廷安宁，天下太平，国别奉写《金刚般若经》三十卷，安置国分僧寺二十卷，尼寺十卷，恒副《金光明最胜王经》，并令转读。"（第三册，p. 256）《奈良朝写经64·金光明最胜王经卷第1》："维天平宝字六年岁次壬寅二月八日，菩萨戒佛弟子百济丰虫，奉为二亲，敬写《法华经》一部、《金光明最胜王经》一部、《金刚般若经》一卷。"（p. 393）

【金刚场陀罗尼经/こんごうじょうだらにきょう】 内典 1 卷，隋阇那崛多译。该经通过世尊与文殊菩萨的对话，讲述了何谓菩提和涅槃等问题。在佛教中，该经属于密教的经典。《奈良朝写经1·金刚场陀罗尼经》："岁次丙戌年五月，川内国志贵评内知识，为七世父母及一切众生，敬造《金刚场陀罗尼经》一部。"（p. 5）隋费长房撰《历代三宝纪》卷12："《金刚场陀罗尼经》一卷：开皇七年六月翻，八月讫。沙门僧琨等笔受，沙门彦琮制序。"唐智升撰《开元释教录》卷7："《金刚场陀罗尼经》一卷：第二出，与《金刚上味陀罗尼经》同。本开皇七年六月出，八月讫沙门。僧琨等笔受，沙门彦琮制序。见长房录。"

【金刚那罗延力/こんごうならえんのちから】 多音 金刚那罗延、那罗延，意指佛菩萨之胜身。因佛菩萨之身坚固勇猛，犹如金刚之坚硬，不为任何外物所坏；而其力强，又如那罗延天力大无穷，故称为金刚那罗延。《日本灵异记》中卷《力女示强力缘第27》："如经说：'作饼供养三宝者，得**金刚那罗延力**。'云云。是以当知，先世作大枚饼，供养三宝众僧，得此强力矣。"（p. 220）宋王日休校辑《佛说大阿弥陀经》卷1："第三十九愿，我作佛时，刹中菩萨得**金刚那罗延力**，其身皆紫磨金色，具三十二相、八十种好，说经行道无异于诸佛。不得是愿终不作佛。"

【金刚寺/こんごうじ】 寺名 →【坂田尼寺】

【金鼓/こんく】 典据 梦见有一金鼓演说忏悔的偈颂。典自《金光明经》。《奈良朝写经66·大般若经卷第176》："是以，大法师讳行信，平生之日，至心发愿，敬写法华一乘之宗，**金鼓**灭罪之文。"（p. 403）北凉昙无谶译《金光明经》卷1《忏悔品》："尔时信相菩萨，即于其夜，梦见**金鼓**，其状姝大，其明普照，喻如日光；复于光中得见十方无量无边诸佛世尊，众宝树下坐琉璃座，与无量百千眷属围绕而为说法。见有一人似婆罗门，以枹击鼓出大音声，其声演说忏悔偈颂。"

【金光明経/こんごうみょうきょう】 内典 （14例） 与《法华经》《仁王经》同为镇护国家之三部经。据称，诵读此经，国家可获得四天王之守护。该经译本有五种：一、《金光明经》，4卷，北凉昙无谶译；二、《金光明帝王经》，7卷（或6卷），陈真谛译；三、《金光明更广大辩才陀罗尼经》，5卷，北周耶舍崛多（一说阇那崛多）译；四、《合部金光明经》，8卷，隋代宝贵等编；五、《金光明最胜王经》（略称《最胜王经》），10卷，唐义净译。①讲说。《日本书纪》卷29《天武纪下》五年十一月条："甲申，遣使于四方国，说《**金光明经**》、《仁王经》。"（第三册，p. 374）又九年五月条："是日，始说《**金光明经**》于宫中及诸寺。"（第三册，p. 396）又卷30《持统纪》六年闰五月条："闰五月乙未朔丁酉，大水。遣使循行郡国，禀贷灾害不能自存者，令得渔采山林池泽。诏令京师及四畿内，讲说《**金光明经**》。"（第三册，p. 528）《续日本纪》卷2《文武纪》大宝二年十二月条："乙巳，太上天皇不豫。大赦天下。度一百人出家，令四畿内讲《**金光明经**》。"（第一册，p. 62）②读诵。《日本书纪》卷29《天武纪下》朱鸟元年七月条："丙午，请一百僧读《**金光明经**》于宫中。"（第三册，p. 462）又卷30《持统纪》八年五月条："癸巳，以《**金光明经**》一百部送置诸国，必取每年正月上玄读之。其布施以当国官物充之。"（第三册，p. 546）又十年十二月条："十二月己巳朔，敕旨缘读《**金光明经**》，每年十二月晦日度净行者一十人。"（第三册，p. 558）《续日本纪》卷2《文武纪》大宝三年七月条："壬寅，令四大寺读《**金光明经**》。"（第一册，p. 70）又卷3《文武纪》庆云二年四月条："遂令阴阳错谬，水旱失时，年谷不登，民多菜色。每念于此，恻怛于心。宜令五大寺读《**金光明经**》，为救民苦。"（第一册，

p. 84）又卷9《元正纪》神龟二年七月条："宜国司长官自执币帛，慎致清扫，常为岁事。又诸寺院限，勃加扫净，仍令僧尼读《金光明经》。"（第二册，p. 160）又卷10《圣武纪》神龟五年十二月条："十二月己丑，《金光明经》六十四帙六百四十卷颁于诸国。国别十卷。先是，诸国所有《金光明经》，或国八卷，或国四卷。至是写备颁下。随经到日，即令转读。为令国家平安也。"（第二册，p. 202）又卷17《圣武纪》天平胜宝元年正月条："始从元日七七之内，令天下诸寺悔过，转读《金光明经》。又禁断天下杀生。"（第三册，p. 60）③书写。《续日本纪》卷17《圣武纪》天平十九年十一月条："己卯，诏曰：'朕以去天平十三年二月十四日，至心发愿，欲使国家永固，圣法恒修，遍昭天下诸国，国别令造金光明寺、法华寺。其金光明寺各造七重塔一区，并写金字《金光明经》一部，安置塔里。'"（第三册，p. 48）

【金光明寺/こんごうみょうじ】 寺名 （13 例） 金光明寺。①命名。《续日本纪》卷14《圣武纪》天平十三年三月条："僧寺必令有二十僧。其寺名为**金光明寺**天王护国之寺。尼寺一十尼。其名为法华灭罪之寺。两寺相去，宜受教戒。"（第二册，p. 390）②读诵。《续日本纪》卷15《圣武纪》天平十五年正月条："癸丑，为读《金光明最胜王经》，请众生于**金光明寺**。"（第二册，p. 414）又卷15《圣武纪》天平十五年三月条："三月癸卯，**金光明寺**读经竟。诏：'遣右大臣橘宿祢诸兄等，就寺慰劳众僧。'"（第二册，p. 416）又："丁丑，运**金光明寺**《大般若经》，致紫香乐宫。比至朱雀门，杂乐迎奏，官人迎礼。引导入宫中，奉置安殿。请僧二百，转读一日。"（第二册，p. 438）③法会。《续日本纪》卷15《圣武纪》天平十五年正月条："又令天下限七七日禁断杀生及断杂食。别于大养德国**金光明寺**，奉设殊胜之会，欲为天下之摸。"（第二册，p. 416）又卷28《称德纪》天平景云元年正月条："神护景云元年春正月己未，敕：'畿内七道诸国，一七日间，各于国分**金光明寺**，行吉祥天悔过之法。'"（第四册，p. 148）又卷32《光仁纪》宝龟三年六月条："甲子，设仁王会于宫中及京师大小诸寺，并畿内七道诸国分**金光明寺**。"（第四册，p. 382）④书写。《续日本纪》卷17《圣武纪》天平十九年十一月条："己卯，诏曰：'朕以去天平十三年二月十四日，至心发愿，欲使国家永固，圣法恒修，遍昭天下诸国，国别令造**金光明寺**、法华寺。其金光明寺各造七重塔一区，并写金字《金光明经》一部，安置塔里。'"（第三册，p. 48）又卷23《淳仁纪》天平宝字四年七月条："仍计国内见僧尼，写《称赞净土经》，各于国分**金光明寺**礼拜供养。"（第三册，p. 358）⑤纪事。《续日本纪》卷17《孝谦纪》天平胜宝元年七月条："乙巳，定诸寺垦田地限。大安、药师、兴福、大倭国法华寺、诸国分**金光明寺**、寺别一千町。大倭国国分**金光明寺**四千町。"（第三册，p. 88）又卷18《孝谦纪》天平胜宝二年二月条："壬午，益大倭**金光明寺**封三千五百户。通前五千户。"（第三册，p. 102）又卷19《孝谦纪》天平胜宝八年十二月条："国别颁下灌顶幡一具，道场幡四十九首，绯纲二条，以充周忌御斋庄严。用了，收置**金光明寺**，永为寺物，随事出

用之。"（第三册，p. 168）

【金光明最勝王経/こんごうみょうさいしょうおうきょう】 内典 （6例） 凡 10 卷 31 品。唐代义净译。略称《最胜王经》。《金光明经》别译本。在《金光明经》译本中最后出且最为完备。该经讲说金光明忏法功德，宣扬四天王镇护国家和现世利益的信仰。该经在中国、日本广为流传，历来受到各国朝廷的重视。①讲说。《续日本纪》卷 9《圣武纪》天平九年十月条："丙寅，讲《金光明最胜王经》于太极殿朝廷之仪，一同元日。请律师道慈为讲师，坚藏为读师。听众一百，沙弥一百。"（第二册，p. 330）②书写。《续日本纪》卷 14《圣武纪》天平十三年三月条："案经云：若有国土讲宣读诵，恭敬供养，流通此经王者，我等四王，常来拥护。一切灾障，皆使消殄。忧愁疾疫，亦令除差。所愿遂心，恒生欢喜，宜令天下诸国各令敬造七重塔一区，并写《金光明最胜王经》、《妙法莲花经》一部。朕又别拟写金字《金光明最胜王经》，每塔各令置一部。所冀圣法之盛，与天地而永流。拥护之恩，被幽明而恒满。"（第二册，p. 388）《奈良朝写经 64·金光明最胜王经卷第 1》："维天平宝字六年岁次壬寅二月八日，菩萨戒佛弟子百济丰虫，奉为二亲，敬写《法华经》一部、《金光明最胜王经》一部。"（p. 393）③读诵。《续日本纪》卷 15《圣武纪》天平十五年正月条："癸丑，为读《金光明最胜王经》，请众生于金光明寺。其词曰：'天皇敬咨四十九座诸大德等。弟子，阶缘宿殖，嗣应宝命。思欲宣扬正法，导御蒸民。故以今年正月十四日，劝请海内出家之众于所住处，限七七日转读大乘《金光明最胜王经》。'"（第二册，p. 414）又卷 20《孝谦纪》天平宝字二年七月条："戊戌，敕为令朝廷安宁，天下太平，国别奉写《金刚般若经》三十卷，安置国分僧寺二十卷，尼寺十卷，恒副《金光明最胜王经》，并令转读。"（第三册，p. 256）

【金鷲菩薩/こんすぼさつ】 菩萨 金鹫菩萨。《日本灵异记》中卷《埴神王腼放光示奇表得现报缘第 21》："召行者诏：'欲求何事？'答曰：'欲出家修学佛法。'敕许得度，金鹫为名。誉彼行，供四事，无乏时。世之人美赞其行，称金鹫菩萨矣。"（p. 204）

【金輪/こんりん】 神名 "金轮圣王"的略称。亦称"金轮王""四轮王"（"金轮王""银轮王""铜轮王""铁轮王"）之一。《奈良朝写经 66·大般若经卷第 176》："仰愿挂畏圣朝，金轮之化，与乾坤无动；长远之寿，争劫石弥远。"（p. 403）唐慧立本、彦悰笺《大唐大慈恩寺三藏法师传》卷 9："伏惟皇帝陛下，金轮在运，玉历乘时，化溢四洲，仁覃九有。"

【金人/こがねのひと】 偏正 指佛、佛像。《唐大和上东征传》思托《五言伤大和上传灯逝》："上德乘杯渡，金人道已东。戒香余散馥，慧炬复流风。"（p. 100）《史记》卷 110《匈奴列传》："汉使骠骑将军去病将万骑出陇西……破得休屠王祭天金人。"张守节《正义》："金人即今佛像。"《后汉书》卷 88《西域传》："世传明帝梦见金人，长大，顶有光明，以问群臣。或曰：'西方有神，名曰佛，其形长丈六尺而黄金色。'帝于是遣使天竺问佛道法，遂于中国图画形像焉。楚王英始信其术，中国因此颇有奉其道者。后桓帝好神，数祀浮图、老子，百姓稍有奉者，后遂转盛。"（p. 2921）姚秦鸠摩罗什译《众经撰杂譬喻》卷2："佛言：'末后作辟支佛时，身当如紫磨金，时当在道边树下坐，入定意时有大军众七万余人，过见辟支佛谓是金人，即取斫破各分之，定堕手中，视之是肉，皆还聚置而去，辟支佛因是般涅槃。今世之罪，乃尔时薄尝便毕。'"→【夢見金人】

【金塔/こんとう】 偏正 塔身用镏金铜片镶嵌而成的佛塔。《日本书纪》卷22《推古纪》三十一年七月条："三十一年秋七月，新罗遣大使奈末智洗尔、任那遣达率奈末智并来朝。仍贡佛像一具及金塔并舍利，且大观顶幡一具、小幡十二条。"（第二册，p. 578）刘宋功德直译《菩萨念佛三昧经》卷3《如来神力证正说品》："如来金色手，以摩我顶上。得见十方佛，金塔如恒沙。"梁宝唱等集《经律异相》卷15："将军征讨来索佛须发，佛与。王得不知所安，佛言：'安金塔银塔宝塔杂宝塔中，缯采钵肆酖岚婆衣头罗衣裹。'"

【金堂/こんどう】 偏正 （12例） 供奉寺院本尊的堂宇，亦称大雄宝殿、金殿或佛殿，伽蓝七堂（佛塔、大雄宝殿、经堂、钟鼓楼、藏经楼、僧房、斋堂）中最重要的堂舍。《日本书纪》卷22《推古纪》十四年四月条："十四年夏四月乙酉朔壬辰，铜、绣丈六佛像并造竟。是日也，丈六铜像坐于元兴寺金堂。时佛像高于金堂户，以不得纳堂。于是诸工人等议曰：'破堂户而纳之。'然鞍作鸟之秀工，不壤户得入堂。"（第二册，p. 550）又卷26《齐明纪》四年十月条："又西海使小花下阿昙连颊垂自百济还言：'百济伐新罗还时，马自行道于寺金堂，昼夜勿息，唯食草时止。'"（第三册，p. 220）《日本灵异记》上卷《妻为死夫建愿图绘像有验不烧火示异表缘第33》："画师矜之，共同发心，绘绚画毕。因设济会，即安置金堂，恒为敬礼。"（p. 132）又《观音木像示神力缘第36》："圣武太上天皇世，奈良京下毛野寺金堂东胁士观音之颈，无故断落也。"（p. 242）又下卷《沙门积功作佛像临命终时示异表缘第30》："观规圣武天皇之代，发愿雕造尺迦丈六并胁士，以白壁天皇世宝龟十年己未，奉造既毕。居能应寺之金堂，以设会供养。"（p. 341）《续日本纪》卷17《圣武纪》天平十九年十一月条："限来三年以前，造塔、金堂、僧坊，悉皆令了。若能契敕，如理修造之，子孙无绝，任郡领司。"（第三册，p. 50）又卷36《高绍纪》宝龟十一年正月条："庚辰，大雷，灾于京中数寺。其新药师寺西塔，葛城寺塔并金堂等，皆烧尽焉。"《上宫圣德法王帝说》："辛丑年始平地，癸卯年立金堂之。"《元兴寺伽蓝缘起并流记资财账》："次椋梯天皇治天下时，戊申年送六口僧。名令照律师，弟子惠念。令威法师，弟子惠勋。道严法师，弟子令契，及恩卒首真等四口工人。并金堂本样奉上。今此寺在是也。"又："以是癸丑年宫内迁入，先金堂礼佛堂等略作，等由良宫成寺。故名等由良寺。"东晋佛陀跋陀罗译《佛说观佛三昧海经》卷10《念十方佛品》条："下方明德佛，其地金色金光金云，于光云中无数**金堂**七宝楼阁。"陈真谛译《佛说立世阿毗昙论》卷2《漏阁耆利象王品》："是中殿堂，其数不一，或有**金堂**，或有银堂，颇梨琉璃。"高丽一然撰《三国遗事》卷4："又一日将草索绚入灵庙寺，围结于**金堂**与左右经楼及南门廊庑，告刚司：'此索须三日后取之。'刚司异焉而从之。果三日善德王驾幸入寺。"

【金銅/こんどう】 并列 （8例） 以铜铸成表面镀金的佛菩萨像或佛塔。①释迦牟尼佛像。《日本书纪》卷15《钦明纪》十三年十月条："冬十月，百济圣明王遣西部姬氏达率怒唎斯致契等，献**释迦**佛**金铜**像一躯、幡盖若干、经论若干卷。"（第二册，p. 416）②西方三圣像。《日本书纪》卷30《持统纪》三年三月条："壬寅，新罗遣级飡金道那等奉吊瀛真人天皇丧，并上送学问僧明聪、观智等，别献**金铜**阿弥陀像、**金铜**观世音菩萨像、**大势至菩萨**像各一躯、彩帛锦绫。"（第三册，p. 492）③药师佛像。《日本书纪》卷30《持统纪》三年七月条："秋七月壬子朔，付赐陆奥虾夷沙门自得所请**金铜**药师佛像、观世音菩萨像各一躯，钟、娑罗、宝帐、香炉、幡等物。"（第三册，p. 496）④阿育王塔。《唐大和上东征传》："又阿育王塔样**金铜**塔一区。"（p. 88）⑤造卢舍那佛像。《续日本纪》卷15《圣武纪》天平十五年十月条："粤以天平十五年岁次癸未十月十五日，发菩萨大愿，奉造卢舍那佛**金铜**像一躯。尽国铜而镕象，削大山以构堂，广及法界，为朕知识。遂使同蒙利益共致菩提。"（第二册，p. 430）又卷21《淳仁纪》天平宝字二年八月："昔者，先帝敬发洪誓，奉造卢舍那**金铜**大像。若有朕时不得造了，愿于来世，改身犹作。既而镕铜已成，涂金不足。天感至心之信，终出胜宝之金。我国家于是初有奇珍。"（第三册，p. 278）⑥不明。《续日本纪》卷36《高绍纪》："戊辰，出云国言：'**金铜**铸像一龛，白铜香炉一口，并种种器物漂著海浜。'"

【金銀彩色/うるはしきいろ】 四字 （3例） 以金银色为代表的多种颜色。《日本书纪》卷8《仲哀纪》八年九月条："眼炎之**金银彩色**，多在其国。"（第一册，p. 410）又卷9《神功纪》摄政前纪条："爰新罗王波沙寐锦即以微叱己知波珍干歧为质，仍赍**金银彩色**及绫罗缣绢，载于八十艘船，令从官军。"（第一册，p. 430）又卷30《持统纪》二年二月条："二月庚寅朔辛卯，大宰献新罗调赋，金、银、绢、布、皮、铜、铁之类十余物，并别所献佛像、种种彩绢、鸟马之类十余种及霜林所献**金银彩色**、种种珍异之物并八十余物。"（第三册，p. 484）西晋竺法护译《佛说大迦叶本经》卷1："佛告迦叶：'从今已往，制心修行，当如地水火风，得净不喜，得诸不净，屎尿脓血死蛇死人污露，不以愁忧。若得华香，**金银**，七宝五种，**彩色**，不以喜悦，无增无灭。族姓子，制心修行，亦当如是。嗟叹称誉，安乐欢豫，不以为悦。若遇诽谤，众苦恼患，不以愁忧。'"

【金銀為本/くがねしろかねをもととす】 典据 以金银为树根。《古事记》中卷《仲哀记》："于是大后归神言教觉诏者，西方有国，**金银为本**，目之炎耀，种种珍宝，

多在其国。"（p. 242）陈真谛译《佛说立世阿毗昙论》卷 2："佛告比丘：是须弥山王，东西南北，凡有四边。其东边真金所成，西边白银所成……是忉利天善见大城，周围四方，十千由旬。纯金为城之所围绕，高一由旬……或有一切，诸众生相。种种树木，及杂花相，庄严其外……其最里树，真**金为本**，次是白银。"按：该例描述的是须弥山，它是古印度神话传说中的名山，是诸山之王乃至整个世界的中心。其山东西两侧由真金白银筑成，城邑被用纯金砌成的高墙环绕，树木成林，白花点缀。其间有一种树，是纯金、白银的树根。好一派祥瑞吉祥的世界。从表达上看，此处"真金为本"与《仲哀记》中的"金银为本"几近相同。不过，考虑到仲哀记四字语句的文体特征以及其他词语的表达，曹魏康僧铠译《佛说无量寿经》卷 1 的例句更是不容忽视。例云："或有宝树，**紫金为本**，白银为茎，琉璃为枝，水精为条，珊瑚为叶，玛瑙为华，车磲为实。或有宝树，白银为本，琉璃为茎，水精为枝，珊瑚为条，玛瑙为叶，车磲为华，紫金为实……无量光炎，照曜无极。珍妙宝网，罗覆其上。一切庄严，随应而现。"此例描述的是佛经中的宝树，它由纯金、白银、琉璃、水晶、珊瑚、玛瑙等宝物制作而成。从表达构想的渊源考虑，此例有三点引人注目：一是"紫金为本"的关键语句；二是"四字格"的句式；三是"光炎照曜""珍妙宝网"的类似表达。据此，我们认为《仲哀记》如果不是参照了《佛说无量寿经》中有关宝树的描写，两者在表达、构想及句式上不可能如此酷似。

【金字/こんじ】 偏正 （3 例） 指以金泥（将金粉溶成接着剂）书写的佛典。日本奈良朝有官设之金字经所。金字经一般通行于中国、朝鲜、日本，最常使用者为将金字书写于绀纸（蓝染）之上，称为绀纸金泥。《续日本纪》卷 14《圣武纪》天平十三年三月条："朕又别拟写《**金字**金光明最胜王经》，每塔各令置一部。"（第二册，p. 388）又卷 14《圣武纪》天平十三年闰三月条："甲戌，奉八幡神宫秘锦冠一头，《**金字**最胜王经》、《法华经》各一部，度者十人，封户、马五匹。又令造三重塔一区。赛宿祷也。"（第二册，p. 392）又卷 17《圣武纪》条："其金光明寺各造七重塔一区，并写《**金字**金光明经》一部，安置塔里。"（第三册，p. 48）《梁书》卷 3《武帝纪下》："二月癸未，行幸同泰寺，设四部大会，高祖升法座，发《**金字**摩诃波若经》题，讫于己丑。"《南史》卷 7《梁本纪中七》："三月乙巳，大赦。庚戌，幸同泰寺讲《**金字**三慧经》，仍施身。"

【僅得浮/わづかにうくことをう】 自创 （船只）仅能浮在水面。《续日本纪》卷 35《高绍纪》宝龟九年十月条："九月九日，臣船得正南风，发船入海。行已三日，忽遭逆风，船著沙上，损坏处多，竭力修造。今月十六日，船**仅得浮**，便即入海。"

【錦葉/にしきのこのは】 偏正 鲜艳华美的枝叶。《常陆国风土记·香岛郡》条："春经其村者，百草艳花，秋过其路者，千树**锦叶**。可谓神仙幽居之境，灵异化诞之地。"（p. 394）《敦煌变文·维摩诘经讲经文》："头冠耀处黄金蔟，衣缕揉成**锦叶**堋。"

（p.762）按：《汉语大词典》失收。变文中此处的"锦叶"形容服装针线斑斓的色彩，《香岛郡》中的"锦叶"表现的是秋天千树万树锦团簇拥的美景。

【尽竟/つくしをふ】 完成 全部完成以后。《续日本纪》卷17《圣武纪》天平胜宝元年闰五月条："因发御愿曰：'以《华严经》为本，一切大乘小乘经律论抄疏章等，必为转读讲说，悉令**尽竟**。'"（第三册，p.82）后汉支娄迦谶译《般舟三昧经》卷1《拥护品》："我说其功德，一劫复过一劫，不可**尽竟**，略说其要尔。"后秦法师鸠摩罗什译《大智度论》卷1《序品》："语言**尽竟**，心行亦讫；不生不灭，法如涅槃。"唐阿地瞿多译《陀罗尼集经》卷4《佛说跋折啰功能法相品》："若下下地，掘深三肘，恶物**尽竟**，将好净土，坚筑令平。"按：《汉语大词典》失收。

【进登/すすみてのぼる】 格义 进军登上。《日本书纪》卷5《崇神纪》十年九月条："爰以忌瓮，镇坐于和珥武缘坂上。则率精兵，**进登**那罗山而军之。"（第一册，p.280）（1）《全后汉文》卷77蔡邕《太尉陈球碑》："盈致仕，复拜廷尉，**进登**太常。"《全晋文》卷31荀颠《议故吏为旧君服表》："礼，臣为君斩缞三年，与子为父同。以**进登**天朝，绝无旧君之心，废反服之礼，非所以敦风崇教。今使仕者反服旧君，于义为弘。"《晋书》卷95《鸠摩罗什传》："母至天竺，道成，**进登**第三果。"（p.2499）《隋书》卷26《志第21》："从十一班至九班，礼数复为一等。又流外有七班，此是寒微士人为之。从此班者，方得**进登**第一班。"（p.741）（2）西晋法立、法炬合译《佛说诸德福田经》卷1："此德除贡高，因解生死缘。**进登**成佛道，空净巍巍尊。"梁慧皎撰《高僧传》卷2："有顷，什母辞往天竺，谓龟兹王白纯曰：'汝国寻衰，吾其去矣。'行至天竺，**进登**三果。"按：在传世文献和汉译佛经中，"进登"一词通常用于抽象义，即晋升、进阶的意思，而《崇神纪》中则用于具体义，即军队行进并登上某一高处的意思。因此，佛经中下面的一例值得关注。北凉昙无谶译《佛所行赞》卷3："菩萨求出故，复舍郁陀仙。更求胜妙道，**进登**伽阇山。"从"晋升"派生出"登上"的新用法。《崇神纪》吸收了这一派生用法。

【进发/すすみたつ】 并列 （3例） 前进开拔。《唐大和上东征传》："由是，龙兴寺防护甚固，无由**进发**。时有仁干禅师从［婺］州来，密知和上欲出，备具舟舫于江头相待。"（p.83）《续日本纪》卷11《圣武纪》天平五年四月条："夏四月己亥，遣唐四船，自难波津**进发**。"（第二册，p.268）又卷19《孝谦纪》天平胜宝六年正月条："癸丑，大宰府奏：'入唐副使从四位上吉备朝臣真备船，以去年十二月七日，来著益久岛。自是之后，自益久岛**进发**，漂荡著纪伊国牟漏埼。'"（第三册，p.138）（1）吴支谦译《菩萨本缘经》卷2《一切持王子品》："大王今已，听真得本愿，正尔奉辞，涉路**进发**。所以者何？山林之中，是闲静处，仙圣所乐，能离贪欲、瞋恚愚痴。臣若至，彼必能自利。"西晋竺法护译《佛说如幻三昧经》卷1："善住意天子复谓文殊：'吾续欲往诣如来所。'答曰：'天子，往续在此住，勿得**进发**。'"（2）《后汉书》卷69

《窦何传》："中平元年，黄巾贼张角等起，以进为大将军，率左右羽林五营士屯都亭，修理器械，以镇京师。张角别党马元义谋起洛阳，**进发**其奸，以功封慎侯。"《北齐书》卷34《杨愔传》："及丧枢**进发**，吉凶仪卫亘二十余里，会葬者将万人。"按：《汉语大词典》首引《梁书》卷35《侯景传》："景启称：永安侯、赵威方频隔栅见诟臣，云'天子自与汝盟，我终当逐汝。'乞召入城，即当**进发**。"偏晚。

【**進退失拠**/しんたいところをうしなふ】 四字　进退两难；无处容身。《续日本纪》卷25《淳仁纪》天平宝字八年九月条："押胜**进退失据**，即乘船向浅井郡盐津。"（第四册，p.24）（1）古逸部《维摩经疏》卷3《弟子品》："言即返于经理，即合于义，返于经故，自申不识是何言，合于义故，不知以何答。形下有余，望上不足，**进退失据**，思对莫由。所以置钵，欲出其舍。"宋时举释《金刚錍论释文》卷1："于容仪粗犷尔，由其不守宗途，出入彼此，**进退失据**。故见之去，就不常耳。"

【**進無所帰**/すすみてよらむところなし】 所字　进退失去凭依，进退两难。《日本书纪》卷23《舒明纪》即位前纪条："是时大夫等且诲摩理势臣之曰：'不可违大兄王之命。'于是，摩理势臣**进无所归**，乃泣哭更还之，居于家十余日，泊濑王忽发病薨。"（第三册，p.36）（1）隋费长房撰《历代三宝纪》卷12："齐武平六年，相继西游，往还七载，凡得梵经二百六十部。回到突厥，闻周灭齐，并毁佛法。退则不可，**进无所归**，迁延彼间，遂逢志德。如渴值饮，若暗遇明。仍共寻阅，所得新经，请翻名题，勘旧录目，颇觉巧便，有殊前人。"该记载亦见于唐道宣撰《大唐内典录》卷5、唐智升撰《开元释教录》卷7、唐圆照撰《贞元新定释教目录》卷10。（2）《全唐文》卷795孙樵《骂僮志》："今主远来关东，居长安中，**进无所归**，居无所依。"（p.8337）→【无所归】

【**進修**/しんじゅう】 并列　精进修行；进德修业。《唐大和上东征传》："良久，有僧祥彦进曰：'彼国太远，性命难存，沧海森漫，百无一至。人身难得，中国难生；**进修**未备，道（果）未到。是故众僧咸默无对而已。'"（p.40）姚秦竺佛念译《出曜经》卷4《欲品》："时诸五亲，即听出学，**进修**其行，昼夜不息，得阿罗汉果，永离缚著，不复流转生死。"北凉昙无谶译《大般涅槃经》卷36《迦叶菩萨品》："是阿那含凡有二种：一者现在得阿那含，**进修**即得，阿罗汉果；二者贪著色界无色界中寂静三昧，是人不受欲界身，故名阿那含。"唐菩提流志译《大宝积经》卷4《无上陀罗尼品》："是诸菩萨，应当**进修**，此之法要。诸佛所说，皆是平等，安住大悲，普于群生，决定成熟，诸有情类。"按：《汉语大词典》首引《魏书》卷48《高允传》："又诏允曰：'……朕既篡统大业，八表晏宁，稽之旧典，欲置学官于郡国，使**进修**之业，有所津寄。'"偏晚。

【**進止威儀**/ふるまひ・よそほひ】 四字　（2例）　指在行、住、坐、卧上符合做法的言行举止。《日本书纪》卷29《天武纪下》十三年闰四月条："闰四月壬午朔丙戌，

诏曰：'来年九月必阅之，因以教百寮之**进止威仪**。'"（第三册，p. 434）《日本灵异记》上卷《圣德皇太子示异表缘第4》："**进止威仪**，似僧而行，加以制《胜鬘》《法华》等经疏，弘法利物，定考绩功勋之阶，故曰圣德。"（p. 69）（1）后秦弗若多罗、罗什合译《十诵律》卷5："尔时长老优波斯那，与多比丘众五百人俱。皆阿练儿，著纳衣一食乞食空地坐，来去坐卧，视瞻**进止，威仪**清净，持僧伽梨，执钵安庠。从憍萨罗、游行到舍卫国。"北凉昙无谶译《金光明经》卷1《赞叹品》："佛身明耀，如日初出，**进止威仪**，犹如师子，修臂下垂，立过于膝。"唐地婆诃罗译《方广大庄严经》卷11《转法轮品》："仁者，修何梵行？师为是谁？从谁出家？**进止威仪**，安隐乃尔。今从何来？复何所往？"《敦煌变文·难陀出家缘起》："若论**进止威仪**，恰共如来不别。"（p. 592）（2）《梁书》卷26《范岫传》："南乡范云谓人曰：'诸君**进止威仪**，当问范长头。'"（p. 391）《隋书》卷33《经籍》："养生送死，吊恤贺庆，则有**进止威仪**之数。"（p. 971）

【近付（附）/ちかづく】 偏正 （4例） 接近，靠近。"付"与"附"音同。《万叶集》卷4第570首："山跡边　君之立日乃　**近付**者　野立鹿毛　动而曾鸣"（第一册，p. 309）。又卷6第941首："明方　潮干乃道乎　从明日者　下咲异六　家**近附**者"（第二册，p. 120）。又卷10第2075首："人左倍也　见不继将有　牵牛之　娉唤舟之　**近附**往乎"（第三册，p. 93）。又卷19第4244首："荒玉之　年绪长　吾念有　儿等尔　可恋　月**近附**奴"（第四册，p. 342）。（1）后汉支娄迦谶译《道行般若经》卷6《阿惟越致品》："如是菩萨，其福具足得之，是皆深般若波罗蜜威神力，使作是念：'是菩萨和夷罗洹化诸鬼神随后，亦不敢**近附**。菩萨终不失志，心不妄起，身体完具，无疮癞，极雄猛，终不诱他人妇女。'"西晋竺法护译《生经》卷5："于时狝猴，窃得默出，驰走入山，闲居独处，**近附**仙人，依之止顿，采取果蓏，供养仙人，复自食之。"梁宝唱等集《经律异相》卷47："昔者山中，有两比丘，闲居行道，逮得神通。去之不远，有一师子，产生二子，养之稍大，欲行所索。持子寄二道人，窟边求食。或五日一还见，与道人相**近附**。遂复舍行。"（2）《文心雕龙·通变篇》："今才颖之士，刻意学文，多略汉篇，师范宋集，虽古今备阅，然**近附**而远疏矣。"（p. 273）按：《汉语大词典》失收。

【近事/ごんじ】 偏正 亲近奉事三宝的意思。梵语 upāsaka（优婆塞）即近事男，upāsikā（优婆夷）即近事女。《奈良朝写经62·瑜伽师地论释卷第1》："天平宝字六年三月二十日写毕。**近事**。"（p. 388）唐玄奘译《大唐西域记》卷9："我遗法中诸修行者，若比丘、比丘尼、邬波索迦（唐言**近事男**。旧曰伊蒲塞，又曰优波塞，又曰优婆塞，皆讹也）邬波斯迦（唐言**近事女**。旧曰优婆斯，又曰优婆夷，皆讹也。）皆先济渡，令离流转。"

【禁断酒宍/さけししをいさめやむ】 四字 指禁止饮酒食肉。《日本书纪》卷30《持统纪》五年六月条："六月，京师及郡国四十，雨水。戊子，诏曰：'此夏阴雨过

节，惧必伤稼。夕惕迄朝忧惧，思念厥愆。其令公卿百寮人等**禁断酒宍**，摄心悔过。京及畿内，诸寺梵众，亦当五日诵经。庶有补焉。'”（第三册，p. 516）唐道宣撰《续高僧传》卷15：“又能率土之内，**禁断酒肉**，放舍鹰犬，畋渔屠杀，普国不行。”唐大觉撰《四分律行事钞批》卷9：“《楞伽》、《涅槃》，僧坊无烟，**禁断酒肉**五辛，八不净财，是经中禁重也。”→【瓶酒】【瓮酒】

【禁厌之法／まじなひののり】 四字 （2例） 禁止压抑的方法。《日本书纪》卷1《神代纪上》：“又为攘鸟兽昆虫之灾异，则定**禁厌之法**。”（第一册，p. 102）《古语拾遗》：“又为攘鸟兽昆虫之灾，定**禁厌之法**。百姓至今，咸蒙恩赖，皆有效验也。”（p. 126）唐道宣撰《广弘明集》卷9：“又道士受三五将军、**禁厌之法**，有怨憎者，癫狂殒命。”

【经部／きょうぶ】 偏正 亦作“经量部”，为佛教小乘十八部之一。释迦入灭四百年后从“说一切有部分”出。此部对说一切有部偏重《阿毗达磨论》一事不满，而以《阿含经》标准，建立自己的学说，故名经量部。《上宫圣德法王帝说》：“且知**经部**、萨婆多两家之办，亦知三玄五经之旨，并照天文地理之道。”唐玄奘译《大唐西域记》卷5：“发爪窣堵波北，伽蓝余趾，昔**经部**室利逻多（唐言胜受）论师，于此制**造经部**《毗婆沙论》。”唐窥基记《异部宗轮论疏述记》卷1：“此师唯依经为正量，不依律及对法。凡所援据，以经为证，即**经部**师。从所立以名经量部。”

【经多年／あまたのとしをふ】 时段 （3例） 经过好几年。《日本书纪》卷10《应神纪》二十二年三月条：“爱天皇爱兄媛笃温清之情，则谓之曰：'尔不视二亲，既**经多年**。还欲定省，于理灼然。'则听之，仍唤淡路御原之海人八十人为水手，送于吉备。”（第一册，p. 488）又卷11《仁德纪》十六年七月条：“十六年秋七月戊寅朔，天皇以宫人桑田玖贺媛示近习舍人等曰：'朕欲爱是妇女，苦皇后之妒不能合，以**经多年**。何徒妨其盛年乎？'”（第二册，p. 40）又卷13《允恭纪》七年十二月条：“适产大泊濑天皇之夕，天皇始幸藤原宫。皇后闻之恨曰：'妾初自结发，陪于后宫，既**经多年**。今妾产之死生相半。何故当今夕必幸藤原。'乃自出之烧产殿而将死。天皇闻之大惊曰：'朕过也。'因慰喻皇后之意焉。'”（第二册，p. 116）吴支谦译《撰集百缘经》卷3《授记辟支佛品》：“时长者子，甚好色欲，见一淫女，甚适其恶，以金百两，方听一宿。渐**经多年**，财物荡尽，更无所与，遮不听宿。殷勤求请，愿见一宿。”东魏瞿昙般若流支译《金色王经》卷1：“如是敕言：'自今已后，一切人民，一切商人，不赋不税，普阎浮提，一切人民，放其赋税。'彼金色王，以此方便，如法治国，乃**经多年**。”唐玄奘译《佛临涅槃记法住经》卷1：“由与诸恶、徒党集会，虽经多年，守护净戒。于须臾顷，悉皆毁犯。虽**经多年**，集诸善本，由多忧患，悉皆退失。”→【逕之多年】【雖経多年】【已経多年】

【経寒暑／としをふ】 时段 （2例） 经历寒暑；几经岁月。《日本书纪》卷10《应

神纪》四十年正月条："时大鹪鹩尊预察天皇之色，以对言：'长者多经寒暑，既为成人更无悒矣。唯少子者未知其成不。是以少子甚怜之。'天皇大悦曰：'汝言寔合朕之心。'"（第一册，p. 494）《续日本纪》卷12《圣武纪》天平八年十一月条："敕曰：'橘者，果子之长上，人所好。柯凌霜雪而繁茂，叶经寒暑而不雕。与珠玉共竞光，交金银以逾美。是以汝姓者，赐橘宿祢也。而今无继嗣者，恐失明诏。'"（第二册，p. 306）（1）唐道宣撰《续高僧传》卷8："昔在清化，先养一鹅，听讲为务，频经寒暑。远入关后，鹅在本寺，栖宿廊庑，昼夜鸣呼。众僧患之，附使达京，至静影大门放之。径即鸣叫，腾跃入远房内。尔后依前驯听。"又卷26："云晖两匠振纽齐都，备经寒暑伏面咨禀，皆赐其深奥无所孑遗。"唐智升撰《开元释教录》卷9："俛仰之间，亟经寒暑，曾未能宣传正法，荷担菩提。"《敦煌变文·妙法莲华经讲经文（一）》："公主闻兮苦死留连，慈母见兮殷勤安抚，后妃悲啼，臣寮失绪，人人交仙者却回，个个愿大王不去。夫人闻言，泪流如雨，抛却妆台起来，拽得髭须咒咀：'一自为亲，几经寒暑，今朝忽拟生离，天地争交容许。'"（p. 706）（2）《全唐文》卷159韩瑗《理褚遂良疏》："而遂良被迁，已经寒暑，违忤陛下，其罚塞焉。伏愿缅鉴无辜，稍宽非罪，俯矜微款，以顺人情。"（p. 1630）

【経教/きょうぎょう】 偏正　经典所说的教义。又指佛说的经典及其教义法门的内容。例如《法华经》是经，讲说一念三千的《摩诃止观》则为教。《元兴寺伽蓝缘起并流记资财账》："然己丑年稻目大臣薨已后，余臣等共计：'庚寅年，烧切堂舍，佛像经教流于难波江也。'"后汉支娄迦谶译《般舟三昧经》卷3《劝助品》："于是经教中，持有四事欢。过去及当来，现在诸世尊。劝助功德行，度脱诸十方。蜎飞之蠕动，悉逮平等觉。"后秦佛陀耶舍、竺佛念合等译《长阿含经》卷2："我自知时。如来今者未取涅槃，须我诸比丘集，又能自调，勇捍无怯，到安隐处，逮得己利，为人导师，演布经教，显于句义。"唐义净译《金光明最胜王经》卷1《如来寿量品》："然彼如来欲令众生见涅槃已，生难遭想、忧苦等想，于佛世尊所说经教，速当受持，读诵通利，为人解说，不生谤毁。是故如来现斯短寿。"

【経歴数年/あまたのとしをふ】 时段　经过了好几年。《日本书纪》卷24《皇极纪》三年六月条："其人惊怪猿歌，放舍而去。此是经历数年，上宫王等为苏我鞍作围于胆驹山之兆也。"（第三册，p. 90）（1）东晋瞿昙僧伽提婆译《增壹阿含经》卷24："比丘当知，或复有时，彼地狱中，经历数年，东门乃开。是时，罪人复往趣门，门自然闭。是时，彼人皆悉倒地，于中受苦，不可具称。"失译人名今附东晋录《菩萨本行经》卷2："如其所誓，便还见我，我即请之，在此园中，日日供养，饮食所须。经历数年，便般泥洹，在此耶旬，起于塔庙，是其塔也。"隋阇那崛多译《佛本行集经》卷50《说法仪式品》："尔时慈者，遂入彼城，诣向宝殿，无男之处，共彼四女，以五欲乐，随意欢娱，经历数年，经数百年，经数千年没。纵情受乐。"《敦煌变文·秋胡变文》："秋胡自到魏国，**经历数年**，煞或（戡）边戎，摧凶定寇，无怨不休，无伎（使）不朝，行路讴歌，咸称帝感。"（p. 233）→【経之数年】

【経律論/きょうりつろん】 三字 即"经藏"（sutra/修多罗）、"律藏"（vinaya/毘奈耶）、"论藏"（abhidharma/阿毘达磨），总称"三藏"。佛法教典分成此三类。"藏"是含藏一切教义之意。"经藏"是归于释尊所说教法的集成，"律藏"是谓佛所定修行上的禁戒仪则，"论藏"是经典注释的集成。《续日本纪》又卷17《圣武·孝谦纪》天平胜宝元年五月条："因发御愿曰：'以《华严经》为本，一切大乘小乘**经律论**抄疏章等，必为转读讲说，悉令尽竟。远限日月，穷未来际。'"（第三册，p. 82）唐玄奘译《瑜伽师地论》卷70："若知是处有诸苾刍持**经律论**，而共集会铨量决择**经律论**中深隐要义，则便往趣请问诸谛。彼则为其建立诸谛所有自相证得方便，先未觉悟令其觉悟。"唐义净译《根本说一切有部毘奈耶》卷41："若不持**经律论**，名之为痴；若于三藏不了其义，名不分明；若于三藏不善决择，名不善解。"唐玄奘译《阿毘达磨大毘婆沙论》卷1："复次诸佛出世，皆说三藏，谓素怛缆、毘奈耶、阿毘达磨。"

【経（逕）七七日/なななぬかをふ】 时段 （3例） 人死后经过四十九天。民间有"七七"之俗，人死之后亲属每隔七天营斋。《日本灵异记》中卷《因悭贪成大蛇缘第38》："其僧临命终时，告弟子言：'我死之后，至于三年，室户莫开。'然死后**经七七日**，在大毒蛇，伏其室户。弟子知因，教化而开室户见之，钱三十贯隐藏也。"（p. 244）又下卷《漂流大海敬称尺迦佛名得全命缘第25》："妻子见之，面目漂青，惊怪之言：'入海溺死，**径七七日**，而为斋食，报恩既毕。不思之外，何活还来？若是梦矣。若是魂矣。'"（p. 326）又《不顾因果作恶受罪报缘第37》："时妻子等闻之，恳哀之言：'卒**经七七日**，为彼恩灵修善赠福既毕。何图堕恶道受剧苦之耶？'"（p. 358）东晋竺难提译《请观世音菩萨消伏毒害陀罗尼咒经》卷1："设复有人，遇大祸对，亡失国土，妻子财产，与怨憎会，称观世音菩萨名号。诵念此咒，数息系念，无分散意，**经七七日**。"姚秦鸠摩罗什译《佛说千佛因缘经》卷1："时须阇提王，端坐树下，入智印慈心王三昧，三昧力故，时魔兵众，同时碎坏，**经七七日**，得成阿耨多罗三藐三菩提。"隋阇那崛多译《佛本行集经》卷32《二商奉食品》："尔时，世尊经七日后，正念正知，从三昧起。如是世尊，**经七七日**，以三昧力，相续而住。然彼善生村主之女，布施乳糜，一食已后，更不别食，至今活命。"唐道世撰《法苑珠林》卷85："愿汝男女，合家大小，内外眷属，从汝忏悔。愿施欢喜，然汝男女，忆吾乳哺之恩，将吾生平，受用资具。速舍修福，望拔冥苦，至**七七日**，为吾设斋之时，令此功德，早得成就。吾至斋日，更请官人，望得复来。"

【経（逕）七日/なぬかをふ】 时段 （4例） 经过七天。《日本书纪》卷13《允恭纪》七年十二月条："时乌贼津使主对言：'臣既被天皇命，必召率来矣。若不将来，必罪之。故返被极刑，宁伏庭而死耳。'**仍经七日**伏于庭中，与饮食而不飡，密食怀中之糒。"（第二册，p. 112）《日本灵异记》中卷《赎蟹虾命放生得现报缘第8》："大蛇闻之，高棒头而瞻女面，吐虾而放。女期蛇曰：'自今日**经七日**而来。'"（p. 171）又《赎蟹虾命放生现报蟹所助缘第12》："又语蛇言：'替此虾，以吾为妻。故乞免我。'蛇乃听之，高捧头颈，以瞻女面，吐虾而放。女期蛇言："自今日**经七日**而来。'"（p. 180）又下卷《将写〈法华经〉建愿人断内暗穴赖愿力得全命缘第13》："妻子哭愁，图绘观音像，写经追赠福分，**而逐七日**已讫。"（p. 293）（1）东晋竺昙无兰译《迦叶赴佛般涅槃经》卷1："时佛般泥洹，**已经七日**，诸天往赴，悉持天华天香，供养佛身。此华即是。"东晋佛驮跋陀罗译《大方广佛华严经》卷56《入法界品》："时女梦见，彼如来身，于梦觉已，空中有天，而告之曰：'汝梦所见，是胜日光佛，成道已来，**始经①七日**，今在道场，无量菩萨，大众围绕。'"唐义净译《金光明最胜王经》卷10《舍身品》："时诸王子，各说本心，所念之事。次复前行，见有一虎，产生七子，**才经七日**，诸子围绕，饥渴所逼，身形羸瘦，将死不久。"唐定宝作《四分律疏饰宗义记》卷7："昔迦叶佛时，有比丘度弟子，不教诫。弟子多作非法，命终生龙中。龙**径七日**，一受火烧，其身肉尽骨在。寻复还复，复已复烧，不能堪苦。"新罗璟兴撰《三弥勒经疏》卷1："尔时空天曰：'彼命终已**径七日**。'如来叹曰：'惜或斯何？'更改观察矣。"（2）《齐民要术》卷7《法酒》："合醅饮者，不复封泥。令清者，以盆盖，密泥封之。**经七日**，便极清澄。接取清者，然后押之。"（p. 718）《周书》卷46《张元传》："如此**经七日**。其夜，梦见一老公，以金鎞治其祖目。谓元曰：'勿忧悲也，三日之后，汝祖目必差。'元于梦中喜跃，遂即惊觉，乃遍告家人。居三日，祖果目明。"（p. 833）→【死経七日】

【経生累劫/しょうをへ、こうをかさぬ】 先例 永生永世，永远。《奈良朝写经75·大般若经卷第176》："**经生累劫**，碎身舍命，何得报哉？"（p. 442）明真鉴述《楞严经正脉疏》卷9："已成就下四句，判其决定能以凡身历圣位也。盖别教皆实取证故，**经生累劫**，证得一分，方到一位。岂能以凡身而顿历诸位哉？"

【経師/きょうじ】 后缀 （6例） 在日本，经师除指持诵者外，亦指从事书写经典者，后来又转称装潢经卷者。《日本灵异记》下卷《奉写〈法华经〉**经师**为邪淫以现得恶死报缘第18》："丹治比**经师**者，河内国丹治比郡人。姓丹治比，故以为字。其郡部内有一道场，号曰野中堂。有发愿人以宝龟二年辛亥夏六月，请其**经师**于其堂，奉写《法华经》。女众参集，以净水加经之御墨。于时，未申之间，段云雨降。避雨入堂，堂里狭少，故**经师**与女众居同处。爰**经师**淫心炽发，踞于娘脊。"（p. 305）又《假官势非理为政得恶报缘第35》："天皇信悲，以延历十五年三月朔七日，始召**经师**四人，为古麿奉写《法华经》一部。"（p. 353）梁慧皎撰《高僧传》卷13："齐文宣感梦之后，

———————————
① "经"，圣本中作"径"。

626

集诸**经师**，乃共忍斟酌旧声，诠品新异，制瑞应四十二契。忍所得最长妙。"唐义净译《根本说一切有部毘奈耶杂事》卷4："时胜鬘夫人，怪王来速，请问所由。王以上缘，具答其事，报言夫人：'可与上叠。我欲亲往，奉彼**经师**。'"又《根本说一切有部毘奈耶》卷13："于**经师**律师论师法师禅师，不以同类令聚一处。"

【**经疏**/きょうそ】 偏正 (3例) 佛教经文大意的梳理和词语的注释。《日本灵异记》上卷《序》："生年二十五，受天皇请，说大乘经。所造**经疏**，长流末代。"（p.54）又《圣德皇太子示异表缘第4》："加以制《胜鬘》《法华》等**经疏**，弘法利物，定考绩功勋之阶，故曰圣德。"（p.69）又中卷《智者诽妒变化圣人而现至阎罗阙受地狱苦缘第7》："制《盂兰瓫》《大般若》《心般若》等**经疏**，为诸学生，读传佛教。"（p.167）唐法藏述《华严经探玄记》卷1："七唐朝海东新罗国元晓法师造此**经疏**，亦立四教。"唐不空译《金刚顶瑜伽中发阿耨多罗三藐三菩提心论》卷1："准毘卢遮那**经疏**释阿字，具有五义。"唐慧详撰《弘赞法华传》卷6："每常讲说，著诸**经疏**，甚有精理。"

【**经停**/けいてい】 并列 经过；船只经过，停泊某处。《万叶集》卷15第3697~3699首歌题："到对马岛浅茅浦舶泊之时，不得顺风，**经停**五个日。"（第四册，p.59）(1)梁慧皎撰《高僧传》卷3："文帝知跋摩已至南海，于是复敕州郡令资发下京，路由始兴，**经停**岁许。"元魏吉迦夜、昙曜合译《杂宝藏经》卷9："尊者怪问：'王之夫人，未曾至此，**经停**信宿，何故今者不同于常？'"隋阇那崛多译《佛本行集经》卷34《转妙法轮品》："而彼尊者辟支佛，住彼瓦师家，如是寂静，**经停**一夏，安居将养，而彼瓦师，所须四事，悉皆供奉，而供养之。"(2)《周书》卷11《晋荡公护传》："时宝掌营在唐城内。**经停**三日，宝掌所掠得男夫、妇女，可六七十人，悉送向京。"（p.170）按：《汉语大词典》失收。

【**经行树下**/きのしたをめぐる】 先例 "经行"，梵语cāṅkramya。一种修炼方法。在旷野露地，主要是在山林树间，经常性地行走，以增强体力，提高修行效果。《日本灵异记》中卷《未作毕佛像而弃木示异灵表缘第26》："圣武天皇代，广达入于吉野金峰，**经行树下**而求佛道。"（p.217）明益证疏《般若心经一贯疏》卷1："吾佛世尊，成道之初，**经行树下**，三七思惟，寻念过去佛，皆说三乘法。"明弘赞绎《四分戒本如释》卷11："云何作福田时？国王请食，入里乞食，坐禅，诵经，**经行树下**，人见端严，有可观也。"

【**经一日一夜**/ひとひひとよをふ】 时段 (2例) 经过一天一夜。《日本灵异记》中卷《观音木像示神力缘第36》："**经一日一夜**，而朝见，其颈自然如故继。"（p.242）又下卷《拍于忆持千手咒者以现得恶死报缘第14》："忽与乘马，腾空而往，到捶行者之处，悬空**径一日一夜**，明日午时，自空落死。"（p.296）(1)唐实叉难陀译《大方广佛华严经》卷63《入法界品》："如是住立，思惟观察，**经一日一夜**，乃至经于七日七夜、半月、一月，乃至六月，复经六日。"唐窥基撰《阿弥陀经疏》卷1："不悭惜、不瞋怒、不愚痴，不随心嗜欲、不中悔、不狐疑，常孝顺忠信，能善奉戒持斋，勿共妇人同床，断爱欲心，专念彼佛。**经一日一夜**，乃至十日十夜不绝，必得往生。"（2）唐实叉难陀译《地藏菩萨本愿经》卷1《忉利天宫神通品》："时婆罗门女，寻礼佛已，即归其舍。以忆母故，端坐念觉华定自在王如来，**经一日一夜**，忽见自身，到一海边。"唐孟献忠撰《金刚般若经集验记》卷2："又经七日，时得薄雪，还不称心。遂即发愿，烧指两节，**经一日一夜**，烧未尽间，忽然四面云合，雨雪参杂而下。众皆愕然惊怪。二日始绝。"

【经一月许/ひとつきばかりをふ】 时段 经过一个多月。《日本灵异记》中卷《智者诽妒变化圣人而现至阎罗阙受地狱苦缘第7》："恨时，罢锄田寺而住。儵得痢疾，**经一月许**。临命终时，诫弟子曰：'我死莫烧。九日间置而待。学生问我，答之应曰：有缘东西，而留供养。慎勿知他。'"（p. 167）梁慧皎撰《高僧传》卷10："**经一月许**，复至京师。时潮沟有朱文殊者，少奉法。度多来其家，文殊谓度云：'弟子脱舍身没苦，愿见救济。脱在好处，愿为法侣。'"唐定宾作《四分律疏饰宗义记》卷5《野蚕棉卧具戒》："若此虫不被收者，**经一月许**，茧中出蛾，其翅两开，如大张手。文璋焕烂，如红棉色。每至宵中，雄雌相偶，还于食树，复生其卵。总名此虫，为高世耶也。西国屠儿，方为此业，胜人上姓。"

【经於三日/みかをふ】 时段 经过三天，过了三天。《日本灵异记》中卷《忆持〈心经〉女现至阎罗王阙示奇表缘19》："值优婆夷，而欢喜曰：'唯瞥所觌。比顷不瞚，故吾恋思。何偶今逢。往矣。速还。我从今日，**经于三日**，诸乐京东，市中必逢。'"（p. 199）（1）失译人名今附秦录《别译杂阿含经》卷16："乃往昔时，此山名曰朋迦。于时，此城名阿毗迦。时彼世人，寿三万岁。此诸众生，若欲上山，**经于三日**，便得往还。"萧齐昙景译《佛说未曾有因缘经》卷1："有一野干，有师子王，追逐欲食。野干惶怖奔走，堕一丘井，不能得出。**经于三日**，开心分死。"梁慧皎撰《高僧传》卷13："**经于三日**，恳恻弥至。忽闻空中，有声扑然著地，意恐是金帛。试令人掘，入二尺许，泫然清流，遂成涧不绝。于是立寺，意后不知所终。"唐法藏集《华严经传记》卷4："曾用心苦，至乃呕血数斗，废诵绝食，**经于三日**。同道者哀之，将备汤药。济曰：'经言世医所疗治，虽差还复生；如来所治者，毕竟不复发。'"（2）《齐民要术》卷7《法酒》："合醅饮者，不复封泥。令清者，以盆盖，密泥封之。**经七日**，便极清澄。接取清者，然后押之。"《周书》卷46《张元传》："后读《药师经》，见盲者得视之言，遂请七僧，然七灯，七日七夜，转《药师经》行道。每言：'天人师乎！元为孙不孝，使祖丧明。今以灯光普施法界，愿祖目见明，元求代暗。'如此**经七日**。"

【经之九日/ここのかをふ】 自创 过了九天。《日本灵异记》中卷《智者诽妒变化圣人而现至阎罗阙受地狱苦缘第7》："**经之九日**，偿诽谤罪。恐至余罪于后生世，是以惭愧发露。当愿免罪。"（p. 168）

【经之三日/みかをふ】 自创 经过三天；过了三天。《日本灵异记》下卷《阎罗王示奇表劝人令修善缘第9》："**经之三日**，往见之，苏苏起居待。"（p. 283）姚秦佛陀耶舍、竺佛念等合译《四分律》卷39："佛问亿耳：'本何所作？'答言：'久见欲过，难得受戒，乃**经三年**。'"北凉昙无谶译《大般涅槃经》卷13《圣行品》："世尊，诸所作业，以久修习。若从初学，或**经三年**，或经五年，然后善知，故名为常。"

【经之数年/あまたのとしをふ】 自创 经过好多年。《日本灵异记》下卷《被观音木像之助脱王难缘第7》："**经之数年**，帝姬阿倍天皇御世，天平宝字八年甲辰十二月，山继遭贼臣仲麿之乱，而罗于杀罪之例，入十三人类。"（p. 278）失译人名今附后汉录《分别功德论》卷5："时摩竭国，人民种作，苗稼适生，龙即雹杀。如是**经数年**，人民饥困，死亡者众。"东晋瞿昙僧伽提婆译《增壹阿含经》卷1《序品》："尔时，彼人闻王教令，复**经数年**，见王首上，有白发生，便前长跪，白大王曰：'大王当知，首上已生白发。'"

【迳六箇月/むつきをふ】 时段 经过六个月。"箇"，量词，用于年月日的计数。俗语用法。《日本灵异记》下卷《如法奉写〈法华经〉火不烧缘第10》："发愿如法，清净奉写《法华经》一部。专自书写。每大小便利，洗浴净身，自就书写筵以还，**径六个月**，乃缮写毕。"（p. 286）唐阿地瞿多译《陀罗尼集经》卷5《毘俱知救病法坛品》："若人欲得安怛啰（二合）陀那，取摩那叱啰（唐云石雄黄也）蜜陀僧二物，等分共捣为末，更细研之。**经六个月**，日日洒浴，著新净衣。日日三时，平旦日中，及日暮时，至心咒药，一百八遍讫。"唐阿质达霰译《大威力乌枢瑟摩明王经》卷3："于此像前每日诵二十一遍，**经六个月**，遂成先行，悉地所愿皆遂。"唐金刚智译《不动使者陀罗尼秘密法》卷1："复次于此像前，每日三时念诵本咒。**经六个月**，随力供养花香饮食，求种种愿皆得满足。"宋法显译《金刚萨埵说频那夜迦天成就仪轨经》卷3："画一天像，二臂三目，与前天像，同挂竿上，立彼阵前。彼军见者，悉皆惊怖，四散驰走，**经六个月**，不能归还本国。"

【迳年長大/としをへてひととなる】 自创 若干年后逐渐长大。《日本灵异记》中卷《贷用寺息利酒不偿死作牛役之偿债缘第32》："寺家捉之，著绳系饙。**径年长大**，于寺产业所驱使。"（p. 231）（1）后汉支娄迦谶译《佛说无量清净平等觉经》卷3："生时甚痛，甚苦甚极。**至年长大**，亦苦亦极。死时亦痛，亦苦亦极，甚恶臭处，不净洁了，无有可者。"刘宋求那跋陀罗译《过去现在因果经》卷2："摩诃波阇波提，即作是言：'我养太子，**至年长大**，一旦舍我，不知所在？譬如果树，结花成实，临熟落地；又如饥人，遇百味馔，临欲食之，忽然翻倒。'"隋阇那崛多译《佛本行集经》卷5《贤劫王种品》："其善贤女，**至年长大**，堪能伏事，即拜为王，第一之妃。"（2）西晋安法钦译《阿育王传》卷3："及**年长大**，为之娶妻，字真金鬘，王与其子，至鸡头摩寺。"姚秦鸠摩罗什译《大智度论》卷12《序品》："母好养育，及**年长大**，自身所有，尽以施尽；至父王所，索物布施，父与其分，复以施尽。"梁宝唱等集《经律异相》卷31："后第一夫人，生育一男，性善不瞋，人相具足。召诸群臣，占其吉凶，即为立字，名曰忍辱。**及年长大**，好行布施，于诸众生，等以慈悲。"

【逕於七日/なのかをふるまで】 时段 经过七天，过了七天。《日本灵异记》下卷《强非理以征债取多倍而现得恶死缘第26》："传语梦状，即日死亡。**径于七日**，不烧而置，请集禅师优婆塞三十二人，九日之顷，发愿修福。"（p.329）（1）隋慧远撰《观无量寿经义疏》卷1："第二生中，初彼迎此，行者自见坐莲华。下此往生彼，**径于七日**，莲华乃敷，彰生久近。以劣前故，**径于七日**，其花乃敷，得益可知。"唐善导集记《观无量寿佛经疏》卷4："言七日者，恐此间七日，不指彼国七日也。此间**径于七日**者，彼处即是，一念须臾间也。"唐大觉撰《四分律行事钞批》卷6："如昔一人，入山觅薪，遇寒失道，值见一罢。一将至穴中，以身抱之，奕触得苏。出外求食，将还饴之。**径于七日**，然后辞去。"（2）新罗璟兴撰《三弥勒经疏》卷1："尔时，空天曰：'彼命终已**径七日**。'如来叹曰：'惜或斯何。'"新罗元晓撰《游心安乐道》卷1："闻此事已，寻即命终，譬如壮士，屈伸臂顷，即生西方，极乐世界。**生径七日**，遇观世音，及大势至，闻法欢喜，过小一劫，成阿罗汉，是名中品下生者。"唐定宾撰《四分律疏饰宗义记》卷7："有比丘度弟子，不教诫。弟子多作非法，命终生龙中。**龙径七日**，一受火烧，其身肉尽骨在。寻复还复，复已复烧，不能堪苦。"

【逕之多年/おほくのとしをふ】 自创 经过好多年。《日本灵异记》中卷《忆持〈心经〉女现至阎罗王阙示奇表缘第19》："优婆夷欲买彼经，遣使而还，开经见之，彼优婆夷昔时奉写《梵网经》二卷、《心经》一卷也。未供而失，**径之多年**，求咨不得。"（p.199）吴支谦译《撰集百缘经》卷3《授记辟支佛品》："时长者子，甚好色欲，见一淫女，甚适其意，以金百两，方听一宿。**渐经多年**，财物荡尽，更无所与，遮不听宿。殷勤求请，愿见一宿。"东晋法显译《大般涅槃经》卷3："而王坐禅，**经多年**岁，来朝谒者，皆不相见，譬如孝子，不见慈父。"隋阇那崛多译《佛本行集经》卷36《耶输陀宿缘品》："尔时彼商，五百长者，即于长老耶输陀边俏舍出家，求受具戒。**经多年月**，不能得道。"

【逕之多日/あまたのひをふ】 自创 经过好几天。《日本灵异记》下卷《女人滥嫁饥子乳故得现报缘第16》："我有越前国加贺郡大野乡亩田村之横江臣成人之母也我龄丁时，滥嫁邪淫，幼稚子弃，与壮夫俱寐。**径之多日**，而子乳饥。"（p.301）新罗元晓撰《两卷无量寿经宗要》卷1："又如蹩者，自力勤行，要**径多日**，至一由旬。若寄他船，因风帆势，一日之间，能至千里。可言蹩者之身，云何一日至千里耶?"该例亦见于《游心安乐道》卷1。唐法砺撰述《四分律疏》卷9："一夜覆已发露，**径多日**，已复犯一残；覆二夜已发露，**径多日**，已复犯一；覆三夜，乃至**径多日**。已犯一覆十夜。此便先短后长，从后十日治故。"

【逕之二日／ふつかをふ】 自创 （3例） 经过两天。①两天后死而复生。《日本灵异记》下卷《沙门积功作佛像临命终时示异表缘第30》：“爰老僧年八十有余岁之时，长冈宫御宇大八岛国山部天皇代，延历元年癸亥春二月十一日，卧于能应寺而命终焉。**逕之二日**，更苏还之。”（p. 341）②单纯表示两天时间。《日本灵异记》中卷《恃己高德刑贱形沙弥以现得恶死缘第1》：“**逕之二日**，有嫉妒人，谗天皇奏：‘长屋谋倾社稷，将夺国位。’”（p. 146）又下卷《二目盲女人归敬药师佛木像以现得明眼缘第11》：“檀越见矜，开户入里，向像之面，以令称礼。**逕之二日**，副子见之，从其像臆，如桃脂物，忽然出垂。”（p. 288）东晋佛驮跋陀罗译《佛说观佛三昧海经》卷8《观马王藏品》：“女不能胜，亦不得免。死**经二日**，青瘀臭黑。”唐慧详撰《弘赞法华传》卷8：“死后舆还本寺，则去之后，于所卧房，但闻异香氛氲，七日乃歇。则初大渐，**经二日**，气息才属，至墓方酥。”

【逕之三年／みとせをふ】 自创 经过三年，过了三年。《日本灵异记》下卷《女人产生石以之为神而斋缘第31》：“年迄于二十有余岁，不嫁未通，而身怀妊。**逕之三年**，山部天皇世，延历元年癸亥春二月下旬，产生二石。”（p. 343）

【逕之三日／みかをふ】 自创 （4例） 经过三天。①三天后死而复生。《日本灵异记》上卷《捉雷缘第1》：“天皇敕之：‘七日使留，咏于彼忠。’**逕之三日**，乃苏苏矣。语妻子曰。”（p. 75）又《非理夺他物为恶行受恶报示奇事缘第30》：“膳臣广国者，丰前国宫子郡少领也。藤原宫御宇天皇之代，庆云二年乙巳秋九月十五日庚申，广国忽死。**逕之三日**，戌日申时，更苏之而语之曰。”（p. 125）又中卷《智者诽妒变化圣人而现至阎罗阙受地狱苦缘第7》：“即就抱之，身皆烂销。**逕之三日**，如先抚柱而言：‘活活。’如故更生。”（p. 168）又：“即至，执师烧入烧煎。唯闻打钟音时，冷乃憩。**逕之三日**，叩地狱边，而言：‘活活！’如本复生。”（p. 168）②单纯表示三天时间。《日本灵异记》中卷《忆持〈心经〉女现至阎罗王阙示奇表缘第19》：“王闻随喜，从坐而起，长跪拜曰：‘贵哉！当如闻有。’**逕之三日**，告：‘今遣还。’”（p. 199）

【逕之一日／ひとひをふ】 自创 经过一天，过了一天。《日本灵异记》中卷《常鸟卵煮食以现得恶死报缘第10》：“山人闻之，褰袴见膊，膊肉烂销，其骨璨在。唯**逕之一日**而死也。”（p. 176）唐输波迦罗译《苏悉地羯罗经》卷2《光显法品》：“诸护摩中，所说药草，随取其一。**经一日夜**，而作护摩，真言欢喜，而得增威。”《冥报记》卷5：“贞观末为泗州涟水县尉，曾因重病闷绝，**经一日**而苏。”

【驚愁／おどろきうれふ】 并列 惊奇愁伤。《日本书纪》卷13《允恭纪》四十二年正月条：“于是新罗王闻天皇既崩，**惊愁**之，贡上调船八十艘及种种乐人八十。”（第二册，p. 126）姚秦鸠摩罗什译《大智度论》卷13《序品》：“复次若人出家时，魔王惊愁①言：'此人诸结使欲薄，必得涅槃堕僧宝数中。'"唐慧觉依经录《华严经海印道场忏仪》卷16："众等听说经中无常偈：'纵使此身满百岁，终归要有死当头。况复卒亡无定准，如何兀兀不**惊愁**？'"唐宗密述《圆觉经道场修证仪》卷15："纵使此身满百岁，终归要有死当头。况复卒亡无定准，如何兀兀不**惊愁**？"按：《汉语大词典》失收。

【驚還/おどろきかへる】 偏正 惊吓得跑回来。《日本书纪》卷2《神代纪下》："良久有一美人，容貌绝世。侍者群从，自内而出，将以玉壶汲水，仰见火火出见尊。便以**惊还**，而白其父神曰：'门前井边树下，有一贵客。'"（第一册，p. 164）唐慧琳撰《一切经音义》卷3："**惊惶**：景英反。《尔雅》：**惊**，惧也。《广雅》：起也。《说文》：马，骇也。从马，敬声也。"（1）唐道宣撰《集神州三宝感通录》卷2："尔时将士入寺，礼拜此像，涕泪横流，**惊还**说之。逊闻往视，至寺门举体战悸，如有把持之者，因唤左右，扶翼而进，见像泪下若泉，即稽首礼谢，深自咎责。登设大会，倍更精到，招集诸僧，还复本业焉。"（2）《太平御览》卷906所引《宣验记》："后春日将儿出射，正值麋鹿将麑，母觉有人气，呼麑渐去。麑不知所畏，径前就媒，唐射麑，即死。鹿母**惊还**悲鸣。"按：《汉语大词典》失收。

【驚喚/おどろかしよぶ】 偏正 惊吓似地喊叫。《日本灵异记》中卷《女人恶鬼见点食噉缘第33》："明日晚起，家母叩户，**惊唤**不答。怪开见唯，遗头一指，自余皆噉。"（p. 234）晋世法立、法炬合译《法句譬喻经》卷3《道行品》："小儿**惊唤**，逆呵之曰：'痴骏！老翁。不达道理，寄住须臾，名之为子。勿妄多言，不如早去。今我此间，自有父母，邂逅之间唐自抱乎？'"姚秦鸠摩罗什译《妙法莲华经》卷2《信解品》："穷子**惊唤**，迷闷躄地：'是人执我，必当见杀，何用衣食，使我至此？'"北凉昙无谶译《佛所行赞》卷4《守财醉象调伏品》："合城悉战悚，但闻**惊唤**声，有出城驰走，有窜穴自藏。"

【驚惶失所、悲淚盈目/きょうこうところをうしなひ、ひるいめにみつ】 四字→**【悲淚盈目】**

【驚悔/おどろきくゆ】 并列 惊恐悔恨。《日本书纪》卷17《继体纪》六年十二月条："大兄皇子前有缘事，不闻赐国，晚知宣敕，**惊悔**欲改令曰：'自胎中之帝置官家之国，轻随蕃乞，辄尔赐乎。'"（第二册，p. 298）（1）姚秦鸠摩罗什译《大庄严论经》卷3："时病比丘，说是偈已，心怀惶悸。其兄见之，生大忧愍，而作是言：'善哉，善哉！子今乃能，深生悔恨，发于誓愿。但先教汝，不用我语。**惊悔**于后，将何所及？'而说偈言。"唐菩提流志译《大宝积经》卷85："幻师尔时，见斯事已，嗟叹**惊悔**，欲摄所化。"宋颐藏主集《古尊宿语录》卷32："忽因夜行，踏著一物作声，谓是

---

① "愁"，宋本、元本、明本、宫本、石本中作"疑"。

一虾蟆，腹中有子无数，**惊悔**不已。"（2）《太平御览》卷483所载《琴操》："……玄帝见昭君，便**惊悔**不得复止。遂以与之。"（p. 2214）《北里志·楚儿》条："光业遥视之，甚**惊悔**，且虑其不任矣。"（p. 1400）按：《汉语大词典》首引宋洪迈《夷坚甲志·王权射鹊》："登木视之，一鹊中目，宛转巢内即死，权**惊悔**，拔佩刀碎其弩。"偏晚。→【必当有悔】【後悔無益】【求悔】【退悔】

【**驚奇**/おどろきあやしむ】 并列 惊讶奇怪。《常陆国风土记·那贺郡》条："时妹在室，有人，不知姓名。常就求婚，夜来昼去。遂成夫妇，一夕怀妊。至可产月，终生小蛇。明若无言，暗与母语。于是母伯**惊奇**，心挟神子。"（p. 404）新罗璟兴撰《三弥勒经疏》卷1："第三灵山益，此中为十：初门徒出；二明共登灵山；三为开神骨；四令众**惊奇**；五双赞师资；六称德行；七显昔留化；八辨今利人；九彰佛悲深；十令生故极。"唐道宣撰《续高僧传》卷30："时惨哀唏，停驻飞走。其德甚众，秘不泄之。故无事绪可列。又善席上，谈吐**惊奇**，子史丘索都皆谙晓，对时引挽，如宿构焉。隋炀在蕃，弥崇敬爱。"按：《汉语大词典》首引周立波《暴风骤雨》第一部一："穿着露肉的裤子，披着麻布片的男人和女人，从各个草屋里出来，跑到路旁，**惊奇**地瞅着车上的向他们微笑的人们。"过晚。

【**驚悚**/おどろきおそる】 并列 惊慌恐惧；震惊。《日本灵异记》上卷《僧忆持〈心经〉得现报示奇事缘第14》："僧以**惊悚**，明日悔过，周告大众。"（p. 95）①后汉安世高译《太子慕魄经》卷1："人即**惊悚**，衣毛为竖，驰走往趣，视其车上，不见慕魄。"吴支谦译《撰集百缘经》卷9《声闻品》："时彼使者，睹此王已，情甚**惊悚**，自念：'我君无状招祸。'"元魏慧觉等译《贤愚经》卷2《降六师品》："一切众会，具悉闻见，甚怀悲愍，衣毛**惊悚**。"②《吴志》卷3《孙亮传》引《吴历》曰："亮大笑谓玄、邡曰：'若矢先在蜜中，中外当俱湿，今外湿里燥，必是黄门所为。'黄门首服，左右莫不**惊悚**。"《搜神记》卷18："宪曰：'诸卿在此。吾居近水，当致少鲤鱼。'言讫，有鲤鱼数十头，飞集堂下。坐者莫不**惊悚**。"《魏书》卷91《耿玄传》："代京法禁严切，王公闻之，莫不**惊悚**而退。"

【**驚畏**/おどろきかしこむ】 并列 （3例） 惊慌害怕。《古事记》上卷《日子穗穗手见命与鹈茸草不合命》："于是思奇其言，窃伺其方产者，化八寻和迩而匍匐委蛇。即见**惊畏**而遁退。"（p. 134）《播磨国风土记·贺古郡》条："尔时，印南别娘闻，而**惊畏**之，即遁度于南毗都麻岛。于是，天皇乃到贺古松原而觅访之。"（p. 18）《日本灵异记》上卷《人畜所履髑髅救收示灵表而现报缘第12》："时其母与长子，为拜诸灵，入其屋内，见万侣而**惊畏**，问其所以来。"（p. 91）（1）吴支谦译《菩萨本缘经》卷3："复有恶鬼神，持刀杖固遮。今说此事，倍令我心，**惊畏**怖惧。"东晋佛驮跋陀罗译《大方广佛华严经》卷28《十忍品》："闻彼深法已，其心不恐怖。亦不生**惊畏**，不退亦不没。"姚秦鸠摩罗什译《大庄严论经》卷6："威仪及进止，为人所乐见。飞鸟及走兽，睹之不惊畏。"（2）《艺文类聚》卷 92 所载晋夏侯湛《玄鸟赋》曰："虞众物之为害，独弃林而凭人。不**惊畏**以自疏，永归驯而附亲。"（p.1598）《魏书》卷 67《崔光传》："昨风霾暴兴，红尘四塞，白日昼昏，特可**惊畏**。"（p.1496）按：《汉语大词典》首引唐李公佐《南柯太守传》："二使者引生下车，入其门，升自阶，已身卧于堂东庑之下。生甚**惊畏**，不敢前近。"偏晚。

【**惊欣**/きょうきん】 并列 惊奇欣喜。《万叶集》卷 18 第 4128～4131 首《越前国掾大伴宿祢池主来赠戏歌》书简："忽辱恩赐，**惊欣**已深。心中含笑，独座稍开，表里不一，相违何异？推量所由，率尔策歘。"（第四册，p.279）后汉支曜译《佛说成具光明定意经》卷 1："其在坐者皆见如斯，悉而**惊欣**，踊喜发于大愿，其心皆在，无上独尊之地。"西晋竺法护译《佛说阿惟越致遮经》卷 1："寻时三千，大千世界，六反震动，十方佛土，各十恒沙，亦复如是，大意咸达，莫不**惊欣**。"梁宝唱等集《经律异相》卷 45："王见**惊欣**，澡毕白佛：'不审此天，宿有何福，手出百味，福德乃尔？'"按：《汉语大词典》失收。中土文献当中，年代较早的例证可见《太平广记》卷 110《报应》条："泰乃褰帷遽视，奄然而灭。**惊欣**交萃，因大流汗，胸体即轻，所患平差。"（p.754）《太平广记》该卷所辑故事均与《观音经》有关，"惊欣"一词的佛典用语特征可见一斑。

【**惊疑**/おどろきうたがふ】 并列 惊讶疑惑。《日本灵异记》上卷《偷用子物作牛役之示异表缘第 10》："时有声而言：'莫盗其被。'僧大**惊疑**，顾窥家中觅人，唯有一牛，立家仓下。"（p.87）（1）吴康僧会译《六度集经》卷 6："是时众僧，各各一心，观此小儿，本皆不能知。长者问言：'此为何等？'比丘答曰：'真佛弟子，慎莫**惊疑**，好养护之。此儿后大，当为一切，众人作师。吾等悉当，从其启受。'"姚秦鸠摩罗什译《妙法莲华经》卷 1《方便品》："尔时佛告舍利弗：'止，止！不须复说。若说是事，一切世间，诸天及人，皆当**惊疑**。'"隋阇那崛多译《佛本行集经》卷 16《耶输陀罗梦品》："圣子，我见如是二十种梦，心大恐怖，**惊疑**不安，此何征祥？"（2）《宋书》卷 72《文九王传》："吾所以为设方便，呼入在省。而休仁得吾召入，大自**惊疑**，遂入辞杨太妃，颜色状意，甚与常异。既至省，杨太妃骤遣监子去来参察。"《梁书》卷 24《萧昱传》："每涉**惊疑**，惶怖失魄，既乖致命之节，空有项领之忧，希望开泰，冀蒙共乐。"按：《汉语大词典》首引南朝宋鲍照《伤逝赋》："忽若谓其不然，自惆怅而**惊疑**。"偏晚。

【**精进悔过**/しょうじんしてげか】 自创 "精进"，又谓"勤""精勤""勤精道"，或略称"进"。一般指拼命努力、明了于心而奋进。于佛法上是谓勇猛修行善法而断恶法，遵照佛的教导，专心于佛道修行，或专心从事佛道修行的心智作用，又指其行为等。又指其行为，谓五力（信力、精进力、念力、定力、慧力）中的精进力、六波罗蜜（布施、持戒、忍辱、精进、禅定、智能）中的精进。《日本灵异记》中卷《至诚心奉写〈法华经〉有验示异事缘第6〉》："未历二七日，请经试纳，函自少延，垂不得纳。檀越增加**精进悔过**，历三七日纳，乃得纳。"（p. 161）晋世法立、法炬合译《法句譬喻经》卷3《地狱品》："于是七比丘，见佛身相，又闻此偈，惭怖战栗，五体投地，稽首佛足，摄心**悔过**，作礼而去，还入山中，殒命**精进**，思惟偈义，守一正心，闲居寂减，得罗汉道。"又卷4《爱欲品》："于是年少比丘，见此女人，死已三日，面色脓烂，其臭难近。又闻世尊，清海之偈，怅然意悟，自知迷谬，为佛作礼，叩头**悔过**。佛授自归，将还祇洹，没命**精进**，得罗汉道。"唐菩提流志译《大宝积经》卷16："此人多诸因缘，多诸谤毁，数数多诸艰难，应一心修**悔过**，常修**精进**。"

【精进練行/しょうじんしてれんぎょうす】 四字 "精进"同上。"练行"，修炼行法。《续日本纪》卷37《桓武纪》延历二年四月条："每国造僧寺，必合有二十僧者，仍取**精进练行**，操履可称者度之。必须数岁之间，观彼志性始终无变，乃听入道。而国司等不精试练，每有死阙，妄令得度。"唐迦才撰《净土论》卷3："随世灯法师者，住并洲兴国寺。幼而出家，**精进练行**，道心弥固。"唐道世撰《法苑珠林》卷50："唐并州石壁寺有一老僧。禅诵为业，**精进练行**。"该例在《金刚般若经集验记》卷3、唐临撰《冥报记辑书》卷5中亦见辑录。→【增加精进】

【精进女問経/しょうじんにょもんぎょう】 内典 即《无垢优婆夷问经》。1卷。元魏瞿昙般若流支译。以无垢优婆夷、贤优婆夷等提问、佛陀答疑的形式，探讨抚佛塔地、四梵行及三归戒之功德差别等问题。《日本灵异记》上卷《女人好风声之行食仙草以现身飞天缘第13》："诚知不修佛法，而好风流，仙药感应。如《**精进女问经**》云：'居住俗家，端心扫庭，得五功德。'者，其斯谓之矣。"（p. 93）唐道宣撰《四分比丘尼钞》卷3："《无垢清净女问经》云：'扫佛地得五福：一自心清净他人见亦生净心；二为他爱；三天心欢喜；四集端正业；五命终生善道天中。'"唐道世撰《诸经要集》卷3："又《无垢清净女问经》云：'扫地得五功德：一自心清净他人见生净心；二为他爱；三天心欢喜；四集端正业；五命终生善道天中。'"

【精盲/めあさし】 偏正 表面上看眼球正常，实际上没有视力。《日本灵异记》下卷《二目盲男敬称千手观音日摩尼手以现得明眼缘第12》："奈良京药师寺东边里，有盲人，二眼**精盲**。"（p. 290）隋慧思撰《诸法无诤三昧法门》卷2《法念处品》："何者是眼？空是眼耶？明是眼也，尘是眼也，意是眼也。为当识独生名为眼也，眶骨是眼也，精泪是眼也，瞳人是眼也。若空是眼，无色无对无所见故，不应是眼。若明是眼，无根无觉无所知故，不应是眼。若根是眼，精泪瞳人，匡骨白异，空明未现，睹不见色，空明设现，**精盲**之人，眼不破，不能见色。当知空明及根，都无有眼。"

【精勤/しょうごんなり】 并列 （2例） 专心勤勉。与"精进"义同。《续日本纪》卷9《元正纪》养老六年七月条："其僧纲者，智德具足，真俗栋梁。理义该通，戒业**精勤**。缁侣以之推让，素众由是归仰。"（第二册，p. 120）又卷20《孝谦纪》天平

635

宝字元年闰八月条："丙寅，敕曰：'如闻护持佛法，无尚木叉。劝导尸罗，实在施礼。是以官大寺别永置戒本师田十町。自今已后，每为布萨，恒以此物量用布施。庶使怠慢之徒日历其志。**精勤**之士弥进其行。宜告僧纲，知朕意焉。'"（第三册，p.232）（1）后汉昙果、康孟详合译《中本起经》卷2《度波斯匿王品》："王迷情疑，重质言曰：'瞿昙年少，学日甚浅。所以者何？世有婆罗门，修治水火，精勤苦体，不去昼夜，九十六术，靡不经涉，年高德远。'"隋阇那崛多译《佛本行集经》卷16《舍宫出家品》："弱冠之时，欲得**精勤**，学诸技艺，彼愿已成。壮年纵心，欲受世乐，彼愿现验。"（2）《后汉书》卷26《冯勤传》："以图议军粮，在事**精勤**，遂见亲识。"《世说新语·术解第20》："郗愔信道，甚**精勤**。"→【戒业精勤】

【精勤匪怠/しょうごんにしておこたらず】 ⬚四字⬚ 专心勤勉，毫不懈怠。《续日本纪》卷39《桓武纪》延历七年七月条："清麻吕历事数朝，为国旧老，朝仪国典多所谙练。在位视事，虽年老而**精勤匪怠**。年及七十上表致仕，优诏弗许。今上即位，重乞骸骨。诏许之。"唐玄奘撰《大唐西域记》卷1："僧徒肃穆，**精勤匪怠**，并是耆艾宿德，硕学高才，远方俊彦，慕义至止。国王、大臣、士、庶、豪右，四事供养，久而弥敬。"

【精勤诵习/いそしくよみならふ】 ⬚四字⬚ 专心于佛教经典的读诵、研习。《续日本纪》卷20《孝谦纪》天平宝字元年四月条："古者，治民安国，必以孝理。百行之本，莫先于兹。宜令天下家藏孝经一本，**精勤诵习**，倍加教授。"（第三册，p.182）元魏吉迦夜、昙曜合译《付法藏因缘传》卷2："时有长者，怪而问之。沙弥答曰：'吾师严峻，令我诵习，乞食稽留，则不充限。以是事故，每行读诵。'长者答言：'勿生忧恼，徒今以后，常相供给。宜当**精勤，诵习**经典。'"北凉道泰等译《入大乘论》卷1《义品》："菩萨当先具种性，随顺善行；所解广大，内心广大，界分广大，种性广大；性既具足，其心调柔，渐损烦恼，少贪瞋痴；好修诸善，**精勤诵习**。"唐玄奘译《佛临涅槃记法住经》卷1："我涅槃后，第六百年，吾圣教中，法教坚固，我诸弟子，多于教法，**精勤诵习**，心无厌倦，能多饶益，无量有情。"

【精勤修道/つとめてみちをおこなふ】 ⬚四字⬚ 专心从事佛道修行。《日本灵异记》下卷《禅师将食鱼化作〈法华经〉覆俗诽缘第6》："吉野山有一山寺，名号海部峰也。帝姬阿倍天皇御世，有一大僧，住彼山寺，**精勤修道**。疲身弱力，不得起居。"（p.276）姚秦鸠摩罗什译《大庄严论经》卷5："尔时眷属，闻是语已，启白于王，便得出家。既出家已，**精勤修道**，得阿罗汉。"失译人名今附秦录《别译杂阿含经》卷1："收摄诸根，饮食知量，于初后夜，**精勤修道**，修念觉意，常现在前，难陀比丘，最为第一。"北凉昙无谶译《大般涅槃经》卷4《如来性品》："我于阎浮提，示现出家，受具足戒，**精勤修道**，得须陀洹，果斯陀含果，阿那含果，阿罗汉果。"

【精勤修学/ねもころにじゅうがくす】 ⬚四字⬚ 潜心于佛道修习研学。《日本灵异

记》下卷《智行并具禅师重得人身生国皇之子缘第 39》："得度**精勤修学**，智行双有。皇臣见敬，道俗所贵。弘法导人，以为行业。"（p. 377）姚秦鸠摩罗什译《成实论》卷 1《众法品》："复次，佛法坚固，诸言说中，最为真实，不如婆罗陀罗摩延经等，但有语言，无有实义。如卢提梵志，言世尊，诸比丘等，于利益法，真实法中，**精勤修学**，所谓漏尽。"唐玄奘译《大般若波罗蜜多经》卷 482《善现品》："舍利子，佛先为他，宣说法要，彼依佛教，**精勤修学**，乃至证得，诸法实性，后转为他，有所宣说，若与法性，能不相违，皆是如来，方便善巧。"隋阇那崛多译《大方等大集经贤护分》卷 2《见佛品》："尔时，世尊复告贤护菩萨言：'贤护，若诸菩萨摩诃萨欲得成就此三昧者，当应于彼说法师所生诸佛想，起尊重心，勿生憍慢，至无有净竞违逆。不顺心故，然后于此，胜三昧中，**精勤修学**，方能克证。'"

【**精舍**/しょうしゃ】 偏正 （4 例） 梵语 vihāra 的译名。僧众住处、寺院或佛堂的别称。意为智德精练者的舍宅。《日本书纪》卷 20《敏达纪》十四年八月条："受而欢悦，叹未曾有，顶礼三尼。新营**精舍**，迎入供养。"（第二册，p. 494）《续日本纪》卷 8《元正纪》养老二年十月条："其居非**精舍**，行乖练邪，任意入山，辄造庵窟，混浊山河之清，杂熏烟雾之彩。"（第二册，p. 48）又卷 23《淳仁纪》天平宝字四年七月条："因兹，今追议定营造修理塔寺**精舍**分一千户，供养三宝并常住僧分二千户，官家修行诸佛事分二千户。"（第三册，p. 358）又卷 32《光仁纪》宝龟四年十一月条："其修行之院，惣四十余处。或先朝之日，有施入田，或本有田园，供养得济。但其六院，未预施例。由兹法藏湮废，无复住持之徒。**精舍**荒凉，空余坐禅之迹。"（第三册，p. 414）唐法琳撰《一切经音义》卷 22："造立**精舍**：《艺文类聚》云：**精舍**者，非以舍之精妙名为**精舍**，由有精练行者之所居。故谓之**精舍**也。"梁僧佑撰《释迦谱》卷 3："息心所栖，是曰**精舍**。"宋法云编《翻译名义集》卷 7："《灵裕寺诰》曰：'非粗暴者所居，故云**精舍**。'"

【**净刹**/きよきくに】 偏正 清净的佛刹。《日本灵异记》下卷《序》："匪传灯之良匠，而强订睽斯事。克辙**净刹**，奔心觉路。远愧前非，长祈后善。"（p. 260）西晋竺法护译《度世品经》卷 1："积累众德本，一心归定意，晓了圣明慧，所从**净刹**土。"唐实叉难陀译《大方广佛华严经》卷 7《世界成就品》："修习庄严方便地，入佛功德法门海，普使众生竭苦源，广大**净刹**皆成就。"

【**净澄**/きよくすむ】 自创 干净清澄。《常陆国风土记·总记》条："倭武天皇，巡狩东夷之国，幸过新治之县，所遣国造毗那良珠命，新令掘井。流泉**净澄**，尤有好爱。"（p. 354）东晋瞿昙僧伽提婆译《中阿含经》卷 20《长寿王品》："犹如山泉，极**净澄**清，充满盈流，四方水来，无缘得入，即彼泉底，水自涌出，盈流于外，满渍山润泽，普遍充满，无处不周。"梁真谛译《佛说无上依经》卷 1《如来界品》："过一切苦洗除垢秽，究竟淡然清**净澄**洁。"唐菩提金刚译《大毗卢遮那佛说要略念诵经》卷 1：

"如初日晖照于河海，光色<u>凝</u>净<u>澄</u>彻无障。见自心体，亦复如是，离染无障。"宋法护等译《佛说大乘菩萨藏正法经》卷12《如来不思议品》："如来已无业种子故，无烦恼种故，于威仪道无过失故，其犹虚空，<u>清</u>净<u>澄莹</u>，烟云尘雾，悉不能染。"按：《汉语大词典》失收。从译经文例来看，可知"净澄"一词截取自"极净澄清"等说法。

【净除/じょうじょ】 偏正　彻底消除。《日本书纪》卷16《武烈纪》即位前纪条："又赖皇天翼戴，**净除**凶党。英略雄断，以盛天威天禄。"（第二册，p.276）吴支谦译《佛说维摩诘经》卷1《佛国品》："清净金华眼明好，净教灭意度无极，**净除**欲疑称无量，愿礼沙门寂然迹。"唐义净译《金光明最胜王经》卷1《序品》："我复演妙法，吉祥忏中胜。能灭一切罪，净除诸恶业。能灭一切罪，**净除**诸恶业。"又卷10《付嘱品》："若有受持此，正义相应经。不随魔所行，**净除**魔恶业。"按：《汉语大词典》失收。

【净处/じょうしょ】 偏正　（4例）　严净之处，干净的地方。《日本灵异记》中卷《未作毕佛像而弃木示异灵表缘第26》："禅师大恐，引置**净处**，哀哭敬礼，发誓愿言：'有因缘故遇，我必奉造。'"（p.217）又下卷《忆持〈法华经〉者舌著曝髑髅中不朽缘第1》："闻之留立，排开草中而见之者，有一髑髅。历久日曝，其舌不烂而生者著有。禅师取收**净处**。"（p.264）又："未作毕有捻埴像二体。弥勒菩萨之胁士也。臂手折落，居于钟堂。檀越量曰：'斯像隐藏乎山**净处**。'"（p.204）《续日本纪》卷16《圣武纪》天平十七年九月条："又令京师、畿内诸寺及诸名山、**净处**行药师悔过之法。"（第三册，p.16）后汉支娄迦谶译《佛说无量清净平等觉经》卷2："今吾说，仁谛听。众世界诸菩萨，到须阿提礼佛，闻欢喜、广奉行，疾得至得**净处**。"东晋瞿昙僧伽提婆译《中阿含经》卷27《林品》："彼遍观视，不见此人，有一**净处**，如毛发许，粪所不污，可得手捉，挽出之也。"唐义净译《金光明最胜王经》卷7《大辩才天女品》："当于**净处**著净衣，应作坛场随大小；以四净瓶盛美味，香花供养可随时。"按：《汉语大词典》失收。

【净地/きよきところ】 偏正　（2例）　犹言净处，神圣之处。《日本书纪》卷29《天武纪下》八年十月条："然或及老，或患病，其永卧狭房，久苦老病者，进止不便，**净地**亦秽。"（第三册，p.392）《续日本纪》卷30《称德纪》宝龟元年二月条："后月余日，天皇不念。卜之，破石为祟。即复拾置**净地**，不令人马践之。今其寺内东南隅数十片破石是也。"（第四册，p.274）（1）曹魏昙谛译《羯磨》卷1："大德僧听，僧今结某处作**净地**。谁诸长老忍僧结某处作**净地**者默然，谁不忍者说。僧已忍结某处作**净地**竟，僧忍默然故，是事如是持。"东晋瞿昙僧伽提婆译《中阿含经》卷17《长寿王品》："若有余者，便泻著**净地**，及无虫水中，取彼食器，净洗拭已，举著一面。"东晋佛驮跋陀罗译《大方广佛华严经》卷18《金刚幢菩萨十回向品》："令一切众生，永离垢染，得佛**净地**。"（2）《全晋文》卷138谢敷《安般守意经序》："若欲尘翳心，慧不常立者，乃假以安般，息其驰想，犹农夫之**净地**，明镜之莹刬矣。"《齐民要术》卷8

《作豉法》："用陈豆弥好；新豆尚湿，生熟难均故也。净扬簸，大釜煮之，申舒如饲牛豆，掐软便止，伤熟则豉烂。漉著**净地**掸之，冬宜小暖，夏须极冷，乃内荫屋中聚置。"按：《汉语大词典》失收。

【**净飯王経**/じょうぼんのうきょう】 内典 《净饭王涅槃经》的略称。全1卷。刘宋沮渠京声译。该经记载佛陀及难陀等为净饭王送葬，以彰显孝道；并向诸人教示世皆无常、苦、空、无我等法。《奈良朝写经10·法华经玄赞卷第3》："乃为慈父，祇图写药师、弥勒菩萨合一铺［七躯］、《注法华经》［七卷］、疏［十卷］、音训［二卷］、《**净饭王经**》［一卷］、《摩诃摩耶经》［一卷］、《佛顶经》［一卷］。"（p.83）

【**净境**/きよきさかい】 偏正 清净的境界，圣洁的境域。《常陆国风土记·九慈郡》条："近侧居人，每甚辛苦，具状请朝。遣片冈大连，敬祭祈曰：'今所坐此处，百姓近家，朝夕秽臭。理不合坐。宜避移，可镇高山之**净境**。'"（p.412）《全梁文》卷72僧佑《杂录序》："宋明皇帝投心**净境**，载餐玄味，乃敕中书侍郎陆澄撰录法集。"（p.3383）陈真谛译《阿毗达磨俱舍释论》卷21《分别三摩跋提品》："若更由净相观**净境**，先惑不起。何以故？修观人由二种因故，修解脱等观：一为令诸惑极远相离；二为于定中得自在。"唐实叉难陀译《大方广佛华严经》卷43《十定品》："于魔界中，拔出众生，令其得入，佛法境界，令不舍大愿，勤观出道，增广**净境**，成就诸度，于一切佛，深生信解。"按：《汉语大词典》失收。

【**净流**/きよくながる】 偏正 清澈的水流。《常陆国风土记·新治郡》条："此人罢到，即穿新井。其水**净流**，仍以治井，因著郡号。自尔至今，其名不改。"（p.356）刘宋求那跋陀罗译《杂阿含经》卷4："长身婆罗门语汝：'随意自在，山泽旷野，食不断草，饮**净流**水，四方风中，受诸快乐。'"元魏瞿昙般若流支译《正法念处经》卷66："若有**净流**，四大增长。唯有浊秽，则为病苦。"唐不空译《佛说救拔焰口饿鬼陀罗尼经》卷1："若欲施诸婆罗门仙等，以净饮食，满盛一器，即以前密言加持二七遍，投于**净流**水中。"按：《汉语大词典》失收。

【**净沐**/ゆかはあみす】 偏正 （2例） 清净沐浴，洗净沐身。《日本书纪》卷5《崇神纪》四十八年正月条："四十八年春正月己卯朔戊子，天皇敕丰城命、活目尊曰：'汝等二子慈爱共齐，不知曷为嗣？各宜梦，朕以梦占之。'二皇子于是被命，**净沐**而祈寐，各得梦也。"（第一册，p.288）《续日本纪》卷12《圣武纪》天平九年八月条："癸卯，令四畿内二监及七道诸国僧尼清**净沐**浴。一月之内二三度，令读《最胜王经》。"（第二册，p.324）唐菩提流志译《不空罥索神变真言经》卷6："若有国土，灾疫起者，白月十五日，清**净沐**浴，著净衣服，于诸有情，起大悲心，仰高楼上，或于塔上，或于幢下，如法作坛，执持宝索，诵母陀罗尼真言秘密心真言一百八遍，诵奋怒王真言四十九遍，诵摩尼宝陀罗尼真言一百八遍。"又卷30："其授法人，**净沐**身服，合掌礼拜，散华灌顶，每日供养，诵念作法。"按：《汉语大词典》失收。

【净泉/いづみ】 偏正 （2例） 清澈的泉水，清净的泉流。《常陆国风土记·九慈郡》条："慈树成林，上即幕历。**净泉**作渊，下是潺湲。青叶自飘荫景之盖，白砂亦铺玩波之席。"（p. 410）又："自此东北二里，密筑里。村中**净泉**，俗谓大井。夏冷冬温，涌流成川。"（p. 412）唐不空译《大圣文殊师利菩萨佛刹功德庄严经》卷1："（世尊）相好奇特，端严澄晔，诸根寂静，观者无厌。住奢摩他，最上调伏，防护诸根，如善调象，正念不乱，如**净泉**池。"又《佛说金毗罗童子威德经》卷1："又善男子，行人食饮，勿令妇人造之，男子作之，当与行人。作饮食柴，亦须熏香。择取好时者，水亦取**净泉**用之。"按：《汉语大词典》失收。

【净人/じょうにん】 偏正 于寺院中，未行剃染而服种种净业作务者。亦称"道人""苦行""寺宫"。起源于印度。又禅林中，于僧堂给侍粥饭之职务；或浴室之行者，亦称为净人。《续日本纪》卷16《圣武纪》天平十七年五月条："时诸寺众僧率**净人**、童子等，争来会集。百姓亦尽出，里无居人。"（第三册，p. 10）唐道宣撰集《毗尼作持续释》卷1："**净人**乃僧伽蓝民，恒为僧使，缘从王施，依栖净众，故号**净人**。"宋道成集《释氏要览》卷3："《毗奈耶》云：'由作净业，故名**净人**。'"

【净灑/きよむ】 并列 清净洒扫，净扫清除。《日本灵异记》中卷《依恶梦至诚心使诵经示奇表得全命缘第20》："不胜心念，脱自著衣，洗净擎以为奉诵经。然凶梦相，复犹重现。母增心恐，复脱著裳，**净洒**以为如先诵经。"（p. 201）宋希麟集《续一切经音义》卷5："**净洒**：下色下反。《切韵》：水洒也……《字书》：以水散地也。从水，洒，省声字。"失译人名今附梁录《牟梨曼陀罗咒经》卷1："复次当知造其炉法：入地一肘，掘出杂秽土，以牛五味，**净洒**讫已，填覆净土，欲求大愿，为上炉者，辟方一肘，四方作之。"隋阇那崛多译《虚空孕菩萨经》卷1："以种种宝，及诸幡盖，香花宝幢，诸花鬘等，末香涂香，花鬘庄严，种种璎珞，以诸宝器，安置香汤，**净洒**道路，种种璎珞庄严道侧。"唐输波迦罗译《苏悉地羯罗经》卷2《净除诸物品》："复次今说，净除诸物，而洒净法，先以五净洗之。不应洗者，**五净洒**之。"

【净扫/きよめはらふ】 偏正 打扫干净。《日本书纪》卷24《皇极纪》三年正月条："轻皇子深识中臣镰子连之意气高逸容止难犯，乃使宠妃阿倍氏**净扫**别殿高铺新蓐，靡不具给，敬重特异。"（第三册，p. 84）（1）西晋竺法护译《正法华经》卷1《善权品》："若以挹洒，**净扫**塔寺。用柔软水，蜜浆饮施。杂香坌涂，理作乐器。归命安住，供养最胜。"西晋白法祖译《佛般泥洹经》卷2："舍利金罂，正著中央。兴塔树刹，高悬缯幡。烧香燃灯，**净扫**散华。"佛陀跋陀罗译《佛说观佛三昧海经》卷7："时彼龙王，以诸杂宝，以庄挍窟。佛告阿难：'汝教龙王，**净扫**石窟。'诸天闻已，各脱宝衣，竞以抚窟。"（2）《魏志》卷11《管宁传》裴松之注引《魏略》曰："每出，见妇人则隐翳，须去乃出。自作一瓜牛庐，**净扫**其中。营木为床，布草蓐其上。"《隋书》卷22《志第17》："邺中又有童谣曰：'金作扫帚玉作把，**净扫**殿屋迎西家。'未几，周师入邺。"按:《汉语大词典》失收。

【净舍/じょうしゃ】 偏正 舍弃得一干二净,毫无保留地布施。《日本书纪》卷
19《钦明纪》十三年十月条:"大臣跪受而忻悦,安置小垦田家。勤修出世业,为因**净
舍**向原家为寺。"(第二册,p.418)东晋佛驮跋陀罗译《大方广佛华严经》卷42《离
世间品》:"佛子,菩萨摩诃萨有十种**净舍**。何等为十?所谓一切众生恭敬供养不生爱
著一切众生轻慢毁辱不生瞋恚**净舍**;常行世间不为八法之所染污**净舍**;于器知时于非器
不生恶心**净舍**;不求声闻缘觉学无学**净舍**;远离五欲一切烦恼乃至不生一念恶心**净舍**;
不叹修行二乘及厌生死**净舍**;远离世间语非涅槃语非离欲语戏笑语恼他语声闻缘觉语乃
至一切障菩提语**净舍**;若有众生待时受化菩萨**净舍**;若有众生应受佛化菩萨**净舍**;菩萨
摩诃萨远离二法无上无下无取无舍无虚无实观察平等安住真实得忍**净舍**。佛子,是为菩
萨摩诃萨十种**净舍**。"按:《汉语大词典》失收。

【净身/みをきよくす】 偏正 (3例) 沐浴、洁净身体。受持正法的人身谓净身,
其心又谓净心。《日本灵异记》中卷《见乌鸦淫厌世修善缘第2》:"赞曰:'可哉!血
沼县主氏。睨乌邪淫,厌俗尘背。浮花假趣,常**净身**,勤修善,祈惠命。'"(p.149)
又《恶逆子爱妻将杀母谋现报被恶死缘第3》:"子语母言:'东方山中,七日奉说〈法
华经〉有大会。率母闻之。'母所欺念将闻经,发心洗肠**净身**,俱至山中。"(p.152)
又下卷《如法奉写〈法华经〉火不烧缘第10》:"发愿如法,清净奉写《法华经》一
部。专自书写。每大小便利,洗浴**净身**,自就书写筵以还,径六个月,乃缮写毕。"
(p.286)吴康僧会译《六度集经》卷6:"驰诣佛所,踊跃而云:'受世尊恩,已获**净
身**。唯愿加哀,授吾尊决。'"姚秦鸠摩罗什译《妙法莲华经》卷6《法师功德品》:
"若持法华者,其身甚清净,如彼净琉璃,众生皆喜见。又如净明镜,悉见诸色像,菩
萨于**净身**,皆见世所有,唯独自明了,余人所不见。"北凉昙无谶译《大般涅槃经》卷
9《如来性品》:"修学**净身**,不坚固想,谓水陆山涧水者,喻身受苦,如水上泡,陆
者,喻身不坚如芭蕉树。"按:《汉语大词典》失收。

【净土/じょうど】 地名 (2例) 佛所住的清净国土。同"佛国土""佛土""寂
光土""常寂光土"。又用于使国土清净之意。相对于被烦恼污染的秽土(众生所住的
娑婆世界),佛所住的国土是不受五浊污垢所染的清净土,故称。《日本书纪》卷22
《推古纪》二十九年二月条:"'我以来年二月五日必死。因以遇上宫太子于**净土**,以共
化众生。'于是慧慈当于期日而死之。"(第二册,p.578)《日本灵异记》下卷《灾与善
表相先现而后其灾善答被缘第38》:"上品一丈七尺者,**净土**万德之因果也。一丈者为
果数,圆满故。七尺者为因数,不满故。"(p.372)隋慧远撰《大乘义章》卷19:"言
净土者,经中或时名佛刹,或称佛界,或云佛国,或云佛土,或复说为净刹、净界、净
国、**净土**。"《全唐文》卷676白居易《画西方帧记》:"我本师释迦如来说,言从是西
方,过十万亿佛土,有世界号极乐,以无八苦、四恶道故也。其国号**净土**,以无三毒、

五浊业故也。其佛号阿弥陀，以寿无量、愿无量、功德相好光明无量故也。"→【阿弥陀净土画像】【阿弥陀净土院】【称讚净土经】【登净土】【帰净土】【極楽净土】【十方净土】【往生净土】【無量净土】【無量寿净土】【西方净土】

【净土寺/じょうどじ】 寺名 （2例） 山田寺的别名。苏我仓山田氏的氏寺。根据考古发现，已经判明该寺属于四天王建筑形式的配置伽蓝。据《上宫圣德法王帝说》奥书记载，舒明十年开始平地建寺，皇极二年造金堂，大化四年僧人入住。《日本书纪》卷29《天武纪下》十四年八月条："八月甲戌朔乙酉，天皇幸于净土寺。"（第三册，p.448）《奈良朝写经20·大般若经卷第232》："敬写《大般若经》一部，置净土寺，永为寺宝。"（p.148）

【净屋/きよきや】 偏正 洁净的房屋。《日本灵异记》上卷《僧用涌汤之分薪而与他作牛役之示奇表缘第20》："官将问状，请僧见之，面姿奇贵，身体姝妙而添。宴嘿居于净屋，召请绘师，言：'如彼法师之容，不误绘之持来。'"（p.105）东晋佛陀跋陀罗、法显合译《摩诃僧祇律》卷31："若果落地者应时取内净屋中。若不取至初夜过者，即名不净。"萧齐僧伽跋陀罗译《善见律毗婆沙》卷17《舍利弗品》："若檀越不解说，比丘应教作是言：'此是净屋，布施众僧，随意受用。'即得作净屋，受用随意，安置饮食，无内宿、无内煮罪。"唐法藏集《华严经传记》卷5："遂修一净园，树诸谷楮，并种香草杂华，洗濯入园，溉灌香水。楮生三载，馥气氛氲。别造净屋，香泥壁地。"

【净香/きよく かぐ はし】 偏正 净洁飘香，清静香美。《常陆国风土记·茨城郡》条："郡东十里，桑原岳。昔倭武天皇，停留岳上，进奉御膳。时令水部新掘清井，出泉净香，饮吃尤好。"（p.370）东晋佛驮跋陀罗译《大方广佛华严经》卷7《贤首菩萨品》："又放光名香清净，令诸臭秽成妙香，香水洗塔菩提树，因是得成净香光。"后秦佛陀耶舍、竺佛念等合译《长阿含经》卷4："时诸末罗，即共入城，供办葬具已，还到天冠寺，以净香汤，洗浴佛身。"隋阇那崛多译《四童子三昧经》卷4："诸天雨天华，及雨净香水。天龙等敬心，供养世尊故。"按：《汉语大词典》失收。

【净行/じょうぎょう】 偏正 （5例） 不行淫事，行为保持清净。《日本灵异记》上卷《持戒比丘修净行而得现奇验力缘第26》（p.114）又下卷《智行并具禅师重得人身生国皇之子缘第39》："昔诺乐宫二十五年治天下胜宝应真圣武太上天皇之御世，又同宫九年治天下帝姬阿倍天皇御世，彼山有净行禅师而修行。"（p.378）又："其时世人道俗，贵彼净行，故美称菩萨。"（p.378）《续日本纪》卷8《元正纪》养老五年五月条："欲简取净行男女一百人，入道修道。经年堪为师者，虽非度色，并听得度。"（第二册，p.80）又卷11《圣武纪》天平六年十一月条："自今以后，不论道俗，所举度人，唯取暗诵《法华经》一部，或《最胜王经》一部，兼解礼佛，净行三年以上者，令得度者，学问弥长。嘱请自休。"（第二册，p.282）后汉安世高译《长阿含十报法经》卷2："第六十法。行令多十**净行**。何等为十？一为离杀从杀止、二为离盗从盗止、三为离色从色止、四为离两舌从两舌止、五为离妄语从妄语止、六为离粗语从粗语止、七为离绮语从绮语止、八为离痴从痴止、九为离瞋从瞋止、十为离邪意从邪意止。"姚秦鸠摩罗什译《妙法莲华经》卷5《从地踊出品》："是菩萨众中，有四导师：一名上行，二名无边行，三名**净行**，四名安立行。"按：《汉语大词典》失收。→【勤修净行】

【**净行人**/じょうぎょうのひと】 三字 不行淫事、行为保持清净的人。《日本灵异记》下卷《智行并具禅师重得人身生国皇之子缘第39》："其山高嵯，而凡夫不得登到。但**净行人**耳，登到而居住。"（p.378）元魏菩提留支译《大萨遮尼乾子所说经》卷2《诣严炽王品》："大王，汝所治化国内所有沙门、修**净行人**安乐住不？衣服、饮食、房舍、卧具、疾病、汤药资生所须，一切之物，不乏不少不？汝国人民，皆得善心，尊重、供养诸沙门、众**净行人**不？"隋阇那崛多译《起世经》卷4《地狱品》："若人博戏得资财，是为世间微净事，于**净行人**起浊心，是名口中大斗净。"

【**净行僧**/じょうぎょうのほうし】 三字 不行淫事，行为保持清净的僧侣。《续日本纪》卷3《文武纪》庆云二年六月条："丙子，太政官奏：'比日亢旱，田园燋卷。虽久雩祈，未蒙嘉澍。请遣京畿内**净行僧**等祈雨，及罢出市廛，闭塞南门。'"（第一册，p.88）又卷12《圣武纪》："壬午，律师道慈言：'道慈奉天敕，住此大安寺修造以来，于此伽蓝，恐有灾害。私请**净行僧**等，每年令转《大般若经》一部六百卷。'因此，虽有雷声，无所灾害。"（第二册，p.312）

【**净行者**/じょうぎょうしゃ】 三字（5例） 不行淫事、行为保持清净的人。《日本书纪》卷29《天武纪下》十二年七月条："是夏，始请僧尼安居于宫中，因简**净行者**三十人出家。"（第三册，p.428）又朱鸟元年十二月条："丙寅。选**净行者**七十人以出家。"（第三册，p.464）又卷30《持统纪》十年十二月条："十二月己巳朔，敕旨：'缘读《金光明经》，每年十二月晦日度**净行者**一十人。'"（第三册，p.558）《续日本纪》卷7《元正纪》养老元年四月条："如有重病应救，请**净行者**，经告僧纲，三纲连署，期日令赴。"（第二册，p.26）又卷32《光仁纪》宝龟三年八月条："又度当处年少稍有**净行者**二人，常庐墓侧，令修功德。"（第四册，p.386）西晋竺法护译《佛说弘道广显三昧经》卷4："又须菩提，其菩萨者，在于净念，而见不修，又于不净，而见修净，是谓菩萨修**净行者**。"东晋佛陀跋陀罗、法显合译《摩诃僧祇律》卷6："谤者，无事横说过也。欲破彼**净行者**，欲令彼非比丘非、沙门、非释种子，欲令作沙弥、作俗人、作园民、作外道。"唐不空译《佛母大孔雀明王经》卷1："诸有**净行者**，能伏诸恶业。敬礼如是等，于我常卫护。"

【**净域**/じょういき】 偏正（3例） 诸佛的净土。《奈良朝写经5·大般若经卷第267》："以此善业，奉资登仙二尊神灵，各随本愿，往生上天，顶礼弥勒，游戏**净域**，面奉弥陀，并听闻正法，俱悟无生忍。"（p.32）《奈良朝写经31·别译杂阿含经卷第

10》：“愿以兹写经功德，仰资二亲尊灵，归依**净域**，曳影于睹史之宫；游戏觉林，升魂于摩尼之殿。”（p. 232）《奈良朝写经 52·大唐内典录卷第 10》：“次愿背世尊灵，并怡神**净域**，享福香台末。”（p. 312）唐窥基撰《西方要决释疑通规》卷 1：“若也识痴行浅，恐溺幽涂，必须远迹娑婆，栖神**净域**。”唐道宣撰《广弘明集》卷 16：“太祖皇帝，濯衿慧水，凝神**净域**；厌世瑶陛，迁灵宝地。”

【净治/きよめはらふ】 ⬚偏正 （2 例） 整饬得洁净；将国家治理得井然有序。《日本书纪》卷 19《钦明纪》三十一年四月条：“有司于山城国相乐郡起馆，**净治**厚相资养。”（第二册，p. 456）又卷 25《孝德纪》白雉元年二月条：“陛下以清平之德治天下之故，爰有白雉自西方出。乃是陛下及至千秋万岁**净治**四方大八岛。”（第三册，p. 184）西晋竺法护译《普曜经》卷 3：“八千采女，**净治**道路，奉迎菩萨。”梁宝唱等集《经律异相》卷 6：“问曰：‘当云何得，如来舍利？’沙弥答曰：‘但**净治**道路烧香散华。’王与眷属，俱受八戒，出那伽园林，自常致也。”唐义净译《金光明最胜王经》卷 8《大吉祥天女增长财物品》：“若复有人，欲求五谷，日日增多、仓库盈溢者，应当发起，敬信之心，**净治**一室，瞿摩涂地，应画我像，种种璎珞，周匝庄严。”按：《汉语大词典》失收。

【竞求/きほひもとむ】 ⬚偏正 （2 例） 竞相追求。《续日本纪》卷 8《元正纪》养老五年三月条：“王公、卿士及豪富之民，多畜健马，**竞求**亡限。”（第二册，p. 90）又卷 35《高绍纪》宝龟十年九月条：“顷年百姓，**竞求**利润，或举少钱，贪得多利；或期重契，强责质财。未经几月，忽然一倍。穷民酬偿，弥致灭门。”刘宋求那跋陀罗译《杂阿含经》卷 22：“赖咤盘提国，有诸商贾客，大富足财宝，各各**竞求**富。”梁诸大法师集撰《慈悲道场忏法》卷 5：“若有财宝，亲戚**竞求**，贫穷之日，初无忧念，又得者愈以为少，愈得愈为不足，百求百得，不以为恩，一不称心，便增忿憾。是则人怀恶念，遂起异心，故结雠连祸，世世无穷。”《唐文拾遗》卷 61 阙名《报国院西方并大悲龛记》：“宝钟击而声贯玉琴，金磬响而韵含仙籁。天人就席，**竞求**解脱之源；缘觉趋筵，欲究真诠之理。”按：《汉语大词典》失收。→【普求】【伺求】【挑求】【問求】【尋追求】【種種求～】

【竟夜不寝/よもすがらねず】 ⬚自创 通宵不睡觉。《日本灵异记》下卷《髑髅目穴笋揭脱以祈之示灵表缘第 27》：“中路日晚，次苇田郡于苇田竹原。所宿之处，有呻音言：‘痛目矣。’牧人闻之，**竟夜不寝**而踞。明日见之，有一髑髅。”（p. 333）吴支谦译《菩萨本缘经》卷 3《兔品》：“尔时，兔王**竟夜不眠**，为诸兔众，说法如是。”姚秦佛陀耶舍、竺佛念等译《四分律》卷 8：“时王舍城，世人节会日，作众伎乐，**竟夜不眠**。时大臣儿，亦在其中，**竟夜不眠**。”萧齐僧伽跋陀罗译《善见律毗婆沙》卷 7《舍利弗品》：“又时怨家将人女，或将**竟夜不眠**，或将醉女、颠狂女，或将死女。又怨家将女死尸野兽未食。”

【竟欲～/きほひて～とおもふ】偏正 （2 例） 竞相希望……《藤氏家传》下卷《武智麻吕传》："至于季秋，每与文人才子，集习宜之别业，申文会也。时之学者，**竟欲**预坐。名曰龙门点额也。"（p. 181）《续日本纪》卷 23《淳仁纪》天平宝字五年八月条："施政不仁，为民苦酷。差遣边要，诈称病重。任使势官，**竟欲**自拜。匪闻教义，靡率典章。措意属心，唯利是视。巧弄宪法，渐污皇化。"（1）东晋佛陀跋陀罗、法显合译《摩诃僧祇律》卷 8："是摩诃罗等遥见彼来，便作是念：'是释种子，端正姝好，佛种出家，当为我等，止此净事。'即便白言：'我此住处，有诸衣物，各**竟欲**取，不能得分。尊者，今日为我，止此净事，得分衣物。'"姚秦鸠摩罗什译《佛藏经》卷 2《净戒品》："中有一人，窃作是念：'是瓶中蜜，食一毛头，则不老死。我今何为，惜死不噉。若得噉已，则便不畏，诸卫护者。亦可常得，无老病死。'如是定心，不惜寿命，直诣瓶所。诸卫护者，各持刀杖，**竟欲**杀之。"唐道世撰《法苑珠林》卷 29："其侧有奇树，高七十尺，春冬不改。是佛净齿木，弃而茂生，诸邪外道，**竟欲**残伐，寻生如故。"（2）《全唐文》卷 800 陆龟蒙《石笔架子赋》："杯可延年，帘能照夜。直为绝代之物，以速连城之价。尔材虽足重，质实无妍。徒亲翰墨，谩费雕镌。到处而人争阁笔，相逢而**竟欲**投篇。"按：《汉语大词典》失收。

【敬奉写/つつしみてうつしたてまつる】自创 恭敬地抄写经文。《奈良朝写经 38·大般若经卷第 591》："以天平十六年岁次甲申六月，发至信心，**敬奉写**《大般若经》六百卷。"（p. 253）《奈良朝写经 56·大般若经卷第 50 等》："是以，普诱知识、知识人等，共和善哉，**敬奉写**也。"（p. 358）

【敬奉写竟/つつしみてうつしたてまつりをはる】自创 （2 例） 恭敬地抄写完经文。《奈良朝写经 12·中阿含经卷第 45》："奉为皇太后，维天平五年六月四日**敬奉写竟**。"（p. 99）《奈良朝写经 66·大般若经卷第 176》："神护庆云元年九月五日，**敬奉写竟**。"（p. 403）

【敬供/うやまひつかへまつる】并列 （3 例） 恭敬地供养。《日本灵异记》中卷《观音木像不烧火难示威神力缘第 37》："圣武天皇世，泉国泉郡部内珍努上山寺，居于正观自在菩萨木像，而**敬供**之。"（p. 243）又下卷《被观音木像之助脱王难缘第 7》："回贼地之顷，彼妻为令脱贼难，作观音木像，殷勤**敬供**。"（p. 278）又："彼奉作**敬供**观音木像，呵啧而言：'咄！汝何居此秽地哉？'举足从项踰通，而为行腾。"（p. 278）唐道宣撰《续高僧传》卷 7："武帝**敬供**相接，敕住天安，讲《华严经》。标致宏纲，妙指机会。"又《广弘明集》卷 27："或撤父母之供，妻子之分，财货衣服，甘珍肴果，穷其所有，**敬供**精洁，合室营奉，晨昏翘注。"按：《汉语大词典》失收。

【敬礼/きょうらい】并列 （7 例） 梵语 namas。起恭敬心礼拜三宝。《日本灵异记》上卷《信敬三宝得现报缘第 5》："其金山顶，居一比丘。太子**敬礼**而曰：'是东宫童矣。自今已后，径之八日，应逢铦锋，愿服仙药。'"（p.76）又《妻为死夫建愿图绘像有验不烧火示异表缘第33》："画师矜之，共同发心，绘绚画毕。因设济会。即安置金堂，恒为**敬礼**。"（p.132）又中卷《奉写〈法华经〉因供养显母作女牛之因缘第15》："愿主见之，信心**敬礼**，一日一夜，家内隐居，顿作法服，以之奉施。"（p.188）又《未作毕佛像而弃木示异灵表缘第26》："禅师大恐，引置净处，哀哭**敬礼**，发誓愿言：'有因缘故遇，我必奉造。'"（p.127）又《药师佛木像流水埋沙示灵表缘第39》："沙底有音，思埋死人之苏还也。堀见有药师佛木像，高六尺五寸，左右耳缺。**敬礼**哭言：'我大师哉，何有过失，遇是水难。有缘偶值。愿我修理。'"（p.246）又下卷《忆持〈法华经〉者舌著曝髑髅中不朽缘第1》："历一年余，而思别去。**敬礼**禅师，奉施绳床，而语之曰：'今者罢退，欲居山。踰于伊势国。'"（p.264）《续日本纪》卷17《圣武纪》天平二十年五月条："五月丁丑，敕令天下诸国奉为太上天皇，每至七日，国司自亲洁斋，皆请诸寺僧尼，聚集于一寺，**敬礼**读经。"（第三册，p.56）隋智顗撰《法华三昧忏仪》卷1："一切恭敬，一心**敬礼**，十方常住佛，一心**敬礼**，十方常住法，一心**敬礼**，十方常住僧。"唐窥基撰《大乘法苑义林章》卷4："言**敬礼**者，虔恭曰敬，轨仪称礼。谛发殷诚，屈仪褒赞，申虔恭之道，标敬礼之名。又起殷净心，策殊胜业，申诚归仰，故名**敬礼**。"唐义净译《根本说一切有部毗奈耶杂事》卷1："六众报曰：'汝等愚人，不闲礼式，谁合跪拜，谁当敬礼？'彼人答曰：'我等但知，见老婆罗门，即云跪拜，若见苾刍，便云**敬礼**。'"→【为敬礼】

【敬礼三宝/さんぼうをうやまふ】 四字 起恭敬心礼拜佛宝、法宝、僧宝。《元兴寺伽蓝缘起并流记资财账》："时大臣又得痾故，他田天皇大前白：'又欲敬三宝，天皇但许大臣耳。'大臣受请三尼等，**敬礼三宝**。"失译人名今附梁录《六字神咒王经》卷1："**敬礼三宝**，必愿此咒，令大吉善，用此咒法。当用之日，洗浴鲜洁，净除垢秽，身心恬怕，不得行淫，不食五辛，饮酒噉肉，舌不恶语。当以白缕，手捉其綖，诵咒七遍，一遍一结。"唐玄奘撰《十一面神咒心经》卷1："**敬礼三宝**，敬礼圣智海遍照庄严王如来，敬礼一切如来应正等觉，敬礼圣观自在菩萨摩诃萨大悲者。"唐义净译《金光明最胜王经》卷6《四天王护国品》："此咒诵满，一七遍已，次诵本咒。欲诵咒时，先当称名，**敬礼三宝**，及薜室罗末拏天王。"

【敬三宝/さんぼうをうやまふ】 三字 （2例） 礼敬佛宝、法宝、僧宝。《日本书纪》卷22《推古纪》十二年四月条："二曰笃**敬三宝**。三宝者佛法僧也，则四生之终归万国之极宗。"（第二册，p.542）《日本灵异记》中卷《序》："窃视历代，自宣化天皇以往，随外道凭卜者。自钦明天皇已后，**敬三宝**信正教。"（p.142）吴支谦译《佛说须摩提长者经》卷1："复告大众，若有不**敬三宝**，及诸持戒，有德沙门，如是之人，亦名为死。"姚秦鸠摩罗什译《大庄严论经》卷2："我今**敬三宝**，以信为珍玩，汝以何因缘，说我为贫穷？"→【恭敬三宝】【信敬三宝】

【敬捨/うやまひてほどこす】 偏正　恭敬地施舍。《续日本纪》卷17《圣武纪》天平胜宝元年闰五月条："因发御愿曰：'以《华严经》为本，一切大乘小乘经律论抄疏章等，必为转读讲说，悉令尽竟。远限日月，穷未来际。今故以兹资物，**敬舍**诸寺。'"（第三册，p.82）唐道宣撰《广弘明集》卷19沈约《南齐皇太子解讲疏》："践二气而业升，离九旬而功就，暨七月既望，乃**敬舍**宝躯。"又卷28沈约《南齐南郡王舍身疏》："是以敷襟上宝栖诚妙觉，**敬舍**肌肤之外凡百一十八种，当令经卫夙理府给时顺。"按：《汉语大词典》失收。

【敬書写/つつしみてかきうつしたてまつる】 自创　恭敬地抄写经文。《奈良朝写经未收4·大宝积经》："皇后藤原氏光明子，奉为尊考赠正一位太政大臣府君、尊姒赠一位橘氏太夫人，**敬书写**《大宝积经》，以奉资冥助。"（p.481）唐玄奘译《大般若波罗蜜多经》卷304《魔事品》："复次，善现。能说法者，欲令恭**敬书写**，受持读诵，修习甚深，般若波罗蜜多。能听法者，不欲恭**敬书写**，受持读诵，修习甚深，般若波罗蜜多。两不和合，不获说听书写，受持读诵，修习甚深，般若波罗蜜多。当知是为，菩萨魔事。"唐义净译《金光明最胜王经》卷10《付嘱品》："若有苾刍、苾刍尼、邬波索迦、邬波斯迦，及余善男子、善女人等，供养恭**敬**，**书写**流通，为人解说，所获功德，亦复如是。是故汝等，应勤修习。"唐不空译《普遍光明清净炽盛如意宝印心无能胜大明王大随求陀罗尼经》卷2《修行菩萨随求大护大明王陀罗尼品》："国王王子，婆罗门刹利，及诸余类，一闻此大随求大护陀罗尼。闻已，深心净信，恭**敬书写**读诵，生殷重心修习，为他广演流布。"按：从译经可知，"敬书写"截取自"恭敬书写"等说法。

【敬写/うやまひうつす】 偏正　（21例）　恭敬地抄写经文。《日本灵异记》下卷《重斤取人物又写〈法华经〉以现得善恶报缘第22》："校札之者，实如汝曰，**敬写**三部法华大乘也。"（p.325）《续日本纪》卷9《元正纪》养老六年十一月条："故奉为太上天皇，**敬写**《华严经》八十卷、《大集经》六十卷、《涅槃经》四十卷、《大菩萨藏经》二十卷、《观世音经》二百卷。"（第二册，p.124）《奈良朝写经3·舍利弗阿毗昙卷第12》："奉为圣朝恒延福寿，**敬写**一切经论及律，庄严既了。"（p.15）《奈良朝写经4·大般若经卷第24》："乃为天皇**敬写**《大般若经》六百卷，用尽酸割之诚焉。"（p.19）《奈良朝写经14·七知经》："由是，仰凭三宝，归依一乘，**敬写**一切经，卷轴已讫。"（p.108）《奈良朝写经20·大般若经卷第232》："托思玄津，庶福于安乐，归心实际，冀果于菩提，**敬写**《大般若经》一部，置净土寺，永为寺宝。"（p.148）《奈良朝写经21·佛顶尊胜陀罗尼经》："天平十一年五月四日，奉敕为玄昉僧正疹疾，**敬写**此经一千卷。"（p.163）《奈良朝写经22·道行般若波经卷第5》："维天平十二年岁次庚辰三月十五日，正三位藤原夫人，奉为亡考赠左大臣府君及见在内亲王郡主发愿，**敬写**一切经律论各一部，庄严已讫。"《奈良朝写经23·十轮经卷第3》："皇后藤原氏光明子，奉为尊考赠正一位太政太臣府君、尊妣赠从一位橘氏太夫人，**敬写**一切经论及律，庄严既了。"《奈良朝写经29·千手千眼陀罗尼经》："天平十三年七月十五日，僧正玄昉发愿，**敬写**《千手千眼经》一千卷。"（p.200）《奈良朝写经33·大智度论卷第54》："维天平十四年岁次壬午夏，甲戌朔丁亥，为河内国高安郡春日户村主广田父母，**敬写**《大智度经论》一部百卷。"（p.217）《奈良朝写经31·别译杂阿含经卷第10》："奉为二亲魂路，**敬写**一切经一部。"（p.232）《奈良朝写经40·大般若经卷第57》："奉为大师故僧正大和尚，**敬写**《大般若经》一部六百卷。"（p.264）《奈良朝写经45·说一切有部俱舍论卷第21》："天平胜宝四年岁次壬辰五月一日，西京药师寺僧仙释，**敬写**《俱舍论》一部并本颂一卷。"（p.292）《奈良朝写经52·大唐内典录卷第10》："是以，发弘誓愿，奉为四恩，率知识等，**敬写**一切经律论焉。"（p.312）《奈良朝写经64·金光明最胜王经卷第1》："维天平宝字六年岁次壬寅二月八日，菩萨戒佛弟子百济丰虫，奉为二亲，**敬写**《法华经》一部。"（p.393）《奈良朝写经66·大般若经卷第176》："是以，大法师讳行信，平生之日，至心发愿，**敬写**法华一乘之宗，金鼓灭罪之文，般若真空之教，瑜伽五分之法，合贰千七百卷经论。"（p.403）《奈良朝写经71·十诵律卷第17》："维神护景云二年，岁在戊申五月十三日景申，弟子谨奉为先圣，**敬写**一切经一部，工夫之庄严竟矣。"（p.425）《奈良朝写经未收1·弥勒成佛经》："维天平二年岁次庚午八月癸未朔辛卯，奉为从三位行左大辩石川卿，**敬写**《弥勒经》一十部。"（p.461）《奈良朝写经未收3·大般若经卷第578》："谨依符旨**敬写**已毕。"（p.469）《奈良朝写经未收6·维摩诘经卷第下》："以此**敬写**《维摩经》三轴。"（p.497）

【敬讚/うやまひたたふ】 并列 恭敬赞叹。《奈良朝写经22·道行般若波经卷第5》："设斋**敬赞**，藉此胜缘，伏惟尊府君道济迷途，神游净国。"（p.167）唐窥基撰《妙法莲华经玄赞》卷9《从地涌出品》："赞曰：第二升空赞礼，有三，一诣塔，二礼足，三**敬赞**。"唐菩提流志译《一字佛顶轮王经》卷3《印成就品》："是一印咒，名如来吉祥，三摩地门，能令持者，得大法财，众人**敬赞**。"该例亦见于《五佛顶三昧陀罗尼经》卷3《密印品》。

【敬造/うやまひつくる】 偏正 （10例） 恭敬地制作或抄写。①佛像。《日本书纪》卷19《钦明纪》六年九月条："是月，百济造丈六佛像，制愿文曰：'盖闻造丈六佛功德甚大。今**敬造**。以此功德，愿天皇获胜善之德，天皇所用弥移居国，俱蒙福佑。'"（第二册，p.404）《日本灵异记》上卷《序》："或发弘誓愿，**敬造**佛像。天随所愿，地敞宝藏。"（p.54）《元兴寺伽蓝缘起并流记资财账》："十三年，岁次乙丑四月八日戊辰，以铜二万三千斤，金七百五十九两，**敬造**尺迦丈六像，铜绣二躯并挟侍。"《法隆寺金堂释迦三尊像光背铭》："癸未年三月中，如愿**敬造**释迦尊像并侠待及庄严具竟。"②菩萨像。《续日本纪》卷10《圣武纪》神龟五年八月条："甲申，敕：'皇太子寝病，经日不愈。自非三宝威力，何能解脱患苦。因兹，**敬造**观世音菩萨像一百七十七躯并经一百七十七卷，礼佛转经，一日行道。缘此功德，欲得平复。'"（第二册，p.198）《奈良朝写经19·灌顶随愿往生经（石川年足愿经）》："爰为二郎，**敬造**自愿药师如来侠侍观世音菩萨，追福日光遍照月光遍照菩萨等像一铺，并写《随愿往生经》一卷。"（p.219）《奈良朝写经19·灌顶随愿往生经（石川年足愿经）》："谨以兹辰，**敬造**弥勒菩萨像一铺，写《弥勒经》十部。"③寺院。《元兴寺伽蓝缘起并流记资财账》："又**敬造**法师寺，田园封户奴婢等纳奉。又**敬造**丈六二躯，又修自余种种善根。"④寺塔。《续日本纪》卷14《圣武纪》天平十三年三月条："宜令天下诸国各令**敬造**七重塔一区。并写《金光明最胜王经》、《妙法莲华经》各一部。朕又别拟写金字《金光明最胜王经》，每塔各令置一部。"（第二册，p.388）⑤经文。《奈良朝写经1·金刚场陀罗尼经》："岁次丙戌年五月，川内国志贵评内知识，为七世父母及一切众生，**敬造**《金刚场陀罗尼经》一部。"（p.5）刘宋功德直译《菩萨念佛三昧经》卷1："为彼宝肩佛，**敬造**七宝塔。八万有四千，微妙甚端雅。"魏杨衒之撰《洛阳伽蓝记》卷2："指子休园中曰：此是故处。子休掘而验之。果得砖数十万。兼有石铭云。晋太康六年岁次乙巳九月甲戌朔八日辛巳仪同三司襄阳侯王浚**敬造**。"唐义净译《药师琉璃光七佛本愿功德经》卷2："曼殊室利若有净信男子女人，欲供养彼七如来者，应先**敬造**七佛形像，安在清净上妙之座，散花烧香，以诸幢幡庄严其处。"按：《汉语大词典》失收。

【敬造奉行/うやまひつくりてほうぎょうす】 自创　虔诚地抄写经文。《奈良朝写经10·法华经玄赞卷第3》："天平三年乙未五月朔戊申二十三日庚午，住于埃宅，**敬造奉行**。"

【敬执/ゐやびてとる】 格义　恭敬地捧着，满怀敬意地拿着。《日本书纪》卷24《皇极纪》三年正月条："偶预中大兄于法兴寺槻树之下打毱之侣，而候皮鞋隋鞠脱落，取置掌中，前跪恭奉。中大兄对跪**敬执**。自兹相善，俱述所怀。"（第三册，p.86）唐玄奘译《瑜伽师地论》卷1许敬宗《后序》："三藏法师玄奘，**敬执**梵文译为唐语；弘福寺沙门灵会、灵隽。智开知仁、会昌寺沙门玄度、瑶台寺沙门道卓、大总持寺沙门道观、清禅寺沙门明觉悉义笔受；弘福寺沙门玄谟证梵语。"按：《汉语大词典》失收。在中土文献中，"敬执"，即敬爱。执，犹爱。《管子·枢言第12》："先王之书，心之**敬执**也，而众人不知也。故有事，事也；毋事，亦事也。吾畏事，不欲为事；吾畏言，不欲为言，故行年六十而老吃也。"（p.254）"敬执"，亦谓恭敬地执行。《战国策》卷5《范雎至秦》："范雎至秦，王庭迎，谓范雎曰：'寡人宜以身受令久矣。今者义渠之事急，寡人日自请太后。今义渠之事已，寡人乃得以身受命。躬窃闵然不敏，**敬执**宾主之礼。'"（p.311）《皇极纪》则与《后序》的意思相同，用法上经历了一个由抽象义向具体义转化的过程。

【静鑑/せいかん】 偏正　冷静地辨别。《续日本纪》卷8《元正纪》养老二年十

月条："僧纲宜回**静鉴**，能叶清议。其居非精舍，行乖练行。任意入山，辄造庵窟。混浊山河之清，杂熏烟雾之彩。"（第二册，p.48）隋吉藏撰《法华义疏》卷2《序品》："入定是**静鉴**前理，此动静一双也。上即天雨四华，下即地六种动，上下一双也。"唐澄观撰《大方广佛华严经疏》卷1《世主妙严品》："必须**静鉴**前理，受诸佛加，从定起而发言，言必真当。言必真当故，受者之心，自然笃矣。"唐澄观述《大方广佛华严经随疏演义钞》卷61《十地品》："远公云：'慧静名安，安即正义，**静鉴**双流，故名为正，正故得安。'"按：《汉语大词典》失收。

【**镜面**/かがみのおも】 偏正　镜子的表面，多用于形容干净明亮程度、地势平滑程度等像镜面一样。《日本书纪》卷21《用明纪》元年五月条："于殡庭诔曰：'不荒朝庭，净如**镜面**，臣治平奉仕。'"（第二册，p.500）《丰后国风土记·日田郡》条："昔者，缠向日代宫御宇大足天皇，登此坂上，御览国形，即敕曰：'此国地形，似**镜面**哉。'因曰镜坂，斯其缘也。"（p.288）唐菩提流志译《大宝积经》卷36《金毗罗天受记品》："时彼世罗，即与官属，从王舍城，至鹫峰山。中间道路，屏除草秽、砖瓦、砾石、株杌毒刺，极令遍净，如明**镜面**。"唐慧琳集《建立曼荼罗及捡择地法》卷1："填土满已，筑令坚实，平如**镜面**。其屋舍或经多年，曾被烟熏。不清净者，应当泥拭，极令清净。或以香水净土，遍涂屋舍，及以墙壁，极令清净，屋若新净。"《敦煌变文·维摩诘经讲经文（二）》："俱持宝盖出城来，扫洒天街如**镜面**。"按：《汉语大词典》首引唐韩愈《嘲鼾睡》诗之一："木枕十字裂，**镜面**生痱瘰。"稍晚。→【如镜面】

【**究见**/つらつらもみる】 偏正　看得清楚，理解得透彻。《日本书纪》卷6《垂仁纪》："（《一云》）到于穴门时，其国有人，名伊都都比古，谓臣曰：'吾则是国王也，除吾复无二王，故勿往他处。'然臣**究见**其为人，必知非王也，即更还之。"（第一册，p.300）（1）西晋竺法护译《大哀经》卷5《彻视品》："其外道声闻，缘觉及菩萨，天眼之所睹，不**究见**生界，如来之天眼，清净无垢秽，普见于众生，微妙身神处。"（2）《晋书》卷91《范弘之传》："既当时贞烈之徒所**究见**，亦后生所备闻，吾亦何敢苟避狂狡，以欺圣明。"（p.2365）按：《汉语大词典》失收。

【**九十九億**/くじゅうくおく】 四字　九十九亿，形容数量极多。

【**旧老**/くろう】 并列 （4例）　犹言耆老，老年人。《古语拾遗》："书契以来，不好谈古，浮华竞兴，还嗤**旧老**，遂使人历世而弥新，事逐代而变改。"（p.119）《续日本纪》卷5《元正纪》和铜五年九月条："**旧老**相传云：'子年者谷实不宜。'而天地垂佑，今兹大稔。古贤王有言：'祥瑞之美，无以加丰年。'"（第一册，p.184）又卷34《高绍纪》宝龟八年八月条："未几，胜宝八岁之乱，便流土佐。天皇宥罪入京，以其**旧老**授从三位。"又卷39《桓武纪》延历七年七月条："清麻吕历事数朝，为国**旧老**，朝仪国典多所谙练。在位视事，虽年老而精勤匪怠。年及七十上表致仕，优诏弗许。今上即位，重乞骸骨。诏许之。"（1）姚秦鸠摩罗什译《龙树菩萨传》卷1："有旧老者言：'凡如此事，应有二种：或是鬼魅，或是方术，可以细土，置诸门中，令有司守之，断诸行者。若是术人，其迹自现，可以兵除；若是鬼魅，入而无迹，可以术灭。"隋费长房撰《历代三宝纪》卷15《开皇三宝录总目序》："十余年来，询访**旧老**，搜讨方获。虽粗缉缀犹虑未周，广究博寻求，敬俟来俊。"隋吉藏撰《大乘玄论》卷5："四人得术，常入王宫。宫中美女，怀妊者多。王太不悦。有**旧老**智臣言：'可以细土，置诸门中，断诸往行者。'"（2）《宋书》卷95《索虏传》："于时戎车外动，王命相属，裳冕委蛇，辂轩继路，**旧老**怀思古之情，行人或为之殒涕。"《文选》卷40沈约《奏弹王源》："志士闻而伤心，**旧老**为之叹息。"《梁书》卷10《夏侯详传》："州城南临水有峻峰，**旧老**相传，云'刺史登此山辄被代'，因是历政莫敢至。"按：《汉语大词典》失收。

【**救济贫病**/ひんびょうをすくふ】 四字 用金钱或物资帮助生活困难的人。《唐大和上东征传》："缝［衲］袈裟千领，布袈裟二千余领，［供］送五台山僧，设无遮大会；开悲田而**救济贫病**，启敬田而供养三宝。"（p.81）（1）后汉安世高译《太子慕魄经》卷1："吾昔曾更，作此国王，名曰须念，以正法治国，奉行诸善，二十五年鞭杖不行，刀兵不设，牢狱无系者。惠施仁爱，恩流德布，**救济穷**乏，无所贪惜。"西晋竺法护译《文殊支利普超三昧经》卷1《正士品》："其正士者，则以宝藏，**救济贫**匮。其正士者，则为良药，疗诸疹疾。"宋普观述《盂兰盆经疏会古通今记》卷2："二因事劝诫，二初举善缘劝修励，谓勉励供养三宝，孝养父母，**救济贫**病等，即善缘也。"宋元照录、道询集《芝园遗编》卷2："从今受戒，誓断偷盗，常行饶益，**救济贫**苦，不生悭悋。"

【**救苦观世音像**/きゅうくかんぜおんのみかた】 多音 救苦观世音菩萨像。《唐大和上东征传》："所将如来肉舍利三千粒，功德绣普集变一铺、阿弥陀如来像一铺、雕白栴檀千手像一躯、绣千手像一铺、**救**［**苦**］**观世音像**一铺、药师、弥陀、弥勒菩萨瑞像各一躯。"（p.87）梁诸大法师集撰《慈悲道场忏法》卷2："敬礼十方尽虚空界**救苦观世音**菩萨。"唐道宣撰《集神州三宝感通录》卷3："其夜礼忏流泪，忽如睡梦见一沙门教诵《**救苦观世音**经》。经有诸佛名，令诵千遍，得免苦难。"唐不空译《集诸经礼忏仪》卷1："南无**救苦观世音**菩萨摩诃萨。"按：《法华经·观世音菩萨普门品》："是观世音菩萨，于怖畏急难之中，能施无畏。是故此娑婆世界，皆号之为，施无畏者……众生被困厄，无量苦逼身；观音妙智力，能**救**世间**苦**，具足神通力，广修智方便。"因此，流传"救世观世音""救苦救难观世音"的称号。

【**救治**/すくひをさむ】 并列 救护医治。《日本书纪》卷20《钦明纪》十四年六月条："夏六月，马子宿祢奏曰：'臣之疾病至今未愈，不蒙三宝之力，难可**救治**。'"（第二册，p.492）（1）东晋帛尸梨蜜多罗译《佛说灌顶经》卷9："比丘不得处方，作方便问：'傍大德某甲比丘病，以何药**救治**？'答言：'长老用此药，此药得差。'"萧齐僧伽跋陀罗译《善见律毘婆沙》卷 11《舍利弗品》：“若有檀越，供养众僧，不异父母，若檀越有疾病，众僧不得为合药，亦不得与药。又檀越但问：‘大德某甲病，云何**救治**？云何合药？’”北凉昙无谶译《菩萨地持经》卷 10《生品》：“菩萨以愿力自在力，于饥馑世，受大鱼等身，以肉救济，一切众生；于疾病世，为大医王，**救治**众病；于刀兵世，为大力王，以善方便，诚信之言，等心救济，息于战诤。”（2）《云笈七签》卷 85：“刘恦者，不知何许人也，长大多须，垂手下膝。久住武当山，去襄阳五百里，旦发夕至。不见有所修为，颇以药术**救治**百姓，能劳而不倦。”按：《汉语大词典》首引《二十年目睹之怪现状》第 104 回：“（良伯因夫妻）看见众人正在那里**救治**，说可望救得回来，鼻子里已经有点气了。”偏晚。

【就而居/ゆきてまします】 三字 （2 例） 移居到某处。《日本书纪》卷 1《神代上》：“大已贵神曰：‘唯然。乃知汝是吾之幸魂、奇魂。今欲何处住耶？’对曰：‘吾欲住于日本国之三诸山。’故即营宫彼处，使**就而居**。”（p.104）唐道宣撰《续高僧传》卷 11：“逮仁寿年中，曲池大像，举高百尺，缮修乃久，身犹未成。仍**就而居**之，誓当构立，抽舍六物，并托四缘。旬日之间，施物连续。即用庄严，峙然高映，故藏之福力，能动物心。凡有所营，无非成就。”

【就而问曰：“~”/ゆきてとひてのたまはく ~】 说词 （2 例） 上前问道：“……”。《日本书纪》卷 2《神代纪下》：“既儿生之后，天孙**就而问曰**：‘儿名何称者当可乎？’对曰：‘宜号彦波瀲武鸬鹚草葺不合尊。’”（第一册，p.178）又卷 24《皇极纪》三年正月条：“少女怪父忧惶，**就而问曰**：‘忧惶何也？’父陈所由。”（第三册，p.88）唐义净译《根本说一切有部毘奈耶》卷 6：“大军思念：‘彼若识我，必起害心。应且潜形，别为谋计。’便出林中，四顾而望，见有猎人，执持弓箭，欲求禽兽，**就而问曰**：‘仁今执持弓箭，欲何所为？’猎者报言：‘我欲畋游。’”又卷 25：“时居士子持其樵担，来至耕处，田头树下，弃担息肩。见彼长者，躬自耕作，**就而问曰**：‘阿舅，何故衰年，自营辛苦？应居村落，翻在田畴。’报言：‘善来！外甥。我无兄弟，复无子息，不自躬耕，衣食宁济？’”高丽一然撰《三国遗事》卷 3：“慈奉宸旨会徒众，遍于闾阎间物色求之。有一小郎子，断红齐具，眉彩秀丽，灵妙寺之东北路傍树下婆娑而游。慈迺之惊曰：‘此弥勒仙花也。’乃**就而问曰**：‘郎家何在？愿闻芳氏。’郎答曰：‘我名未尸，儿孩时爷娘俱没，未知何姓。’”

【就而谒~/つきて~まみゆ】 三字 上前（前往）拜见某人。《续日本纪》卷 1《文武纪》四年三月条：“坐禅如故。或三日一起，或七日一起。倏忽香气从房出。诸弟子惊怪，**就而谒**和尚，端坐绳床，无有气息。时七十有二。”（第一册，p.26）唐道宣撰《续高僧传》卷 5：“皇太子尤相敬接，将致北面之礼。肃恭虔往，朱轮徐动鸣笳启路，降尊下礼，**就而谒**之，从遵戒范永为师傅。又请于寺讲《大涅槃》，亲临幄坐，爰命咨质。朝贤时彦，道俗盈堂，法筵之盛，未之前闻。”

【就訪/つきてたづぬ】 说词 　上前问询。《日本书纪》卷14《雄略纪》七年是岁条："于是弟君衔命率众，行到百济而入其国。国神化为老女，忽然逢路。弟君**就访**国之远近。老女报言：'复行一日而后可到。'"（第二册，p.172）唐义净译《根本说一切有部毗奈耶杂事》卷4："时彼象王，闻斯颂已，知其经毕，即便摇耳，举足而行，任彼趋驰，随钩而去。王问御者曰：'何故此象，今随意行？'御人答曰：'未知寺内，是何圣者，美妙音声，讽诵经典，象闻生爱，遂不肯行。'王曰：'若如是者，宜可回象，**就访**彼尊。我愿亲将，上衣奉施，可于明日，当诣彼城。'御者即便，奉命回象。"宋陈田夫撰《南岳总胜集》卷3："天师传虚应，既承道要，涉历云水。为友善者，惟蒋舍洪时吕渭阳凭皆使湖南，尝**就访**高论。"按：《汉语大词典》失收。→【覓訪】

【就前/みまへにゆく】 述宾 （2例）　靠近，上前。《日本书纪》卷15《仁贤纪》二年九月条："弘计天皇亲执刀子，命其夫人小野传进。夫人**就前**，立置刀子于瓜盘。"（第二册，p.258）又卷16《武烈纪》八年三月条："八年春三月，使女躶形坐平板上，牵马**就前**游牝。观女不净，沾湿者杀，不湿者没为官婢，以此为乐。"（第二册，p.280）（1）唐般若译《大乘理趣六波罗蜜多经》卷3："此相现时，新生天女，皆悉远离，弃之如草，旧侍天女，爱恋情深，围绕而观，如欲舍命，哽咽悲哭，各各**就前**，哀号问讯。"唐神清撰、慧宝注《北山录》卷8："罽宾有长老达磨多罗，手爨于僧厨。客比丘二人，自远欲展勤。初不识之，**就前**问曰：'大圣尊德，今止何处？'达磨指云：'在彼最上房住。'二比丘如其言将往，而达磨遽以神力，先复本坐。比丘后至，默识是前所见者。"（2）《太平广记》卷176《刘仁轨》条："唐刘仁轨为左仆射，戴至德为右仆射，皆多刘而鄙戴。时有一老妇陈牒，至德方欲下笔，老妇顾左右曰：'此刘仆射？戴仆射？'左右以戴仆射言。急**就前**曰：'此是不解事仆射，却将牒来。'至德笑，令授之。"《太平广记》卷208《购兰亭序》条："日暮入寺，巡廊以观壁画，过辨才院，止于门前。辨才遥见翼，乃问曰：'何处檀越？'翼**就前**礼拜云：'弟子是北人，将少许蚕种来卖。历寺纵观，幸遇禅师。'寒温既毕，语议便合。"按：《汉语大词典》失收。《日本书纪》卷25《孝德纪》大化五年三月条："大臣长子兴志先是在倭，营造其寺。今忽闻父逃来之事，迎于今来大槻，近**就前**行入寺。"（第三册，p.172）

【就樹下/このもとにゆく】 三字 　走近来到树下。《日本书纪》卷2《神代下》："门外有井，井旁有杜树，乃**就树下**立之。"（第一册，p.164）西晋竺法护译《普曜经》卷5："其左面子，名曰澹怕，以偈答曰：'我父境界供自然，众人所欲皆有之。皆当破坏害其命，**就树下**危乃舍去。'"东晋瞿昙僧伽提婆译《增壹阿含经》卷25："尔时世尊，遥见大树，为火所烧。见已，如来更诣一树下。到已，**就树下**坐。尔时世尊，告诸比丘：'云何比丘，宁持身投，此火中为？宁与端正女人，而共交游？'"

【居未幾/をることいくばくならずして】 时段 　过了不久，没过多长时间。《续日本纪》卷33《光仁纪》宝龟六年五月条："大浦者世习阴阳，仲满甚信之，问以事之

吉凶。大浦知其指意涉于逆谋，恐祸及己，密告其事。**居未几**，仲满果反。"（第四册，p. 450）梁僧佑撰《弘明集》卷2："夫道在练神，不由存形。是以沙门，祝形烧身，厉神绝往，神不可灭，而能奔其往。岂有负哉？契阔人理，崎岖六情，何获于我，而求累于神？诚自剪绝则日损所清实渐于道苦力荣观倾资复，**居未几**有之，俄然身灭名实所收不出盗跨构馆栖神象渊然幽穆。形从其微神随之远。微则应清远则福妙。"按：《怀风藻》大友皇子《小传》："时议者叹其洪学，**未几**，文藻日新。"（p. 70）《藤原镰足传》上卷《贞慧传》："仍径海路，至于旧京。圣上锡命，幸蒙就舍。**居未几何**，寝疾旷微。"（p. 278）→【未幾而～】

【居住於～／～にいます】 于字（17例） 居住在某处。①《日本灵异记》上卷《圣德皇太子示异表缘第4》："皇太子**居住于**鹪冈本宫时，有缘出宫游观幸行。"（p. 69）又中卷《阎罗王使鬼得所召人之贿以免缘第24》："楢盘岛者，诺乐左京六条五坊人也。**居住于**大安寺之西里。"（p. 211）又下卷《漂流大海敬称尺迦佛名得全命缘》："长男纪臣马养者，纪伊国安谛郡吉备乡人也。小男中臣连祖父麿者，同国海部郡滨中乡人也。纪万侣朝臣**居住于**同国日高郡之潮，结网捕鱼。"（p. 325）②《常陆国风土记·行方郡》条："于是，有国栖，名曰夜尺斯、夜筑斯二人，自为首帅，掘穴造堡，常所**居住**。"（p. 382）《日本灵异记》上卷《信敬三宝得现报缘第4》："三十三年乙酉冬十二月八日，连公**居住**难破而忽卒之，尸有异香而酚馥矣。"（p. 76）又《女人好风声之行食仙草以现身飞天缘第13》："如《精进女问经》云：'**居住**俗家，端心扫庭，得五功德。'者，其斯谓之矣。"（p. 93）又下卷《如法奉写〈法华经〉火不烧缘第10》："**居住**安谛郡之荒田村，剃除鬓发，著袈裟，即俗收家，营造产业。"（p. 286）又《击沙弥乞食以现得恶死报缘第15》："犬养宿祢真老者，**居住**诺乐京活目陵北之佐歧村也。天骨邪见，厌恶乞者。"又《依妒修行人得猴身缘第24》："近江国野州郡部内御上岭有神社，名曰陁我大神。奉依封六户。社边有堂。白壁天皇御世之宝龟年中，其堂**居住**大安寺僧惠胜。"（p. 322）又："犹后生受此猕猴身，成此社神。故为脱斯身，**居住**此堂，为我读《法华经》。"（p. 322）又《智行并具禅师重得人身生国皇之子缘第39》："尺善珠禅师者，俗姓迹连也。负母之姓而为迹氏也。幼时随母，**居住**大和国山边郡矶城岛村。"（p. 377）又："其山高嵯，而凡夫不得登到，但净行人耳，登到而**居住**。"（p. 378）《唐大和上东征传》："又有婆罗门寺三所，并梵僧**居住**。"（p. 73）《续日本纪》卷9《元正纪》养老六年闰四月条："即他境之人。经年**居住**。准例征税。以见来占附后一年。而后依例。"（第二册，p. 116）又卷24《淳仁纪》天平宝字七年十月条："八年之乱。狱囚充满。因其**居住**移于近江。"（第三册，p. 438）又卷25《淳仁纪》天平宝字八年七月条："蒙急，则臣处分，**居住**寺家，造工等食。"（第四册，p. 12）又卷32《光仁纪》宝龟四年六月条："至是，依旧**居住**，更不移动。其同类相婚，一依前例。"（第四册，p. 408）隋阇那崛多译《佛本行集经》卷44《布施竹园品》："尔时世

654

尊，与诸比丘，至王舍城，**居住于**彼，杖林之内。是时彼林，别有一塔，名善安住。"唐义净译《根本说一切有部苾刍尼毗奈耶》："去城不远，有寂静处，花林郁茂甚，可爱乐。有仙人居止，深怀慈念，哀愍有情，常求利益，俱与五百仙人，**居住于**此。"

【**掬多**/きくた】 人名 梵语 śrigupta 的音译省称，全称作"尸利毱多"，意译作"吉护""德护"等。此人原系外道，欲以火坑毒饭害佛，不成，遂归佛。《日本灵异记》中卷《阎罗王使鬼得所召人之赂以免缘第24》："'卖花女人，生忉利天。供毒**掬多**，返生善心。'者，其斯谓之矣。"（p. 212）

【**举房**/いへこぞりて】 口语 全屋，整个房间。《常陆国风土记·行方郡》条："于时，贼党闻盛音乐，**举房**男女，悉尽出来，倾滨欢笑。"（p. 384）梁慧皎撰《高僧传》卷4："（康法朗）乃共同学四人，发迹张掖，西过流沙，行经三日，路绝人踪。忽见道傍，有一故寺，草木没人，中有败屋两间。间中各有一人，一人诵经，一人患痢。两人比房，不相料理，屎尿纵横，**举房**臭秽。"按：《汉语大词典》失收。古汉语中有"举口""举世""举门""举家"等。《播磨国风土记·赞容郡》条："此人买取河内国兔村人之赍剑也。得剑以后，**举家**灭亡。"（p. 80）前缀词"举"字表示总括、总计。例如，《汉书》卷64《严助传》："且秦**举**咸阳而弃之，何但越也。"颜师古注："举，总也。"（p. 2776）《日本书纪》卷1《神代纪上》："由是日神**举**体不平，故以恚恨。乃居于天石窟，闭其盘户。"（第一册，p. 80）又卷24《皇极纪》元年十二月条："又尽发**举**国之民并百八十部曲，预造双墓于今来。"（第三册，p. 70）又卷26《齐明纪》六年五月条："又**举**国百姓无故持兵，往还于道。"（第三册，p. 230）又卷28《天武纪上》即位前纪条："愿陛下**举**天下附皇后。仍立大友皇子宜为储君。臣今日出家，为陛下欲修功德。"（第三册，p. 302）《肥前国风土记·养父郡》条："昔者，缠向日代宫御宇天皇，巡狩之时，此郡佰姓，**举**部参集，御狗出而吠之。"（p. 316）又《神埼郡》条："同天皇巡行之时，诸氏人等，**举**落乘船，举帆参集于三根川之津，供奉天皇。"（p. 322）又卷12《圣武纪》天平八年十一月条："和铜元年十一月二十一日。供奉**举**国大尝。"（第二册，p. 306）又卷34《高绍纪》宝龟八年九月条："九月癸亥，陆奥国言：'今年四月，**举**国发军，以讨山海两贼。国中匆剧，百姓艰辛。'"

【**举国男女**/くにこぞりて】 四字 全国上下的男男女女。《日本书纪》卷29《天武纪下》十三年十月条："壬辰，逮于人定，大地震。**举国男女**叫唱，不知东西。"（第三册，p. 438）西晋无罗叉译《放光般若经》卷20："时魔波旬，意自念言：'今是菩萨用般若波罗蜜故，自卖其身，欲以供养，法上菩萨，欲得闻般若波罗蜜沤恝拘舍罗。菩萨云何，行般若波罗蜜疾得阿耨多罗三耶三菩？闻已，必当恭敬稽受。我不败坏者，当教无数，百千菩萨，及诸众生，过我境界。今我当往坏之。'波句即使，**举国男女**，不见其形，不闻其声。"后秦佛陀耶舍、竺佛念等合译《长阿含经》卷5："尔时，**举国男女**，行来举动，有所破损。皆寻举声曰：'南无大典尊七王大相，南无大典尊七王大

相.'如是至三."元魏慧觉等译《贤愚经》卷6："佛说法讫，**举国男女**，得度者众，不可称计。"→【無問男女】

【**举脚/あしをあぐ**】 述宾 抬脚，踩踏。《日本书纪》卷14《雄略纪》五年二月条："嗔猪直来欲噬天皇。天皇用弓刺止，**举脚**踏杀。"（第二册，p.162）西晋竺法护译《普曜经》卷4："圣尊欲去，天接音声，令没不闻，**举脚**蹑地，拍手挝鼓。"齐求那毗地译《百喻经》卷3："于是长者，正欲咳唾，时此愚人，即便**举脚**，蹋长者口。"唐义净译《根本说一切有部毗奈耶破僧事》卷12："寂静见已，心生嫉妒，即共仙人，甚相忿竞，**举脚**蹴仙，履打仙面。"按：《汉语大词典》失收。

【**举目视之/あふぎてみつ**】 四字 抬眼一看。《日本书纪》卷2《神代纪下》："因**举目视之**。乃惊而还入，白其父母曰：'有一希客者，在门前树下。'"（第一册，p.156）后汉安世高译《佛说奈女祇域因缘经》卷1："其王病疾，积年不差，恒苦瞋恚，睚眦杀人。人**举目视之**亦杀，低头不仰亦杀，使人行迟亦杀，疾走亦杀。左右侍者，不知当何措手足。"元魏瞿昙般若流支译《正法念处经》卷58《观天品》："闻此歌音，速疾往诣。昔所未见，如斯天众。人**举目视之**，复见可爱。"唐义净译《根本说一切有部毗奈耶》卷11："假使狂象，**举目视之**，便舍狂醉，少欲知足，修杜多行。"

【**举身辟（躄·躃）地/みこぞりて、つちにたふる**】 四字（2例）（悲痛或痛苦地）扑倒在地上（打滚）。"辟"，通"躃"，扑倒在地的意思。"举身"，犹言"投身"。《日本灵异记》中卷《妄读〈法华经〉僧而现口喎斜得恶死报缘第18》："爰奄然白衣口喎斜。恐以手押颐，出寺而去。去程不远，**举身辟地**，顿命终矣。"（p.196）又下卷《村童戏克木佛像愚夫斫破以现得恶死报缘第29》："白壁天皇之世，彼愚夫，咲戏克佛，以斧杀破弃之。而去之不远，**举身躃地**。从口鼻流血，两目拔，如梦忽死。"（p.337）（1）失译人名今附后汉录《大方便佛报恩经》卷1《孝养品》："尔时大王，及与夫人，思是苦已，失声大哭。王悲闷绝，**举身**①躃地，良久醒悟，复自思惟。"（2）北凉昙无谶译《佛所行赞》卷5《叹涅槃品》："法桥一旦崩，众生长没溺。彼诸力士众，或悲泣号咷，或密感无声，**或投身躃地**，或寂默禅思，或烦冤长吟。"唐义净译《根本说一切有部苾刍尼毗奈耶》卷8："时净饭王，无始劫来，恩爱情重，闻是语已，即便闷绝，**投身躃地**。以冷水洒，良久乃酥。"

【**举声大言："～"/こゑをあげてさけびしく～**】 自创 大声说道："……"。《常陆国风土记·行方郡》条："其后，至难波长柄丰前大宫临轩天皇之世，壬生连麿，初占其谷，令筑池堤时，夜刀神，升集池边之椎株，经时不去。于是，麻吕**举声大言**：'令修此池，要盟活民。何神谁祇，不从风化？'"（p.378）（1）后汉支娄迦谶译《道行般若经》卷9《萨陀波伦菩萨品》："作是思惟已，便复**举声大哭**。"（2）吴支谦译

---

① "身"，宋本、元本、明本中作"聲"。

《菩萨本缘经》卷3《鹿品》："时有一人，为水所漂，恐怖惶惧，莫知所至。身力转微，余命无几，**举声大唤**：'天神地祇，谁有慈悲，能见救济？'"（3）后秦佛陀耶舍、竺佛念等合译《长阿含经》卷3："诸比丘闻此语已，皆悉愕然，殒绝迷荒，自投于地，**举声大呼**曰：'一何驶哉！佛取灭度。'"（4）后秦鸠摩罗什译《大智度论》卷38《往生品》："来是起已，**举声大唱**言：'诸众生！甚可恶者是五欲，第一安隐者是初禅。'众生闻是唱已，一切众生，心皆自然，远离五欲，入于初禅。"（5）刘宋功德直译《菩萨念佛三昧经》卷1《不空见本事品》："犹商失主，佛灭亦然，世间黑暗，盲无慧目，搥胸拍头，**举声大叫**。"（6）唐道宣撰述《四分律删繁补阙行事钞》卷3："师亡不得，**举声大啼**，应小小泣泪耳。"

【**举声叫言**："～"／こゑをあげてさけびていはく ～】 自创 大声叫喊道："……"。《日本灵异记》上卷《邪见假名沙弥斫塔木得恶报缘第27》："终到岛下郡昧木里，忽得病，**举声叫言**：'热热乎乎！'豫离于地一二尺许。众集见，或问曰：'何故如此叫？'答云：'地狱之火，来烧我身。受苦如此也，不可故问。'"（p.116）北凉法众译《大方等陀罗尼经》卷1："尔时雷音比丘。甚大愁戚，**大声叫**言：'南无十方三世无量诸佛，南无十方三世无量诸法，南无十方少分足人。'如是唱已，尔时十方诸佛，同声唱言：'当以何法，救彼比丘？'"又卷3："我时见已，懊恼结恨。**噭声叫言**：'是何苦哉！心口所失，值如是苦。'"陈慧思撰《诸法无诤三昧法门》卷1："譬如盲狗咬草丛，不见人及非人类。但闻风吹草鸣声，**高声叫言**：'贼虎至，养一盲狗虎咬故，举世盲狗叫乱沸。其心散乱都不定，觉观心语亦如是。'"唐义净译《根本说一切有部苾刍尼毘奈耶》卷20："时有一人，遂与其价，便欲抱尼，淫女作念：'我若不告此人，恐破苾刍尼戒。'便即告曰：'且放，且放！我今在此。'男才放已，尼持财走男，随后趁，引手撮头，空髻在手。尼将物去，便出**大声叫言**：'秃沙门女！'"

【**具白**（对象） ～／～につぶさにまをす】 说词 （3例）（对位尊者）详细禀报、备述。《古事记》中卷《应神记》："尔其弟如兄言**具白**其母，即其母取布迟葛，而宿之间，织缝衣袴及袜沓，亦作弓矢，令服其衣袴等，令取其弓矢，遣其娘子之家者，其衣服及弓矢悉成藤花。"（p.278）《日本书纪》卷20《钦明纪》十二年是岁条："于是恩率、参官临罢国时，窃语德尔等言：'计吾过筑紫许，汝等偷杀日罗者，吾**具白**王，当赐高爵。身及妻子，垂荣于后。'"（第二册，p.484）《元兴寺伽蓝缘起并流记资财账》："时聪耳皇子闻此语已**具白**天皇。尔时天皇赞告：'善哉！我亦随喜。'告。"后汉安世高译《佛说奈女祇域因缘经》卷1："王敕守门人，唤入祇域。入已，前头面礼已，在一面住。以前因缘，**具白**无畏王子言：'以今所得物，尽用上王。'王子言：'且止，不须。便为供养已。汝自用之。'此是祇域，最初治病。"梁宝唱等集《经律异相》卷5："王言：'尊者，我知是事，杀一人罪多，况复五百？但数坏聚落，抄掠人民。世尊能使不复作贼，可放令活。'阿难还**具白**佛。"唐义净译《金光明最胜王经》卷1《如来寿量品》："时妙幢菩萨，以如上事，**具白**世尊。"按：《汉语大词典》例引杨廷栋《〈热河都统溥颐山东巡抚孙宝琦江苏巡抚程德全会同奏请改组内阁宣布立宪疏〉附跋》："张公适乘沪宁车由宁赴沪，乃与雷君迎至锡站，谒张公于车中，**具白**所以，即同往苏抚聚谈。"偏晚，且未涉及说话的对象。

【**具弁**/つぶさにそなふ】 偏正 周全地备办。《唐大和上东征传》："大和上悦其如是。欲遂其愿。乃遣僧法进及二近事。将轻货往福州买船。**具办**粮用。"（p.59）吴支谦译《菩萨本缘经》卷3《兔品》："夜既终已，清旦地了于薪聚边即便吹火，火然之后，语婆罗门言：'我昨请汝欲设微供，今已**具办**，愿必食之。'"东晋佛陀跋陀罗、法显合译《摩诃僧祇律》卷36："若无者随意，满七日已，当于二众前，中裂汝身，即便还家，**具办**饮食，施于二众。"隋阇那崛多译《佛本行集经》卷50《说法仪式品》："尔时彼等，五百商人，**具办**所须入海，货物有三千万，持一千万，拟道路中，资用粮食。又一千万，与彼商人，以为本货，第三千万，拟治舟船，及船师价。**具办**是已，各各安心，受八关斋，既受斋已，各至己家，辞别父母，妻子眷属。"按：《汉语大词典》失收。

【**具陳上事**/つぶさにかみのことをのぶ】 说词 （3例）（对位尊者）详细陈述上面（前面）的事情。"具"亦有"陈述"义。《日本灵异记》上卷《婴儿鹫所擒他国得逢父缘第9》："家主待问：'汝何故哭？'宿人如见，**具陈上事**。"（p.84）又中卷《行基大德携子女人视过去怨令投渊示异表缘第30》："母怪之，更入会闻法。大德问言：'子掷舍耶？'时母答，**具陈上事**。"（p.227）又《贷用寺息利酒不偿死作牛役之偿债缘第32》："独大怪之，往乎妹家，**具陈上事**。"（p.232）吴支谦译《撰集百缘经》卷5《饿鬼品》："时大目连，即便为彼，诸饿鬼等，语其眷属，**具陈上事**。诸亲闻已，咸皆懊恼，共相合率，欲为设会。"姚秦鸠摩罗什译《妙法莲华经》卷2《信解品》："尔时，长者将欲，诱引其子，而设方便，密遣二人，形色憔悴，无威德者：'汝可诣彼，徐语穷子：此有作处，倍与汝直。穷子若许，将来使作。若言：欲何所作？便可语之：雇汝除粪。我等二人，亦共汝作。'时二使人，即求穷子，既已得之，**具陈上事**。"梁宝唱等集《经律异相》卷17："于此国土，有大恶贼，名鸯崛鬘，杀害人民，暴虐无慈。村落居止，不得宁息，杀害人民，各取一指，用作华鬘，以是故名，曰鸯崛鬘。愿王当降伏此人。比丘食已，诣佛世尊，**具陈上事**。"→【不可具陈】

【**具陳於**~/つぶさに~をのぶ】 于字 对某人详细地陈述某事。《日本灵异记》下卷《禅师将食鱼化作〈法华经〉覆俗诽缘第6》："童子至于山寺，向师**具陈于**俗等事。禅师闻之，一怪一喜，知天守护。"（p.276）宋志盘撰《佛祖统纪》卷10："公对众嗟赏曰：'此道未始闻，此人未始见也。'师以天台宗教本末，**具陈于**公。"

【**具告知**/つぶさにつげしらす】 说词 （2例） 详细地把事情告诉人。《日本灵异记》上卷《婴儿抚所擒他国得逢父缘第9》："尔父悲哭，**具告知**于抚擒之事。"（p.84）

又《忆持〈法华经〉现报示奇异表缘第18》："家长见之，亦怪问之：'仁者何人？'答陈国郡之名。客人亦问之，答**具告知**彼姓名也。"（p. 101）唐义净译《根本说一切有部毗奈耶杂事》卷35："余苾刍问：'汝有何过，常被师嗔？'答曰：'昔嗔有缘，今时无过，师徒义绝，我今行矣。'复问何事，即**具告知**，报言具寿：'汝诚有过，诃责合宜'闻便默尔。"又《根本说一切有部毗奈耶颂》卷2："营造伐树时，应从树神乞，以诸花果食，设祭可随时。应为诵正法，谓三启等经。宜应**具告知**，十善十恶报。"

【具给／つぶさにつがす】 偏正 完备地提供，周全地供给。《日本书纪》卷24《皇极纪》三年正月条："轻皇子深识中臣镰子连之意气高逸容止难犯，乃使宠妃阿倍氏净扫别殿高铺新蓐，靡不**具给**，敬重特异。"（第三册，p. 84）（1）隋智顗说《释禅波罗蜜次第法门》卷6："譬如离欲行人，自不须五尘，亦不与尘欲交染，而为大福德故，亦以五欲胜妙乐，**具给**施前人，而于自心，无所染污。"唐义净译《根本说一切有部毗奈耶破僧事》卷14："更往于年少苾刍边供给，无钵者施钵，无衣服者与衣服，所须者我即**具给**。"（2）《全唐文》卷114石敬瑭《平张从宾赦制》："或是诸军小节级长行以下，没于王事者，**具给**本家三年粮赐。"（p. 1162）按：《汉语大词典》失收。

【具戒／ぐかい】 偏正 （2例）"具足戒"的略称。《日本灵异记》中卷《智者诽妒变化圣人而现至阎罗阙受地狱苦缘第7》："行基沙弥者，浅识之人，不受**具戒**。何故天皇，唯誉行基，舍智光也？"（p. 168）又下卷《灾与善表相先现而后其灾善答被缘第38》："沙弥者观音变化。何以故？未受**具戒**，名为沙弥。"（p. 372）唐道宣撰《四分律删繁补阙行事钞》卷1："夫欲绍隆佛种，为世福田者，谓受**具戒**。不宜轻脱，故在静处，事必成就。"

【具说所由／つぶさにゆえよしをとく】 说词 详细叙说事情的来龙去脉。《日本书纪》卷24《皇极纪》二年十一月条："于时古人大兄皇子喘息而来问：'向何处？'入鹿**具说所由**。"（第三册，p. 80）（1）唐义净译《根本说一切有部毗奈耶》卷22："时彼使者，持缕至彼，告曰：'大臣贤善，遣将此缕，可为织衣。'织师见缕讫，即便忆识，报使者言：'我之番次，先已织讫。'时彼使人，持缕还去，至贤善所，**具说所由**。"唐道宣述《四分律比丘含注戒本》卷2："三十八食残宿食戒：佛在罗阅祇，迦罗坐禅。乞食疲苦，食先得者。比丘于小，大食上不见，觅之，**具说所由**。比丘白佛，佛便诃言：'汝虽少，欲后来。众生相法而行。'因即制戒。"唐慧立本、释彦悰笺《大唐大慈恩寺三藏法师传》卷4："以此思之，恐往言无实。像乃伛身授珠。其人得已，将出货卖。人有识者，擒之送王。王问所得。贼曰：'佛自与我。'乃**具说所由**。"（2）《朝野金载》卷2："贞观中，濮阳范略妻任氏，略先幸一婢，任以刀截其耳鼻，略不能制。有顷，任有娠，诞一女，无耳鼻。女年渐大，其婢仍在。女问，**具说所由**，女悲泣，以恨其母。母深有愧色，悔之无及。"（p. 42）

【具听／つぶさにきく】 口语 仔细听、详细听。《日本书纪》卷24《皇极纪》三

年六月条："是月，国内巫觋等折取枝叶，悬挂木棉，伺大臣渡桥之时，争陈神语入微之说。其巫甚多，不可**具听**。"（第三册，p.92）西晋法炬译《佛说优填王经》卷1："佛言：'**具听**！男子有淫之恶，却睹女妖。'王曰：'善愿受明教。'佛言：'**具听**！男子有四恶急所。'"西晋竺法护译《渐备一切智德经》卷5《金刚藏问菩萨住品》："佛子**具听**！若有菩萨，住法雨地道之业，现此变化，及余无数，百千神变。"唐窥基说、义令记《胜鬘经述记》卷1："胜鬘**具听**！聪慧利根，一闻领悟，无所凝滞。"按：《汉语大词典》失收。"具听"与"谛听"在意思和用法上十分相近。→【諦聽】

【具為説之/つぶさにこれをとく】 说词 详细地叙述事情的来龙去脉。《日本书纪》卷14《雄略纪》八年二月条："国人知意、尽杀国内所有高丽人。惟有遗高丽一人，乘间得脱，逃入其国，皆**具为说之**。"（第二册，p.176）姚秦佛陀耶舍、竺佛念等合译《四分律》卷35："时彼比丘还，以手排户，手触龙身，觉内有异，即便高声唱言：'蛇，蛇！'比房比丘闻其声，便问言：'何故大唤？'即以此事，**具为说之**。"又卷48："有年少剃发师，为年少比丘尼剃发，觉细滑欲意起，欲犯比丘尼。比丘尼便高声言：'莫尔，莫尔！'余比丘尼闻，问言：'何故高声，莫尔莫尔耶？'彼即**具为说之**。"梁慧皎撰《高僧传》卷10："吾前后事迹，慎勿妄说，说必有咎。唯西南有一白衣，是新发意菩萨，可**具为说之**。"

【具修三学/つぶさにさんがくををさむ】 四字 学佛者全面修习"戒定慧三学"。亦作"三胜学"。《唐大和上东征传》："**具修三学**，博达五乘。外秉威仪，内求奥理。"（p.80）唐昙旷撰《金刚般若经旨赞》卷1："经：已于无量至种诸善根。赞曰：此久事，多尊也。显于多佛，**具修三学**，故言无量千万佛所。种诸善根，故论颂云。"唐法砺撰述《四分律疏》卷10："第三人**具修三学**。初人五句：一微问；二举其心求，不修余二，以随力故；三彼于此戒已下正明学戒；四彼断下五使者，显所除；五于上涅槃已下彰其所得。"

【具言其事/つぶさにそのあるかたちをのたまふ】 说词 （2例） 详细地讲述事情的来龙去脉。《日本书纪》卷1《神代纪上》："是时月夜见尊忿然作色曰：'秽哉，鄙矣！宁可以口吐之物敢养我乎？'乃拔剑击杀。然后复命，**具言其事**。"（第一册，p.58）又卷2《神代纪下》："时有一长老，忽然而至，自称盐土老翁。乃问之曰：'君是谁者？何故患于此处乎？'彦火火出见尊**具言其事**。"（第一册，p.162）（1）梁慧皎撰《高僧传》卷10："济后至陜岅寺，诣隐士南阳刘虬，**具言其事**。虬即起遥礼之，谓济曰：'此得道之人，入火光三昧也。'"唐义净译《根本说一切有部毗奈耶》卷40："佛在室罗伐城逝多林给孤独园。时大目乾连既与十七众出家，广说乃至但有营事。即十七人，共相检校，更互助成，如前杀戒中**具言其事**。"（2）《酉阳杂俎》卷14《诺皋记上》："沙弥之父欣然访其子耗，其人请问，**具言其事**，盖魅所为也。"（p.663）《太平广记》卷251："妪登垣视之，乃前伤虎也。因为亲族**具言其事**，而心异之。"

（p. 1946）

【具足戒／ぐそく かい】 三字 "具足"，是梵语 upasaṃpanna 的译名，亦译作"近圆"。音译为"邬波三那"，与涅槃之意近似。"具足"是满足之义。"戒"，谓防非止恶。比丘、比丘尼所受的戒，戒的一切项目皆已具足，持之可得一切小乘的果德，故称。比丘为二百五十戒，比丘尼为五百戒（实为三百四十八戒）。《唐大和上东征传》："其二年三月二十八日，于西京实际寺登坛受具足戒。"（p. 34）后秦佛陀耶舍、竺佛念等合译《四分律》卷34："不应授年未满二十者具足戒。何以故？若年未满二十，不堪忍寒热、饥渴、风雨、蚊虻、毒虫，及不忍恶言。若身有种种苦痛不堪忍，又不堪持戒及一食，若度令出家受具足戒者，当如法治。阿难当知，年满二十者堪忍如上众事。"

【俱出塵労／ともにじんろうをいづ】 四字 同出离人世间的苦劳。《奈良朝写经22·道行般若波经卷第5》："及檀主藤原夫人，常遇善缘，必成胜果，俱出尘劳，同登彼岸。"（p. 167）《说文·人部》："俱，偕也。"唐义净撰《大唐西域求法高僧传》卷2："谁知业有长短各阻去留，每一念来伤叹无及。是知麟喻难就危命易亏，所有福田共相资济，龙华初会俱出尘劳耳。"

【俱答言："～"／ともにこたへていはく ～】 自创 （2例） 同时回答道："……"。《日本书纪》卷19《钦明纪》四年十二月条："是月，乃遣施德高分召任那执事与日本府执事。俱答言：'过正旦而往听焉。'"（第二册，p. 380）又五年正月条："五年春正月，百济国遣使，召任那执事与日本府执事，俱答言：'祭神时到，祭了而往。'"（第二册，p. 382）元魏慧觉等译《贤愚经》卷9《善事太子入海品》："太子问言：'皆作何等？'咸皆答言：'捕诸禽兽，以自供济。'"梁宝唱等集《经律异相》卷24："王与内外，一切辞别，还至殿上，往大师所，脱身璎珞，端身正坐，告众人言：'谁能为吾，剜身千疮？'皆共答言：'宁自剜两目，终不能以，手仰剜王身。'"北凉昙无谶译《大方等无想经》卷5《增长健度》："尔时，大众即共答言：'大德，莫作是语。此经相义，实是佛说。我今为经，当相供给。'"隋达摩笈多译《起世因本经》卷5《诸龙金翅鸟品》："时彼众盲，同共答言：'天王，我等生盲，实不曾知象之形类。'"又《起世因本经》卷3《地狱品》："复次彼灰河中两岸，所有诸守狱者，见彼受罪诸众生辈来已，问言：'汝等身今欲得何物？'彼等众生即同答言：'我等甚饥。'"隋阇那崛多译《佛本行集经》卷3《受决定记品》："时彼六万婆罗门众各共答言：'我等此名，尚未曾闻，何况得有？何况得诵？'"唐玄奘译《说无垢称经》卷5《香台佛品》："彼诸菩萨，咸共答言：'我土如来，不为菩萨，文词说法，但以妙香，令诸菩萨，皆悉调伏。'"唐菩提流志译《大宝积经》卷76《四转轮王品》："尔时，国王及诸人民，咸皆答言：'我昔曾从，耆旧人所，闻有大王，名曰顶生，不舍人身，将诸眷属，并及四兵，而升天上。'"→【答言："～"】

【俱答諸曰："～"／ともにこたへまをしてまをさく ～とまをす】 自创 一同回

答提问道："……"。《日本书纪》卷24《皇极纪》二年七月条："于是大夫问调使曰：'所进国调，欠少前例。送大臣物不改去年所还之色。送群卿物亦全不将来。皆违前例。其状何也？'大使达率自斯、副使恩率军善，**俱答咨曰**：'即今可备。'"（第三册，p.74）梁僧佑撰《弘明集》卷10："辱告奉宣敕旨，**答咨**神灭论。夫神理玄妙，良难该辩。"按："答咨"，《汉语大词典》失收。

【俱登彼岸/ともにひがんにのぼらむ】 先例（3例） 共同到达解脱、涅槃、成佛的悟觉境涯。《奈良朝写经14·七知经》："闻之者，无量劫间，不堕恶趣，远离此网，**俱登彼岸**。"（p.108）《奈良朝写经19·灌顶随愿往生经》："伏愿金花承步高升五净之天，玉叶籍仪远契三明之果，傍该动植，普洎尘劳，并出盖缠，**俱登彼岸**。"（p.129）《奈良朝写经31·别译杂阿含经卷第10》："通该有顶，普被无边，并出尘区，**俱登彼岸**。"（p.232）宋太宗赵炅撰《御制秘藏诠》卷5："谛信三宝，宜作道邻，舍妄趣真，**俱登彼岸**。"又卷15："于一法中，豁然大悟，心开意解，一切圆通，自照照他，**俱登彼岸**。"

【俱登觉道/ともにかくどうにいたらむ】 四字 共同验证正觉之道。《奈良朝写经38·大般若经卷第591》："眷属经六道而不忘，历三大而弥茂，相续善心，修习福慧，遍施四生，**俱登觉道**。"（p.253）古逸部《布萨文等》卷1："伏愿寿齐圣石，命等灵椿，官寮善披，无疆尊宿，福资有识。然后兵刀永绝，教迹流通，凡厥含情**俱登觉道**。"又："惟愿威灵潜卫，圣德冥加，使日月贞明，阴阳克序，和风应节，甘雨顺时。四人有乐于安边，万里无虞于永岁。即愿法永扇，释教弘敷，一切含灵，**俱登觉道**。"→【齐登觉道】

【俱逢/ともにあふ】 偏正 同时遇到，全都碰上。《日本书纪》卷29《天武纪下》七年是岁条："仍遣臣井山、送消勿等，**俱逢**暴风于海中。以消勿等皆散之，不知所如。唯井山仅得著岸。"（第三册，p.384）（1）唐窥基撰《成唯识论述记》卷3："新旧因缘，能熏有六，熏成六种，势力齐等。**俱逢**缘合，可许此类，共生一果。如一麦中，有多极微，可许同生，一芽等果。"（2）《北史》卷43《论曰》："遭随有命，二子**俱逢**世乱，悲哉！"按：《汉语大词典》失收。上引中国两类文献用于抽象义，《天武纪下》用于具体义。→【偶逢】【遇逢】

【俱集於~/ともに~につどふ】 于字（2例） 同时聚集在某处。①《日本书纪》卷9《神功纪》摄政四十九年三月条："即命木罗斤资、沙沙奴跪领精兵，与沙白、盖卢共遣之，**俱集于**卓淳，击新罗而破之。"（第一册，p.456）②《日本书纪》卷26《齐明纪》六年十月条："云会雷动，**俱集**沙啄，翦其鲸鲵，纾彼倒悬。"（第三册，p.238）刘宋佛陀什、竺道生等译《弥沙塞部和酰五分律》卷19："有一比丘，求安居处，见有空窟，作是念：'我当于此安居。'复有众多比丘见，皆作是念，而不相知。至安居前布萨日，**俱集于**彼，皆言我已先取此窟，不知谁应得住。"唐菩提流志译《大宝积经》卷31："无量诸佛子，**俱集于**众会。从佛口所生，从法变化生。"

【俱聚於~/ともに~につどふ】 于字 一起聚集在某处。《日本书纪》卷9《神功纪》摄政四十九年三月条："**俱聚于**卓淳，击新罗而破之。"（第一册，p. 456）（1）唐义净撰《南海寄归内法传》卷3："大师世尊，既涅槃后，人天并集，以火焚之。众聚香柴，遂成大积。即名此处，以为质底。是积聚义，据从生理，遂有制底之名。又释：一想世尊众德，**俱聚于**此；二乃积砖土而成之。详传字义如是，或名窣睹波，义亦同此。"（2）《宋史》卷56《志第9》："淳熙十三年闰七月戊午，五星皆伏。八月乙亥，七曜**俱聚于**轸。"

【俱時/もろともに】 时段 同时。《日本书纪》卷20《敏达纪》二年五月条："**俱时**发船，至数里许，送使难波，乃恐畏波浪，执高丽二人掷入于海。"（第二册，p. 470）（1）西晋竺法护译《生经》卷4："众贾闻之，自以欣庆，知有活望，**俱时**发声，言南无佛。"姚秦鸠摩罗什译《妙法莲华经》卷2《譬喻品》："堂阁朽故，墙壁隤落，柱根腐败，梁栋倾危，周匝**俱时**，欻然火起，焚烧舍宅。"唐义净译《金光明最胜王经》卷3《灭业障品》："尔时世尊，告天众曰：'善男子，是事实不？'是时无量，释梵四王，及药叉众，**俱时**同声，答世尊言：'如是如是。'"（2）《宋书》卷14《礼1》："治礼举手曰：可埋。二十人**俱时**下土。"（p. 348）《艺文类聚》卷33所载《烈女传》："庞涓母者，赵氏女，字娥。父为同县人所杀，而娥兄弟三人，**俱时**病物故。雠乃喜，以为莫己报。"（p. 586）按：《汉语大词典》失收。

【俱下至~/ともにくだりて~にいたる】 三字 乘船沿江而下抵达某处。《唐大和上东征传》："又与日本国同学僧玄朗、玄法二人，**俱下至**扬州。"（p. 39）北凉昙无谶译《大方等大集经》卷23《世间目品》："尔时帝释，见梵天来，即前供养。既供养已，即复白言：'大士，欲何所至？憍尸迦，汝不见彼雪山之中十二仙耶？憍尸迦可共往彼。'时释提桓因，与无量天，相随**俱下，至**雪山中。时十二仙，见梵天来，欢喜踊跃，礼拜供养。"

【懼惶/おそりかしこむ】 先例 惧怕惶恐。《常陆国风土记·香岛郡》条："爰则**惧惶**，新令造舟三只，各长二丈余，初献之。"（p. 392）宋非浊集《三宝感应要略录》卷2《第38乌耆国王女读诵般若心经感应》："有一王女，名曰典韦。怀任之后，渐垂玖瓮。母被重病，胎子既死。王女临冥，**惧惶**罔极，专逼闷绝，都无仰凭。女恐昼夜堕哭，读诵《般若心经》。由诵经力，胎子复生，安隐产生。"

【懼念/おそりおもふ】 自创 可怕地认为，恐惧地想到。《日本灵异记》中卷《智者诽妒变化圣人而现至阎罗阙受地狱苦缘第7》："智光大叹，向弟子具述阎罗状。大**惧念**言：'向于大德举诽妒心。'"（p. 168）吴支谦译《佛说维摩诘经》卷1《菩萨品》："魔即恐**惧念**：'维摩诘必不助我。'欲隐形去而不能隐，尽现其神，了不得去。"

刘宋佛陀什、竺道生等合译《弥沙塞部和醯五分律》卷 25："须达多怖<u>惧念</u>言：'我向者将不狂耶？'神知其念，即说偈言：'今是趣佛时，若举一步者，利重千金施，象马所不及。'"梁僧祐撰《释迦谱》卷 2："跋提言：'我本在家时，内外常以，刀杖而自卫护，犹有恐<u>惧念</u>，念忧畏。'"

【聚林/じゅうりん】 偏正 （诗歌语言表达）聚集起来如同森林一样。《万叶集》卷 17 第 3969～3972 首书简："但以稚时不涉游艺之庭，横翰之藻，自乏乎雕虫焉。幼年未经山柿之门，裁歌之趣，<u>词失乎聚林</u>矣。"（第四册，p. 181）元魏瞿昙般若流支译《正法念处经》卷 69："（勿力伽山）次名银<u>聚林</u>，纵广三百由旬。无量银树，其林光明，如百千月。"古逸部《南天竺国菩提达摩禅师观门》卷 1："问曰：'何名禅定？'答曰：'禅定者梵音，此名功德<u>聚林</u>。三界诸佛，皆说禅坐。故名功德<u>聚林</u>。'"按：《汉语大词典》失收。

【踞坐/あぐむゐ・きょざす】 偏正 （4 例） 坐时两脚底和臀部着地，两膝上耸。《日本书纪》卷 17《继体纪》元年正月条："于是，男大迹天皇晏然自若，<u>踞坐</u>胡床，齐列陪臣，既如帝坐。"（p. 288）又卷 20《敏达纪》十四年三月条："丙戌，物部弓削守屋大连自诣于寺，<u>踞坐</u>胡床，斫倒其塔，纵火燔之，并烧佛像与佛殿。"（第二册，p. 490）又卷 21《用明纪》元年五月条："马子宿祢即便随去，到于盘余行至于池边而切谏之。皇子乃从谏止，仍于此处<u>踞坐</u>胡床，待大连焉。"（第二册，p. 502）又卷 27《天智纪》十年十月条："天皇许焉。东宫起而再拜，便向于内里佛殿之南，<u>踞坐</u>胡床，剃除鬓发为沙门。"（第三册，p. 292）（1）后汉安世高译《大比丘三千威仪》卷 2："<u>踞坐</u>有五事：一者不得交足；二者不得双前两足；三者不得却踞，两手掉捎两足；四者不得支柱一足申一足；五者不得上下足。"元魏慧觉等译《贤愚经》卷 4《摩和斯那优婆夷品》："彼作是念已，将一可信，常所使人，却入静室，净自洗身，<u>踞坐</u>床上，敕使人言：'汝今割我，股里肉取。'"（2）《朝野佥载》卷 6："有碧衣官出，趋拜颇恭，既退引入，碧衣者<u>踞坐</u>案后，命鹏举前。"唐段成式《酉阳杂俎·续集·支诺皋上》："国子监学生周乙者，尝夜习业。忽见一小鬼脂髻，头长二尺余……渐逼近，乙因擒之，<u>踞坐</u>哀求，辞颇苦切。"《洛阳缙绅旧闻记》第 3："四年前，有一儒生五十余，魁岸落魄，箕<u>踞坐</u>于某之门侧，吾之子自外而归，熟视儒生，生弗之顾。"

【眷属/やから】 偏正 （4 例） 梵语 parivāra。家属；亲戚；徒众；族群。《日本书纪》卷 20《钦明纪》十二年是岁条："由是下狱，复命于朝庭。乃遣使于筊北，悉召日罗<u>眷属</u>，赐德尔等任情决罪。"（第二册，p. 486）又卷 21《崇峻纪》即位前纪条："是役，大连儿息与<u>眷属</u>，或有逃匿苇原改姓换名者，或有逃亡不知所向者。"（第二册，p. 512）又卷 24《皇极纪》四年六月条："于是汉直等总聚<u>眷属</u>，擐甲持兵，将助大臣设军阵。"（第三册，p. 102）《奈良朝写经 38·大般若经卷第 591》："<u>眷属</u>经六道而不忘，历三大而弥茂，相续善心，修习福慧，遍施四生，俱登觉道。"（p. 253）后汉竺大力、康孟详合译《修行本起经》卷1："复各与**眷属**，皆悉会来，白净王：'无怨王，无怨王。'甘露净王，及迦维罗卫，九亿长者，名从官属，一时来会，为佛作礼，却坐一面。"姚秦鸠摩罗什译《妙法莲华经》卷1《序品》："尔时释提桓因，与其**眷属**，二万天子俱。复有名月天子、普香天子、宝光天子、四大天王，与其眷属，万天子俱。"唐义净译《金光明最胜王经》卷5《四天王观察人天品》："世尊，是《金光明最胜王经》能为如是，安隐利乐，饶益我等。惟愿世尊，于大众中，广为宣说。我等四王，并诸**眷属**，闻此甘露，无上法味，气力充实，增益威光，精进勇猛，神通倍胜。"按：《汉语大词典》首引《南齐书·江敩传》："江忠简胤嗣所寄，唯敩一人，旁无**眷属**。"偏晚。《新编日本古典文学全集》栏上的注释指出："（眷属）一族，眷族。《法华经》有30多例。"→【二親眷属】【各領眷属】【合門眷属】【六親眷属】【内外眷属】【捨離眷属】

【**眷族**/やから】 偏正 （2例） 与"眷属"义同。《日本书纪》卷29《天武纪下》十一年八月条："亦其**眷族**多在者，则分各定氏上，并申送于官司。"（第三册，p.424）又卷30《持统纪》五年四月条："夏四月辛丑朔，诏曰：'若氏祖时所免奴婢既除籍者，其**眷族**等不得更讼言我奴婢。'"（第三册，p.514）隋吉藏撰《仁王般若经疏》卷2《菩萨教化品》："初地百宝璎珞，七宝相轮，四天王万子为**眷族**，十住为铜轮王。"又卷3《护国品》："言百部者，是鬼神王也。一一部复有百部鬼神者，是前神王**眷族**也。"唐圆照撰《贞元新定释教目录》卷13："齐州孤妹，诸亲**眷族**，并言好住，慧日阿湛，相去既远。吾何忘之。"按：《汉语大词典》失收。

【**觉林**/かくりん】 自创 令众生觉醒开悟的佛教寺院。《奈良朝写经31·别译杂阿含经卷第10》："愿以兹写经功德，仰资二亲尊灵，归依净域，曳影于睹史之宫；游戏**觉林**，升魂于摩尼之殿。"（p.232）按：佛教文献中，所谓"觉林"，通常指《华严经》中的觉林菩萨。唐实叉难陀译《大方广佛华严经》卷19《夜摩宫中偈赞品》："尔时，佛神力故，十方各有，一大菩萨，一一各与，佛刹微尘数菩萨俱，从十万佛刹，微尘数国土外，诸世界中，而来集会，其名曰功德林菩萨、慧林菩萨、胜林菩萨、无畏林菩萨、惭愧林菩萨、精进林菩萨、力林菩萨、行林菩萨、**觉林**菩萨、智林菩萨。"

【**觉路**/さとれるみち】 偏正 （2例） 正觉的道路，亦即菩提之道。《日本灵异记》下卷《序》："匪传灯之良匠，而强订睦斯事。克辙净刹，奔心**觉路**。远愧前非，长祈后善。"（p.260）《奈良朝写经未收1·弥勒成佛经》："当愿必得往生睹史多天，奉事慈氏，听闻正法，登临**觉路**，遂契普提。"（p.461）东晋帛尸梨蜜多罗译《佛说灌顶经》卷12："第九愿者，使我来世，摧伏恶魔，及诸外道，显扬清净，无上道法，使入正真，无诸邪僻，回向菩提，八正**觉路**。"隋智顗述《修习止观坐禅法要》卷1："正性顺理，所以行**觉路**，而至妙境也。不知此教者，则学何所入？功何所施？智何所发？譬如无目，昧于日月之光，行于重险之处，颠踣堕落，可胜既乎！"→【归觉路】【俱登觉道】【齐登觉道】【正觉之路】

【觉迷/かくまい】 述宾 使从迷惑中觉醒过来，使解脱。《奈良朝写经52·大唐内典录卷第10》："自兹以降，归仰寔繁，可谓**觉迷**之逸轨，拯溺之慧筏者也。"（p.312）唐般剌蜜帝译《大佛顶如来密因修证了义诸菩萨万行首楞严经》卷4："富楼那，十方如来，亦复如是。此迷无本，性毕竟空，昔本无迷，似有**迷觉**，**觉迷**迷减，觉不生迷。亦如瞖人，见空中花，瞖病若除，华于空减。"唐宗密述《大方广圆觉修多罗了义经略疏》卷1："故《楞严经》云：'此迷无本，性毕竟空，昔本无迷，似有迷觉，**觉迷**迷减，觉不生迷。'此正是无生之理。'"唐良贲述《仁王护国般若波罗蜜多经疏》卷2《二谛品》："无始根本无明顺自违他故眠生死，**觉迷**反本，违自顺他，成一切智。"

【絶無継嗣/たえてけいしなし】 四字 后嗣断绝没有继承者。《日本书纪》卷17《继体纪》即位前纪条："方今**绝无继嗣**，天下何所系心。自古迄今，祸由斯起。今足仲彦天皇五世孙倭彦王，在丹波国桑田郡。"（第二册，p.288）按：《新编日本古典文学全集》栏上的注释例引《汉书》卷10《成帝纪》："不蒙天晁，至今**未有继嗣**，天下无所系心。"由此可知，《继体纪》改《汉书》"未有继嗣"为"绝无继嗣"。至于"绝无继嗣"的说法，则出自梁宝唱等集《经律异相》卷17："舍卫国人名曰厉，其家大富，年已老耄，**绝无继嗣**。"

【絶於今日/けふにたゆ】 时段 从今往后，断绝关系。《日本灵异记》上卷《凶人不敬养奶房母以现得恶死报缘地23》："汝也征负稻，吾亦征乳值。母子之道，**绝于今日**。天知地知，悲哉，痛哉！"（p.110）史传部《往生西方净土瑞应传》卷1："赞曰：法门父母，慧解由生。微妙难测，**绝于今日**①。"

【掘壊/ほりこほつ】 后补 挖坏，挖掘时弄坏。《古事记》下卷《显宗记》："是以，意祁命自下幸而，少掘其御之旁，还上复奏言：'既**掘坏**也。'"（p.366）唐道世撰《法苑珠林》卷95："仍复出门南走，临道有井。遂入井中，忌还眠。天晓视花锸及钗牙梳，并是真物，**掘坏**井得一楸棺，三分井水所渍。忌便易棺器衣服，还其物于高燥处，葬之遂断。"按：《汉语大词典》失收。

【掘埋/ほりうむ】 并列 挖土掩埋。《播磨国风土记·托贺郡》条："一家云：昔丹波与播磨，界国之时，大瓮**掘埋**于此土，以为国境。故曰瓮坂。"（p.106）失译人名今附吴魏录《杂阿含经》卷1："婆罗门复白佛：'我今为是食与谁？'佛报如是：'无有世间若天、若魔、若梵、若沙门，一切令是饭食，不能得消，但佛亦得道者，持是饭行，至无有虫水便投中，若空地无有草**掘埋**。'"按：《汉语大词典》失收。

【均照/ひとしくてらす】 偏正 均等（平等）地照耀。犹言"普照"。《奈良朝写经38·大般若经卷第591》："盖闻：无二法门，悬智镜而圆满；非一戒筏，扬慧炬以

---

① "今日"，甲本、乙本中作"曩日矣"。

均照。权实神机，邈绝名言之域；方便秀术，颐翳有无之间。感而遂通，枳无不应。"（p. 253）唐澄观撰《大方广佛华严经疏》卷26《十回向品》："于中二，初以大悲合日恶是其境，本为一切岂独拣于恶人，如日普益宁复弃于槁木。二如是以下，以智合日善恶均照故。"唐澄观述《大方广佛华严经疏钞会本》卷23："二如是以下，以智合日善恶均照故：佛子菩萨摩诃萨，以诸佛法，而为所缘，起广大心、不退转心，无量劫中，修集希有，难得心宝，与一切诸佛，悉皆平等。"

【君行正法、即随行君行、邪法即慰諫／きみ、しょうほうをおこなはば、すなはちしたがひおこなひ、きみ、じゃほうをおこなはば、すなはちとどめいさめん】 自创

如果你奉行正法，我将追随你；反之，如果你施行邪法，我将劝阻你。《元兴寺伽蓝缘起并流记资财账》："尔时，聪耳皇子及诸臣等共闻天皇所愿，时聪耳皇子诸臣等告：'传闻君行正法，即随行君行，邪法即慰谏。今我等天皇见闻所行愿，当此正行愿，天下之万姓悉皆应随行。'"

667

K

【開百仏眼/はく ぶつのみめをあく】 四字 为新完成的百尊佛像、佛雕举行点睛仪式。经过此仪式，佛像之神圣性乃被人接受。《日本书纪》卷27《天智纪》十年十月条："辛未，于内里**开百佛眼**。"（第三册，p.292）

【開宝藏/たからのくらをひらく】 三字 打开宝藏。《日本书纪》卷9《神功纪》摄政四十六年三月条："便复**开宝藏**，以示诸珍异曰：'吾国多有是珍宝，欲贡贵国。不知道路，有志无从。'"（第一册，p.452）（1）东晋法显译《大般涅槃经》卷2："时王即便，心自思惟：'此诸人等，所以持宝，来献我者，皆缘国中，共贵之故。如此之事，由民贫来。'即敕藏臣，出诸珍宝，及资生具，置四衢道，搥钟击鼓，唱令四远。大善见王，今**开宝藏**，以用布施。若有所须，随意来取。王恒如是，广行布施，利益众生，不舍昼夜。"隋阇那崛多译《观察诸法行经》卷2："我今欲作告汝等，天人所有美妙者。我于此中**开宝藏**，十力财物汝当取。"隋智顗说《摩诃止观》卷1："分真即者，因相似观力入铜轮位，初破无明见佛性，**开宝藏**显真如，名发心住，乃至等觉。"（2）《全唐文》卷327王维《六祖能禅师碑铭》："大**开宝藏**，明示衣珠。本源常在，妄辙遂殊。过动不动，离俱不俱。吾道如是，道岂在吾？"（p.3314）按："宝藏"，蕴藏宝物之处。譬喻佛的教义，尤其是具备无量智能、功德的《法华经》。同"功德聚""宝聚"。

【開仏眼会/かいぶつげんえ】 先例 为新完成的百尊佛像、佛雕举行点睛仪式。《日本书纪》卷30《持统纪》十一年七月条："癸亥，公卿百寮设**开佛眼会**于药师寺。"（第三册，p.560）宋志盘撰《佛祖统纪》卷39："八年，诏为穆太后建弘福寺。车驾亲临，自**开佛眼**。"

【開敷/ひらく】 并列 （2例） （花朵）开放；繁荣。《日本灵异记》下卷《产生肉团之作女子修善化人缘第19》："迦毘罗卫城长老之妻，怀妊生一肉团，到七日头，肉团**开敷**，有百童子。一时出家，而百人俱得阿罗汉果。"（p.309）《唐大和上东征传》："是时，冬十一月，华（蕋）**开敷**，树实竹笋，不办于夏。"（p.66）吴支谦译《撰集百缘经》卷3《授记辟支佛品》："时王园中有一池水，生好莲花。其花**开敷**，有一小儿，结跏趺坐，有三十二大人之相八十种好，口出优钵罗花香，身诸毛孔，有栴檀香。"后秦法师鸠摩罗什译《妙法莲华经》卷 1《序品》："文殊师利，诸佛子等，为供舍利，严饰塔庙，国界自然，殊特妙好，如天树王，其华**开敷**。"隋宝贵合、北凉昙无谶译《合部金光明经》卷 4《赞叹品》："其目修广，清净无垢。如青莲华，映水**开敷**。"按：《汉语大词典》首引李大钊《俄罗斯文学与革命》："今也赤旗飘扬，俄罗斯革命之花灿烂**开敷**，其光华且远及于荒寒之西伯利亚矣。"过晚。《日本灵异记》中"肉团开敷"，是一种比喻的表达方法，形容人从肉团出生时，如同花儿开放一样。

【**開戸見 ~ /とをあけてみれば ~**】　三字　打开门一看……《日本灵异记》中卷《极穷女于尺迦丈六佛愿福分示奇表以现得大福缘第 28》："明日**开户见**之，阈前有钱四贯。著短籍谓：'大安寺成实论宗分钱。'女以送寺。"（p. 223）东晋佛陀跋陀罗、法显合译《摩诃僧祇律》卷 30："在道中作是念：'房中多有夜叉，不能杀是犊耶？'即还精舍**开户见**犊已死。"姚秦鸠摩罗什译《大智度论》卷 13《序品》："父母**开户见**羊在一面立，儿已命绝。当自杀时，即生天上。"唐玄奘撰《大唐西域记》卷 10："有僧**开户见**此少年，疑其盗也，更诘问之。菩萨具怀指告，因请出家。"

【**開化衆生/しゅじょうをかいけす**】　四字　"开化"，开导蒙昧，化恶向善。《续日本纪》卷 23《淳仁纪》天平宝字四年七月条："三贤十地，所以**开化众生**，前佛后佛，由之劝勉三乘。"（第三册，p. 356）吴支谦译《梵摩渝经》卷 1："梵摩渝遥闻佛王者之子出自释姓，去国尊荣行作沙门，得道号佛，清净至尊，与五百沙门处随提国，**开化众生**。"西晋竺法护译《正法华经》卷 1《光瑞品》："彼讲说法，圣达无极，**开化众生**，不可计亿。"隋阇那崛多译《佛本行集经》卷 40《教化兵将品》："时迦叶佛已转法轮，度生死岸，竖立法幢，满昔誓愿，成最丈夫，**开化众生**，无量千亿，住于善道，还居在此，波罗奈城，昔圣处所，鹿野苑中。"

【**開目観 ~ /めをひらきて ~ をみれば**】　三字　睁眼看某物，睁开眼一看。《日本灵异记》上卷《僧忆持〈心经〉得现报示奇事缘第 14》："时觉法师语弟子言：'吾一夕诵《心经》一百遍许。然后**开目观**其室里，四壁穿通，庭中显见。吾于是生希有之想，从室而出回瞻院内，还来见室壁户皆闭。即外复诵《心经》，开通如前。'"（p. 95）元魏瞿昙般若流支译《正法念处经》卷 58《观天品》："时新生天子，复见宝花，犹如**开目观**之可爱。花中众蜂，出妙音声。复见黄金枝叶荫覆，犹如宫室。百千众蜂，其音美妙，甚可爱乐。"

【**開目見 ~ /めをひらきて ~ をみれば**】　三字　睁眼看到某物。《唐大和上东征传》："我大和上远向海东，自谓一生不获再觐，今日亲礼，诚如盲龟**开目见**日；戒灯重明，昏衢再（朗）。"（p. 80）后汉安世高译《地道经》卷 1："譬如行者，见髑髅熟谛视，若如**开目见**，闭目亦见，亦尔无有异。"隋智顗说《观无量寿佛经疏妙宗钞》卷 4："想彼佛者，先当想象，闭目**开目见**一宝像，如阎浮檀金色坐彼华上。"唐善无畏译

《虚空藏菩萨能满诸愿最胜心陀罗尼求闻持法》卷1："复作此印诵陀罗尼三遍，帧上莲华，以之为座。复想菩萨，来坐此华，即便**开目，见**菩萨已，生希有心，作真身解。"

【開其意／そのこころをひらく】 三字　开示意思，说明其意。《日本书纪》卷23《舒明纪》即位前纪条："时群臣默之无答。亦问之。非答。强且问之。于是大伴鲸连进曰：'既从天皇遗命耳。更不可待群言。'阿部臣则问曰：'何谓也？**开其意**。'"（第三册，p.20）（1）东晋法显译《佛说大般泥洹经》卷6："佛告纯陀：'向者诸佛，皆是现化，哀愍安乐，一切众生，**开其意**故，令彼功德，不可得尽，作此现化，而诸众生，悉不能知。'"隋阇那崛多等译《起世经》卷8《三十三天品》："如是乃至，火神风神，俱有此见。佛既知已，悉往诘问。并答佛言：'实尔世尊。'佛**开其意**，皆得悟解，归依三宝，悉随顺行，略说如前。"（2）《素女经》引《玄女经》云："黄帝曰：'所说九法，未闻其法，愿为陈之，以**开其意**，藏之石室，行其法式。'"《太平广记》卷75引《桂苑丛谈》曰："张以明府勋贵家流，年少而宰剧邑，多声色狗马之求，未暇志味玄奥，因赠诗以**开其意**云。"

【開眼／かいげん】 述宾（2例）　①盲人重见光明。《日本灵异记》下卷《二目盲男敬称千手观音日摩尼手以现得明眼缘第11》："赞曰：'善哉！彼二目盲者。现生**开眼**，远通太方。舍杖空手，能见能行。'诚知观音德力，盲人深信也。"②指佛像完成后，要安置时所举行的仪式，具称"开眼供养"，又称"开光""开明""开光明"，俗称"开光点眼"。《续日本纪》卷18《孝谦纪》天平胜宝四年四月条："夏四月乙酉，卢舍那大佛像成，始**开眼**。是日，行幸东大寺。天皇亲率文武百官，设斋大会。"（第三册，p.116）唐阿质达霰译《大威力乌枢瑟摩明王经》卷2："令匠于坛中速刻本尊，左手持杵，右执娜拏，怒形右视如立势，如立根本印行者在侧持明勿绝。令白月毕，以檀香水浴之，以饮食香花供养。以彩色严之，像额间点赤或黄，至来月一日**开目**立坛。"

【開置／あけおく】 后补　打开门不关上，敞开门。《万叶集》卷11第2617首："足日木能　山樱户乎　**开置**而　吾待君乎　谁留流。"（第三册，p.230）（1）东晋佛驮跋陀罗译《大方广佛华严经》卷48《入法界品》："善财闻已，往诣宫门，敬心而立。彼优婆夷，所住之处，广博严饰，众宝垣墙，周匝围绕。**开置**四门，阿僧祇宝，以为庄严。"唐实叉难陀译《大方广佛华严经》卷28《十回向品》："**开置**无量百千亿那由他阿僧祇清净境界，积集无量百千亿那由他阿僧祇资生妙物，发甚难得菩提之心，行无限施，令诸众生，住清净道，初、中、后善，生净信解。"唐道宣撰《续高僧传》卷3："至于光临讲座，**开置**法筵，释义入神，随类俱解。写悬河之辩，动连环之辞。碧鸡誉于汉臣，白马称于傲吏。"（2）《后汉书》卷44《徐防传》："收拾缺遗，建立明经，博征儒术，**开置**太学。"（p.1500）按：《汉语大词典》失收。在传世文献和汉译佛经中，"开置"表示设置、开设的意思。在表示敞开门的意思时，《万叶集》与《华严经》中的用法是相同的。

【慨然興感（曰："～"）/なげきてみおもひをおこしたまふ～】 [说词] 深有感触地说："……"。《日本书纪》卷14《雄略纪》六年二月条："六年春二月子朔乙卯，天皇游忽泊瀬小野。观山野之体态，**慨然兴感**曰。"（第二册，p.166）唐神情撰、慧宝注《北山录》卷10："尝阅史传，及其遗编，必**慨然兴感**。"

【坎井之識、久迷大方/かんせいのさとり、ひさしくたいほうにまどふ】 [典据] 井中之蛙一般的见识，一直都辨别不出识见广博的人。《日本灵异记》上卷《序》："**坎井之识，久迷大方**。"（p.55）梁慧皎撰《高僧传》卷2："后遇白头禅师，共谶论议，习业既异，交诤十句。谶虽攻难锋起，而禅师终不肯屈。谶伏其精理，乃谓禅师曰：'颇有经典可得见不?'禅师即授以树皮涅槃经本，谶寻读惊悟，方自惭恨，以为**坎井之识，久迷大方**。于是集众悔过，遂专大乘，至年二十，诵大小乘经二百余万言。"按：梁僧佑撰《出三藏记集》卷14《昙无谶传第三》、唐智升撰《开元释教录》卷4《开元释教录卷第四》、唐圆照撰《贞元新定释教目录》卷6《贞元新定释教目录卷第六》中亦有辑录。

【看病/やまひをみる】 [述宾] （8例） 诊断病情，医生诊视疾病，找医生治病。《日本书纪》卷9《神功纪》摄政五年三月条："乃造蒭灵，置微叱许智之床，详为病者，告袭津彦曰：'微叱许智忽病之将死。'袭津彦使人令**看病**。"（第一册，p.448）《日本灵异记》下卷《杀生物命结怨作狐狗互相怨报缘第2》："时彼村有病者。是将来于禅师住寺，劝请禅师而令**看病**，咒之时愈，即退发病。如是生经多日不辍。"（p.266）又《怨病忽婴身因之受戒行善以现得愈病缘第34》："忠仙见之此病相惆，**看病**咒护，发愿言：'为愈是病，奉读《药师经》《金刚般若经》各三千卷，《观世音经》一万卷，《观音三昧经》一百卷也。'"（p.350）又《减塔阶仆寺幢得恶报缘第36》："时**看病**众中，有一禅师，发誓愿言：'凡凭佛法，修行大意，救他活命。今我寿施病者代身。佛法实有，病人命活。'"（p.356）《续日本纪》卷19《孝谦纪》天平胜宝八年五月条："丙子，敕：'禅师法荣，立性清洁，持戒第一，甚能**看病**。'"（第三册，p.162）又："丁丑，敕：'奉为先帝陛下，屈请**看病**禅师一百二十六人者，宜免当户课役。'"（第三册，p.162）又卷32《光仁纪》宝龟三年三月条："丁亥，禅师秀南、广达、延秀、延惠、首勇、清净、法义、尊敬、永兴、光信。或持戒足称，或**看病**著声。诏充供养，并终其身。当时称为十禅师。"（第四册，p.374）又宝龟三年四月条："宝字五年，从幸保良，时侍**看病**，稍被宠幸。"（第四册，p.374）东晋瞿昙僧伽提婆译《增壹阿含经》卷5："尔时，世尊告诸比丘：'其有瞻视病者，则为瞻视我已；有**看病**者，则为看我已。所以然者，我今躬欲，看视疾病。'"东晋法显译《大般涅槃经》卷2："所以者何？阿难日夜，亲侍我侧。且又今日，看我疾病。若有施主，施于病人，及**看病**者，斯则名为，满足大施。"姚秦鸠摩罗什译《梵网经》卷2："若佛子，见一切疾病人，常应供养如佛无异。八福田中，**看病**福田第一福田。"按：《汉语大词典》首引北凉昙无谶译《优婆塞戒经》卷5："既了医方，遍行**看病**。"偏晚。

【**看病第一**/やまひをみることだいいちなり】 比较 　最擅长给人看病。《日本灵异记》上卷《持戒比丘修净行而得现奇验力缘第26》："大皇后天皇之代，有百济禅师，名曰多罗常。住高市郡部内法器山寺。勤修净行，**看病第一**。"（p.114）唐湛然述《法华文句记》卷8《释法师品》："向云不论福田浓瘠，若从田论凡瘠圣浓。故应毁供重于凡也。譬如至俱薄者，亦约初心易成坏说。若约田说义例可知。如八福田**看病第一**，人多厌故看者福增。此乃约心难易故也。"唐大觉撰《四分律行事钞批》卷14："随顺我语，名供养佛；为解脱故，名供养法；众僧受用，名供养僧。故八福田中，**看病第一**者，谓三宝为三、师四、僧五、父六、母七、病人八也。"

【**考而罚之**/かむがへてつみせむ】 典据 　酌情处罚。《日本书纪》卷25《孝德纪》大化二年三月条："夫为君臣以牧民者，自率而正，孰敢不直。若君或臣不正心者，当受其罪。追悔何及？是以凡诸国司，**随过轻重**，**考而罚之**。"（第三册，p.142）唐玄奘译《药师琉璃光如来本愿功德经》卷1："复次阿难，彼琰魔王，主领世间，名籍之记。若诸有情，不孝五逆，破辱三宝，坏君臣法，毁于信戒。琰魔法王，**随罪轻重**，**考而罚之**。是故我今，劝诸有情，然灯造幡，放生修福，令度苦厄，不遭众难。"→【随過轻重】

【**可美**/うまし】 格义 （8例） 　足以嘉美，用于对诸神和佛菩萨、沙门容貌的赞美，无性别差异。《日本书纪》卷1《神代纪上》："因此有化生之神，号**可美**苇牙彦舅尊……**可美**，此云于麻时。"（第一册，p.20）又："天地混成之时，始有神人焉，号**可美**苇牙彦舅尊。"（第一册，p.20）又："天地初判、有物。若苇牙生于空中。因此化神号天常立尊。次**可美**苇牙彦舅尊。"（第一册，p.22）又："时阴神先唱曰：'喜哉！遇**可美**少年焉。'……是兴也阳神先唱曰：'喜哉！遇**可美**少女焉。'"（第一册，p.26）又卷3《神武纪》即位前纪戊午年十二月："遂有儿息，名曰**可美**真手命。"（第一册，p.224）《出云国风土记·出云郡》条："漆治乡。郡家正东五里二百七十步。神魂命御子天津枳比佐**可美**高日子命御名，又云荐枕志都治值之。"（p.208）东晋瞿昙僧伽提婆译《增壹阿含经》卷39："又复沙门，颜貌端政，年状**可美**，出处刹利，转轮王种，速起此处，习于五乐，我当将和，使汝得作，转轮圣王。"高齐那连提耶舍译《大悲经》卷4："念如来**可美**，念如来无愚痴，念如来本行具足，念如来愿具足，念如来戒定慧解脱知见具足，念如来慈悲喜舍具足，念如来威仪具足。"元魏菩提留支译《大萨遮尼乾子所说经》卷6："十八者，沙门瞿昙，面貌丰美，如似满月；十九者，沙门瞿昙，面貌端正，殊特**可美**。"又："五十二者，沙门瞿昙，十指纤长，佣圆**可美**。"按：《汉语大词典》失收。从传统用法来看，"可美"一词有如下意思和用法：（1）对风俗纯正的赞美。《淮南子》卷20《泰族训》："诚决其善志，防其邪心，启其善道，塞其奸路，与同出一道，则民性可善，而风俗**可美**也。"（p.1403）《魏书》卷111《志第16》："卖子葬亲，**孝诚可美**，而表赏之议未闻，刑罚之科已降。"（2）对自然佳境的赞美。《文选》卷30陆机《拟魏太子邺中集诗八首》："整装辞秦川，秣马赴楚壤。**沮漳自可美**，客心非外奖。"刘宋求那跋陀罗译《佛说树提伽经》卷1："树提伽复将王后园之中看**流泉浴池**，各皆**可美**甚复可爱。"（3）对佳丽容貌的赞美。《文选》卷25陆云《为顾彦先赠妇二首》："雅步擢纤腰，巧笑发皓齿。佳丽良**可美**，衰贱焉足纪？"在此基础上，叠加出现了《神代纪上》基于汉译佛经表达的新的词义。

【可贪～可畏～/～むさぼるべし ～おづべし】 对偶 "可贪"，值得贪求。"可畏"，令人畏惧。《万叶集》卷5《沉疴自哀文》云："帛公略说曰：'伏思自励，以斯长生。**生可贪**也，**死可畏**也。'"（第二册，p.77）隋阇那崛多译《佛本行集经》卷16《舍宫出家品》："尔时太子，更复专念：'如是思惟，咄哉世间！有是大患，咄哉**可畏**！有何**可贪**？'"按：山上文中的"可贪"与"可畏"是说生让人眷恋，死令人畏惧；佛典是说女人种种丑陋的睡姿着实令人恐怖，故而不屑贪着女色。"可贪"和"可畏"均用于感叹，且出现在上下句，相对为文，两者在句式上的一致很难说只是一种偶然。

【空过/むなしくすぐ】 偏正 （2例） 虚度，白过。《日本灵异记》中卷《序》："恶报遄来如水镜，向之即现。夸力飒被如谷响，唤之必应。现报若之，人不慎乎？此**生空过**，后悔无益。"（p.260）《唐大和上东征传》："和上从南振州来至杨府。所经州县，立坛授戒。无**空过**者。"（p.80）吴支谦译《菩萨本缘经》卷3《鹿品》："譬如良药疗治众病，以是因缘常应忆念不令忘失，若忘失者此**生空过**，一切世间皆悉虚诳。"姚秦鸠摩罗什译《妙法莲华经》卷3《化城喻品》："世尊甚希有，久远乃一现，一百八十劫，**空过**无有佛。"隋阇那崛多译《佛本行集经》卷10《相师占看品》："自根我有大颠倒，不值此当得道时，**空过**一生无所闻，岂非是我失大利。"按：《汉语大词典》例引南唐冯延巳《更漏子》词："雁孤飞，人独坐，看却一秋**空过**。"偏晚。

【空手来帰/むなてにかへる】 自创 犹言空手而归。《日本书纪》卷2《神代纪下》："时兄取弟弓矢，入山猎兽。弟取兄钓钩，入海钓鱼。俱不得利，**空手来归**。"（第一册，p.172）（1）姚秦鸠摩罗什译《大智度论》卷11："维那答曰：'三十两金，足得一日食。'即以所有三十两金付维那。'为我做一日食，我明日当来。'**空手而归**。"隋灌顶撰《观心论疏》卷3："莫以睡眠因缘，失二世乐，徒生徒死，无一可获。如入宝山，**空手而归**，深可伤叹。"唐般若译《大乘理趣六波罗蜜多经》卷1《归依三宝品》："亦如有人，乘船入海，至于宝所，**空手而归**。"（2）《旧唐书》卷140《张建封传》："人将物诣市，至有**空手而归**者，名为宫市，其实夺之。"（p.3831）

【空死/むなしく みまかる】 偏正 （2例） 白死，白白送死。《日本书纪》卷10《应神纪》九年四月条："于是有壹伎直祖真根子者，其为人能似武内宿祢之形，独惜武内宿祢无罪而**空死**。"（第一册，p.474）又卷13《允恭纪》二十三年三月条："爰以为徒**空死**者，虽有罪，何得忍乎。遂窃通，乃悒怀少息。"（第二册，p.124）吴康僧会译《六度集经》卷3："若施以好，心不恳诚，憍懒自恃，身不供恪，绮求华名，欲远扬己。后有少财，世人空称，以为巨亿；内惧劫夺，衣常蓑薄，食未尝甘，亦为空生**空死**。"姚秦鸠摩罗什译《小品般若波罗蜜经》卷10："此身不久，必当坏败，我宁为法，以灭于身，终不**空死**。"隋智顗说、灌顶记《菩萨戒义疏》卷2："外道恶人即九十五种，是恶人辈下第二不受皆为恶人，空生**空死**同畜生也。"按：《汉语大词典》失收。

【空中有声/おほぞらにこゑあり】 四字 （4 例） 今义同。①《唐大和上东征传》："人皆荒醉，但唱观音。舟人告曰：'舟今欲没，有何所惜！'即牵栈香笼欲抛。**空中有声**言：'莫抛，莫抛！即止。'"（p. 63）②《续日本纪》卷14《圣武纪》天平十四年十一月条："壬子，大隅国司言：'从今月二十三日未时，至二十八日，**空中有声**，如大鼓。野雉相惊，地大震动。'"（第二册，p. 410）又卷32《光仁纪》宝龟三年五月条："丙午，西北**空中有声**，如雷。"（第四册，p. 382）又卷37《桓武纪》延历元年二月条："辛未，**空中有声**，如雷。"（1）后汉支娄迦谶译《道行般若经》卷9《萨陀波伦菩萨品》："是时，萨陀波伦菩萨啼哭。时便闻虚**空中有声**言：'善男子，可止！莫复啼哭。'"吴支谦译《大明度经》卷6《普慈闿士品》："是时，**空中有声**言：'善士，止！无哀恸矣。'"梁慧皎撰《高僧传》卷13："意惟杯度之言，乃竭诚礼忏，乞西方池水。经于三日，恳恻弥至。忽闻**空中，有声**扑然著地。意恐是金帛。试令人掘，入二尺许，泓然清流，遂成涧不绝。于是立寺。"（2）《南齐书》卷55《孝义传》："忽闻**空中有声**云：'汝至性可重，山神欲相驱使。汝可为人治病，必得大富。'"《梁书》卷47《孝行传》："俄闻**空中有声**曰：'征君寿命尽，不复可延，汝诚祷既至，止得申至月末。'及晦而易亡，黔娄居丧过礼，庐于冢侧。"

【空中有雲/おほぞらにくもあり】 四字 天空中漂浮着云彩。《藤原家传》上卷《镰足传》："粤以庚午闰九月六日，葬于山阶精舍。敕王公卿士，悉会葬所。使大锦下纪大人臣告送终之辞，致赠赙之礼。于时**空中有云**，形如紫盖。丝竹之音，听于其上。大众闻见，叹未曾有也。"（p. 250）北凉昙无谶译《大方广三戒经》卷1："迦叶，犹如**空中，有云**聚起，而是云聚，不从东西南北、四维上下而来。如来实说，不从十方，方所而来。解如是已，如实而说，随义演说，相应实说。"唐李通玄撰《新华严经论》卷34《入法界品》："其菩提心，自然明白无垢，犹如**空中有云**，云亡其虚空自空，不复云求虚空也。"

【孔雀王咒法/くざくおうのじゅほう】 多音 使用《孔雀王经》真言咒语进行修行的方法。《日本灵异记》上卷《修持**孔雀王咒法**得异验力以现作仙飞天缘第28》（p. 119）

【孔雀之咒法/くざくのじゅほう】 四字 义同"孔雀王咒法"。《日本灵异记》上卷《修持孔雀王咒法得异验力以现作仙飞天缘第28》："所以晚年以四十余岁，更居岩窟，被葛饵之松，沐清水之泉，濯欲界之垢，修习**孔雀之咒法**，证得奇异之验术。"（p. 119）

【恐怖憂愁/おそりうれふ】 四字 感到可怕畏惧而忧虑愁苦。《日本书纪》卷 14 《雄略纪》十年九月条："由是水间君**恐怖忧愁**，不能自默，献鸿十只与养鸟人，请以赎罪。天皇许焉。"（第二册，p. 188）姚秦鸠摩罗什译《大智度论》卷 10《序品》："问曰：'若无病有力，何以未受安乐？'答曰：'有人贫穷，**恐怖忧愁**，不得安乐。'"唐阿地瞿多译《陀罗尼集经》卷 7《佛说金刚藏大威神力三昧法印咒品》："是诸会中，若天若人，及诸魔王，并鬼神等，闻是我称，金刚名字，各各无色，皆悉默然，**心怀恐怖**，**忧愁**不快。"

【恐驚/かしこみおどろく】 并列 （2 例） 犹言"惊恐"，恐惧惊讶。《常陆国风土记·香岛郡》条："天皇闻诸，即**恐惊**，奉纳前件币帛于神宫也。"（p. 390）《日本灵异记》上卷《得电之喜令生子强力在缘第 3》："有一农夫，作田引水之时，少细降雨。故隐木本，樑金杖而立。时电鸣，即**恐惊**擎金杖而立。"（p. 64）（1）曹魏白延译《佛说须赖经》卷 1："贪憎失善意，邪念常**恐惊**。内忧如外拙，坐欲亡信根。"唐义净译《根本说一切有部毘奈耶药事》卷 11："然牧牛欢喜，听我法时，有一虾蟇，以杖隐著，皮肉穿穴，作声**恐惊**。牧牛欢喜听法，而于我处，发清净心，忍痛命终，得生四天王宫。"（2）《太平御览》卷 963 所载晋常璩《华阳国志》曰："何随，字季业。有竹园，人盗其笋者，随行见之，**恐惊**，乃掣履而归。"（p. 4276）按：《汉语大词典》失收。《日本灵异记》上卷《婴儿鹫所擒他国得逢父缘第 9》："彼鹑望之，**惊恐**不啄。"（p. 84）又中卷《依恶梦至诚心使诵经示奇表得全命缘第 20》："但妻之母，留土守家。儵为女梦见恶瑞相。即**惊恐**，念为女诵经，而依贫家，不得敢之。"（p. 201）又下卷《沙门诵持方广大乘沉海不溺缘第 4》："橡见之，目漂青面赦然，**惊恐**而隐。法师含咲，不瞑而忍，终后不显乎彼恶事。"（p. 272）又《将写〈法华经〉建愿人断日暗穴赖愿力得全命缘第 13》："时山穴口，忽然崩塞动。役夫**惊恐**，从穴竞出，九人仅出。一人有后出。"（p. 293）

【口鼓/くちつづみ】 偏正 像击鼓一样有节奏地拍打口发出声响。《古事记》中卷《应神记》："又于吉野之白梼上作横臼，而于其横臼酿大御酒。献其大御酒之时，击**口鼓**为伎而歌曰……"（p. 266）唐义净译《根本说一切有部百一羯磨》卷 8："或时转臂，或为鱼跃，或峻泥流迱半路停身，或作马鸣，或为牛吼，或作象叫，或孔雀鸣，或抚水鼓，或掷水为橄，或打**口鼓**，或吹口螺，如孔雀声，似黄莺响。广作如斯，非沙门行。"按：佛典中"口鼓"，是"行罪恶事作"之一，被视为"非沙门法"的鼓噪行为。《应神记》中的"口鼓"表现的是歌咏时的一种技法，即一边有节奏地拍打口发出声响，一边吟唱歌谣。

【口裏/くちのうち】 后缀 口中，嘴里。《日本书纪》卷 1《神代纪上》："又**口里**含蚕，便得抽丝。自此始有养蚕之道焉。"（第一册，p. 60）（1）姚秦竺佛念等译《鼻奈耶》卷 5："时指胲溃于王**口里**，王作是念：'若我出指去胲，或能疼痛。即便咽脓，而不出指，汝父有是辛苦，不扬于外。愿王见原，莫杀王。'"唐金刚智译《金刚顶瑜伽青颈大悲王观自在念诵仪轨》卷1："诵三遍净契已，以自在想观音大悲千眼，口中出大悲妙言文字，放五色光入行者**口里**，自心月中右旋布置。"（2）《敦煌变文·燕子赋（二）》："燕子启大王：'雀儿慢洛（落）荒。亦是穷奇鸟，构架足词章。衔泥来作窟。**口里**见生疮；王今不信语，乞问主人郎。'"又《降魔变文》："**口里**嚇岩吐六牙，一一牙高一百丈。"又《佛说观弥勒菩萨上生兜》："眼中冷泪耳中聋，**口里**强夸心里劣。"又《佛说观弥勒菩萨上生兜》："变作千年饿鬼行，**口里**千回拔出舌。"又《譬喻经变文》："遍身烟焰生，**口里**如烟道。"又《蚜嗣新妇文》："新妇道辞便去，**口里**咄咄骂詈，不徒钱财产业，且离怨家老鬼，新妇惯唤向村中自由自在，礼宜〔仪〕不学，女翁不爱，只是手提竹笼，恰似傍田拾菜。"

【口喎斜/くちゆがむ】 三字 （7例） 嘴歪，口不正。《日本灵异记》上卷《告读〈法华经〉品而现**口喎斜**得恶报缘第19》："于是，即坐沙弥**口喎斜**，令药治疗，终不直。"（p.103）又中卷《告读〈法华经〉僧而现**口喎斜**得恶死报缘第18》："爰奄然白衣**口喎斜**。恐以手押颐，出寺而去。去程不远，举身辟地，顿命终矣。"（p.196）又："虽不加刑，告心效言，**口喎斜**，忽然而死。何况发怨仇心，加刑罚矣。"（p.196）又下卷《诽奉写〈法华经〉女人过失以现**口喎斜**报缘》："于时，麻殖郡人忌部连板屋，举显彼女人之过失，以诽谤故，即**口喎斜**，面戾于后，而终不直。"（p.310）姚秦鸠摩罗什译《妙法莲华经》卷6《随喜功德品》："唇不下垂亦不褰缩，不粗涩，不疮胗，亦不缺坏，亦不**喎斜**，不厚不大，亦不黧黑，无诸可恶。"隋阇那崛多译《佛本行集经》卷26《向菩提树品》："或**口喎斜**，而复多齿。其舌广大，现多种形，或舌下垂，或舌拳缩，犹如礓石。"宋晓莹录《云卧纪谭》卷2："又济川适中风，而**口喎斜**，大慧以偈问候曰：'未解野犴鸣，先作狮子吼。只因谤般若，喎却一边口。观其道术相忘，未易以常，情测度耳。'"

【口宣/みことのり】 偏正 （2例） 口头宣敕。《出云国风土记·意宇郡》条："右件乡字者，依灵龟元年式，改里为乡。其乡名字者，被神龟三年民部省**口宣**改之。"（p.132）《古语拾遗》："又胜宝九岁，左辨官**口宣**：'自今以后，伊势太神宫币帛使专用中臣，勿差他姓者。'"（p.143）（1）吴康僧会译《六度集经》卷1："心念佛业，**口宣**佛教，身行佛事，捐五家分，兴佛宗庙，敬事贤众，供其衣食，慈养蜎飞、蠕动、蚑行之类；心所不安不以加之。斯之福德，随我所之，犹影随形，所谓私财也。"西晋竺法护译《普曜经》卷2《欲生时三十二瑞品》："慈灯见哀勋，梵音声柔软；教告三千界，**口宣**大法响。"姚秦竺佛念译《出曜经》卷10《学品》："修意善行者，意念善行，身修正法，**口宣**其教，二事由意，乃至无为。是故说曰，意修善行也。"（2）《晋书》卷40《杨骏传》："信宿之间，上疾遂笃，后乃奏帝以骏辅政，帝领之。便召中书监华廙、令何劭，**口宣**帝旨使作遗诏。"《宋书》卷99《二凶传》："使左右朱法瑜密责让浚，辞甚哀切，并赐书曰：'鹦鹉事想汝已闻，汝亦何至迷惑乃尔。且沉怀远何人，其讵能为汝隐此耶？'故使法瑜**口宣**，投笔悒慨。"按：传世文献中，"口宣"一词表示口头宣布帝王之命令。汉译佛经中，"口宣"表示口头宣说佛教的教理教义，《意宇郡》《古语拾遗》则表示口头宣布天皇的诏令。

【口业罪/くごうのつみ】 三字 因两舌、恶口、妄言、绮语而招致的罪孽。《日本灵异记》中卷《智者诽妒变化圣人而现至阎罗阙受地狱苦缘第7》："光发露忏悔曰：智广于菩萨所，致诽妒心，而作是言：'……由**口业罪**，阎罗王，召我令抱于铁铜柱。'"（p.168）梁诸大法师集撰《慈悲道场忏法》卷6："受（某甲）等忏**口业罪**，从无始无明住地已来，至于今日，以口恶业因缘，于六道中，备起怨结。愿以三宝神力，令四生六道，三世怨对，所忏断除，所悔永灭。"唐义净译《根本说一切有部毘奈耶》卷34："长者后还，问其妻曰：'圣者饮食，无阙乏不？'妇报之曰：'所供饮食，无阙时须。'然我童儿，于圣者处，作**口业罪**，具陈子语。长者便念：'小儿无识，自害其躯，当堕恶趣。'"宋元照集《地藏慈悲救苦荐福利生道场仪》卷2："地狱门中招拔舌，泥犁苦趣受牛耕。今将口业沥披诚，求忏从前**口业罪**。"

【叩戶/とをたたく】 述宾 （2例） 犹言"敲门"。与"扣户"义同。《万叶集》卷2第126～128首歌注："哽音蹐足，**叩户**咨曰：'东邻贫女，将取火来矣。'"（第一册，p.97）《日本灵异记》中卷《女人恶鬼见点攸食噉缘第33》："明日晚起，家母**叩户**，惊唤不答。"（p.234）（1）刘宋佛陀什、竺道生等合译《弥沙塞部和醯五分律》卷22："见众多比丘，露地经行，问言：'佛在何处？'诸比丘指示言：'在彼闭户大房中。汝可徐往，謦咳**叩户**。'"唐道世撰《法苑珠林》卷46："鬼每有声如犬，家人每呼为吃嗌。后忽语吾似吴，三更**叩户**，庇之问：'谁也？'答曰：'程邵陵。'把火出看，了无所见。"又卷91："帐内都督孙元弼，闻丁丰户中有环佩声，觇视见，桃英与同被而卧。元弼**叩户**扇，叱之。"（2）《新唐书》卷225中《朱泚传》："泚曰：'强授则人惧，但欲仕者与之，安能**叩户**拜官邪？'"（p.6447）按：《汉语大词典》失收。

【扣地/つちをたたく】 典据 以锡杖敲击地面而冒出泉水。典自晋代高僧慧远的传说。《唐大和上东征传》："昔远法师于是立寺，无水，发愿曰：'若于此地堪栖止者，当使抽泉。'以锡杖**扣地**，有二青龙寻锡杖上，水即飞涌。今尚其水涌出地上三尺焉，因名龙泉寺。"（p.78）晋慧达撰《肇论疏》卷2："远法师与弟子数阳见虚峯清净静足以息心，乃住龙泉精舍。此处无水，远师乃十八游历名山，乃至寻以杖**扣地**曰：'若此中可得栖止，当使朽壤抽泉。'言毕清净成流。"梁慧皎撰《高僧传》卷6："及届浔阳，见庐峯清静足以息心，始住龙泉精舍。此处去水大远，远乃以杖**扣地**曰：'若此中可得栖立，当使朽壤抽泉。'言毕清流涌出，后卒成溪。"该例亦见于梁宝亮撰《名僧传抄》卷1《惠远以锡杖**扣地**清流涌出构立堂房遂号龙众精舍事》。宋志盘撰《佛祖统纪》卷26："太元六年（晋孝武帝）至浔阳，见庐山闲旷可以息心，乃立精舍。以去水犹远举杖**扣地**曰：'若此可居当作朽壤抽泉。'言毕清流涌出。"按：《汉语大词典》失收。

【扣戶/とをたたく】 述宾　敲门，拍打门扉。与"叩户"义同。《日本灵异记》上卷《凶女不孝养所生母以现得恶死报缘第24》："夜半之时，有人来**扣户**曰：'汝女高叫，我胸有钉，方将垂死。往可看。'"（p.112）（1）东晋佛陀跋陀罗、法显合译《摩诃僧祇律》卷17："时夜风雨，即往尊者舍利弗房前**扣户**。问：'汝是谁？'答言：'和上，我是罗睺罗。'语言：'汝但彼住复到尊者大目连房前**扣户**。'"刘宋求那跋陀罗译《杂阿含经》卷44："作是念已，即入彼房，至房户中，以指**扣户**，口说是言：'瞿迦梨，瞿迦梨。于舍利弗、目连所起净信心，汝莫长夜得不饶益苦。'"梁慧皎撰《高僧传》卷12："尝于夜中，忽闻**扣户**云：'欲请法师，九旬说法。'邃不许，固请乃赴之。"（2）《神仙感遇传》卷2："一日有樵人**扣户**曰：'西峰岩中有仙人会话，师可造之。'师疑其山木之妖也，熟睨其目睛，以辨邪正。"按：《汉语大词典》失收。

【枯山/からやま】 偏正（2例）　枯萎的山，光秃秃的山。《古事记》上卷《伊耶那岐命与伊耶那美命》："其泣者，青山如**枯山**泣哭，河海者悉泣干。"（p.54）《日本书纪》卷24《皇极纪》四年四月条："同学鞍作得志，以虎为友学取其术，或使**枯山**变为青山，或使黄水变为白水，种种奇术不可殚究。"（第三册，p.96）唐阿质达霰译《秽迹金刚说神通大满陀罗尼法术灵要门》卷1："若欲令**枯山**生草木，取镔铁刀一口，于四方围山，咒三千遍七日满则生。"按：《汉语大词典》失收。通过佛典例句可知，使不毛的秃岭转眼间变成葱绿的青山，是佛教所传咒术之一。《伊耶那岐命与伊耶那美命》传说中的叙述内容亦然，只是反其道而用之。两相比较，两者在表达构思上的近缘关系尽显无余。汉文佛经中还有如下例文。宋集成等编《宏智禅师广录》卷7："野水秋自瘦，**枯山**春复肥。胡床放得稳，默默坐亡机。"

【枯损/かれそこなふ】 格义　草木枯萎凋零。《古语拾遗》："于时御岁神之子，至于其田，唾饷而还，以状告父。御岁神发怒，以蝗放其田，苗叶忽**枯损**似筱竹。"（p.144）失译人名今附秦录《萨婆多毗尼毗婆沙》卷2："复次如断树根，树则枯朽。若犯此戒，道树**枯损**，名堕不如。若犯此戒，众所弃离，天龙善神，所不亲近，贤圣呵责，名堕不如。"唐法宝撰《俱舍论疏》卷15《分别业品》："生草变枯其性有异，若生草**枯损**无罪故，戒无得，舍。"按：《汉语大词典》中的该词条无此义项。传世文献中，"枯损"谓斫伤身体。《抱朴子》卷6《微旨》："知极情恣欲之致**枯损**，而不知割怀于所欲也。"

【枯萎/かれしぼむ】 并列　干枯萎缩；干枯萎谢。《丰后国风土记·速见郡》条："人窃到井边，发声大言，惊鸣涌腾，二丈余许。其气炽热，不可向昵。缘边草木，悉皆**枯萎**。因曰愠汤井。"（p.302）（1）《乐府诗集》卷86："女萝依附松，终已冠高枝；浮萍生托水，至死不**枯萎**。"（2）姚秦竺佛念译《出曜经》卷24《观品》："女白王言：

'水泡虚伪，不可久停。愿王与我，作紫金鬘，终日竟夜，无有**枯萎**。'"北凉昙无谶译《佛所行赞》卷5《涅槃品》："鞞舍离亦然，素荣而今悴，犹如秋田苗，失水悉**枯萎**。"按：《汉语大词典》首引宋苏轼《哭王子立次儿子迨韵》之二："儿曹莫凄恻，老眼欲**枯萎**。"偏晚。

【哭愁/なきうれふ】 并列（2例） 哭泣愁伤。《日本灵异记》下卷《将写〈法华经〉建愿人断日暗穴赖愿力得全命缘第13》："妻子**哭愁**，图绘观音像，写经追增福力而径七日已讫。"（p.293）又："故有一沙弥，自隙入来，钵盛馔食，以与之语：'汝之妻子，供我饮食，雇吾劝救。汝复**哭愁**，故我来之。'"（p.293）后汉支娄迦谶译《道行般若经》卷9《不可尽品》："若有菩萨行般若波罗蜜，当尔时魔大愁毒。譬如父母，新死啼**哭**，**愁**毒忧思。菩萨行般若波罗蜜时，魔愁毒如是。"西晋竺法护译《生经》卷2："啼**哭愁**忧，悲哀呼嗟，椎胸殟恼，葬埋已讫，各自还归，亦不能救。"又《持人菩萨经》卷2《十二缘品》："故曰从所有缘，便致所生，从所生缘，便有老病死，啼**哭愁**戚，不可意法，大患苦会。"刘宋求那跋陀罗译《佛说菩萨行方便境界神通变化经》卷2："见世众生，堕在种种，病苦忧悲，啼**哭愁**恼。众苦大聚，是沙门瞿昙。于是众生，而起大悲。"元魏瞿昙般若流支译《正法念处经》卷49《观天品》："彼命终尽，所作不办，不得免离，衰老病死，悲啼号**哭**，**愁**苦懊恼，彼人常在，生死道中，流转而行。"

【哭叫/なきさけぶ】 并列（4例） 啼哭叫唤，哭喊。《日本灵异记》中卷《常鸟卵煮食以现得恶死报缘第10》："时有当村人，入山拾薪。见于走转**哭叫**之人，自山下来，执之而引，拒不所引。犹强捉追，乃从篱之外，牵之而出，躃地而卧嘿然。"（p.176）又《弥勒菩萨铜像盗人所捕示灵表显盗人缘23》："圣武天皇御世，敕信巡夜。行于京中，其半夜时，其诸乐京葛木尼寺前南慕原，有**哭叫**音。"（p.208）又《漂流大海敬称尺迦佛名得全命缘第25》："二人各得一木，以乘漂流于海。二人无知，唯称诵：'南无无量灾难令解脱尺迦牟尼佛。'**哭叫**不息。"（p.325）《续日本纪》卷20《孝谦纪》天平宝字元年七月条："方今，天下忧苦，居宅无定，乘路**哭叫**，怨叹实多。"（第三册，p.208）（1）元魏慧觉等在高昌郡译《贤愚经》卷2《降六师品》："魔于道边，化作一人，身处大火，盛炎炽然，于中**哭叫**，声悲酸切。"（2）《敦煌变文·孟姜女变文》："其妻闻之大**哭叫**，不知君在长城妖。"又《太子成道经》："观看之次，忽见一人卧于荒郊，绛胀烂坏，四畔有人，高声**哭叫**。"按：《汉语大词典》失收。→【叫哭】

【哭涕/なくなみだ】 并列（2例） 啼哭涕零。《万叶集》卷11第2549首："妹恋 吾**哭涕** 敷妙 木枕通 袖副所沾"（第三册，p.214）又第2953首："恋君 吾**哭涕** 白妙 袖兼所渍 为便母奈之"（p.318）陈真谛译《大宗地玄文本论》卷19："若灭正法时，作微尘散坏。所有诸神王，发大声**哭涕**。"按：《汉语大词典》失收。

【哭言："～"/なきてまうさく～】 说词（3例） 哭着说道："……"。《日本灵异记》中卷《奉写〈法华经〉因供养显母作女牛之因缘第15》："于是，檀主大**哭言**：

'实我母。我曾不知。今我奉免。'"（p. 188）又《药师佛木像流水埋沙示灵表缘第39》："敬礼**哭言**：'我大师哉，何有过失，遇是水年难。'"（p. 246）又下卷《沙门诵持方广大乘沉海不溺缘第4》："其女闻之，大哀**哭言**：'无幸亡父，何图失宝？我别知之。能见父仪，宁视底玉，亦得父骨。哀哉痛哉！'"（p. 272）（1）失译人名今附东晋录《天尊说阿育王譬喻经》卷1："萨薄复言：'嫌少当益，公何以不乐？与公五百匹。'公便大啼**哭言**：'我不恨绢少，我愚痴此斧长尺半斫地已尽。余有五寸，犹得五百匹，是以为恨耳。'"姚秦鸠摩罗什译《坐禅三昧经》卷1："是谓不善彼我失，他有净心亦复没。譬如阿兰若道人，举手**哭言**贼劫我。"梁宝唱等集《经律异相》卷18："子现瞋怒，杀化父母已，啼哭酸毒，不能自胜，往杀母人所，谓言：'我杀父母，当堕地狱，**哭言**奈何，当设何计？'"（2）《北史》卷91《列女传》："遣人强举于车上，则大**哭言**：'尔欲杀我也！'由是符家内外，皆号为痴姨。"按：《汉语大词典》失收。

【哭由/なくゆゑ】 偏正（2例）啼哭的原因，哭泣的原委。《古事记》上卷《天照大御神与须佐之男命》："亦问：'汝**哭由**者何？'答白言：'我之女者，自本在八稚女。是高志之八俣远吕智每年来吃，今其可来时，故泣。'"（p. 68）《出云国风土记·仁多郡》条："宇良加志给靭，犹不止哭之。大神梦愿给：'告御子之**哭由**。'梦尔愿坐，则夜梦见坐之御子辞通。"（p. 250）唐道世撰《法苑珠林》卷88："时有一龙，从泉而出，变身为人。问其**哭由**，园监具说。"按：《汉语大词典》失收。

【哭之甚恸/（み）ねしていたくなげく】 四字 哭得十分悲痛。《日本书纪》卷11《仁德纪》即位前纪条："乃进同母妹八田皇女曰：'随不足纳采，仅充掖庭之数。'乃且伏棺而薨。于是大鹪鹩尊素服为之发哀，**哭之甚恸**。仍葬于菟道山上。"（第二册，p. 28）（1）梁慧皎撰《高僧传》卷10："坚奉为国神，士庶皆投身接足，自是无复，炎旱之忧。至十六年十二月，无疾而化，坚**哭之甚恸**。"唐道世撰《法苑珠林》卷63："至于六年十二月，无病而化。坚**哭之甚恸**。卒后七日，坚以其神异，试开棺视之，不见尸骸所在，唯有殓被存焉。"（2）《梁书》卷14《任昉传》："高祖闻问，即日举哀，**哭之甚恸**。追赠太常卿，谥曰敬子。"（p. 254）《北史》卷75《元寿传》："从征辽东，在道卒。帝**哭之甚恸**，赠尚书右仆射、光禄大夫，谥曰景。"（p. 2583）

【窟宅/いはや】 偏正（2例）鬼神妖怪的居处。《续日本纪》卷40《桓武纪》延历八年七月条："海浦**窟宅**，非复人烟。山谷巢穴，唯见鬼火。"《上宫皇太子菩萨传》："五通仙府，十仙**窟宅**。儒生辐辏，玄侣云集。"东晋法显译《佛说大般泥洹经》卷2《哀叹品》："时诸比丘白佛名：'世尊，我当云何？如世尊教，修三想见，四颠倒者？唯愿如来，住世一劫，若过一劫。如世尊教，我当修行。若当如来，不住世者，我等何能，久与毒蛇，同其**窟宅**，永违如来？谁当住世，任持正法？当随如来，入于泥洹。'"刘宋求那跋陀罗译《杂阿含经》卷10："汝等今日，当作所作，当于树下，或空露地、山岩**窟宅**，敷草为座，善思正念，修不放逸，莫令久后心有悔恨，我今教汝。"

隋宝贵合、北凉昙无谶译《合部金光明经》卷 4《赞佛品》："能入一切，无患**窟宅**；能令众生，悉得解脱，度于三有，无量苦海，安住正道，无诸忧苦。"

【**苦逼**/せめたしなむ】 偏正 苦苦相逼，生生逼迫。"苦"，情状方式副词，表示竭尽全力，相当于"极力"。《日本书纪》卷 19《钦明纪》二十三年七月条："新罗斗将拔刀欲斩，逼而脱裈，追令以尻臀向日本大号叫曰：'日本将啮我臗脽。'即号叫曰：'新罗王啖我臗脽。'虽被**苦逼**，尚如前叫。"（第二册，p. 452）失译人名今附后汉录《分别功德论》卷 1："九种罗汉有退转者，以几事退？有四事：年在衰迈；疾病**苦逼**；好远行游；服药不顺。"东晋佛驮跋陀罗译《大方广佛华严经》卷 5《如来光明觉品》："见众生**苦逼**，痴覆爱欲刺。常求无上道，诸佛法如是。"姚秦鸠摩罗什译《妙法莲华经》卷 7《观世音菩萨普门品》："众生被困厄，无量**苦逼**身，观音妙智力，能救世间苦。"按：《汉语大词典》失收。

【**苦处~安堺~**/くるしびのところ~やすきさかひ~】 对偶 "苦处"，逼迫身心苦恼之处。"安界"，达到不为任何烦恼所惑之境地。《日本灵异记》中卷《序》："恶因连蟉趍**苦处**，善业攀缘引**安堺**。"（p. 141）

【**苦缚**/くばく】 偏正 苦患的束缚。《日本灵异记》下卷《弥勒菩萨应于所愿示奇形缘第 8》："诚知弥勒之高有兜率天上，应愿所示。愿主下在**苦缚**凡地，深信招佑。何更疑之也。"（p. 280）姚秦鸠摩罗什译《妙法莲华经》卷 1《方便品》："告诸声闻众，及求缘觉乘：'我今脱**苦缚**，逮得涅槃者。'"东晋瞿昙僧伽提婆译《中阿含经》卷 29《大品》："我不见缚，更有如是苦、如是重、如是粗、如是不可乐，如地狱、畜生、饿鬼缚也。此三**苦缚**，漏尽阿罗诃比丘已知灭尽，拔其根本，永无来生。"北凉昙无谶译《佛所行赞》卷 2《入苦行林品》："违亲舍胜境，决定求天乐，虽免于小苦，终为大**苦缚**。"

【**苦海**/くかい】 偏正 （3 例） 喻指众生在六道之中生死轮回，备受种种的痛苦，好像沉溺于无边无际的大海一样。《万叶集》卷 5《日本挽歌》序："爱河波浪已先灭，**苦海**烦恼亦无结。从来厌离此秽土，本愿托生彼净刹。"（第二册，p. 22）《续日本纪》卷 8《元正纪》养老三年十一月条："道慈法师，远涉沧波，核异文于绝境，遐游赤县，研妙机于秘记。参迹象龙，振英秦汉。并以戒珠如怀满月，慧水若写沧溟。倘使天下桑门智行如此者，岂不殖善根之福田，渡**苦海**之宝筏。"（第二册，p. 62）《奈良朝写经 75·大般若经卷第 176》："［仰愿以此功德，先同］奉资先考之神［路，般若之船，净于苦］海，速到极乐之宝［城，大乘炬焕于间］衢，早登摩尼之宝殿。"（p. 442）吴支谦译《菩萨本缘经》卷 3《鹿品》："为度烦恼**苦海**之人而作桥梁，如人处险要因机杖，亦如执炬睹见诸器。"东晋法显译《大般涅槃经》卷 3："一切众生，沉沦**苦海**。亦如病人，远于良医，又似盲者，失所牵导。"《全唐文》卷 959《大唐齐州神宝寺碣铭》："大雄有已见（阙一字）生溺之**苦海**，于是横宝筏而济之。"

【苦念/くるしきおもひ】偏正 苦苦地想念。"苦"，程度副词，表程度深，相当于"很""十分"。《万叶集》卷17第4011～4015首歌序："粤以梦里有娘子。喻曰：'使者勿作**苦念**，空费精神，放逸彼鹰获得，未几矣哉。'"（第四册，p.217）东晋法显译《佛说大般泥洹经》卷1《长者纯陀品》："夫爱念者，譬如乳牛，虽复饥渴，行求水草，若足未足，忽念其子，便疾还归；诸佛世尊，无此**苦念**，视一切众生，皆如一子，是智慧念，诸佛境界。"唐窥基撰《阿弥陀经疏》卷1："如天亲般若论云，说根熟菩萨为诸佛所护念，即防其外慢缘，即诸外恶不及，内心无**苦念**。即记其内德，盖智慧以自成加外佛力以利物也。"按：《汉语大词典》失收。佛典例中的"苦念"，指内心因外道邪说的侵扰而产生的苦恼，带有宗教意味；歌序中的"苦念"，表示对逃走的苍鹰的满腔思念。由此可知，两者在表抽象义与具体义上存在差异。

【苦問/たしなめとふ】偏正 苦苦逼问；残酷地拷问。《日本书纪》卷19《钦明纪》二十三年春六月条："即收廷尉，鞫问极切。马饲首歌依乃扬言誓曰：'虚也，非实。若是实者，必被天灾。'遂因**苦问**，伏地而死。"（第二册，p.446）（1）刘宋佛陀什、竺道生等译《弥沙塞部和醯五分律》卷18："王言：'不须问我。'夫人**苦问**至三，王不获已，便具以告。"梁僧佑撰《出三藏记集》卷5："何以知之？每至**苦问**，佛之真主，亦复虚妄，积功累德，谁为不惑之本。"（2）《旧唐书》卷183《薛怀义传》："矩具以闻，则天曰：'此道人风病，不可**苦问**。所度僧任卿勘当。'"（p.4742）按：《汉语大词典》失收。

【苦因/くるしびのたね】偏正 苦恼的原因，谓由众生无明所引起的贪瞋痴等。《日本灵异记》下卷《击沙弥乞食以现得恶死报缘第15》："谅知邪见切身之利剑，瞋心是招祸之疾鬼，悭贪受饿鬼之**苦因**，多欲障慈施之猛薮。"（p.298）姚秦鸠摩罗什译《妙法莲华经》卷2《譬喻品》："若有众生，不知苦本，深著**苦因**，不能暂舍。为是等故，方便说道。诸苦所因，贪欲为本，若灭贪欲，无所依止，灭尽诸苦，名第三谛。"又《成实论》卷6《行苦品》："诸受皆苦。所以者何？衣食等物，皆是**苦因**，非乐因也。"

【苦縁/くるしびのえん】偏正 人生充满痛苦的缘由；苦谛产生的原因。《法隆寺金堂释迦三尊像光背铭》："癸未年三月中，如愿敬造释迦尊像并侠待及庄严具竟。乘斯微福，信道知识，现在安隐，出生入死，随奉三主，绍隆三宝，遂共彼岸。普遍六道，法界含识，得脱**苦缘**，同趣菩提。"姚秦竺佛念译《出曜经》卷24《观品》："苦因**苦缘**生，当越此苦本，贤圣八品道，灭尽甘露际。"刘宋先公译《佛说月灯三昧经》卷1："童子、菩萨摩诃萨复有六种**苦缘**。何等为六？一者诸行**苦缘**，不可思议；二者有为**苦缘**，不可思议；三者无为**苦缘**，不可思议；四者有住**苦缘**，不可思议；五者无住**苦缘**，不可思议；六者皆空不可思议。是为六种。"按：《汉语大词典》失收。

【苦罪/くるしびのつみ】 并列 苦难和罪责。《日本灵异记》下卷《女人滥嫁饥子乳故得现报缘第16》："爱诸子悲言：'我不思怨，何慈母君，受是**苦罪**？'"（p. 301）西晋竺法护译《贤劫经》卷1《问三昧品》："已离**苦罪**，心无所著，所行究畅，长济三厄。"宋求那跋摩译《优婆塞五戒威仪经》卷1："我自寻思，过惑自缠，不睹圣道，障涅槃门，闭甘露户，塞众善道，不闻正法，沈没大海，有如此**苦罪**，今悉忏悔，五体投地。"

【快好/こころよくよし】 口语 （风势）顺利，（心情）畅快。《续日本纪》卷1《文武纪》四年三月条："比至海中，船飘荡不进者，七日七夜。诸人怪曰：'风势**快好**。计日应到日本。船不肯行，计必有意。'"（第一册，p. 24）（1）后汉支娄迦谶译《佛说兜沙经》卷1："如是等菩萨其所止佛刹，刹极**快好**，其刹皆各各自有名。"隋阇那崛多译《佛本行集经》卷24《精进苦行品》："尔时菩萨见此地已，如是思惟：'此中地势，**快好**方平。暂睹即便，为人所乐，乃至堪可，修道行禅。'"又卷33《转妙法轮品》："于其路上，见有一乞婆罗门，名优波伽摩，两逆相逢，彼见佛已，即白佛言：'仁者瞿昙，身体皮肤，**快好**清净，无有垢腻。'"（2）《齐民要术》卷10《五谷果瓜菜茹非》："《南方草物状》曰：'槟榔，三月花色，仍连著实，实大如卵。十二月熟，其色黄；剥其子，肥强可不食，唯种作子。青其子，并壳取实曝干之，以扶留藤、古贲灰合食之，食之即滑美。亦可生食，最**快好**。'"按：《汉语大词典》失收。

【宽坐/あぐみにゐ】 偏正 坐得宽松。《日本书纪》卷2《神代纪下》："于是天孙于边床则拭其两足，于中床则据其两手，于内床则**宽坐**真床覆衾之上。"（第一册，p. 182）（1）失译人名今附秦录《毗尼母经》卷5："尊者离跋多，来到萨婆钳边。萨婆钳见离婆多来处悬远，身体疲懈，自狭坐令，离婆多**宽坐**。离婆多内自思惟：'尊者萨婆钳，阎浮提中，第一上座。云何于其前，懈怠宽纵？'即敛身端坐，系念思惟。如此二人坐，名之为坐。"（2）《云笈七签》卷59《昙鸾法师气法》："初**宽坐**，伸两手置膝上，解衣带，放纵肢体，念法性平等，生死不二，经半食顷，闭目，举舌奉腭，徐徐长吐气一息二息，傍人闻气出入声，初粗渐细，十余息后，乃得自闻声。"按：《汉语大词典》失收。

【窥便/たよりをうかがふ】 述宾 窥探是否方便，寻找机会。《日本灵异记》上卷《信敬三宝得现报缘第5》："弓削大连，狂心起逆，谋倾**窥便**。爱天亦嫌之，地复恶之。当于用明天皇世，而挫弓削大连。"（p. 75）唐神清撰、慧宝注《北山录》卷5："时沙门有种麦于寺中者御驺牧，帝入寺观马，从官**窥便**。室有财产，弓矢牧守，富豪所寄，藏物万计。"按：《汉语大词典》失收。

【窥看/うかがひみる】 并列 （3例） 窥视，偷看。《日本灵异记》上卷《僧忆持〈心经〉得现报示奇事缘第14》："僧乃怪之，窃穿牖纸**窥看**。法师端坐诵经，光从口

出。"（p.94）又中卷《佛铜像盗人所捕示灵表显盗人缘第22》："疑若杀人，必有异心，良久徘徊，窃入从者，**窥看**屋内，奉仰佛铜像，剔缺手足，以锭鍗颈。"（p.206）又下卷《弥勒丈六佛像其颈蚁所嚼示奇异表缘第28》："彼病呻音，每夜不息。行者不得闻忍，故起**窥看**，犹无病人。"（p.335）唐慧琳撰《一切经音义》卷27："**窥看**：上丘规反。《字林》：**小视**也。《方言》：凡相**窃视**、**甫视**，楚谓之**窥**。又作**窥**，同下。苦寒反。亦苦旦反。**视**也。"姚秦鸠摩罗什译《妙法莲华经》卷2《譬喻品》："夜叉饿鬼，诸恶鸟兽，饥急四向，**窥看**窗牖。"梁法云撰《法华经义记》卷5《譬喻品》："从夜叉饿鬼诸恶鸟兽下一行半，是第三总结被烧众生不开也。色无色界，如窗牖**窥看**，上界之明也。"唐义净译《根本说一切有部毗奈耶杂事》卷25："时憍萨罗主胜光大王、太子、大臣，并余国主、王子之类，咸共问亲，求为婚娶。由妙光女，相师授记，与五百人，共行欲事，皆生讥耻，不共成亲。然于宅中，内外人满，门窗户牖，皆共**窥看**，随备守防，难为禁止。"

【愦閙/かいにょう】 并列 混乱喧闹。《藤氏家传》下卷《武智麻吕传》："其性温良，其心贞固。非礼弗履，非义弗领。每好恬淡，远谢**愦閙**。"（p.296）唐慧琳撰《一切经音义》卷61《愦閙》："上音会。《说文》：**愦**，**乱**也。下挐效反，俗字也。"后汉竺大力、康孟详合译《修行本起经》卷1《菩萨降身品》："太子在宫，不乐**愦閙**，志思闲燕。"姚秦鸠摩罗什译《妙法莲华经》卷5《从地踊出品》："常行头陀事，志乐于静处，舍大众**愦閙**，不乐多所说。"北凉昙无谶译《大般涅槃经》卷7《如来性品》："奸伪谄曲，贪利无厌，爱乐**愦閙**，戏笑谈说。"按：《汉语大词典》失收。

L

【来喫/きてくふ】 后补 来吃，来喝。《古事记》上卷《天照大御神与须佐之男命》："答白言：'我之女者，自本在八稚女，是高志之八俣远吕知，每年**来吃**。今其可来时，故泣。'"（p. 68）（1）唐菩提流志译《大宝积经》卷120："于庄宅中，鸟兽**来吃**。不欢欣者，不名净施。"唐大觉撰《四分律行事钞批》卷13："相承云：北地一僧，晚头吃食，令童子下食。童子令出生，师答云：'非是时节，何处有众生**来吃**。不须出生。'"宋慧洪撰《禅林僧宝传》卷28："遇和曰：'葫芦棚上挂冬瓜，麦浪堆中钓得鰕。谁在画楼沽酒处，相邀**来吃**赵州茶。'"（2）《全唐诗续拾》卷5王梵志歌："承闻七七斋，蘧施鬼**来吃**。永别生时盘，酒食无踪迹。"按：《汉语大词典》失收。

【来唤/きよぶ】 后补 来喊，来叫。《万叶集》卷11第2527首："谁此乃 吾屋户**来唤** 足千根乃 母尔所啧 物思吾乎"（第三册，p. 209）（1）后汉安世高译《佛说奈女祇域因缘经》卷1："尔时祇域复诣佛所，接足顶礼，白佛言：'世尊，彼王遣使**来唤**，为可往不？'"东晋佛陀跋陀罗、法显合译《摩诃僧祇律》卷2："彼时众生，便作是念：'我等何为，竟日疲苦，不如晨旦，并取粳米，兼明日食。'明日有众生**来唤**共取粳米，此众生答言：'我昨并取。'"失译人名今附秦录《毗尼母经》卷7："复有十七群童子，是其伴侣，**数数来唤**，相随出家。于是父母放令出家。"（2）《朝野金载》卷2："婢死后月余，李氏病，常见婢**来唤**。李氏头上生四处瘅疽，脑溃，昼夜鸣叫，苦痛不胜，数月而卒。"（p. 28）按：《汉语大词典》失收。

【来进曰："~"/きたりすすみまをさく ~】 说词 前来禀告说："……"。《日本书纪》卷2《神代纪下》："天孙幸大山祇神之女子吾田鹿苇津姬，则一夜有身，遂生四子。故吾田鹿苇津姬抱子而**来进曰**：'天神之子宁可以私养乎？'"（第一册，p. 146）吴康僧会译《六度集经》卷5："猴王率众，由径临海，忧无以渡。天帝释即化为猕猴，身病疥癣，**来进曰**：'今士众之多，其蹈海沙，何忧不达，于彼洲乎？'"

【来鸣/きなく】 后补 （31例）（鸟儿）飞来鸣叫。《万叶集》卷1第16首："冬木成 春去来者 不喧有之 鸟毛**来鸣**奴"（第一册，p. 34）又卷6第1053首："莺乃**来鸣**春部者 岩者 山下耀"（第二册，p. 172）又卷8第1472首："霍公鸟 **来鸣**令

响　宇乃花能　共也来之登　问麻思物乎"又第 1477 首："宇能花毛　未开者　霍公鸟　佐保乃山边　**来鸣**令响"（第二册，p. 314）。又第 1479 首："隐耳　居者郁悒　奈具左武登　出立闻者　**来鸣**日晚"（第二册，p. 314）。又第 1480 首："我屋户尔　月押照有　霍公鸟　心有今夜　**来鸣**令响"（第二册，p. 315）。又第 1493 首："吾屋前乃　花橘乎　霍公鸟　**来鸣**令动而　本尔令散"（第二册，p. 319）。又第 1499 首："事繁　君者不来益　霍公鸟　汝太尔**来鸣**　朝户将开"（第二册，p. 321）。又第 1507 首："志许霍公鸟　晓之　里悲尔　虽追虽追　尚**来鸣**而"（第二册，p. 324）。又第 1541 首："吾岳尔　棹壮鹿**来鸣**　先芽之　花嬬问尔　**来鸣**棹壮鹿"（第二册，p. 336）。又卷 9 第 1702 首："妹当　茂苅音　夕雾　**来鸣**而过去　及乏"（第二册，p. 401）。又第 1713 首："泷上乃　三船山从　秋津边　**来鸣**度者　谁唤儿鸟"（第二册，p. 405）。又第 1755 首："宇能花乃　开有野边从　飞翻　**来鸣**令响"（第二册，p. 423）。又卷 10 第 1823 首："朝井代尔　**来鸣**杲鸟　汝谷文　君丹恋八　时不终鸣"（第三册，p. 28）。又第 1946 首："木高者　曾木不殖　霍公鸟　**来鸣**领响而　恋令益"（第三册，p. 61）。又第 1957 首："宇能花乃　散卷惜　霍公鸟　野出山入　**来鸣**令动"（第三册，p. 64）。又第 1968 首："霍公鸟　**来鸣**响　橘之　花散庭乎　将见人八孰"（第三册，p. 66）。又第 1981 首："霍公鸟　**来鸣**五月之　短夜毛　独宿者　明不得毛"（第三册，p. 70）。又第 1991 首："霍公鸟　**来鸣**动　冈边有　藤浪见者　君者不来登夜"（第三册，p. 73）。又第 2157 首："暮影　**来鸣**日晚之　几许　每日闻迹　不足音可闻"（第三册，p. 113）。又第 2183 首："雁音者　今者**来鸣**沼　吾待之　黄叶早继　待者辛苦者"（第三册，p. 120）。又第 2194 首："雁鸣乃　**来鸣**之共　韩衣　裁田之山者　黄始南"（第三册，p. 122）。又卷 13 第 3223 首："霹雳之　日香天之　九月乃　钟礼乃落者　雁音文　未**来鸣**"（第三册，p. 129）。又卷 16 第 3791 首："狭野津鸟　**来鸣**翔经　秋僻而　山边尾往者"（第四册，p. 93）。又卷 17 第 3909 首："多知婆奈波　常花尔毛欤　保登等艺须　周无等**来鸣**者　伎可奴日奈家牟"（第四册，p. 155）。又第 3912 首："保登等艺须　奈尔乃情曽　多知花乃　多麻奴久月之　**来鸣**登余牟流"（第四册，p. 156）。又第 2914 首："保登等艺须　今之**来鸣**者　余吕豆代尔　可多理都具倍久　所念可母"（第四册，p. 157）。又第 3847 首："家佐能安佐气　秋风左牟之　登保都比等　加里我**来鸣**牟　等伎知可美香物"（第四册，p. 169）。又第 3978 首："霍公鸟　**来鸣**牟都奇尔　伊之加母　波夜久奈里那牟"（第四册，p. 193）。又第 1984 首歌注："霍公鸟者，立夏之日，**来鸣**必定。又越中风土希有橙橘也。因此大伴宿祢家持感发于怀，聊于裁此歌。"（第四册，p. 196）（1）西晋竺法护译《修行地道经》卷 5《数息品》："或共议言：'若见瑞怪，乌鹊**来鸣**。'"高丽一然撰《三国遗事》卷 1："时有乌与鼠**来鸣**。鼠作人语云：'此乌去处寻之（或云神德王欲行香兴轮寺，路见众鼠含尾怪之而还占之。明日**先鸣**乌寻之云云。此说非也）王命骑士追之。"（2）《先秦汉魏晋南北朝诗·北周诗》卷 4："园开簪带合，亭回春芳过。莺度游丝断，风驶落花多。峰幽来鸣嗦，洲横拥浪波。歌声初出牖，舞影乍侵柯。面玉同钗玉，衣罗异草萝。既悦弦筒畅，复欢文酒和。"张籍《新桃行》："青蝉不**来鸣**，安得迅羽过。常恶牵丝虫，蒙幂成网罗。"按：《汉语大词典》失收。

【来散/きちる】 后补 风刮来吹散某物，风刮来吹撒某物。《古事记》下卷《安康记》："尔兴军待战，射出之矢，如苇**来散**。"（p.330）北魏瞿昙般若流支译《正法念处经》卷40："谓有风**来散**其头发，令不柔软，触则粗涩。"唐菩提流志译《大宝积经》卷120："此人必当，生持鬘天。临终之时，身发妙香，及感鲜华。而复自见，种种色华，**来散**其上。"唐义净译《根本说一切有部毗奈耶破僧事》卷4："或复开诸门，或以花**来散**。或有扶马足，瞻仰随从行。"按：《汉语大词典》失收。

【来語曰："～"/きたりかたりていはく ～】 说词 来说道："……"。《日本书纪》卷2《神代纪下》："顷吾儿**来语曰**：'天孙忧居海滨，未审虚实。'盖有之乎？"（第一册，p.174）唐法藏集《华严经传记》卷2："先读《华严经》数十遍，至于义旨，转加昏瞍，常怀快快，晓夕增其恳到。遂梦普贤菩萨，乘白象放光明，**来语曰**：'汝逐我向南方，当与汝药，令汝深解。'忽觉，向同意说之，而恨不问南方处所。"唐慧英撰、胡幽贞撰《大方广佛华严经感应传》卷1："延悟入堂，礼佛才毕，忽见五百异僧，执锡持盂，翔空而至。悟敬异僧，宁敢居上，遂从下行。居士**来语曰**：'师受持华严，是佛境界。何得于小圣下坐？'遂却引悟，坐于五百，圣众之上。"唐怀信述《释门自镜录》卷1："后梦见一僧，**来语曰**：'汝悭惜钱财，不肯作福。襄州有李德胜，大营功德。今将汝钱，送乞其人，令修福业。'"

【来住於～/～にきたりてすむ】 于字 （2例） 来到某处居住。①《日本灵异记》中卷《生爱欲恋吉祥天女像感应示奇表缘第13》："和泉国泉郡血渟山寺，有吉祥天女像。圣武天皇御世，信浓国优婆塞，**来住于**其山寺。"（p.182）②《日本书纪》卷19《钦明纪》五年二月条："汝等**来住**任那、恒行不善。任那日损，职汝之由。"（第二册，p.384）（1）失译人名今附后汉录《杂譬喻经》卷2："昔者海边有树木，数十里中，有猕猴五百余头。时海水上有聚沫，高数十丈，像如雪山，随潮而**来，住于**岸边。"西晋竺法护译《佛说梵志女首意经》卷1："女见佛**来，住于**门外，心怀踊跃，回入设座，还诣佛所，稽首佛足下，长跪白言：'善来，安住！愿降圣尊，屈神临眄。'佛垂慈愍，入馆就座。"唐义净译《根本说一切有部毗奈耶杂事》卷40："尊者加趺压九峪口。龙曰：'尊者可有几许门徒？'尊者入定观知，有五百阿罗汉，**来住于**此。龙曰：'随意。若一人欠少，我当夺地。'尊者云尔。"（2）《搜神后记》卷6："乐安刘池苟，家在夏口，忽有一鬼**来住**刘家。"《唐文续拾》卷10阙名《定州曲阳县龙泉镇□□山院长老和尚舍利塔记》："时缘头李筠闻长老之名，糺诸檀越，请长老**来住**此院。"

【襤褸/やつる】 并列 形容衣服破烂。《日本书纪》卷2《神代纪下》："其后火酢芹命日以**襤褛**，而忧之曰：'吾已贫矣。'乃归伏于弟。"（第一册，p.176）《方言》

第三："南楚凡人贫衣被丑弊，谓之须捷……或谓之褴褛。故《左传》曰：'筚路褴褛以启山林。'"唐慧琳撰《一切经音义》卷46："褴褛：古文襤，又作繿，同。力甘。其褴褛谓衣败也。凡人衣被丑弊，亦谓之褴褛。"（1）元魏吉迦夜、昙曜合译《杂宝藏经》卷4："时此贫人，向波罗奈城，而于道中，见一辅相。辅相见已，谛视形相，而语之言：'汝非某甲子耶？'答言：'我是。'问言：'何以褴褛，乃至尔也？'答言：'少失恃怙，居家丧尽，无人见看，是以困苦，褴褛如此。'"（2）《隋书》卷22《志17》："武平时，后主于苑内作贫儿村，亲衣褴褛之服而行乞其间，以为笑乐。"《朝野佥载》卷6："成都有丐者诈称落泊衣冠，弊服褴褛，常巡成都市廛，见人即展手希一文，云失坠文书，求官不遂。"

【懒懈於~／~をおこたる】于字（在某方面）懒惰懈怠。《日本书纪》卷20《敏达纪》四年二月条："天皇以新罗未建任那，诏皇子与大臣曰：'莫懒懈于任那之事。'"（第二册，p.474）唐慧琳撰《一切经音义》卷19："懒惰：上兰祖反，下徒卧反。《东观汉记》云：惰懒者，独不见劳。孔注《尚书》：惰，懈怠也。《说文》：懒，懈怠也。从女，赖声。或作懒也。惰，不敬也。从心，隋声。惰，音同上。或作媠，又作嫷，下卷同。"梁僧伽婆罗译《解脱道论》卷3："痴行人五烦恼，多行懒懈怠疑悔无明是五。"按：《汉语大词典》失收。《续日本纪》卷7《元正纪》灵龟元年十月条："今诸国百姓，未尽产术，唯趣水泽之种，不知陆田之利。或遭涝旱，更无余谷，秋稼若罢，多致饥饿。此乃非唯百姓懈懒，固由国司不存教导。"（第二册，p.4）

【烂死／ただれしぬ】后补（2例）腐烂死坏。《日本书纪》卷17《继体纪》二十四年九月条："毛野臣乐置誓汤曰：'实者不烂，虚者必烂。'是以投汤烂死者众。"（第二册，p.324）又卷24《皇极纪》二年八月条："八月戊申朔壬戌，茨田池水，变如蓝汁，死虫覆水。沟渎之流，亦复凝结，厚三四寸。大小鱼臭，如夏烂死。由是不中吃焉。"（第三册，p.74）萧齐僧伽跋陀罗译《善见律毗婆沙》卷12："第二偈者，何以如来作如是说：'宁吞铁火丸，而不吞檀越供养施食？'何以故？吞铁火丸肝肠烂死，不以此因缘堕于地狱。是故作如是说。"按：《汉语大词典》失收。

【烂销／けただる】自创（2例）腐烂消融。《日本灵异记》中卷《智者诽妒变化圣人而现至阎罗阙受地狱苦缘第7》："又指北将往。倍胜于先热铜柱立。极热之柱，而所引恶，犹就欲抱。言'抱之！'即就抱之，身皆烂销。"（p.168）又《常鸟卵煮食以现得恶死报缘第10》："山人闻之，褰袴见脯，脯肉烂销，其骨瑺在。唯径之一日而死也。"（p.176）按：《汉语大词典》失收。此处"烂销"是颠倒"销烂"语序的说法，为《日本灵异记》所独有。→【销烂】

【滥言／みだりことす】说词 虚妄不实的言词。《日本灵异记》上卷《昔读〈法华经〉品之人而现口喎斜得恶报缘第19》："宁托恶鬼，随多滥言，而持经者，不可诽谤。能护口业矣。"（p.103）唐道宣撰《集古今佛道论衡》卷4："此地未出娑婆，即是释迦之兆域，惠元何得**滥言**客主妄定华夷？"唐澄观疏《大方广佛华严经随疏演义钞》卷 59《十地品》："疏：谓心事，随实下疏释上论。以其时语恐**滥言**不应时机，亦名绮语，故显其相。彼绮语中，随是善言，不应时机，亦名绮语。"按：《汉语大词典》例引洪深《窃火者·舆论结晶》："其实神话之外，一切**滥言**，'秘闻'，甚至童谣，都可视为变相的舆论。"偏晚。

【浪語/みだりがはしきこと】 说词 　妄说；乱说。《藤氏家传》上卷《镰足传》："大臣命家令曰：'今国家新制法令，故依例锡爵此儿。何须羞耻，且休**浪语**。'"（p.303）（1）元魏瞿昙般若流支译《正法念处经》卷 7《地狱品》："彼地狱人，如是烧已，如是炙已，如是食已，唱唤号哭，种种**浪语**，悲号大哭。"隋阇那崛多译《佛本行集经》卷 54《优波离因缘品》："时彼童子，闻此语已，即至王边，而白王曰：'大王，当知我舅今者，虚言**浪语**。我舅本不，剃彼须发，此既小事，犹尚妄称。是我剃彼，仙人须发，论其实剃，即我身也。'"唐道宣撰《续高僧传》卷 2："世依字解，招谓招引，提谓提携，并浪语也。此乃西言耳。正音云招斗提奢，此云四方，谓处所为，四方众僧，之所依住也。"（2）《朝野佥载》卷 1："咸亨以后，人皆云：'莫**浪语**，阿婆嗔，三叔闻时笑杀人。'后果则天即位，至孝和嗣之。阿婆者，则天也；三叔者，孝和为第三也。"按：《汉语大词典》首引《隋书》卷 22《五行志上》："大业中，童谣曰：'桃李子，鸿鹄绕阳山，宛转花林里。莫**浪语**，谁道许？'其后李密坐杨玄感之逆，为吏所拘，在路逃叛。潜结群盗，自阳城山而来，袭破洛口仓，后复屯兵苑内。莫**浪语**，密也。宇文化及自号许国，寻亦破灭。谁道许者，盖惊疑之辞也。"略晚。

【劳疾/いだつく】 后补 　劳累成疾。《法隆寺金堂释迦三尊像光背铭》："法兴元三十一年岁次辛巳十二月，鬼前大后崩。明年正月二十二日，上宫法皇枕病弗念。干食王后仍以**劳疾**并著于床。"（1）西晋竺法护译《度世品经》卷 3："菩萨有十事，以慧变化。何谓为十？辩才无尽，班宣道慧，逮诸总持，演无量明；辩才善解，多所讲说；摄众生根，圣慧变化，而度脱之；以无为心，睹他人意，则以一心，知众生志，心念所行；晓众生界，志性结缚，诸尘**劳疾**，应病与药，令得瘳除明解……是为十事也。"后秦僧肇《肇论》卷 1《答刘遗民书》："不面在昔，伫想用劳。慧明道人至，得去年十二月疏并问。披寻返覆，欣若暂对。凉风届节，顷常如何？贪道**劳疾**，多不住耳。信南返不悉。八月十五日。释僧肇疏答。"隋灌顶纂《国清百录》卷 2《王遣使潭州迎书》："弟子总持和南。岁聿云暮，寒气殊重，禅悦经行，愿常安乐。弟子顷来，每多**劳疾**，但睽觐稍久，唯用倾结，仰度所营功德，已当究竟。今遣左亲信，伏达奉迎，愿便事沿流，延迟咨具。谨和南。十一月十五日。"（2）《宋书》卷 66《何尚之传》："高祖领征南将军，补府主簿。从征长安，以公事免，还都。因患**劳疾**积年，饮妇人乳，乃得差。"按：《汉语大词典》失收。

【老僧/ろうそう】 偏正 （2 例） 　年老衰弱的僧人。《日本灵异记》下卷《沙门积

功作佛像临命终时示异表缘第30》："老僧观规者，俗姓三间名干岐也。"（p. 341）又："爰老僧年八十有余岁之时，长冈宫御宇大八岛国山部天皇代，延历元年癸亥春二月十一日，卧于能应寺而命终焉。"（p. 341）隋灌顶纂《国清百录》卷3《遗书与晋王》："今天下旷大，敛宽平，出家者少，老僧零落日就减。"唐道宣撰《续高僧传》卷17："及金陵败覆，策杖荆湘，路次盆城。梦老僧曰：'陶侃瑞象，敬屈护持。'于即往憩匡山，见远图缋，验其灵也，宛如其梦。"按："老僧"亦可用作年老僧人的谦辞。唐道宣撰《续高僧传》卷29："其徒曰：'师六十九矣。何遽辞耶？'告曰：'死生法尔。吾不惧也。且老僧将年七十。刺史貌吾，增为六岁，故其命在旦夕。宜深克励，视吾所行。'"

【～了之後/ことをはりてのちに】｜完成｜　做完某事以后。《日本书纪》卷26《齐明纪》五年七月条："（《伊吉连博德书》）事了之后敕旨，国家来年必有海东之政，汝等倭客不得东归。"（第三册，p. 226）唐义净译《根本说一切有部毘奈耶》卷34："某甲长者，家中设食，唯愿慈悲，无违所请。苾刍曰：'我已食讫。还报长者，苾刍食讫。'长者曰：'汝更疾去，白言圣者：可来就食，食了之后，以大甎施。'使者复去，报苾刍曰：'可来就食，食了之后，以大甎施。'苾刍曰：'我已足食，随甎大小，无宜更去。'"又《根本萨婆多部律摄》卷5："一缝作了之后，方始明谙，正得相应，异此非也。"唐定宾撰《四分比丘戒本疏》卷2："由先多取，未定属己不犯恶触，称了之后，便即受取，故成清净。"

【雷音/いかづちのこゑ】｜偏正｜　打雷声，雷鸣声。《肥前国风土记·彼杵郡》条："此门之潮之来者，东潮落者，西涌登。涌响同雷音。因名速来门。"（p. 346）西晋竺法护译《佛说如来兴显经》卷2："又其水者，无有别异，而云雾布，若干种像。变出电已，药大雷音，从其群萌，所欲乐雨。"又《渐备一切智德经》卷5《金刚藏问菩萨住品》："时佛威神，应时十方，十亿佛国，如满中尘，诸佛世界，六反震动，兴大雷音，承佛圣旨，法典恩养，寻雨天华，熏流名香。"姚秦鸠摩罗什译《妙法莲华经》卷7《妙音菩萨品》："尔时云雷音王佛所，妙音菩萨，伎乐供养，奉上宝器者，岂异人乎？"按《汉语大词典》首引。《初学记》卷2引南朝梁简文帝《开霁》诗："雷音稍入岭，电影尚连城。"偏晚。

【累日经（逕）月/ひをかさねてつきをふ】｜自创｜（2例）　长年累月。"经"与"逕"通。《日本灵异记》中卷《极穷女于尺迦丈六佛愿福分示奇表以现得大福缘第28》："买花香油，而以参往于丈六佛前，奉白之言：'我昔世不修福因，现身受取贫穷之报。故我施宝，令免穷愁。'累日经月，愿祈不息。"（p. 223）又下卷《忆持〈法华经〉者舌著曝髑髅中不朽缘第1》："径送二年，熊野村人，至于熊野河上之山，伐树作船。闻之有音，诵《法华经》。累日径月，犹读不止。"（p. 263）（1）唐楼颖录《善慧大士语录》卷2："又令观身过患，厌离生死，精勤修习，累日经年。修习既久，攀缘稍静，心得调柔，乃能断悭贪瞋等，有为一切诸行。"（2）吴支谦译《生经》卷4："于时兔王，往附近之，听其所诵经，意中欣踊，不以为厌。与诸眷属，共赍果蓏，供养道人。如是**积日，经月**历年。"（3）隋智顗说《释禅波罗蜜次第法门》卷3："于后或一坐二坐，乃至**经旬**，或**经月经年**，将息得所，定心不退。"

【**累石为塔**/いしをかさねてとうとす】 四字 用石头垒成佛塔。《日本灵异记》下卷《村童戏克木佛像愚夫斫破以现得恶死报缘第29》："当里小子，入山拾薪，其山道侧戏游。木克以为佛像，**累石为塔**，以戏克佛而居石寺，时时戏游。"唐道宣撰《续高僧传》卷19："尝于佛陇，讲暇，携引学徒，**累石为塔**。别须二片，用构塔门。"宋志盘撰《佛祖统纪》卷26："弟子不忍露尸，与寻阳太守阮侃，奉全躯举葬于西岭，**累石为塔**。谢灵运立碑以铭遗德。"宋宗晓编《四明尊者教行录》卷7："弟子收骨，藏于育王山之阳，**累石为塔**。有记，待制王公伯庠书其后，并刻于石。"

【**泪堕**/なみだおつ】 主谓 泪流，眼泪掉下来。《日本书纪》卷1《神代纪上》："则匍匐头边，匍匐脚边，而哭泣流涕焉。其**泪堕**而为神，是即亩丘树下所居之神，号啼泽女命矣。"（第一册，p.42）（1）东晋佛陀跋陀罗、法显合译《摩诃僧祇律》卷32："复次佛般泥洹已，力士诸老母临世尊足上，啼**泪堕**足上。汝为侍者不遮，是越比尼罪。"后秦佛陀耶舍、竺佛念等译《长阿含经》卷4："阿难报曰：'向者有一老母，悲哀而前，手抚佛足，**泪堕**其上，故色异耳。'"梁宝唱等集《经律异相》卷4："迦叶三请，答曰如初。前至香薪，佛蹋重棺，现于两足，足下轮相，有诸异色。即问阿难，答云：'女人心软，前礼佛时，**泪堕**手捉。'"（2）《宋书》卷21《志第11》："北风行萧萧，烈烈入吾耳。心中念故人，**泪堕**不能止。"《全后周文》卷15庾信《周柱国楚国公岐州刺史慕容公神道碑》："**泪堕**片石，剑挂孤松。清徽令范，千载余踪。"

【**离苦得乐**/りくとくらく・くをかれ、らくをう】 四字 脱离苦难，获得欢乐。《奈良朝写经66·大般若经卷第176》："退愿笃蒙四恩，枕涅槃之山，坐菩提之树，位成灌顶，力奋降魔，广及法界，六道有识，**离苦得乐**，齐登觉道。"（p.403）东晋佛驮跋陀罗译《大方广佛华严经》卷11《功德华聚菩萨十行品》："但欲救护，一切众生，欲摄取一切众生，欲饶益一切众生，欲学一切，诸佛本行，欲正忆念，诸佛本行，欲得清净，诸佛本行，欲得受持，诸佛本行，欲显现诸佛本行，欲广说诸佛本行，欲令一切**离苦得乐**。是名菩萨摩诃萨欢喜行。"姚秦鸠摩罗什译《大智度论》卷35《习相应品》："所以者何？菩萨智慧是一切诸佛法本，能令一切众生**离苦得乐**。"唐玄奘译《大般若波罗蜜多经》卷588："又，舍利子，汝等当知。诸佛世尊，其心平等，如于佛所起纯净心，安住慈悲，与乐拔苦。如是愍念，一切有情，平等欲令，**离苦得乐**。"

【**离妻子**/めこをかる】 三字 舍离妻子和儿女。《日本灵异记》中卷《见乌鸦淫厌世修善缘第2》："**离妻子**，舍官位，随行基大德，修善求道。"（p.149）东晋佛驮跋陀罗译《大方广佛华严经》卷18《金刚幢菩萨十回向品》："菩萨摩诃萨，以家布施，所摄善根，如是回向众生：令一切众生，舍**离妻子**，常乐出家。"元魏瞿昙般若流支译《正法念处经》卷11《地狱品》："阎魔罗人，为呵中有，**离妻子**人，大忧愁者，而说偈言。"唐道宣撰《广弘明集》卷27："已舍苦境得无恼，已**离妻子**无缠缚。已弃饰好厌华侈，已绝声色灭贪求。"

【**離欲**/むさぼりをかる】 格义 　"欲"，梵语 rāga。又作"乐欲""心所名"。意谓"希求""欲望"。欲有善、恶、无记三性，善欲为引起精勤心的根据；恶欲中希欲他人财物者，称为"贪"，为根本烦恼之一。《日本灵异记》中卷《智者诽妒变化圣人而现至阎罗阙受地狱苦缘第7》："母和泉国大鸟郡人，蜂田药师也。舍俗**离欲**，弘法化迷。"（p.167）后汉安世高译《七处三观经》卷1："亦有四离不著，**离欲**不著，离世间不著，离见不著，离痴不著。"姚秦鸠摩罗什译《妙法莲华经》卷7《观世音菩萨普门品》："无尽意，观世音菩萨摩诃萨，威神之力，巍巍如是。若有众生多于淫欲，常念恭敬，观世音菩萨，便得**离欲**。"唐义净译《金光明最胜王经》卷8《大辩才天女品》："敬礼无欺诳，敬礼解脱者，敬礼**离欲**人，敬礼舍缠盖，敬礼心清净，敬礼光明者，敬礼真实语，敬礼无尘习，敬礼住胜义，敬礼大众主，敬礼辩才天，令我词无碍。"按：《韩非子·有度第6》："今夫轻爵禄，易去亡，以择其主，臣不谓廉。诈说逆法，倍主强谏，臣不谓忠。行惠施利，收下为名，臣不谓仁。**离欲**隐居，而以诈非上，臣不谓义。"例中"离欲"的"欲"，指人的贪欲或情欲。

【**礼拜**/うやまひをろがむ】 并列 （10例）　梵语 namas-kāra，指面向神佛等的神圣事物，按照一定作法从事膜拜祈愿等的行为。除了合掌之外，主要还有低头、屈膝及五体投地等行为，兼行法语、咒文、祈祷、讲道等活动。《日本书纪》卷19《钦明纪》十三年十月条："物部大连尾舆、中臣连镰子同奏曰：'我国家之王天下者，恒以天地社稷百八十神、春夏秋冬祭拜为事。方今改拜蕃神，恐致国神之怒。'天皇曰：'宜付情愿人稻目宿祢试令**礼拜**。'"（第二册，p.418）《日本灵异记》上卷《偷用子物作牛役之示异表缘第10》："诸亲出声，大啼泣言：'实吾父矣。'便起**礼拜**而曰牛言：'先时所用，今咸奉免。'牛闻之，流泪大息。"（p.87）又中卷《依汉神崇杀牛而祭又修放生善以现得善恶报缘第5》："千万余人，卫绕于我左右前后，自王宫出。乘轝而荷，擎幡而导，赞叹以送，长跪**礼拜**。彼众人，皆作一色容。"（p.159）又下卷《刑罚贱沙弥乞食以现得顿恶死报缘第33》："《像法决疑经》云：'未来世中，俗官莫令使比丘输税。若税夺者，得罪无量。一切俗人，不得乘骑三宝牛马。不得挝打三宝奴婢及以六畜。不得受其三宝奴婢**礼拜**。若有犯者，皆得殃咎云云。'"（p.348）《元兴寺伽蓝缘起并流记资财账》："时余臣等白：'我等国者，天社国社一百八神，一所礼奉。我等国神御心恐故，他国神不可**礼拜**。'白。"《续日本纪》卷17《圣武纪》条："所行之处，闻和尚来，巷无居人，争来**礼拜**。"（第三册，p.60）又天平胜宝元年四月条："百官〈乃〉人等率〈天〉**礼拜**仕奉事〈远〉、挂畏三宝〈乃〉大前〈尔〉、恐〈无〉恐〈无毛〉奏赐

〈波久止〉奏。"（第三册，p. 64）又卷20《孝谦纪》天平宝字元年七月条："自余众者，暗里不见其面。庭中**礼拜**天地四方。共歃盐汁。誓曰：'将以七月二日暗头，发兵围内相宅，杀劫、即围大殿、退皇太子。'"（第三册，p. 202）又卷23《淳仁纪》天平宝字五年六月条："于法华寺，每年始自忌日，一七日间，请僧十人，**礼拜**阿弥陀佛。"（第三册，p. 380）又卷27《称德纪》天平神护二年十月条："壬寅，奉请隅寺毘沙门像所现舍利于法华寺，简点氏氏年壮然有容貌者，五位以上二十三人，六位以下一百七十七人，捧持种种幡盖，行列前后。其所著衣服，金银、朱紫者，恣听之。诏百官主典以上，**礼拜**。"（第四册，p. 134）→【供養礼拜】【迎送礼拜】

【**礼拜功德**/らいはいのくどく】 四字 对因善举而获得的利益福德，合掌叩头以示恭敬。《日本书纪》卷19《钦明纪》十三年十月条："冬十月，百济圣明王更名圣王，遣西部姬氏达率怒唎斯致契等，献释迦佛金铜像一躯、幡盖若干、经论若干卷。别表赞流通**礼拜功德**云：'是法于诸法中，最为殊胜，难解难入，周公、孔子尚不能知。此法能生，无量无边，福德果报，乃至成辩，无上菩提。譬如人怀随意宝，逐所须用，尽依情，此妙法宝亦复然。祈愿依情，无所乏。且夫远自天竺，爰洎三韩、依教奉持，无不尊敬。由是，百济王臣明谨遣陪臣怒唎斯致契，奉传帝国，流通畿内。果佛所记我法东流。'"（第二册，p. 416）东晋佛驮跋陀罗译《大方广佛华严经》卷45《入法界品》："时诸比丘，头面礼足，却住一面，合掌而立，作如是念：'我等以此，**礼拜功德**，知法实相，如和上舍利弗、释迦牟尼世尊。'"后魏菩提流支译《佛说佛名经》卷8："如此布施福德，比前至心，**礼拜功德**，百分不及一，千分不及一，百千分不及一，乃至算数譬喻，所不及一。"唐道世撰《法苑珠林》卷86："若见塔殿，或有草秽，不加耘除，蹈之而行，**礼拜功德**，随即尽矣。"

【**礼拜供養**/らいはいくよう】 四字 （2例） 合掌叩头以示恭敬，敬献奉养佛法僧三宝。《日本书纪》卷29《天武纪下》十四年三月条："壬申，诸国每家，作佛舍，乃置佛像及经，以**礼拜供养**。"（第三册，p. 444）《续日本纪》卷23《淳仁纪》天平宝字四年七月条："癸丑，设皇太后七七斋于东大寺并京师诸小寺。其天下诸国，每国奉造阿弥陀净土画像，仍计国内见僧尼，写称赞净土经，各于国分金光明寺**礼拜供养**。"（第三册，p. 358）吴支谦译《撰集百缘经》卷6《诸天来下供养品》："不听**礼拜**，供养彼塔。有犯之者，罪在不请。"东晋佛驮跋陀罗译《大方广佛华严经》卷42《离世间品》："所谓亲近真实、多闻善知识，恭敬尊重，**礼拜供养**，奉给随顺，不违其教，是第一智具。"姚秦鸠摩罗什译《妙法莲华经》卷4《法师品》："若有人得见此塔，**礼拜供养**，当知是等，皆近阿耨多罗三藐三菩提。"

【**礼拜歡喜**/らいはいかんぎ】 四字 合掌叩头以示恭敬，环境顺意时心生喜悦。《唐大和上东征传》："大和上所至州县官人参迎，**礼拜欢喜**，即放出所禁三纲等。"（p. 61）梁宝唱等集《经律异相》卷35："须达问曰：'汝是谁耶？'答曰：'我是信相婆罗门子，是汝往昔善知识。我因往昔见舍利弗，大目揵连，**礼拜欢喜**，舍身得作，北方天王，毘沙门子，专知守护此城况见如来礼拜供养。'"《神僧传》卷4："武平四年安领徒众至越州行头陀，忽云：'往年雌雉，应生此径。'至一家，遥唤雌雉，一女走出，如旧相识，**礼拜欢喜**。女父母异之，引入设食。安曰：'此女何故，名雌雉耶？'答曰：'见其初生，发如雉毛，既是女故，名雌雉也。'安大笑，为述本缘。"

【礼拜石像/せきぞうをらいはいす】 四字 对石雕佛像合掌叩头以示恭敬。《日本书纪》卷20《钦明纪》十四年二月条："大臣奉诏，**礼拜石像**，乞延寿命。是时国行疫疾，民死者众。"（第二册，p.490）梁释慧皎撰《高僧传》卷13："后东游吴县**礼拜石像**，以像于西晋将末建兴元年癸酉之岁，浮在吴松江沪渎口。渔人疑为海神，延巫祝以迎之。于是，风涛俱盛，骇惧而还。"

【礼拜問訊/らいはいもんじん】 四字 行礼致敬，致敬问候。《唐大和上东征传》："五日，唐道璇律师、婆罗门菩提僧正来慰问。宰相、右大臣、大纳言以下官人百余人来**礼拜问讯**。"（p.92）吴支谦译《撰集百缘经》卷6《诸天来下供养品》："告阿难：'亦非释梵，诸神王等，来听法也，乃是过去，迦叶佛时，有二婆罗门，随从国王，来诣佛所，**礼拜问讯**。'"东晋法显译《大般涅槃经》卷3："王玉女宝，名曰善贤，与余夫人，及以采女，八万四千人，于静室中，坐禅思惟。经四万岁，共相谓言：'我等在此，坐禅思惟，经四万岁，不见大王。今者宜应，**礼拜问讯**。'"元魏慧觉等译《贤愚经》卷9《善事太子入海品》："尔时太子，遥见父王，下车步进，头面**礼拜**，**问讯**父母。"→【相見問訊】

【礼拜讚嘆/らいはいさんたん】 四字 行礼致敬，称美赞扬。《唐大和上东征传》："州县官人、百姓填满街衢，**礼拜赞叹**，日夜不绝。"（p.72）隋那连提耶舍译《佛说德护长者经》卷2："尔时如来，见德护长者，家内眷属，男女大小，及月光童子，于三宝所，已生正信，**礼拜赞叹**，广种善根，增益心行。"隋吉藏撰《法华义疏》卷11《常不轻菩萨品》："问：经云诸佛菩萨，不为众生，作烦恼因缘，云何**礼拜赞叹**，生其恶因，后令其得苦果耶？"唐波罗颇蜜多罗译《宝星陀罗尼经》卷4《大集品》："世尊如是种种，作示现时，彼一切道行众生，见是事已，皆共合掌，头面著地，**礼拜赞叹**，围绕如来，得未曾有。"→【讚嘆】【讚嘆供養】

【礼奉/うやまひまつる】 偏正 （2例） 作礼奉行。犹礼敬。《元兴寺伽蓝缘起并流记资财账》："时余臣等白：'我等国者，天社国社一百八神一所**礼奉**。我等国神御心恐故，他国神不可礼拜。'白。"《续日本纪》卷17《孝谦纪》天平胜宝元年十二月条："去辰年、河内国大县郡〈乃〉智识寺〈尔〉坐卢舍那佛〈远〉**礼奉**〈天〉则朕〈毛〉欲奉造〈止〉思〈登毛〉、得不为〈之〉间〈尔〉、丰前国宇佐郡〈尔〉坐广幡〈乃〉八幡大神〈尔〉申赐〈闭〉敕〈久〉。"（第三册，p.96）（1）西晋竺法护译《等目菩萨所问三昧经》卷2《权慧清净品》："十者无惑慧之重任无限，清净慧门之行无惑，出现无冥，而明照普世菩萨！已住十无惑行法，已住是定，其菩萨寻从定起，为诸天帝所礼；为诸龙帝，所敬而雨美香；为诸神帝，所见**礼奉**；为诸谅帝，所见宗敬；为诸凤凰帝神，所见归向；为诸梵帝稽请；为诸乐神帝，所见叹美；为恬神帝，所见赞叹；为诸香神帝，所见追寻；为诸人帝，所见供养。"唐道宣撰集《毗尼作持续释》卷5："有二贾客，车载财宝，去菩提树，不远而过。树神笃信佛，故与二贾客，宿为知识，欲令得度，往至彼所，教以密妙，奉献世尊。二人闻喜，如教**礼奉**。"（2）《全唐文》卷22元宗《亲谒太庙推恩制》："去岁爰命有司，增营太室，寻以匠者功就，饗人**礼奉**。"《全唐文》卷68敬宗皇帝《南郊赦文》："父母先亡殁未经追赠者各与追赠。职修祀事，**礼奉**严禋，既洽殊恩，宜加异等。"按：《汉语大词典》例引《太平广记》卷222《定命录》条："公二人宜加**礼奉**，否则悔吝生矣。"偏晚。

【礼仏/ほとけをらいす】 述宾 （8例） 礼拜佛菩萨。《日本灵异记》下卷《阎罗王示奇表劝人令修善缘第9》："侍者童男，思之睡眠，惊动白言：'臻日没时，故应**礼佛**。'"（p.284）《续日本纪》卷11《圣武纪》天平六年十一月条："自今以后，不论道俗，所举度人，唯取暗诵《法华经》一部，或《最胜王经》一部，兼解**礼佛**，净行三年以上者，令得度者，学问弥长。嘱请自休。"（第二册，p.282）又卷13《圣武纪》天平十二年十二月条："乙丑，幸志贺山寺，**礼佛**。"（第二册，p.382）又卷18《孝谦纪》天平胜宝四年六月条："丁酉，泰廉等就大安寺、东大寺**礼佛**。"（第三册，p.124）又卷19《孝谦纪》天平胜宝八年二月条："己酉，天皇，幸知识，山下、大里、三宅、家原、鸟坂等七寺**礼佛**。"（第三册，p.156）又卷23《淳仁纪》天平宝字五年八月条："甲子，高野天皇及帝幸药师寺**礼佛**。奏吴乐于庭，施棉一千屯。"（第三册，p.386）又卷26《称德纪》天平神护元年十月条："戊子，幸弓削寺**礼佛**。奏唐、高丽乐于庭，刑部卿从三位百济王敬福等、亦奏本国舞。"（第四册，p.96）又天平神护元年闰十月条："事毕，幸弓削寺**礼佛**。奏唐、高丽乐，及黑山、企师部舞。"（第四册，p.98）后汉安世高译《七处三观经》卷1："佛说如是，弟子起**礼佛**受行。"吴支谦译《须摩提女经》卷1："诸释虚空中，欢喜而**礼佛**，又见香在前，须摩提所请。"姚秦鸠摩罗什译《妙法莲华经》卷3《化城喻品》："即时诸梵天王，头面**礼佛**，绕百千匝，即以天华，而散佛上，其所散华，如须弥山。"

【礼仏読経/らいぶつどくきょう】 四字 礼拜佛菩萨读诵经文。《续日本纪》卷17《孝谦纪》天平胜宝元年十二月条："丁亥，八幡大神祢宜尼大神朝臣社女拜东大寺。天皇、太上天皇、太后，同亦行幸。是日，百官及诸氏人等，咸会于寺。请僧五千，**礼佛读经**。"（第三册，p.96）唐义净译《根本说一切有部毗奈耶杂事》卷16："若人不作，如是洗净者，不应绕塔行道，不合**礼佛读经**，自不礼他，亦不受礼，不应噉食，不坐僧床，亦不入众。"唐道宣撰《四分律删繁补阙行事钞》卷3："若令**礼佛读经**咒愿集众种种善事不犯，余恶使者吉罗。"又《续高僧传》卷8："释法上，姓刘氏，朝歌人也。五岁入学，七日通章。六岁随叔，寺中观戏，情无鼓舞。但**礼佛读经**，而声气爽拔。众人奔绕，倾渴观听。"

【礼仏悔過/らいぶつけか】 四字　　礼拜佛菩萨忏悔罪过。《日本灵异记》中卷《堲神王臕放光示奇表得现报缘第 21》："天皇惊怪，遣使看之。敕信寻光至寺。见有一优婆塞。引于系彼神臕之绳，**礼佛悔过**。"（p. 204）宋宗镜述、侯冲整理《销释金刚经科仪会要批注》卷 5："诸婆罗门云：'佛为食故，妄语如此。'佛即出舌覆面，上至发际，语婆罗门言：'汝见诸经书中，颇有此舌，作妄语不？'婆罗门**礼佛悔过**。以此较之，佛无妄语，故有长舌之相也。"

【礼仏堂/らいぶつどう】 三字　　礼佛堂，拜佛殿。《元兴寺伽蓝缘起并流记资财账》："以是癸丑年宫内迁入，先金堂**礼佛堂**等略作，等由良宫成寺。故名等由良寺。"

【礼仏転経/らいぶつてんぎょう】 四字　　礼敬佛菩萨，全文读诵或略诵经文。《续日本纪》卷 10《圣武纪》神龟五年八月条："甲申，敕：'皇太子寝病，经日不愈。自非三宝威力，何能解脱患苦？因兹，敬造观世音菩萨像一百七十七躯并经一百七十七卷，**礼佛转经**，一日行道。缘此功德，欲得平复。'"（第二册，p. 198）唐信行撰、方广锠整理《大乘无尽藏法》卷 1："第一明普施法，法法不定者，或回或减，**礼佛转经**物，作余十四种用，乃至或回或减，余十四种物，作**礼佛转经**用，亦如是。"宋原道撰《景德传灯录》卷 9："帝曰：'禅师既会祖意。还**礼佛转经**否？'对曰：'沙门释子，**礼佛转经**，盖是住持常法，有四报焉。然依佛戒修身，参寻知识，渐修梵行，履践如来，所行之迹。'"

【礼三宝/さんぼうをゐやまふ】 三字　　礼敬佛法僧三宝。《日本书纪》卷 29《天武纪下》六年八月条："八月辛卯朔乙巳，大设斋于飞鸟寺，以读一切经。便天皇御寺南门而**礼三宝**。"（第三册，p. 378）东晋帛尸梨蜜多罗译《佛说灌顶经》卷 10："修作诸福德，魔邪自消藏。但当**礼三宝**，正念魔敢当。"姚秦鸠摩罗什译《佛说仁王般若波罗蜜经》卷 1《菩萨教化品》："如来三业德无极，我今月光**礼三宝**，法王无上人中树，覆盖大众无量光。"

【礼謝/ゐやまひをがむ】 并列 （2 例）　　酬谢，答谢。《唐大和上东征传》："其灵佑日日忏谢，（乞）欢喜，每夜一更立至五更谢罪。遂终六十日，又诸寺三纲、大德共来**礼谢**，乞欢喜。大和上乃开颜耳。"（p. 61）《续日本纪》卷 10《圣武纪》天平二年闰六月条："庚子，缘去月霹雳，敕新田部亲王，率神祇官卜之。乃遣使奉币于畿内七道诸社，以**礼谢**焉。"（第二册，p. 236）（1）姚秦鸠摩罗什译《众经撰杂譬喻》卷 2："沙门将入山学，未久亦得阿罗汉。亦恒自坐故皮上，日日入禅自观，便见己前身皮，各起**礼谢**：'师恩力乃令我等得道，皆是慈念之力。'"唐义净译《根本说一切有部毗奈耶破僧事》卷 14："尔时，侍缚迦而作是念：'如来大金刚体，微少酥膏，何以为足，应用二斤。'作是念已，即量取二斤熟酥膏，置佛钵中。世尊食已，而残少许，与诸苾刍。苾刍**礼谢**世尊。"唐冥详撰《大唐故三藏玄奘法师行状》卷1："贼曰：'不敢害师，愿受忏悔。'法师受其**礼谢**，广为说法，令其发心。"（2）《魏书》卷108之三《志第12》："又女子未许嫁，二十则笄，观祭祀，纳酒浆，助奠庙堂之中，视礼至敬之处，其于婉容之服，宁无其备。以此推之，则男女虽幼，理应有裳。但男女未冠，**礼谢**三加，女子未出，衣殊狄褖。无名之服，礼文罕见。"《太平广记》卷47《韦善俊》条："善俊**礼谢**曰：'某宿债已还，此去不复来矣。'更乞一浴，然后乃去。"按：《汉语大词典》失收。

【理法身/りほうしん】 三字　以真理为体的佛。"智法身"的对应词。当作对境的法身之意，亦称"境法身"。密教所立的四种法身中，将自性法身划分为智法身与理法身的其中一种。诸法原本即已具备的理性之佛，亦称理即之法身。就三身中的法身而言，客体的真理层面称理法身，主体的智能层面称智法身。《日本灵异记》中卷《弥勒菩萨铜像盗人所捕示灵表显盗人缘第23》："夫**理法身**佛，非血肉身。何有所痛？唯所以示常住不变也。是亦奇异之事也。"（p. 208）→【血肉身】

【理趣経/りしゅきょう】 内典　1卷。唐不空译。具称《大乐金刚不空真实三么耶经》。亦称《般若理趣经》。相当于《般若经理趣分》，即般若十六会中之第十会，《大般若经》第578卷。"理趣"即道理旨趣之意。乃智法身之大日如来为金刚萨埵所说之般若理趣清净之理，内容共有17章，说明密教之极意。智法身，为理法身之对语，即穷尽始觉之智，契合清净本觉之理，而显示身心一如之智。金刚萨埵表示大日如来之因位、众生本具佛性之始发，即以初发菩提心之众生，悉称金刚萨埵。《奈良朝写经64·金光明最胜王经卷第1》："维天平宝字六年岁次壬寅二月八日，菩萨戒佛弟子百济丰虫，奉为二亲，敬写《法华经》一部、《金光明最胜王经》一部、《金刚般若经》一卷、《**理趣经**》一卷、《本愿药师经》一卷，合二十一卷，庄严既了。"（p. 393）

【理智法身/りちのほうしん】 四字　义同"理法身"。《日本灵异记》中卷《观音木像示神力缘第36》："诚知**理智法身**，常住非无。为令知于不信众生所示也。"（p. 242）唐李通玄撰《新华严经论》卷31《如来随好光明功德品》："以**理智法身**但与行作无依之体达妄情之缘，其行中所感功德之相，即属普贤行成，则普贤自行报生，还令普贤自说自行报终之果。"

【力士舞/りきじまい】 三字　扮演力士的舞蹈。"力士"，孔武有力的男子。《万叶集》卷16第3831首《咏白鹭啄木飞歌》："池神　**力士舞**可母　白鹭乃　桙啄持而　飞渡良武"（第四册，p. 115）元魏瞿昙般若流支译《正法念处经》卷48《观天品》："彼多言语，能诳多人，令堕地狱、畜生、饿鬼。彼若余业，生于人中，则为伎儿，常戏之人。翘行掷绝，**力士舞**戏，种种歌等，在他门傍，处处行乞。"

【歴年不愈/としをへていえず】 四字 经过多年也没有治愈。《日本灵异记》下卷《怨病忽婴因之受戒行善以现得愈病缘第34》："巨势呰女者，纪伊国名草郡堘生里之女也。以天平宝字五年辛丑，怨病婴身，颈生瘿肉疣，如大芯。痛苦如初，**历年不愈**。"（p. 350）《太平广记》卷459《徐坦》条："坦遂诘其由，樵夫濡腰而答曰：'某比是此山居人，姓李名孤竹。有妻先遭沉痾，**历年不愈**。昨因入山采木，经再宿未返，其妻身形忽变，恐人惊悸，谓邻母曰：我之身已变矣，请为报夫知之。及归语曰：我已弗堪也，唯尸在焉，请君托邻人舁我，置在山口为幸。'如其言，迁至于彼。"

【歴世相承/よをへてあひうく】 相字 代代相传，世代相传。《古语拾遗》："是以，群神捧敕，陪从天孙，**历世相承**，各供其职。"（p. 130）（1）失译人名今附后汉录《大方便佛报恩经》卷7《亲近品》："思惟是已，即便还家，而唱是言：'祖先已来，**历世相承**，常为猎师，未曾闻兽，身毛金色，况复见之？今欲猎取。'"萧齐昙景译《佛说未曾有因缘经》卷2："王复持碗，白诸君曰：'士夫修德，**历世相承**，遵奉圣教，不应差违。诸君何为，因于小事，忿诤如之？'"唐法琳撰《辩正论·**历世相承**篇》。（2）《文选》卷25卢谌《赠刘琨一首并书》："故吏从事中郎卢谌死罪，死罪。（《傅子》曰：汉武元光初，郡国举孝廉，元封五年举秀才，**历世相承**，皆向郡国称故吏。）谌禀性短弱，当世罕任。"（p. 357）

【歴視/めぐりみる】 偏正 周遍观览。《日本书纪》卷6《垂仁纪》三年三月条："（一云）时天日枪启之曰：'臣将住处若垂天恩，听臣情愿地者，臣亲**历视**诸国，则合于臣心欲被给。'"（第一册，p. 306）唐慧琳撰《一切经音义》卷4："周览：来敢反。《考声》：**历视**，周遍观览也。"《全唐文》卷69李昂《授宋申锡行尚书右丞平章事制》："际会交感，而臻大化，**历视**前古，何莫繇斯。"《酉阳杂俎》卷8《雷》条："处士周洪言，宝历中，邑客十余人，逃暑会饮。忽暴风雨，有物坠如獾，两目眯眯。众人惊伏床下。俟忽上阶，**历视**众人，俄失所在。及雨定，稍稍能起，相顾，耳悉泥矣。邑人言：'向来雷震，牛战鸟坠。邑客但觉殷殷而已。'"按：《汉语大词典》失收。

【歴数日/あまたのひをふ】 先例 过了好几天。《日本灵异记》下卷《强非理以征债取多倍而现得恶死报缘第26》："广虫女，以宝龟七年六月一日，卧病床，而**历数日**，故至七月二十日，呼集其夫并八男子，语梦见状而言。"（p. 329）清通云说《雪窦石奇禅师语录》卷15："自是几四十年誓愿已惬，且将东归妙高。未几疾作，**历数日**，命二侍举时皆子时对乃微点首。遂以是时逝。"

【歴之三日/みかをふ】 自创 经过三天。《日本灵异记》中卷《智者诽妒变化圣人而现至阎罗阙受地狱苦缘第7》："使曰：'抱柱！'光就抱柱，肉皆销烂，唯骨璅存。**历之三日**，使以弊帚，抚于其柱而言：'活活！'如故身生。"（p. 168）宋常谨集《地藏菩萨像灵验记》卷1："痛微疾患而死，其左右胁少暖。经**历三日**始苏，啼哭投身大地，具说幽途事曰。"明明河撰《补续高僧传》卷23："坚坐一室，**历三日**，寂无人声。妻子知师志不可夺，弃去。"

【立幢/はたほこをたつ】 自创　建立幢幡。《日本灵异记》中卷《依汉神崇杀牛而祭又修放生善以现得善恶报缘第5》："自阎罗阙还甦，增发誓愿。从此已后，效不祀神。归信三宝，己家**立幢**，成寺安佛，修法放生。"（p.160）吴支谦译《撰集百缘经》卷9《声闻品》："时净饭王，闻佛来至，敕诸释等，平治道路，除去不净，**建立幢幡**，悬诸宝铃，香水洒地，散众妙花，作诸伎乐，奉迎世尊。"西晋竺法护译《普曜经》卷2《欲生时三十二瑞品》："二万诸龙，宝璎珞身，二万白象，珠宝珞身，二万车乘，**建立幢盖**，宝交露车，在后侍从。"姚秦竺佛念译《最胜问菩萨十住除垢断结经》卷3《童真品》："诸天人民，自然显发，作倡伎乐，悬诸缯幡，**竖立幢盖**，烧众名香，雨宝妙华，将护正法，使不缺漏，导利开益，无量众生。"

【立伽蓝/がらんをたつ】 三字（2例）　修建寺院堂舍。《唐大和上东征传》："时有四方来学戒律者，缘无供养，多有退还，此事漏闻于天听，仍以宝字元年丁酉十一月二十三日，敕施备前国水田一百町，大和上以此田欲**立伽蓝**。"（p.94）又："初，大和上受中纳言从三位冰上真人之延请，〔诣〕宅窃尝其土，知可立寺，仍语弟子僧法智：'此福地也，可**立伽蓝**。'今遂成寺，可谓明鉴之先见也。"（p.95）唐法藏述《华严经探玄记》卷18《入法界品》："须达长者，惠施资给，名给孤独，然长者侧金买地，太子施树同成，二人共**立伽蓝**，故俱以名焉。"唐道宣撰《律相感通传》卷1："迦叶佛时，有利宾菩萨，见此土人，不信业报，以杀害为事。于时住处，有数万家，无重佛法者，菩萨救之。为**立伽蓝**，大梵天王，手造像身。初成已后，菩萨神力，能令此像，如真佛不异，游步说法，教化诸人。"又《续高僧传》卷11："帝姊城安长公主，有知人之鉴，钦其德望，为**立伽蓝**。遂受以居之。今之净法寺是也。"→【造立伽蓝】

【立誓曰："～"/うけひをたててのたまはく～】 誓愿　设誓发咒说："……"。《日本书纪》卷1《神代纪上》："于是，日神共素戋呜尊，相对而**立誓曰**：'若汝心明净，不有凌夺之意者，汝所生儿，必当男矣。'"（第一册，p.66）梁宝唱等集《经律异相》卷6："王闻欢喜，因**立誓曰**：'若许取枝者，令树悉现，一切面枝，若许往师子国者，愿自落金瓮，树复如本。'"梁慧皎撰《高僧传》卷5："翼乃顶礼，**立誓曰**：'若必是金刚余荫，愿放光明。'至乎中夜，有五色光，彩从瓶渐出，照满一堂。举众惊嗟，莫不以翼神感。"元魏吉迦夜、昙曜合译《付法藏因缘传》卷5："曾以泥团，置于塔上，因**立誓**曰：'若吾来世千佛数中，得成正觉，令此泥团变为佛像。'作是愿已，应时寻成。"

【立塔/とうをたつ】 述宾（2例）　建立佛塔。《日本灵异记》中卷《将建塔发愿时生女子卷舍利所产缘第31》："**立塔**之后，其子忽死。阎知愿无不得，愿无不果者，其斯谓之矣。"（p.229）元魏菩提留支译《大萨遮尼乾子所说经》卷10《信功德品》：

"尔时阿阇世王，于我舍利，所得一分，于金叠上，书此修多罗，并与舍利，一时俱置，七宝函中。于王舍大城外，掘地作坑，于中**立塔**，庄严殊妙。"刘宋沮渠京声译《佛说佛大僧大经》卷1："王及臣民，闻其事变，麾涕泣哽噎，叹述清德，殡葬其弟，四辈**立塔**，天龙鬼神，侧塞空中，散华烧香，无不伤心。"隋吉藏撰《法华义疏》卷4《方便品》："《增一阿含》云：有四事得梵福，一无塔处立塔；二和合圣众；三修治破寺；四佛初成道，请转法轮。"→【建塔】【造塔】

【利養/たくはへ】格义 财利；只考虑自己的利益。执着于名闻名利，一味追求自利自养。《日本灵异记》上卷《序》："翘**利养**，贪财物，过磁石于举铁山以嘘铁。"（p.54）姚秦鸠摩罗什译《妙法莲华经》卷4《劝持品》："贪著**利养**故，与白衣说法，为世所恭敬，如六通罗汉。"唐道宣撰《四分比丘尼钞》卷2："《大宝积经》云：出家有二种缚，一见缚，二**利养**缚。"唐不空译《金刚顶瑜伽中发阿耨多罗三藐三菩提心论》卷1："云何无自性？谓凡夫执著名闻**利养**，资生之具，务以安身，恣行三毒五欲；真言行人，诚可厌患，诚可弃舍。"按："利养"，本义为"养育"。《管子·度地》："以其天材，地之所生，**利养**其人，以育六畜。"译经借用指财利。

【利益/りやく】并列（2例） 指利生益世的功德。《续日本纪》卷19《圣武纪》天平十八年三月条："是以，为令皇基永固，宝胤长承，天下安宁，黎元**利益**，仍讲《仁王般若经》。"（第二册，p.22）又卷23《淳仁纪》天平宝字四年七月条："劝诫缁徒，实应**利益**，分置四级，恐致烦劳。故其修行位、诵持位，唯用一色，不为数名。"（第三册，p.358）隋智顗说《妙法莲华经玄义》卷6："功德**利益**者，祇功德**利益**，一而无异。若分别者，自益名功德，益他名**利益**。"唐义净译《金光明最胜王经》卷2《分别三身品》："尔时虚空藏菩萨、梵释四王、诸天众等，即从座起，偏袒右肩，合掌恭敬，顶礼佛足，白佛言：'世尊，若所在处，讲说如是，《金光明王》，微妙经典，于其国土，有四种**利益**。何者为四？一者、国王军众强盛，无诸怨敌，离于疾病，寿命延长，吉祥安乐，正法兴显。二者、中宫妃后、王子诸臣，和悦无诤，离于谄佞，王所爱重。三者、沙门、婆罗门及诸国人，修行正法，无病安乐，无枉死者，于诸福田，悉皆修立。四者、于三时中，四大调适，常为诸天，增加守护，慈悲平等，无伤害心，令诸众生，归敬三宝，皆愿修习，菩提之行。是为四种，**利益**之事。世尊，我等亦常，为弘经故，随逐如是，持经之人，所在住处，为作**利益**。"→【获利益】【蒙利益】

【痢病/くそひりのやまひ】偏正 痢疾，拉肚子。《日本灵异记》中卷《智者诽妒变化圣人而现至阎罗阙受地狱苦缘第7》："儵得**痢病**，经一月许。临命终时，诫弟子曰：'我死莫烧。九日间置而待。'"（p.167）唐般刺蜜帝译《大佛顶如来密因修证了义诸菩萨万行首楞严经》卷7："娑你波底迦（**痢病**）（三百八十一）"唐菩提流志译《广大宝楼阁善住秘密陀罗尼经》卷1《序品》："手病背病、腰病脐病、痔病**痢病**、髀病脚病。"唐玄奘译《阿毗达磨法蕴足论》卷6《圣谛品》："气病噎病、癞病痔病、**痢病**痳病、寒病热病。"

【連河/れんが】 地名 "希（熙）连禅河"的略称。佛在此河畔菩提树下成道。《奈良朝写经56·大般若经卷第50等》："以为**连河**能仁，设波若之宝筏，双树正觉，开菩提之禅林。"（p.358）失译人名今附东晋录《般泥洹经》卷2："是时五百乘车，厉渡上流，水浊未清，阿难行取水还，往白佛言：'向群车过，水浊未清，适可澡洗；有**熙连河**，去此不远，请取可饮。'"刘宋求那跋陀罗译《杂阿含经》卷27："一时，佛在力士聚落人间游行，于拘夷那竭城**希连河**中间住，于聚落侧，告尊者阿难：'令四重襞迭敷世尊欝多罗僧，我今背疾，欲小卧息。'"唐彦悰撰录《集沙门不应拜俗等事》卷1："皇帝乘雷震极铄电离宫，驱九驭以曾驰，驾八翼而横厉。希风崛岫，启鹤苑于神畿；仰化**连河**，构蜂台于胜壤。"

【憐惜/かなしびをしむ】 并列 爱惜，同情爱护。《万叶集》卷6第1004首歌注："于时，益人**怜惜**不厌之归，仍作此歌。"（第二册，p.147）（1）晋世法炬，法立合译《法句譬喻经》卷3："昔有婆罗门，年少出家学道，至年六十不能得道，婆罗门法六十不得道。然后归家，娶妇为居，生得一男，端正可爱。至年七岁，书学聪了，才辩出口，有踰人之操。卒得重病，一宿命终。梵志**怜惜**，不能自胜。"北凉昙无谶译《大般涅槃经》卷38："复次智者，观是寿命，犹如河岸，临峻大树，亦如有人，作大逆罪，及其受戮，无**怜惜**者。"《敦煌变文·捉季布传文》："小来父母心**怜惜**，缘是家生抚育恩。"（p.96）又《双恩记》："吾唯有汝偏**怜惜**，满国黄金未为直。"（p.930）（2）《洛阳缙绅旧闻记》："虽非贤懿所出，以其聪敏多技艺，齐王与贤懿**怜惜**之，过于其姊。"按：《汉语大词典》首引白居易《晚桃花》："寒地生材遗校易，贫家养女嫁常迟。春深欲落谁**怜惜**，白侍郎来折一枝。"偏晚。《敦煌变文》中"怜惜"一词的例文多达6例，足见其所具有的口语语体风格。

【憐心/あはれびのこころ】 偏正 （2例） 怜悯心，慈悲心。《日本书纪》卷2《神代纪下》："时父神闻而奇之，乃设八重席迎入，坐定，因问来意。对以情之委曲。时海神便起**怜心**，尽召鳍广鳍狭而问之。"（第一册，p.168）又："是时，弟往海滨，低徊愁吟。时有川雁，婴罥困厄。即起**怜心**，解而放去。"（第一册，p.174）（1）隋慧远撰《十地经论义记》卷4："愍乐心者，举经显治。然此二心，望彼贫苦，义有通别。通则于彼，共起二心；别则于贫，偏起**怜心**。于苦众生，偏起乐心。今存通矣"北周法上撰《十地论义疏》卷3："贫穷乞匄，交切可愍，故生**怜心**，苦生乐心。"（2）姚秦鸠摩罗什译《十住毗婆沙论》卷15："贱小贵大人，是小大差别。不应众生中，愍**怜心**还息。"唐玄奘译《瑜伽师地论》："云何六种？谓诸菩萨，了知不忍，非爱异熟；由怖畏故，勤修行忍；于诸有情，有哀**怜心**，有悲愍心，有亲爱心；由亲善故，勤修行忍；于其无上，正等菩提，猛利欲乐；为圆满忍，波罗蜜多。"唐波罗颇蜜多罗译《般若灯论释》卷15《观涅槃品》："纵令石女，有悲**怜心**，于我何妨？"按：《汉语大词典》

失收。

【憐重/あはれびをしむ】 并列 （2 例） 爱惜器重，怜悯重视。《日本书纪》卷 2 《神代纪下》："是后丰玉姬闻其儿端正，心甚**怜重**，欲复归养，于义不可。故遣女弟玉依姬以来养者也。"（第一册，p. 180）又卷 26《齐明纪》五年七月条："（《伊吉连博德书》）天子问曰：'执事卿等，好在以不？'使者谨答：'天皇**怜重**，亦得好在。'"（第三册，p. 224）唐道世撰《法苑珠林》卷 49："齐何君平，相州人。母裴氏，少年诞平，后更不孕。父母怜爱，剧同眼目。父母**怜重**，平长大，不多教学问，纵暴自游。"按：《汉语大词典》失收。

【莲根/はちす】 偏正 即藕。《常陆国风土记·香岛郡》条："古老曰：神世，自天流来水沼。所生**莲根**，气味太异，甘绝他所之。有病者，食此沼莲，早差验之。"（p. 394）《说文解字》卷 1《艸部》："［莲］芙蕖之实也。从艸连声。"唐慧琳撰《一切经音义》卷 8："或藕：五苟反。《考声》：**莲根**也。《尔雅》：**莲**荷，芙蕖，其根曰藕。"（1）后秦弗若多罗译《十诵律》卷 26："佛言：'从今日饥饿时，听诸比丘食竟，不受残食法，听噉池物。何等池物？若**莲根**莲子菱芡鸡头子，如是种种，池物听食。'"唐玄奘译《阿毘达磨集异门足论》卷 13《五法品》："于**莲根**茎，生菜枝叶，应起连发髑髅胜解；于诸浆饮，应起人之脓血胜解。"唐法藏撰《大乘密严经疏》卷 3："不似因者，如世间中，牛粪生**莲根**，炭生黑麻，箭竹生葱，皆不似因。"（2）《初学记》卷 27《芙蓉》："［《太清诸草木方》曰：］七月七日采莲花七分，八月八日采**莲根**八分，九月九日采莲实九分，阴干下筛，服方寸匕，令人不老。"（p. 666）按：《汉语大词典》首引元袁桷《次韵瑾子过梁山泊》："**莲根**涨新圩，蒲芽护荒坻。"偏晚。

【莲華台化生/れんげのだいにけしょうす】 典据 在净土的莲华台上借业力忽然出生。"莲华台"，佛菩萨所坐的莲华台座。亦称莲华台座、莲台、莲华座、莲座。莲花有出淤泥而不染之德，故用以比喻佛菩萨的台座虽在秽国，却离尘清净、神力自在。《奈良朝写经 33·大智度论卷第 54》："仰愿藉此功德，过去神灵救三恶趣苦，欲令往生十方净土，**莲花台化生**，俱成觉道。"（p. 217）唐不空译《大吉祥天女十二契一百八名无垢大乘经》卷 1："于彼世界，唯此如来作光明。彼菩萨众于彼佛世界中，自然光明寿命无量，从空演出佛法僧音声，所有菩萨于彼佛世界生者，一切皆**莲华台化生**。"→【莲台】

【莲華之宝刹/れんげのほうせつ】 典据 "莲花"，莲花出污泥而不染，清净微妙。在此用来修饰佛寺。"宝刹"，充满宝物的国土，佛国土。引申为佛寺。《续日本纪》卷 20《孝谦纪》天平宝字元年十一月条："伏愿先帝陛下，熏此芳因，恒荫禅林之定影，翼兹妙福，速乘智海之慧舟，终生**莲花之宝刹**，自契等觉之真如。"（第三册，p. 236）西晋竺法护译《佛说文殊师利净律经》卷 1《道门品》："人心本净，纵处秽浊，则无瑕疵，犹如日明，不与冥合，亦如**莲花**，不为泥尘，之所沾污。"东晋瞿昙僧伽提婆译《中阿含经》卷 23《秽品》："犹如青**莲华**，红、赤、白莲花，水生水长，出水上，不著水。如是如来世间生、世间长，出世间行，不著世间法。"姚秦鸠摩罗什译《妙法莲华经》卷 5《从地踊出品》："此诸佛子等，其数不可量，久已行佛道，住于神通力，善学菩萨道，不染世间法，如**莲华**在水，从地而踊出。"

【莲台/れんだい】 偏正 指佛菩萨所坐之莲花台座，或单指阿弥陀佛所坐之莲花台座。又称"莲华台""华台""莲华座""华座"。盖由莲花出污泥而不染之德，故佛菩萨之台座系表示其居秽国而得离尘清净、神力自在。《奈良朝写经18·弥勒上生经》："**莲台**宝相含璧月而披光，贝篆灵文贯珠星而流影。"（p.141）隋阇那崛多译《佛说月上女经》卷 2："尔时世尊，一一毛孔，出一莲华，色如真金，白银为叶。功德藏宝，以为**莲台**。"唐菩提流志译《不空罥索神变真言经》卷 16《一切菩萨敬礼解脱三昧耶真言品》："当命终后，安乐国土，**莲台**受生，识宿命智，乃至菩提，而不退转。"

【敛置/をさめおく】 自创 聚集起来置放在某处。《出云国风土记·意宇郡》条："尔时，父猪麻吕所贼女子，**敛置**滨上，大发苦愤，号天踊地，行吟居叹，昼夜辛苦，无避敛所。"（p.140）元魏吉迦夜、昙曜合译《付法藏因缘传》卷 8："昔佛住在迦兰陀林，日时已到，将诸比丘，入城乞食。于其路次，见二童子，一名德胜，二名无胜。以土造作，城舍仓库，因复名为，稻粟麻麦。即共聚**敛**，**置**于仓内。如来光明，皆悉照耀，同作金色，无不清彻。德胜欢喜，探名妙者，奉献如来。其身卑小，不能得及，无胜低跪，令上奉之。"宋志盘撰《佛祖统纪》卷 3："时王于卧，合掌心礼，忽就后世。诸释棺**敛**，**置**师子座，佛及难陀，丧前肃立。"按：《汉语大词典》失收。

【恋悲/こひかなしむ】 自创 顾恋悲痛；依恋悲伤。《播磨国风土记·贺古郡》条："于是，天皇**恋悲**誓云：'不食此川之物。'由此，其川年鱼，不进御赘。"（p.22）（1）隋阇那崛多等译《起世经》卷 2《郁单越洲品》："诸比丘，郁单越人，命行终尽，舍寿之时，无有一人，忧**恋悲**哭，唯共舆置，四衢道中，舍之而去。"隋灌顶撰《大般涅槃经疏》卷 4《纯陀品》："三结者，若失三益，增**恋悲**恸，结上苦恼意也；若得三益，信心增长结上请住意也。"（2）《全唐文》卷 486 权德舆《遗表》："则臣幽冥之下，同生物受赐。无任感恩攀**恋**，**悲**激之至。"按：《汉语大词典》失收。

【恋死/こひ（も）しぬ】 格义 （7 例） 爱得要死，生死相恋。《万叶集》卷 4 第 746 首："**恋死**六　其毛同曽　奈何为二　人目他言　辞痛吾将为"（第一册，p.362）又卷 11 第 2370："**恋死**　**恋死**耶　玉钏　路行人　事告无"（第三册，p.171）又第 2401 首："**恋死**　**恋死**哉　我妹　吾家门　过行"（第三册，p.179）又第 1592 首："**恋死**　后何为　吾命　生日社　见幕欲为礼"（第三册，p.224）又卷 12 第 3105 首："人目太　直不相而　盖云　吾**恋死**者　谁名将有裳"（第三册，p.353）唐澄观述《大方广佛华严经随疏演义钞》卷 75《十忍品》："《庄子》第二《齐物篇》云：'庄周梦为胡蝶，栩栩然胡蝶也。自逾适志与！不知周也。'注胡蝶而不知周，则与殊死不异也。然所在无不适志，则当生而系生者，必当死而**恋死**矣。"按：《汉语大词典》失收。《十忍品》中的"恋死"，有希望死去的意思。和歌用法与佛典用法实则形同而义异。

【**恋心**/こふるこころ】 偏正 爱恋，顾恋。《古事记》上卷《日子穗穗手见命与鹈茸草不合命》："然后者，虽恨其伺情，不忍**恋心**，因治养其御子之缘，附其弟玉依毗卖，而献歌之。"（p.136）隋慧远述《大般涅槃经义记》卷1："或有众生，书持以下，明其所修，纯修大乘，见伤叹中，安止无量。于自身已，牒前起后，令舍世恋，生其厌心，皆言世空，增其**恋心**。"唐义净译《根本说一切有部毗奈耶》卷2："时彼贤首，闻此语已，便共孙陀罗难陀，经二三宿，告言：'我无田业，及以工商，但藉诸人，而为活命。应须计日，与我赀财。若不尔者，汝宜速去，容他后人。'孙陀罗难陀曰：'汝曾无有，相顾**恋心**。'"又《根本说一切有部毗奈耶羯耻那衣事》卷1："云何决去失？如有苾刍，同在一处，受羯耻那衣。作衣已竟，于此无**恋心**，遂持衣钵，欲往余方。出界外，更不拟来。决意出者，是名决去失。"《敦煌变文·秋胡变文》："纵使黄金积到天半，乱采（采）堕似丘山，新妇宁有**恋心**，可以守贫取死。"（p.234）按：《汉语大词典》失收。佛典例表示对人世顾恋的世俗情感；变文例表示男女间的相思相爱。后者与《日子穗穗手见命与鹈茸草不合命》传说中的用法相同。

【**良地**/よきところ】 偏正 土质肥沃的田地；益于居住的处所。《日本书纪》卷14《雄略纪》九年五月条："于是，采女大海从小弓宿祢丧到来日本。遂忧咨于大伴室屋大连曰：'妾不知葬所，愿占**良地**。'大连即为奏之。"（第二册，p.184）（1）东晋瞿昙僧伽提婆译《中阿含经》卷50："犹如**良地**有娑罗树林，彼治林者，聪明黠慧而不懈怠。彼随时治娑罗树根，数数锄粪，以水溉灌。高者掘下，下者填满。若边生恶草，薅除弃之。若并生曲戾恶不直者，拔根著外。若枝生横曲，则落治之。若近边新生调直好者，便随时治，数数锄粪，以水溉灌。如是彼**良地**娑罗树林转转茂盛。"隋阇那崛多译《佛本行集经》卷35《耶输陀因缘品》："福德之人疾增长，犹如**良地**莳果栽。薄运少佑无相人，似于道头种诸树。"后魏吉迦夜译《方便心论》卷1："此论要者，诸论之本。由此论故，广生问答，增长智慧。譬如种子，若遇**良地**，根茎滋茂；若种恶田，无有果实。"（2）《齐民要术》卷1《种谷》："**良地**一亩，用子五升，薄地三升。此为稙谷，晚田加种也。"《全隋文》卷7杨广《答释智颉遗旨文》："所求废寺水田，以充基业，亦勒王弘施肥田**良地**，深蒙拥护。"按：《汉语大词典》失收。

【**良因**/よきよすが】 偏正 好因缘。《奈良朝写经18·弥勒上生经》："年足慈颜永隔，空怀罔极之哀；讳日俄临，方积终身之感。庶凭功于妙力，希树果于**良因**。"（p.141）南朝齐王融《断绝疑惑篇颂》："勤忧永夷泰，晏安终苦辛。令名且云重，岂若树**良因**？"唐慧立本、彦悰笺《大唐大慈恩寺三藏法师传》卷9："伏愿：无替前思，特令法服，靡局常恋，迥构**良因**。"→【出世（之）良因】

【**两目出泪**/ふたつのめになみだをいだす】 四字 双眼流泪。《日本灵异记》上

卷《无慈心而马负重驮以现得恶报缘第 21》："马不得往时，嗔恚捶驱，负重荷劳之，**两目出泪**。"（p. 106）元魏瞿昙般若流支译《正法念处经》卷 45《观天品》："又复男女，平等疮流。鼻两孔中，并皆流涕。**两目出泪**，两耳孔中。或有垢出，或有血出。或有脓出，口中气臭。或噈故臭，唾沫流出。"唐僧详撰《法华传记》卷 9："流水曰：'大王旧君吾受持佛所说芬陀利修多罗，若闻信受必生天上。'即诵修多罗一品。优婆塞**两目出泪**忆吾昔：'道人汝早还。吾闻法力，助昔日行。当生三十三天。'各辞别去。"

【**疗病**／やまひををさむ】 述宾 （3例） 治疗疾病。治病，看病。《日本书纪》卷 1《神代纪上》："夫大己贵神与少彦名命戮力一心，经营天下，复为显见苍生及畜产，则定其**疗病**之方。"（第一册，p. 102）又卷 26《齐明纪》三年九月条："九月，有间皇子性黠阳狂云云。往牟娄温汤，伪**疗病**来，赞国体势曰：'才观彼地，病自蠲消。'云云。"（第三册，p. 208）《古语拾遗》："大己贵神与少彦名神共戮力一心，经营天下，为苍生畜产，定**疗病**之方。"（p. 126）（1）后汉安世高译《佛说温室洗浴众僧经》卷 1："今复请佛，及诸众僧，入温室洗浴，愿及十方，众药**疗病**，洗浴除垢，其福无量。"西晋竺法护译《佛说如来兴显经》卷 4："如有大药，名曰善见，设睹其色、闻声、嗅香、服食、佩形，眼、耳、鼻、舌、身、意自然得净；若终入地，变为医药，则复**疗病**。"东晋瞿昙僧伽提婆译《增壹阿含经》卷 43《善恶品》："尔时，彼父母便复念曰：'我子今已，经七日不饮不食。亦复不知，何由默然？我今可以此因缘，往白**疗病**，大王使知。'"（2）《抱朴子》卷 9《道意》："俗所谓率皆妖伪，转相诳惑，久而弥甚，既不能修**疗病**之术，又不能返其大迷。"按：《汉语大词典》首引《后汉书》卷 49《王符传》："《述赦篇》曰：'凡**疗病**者，必知脉之虚实。气之所结，然后为之方，故疾可愈而寿可长也。'"略晚。

【**了即**／をわりてすなはち】 完成 （3例） 完了之后就…… 《日本书纪》卷 16《武烈纪》即位前纪条："大臣平群真鸟臣专擅国政，欲王日本，阳为太子营宫，**了即**自居，触事骄慢，都无臣节。"（第二册，p. 268）《续日本纪》卷 8《元正纪》养老四年三月条："据案：唯言运送庸调脚直。自余杂物送京，未有处分。但百姓运物入京，事**了即**令早还。"（第二册，p. 70）又卷 39《桓武纪》延历七年正月条："甲子，皇太子加元服。其仪，天皇皇后并御前殿，令大纳言从二位兼皇太子傅藤原朝臣继绳、中纳言从三位纪朝臣船守两人，手加其冠。**了即**执笏而拜。"（1）"单音词＋了即～"。《敦煌变文·降魔变文》："须达别**了即**行，直至东宫门下，非时入内，直见皇储。"（2）"双音词＋了即～"。唐菩提流志译《大宝积经》卷 56："于时难陀见寺无人，便作是念：'我扫地**了即**可还家。'遂便扫地。"唐不空译《观自在大悲成就瑜伽莲华部念诵法门》卷 1："诵七遍执珠念诵，念诵竟复忏悔，忏悔已发愿，发愿**了即**诵诸赞颂，歌咏如来及三宝本尊等无量功德。"唐善无畏译《阿咤薄俱元帅大将上佛陀罗尼经修行仪轨》卷

2：“若有妇人治病，未必须令夫相逐与治。不尔者勿治。若治勿笑。相向<u>了即</u>令去。”唐金刚智译《吽迦陀野仪轨》卷1：“摄行者心内若一遍诵音频引瞋音降伏，音通<u>了即</u>念吽字罗字欠字。”按：《汉语大词典》失收。

【了義/りょうぎ】 偏正 明白透彻、完全解明之意。“不了义”的对应词。《奈良朝写经71·十诵律卷第17》：“伏愿桥山之凤辂，向莲场而鸣銮；汾水之龙骖，泛香海而韬影。遂披不测之<u>了义</u>，永证弥高之法身。”（p. 425）圣德太子疏《胜鬘经疏义私钞》卷4：“言不隐理，谓之<u>了义</u>。”陈慧思说《大乘止观法门》卷1：“总马鸣龙树之心要，具菩提涅槃之<u>了义</u>。”

【猎士/かりひと】 偏正 打猎的壮士。《日本书纪》卷19《钦明纪》即位前纪条：“汝是贵神而乐粗行。倘逢<u>猎士</u>，见禽尤速。”（第二册，p. 356）（1）吴康僧会译《六度集经》卷3：“其国王夫人有疾，梦睹孔雀，云其肉可为药。瘳以启闻，王命<u>猎士</u>疾行索之。”梁宝唱等集《经律异相》卷31：“寻觅道路逢<u>猎士</u>，<u>猎士</u>素知太子送逐所由，勃然骂曰：‘吾斩尔首。’”《全后魏文》卷59僧懿《奉平魔赦文启》：“撤玩深宫，减膳河侧，去宝冠于苦林，贸法衣于<u>猎士</u>。”（p. 3814）《敦煌变文·双恩记》：“使织妇不劳于机杼，耕夫罢役于犁牛；渔翁断钓于江河，<u>猎士</u>解［弓］于林野。”（p. 931）（2）《旧唐书》卷72《褚亮传》：“获车之所游践，虞旗之所涉历，网唯一面，禽止三驱，纵广成之<u>猎士</u>，观上林之手搏，斯固畋弋之常规，而皇王之壮观。”（p. 2581）

【临产/うむときにのぞむ】 时段 （5例） 临近分娩。《古事记》上卷《忍穗耳命与迩迩艺命》：“故后木花之佐久夜毘卖参出白：‘妾妊身，今<u>临产</u>时。是天神之御子，私不可产。故请。’”（p. 122）又《日子穗穗手见命与鹈葺草葺不合命》：“于是，海神之女丰玉毘卖命自参出白之：‘妾已妊身，今<u>临产</u>时。此念天神之御子不可生海原。故参出到也。’”（p. 134）又：“尔将方产之时，白其日子言：‘凡佗国人者，<u>临产</u>时，以本国之形产生。故妾今以本身为产。愿勿见妾。’”（p. 134）又中卷《仲哀记》：“故其政未竟之间，其怀妊<u>临产</u>，即为镇御腹，取石以缠御裳之腰，而渡筑紫国，其御子者阿礼坐。”（p. 248）《日本书纪》卷2《神代纪下》：“后丰玉姬果如前期，将其女弟玉依姬，直冒风波，来到海边。逮<u>临产</u>时，请曰：‘妾产时，幸勿以看之。’”（第一册，p. 160）后汉康孟详译《佛说兴起行经》卷1：“我今<u>临产</u>，当须酥油。以何因缘。于毘兰邑。与五百比丘食马麦？”梁宝唱等集《经律异相》卷4：“后身轻软，不想三毒。诸有疾者手摩必愈。既满十月，<u>临产</u>之时，有三十二瑞。”梁僧佑撰《释迦谱》卷1：“王后<u>临产</u>，思入园观。严云母宝车，采女围绕出游，怜鞞树下。”《敦煌变文·太子成道经》：“喜乐之次，腹中不安，欲似［临］产。”（p. 436）又《盂兰盆经讲经文》：“故《父母恩重经》云：父母有十种恩，卒难报答。一者怀胎守护恩，二者<u>临产</u>受苦恩。”（p. 1009）按：《汉语大词典》失收。

【临命终日/いのちをはるひにのぞみて】 时段 到了临终的那一天。《日本灵异

记》下卷《智行并具禅师重得人身生国皇之子缘第 39》：“帝姬天皇御世于九年宝字二年岁次戊戌年，寂仙禅师，**临命终日**，而留录文，授弟子，告之而言：‘自我命终以后，历二十八年之间，生于国王之子。名为神野。是以当知我寂仙。’云云。”（p. 378）唐实叉难陀译《地藏菩萨本愿经》卷 2《利益存亡品》：“地藏答言：‘长者，我今为未来相在一切众生，承佛威力，略说是事。长者，未来相在诸众生等，**临命终日**，得闻一佛名、一菩萨名、一辟支佛名，不问有罪无罪，悉得解脱。’”

【臨命終時／みょうじゅうのときにのぞみて】 时段 （9 例） 临死的时候，临终时。《日本灵异记》上卷《勤求学佛教弘法利物**临命终时**示异表缘第 22》：“**临命终时**，洗浴易衣，向西端坐。光明遍室。”（p. 107）又中卷《见乌鸦淫厌世修善缘第 2》：“爰男子得病**临命终时**，而白母言：‘饮母乳者，应延我命。’母随子言，乳令饮病子。子饮而叹之言：‘噫乎！舍母甜乳而我死哉。’即命终焉。”（p. 149）又《依汉神崇杀牛而祭又修放生善以现得善恶报缘第 5》：“迄七年，**临命终时**，语妻子曰：‘我死之后，十九日置之莫烧。’”（p. 159）又《智者诽妒变化圣人而现至阎罗阙受地狱苦缘第 7》：“恨时，罢锄田寺而住。儵得痢疾，经一月许。**临命终时**，诫弟子曰：‘我死莫烧。九日间置而待。’”（p. 167）又《因悭贪成大蛇缘第 38》：“圣武天皇御世，诸乐京马庭山寺，一僧常住。其僧**临命终时**，告弟子言：‘我死之后，至于三年，室户莫开。’”（p. 244）又《女人大蛇所婚赖药力得全命缘第 41》：“母经三年，儵条得病，**临命终时**，抚子唉屑，而斯之言：‘我生生世，常生相之。’”（p. 251）又下卷《沙门积功作佛像**临命终时**示异表缘第 30》（p. 341）又《智行并具禅师重得人身生国皇之子缘第 39》：“天下山部天皇御世延历十七年之比顷，禅师善珠**临命终时**，依世俗法，问饭占时，神灵托卜者言：‘我必宿于日本国王之夫人丹治比娘女之胎，将生王子。吾面黡着生以，知虚实耳。’”（p. 377）西晋竺法护译《生经》卷 5：“四者得疾病**临命终时**，脱持布施，救助我命，目自见施，是人命尽，欢喜不惧，得上生天。”姚秦鸠摩罗什译《妙法莲华经》卷 6《常不轻菩萨品》：“其罪毕已，**临命终时**，得闻此经，六根清净。”唐义净译《金光明最胜王经》卷 3《灭业障品》：“若有女人，闻是佛名者，**临命终时**，得见彼佛来至其所，既见佛已，究竟不复更受女身。”

【臨欲死／しなんとほっするにのぞむ】 时段 临到要断气的时候。《唐大和上东征传》：“人（总）渴水，**临欲死**；荣睿师面色忽然怡悦，即说云。”（p. 64）失译人名今附后汉录《分别功德论》卷 5：“王言：‘今我宗家有一人，为善至纯。**临欲死**时，我与诸人，共至其边。语其人言：如君所行，死应生天。若上天者，来还语我：死来于久，不来告我，我是以知，作善无福耳。’”唐阿地瞿多译《陀罗尼集经》卷 10《乌枢沙摩金刚法印咒品》：“又法若人被恶毒蛇所螫，**临欲死**时，咒师以自手掬取水，拟口七遍，诵咒以其水，泼于病者二十一遍，并咒即差。”

【臨終端（坐）、如入禅定／おはりにのぞみてたんざし、ぜんじょうにいるがごと

し】 典据 临终时端正坐姿，仿佛进入了禅定一样。《唐大和上东征传》："《千臂经》
云：'**临终端**（**坐**），**如入禅定**。' 当知此人已入初地。以兹验之，圣凡难测。"（p. 96）
唐智通译《千眼千臂观世音菩萨陀罗尼神咒经》卷1："若看菩萨面诵此陀罗尼咒者，
即得见观世音菩萨微笑相。见已即得离垢地，能照耀世间，即于此生当得见佛慈念摄
授。**临命终**之时，**如入禅定**。生生之处，得宿命智，所有罪障，皆悉消灭。"唐菩提流
志译《不空胃索神变真言经》卷4《秘密印三昧耶品》："仙轮王三昧耶，有大慧辩，
而于一切天仙大众演说此法，得大无畏，为人尊重，当于观世音菩萨会中生育。若**命终**
时，身心寂静，**如入禅定**。遂得一切诸佛菩萨摩诃萨。"唐阿目佉译《佛说不空胃索陀
罗尼仪轨经》卷1："二者**临命终**时，体不疼痛，去住自在，**如入禅定**。"唐道宣撰《续
高僧传》卷19："以贞观元年十二月十八日午时，结跏安坐，**端直**俨然，气息绵微，**如
入禅定**。因而不返。"

【伶俜/れいへい】 并列 孤苦伶仃、孤立无援貌；漂泊流离。《日本书纪》卷15
《显宗纪》元年二月条："是月，诏曰：'老妪**伶俜**羸弱，不便行步。宜张绳引綑扶而出
入。绳端悬铎，无劳谒者，入则鸣之，朕知汝到。'"（第二册，p. 244）唐慧琳撰《一
切经音义》卷17："**伶俜**：历丁反，下匹丁反。《三苍》：**伶俜**，犹联翩也。**孤独之貌**
也。"（1）《玉台新咏》卷1《古诗为焦仲卿妻作》："昼夜勤作息，**伶俜**萦苦辛。"
（p. 45）（2）姚秦鸠摩罗什译《妙法莲华经》卷2《信解品》："此是我子，我之所生。
于某城中，舍吾逃走，**伶俜**辛苦，五十余年，其本字某。"元魏吉迦夜、昙曜合译《杂
宝藏经》卷4："昔佛在世时，有长者子，早丧父母，孤穷**伶俜**，客作自活。"唐义净译
《根本说一切有部毗奈耶杂事》卷29："既入大海被摩竭鱼破其船舶，是时商主因此命
终，余人亦死。其妇**伶俜**，遇得一版。幸因风便，飘至海洲。"

【霊鹫～梵宫～/りょうしゅう～ぼんきゅう～】 对偶 "灵鹫"，山名。在古印度
摩揭陀国王舍城之东北，梵名耆阇崛。山中多鹫，故名。或云山形像鹫头而得名。如来
曾在此讲《法华》等经，故佛教以为圣地。又简称灵山或鹫峰。"梵宫"，原指梵天之
宫殿，引申为佛寺之通称。《唐大和上东征传》思托《五言伤大和上传灯逝》："月隐归
灵鹫，珠逃入**梵宫**。神飞生死表，遗教法门中。"（p. 100）（1）《古诗类苑》卷102引
晋庐山诸道人《游石门》诗序："**灵鹫**邈矣，荒途日隔。"南朝宋谢灵运《山居赋》：
"钦鹿野之华苑，羡**灵鹫**之名山。"自注："**灵鹫**山，说《般若》、《法华》处。"（2）姚
秦鸠摩罗什译《妙法莲华经》卷3《化城喻品》："尔时，东方五百万亿，诸国土中，
梵天宫殿，光明照曜，倍于常明。"又："其中众生，各得相见，咸作是言：'此中云
何，忽生众生，又其国界、诸天宫殿、乃至**梵宫**，六种震动；大光普照，遍满世界，胜
诸天光。'"梁慧皎撰《高僧传》卷13："亿耳细声于宵夜，提婆扬响于**梵宫**。"

【凌突/しのぎつく】 并列 冒犯顶撞。《续日本纪》卷29《称德纪》神护景云
二年十二月条："基真所作怒者，虽列大夫，不顾皇法，道路畏之，避如逃虎。至

是，**凌突**其师主法臣圆兴，摈飞骅国。"（第四册，p. 224）唐不空译《大圣文殊师利菩萨佛刹功德庄严经》卷2："又舍利子，菩萨谦下，有四种功德。云何为四？一者远离恶趣，不受驰驴牛马狗等，诸傍生身；二者不被轻毁；三者恶友怨敌，不能**凌突**；四者常为人天，恭敬礼拜。舍利子，是为菩萨谦下，获得如是，四种功德。"又《菩提场所说一字顶轮王经》卷1《序品》："如是一切如来部真实，一切世间出世间明真言，最胜不被他凌①**突**，无尽众生界菩萨真言行成就。"

【嶺頭/みねのほとり】后缀 山顶。《常陆国风土记·香岛郡》条："**岭头**构舍，松竹卫于垣外，溪腰掘井，薜萝荫于壁上。"（p. 394）（1）唐道世撰《法苑珠林》卷39："又终南析谷内樱桐寺者，近有人见一僧云：倩为擎幞，向寺问寺在何处，云在析谷。炬明东**岭头**，其人为荷幞将至寺。"唐大觉撰《四分律行事钞批》卷4："一丈五尺以石次之者，此正明。如今山谷，既高下如水波，欲结此下为界。其上**岭头**则高，幽谷则下。"《敦煌变文·捉季布传文》："朱解押良何所似，由如烟影**岭头**云。"（p. 95）又《维摩诘经讲经文》："红日看将山上没，白云又向**岭头**生。"（p. 890）（2）沈佺期《遥同杜员外审言过岭》："天长地阔**岭头**分，去国离家见白云。洛浦风光何所似，崇山瘴疠不堪闻。"（p. 173）按：《汉语大词典》失收。通过上述文献可知，无论是敦煌文献，还是初唐诗歌，山岭上飘浮的白云都成为古汉语表达的主要内容。而且，由后缀词"头"构成的复合词"岭头"一词当是初唐以后出现的新词，口语色彩浓厚。

【領項/くび】并列 脖子，颈部。《日本书纪》卷14《雄略纪》七年是岁条："任那国司田狭臣乃喜弟君不伐而还，密使人于百济，戒弟君曰：'汝之**领项**有何牢锢而伐人乎？'"（第二册，p. 172）唐慧琳撰《一切经音义》卷41："**领**袖：上力郢反。《毛诗传》曰：**领**，**项**也。《庄子》：**领**，录也。《郑注礼记》云：理也。《六韬》云：衣领也。《古今正字》：作袊，今通作领。从页，令声也。"按：《汉语大词典》失收。

【領袖～棟梁～/じゅりょう～どうりょう～】典据 弘扬佛教的担当者，僧尼行为准则的表率者。《续日本纪》卷8《元正纪》养老五年六月条："又百济沙门道藏，寔惟法门**领袖**，释道**栋梁**。"（第二册，p. 98）唐道宣撰《续高僧传》卷3："（慧净）诚佛法之**栋梁**，实僧徒之**领袖**者也。"

【令成正覺/しょうがくをなさしむ】四字 使之成就真正的佛悟。"令"有"使"的意思。"正觉"，梵语 sambuddha，音译为"三藐三菩提"，谓正等而不偏颇，遍及一切的佛智能。《元兴寺伽蓝缘起并流记资财账》："信心不绝，修行此法，永世无穷者，愿共一切，含识有形，普同此福，速**令成正觉**。"东晋佛陀跋陀罗译《大方等如来藏经》卷10："我为诸众生，方便说正法。灭除烦恼蜂，开发如来藏。具足无碍辩，演说甘露法。普**令成正觉**，大悲济群生。"唐智严译《大乘修行菩萨行门诸经要集》卷2：

---

① "凌"，宋本、元本、明本、甲本、乙本中作"陵"。

"我已劝请，一切众生，**令成正觉**，普愿于我，受净法施。"新罗璟兴撰《无量寿经连义述文赞》卷2："当修行者，即修行身土之因，摄妙土，者即欲得土果故，**令成正觉**者，即欲证身土果故，拔生死苦者，即欲利众生故。"

【令法久住/ほうをしてひさしくじゅうせしむ】 四字 护持佛陀之正法，使其长久流布于世。持戒为令法久住之要因。《续日本纪》卷17《圣武纪》天平胜宝元年闰五月条："所冀：太上天皇，沙弥胜满，诸佛拥护，法药熏质，万病消除，寿命延长，一切所愿，皆使满足，**令法久住**，拔济群生，天下太平，兆民快乐，法界有情，共成佛道。"（第三册，p.82）东晋佛陀跋陀罗译《达摩多罗禅经》卷2："我从彼胜闻，撰说深妙义，章句庄严集，欲**令法久住**。"姚秦鸠摩罗什译《妙法莲华经》卷4《见宝塔品》："又我分身，无量诸佛，如恒沙等，来欲听法。及见灭度，多宝如来，各舍妙土，及弟子众、天人龙神、诸供养事，**令法久住**，故来至此。"刘宋求那跋陀罗译《胜鬘师子吼一乘大方便方广经》卷1："我得力时，于彼彼处，见此众生，应折伏者，而折伏之，应摄受者，而摄受之。何以故？以折伏摄受故，**令法久住**。法久住者，天人充满，恶道减少，能于如来，所转法轮，而得随转。见是利，故救摄不舍。"

【令饥渴/うゑしむ】 三字 使某人饥饿、口渴，令某人没有吃喝。《日本灵异记》中卷《依不布施与放生而现得善恶报缘第16》："是人观之，潇然好施。放生赎命之报者，返救翼，不施之报者，返**令饥渴**矣。非无善恶之报也。"（p.192）（1）西晋竺法护译《文殊支利普超三昧经》卷2《无吾我品》："如来所兴，救度众生，无所遗漏，不舍一人。私怙世尊，垂恩安慰，除其惶惧，孤无有救，惟为作救，**令饥渴**者，而得饱满。"唐义净译《根本说一切有部毗奈耶》卷7："或放师子虎豹鹏鹫鸟等而嗷食之，或以风吹日曝形质销尽，或**令饥渴**嬴瘦。由此方便，而命终者，此苾刍得，波罗市迦；若不死者，得窣吐罗底也。"（2）《全唐文》卷124周太祖《虑囚敕》："仍令狱吏洒扫牢狱，常令虚歇。涤洗枷械，无令蚤虱。供给水浆无**令饥渴**。如有疾患，令其家人看承。囚人无主，官差医工诊候，勿致病亡。循典法之成规，顺长嬴之时令，俾无淹滞，以致和平。"又卷560韩愈《顺宗实录二》："或时留蛇一囊为质，曰：'此蛇所以致鸟雀而捕者，今留付汝，幸善饲之，勿**令饥渴**。'卖者愧谢求哀，乃携而去。"

【令無乏少/ぼうしょうなからしめむ】 四字 使不匮乏短缺。《日本书纪》卷19《钦明纪》十四年八月条："所遣军众，来到臣国，衣粮之费，臣当充给。来到任那，亦复如是。若不堪给，臣必助充，**令无乏少**。"（第二册，p.424）姚秦鸠摩罗什译《大智度论》卷91《照明品》："复有菩萨行檀波罗蜜时，见众生破戒，作是言：'汝曹以因缘不具足故破戒，我当给汝所须，**令无乏少**。'"唐义净译《金光明最胜王经》卷5《四天王观察人天品》："世尊，若有苾刍、苾刍尼、邬波索迦、邬波斯迦持是经者，时彼人王，随其所须，供给供养，**令无乏少**，我等四王，令彼国主，及以国人，悉皆安隐，远离灾患。"唐实叉难陀译《大方广佛华严经》卷34《十地品》："佛子，彼大商主，虽未发足，能知道中，所有一切，安危之事，善以智慧，筹量观察，备其所须，**令无乏少**，将诸商众，乃至安隐，到彼大城，身及众人，悉免忧患。"按：《日本书纪》卷17《继体纪》元年二月条："由是，仍于蚊屋野中，造起双陵，相似如一，葬仪无异。诏老妪置目，居于宫傍近处，优崇赐郫，**使无乏少**。"（第二册，p. 244）例中"使无乏少"取自"令无乏少"，但因中国文献中未见，疑似自创搭配。

【**令無所乏**／たらぬところなからしむ】 四字 使之在物质上没有任何匮乏。《日本书纪》卷20《敏达纪》十二年是岁条："天皇所以治天下政、要须护养黎民。何遽兴兵，翻将失灭。故今合议者仕奉朝列臣、连、二造，下及百姓，悉皆饶富，**令无所乏**。"（第二册，p. 482）姚秦鸠摩罗什译《妙法莲华经》卷4《提婆达多品》："王闻仙言，欢喜踊跃，即随仙人，供给所须：采菓汲水，拾薪设食，乃至以身，而为床座。身心无惓，于时奉事。经于千岁，为于法故，精勤给侍，**令无所乏**。"东晋佛驮跋陀罗译《大方广佛华严经》卷19《金刚幢菩萨十回向品》："菩萨摩诃萨见来求者，随其所须，悉资给之，充满其意，**令无所乏**，皆令欢喜，断其贫苦，具足富乐，同声称美，叹德而归。"北凉昙无谶译《大般涅槃经》卷22《光明遍照高贵德王菩萨品》："欲得人中，天上乐者，见有受持《大涅槃经》、书写读诵、为他解说思惟义者，当往亲近，依附咨受，供养恭敬，尊重赞叹。为洗手足，布置床席，四事供给，**令无所乏**。"

【**留福**／さきほひをとどむ】 述宾 留传福德。《日本灵异记》中卷《极穷女凭敬千手观音像愿福分以得大富缘第42》："应钱入家，灭贫穷愁。感圣**留福**，流大富泉，养儿饱发，衣苑。晰委慈子来佑，买香得价。"（p. 253）唐一行、慧觉录《华严经海印道场忏仪》卷39："次施主恩者，不可思议。夫若无外护，无修行缘，施主不助，实难进道。我佛慈悲深厚故，虽入灭度，留礼与后，弟子受用，其所**留福**者，皆施主处有。"

【**留居於**～／～にとどまりすましむ】 先例 留下来住在某处。《日本书纪》卷11《雄略纪》九年五月条："别小鹿火宿祢从纪小弓宿祢丧来时，独留角国，使倭子连奉八咫镜于大伴大连，而祈请曰：'仆不堪共纪卿奉事天朝。故请留住角国。'是以大连为奏于天皇，**使留居于**角国。"（第二册，p. 186）（1）《王安石集》卷94《尚书司封员外郎张君墓志铭》："子二人，曰仲伟，曰次贤。君昔去石桥，遂**留居于**薪。"（2）宋赞宁等撰《宋高僧传》卷10："顺宗皇帝，深重佛宗，知修之名，诏入京与三藏击问，并答翻译之意。朗畅如流。乃**留居**辇下三年，终于京寺云。"

【**留連講肆**／こうしにりゅうれんす】 四字 滞留在讲堂，徘徊在讲舍。《怀风藻》第103首释道慈《小传》："太宝元年，遣学唐国。历访明哲，**留连讲肆**。妙通三藏之玄宗，广谈五明之微旨。"后秦僧肇撰《肇论》卷1慧达《肇论序》："达**留连讲肆**，二十余年，颇逢重席，末睹斯论，聊寄一序，托悟在中，同我贤余，请俟来哲。"唐元康撰《肇论疏》卷1："达**留连讲肆**二十余年下：第六宣明序意也。留连谓**不离**也。**讲肆**谓讲席也。《说文》云：'**讲**，习也。'《左传》云：'**讲**，谋也。'《周礼》云：'司市常以陈**肆**辨物。'此谓陈设物产为**肆**耳。令谓讲说之处，陈设几席，事如**肆**也。"宋晓月注《夹科肇论序注》卷1："梁普通年前，达么未到此土，只有名相讲席。故云**留连讲肆**也。"

【留学僧/るがくのほうし】 三字　留学僧。此处指隋唐时期来中国学习中华文化及佛教知识的僧人。《续日本纪》卷24《淳仁纪》天平宝字七年五月条："天宝二载，**留学僧**荣睿、业行等白和上曰：'佛法东流，至于本国。虽有其教，无人传授。幸愿和上东游兴化。辞旨恳至，咨请不息。'"（第三册，p.430）日本宗睿《新书写请来法门等目录》卷1："右杂书等，随非法门世者所要也。大唐咸通六年从六月迄于十月，于长安城右街西明寺日本**留学僧**圆载法师院求写杂法门等目录具如右也。日本贞观七年十一月十二日却来左京东寺重勘定。"

【留宅於~/いへにとどまる】 于字　留在家里。①《日本书纪》卷1《神代纪上》："亦曰伊奘诺尊功既至矣，德文大矣。于是登天报命。仍**留宅于**日之少宫。"（第一册，p.62）②《万叶集》卷4第723~724首歌题：《大伴坂上郎女从迹见庄赐**留宅**女子大娘歌一首并短歌》。（第一册，p.355）唐道世撰《法苑珠林》卷54《感应缘》："家内僧尼行路五六十人，望见空中数十丈分明，奇香芬气，一月**留宅**。"按：《汉语大词典》失收。先行文献中唯见《法苑珠林》中有一例，表示奇异的芬芳留在屋里长达一个月。歌题中的"留宅"，指大伴坂上郎女留在家里的女儿。前者谓气味的残留，后者指未随行的女儿，两者在表述主体上存在明显的差异。

【留置/とどめおく】 格义　放置，布置；留下。《常陆国风土记·信太郡》条："即时，随身器仗及所执玉圭，悉皆脱履，**留置**兹地，即乘白云，还升苍天。"（p.364）（1）西晋安法钦译《阿育王传》卷1："龙王即出，请王入宫。王便下船，入于龙宫。龙白王言：'唯愿留此舍利，听我供养。慎莫取去。'王见龙王恭敬供养，倍加人间。遂即**留置**，而不持去。"姚秦佛陀耶舍、竺佛念等合译《四分律》卷9："彼比丘答言尔。此比丘钵若贵价好者，应**留置**取最下不如者与之。"萧齐僧伽跋陀罗译《善见律毗婆沙》卷13《舍利弗品》："若作屋余，砖泥**留置**，我后当成，偷兰遮。"（2）《魏志》卷13《王朗传》李贤注引《汉晋春秋》曰："孙策之始得朗也，谴让之。使张昭私问朗，朗誓不屈，策忿而不敢害也，**留置**曲阿。"（p.408）按：《汉语大词典》例引唐李华《杭州余姚县龙泉寺大律师碑》："惟铜瓶锡杖**留置**左右。"偏晚。通过比较例文可知，中土文献中的"留置"，其动作对象为人，表示将某人拘留在某处；《信太郡》条和佛经中的"留置"，其动作对象为物，表示将某物不带走放在某处。由此可知，原文的用法出自佛典，因而产生了与中土文献不同的意思和用法。

【留住於~/~にとどまる】 于字　（8例）　留下来居住；留宿。①《日本书纪》卷2《神代纪下》："故天孙问其神曰：'国在耶？'对曰：'在也。'因曰：'随敕奉矣。'故天孙**留住于**彼处。"（第一册，p.144）②《日本书纪》卷2《神代纪下》："于是高皇产灵尊赐天稚彦天鹿儿弓及天羽羽矢以遣之。此神亦不忠诚也，来到即娶显国玉之女子下照姬，因**留住**之曰：'吾亦欲驭苇原中国。'遂不复命。"（第一册，p. 112）又："其地有一人、自号事胜国胜长狭。皇孙问曰：'国在耶以不？'对曰：'此焉有国，请任意游之。'故皇孙就而**留住**。"（第一册，p. 120）又："已而彦火火出见尊因娶海神女丰玉姬，仍**留住**海宫，已经三年。"（第一册，p. 158）又："时海神迎拜延入，殷勤奉慰，因以女丰玉姬妻之。故**留住**海宫，已经三载。"（第一册，p. 164）又卷11《雄略纪》九年五月条："仆不堪共纪卿奉事天朝。故请**留住**角国。"（第二册，p. 186）《唐大和上东征传》："我大师和上，发愿向日本国，登山涉海，数年艰苦，沧溟万里，死生莫测；可共告官，遮令**留住**。"（p. 60）《续日本纪》卷31《光仁纪》宝龟元年十一月条："乙酉，敕：'先后逆党，一切皆从原宥。其情愿**留住**配处者，宜恣听之。'"（第四册，p. 324）（1）萧齐僧伽跋陀罗译《善见律毗婆沙》卷3："于此师子洲，释迦如来已三到往。第一往者，教化夜叉已，即便敕言：'若我涅槃后。我舍利**留住**于此。'"梁云法师撰《法华经义记》卷1："于时则应入无余涅槃至寂然之地，但大悲之意不限，度人之心无穷。近藉神通之力，远由大众万行之感。遂能延金刚心，**留住**于世。"唐义净译《根本说一切有部毗奈耶》卷17："笈多自念：'我今若往劫比罗者，婆罗门妇不存我命，我今宜应**留住**于此于其本宅。'"《通典》卷58《礼》："后汉献帝建安十八年，曹操进三女宪、节、华为夫人。聘以束帛玄纁，绢五万匹。小者待年于国。（**留住**于国，待年长。）二十年，并拜贵人。"（p. 1641）（2）吴支谦译《佛说三摩竭经》卷1："佛告宾头卢：'我教天下人欲令悉度世，今汝既失期，复杀一人。人命至重，是我道所不喜。汝从今已后，不得复随我食及与众会。若当**留住**，后须弥勒佛出，乃般泥洹去耳。'"后秦佛陀耶舍、竺佛念等合译《长阿含经》卷5："王又语言：'可至七日，**留住**深宫，极世五欲，共相娱乐，然后捨国，各付子弟，俱共出家，不亦善耶？'"《后汉书》卷42《楚王英传》："楚太后勿上玺绶，**留住**楚宫。"（p. 1429）《艺文类聚》卷84所载《魏略》曰："明帝徙长安诸钟虡骆驼铜人，承露盘折，铜人不可致，**留住**霸城。"

【留著／とどめおく】 后补 将东西留在某处。"著"，用作后缀，后续场所名词。俗语表达。《日本书纪》卷26《齐明纪》五年七月条："（《伊吉连博德书》）二十二日行到余姚县，所乘大船及诸调度之物**留著**彼处。"（第三册，p. 224）（1）刘宋佛陀什、竺道生等合译《弥沙塞部和酰五分律》卷8："若人施僧药，佐助众事，比丘应问：'此药当留，聚落中为，著僧坊内。'若言**留著**聚落中，须时应语：'我须如是药，为我办勿使有乏。'"唐义净译《根本说一切有部毗奈耶药事》卷16："其巧工妻答曰：'此米**留著**。汝当且去。'其人留米即去。彼便为煮，柴薪俱尽，米仍不熟。"（2）《全唐文》卷286张九龄《敕突厥可汗书》："敕儿可汗：比来和市，常有限约，承前马数，不过数千。去岁以儿初立，欲相优赏，特勒欲谷前至，纳马倍多，故总与**留著**，已给物市买。"《乐府诗集》卷82："笑出花间语，娇来烛下歌。莫教明月去，**留著**醉姮娥。"

【流布法界/ほっかいにるふす】 四字 在宙森罗万象的一切境界广泛传播。《奈良朝写经64·金光明最胜王经卷第1》："乃至传灯无穷，**流布法界**，闻名持卷，获福消灾，一切迷方，会归觉路。"（p.393）唐实叉难陀译《大方广佛华严经》卷48《如来十身相海品》："如来齿有大人相，名普现光明云，一一齿间，相海庄严，若微笑时，悉放光明，具众宝色摩尼宝焰右旋宛转，**流布法界**，靡不充满，演佛言音，说普贤行，是为四十五。"

【流布天下/あめのしたにるふす】 四字 在全国范围内流传。《奈良朝写经23·十轮经卷第3》："乃至传灯无穷，**流布天下**，闻名持卷，获福消灾，一切迷方，会归觉路。"（p.179）失译人名今附后汉录《分别功德论》卷1："思惟经法，甚为浩大，云何当使，**流布天下**，千载众生，得蒙法泽耶？深思至理，谁能撰法？唯有阿难，乃能集耳。"西晋竺法护译《正法华经》卷10《乐普贤品》："吾以是故，建立是经，用五弘意，勤念道法，**流布天下**，阎浮利内。"东晋瞿昙僧伽提婆译《增壹阿含经》卷46《放牛品》："由此因缘，故最初有人，转生四姓，**流布天下**。当以此方便知，人民尽出，于刹利种。"

【流出来/ながれいでく】 三字 流淌出来，被水冲出来。《出云国风土记·岛根郡》条："又金弓箭**流出来**。即待取之坐而：'暗郁窟哉。'诏而，射通坐。"（p.182）唐栖复集《法华经玄赞要集》卷5："一出生摄入别无量义经教理，从清净法界中**流出来**。故名出生。"又卷6："二者妙法是理，真如理，经但是教，教从无相海中**流出来**，教是真如向上用，教亦得名理也。"按：《岛根郡》文例用于具体义，佛典文例用于抽象义。

【流出脓血/うみちながれいづ】 四字 （从伤口）流淌出脓和血。《日本灵异记》下卷《怨病忽婴身因之受戒行善以现得愈病缘第34》："未满卷数，从受病岁以来，径之二十八年，至于延历六年丁卯冬十一月二十七日之辰时，瘿瘰痈疽，自然口开，**流出脓血**，平复如愿也。"（p.350）姚秦鸠摩罗什译《禅秘要法经》卷1："此想成已，即见前地：屎尿臭处，及诸蚘虫，更相缠缚。诸虫口中，**流出脓血**，不净盈满。"唐玄奘译《阿毗达磨集异门足论》卷3《三法品》："如恶漏疮，才被物触，便多**流出**，**脓血**不止，彼心亦尔，少遇违缘，即便愤恚，怨恨不息。"

【流出外/ながれてそとにいづ】 自创 被水冲了出来，被水冲到外面。《丰后国风土记·速见郡》条："泥**流出外**，变为清水，指东下流。因曰赤汤泉。"（p.300）刘宋功德直译《菩萨念佛三昧经》卷3《赞如来功德品》："长老阿难，譬如涌泉，**盈流出外**，成于渊池，能洗万物，皆令洁净。如来法水，亦除众生，一切结累，常得获安。"唐道宣撰《四分律删繁补阙行事钞》卷3："僧祇内作，净厨不得，糯汁荡器，**水流出外**。"

【流到/ながれていたる】 后补 （2例） 流淌到某处，水流到某处。《丰后国风土记·日田郡》条："乡中有河，名曰阿苏川。其源出肥后国阿苏郡少国之峰，**流到**此乡。"（p. 288）又："乡中有川，名曰球珠川。其源从球珠郡东南山出，**流到**石井乡，通阿苏川，会为一川。今谓日田川是也。"（p. 288）北凉法众译《大方等陀罗尼经》卷4："佛言：'善哉，善哉！善男子快说是语，谷喻于我，河喻于汝。谷拥大水，展转而**流，到**于大海。'"史传部《续传灯录》卷19："僧云：'汉水祇应**流到**海，月轮直上最高峰。'"按：《汉语大词典》失收。

【流惠/めぐみをつたふ】 述宾 泽惠流布。《日本灵异记》上卷《忠臣小欲知足诸天见感得报示奇事缘第25》："赞曰：'修修神氏，幼年好学。忠而有仁，洁以无浊。临民**流惠**，施水塞田。甘雨时降，美誉长传。'"（p. 113）梁宝唱等集《经律异相》卷47："前所可放鹿，今来还就死。恩**流惠**贱畜，得见辞二子。"唐义净译《根本说一切有部毘奈耶药事》卷18："汝等苾刍，乃往古昔，**流惠**河边。有五百人，捕鱼为业。"

【流来於~/~ながれきたる】 于字 （9例） 水流到某处；（人）漂流来到某处；（人或物）被水冲到某处。①《日本书纪》卷22《推古纪》二十八年八月条："二十八年秋八月，披玖人二口，**流来**于伊豆岛。"（第二册，p. 574）又卷25《孝德纪》白雉五年四月条："夏四月，吐火罗国男二人、女二人，舍卫女一人，被风**流来**于日向。"（第三册，p. 196）②《日本书纪》又卷30《持统纪》七年二月条："己丑，以**流来**新罗人牟自毛礼等三十七人付赐忆德等。"（第三册，p. 536）《万叶集》卷3第386首："此暮 柘之左枝乃 **流来**者 梁者不打而 不取香闻将有"（第一册，p. 223）又卷11第2838首："河上尔 洗若菜之 **流来**而 妹之当乃 濑社因目"（第三册，p. 285）《播磨国风土记·饰磨郡》条："一云：小川自大野**流来**此处，故曰小川。"（p. 40）又《神前郡》条："所以号粟鹿川内者，彼川自但马阿相郡粟鹿山**流来**。故曰粟鹿川内"（p. 94）《常陆国风土记·香岛郡》条："其社南，郡家。北沼尾池。古老曰：自天**流来**水沼。所生莲根，气味太异，甘绝他所之。有病者，食此沼莲，早差验之。"（p. 394）《续日本纪》卷3《文武纪》大宝三年五月条："癸巳，**流来**新罗人，付福护等还本乡。"（第一册，p. 70）（1）元魏慧觉等译《贤愚经》卷7《梨耆弥七子品》："须臾之间，便有云起，震雷降雨，滂沛而下，溢涧**流来**。"梁僧佑撰《释迦谱》卷1："尔时迦叶二弟，一名那提迦叶，二名伽阇迦叶。各有二百五十弟子，在尼连禅河侧，居于下流。忽见其兄，并及弟子，所事火具，悉逐**流来**，心大惊愕，而自念言：'我兄今者，有何不祥？'"（2）《南齐书》卷54《高逸传》："始兴人卢度，亦有道术。少随张永北征。永败，虏追急，阻淮水不得过。度心誓曰：'若得免死，从今不复杀生。'须臾见两楯**流来**，接之得过。"（p. 935）《世说新语·假谲第27》："陶公自上**流来**，赴苏峻之难，令诛庾公。谓必戮庾，可以谢峻。庾欲奔窜，则不可；欲会，恐见执，进退无计。"（p. 475）按：《汉语大词典》失收。

【流泪白言："～"/なみだをながしてまうしてまうさく ～】 说词 （位卑者对位尊者）流着眼泪说道："……"。《日本灵异记》中卷《贷用寺息利酒不偿死作牛役之偿债缘第32》："彼牛放退，屈膝而伏击，**流泪白言**：'我者有樱村物部麻吕也。字号盐春也。'"（p.231）姚秦鸠摩罗什译《集一切福德三昧经》卷3："尔时，阿难悲泣，**流泪白言**：'世尊，愿住一劫，若住百劫、若住千劫，多所安隐，多所饶益，利安人天。'"唐道世撰《法苑珠林》卷93："佛说是时，诸恶罗刹，闻佛所说，悉舍恶心，止不食肉，递相劝发，菩提之心，护众生命，过自护身，离一切诸肉不食。悲泣**流泪**，**白言**：'世尊，我闻佛说，谛观六道，我所噉肉，皆是我亲。乃知食肉众生，是我大怨。断大慈种，长不善业，是大苦本。我从今日，断不食肉，及我眷属，亦不听食。'"

【流落/ながれおつ】 格义 （水等）从高处流下来。《播磨国风土记·饰磨郡》条："所以称高濑者，品太天皇登于梦前丘而望见者，北方有白色物，云：'彼何物乎？'即遣舍人上野国麻奈毘古令察之，申云：'高处**流落**水是也。'即号高濑村。"（p.40）萧齐僧伽跋陀罗译《善见律毘婆沙》卷16《舍利弗品》："若食时，额头汗**流落**钵中，应更受。若臂中汗流入手，不须受。"唐义净译《根本说一切有部毘奈耶》卷50："佛在江猪山。时六众苾刍入菩提长者舍乞食，长者与食，满钵受饭，复受羹臛，钵便溢满，**流落**污地，因生讥耻。以事白佛，佛言：'为制学处，应如是说。'"按：《汉语大词典》无此义项。在传世文献中，"流落"一词多用作诗歌语言，用于抽象义，表示漂泊外地、穷困失意；流失在外。例如，《宋诗》卷1孔欣《相逢狭路间》："荣利迭相驱。**流落**尚风波。人情我迁渝。势集堂必满。"《陈诗》卷7江总《折杨柳》："英光书汉奏。分影照明兵。**流落**今如此。长戍受降城。"

【流膿/うみしるながる】 自创 流淌脓血。《日本灵异记》下卷《女人滥嫁饥子乳故得现报缘第16》："林仵看之，于草中有，大快肥女。裸衣而踞。两乳胀大，如灶户垂。自乳**流脓**。"（p.301）刘宋功德直译《菩萨念佛三昧经》卷5《正念品》："是身虚无实，阴聚无一净。九孔**流脓**血，谁当乐此处？"隋阇那崛多译《佛本行集经》卷43《优波斯那品》："利刀割截身不完，节节割时**流脓**血，苦恼暂时无歇息，云何还我一千钱？"唐义净译《根本说一切有部毘奈耶药事》卷16："当见肚裂**流脓**血，粪尿臭秽皆充满，遍体脓流肉坏烂，无量蝇蛆皆唼食。"

【流去/ながしさる】 后补 （2例）冲走，随水流去。《古事记》上卷《初发的诸神》："虽然久美度迩兴而生子水蛭子，此子者入芦船而**流去**。"（p.34）《万叶集》卷10第2320首："吾袖尔 零鹤雪毛 **流去**而 妹之手本 伊行触粳"（第三册，p.152）（1）后汉安世高译《佛说阿含正行经》卷1："佛告诸比丘：'天下人心如流水，中有草木，各自**流去**，不相顾望。前者亦不顾后，后者亦不顾前，草木流行，各自如故。人心亦如是。"刘宋沮渠京声译《治禅病秘要法》卷1："行者入水三昧者，自见己身，如大涌泉。三百三十六节，随水**流去**，见十方地。"高丽知讷撰《真心直说》卷1："故有语云：'云散水**流去**，寂然天地空。'"（2）《南齐书》卷19《五行》："敬之至，则神歆之，此则至阴之气从，则水气从沟渎随而**流去**，不为民害矣。"（p.383）按：《汉语大词典》失收。

【**流僧/るそう**】　自创　遭到流放的僧侣。《续日本纪》卷2《文武纪》大宝二年四月条："获瑞僧隆观，免罪入京。**流僧**幸甚之子也。"（第一册，p.54）

【**流水长者/るすいちょうじゃ**】　人名　流水长者（子），为佛前生菩萨行之一。典自《金光明经》卷4《流水长者子品》。《日本灵异记》中卷《依汉神崇杀牛而祭又修放生善以现得善恶报缘第5》："如《最胜王经》说：'**流水长者**，放十千鱼。鱼生天上，以四十千珠，现报**流水长者**。'其斯谓之矣。"（p.160）《金光明经》卷4《流水长者子品》："大王当知，忉利诸天于**流水长者**子家，雨四十千真珠璎珞及不可计曼陀罗华。"又："尔时世尊，告道场菩提树神：'善女天。欲知尔时**流水长者**子，今我身是；长子水空，今罗睺罗是；次子水藏，今阿难是；时十千鱼者，今十千天子是。是故我今为其授阿耨多罗三藐三菩提记。尔时树神，现半身者，今汝身是。'"

【**流通/るつう**】　并列　（5例）　普遍通用，流传弘通。《日本书纪》卷17《继体纪》二十四年二月条："朕承帝业，于今二十四年，天下清泰，内外无虞，土壤膏腴，谷稼有实。窃恐元元，由斯生俗，藉此成骄。故令人举廉节，宣扬大道，**流通**鸿化。能官之事，自古为难。爰暨朕身，岂不慎欤。"（第二册，p.322）又卷19《钦明纪》十三年十月条："别表，赞**流通**礼拜功德云：'是法于诸法中最为殊胜。难解难入，周公、孔子尚不能知。'"（第二册，p.416）又："由是百济王臣明谨遣陪臣怒唎斯致契，奉传帝国，**流通**畿内。果佛所记我法东流。"（第二册，p.416）又卷21《崇峻纪》即位前纪条："苏我马子大臣又发誓言：'凡诸天王、大神王等，助卫于我使获利益，愿当奉为诸天与大神王，起立寺塔，**流通**三宝。'"（第二册，p.512）《续日本纪》卷14《圣武纪》天平十三年三月条："案经云：'若有国土讲宣读诵，恭敬供养，**流通**此经王者，我等四王，常来拥护。一切灾障，皆使消殄。'"（第二册，p.388）隋吉藏撰《仁王般若经疏》卷1《序品》："**流通**者，**流**者，宣布义；**通**者，不拥义。"隋慧远撰《十地经论义记》卷1："传布名**流**，无壅曰**通**。"唐义净译《金光明最胜王经》卷3《灭业障品》："善男子，是《金光明》，微妙经典，种种利益，种种增长，菩萨善根，灭诸业障。善男子，若有苾刍、苾刍尼、邬波索迦、邬波斯迦，随在何处，为人讲说，是《金光明》，微妙经典，于其国土，皆获四种，福利善根。云何为四？一者国王无病，离诸灾厄；二者寿命长远，无有障碍；三者无诸怨敌，兵众勇健；四者安隐丰乐，正法**流通**。何以故？如是人王，常为释梵四王、药叉之众，共守护故。"

【**流著/ながれつく**】　后补　（3例）　被水冲到某处。《日本书纪》卷29《天武纪下》十四年三月条："三月丙午朔己未，饷金物儒于筑紫，即从筑紫归之。仍**流著**新罗人七口附物儒还之。"（第三册，p.444）《常陆国风土记·香岛郡》条："郡东二三里，高松滨。大海之**流著**砂贝，积成高丘，松林自生。"（p. 394）又："轻野以东，大海滨边，**流著**大船，长一十五丈，阔一丈余。"（p. 396）（1）晋竺法护译《等目菩萨所问三昧经》卷1："有佛名誉，普而**流著**。普贤菩萨，行绩若斯。"魏杨衒之撰《洛阳伽蓝记》卷5："王城南一百余里有如来，昔作摩休国，剥皮为纸，析骨为笔处。阿育王起塔笼之，举高十丈，析骨之处，髓**流著**石，观其脂色，肥腻若新。"（2）《魏志》卷8《公孙瓒传》："朝议以宗正东海刘伯安既有德义，昔为幽州刺史，恩信**流著**，戎狄附之，若使镇抚，可不劳众而定，乃以刘虞为幽州牧。"按：《汉语大词典》失收。中土文献《魏志》的"流着"，与《日本书纪》和汉译佛经的用法不同，用作抽象义，表示名声流传、变得有名望。→【换著】【留著】

【流转/めぐる】 并列 流传辗转；流离转徙。于佛法上，指因果相续而生起的一切世界现象，包括众生生死在内。"流"，相续。"转"，生起。《藤氏家传》下卷《武智麻吕传》："其教深妙，从天竺国，**流转**震檀，延及此地。"（p. 330）吴支谦译《菩萨本缘经》卷1《毗罗摩品》："若以我力，能速涅槃，以为众生，**流转**生死。"东晋法显译《佛说大般泥洹经》卷1《长者纯陀品》："文殊师利，夫如来者，是人中尊，为天中天，名为应供，岂是行耶？若是行者，为生灭法，譬如水泡，速起速灭，往来**流转**，犹如车轮；若使如来，是行数者，终不得出，人天之上，非天中天，亦非应供。"唐义净译《金光明最胜王经》卷3《灭业障品》："我从无始，生死以来，随恶**流转**，共诸众生，造业障罪，为贪瞋痴，之所缠缚。"按：《汉语大词典》释例《后汉书》卷72《董卓传》："初，灵帝末，黄巾余党郭太等复起西河白波谷，转寇太原，遂破河东，百姓**流转**三辅。"

【六道/ろくどう】 偏正 （4例） 指地狱、饿鬼、畜生、阿修罗、人间、天上六种世界。《日本灵异记》上卷《缔知识为四恩作绘佛像有验示奇表缘第35》："河内国若江郡游宜村中，有练行沙弥尼。其姓名未详。住于平群山寺。率引知识，奉为四恩，敬画像，其中图**六道**。"（p. 135）又中卷《序》："还三界，如车轮。生回**六道**，似萍移。此死彼生，具受万苦。"（p. 141）《奈良朝写经38·大般若经卷第591》："玉镜悬于**六道**，感万机于法界。"（p. 253）又："眷属经**六道**而不忘，历三大而弥茂，相续善心，修习福慧，遍施四生，俱登觉道。"（p. 253）姚秦鸠摩罗什译《妙法莲华经》卷1《序品》："诸世界中，**六道**众生，生死所趣，善恶业缘，受报好丑，于此悉见。"隋智顗说《妙法莲华经文句》卷3《释方便品》："约十法界者，谓**六道**四圣，是为十法也。"

【六道四生/ろくどうししょう】 四字 （2例） 六道，指地狱、饿鬼、畜生、阿修罗、人、天六种众生。又依六道众生出生的形态，分为胎生、卵生、湿生、化生四类，并称"六道四生"。《日本灵异记》上卷《无慈心而马负重驮以现得恶报缘第21》："现报甚近，应信因果。虽见畜生，而我过去父母，**六道四生**我所生家，故不可无慈悲也。"（p. 106）《元兴寺伽蓝缘起并流记资财账》："缘此福力，天皇大臣及诸臣等过去七世父母，广及**六道四生**众生，生生处处，十方净土，普因此愿，皆成佛果。以为子孙，世世不忘，莫绝纲纪，名建通寺。"梁诸大法师集撰《慈悲道场忏法》卷1："仰愿幽显凡，圣大众，同加覆护，同加摄受，令（某甲）等所悔清净，所愿成就，等诸佛心，同诸佛愿，**六道四生**，皆悉随从，满菩提愿，净三业法。"又卷10："愿以慈悲力，救护摄受，令三界**六道**，**四生**众生，以今慈悲，道场忏法，发心发愿，功德因缘，各各具足，功德智慧，以神通力，随心自在，已发愿意，次应嘱累流通。"唐阿地瞿多译《陀罗尼集经》卷1《释迦佛顶三昧陀罗尼品》："即普运心，周遍十方，一切净土，**六道四生**，一切地狱，一切病苦，诸众生处，香云遍满。"

【**六道有識**/ろくどうのうしき】 四字 六种世界中的有情众生。《奈良朝写经66·大般若经卷第176》："广及法界，**六道有识**，离苦得乐，齐登觉道。"（p. 403）唐若那跋陀罗译《大般涅槃经后分》卷2《圣躯廓润品》："梦已寻觉，心大惊战，即召诸臣，具陈斯梦：'此何祥耶？'臣答王言：'是佛涅槃，不祥之相。佛灭度后，三界众生、**六道有识**，烦恼横起，故现大火，从天落地。'"

【**六度**/ろくど】 偏正 （2例） 即"六波罗蜜"。大乘菩萨为得悟而必须从事的六种修行，即布施、持戒、忍辱、精进、禅定和智慧。《奈良朝写经5·大般若经卷第267》："明矣因果，达焉罪福。**六度**因满，四智果圆。"（p. 32）《奈良朝写经6·瑜伽师地论卷第21》："团而**六度**轻舫，设于三会之津。"（p. 55）姚秦鸠摩罗什译《摩诃般若波罗蜜经》卷1《序品》："菩萨摩诃萨，以不住法，住般若波罗蜜中，以无所舍法，应具足檀那波罗蜜，施者、受者及财物，不可得故；罪不罪不可得故，应具足尸罗波罗蜜；心不动故，应具足羼提波罗蜜；身心精进，不懈怠故，应具足毗梨耶波罗蜜；不乱不味故，应具足禅那波罗蜜；于一切法不著故，应具足般若波罗蜜。"

【**六法戒**/ろくほうかい】 三字 又作"六法""正学律仪"，是式叉摩那受持之戒法，即：1. 染心相触；2. 盗人四钱；3. 断畜生命；4. 小妄语；5. 非时食；6. 饮酒。为《四分律》卷27所说。能遵守这一戒法达两年者，始得为比丘尼，受具足戒。《元兴寺伽蓝缘起并流记资财账》："以庚戌年，自百济国尼等还来官白：'戊申年往即受**六法戒**，己酉年三月受大戒，今庚戌年还来。'白。"隋智顗撰《法界次第初门》卷1："出家沙弥沙弥尼十戒，式叉摩那尼**六法戒**，比丘比丘尼十种得戒。"又《法界次第初门》卷3："所谓出家，沙弥沙弥尼十戒，式叉摩那尼**六法戒**，大比丘比丘尼具足戒，至三千威仪，八万律行。"

【**六魔**/ろくま】 偏正 指分段生死之身蕴魔、死魔、烦恼魔的三魔和变易生死之身的蕴魔、死魔、烦恼魔三魔，共计六魔。"魔"，梵语 māra 的音译词，"魔罗"的省称。《唐大和上东征传》淡海元开《初谒大和上二首并序》："道种将崩夏，空华更落春。自归三宝德，谁畏**六魔**瞋。"（p. 100）唐栖复集《法华经玄赞要集》卷33："言三种魔类者，简要云，分段、变易故有三类。且分段三者，分段身上有漏五蕴名蕴魔；分段身上将死正死已死名死魔；烦恼名烦恼魔也。言变易三魔者，变易上五蕴名蕴魔；变易上生死名死魔；所知障名烦恼魔。据实，分段、变易各三魔，计六魔。"

【六七/ろくしち】 时段 （2 例） 人死之后第六个七日营斋追善仪式。《续日本纪》卷 19《孝谦纪》天平胜宝八年六月条："丙甲，六七，于药师寺设斋焉。"（第三册，p. 164）又卷 30《称德纪》宝龟元年九月条："癸酉，六七。于西大寺设斋焉。"（第四册，p. 304）方广锠整理《佛说水月光观音菩萨经》卷 1："第六七斋，写《护诸童子经》一卷。"

【六親眷属/ろくしんけんぞく】 四字 （2 例） "六亲"，指父、母、兄、弟、妻、子六种亲属。"眷属"，一族、亲属、家眷等。《奈良朝写经 6·瑜伽师地论卷第 21》："天平二年岁次庚午二月十日，飞鸟寺僧贤证，为七世父母、六亲眷属及广无边无际之、与一切有情共成佛道，贡敬《瑜伽论》七卷。"（p. 55）《奈良朝写经 31·别译杂阿含经卷第 10》："次愿七世父母、六亲眷属，契会真如，驰紫舆于极乐；熏修慧日，沐甘露于德池。"（p. 232）曹魏康僧铠译《佛说无量寿经》卷 2："见人有善憎嫉恶之，无义、无礼，无所顾录。自用职当，不可谏晓，六亲眷属，所资有无，不能忧念。"

【六趣/ろくしゅ】 偏正 地狱趣、饿鬼趣、畜生趣、阿修罗趣、人趣，天趣。"趣"是趣向之义，众生受报，皆由因趣果，故"六道"又名"六趣"。《奈良朝写经 5·大般若经卷第 267》："三界含识，六趣禀灵，无愿不遂，有心必获。"（p. 32）晋世法立、法炬合译《法句譬喻经》卷 1《教学品》："正坐此阴，令我勤苦，经历生死，无央数劫，三涂六趣，皆由色欲，不断此者，无缘得道。"姚秦鸠摩罗什译《妙法莲华经》卷 1《序品》："于此世界，尽见彼土，六趣众生，又见彼土，现在诸佛，及闻诸佛，所说经法。"唐玄奘译《大般若波罗蜜多经》卷 568《念住品》："天王当知，菩萨亦尔。愚夫贪著，处在六趣，生死火宅，不知出离；是诸菩萨，以平等心，种种方便，诱化令出，皆悉安置，圆寂界中。"

【六時行道/ろくじにめぐりあるく】 时段 "六时"，昼三时与夜三时，合称为"六时"：昼三时是晨朝日中日没；夜三时是初夜中夜后夜。"行道"，绕行堂塔或本尊周围，以表示供养之敬意。亦称"绕堂""绕塔""绕佛"等。《日本灵异记》中卷《忆持法华经者舌著髑髅中不朽缘第 1》："便以草茸覆于其上，共住读经，六时行道。"（p. 264）（1）东晋帛尸梨蜜多罗译《佛说灌顶经》卷 12："救脱菩萨，又白佛言：'若族姓男女，其有尫赢，著床痛恼，无救护者。我今当劝请众僧，七日七夜，斋戒一心，受持八禁，六时行道。四十九遍，读是经典，劝然七层之灯，亦劝悬五色，续命神幡。'"梁僧伽婆罗译《菩萨藏经》卷 1："下方大名世界，于彼有佛，名光明吉。一日一夜，六时行道礼拜，偏袒右肩，右膝著地，合掌向佛，而说此言。"（2）姚秦竺佛念译《出曜经》卷 5《无放逸品》："昔一比丘，行满德充，六时行道，无毫厘减失，初夜中夜后夜，精勤汲汲，斯须不倦。如是经久，胸满结气，得心痛患，众医疗治，竟不除差，便忽命终。"

【六識/ろくしき】 偏正　眼识、耳识、鼻识、舌识、身识、意识。指六根对色声香味触法之六尘而生的见闻嗅味觉思的了别作用。因为是八识中的前六识，故常被称为前六识。《奈良朝写经19·灌顶随愿往生经》："引四海于法镜，则欲海澄氛。导六识于禅门，则邪云卷翳。"（p.129）后汉安世高译《七处三观经》卷1："何等为思想？识为身六思想：眼栽思想，耳鼻口身意栽思想，如是是六识思想。"姚秦鸠摩罗什译《大智度论》卷12《序品》："佛说六识：眼识及眼识相应法，共缘色，不缘屋舍、城郭种种诸名。耳、鼻、舌、身识，亦如是。意识及意识相应法，知眼、知色、知眼识，乃至知意、知法、知意识。是识所缘法，皆空无我，生灭故，不自在故。"

【六斋日/ろくさいにち】 时段　（2例）　又作"六斋"。谓每月清净持戒六天。即白月八日、十四日、十五日、黑月二十三日、二十九日、三十日。僧众每月于这六天须集会一处，布萨说戒。在家二众于此六天受持一天一夜八关斋戒。传说鬼神每于此六天便伺机害人，所以在这几天当中，须沐浴断食。佛教沿袭这一行事，说于此六日，四天王必下降世间，考察人间社会的善恶。《续日本纪》卷12《圣武纪》天平九年八月条："癸卯，令四畿内二监及七道诸国，僧尼清净沐浴。一月之内二三度，令读《最胜王经》。又月六斋日，禁断杀生。"（第二册，p.324）又卷14《圣武纪》天平十三年三月条："其僧尼，每月八日，必应转读《最胜王经》。每至月半，诵戒羯磨。每月六斋日，公私不得渔猎杀生。"（第二册，p.390）后秦弗若多罗、罗什合译《十诵律》卷57："月六斋，所谓八日、十四日、十五日、二十三日、二十九日、三十日，于是日无病比丘，应和合一处说法。"刘宋昙无蜜多译《佛说观普贤菩萨行法经》卷1："第四忏悔者，于六斋日，敕诸境内，力所及处，令行不杀，修如此法，是名修第四忏悔。"隋智顗说、灌顶记《梵网菩萨戒经义疏》卷2："三斋、六斋，并是鬼神，得力之日，此日宜修善……年三长斋，月六斋，本为在家、出家尽寿持斋，不论时节。"→【斋日】

【六宗/ろくしゅう】 偏正　（2例）　"六宗"，奈良时代的六种宗派，称为"南都六宗"。即三论宗、成实宗、法相宗、俱舍宗、华严宗和律宗。《日本灵异记》中卷《极穷女于尺迦丈六佛愿福分示奇表以现得大福缘第28》："爰六宗之学头僧等，集会怪之，问女人曰：'汝为何行？'答曰：'无所为，唯依贫穷，存命无便，无归无怙。故我是寺尺迦丈六佛，献花香灯，愿福分耳。'"（p.223）《奈良朝写经52·大唐内典录卷第10》："原夫，一乘发轫，驰鹿苑之微言；六宗分镳，振龙宫之秘册。"（p.312）按：《古语拾遗》："夫尊祖敬宗礼教所先，故圣皇登极，受终文祖，类于上帝，禋于六宗，望于山川，偏于群神。"例中"六宗"，指古代所尊祀的六神。→【三学·六宗】

【龍宮/りゅうきゅう】 地名　龙王的宫殿。在大海之底，为龙王神力所化；据《龙树传》载，龙树比丘曾随大龙菩萨入海，在龙宫中发现七宝华函，获得《华严经》。《奈良朝写经19·灌顶随愿往生经》："众彩起绚，月相含晖，龙宫秘文，贯珠流影。"

（p. 129）姚秦鸠摩罗什译《龙树菩萨传》卷 1："大龙菩萨，见其如是，惜而愍之，即接之入海。于宫殿中，开七宝藏，发七宝华函，以诸方等、深奥经典、无量妙法授之。龙树受读，九十日中，通解甚多，其心深入，体得宝利。龙知其心，而问之曰：'看经遍未？'答言：'汝诸函中，经多无量，不可尽也。我可读者，已十倍阎浮提。'龙言：'如我宫中，所有经典，诸处此比，复不可数。'龙树既得诸经，一相深入，无生二忍具足，龙还送出于南天竺，大弘佛法，摧伏外道，广明摩诃衍作优波提舍十万偈，又作庄严佛道论五千偈，大慈方便论五千偈，中论五百偈，令摩诃衍教大行于天竺。"

【龍天衛護/りゅうてんまもりたまふ】 自创 龙和天人守卫保护。《奈良朝写经 52·大唐内典录卷第 10》："愿合门眷属及知识等，**龙天卫护**，万善庆集，广暨含识，同沾此愿，俱出九居，早成佛果。"（p. 312）唐智升撰《集诸经礼忏仪》卷 1："六亲眷属，七族因缘，百福庄严，**天龙卫护**。三涂息苦，地狱停酸。"宋宗鉴集《释门正统》卷 6："众愕然，惊叹法师神力。**天龙卫护**，变炎热为清凉也。"

【龍淵寺/りゅうえんじ】 寺名 疑似本山大安寺的别院。《续日本纪》卷 30《称德纪》神护景云三年八月条："戊申，远江、越前二国户各二十烟，大和、山背两国田各五町舍人**龙渊寺**。"（第四册，p. 246）

【漏出/くきいづ】 后补 （液体）泄漏出来、滴漏出来。《古事记》上卷《伊耶那岐命与伊耶那美命》："次集御刀之手上血，自手俣**漏出**，所成神名，暗淤加美神。"（p. 42）（1）西晋竺法护译《修行地道经》卷 5："或见斫头，疮痍裂坏，脓血**漏出**。"又《佛说大迦叶本经》卷 1："如明眼人，从一边观，釜灯诸孔，脂油**漏出**，各各堕地。"东晋瞿昙僧伽提婆译《增壹阿含经》卷 5《壹入道品》："复次比丘，观此身有诸孔，**漏出**不净。"（2）《旧唐书》卷 37《五行》："又先天太后墓槐树上，有灵泉**漏出**，今年六月，其上有云气五色，又黄龙再见于泉上。"（p. 1373）按：《汉语大词典》失收。

【蘆舍那大仏像/るしゃなだいぶつぞう】 多音 卢舍那大佛像的略称。《续日本纪》卷 18《孝谦纪》天平胜宝四年四月条："夏四月乙酉，**卢舍那大佛像**成，始开眼。是日，行幸东大寺。天皇亲率文武百官，设斋大会。"（第三册，p. 118）

【蘆舍那仏/るしゃなぶつ】 佛名 （9 例） 毘卢遮那佛的略称。亦称毘卢舍那如来或略称舍那、毘卢。意译为遍一切处、光明遍照等。以大日如来、法身佛而为人所知。但毘卢遮那之意，又因宗派不同而解释不一。《续日本纪》卷 15《圣武纪》天平十五年十月条：又："粤以天平十五年岁次癸未十月十五日，发菩萨大愿，奉造**卢舍那佛**金铜像一躯。"（第二册，p. 430）又："是故，预智识者，恳发至诚，各招介福，宜日每三拜**卢舍那佛**。自当存念各造**卢舍那佛**也。"（第二册，p. 430）又卷 16《圣武纪》天平十八年十月条："甲寅，天皇、太上天皇、皇后，行幸金钟寺，燃灯供养**卢舍那佛**。佛前后灯一万五千七百余坏。夜至一更，使数千僧，令擎脂烛赞叹供养，绕佛三匝。至三更而还宫。"（第三册，p. 34）又卷17《圣武纪》天平十九年九月条："九月乙亥，河内国人大初位下河俣连人麻吕钱一千贯，越中国人无位砺波臣志留志米三千硕，奉**卢舍那佛**知识。并授外从五位下。"（第三册，p. 46）又天平胜宝元年四月条："**卢舍那佛**〈乃〉慈赐〈比〉福〈波陪〉赐物〈尔〉有〈止〉念〈闭〉、受赐〈里〉恐〈理〉、戴持、百官〈乃〉人等率〈天〉礼拜仕奉事〈远〉、挂畏三宝〈乃〉大前〈尔〉、恐〈无〉恐〈无毛〉奏赐〈波久止〉奏。"（第三册，p. 64）又："食国天下〈乃〉诸国〈尔〉〈最胜王经·乎〉坐、**卢舍那佛**化奉〈止〉为〈弓〉、天坐神·地坐神〈乎〉祈祷奉。"（第三册，p. 66）又："丁未，天皇幸东大寺，御**卢舍那佛**前殿。大臣以下百官及士庶，皆以次行列。"（第三册，p. 76）又天平胜宝元年十二月条："去辰年、河内国大县郡〈乃〉智识寺〈尔〉坐**卢舍那佛**〈远〉礼奉〈天〉则朕〈毛〉欲奉造〈止〉思〈登毛〉、得不为〈之〉间〈尔〉、丰前国宇佐郡〈尔〉坐广幡〈乃〉八幡大神〈尔〉申赐〈闭〉敕〈久〉。"（第三册，p. 96）隋智顗说《妙法莲华经玄义》卷6："境妙究竟显名**毗卢遮那**，智妙究竟满名**卢舍那**，行妙究竟满名释迦牟尼。"宋道威入注《法华经入疏》卷10："法身如来名**毗卢遮那**，此翻遍一切处。报身如来名**卢舍那**，此翻净满。应身如来名释迦文。"

【**蘆舍那仏金銅大像**/るしゃなぶつのこんどうのだいぞう】 多音 毘卢舍那佛金铜大像。《续日本纪》卷21《淳仁纪》天平宝字二年八月条："昔者，先帝敬发洪誓，奉造**卢舍那金刚大像**。若有朕时不得造了，愿于来世，改身犹作。"（第三册，p. 278）

【**蘆舍那仏金銅像**/るしゃなぶつのこんどうぞう】 多音 毘卢舍那佛金铜大像的略称。《续日本纪》卷15《圣武纪》天平十五年十月条："粤以天平十五年岁次癸未十月十五日，发菩萨大愿，奉造**卢舍那佛金铜像**一躯。"（第二册，p. 430）

【**蘆舍那仏像**/るしゃなのぶつぞう】 多音 （4例） 毘卢舍那大佛像的略称。《续日本纪》卷15《圣武纪》天平十五年十月条："乙酉，皇帝御紫香乐宫。为奉造**卢舍那佛像**，始开寺地。"（第二册，p. 432）又天平十六年十一月条："十一月壬申，甲贺寺始**建卢舍那佛像**体骨柱。天皇亲临手引其绳，于时，种种乐共作。四大寺众僧会集。傥施各有差。"（第二册，p. 448）又卷17《圣武纪》天平胜宝元年四月条："夏四月甲午朔，天皇幸东大寺，御**卢舍那佛像**前殿，北面对像。皇后、太子并侍焉。群臣百僚及士庶，分头行列殿后。"（第三册，p. 64）又："三宝〈乃〉奴〈止〉仕奉〈流〉天皇〈罗我〉命**卢舍那佛像**〈能〉大前〈仁〉奏赐〈部止〉奏〈久〉。"（第三册，p. 64）宋志盘撰《佛祖统纪》卷39："三年，敕洛阳龙门山镌石龛**卢舍那佛像**，高八十五尺。"宋延一编《广清凉传》卷2："后有山门僧守法慧顺缙，于瑞相殿北，重建大阁一座。两层凡一十三楹，于上层置斗官分布，中楹安**卢舍那佛像**，四周造万圣像。雕刻彩绘，备极工巧。"辽非浊集《三宝感应要略录》卷1《第二十九造**毗卢舍那佛像**抚障难感应》。

【蘆舍那如来/るしゃなにょらい】 佛名 （2 例） 毗卢舍那如来。《续日本纪》卷20《孝谦纪》天平宝字元年七月条："又**卢舍那如来**、观世音菩萨、护法梵王·帝释四大天王〈乃〉不可思议威神之力〈尔〉依〈弓志〉。此逆在恶奴等者显出而、悉罪〈尔〉伏〈奴良志止奈母〉、神〈奈贺良母〉所念行〈须止〉宣天皇大命〈乎〉、众闻食宜。事别宣〈久〉。"（第三册，p. 216）又29《称德纪》神护景云三年五月条："然〈母〉**卢舍那如来**、〈最胜王经〉、观世音菩萨、护法善神梵王、帝释、四大天王〈乃〉不可思议威神力、挂畏开辟已来御宇天皇御灵、天地〈乃〉神〈多知乃〉护助奉〈都流〉力〈尔〉依〈弓〉、其等〈我〉秽〈久〉谋〈弓〉为〈留〉厌魅事皆悉发觉〈奴〉。"（第四册，p. 240）东晋佛驮跋陀罗译《大方广佛华严经》卷3《卢舍那佛品》："**卢舍那如来**，转清净法轮，一切法方便，如来云普覆。"唐实叉难陀译《大方广佛华严经》卷69《入法界品》："**卢舍那如来**，道场成正觉，一切法界中，转于净法轮。"

【蘆舍那銅像/るしゃなのどうぞう】 多音 （2 例） 卢舍那铜像《续日本纪》卷27《称德纪》天平神护二年六月条："时圣武皇帝造**卢舍那铜像**。"（p. 126）又卷33《光仁纪》宝龟五年九月条："天平年中，圣武皇帝发弘愿，造**卢舍那铜像**。其长五丈。当时铸工无敢加手者。公麻吕颇有巧思，竟成其功。"（第四册，p. 442）

【鹿苑～龍宮～/ろくおん～りゅうきゅう～】 对偶 "鹿苑"，巴利语 mrgadāya，即"鹿野苑"。地名，在中印度的波罗奈国，是佛最初说四谛、法度无比丘的地方。"龙宫"，据《龙树传》载，龙树比丘曾随大龙菩萨入海，在龙宫中发七宝华函，获得《华严经》。《奈良朝写经52·大唐内典录卷第10》："原夫，一乘发轫，驰**鹿苑**之微言；六宗分镳，振**龙宫**之秘册。"（p. 312）《全梁文》卷17梁元帝《法宝联璧序》："至于**鹿苑**深义，**龙宫**奥说；远命学徒，亲登讲肆。"《全唐文》卷15高宗《隆国寺碑铭》："演德音于**鹿苑**，会多士于**龙宫**，福已罪之群生，兴将灭之人代。"《唐文拾遗》卷63："璇题留月，玉牖来风，露滴砌而飞珠，霞映梁而散锦，既似**龙宫**之表，还同**鹿苑**之游。"

【路頭/みちのほとり】 后缀 （6 例） 路口。《日本书纪》卷25《孝德纪》大化二年三月条："复有被役边畔之民，事了还乡之日，忽然得疾，卧死**路头**。于是**路头**之家乃谓之曰：'何故使人死于余路？'因留死者友伴强使被除。"（第三册，p. 154）又："复有被役之民，**路头**炊饭。于是**路头**之家乃谓之曰：'何故任情炊饭余路？'强使被除。"（p. 154）《常陆国风土记·信太郡》条："东海大道，常陆**路头**。所以传驿使等，初将临国，先洗口手，东面拜香岛之大神，然后得入也。"（p. 364）《续日本纪》卷17《圣武纪》天平胜宝元年二月条："丙辰，以朝庭**路头**屡投匿名书。下诏：'教诫百官及大学生徒以禁将来。'"（第三册，p. 62）《风俗通·石贤士神》："谨按：汝南汝阳彭氏墓**路头**立一石人，在石兽后。"乞伏秦圣坚译《佛说除恐灾患经》卷1："或有议言：'当于城中，四衢**路头**，立大祠祀，禳却害气。'"

【路行/みちゆく】 主谓 （2例） 犹言行路。《日本书纪》卷25《孝德纪》大化二年二月条：“朕闻明哲之御民者，悬钟于阙而观百姓之忧，作屋于衢而听**路行**之谤。”（第三册，p.134）《日本灵异记》上卷《偷用子物作牛役之示异表缘第10》：“告使人云：‘应请一禅师。’其使人问曰：‘请何寺师？’答曰：‘不择其寺，随遇而请。’其使随愿，请得**路行**一僧归家。”（p.87）（1）东晋瞿昙僧伽提婆译《增壹阿含经》卷18《四意断品》：“若复有时，见乞儿者，若沙门、婆罗门，若**路行**者，若贫匮者，若有钱财，便持施与，设无财货者，便往至长者家，乞求施与。”隋阇那崛多译《佛本行集经》卷21《王使往还品》：“若有智人，能自思念，亲爱合会，犹如**路行**，道上结伴，相与共行，随逐近远，到所至处，各散还本。”唐阿质达霰译《大威力乌枢瑟摩明王经》卷3：“若**路行**日诵一百八遍，免劫盗。”（2）《魏书》卷97《刘昱传》：“昱狂走逸游，不舍昼夜，腹心所寄数十许人，并执兵刃为人之牙爪，**路行**逢人，便加斫刺，或入人家劫略财贿，往来倏忽，状若鬼魅。”《梁诗》卷9何逊《王尚书瞻祖日诗》：“昱昱丹旐振。亭亭素盖立。金铎欢已鸣。龙而将复入。华台日未徙。荒坟**路行**湿。已矣将何如？宾驭皆洒泣。”按：《汉语大词典》失收。

【路行人/みちゆきびと】 三字 （2例） 犹言行路人，行人。《万叶集》卷11第2370首：“恋死 恋死耶 玉桙 **路行人** 事告无”（第三册，p.171）又卷12第3102首：“足千根乃 母之召名乎 虽白 **路行人**乎 孰迹知而可”（p.352）（1）唐普光述《俱舍论记》卷13《分别业品》：“又契经说至福业增长者，此是第三福增长证。成就有依七福业事者：一施羁旅客；二施**路行人**；三施有病人；四施侍病人；五施园林；六施常乞食；七随时施。”又卷18《分别业品》：“一施客人，谓羁旅他乡；二施行人，谓在**路行人**。”唐遁伦集撰《瑜伽论记》卷5：“有依七福业者：一施羁旅客；二施**路行人**；三施有病人；四施侍病人；五施园林；六施常乞食；七随时施。此云七种，即是彼也。”（2）《太平御览》卷277所载《梁书》曰：“景宗便操笔，斯须而成，其辞曰：‘去时儿女悲，归来笳鼓竞。借问**路行人**，何如霍去病！’帝欣然不已，约及朝贤，惊嗟竟日。诏令上史。”（p.1290）

【戮处/ころさるるところ】 自创 行刑之处。《日本书纪》卷16《武烈纪》即位前纪条：“是时影媛逐行**戮处**，见是戮已，惊惶失所，悲泪盈目。”（第二册，p.272）东晋佛驮跋陀罗译《大方广佛华严经》卷55《入法界品》：“诸臣送太子，至彼刑**戮处**。王后闻此已，来白大王言：‘愿听十五日，布施修功德。’时王即听许，令其修福业。肴膳车乘等，随欲悉给之。所期日已尽，将至刑**戮处**。彼时一切众，悲感悉号泣。”唐玄奘撰《大唐西域记》卷6：“还军之侧，有窣堵波，是释女被**戮处**。”按：《汉语大词典》失收。汉文佛经中有“刑戮处”和“被戮处”的说法。根据上引例文分析，《武烈纪》中“戮处”一词，似由佛典中的“刑戮处”或“被戮处”缩略而成。

【露盘/ろばん】 偏正 “承露盘”之略称。即塔之平头上所立之轮盘形建筑物。

亦作"盘盖""轮台""相轮""露盘"。《上宫圣德法王帝说》："其内有青□□瓶，其内纳舍利八粒。丙子年四月八日上<u>露盘</u>。戊寅年十二月四日铸丈六佛像。"梁慧皎撰《高僧传》卷5："凉州刺史杨弘忠送铜万斤，拟为<u>承露盘</u>。安曰：'<u>露盘</u>已讫，汰公营造。欲回此铜铸像，事可然乎。'忠欣而敬诺。于是众共抽舍，助成佛像。"隋阇那崛多译《佛本行集经》卷2《发心供养品》："时彼比丘，亦生心念：'我今可以，此摩尼宝，安置浮图，<u>承露盘</u>上，作于宝瓶。'"《隋书》卷22《五行志上》："其年六月，又震太皇寺刹、庄严寺<u>露盘</u>、重阳阁东楼、鸿胪府门。"（p. 628）

【露盤銘/ろばんめい】 三字 　刻写在承露盘上的文辞。具有称颂、警戒等性质，多用韵语。《元兴寺伽蓝缘起并流记资财账》："难波天皇之世辛亥正月五日，授塔<u>露盘铭</u>。"

【露置於～/あらはに～におく】 于字 　放置在露天场地。《日本书纪》卷14《雄略纪》十三年三月条："天皇使齿田根命，资财<u>露置于</u>饵香市边桥本之土，遂以饵香长野邑赐物部目大连。"（第二册，p. 192）（1）唐道宣撰《续高僧传》卷25："房后院壁图九想变，<u>露置</u>绳床，椁被覆上。昼依僧例，夜则寝中。亘一日方出一食，如是渐增，七日方食。僧以为常，弗之怪也。"宋道诚述《释氏要览》卷3："四林葬谓，<u>露置</u>寒林，饲诸禽兽（寒林，即西域叶尸处。《僧祇律》云：'谓多死尸，凡入者可畏毛寒。故名寒林。今云尸陀林。讹也。'）"（2）《宋史》卷487《外国传》："贫者死，则<u>露置</u>中野。"（p. 14054）

【屢遊/しばしばいでます】 偏正 　多次漫游，反复游逛。《日本书纪》卷10《应神纪》二十二年九月条："秋九月辛巳朔丙戌，天皇狩于淡路岛。是岛者横海，在难波之西。峯岩纷错，陵谷相续。芳草荟蔚，长澜潺湲。亦麋鹿、凫、雁，多在其岛。故乘與<u>屢游</u>之。"（第一册，p. 488）唐玄奘撰《大唐西域记》卷4："如来在世，<u>屢游</u>此国，说法之所，并有封树。"唐慧立本、彦悰笺《大唐大慈恩寺三藏法师传》卷4："如来在日，<u>屢游</u>此国，无忧王随佛至处，皆有表记。"唐道世撰《法苑珠林》卷83："帝曰：'汝命未尽。今当还生。宜勤精进。勿<u>屢游</u>白衣家。杀鬼取人，亦多枉滥。如汝比也。'"相同内容还可见《冥报录·宋沙门僧规者》条。按：《汉语大词典》失收。《日本书纪》卷13《允恭纪》八年二月条："天皇则更兴造宫室于河内茅渟，而衣通郎姬令居。因此以<u>屢游</u>猎于日根野。"（第二册，p. 120）

【律師/りっし】 后缀 （47例）　专门研究、解释、读诵律的人，又作持律师、律者。僧纲三职位之一，阶位低于僧正、僧都。《日本书纪》卷20《敏达纪》五年十一月条："冬十一月庚午朔，百济国王付还使大别王等献经论若干卷并律师、禅师、比丘尼、咒禁师、造佛工、造寺工、六人。遂安置于难波大别王寺。"（第二册，p. 476）又卷21《崇峻纪》元年是岁条："百济国遣恩率首信、德率盖文、那率福富味身等，进调并献佛舍利，僧聆照<u>律师</u>、令威、惠众、惠宿、道严、令开等。"（第二册，p. 518）又卷29

《天武纪下》十二年三月条："三月戊子朔己丑，任僧正、僧都、**律师**。因以敕曰：'统领僧尼如法。'云云。"（第三册，p. 426）又卷 30《持统纪》八年四月条："庚午，赠**律师**道光赙物。"（第三册，p. 546）《藤氏家传》下卷《武智码吕传》："僧纲有少僧都神睿、**律师**道慈。"（p. 364）《唐大和上东征传》："唐中宗孝和［圣］皇帝神龙元年，从道岸**律师**受菩萨戒。"（p. 34）又："荆州南泉寺弘景**律师**为和上巡游二京，究学三藏。"（p. 34）又："于是，方知本国无传戒人。仍请东都大福［先］寺沙门道璇**律师**，附副使中臣朝臣名代之［舶］，先向本国去，拟为传戒者也。"（p. 38）又："近天宝九载，有志恩**律师**于此坛上与授戒，又感天雨甘露。道俗见闻，叹同晋远。"（p. 77）又："昔光州道岸**律师**命世挺生，天下四百余州，以为受戒之主。岸**律师**迁化之后，其弟子［杭州］义威**律师**响振四远，德流八纮，诸州亦以为受戒师。义威**律师**无常之后，开元二十一年，时大和上年满四十六；淮南江左净持戒［律］者，唯大和上独秀无伦，道俗归心，仰为受戒之大师。"（p. 80）又："光统**律师**《四分疏》百二十纸。"（p. 87）又："定宾**律师**《饰宗义记》九卷。"（p. 88）又："观音寺［亮］**律师**《义记》二本十卷。"（p. 88）又："［终］南山宣**律师**《含注戒本》一卷及疏、［怀道**律师**《戒本疏》四卷］、《行事钞》五本、《羯磨疏》等二本、怀素**律师**《戒本疏》四卷、大觉**律师**《批记》十四卷、《音训》二本、《比丘尼传》二本四卷、玄奘法师《西域记》一本十二卷、终南山宣**律师**《关中创开戒坛图［经］》一卷、法铣**律师**《尼戒本》一卷及疏二卷，合四十八部。"（p. 88）又："三日，至河内国，大纳言正二位藤原朝臣仲麿遣使迎慰，复有道璇**律师**遣弟子僧善谈等迎劳。"（p. 91）又："五日，唐道璇**律师**、婆罗门菩提僧正来慰问。"（p. 92）又："普照、思托［劝］请大和上以此地为伽蓝，长传四分律藏，法励［师］《四分律疏》，《镇国道场饰宗义记》，《宣**律师**钞》，以持戒之力，保护国家。"（p. 94）又："唐道璇**律师**请大和上门人思托曰：'承学有基绪，璇弟子闲汉语者，令学励疏并镇国国记，幸见开导。'"（p. 95）《续日本纪》卷 1《文武纪》文武二年三月条："壬午，诏：'以惠施法师为僧正，智渊法师为少僧都，善往法师为**律师**。'"（第一册，p. 8）又卷 2《文武纪》大宝二年正月条："癸巳，诏：'以智渊法师为僧正，善往法师为大僧都，辩照法师为少僧都，僧照法师为**律师**。'"（第一册，p. 52）又卷 5《元明纪》和铜五年九月条："辛巳，观成法师为大僧都，辩通法师为少僧都，观智法师为**律师**。"（第一册，p. 186）又卷 7《元正纪》养老元年七月条："庚申，以沙门辩正为少僧都，神睿为**律师**。赐从五位下纪朝臣清人谷一百斛。优学士也。"（第二册，p. 30）又卷 10《圣武纪》天平元年十月条："甲子，以辩净法师为大僧都，神睿法师为少僧都，道慈法师为**律师**。"（第二册，p. 226）又卷 12《圣武纪》天平八年二月条："律师道慈**法师**，扶翼童子六人。"（第二册，p. 298）又天平九年四月条："壬午，**律师**道慈言：'道慈奉天敕，住此大安寺修造以来，于此伽蓝，恐有灾事。私请净行僧等，每年令转《大般若经》一部六百卷。'"（第二册，p. 312）又天平九年十月条："丙寅，讲《金光明最胜王经》于大极殿。朝廷之仪，一同元日。请**律师**道慈为讲师，坚藏为读师，听众一百，沙弥一百。"（第二册，p. 330）又卷 13《圣武纪》天平十年闰七月条："乙巳，以行达法师、荣辩法师为少僧都，行信法师为**律师**。"（第二册，p. 342）又卷 15《圣武纪》天平十六年十月条："冬十月辛卯，**律师**道慈法师卒。天平元年为**律师**。"（第二册，p. 446）又卷 18《孝谦纪》天平胜宝三年四月条："甲戌，诏以菩提法师为僧正，良辩法师为少僧都，道璇法师、隆尊法师为**律师**。"（第三册，p. 112）又卷 19《孝谦纪》天平胜宝八岁五月条："宜和上、小僧都拜大僧都，华严讲师拜小僧都，法进、庆俊并任**律师**。"（第三册，p. 162）又卷 23《淳仁纪》天平宝字四年七月条："庚戌，大僧都良辩、少僧都慈训、**律师**法进等奏曰：'良辩等闻，法界混一，凡圣之差未著。断证以降，行住之科始异。三贤十地，所以开化众生，前佛后佛，由之劝勉三乘。'"（第三册，p. 356）又卷 26《称德纪》天平神护元年正月条："无位上村主五十公（**律师**善荣之父，时年八十四也。）"（第四册，p. 64）又卷 32《光仁纪》宝龟四年闰十一月条："辛酉，诏：'僧正赙物准从四位、大少僧都准正五位，**律师**准从五位。'"（第四册，p. 414）又卷 33《光仁纪》宝龟五年二月条："癸巳，以大法师镜忍、法师贤憬并为**律师**。"（第四册，p. 420）又卷 38《桓武纪》延历三年六月条："戊申，诏：'以贤憬法师为大僧都，行贺法师为少僧都，善上法师、玄怜法师并为**律师**。'"又延历四年十月条："庚辰，以善藻法师为**律师**。"又卷 40《桓武纪》延历八年正月条："丁巳，以**律师**玄怜法师为少僧都。"又延历九年九月条："辛未，诏：'以善谢法师、等定法师并为**律师**。'"→【三綱律師】

【乱声/こゑみだる】 格义 因恐惧等声音颤抖。《日本书纪》卷 24《皇极纪》四年六月条："（前略）流汗沃身，**乱声**动手。"（第三册，p. 100）刘宋昙无蜜多译《佛说观普贤菩萨行法经》卷 1："耳根闻**乱声**，坏乱和合义，由是起狂乱，犹如痴猿猴，但当诵大乘，观法空无相，永尽一切恶，天耳闻十方。"北凉昙无谶译《佛所行赞》卷 2："俱学神仙者，咸说未曾见。孔雀等众鸟，**乱声**而翔鸣。"又卷 5："时诸力士众，闻佛已涅槃。**乱声**恸悲泣，如群鸽遇鹰。"按：《汉语大词典》失收。佛典三例中，第一例指恼乱声，使人心烦意乱的种种说法；第二例描述的是群鸟鸣噪的情景；第三例是说众力士听到佛已涅槃后失声恸哭。

【乱語/らんご】 说词 胡言乱语。《日本书纪》卷 17《继体纪》二十一年六月条："于是，盘井、掩据火丰二国，勿使修职，外邀海路，诱致高丽、百济、新罗、任那等国年贡职船，内遮遣任那毛野臣军，**乱语**扬言曰：'今为使者，昔为吾伴，摩肩触肘，共器同食。安得率尔为使，俾余自伏你前。'"（第二册，p. 310）（1）后汉安世高译《大比丘三千威仪》卷 2："复有五事：一者以拭手燥，即当藏弃膝上巾；二者已即当正袈裟，不得罗左右人；三者下座澡未已，不得呵令使来；四者日达嚫，不得**乱语**；五者达嚫未竟，不得妄起。"刘宋佛陀什、竺道生等译《弥沙塞部和酼五分律》卷 16："此诸沙门甚于外道，无有威仪，乃至高声**乱语**。无沙门行，破沙门法，其所不经过处，皆得善利。"唐阿地瞿多译《陀罗尼集经》卷9《金刚乌枢沙摩法印咒品》："诵咒之时，皆不得共，傍人戏笑，**交头乱语**。"（2）《宋书》卷67《谢灵运传》："其后，秦郡府将宗齐受至涂口，行达桃墟村，见有七人下路**乱语**，疑非常人，还告郡县，遣兵随齐受掩讨，遂共格战，悉禽付狱。"《全唐文》卷1李渊《令陈直言诏》："假托符瑞，极笔阿谀。**乱语**细书，动盈数纸，非直乖于体用，固亦失于事情。"按：《汉语大词典》失收。

【**略無噍類**／ほぼのこるものなし】 典据 俱行杀戮，无一幸存。《日本书纪》卷26《用明纪》六年九月条："今年七月，新罗恃力作势，不亲于邻。引构唐人，倾覆百济。君臣总俘，**略无噍类**。"（第三册，p. 234）唐玄奘撰《大唐西域记》卷1："恃力作威，不恭王命。王乃引构突厥，杀此城人。少长俱戮，**略无噍类**。城今荒芜，人烟断绝。"按：《新编日本古典文学全集》栏上的注释例引《汉书》颜师古注，"噍类"指有生命而能嚼食者，即活着的人或动物。

【**輪回生死**／しょうじをりんねす】 四字 指众生由于起惑造业的影响，在迷界（六道）流转生死。如车轮旋转，循环不已，故云。又称生死轮回、轮回转生。《藤氏家传》下卷《武智麻吕传》："得其门者，出离盖缠，失其路者，**轮回生死**。"（p. 330）隋灌顶撰、湛然再治《涅槃经会疏》卷8："如佛之所说，愚者不能知。以其不知故，**轮回生死狱**"又卷24："若须陀洹斯陀含阿那含阿罗汉辟支佛菩萨信是语者，悉得入于大般涅槃；若不信者，**轮回生死**。"宋法护等译《大乘集菩萨学论》卷3《护持正法戒品》："又我往昔为欲因缘，往复无际**轮回生死**。"

【**輪回於~**／~にりんねす】 于字 犹言"轮回于~"。"沦回"，梵语 saṃsāra。音译"僧娑洛"。意译亦作"生死轮回""生死相续""轮回转生""流转""轮转"。谓众生由惑业之因（贪、嗔、痴三毒）而招感三界、六道之生死轮转，恰如车轮之回转，永无止境，故称。《奈良朝写经29·千手千眼陀罗尼经》："又愿**沦回于**地狱热烦苦、饿鬼饥饿苦、畜生逼迫苦等众生，早得出离，同受安宁。"（p. 200）北凉昙无谶译《佛所行赞》卷4《父子相见品》："**轮回于**五趣，三业三种生，爱欲为其因，种种类差别。"唐实叉难陀译《大方广佛华严经》卷1武则天《大周新译大方广佛华严经序》："由是人迷四忍，**轮回于**六趣之中；家缠五盖，没溺于三涂之下。"唐澄观述《大方广佛华严经随疏演义钞》卷16："言人迷者，人人皆迷故，但迷四忍容漂人天，故云**轮回于**六趣之中。"

【**論議者**／ろんぎしゃ】 三字 辩论者，讨论者。《日本书纪》卷25《孝德纪》白雉三年正月条："夏四月戊子朔壬寅，请沙门惠隐于内里，使讲《无量寿经》，以沙门惠资为**论议者**，以沙门一千为作听众。"（第三册，p. 190）东晋瞿昙僧伽提婆译《增壹阿含经》卷8："是时，尊者舍利弗即变身作盘特形，隐盘特形，使不复现，语婆罗门曰：'汝婆罗门，若作是念，此沙门止有神足，不堪**论议者**。汝今谛听，吾当说之，报汝向议。'"刘宋佛陀什、竺道生等合译《弥沙塞部和醯五分律》卷 17："佛在王舍城。尔时有一裸形外道，极大聪明，摩竭国人谓之知者见者，来至僧坊言：'沙门释子，谁敢共我**论议者**？'时诸比丘，游戏诸禅，不共论议，亦不共语。舍利弗作是念：'彼作此语，若无人共**论议者**，必毁辱佛法。我今宁可，与共论议。'"北凉昙无谶译《大般涅槃经》卷 26《迦叶菩萨品》："如是二人，一乐论议，二乐寂静。乐寂静者入无色界，乐**论议者**，处五净居。"

【羅漢/らかん】 音译　梵语 arhat（阿罗汉）的略称。意译为"杀贼""不生"等。意思是罗汉已经杀尽烦恼之贼，不再回到三界六道之中，从而证到小乘的最高果位，进入"无余涅槃"。在"声闻四果"中，罗汉是最高果位；但在四圣位中，罗汉还是初位，次于缘觉、菩萨和佛。《日本灵异记》中卷《依汉神崇杀牛而祭又修放生善以现得善恶报缘第 5》："如《鼻奈耶经》说：'迦留陀夷，昔作天祀主，由杀一羊，今随作**罗汉**，而后得怨报于婆罗门之妻所杀。'云云。"（p.160）姚秦鸠摩罗什译《大智度论》卷 3《序品》："后次，**阿罗汉**一切漏尽，故应得一切世间诸天人供养。"唐玄奘译《阿毗达磨大毗婆沙论》卷 32："后次，**罗汉**名贼，亦名为怨。阿之言无，涅槃中无，烦恼怨贼。是故择灭，名**阿罗汉**。"宋法云编《翻译名义集》卷 1："又阿名不，罗汉名生。彼世中更不生，是名**阿罗汉**。"

【羅漢果/らかんか】 合成　"阿罗汉果"的略称。谓断尽一切烦恼，无可再学的境地。《日本灵异记》下卷《产生肉团之作女子修善化人缘第 19》："昔佛在世时，舍卫城须达长老之女苏曼，所生卵十枚，开成十男，出家皆得**罗汉果**。"（p.309）东晋瞿昙僧伽提婆译《中阿含经》卷 21《长寿王品》："阿难，我本为汝，说四沙门果，须陀洹、斯陀含、阿那含、最上阿**罗汉果**。阿难，此四沙门果，汝当为诸，年少比丘，说以教彼，若为诸年少比丘说教此四沙门果者，彼便得安隐，得力得乐，身心不烦热，终身行梵行。"姚秦鸠摩罗什译《大庄严论经》卷 4："还归求出家，既得出家已，精勤修定慧，逮证**罗汉果**。"隋阇那崛多译《佛本行集经》卷 60《摩尼娄陀品》："摩尼娄陀，昔有如是，种殖善根，由彼业力，今得出家，受具足戒，得**罗汉果**。"→**【阿羅漢果】**

【羅睺羅/らごら】 人名　梵语 rāhula 的译名。佛的儿子，佛十大弟子之一，以"密行第一"著称。《日本灵异记》下卷《依妨修行人得猴身缘第 24》："往昔过去，罗作国王时，制一独觉，不令乞食。入境不得，七日顷饥。依此罪报，**罗睺罗**不生六年，在母胎中者，其斯谓也矣。"（p.323）姚秦鸠摩罗什译《妙法莲华经》卷 4《授学无学人记品》："'**罗睺罗**是佛之子。若佛见授阿耨多罗三藐三菩提记者，我愿既满，众望亦足。'尔时，学、无学声闻弟子二千人，皆从座起，偏袒右肩，到于佛前，一心合掌，瞻仰世尊，如阿难、**罗睺罗**所愿，住立一面。"唐玄应撰《一切经音义》卷 21："又言：覆障六年在胎，为胎所覆也。又七年在母腹中，一由往业，二由现在。往业者，昔曾作国王，制断独觉，不听入境，独觉在山，七日不得乞食，因堕地狱。余报犹七年，在母腹中。"

【落粒/いひぼおつ】 偏正 吃饭时掉（的）饭粒。《播磨国风土记·揖保郡》条："主神即畏客神之盛行，而先欲占国，巡上到于粒丘而飡之。于此，自口落粒，故号粒丘。其丘小石，皆能似粒。"（p. 70）东晋佛陀跋陀罗、法显合译《摩诃僧祇律》卷22："若噉鱼肉、菓蓏苷蔗时，皮核滓骨，不得纵横弃地，当聚足边。若放恣诸根，落粒食者，越学法，狂痴心乱无罪。是故说不得落饭食，应当学。"按：《汉语大词典》失收。

【落死/おとしころす】 后补 （2例） 使人从高处掉下来摔死；摔死。《日本书纪》卷16《武烈纪》四年四月条："四年夏四月，拔人头发，使升树颠，斩倒树木，落死生者为快。"（第二册，p. 278）《日本灵异记》中卷《依不布施与放生而现得善恶报缘第16》："放生之人，与使人俱入山拾薪，登于枯松，脱之落死。"（p. 192）（1）唐僧详撰《法华传记》卷9："隋末有游化沙门，不知其名。入虎丘山，诵法《华经》，一夏九旬。其山有猕猴群，数过一百。猕猴群中有一老猴，身毛纯白，无声数日，在傍树上闻经。夜尚在树不去，朝见落死。"（2）《全唐文》倪少通《太一观董真人殿碑铭并序》："太乙真人。太伯仙翁。定生丹籍。落死北鄸。"（p. 9675）按：《汉语大词典》失收。比较汉译佛经、中土文献中的"落死"一词与《武烈纪》中的"落死"一词，可知后者在词义和用法上的特点，它与中土文献意思不同，犹言摔死；又与汉文佛经用法不同，用作及物动词，带有宾语。

M

【埋立/うづめたつ】 先例 将人站立着掩埋，使物竖着掩埋。《日本书纪》卷6《垂仁纪》二十八年十一月条："于是集近习者，悉生而**埋立**于陵域。"（第一册，p. 322）又三十二年七月："于是野见宿祢进曰，夫君王陵墓**埋立**生人是不良也。"（p. 324）宋法贤译《金刚萨埵说频那夜迦天成就仪轨经》卷3："复次，成就法。持明者见二军列阵将欲交战，如前作法，画二帧像用头发为绳以二帧相背缚之挂一竿上，于两阵中间，掘坑深一人量，**埋立**帧竿。彼军若见此竿，可一箭地，悉皆趋走。"

【埋已/うもれはつ】 完成 掩埋完毕。《出云国风土记·神门郡》条："白沙耳积上。即松林茂繁。四风吹时，沙飞流，掩埋松林。今年埋半遗。恐遂被**埋已**与。"（p. 237）（1）后秦弗若多罗译《十诵律》卷2："头多者有二种，一者地，二者木。地头多者，若比丘作坑，埋人脚踝。若埋膝若腰，若脐若腋至颈。如是**埋已**，令象蹴蹋，令马骆驼牛驴蹴蹋。"唐道宣撰《续高僧传》卷25："一时失一鼠，岑悲惋无聊。必是犬杀，便告责犬，犬便衔来，岑见懊恼，以杖捶犬，将鼠**埋已**，悲哀恸哭。"唐段成式撰《金刚经鸠异》卷1："贞元中，忽暴疾卒。**埋已**三日，其家复墓，闻冢中呻吟。遂发视之，果有气舆归。数日能言。"按：《汉语大词典》失收。

【买取/かひとる】 后补 （3例） 买，买下。"取"，语助词。《日本书纪》卷19《钦明纪》七年七月条："秋七月，倭国今来郡言：'于五年春，川原民直宫登楼骋望，乃见良驹，睨影高鸣，轻超母脊。就而**买取**。'"（第二册，p. 406）《播磨国风土记·赞容郡》条："昔近江天皇之世，有丸部具也。是仲川里人也。此人**买取**河内国兔村人之赍剑也。得剑以后，举家灭亡。"（p. 80）《续日本纪》卷10《圣武纪》天平二年四月条："令诸国以职封并大臣家封户庸物充价，**买取**草药，每年进之。"（第二册，p. 234）（1）后汉支娄迦谶译《杂譬喻经》卷1："弟贪家业汲汲不休，未曾以法而住其心，然后寿终堕牛中，肥盛甚大。贾客**买取**，载盐贩之，往返有数。牛遂羸顿，不能复前，上坂困顿，躃卧不起。贾人策挝，摇头才动。"晋世法炬、法立合译《法句譬喻经》卷1《言语品》："有田舍人，**买取**牛头，贯担持归，去舍里余，坐树下息，以牛头挂树枝上，须臾绳断，牛头来下，正堕人上，牛角刺人，即时命终。"隋阇那崛多译《佛本行集经》卷 54《优波离因缘品》："善哉！圣子。汝今可去，往至市肆，**买取**上妙，涂香末香，及诸华等。"（2）《搜神后记》卷 10："晋咸康中，豫州刺史毛宝成邾城。有一军人于武昌市，见人卖一白龟子，长四五寸，洁白可爱，便**买取**持归，著瓮中养之。"《齐民要术》卷 6《养羊》："凡驴马牛羊收犊子、驹、普还需：常于市上伺候，见含重垂欲生者，辄**买取**。"按：《汉语大词典》首引唐施肩吾《少女词》之二："同心带里脱金钱，**买取**头花翠羽连。"偏晚。

【满覆於~／~にみちおほふ】 于字 弥漫、覆盖在某处。《日本书纪》卷 24《皇极纪》二年二月条："二年春正月壬子朔旦，五色大云，**满覆于**天而阙于寅。一色青雾，周起于地。"（第三册，p.70）《敦煌变文·八相变（一）》："紫金**满覆于**其体，白毫光相素如银。"（1）西晋竺法护译《佛说须真天子经》卷 3："正生死处，导利福施，广设桥梁，常乐供养，**满覆**三处，未曾厌废，为三界人，之所戴仰。是故菩萨，得至匐迦波。"唐义净译《金光明最胜王经》卷 4《最净地陀罗尼品》："法身如虚空，智慧如大云，皆能遍**满覆**一切故。是故第十名为法云。"（2）《隋书》卷 42《李德林传》："事乃畏天，岂惟爱礼，谦光**满覆**，义在知几，吉凶由人，妖不自作。"（p.1206）

【满国／くににみつ】 述宾 弥漫、充满整个国家。《日本书纪》卷 11《仁德纪》七年四月条："七年夏四月辛未朔，天皇居台上而远望之，烟气多起。是日，语皇后曰：'朕既富矣。岂有愁焉。'皇后对咨：'何谓富矣？'天皇曰：'烟气**满国**。百姓自富欤。'"（第二册，p.32）（1）姚秦鸠摩罗什译《大智度论》卷 17："佛六年苦行既满，初成佛时，其夜生罗睺罗。王见其似父，爱乐忘忧。语群臣言：'我儿虽去，今得其子，与儿在无异。'耶输陀罗，虽免罪黜，恶声**满国**。"唐道宣撰《广弘明集》卷 4："暨吾师生也。坤形六动，方行七步，五净雨花**满国**。二龙洒水遍空，神瑞毕臻吉征总萃。"隋吉藏撰《金光明经疏》卷 1："得果者所谓电饿疾死，菓衰灭，多病**满国**。"（2）《晋书》卷 68《顾荣传》："今强贼临境，流言**满国**，人心万端，去就纷纭。"《魏书》卷 108 之 4《志第 13》："罗太妃居王母之尊二十许载，两裔藩后，并建大邦，子孙盈第，臣吏**满国**，堂堂列辟，礼乐备陈，吉庆凶哀宜称情典。"按：《汉语大词典》失收。

【满於道路／みちにみつ】 先例 布满道路。《日本书纪》卷 22《推古纪》二十九年二月条："半夜厩户丰聪耳皇子薨于斑鸠宫。是时诸王、诸臣及天下百姓，悉长老如失爱儿，而盐酢之味在口不尝。少幼者如亡慈父母，以哭泣之声**满于行路**。"（第二册，p.276）宋昙照注《智者大师别传注》卷 1："忍师年老，如夕阳晚景，日将隐山，但有残照余影。而在听祖师谈，虽是老年，久坐忘疲。先达者章安指忍也。'颂'者，毛诗云：'美盛德之形容也。''溢'者，满也。'道'，路也。祖师之德、嘉声美誉，**满于行路**矣。"

【漫语／あざむく・まんご】 说词 （5 例） 随意相语，泛语；空话。漫，通"漫"。《日本书纪》卷 9《神功纪》摄政前纪仲哀天皇九年十二月条："（一云）时天皇

对神曰：'其虽神何**谩语**耶？何处将有国？且朕所乘船，既奉于神，朕乘曷船？然未知谁神，愿欲知其名。'"（第一册，p.432）又卷19《钦明纪》二年七月条："恐卿辄信甘言，轻被**谩语**，灭任那国，奉辱天皇。卿其戒之，勿为他欺。"（第二册，p.378）又五年十一月条："圣明王谓之曰：'任那之国与吾百济，自古以来约为子弟。今日本府印歧弥既讨新罗，更将伐我，又乐听新罗虚诞**谩语**也。'"（第二册，p.398）又卷20《敏达纪》二年八月条："八月甲午朔丁未，送使难波，还来复命曰：'海里鲸鱼大有，遮啮船与楫棹。难波等恐鱼吞船，不得入海。'天皇闻之，识其**谩语**，驱使于官，不放还国。"（第二册，p.470）又卷25《孝谦纪》大化二年三月条："若是细马，即生贪爱，工作**谩语**，言被偷失。"（第三册，p.156）（1）梁慧皎撰《高僧传》卷10："俄而有人，从郫县来，过进云：'昨见硕公在市中，一脚著履，**漫语**云：小子无宜，适失我履一只。'进惊而检问沙弥，沙弥答云：'近送尸出时，怖惧右脚一履，不得好系。遂失之。'"唐菩提流志译《一字佛顶轮王经》卷2："次当供养，世间天神，如斯供献，名三种族，供养法则，愚痴婴人，无所晓解，种种谤毁，一切咒者，说诸咒法，尽是**谩语**。智者若遇，如是痴人，应自思观，是诸佛说必不虚谬。"唐不空译《文殊师利菩萨及诸仙所说吉凶时日善恶宿曜经》卷2："其日宜入学及学一切诸工巧皆成，收债本利具获；割甲剃头远行者则宜；伏怨敌，不宜修造宅舍，遇战敌勿先斗；看十问因必**谩语**作誓并凶，被禁自出失物及逃走必获。"《敦煌变文·捉季布传文》："圣明天子堪匡佐，**谩语**君王何是论。"又《八相变》："嘀嘀泥堪（龛）土像神（身）多将**谩语**诳时人。"又《大目乾连冥间救母变文》："青提夫人闻语，良久思惟，报言：'狱主，我无儿子出家，不是莫错？'狱主闻语，回行至高楼，报言：'和尚，缘有何事，诈认狱中罪人是阿娘，缘没事**谩语**？'目连闻语，悲泣雨泪。"（p.524）又《不知名变文》："（首缺）得今朝便差，更有师师**谩语**一段，脱空下口烧香呵，来出顷去，逡巡呼乱说词。"（p.1033）（2）罗隐《春中湘中题岳麓寺僧舍》："蟾宫虎穴两皆休，来凭危栏送远愁。多事林莺还**谩语**，薄情边雁不回头。"按：《汉语大词典》首引南朝梁武帝《责贺琛敕》："卿云：'国弊民疲。'诚如卿言，终须出其事，不得空作**漫语**。"偏晚。

【鳗鱼/うなぎ】 偏正 鳗鱼指属于鳗鲡目分类下的物种总称，是一种外观类似长条蛇形的鱼类，无鳞，一般产于咸淡水交界海域。《唐大和上东征传》："中有一**鳗鱼**，长一尺九寸，世传云护塔菩萨。有人以香华供养，有福者即见，无福者经年求不见。"（p.57）唐慧琳撰《一切经音义》卷81："**鳗鱼**：满盘反。《说文》：鳗，鱼名也。从鱼，曼声也。曼，音万。"唐道宣撰《集神州三宝感通录》卷1："寺北二里有圣井，其实深池**鳗鱼**，俗号为鱼菩萨也。人至井所礼拜，鱼随声出来。贼过伪礼，鱼出，贼便以刀斫之，因断鱼尾。自尔潜隐鱼不时出。有至心邀请礼拜者，但喷水而已。"宋惠洪撰《禅林僧宝传》卷14："岁大旱，湖井皆竭。寺之西隅，有甘泉自涌，得金**鳗鱼**。因浚为井，投鱼其间。寺众千余人，汲以不竭。"

【盲龟/めしひしかめ】 比喻　眼睛看不见的乌龟。盲龟遇浮木难，以譬受人身难，值佛教难。《唐大和上东征传》："我大和上远向海东，自谓一生不获再觐，今日亲礼，诚如**盲龟**开目见日；戒灯重明，昏衢再（朗）。"（p.80）东晋竺昙无兰译《泥犁经》卷1："佛言：'人在三恶，道难得脱，譬如周匝八万四千里水，中有一**盲龟**，水上有一浮木，有一孔，龟从水中百岁一跳出头，宁能值木孔中不？'"姚秦鸠摩罗什译《大庄严论经》卷6："我昔曾闻，有一小儿，闻经中说：'**盲龟**值浮木孔，其事甚难。'时此小儿，故穿一板，作孔受头，掷著池中，自入池中，低头举头，欲望入孔，水漂板故，不可得值。即自思惟：'极生厌恶，人身难得，佛以大海为喻，浮木孔小，**盲龟**无眼，百年一出，实难可值。我今池小，其板孔大，复有两眼，日百出头，犹不能值，况彼**盲龟**，而当得值？'"刘宋求那跋陀罗译《杂阿含经》卷15："尔时，世尊告诸比丘：'譬如大地，悉成大海，有一**盲龟**，寿无量劫，百年一出其头，海中有浮木，止有一孔，漂流海浪，随风东西。盲龟百年，一出其头，当得遇此孔不？'阿难白佛：'不能，世尊。所以者何？此盲龟若至海东，浮木随风，或至海西，南北四维，围绕亦尔，不必相得。'佛告阿难：'**盲龟**浮木，虽复差违，或复相得。愚痴凡夫，漂流五趣，暂复人身，甚难于彼。'"《敦煌变文·大目乾连冥间救母变文》："恰似**盲龟**遇浮木，由如大火出莲花。"又《押座文》："佛世难遇，似忧（优）昙钵花，我辈得逢，似**盲龟**值木。"按：《汉语大词典》失收。

【盲聋背伛/めしひみみしひせなかくぐせ】 四字　眼瞎、耳聋、驼背。《日本灵异记》下卷《诽奉写〈法华经〉女人过失以现口喎斜报缘第20》："《法华经》云：'谤受持此经者，诸根暗钝，矬陋挛躄，**盲聋背伛**。'"（p.310）唐法琳撰《一切经音义》卷60："背伛：杯妹反。下音纡。顾野王云：伛者，身曲也。《文字集略》：体不申也。《广雅》：曲也。背隆也。从人区声区音驱。"姚秦鸠摩罗什译《妙法莲华经》卷2《譬喻品》："谤斯经故，获罪如是。若得为人，诸根闇钝，矬陋挛躄，**盲聋背伛**。"→【诸根暗钝】

【每六时/ろくじごとに】 时段　每天六时，从早到晚。"六时"，昼三时与夜三时，合称为"六时"。昼三时是晨朝、日中、日没；夜三时是初夜、中夜、后夜。《日本灵异记》中卷《生爱欲恋吉祥天女像感应示奇表缘第13》："和泉国泉郡血淳山寺，有吉祥天女像。圣武天皇御世，信浓国优婆塞，来住于其山寺。睇之天女像，而生爱欲，系心恋之，**每六时**愿云：'如天女容好女赐我。'"（p.182）唐慧详撰《古清凉传》卷2："慈恩寺僧灵察，以上元二年七月十日，往彼礼拜，遍至代州。见一人，先非旧识，无何而至。引察从台北木瓜谷，上北台，经两宿。**每六时**，尝闻钟声。"宋志盘撰《佛祖统纪》卷27："智通，隋河东人。常诵先贤赞佛偈三十首，**每六时**对像；引声高唱，季曲凄切，闻者悲之。"→【六时行道】

【每夜半/やはんごとに】 时段　每到半夜，每天半夜。《日本灵异记》中卷《依

不布施与放生而现得善恶报缘第16》："主将试之，而**每夜半**，窃起爨，令食于家口，犹来相之。"（p.191）唐义净译《香王菩萨陀罗尼咒经》卷1："其法随以何月十四十五日作，然取阇帝花（此云荳蔻华）一千八茎，诵一遍掷像身胸上。作法以后**每夜半**须起，像前常诵一千八遍。至自有人送钱财，其钱财亦不得积聚悭贪，即须用度及施贫乏。此是香王菩萨法。"密教部《文殊师利耶曼德迦咒法》卷1："此法咒**每夜半**以后，常起诵咒不限遍数。满一月日以更不睡眠，至明满一月以后，夜叉罗刹女即到来即为妻，所求即得圆满。日日送二十五枚金钱，亦与长年仙药。"

【**每至月半**／つきのなかばにいたるごとに】 时段 每到一个月的十五日。《续日本纪》卷14《圣武纪》天平十三年三月条："其僧尼，每月八日，必应转读《最胜王经》。**每至月半**，诵戒羯磨。每月六斋日，公私不得，渔猎杀生。"（第四册，p.390）唐道宣撰《续高僧传》卷2："又有入灭定罗汉三人，窟中禅寂。**每至月半**，诸僧就山，为其净发。此则人法住持，有生之所凭赖。"该例唐智升撰《开元释教录》、唐圆照撰《贞元新定释教目录》中均有辑录。

【**美讚**／ほむ】 并列 犹言"赞美"。《日本灵异记》中卷《埴神王腸放光示奇表得现报缘第21》："敕许得度，金鹫为名。誉彼行，供四事无乏。时世之人，**美赞**其行，称金鹫菩萨矣。"（p.203）唐义净译《根本说一切有部毗奈耶药事》卷9："我之爱象王，人见皆欢喜。汝能善**美赞**，可赐五聚落。"按：《汉语大词典》失收。唐慧苑述《续华严经略疏刊定记》卷11《十地品第二十六》："次有三颂：叹说法菩萨应机巧说；后有半颂，结诸天女**美赞**佛；四末后有半颂，显上首请说。"

【**寐觉**／ねさむ】 主谓（2例） 睡醒，从睡眠中醒来。《万叶集》卷6第1062首："晓之 **寐觉**尔闻者 海石之 盐干乃共 汭渚尔波 千鸟妻呼"（第二册，p.175）。又卷19第4146首："夜具多知尔 **寐觉**而居者 河濑寻 情毛之努尔 鸣知等理贺毛"（第四册，p.297）（1）吴康僧会译《六度集经》卷6："妇夜**寐觉**，忆世无常：'荣富犹幻，孰获长存。躬为坏舟，我神载之。犹获月影，望天宝者也。'"西晋竺法护译《普曜经》卷2《欲生时三十二瑞品》："于是菩萨，从**寐觉**起，大爱道白氎裹抱来诣王所；王赐黄金白银各一囊赐道人，道人不受。"梁宝唱等集《经律异相》卷21："瞿波离比丘，以右脚蹋调达曰：'弊恶调达，何为耽睡？舍利弗目连二人，将汝弟子去尽。'调达**寐觉**，甚怀忧戚。"（2）《艺文类聚》卷33所载《汉书》曰："邓通为黄头郎。文帝梦上天，不能。有一黄头郎推助之，及顾其衣裳后穿。**寐觉**而之渐台，以梦中阴自求推者，见邓通其衣后穿。梦中所见也。"（p.575）又卷79所载《周书》曰："大姒梦见商之庭产棘，太子发取周庭之梓树于阙，梓化为松柏棫柞。**寐觉**，以告文王。文王乃召太子发，占之于明堂，王及太子发，并拜吉梦，受商之大命于皇天上帝。"（p.1355）

【**寐夜**／ねたるよ】 自创（3例） 睡眠的夜晚。《万叶集》卷10第2021首："遥妻等 手枕易 **寐夜** 鸡音莫动 明者虽明"（第三册，p.80）又卷11第2615首：

"敷栲乃　枕卷而　妹与吾　**寐夜**者无而　年曾经来"（p.230）又卷13第3329首："行良行良尔　思乍　吾**寐夜**等者　数物不敢鸭"（第三册，p.443）吴维祇难等译《法句经》卷1《愚暗品》："不**寐夜**长，疲惓道长，愚生死长，莫知正法。"该例亦可见于姚秦竺佛念译《出曜经》卷2《无常品》。按：《汉语大词典》失收。

【**悶熱懊惱**/あつかひなやむ】 〔自创〕 焦虑苦恼。《日本书纪》卷1《神代纪上》："伊奘冉尊且生火神轲遇突智之时，**闷热懊恼**，因为吐此，化为神，名曰金山彦。"（第一册，p.40）吴支谦译《菩萨本缘经》卷2《一切持王子品》："其妻闻已，**心闷懊恼**，身体掉动，如芭蕉叶，悲号啼泣，椎胸拔发，举声大哭。"西晋安法钦译《阿育王传》卷4："时彼聚落，四部之众，闻佛涅槃，皆生悲苦，**闷绝懊恼**。"东晋法显译《佛说杂藏经》卷1："复有一鬼，白目连言：'我身常有火出，**焦热懊恼**。何因缘故尔？'"元魏慧觉等译《贤愚经》卷1《梵天请法六事品》："尔时太子，求法不获，**愁闷懊恼**。"萧齐昙景译《摩诃摩耶经》卷2："尔时，阿难闻佛此语，**迷闷懊恼**，不能自胜，悲号啼泣，深追悔责。"按："闷热"，《汉语大词典》无此义项。"懊恼"一词，与汉代汉语的语义不同，谓忧愁苦闷，苦恼之义。《汉语大词典》首引萧齐求那毗地译《百喻经》："此弊恶驴，须臾之顷，尽破我器，是故**懊恼**。"偏晚。上引汉译佛经当中，与《神代纪上》中的"闷热懊恼"类似的说法有四种："心闷懊恼""闷绝懊恼""愁闷懊恼""迷闷懊恼"。其中，"闷热""心闷""闷绝""愁闷""迷闷"构成类义关系。

【**門底**/かどもと】 〔后缀〕（3例）门底下；家门。《日本书纪》卷20《钦明纪》十二年是岁条："是岁，复遣吉备海部直羽岛，召日罗于百济。羽岛既之百济，欲先私见日罗，独自向家**门底**。"（第二册，p.480）又十二年是岁条："是时日罗被甲乘马，到**门底**下，乃进厅前，进退跪拜，叹恨而曰。"（第二册，p.482）又卷21《用明纪》元年五月条："苏我马子宿祢外闻斯计，诣皇子所，即逢**门底**。"（第二册，p.502）北凉昙无谶译《金光明经》卷4《嘱累品》："使人曰：'怨家词主，三十余头，专在阎罗王**门底**，悬精待至，我辈入道，当由其侧，非但王法严峻，但见怨家，何由免其，踬顿之苦？'"唐阿地瞿多译《陀罗尼集经》卷5："若被一切怨人厌祷，遂失心性。取男骨作橛，咒满八千遍，丁埋怨人**门底**，还令彼人失心性也。"唐菩提流志译《不空羂索神变真言经》卷11："若以花散**门底**地者，人所见花灭治灾障。"方广锠整理《佛说孝顺子修行成佛经》卷1："卿急手打煞，劈取心肝，白纸重裹，送来**门底**。我在门边伫待卿。"按：《汉语大词典》失收。《新编日本古典文学全集》栏上的注释引《说文》曰："**底**，一曰下也。"

【**門門**/かどかど】 〔重叠〕 户户，每户，每家。《续日本纪》卷20《孝谦纪》天平宝字元年七月条："如此宣大命〈尔〉不从将在人〈波〉、朕一人极而慈赐〈止母〉、国法不得已成〈奈牟〉。己家家、己**门门**祖名不失勤仕奉〈礼止〉宣天皇大命〈乎〉、众闻食〈止〉宣。"（第三册，p.196）乞伏秦圣坚译《佛说除恐灾患经》卷1："佛与大众，便还出城，垂大慈哀，欲为众生，施大拥护。绕城周匝，<u>门门</u>咒愿，敷演妙法，除凶致祥，普国疾患，灾疫悉除，国界尽安。"隋阇那崛多译《佛本行集经》卷2《发心供养品》："彼七重障，风若开时，<u>门门</u>相当，悉皆通见，门欲闭时，风自吹闭，七重门障，溘然还遮。"

【門前／もんぜん】 后缀 （7例） 门前。《日本书纪》卷2《神代纪下》："是时高皇产灵尊怪其久不来报，乃遣无名雉伺之。其雉飞降，止于天稚彦<u>门前</u>所植汤津杜木之杪。"（第一册，p. 112）又："于是从彼神谋，乃使雉往候之。其雉飞下，居于天稚彦<u>门前</u>汤津杜树之杪而鸣之曰：'天稚彦，何故八年之间未有复命?'"（第一册，p. 124）又："<u>门前</u>有一井，井上有一汤津杜树，枝叶扶疏。时彦火火出见尊就其树下，徒倚彷徨。良久有一美人，排闼而出。遂以玉碗，来当汲水。因举目视之，乃惊而还入，白其父母曰：'有一希客者，在<u>门前</u>树下。'"（第一册，p. 156）又："久有一美人，容貌绝世，侍者群从，自内而出。将以玉壶汲玉水，仰见火火出见尊。便以惊还而白其父神曰：'<u>门前</u>井边树下，有一贵客，骨法非常。'"（第一册，p. 164）又："<u>门前</u>有一好井，井上有百枝杜树。故彦火火出见尊跳升其树而立之。"（第一册，p. 168）《万叶集》卷19第4251首题注："于时射水郡大领安努君广岛<u>门前</u>之林中，预设钱馔之宴。"（第四册，p. 346）（1）后汉安世高译《佛说㮈女祇域因缘经》卷1："于是祇域，便行治病，所治辄愈，国内知名。后欲入宫，于宫<u>门前</u>，逢一小儿担樵。"西晋竺法护译《正法华经》卷3《信乐品》："其子侥会，至长者家，遥见<u>门前</u>，梵志君子，大众聚会，眷属围绕，金银杂厕为师子座，交露珠璎，为大宝帐。"隋阇那崛多译《佛本行集经》卷7《俯降王宫品》："是时使人奉大王命至宫门前，大声唱言：'谁在<u>门前</u>，颇有人宫婆罗门不?'时彼<u>门前</u>，有一当直婆罗门子，姓婆陀氏，名罗耶那，报于宫监内使人言：'我在于此。'"（2）《魏志》卷29《方技传》："佗尚未还，小儿戏<u>门前</u>，逆见，自相谓曰：'似逢我公，车边病是也。'疾者前入坐，见佗北壁县此蛇辈约十数。"（p. 801）《抱朴子·附录》："葛仙公每饮酒醉，常入<u>门前</u>陂中，竟日乃出。"按：《汉语大词典》失收。→【大门前】

【蒙賴／たよりをかがふる】 述宾 承蒙依赖。《元兴寺伽蓝缘起并流记资财账》："仰愿以此善愿功德，皇帝陛下共与日月天下安乐，后嗣<u>蒙赖</u>，虽世时异，得益无异。"（1）吴支谦译《撰集百缘经》卷2《报应受供养品》："于其城内，复造浴池，浴洗佛僧，发大誓愿：'持此功德，愿天帝释，降大甘雨，遍阎浮提，润益苗稼，给济众生。'发是愿已，天寻降雨，莫不<u>蒙赖</u>。"西晋竺法护译《正法华经》卷9《药王菩萨品》："尔时众生喜见菩萨大士，说此偈已，前白离垢日月光首如来至真：'世尊垂恩，愍哀十方，故复现在训诲一切，度脱众生无不<u>蒙赖</u>。'"唐道宣撰《续高僧传》卷11："又令上开府咨议参军王颙宣教云：'寡人备是，帝子民父，莅政此蕃，召请法师等，远来降趾。道不虚运，必藉人弘，正欲阐扬佛教，使慧日清朗，兆庶<u>蒙赖</u>法之力也。'"

（2）《吴志》卷13《陆逊传》："孙权为将军，逊年二十一，始仕幕府，历东西曹令史，出为海昌屯田都尉，并领县事。县连年亢旱，逊开仓谷以振贫民，劝督农桑，百姓**蒙赖**。"《宋书》卷2《武帝中》："以君公有匡复之勋，家国**蒙赖**，推德委诚，每事询仰。"按：《汉语大词典》失收。

【蒙利益／りやくをかがふる】 三字 获得利生益世的功德。《续日本纪》卷15《圣武纪》天平十五年十月条："粤以天平十五年岁次癸未十月十五日。发菩萨大愿，奉造卢舍那佛金铜像一躯。尽国铜而镕象，削大山以构堂，广及法界，为朕知识。遂使同**蒙利益**共致菩提。"（第二册，p.430）姚秦鸠摩罗什译《大智度论》卷35《报应品》："复次，菩萨积德厚故，在所生处，众生皆来敬仰菩萨，以**蒙利益**重故。"元魏慧觉等译《贤愚经》卷1《摩诃萨埵以身施虎品》："又复告嗟：'母子三人，宿有何庆，值遇世尊，得免重罪，获涅槃安？一身之中，特**蒙利益**，何其快哉！'"辽非浊集《三宝感应要略录》卷3："已依集录及口传，略录三宝感应录。乃至见闻赞毁者，同**蒙利益**出生死。"

【蒙善誘／よきさそひをかがふる】 典据 承蒙善于诱导；受到很好的教导。《唐大和上东征传》淡海元开《初谒大和上二首并序》："我是无明客，长迷有漏津。今朝**蒙善诱**，怀抱绝埃尘。"（p.100）唐道宣撰《广弘明集》卷30《简文蒙预忏直疏并和五首》："早烟藏石隥，寒潮浸水门。一朝**蒙善诱**，方愿遣笼樊。"《神僧传》卷5："高祖动容曰：'虽**蒙善诱**，未敢当仁。'师昺太宗曰：'郎君与大人，并叶兆梦，是谓干父之蛊，考用无咎。天理人事，昭然可知，不可固拒，天之与也。天与不取，必受其咎，无乃不可乎？'"

【蒙威力／いりょくをかがふる】 三字 获得神威力。《奈良朝写经56·大般若经卷第50等》："道行忽**蒙威力**，才得本心。以为连河能仁，设波若之宝筏，双树正觉，开菩提之禅林。"（p.358）元魏瞿昙般若流支译《第一义法胜经》卷1："须菩提，若有众生，闻毘婆尸如来名者，皆**蒙威力**，如如意珠，须者皆得。"

【猛卒／たけきいくさ】 偏正（3例） 勇猛的士兵。《日本书纪》卷3《神武纪》即位前纪戊午年十月条："道臣命于是奉密旨，掘窨于忍坂，而选我**猛卒**，与虏杂居。"（第一册，p.216）又卷7《景行纪》十二年十月条："因简**猛卒**，授兵椎，以穿山排草，袭石室土蜘蛛，而破于稻叶川上，悉杀其党，血流至踝。"（第一册，p.352）《丰后国风土记·大野郡》条："即简**猛卒**，授兵椎以，穿山靡草，袭土蜘蛛，而悉诛杀。"（p.294）唐实叉难陀译《大方广佛华严经》卷66《入法界品》："十千大臣，前后围绕，共理王事。其前复有，十万**猛卒**，形貌丑恶，衣服褊陋，执持器仗，攘臂瞋目。众生见者，无不恐怖。"唐般若译《大方广佛华严经》卷12《入不思议解脱境界普贤行愿品》："十千大臣，前后围绕。十万**猛卒**，左右行列，形貌可畏。"高丽觉训撰《海东高僧传》卷1："有司奏云：'有白足道人，从官门径入，仪形可怪。'焘闻已，即令**猛卒**

斩之。不伤。"按：《汉语大词典》失收。

【梦见金人／いめにこがねのひとをみたり】 四字 做梦见到金色身相的人《上宫圣德法王帝说》："太子所问之义，师有所不通。太子夜**梦见金人**，来教不解之义。太子寤后，即解之，乃以传于师，师亦领解。"（1）梁僧祐撰《出三藏记集》卷2："右一部凡一卷。汉孝明帝**梦见金人**，遣使者张骞羽林中郎将秦景到西域。始于月支国遇沙门竺摩腾，译写此经还洛阳，藏在兰台石室第十四间中。其经今传于世。"唐道宣撰《广弘明集》卷11法琳《上秦王论启》："自后汉明帝永平三年，**梦见金人**以来，像教东流，灵瑞非一，具在汉魏诸史姚石等书。"唐智升撰《开元释教录》卷1："明帝以永平七年甲子，**梦见金人**，身长丈六，项佩日轮，光明赫奕，飞在殿前。"宋非浊集《三宝感应要略录》卷1《第10北印度僧伽补罗国沙门达磨流支感释迦像惊感应》："外国沙门问由绪，答曰：'吾**梦见金人**，身长丈余，即以软语，而告之曰：汝是弟子，蒙我调伏劫久，谬谓永灭，实常住不灭。今此三界皆我有，众生日用不知。三界之中，草木丛林地，及虚空众生，所食谷麦等，皆是我身，之所反为。'"又卷3《第31雍州鄠县李赵待为亡父造大势至像感应》："经二月功方毕，**梦见金人**，顶戴宝冠云：'汝识先地振否？我是大势至菩萨也。汝造我像，我赴汝请来入此界。'"（2）《后汉书》卷88《西域传》："世传明帝**梦见金人**，长大，顶有光明，以问群臣。或曰：'西方有神，名曰佛，其形长丈六尺而黄金色。'"（p. 2921）→【金人】

【梦相／いめのかたち】 偏正 梦中出现的样子；梦中所现善恶之相。《唐大和上东征传》："时彼官人唤雨令老人处分云：'汝等大了事人，急送水来。'**梦相**如是，水今应至。"东晋瞿昙僧伽提婆译《增壹阿含经》卷51《大爱道般涅槃品》："明日即召公卿、大臣、明智道士、婆罗门能解**梦相**者，悉来集会，王即为说，夜梦十事。"隋阇那崛多译《佛本行集经》卷10《私陀问瑞品》："是时一切，诸婆罗门，即依先书，诸圣所说，占此**梦相**，而白我言：'大王，今可特意欢喜，是梦大善，大有吉祥。'"唐玄奘译《大般若波罗蜜多经》卷127《校量功德品》："憍尸迦，是善男子、善女人等见如是类诸善**梦相**，若睡若觉身心安乐。"按：《汉语大词典》失收。

【弥逗年月／いよいよとしつきをふ】 时段 又经过了一段时间。《日本灵异记》下卷《沙门诵持方广大乘沉海不溺缘第4》："帝姬阿倍天皇代之时，智任于奥国椽。则舅僧贷钱二十贯为装束，向于所任之国。历岁余，谢钱一倍，仅偿本钱，未偿利钱。**弥径年月**，犹征乞之。"（p. 272）唐道宣撰《律相感通传》卷1："育王第四女，厥貌非妍，久而不出。常恨其丑，乃图佛形，相好异佛，还如自身。成已发愿：'佛之相好，挺异于人，如何同我，之形仪也？'以此苦邀，**弥经年月**。后感佛现，忽异昔形。"该例亦见于《道宣律师感通录》卷1、唐道世撰《法苑珠林》卷14。

【弥勒／みろく】 菩萨 （3例）菩萨名。梵名 maitreya。意译"慈氏"，名"阿逸多"。出生于婆罗门家庭，后为佛弟子。先佛入灭，以菩萨身为天人说法，现住在兜率天内院，是一生补处菩萨。将来当于住劫中的第十小劫，人寿减至八万岁时，下生此界，继释迦牟尼佛之后，为贤劫之第五尊佛。《藤原家传》上卷《镰足传》："持此香炉，如汝誓愿，从观音菩萨之后，到兜率陀天之上，日日夜夜，听**弥勒**之妙说，朝朝暮暮，转真如之法轮。"（p. 243）《日本灵异记》下卷《弥勒菩萨应于所愿示奇形缘第8》："诸人传闻，来见彼像。或献俵稻，或献钱衣及以供上一切财物，奉缮写《瑜伽论》百卷，因设斋会，既而其像奄然不相。诚知**弥勒**之高有兜率天上，应愿所示。"（p. 280）《奈良朝写经56·大般若经卷第50等》："次愿二亲眷属，万福日新，千庆月来，百年之后，辞世之夕，游神率天，升**弥勒**之香台，栖想极乐，践观音之花座。"（p. 358）

【**弥勒仏**／みろく ぶつ】 佛名 弥勒菩萨未来成佛时的名号。据称，于人寿八万岁、释尊灭后五十六亿七千万年时，将再下生此世，于龙华树下成佛，经三会说法，济度释尊说法所遗漏的众生。如此于来生递补释尊之处（地位），继承佛位，故有时亦称一生补处菩萨。《日本灵异记》中卷《未作毕佛像而弃木示异灵表缘第26》："请有缘处，劝人集物，雕造阿弥陀佛、**弥勒佛**、观音菩萨等像。既讫。今居置吉野郡越部村之冈堂也。"（p. 217）后汉支娄迦谶译《杂譬喻经》卷1："欲睹**弥勒佛**时，三会二百八十亿人得真人时，及诸菩萨，不可限载。弥勒如来，巨身至尊，长百六十丈。其土人民，皆桃华色，人民皆寿，八万四千岁，土地平正，衣食自然，阎浮土地，广长各三十万里，意欲见此，不取真人。"西晋竺法护译《正法华经》卷10《乐普贤品》："临寿终时，面见千佛，不堕恶趣，于是寿终，生兜术天，在**弥勒佛**所，成菩萨身，三十二相，庄严其体，亿千玉女，眷属围绕，是故智者，常当勤修，书是经典，敷演思惟。"

【**弥勒经**／みろくきょう】 内典 （2例） 具称《弥勒上生经》及《弥勒下生经》。《上生经》虽然只有宋京声译《观弥勒菩萨上生兜率天经》一本，《弥勒下生经》，除了鸠摩罗什译本之外，还有数种异译。《奈良朝写经19·灌顶随愿往生经》："谨以兹辰，敬造弥勒菩萨像一铺，写《**弥勒经**》十部。"（p. 141）《奈良朝写经未收1·弥勒成佛经》："维天平二年岁次庚午八月癸未朔辛卯，奉为从三位行左大辩石川卿，敬写《**弥勒经**》一十部。"（p. 461）

【**弥勒菩薩**／みろく ぼさつ】 菩萨 （3例） 在未来世降生阎浮提世界，继释尊之后将会成佛的菩萨。《日本灵异记》下卷《**弥勒菩萨**应于所愿示奇形缘第8》（p. 280）又下卷《未作毕捻埴像生呻音示奇表缘第17》："其里有一道场，号曰弥气山室堂。其村人等造私之堂，故以为字。法名曰慈氏禅定堂者。未作毕有捻埴像二体。**弥勒菩萨**之胁士也。"（p. 303）《奈良朝写经10·法华经玄赞卷第3》："乃为慈父，祇图写药师、**弥勒菩萨**合一铺［七躯］。"（p. 83）隋阇那崛多译《佛本行集经》卷1《发心供养品》："时**弥勒菩萨**，身作转轮圣王，名毘卢遮那。尔时，人民寿八万岁。目揵连，彼善思如来，初会说法，九万六千忆人，得阿罗汉道。第二会说法，八万四千忆人得，阿罗汉道。第三会说法，七万二千忆人得，阿罗汉道。"

【弥勒菩萨瑞像/みろくぼさつのあやしきみかた】 多音 弥勒菩萨瑞像。"瑞"，吉祥圆满。《说文解字》卷1《玉部》："［瑞］以玉为信也。从玉、耑。"《唐大和上东征传》："所将如来肉舍利三千粒，功德绣普集变一铺、阿弥陀如来像一铺、雕白栴檀千手像一躯、绣千手像一铺、救［苦］观世音像一铺、药师、弥陀、**弥勒菩萨瑞像**各一躯。"（p. 87）

【弥勒菩萨铜像/みろくぼさつのあかがねのみかた】 多音 （2例） 弥勒菩萨铜像。《日本灵异记》中卷《**弥勒菩萨铜像**盗人所捕示灵表显盗人缘第23》："行于京中，其半夜时，其诺乐京葛木尼寺前南慕原，有哭叫音。言：'痛哉，痛哉！'敕信闻之，驰陈见之，盗人捕**弥勒菩萨铜像**，以石破之。"（p. 208）

【弥勒菩萨像/みろくぼさつのみかた】 多音 （3例） 弥勒菩萨像。《日本灵异记》下卷《弥勒菩萨应于所愿示奇形缘第8》："其山寺内，生立一柴。其柴枝皮上，忽然化生**弥勒菩萨像**。"（p. 280）《元兴寺伽蓝缘起并流记资财账》："次甲贺臣从百济持度来石**弥勒菩萨像**。"《奈良朝写经19·灌顶随愿往生经》："谨以兹辰，敬造**弥勒菩萨像**一铺，写《弥勒经》十部。"（p. 141）东晋法显译《高僧法显传》卷1："古老相传：自立**弥勒菩萨像**，后便有天竺沙门。赍经律过此河者，像立在佛泥洹后三百许年，计于周氏平王时。由兹而言，大教宣流始自此像，非夫弥勒大士继轨释迦。孰能令三宝宣通边人识法，固知冥运之开，本非人事，则汉明帝之梦，有由而然矣。"唐道宣撰《中天竺舍卫国祇洹寺图经》卷1："宝楼中层内有十六介七宝楼观，随观有多**弥勒菩萨像**，经中善财童子遇弥勒菩萨于斯观中。"辽非浊集《三宝感应要略录》卷2《第十三释沼諤造**弥勒菩萨像**感应》）。

【弥勒石像/みろくのせきぞう】 四字 （2例） 弥勒石像。《日本书纪》卷20《敏达纪》十三年九月条："秋九月，从百济来鹿深臣有**弥勒石像**一躯，佐伯连有佛像一躯。"（第二册，p. 486）又十三年是岁条："马子独依佛法，崇敬三尼。乃以三尼付氷田直与达等，令供衣食。经营佛殿于宅东方，安置**弥勒石像**，屈请三尼大会设斋。"（第二册，p. 488）隋灌顶撰《国清百录》卷3："吴县维卫迦叶二像，愿更聚合修复。鄮县阿育王塔寺颓毁，愿更修治。剡县十丈**弥勒石像**，金色剥坏，愿更庄严。右三处功德乞修。沙门某敬白。"颜绢英主编《蒋伯仙造像记》卷1："大魏孝昌三年岁次乙未九月辛酉朔十日庚午，司州东郡东燕人蒋伯仙，敬造**弥勒石像**一区。"日本最澄撰《传教大师将来越州录》卷1："剡山石城寺**弥勒石像**碑一卷。"

【弥勒寺/みろくじ】 寺名 ①疑似位于山口废寺遗址。参看《日本灵异记》下卷第17话、第28话，在该地区弥勒菩萨信仰曾盛极一时。《日本灵异记》下卷《沙门积功作佛像临命终时示异表缘第30》："先祖造寺，有名草郡能应村。名曰**弥勒寺**，字曰能应寺也。"（p. 341）②《唐大和上东征传》："昔梁武帝崇信佛法，兴建伽蓝，今有江宁寺、**弥勒寺**、长庆寺、延祚寺等，其数甚多；庄严雕刻，已尽工巧。"（p. 79）

【**弥勒天宫**/みろく の てんぐう】 地名 弥勒菩萨居住的兜率天宫殿。《唐大和上东征传》："时冯都督来，亲送和上，自扶上船，口云：'古璞与和上，**终至弥勒天宫**相见。'悲泣〔而〕别去。"（p. 73）唐澄观述《大方广佛华严经随疏演义钞》卷 15："于志奉华严，常依经作华严观及**弥勒天宫**观。至于疾甚，目睛上视，若有所见。沙门童真问之，答曰：'向见青衣童子，引至兜率天宫。而天乐非久，堕轮回。莲华藏，是所图也。'"唐怀感撰《释净土群疑论》卷 4："言不善者，**弥勒天宫**诸往生者，既是凡夫，生居欲界。纵逢补处，亲闻大乘，具惑凡夫，更无愿摄，还起诸惑，不善之心。净土众生，无斯恶境，故乘本愿，不善永亡。其义九也。"唐慧详撰《弘赞法华传》卷 5："释僧明，未详其氏姓。戒品凝洁，头陀为业。住濠州招义县石门山，于山顶石上，累砖造**弥勒天宫**一所，并弥勒像。常诵《法华》，幽求妙旨。诵持每闻，空中弹指，及称善哉声。"

【**弥勒像**/みろく の みかた】 三字 弥勒塑像和画像。《续日本纪》卷 9《元正纪》养老六年十二月条："十二月庚戌，敕奉为净御原宫御宇天皇，造**弥勒像**。藤原宫御宇太上天皇释迦像。其本愿缘记，写以金泥，安置佛殿焉。"（第二册，p. 126）梁宝唱撰《比丘尼传》卷 2："寺主法弘后于光处起立禅室。初玉在长安，于薛尚书寺见红白色光，烛曜左右十日小歇。后六重寺沙门，四月八日于光处得金**弥勒像**，高一尺云。"隋费长房撰《历代三宝纪》卷 2："《外国传》云：佛灭度后四百八十年，有神通罗汉，名呵利难陀，国王之子。于优长国东北，造牛头栴檀**弥勒像**，高八丈，将巧匠三人上兜率，看真弥勒造。然后得成。甚有神验。"唐僧详撰《法华传记》卷 2："后于石城寺**弥勒像**发愿而终属灭后，灌顶梦师在兜率内院矣。"

【**弥勒胁士**/みろく の わきじ】 四字 弥勒菩萨的左右侍卫。"胁士"，又作"夹侍""挟侍""胁侍""胁立"。指侍立于本尊两侧之侍圣。"士"，"大士"之意，为菩萨之异译。《日本灵异记》下卷《未作毕捻埴像生呻音示奇表缘第 17》："于兹，丰庆与信行，大怪大悲。率引知识，奉捻造毕。设会供养。今安置弥气堂，以居乎**弥勒胁士**之菩萨是也。"（p. 304）按：胁侍一般不限于菩萨，童子与罗汉亦为常见的胁侍。较常见的胁侍，释迦佛有普贤、文殊二菩萨，或迦叶、阿难二罗汉。阿弥陀佛有观音、势至二菩萨。药师如来有日光、月光，或药王、药上二菩萨。不动明王有制咤迦、矜羯罗二童子。观音菩萨有善财、龙女，般若菩萨有梵天、帝释，或法涌、常啼二菩萨。傅大士有普建、普成二童子。

【**弥勒丈六仏仏像**/みろく の じょうろく の ほとけ の みかた】 多音 弥勒丈六佛像。"丈六"，一丈六尺，通常是化身佛的身高体积。《日本灵异记》下卷《**弥勒丈六佛像**其颈蚁所嚼示奇异表缘第 28》："明日早起，见堂内，其**弥勒丈六佛像**颈断落在土。大蚁

千许集，嚼搩其颈。"（p.336）唐道宣撰《续高僧传》卷19："陈氏二方，俱驰声绩，讲成论、小招提、玄章、涅槃、大品等，各十余遍。兼造殿阁，门廊周匝，壮丽当阳，**弥勒丈六**夹纻并诸侍卫。"

【**迷方**／まどふみち】 偏正 令人迷惑的境界；迷津。《奈良朝写经23·十轮经卷第3》："乃至传灯无穷，流布天下，闻名持卷，获福消灾，一切**迷方**，会归觉路。"（p.179）西晋圣坚译《佛说罗摩伽经》卷2："复次，善男子，如**迷方**人，以东为西，以西为东，以南为北，以北为南，四维上下，亦复如是；一切世间，**迷法**之人，不知正道，亦复如是。"刘宋求那跋陀罗译《杂阿含经》卷2："世尊，此如法说，如佛所说，显现开发。譬如有人，溺水能救，获囚能救，**迷方**示路，暗惠明灯。世尊今日，善说胜法，亦复如是，显现开发。"北凉昙无谶译《佛所行赞》卷3《阿罗蓝郁头蓝品》："夜行得炬火，**迷方**者蒙导，度海得轻舟，我今亦如是。"按：《汉语大词典》首引唐李白《秋日登扬州西灵塔》诗："玉毫如可见，于此照**迷方**。"偏晚。

【**迷惑**／まどふ】 格义 （3例） 神志不清，摸不着头脑。《日本灵异记》上卷《凶人不敬养奶房母以相得恶死报缘第23》："瞻保于是不言，而起入于屋里，拾出举，炎于其庭中，皆已烧灭。然后入山，**迷惑**不知所为。乱发身伤，东西狂走，复还行路，不住己家。"（p.110）又中卷《女人大蛇所婚赖药力得全命缘第41》："**迷惑**之娘，乃醒言语。二亲问之，答：'我意如梦。今醒如本。'"（p.251）又下卷《被观音木像之助脱王难缘第7》："经之数年，帝姬阿倍天皇御世，天平宝字八年甲辰十二月，山继遭贼臣仲麿之乱，而罗于杀罪之例，入十三人类。诛十二人颈讫时，山继心**迷惑**。"（p.278）西晋竺法护译《普曜经》卷6《降魔品》："佛告比丘：'净居诸天以十八事，嗟叹菩萨，毁呰魔众。何谓十八？……波旬**迷惑**，不知家处，十七。'"唐菩提流志译《大宝积经》卷11："又时大圣，加施无畏，愍伤众生。应时八十婇，魔及鬼神，伏向菩萨，自然躄地，心自归命。唯见拥护，诸在众中，与魔眷属，破坏亡去，自然**迷惑**，不知所凑。"唐湛然述《止观辅行传弘决》卷1："佛告目连：'汝到此者是释尊之力。若欲还彼假使卿身一劫不至能仁已灭。'目连曰：'我今**迷惑**，不知所去。'彼佛曰：'在东方。'目连叉手自归说偈唯愿天人尊冀垂力愍念，愿显其国土今欲还本土。"

【**迷惑之心**／まどふこころ】 四字 迷乱困惑之心。《万叶集》卷16第3791～3802首歌序："尔乃竹取翁谢之曰：'非虑之外，偶逢神仙。**迷惑之心**，无敢所禁。近狎之罪，希赎以歌。'即作歌一首并短歌。"（第四册，p.92）（1）东晋瞿昙僧伽提婆译《增壹阿含经》卷31："彼以斗净，不观其义，以不观其义，则有**迷惑之心**，彼以执此愚惑，而命终入三恶道。"梁法云撰《法华经义记》卷5《信解品》："所以不领第七者，上诸子索车此即是**迷惑之心**，是故隐而不领。"北凉昙无谶译《大方广三戒经》卷1："普悦一切，诸众生界，能知一切，诸众生等，**迷惑之心**。"（2）西晋竺法护译《生经》卷1："佛告诸比丘：'此比丘者，不但今世，心常在欲，**迷惑**情色，不能自制，志缚在欲，无能制者。独佛劝化，除其所惑，爱欲之著耳。'"刘宋慧简译《佛说长者子六过出家经》卷1："诸有舍卫城王、及大臣长者、婆罗门刹利，见我**女**者，悉皆**迷惑**，莫知所在。"按："迷惑"一词，如上引例文（1）所示，一方面用于表现不明事理；另一方面，如上引例文（2）所示，也可以具体指受到女色的迷惑。歌序用法属于后者。

【迷途／まどふみち】 述宾 犹"迷律"。《奈良朝写经22·道行般若波经卷第5》："设斋敬赞，藉此胜缘，伏惟尊府君道济**迷途**，神游净国。"（p.167）梁僧佑撰《弘明集》卷10："二教道叶于当年，三世栋梁于今日。足使**迷途**自反，妙趣愈光。"唐玄奘译《大唐西域记》卷8："如来方垂善道，随应降伏，时优楼频螺迦叶波五百门人请受佛教，迦叶波曰：'吾亦与尔，俱返**迷途**。'"唐义净译《一百五十赞佛颂》卷1："导师能善诱，堕慢使翘勤。等持调曲心，**迷途**归正道。"

【迷心／まどふこころ】 偏正 颠倒事理之妄心。《日本灵异记》下卷《序》："殖恶之因，怨恶之果，是吾**迷心**。"（p.260）唐善无畏、一行合译《大毘庐遮那成佛神变加持经》卷1《入真言门住心品》："云何**迷心**？谓所执异、所思异。"唐智周撰《大乘入道次第》卷1："**迷心**不悟一行，尚不能依，达士通性，十法齐修何咎？"

【迷执／めいしゅう】 偏正 以迷惑之心而固执于事物。迷于法门义理，执着于邪法邪义。《日本灵异记》上卷《序》："愚痴之类，怀于**迷执**，匪信于罪福。深智之俦，觌于内外，信恐因果。"（p.54）隋吉藏撰《法华义疏》卷7《信解品》："执破名解者，解是了悟为义，执是**迷执**之名。"唐玄奘译《大般若波罗蜜多经》卷576："诸愚痴类**迷执**实有，智者幻师知无实性，但有种种虚妄相现。"

【觅访／まぎとふ】 并列 寻觅访求，寻找探求。《播磨国风土记·贺古郡》条："尔时，印南别娘闻而惊畏之，即遁度于南毗都麻岛。于是天皇乃到贺古松原而**觅访**之。"（p.18）唐道宣撰《净心戒观法》卷2："初发道意走觅道，心邪曲见未正直。江南江北求菩提，菩提共行不相识。身外**觅访**既疲劳，一处静思顿止息。忽然醒悟觉少分，乃知菩提身中匿。"又《毗尼作持续释》卷1："嗟夫！大钞世没，**觅访**绝闻。"唐闾丘胤集《寒山子诗集》卷1《序》："时二人乃把手走出寺，乃令逐之，急走而去。即归寒岩，胤乃重问僧曰：'此二人肯止此寺否？'乃令**觅访**，唤归寺安置。胤乃归郡。"按：《汉语大词典》失收。

【觅水／みづをみむ】 述宾 寻找饮用水。《唐大和上东征传》："舟人把碗，竞上岸头**觅水**，过一小岗，（便）遇池水，清凉甘美，众人争饮，各得饱满。"（p.66）陈真谛译《四谛论》卷2《思量集谛品》："汝问是渴爱何者？渴爱何相何事何缘者？答是诸众生恒观有为法功德，依有用资粮心无厌足。故名渴爱。如饮醎水，如人盛夏，昼日光照，热渴所逼，周遍**觅水**，来饮醎海，醎海有竭，此渴无尽。"唐义净译《根本说一切有部毘奈耶破僧事》卷12："是时商佉，日高后至，乏渴须水，取己添瓶，**觅水**而饮。见瓶无水，遂即瞋骂：'是何强贼，偷劫我水？'"

【秘封/ひふう】 偏正 犹言"密封"，严密地封闭起来。《怀风藻》第 8 首释智藏《小传》："密写三藏要义，盛以木筒，著漆**秘封**，负担游行。同伴轻蔑，以为鬼狂，遂不为害所以。"（p.79）梁慧皎撰《高僧传》卷 10："比欣次第熟视皆已新完，度**密封**之。因语欣令开，乃见钱帛皆满可堪百许万。识者谓是杯度分身他土所得嚫施回以施欣，欣受之皆为功德。"梁僧佑撰《出三藏记集》卷 14："初未终之前，豫造遗文颂偈三十六行，自说因缘，云已证二果。**密封**席下，莫有知者。终后方见焉。"唐菩提流志译《不空羂索神变真言经》卷 12《广博摩尼香王品》："悉地王真言加持摩尼香王一千八遍，牢固**密封**，特勿泄气，埋斯坛地，五旬日满，发取烧焯，供养一切。"

【密告之曰："～"/しのびにつげていはく ～】 说词 偷偷地告诉说："……"。《日本书纪》卷 20《钦明纪》十二年是岁条："于是日罗迎来，把手使坐于座，**密告之曰**：'仆窃闻之，百济国亡奉疑天朝，奉遣臣后，留而弗还。'"（第二册，p.480）唐法宝撰《俱舍论疏》卷 1："此阿罗汉，频被诘问，怪其神异。遂入定观，知是世亲。**密告之曰**：'此部众中，有未离欲者，恐当致害。长老，可速还本国耳。'"宋志盘撰《佛祖统纪》卷 39："及长，**密告之曰**：'像教将灭，一切鬼神皆西向。汝当大贵，佛法暂废，赖汝而兴。'"又卷 53："及长，**密告之曰**：'汝当大贵，佛法暂废，赖汝而兴。'"宋祖琇撰《隆兴编年通论》卷 9："及帝稍长，僧**密告之曰**：'汝后大贵，当自东方来，佛法时灭，赖汝而兴。'"

【密来/ひそかにきたる】 后补 （2 例） 偷偷地来到。《日本书纪》卷 5《崇神纪》十年八月条："吾闻武埴安彦之妻吾田媛**密来**之，取倭香山上，裹领巾头而祈曰：'是倭国之物实，则反之。'"（第一册，p.278）又卷 7《景行纪》四年二月条："时弟媛欲见其鲤鱼游，而**密来**临池，天皇则留而通之。"（第一册，p.344）（1）吴支谦译《撰集百缘经》卷 8："时王闻已，塔柱失珠，生大瞋恚，即募国中，设有见者，**密来**纠语，我当重赏。"隋阇那崛多译《佛本行集经》卷 39《教化兵将品》："尔时魔王，波旬**密来**，往诣佛所，到佛所已，即便向佛，而说偈言。"唐般若译《大乘本生心地观经》卷 4："父母宴乐会诸亲，百味珍羞皆具足。有一恶人持毒药，**密来**致之于饮食。"（2）《世说新语·假谲第 27》："魏武常言：'人欲危己，己辄心动。'因语所亲小人曰：'汝怀刃**密来**我侧，我必说心动，执汝使行刑，汝但勿言其使，无他，当厚相报。'执者信焉，不以为惧，遂斩之。此人至死不知也。左右以为实，谋逆者挫气矣。"《魏书》卷 10《孝庄纪》："天既厌乱，人亦悔祸，同恶之臣，**密来**投告。将而必诛，罪无容舍。"《北齐书》卷 39《祖珽传》："常谓诸将云：'边境消息，处分兵马，赵令尝与吾等参论之。盲人掌机**密来**，全不共我辈语，止恐误他国家事。'"按：《汉语大词典》失收。

【密食/ひそかにくらふ】 偏正 偷吃。《日本书纪》卷 13《允恭纪》七年十二月

条："仍经七日伏于庭中，与饮食而不湌，**密食**怀中之糒。"（第二册，p. 116）东晋法显译《佛说大般泥洹经》卷6《问菩萨品》："复次，善男子。犹如大王，身中有虫**密食**其肉，而王未觉，时有良医，知其病相，语彼王言：'身中有患，应疾治之。'时王不信，不欲令治，其师畏怖，不敢与药，密加咒术，令虫自落。王见病已，乃信师语，厚相待遇。"按：《汉语大词典》失收。

【**密写**／しのびにうつす】 偏正 　秘密抄写。《怀风藻》第8首释智藏《小传》："**密写**三藏要义。盛以木筒。著漆秘封。负担游行。"唐神清撰、慧宝注《北山录》卷4："融自顾才力可济，但患外道书籍，未尽披读，乃**密写**其目，一览而诵既刻日。"

【**密异之**／ひそかにあやしぶ】 三字 　私下对其感到诧异。《日本书纪》卷5《崇神纪》十年九月条："爱倭迹迹姬命心里**密异之**，待明以见栉笥，遂有美丽小蛇。其长大如衣纽，则惊之叫啼。"（第一册，p. 282）（1）梁慧皎撰《高僧传》卷2："时年十三，常随师远，行于旷野逢虎，师欲走避，耶舍曰：'此虎已饱，必不侵人。'俄而虎去，前行果见余残。师**密异之**。"该例在隋费长房撰《历代三宝纪》卷8中亦见辑录。唐道宣撰《续高僧传》卷8："及年七岁，有缘至巴西郡。太守杨眺问云：'承儿大读书，因何名为老子？'象曰：'始生头白故也。'眺**密异之**。"（2）《晋书》卷95《鸠摩罗什传》："至夜，果大雨，洪潦暴起，水深数丈，死者数千人，光**密异之**。"（p. 2500）《太平广记》卷433《王瑶》条："既至，瑶心尽诚接待。有卖瓦金石生者常言住在西山，每来必休于此。积十数年，率五日一至。瑶**密异之**，外视其所买，又非山中所用者。"（p. 3513）

【**免火难**／ひのわざはひをまぬかる】 三字 　避免遭受火灾。《日本灵异记》下卷《如法奉写〈法华经〉火不烧缘第10》："谅知阿东练行尼，所写如法经之功兹显；陈时王与，读经**免火难**之力再示。"（p. 286）姚秦鸠摩罗什译《妙法莲华经》卷2《譬喻品》："舍利弗言：'不也，世尊。是长者但令诸子，得**免火难**，全其躯命，非为虚妄。'"元魏吉迦夜、昙曜合译《杂宝藏经》卷2："诸人惊怕，靡知所趣，各相谓言：'我等唯依凭佛，可**免火难**。'"→【而得免难】【脱王难】【脱贼难】

【**免贫穷**／まづしさをまぬかる】 三字 （2例） 　免除贫穷。《常陆国风土记·总记》条："设有身劳耕耘，力竭纺蚕者，立即可取富丰，自然应**免贫穷**。"（p. 356）《日本灵异记》中卷《穷女王归敬吉祥天女像得现报缘第14》："定知菩萨感应所赐。因大富财，**免贫穷**愁。是奇异之事矣。"（p. 185）隋智顗撰《妙法莲华经玄义》卷2："若欲**免贫穷**，当勤三观，欲免上慢当闻六即世间。"唐道宣撰《广弘明集》卷7："于是衣寒露养孤生匹鳏夫配寡妇，矜老病**免贫穷**，赏忠孝之门，伐凶逆之党，进清简之士，退谄佞之臣使。六合无怨纣之声，八荒有歌周之咏。"

【**免灾难**／わざはひをまぬかる】 三字 　逃脱灾祸。《日本灵异记》上卷《赎龟命

放生得现报龟所助缘第7》："时发誓愿言：'若平还来，为诸神祇造立伽蓝。'**遂免灾难**。"（p.80）（1）唐义净译《根本说一切有部毗奈耶》卷43："王曰：'若如是者，事当奈何？欲作何计，得免灾厄？'大臣白曰：'应杀五百头牛作耶慎。若大会设婆罗门，方**免灾难**。'"（2）《唐文拾遗》卷32："靡言在命，实由信心。既**免灾难**，道情转深。但念有情，无不沾福。"→【南無無量災難令解脱尺迦牟尼仏】【無量災難】

【**面当**/まのあたりに～む】 偏正 当面，面对面。《日本书纪》卷25《孝德纪》大化五年三月条："天皇使大伴狛连、三国麻吕公、穗积啮臣于苏我仓山田麻吕大臣所而问反之虚实。大臣答曰：'被问之报，仆**面当**陈天皇之所。'"（第三册，p.172）元魏瞿昙般若流支译《顺中论》卷1："云何戏论？答曰：'贤**面当**听，此今略说。何名无明？以不能知，四颠倒故，说名无明。'"隋灌顶撰《国清百录》卷2："如来化导何必止还天竺，菩萨应变本无定方。深愿坦然，以虚受物，迟延展礼，**面当**咨逊。谨和南。"

【**面奉**/まのあたりつかへまつる】 偏正 （4例） 当面奉命，面见，奉见。《上宫圣德法王帝说》："慧慈法师闻之，奉为王命讲经发愿曰：'逢上宫圣王必欲所化，吾慧慈来年二月二十二日死者，必逢圣王**面奉**净土。'遂如其言到明年二月二十二日，发病命终也。"《元兴寺伽蓝缘起并流记资财账》："高丽大兴王方睦大倭，尊重三宝，遥以随喜，黄金三百二十两助成大福，同心结缘。愿以兹福力，登遐诸皇遍及含识，有信心不绝，**面奉**诸佛，共登菩提之岸，速成正觉。"《日本灵异记》中卷《智者诽妒变化圣人而相至阎罗阙受地狱苦缘第7》："光身渐息，往菩萨所。菩萨见之，即以神通知光所念，含咲爱言：'何罕**面奉**？'"（p.168）《续日本记》卷32《光仁纪》条："由是，差大使壹万福等，遣向日本国拟于朝参。稍经四年，未返本国。更差大使乌须弗等四十人，**面奉**诏旨。更无余事。"（第四册，p.408）（1）东晋佛驮跋陀罗译《大方广佛华严经》卷60《入法界品》："尔时，善财童子，如是经游，百一十城，到普门城边，思惟而住，观察十方，一心专求，文殊师利：'何当会遇，**面奉**慈颜？'"唐慧立本、彦悰笺《大唐大慈恩寺三藏法师传》卷8："所历诸国，百有余都，所获经论，向七百部，并传以藩驮，聿归上京，因得**面奉**圣颜，对扬宗极。"唐道宣撰《续高僧传》卷4："及至洛滨，特蒙慰问，并献诸国异物，以马驮之。别敕引入深宫之内殿，**面奉**天颜。"（2）《魏书》卷74《尒朱荣传》："且天子寝疾，侍臣不离左右，亲贵名医，瞻仰患状，**面奉**音旨，亲承顾托。"《汉魏南北朝墓志汇·北魏》："自皇南徙，帝宅崧洛，北朔沙蕃，闻道稍回。即日召入，**面奉**帝敕。以翁忠果凤彰，威惠早著，服内屈翁北箱大使。"

【**面奉弥陀**/みろくにまみえたてまつる】 四字 （2例） 面谒阿弥陀佛。《元兴寺伽蓝缘起并流记资财账》："**面奉弥勒**，听闻正法，悟无生忍，速成正觉。十方诸佛及四天等，所以至诚心誓愿，所造二寺及二躯丈六，更不破不流不斫不烧，二寺所纳种种诸物，更不摄取不灭不犯不谬也。"《奈良朝写经5·大般若经卷第267》："以此善业，奉资登仙二尊神灵，各随本愿，往生上天，顶礼弥勒，游戏净域，**面奉弥陀**，并听闻正法，俱悟无生忍。"（p. 32）唐慧沼撰《因明义断》卷1："顺次生中，往生内院，**面奉弥勒**，心不退转。"

【**面貌端麗**/かほきらぎらし】 自创 相貌端庄美丽。《日本书纪》卷14《雄略纪》二年十月条："天皇见采女**面貌端丽**，形容温雅，乃和颜悦色曰：'朕岂不欲睹汝妍咲？'乃相携手，入于后宫。"（第二册，p. 154）（1）西晋法炬译《前世三转经》卷1："其国中有一淫姝女，为上色**面貌端正**妹好。"（2）《陈书》卷7《张贵妃传》："而张贵妃发长七尺，鬓黑如漆，其光可鉴。特聪惠，有神采，进止闲暇，**容色端丽**。"（p. 132）

【**面容端正**/かほかたちきらぎらし】 四字（2例） 五官匀称协调；长相漂亮。《日本灵异记》中卷《将建塔发愿时生女子卷舍利所产缘第31》："父母愁曰：'妪非时产子，根不具。斯为大耻。以因缘故，汝生我子。'乃不嫌弃，而慈哺育。渐随长大，**面容端正**。"（p. 229）又《女人恶鬼见点食噉缘第33》："有一女子，名曰万之子。未嫁未通。**面容端正**。"（p. 234）东晋瞿昙僧伽提婆译《增壹阿含经》卷25《五王品》："复次，有一比丘，闻村落中有女人，**面容端正**，世之希有，到时，著衣持钵，入村乞食。彼若见女人，不起欲想，设共言语，亦复不起欲想，设彼女人，共相捻挃，便起欲想；然不舍法服，习于家业，如彼第四人入军，为他所获，或丧命根，而不得出。"→【此女端正】【容姿端正】【形容端正】

【**面問**/まのあたりとふ】 偏正 当面问询；亲自问候。《古事记》中卷《垂仁记》："姜兄沙本毘古王问姜曰：'孰爱夫与兄？'是不胜**面问**故，姜答曰：'爱兄软。'"（p. 198）西晋竺法护译《文殊支利普超三昧经》卷1："于是辩积菩萨，白软首曰：'且当俱往，觐于如来，**面问**大圣。'"按：《汉语大词典》例举唐韩愈《潮州刺史谢上表》："惟恐四海之内，天地之中，一物不得其所，故遣刺史**面问**百姓疾苦。"偏晚。《垂仁记》用法与佛典用法相同，表示当面问询；《潮洲刺史谢上表》例句表示亲自问候。从词义先后关系看，后者是在前者的基础上产生的。

【**面血**/おものち】 偏正 脸上的血。《日本书纪》卷20《敏达纪》元年六月条："次有贼一人，直向大使，打头与手而退。大使尚嘿然立地而拭**面血**。"（第二册，p. 468）西秦圣坚译《太子须大拏经》卷1："耶利堕地，伤面血出，猕猴便取树叶，拭其**面血**，将至水边，以水洗之。"按：《汉语大词典》失收。

【**面影**/おもかげ】 偏正（12例） 脸部的形状；面部表情。《万叶集》卷3第396首："陆奥之 真野乃草原 虽远 **面影**为而 所见云物乎"（第一册，p. 227）。又卷4第752首："如是许 **面影**耳 所念者 何如将为 人目繁而"（第一册，p. 363）。又第754首："夜之穗杼吕 吾出而来者 吾妹子之 念有四九四 **面影**二三汤"（第一册，p. 364）。又卷7第1296首："今造 斑衣服 **面影** 吾尔所念 末服友"（第二册，p. 245）。又卷 8 第 1630 首："高圆之　野边乃容花　**面影**尔　所见乍妹者　忘不胜裳"（第二册，p. 367）。又卷 9 第 1794 首："立易　月重而　难不遇　核不所忘　**面影**思天"（第二册，p. 441）。又卷 11 第 2607 首："敷细之　衣手可礼天　吾乎待登　在滥子等者　**面影**尔见"（第三册，p. 228）。又第 2634 首："里远　恋和备尔家里　真十镜　**面影**不去　梦所见社"（第三册，p. 235）。又第 2642 首："灯之　阴尔蚊蛾欲布虚蝉之　妹蛾咲状思　**面影**尔所见"（p. 237）。又卷 12 第 2900 首："吾妹子之　咲眉引　**面影**　悬而本名　所念可毛"（第三册，p. 305）。又第 3137 首："远有者　光仪者不所见　如常　妹之咲者　**面影**为而"（第三册，p. 362）。又 3138 首："年毛不历　反来尝跡　朝影尔　将待妹之　**面影**所见"（第三册，p. 362）。陈真谛译《宝行王正论》卷 1《安乐解脱品》："如人依净镜，得见自**面影**。此影但可见，一向不真实。"唐玄奘译《解深密经》卷 3《分别瑜伽品》："世尊，如世尊说浊水器喻不净镜喻挠泉池喻，不任观察，自**面影**相。"唐地婆诃罗译《大乘显识经》卷 1："贤护白佛言：'是人之力，由有面故，而有**面影**，影像之色，如面之色，根具不具，咸悉如面。'"按：《汉语大词典》例举巴金《沉默集·马拉的死》："在每一幅图画上面他都看见了自己的**面影**。"过晚。

【**淼漫**/びょうまん】　并列　水流广远貌。《唐大和上东征传》："彼国太远，性命难存，沧海**淼漫**，百无一至。"（p. 40）唐慧琳撰《一切经音义》卷 90："**淼漫**：上妙摽反。《考声》云：水广大貌也。《韵英》云：大水也。"（1）北魏郦道元《水经注·济水》："泽水**淼漫**，俱钟淮泗。"（2）唐道宣撰《续高僧传》卷 3："擢本森稍，干云阶乎尺木。长澜**淼漫**，浴日道乎蒙泉。"唐义净撰《大唐西域求法高僧传》卷 2："实乃禅池**淼漫**引法海而通波，思岭崔嵬耸慧岳而腾峭。"

【**妙達**/たへにさとる】　偏正　犹"精通"，透彻通晓。《日本书纪》卷 19《钦明纪》十六年二月条："圣王**妙达**天道地理，名流四表八方。意谓永保安宁，统领海西蕃国，千年万岁，奉事天皇。岂图一旦眇然升遐、与水无归，即安玄室。"（第二册，p. 436）（1）后汉竺大力、康孟详合译《修行本起经》卷 2《出家品》："游志三四出十二门，无分散意，神通**妙达**，弃欲恶法，无复五盖，不受五欲，众恶自灭。"梁慧皎撰《高僧传》卷 1："于是赍卷入房，请一比丘略为解释。遂深悟因果，**妙达**三世，始知佛教宏旷，俗书所不能及。"唐道宣撰《续高僧传》卷 23："后敕住洛都融觉寺。寺即清河文献怿所立，廊宇充溢周于三里。最善弘敷导，**妙达**《涅槃》《华严》，僧徒千人，常业无怠。"（2）《文选》卷 50 沈约《宋书谢灵运传论一首》："一简之内，音韵尽殊；两句之中。轻重悉异。**妙达**此旨，始可言文。"《艺文类聚》卷 60 所载雷次宗《豫章记》曰："吴未亡，恒有紫气见牛斗之间，张华闻雷孔章**妙达**纬象，乃要宿，问天文。"按：《汉语大词典》首引《晋书·乐志上》："时阮咸**妙达**八音，论者谓之神解。"偏晚。

【**妙德菩薩**/みょうとくぼさつ】　菩萨　（2例）　即文殊师利菩萨。"文殊"，"妙"

之义，"师利"，德之义，故名。《日本灵异记》上卷《信敬三宝得现报缘第5》："比丘环解一玉，授之，令吞服而作是言：'南无**妙德菩萨**。'令三遍诵礼，自彼罢下。"（p.76）又："**妙德菩萨**者，**文殊师利菩萨**也。"（p.76）隋智顗说《妙法莲华经文句》卷2《序品》："文殊师利，此云妙德。"宋法云编《翻译名义集》卷1："文殊师利，此云**妙德**。《大经》云：'了了见佛性，犹如**妙德**等。'《净名疏》云：'若见佛性，即具三德，不纵不横。故名**妙德**。'"→【文殊师利菩萨】

【妙法/みょうほう】 偏正 第一最胜、不可思议的佛法。《奈良朝写经18·弥勒上生经》："伏愿契道能仁，升游正觉，菩提枝下闻**妙法**之圆音，兜率天中得上真之胜业，通该有顶，普被无边，并泛慈航，同离爱网。"（p.141）东晋法显译《大般涅槃经》卷2："如来为说，种种**妙法**，其闻法已，心开意悟，远尘离垢，得法眼净。"隋阇那崛多译《佛本行集经》卷28《魔怖菩萨品》："及离智慧寂定禅，住于愦乱喧闹里，舍诸**妙法**取欲戏，彼人堕地狱不疑。"→【微妙之法】

【妙法莲花経/みょうほうれんげきょう】 内典 7卷或8卷。姚秦鸠摩罗什译。略称《法华经》《妙法华经》。为大乘佛教要典之一。共有二十八品。"妙法"，意为所说教法微妙无上；"莲华"，比喻经典之洁白完美。《续日本纪》卷14《圣武纪》天平十三年三月条："案经云：若有国土讲宣读诵，恭敬供养，流通此经王者，我等四王，常来拥护。一切灾障，皆使消殄。忧愁疾疫，亦令除差。所愿遂心，恒生欢喜，宜令天下诸国各令敬造七重塔一区，并写《金光明最胜王经》《**妙法莲花经**》各一部。"（第四册，p.388）唐慧详撰《弘赞法华传》卷8："山龙升座讫，王乃向之而坐。山龙诵曰：'《妙法莲华经·序品第一》。'王曰：'请法师止。'山龙即止下座，后立阶下。"唐僧详撰《法华传记》卷1："稽首《**妙法莲花经**》，八万十二诸圣教，诸佛护念大宝藏，利乐无际难测典。"宋志磐撰《佛祖统纪》卷36："五年，秦罗什法师于逍遥园译《**妙法莲花经**》。秦主于草堂寺与三千僧，手执旧经重加参定。"

【妙福/みょうふく】 偏正 （2例） 微妙的福德。《续日本纪》卷19《孝谦纪》天平胜宝八年十二月条："愿众大德，勿辞摄取。欲使以此，**妙福**无上威力，冀冥路之鸾舆，向花藏之宝剑。"（第三册，p.170）又卷20《孝谦纪》天平宝字元年十一月条："壬寅，敕：'以备前国垦田一百町，永施东大寺唐禅院十方众僧供养料。伏愿：先帝陛下，熏此芳因，恒荫禅林之定影，翼兹**妙福**，速乘智海之慧舟，终生莲花之宝刹，自契等觉之真如。'"（第三册，p.236）元魏吉迦夜、昙曜合译《杂宝藏经》卷5："汝昔能兴供，第一最胜尊，作**妙福**德业，获得如此报。"唐实叉难陀译《大方广佛华严经》卷14《贤首品》："若为诸佛所忆念，则以佛德自庄严；若以佛德自庄严，则获**妙福**端严身。若获妙福端严身，则身晃耀如金山；若身晃耀如金山，则相庄严三十二。"按：《汉语大词典》失收。

【妙果/みょうか】 偏正 即绝妙之果。"妙因"的对应词。佛果之意，谓修行妙

法所得的证果。指成佛的境地。《续日本纪》卷20《孝谦纪》天平宝字元年十一月条：
"皇帝、皇太后，如日月之照临，并治万国。若天地之覆载，长育兆民。遂使为出世之
良因成菩提之**妙果**。"（第三册，p.236）失译人名在后汉录《大方便佛报恩经》卷6
《优波离品》："如来知见生死过患，独觉成佛，优波离亦随出家，三明六通，具八解
脱，天人大众增仰，护持正法，持律第一，堪任供养，能令众生，成就三种**妙果**，所谓
现报、生报、后报。"刘宋求那跋陀罗译《杂阿含经》卷23："此处迦梨龙，赞叹诸菩
萨，当随古时道，证无上**妙果**。"隋阇那崛多译《佛本行集经》卷25《向菩提树品》：
"藉此施食，所有功德，回施于彼，释种大子，所苦行者，愿令成就，早得诸通，愿速
成就，菩提**妙果**，愿令苦行，如心所愿，悉具足满。"→【昇妙果】

【妙見/みょうけん】 菩萨 "妙见菩萨"的略称。"妙见"，北斗七星之名也。有
神咒拥护国土。有关其本地，众说纷纭，或以为释迦，或以为观音，或以为药师。《日
本灵异记》下卷《妙见菩萨变化示异形显盗人缘第5》："遇风破舟，击波亡人，单唯一
在。恕身作像。定知**妙见**大助，漂者信力也。"（p.344）晋代失译人名今附东晋录《七
佛八菩萨所说大陀罗尼神咒经》卷2："我北辰菩萨名曰**妙见**，今欲说神咒护护诸国土，
所作甚奇特。故名曰**妙见**。处于阎浮提，众星中最胜，神仙中之仙，菩萨之大将，光目
诸菩萨，旷济诸群生。有大神咒名故奈波（晋言护护国土，佐诸国王，消灾却敌，莫不
由之）。"

【妙見菩薩/みょうけんぼさつ】 菩萨 （5例） 又称"妙现菩萨""尊星王""北
辰菩萨"。系北极星神格化之天尊，密教视为众星中之最胜者，具有守护国土、消灾却
敌、增益福寿等功德。其修法称"北斗法""妙见法""尊星法""可禳灾""护国"
"治疗眼疾"。《日本灵异记》上卷《令盗绢衣归愿**妙相菩萨**修得其绢衣缘第34》："纪
伊国安谛郡私部寺之前，昔有一家。绢衣十盗人所取，凭**妙见菩萨**而祈愿之。盗绢卖之
木市人也。七日不满，倏猛风来，厥绢缠鹿，衣褱指南而往，随主家庭衣得之，乃去天
赐焉。"（p.133）又下卷《**妙见菩萨**变化示异形显盗人缘第5》："河内国安宿郡部内，
有信天原山寺，为**妙见菩萨**献燃灯处。畿内每年，奉于燃灯。帝姬阿倍天皇代，知识缘
依例，献于燃灯菩萨，并室主施于钱财物。"（p.274）又《用网渔夫值海中难凭愿**妙见
菩萨**得全命缘第32》："时名妹丸，漂之于海，至心归于**妙见菩萨**，发愿而言：'济助我
命，量乎我身，作妙见像。'"（p.344）唐遍智集《胜军不动明王四十八使者秘密成就
仪轨》卷1："第二十药叉诸天王，是**妙见菩萨**所变身（右持大刀，左押腰，赤色形也。
若人欲得止疫病者是。呼使者）。"

【妙見像/みょうけんのみかた】 三字 妙见菩萨的塑像。《日本灵异记》下卷
《用网渔夫值海中难凭愿**妙见**菩萨得全命缘第32》："时名妹丸，漂之于海，至心归于**妙
见**菩萨，发愿而言：'济助我命，量乎我身，作**妙见像**。'"（p.344）

【妙力/みょうりき】 偏正 神妙之力。《奈良朝写经18·弥勒上生经》："庶凭功

于**妙力**，希树果于良因。"（p. 141）西晋竺法护译《正法华经》卷9《如来神足行品》："诸族姓子，举要言之，假令有人，欲了斯经要，悉佛威神，普诸佛法，诸世尊界，诸佛精进，诸佛闲居，诸佛**妙力**，示现是经。"元魏昙摩流支译《信力入印法门经》卷4："普贤诸行，种种法相，大慈之心，菩萨心因缘，恭敬善知识，发心诸行，诸修行清净，诸波罗蜜如实觉知，得如实入，诸力**妙力**，平等诸道。"唐道宣撰《续高僧传》卷3："窃闻如来，虽迹起人间，而道笼天外，神功**妙力**，不可思议。"按：《汉语大词典》首引沈约《内典序》："若乃灵性特达，得自怀抱，神功**妙力**，无待学成。"

【**妙美**/まぐはし】 并列 美丽绝伦，貌美无匹。《日本书纪》卷2《神代纪下》："门前井边树下，有一贵客，骨法非常。若从天降者，当有天垢。从地来者，当有地垢。实是**妙美**之，虚空彦者欤。"（第一册，p. 164）（1）美味佳肴。北凉昙无谶译《大方广三戒经》卷1："在家施比丘，上**妙美**饮食。衣服中妙者，一切恭敬与。"（2）议论精妙。隋阇那崛多译《入法界体性经》卷1："此处应有最胜法义，以有文殊师利与世尊共处，各有论说，必有**妙美**，当有甚深，最胜法义。"（3）声音美妙。唐慧琳撰《一切经音义》卷25："迦陵频伽：此云**妙美**声，出于雷山，在声即能遍，其声和雅，听者无厌也。"（4）姿色美好。元魏瞿昙般若流支译《正法念处经》卷28："是时天子，见诸天女，颜色**妙美**，百倍爱著，走趣天女。"按：《神代纪下》中"妙美"的意思与（4）同，但在描写对象上从女性转成男性。与"妙美"不同的是，"绝妙"一词虽然也指容貌姿色异常美妙，但在描写对象上男女均可。《日本书纪》卷13《允恭纪》七年十二月条："天皇即问皇后曰：'所奉娘子者谁也，欲知姓字。'皇后不获已而问皇后曰：'妾弟名弟姬焉。弟姬容姿**绝妙**无比，艳色彻衣而晃之。是以时人号曰衣通郎姬也。'"（第二册，p. 114）佛典中的例子，如刘宋求那跋陀罗译《杂阿含经》卷22："时有一天子，容色**绝妙**。于后夜时，来诣佛所，稽首佛足，退坐一面。身诸光明，遍照祇树，给孤独园。"《法苑珠林》卷8："时甘蔗王，有第二妃，**绝妙**端正，生于四子。"

【**妙通**/くはしくつうず】 并列 神妙通达。《怀风藻》第103首释道慈《小传》："太宝元年，遣学唐国。历访明哲，留连讲肆。**妙通**三藏之玄宗，广谈五明之微旨。"（p. 165）西晋竺法护译《正法华经》卷3《授声闻决品》："六通三达，得大神足，于安住世，获致**妙通**。"唐义净译《金光明最胜王经》卷9《除病品》："我父长者，虽善医方，**妙通**八术，能疗众病，四大增损，然已衰迈，老耄虚羸，要假扶策，方能进步，不复能往，城邑聚落，救诸病苦。"按：《汉语大词典》失收。"古典文学大系"栏上的注释指出："该词为佛教词，表示微妙、深邃的佛教宗旨。"

【**妙现菩萨**/みょうげんぼさつ】 菩萨 即"妙见菩萨"。"现"与"见"相同。《日本灵异记》上卷《令盗绢衣归愿**妙现菩萨**修得其绢衣缘第34》（p. 133）→【妙見菩薩】

【**廟塔**/びょうとう】 并列 犹言"塔庙"，即"佛塔"。"塔"是梵语stūpa译音

的略称，"庙"是其意译。《日本书纪》卷26《齐明纪》六年五月条："又于石上池边作须弥山，高如**庙塔**，以飨肃慎三十七人。又举国百姓无故持兵，往还于道。"（第三册，p.230）高齐那连提耶舍译《月灯三昧经》卷7："修学菩提道，如佛本所习。修学佛道已，速成无上道。彼得最无上，为世诸**庙塔**。智慧无过者，成于天中天。"隋菩提灯译《占察善恶业报经》卷1："供养一切诸佛法身、色身、舍利、形像、浮图、**庙塔**一切佛事，供养一切所有法藏及说法处，供养一切贤圣僧众，愿共一切众生，修行如是供养已，渐得成就六波罗蜜、四无量心。"唐菩提流志译《大宝积经》卷80："灭度已后正法住，供养舍利起**庙塔**。受法藏人若干种，调御丈夫皆悉知。"

【**灭尽**/ほろぼしつくす】 后补 消灭殆尽。《元兴寺伽蓝缘起并流记资财账》："此会此时，他田天皇欲破佛法。即此二月十五日，斫伐刹柱，重责大臣及依佛法人人家，佛像殿皆破烧**灭尽**。"后汉康孟详译《佛说兴起行经》卷1："世尊无事不见、无事不闻、无事不知，世尊无双比，众恶**灭尽**、诸善普备，诸天龙神、帝王、臣民、一切众生，皆欲度之。"吴支谦译《撰集百缘经》卷9《声闻品》："时罽宾宁王闻商客语已，瞋恚隆盛，寻即遣使，告波斯匿王言：'却后七日，将诸侍从，仰卿来至，达吾国土，朝跪问讯；若不尔者，吾当往彼，诛汝五族，**使令灭尽**。'"姚秦鸠摩罗什译《成实论》卷13《无边空处品》："又观身死弃之冢间，火烧**灭尽**，若鸟狩食噉虫从中出。故知此身先有虚空。"按：《汉语大词典》失收。

【**灭前罪**/さきのよのつみをほろぼす】 三字 消除前世所造下的恶孽。《日本灵异记》下卷《灾与善表相先现而后其灾善答被缘第38》："发惭愧心，弹指耻愁者，本有种子，加行智行者，远**灭前罪**，长得后善也。"（p.372）唐法盈撰《俱舍论颂疏序记》卷1："如诸佛圣教，断舌非悔。汝设割舌，不**灭前罪**。汝既因舌，谤大乘法，而获此罪。若欲灭者，当善赞说大乘。"宋戒环解《妙法莲华经要解（选录「要解」本文）》卷17："云过去有女，名提。谓孤寡多难。或告之曰：'今身之厄，由前世之罪。欲**灭前罪**，莫若舍身。'"

【**灭捨**/ほろぼしすつ】 并列 毁灭舍弃，灭绝抛弃。《元兴寺伽蓝缘起并流记资财账》："稻目大臣得病望危时，池边皇子与大大王二柱前后言白：'应修行佛法我白依而天皇修行赐也。然余臣等犹将**灭舍**计故，此为佛神宫官奉牟久原后宫者灭。'"刘宋求那跋陀罗译《杂阿含经》卷29："佛告阿难：'如是圣弟子觉知心，乃至心解脱出息如心解脱出息学。如是圣弟子尔时心心观念住，知善内思惟，善于身受心，贪忧**灭舍**。'"后秦佛陀耶舍、竺佛念等合译《四分律》卷32："彼爱永尽，无欲**灭舍**，出要解脱，永尽休息，无有樔窟，是谓苦尽圣谛。"按：《汉语大词典》失收。

【**灭罪**/つみをほろぼす】 述宾 （2例） 即借忏悔、观佛、念佛、称名、持咒等宗教行为，得以灭罪、消业障；生善，又作作善，乃积极积功累德。灭罪、生善均可种下后世之善根，以期证得涅槃。《日本灵异记》下卷《怨病忽婴身因之受戒行善以现得愈病缘第34》："自谓：'宿业所招，非但现报。灭罪差病，不如行善。'"（p. 350）《奈良朝写经66·大般若经卷第176》："是以，大法师讳行信，平生之日，至心发愿，敬写法华一乘之宗，金鼓灭罪之文。"（p. 403）晋世法立、法炬合译《法句譬喻经》卷1《多闻品》："其妻问曰：'沙门所在？'其夫具说神变之德：'今者在彼，卿自宜往，改悔灭罪。'"姚秦竺佛念译《出曜经》卷10《学品》："身意烦恼，坐不安席，即自严办香油酥薪，取六死尸，而耶旬之，起六偷婆，兴敬供养，日三忏悔意愿，灭罪渐渐微薄。"北凉昙无谶译《大般涅槃经》卷20《梵行品》："若到佛所，俱得灭罪，惟愿大，王今日速往。"

【灭罪得福/つみをほろぼし、さきほひをう】 四字 消除业障，获得福报。《日本灵异记》下卷《灾与善表相先现而后其灾善答被缘第38》："惭愧者，剃除鬓发，披著袈裟。弹指者，灭罪得福也。"（p. 372）梁僧佑撰《出三藏记集》卷4："《灭罪得福佛名经》一卷。"唐慧沼撰《金光明最胜王经疏》卷3《梦见忏悔品》："赞曰：'次印也。前之颂中妙幢说闻此法灭罪得福，恐人不信，故佛为印。'"

【愍育/びんいく】 并列 怜悯抚育。《奈良朝写经40·大般若经卷第57》："没想提奖之教，则顿绝无期，念愍育之言，则更何恃怙。"（p. 264）吴康僧会译《六度集经》卷7："志成行高，怀四等心，愍育众生，犹若慈母哀护幼儿，儿随辈熙戏，母以慈心行索，睹儿为泥尘所污，饥渴啼呼。"西晋圣坚译《睒子经》卷1："乃往过去，无央数世，时有一菩萨名曰慈慧，救济群生，常行四等心，度世危厄，愍育苦人。"梁宝唱等集《经律异相》卷5："五百梵志意自开解，即前礼佛，五体投地，求达圣训，唯愿愍育，得为沙门。佛即听受，皆为沙门。"按：《汉语大词典》失收。

【名利/みょうり】 格义 名声与利益。与"名闻利养"同义，指欲求名声远闻及贪求财富之利益。《日本灵异记》下卷《序》："匪磝因果作罪，以比无目之人履巨失之兮虎尾；甘嗜名利杀生，疑托鬼之人抱毒蛇。"（p. 260）姚秦鸠摩罗什译《妙法莲华经》卷1《序品》："是妙光法师，时有一弟子，心常怀懈怠，贪著于名利，求名利无厌，多从族姓家，弃舍所习诵，废忘不通利。"唐不空译《仁王护国般若波罗蜜多经》卷2《嘱累品》："而恶比丘，为求名利，不依我法，于国王前，自说过患，作破法缘。"

【名僧/めいそう】 偏正 有名望、有德行的僧人。《唐大和上东征传》："上方传佛教，名僧号鉴真。怀藏通邻国，真如转付民。"（p. 102）梁慧皎撰《高僧传》卷1："提婆既至，珣即延请。仍于其舍讲《阿毗昙》，名僧毕集。"隋费长房撰《历代三宝纪》卷8："时秘书郎赵正请僧伽跋澄及昙摩难提等，出众经论，当世名僧，莫能传译。"唐彦琮撰《唐护法沙门法琳别传》卷3："于时大德如云，名僧若雨。纵引四含八藏，措笔无由；徒解九部三乘，置言何地。"

【名言之域/めいげんのいき】 四字 "名言"，指名字、名目与言句、言说。名言

谓能诠释者，能诠释、显现真如本体之真义，但因其无有实体，仅为一种方便教化之权巧施设，所以如果执着于名言，就容易落入舍义求文、舍本逐末之大患中，难以悟知实相中道的道理。《奈良朝写经38·大般若经卷第591》："权实神机，**邈绝名言之域**；方便秀术，颐翳有无之间。感而遂通，枳无不应。"（p. 253）方广锠整理《进新译大方广佛华严经表》卷1宏景《进新译大方广佛华严经表》："夫十翼之光启繇辞，七观之昭宣雅诰。彼局**名言之域**，此超心智之境，欲云校美，讵可同年？"

【**明德**/めいとく】 格义 　聪明且德性高尚，或指其人。主要指僧侣，用于尊称高僧。《日本灵异记》上卷《勤求学佛教弘法利物临命终时示异表缘第22》："赞曰：'船氏**明德**，远求法藏。是圣非凡，终没放光。'"（p. 108）按："明德"在传世文献中，表示才德兼备的人。《诗经·大雅·皇矣》："帝迁**明德**，串夷载路。"朱熹集传："**明德**，谓明德之君，即太王也。"《续日本纪》卷21《淳仁纪》天平宝字二年八月条："世有**明德**，翼辅皇室。"（第三册，p. 282）《日本古典文学全集》训"明德"作"德を明らかにせむ"，解作"德を磨こうと"。可商。

【**明睹**/あきらけくみる】 偏正 　洞悉，看得一清二楚。《古事记·序》："重加，智海浩汗，潭探上古；心镜炜煌，**明睹**先代。"（p. 20）西晋竺法护译《佛说弘道广显三昧经》卷2《请如来品》："佛土三千无等伦，弗有能知如来心。圣尊**明睹**众生行，所修常应时降此。"唐实叉难陀译《大方广佛华严经》卷2《世主妙严品》："如来自在不可量，法界虚空悉充满。一切众会皆**明睹**，此解脱门华慧人。"又卷3《世主妙严品》："如来一一毛孔中，一念普现无边行。如是难思佛境界，不退庄严悉**明睹**。"按：《汉语大词典》失收。

【**明日见之**/あくるひにみれば】 时段 　第二天一看。《日本灵异记》中卷《赎蟹鼃命放生现报蟹所助缘第12》："**明日见之**，大蟹八集，彼蛇条然剪段切之。乃知，赎放蟹报恩矣。"（p. 181）宋慧洪造、宋张商英撰《法华经合论》卷1："唐僧元晓自东海来，欲传习华严大教。夜宿冢间，渴甚，引手掬于坐旁，得水甘凉。**明日见之**，髑髅也。欲呕而悟曰：心生则种种法生，心灭则髑髅不二。经言三界唯心。"宋本觉编集《释氏通鉴》卷7："女子初在溪畔浣衣，道者告欲寄寓。女有许诺之意，归而有孕。父母恶而逐之，女无所归。佣纺里中，已而生一子。以为不祥，因抛于水中。**明日见之**，沂流而上。遂举养之。"

【**明日早起**/あくるひにはやくおく】 时段 　第二天很早起床。《日本灵异记》下卷《弥勒丈六佛像其颈蚁所嚼示奇异表缘第28》："**明日早起**，见堂内，其弥勒丈六佛像颈断落在土。大蚁千许集，嚼摧其颈。"（p. 335）西晋竺法护译《修行地道经》卷6《25学地品》："**明日早起**，天向欲晓，疲解觉已，见于水中，恶露不净，或有舍走，闭目不视，或自覆鼻，又欲强吐，尔乃知水，垢秽不净。"东晋佛陀跋陀罗、法显合译《摩诃僧祇律》卷20："尔时梨车摩诃男请僧施药。时六群比丘闻摩诃男请僧施药，当试恼之。**明日早**①**起**，著入聚落，衣到其家。共相问讯。"

　　【冥报记/めいほうき】 外典　　凡 3 卷（一说 2 卷）。唐代唐临撰。该书主要在阐述佛教因果报应之理，并列举 50 则实例，以资不信因者诫。由于其中所记多系南北朝末期至隋唐间之佛教传闻，故对于研究此时期之民间佛教风习者，颇有帮助。《日本灵异记》上卷《序》："昔汉地造《**冥报记**》，大唐国作《般若验记》。何唯慎乎，他国传录，弗信恐乎，自土奇事？"（p.54）《旧唐书》卷 46《经籍志上》："《**冥报记**》二卷。唐临撰。"（p.2003）唐道宣撰《集神州三宝感通录》卷 3："《**冥报记**》（并拾遗唐氏释②）。"唐法崇述《佛顶尊胜陀罗尼经教跡义记》卷 1："唐琳《**冥报记**》云：'言饿鬼者，杂心说。常被饥渴，多诸恐怖，故名饿鬼。由过去多悭贪，所以受饿鬼身。'"

　　【冥助/みょうじょ】 偏正（2例）　　冥冥之中的助力，肉眼看不见的神佛加持之意。与"冥加"同义。《奈良朝写经 64·金光明最胜王经卷第 1》："伏愿凭斯胜因，奉资**冥助**，永庇普提之树，长游般若之津。"（p.393）《奈良朝写经未收 4·大宝积经》："皇后藤原氏光明子，奉为尊考赠正一位太政太臣府君、尊姒赠一位橘氏太夫人，敬书写《大宝积经》，以奉资**冥助**。"（p.481）隋慧远撰《大乘义章》卷 17："当知一切，齐能润生，但润有二：一者现起，亲润受生；二者成就，**冥助**资润。其乘断者，未断之时，得有**冥助**资润之义，亦有现起亲润之义。"唐慧立本、彦悰笺《大唐大慈恩寺三藏法师传》卷 8："朕所以虔诚八正，肃志双林，庶延景福，式资**冥助**。"唐孟献忠撰《金刚般若经集验记》卷 1："盖是神力护持，潜加引导，济以厄急。实**冥助**焉。"

　　【命根/みょうこん】 偏正（2例）　　谓由前世之业所决定的维持今生寿命的依据。也泛指寿命。《万叶集》卷 5《沉疴自哀文》："**命根**既尽，终其天年，尚为哀。"（第二册，p.76）《日本灵异记》中卷《佛铜像盗人所捕示灵表显盗人缘第 22》："《涅槃经》十二卷文，如佛说：'我心重大乘。闻婆罗门诽谤方等，**断**其**命根**。以是因缘，从是以来，不堕地狱。'"（p.206）后汉安世高译《四谛经》卷 1："五阴已生，**命根**已得，是名为生。"吴支谦译《菩萨本缘经》卷 2："时菩萨妻，在空林中，左目瞤动，心惊不乐，所采杂华，寻即萎枯，器中二果，迸出堕地，二乳惊动，汁自流出。有鸟在前，连声鸣叫，即作是念：'今此瑞应，必定不祥，将非我夫，**命根断**耶？'"隋阇那崛多译《大般涅槃经》卷 12《圣行品》："善男子，我于尔时心重大乘，闻婆罗门诽谤方等，闻已即时**断其命根**。"隋宝贵合、北凉昙无谶译《合部金光明经》卷 8《舍身品》："其余二子，今虽存在，而为忧火，之所焚烧。或能为是，丧失**命根**。"按：《汉语大词典》例引南朝陈徐陵《与智顗书》："惟迟拔公廷，出数百里水，全其**命根**。"偏晚。→【断其命根】

---

① "早"，明本、宫本中作"晨"。
② "释"，宋本、元本中作"临"。

【命過/みまかる】 主谓 犹言"命终"，死亡。《日本书纪》卷 14《雄略纪》九年三月："于是，纪小弓宿祢使大伴室屋大连忧陈于天皇曰：'臣虽拙弱，敬奉敕矣。但今臣妇**命过**之际，莫能视养臣者。公冀将此事具陈天皇。"（第二册，p.180）后汉安世高译《尸迦罗越六方礼经》卷 1："放心自纵意，**命过**复何言。"吴支谦译《弊魔试目连经》卷 1："吾在旷野闲居，见此比丘，坐于树下，而不喘息，谓之**命过**。"晋法护译《生经》卷 1："尔时舍卫城中，有一异人。息男**命过**，父母爱重，无不欲念，视之无厌。以子之忧，狂乱失志。"按：《汉语大词典》例引《太平广记》卷 322《王恒之》条："法师来曰：'贫道以某月日**命过**，罪福皆不虚。'应若影响。"偏晚。

【命終以後/いのちおはりてのちに】 时段 死了以后，咽气以后。《日本灵异记》下卷《智行并具禅师重得人身生国皇之子缘第39》："帝姬天皇御世于九年宝字二年岁次戊戌年，寂仙禅师，临命终日，而留录文，授弟子告之而言：'自我**命终以后**，历二十八年之间，生于国王之子，命为神野。是以当知我寂仙。'云云。"（p.377）（1）东晋帛尸梨蜜多罗译《佛说灌顶章句拔除过罪生死得度经》卷 1："又有人身不衣食，此大悭贪，**命终以后**，当堕饿鬼，及在畜生中。闻我说是，药师琉璃光如来，名字之时，无不鲜脱，忧苦者也。"唐阿地瞿多译《陀罗尼集经》卷 4《佛说跋折啰功能法相品》："若人日日，作此印者，得四禅定。**命终以后**，得生西方，无量寿国，成阿鞞跋致。"唐法宝撰《俱舍论疏》卷 16《分别业品》："论：又应违害至根本未息故，第二过也。若**命终以后**，能杀生者，业道方成，即违婆沙释本论也。"（2）《全后魏文》卷 54 魏灵藏《造释迦石像》："愿藏等挺三槐于孤峰，秀九棘于华菀，芳实再繁，荆条独茂，合门荣华，福流奕叶；**命终之后**，飞逢千圣，神扬六通，智周三达；旷世所生，元身眷属，舍百郡则鹏击龙花，悟无生则凤升道树；五道群生，咸同斯庆。"→【～了之後】【言竟之後】【長大之後】【数日之後】

【命終之後/いのちおはりてのちに】 时段 义同"命终以后"。《日本灵异记》下卷《智行并具禅师重得人身生国皇之子缘第39》："命终之后，延历十八年之比顷，丹治比夫人诞生一王子。"（p.377）吴支谦译《菩萨本缘经》卷 1《一切施品》："多有国土，为五欲故，侵夺人民，贮聚无厌，当知是王，**命终之后**，即堕地狱，畜生饿鬼。"姚秦鸠摩罗什译《妙法莲华经》卷 6《常不轻菩萨品》："命终之后，得值二千亿佛，皆号日月灯明。于其法中，说是《法华经》。"《全后魏文》卷 54 魏灵藏《造释迦石像》："愿藏等挺三槐于孤峰，秀九棘于华菀，芳实再繁，荆条独茂，合门荣华，福流奕叶；**命终之后**，飞逢千圣，神扬六通，智周三达；旷世所生，元身眷属。舍百郡则鹏击龙花，悟无生则凤升道树；五道群生，咸同斯庆。"

【摩頂/いただきをなづ】 述宾 "顶"，头顶。指佛为嘱付大法，以手摩弟子之顶，或为预示当来作佛之授记。《日本灵异记》下卷《阎罗王示奇表劝人令修善缘第9》："即下右手，**摩我顶**告：'我印点故之，不逢灾。速忽还往。'彼手指大，抱如十抱余。"（p. 284）姚秦鸠摩罗什译《妙法莲华经》卷6《嘱累品》："尔时，释迦牟尼佛从法座起，现大神力，以右手摩，无量菩萨摩诃萨顶，而作是言。"元魏吉迦夜、昙曜合译《杂宝藏经》卷10："我于生眷属，及以所生子，无有偏爱心，但以手**摩顶**，我尽诸结使，爱憎永除尽，汝等勿怀疑，于子生犹预。"

【摩膏/こうをする】 述宾 涂抹膏药。《万叶集》卷5《沉疴自哀文》："若有病结积沉重在内者，刳肠取病，缝复**摩膏**，四五日差定。"（第二册，p. 76）姚秦佛陀耶舍、竺佛念等合译《四分律》卷43："与木櫼与厄与匕，与勺与**摩膏**与厄碗，与食根、食茎、食叶、食华、食果、食油、食胡麻、食黑石蜜、食细末食，佛言一切听受食。"唐慧净撰《温室经疏》卷1："夫痹染四支则皮肤韧强，膏流百节则凑理和畅。**摩膏**既遣痹以调身故，得报亦威光而体润。"按：《汉语大词典》失收。《新编日本古典文学全集》栏上的注释例引《魏志》卷29《华佗传》，认为两者之间存在影响关系（p. 79）。但《魏志》中未见"取病""摩膏"等表述，可商。

【摩訶般若波羅密多/まかはんにゃはらみった】 内典 （4例） 60卷。唐玄奘译。"摩诃"，大。"般若"，智慧。"波罗蜜（多）"，济度、到彼岸。该经讲述菩萨为成佛而进行的六种波罗蜜（布施、持戒、忍辱、精进、禅定、智慧）之一般若波罗蜜的修行实践及其意义。《续日本纪》卷21《淳仁纪》天平宝字二年八月条："如闻：《**摩诃般若波罗密多**》者，是诸佛之母也。四句偈等，受持读诵，得福德聚集，不可思量……宜告天下诸国，莫论男女老少，起坐行步口闲，皆尽念《**摩诃般若波罗密多**》。其文武百官人等，向朝赴司，道路之上，每日常念，勿空往来。庶使风雨随时，咸无水旱之厄，寒温调气，悉免疾疫之灾。普告遐迩，知朕意焉。"（第三册，p. 280）又卷33《光仁纪》宝龟五年四月条："其《**摩诃般若波罗密多**》者，诸佛之母也。天子念之，则兵革灾害不入国中。庶人念之，则疾疫厉鬼不入家内。思欲凭此慈悲，救彼短折。宜告天下诸国，不论男女老少，起坐行步，咸令念诵《**摩诃般若波罗密多**》。其文武百官，向朝赴曹道次之上，及公务之余，常必念诵。"（第四册，p. 430）宋悟明集《联灯会要》卷3："师一日乡信，报父母俱亡。师入僧堂白槌云：'父母俱丧，请大众念《**摩诃般若波罗密多**》。'大众拟念，师遽白槌云：'劳烦大众。'即散去。"宋宝昙述《大光明藏》卷2："又一日入寺设粥，仍请南泉念诵。泉乃白椎曰：'请大众为狸奴白牯，念《**摩诃般若波罗密多**》。'甘抚袖便出。"

【摩訶摩耶経/まかまやきょう】 内典 凡2卷。北齐昙景译。亦称《佛升忉利天为母说法经》《佛临般涅槃母子相见经》，略称《摩耶经》。本经前半部记述佛陀升忉利天，为其生母摩耶夫人说法，令得初果。后半部记述佛陀游化诸国，后于拘尸那揭罗的娑罗双树间入涅槃，摩诃摩耶由天上降下，悲号恸绝，时佛陀开金棺与之诀别。《奈良朝写经10·法华经玄赞卷第3》："乃为慈父，祇图写药师、弥勒菩萨合一铺［七躯］、《注法华经》［七卷］、疏［十卷］、音训［二卷］、《净饭王经》［一卷］、《**摩诃摩耶**

经》［一卷］、《佛顶经》［一卷］。"（p. 83）

【摩尼（之）宝殿/まにのほうでん】 四字 珠宝镶嵌而成殿堂。《奈良朝写经 75·大般若经卷第176》："［仰愿以此功德，先同］奉资先考之神［路，般若之船，净 于苦］海，速到极乐之宝［城，大乘炬焕于间］衢，早登**摩尼之宝殿**。"（p. 442）西晋 竺法护译《佛说方等般泥洹经》卷2《天菩萨品》："有菩萨入**摩尼宝殿**舍中结加趺坐 来者，或入**摩尼宝宫**中坐来者，或入**摩尼宝**交露帐中坐来者。"东晋佛驮跋陀罗译《大 方广佛华严经》卷23《十地品》："尔时，世尊在他化自在天王宫**摩尼宝殿**上，与大菩 萨众俱，于阿耨多罗三藐三菩提皆不退转，从他方世界俱来集会。"姚秦鸠摩罗什译 《十住经》卷1《欢喜地》："一时佛在他化自在天王宫**摩尼宝殿**上，与大菩萨众俱，皆 于阿耨多罗三藐三菩提不退转，从他方界俱来集会。"

【摩尼之殿/まにのとの】 四字 珠宝镶嵌而成殿堂。《奈良朝写经31·别译杂阿 含经卷第10》："愿以兹写经功德，仰资二亲尊灵，归依净域，曳影于睹史之宫；游戏 觉林，升魂于**摩尼之殿**。"（p. 232）唐道宣撰《广弘明集》卷19："窃惟妙胜之堂，本 师于兹佛吼；**摩尼之殿**，如来亦阐法音。"元如瑛编《高峰龙泉院因师集贤语录》卷 12："上冒七重之网，下乘千叶之莲。飘飘生睹史之天，济济步**摩尼之殿**。面瞻金相， 耳听法音。"

【摩腾～罗什～/まとう～らじゅう～】 对偶 "摩腾"，又作迦叶摩腾，中天竺 人，能解大小乘经，汉明帝遣蔡愔等往天竺求法，遇之。永平十年，与竺法兰至洛阳， 译《四十二章经》，为印度高僧来华传法第一人。"罗升"，鸠摩罗什（344～413），东 晋时后秦高僧，著名的佛经翻译家。其所译的《妙法莲华经》《佛说阿弥陀经》等影响 巨大，为佛教在中国的传播做出了贡献。《奈良朝写经52·大唐内典录卷第10》："由 是，**摩腾**入汉导其源，**罗什**游晋研其奥。自兹以降，归仰寔繁，可谓觉迷之逸轨，拯溺 之慧筏者也。"（p. 312）隋灌顶纂《国清百录》卷4："自**摩腾**入洛，**罗什**游秦，名教 更弘道风斯炽。经台像阁宝塔香山，丽溢严阿绮盈都邑。"

【摩腾～僧会～/まとう～そうえ～】 对偶（2例） "僧会"，康僧会，三国时代 译经僧。交趾（越南北部）人，其先世出自康居国（今新疆北部）。三国吴赤乌十年 （247）至建业，孙权感其威神，遂皈依之，并为之建立建初寺，传道译经。建业地方 佛教因此得兴，此为佛教传入我国南方之嚆矢。《唐大和上东征传》淡海元开《初谒大 和上二首并序》："闻夫佛法东流，**摩腾**入于伊洛；真教南被，**僧会**游于吴都。"（p. 98） 又："**摩腾**游汉阙，**僧会**入吴宫。岂若真和上，含章渡海东。"（p. 99）（1）隋灌顶撰 《国清百录》卷4："自**摩腾**入洛，罗什游秦，名教更弘，道风斯炽。经台像阁，宝塔香 山，丽溢岩阿，绮盈都邑。"唐圆照撰《贞元新定释教目录》卷17："凡译梵本九千五 百颂，共一十品编成十卷。岂惟**摩腾**入汉爱启金函，**罗什**归秦方翻玉轴。"（2）唐慧立 本、释彦悰笺《大唐大慈恩寺三藏法师传》卷6："暨乎**摩腾**入洛，方被三川，**僧会**游吴，始沾荆、楚。从是已来，遂得人修解脱之因，家树菩提之业，固知传法之益，其利博哉。"唐法琳撰《辨正论》卷1："爰至**摩腾**入洛，**僧会**游吴，远流法鼓之音，俱传慧风之业。"唐慧灵述《仁王护国般若波罗蜜多经陀罗尼念诵仪轨序》卷1："稽缁衣，览青史。自**摩腾**入汉，**僧会**游吴，瑞法之来，莫与京者。"又《仁王般若念诵法》亦有相同的序文。唐道宣撰《广弘明集》卷27："窃闻寻师万日，以礼见知。而津伏奉未淹，过蒙优接。昔邹阳上书，乃可引为上容；宋玉陈赋，则赐以良田。且复**康会**来吴，才堪师表；**摩腾**入汉，行合律仪者哉。"

【末法/まっぽう】 偏正 （2例） 末世、末代的法。只有佛的教法留存，而无修行、证果（修行结果的悟）的时期。《日本灵异记》下卷《序》："夫善恶因果者，著于内经。吉凶得失，载诸外典。今探是贤劫尺迦一代教文，有三时：一、正法五百年；二、像法千年；三、**末法**万年。自佛涅槃以来，迄于延历六年岁次丁卯，而径一千七百二十二年。过正像二而入**末法**。"（p.259）姚秦鸠摩罗什译《妙法莲华经》卷5《安乐行品》："如来灭后，于**末法**中，欲说是经，应住安乐行。"北周宇文周、阇那耶舍合译《大乘同性经》卷2："有如是等，一切彼如来，秽浊世中，现成佛者，当成佛者，如来显现，从兜率下，乃至住持，一切正法、一切像法、一切**末法**。"

【末劫/まっこう】 偏正 （2例） 末日，世界坏灭的时际。《日本灵异记》下卷《序》："此生空过，后悔无益。暂尔身讵伯存之，泛尔命孰常恃之？既入**末劫**，何弗仍矣。"（p.260）又："赖持一日不杀戒，于行道之力而不值**末劫**刀兵之怨害。"（p.260）元魏瞿昙般若流支译《正法念处经》卷67《身念处品》："复次修行者，随顺观外身，观**末劫**时，无十善时，一切人民，但自护护。"唐义净译《根本说一切有部毘奈耶药事》卷13："其梵德王，即诣摩腾迦仙人所，启请白言：'我之国内，极大饥俭，犹如**末劫**。唯愿大仙，降至我国，发实言誓。'"唐实叉难陀译《大方广佛华严经》卷71《入法界品》："近于**末劫**，业惑障重；诸恶比丘，多有斗净，乐著境界，不求功德，乐说王论、贼论、女论、国论、海论，及以一切，世间之论。"

【没海/うみにいる】 后补 沉没于海底，漂没海中。《日本书纪》卷20《敏达纪》十二年是岁条："于后海畔者言：'恩率之船被风**没海**，参官之船漂泊津岛，乃始得归。'"（第二册，p.486）（1）姚秦佛陀耶舍、竺佛念等译《四分律》卷46："时恶行说五百贾人，贾人已受其说，推船入海而去。彼薄福果报，风破其船，五百贾人，**没海**而死。"元魏慧觉等译《贤愚经》卷9《善事太子入海品》："因其卧寐，阴杀其兄，取其珠宝，归语父王言，其兄**没海**，于是乃当，异爱念我。"梁宝唱等集《经律异相》卷35："时遇大龟，蹴船**没海**，一切皆死，五百贾客，一切皆死。"（2）《晋书》卷108《慕蓉廆传》："廆使者遭风**没海**。其后廆更写前笺，并赍其东夷校尉封抽、行辽东相韩矫等三十余人疏上侃府曰。"（p.2810）按：《汉语大词典》失收。→【船欲没】【漂没】【漂没於～】【自没溺】

【没水而死／かはにしづみてしぬ】 四字 溺水而亡。《日本书纪》卷 11《仁德纪》十一年十月条：“时天皇梦有神海之曰：‘武藏人强颈、河内人茨田连衫子二人，以祭于河伯，必获塞。’则觅二人而得之。因以祷于河神。爰强颈泣悲之，**没水而死**。乃其堤成焉。”（第二册，p. 36）姚秦鸠摩罗什译《大庄严论经》卷 1：“譬如有人，没溺洹河，波浪之中，惧失身命，值则攀缘，既不免难，**没水而死**。”又《小品般若波罗蜜经》卷 5《船喻品》：“譬如大海，中船卒破，其中人若不取木，若板，若浮囊，若死尸，当知是人，不到彼岸，**没水而死**。”萧齐求那毗地译《百喻经》卷 4：“船盘回旋转，不能前进，至于宝所。举船商人，**没水而死**。”北凉昙无谶译《大般涅槃经》卷 23《光明遍照高贵德王菩萨品》：“善男子。譬如有人，渡于大海，垂至彼岸，**没水而死**。凡夫之人，亦复如是，垂尽三有，还堕三途。”

【没死／しぬ・ぼつしす】 格义 （4 例） 死亡；淹死。《日本书纪》卷 25《孝德纪》白雉四年七月条：“秋七月，被遣大唐使人高田根麻吕等于萨麻之曲、竹岛之间，合船**没死**。唯有五人系胸一板，流遇竹岛，不知所计。”（第三册，p. 194）《续日本纪》卷 12《圣武纪》天平九年是年条：“是年春，疫疮大发。初自筑紫来，经夏涉秋。公卿以下天下百姓，相继**没死**，不可胜计。近代以来，未之有也。”（第二册，p. 334）又卷 13《圣武纪》天平十一年十一月条：“渤海一船，遇浪倾覆。大使胥要德等四十人**没死**。广成等率遣众，到著出羽国。”（第二册，p. 356）又卷 35《高绍纪》宝龟十年二月条：“宝龟八年，任副使入唐。事毕而归，海中船断。石根及唐送使赵宝英等六十三人同时**没死**。”（1）后汉支娄迦谶译《道行般若经》卷 5：“佛言：‘譬如大海中，船卒破坏，知中人皆当堕水**没死**，终不能得度。’”梁宝唱等集《经律异相》卷 13：“便于道中，卒遇黑风，破碎船舫，众人无依。中有五人，共白萨薄：‘依汝来此，今当**没死**。危险垂至，愿见拔度。’”北凉昙无谶译《大般涅槃经》卷 11《圣行品》：“譬如有人，带持浮囊，欲渡大海。尔时海中，有一罗刹，即从其人，乞索浮囊。其人闻已，即作是念：‘今若与必定**没死**。’”（2）晋常璩撰《华阳国志》卷 1：“遭乱兵迫匿，惧见拘辱，三人同时自沉于西汉水而**没死**。”《水经注》卷 33：“以永建元年十一月，诣巴郡，**没死**成湍滩，子贤求丧不得。”（p. 834）按：《汉语大词典》失收。传世文献中，“没死”一词还有下面的用法。《战国策》卷 21《赵太后新用事》：“左师公曰：‘老臣贱息舒祺，最少，不肖。而臣衰，窃爱怜之。愿令得补黑衣之数，以卫王官，**没死**以闻。’”（p. 1232）《后汉书》卷 65《皇甫规传》：“若谓臣年少官轻，不足用者，凡诸败将，非官爵之不高，年齿之不迈。臣不胜至诚，**没死**自陈。”（p. 2130）两例“没死”，均表示“致死也要做某事”的坚定决心，与《孝德纪》和汉译佛经中的“没死”迥然不同。

【莫便 ~／すなはち ~ことなかれ】 否定 莫要轻易地……，不要简单地……。《古事记》中卷《神武记》：“于是，亦高木大神之命以觉白之：‘天神御子，自此于奥方**莫便**入幸。今自天遣八咫乌。故其八咫乌引道，从其立后应幸行。’”（p. 148）吴支

谦译《菩萨本缘经》卷 1："是故我今，不能为身，侵害众生，夺他财物，以自免者。尔时大臣，及诸人民，各作是言：'唯愿大王，**莫便**舍去。'"晋世法炬、法立合译《法句譬喻经》卷 1："于是其人，心惊体悸，道人神圣，乃知我心。即便叩头，悔过，稽首，道人曰：'我有弊妻，不识真人，使我兴恶。愿小垂慈，**莫便**见舍。今欲将来，劝令修道。'即起还归。"姚秦鸠摩罗什译《大智度论》卷 10《序品》："汝未得金色身、三十二相、八十种随形好、无量光明、三十二业，汝今始得一无生法门，**莫便**大喜。"按：《汉语大词典》失收。上引诸例"莫便"的"便"，用作衬词，无义。但下列例句中的"便"字，则作实词，表便利、有利。《荀子·劝学》："学**莫便**乎近其人。《礼》、《乐》法而不说，《诗》、《书》故而不切，《春秋》约而不速。"（p. 14）《淮南子》卷 15《兵略训》："神莫贵于天，势**莫便**于地，动莫急于时，用莫利于人。凡此四者，兵之干植也。"（p. 1080）如佛典诸例所示，"莫便"具有口语特征。这一点在《敦煌变文·角座文汇抄》："如今世上多颠到（倒），**莫便**准承他幼小。"等中可资佐证。"莫便"的说法，中唐以后也开始出现在诗歌之中。例如，杨于陵《赠毛仙翁》："千年犹孺质，秘术救尘环。**莫便**冲天去，云雷不可攀。"张籍《经王处士原居》："来客半留宿，借书多寄还。明时未中岁，**莫便**一生闲。"

【莫不洞達/とうたつせずといふことなし】 四字 理解透彻。《怀风藻》第 109 首释道融《小传》："时有宣律师六帖钞，辞义隐密。当时徒绝无披览。法师周观，未踰浃辰，敷讲**莫不洞达**。"（p. 174）梁曼陀罗仙、僧伽婆罗合译《大乘宝云经》卷 5："恭敬正法，数数忏悔，一切恶法，发露改往，是罪源由，**莫不洞达**，而远离之。"唐慧立本、释彦悰笺《大唐大慈恩寺三藏法师传》："智光于大、小乘及彼外书、四韦陀、五明论等**莫不洞达**，即戒贤法师门人之上首，五印度学者咸共宗焉。"唐道宣撰《续高僧传》卷 4："西梵僧云：'大师隐后，斯人第一深解实相善达方便，小乘五部毘尼外道四韦陀论，**莫不洞达**源底通明言义，词出珠联，理畅霞举。'"→【莫不通達】

【莫不驚怪/おどろきあやしまずといふことなし】 四字 （2 例） 无不感到惊异奇怪。《日本灵异记》上卷《聋者归敬方广经典得报闻两耳缘第八》："瑕近闻者，**莫不惊怪**。是知感应之道，谅不虚也。"（p. 82）又《勤求学佛教弘法利物临命终时示异表缘第 22》："良久，乃光指西飞行。弟子等**莫不惊怪**。大德西面端坐，应卒焉。定知必生极乐净土。"（p. 108）晋世法炬、法立合译《法句譬喻经》卷 1："佛便化作一人从江南来，足行水上，正没其踝，来至佛前，稽首礼佛。众人见之，**莫不惊怪**。"梁宝唱等集《经律异相》卷 28："佛以小儿著钵中，擎出宫门，还其父母，而告之曰：'快养小儿，勿复愁忧。'众人见佛，**莫不惊怪**，是何神，此儿何福，而独救之，罗刹所食，夺还父母。"宋赞宁等撰《宋高僧传》卷 18："尝卧贺跋氏家，身忽长其床榻各三尺许。**莫不惊怪**。次现十一面观音形，其家举族欣庆倍加信重。遂舍宅焉。其香积寺基，即今寺是也。"

　　【莫不通達/とほりさとりたまはずといふことなし】 四字　　无不通晓。《日本书纪》卷10《应神纪》十六年二月条："十六年春二月，王仁来之。则太子菟道稚郎子师之，习诸典籍于王仁，**莫不通达**。所谓王仁者，是书首等之始祖也。"（第一册，p. 484）西晋竺法护译《佛说如来兴显经》卷3："至诸众生心，慧**莫不通达**。从群黎所好，则为开导之。"西晋竺法护译《佛说普门品经》："所闻所见，**莫不通达**，一切所入，莫能过也。"→【莫不洞達】

　　【莫怖/おそるることなかれ】 口语　　不要害怕，莫要恐惧。《唐大和上东征传》："中夜时，舟人言：'**莫怖**！有四神王，著甲把杖，二在舟头，二在樯舳边。'众人闻之，心里稍安。"（p. 64）东晋僧伽提婆译《中阿含经》卷6《舍梨子相应品》："尊者舍梨子告曰：'长者**莫怖**，长者**莫怖**！所以者何？若愚痴凡夫，成就不信，身坏命终，趣至恶处，生地狱中。长者今日，无有不信，唯有上信。长者因上信故，或灭苦痛，生极快乐；因上信故，或得斯陀含果，或阿那含果，长者本已，得须陀洹。'"东晋佛驮跋陀罗译《大方广佛华严经》卷55《入法界品》："入彼狱中，见诸罪人，裸形乱发，系缚搒笞，悲号流泪，苦毒无量，太子本已，发大悲心，慰谕之言：'**莫恐莫怖**！我今能令，汝等解脱。'"隋阇那崛多译《佛本行集经》卷3《发心供养品》："大王安心，**莫惊莫怖**！莫生忧愁！何以故？我今亦欲，游行他国，教化民人，慈愍一切，诸众生故。"按：《汉语大词典》失收。

　　【莫過斯甚/このはなはだしきにすぐるはなし】 比较　　没有比这再过分的了。《日本灵异记》上卷《邪见假名沙弥斫塔木得恶报缘第27》："或住摄津国岛下郡春米寺，折烧塔柱污法，谁人**莫过斯甚**！"（p. 116）唐慧琳撰《一切经音义》卷22："斯尚然：《尔雅》曰：斯，此也。"唐道宣撰《广弘明集》卷10《周天元立有上事者对卫元嵩》："此乃偏辞惑上，先至难明；大国信之，谏言不纳；普天私论，兆庶怪望。诚哉不便，**莫过斯甚**。"

　　【莫過於此/これにすぐるはなし】 比较（3例）　　没有超过这个的。《藤原家传》上卷《镰足传》："大臣对曰：'臣子之行，惟忠与孝。忠孝之道，全国兴宗。纵使皇纲紊绝，洪基颓坏。不孝不忠，**莫过于此**。'"（p. 157）《续日本纪》卷21《淳仁纪》天平宝字二年八月条："是以，天子念，则兵革灾害不入国里。庶人念，则疾疫疠鬼不入家中。断恶获祥，**莫过于此**。宜告天下诸国，莫论男女老少，起坐行步口闲，皆尽念诵在《摩诃般若波罗密》。"（第三册，p. 280）又卷29《称德纪》神护景云二年九月条："又此地祁寒，积雪难消。仅入初夏，运调上道。梯山帆海，艰辛备至。季秋之月，乃还本乡。妨民之产，**莫过于此**。"（第四册，p. 218）（1）后秦僧肇撰《注维摩诘经》卷5《文殊师利问疾品》："什曰：'上明毕竟空，则无法不空。然造心求解，要必有津，求津之要，必有所惑，惑之所生，生于见异。异之甚者，莫过邪正。邪正之极，**莫过于此**。'"梁僧佑撰《弘明集》卷7朱昭之《难顾道士夷夏论》："昔应吉甫齐孔老于前，吾贤又均李释于后。万世之殊途，同归于一朝。历代之疑争怡然。于今日赏深悟远，蠲慰者多，益世之谈，**莫过于此**。"唐义净译《根本说一切有部毗奈耶出家事》卷4："世尊告曰：'世间奉献，**莫过于此**，化人出家，调伏济度。'"（2）《晋书》卷30《志第20》："臣昔上行肉刑，从来积年，遂寝不论。臣窃以为议者拘孝文之小仁，而轻违圣王之典刑，未详之甚，**莫过于此**。"（p.931）《宋书》卷50《张兴世传》："兴世建议曰：'贼据上流，兵强地胜。我今虽相持有余，而制敌不足。今若以兵数千，潜出其上，因险自固，随宜断截，使其首尾周遑，进退疑沮，中流一梗，粮运自艰。制贼之奇，**莫过于此**。'"（p.1453）《魏书》卷5《高宗纪》："故编户之家，困于冻馁；豪富之门，日有兼积。为政之弊，**莫过于此**。"（p.119）

【莫近我／われにちかづくことなかれ】 口语 不要靠近我，别走近我。《日本灵异记》上卷《自幼时用网捕鱼而现得恶报缘第11》："亲属欲救。其人唱言：'**莫近我**，我顿欲死。'于时，其亲诣寺，请求行者。行者咒，时良久，乃免。"（p.88）姚秦鸠摩罗什译《大庄严论经》卷7："众中师子吼，而唱如是言：'利养**莫近我**，我亦远于彼。有心明智人，谁当贪利养？'"梁宝唱等集《经律异相》卷20："天子告曰：'汝等诸妹，**莫近我**身。设当近者，必犯于戒。'"唐义净译《根本说一切有部毗奈耶杂事》卷23："佛言：'苾刍差人，待尼告净者。虽在门首，尼来到时，报言：'**莫近我**，莫触我！'即便走去。尼待不得，还本寺中。因此尼众，不得长净。"

【莫能敢～／よくあえて～なし】 自创 没人能够敢于做某事。《日本书纪》卷14《雄略纪》四年八月条："庚戌，幸于河上小野。命虞人驱兽，欲躬射而待，虻疾飞来，噆天皇臂。于是蜻蛉忽然飞来，啮虻将去。天皇嘉厥有心，诏群臣曰：'为朕赞蜻蛉歌赋之。'群臣**莫能敢**赋者。"（第二册，p.160）（1）吴支谦译《撰集百缘经》卷5《饿鬼品》："时彼河岸，复有五百饿鬼，依住其中。见阎婆罗来，身极臭处，止住其中。无有**能敢**，亲附之者。"（2）梁曼陀罗仙译《宝云经》卷2："初发一念之善未有大力，天人阿修罗及魔眷属**无能敢**轻者。何以故？是人不久，当坐道场，成阿耨多罗三藐三菩提。是名菩萨人不敢轻。"唐提云般若译《佛说大乘造像功德经》卷2："诸工巧人，共白王言：'王今所敕，甚为难事。如来相好，世间无匹。我今何能，造佛形像，假使毗首羯磨天而有所作，亦不能得，似于如来。我若受命，造佛形像，但可摸拟，螺髻玉毫，少分之相。诸余相好，光明威德，谁能作耶？世尊从天来下，所造形像，若有亏误，我等名称，并皆退失。窃共筹量，**无能敢**作。'"唐金刚智译《金刚峰楼阁一切瑜伽瑜祇经》卷2《一切如来内护摩金刚轨仪品》："日月三世有，**无能敢**申睹。彼等有所能，尽皆得随顺。"唐善无畏译《阿咤薄俱元帅大将上佛陀罗尼经修行仪轨》卷2："咒者勿语之须臾一无，于后行者咒刀能移山住流，摧伏外道一切神**无能敢**当。"按：《日本书纪》卷1《神代纪上》："素戋呜尊对曰：'吾元无黑心。但父母已有严敕，将永就乎根国。如不与姊相见，吾何**能敢**去？是以跋涉云雾，远自来参。不意阿姊翻起严颜。'"（第一册，p. 64）例中"何能敢"的说法，在汉译佛经中未见。

【莫能知者／よくしりまつれるひとなし】 四字 没有人能够知道。《日本书纪》卷15《显宗纪》元年二月条："二月戊戌朔壬寅，诏曰：'先王遭离多难，殒命荒郊。朕在幼年，亡逃自匿。猥遇求迎，升纂大业。广求御骨，**莫能知者**。'"（第二册，p. 242）（1）后汉支娄迦谶译《佛说无量清净平等觉经》卷3："或时坐之终身夭命，亦不肯作善为道。寿命尽死，皆当独远去。有所趣向，善恶之道，**莫能知者**。"西晋竺法护译《正法华经》卷1《善权品》："世尊何故，殷勤咨嗟，善权方便，宣畅如来，深妙经业，致最正觉，慧不可及，声闻、缘觉**莫能知者**？如今世尊，乃演斯教。于是佛法，无逮泥洹，虽说此经，吾等不解，谊之所趣。"刘宋求那跋陀罗译《央掘魔罗经》卷4："佛亦如是，示因父母，现同人事。然后得度，无量众生，令出生死，无边大海。而彼众生，**莫能知者**，譬如伎儿，于大众中，种种变现，以悦众心。诸佛世尊，亦复如是，种种变现，以度众生，而彼众生，**莫能知者**。"（2）《越绝书》卷9《越绝外传计倪》："为人臣，上不能令主，下令百姓被兵刃之咎。自责内伤，**莫能知者**。"《魏书》卷99《张寔传》："未几，轨风病积年，二子代行州事，闭绝音问，**莫能知者**。"

【莫知所为／なすところをしることなし】 所字 不知如何是好。《万叶集》卷5《沉疴自哀文》："今吾为病见恼，不得卧坐。向东向西，**莫知所为**。"（第二册，p. 78）唐般若译《大乘理趣六波罗蜜多经》卷3："或有众生，为火所烧，东西驰走，以求救护，**莫知所为**。"宋赞宁等撰《宋高僧传》卷19："尝有虎鹿并各产子，驯绕入室，曾无惧色。开元二十七年，上元令长孙遂初脱略异闻，躬造山询验。及到山半，猛虎当路咆吼，遂乃惊怖，**莫知所为**。"按：唐般若译《大乘理趣六波罗蜜多经》中的"东西驰走"，与山上文中的"向东向西"意思相同，都是说四处求助，不知所措。该经于贞元四年（788）十一月由般若法师依据梵本译出。从成书年代来看，山上忆良的这一用法早于该经的用法，说明山上所依据的可能是其他的佛典。

【莫作諸悪／もろもろのあしきことをなすことなかれ】 四字 与"诸恶莫作"义同，即不造作一切恶行。《日本书纪》卷29《天武纪下》四年二月条："癸巳，诏曰：'群臣、百寮及天下人民，**莫作诸恶**。若有犯者，随事罪之。'"（第三册，p. 358）后秦佛陀耶舍译《四分律比丘戒本》卷1："护于口言，自净其志意，身**莫作诸恶**，此三业道净。能得如是行，是大仙人道。"唐定宾撰《四分比丘戒本疏》卷2："云善护于口言者，他诘罪时莫恶言报也。又善护于口言者，若自发言离四过也。自净其志意者，断诸烦恼，修不放逸，乐修多善也。身**莫作诸恶**者，离身过也。意能发业，故居中间，表上发语，表下发身也。此三业道净者，证涅槃时，是最净处。故次文云，能得如是行，是大仙人道也。'"

【嘿然不曰／もだしていはず】 自创 沉默不语，默然不答。《日本灵异记》中卷《常鸟卵煮食以现得恶死报缘第10》："时有当村人，入山拾薪，见于走转哭叫之人，自

山下来，执之而引，拒不所引。犹强追捉，乃从篱之外，牵之而出。躃地而卧，**嘿然不曰**。"（p.176）东晋瞿昙僧伽提婆译《中阿含经》卷18《长寿王品》："世尊复再三问诸比丘：'此三族姓子，并皆年少，新出家学，共来入此，正法不久，此三族姓子颇乐于此正法、律中行梵行耶？'时诸比丘，亦复再三，**嘿然不答**。"唐均正撰《大乘四论玄义》卷9："复是一文。维摩**嘿然不说**，即有不说文。故成三文也。"按：传统表达可见"默然不言"。《日本灵异记》上卷《圣德皇太子示异表缘第4》："使还，状白。太子闻之，**嘿然不言**。诚知圣人知圣，凡人不知。凡夫之肉眼见贱人，圣人之通眼见隐身。斯奇异之事。"（p.69）《太平御览》卷838所载《梁书》曰："庾诜尝乘舟从湿中山舍还，载米一百五十石，有人寄载四十石。及至宅，寄载者曰：'君四十斛，我百五十斛'诜**嘿然不言**，恣其取足。"此外，《日本灵异记》上卷《信敬三宝得现报缘第5》："大部屋栖古连公闻奏，天皇**嘿然不信**。更奏皇后，闻之诏连公曰：'汝往看之。'"（p.75）例中"嘿然不信"未见类例，疑似自创搭配。

【**嘿之无答**/もだしてこたふるなし】 自创　默默不答，默无答语。《日本书纪》卷23《舒明纪》即位前纪条："次诏山背大兄王曰：'汝独莫喧讙。必从群言，慎以勿违。则是天皇遗言焉。今谁为天皇。'时群臣**嘿之无答**。"（第三册，p.20）

【**默之不答**/もだしてかへりことせず】 自创　沉默不回答，默不作答。《日本书纪》卷11《仁德纪》三十年十月条："冬十月甲申朔，遣的臣祖口持臣唤皇后。爰口持臣至筒城宫，虽谒皇后，而**默之不答**。"（第二册，p.48）（1）后汉安世高译《佛说奈女祇域因缘经》卷1："祇域愕然，**默而不答**。便归问母曰：'我视子曹，皆不如我。而反骂我言：无父之子。我父今者，为在何许？'"（2）吴支谦译《撰集百缘经》卷10《诸缘品》："时彼梵志，闻是语已，**默然不答**。"西晋竺法护译《佛说文殊师利现宝藏经》卷1："尔时，贤者须菩提，**默然不答**。于是，文殊师利，问须菩提：'云何，贤者！世尊有教，默而不答？'"《魏志》卷25《杨阜传》："阜常见明帝著绣毛帽，被缥绫半袖，阜问帝曰：'此于礼何法服也？'帝**默然不答**，自是不法服不以见阜。"

【**木叉**/もくしゃ】 音译　梵语 mokṣa，意译"解脱"。指七众防止身口七支等过，远离诸烦恼惑业而得解脱所受持之戒律。《续日本纪》卷20《孝谦纪》天平宝字元年闰八月条："如闻护持佛法，无尚**木叉**。劝导尸罗，实在施礼。是以官大寺别永置戒本师田十町。自今已后，每为布萨，恒以此物量用布施。庶使怠慢之徒日历其志。精勤之士弥进其行。宜告僧纲。知朕意焉。"（第三册，p.232）萧齐僧伽跋陀罗译《善见律毗婆沙》卷7《舍利弗品》："波罗提**木叉**者，名无等学，于诸光明，日光为王，于诸山中，须弥为最，一切世间，学波罗提**木叉**为最，如来出世，便有此法，若无佛出世，无有众生，能竖立此法，身口意行诸恶业，佛以无等学而制。"隋慧远撰《大乘义章》卷1："言**木叉**者，此名解脱……戒行名为解脱，有其两义：一者戒行，能免业非，故名解脱；二能得彼，解脱之果，故名解脱。"

【木筒/もくとう】 偏正　木制的筒子。采用整段圆木刳空制成，形似一段中空的竹筒。《怀风藻》第8首释智藏《小传》："密写三藏要义，**盛**以**木筒**，著漆秘封，负担游行。"（p.79）东晋法显记《高僧法显传》卷1："到一谷口，有佛锡杖，亦起精舍供养。杖以牛头旃檀作，长丈六七许，以**木筒盛**之。"北凉昙无谶译《大般涅槃经》卷7《如来性品》："复次，善男子，譬如雪山，有一味药，名曰乐味。其味极甜，在深丛下，人无能见。有人闻香，即知其地，当有是药。过去往世，有转轮王，于此雪山，为此药故，在在处处，造作**木筒**，以接是药。是药熟时，从地流出，集**木筒**中。"按：《汉语大词典》失收。

【目開明/めあく】 三字　眼睛看见东西；（失明的眼睛）重见光明。《日本灵异记》下卷《沙门一目眼盲使读〈金刚般若经〉得明眼缘第21》："日夜耻悲，屈请众僧，三日三夜，读诵《金刚般若经》。便**目开明**，如本平也。"（p.310）东晋法显译《佛说大般泥洹经》卷6《问菩萨品》："复次，善男子，譬如盲人，不见五色，良医能治，令**目开明**，唯不能疗，彼生盲者。"北凉昙无谶译《佛所行赞》卷3《阿罗蓝郁头蓝品》："地动感盲龙，欢喜**目开明**，言曾见先佛，地动相如今。"唐义净译《根本说一切有部毘奈耶》卷13："佛出世间，谁当获益？谁有无明，瞖覆其眼？以大智药，令**目开明**，无善根者，令种善根，种善根者，令其成熟，其成熟者，令得解脱。"

【目所見者/めにみゆ】 所字　眼睛所看到的。《常陆国风土记·行方郡》条："大足日子天皇，登坐下总国印波鸟见丘，留连遥望，顾东而敕侍臣曰：'海即青波浩行，陆是丹霞空朦。国在其中，朕**目所见者**。'时人由是，谓之霞乡。"（p.380）（1）西晋竺法护译《等目菩萨所问三昧经》卷1《等目菩萨说行定品》："谓睹佛而有无量，**目所见者**，兴无量心。"又《度世品经》卷5："**目所见者**，常怀安和，而不诤讼，了知断绝，亦不计常。"隋阇那崛多译《佛本行集经》卷48《舍利目连因缘品》："尔时，王舍大城，一切人民，**目所见者**，各共评论，而说偈言。"（2）《全唐文》卷712李渤《王屋山贞一司马先生传》："经云：为道日损，损之又损之，以至于无为。且**目所见者**，损之尚未能已，岂复攻乎异端，而增其智虑哉？"（p.7318）

【牧牛童男/うしかひのわらは】 自创　（2例）　牧童，放牛娃。《日本灵异记》中卷《观音铜像及鹭形示奇表缘第17》："平群驿西方，有小池。夏六月，彼边有**牧牛童男**等，见之池中有聊木头。头上居鹭。**牧牛**见彼居鹭，拾集砾块，以之掷打，不避犹居。"（p.194）又："**牧牛童男**，告知诸人。诸人转闻，告知寺尼。尼等闻来见，实其像也。"（p.194）

N

【那何/いかに】 口语 （2例） 奈何，为何。《古事记》下卷《履中记》："故即还下难波，欺所近习墨江中王之隼人，名曾婆加里云：'若汝从吾言者，吾为天皇，汝作大臣治天下，**那何**？'曾婆诃理答白：'随命。'"（p. 310）又《安康记》："尔大长谷王子，当时童男，即闻此事，以慷忾忿怒，乃到其兄黑日子王之许曰：'人取天皇，为**那何**？'"（p. 330）（1）后汉支娄迦谶译《道行般若经》卷4："是善男子、善女人，为极尊贵，魔终无**那何**，不能动还令舍阿耨多罗三耶三菩。"梁宝唱等集《经律异相》卷38："明日舍食，佛与众僧，就坐而坐，问斯**那何**在？"《敦煌变文·金刚般若波罗蜜经讲经》："深观浊世苦偏多，恶业持身不**那何**。"（p. 627）又《佛说阿弥陀经讲经文》："陀罗论义不如他，词辩纵横不**那何**。"（p. 670）（2）《通典》卷48："元帝崩，温峤答王导书云：'……庙窄之与本体，各是一事，**那何**以庙窄而废本体也？'"（p. 1351）按："那"，"奈何"的合音。《汉语大词典》例引《左传》宣公二年条："牛则有皮，犀兕尚多，弃甲则那？"杜预注："<u>那</u>，犹<u>何</u>也。"杨伯峻注："<u>那</u>，奈何之合音。"顾炎武《日知录》三十二云："直言之曰'**那**'，长言之曰'**奈何**'，一也。"

【衲衣/のうえ】 偏正 （2例） 又作"纳衣""粪扫衣""弊衲衣""五衲衣""百衲衣"。即以世人所弃之朽坏破碎衣片修补缝缀所制成之法衣。比丘少欲知足，远离世间之荣显，故著此衣。《怀风藻》第104首释道慈《五言初春在竹溪山寺于长王宅宴追致辞并序》："缁素杳然别，金漆谅难同。**衲衣**蔽寒体，缀钵足饥咙。"（p. 166）《上宫皇太子菩萨传》："坐禅诵经，或口宣三藏；心味四禅，或振锡**衲衣**。"姚秦鸠摩罗什译《坐禅三昧经》卷1："一切苦至时，悔恨无所及。**衲衣**树下坐，如所应得食。"唐惠详撰《弘赞法华传》卷2："弱冠出家，便以精勤著名。**衲衣**宴坐，蔬食永岁。"高丽一然撰《三国遗事》卷2："更有一僧，被**衲衣**负樱筒从南而来。王喜见之，邀致楼上。"按：《汉语大词典》首引《南齐书》卷51《张欣泰传》："欣泰通涉雅俗，交结多是名素。下直辄游园池，著鹿皮冠，**衲衣**锡杖。"偏晚。

【乃報之曰："～"/すなはちこたへていはく ～】 说词 于是回答道："……"。《日本书纪》卷1《神代纪上》："时伊奘冉尊曰：'爱也，吾夫君。言如此者，吾当缢杀汝所

治国民，日将千头。'伊奘诺尊 **乃报之曰**：'爱也，吾妹。言如此者，吾则当产日将千五百头。'"（第一册，p.46）（1）唐窥基撰《成唯识论述记》卷4："佛欲除彼，无义苦行，**乃报之曰**：'一切有情，皆依食住。正觉正说，余不能知。'"（2）《韩非子·内储说上七术》："居一年，竖牛为谢叔孙，叔孙使竖牛召之，又不召**而报之曰**：'吾已召之矣，丙怒甚，不肯来。'"《魏志》卷13《王朗传》："**夏报之曰**：'兰台为外台，秘书为内阁，台、阁，一也，何不相移之有？'"

【**乃问之曰**："～"/すなはちとひてまをさく～】 先例 于是问道："……"。《日本书纪》卷2《神代纪下》："时有一长老，忽然而至，自称盐土老翁，**乃问之曰**：'君是谁者，何故患于此处乎？'"（第一册，p.162）宋绍德、慧询等译《菩萨本生鬘论》卷3："时彼海神，闻是说已，默尔自愧，而作是念：'今此商主，识智博达，善谈报应。其辩若斯，以一近事，试验问彼。'即以右手，取水一掬，**乃问之曰**：'掬中水多？海水多耶？'贤者对曰：'掬中水多，海水为少。'"宋赞宁等撰《宋高僧传》卷18："贞元末，于此寺梦一丈夫，衣冠甚盛，熟视乃长沙也。吾迎延坐话旧，伤感如平生时，而谓吾曰：'后十年我之六世孙广当官于此郡。师其念之。'**乃问之曰**：'王今何为，曰冥官极尊？'既而又泣曰：'师存而我之六世矣。悲夫。'"

【**乃兴言曰**："～"/すなはちことあげしてのたまはく～】 说词 （3例） 心有感触地说："……"。《日本书纪》卷1《神代纪上》："则往至筑紫日向小户橘之檍原而秡除焉。遂将荡涤身之所污，**乃兴言曰**：'上濑是太疾，下濑是太弱。'便濯之于中濑也。"（第一册，p.48）又："是时，素戋鸣尊帅其子五十猛神，降到于新罗国，居曾尸茂梨之处。**乃兴言曰**：'此地吾不欲居。'遂以埴土作舟，乘之东渡，到出云国簸川上所在鸟上之峰。"（第一册，p.98）又："自后国中所未成者，大己贵神独能巡造，遂到出云国。**乃兴言曰**：'夫苇原中国，本自荒芒，至及盘石草木，咸能强暴。'然吾已摧伏，莫不和顺。"（第一册，p.102）日本佐伯定胤、中野达慧共编《玄奘三藏师资传丛书》卷1卷1唐刘轲撰《大唐三藏大遍觉法师塔铭（并序）》："大遍觉**乃兴言曰**：'佛理圆极，片言支说，未足师决。固是经来未尽，吾当求所未闻。俾跛眇儿视履，必使解行如函盖，始可为具人矣。'"

【**男女集会**/をとこもをみなもつどふ】 四字 男女一起参加的聚会。《常陆国风土记·香岛郡》条："卜氏种属，**男女集会**，积日累夜，饮乐歌舞。"（p.392）唐实叉难陀译《大方广佛华严经》卷75《入法界品》："佛子，我于佛刹，微尘数劫，观菩萨身，无有厌足。如多欲人，**男女集会**，递相爱染，起于无量，妄想思觉。"唐般若译《大方广佛华严经》卷29《入不思议解脱境界普贤行愿品》、唐李通玄撰《华严经合论》卷113《入法界品第39》等中亦有辑录。

【**男女老少**/をとこもをみなもおいたるもわかきも】 四字 （5例） 犹言男女老幼。《出云国风土记·意宇郡》条："仍**男女老少**，或道路络绎，或海中沿洲，日集成

市，缤纷燕乐。"（p. 148）又《岛根郡》条："**男女老少**，时时丛集，常燕会地也。"（p. 170）《仁多郡》条："川边有药汤，一浴则身体穆平，再濯则万病消除。**男女老少**，昼夜不息，骆绎往来，无不得验。"（p. 258）《续日本纪》卷 21《淳仁纪》天平宝字二年八月条："宜告天下诸国，莫论**男女老少**，起坐行步口闲，皆尽念摩诃般若波罗蜜。"（第三册，p. 280）又卷 33《光仁纪》宝龟五年四月条："宜告天下诸国，不论**男女老少**，起坐行步，咸令念诵摩诃般若波罗蜜。"（第四册，p. 430）（1）北凉昙无谶译《大方等无想经》卷 4《如来涅槃健度》："读诵外书，解种种语。示现奴婢仆从、**男女老少**之像，及示生老病死等像，为欲调伏，诸众生故。"宋智觉注《心性罪福因缘集》卷 1："草木山河，道路大地，必先礼拜，而后游履，或又用之。何况宝塔、伽兰僧房、佛像经典、日月星宿、父母师长、朋友知识、**男女老少**，乃至牛马、鸟兽等类，至心礼拜，更不欺诳。"（2）《太平御览》卷 770 所引戴延之《西征记》曰："檀山，凡去洛城水道五百三十里，由新安、渑池、宜阳、三乐。三乐**男女老少**，未尝见船，既闻晋使溯流，皆相引蚁聚川侧，俯仰倾笑。"

【**男女長幼**/をのこめのこひととなりをさなき】 四字 犹言男女老少。《日本书纪》卷 28《天武纪下》六年八月条："是时诏亲王诸王及群卿，每人赐出家一人。其出家者，不问**男女长幼**，皆随愿度之。"（第三册，p. 378）（1）后汉昙果、康孟详合译《中本起经》卷 1《还至父国品》："是时诸比丘白佛言：'舍夷国内，**男女长幼**，闻佛说法，如心所念，各得其决。父王俱听，不记所得？'"失译人名今附秦录《别译杂阿含经》卷 10："**男女长幼**，及以衰老，蒙佛法雨，于长夜中，尽趣涅槃。"姚秦鸠摩罗什译《大庄严论经》卷 5："女人浅智，尚能解悟，过六师故，我今向阿耨多罗调御丈夫坊处，生归依心，南无救一切众生大悲者，开甘露法，**男女长幼**，等同修行。"（2）《全晋文》庾纯《孙为祖持重议》："又古之嫡孙，虽在仕位，无代禄之士，犹承祖考家业。上供祭祀，下正子孙，旁理昆弟，叙亲合族。是以宗人**男女长幼**，皆为之服齐缞。"（p. 1667）

【**南無**/なむ】 音译 梵语 namas 或其变化形 namo 的译音。亦写为"南膜""南谟""南摩""那谟"等。又意译为"归命顶礼""救我""归命""恭敬""信从"。谓以绝对的信，归依佛及佛的教说。《日本灵异记》上卷《殷勤归信观音愿福分以相得大福德缘第 31》："御手代东人者，诸乐宫御宇胜宝应真圣武太上天皇之代，入吉野山修法求福。径三年许，称礼观音名号曰：'**南无**。铜钱万贯，白米万石，好女多德施。'"（p. 128）又中卷《女人恶鬼见点攸食噉缘第 33》："圣武天皇世，举国歌咏之谓：'奈礼乎曾与咩尔保师登多礼，阿牟知能古牟智能余吕豆能古。**南无南无**耶，仙佐加文佐加母，持酒酒利，法万字师，夜万能知识，阿万志尔尔尔尔'"（p. 234）隋慧远撰《大般涅槃经义记》卷 1《寿命品》："梵言**南无**，此言归命，诚心归命，重言显之。"唐慧应撰《一切经音义》卷 6："**南无**：或作南谟，或言那莫，皆以归礼译之。言和南者，讹也。"刘宋求那跋陀罗译《杂阿含经》卷 20："**南无南无**佛世尊、如来、应供、等正觉，能离欲贪诸系著，悉能远离贪欲缚及诸见欲，净根本。"北凉昙无谶译《大方等大集经》卷 44《三归济龙品》："尔时一切，诸龙众等，作如是言：'**南无南无**大悲世尊，能施三世，众生利益，失眼得明，一切恶业，清净无垢。'"

【南無妙德菩薩/なむみょうとくぼさつ】 多音 称名祈福："南无妙德菩萨。"《日本灵异记》上卷《信敬三宝得现报缘第 5》："比丘环解一玉，授之，令吞服而作是言：'**南无妙德菩萨**。'令三遍诵礼，自彼罢下。"（p. 76）梁诸大法师集撰《慈悲道场忏法》卷 10："**南无妙德菩萨**、南无金刚藏菩萨、南无无边身菩萨、南无观世音菩萨。"经集部《佛说佛名经》卷 21："敬礼十方诸大菩萨摩诃萨……南无净眼菩萨、**南无妙德菩萨**、南无慈氏菩萨……"→【妙德菩萨】

【南無無量災難令解脱尺迦牟尼仏/なむむりょうさいなんりょうげだつしゃかむにぶつ】 多音 称名祈福："南无无量灾难令解脱释迦牟尼佛"。《日本灵异记》下卷《漂流大海敬称尺迦佛名得全命缘第 25》："二人各得一木，以乘漂流于海。二人无知，唯称诵：'**南无无量灾难令解脱尺迦牟尼佛**。'"（p. 325）

【難解難入/さとりかたくしりかたし】 四字 既难以理解又难以悟入。谓一切佛的智能甚为深远，大不可量。按照天台大师《法华文句》的解释，"难解难入"的解是初住之位，入是十地之位。《日本书纪》卷 19《钦明纪》十三年十月条："是法于诸法中，最为殊胜，**难解难入**。周公、孔子，尚不能知。此法能生，无量无边，福德果报，乃至成辩，无上菩提。"（第二册，p. 416）姚秦法师鸠摩罗什译《妙法莲华经》卷 1《方便品》："尔时，世尊从三昧，安详而起，告舍利弗：'诸佛智慧，甚深无量，其智慧门，**难解难入**，一切声闻、辟支佛，所不能知。'"后魏菩提留支、沙门昙林等译《妙法莲华经忧波提舍》卷 1："舍利弗，诸佛智慧，甚深无量，其智慧门，难见难觉，难知**难解难入**，如来所证，一切声闻、辟支佛等，所不能知。"唐义净译《金光明最胜王经》卷 1《如来寿量品》："是时童子，语婆罗门曰：'若欲愿生，三十三天，受胜报者，应当至心听是《金光明最胜王经》。于诸经中，最为殊胜，**难解难入**，声闻独觉，所不能知。此经能生，无量无边，福德果报，乃至成办，无上菩提。我今为汝，略说其事。'婆罗门言：'善哉童子，此《金光明》，甚深最上，**难解难入**，声闻独觉，尚不能知。何况我等，边鄙之人，智慧微浅，而能解了。'"唐菩提流志译《不空胃索神变真言经》卷 24："说此不空胃索心王陀罗尼真言广大解脱莲华曼拏罗印三昧耶，乃是一切菩萨摩诃萨共所合掌恭敬顶礼修治之处，极为甚深**难解难入**，踰过大海苏弥卢山，不可动摇。"按：《新编日本古典文学全集》栏上的注释指出，此处典据出自唐义净译《金光明最胜王经》。

【難思議矣/しぎすることかたし】 先例 不可思议，难以想象。《日本灵异记》上卷《恃凭念观音菩萨得现报缘第 6》："诚知观音威力，**难思议矣**。"（p. 18）明真贵

述《仁王经科疏》卷1："佛说般若，流通十方，诚**难思议矣**。"明如愚著《法华经知音》卷6："阿逸多汝且下，缴其旁替者之功德。校量正持说者，则功德益**难思议矣**。"

【難行苦行/なんぎょうくぎょう】 四字 "难行"，极为艰苦的修行。"易行"的对应词。实践困难的修行。"苦行"，为求所愿成就而苦练身心的修行。借由断食、呼吸控制、特殊的自虐行为等，折磨身体，断除愿望，使于面临不堪忍受之难时能毅然敢行。《日本灵异记》上卷《序》："秉智烛以照昏歧，运慈舟而济溺类，**难行苦行**，名流远国。"（p.54）吴支谦译《菩萨本缘经》卷2《一切持王子品》："我今何缘，计如是事，若不修行，**难行苦行**，何缘得成，阿耨多罗三藐三菩提？以是因缘，我当行之，愿以此行，速得成就，阿耨多罗三藐三菩提。"姚秦鸠摩罗什译《妙法莲华经》卷4《提婆达多品》："我见释迦如来，于无量劫，**难行苦行**，积功累德，求菩提道，未曾止息。"唐义净译《金光明最胜王经》卷2《分别三身品》："是故诸佛如来，于无量无边，阿僧祇劫，不惜身命，**难行苦行**，方得此身，最上无比，不可思议，过言说境，是妙寂静，离诸怖畏。"

【難駐/とどめがたし】 偏正 难以留住。《万叶集》卷5《敬和为熊凝述其志歌》序云："传闻假合之身易灭，泡沫之命**难驻**。"（第二册，p.66）（1）隋灌顶纂《国清百录》卷2："日轮驰骛，曦和之辔不留；月镜回轩，嫦娥之影**难驻**。"唐道宣撰《续高僧传》卷17亦见同文。唐圆照集《代宗朝赠司空大辨正广智三藏和上表制集》卷4："积恩重叠，日月相续。虽复精恳，岂酬万一？而露电**难驻**，蒲柳易衰。"（2）王勃《守岁序》："岁月易尽，光阴**难驻**。"（p.208）按：《汉语大词典》失收。

【惱害/のうがい】 并列 犹言恼恨。"恼"，梵语doṣaḥ。烦恼、苦痛、恨怒、忧悲、怨惧等一切负面感情的总称。《日本书纪》卷17《继体纪》八年三月条："驱略子女，剥掠村邑。凶势所加，罕有遗类。夫暴虐奢侈、**恼害**侵凌，诛杀尤多，不可详载。"（第二册，p.306）失译人名今附后汉录《大方便佛报恩经》卷3《论议品》："五百夫人，常怀嫉妒，**恼害**鹿母。"后秦佛陀耶舍、竺佛念等合译《长阿含经》卷16："无二，无量，无有结恨，无**恼害**意，游戏此心，以自娱乐。"唐义净译《金光明最胜王经》卷5《依空满愿品》："所在国土，若有饥馑、怨贼、非人为**恼害**者，我等天众，皆为拥护，使其人民，安隐丰乐，无诸枉横，皆是我等，天众之力。"按：《汉语大词典》首引萧齐求那毗地译《百喻经》卷4《共相怨害喻》："为瞋恚故，欲求毗陀罗咒，用恼于彼。竟未害他，先为瞋恚，反自**恼害**。"偏晚。"恼害"至迟魏晋时已见，早期用例均见于汉译佛经，唐以后才进入世俗文献。

【惱亂/なやましまどわす】 并列 残害，毁害；招惹；痛苦，烦恼。《日本灵异记》下卷《禅师将食鱼化作〈法华经〉覆俗诽缘第6》："然食彼鱼时，窥往俗见，五体投地，白禅师言：'虽实鱼体，而就圣人之食者，化《法华经》也。我愚痴邪见，不知因果，而犯逼**恼乱**。愿罪脱赐。'"（p.276）吴支谦译《菩萨本缘经》卷1《一切施品》："尔时，边方守御之人，远来白王：'邻国怨贼，今已相逼，犹如暴风，黑云恶雨。'王即告言：'卿等不应，**恼乱**我心。'"姚秦鸠摩罗什译《妙法莲华经》卷2《譬喻品》："初闻佛所说，心中大惊疑，将非魔作佛，**恼乱**我心耶？"按：《汉语大词典》首引萧齐求那毗地译《百喻经》卷3《野干为折树枝所打喻》："复于后时遇恶知识**恼乱**不已，方还师所，如是去来是为愚惑。"略晚。

【**内道場**/うちのどうじょう】 三字 又作"内寺"。指大内之道场。即设于宫中之佛事修行场所。《续日本纪》卷16《圣武纪》天平十八年六月条："玄昉，俗姓阿刀氏。灵龟二年，入唐学问。唐天子尊昉。准三品，令著紫袈裟。天平七年，随大使多治比真人广成还归。赍经论五千余卷及诸佛像来。皇朝亦施紫袈裟著之，尊为僧正，安置**内道场**。"（第三册，p.30）又卷32《光仁纪》又宝龟三年四月条："道镜，俗姓弓削连，河内人也。略涉梵文，以禅行闻。由是入**内道场**，列为禅师。"（第四册，p.374）(1)唐迦才撰《净土论》卷3："隋世并洲汉王**内道场**，主洪法师者，去仁寿四年内人。童子出家，一生精进，手不捉钱，供养三宝，摄化有缘。亦偏注心，作见佛业，期见弥陀。"(2)《朝野佥载》卷5："景龙中，瀛州进一妇人，身上隐起浮图塔庙诸佛形像。按察使进之，授五品。其女妇留**内道场**，逆韦死后，不知去处。"

【**内経～外典～**/ないきょう～げてん～】 对偶 （2例）"内经"，内道（佛教）的经典。"外道"，外经（外道）经典。《藤氏家传》上卷《贞慧传》："始钻圣道，日夜不怠，从师游学，十有余年。既通**内经**，亦解**外典**。文章则可观，藁隶则可法。"（p.264）《日本灵异记》下卷《序》："夫善恶因果者，著于**内经**。吉凶得失，载诸**外典**。"（p.259）唐道宣撰《广弘明集》卷4："梁高祖武皇帝，年三十四登位，在政四十九年。虽亿兆务殷而卷不释手，**内经外典**罔不厝怀。"又卷8《孔老非佛第7》："**外典**无为以息事为义，**内经**无为无三相之为，名同实异本不相似。故知借此方之称，翻彼域之宗，寄名谈实，何疑之有？"又《续高僧传》卷23："今考据年月群达诚言区别人世，并**内经外典**并对条例，览详卷首邪正自显。"

【**内経～外書～**/ないきょう～げしょ～】 对偶 "内经"，见上。"外书"谓外道的经书。亦称"外典"。指外道（婆罗门）、儒家、道家等的世俗书籍。《日本灵异记》上卷《序》："原夫，**内经外书**诸传于日本而兴始代，凡有二时，皆自百济国浮来之。"（p.54）姚秦鸠摩罗什译《妙法莲华经》卷5《安乐行品》："菩萨摩诃萨不亲近国王、王子、大臣、官长，不亲近诸外道梵志、尼揵子等，及造世俗文笔、赞咏**外书**，及路伽耶陀、逆路伽耶陀者。"刘宋佛陀什、竺道生等译《弥沙塞部和醯五分律》卷26："诸比丘读诵**外书**，诸白衣见讥呵言：'此沙门释子不信乐梵行，舍佛经戒读诵**外书**。'诸比丘以是白佛，佛言：'不听。'有诸比丘与外道论不知羞耻，念言：'佛听我等读诵**外书**者不致此耻。'佛言：'为伏外道听读**外书**。但不得随书生见。'"唐义净译《根本说一切有部毗奈耶杂事》卷6："佛言：'不应愚痴少慧不分明者令学**外书**，自知明慧多闻

强识能摧外道者，方可学习。'"→【外書～内典～】

【内密～外现～/うちに～をかくし、そとに～をあらはす】 自创 内心隐藏着……外表却表现出……《日本灵异记》下卷《沙门积功作佛像临命终时示异表缘第30》："赞曰：'嗟呼庆哉，三间名干歧之氏大德。**内密**圣心，**外现**凡形。著俗触色，不染戒珠，临没向西，走神示异。'"（p.341）姚秦鸠摩罗什译《妙法莲华经》卷4《五百弟子受记品》："**内秘**菩萨行，**外现**是声闻，少欲厌生死，实自净佛土。"失译人名今附梁录《陀罗尼杂集》卷2："**内秘**菩萨大乘戒行，**外现**神仙清妙法身。"唐般若译《大乘本生心地观经》卷3《报恩品》："大悲菩萨化世间，方便引导众生故，**内秘**一乘真实行，**外现**缘觉及声闻。"

【内外眷属/ないげのけんぞく】 四字 所有的亲戚。原指内宫的眷属和外宫的眷属，出自《法华经·法师功德品第19》。《奈良朝写经20·大般若经卷第232》："又愿**内外眷属**、七代父母，无边无境，有形含识，并乘般若之舟，咸登正觉之路。"（p.148）姚秦鸠摩罗什译《妙法莲华经》卷6《法师功德品》："及比丘、比丘尼，优婆塞、优婆夷，国王、王子、群臣、眷属，小转轮王、大转轮王、七宝千子**内外眷属**，乘其宫殿，俱来听法，以是菩萨善说法故。"又《大树紧那罗王所问经》卷4："尔时阿阇世王，及夫人采女**内外眷属**，比丘比丘尼、优婆塞优婆斯、婆罗门居士，各以所持诸供养具供养如来。"唐道世撰《法苑珠林》卷85："愿汝男女，合家大小，**内外眷属**，从汝忏悔，愿施欢喜。"

【内心念："～"/こころのうちにおもはく～】 三字 内心念叨："……"。《日本灵异记》中卷《依恶梦至诚心使诵经示奇表得全命缘第20》："母闻之怪，起后屋出。即当居处之壁仆也。亦七法师忽然不见。女大恐怪，自**内心念**：'天地助吾，不压于壁。'"（p.202）后汉安世高译《佛说大安般守意经》卷1："即自知喘息欢心，即自知喘息不欢心；即自知**内心念**万物已去不可复得喘息自知，内无所复思喘息自知。"隋达摩笈多译《起世因本经》卷2《转轮王品》："以是因缘，转轮圣王，受大欢喜，踊跃无量，**内心念**云：'此已为我，生女宝耶？'"古逸部《维摩经疏卷》卷6《香积佛品》："前中有二：一明舍利见其室空**内心念**食以为论端；二明维摩将为取食先现净土。"

【能敢～/よくあへて～】 偏正 敢于做……《日本书纪》卷1《神代纪上》："如不与姊相见，吾何**能敢**去。"（第一册，p.64）吴支谦译《撰集百缘经》卷5《饿鬼品》："时彼河岸，复有五百饿鬼，依住其中，见阎婆罗来，身极臭处，止住其中，无有**能敢**，亲附之者。"西晋无罗叉译《放光般若经》卷4《陀邻尼品》："如佛所说言真，无讳善恶之报，不失所行，一切余众诸天魔梵，不见**能敢**违佛言者。"西晋安法钦译《阿育王传》卷2："王语罗提毱多：'谁与我竞？'罗提毱多长跪而言：'谁**能敢**与，人帝共竞？'"按：《汉语大词典》失收。→【莫能敢】

775

【能仁／のうにん】 佛名 （3 例） 梵语 śākya 的意译。音译作"释迦"。释迦，印度种族之名。因释尊系出身于释迦族的贤人，故被尊为释迦牟尼。梵语 muni，"寂默""贤人"之义。一般亦以 śākya 的译语"能仁"称呼释尊。《奈良朝写经 18·弥勒上生经》："伏愿契道**能仁**，升游**正觉**，菩提枝下闻妙法之圆音，兜率天中得上真之胜业，通该有顶，普被无边，并泛慈航，同离爱网。"（p.141）《奈良朝写经 56·大般若经卷第 50 等》："以为连河**能仁**，设波若之宝筏，双树正觉，开普提之禅林。"（p.158）《奈良朝写经 71·十诵律卷第 17》："非有**能仁**，谁明正法。惟朕仰止，给修慧业。"（p.425）后汉竺大力、康孟详合译《修行本起经》卷 1《现变品》："佛告童子：'汝却后百劫，当得作佛，名释迦文（汉言**能仁**）如来、无所著、至真、等正觉，劫名波陀（汉言为贤）。'"

【能似～／よく ～ににる】 偏正 （3 例） 非常相似，很相像。《日本书纪》卷 10《应神纪》九年四月条："于是有壹伎直祖真根子者，其为人**能似**武内宿祢之形，独惜武内宿祢无罪而空死。"（第一册，p.474）又卷 14《雄略纪》元年三月条："目大连对曰：'臣观女子行步，容仪**能似**天皇。'天皇曰：'见此者咸言如卿所奏。然朕与一宵，而脈产女殊常。由是生疑。'"（第二册，p.150）《播磨国风土记·饰磨郡》条："号麻迹者，品太天皇，巡行之时，敕云：'见此二山者，**能似**人眼割下。'故号目割。"（p.30）（1）西晋竺法护译《生经》卷 3："工巧有技术，多所能成就，机关作木人，正**能似**人形。"姚秦鸠摩罗什译《大智度论》79《称扬品》："是二菩萨未得无生忍法，而**能似**无生忍法行。必有此事，一切魔民，所不能坏，是故佛叹希有。"（2）《文选》卷 28 谢灵运《会吟行》："两京愧佳丽，三都岂**能似**？层台指中天，高墉积崇雄。"或折挫槎曜，外曜锋芒。察之者尚精，拟之者贵似。况拟不**能似**，察不能精，分布犹疏，形骸未检。

【能相似／よくあひにる】 相字 非常相像。"能"，表程度，非常义。《古事记》上卷《忍穗耳命与迩迩艺命》："其过所以者，此二柱神之容姿甚**能相似**。故是以过也。"（p.104）（1）隋阇那崛多译《佛本行集经》卷 36《耶输陀宿缘品》："诸长老等，希有此事！此之长老，耶输陀者，大有神通，乃能使此，五百比丘，一切皆亦，有大神通，共耶输陀，昔作朋友，各**能相似**。彼等父母，亦皆有德。"（2）《全唐诗》卷 243 韩翃《赠别崔司直赴江东兼简常州独孤使君》："爱君青袍色，芳草**能相似**。官重法家流，名高墨曹吏。"按：隋唐以后产生的新说法，现出现在汉译佛经，后进入中土文献。

【能信三宝／よくさんぼうをうやまふ】 四字 笃信佛法僧。《日本灵异记》中卷《赎蟹虾命放生现报蟹所助缘第 12》："时行基大德，有纪伊郡深长寺。往白事状，大德闻曰：'呜呼！难量之语。唯**能信三宝**耳。'"（p.180）姚秦鸠摩罗什译《大庄严论经》卷 2："虽无诸珍宝，及以资生具，**能信三宝**者，是名第一富。"又《成实论》卷 2《法聚品》："得圣所爱戒，谓以深心，不造诸恶，知我因是戒，**能信三宝**，信是戒力，故名信戒也。"

【能愈人病/よくひとのやまひをいやす】 四字 擅长治愈人们的疾病。《肥前国风土记·藤津郡》条："东边有汤泉，**能愈人病**。"（p. 342）失译人名今附北凉录《大爱道比丘尼经》卷2："自在罪中，焉能脱他人罪也？何以故？用多欲有所希望故。用是故，**不能愈人病**，令鬼神乱。"

【尼/あま】 单音 （20例） 梵语 bhikṣuṇī（比丘尼）的略称。出家遁入佛门的女子。《日本书纪》卷22《推古纪》三十二年九月条："秋九月甲戌朔丙子，校寺及僧尼，具录其寺所造之缘、亦僧尼入道之缘及度之年月日也。当是时有寺四十六所、僧八百十六人，**尼**五百六十九人并一千三百八十五人。"（第二册，p. 586）《怀风藻》第8首释智藏《小传》："时吴越之间，有高学**尼**，法师就尼受业，六七年中，学业颖秀。同伴僧等，颇有忌害之心。"（p. 79）《日本灵异记》上卷《信敬三宝得现报缘第5》："连公奉敕而检之，僧八百三十七人，**尼**五百七十九人也。"又《缔知识为四恩作绘佛像有验示奇表缘第35》："良久，主来，乃其**尼**等曰：'从此箧中有生物声。吾欲买之，故待汝耳。'箧主对曰：'非生物也。'**尼**等乞之，而犹不予。时市人评曰：'可开其箧。'箧主怕然舍箧奔走，后开见之，尊像存焉。**尼**等欢喜流泪，泣矜曰：'吾先失斯像，日夜奉恋。今邂逅得遇。嗟呼庆哉！'市人闻之，来集称：'难。'**尼**等欢，放生修福，遂安本寺。道俗归敬，斯乃奇异之事也。"（p. 135）又《骂僧与邪淫得恶病而死缘第11》："圣武天皇御世，纪伊国伊刀郡桑原之狭屋寺**尼**等发愿，于彼寺备法事，请奈良右京药师寺僧题惠禅师，字曰依网禅师。俗姓依网连，故以为字。奉仕十一面观音悔过。"（p. 177）又《观音铜像及鹫形示奇表缘第17》："诸人转闻，告知寺**尼**。**尼**等闻来见，实其像也。"（p. 194）又下卷《如法奉写〈法华经〉火不烧缘第10》："谅知阿东练行**尼**，所写如法经之功兹显；陈时王与，读经免火难之力再示。"（p. 286）又《产生肉团之作女子修善化人缘第19》："时托磨郡之国分寺僧，又丰前国宇佐郡之矢羽田大神寺僧二人，嫌彼**尼**言：'汝是外道。'"（p. 308）又："讲师见之，呵啧之言：'何**尼**滥交？'尼答之言：'佛平等大悲，故为一切众生，流布正教。何故别制我？'因举偈问之，讲师不得偈通。诸高名智者怪之，一向问试。**尼**终不屈。"（p. 309）《续日本纪》卷9《圣武纪》神龟三年六月条："丁卯，奉为太上天皇，度僧二十八人、**尼**二人等。"（第二册，p. 168）又神龟三年七月："甲午，度僧十五人，**尼**七人。"（第二册，p. 168）又卷10《圣武纪》神龟四年二月条："辛酉，请僧六百，**尼**三百于中宫，令转读《金刚般若经》。为销灾异也。"（第二册，p. 178）又卷18《孝谦纪》天平胜宝四年正月条："己丑，地动。是日，度僧九百五十人、**尼**五十人，为太上天皇不念也。"（第三册，p. 116）又卷19《孝谦纪》天平胜宝六年七月条："秋七月丙午，诏曰：'顷者，大皇大后，枕席不安……此日度僧一百人，**尼**七人。'"（第三册，p. 142）又卷21《淳仁纪》天平宝字二年八月条："癸亥，归化新罗僧三十二人、**尼**二人，男十九人、女二十一人。移

武藏国闲地。"（第三册，p. 282）→【度尼】【度僧尼】【僧尼】【沙弥尼】【师位僧尼】
【学问尼】

【尼师/にし・あまのほうし】 后缀 （2例） 对尼姑的敬称。《元兴寺伽蓝缘起并
流记资财账》："时蕃客答曰：'尼等受戒法者，尼寺之内先请十**尼师**，受本戒已，即诣
法师寺请十法师。先**尼师**十合二十师所受本戒也。然此国者，但有尼寺，无法师寺及
僧。尼等若为如法者，设法师寺，请百济国之僧尼等，可令受戒。'白。"东晋瞿昙僧
伽提婆译《中阿含经》卷6《舍梨子相应品》："尔时，瞿**尼师**比丘，亦游王舍城，在
无事室，调笑、憍慠、躁扰、喜忘，心如猕猴。瞿**尼师**比丘为少缘故，至王舍城。是时
尊者舍梨子，与比丘众俱。中食已后，因小事故，集在讲堂。瞿**尼师**比丘，于王舍城。
所作已讫，往诣讲堂。"梁宝唱撰《比丘尼传》卷1："检即剃落从和上受十戒，同其志
者二十四人，于宫城西门共立竹林寺。未有**尼师**，共咨净检。"

【尼寺/にじ・あまでら】 偏正 （16例） 指丘尼所住之寺。又作尼庵、比丘尼寺。
"僧寺"的对应词。在日本，尼寺又称尼屋、尼家，以敏达天皇十二年（583）所造之
樱井寺为其尼寺之嚆矢。《日本书纪》卷22《推古纪》十四年五月条："鸟以此田为天
皇作金刚寺，是今谓南渊坂田**尼寺**。"（第二册，p. 552）又卷23《舒明纪》即位前纪
条："时军至，乃令来目物部伊区比以绞之，父子共死，乃埋同处。唯兄子毛津逃匿于
尼寺瓦舍，即奸一二尼。"（第三册，p. 36）《丰后国风土记·总记》条："寺贰所僧寺、
尼寺。"（p. 284）又《大分郡》条："寺贰所。僧寺、**尼寺**。"（p. 298）《日本灵异记》
中卷《赎蟹虾命放生得现报缘第8》："置染臣鲷女者，奈良京富**尼寺**上座尼法迩之女
也。道心纯熟，初淫不犯。"（p. 171）又《观音铜像及鹭形示奇表缘第17》："大倭国
平群郡鹌村冈本**尼寺**，观音铜像有十二体。少垦田宫御宇天皇世，上宫皇太子所准宫
也。太子发誓愿以宫成**尼寺**者也。"（p. 194）又《弥勒菩萨铜像盗人所捕示灵表显盗人
缘第23》："圣武天皇御世，敕信巡夜。行于京中，其半夜时，其诸乐京葛木**尼寺**前南
慕原，有哭叫音。言：'痛哉，痛哉！'敕信闻之，驰陈见之，盗人捕弥勒菩萨铜像，
以石破之。打捉问之，答之白曰：'葛木**尼寺**铜像也。'"《续日本纪》卷2《文武纪》
大宝元年八月条："甲辰，太政官处分：'近江国志我山寺封，起庚子年计满三十岁，
观世音寺、筑紫**尼寺**封，起大宝元年计满五岁，并停止之。皆准封施物。'"（第一册，
p. 44）又卷14《圣武纪》天平十三年三月条："又每国僧寺，施封五十户，水田一十
町。**尼寺**水田十町。僧寺必令有二十僧，其寺名为金光明四天王护国之寺。**尼寺**一十
尼，其寺名为法华灭罪之寺。两寺相共，宜受教戒。"（第二册，p. 390）又卷17《圣武
纪》天平十九年十一月条："其僧寺、**尼寺**水田者，除前人数已外，更加田地，僧寺九
十町，**尼寺**四十町。"（第三册，p. 50）又卷20《孝谦纪》天平宝字二年七月条："戊
戌，敕：'为令朝廷安宁，天下太平，国别奉写《金刚般若经》三十卷，安置国分僧寺
二十卷，**尼寺**十卷，恒副《金光明最胜王经》，并令转读焉。'"（第三册，p. 256）又卷

23《淳仁纪》天平宝字五年六月条："六月庚申，设皇太后周忌斋于阿弥陀净土院。其院者在法华寺内西南隅。为设忌斋所造也。其天下诸国，各于国分**尼寺**奉造阿弥陀丈六像一躯、挟侍菩萨像二躯。"（第三册，p.380）

【尼衆/あまども】 后缀 僧尼们。"僧众"的对应词。《日本灵异记》中卷《观音铜像及鹭形示奇表缘第17》："**尼众**卫绕彼像，而悲哭云：'我失尊像，日夜奉恋，今邂逅而逢。我诸大师，何有罪过，蒙斯贼难？'然严舆安像，以奉请寺。"（p.195）曹魏昙谛译《羯磨》卷1："此处无教授人，**尼众**等当如法布萨，谨慎莫放逸。"隋阇那崛多译《大方等大集经贤护分》卷4《具五法品》："时彼贤护，知佛受已，顶礼尊足，右绕三匝，于是辞还，遂复诣彼摩诃波阇波提比丘尼所。到已，顶礼波阇波提比丘尼足，而即白言：'愿阿梨耶，及诸**尼众**，怜愍我故，受我明朝，所设微供。'"唐菩提流志译《大宝积经》卷1："若有寡妇，而来请食，僧数不满，亦不受之。又亦不应，入**尼众**内，不应唤彼，比丘尼来。"

【拟将~/~せむ】 并列 将要做……打算……《日本书纪》卷26《齐明纪》元年十月条："冬十月丁酉朔己酉，于小垦田造起宫阙，**拟将**瓦覆。又于深山广谷拟造宫殿之材，朽烂者多遂止弗作。"（第三册，p.204）（1）隋阇那崛多译《佛本行集经》卷52《优陀夷因缘品》："时优陀夷得此食已，而不自食，欲将此食，奉献世尊。输头檀王，遂问长老优陀夷言：'比丘何故，不食此食？'优陀夷言：'此食**拟将**，奉献世尊，是故不食。'"唐义净译《根本说一切有部毗奈耶》卷24："时邬波难陀闻已，作是念：'彼人请佛及僧以一双叠，**拟将**奉施，彼必定是，贵价之衣。我若不能，夺此衣者，我更不名，邬波难陀矣。'"唐道宣撰《律相感通传》卷1："时大梵天王，请佛升天，外道至，唯见比丘，便问比丘：'肩上片布，持将何用？'答曰：'**拟将**坐之。'"（2）《通典》卷198《边防》："张知运既不设备，与降户战于青刚岭，大败，临阵生擒知运，**拟将**送与突厥，朔方总管薛讷率兵追讨之。"《唐律疏议》卷18《贼盗》："'即卖买而未用者'，谓买毒药，**拟将**杀人，卖者知其本意，而未用者，流二千里。"按：《汉语大词典》失收。

【拟入/いらんとす】 偏正 打算进入，将要进去。《万叶集》卷20第4473首歌注："奈杼麻吕被差朝集使，**拟入**京师，因此饯之日，各作歌，聊陈所心也。"（第四册，p.443）（1）隋智顗说《方等三昧行法》卷1："如上三种净衣，一最上净净者，**拟入**道场中著；一衣次净，拟从浴处趣道场时著；一衣拟常坐起时著。"唐义净译《根本说一切有部毗奈耶杂事》卷13："次有憍萨罗主胜光大王，**拟入**园中，敬礼佛足。"《敦煌变文·难陀出家缘起》："难陀取得半钵饭，遂与世尊，便**拟入**来。"（p.591）又《妙法莲华经讲经文》："仙人欲**拟入**皇京，一队祥云捧足行。"（p.706）又《维摩诘经讲经文》："**拟入**会中逢圣主，作何礼拜唱将来。"（p.813）（2）《校编全唐诗》杜荀鹤《赠友人罢举赴交趾辟命》："罢却名场**拟入**秦，南行无罪似流人。"（p.3440）按：《汉语大词典》失收。从上引例句可知，"拟人"一词始自隋唐，用于第三人称。尔后，开始在诗文中使用，雅俗不分。变文的语体特征继承了智颉大师说法的口语特征。歌注中的用法亦然。

【拟杀／ころさん（とおもふ）】 偏正 　将要杀掉，打算干掉。《藤原家传》上卷《镰足传》："后冈本天皇四年岁次乙巳夏六月，中大兄诈唱三韩上表。时人以为，信然。于是，谓山田臣曰：'三韩表文，使公读白。乘其之急，拟杀入鹿。'山田臣许之。策既定矣。"（p. 162）萧齐僧伽跋陀罗译《善见律毘婆沙》卷11《舍利弗品》："若坑深，有人担食粮落坑中不即死。后噉食尽，必定死，无有出期。初落坑，作坑者已得波罗夷罪。若作坑本拟杀人，人不来而自惧落坑死。初作坑时，得突吉罗罪。"唐义净译《根本说一切有部尼陀那目得迦》卷8："时聚底色迦妹是笈多妻，见而问曰：'仁今欲何所作？'答曰：'拟杀怨家。'即问彼言：'谁为怨家？''沙门乔答摩即其人也。'"唐道宣撰《四分律删繁补阙行事钞》卷1："或畜猫狗专拟杀鼠，牛杖马靵缰绊箸檛，如是等类，并是恶律仪。"

【逆塞／さかしまにせく】 偏正 　反堵流水，从相反的方向堵住流水。《古事记》上卷《忍穗耳命与迩迩艺命》："且其天尾羽张神者，逆塞上天安河之水，而塞道居故，他神不得行。"（p. 106）《说文解字》卷2《辵部》："［逆］迎也。从辵屰声。关东曰逆，关西曰迎。宜戟切。"晋慧达撰《肇论疏》卷2："逆之所谓塞，顺之。所谓通者，偏执即逆塞，忘怀即顺通。"按：《汉语大词典》失收。汉文佛经用于抽象义，《忍穗耳命与迩迩艺命》传说表示具体义，但两者在表示阻塞流水、气脉通畅一点上是相同的。

【逆上／さかのぼる】 偏正 　逆流而上。《日本书纪》卷11《仁德纪》十一年四月条："聊逢霖雨，海潮逆上，而巷里乘船，道路亦泥。故群臣共视之，决横源而通海，塞逆流以全田宅。"（第二册，p. 36）姚秦竺佛念译《出曜经》卷3："佛在舍卫国祇树给孤独园。时南大海卒涌大洮，越海境界有三大鱼，随上流处在浅水，自相谓言：'我等三鱼，处在厄地，漫水未灭。宜可逆上，还归大海。'"刘宋佛陀什、竺道生等合译《弥沙塞部和醯五分律》卷15："龙王即自复身，身体长大，眼如大钵，喘息如雷，口出火光，水中逆上。"唐玄奘撰《大唐西域记》卷3："瞢揭厘城东北逾山越谷，逆上信度河，途路危险山谷杳冥。"按：《汉语大词典》失收。

【溺苦／おぼほれくるしぶ】 自创 （2例） 　因溺水而痛苦。《日本书纪》卷2《神代纪下》："至及兄钓之日，弟居滨而啸之。时迅风忽起，兄则溺苦，无由可生。"（第一册，p. 184）又："乃举足踏行，学其溺苦之状。初潮渍足时则为足占，至膝时则举足，至股时则走回，至腰时则扪腰，至腋时则置手于胸，至颈时则举手飘掌。"（第一册，p. 184）失译人名今附秦录《无明罗刹集》卷2："能雨暴雨注于生河入死海水，有因缘河，漂沦众生，没溺苦海。"唐玄奘译《大般若波罗蜜多经》卷181《谤般若品》："自陷其身，沉溺苦海，亦陷他人，沉溺苦海。"唐道宣述《释门归敬仪》卷1："必有斯人，则自**溺苦**海。谁能济拔？"唐般若译《大乘本生心地观经》卷 3《报恩品》："如来不出于世间，一切众生入邪道，永离甘露饮毒药，长**溺苦**海无出期。"唐般若译《大乘理趣六波罗蜜多经》卷 1 御制《序》："天理灭而莫知，道源迷而忘返，沦**溺苦**海，劫尽还初。"唐若那跋陀罗译《大般涅槃经后分》卷 1《应尽还源品》："奈何世界悉空虚，众生正慧眼已灭，既行无明黑谙中，堕落三有沦**溺苦**。"按：中国两类文献中均未见"溺苦"。究其来源，极有可能截取自上引佛典诸例中的四字语句。需要注意的是，《神代纪下》中的"溺苦"用作具体义，喻指在海水中痛苦挣扎；在汉译佛经中由"溺苦"构成的四字语句用作抽象义，多指在苦海中遭受种种煎熬。《神代纪下》用作具体义，汉译佛经用作抽象义。

【**溺困**/おぼほる】 后补 受到水害（溺水）的困扰。《日本书纪》卷 2《神代纪下》："弟时出潮满琼，则兄举手**溺困**，还出潮涸琼，则休而平复。"（第一册，p.176）唐慧琳撰《一切经音义》卷 97："昏垫：丁念反。《孔注尚书》云：垫，**溺困**于水灾也。"按：《汉语大词典》失收。

【**溺流**/おぼほれながる】 自创 沉没漂流。《日本灵异记》下卷《沙门诵持方广大乘沉海不溺缘第 4》："往语妻曰：'汝之父僧，欲瞵汝面，率共度来。忽值荒浪，驿船沉海，大德**溺流**，救取无便。终漂沉亡。但我仅活耳。'"（p.272）姚秦竺佛念译《菩萨璎珞经》卷 2《龙王浴太子品》："众生今没**溺**，**流**转生死海。愿以平等舡，救彼没溺者。"唐菩提流志译《大宝积经》卷 50《般若波罗蜜多品》："彼五门生死为之沉**溺流**转不息，是诸众生，实非解脱，而便自谓，我已解脱；实未离苦，而便自谓，出离众苦。"唐一行慧觉依经录《华严经海印道场忏仪》卷 30："大水忽起，卒至无期。世人不信，故为有常，众生杂类，无有豪贱，没**溺流**，飘鱼鳖食噉。"

【**溺恼**/おぼほしなやます】 后补 为水害（水淹）而苦恼。《日本书纪》卷 2《神代纪下》："又兄入海钓时，天孙宜在海滨，以作风招。风招即啸也。如此则吾起瀛风、边风，以奔波**溺恼**。"（第一册，p.184）唐善无畏译《阿咤薄俱元帅大将上佛陀罗尼经修行仪轨》卷 1："世尊，我恐世尊灭后，百劫之中，佛法渐灭，菩萨不见，金刚随于，快乐清净之处，众生福薄，魔魅增盛，国王无威德，王子臣民，无有快乐。侵娆众生，或吸精气，噉血肉，或令众生中夭，处于母胎而死。当此之时，我能昼夜不离，护持一切，生死众生，离其**溺恼**。"按：《汉语大词典》失收。

【**年别**/としごと】 后缀 （4 例） 每年。《常陆国风土记·香岛郡》条："淡海大津朝，初遣使人，造神之宫。自尔以来，修理不绝。**年别**七月，造舟而奉纳津宫。"（p.390）又："又，**年别**四月十日，设祭灌酒。卜氏种属，男女集会，积日累夜，饮乐歌舞。"（p.392）《续日本纪》卷 5《元明纪》和铜五年五月条："又国司因公事入京者，宜差堪知其事者充使。使人亦宜问知事状，并惣知在任以来**年别**状迹。随问辩答，不得碍滞。"（第一册，p.182）又卷 7《元正纪》养老元年十一月条："其应供官主用料等物，所司宜支度**年别**用度，并随乡土所出付国，役中男进。"（第二册，p. 38）唐道宣撰《四分律删繁补阙行事钞》卷3："《善见》云：'若师犹在，应听律藏及广义疏。**年别**应受，非一过也。'"唐慧详撰《弘赞法华传》卷3："于是，振锡还襄，住耆阇寺，恒在常济，讲《法华经》，**年别**五遍。"唐僧详撰《法华传记》卷4："聪以山林出远，粮粒艰岨，乃合卒扬州三百清信，以为米佑，人别一石，**年别**送之。"按：《汉语大词典》失收。

【年穀豊稔/ねんこく ゆたかにみのる】 先例 一年中种植的谷物成熟丰收。《续日本纪》卷32《光仁纪》宝龟四年十一月条："所冀：真荃秘典，永洽东流，金轮宝位，恒齐北极，风雨顺时，**年谷丰稔**。"（第四册，p. 414）《后汉书》卷38《法雄传》："在郡数岁，岁常**丰稔**。"李贤注："稔，熟也。"唐慧琳撰《一切经音义》卷12："**丰稔**：而枕反。贾逵注《国语》云：稔，熟也。《字统》云：谷熟曰稔也。"明广莫直解《楞严经直解》卷6："按宣律师感通传云天人费氏说四王天一王之下有八将四王总三十二将据彼所说今文天大将军非一人也泛指三十二将说故各统所属鬼神以救护国土，必令雨旸时。若**年谷丰稔**，不使他诸鬼神扰害众生也。"

【年老力衰/としおいちからおとろふ】 四字 因上年纪而变得衰弱。《续日本纪》卷24《淳仁纪》天平宝字六年八月条："丙寅，御史大夫文室真人净三，以**年老力衰**，优诏特听宫中持扇策杖。"（第三册，p. 412）（1）隋阇那崛多译《佛本行集经》卷56《罗睺罗因缘品》："尔时，象龙白梵德王，作如是言：'大王当知，彼林之内，我有父母，**年老力衰**，住彼林内，我念未被王所搦时，自尔已前，不曾忆有，先自食噉，始与父母，水浆亦尔，先与父母，然后自饮。'"（2）《全唐文》卷324 王维《责躬荐弟表》："臣维稽首言：臣**年老力衰**，心昏眼暗，自料涯分，其能几何？久窃天官，每惭尸素。顷又没于逆贼，不能杀身，负国偷生，以至今日。"《宣室志·独孤彦》条："后以**年老力衰**，上欲以我为折腰吏，吾固辞免，退居田间。"按：《续日本纪》卷32《光仁纪》宝龟三年九月条："仍敕：'今闻汝骏河麻吕宿祢辞，**年老身衰**，不堪仕奉。然此国者，元来择人，以授其任。汝骏河麻吕宿祢，唯称朕心。是以任为按察使。宜知之。'即日授正四位下。"（第四册，p. 388）例中"年老身衰"，中国先行文献中未见例文，疑似自创搭配。

【念誦/ねんじゅ】 并列 （4例） 谓心念口诵佛名及经咒。《日本灵异记》上卷《僧忆持〈心经〉得相报示奇事缘第14》："法师身长七尺，广学佛教，**念诵**《心般若经》。"（p. 94）《续日本纪》卷21《淳仁纪》天平宝字二年八月条："宜告天下诸国，莫论男女老少，起坐行步口闲，皆尽**念诵**在《摩诃般若波罗蜜》。"（第三册，p. 280）又卷33《光仁纪》宝龟五年四月条："其摩诃般若波罗蜜者，诸佛之母也。天子念之，则兵革灾害，不入国中。庶人念之，则疾疫厉鬼，不入家内。思欲凭此慈悲，救彼短折。宜告天下诸国，不论男女老少，起坐行步，咸令**念诵**《摩诃般若波罗蜜》。其文武百官，向朝赴曹道次之上，及公务之余，常必**念诵**。"（第四册，p. 430）后汉支娄迦谶译《道行般若经》卷 4《持品》："舍利弗白佛言：'菩萨摩诃萨，若有**念诵**者，若持学书者，以为诸佛，威神之所拥护。'"唐义净译《金光明最胜王经》卷 9《善生王品》："尔时宝积大法师，在一室中而住止；正**念诵**斯微妙典，端然不动身心乐。"唐玄奘译《大般若波罗蜜多经》卷 102《摄受品》："至心**念诵**如是般若波罗蜜多，不为刀杖，之所伤杀。"按：《汉语大词典》例举陈登科《赤龙与丹凤》第 1 部 16："六对喇叭排列在大门口，轮番奏哀。和尚尼姑，围著祭坛**念诵**经文。"过晚。

【念欲食／く はむとおもふ】 三字 想吃（东西）。《日本灵异记》下卷《禅师将食鱼化作〈法华经〉覆俗诽缘第 6》："帝姬阿倍天皇御世，有一大僧，住彼山寺，精勤修道。疲身弱力，不得起居。**念欲食**鱼，语弟子言：'我欲噉鱼。汝求养我。'"（p. 276）隋阇那崛多译《起世经》卷 7《三十三天品》："作是念已，次便思食。**念欲食**时，即于其前，有众宝器，自然盛满天，须陀味，种种异色。"

【涅槃／ねはん】 音译 梵语 nirvāṇa 的译音。意译"圆寂"，"圆"是圆满一切智德，"寂"是寂灭一切惑业。又译作"灭度"，"灭"是灭除见思、尘沙和无明三种惑，"度"是度脱分段和变易两种生死。合而言之，就是当一个人的智慧和德行都达到究竟圆满的领域，连生死和烦恼都已超越，这就叫作"涅槃"。这也是圣者所证得的不生不灭、超越时空的真如境界，它也是芸芸众生最理想、最美丽的归宿。《日本灵异记》下卷《序》："自佛**涅槃**以来，迄于延历六年岁次丁卯，而径一千七百二十二年。过正像二而入末法。"（p. 259）

【涅槃常住／ねはんじょうじゅう】 四字 不生不灭、超越时空的真如境界恒常存在。《上宫圣德法王帝说》："上宫王师，高丽慧慈法师。王命能悟**涅槃常住**，五种佛性之理，明开法华三车权实二智之趣，通达维摩不思议解脱之宗。"姚秦鸠摩罗什译《大智度论》卷 4《序品》："已灭无处更出不？若已永灭不出不？既入**涅槃常住**不？惟愿大智说其实！"梁宝亮等集《大般涅槃经集解》卷 9《长寿品》："僧亮曰：'菩萨通达法性，成佛涅槃，法性无灭，**涅槃常住**。此说内行果上义也。'"唐玄奘译《阿毘达磨发智论》卷 2："佛亦不说涅槃有学有无学性，以涅槃恒是非学非无学诸法决定，无有杂乱，恒住自性，不舍自性，**涅槃常住**，无有变易。是故涅槃但应言非学非无学。"

【涅槃经／ねはんきょう】 内典 （13 例） 经题记述释尊入涅槃时说法的经典总称。《涅槃经》译本有多种。译自大乘部的代表性译本有北本与南本。1. 北本《涅槃经》。40 卷。北凉的昙无谶译，与后来的南本相比，称为旧译。北本由 13 品 40 卷构成。内容是说佛身常住、涅槃之常乐我净、一切众生悉有佛性，阐述有关一阐提之成佛。南本《涅槃经》。36 卷。刘宋的慧严、慧观、谢灵运等合译，称为新译。①流布纪实。《唐大和上东征传》："南本《**涅槃经**》一部四十卷。"（p. 87）《续日本纪》卷 9《元正纪》养老六年十一月条："故奉为太上天皇，敬写《华严经》八十卷、《大集经》六十卷、

《涅槃经》四十卷、《大菩萨藏经》二十卷，《观世音经》二百卷，造灌顶幡八首，道场幡一千首，著牙漆几三十六，铜碗器一百六十八，柳箱八十二，即从十二月七日，于京并畿内诸寺，便屈请僧尼二千六百三十八人，设斋供也。"（第二册，p. 124）②读诵对象。《日本灵异记》上卷《僧用涌汤之分薪而与他作牛役之示奇表缘第20》："其寺有一牸而生犊子。长大之后，驾车载薪，无憩所驱，控车入寺。时不知僧，在寺门曰：'惠胜法师者，《涅槃经》虽能读，而不能引车。'"（p. 104）③内容引用。《日本灵异记》上卷《邪见假名沙弥斫塔木得恶报缘第27》："《涅槃经》云：'若有人修行善者，名见天人；修行恶者，名见地狱。何以故？定受报故。'者，其斯谓之矣。"（p. 116）又《邪见打破乞食沙弥钵以相得恶死报缘第29》："如《涅槃经》云：'一切恶行，邪见为因。'者，其斯谓之矣。"（p. 121）又中卷《常鸟卵煮食以现得恶死报缘第10》："《涅槃经》云：'虽复人兽，尊卑差别。宝命重死，二俱无异。'云云。"（p. 176）又《生爱欲恋吉祥天女像感应示奇表缘第13》："如《涅槃经》云：'多淫之人，画女生欲。'者，其斯谓之矣。"（p. 182）又《观音铜像及鹭形示奇表缘第17》："如《涅槃经》说：'虽佛灭后，法身常在。'者，其斯谓之矣。"（p. 195）又《忆持〈心经〉女现至阎罗王阙示奇表缘第19》："噫呼，奇哉！如《涅槃经》云：'若见有人修行善者，名见天人。修行恶者，名见地狱。'者，其斯谓之矣。"（p. 200）又《佛铜像盗人所捕示灵表显盗人缘第22》："《涅槃经》十二卷文，如佛说：'我心重大乘。闻婆罗门诽谤方等，断其命根。以是因缘，从是以来，不堕地狱。'"（p. 206）又《极穷女凭敬千手观音像愿福分以得大富缘第42》："如《涅槃经》说：'母慈子，因自生梵天。'者，其斯谓之矣。斯奇异之事矣。"（p. 254）又下卷《奉写〈法华经〉经师为邪淫以现得恶死报缘第18》："复《涅槃经》云：'知五欲法，无有欢乐。不得暂停。如犬啮枯骨，无饱厌期。'者，其斯谓也矣。"（p. 306）又《髑髅目穴笋揭脱以祈之示灵表缘第27》："如《涅槃经》说：'受恩报恩。'者，其斯谓之矣。"（p. 334）

【涅槃日/ねはんのひ】 三字 纪念释迦牟尼佛入涅槃的佛教节日。又称"佛灭日""大恶日"。南传、北传佛教关于释迦生卒年月的说法不一，故各国纪念佛涅槃的日期亦不尽相同；一般大乘佛教国家（如中国、日本、朝鲜等）定于农历二月十五日，届时各寺院往往举行涅槃法会或纪念仪式。《日本灵异记》下卷《沙门积功作佛像临命终时示异表缘第30》："沙门闻之，起拜欢喜。又径二日，至同月十五日，召明规言：'今日当佛涅槃日，余亦命终。'"（p. 341）唐慧立本、彦悰笺《大唐大慈恩寺三藏法师传》卷3："其菩提树，即毕钵罗树也。佛在时高数百尺，比频为恶王诛伐，今可五丈余。佛坐其下，成无上等觉，因谓菩提树。树茎黄白，枝叶青润，秋冬不凋，唯至如来涅槃日，其叶顿落，经宿还生如本。每至是日，诸国王与臣僚共集树下，以乳灌洗，燃燃灯散花，收叶而去。"

【涅槃之山/ねはんのやま】 四字 头枕不生不灭、超越时空的真如境界，即以实

现涅槃为修行的终极目标，此处与"坐菩提之树"类义相对。《奈良朝写经66·大般若经卷第176》："退愿笃蒙四恩，**枕涅槃之山**，坐普提之树，位成灌顶，力奋降魔，广及法界，六道有识，离苦得乐，齐登觉道。"（p.403）唐湛然述《止观辅行传弘决》卷6："佛以喻答：'譬如二人，俱闻他方，有七宝山，山有清泉，其味甘美。若有能到，永断贫苦，饮服其水，增益寿命，唯路崄难……行人下合，**涅槃之山**，有佛性水。'"宋太宗赵炅撰《御制莲华心轮回文偈颂》卷16："'忧归述会亨'：述会菩提之树达我净，以何忧劝归**涅槃之山**。亨，常乐而腾誉。"

【**啮殺/くひころす**】 后补 　咬死。《日本灵异记》下卷《杀生物命结怨作狐狗互相怨报缘第2》："禅师怪之，告犬主言：'应放知由。'才放走入病弟子室，咋狐引出。禅师禁犬，不免**啮杀**。"（p.267）疑似部《究竟大悲经》卷4《对一切众生辩邪正品》："狐时见狗，心生忙怕，不觉忽然，变为狐状。其狗即来，而便**啮杀**。屠儿得此宝物不敢私，宁而告市主，而语之曰：'初见人像赍宝物，共论肉价许言道买。遂见狗斗，忽变为狐，狗即寻时，而便**啮杀**。'"

【**啮死/くはれてしぬ**】 后补 （3例）　咬死。《日本书纪》卷14《雄略纪》九年七月条："十年秋九月乙酉朔戊子，身狭村主青等将吴所献二鹅，到于筑紫。是鹅为水间君犬所**啮死**。（《别本云》：是鹅为筑紫岭县主泥麻吕犬所**啮死**。）"（第二册，p.188）又九年十月条："冬十月，鸟官之禽为菟田人狗所**啮死**。天皇瞋，鲸面而为鸟养部。"（第二册，p.190）唐慧琳撰《一切经音义》卷37《来啮》条："经文从口，作啮，俗字也。"（1）刘宋佛陀什、竺道生等合译《弥沙塞部和醯五分律》卷9："诸长老比丘，种种呵责：'汝等云何见蛇再三出，犹故不避，致令**啮死**？'"唐道宣撰《续高僧传》卷17："不久谋閤，一人暴死，二为猘狗**啮死**。蜂相所征，于是验矣。"（2）《太平广记》卷455《沧渚民》条："晋天福甲辰岁，公安县沧渚村民民家，犬逐一妇人，登木而坠，为犬**啮死**，乃老狐也。"按：《汉语大词典》失收。

【**凝寂~湛然~/ぎょうじゃく～でんねん～**】 对偶　"凝寂"，端庄镇定。"湛然"，清澈淡泊。《续日本纪》卷27《称德纪》天平神护二年十月条："岂念至道**凝寂**，应征情而示真，圆性**湛然**，结灵光而表质。"（第四册，p.140）梁僧佑撰《弘明集》卷11："夫法身**凝寂**，妙色**湛然**，故能隐显顺时行藏莫测。显则乘如而来，隐则善逝而去。即言求旨何愆十号哉。余晖所映，足光季俗，信者岂以，荧烛增疑，正向旦黑比肩？"

【**宁不慎欤/いかにぞつつしまざらむや**】 先例　为什么还不慎重呢？《日本灵异记》上卷《邪见打破乞食沙弥钵以现得恶死报缘》："诚知现报甚近，**宁不慎欤**也。"（p.121）明性祇述《毗尼日用录》卷1："佛制比丘，食存五观，散心杂话，信施难消，闻斯语已，**宁不慎欤**？"唐道宣撰集、清读体续释《毗尼作持续释》卷1《毗尼作持续释　凡例》："若受具已，一往不知，由失所传，学而不行，其过何辞？设未受具者，窥阅律部，理当诚呵。如谓律法，先知而后受具。此则以毒饮人，**宁不慎欤**？"

【宁济苍生/そうせいをやすくすくふ】 典据 安定匡济百姓。《续日本纪》卷 32 《光仁纪》："己卯，赐渤海王书云：'天皇敬问高丽国王。朕继体承基，临驭区宇。思覃德泽，**宁济苍生**。然则率土之浜，化有辑于同轨。普天之下，恩无隔于殊邻。'"（第四册，p.370）唐道世撰《广弘明集》卷 28《隋炀帝行道度人天下敕》："弟子阶缘宿殖，嗣膺宝命，**临御区宇**，**宁济苍生**。而德化弗弘，刑罚未止，万方有罪，寔当忧责。"→【济苍生】

【宁可～乎/いづくにぞ～べけむや】 口语 （2 例） "宁可"与句末的"乎""不"组成"宁可～乎（不）"的格式，表示"能够～吗""怎么可以～呢"的意思。《日本书纪》卷 1《神代纪上》："是时月夜见尊忿然作色曰：'秽哉，鄙矣！**宁可**以口吐之物敢养我**乎**？'乃拔剑击杀。然后复命，具言其事。"（第一册，p.58）又卷 2《神代纪下》："天孙幸大山祇神之女子吾田鹿苇津姬，则一夜有身，遂生四子。故吾田鹿苇津姬抱子而来进曰：'天神之子，**宁可**以私养**乎**？'故告状知闻。"（第一册，p.146）后汉安世高译《佛说奈女耆婆经》卷 1："耆婆自念：'我虽作方便，求此白象，复不得脱。今当复作方便，何可随去？'乃谓乌曰：'我朝来未食，还必当死。**宁可**假我须臾，得于山间，啖果饮水，饱而就死**乎**？'"姚秦鸠摩罗什译《维摩诘所说经》卷 2《文殊师利问疾品》："且置是事，居士。是疾**宁可**忍**不**？疗治有损，不至增**乎**！世尊殷勤，致问无量，居士是疾，何所因起？其生久如？当云何灭？"梁慧皎撰《高僧传》卷 2："贤曰：'夫法不自生，缘会故生，缘一微故有众微，微无自性，则为空矣。**宁可**言不破一微，常而不空**乎**？'"

【牛头人身/ごずにんじん】 四字 长着牛的头、人的身体。《日本灵异记》中卷《依汉神崇杀牛而祭又修放生善以现得善恶报缘第 5》："有七人非人，**牛头人身**。我发系绳，捉之卫往。见之前路，有楼阁宫。"（p.159）唐道世撰《法苑珠林》卷 62："府君曰：'汝罪应上热鏊。'使吏牵著鏊所，见一物**牛头人身**，捉铁叉，又礼著鏊上。宛转身体焦烂，求死不得。"又卷 83："何澹之，东海人，宋大司农。不信经法，多行残害。永初中，得病见一鬼，形甚长壮，**牛头人身**，手执铁叉，昼夜守之。忧悑屏营。"该例亦见于《冥报记》卷 1。

【牛宍/うしのしし】 偏正 （4 例） 牛肉。"宍"，"肉"的古字。"完""宍"的俗写。《古语拾遗》："昔在神代，大地主神营田之日，以**牛宍**食田人。"（p.143）又："若如此不出去者，宜以**牛宍**置沟口，作男茎形以加之（是所以压其心也）。"（p.144）《日本灵异记》中卷《阎罗王使鬼得所召人之赂以免缘第 24》："终望于家，备食飨之。鬼云：'我嗜**牛宍**味，故**牛宍**飨。捕牛鬼者我也。'"（p.212）《古诗纪·弹歌》："断竹，续竹；飞土，逐**宍**。"冯惟讷注："**宍**，古'肉'字。今《吴越春秋》作'害'，非。"唐定宝作《四分律疏饰宗义记》卷 6："五不便足者，净人行食。比丘问言：'是何等？'答言麨。比丘言此动我风病，我不便。过去（余如前说，问言坚濡，答言坚。

比丘言难消，我不便。问是何宍，答言**牛宍**。比丘言：'**牛宍**性热，我不便。'若言水牛肉，言性冷难消等。广说同前，应知也）。"按：《汉语大词典》失收。西晋竺法护译《舍头谏太子二十八宿经》卷1："有五要星，其形如车，行四十五须臾，而侍从矣。**牛肉**为食，主有信天，姓号俱昙，鹿首宿者。"

【女餓鬼・男餓鬼/めがき・をがき】 三字　饿鬼，梵语 preta 的译名。据称其肚大如山，咽喉小如针孔。亦称"恶鬼""恶鬼道"，略称"鬼"。十界（地狱、饿鬼、畜生、修罗、人、天、声闻、缘觉、菩萨、佛）、六道、四恶趣之一。前生造恶业、多贪欲者，死后生为饿鬼，常处于饥渴的状态。《万叶集》卷16 第3840 首："寺寺之　**女饿鬼**申久　大神乃　**男饿鬼**被给而　其子将播"（第四册，p. 120）。(1) 陈真谛译《阿毗达磨俱舍释论》卷6《分别世间品》："胎生者，如**女饿鬼**，白净命目乾连云：'我夜生五子，昼时亦生五。生已皆食尽，如此我无饱。'"（2）姚秦佛陀耶舍、竺佛念等合译《四分律》卷55："时有比丘与天女共行淫已疑，佛言：'波罗夷。阿修罗女、龙女、夜叉女、**饿鬼女**，若畜生能变化者女行淫，一切波罗夷。'"后秦弗若多罗译《十诵律》卷59："若龙女、夜叉女、**饿鬼女**、毘舍遮女、鸠盘荼女、罗刹女期共道行，得突吉罗。"→【餓鬼】

【女衆/をみなども】 后缀　(2 例)　女人们；女信众。"男众"的对应词。《日本灵异记》下卷《奉写〈法华经〉经师为邪淫以现得恶死报缘第18》："有发愿人以宝龟二年辛亥夏六月，请其经师于其堂，奉写《法华经》。**女众**参集，以净水加经之御墨。于时，未申之间，段云雨降。避雨入堂，堂里狭少，故经师与**女众**居同处。"（p. 305）吴支谦译《大明度经》卷6《法来阇士品》："普慈受之，前白法来阇士言：'今以身及诸**女众**珍宝以上大师，师哀我等，愿受之，使我得其功德。'"姚秦竺佛念译《菩萨从兜术天降神母胎说广普经》卷4《诸佛行齐无差别品》："尔时，世尊说此颂已，**男众**、**女众**、正众、邪众，皆得尽信，得不退转地。"姚秦鸠摩罗什译《大智度论》卷27《序品》："如难陀淫欲习故，虽得阿罗汉道，于男女大众中坐，眼先视**女众**，而与言语说法。"

O

【偶逢/たまさかにあふ】 偏正 偶然遇见。既可用作抽象义，又可用作具体义。《万叶集》卷16第3791～3802首歌序："尔乃竹取翁谢之曰，非虑之外，**偶逢**神仙。迷惑之心，无敢所禁。近狎之罪，希赎以歌。即作歌一首并短歌。"（第四册，p.92）唐慧琳撰《一切经音义》卷42："**偶**然：上五狗反。《尔雅》云：**偶**，**遇**也。郭注云：**偶**，**直**也。《说文》：从人，禺声。"隋智顗《妙法莲华经文句》卷10："其一人者，数涉人间，屡逢声色，坯器未火，难可护持。**偶逢**王出车，马骈阗旌旗嘘赫，生心动念，爱彼光荣。功德熏修，随念受报，人中天上常得为王，福虽不赀，亦有限也。"唐法琳撰《辩正论》卷7："可以为善而**偶逢**祸至，行恶而或值福来。"唐圆照撰《贞元新定释教目录》卷17："臣仙鸣等**偶逢**昌历得护真宗，监统无能，谬奉南宫之献，恩深难报，空增战越之诚。"按：《汉语大词典》失收。

【偶见/たまさかにみる】 偏正 偶然见到，不经意间看到。《怀风藻》第109首释道融《小传》："昔丁母忧，寄住山寺，**偶见**《法华经》，慨然叹曰：'我久贫苦，未见三宝珠之在衣中。周孔糟粕，安足以留意？'遂脱俗累，落饰出家。"（p.174）（1）元魏慧觉译《贤愚经》卷13："经历多时，其长者子，闻他国王，作那罗戏，便乘斯鸟，往至彼间，来下观看，鸟住树上，**偶见**王女，情便染爱。其时遣信，腾说情状。王女然可，便与共交。"《敦煌变文·八相变（一）》："我如来既登草座，观心未圆。忽逢姊妹二人，一时迎前礼拜，口称名号，是阿难陀，田中牧牛，常游野陌，每将乳粥，供养树神。**偶见**世尊，回特献俸。"（p.514）（2）《梁书》卷33《王筠传》："筠状貌寝小，长不满六尺。性弘厚，不以艺能高人，而少擅才名，与刘孝绰见重当世。其自序曰：'余少好书，老而弥笃。虽**偶见**瞥观，皆即疏记，后重省览，欢兴弥深，习与性成，不觉笔倦。'"（p.486）按：《汉语大词典》失收。

【偶值/たまさかにあふ】 偏正 偶然碰到。《日本灵异记》中卷又《药师佛木像流水埋沙示灵表缘第39》："敬礼哭言：'我大师哉！何有过失，遇是水难。有缘**偶值**。愿我修理。'"（p.246）又下卷《沙门诵持方广大乘沈海不溺缘第4》："彼𣘻奥国而为陷舅，聊备斋食，供于三宝。舅僧展転乞食，**偶值**法事，有于自度之例。"（p.272）

（1）吴支谦译《猘狗经》卷1："阿难问佛：'新发意者，**偶值**恶师，不晓了，谓法当尔；至使信受其言，愚痴不解故。'"姚秦鸠摩罗什译《大庄严论经》卷6："于卖肉时，有一相识，乞食道人，于道路上，**偶值**得见。见已，便识头发蓬乱，著青色衣，身上有血，犹如阎罗罗刹，所执肉称，悉为血污。"元魏慧觉等译《贤愚经》卷11《无恼指鬘品》："**偶值**一日，仙人不来，天神知之，化作其形，欲来入宫。"（2）《抱朴子》卷12《辨问》："按仙经以为诸得仙者，皆其受命**偶值**神仙之气，自然所禀。"《颜氏家训·风操第6》："今二亲丧亡，**偶值**伏腊分至之节，及月小晦后，忌之外，所经此日，犹应感慕，异于余辰，不预饮宴、闻声乐及行游也。"